2021年12月7日,第三届沿黄九省区黄河论坛"沿黄区域乡村振兴与新型城镇化建设"高层论坛在西安举行

2021年3月27日,首届全国创新马克思主义论坛在西北工业大学举行

2021年7月23日，学习贯彻习近平总书记"七一"重要讲话精神专题研讨会在陕西省委党校举行

2021年10月12日，中国共产党与中国特色社会主义理论研讨会在陕西省委党校举行

2021年6月16日，陕西省第十五次哲学社会科学优秀成果评奖委员会第一次会议在西安举行

2021年11月27日，高质量发展导向下的文化融合发展创新暨第三届"一带一路"与文化发展创新学术研讨会在线上举行

2021年10月23日,纪念霍松林先生诞辰100周年暨长安文化与中国文学学术研讨会在陕西师范大学举行

获陕西省第十五次哲学社会科学优秀成果奖作品(部分)

陕西社会科学年鉴

2022

陕西省社会科学界联合会 编

陕西师范大学出版总社

图书代号　SK23N0795

图书在版编目(CIP)数据

陕西社会科学年鉴. 2022／陕西省社会科学界联合会编. —西安：陕西师范大学出版总社有限公司,2023.2
ISBN 978－7－5695－3510－5

Ⅰ.①陕…　Ⅱ.①陕…　Ⅲ.①社会科学—陕西—2022—年鉴　Ⅳ.①C124.1－54

中国国家版本馆 CIP 数据核字(2023)第 013257 号

陕西社会科学年鉴·2022

SHANXI SHEHUI KEXUE NIANJIAN·2022

陕西省社会科学界联合会　编

责任编辑	庄婧卿
责任校对	张旭升　王丽君
封面设计	锦　册
出版发行	陕西师范大学出版总社
	（西安市长安南路 199 号　邮编　710062）
网　　址	http://www.snupg.com
印　　刷	陕西龙山海天艺术印务有限公司
开　　本	787 mm×1092 mm　1/16
印　　张	47
插　　页	4
字　　数	1068 千
版　　次	2023 年 2 月第 1 版
印　　次	2023 年 2 月第 1 次印刷
书　　号	ISBN 978－7－5695－3510－5
定　　价	260.00 元

读者购书、书店添货或发现印刷装订问题，影响阅读，请与营销部联系、调换。
电话:(029)85307864　85303635　传真:(029)85303879

《陕西社会科学年鉴》编纂委员会

顾　问	张岂之　赵馥洁　赵世超
主　任	甘　晖　郭建树
副主任	高红霞　张　雄　樊维斌　蔡钊利　刘建林　杨三省
	席　光　张　骏　吕卫东　郭立宏　杨宗科　司晓宏
	党怀兴　苗锐军
委　员	（按姓氏笔画排序）
	万炳军　马瑞映　冯耕中　司晓宏　邢向东　任保平
	刘　飞　刘吉发　许加彪　李继凯　何志龙　张荣刚
	陈建兵　周伟洲　赵丛苍　胡俊生　袁祖社　郭　泓
	游旭群

《陕西社会科学年鉴》编辑部

主　　　编	李继凯
副　主　编	高红霞
编辑部主任	李胜振　赵建斌　周晓霞
编辑部副主任	冯　超　张金高　翟金荣　杜　牧
特约撰稿	所有编委
编纂人员	崔　谦　李宏科　白若凡　魏　瑞　牛瑞源
	张旖华　李　甜　林静雯　杨曙明　张利平
	张　军

编写说明

一、《陕西社会科学年鉴》是一部反映陕西省社会科学发展状况和学术动态的年度资料性学术工具书,由陕西省社会科学界联合会主持编纂,陕西师范大学人文社会科学高等研究院承编。

二、《陕西社会科学年鉴》的编纂工作是在中国特色社会主义伟大旗帜下,对党的十八大、十九大精神和习近平新时代中国特色社会主义思想的深入实践。在编纂过程中坚持马克思主义的指导地位,坚持"二为"方向和"双百"方针,解放思想、实事求是,与时俱进、开拓创新,力求编纂内容的科学性、客观性和实用性。

三、《陕西社会科学年鉴》旨在以陕西社会科学研究的最新观点、最新成果、最新动态、最新资料奉献给读者,为陕西省党委和政府提供决策服务,为社会各界了解陕西社会科学领域的现状提供最新信息,为社会科学研究和学术交流提供参考,推动陕西社会科学繁荣发展。

四、《陕西社会科学年鉴》收录的资料来自陕西省党政机关,社会科学教学、研究和科研管理单位,学术团体等机构。采用的稿件均由陕西省部分高等院校、科研院所、党政干校、有关部门和学术团体提供。

五、《陕西社会科学年鉴(2022)》记述了陕西省2021年社会科学的发展情况。

六、《陕西社会科学年鉴(2022)》设有12个板块:特载、发展报告、学科综述、社科项目、年度重要社科活动、研究成果、智库报告、获奖成果、机构、学术期刊、大事记、附录。全书采用分类编辑法,以条目为主线,学科综述采用文章体。年度重要社科活动和学术成果依照活动所属学科类别分类排序;全书采用规范的语文体、记述体、行文力求言简意赅。

七、由于我们学术水平、工作能力的局限,《陕西社会科学年鉴(2022)》难免一些疏漏与不足,恳请广大读者不吝赐教,以期在今后的编纂工作中竭力改进。

八、《陕西社会科学年鉴(2022)》的编纂得到了相关单位、部门的大力支持,同时也得到了社科界同人及相关领导的关爱和帮助,并提出很多宝贵的意见,在此表示衷心感谢!

《陕西社会科学年鉴》编辑部

2022 年 10 月 10 日

目 录

特 载

在庆祝中国共产党成立100周年大会上的讲话 …… 2

发展报告

2021年陕西社会科学发展概述 …… 10
2021年陕西省延安精神研究报告 …… 19
2021年陕西省丝绸之路研究报告 …… 29
2021年陕西省关学研究报告 …… 36

学科综述

陕西省马克思主义理论研究 …… 46
陕西省哲学研究 …… 55
陕西省文学研究 …… 66
陕西省艺术学、体育学研究 …… 82
陕西省语言学研究 …… 102
陕西省历史学研究 …… 110
陕西省考古学研究 …… 123
陕西省经济学研究 …… 158
陕西省法学研究 …… 165
陕西省政治学研究 …… 194
陕西省社会学研究 …… 207
陕西省心理学研究 …… 215
陕西省教育学研究 …… 224
陕西省管理学研究 …… 240
陕西省新闻与传播学研究 …… 253
陕西省民族学研究 …… 262

社科项目

陕西省获立2021年度国家社科基金项目 …… 276
 陕西省2021年度国家社科基金重大项目立项名单(11项) …… 276
 陕西省2021年国家社科基金年度项目立项名单(114项) …… 277
 陕西省2021年国家社科基金青年项目立项名单(34项) …… 284
 陕西省2021年度国家社科基金西部项目立项名单(52项) …… 286
 陕西省2021年国家社科基金后期资助项目立项名单(43项) …… 290
 陕西省2021年度国家社科基金冷门绝学研究专项立项名单(2项) …… 292
 陕西省2021年国家教育科学规划立项名单(15项) …… 292
 陕西省2021年国家社科基金中华学术外译项目立项名单(4项) …… 293
 陕西省2021年国家社科基金高校思政课研究专项立项名单(6项) …… 293
 陕西省2021年研究阐释党的十九届五中全会精神国家社科基金专项立项课题名单(3项) …… 294

陕西省获立2021年度教育部社科基金项目 …… 295
 陕西省2021年教育部人文社科研究规划项目(77项) …… 295
 陕西省2021年度教育部人文社会科学研究西部和边疆地区项目(42项) …… 301
 陕西省2021年度教育部人文社会科学研究专项任务项目(8项) …… 304
 陕西省2021年度教育部哲学社会科学研究后期资助项目立项名单(6项) …… 305
 陕西省2021年度教育部高校思想政治理论教室研究专项(7项) …… 305

2021年陕西省社会科学基金项目 …… 306
 2021年陕西省社会科学基金年度项目立项名单(389项) …… 306
 2021年陕西省社科界重大理论与现实问题研究年度一般项目立项名单(500项) …… 326
 2021陕西省哲学社会科学重大理论与现实问题研究合作项目名单(485项) …… 352
 2021年陕西省哲学社会科学重大理论与现实问题研究委托项目名单(1项) …… 379
 2021年度陕西省哲学社会科学重大理论与现实问题研究重大智库项目(70项) …… 379
 2021年度陕西省社科著作出版资助项目立项名单(28项) …… 383
 2021年陕西省教育厅重点科学研究计划——哲学社会科学重点研究基地项目(59项) …… 384

年度重要社科活动

学术交流·重要学术活动 …… 392
 第五届全国高等学校外语教育改革与发展高端论坛 …… 392

首届全国创新马克思主义论坛	392
中国共产党百年历程与中华民族伟大复兴高峰论坛	392
祭祀黄帝陵与中华民族伟大复兴新征程学术论坛	392
第八届全国外语教学与研究专家论坛	393
"创造社与现代中国文化——纪念创造社成立一百周年"学术研讨会	393
"第二届终南讲坛：古琴与中国传统文化"研讨会	393
陈忠实与当代现实主义创作会暨纪念陈忠实先生研讨会	393
区域与国别研究院揭牌仪式暨国家安全学科建设研讨会	394
"非凡事业、红色传承"中国共产党百年新闻传播历史、理论与实践学术研讨会	394
百年中国共产党生态文明建设历程和经验学术研讨会	394
百年中国共产党生态文明建设历程和经验学术研讨会暨中国社会科学院习近平生态文明思想研究中心成立座谈会	394
"一带一路"演艺文化与东方乐舞戏剧史学高层论坛	395
2021年中国社会发展高层论坛	395
纪念仰韶文化发现暨中国考古学诞生一百年"玄玉时代"高端论坛	395
2021年陕西省应急管理学会年会暨学术论坛	395
文明互鉴视野下传播学国际交流合作的机遇与挑战：第二届新闻传播学国际发表高端论坛	396
中国共产党百年经济发展理论与实践研讨会	396
新时代斯诺国际论坛	396
第四届行为经济与管理国际论坛	396
第七届全国创造力学术研讨会	397
第二届"一带一路"长安智库论坛暨第二十四届全国社会科学院院长联席会议	397
第三届终南史学论坛暨庆祝西安电子科技大学建校十周年学术研究会	397
文明的推动与互动——丝绸之路上的粟特国际学术研讨会	397
首届产业经济与贸易国际会议	398
全国政法院校"立格联盟"第十一届高峰论坛	398
"史诗的图像建构——党史百年历史画创作与研究"学术研讨会	398
陕西师范大学校友作家论坛	399
"重返与超越：雷蒙·威廉斯诞辰一百周年暨文化研究的旅行"学术研讨会	399
中国社会学会农村社会学专业委员会2021年学术年会暨学术工作坊学术会议	399
第三届全国高校马克思主义发展史学科建设发展论坛暨中国共产党百年历程与马克思主义中国化学术研讨会	399
2021欧亚经济论坛智库分会"互通互融 共享共赢"国际研讨会	400
黄河流域生态文明建设学术论坛	400
纪念霍松林先生诞辰100周年暨长安文化与中国文学学术研讨会	400

第九届西北方言与民俗学术研讨会 …… 400
"包容与合作：全球当代博物馆与文化遗产发展"国际学术研讨会 …… 401
第七届全国教育实证研究论坛教育因果推断分析分论坛 …… 401
2021年第一届数字经济与公司治理高峰论坛 …… 401
第四届海峡两岸法治会计及财务审计学术研讨会 …… 401
高质量发展导向下的文化融合发展创新暨第三届"一带一路"与文化发展创新
　　学术研讨会 …… 402
"一带一路"与文化创新发展国际学术研讨会 …… 402
陕西高校经管学院（商学院）院长论坛 …… 402
第二十一届中国经济学年会 …… 402
陕西省社会学会2021年学术年会 …… 403
陕西省人口学会2021年年会 …… 403
2021年度陕西省社科界高层论坛暨第二届陕西口岸经济发展论坛 …… 403
"中原与周边：多地区互动视野下的早期中国文明进程"国际学术研讨会 …… 403
"环黑海区域：历史与当下"国际学术研讨会 …… 404

陕西省社科联第十五届（2021）学术年会 …… 404

延安精神与当代中国专题研讨会 …… 404
首届西部乡村振兴论坛 …… 404
庆祝中国共产党成立100周年暨绥德师范和中共陕北组织创建学术论坛 …… 405
新文科视域下艺术思政理论建设及实践研究学术研讨会 …… 405
"十四五"陕西基础教育发展论坛 …… 405
"融入新发展格局，推进红色文化传承，助推陕西新时代高质量发展"专场理论研讨会
　　…… 406
"贯彻习近平法治思想　推动法学理论研究新发展"学术研讨会 …… 406
中药产业发展研讨会 …… 406
首届全国数字艺术与媒介文化学术论坛 …… 407
文学经典的译介与阐释博士生学术论坛 …… 407
"从'纸面'到'屏面'：首届全国数字艺术与媒介文化"学术论坛 …… 407
中国共产党百年历程与马克思主义中国化学术研讨会 …… 407
聚焦双循环发展新格局推动区域协调发展学术论坛 …… 408
对外开放新格局下陕西数字贸易发展研讨会 …… 408
延安精神融入地方高校思政育人专题研讨会 …… 408
中国共产党抗战大后方建设暨纪念西安事变85周年学术研讨会 …… 409
"阿富汗问题的前世今生"学术论坛 …… 409
高质量发展导向下的文化融合创新暨第三届"一带一路"与文化发展创新学术研讨会
　　…… 409

西部城市高质量发展与空间治理青年论坛 …………………………… 409
新时代·新传播·新路径——"一带一路"国际传播能力建设论坛 …… 410
"推动科创金融改革创新　服务陕西新时代追赶超越"研讨会 ………… 410
中国历史文化译介与国际传播高层论坛 …………………………… 410

学术资助活动 …………………………………………………… 411
　　2021年度陕西省社科界社会组织学术活动资助名单 ……………… 411
其他学术活动 …………………………………………………… 413
社科普及 ……………………………………………………… 420
　长安讲坛 ……………………………………………………… 420
　　2021年长安讲坛精品讲座一览表 ………………………………… 421
　陕西省社科联资助科普活动 ……………………………………… 423
　　2019年度陕西省社科普及活动资助项目立项名单 ………………… 423
其他活动 ……………………………………………………… 427

研 究 成 果

著作·马克思主义理论研究 ……………………………………… 430
　巩固高校马克思主义指导地位路径研究 …………………………… 430
　弘扬延安精神实现脱贫共富 ……………………………………… 430
　马克思"劳动自由"思想的当代解读 ………………………………… 430
　延安时期马克思主义时代化研究 ………………………………… 431
　问题链教学的思政模式 ………………………………………… 431
著作·哲学研究 ………………………………………………… 431
　翻译与中国近代科学启蒙——传教士科技翻译研究(1582—1911年) …… 431
　黄老学派的政治哲学研究 ………………………………………… 432
　中西哲学比较的身体现象学维度研究 …………………………… 432
　技术替补与广义器官——斯蒂格勒哲学研究 ……………………… 432
　中庸学与儒家形而上学关系研究 ………………………………… 433
　正蒙初义 ……………………………………………………… 433
　符号唯心主义批判 ……………………………………………… 433
著作·文学研究 ………………………………………………… 434
　禅宗写作传统研究 ……………………………………………… 434
　宋元文章总集分体与分类研究 …………………………………… 434
　陈彦论 ………………………………………………………… 434
　文学地理学专题研究 …………………………………………… 435
　唐代禅诗研究 …………………………………………………… 435
　世界视域中的延安文艺 ………………………………………… 435

延安文艺与20世纪中国文学的价值体系重建 ……… 435
李翱文集校注 ……………………………………… 436
蕾·阿曼特劳特诗歌与诗论研究 ………………… 436
瞿秋白文化思想研究 ……………………………… 436
中国当代小说在德语国家的译介研究(1978—2017) ……… 436
德拉布尔作品中的神话诗学与伦理共同体 ……… 437
《小世界》中浪漫传奇的原型研究 ………………… 437
美国《文心雕龙》研究史料整理与翻译研究 …… 437

著作·艺术学、体育学研究 ……………………… 438
中国西部电影精品读解 …………………………… 438
中国民族乐指挥 …………………………………… 438

著作·语言学研究 ……………………………… 438
《左传》《国语》文献关系考辨研究:以虚词比较为中心 … 438
语料库翻译学理论研究 …………………………… 439
跨文化视域下翻译行为的影响因素及其作用机制研究 … 439
近八十年来关中方音微观演变研究 ……………… 439
先秦两汉韵部演变专题研究 ……………………… 439
西夏文词典:世俗文献部分 ……………………… 440
汉日语限定词对比研究——基功能语法的视角 … 440
语言学新视野 ……………………………………… 440
以汉语教学为背景的语篇衔接成分研究 ………… 441
教育领域英文论文写作指导 ……………………… 441
语言"误解"成因研究 …………………………… 441
专门用途英语新发展研究 ………………………… 442

著作·历史学研究 ……………………………… 442
秦汉统一多民族国家形成过程中的民族管理体制研究——以"属国"和"道"为中心
 ……………………………………………………… 442
天下之中:秦汉三河区域研究 …………………… 442
苏联犹太人研究(1941—1953)——以犹太人反法西斯委员会为中心 … 443
京隐述作集 ………………………………………… 443
续高僧传校注(上下册) ………………………… 443
北宋武将群体及其相关问题研究(增订本) …… 444
南凉与西秦 ………………………………………… 444
身份与权利:唐代士族家庭妇女研究 …………… 444
唐朝域外朝贡制度研究 …………………………… 444
地域性与南朝政局:围绕政权基础与军镇的考察 … 445

宋代《春秋》学与理学研究 …………………………………………………………… 445
著作·考古学研究 … 446
　　冲击与调适：长江中游商代文化与社会演进的考古学观察 …………………… 446
著作·经济学研究 … 446
　　叙利亚发展报告（2020） ……………………………………………………………… 446
　　制度与规范：比较视野下中亚区域一体化研究 …………………………………… 446
　　中国横向税收竞争的环境效应及其作用机理研究 ………………………………… 446
　　统计思维的形成 ………………………………………………………………………… 447
　　农民合作与乡村振兴 …………………………………………………………………… 447
　　科技改变社会 …………………………………………………………………………… 447
　　哈萨克斯坦发展报告（2021） ………………………………………………………… 448
　　产业园区总体规划理论与实践 ………………………………………………………… 448
　　中国城乡融合发展研究 ………………………………………………………………… 448
　　乡村旅游与村落转型 …………………………………………………………………… 448
　　数字劳动、数字商品和数字资本论析 ………………………………………………… 449
　　中国西部发展报告（2021）：基本实现现代化的路径 ……………………………… 449
　　线上丝路金融论 ………………………………………………………………………… 449
　　天山北麓土地开发与环境变迁研究（1757—1949） ………………………………… 450
　　中国式分权治理模式对产业政策实施效果的影响研究 …………………………… 450
著作·法学研究 … 450
　　决胜绿色法庭：生态文明建设司法保障机制研究 ………………………………… 450
　　陕甘宁边区司法传统的认同研究 ……………………………………………………… 451
　　国家治理现代化视角下的行政证据研究 …………………………………………… 451
　　网络金融犯罪综合治理效果评价 ……………………………………………………… 451
　　古代地方条约辑存 ……………………………………………………………………… 452
著作·政治学研究 … 452
　　约旦现代化进程研究 …………………………………………………………………… 452
　　陕西精准脱贫研究报告（2021） ……………………………………………………… 452
　　从问题到决策：情境、模型与现代化——网络时代的中国政策议程设置 ……… 452
　　延安精神与全面从严治党 ……………………………………………………………… 453
　　从延安走来——中国共产党如何从危难中奋起？ ………………………………… 453
　　思想政治教育叙事话语研究 …………………………………………………………… 453
　　让社区治理活起来：基于"开放空间会议+"的理论与实践 ……………………… 454
　　基本公共服务供给与减贫——来自秦巴山区A县的田野叙事 …………………… 454
　　天津"卍"字会及其慈善事业研究 …………………………………………………… 454
　　政府支持行为对中小企业创新绩效的影响研究 …………………………………… 455

著作·社会学研究 ... 455
 教育扶贫论:社会学的视角 ... 455
 关中农村研究(第五辑) ... 455
 老年人社会隔离与健康老龄化 ... 456
 协同发展:社会化媒体与政治生态 ... 456

著作·心理学研究 ... 456
 飞行员空间能力:认知计算的可塑性与渗透性 ... 456
 流畅性对再认记忆的影响 ... 457
 幸福感的神经基础 ... 457

著作·教育学研究 ... 457
 高考分类考试与普通高中转型发展研究 ... 457
 高校红色文化教育传承研究 ... 458
 研究生学术研究价值取向中的意识形态盲区研究 ... 458
 中国教师教育 ... 458
 中国高等教育研究机构的组织转型研究 ... 459
 教师专业发展与职业道德修养 ... 459
 自传课程研究:理论与实践 ... 459
 高校法治教育实效性研究 ... 459
 高校心理健康教育发展40年 ... 460
 成人教育的典范:丹麦民众高等学校的发展变革及影响研究 ... 460
 农村教师社会地位研究 ... 460
 基础教育学校信息化教学创新动力机制研究 ... 461
 成人教育的典范:丹麦民众高等学校的发展变革及影响研究 ... 461
 互联网促进义务教育优质师资城乡一体化流动机制与路径研究 ... 461
 20世纪以来中国德育价值观变革的历史轨迹 ... 462
 "互联网+"乡村教师专业发展的理论与实践 ... 462

著作·管理学研究 ... 462
 冲突与和谐:科技创新团队创新管理研究 ... 462
 生态文明建设的基本伦理问题研究 ... 463
 管理研究的思维方式:透过复杂的现象发现问题的本质 ... 463
 城市交通流量分配及优化 ... 463
 如何阅读管理学文献:提出科学问题与构建理论 ... 464
 "去杠杆"背景下上市公司债务政策的持续性 ... 464
 非对称信息下供应链减排策略研究 ... 464
 西北内陆河流域水资源治理制度构建研究 ... 465
 高校科技创新支撑产业突破关键核心技术 ... 465

著作·新闻与传播学研究 ... 465
"形式意识形态"的文化实践：论20世纪80年代中国先锋文学 ... 465
互联网时代的事实核查嬗变研究 ... 466
播音与主持艺术专业学科定位与学科建构新论 ... 466

著作·交叉学科研究 ... 466
中国创造力研究进展报告——创造力的形成机制及其应用 ... 466
公众健康视角下区域大气污染联动治理机制研究 ... 467
鄂尔多斯高原历史地理研究（历史城市地理卷） ... 467
丝绸之路学 ... 467

其他著作 ... 468

论文·马克思主义理论研究 ... 473
习近平关于制度自信重要论述的基本内容与理论贡献 ... 473
网络意识形态治理新趋势 ... 474
五四时期苏俄社会主义法制在中国传播的过程和特点 ... 474
社会主义人民政治的内在逻辑 ... 474
中国共产党现代化观科学建构的历史逻辑、理论逻辑和时代逻辑 ... 474
当代霸权国家经济安全泛化及中国的应对 ... 475
革新以来越南共产党对社会主义建设的理论探索 ... 475
中国共产党百年在人类文明史上的地位 ... 475
时间观念视角下高校辅导员工作状况研究 ... 476
新时代党内政治生态治理的内涵体系基于政治生态学的理论视角 ... 476
对反腐败斗争为什么首要从政治上看 ... 476
中国共产党与马克思主义中国化的百年探索 ... 476
摩洛哥进步与社会主义党的发展演变及现实挑战 ... 477

论文·哲学研究 ... 477
天台诸祖对《请观音经》的阐释与修习 ... 477
卢卡奇的海德格尔批判及其反思——基于对《海德格尔重生》的考察 ... 477
诠释学的两种取向与哲学史的两种研究方式 ... 477
"术"以载"道"：基于区块链技术的科研诚信建设研究 ... 478
论巨型工程大伦理观的建构与实现 ... 478
良知既非能力之知亦非动力之知——与郁振华、黄勇商榷 ... 478
以习近平法治思想引领中国宗教法治化建设 ... 479
超越《逻辑哲学论》"正统"之争的三条路径 ... 479
论马克思方法论唯物主义的演进方式从发生论的描述到目的论的解释 ... 479
试论朱熹理学思想建构中的荀子思想形象 ... 480
因果的革命与革命的因果 ... 480

因果方向与反事实依赖——大卫·刘易斯关于因果方向的形而上学理论 …… 480
虚构谈论的关涉性 …… 481
辜鸿铭对中国哲学经典的英译及其启示 …… 481
"他山之石":张载"太虚即气"命题的天文学初诠 …… 481
故事与问题:学术研究的困境是怎样产生的 …… 481
"未济"与"忧患":章太炎以佛证易思想发微 …… 482
关于"人是能动与受动的统一"的理解——基于《1844 年经济学哲学手稿》的研究
…… 482
《释摩诃衍论》辽朝注疏与辽道宗的佛学思想 …… 482
形上宇宙论架构如何安放道德主体的自觉心?——周濂溪思想解析 …… 483
马克思生态审美观的理论意蕴与启示 …… 483
从苏格拉底转向看伦理学的性质与功能 …… 483
《庄子》以环喻道、以镜喻心及后言三喻 …… 484
恩格斯的自然哲学理论及其当代启示 …… 484
哈贝马斯交往行为理论再批判与差异对话理论的建立 …… 484

论文·文学研究 …… 485
《红楼梦研究》批判与当代文学批评范式的建立——兼论李希凡的文学批评 …… 485
"民族-人民"诗人的生成——马克思主义视野与抗战时期郭沫若的屈原研究 …… 485
桐城派"逆笔"批评论——以文章选本评点为中心 …… 485
"两创"与中国古代文学经典的建构 …… 486
中国现代文学对话性批评精神的形成 …… 486
李渔与十八世纪日本"文人阶层"的兴起 …… 486
"正统在我":中古正统建构与文学演进 …… 487
唐诗中象征性女性形象的诗学功能及英译策略研究 …… 487
杜甫离职华州西行论稿 …… 487
"影像文化志"视野下"活态"史诗口头表演特征的翻译——以《玛纳斯》史诗英译为例
…… 488
论"十七年"合作化小说的牲畜话语及其意义 …… 488
家族图谱与家世记忆——柳宗元自撰家族墓志碑铭文的文化蕴涵 …… 488
忠义缘何在水浒?——李贽的豪杰观与《〈忠义水浒传〉序》之再解读 …… 489

论文·艺术学、体育学研究 …… 489
被访者驱动抽样法在中国退役运动员群体调查中的应用 …… 489
见证·聚焦·引领:《美术》杂志与"长安画派"的历史钩沉 …… 489
《图画日报》的晚清电影批判性书写 …… 490
中国西部电影英雄叙事的审美 …… 490
刀郎木卡姆多声形态的量化分析及成因探析 …… 490

延安时期的音乐家群体及其思想特征与影响 …………………………………… 490
马克思形象在中国美术创作中的阐释与构建 …………………………………… 491
非遗美术与西部美育的协同创新——以关中地区的国家级非遗美术为中心 …… 491
基于 GAMLSS 模型的我国青少年体质健康评价指标百分位数分布曲线及参考值
　………………………………………………………………………………… 491

论文·语言学研究 …………………………………………………………… 492

在翻译与写作之间:文学翻译的二重性之辩 …………………………………… 492
计算机动态评估的二语发展嬗变和研究框架 …………………………………… 492
翻译汉语的活动度——基于在线语料库的研究 ………………………………… 492
明清契约文书篇末绝止符号研究——以"行"形为中心 ……………………… 492
基于混合认知诊断模型的二语阅读技能内在关系探究 ………………………… 493
主位选择的语境动因 ……………………………………………………………… 493
动词的概念结构与概念观照——以主宾倒置句为例 …………………………… 493
英语 TED 演讲语篇语域特征多维分析 ………………………………………… 493
基于双重认知主体的蓄意隐喻动态主体间性 …………………………………… 494
上蔡话"俺俩给张三 VP"句式中的代词词项错配现象 ……………………… 494
基于依存树库的翻译语言句法特征研究 ………………………………………… 494
毛泽东著作英译与国家形象建构:基于语料库的考察 ………………………… 495
译者的选择——陈国坚的中诗西译之路 ………………………………………… 495
基于使用的语言观照下语用学和语义学的分工与合作 ………………………… 495
英语专业教育中的中国文化传承现状研究 ……………………………………… 496
叙事典籍翻译的"声音"策略:以敦煌遗书《孔子项讬相问书》的英译为例 … 496
黎锦熙对汉语方言分区理论的重大贡献 ………………………………………… 496
晋语和西部官话中表短时貌的语法手段 ………………………………………… 497
外语教学研究者后意向虚拟范式建构探索 ……………………………………… 497
提取和激活模型下的汉语名词谓语句研究 ……………………………………… 497
通用学术英语混合式教学活动系统的评估模型构建 …………………………… 498
译者与作者的"共谋":《废都》英译的意识形态探析 ……………………… 498
高校学生外语在线学习满意度及其影响因素研究 ……………………………… 498
英语语音范畴化感知干预的行为和 ERP 研究 ………………………………… 499
文化宣传片对外译介传播的多模态协同重构 …………………………………… 499
语言社会化理论视角下的外语课堂研究 ………………………………………… 499
句法层面"第三语码"的计量研究 ……………………………………………… 499
同分异构理念下语言表达能力在线评分量规的设计思路 ……………………… 500
基于平行语料的汉外话题省略现象分析 ………………………………………… 500
全球化时代的跨文化翻译:时代意义与实践难点 ……………………………… 500

论文·历史学研究 ... 501
关于非洲阿拉伯国家通史研究的若干问题 ... 501
巴尔干战争前后英国的"协调外交" ... 501
10—13世纪长城地带农牧社会的协同演进与"中国边疆" ... 501
民族志·"分支型社会"·部落转型——阿尔及利亚部落社会史书写范式的演变 ... 502
释道儒文化背景下的唐代茶器纹饰探究——以法门寺鎏金飞天仙鹤纹壶门座银茶罗子为例 ... 502
辽代《故贵妃萧氏玄堂志铭》考释 ... 502
明代名色武官考论 ... 503
B.B.巴托尔德的中亚历史地理研究及其贡献 ... 503
伊拉克复兴党的兴衰成败与现实影响 ... 503
无政府社会：当代阿富汗部落社会的权力结构与秩序延展 ... 504
明代锦衣卫官制与职权新探 ... 504
明代武举与武官选任新探 ... 504
中东部落：概念认知、类型演化及社会治理 ... 505
论秦始皇陵"水银为海" ... 505
反犹主义概念源起与流变 ... 505
足与秦汉礼、法规范的基点 ... 506
近代水利之兴：民国陕西泾惠渠与区域社会经济变迁研究 ... 506
先秦秦汉的"秦人"称谓与认同 ... 506
传统儒家论"血流漂杵"：价值共识与史实考究 ... 506
秦汉基层社会治安体制的构建 ... 507
照金苏区在西北革命中的历史贡献 ... 507

论文·考古学研究 ... 507
唐墓出土三彩骆驼驮囊兽首形象属性考 ... 507
陕西神木寨步新石器时代遗址发掘报告 ... 508
唐两京地区三彩制品的生产及工艺传播模式 ... 508
陕西泾阳太壶寺藏北周如来立像调查与研究 ... 508
黄河中游晋陕峡谷地区旧石器考古研究现状与思考 ... 508
中原地区史前陶窑发展演变研究 ... 509
陕西旬邑县西头遗址鱼嘴坡地点商周时期遗存发掘简报 ... 509

论文·经济学研究 ... 509
究竟哪些因素决定了中国企业的技术创新——基于九大中文经济学权威期刊和A股上市公司数据的再实证 ... 509
供销部门土地托管何以遭遇困境？——以山东省共享县为例 ... 510

中国高创新投入与低生产率之谜：资源错配视角的解释 510
地方政府竞争下的区域产业布局 510
"租费替代"、地方财政压力与企业非税负担 511
乡村振兴背景下中国数字农业高质量发展水平测度——基于2015—2019全国
  31个省市数据的分析 511
中国地区之间的市场分割——基于"自然实验"的实证研究 511
工业智能化与产业梯度转移：对"雁阵理论"的再检验 512
数字金融、融资约束与企业全要素生产率——理论模型与工业企业经验证据 512
黄河流域经济增长－产业发展－生态环境的耦合协同关系 512
中国城乡要素配置状态的时序变化与空间差异分析 513
股票流动性、股权治理与国有企业绩效 513
农村老年家庭养老风险与老年福祉动态演进的跨学科分析框架 513
农业价值链视野下小农户融入社会化服务体系的有效实现路径 514
跨界共融的产业链与供应链双联动协调发展研究 514
专利导航试点政策是否促进了经济发展？——以医药产业为例 514

论文·法学研究 515

陕西紫阳诉讼档案中的清代土地交易规范及其私法理念 515
法定数字货币的刑法问题及其立法完善 515
形式解释论下网络游戏动态画面的著作权保护路径 515
2015年以来依规治党的实际效果评估 516
认罪认罚案件量刑建议精准化——内涵新解与采纳规则重构 516
反贫困法治的中国道路 516
《刑法修正案（十一）》中猥亵儿童罪加重情节的理解与适用 517
论动产占有返还请求权的构造及其要件的扩张解释 517
习近平法治思想研究路径初探 517
论农民集体所有权的成员集体所有与集体经济组织行使 518
通过法律对女性的社会动员——中国共产党与1949年之前婚姻家庭法律在农村
  的实践 518
我国公司法移植信义义务模式反思 518
学习中国共产党历史的法学意义 519
长江流域协调机制创新性落实的法律路径研究 519
民营经济税收营商环境法治化：从税收公平到税收共治 519

论文·政治学研究 519

县域治理中的领导注意力分配 519
新冠肺炎疫情背景下美共对资本主义制度的批判与斗争 520
构建中国–中亚"卫生健康共同体"面临的机遇、挑战与路径选择 520

构建上海合作组织人文共同体的理论内涵与实践推进 …………………………… 520

　　论中东能源地缘政治中的海上通道问题——对霍尔木兹海峡安全问题的再思考
　　　　………………………………………………………………………………………… 521

　　推动有效市场和有为政府更好结合研究 ………………………………………………… 521

　　中国制度"最大优势"的发生逻辑与转化机理 ………………………………………… 521

　　阿富汗塔利班崛起的历史逻辑 …………………………………………………………… 522

　　地理、政治与法律：当代国家边疆的三张面孔 ………………………………………… 522

　　党的领导是国家治理现代化的政治保证 ………………………………………………… 522

　　中国共产党德治思想历史演进的三维考察 ……………………………………………… 522

　　后扶贫时代规模性返贫风险的诱致因素、生成机理与防范路径 ……………………… 523

　　模式转换与创新：以"党史"为重点内容的思政课选择性必修课建设 ……………… 523

　　习近平"精准思维"重要论述的理论阐释与科学逻辑 ………………………………… 523

论文·社会学研究 …………………………………………………………………………… 524

　　推进市域社会治理现代化的基本维度 …………………………………………………… 524

　　代际流动轨迹与分配公平感影响机制与实证分析 ……………………………………… 524

　　旅游文化发明与乡村市场体系重构——对一个关中村庄的社会学剖析 …………… 524

论文·心理学研究 …………………………………………………………………………… 525

　　青少年早期抑郁和自伤的联合发展轨迹：人际因素的作用 …………………………… 525

　　儿童认知发展水平诊断工具 IPDT 的动态化编制及其在低社会经济地位儿童中的
　　　　应用 ……………………………………………………………………………………… 525

　　汉字识别中亚词汇语音和语义信息在 N170 上的神经适应 …………………………… 525

　　家人情感卷入对老年自我刻板印象的影响：基于潜变量增长模型的分析 ………… 526

论文·教育学研究 …………………………………………………………………………… 526

　　从权利到地位：学生法律地位的法律追溯与权利保障 ………………………………… 526

　　地方行业特色型高校一流学科建设方略——基于学科生态系统的视角 …………… 527

　　服务学习：爱国主义教育的重要途径 …………………………………………………… 527

　　西部连片特困地区普惠性民办幼儿园教师队伍建设的现实困境与突围路径 ……… 527

　　当代大学生创新创业意识培养的问题与对策研究 ……………………………………… 528

　　论大学学术治理能力现代化 ……………………………………………………………… 528

　　投资职业教育能否促进农村劳动力增收——基于倾向得分匹配(PSM)的反事实估计
　　　　………………………………………………………………………………………… 528

　　学校管理为什么这么难——基于 F 校教师人际互动样态的个案分析 ……………… 529

　　社会同情与儿童正义感的培育 …………………………………………………………… 529

　　高校教师内在激励因素与任务绩效关系实证研究 ……………………………………… 529

　　百年中国共产党对马克思主义教育正义思想的发展与实践 ………………………… 530

　　重塑教师教育培养体系　着力打造优秀乡村教师 …………………………………… 530

小区配套园治理的产权障碍与立法解决 …… 530
论家庭教育指导服务支持体系的供给主体及其行为选择 …… 530
教师教育学科：现象、隐忧与走向 …… 531
学科内卷化时代的教师教育学科建设 …… 531
义务教育阶段学生减负背后的供需困境与化解 …… 531
义务教育优质均衡发展督导评估审视与展望 …… 532
回归强有力的知识传统——对课程知识相对主义的批判性考察 …… 532
为什么上大学——乡村学生"离土"选择的教育发生考察 …… 532
产学研融合培养行业特色创新人才研究——基于军工企业访谈的分析 …… 533

论文·管理学研究 …… 533

双重价值论面临的挑战与档案价值理论的重构 …… 533
直播社会临场感研究：量表编制和效度检验 …… 533
公共政策视角下的保护、发展与福祉问题——一个跨学科研究框架的提出与应用
…… 534
生产能力储备模式下应急物资储备与采购定价模型 …… 534
"健康中国2030"战略下健康数据协同治理体系研究 …… 534
重要数据跨境流动背景下风险路径的识别与分级 …… 535
第三方物流整合对供应链绩效的影响研究 …… 535
组织延展性目标的黑暗面研究：基于心理许可理论的一个被调节的中介模型 …… 535
政策引导对中小企业创新绩效的影响机理研究 …… 536
管理者短视主义影响企业长期投资吗？——基于文本分析和机器学习 …… 536
双元学习、联盟管理实践转移与联盟成功 …… 536
国家生态治理重点区域政府环境数据开放利用水平评价与优化建议——基于京津
　冀、长三角、珠三角和汾渭平原政府数据开放平台的分析 …… 537
光荣与梦想：中国共产党社会保障100年回顾 …… 537
城乡交通一体化高质量发展的困局及其治理 …… 537
网购情境下消费者线下体验行为的扎根研究 …… 538
基于领导者个体层面组织资源获取策略的形成与分类研究 …… 538
技术特征、关系结构与社会化购买行为 …… 538
下属在领导过程中的能动作用研究：概念、关系及机理 …… 538
包容型领导研究述评与中国视域下的展望 …… 539

论文·新闻与传播学研究 …… 539

网络直播App使用行为对线上购买意愿的影响机制研究 …… 539
校园书店发展中的矛盾冲突及转型策略——基于对24所西安市属地普通本科
　学校的调研 …… 539
复返口语文化的社交媒体——以Snapchat为个案的讨论 …… 540

芬兰媒介素养教育政策的整体框架与逻辑理路 …………………………………… 540
城市实体书店场景建构探析——基于知识交往视角 …………………………… 540
美国法律评论的"学生办刊"模式研究 …………………………………………… 541
数字化抚育:"妈粉"媒介实践中的"母职"再造 ………………………………… 541
区隔与认同:影评社群话语阐释 …………………………………………………… 541
媒体类型、新闻框架与用户在线情绪表达:以新加坡"第一家族"纠纷的社交媒体
　呈现为例 …………………………………………………………………………… 542
以西方视角驳斥西方观点:约翰·皮尔格作品的叙事策略及其国际传播启示 …… 542

论文·民族学研究

论谷苞的民族研究:从社会类型比较到多民族国家的历史解释 ……………… 542
民国时期"国族"重塑的探寻路径——以马长寿先生所提方案为中心 ………… 543
论北朝鲜卑姓氏的三次改易——从《拓跋昇墓志》谈起 ……………………… 543
秦汉边政的方位形势:"北边""南边""西边""西北边" ………………………… 543
元代西藏乌拉制度及其影响研究 ………………………………………………… 544
中亚文字改革:历史回顾与现实思考 …………………………………………… 544
从"经济共享"到"共享历史":清代伊克昭盟南部蒙汉关系的再审视 ………… 544

其他论文 …………………………………………………………………………… 545

智库报告

陕西省黄河流域重大产业布局研究 ……………………………………………… 568
关于加快我省县域经济高质量发展推动城乡居民持续增收的建议 …………… 568
关于农村宅基地退出补偿机制中农民权益法律问题的研究报告 ……………… 568
大力发展网络货运　引领陕西道路货运转型升级 ……………………………… 569
以一流营商环境筑好陕西省"十四五"开局 ……………………………………… 569
以综合能源服务促进陕西能源供需低碳发展 …………………………………… 569
高质量建设中欧班列西安集结中心的对策建议 ………………………………… 569
中小企业发展指数变化、趋势预测及应对策略报告 …………………………… 570
鼓励引导民营企业　投身乡村振兴建设 ………………………………………… 570
推进区域信息化协调发展研究 …………………………………………………… 570
产业融合视角下的西安新一代信息技术战略新兴产业发展研究 ……………… 570
陕西省发展网络经济政策体系研究 ……………………………………………… 571
文化旅游助推贫困地区乡村振兴的机制与对策研究:增权视角的陕西案例 …… 571
碳达峰、碳中和背景下陕西能源工业发展转型路径研究 ……………………… 571
中国交通文化诗词研究 …………………………………………………………… 571
基于政府视角的土地资源价值计量研究 ………………………………………… 572
关于落实依靠创新推动实体经济高质量发展的若干建议 ……………………… 572

标题	页码
大数据时代青年偶像嬗变与塑造的社会调查报告	572
西安市出租车停靠站点设置调研及优化研究	573
乡村振兴背景下陕北特色农业建设研究	573
我省"十四五"发展数字经济对策建议	573
我省基层社会治理共同体建议的情况和对策建议	574
关于我省持续深入优化营商环境进一步推进政府职能转变的建议	574
中国语言文化典藏·富平	574
西安国家中心城市形象传播研究	574
陕西区域创新体系建设路径与政策研究	575
"小木耳"如何长成"大产业"——柞水县产业扶贫脱贫调研报告	575
黄河流域陕西段生态环境保护的思考与建议	575
国家碳达峰与碳中和目标对我省传统能源及相关产业发展的影响分析	576
打造陕南乡村产业振兴新样本——商洛市产业扶贫脱贫调研报告	576
关于我省历史文化名城保护工作的对策建议	576
抓党建，促乡村振兴的"平利路径"	577
"放管服"改革是政府高效能治理的重要抓手	577
多维度讲好陕西故事 提高我省传统文化国际传播能力	577
关于扎实推进产业工人队伍建设改革的调研	578
关于在我省试行城市生活垃圾计量收费的建议	578
进一步推进陕西基层社区应急能力建设的建议	578
大学学术不端的行政监督机制研究	579
构建多方联动机制加强"五项管理"工作	579
生态产品价值实现理论与实现机制	579
全民科学素质行动规划纲要（2021—2035）	579
互联网背景下的法律服务信息系统助力陕西省法律服务创新的建议	580
关于人工智能金融量化交易发展的建议	580
关于宁夏钢铁工业发展方向的决策咨询报告	580
甘肃省红色资源开发利用情况研究	580
推进我省黄河流域水保生态治理研究	581
新时代铸牢中华民族共同体意识的文化认同机制研究	581
充分发挥统一战线在国家治理中的政治整合作用	581
新时代海外文化统战工作创新路径研究	582
新发展阶段全省统一战线新变化新趋势新举措研究	582
陕西省高校毕业生西部基层就业报告	582
陕西省高校毕业生新疆西藏就业报告	582
陕西省中小学心理健康教育实施方案	583

西北地区青少年心理健康调查报告 ……………………………………………………………… 583
新时代我省加强法院法官队伍保障的若干对策建议 …………………………………………… 583
新时代加强我省法院审判效率的若干对策建议 ………………………………………………… 584
以贪污受贿罪量刑标准进一步规范化巩固新时代我省反腐败成果的建议 …………………… 584
陕西省大中小学思想政治理论课一体化建设调研报告 ………………………………………… 585
关于进一步加强对"陕西方言语音建档"后期成果开发利用的建议 …………………………… 585
陕西省青年群体婚恋状况分析 …………………………………………………………………… 585
汉语及中华文化在中亚五国交流传播路径调查研究 …………………………………………… 586
"西安市足球改革发展实施方案"解读报告 ……………………………………………………… 586
白水县贫困县退出专项评估检查报告、宁陕县贫困县退出专项评估检查报告 ……………… 586
新形势背景下非法集资的处置效果及处置防范机制研究 ……………………………………… 586
陕西省R&D合作模式与专利质量提升路径研究 ………………………………………………… 587
"互联网+"驱动陕西传统制造业创新研究 ……………………………………………………… 587
陕西省农民工社会融合评估报告 ………………………………………………………………… 587
2020年陕西省高校毕业生就业质量报告 ………………………………………………………… 588
媒体不良信息对青少年影响的社会心理研究 …………………………………………………… 588
铸牢中华民族共同体背景下的国服设计 ………………………………………………………… 588
对汉服引起的社会热点问题的建议 ……………………………………………………………… 589
有关优化营商环境的决策咨询信息 ……………………………………………………………… 589
宜君县发展数字经济助力乡村振兴的实践与政策启示 ………………………………………… 589
有关乡村振兴的决策咨询信息 …………………………………………………………………… 590
统战文化融入高校思政教育的实践研究报告 …………………………………………………… 590
学习借鉴浙江自贸试验区经验,以更大力度谋划和推进陕西自贸试验区高质量发展
 …………………………………………………………………………………………………… 590
以数字化手段系统提升陕西省自然灾害应急能力 ……………………………………………… 591
亟须化解国际国内风险保证我国钢铁产业链供应链稳定 ……………………………………… 591
我省"双创"工作高质量发展对策建议 ………………………………………………………… 591
网络创新指数研究 ………………………………………………………………………………… 591
中国经济形势分析和2021要点展望 ……………………………………………………………… 592
习近平新时代中国特色社会主义思想是当代时代精神的三重维度 …………………………… 592
营销号炒作"流量生意"的主要手法梳理及治理建议 ………………………………………… 592
西藏自治区运输服务发展改革政策研究 ………………………………………………………… 593
西安城市交通复杂出行链的脆弱性评估与可靠性策略研究 …………………………………… 593
陕西省黄河文化保护传承弘扬规划 ……………………………………………………………… 593
全国高校大学生"五个认同"思想政治教育调研报告 ………………………………………… 594
陕西跨境贸易语言服务体系构建研究报告 ……………………………………………………… 594

获 奖 成 果

陕西省国家哲学社会科学基金结项优秀成果 …………………………………… 596
  2021年陕西省国家社会科学基金年底项目、青年项目和西部项目结项优秀名单(7项)
  ………………………………………………………………………………………… 596
陕西省第十五次哲学社会科学优秀成果奖 ………………………………………… 596
  著作(103项) ……………………………………………………………………… 597
  论文(172项) ……………………………………………………………………… 601
  调研报告(62项) ………………………………………………………………… 611
  科普读物(4项) …………………………………………………………………… 614
  志书(2项) ………………………………………………………………………… 614
2021年度陕西高等学校人文社会科学研究优秀成果奖获奖名单 ……………… 615
  论文奖 ……………………………………………………………………………… 615
  著作奖 ……………………………………………………………………………… 648
  研究报告奖 ………………………………………………………………………… 662
  成果普及奖 ………………………………………………………………………… 669

机 构

*2021年新增研究基地(中心) …………………………………………………… 672
  西安财经大学财政与经济发展研究中心 ………………………………………… 672
  西北工业大学创新马克思主义研究中心 ………………………………………… 672
  西北工业大学德国研究中心 ……………………………………………………… 672
  西安翻译学院非洲研究中心 ……………………………………………………… 673
  西安美术学院国家重大题材美术创作与研究中心 ……………………………… 673
  西北农林科技大学黄河中上游生态保护与农业农村高质量发展研究基地 …… 673
  陕西师范大学教师教育协同创新中心 …………………………………………… 674
  西安工业大学伦理学与当代强军伦理建设研究中心 …………………………… 674
  长安大学绿色工程与可持续发展研究中心 ……………………………………… 674
  西安理工大学品牌和高质量发展研究中心 ……………………………………… 674
  西北工业大学陕西高等教育研究院 ……………………………………………… 675
  商洛学院陕西高校新型智库商洛发展研究院 …………………………………… 675
  陕西科技大学工业设计中心 ……………………………………………………… 675
  西安翻译学院陕西口岸发展研究院 ……………………………………………… 676
  陕西科技大学陕西农村基层党组织建设研究中心 ……………………………… 676

陕西省电影理论与评论研究基地(中国西部电影研究) …………………… 676
　　陕西省法学会互联网法律与治理研究会 ………………………………… 677
　　陕西省公众科学素质发展联盟 …………………………………………… 677
　　陕西省绿色发展与生态文明建设研究中心 ……………………………… 677
　　陕西省铸牢中华民族共同体意识研究基地 ……………………………… 678
　　丝路电影与丝路文化理论研究基地 ……………………………………… 678
　　西安建筑科技大学乡村振兴研究所 ……………………………………… 678
　　长安大学西部电影理论及创作研究－陕西省电影评论与理论研究基地 … 678
　　西安工业大学西部电影艺术与文化品牌研究中心 ……………………… 679
　　宝鸡文理学院西部农村教育发展协同创新中心 ………………………… 679
　　西安财经大学西部社会治理研究中心 …………………………………… 679
　　西安交通大学新媒体与社会治理研究中心 ……………………………… 679
　　西北工业大学新时代企业高质量发展研究中心 ………………………… 680
　　陕西省社会科学院延安精神(陕甘宁革命史)研究所 …………………… 680
　　陕西师范大学延安精神与中国共产党精神体系研究中心 ……………… 680
　　西安翻译学院中外民族戏剧学研究中心 ………………………………… 681
　　陕西师范大学铸牢中华民族共同体意识研究基地 ……………………… 681
　　长安大学综合运输发展研究中心 ………………………………………… 681
＊**陕西省民办社科研究机构** …………………………………………………… 681
　　西安朝华管理科学研究院 ………………………………………………… 681
　　陕西创新人才发展研究院 ………………………………………………… 682
　　陕西省弘扬汉文化研究中心 ……………………………………………… 682
　　陕西翰林教育研究院 ……………………………………………………… 682
　　陕西华夏教育科学研究院 ………………………………………………… 683
　　陕西季羡林国学院 ………………………………………………………… 683
　　陕西人才战略发展研究中心 ……………………………………………… 683
　　陕西现代经济与管理研究院 ……………………………………………… 684
　　陕西颖创跨境贸易研究院 ………………………………………………… 684
　　陕西新丝路电子商务研究院 ……………………………………………… 684
　　陕西三秦国土空间规划研究院 …………………………………………… 685

学 术 期 刊

＊**2021年新增高校哲学社会科学期刊** ……………………………………… 688
　　长安传媒研究 ……………………………………………………………… 688
　　经济与管理文献研究 ……………………………………………………… 688

大 事 记

附 录

陕西省市社会科学界联合会一览表 …… 696
陕西省高校社会科学界联合会一览表 …… 696
陕西省社会科学界联合会所属社会组织一览表 …… 699
陕西省社会科学联合会所属科普基地一览表 …… 704
 陕西省首批社会科学普及基地名单(20个) …… 704
 陕西省第二批社会科学普及基地名单(15个) …… 705
 陕西省第三批社会科学普及基地名单(13个) …… 705
 陕西省第四批社会科学普及基地名单(33个) …… 706
 陕西省第五批社会科学普及基地名单(19个) …… 707
陕西省哲学社会科学研究基地(中心)一览表 …… 708
陕西省党校哲学社会科学期刊一览表 …… 718
陕西省高校哲学社会科学期刊一览表 …… 719
哲学社会科学综合类刊物一览表 …… 723

后记 …… 724

特 载

在庆祝中国共产党成立 100 周年大会上的讲话

(2021 年 7 月 1 日)
习近平

同志们,朋友们:

今天,在中国共产党历史上,在中华民族历史上,都是一个十分重大而庄严的日子。我们在这里隆重集会,同全党全国各族人民一道,庆祝中国共产党成立一百周年,回顾中国共产党百年奋斗的光辉历程,展望中华民族伟大复兴的光明前景。

首先,我代表党中央,向全体中国共产党员致以节日的热烈祝贺!

在这里,我代表党和人民庄严宣告,经过全党全国各族人民持续奋斗,我们实现了第一个百年奋斗目标,在中华大地上全面建成了小康社会,历史性地解决了绝对贫困问题,正在意气风发向着全面建成社会主义现代化强国的第二个百年奋斗目标迈进。这是中华民族的伟大光荣!这是中国人民的伟大光荣!这是中国共产党的伟大光荣!

同志们、朋友们!

中华民族是世界上伟大的民族,有着 5000 多年源远流长的文明历史,为人类文明进步作出了不可磨灭的贡献。1840 年鸦片战争以后,中国逐步成为半殖民地半封建社会,国家蒙辱、人民蒙难、文明蒙尘,中华民族遭受了前所未有的劫难。从那时起,实现中华民族伟大复兴,就成为中国人民和中华民族最伟大的梦想。

为了拯救民族危亡,中国人民奋起反抗,仁人志士奔走呐喊,太平天国运动、戊戌变法、义和团运动、辛亥革命接连而起,各种救国方案轮番出台,但都以失败而告终。中国迫切需要新的思想引领救亡运动,迫切需要新的组织凝聚革命力量。

十月革命一声炮响,给中国送来了马克思列宁主义。在中国人民和中华民族的伟大觉醒中,在马克思列宁主义同中国工人运动的紧密结合中,中国共产党应运而生。中国产生了共产党,这是开天辟地的大事变,深刻改变了近代以后中华民族发展的方向和进程,深刻改变了中国人民和中华民族的前途和命运,深刻改变了世界发展的趋势和格局。

中国共产党一经诞生,就把为中国人民谋幸福、为中华民族谋复兴确立为自己的初心使命。一百年来,中国共产党团结带领中国人民进行的一切奋斗、一切牺牲、一切创造,归结起来就是一个主题:实现中华民族伟大复兴。

——为了实现中华民族伟大复兴,中国共产党团结带领中国人民,浴血奋战、百折不挠,创造了新民主主义革命的伟大成就。我们经过北伐战争、土地革命战争、抗日战争、解放战争，以武装的革命反对武装的反革命，推翻帝国主义、封建主义、官僚资本主义三座大山，建立了人民当家作主的中华人民共和国，实现了民族独立、人民解放。新民主主义革命的胜利，彻底结束了旧中国半殖民地半封建社会的历史，彻底结束了旧中国一盘散沙的局面，彻底废除了列强强加给中国的不平等条约和帝国主义在中国的一切特权，为实现中华民族伟大复兴创造了根本社会条件。中国共产党和中国人民以英勇顽强的奋斗向世界庄严宣告，中国人民站起来了，中华民族任人宰割、饱受欺凌的时代一去不复返了！

——为了实现中华民族伟大复兴，中国共产党团结带领中国人民，自力更生、发愤图强，创造了社会主义革命和建设的伟大成就。我们进行社会主义革命，消灭在中国延续几千年的封建剥削压迫制度，确立社会主义基本制度，推进社会主义建设，战胜帝国主义、霸权主义的颠覆破坏和武装挑衅，实现了中华民族有史以来最为广泛而深刻的社会变革，实现了一穷二白、人口众多的东方大国大步迈进社会主义社会的伟大飞跃，为实现中华民族伟大复兴奠定了根本政治前提和制度基础。中国共产党和中国人民以英勇顽强的奋斗向世界庄严宣告，中国人民不但善于破坏一个旧世界、也善于建设一个新世界，只有社会主义才能救中国，只有中国特色社会主义才能发展中国！

——为了实现中华民族伟大复兴，中国共产党团结带领中国人民，解放思想、锐意进取，创造了改革开放和社会主义现代化建设的伟大成就。我们实现新中国成立以来党的历史上具有深远意义的伟大转折，确立党在社会主义初级阶段的基本路线，坚定不移推进改革开放，战胜来自各方面的风险挑战，开创、坚持、捍卫、发展中国特色社会主义，实现了从高度集中的计划经济体制到充满活力的社会主义市场经济体制、从封闭半封闭到全方位开放的历史性转变，实现了从生产力相对落后的状况到经济总量跃居世界第二的历史性突破，实现了人民生活从温饱不足到总体小康、奔向全面小康的历史性跨越，为实现中华民族伟大复兴提供了充满新的活力的体制保证和快速发展的物质条件。中国共产党和中国人民以英勇顽强的奋斗向世界庄严宣告，改革开放是决定当代中国前途命运的关键一招，中国大踏步赶上了时代！

——为了实现中华民族伟大复兴，中国共产党团结带领中国人民，自信自强、守正创新，统揽伟大斗争、伟大工程、伟大事业、伟大梦想，创造了新时代中国特色社会主义的伟大成就。党的十八大以来，中国特色社会主义进入新时代，我们坚持和加强党的全面领导，统筹推进"五位一体"总体布局、协调推进"四个全面"战略布局，坚持和完善中国特色社会主义制度、推进国家治理体系和治理能力现代化，坚持依规治党，形成比较完善的党内法规体系，战胜一系列重大风险挑战，实现第一个百年奋斗目标，明确实现第二个百年奋斗目标的战略安排，党和国家事业取得历史性成就、发生历史性变革，为实现中华民族伟大复兴提供了更为完善的制度保证、更为坚实的物质基础、更为主动的精神力量。中国共产党和中国人民以英勇顽强的奋斗向世界庄严宣告，中华民族迎来了从站起来、富起来到强起来的伟大飞跃，实现中华民族伟大复兴进入了不可逆转的历史进程！

一百年来，中国共产党团结带领中国人民，以"为有牺牲多壮志，敢教日月换新天"的大无畏气概,书写了中华民族几千年历史上最恢宏的史诗。这一百年来开辟的伟大道路、创造的伟大事业、取得的伟大成就,必将载入中华民族发展史册、人类文明发展史册!

同志们、朋友们!

一百年前,中国共产党的先驱们创建了中国共产党,形成了坚持真理、坚守理想,践行初心、担当使命,不怕牺牲、英勇斗争,对党忠诚、不负人民的伟大建党精神,这是中国共产党的精神之源。

一百年来,中国共产党弘扬伟大建党精神,在长期奋斗中构建起中国共产党人的精神谱系,锤炼出鲜明的政治品格。历史川流不息,精神代代相传。我们要继续弘扬光荣传统、赓续红色血脉,永远把伟大建党精神继承下去、发扬光大!

同志们、朋友们!

一百年来,我们取得的一切成就,是中国共产党人、中国人民、中华民族团结奋斗的结果。以毛泽东同志、邓小平同志、江泽民同志、胡锦涛同志为主要代表的中国共产党人,为中华民族伟大复兴建立了彪炳史册的伟大功勋!我们向他们表示崇高的敬意!

此时此刻,我们深切怀念为中国革命、建设、改革,为中国共产党建立、巩固、发展作出重大贡献的毛泽东、周恩来、刘少奇、朱德、邓小平、陈云同志等老一辈革命家,深切怀念为建立、捍卫、建设新中国英勇牺牲的革命先烈,深切怀念为改革开放和社会主义现代化建设英勇献身的革命烈士,深切怀念近代以来为民族独立和人民解放顽强奋斗的所有仁人志士。他们为祖国和民族建立的丰功伟绩永载史册!他们的崇高精神永远铭记在人民心中!

人民是历史的创造者,是真正的英雄。我代表党中央,向全国广大工人、农民、知识分子,向各民主党派和无党派人士、各人民团体、各界爱国人士,向人民解放军指战员、武警部队官兵、公安干警和消防救援队伍指战员,向全体社会主义劳动者,向统一战线广大成员,致以崇高的敬意!向香港特别行政区同胞、澳门特别行政区同胞和台湾同胞以及广大侨胞,致以诚挚的问候!向一切同中国人民友好相处,关心和支持中国革命、建设、改革事业的各国人民和朋友,致以衷心的谢意!

同志们、朋友们!

初心易得,始终难守。以史为鉴,可以知兴替。我们要用历史映照现实、远观未来,从中国共产党的百年奋斗中看清楚过去我们为什么能够成功、弄明白未来我们怎样才能继续成功,从而在新的征程上更加坚定、更加自觉地牢记初心使命、开创美好未来。

——以史为鉴、开创未来,必须坚持中国共产党坚强领导。办好中国的事情,关键在党。中华民族近代以来180多年的历史、中国共产党成立以来100年的历史、中华人民共和国成立以来70多年的历史都充分证明,没有中国共产党,就没有新中国,就没有中华民族伟大复兴。历史和人民选择了中国共产党。中国共产党领导是中国特色社会主义最本质的特征,是中国特色社会主义制度的最大优势,是党和国家的根本所在、命脉所在,是全国各族人民的利益所系、命运所系。

新的征程上,我们必须坚持党的全面领导,不断完善党的领导,增强"四个意识"、坚定"四个自信"、做到"两个维护",牢记"国之大者",不断提高党科学执政、民主执政、依法执政水平,充分发挥党总揽全局、协调各方的领导核心作用!

——以史为鉴、开创未来,必须团结带领中国人民不断为美好生活而奋斗。江山就是人民、人民就是江山,打江山、守江山,守的是人民的心。中国共产党根基在人民、血脉在人民、力量在人民。中国共产党始终代表最广大人民根本利益,与人民休戚与共、生死相依,没有任何自己特殊的利益,从来不代表任何利益集团、任何权势团体、任何特权阶层的利益。任何想把中国共产党同中国人民分割开来、对立起来的企图,都是绝不会得逞的!9500多万中国共产党人不答应!14亿多中国人民也不答应!

新的征程上,我们必须紧紧依靠人民创造历史,坚持全心全意为人民服务的根本宗旨,站稳人民立场,贯彻党的群众路线,尊重人民首创精神,践行以人民为中心的发展思想,发展全过程人民民主,维护社会公平正义,着力解决发展不平衡不充分问题和人民群众急难愁盼问题,推动人的全面发展、全体人民共同富裕取得更为明显的实质性进展!

——以史为鉴、开创未来,必须继续推进马克思主义中国化。马克思主义是我们立党立国的根本指导思想,是我们党的灵魂和旗帜。中国共产党坚持马克思主义基本原理,坚持实事求是,从中国实际出发,洞察时代大势,把握历史主动,进行艰辛探索,不断推进马克思主义中国化时代化,指导中国人民不断推进伟大社会革命。中国共产党为什么能,中国特色社会主义为什么好,归根到底是因为马克思主义行!

新的征程上,我们必须坚持马克思列宁主义、毛泽东思想、邓小平理论、"三个代表"重要思想、科学发展观,全面贯彻新时代中国特色社会主义思想,坚持把马克思主义基本原理同中国具体实际相结合、同中华优秀传统文化相结合,用马克思主义观察时代、把握时代、引领时代,继续发展当代中国马克思主义、21世纪马克思主义!

——以史为鉴、开创未来,必须坚持和发展中国特色社会主义。走自己的路,是党的全部理论和实践立足点,更是党百年奋斗得出的历史结论。中国特色社会主义是党和人民历经千辛万苦、付出巨大代价取得的根本成就,是实现中华民族伟大复兴的正确道路。我们坚持和发展中国特色社会主义,推动物质文明、政治文明、精神文明、社会文明、生态文明协调发展,创造了中国式现代化新道路,创造了人类文明新形态。

新的征程上,我们必须坚持党的基本理论、基本路线、基本方略,统筹推进"五位一体"总体布局、协调推进"四个全面"战略布局,全面深化改革开放,立足新发展阶段,完整、准确、全面贯彻新发展理念,构建新发展格局,推动高质量发展,推进科技自立自强,保证人民当家作主,坚持依法治国,坚持社会主义核心价值体系,坚持在发展中保障和改善民生,坚持人与自然和谐共生,协同推进人民富裕、国家强盛、中国美丽。

中华民族拥有在5000多年历史演进中形成的灿烂文明,中国共产党拥有百年奋斗实践和70多年执政兴国经验,我们积极学习借鉴人类文明的一切有益成果,欢迎一切有益的建议和善意的批评,但我们绝不接受"教师爷"般颐指气使的说教!中国共产党和中国人民将在自己选择的道路上昂首阔步走下去,把中国发展进步的命运牢牢掌握在自己手中!

——以史为鉴、开创未来,必须加快国防和军队现代化。强国必须强军,军强才能国安。坚持党指挥枪、建设自己的人民军队,是党在血与火的斗争中得出的颠扑不破的真理。人民军队为党和人民建立了不朽功勋,是保卫红色江山、维护民族尊严的坚强柱石,也是维护地区和世界和平的强大力量。

新的征程上,我们必须全面贯彻新时代党的强军思想,贯彻新时代军事战略方针,坚持党对人民军队的绝对领导,坚持走中国特色强军之路,全面推进政治建军、改革强军、科技强军、人才强军、依法治军,把人民军队建设成为世界一流军队,以更强大的能力、更可靠的手段捍卫国家主权、安全、发展利益!

——以史为鉴、开创未来,必须不断推动构建人类命运共同体。和平、和睦、和谐是中华民族5000多年来一直追求和传承的理念,中华民族的血液中没有侵略他人、称王称霸的基因。中国共产党关注人类前途命运,同世界上一切进步力量携手前进,中国始终是世界和平的建设者、全球发展的贡献者、国际秩序的维护者!

新的征程上,我们必须高举和平、发展、合作、共赢旗帜,奉行独立自主的和平外交政策,坚持走和平发展道路,推动建设新型国际关系,推动构建人类命运共同体,推动共建"一带一路"高质量发展,以中国的新发展为世界提供新机遇。中国共产党将继续同一切爱好和平的国家和人民一道,弘扬和平、发展、公平、正义、民主、自由的全人类共同价值,坚持合作、不搞对抗,坚持开放、不搞封闭,坚持互利共赢、不搞零和博弈,反对霸权主义和强权政治,推动历史车轮向着光明的目标前进!

中国人民是崇尚正义、不畏强暴的人民,中华民族是具有强烈民族自豪感和自信心的民族。中国人民从来没有欺负、压迫、奴役过其他国家人民,过去没有,现在没有,将来也不会有。同时,中国人民也绝不允许任何外来势力欺负、压迫、奴役我们,谁妄想这样干,必将在14亿多中国人民用血肉筑成的钢铁长城面前碰得头破血流!

——以史为鉴、开创未来,必须进行具有许多新的历史特点的伟大斗争。敢于斗争、敢于胜利,是中国共产党不可战胜的强大精神力量。实现伟大梦想就要顽强拼搏、不懈奋斗。今天,我们比历史上任何时期都更接近、更有信心和能力实现中华民族伟大复兴的目标,同时必须准备付出更为艰巨、更为艰苦的努力。

新的征程上,我们必须增强忧患意识、始终居安思危,贯彻总体国家安全观,统筹发展和安全,统筹中华民族伟大复兴战略全局和世界百年未有之大变局,深刻认识我国社会主要矛盾变化带来的新特征新要求,深刻认识错综复杂的国际环境带来的新矛盾新挑战,敢于斗争,善于斗争,逢山开道、遇水架桥,勇于战胜一切风险挑战!

——以史为鉴、开创未来,必须加强中华儿女大团结。在百年奋斗历程中,中国共产党始终把统一战线摆在重要位置,不断巩固和发展最广泛的统一战线,团结一切可以团结的力量、调动一切可以调动的积极因素,最大限度凝聚起共同奋斗的力量。爱国统一战线是中国共产党团结海内外全体中华儿女实现中华民族伟大复兴的重要法宝。

新的征程上,我们必须坚持大团结大联合,坚持一致性和多样性统一,加强思想政治引领,广泛凝聚共识,广聚天下英才,努力寻求最大公约数、画出最大同心圆,形成海内外全体中华儿女心往一处想、劲往一处使的生动局面,汇聚起实现民族复兴的磅礴力量!

——以史为鉴、开创未来,必须不断推进党的建设新的伟大工程。勇于自我革命是中国共产党区别于其他政党的显著标志。我们党历经千锤百炼而朝气蓬勃,一个很重要的原因就是我们始终坚持党要管党、全面从严治党,不断应对好自身在各个历史时期面临的风险考验,确保我们党在世界形势深刻变化的历史进程中始终走在时代前列,在应对国内外各种风险挑战的历史进程中始终成为全国人民的主心骨!

新的征程上,我们要牢记打铁必须自身硬的道理,增强全面从严治党永远在路上的政治自觉,以党的政治建设为统领,继续推进新时代党的建设新的伟大工程,不断严密党的组织体系,着力建设德才兼备的高素质干部队伍,坚定不移推进党风廉政建设和反腐败斗争,坚决清除一切损害党的先进性和纯洁性的因素,清除一切侵蚀党的健康肌体的病毒,确保党不变质、不变色、不变味,确保党在新时代坚持和发展中国特色社会主义的历史进程中始终成为坚强领导核心!

同志们、朋友们!

我们要全面准确贯彻"一国两制"、"港人治港"、"澳人治澳"、高度自治的方针,落实中央对香港、澳门特别行政区全面管治权,落实特别行政区维护国家安全的法律制度和执行机制,维护国家主权、安全、发展利益,维护特别行政区社会大局稳定,保持香港、澳门长期繁荣稳定。

解决台湾问题、实现祖国完全统一,是中国共产党矢志不渝的历史任务,是全体中华儿女的共同愿望。要坚持一个中国原则和"九二共识",推进祖国和平统一进程。包括两岸同胞在内的所有中华儿女,要和衷共济、团结向前,坚决粉碎任何"台独"图谋,共创民族复兴美好未来。任何人都不要低估中国人民捍卫国家主权和领土完整的坚强决心、坚定意志、强大能力!

同志们、朋友们!

未来属于青年,希望寄予青年。一百年前,一群新青年高举马克思主义思想火炬,在风雨如晦的中国苦苦探寻民族复兴的前途。一百年来,在中国共产党的旗帜下,一代代中国青年把青春奋斗融入党和人民事业,成为实现中华民族伟大复兴的先锋力量。新时代的中国青年要以实现中华民族伟大复兴为己任,增强做中国人的志气、骨气、底气,不负时代,不负韶华,不负党和人民的殷切期望!

同志们、朋友们!

一百年前,中国共产党成立时只有50多名党员,今天已经成为拥有9500多万名党员、领导着14亿多人口大国、具有重大全球影响力的世界第一大执政党。

一百年前,中华民族呈现在世界面前的是一派衰败凋零的景象。今天,中华民族向世界展现的是一派欣欣向荣的气象,正以不可阻挡的步伐迈向伟大复兴。

过去一百年,中国共产党向人民、向历史交出了一份优异的答卷。现在,中国共产党团结带领中国人民又踏上了实现第二个百年奋斗目标新的赶考之路。

全体中国共产党员!党中央号召你们,牢记初心使命,坚定理想信念,践行党的宗旨,永远保持同人民群众的血肉联系,始终同人民想在一起、干在一起,风雨同舟、同甘共苦,继续为实现人民对美好生活的向往不懈努力,努力为党和人民争取更大光荣!

同志们、朋友们!

中国共产党立志于中华民族千秋伟业,百年恰是风华正茂!回首过去,展望未来,有中国共产党的坚强领导,有全国各族人民的紧密团结,全面建成社会主义现代化强国的目标一定能够实现,中华民族伟大复兴的中国梦一定能够实现!

伟大、光荣、正确的中国共产党万岁!

伟大、光荣、英雄的中国人民万岁!

发展报告

2021年陕西社会科学发展概述

《陕西社会科学年鉴》课题组①

2021年是中国共产党成立100周年,也是"十四五"规划开局之年。陕西省社会科学界的全体单位和专家学者共同努力,不断坚持巩固马克思主义指导地位,坚持党对哲学社会科学工作的全面领导,坚持关注重大理论和现实问题,坚持以人民为中心的工作导向,进一步加强社科组织管理、提升人文社科水平、推进社科研究普及,取得了一系列新进展、新成果,为中国共产党的百年华诞交出了一份优异的答卷。

一、社科研究

国家级社科项目方面:2021年全国哲学社会科学工作办公室公布的本年度国家社科基金重大项目、年度项目、青年项目和西部项目立项结果中,共计立项5489项。陕西省共获立各类国家项目273项,获批经费6485万元,创历史新高。立项数排名前五的高校依次是:陕西师范大学、西安交通大学、西北大学、西北政法大学、西北工业大学。其中,国家社科基金重大项目11项,数量较去年有所提升。这些项目分别是:陕西省考古研究院刘呆运的"关中地区十六国时期墓葬资料的整理与研究";西安交通大学杨琳的"乡村振兴视角下新媒体在乡村治理中的角色与功能研究";西安交通大学张顺的"新形势下我国面临的主要就业风险及多维治理研究";西北工业大学贾明的"企业低碳价值创造的理论与实践研究";陕西师范大学任晓伟的"中国共产党百年对马克思主义的整体性原创贡献研究";陕西师范大学李化成的"人类瘟疫史";陕西师范大学李西建的"中国共产党文艺制度史研究";陕西师范大学赵学勇的"红色文艺与百年中国研究";陕西师范大学王伟的"新出土墓志与隋唐家族文学文献整理与研究";西安外国语大学王启龙的"《佛教造像艺术大辞典》汉译与研究";西安财经大学张维群的"国家治理能力现代化的测度理论、方法与进展评价研究"。国家社科基金重点项目12项,数量同样相较去年有所增加。分别是:陕西省考古研究院丁岩的"宝鸡石鼓山商周墓地发掘报告";西安交通大学的李婉丽的"RCEP框架下促进中国制造业产业链

---

① 《陕西社会科学年鉴》课题组负责人:李继凯;参与人:李胜振、冯超、白若凡、张旖华、崔谦、魏瑞、牛瑞源、李甜、林静雯;执笔人:崔谦、白若凡。

重构的政府补贴效能提升研究";西安交通大学杜海峰的"以生计与基层治理为重点的西部脱贫攻坚与乡村振兴有效衔接实现路径研究";陕西师范大学李西建的"习近平总书记对马克思主义文艺理论中国化的理论贡献研究";陕西师范大学赵学勇的"红色中国的域外书写及传播研究(1934—1979)";陕西师范大学赵学清的"港澳地区多语多文制的历史与现状研究";陕西师范大学许加彪的"媒介域视角下延安木刻版画的社会动员研究";西北大学王铁铮的"海湾国家的家族统治与君主制政体嬗变史比较研究";西安工业大学陈丛兰的"中国传统居住伦理文化研究";西安理工大学杨水利的"'三链'双循环下我国制造业高质量发展路径与驱动机制研究";西安科技大学王萍的"当代中国农村老年家庭代际和谐发展与支持政策研究";西京学院董千里的"基于集成场理论的中国物流业高质量发展机制研究"。在陕西省获立的国家社科基金年度一般项目中,应用经济学立项数最多,共11项;其次为管理学,共10项;排在其后立项较多的分别是马列·科社,中国历史,新闻学与传播学,分别为9项、8项、7项。在国家社科基金青年项目立项中,陕西省共有34项,其中,西安交通大学、西北大学、陕西师范大学位列陕西省前三,分别为9项、9项、6项。在国家社科基金西部项目中,陕西省有52项,其中,西北大学、西北政法大学、西安财经大学分别以6项、5项、5项位列全省前列。本年全国哲学社会科学工作办公室公布的2021年国家社科基金后期资助项目立项名单中,陕西省共计立项44个,重点项目4个,一般项目40个,各类项目均相较去年有所提升。在国家社科基金教育科学规划项目立项中,陕西省有14项;在国家社科基金艺术学项目立项中,陕西省有7项;在国家社科基金冷门绝学项目立项中,陕西省有2项;在国家社科基金高校思政课研究专项立项中,陕西省有6项;在国家社科基金中华学术外译项目立项中,陕西省有4项。

教育部人文社会科学研究项目中,陕西省立项144项。其中人文社科规划基金项目32项,青年基金项目46项,西部和边疆地区项目43项,专项任务项目17项,后期资助6项。全国教育科学"十四五"规划课题立项中,陕西省共计15个项目获准立项。

陕西省哲学社会科学工作办公室征集本年度省社科基金项目研究选题,分设了16个学科,最终批准立项389项,资助经费770万元。马克思主义、科学社会主义30项,党史、党建18项,哲学、宗教学8项,经济学70项,政治学、法学17项,社会学、人口学20项,历史、考古学15项,文学22项,艺术学49项,语言学25项,新闻学与传播学17项,图书馆、情报与文献学4项,教育学29项,体育学15项,管理学45项。古籍整理与研究5项。以上项目中,陕西师范大学获立45项,西安交通大学获立35项,西北大学获立30项。

陕西省哲学社会科学重大理论与现实问题研究一般项目立项数共500项,陕西省哲学社会科学重大理论与现实问题重点研究合作项目共485项,陕西省哲学社会科学重大理论与现实问题重点智库研究项目共立项总课题14项、子课题56项。省社联围绕省委、省政府本年度的重大决策部署,积极将理论与现实问题相结合,会同省人民政府研究室、省民政厅、省生态环境厅、省文物局、省退役军人事务厅、省审计厅,以及复旦大学出版社等多家单位,设立了各类重大课题合作项目,不仅提升了自身的理论研究水平,也推出了一系列高质量政策理论研究成果,推动了相关工作的高质量发展。

二、学术交流

2021年,陕西省社科理论界组织开展学习宣传贯彻习近平新时代中国特色社会主义思想系列研讨活动。成功举办全省学习贯彻习近平总书记"七一"重要讲话精神暨庆祝中国共产党成立100周年理论研讨会;组织召开"陕西省社科界深入学习贯彻习近平总书记给《文史哲》编辑部全体编辑人员回信精神座谈会";省中特中心、重点和标准马院、省社科重点研究基地积极开展"学习贯彻习近平总书记七一重要讲话精神研讨会""学习贯彻党的十九届六中全会精神研讨会"等,马院和中特中心专家学者在中省媒体报刊发表理论文章1000余篇,其中以省中特中心名义在《光明日报》《人民日报》等中央"三报一刊"发文10篇,社科理论专家在《陕西日报》刊发《走好高质量发展之路》《用伟大建党精神滋养初心》《铭记党的光荣历史走好新的赶考之路》近60篇高质量文章,不断推动习近平新时代中国特色社会主义思想落地落实,入脑入心。

陕西省社科联围绕习近平新时代中国特色社会主义思想和党的十九届六中全会精神、庆祝中国共产党成立100周年主题学习活动,习近平总书记"七一"重要讲话,深入贯彻落实中央和省委决策部署,紧紧围绕奋力推进社科强省目标,团结引导全省广大社科工作者不断提升学术交流方面的能力和水平,努力推进社科事业繁荣发展,为新时代陕西追赶超越提供了有力的理论支撑和智力支持。年内,陕西省社科类学术团体、各基层科研组织围绕陕西省委省政府中心工作和生态保护、高质量发展、新时代文化建设等一系列热点、难点、重点问题,组织开展了各类学术研讨交流活动200余场。其中,以"新口岸、新经济、新格局"为主题的第二届陕西口岸经济发展论坛、"沿黄区域乡村振兴与新型城镇化建设"等高层论坛;"中原与周边:多地区互动视野下的早期中国文明进程"国际学术研讨会、"2021年陕西省司马迁研究会学术年会暨史传文学研究高端论坛会议"、"创造社与现代中国文化——纪念创造社成立一百周年"学术研讨会等高水平学术论坛、研讨会,不仅在学术界内部形成了良好的反响,也通过各类媒体的宣传形成了广泛的社会影响。同时,省社科联在2021年持续打造高水平、高质量的学术年会,陕西省社科界第十五届(2021)学术年会以"把握新发展阶段贯彻新发展理念构建新发展格局"为主题,陕西省社科院、陕西省外国文学学会、陕西省南泥湾精神研究会、西北大学等多家单位承办了本次年会的22个分场活动,体现出了我省社科界学术交流"百花齐放,百家争鸣"的局面和浓郁的学术氛围。

陕西省社科界还举办了多场不同主题、不同学科的高水平学术论坛、会议。影响较大的有:"祭祀黄帝陵与中华民族伟大复兴新征程"学术论坛、纪念仰韶文化发现暨中国考古学诞生一百年"玄玉时代"高端论坛、首届中医药传承创新发展国际学术交流会、首届产业经济与贸易国际会议(International Conference on Industrial Economics and Trade)、世界交通运输工程技术论坛(WTC2021)、第六届"双循环"新发展格局下能源金融国际学术会议、中国·安康毛绒玩具文创产业发展高峰会暨2021第四届国际创新设计(西安)高峰论坛、"双循环"背景下的国际商事争端解决与法律服务高端论坛、2021年企业碳中和与高质量发展论坛、陈彦文学创作全国学术研讨会高端论坛、第五届全国高等学校外语教育改革与发展高端论坛,等等。各基层单位还组织举办了学科多样、规模不等的研讨会,诸如"百年中国共产党生态文明建设历程和经验"学术研讨会,"中国共产党百年历程与马克思主义中国化"学术研讨会,"融入新发展格局,推进红色文化传承,助推陕西新时代高质量发展"学术研讨会,"非凡事业、红色传承"中国共产党百年新闻传播历史、理论与实践学术研讨会,"史诗的图像建构——党史百年历史画创作与研究"学术研讨会,"一带一路"与文化创新发展国际学术研讨会等,体现出了陕西省社科界各领域宏大的研究视野与强劲的研究势头。

三、社科成果

2021年,陕西社科界取得了较往年更为丰硕的成果,在学术界和社会中产生了较大影响。各基层社科单位积极发挥智库优势,多项研究成果得到了省委、省政府领导的肯定性批示,为我省"十四五"规划和政策制定提供了重要参考。

在高校社会科学研究领域,2021年陕西省高校产出的人文社科学术著作1127部,全国排名第11。本年度,陕西省高校共产出人文社科学术论文15151篇,其中在国外学术刊物中发表的人文社科论文1377篇,数量均较上年有所提升,全国排名位次与上年保持一致,分别排名第11、第9。陕西省社会科学界在CSSCI刊物上共发表论文3876篇,陕西师范大学、西安交通大学、西北大学分别有735、725、598篇,占本年度陕西社会科学发表CSSCI期刊论文总量的53.09%。2021年,《中国社会科学文摘》转载陕西省社会科学专家学者论文16篇,其中陕西师范大学8篇(2篇第一作者)、西北大学5篇(1篇第二作者)、西北工业大学1篇、西安交通大学1篇、陕西省社会科学院1篇、西北政法大学1篇(第二作者)。2021年《新华文摘》转载陕西省社会科学专家学者论文共12篇,其中有5篇署名单位为陕西师范大学,2篇署名为西北大学,陕西省社会科学院、西北政法大学、西安财经大学、西安体育学院(第一作者)、长安大学(第三作者)分别署名一篇。2021年《高等学校文科学术文摘》转摘陕西省社会科学专家学者论文共22篇,其中有12篇署名单位为陕西师范大学,3篇署名单位为西北大学,3篇署名单位为西安交通大学。本年度陕西省高校提交有关部门的研究与咨询报告共4479篇,数量全国排名第2,其中被采纳的研究与咨询报告共计595篇,全国排名第12,各项数据相较上年均有较大幅度提升。

陕西省第十五次哲学社会科学优秀成果评审中,获奖的科研成果包括著作103项、论文172项、调研报告62项、科普读物4项、志书2项,总计343项。这次评奖工作充分显示出了我省哲学社会科学广阔的研究方向、深厚的学术底蕴、深远的学术影响与齐头并进的发展态势。本次评审结果共包括3个等级,一等奖共计84项,包含著作类24项、论文类 43 项、调研报告类 16 项、科普读物类 1 项；二等奖共计 138 项，包含著作类 42 项、论文类 69 项、调研报告类 24 项、科普读物类 2 项、志书类 1 项；三等奖共计 121 项，包含著作类 37 项、论文类 60 项、调研报告类 22 项、科普读物类 1 项、志书类 1 项。此次评奖在规模、数量上相较于之前都有所提升，在全省社科界也引起了广泛关注与普遍好评。

根据《关于表彰陕西省社科界第十五届（2021）学术年会优秀论文的决定》，陕西省社会科学界第十五届（2021）学术年会从 22 场次专题研讨会提交的论文中，共评选出 80 篇获奖论文，其中一等奖 30 篇，二等奖 50 篇。

陕西省教育厅 2021 年度陕西高等学校人文社会科学研究优秀成果奖，获奖的科研成果包括论文 441 项、著作 261 项、研究报告 92 项、成果普及 3 项，共计 797 项。其中论文奖一等奖 112 项，二等奖 144 项，三等奖 185 项；著作奖一等奖 63 项，二等奖 88 项，三等奖 110 项；研究报告奖一等奖 23 项，二等奖 37 项，三等奖 32 项；成果普及奖 3 项。

陕西人文社科学者还积极参与了全国、全省各类主题性评奖活动。其中，陕西师范大学祁占勇等 6 人的成果获得第六届全国教育科学研究优秀成果奖；西北大学马朝琦主编、梁星亮等撰著的《话说延安精神》，在第五届全国党员教育培训教材展示交流活动中获评优秀教材奖；西安外国语大学庞闻主编的《图解丝绸之路经济带》入选科技部主办的科学传播领域顶级奖项"全国优秀科普作品奖"；西北政法大学陈玺著作的《唐代刑事诉讼惯例研究》获得第七届中国法律文化研究成果一等奖；由陕西中医药大学宣传教育基地，陕西医史博物馆设计制作、志愿者耿睿讲解的《清明上河图中的一家药店——赵太丞家》荣获全国高校博物馆优秀讲解案例展示活动二等奖和优秀创意奖。西北工业大学陕西省青年发展规划研究中心的《乡村文化振兴视域下陕西农村宗教问题治理研究——以关中为中心》研究报告获 2021 年度全省统战理论研究优秀成果一等奖；宝鸡文理学院张全省的论文《百年来宝鸡教育事业的巨大变迁与辉煌成就》获得中共宝鸡市委宣传部庆祝中国共产党成立 100 周年理论征文一等奖。

四、学科建设

2021 年 12 月 17 日，习近平总书记主持召开中央全面深化改革委员会第二十三次会议，审议通过了《关于深入推进世界一流大学和一流学科建设的若干意见》。2021 年是第二轮"双一流"建设开局之年。在这样一个重要的时间节点上，陕西各高校分别立足于本校具体情况，聚焦"双一流"学科建设，提升本校社会科学研究水平质量，学科建设取得了明显的进展和突破。

陕西教育厅贯彻落实《教育部高等教育司关于开展 2021 年度国家级一流本科专业建设点报送工作的通知》《陕西省教育厅办公室关于做好 2021 年"双万计划"一流本科专业建设点申报工作的通知》要求，积极组织开展了专业遴选工作。经省教育厅组织专家对申报省级一流专业建设点专业进行的评议，拟向教育部推荐 45 所省属高校的 304 个专业申报 2021 年"双万计划"国家级一流本科专业建设点，其中 17 所高校的 47 个"限额申报专业",拟同时备案为2021年"双万计划"陕西省级一流本科专业建设点,以上专业中,人文社科类专业共计118个,占比38.81%;拟推荐51所高校的174个专业向教育部备案2021年"双万计划"陕西省级一流本科专业建设点,以上专业中,人文社科类专业共计66个,占比37.93%。

学科研究与建设领域。马克思主义理论研究方面,陕西省马克思主义理论界围绕建党百年来中国共产党带领中国人民所取得的伟大成就、习近平总书记"七一"重要讲话、百年来党的实践探索和实践经验、开启全面建设社会主义现代化国家新征程等党和国家重大事件,从马克思主义基本理论、马克思主义中国化、思想政治教育、国外马克思主义等多个角度开展研究,取得了较为突出的成绩。政治学研究方面,2021年陕西省政治学学者们坚持国内国际两大视域,围绕政治历史规律、政治实践特征和政治发展趋势三大主题,采用规范研究、实证研究和交叉融合研究三大方法,形成"中国共产党政治实践经验研究""政治制度研究""民主实践研究""政治文化研究""国际政治研究"和"交叉学科研究"六大类成果集群。研究成果突出学理厚度、强调问题意识、彰显学术担当。延安精神研究方面,在2021年建党百年的大背景下,陕西学术界掀起了学习、研究和宣传延安精神的热潮,学者们围绕延安精神的科学内涵、逻辑关系、时代价值、弘扬路径等进行了深入研究,提出了许多具有重要理论意义和实践价值的思想观点,把延安精神的研究推向了一个新的阶段。

哲学研究方面,2021年陕西哲学界主要依托国家和陕西省社科基金项目开展了卓有成效的科研工作,并取得了丰硕的成果,特别是涌现了一批颇有建树的中青年学人。马克思主义哲学研究主要集中在经典著作、马克思主义哲学中国化和西方马克思主义等领域。中国哲学研究成果主要集中在先秦哲学、宋元明清理学和实学、近代新学等方面。外国哲学的研究主要集中在对德国古典哲学、启蒙运动思想、现当代外国哲学相关人物及其思想的考察等方面。文学研究方面,陕西学人既关注经典的新阐释同时也着力于学术前沿,本年度的研究成果突出表现在断代文学研究、文学理论研究、文献学研究和文化研究等方面。陕西现当代文学研究学人较之前视野更加宏阔、涉猎学术问题研究与时代的联系更加紧密,理论建构方面文化磨合理论、典型建构论、现代文学对话批评精神都颇有创新性。文学研究方面,在乡土小说研究、延安文艺研究、中国现当代经典作家与作品研究等领域均出现了重量级的研究成果。外国文学研究当中,学者们既有对经典作家作品的深入挖掘,也关注到当下外国文学的发展走向,新作家、新作品、新的研究方法在本年度的研究成果中都有所体现。语言学研究方面,2021年陕西省的语言学科迎来新一年的稳步发展,在汉语言文字学、语言学及应用语言学、外语研究、语言学成果获奖和对外交流等五方面均取得了较大进展。陕西省语言学科出版专著、论文集、集刊51部,其中汉语言文字学7部,语言学及应用语言学3部,外语及译著类41部。发表论文123篇,其中汉语研究类论文36余篇,外语研究87篇。历史学研究方面,2021年的中国史研究关注领域较为广泛,在制度史、经济史、思想文化史研究之外,学者们也对历史地理、边疆史、敦煌学、西夏史,以及社会生活史等领域保持着浓厚的学术兴趣。世界史领域中,陕西学人在中东史、"一带一路"与中亚研究、西方欧美史等研究领域也取得了长足进步。

考古学研究方面,学者们坚持立足重点区域与重点遗址,突出优势,布局沿黄区县考古工作,推动黄河文化遗产系统保护;深入推进周、秦、汉、唐大遗址考古,挖掘其文化精神内核,促进展示利用,延续中华文脉;做好基本建设工程中的考古及文物保护工作;发挥考古在人文交流中的独特作用,加强国际考古合作研究。丝绸之路研究方面,陕西省社科界依托"一带一路"所取得的积极进展,以服务国家和区域战略发展需求为导向,围绕涉及丝绸之路建设政治、经济、文化等问题,进行了多角度、深层次的研究,陕西各院校科研单位申请国家社科基金中涉及丝绸之路的研究项目共 11 项,本年陕西高等学校人文社会科学研究优秀成果奖中涉及丝绸之路相关研究的获奖成果共 30 项。

经济学研究方面,本年度陕西省学者的研究基本覆盖了经济学的所有领域。无论是在政治经济学、西方经济学、经济史、经济思想史等六个二级学科的理论经济学中,还是在产业经济学、金融学、财政学等应用经济学中,均产生了大量比较有影响力的学术成果。管理学研究方面,2021 年,陕西省管理科学的研究方向集中在管理科学与工程、工商管理、公共管理等方面,在关于数字经济背景下新业态新模式中的行为研究、基于大数据的分析模型与决策方法研究、政府应急管理及物资储备及循环经济与可持续发展等领域,均取得了较大的成就。法学研究方面,陕西法学学术界立足中国国情,关注法治中国、法治陕西建设,为进一步建设社会主义法治国家贡献了陕西力量。本年度陕西法学理论研究在法学理论和法律史、国内部门法学、国际法学、法学教育四个方面均有较大突破,为完善新时代中国特色社会主义法治体系作出了积极贡献。社会学研究方面,陕西社会学界立足农村社会学、社会保障、老年社会学、健康社会学及家庭社会学、网络社会学、教育社会学、环境社会学等传统优势研究领域,取得了亮点纷呈的成果;在建党百年、疫情防控、农村转型发展等重大社会事件、学术热点焦点方面凸显出了强烈的个性。民族学研究方面,陕西省内高校及科研单位共发表民族学相关论文 76 篇,出版专著 6 本。其中中国少数民族史相关论文 54 篇,专著 3 本;中国少数民族艺术相关论文 11 篇;民族学相关论文 6 篇,专著 1 本;中国少数民族语文及文献研究相关论文 5 篇,专著 2 本。

心理学研究方面,陕西学者在航空心理与人因工程研究、认知效能增强研究、特殊人群心理研究、家庭与青少年发展研究、公共心理学研究、社会认知理论研究、认知神经科学研究等领域,开展了较为系统的研究,发表了系列较高水平研究论文,取得了显著的研究进展。教育学研究方面,陕西省教育学界 2021 年共在核心及以上期刊发表论文 132 篇,其中,高等教育学领域 28 篇,课程与教学论领域 23 篇,教育学原理领域 19 篇,教育技术学领域 18 篇,出版教育学相关专著 10 本。在教育学原理、课程与教学论、教育史、比较教育学等方面都取得了一定的成效,强化了对陕西省教育实践的指导。新闻与传播学研究方面,陕西新闻传播学学科研究不断突破研究边界,转换研究范式,寻找新的研究增长点,持续激发了陕西省新闻传播学学科的研究活力与现实阐释力,在马克思主义新闻观研究、新闻传播史论研究、媒介文化研究、出版科学与出版产业研究、新媒体研究等方面,都取得了相当多的研究成果。艺术与体育学研究方面,2021 年体育学发表南大核心期刊论文 54 余篇,出版专著 7 部,主要涉及群众体育、体育教育训练学、学校体育等方面的内容,在促进全民健身、普及大众体育文化,弘扬体育传统文化精神,竞技体育训练,体育科研创新等方面产出了多项重要成果。陕西省艺术学工作者在实施"一带一路"倡议和中华优秀传统艺术传承发展计划、中国民族歌剧传承发展工程、曲艺传承发展计划等方面发挥了积极作用。

五、社科普及

2021年,省社科联印发了《陕西省社科联社科普及项目资助管理办法(试行)》和《陕西社科著作出版资助管理办法(试行)》,确定了社科普及资助项目80项,组织了第五批"陕西省社会科学普及基地"的申报工作,全省共计19家单位入选本批科普基地,共有科普基地103家,评选出20家优秀科普基地。陕西省社科联将社科普及作为全年的一项重要工作,着眼于党史教育、历史文化、社会热点,在年内共举办了百余场与之相关的社科普及活动,为宣传普及本省社科研究成果方面作出了积极贡献。诸如"中国共产党精神谱系系列讲座"社科普及活动,"中国共产党百年辉煌与21世纪马克思主义新发展"社科普及活动,"社科专家讲党史""横渠讲坛""走进考古现场,传承历史文化""弘扬民族文化,延续中华文脉——非遗文化进校园""学党史办实事——百名中医下基层""转变销售模式、助推乡村振兴""农特产品与手工艺品品牌提升与营销"科普宣传活动等。

2021年,陕西省社科界还举办了多场公益性学术讲座、培训活动。长安讲坛"为党和人民奉献牺牲是革命军人最大的荣誉""深刻认识中国革命的正确道路,坚定跟党走的理想信念""中国工合运动的红色基因暨抗战时期的宝鸡工合运动""双循环格局下陕西跨境贸易人才需求变化与人才供给侧改革探索与实践"等主题讲座,在社会和群众中都引发了热烈反响。此外,各基层单位还举办了不同主题、不同内容的各类讲座,诸如三秦保险讲堂系列专题讲座,"陕西喜剧的传承与发展""中医治未病与传统养生""文物保护技术与实践专题培训""积极心理赋能教师成长"公益讲座,都成了与会群众、学子的精神文化盛宴。

六、组织建设

2021年,为进一步贯彻落实中共中央宣传部、民政部印发的《关于加强哲学社会科学学术社团建设的指导意见》(中宣发[2019]42号)通知精神,省委宣传部、省民政厅、省社科联联合出台了《关于加强陕西省哲学社会科学学术社团建设的实施意见》,进一步推动陕西省哲学社会科学学术社团的健康有序发展,意见包括:一,加强社科学术社团建设的重要意义;二,加强社科学术社团建设的总体要求;三,积极支持引导社科学术社团发展;四,加强社科学术社团规范管理;五,加强社科学术社团自身建设;六,建立健全社团学术社团的组织保障机制。在学术社团建设的总体要求上,坚持党的领导,确保正确方向;坚持学术为本,凝聚研究力量;坚持服务大局,强化社会责任;坚持改革创新,提升发展能力。在积极支持引导社科学术社团发展的举措方面,支持社科学术社团参与陕西特色新型智库建设,拓展社科学术社团服务哲学社会科学发展新途径,支持社科学术社团开展学术交流,强化社科学术社团科研诚信建设责任,实施重点扶持计划,加大对社科学术社团及活动的支持力度。在社科学术社团规范管理方面,严格社科学术社团意识形态阵地管理,规范社科学术社团发展秩序,加强社科学术社团教育培训。在加强社科学术社团自身建设方面,提升社科学术社团党的建设能力,提升社科学术社团自我管理能力,提高社科学术社团自我发展能力。在建立健全社科学术社团的组织保障机制方面,健全工作机制,加强服务管理,强化督促落实。

省社科联制定了《陕西省社会智库类民办社会科学研究机构登记管理指引》,明确并规定了智库类民办社科研究机构的性质、所属范围、业务范围和申请条件等,实行由陕西省民政厅和陕西省社科联双重负责的管理体制,是贯彻落实习近平总书记关于建设中国特色新型智库、建立健全决策咨询制度系列重要论述的实际行动,也是促进我省各类智库健康发展的有益尝试。这一举措加强了对社会智库类民办社会科学研究机构从登记、审批到建立的流程管理,对社会智库类民办社会科学研究机构的制度管理和良性发展有着重要的指导作用,为社科联组织建设提供了更有力的制度保障。

省社科联以"学习习近平总书记在庆祝中国共产党成立100周年大会上的重要讲话精神"为主题,举办了2021年度社科类社会组织负责人和党支部书记培训班,增强社科类社会组织自身能力建设,提升社科类社会组织业务能力和水平,促进社科工作规范有序发展。陕西省汉语国际教育研究会、陕西省发展经济学学会、陕西省经济学学会乡村振兴分会、西安培华学院乡村振兴研究院先后成立,这些组织的成立不仅壮大了我省社科联的组织基础,对促进我省哲学社会科学的繁荣发展增添了活力和动力,也在整合相关资源、深化人才培养等方面发挥了积极作用。

(作者单位:陕西师范大学)

2021 年陕西省延安精神研究报告

刘 飞

党的十八大以来,习近平总书记分别在 2015 年、2020 年、2021 年三次来陕考察指导工作,并发表重要讲话和重要指示,其中,就关于弘扬延安精神作出一系列重要论述。在 2021 年中国共产党成立一百周年,作为延安精神的发祥地,陕西各界掀起了学习、研究和宣传延安精神的热潮,学术界召开了一系列以延安精神为主题的理论研讨会,发表了大量著作、研究报告和学术论文,把延安精神的研究推进到一个新的阶段。学术界围绕延安精神的科学内涵、逻辑关系、时代价值、弘扬路径等进行了深入研究,提出了许多具有重要理论意义和实践价值的思想观点。系统梳理 2021 年陕西省延安精神研究的相关成果,不仅有助于促进今后延安精神的理论研究,而且也能够提供重要的实践参考,使延安精神成为奋力谱写新时代陕西高质量发展新篇章的强大精神力量。

一、延安精神的科学内涵研究

延安精神是指以毛泽东同志为主要代表的中国共产党人,在为争取民族独立和人民解放事业的奋斗中,在延安时期的特殊环境下,培育和发展起来的崇高革命精神和优良革命传统,涵盖了经济、政治、文化、社会、外交等多个领域。2020 年 4 月,习近平总书记在原有研究成果的基础上将延安精神内容概括为四个方面,成为新时代学术界学习、研究和宣传延安精神的基本遵循。2021 年关于延安精神的科学内涵研究,主要集中在四个层面。

(一)政治内涵研究

习近平总书记在原有延安精神内涵的基础上,对延安精神的内涵进行了深度和全面的概括:"延安时期是我们党领导的中国革命事业从低潮走向高潮、实现历史性转折的时期。老一辈革命家和老一代共产党人在延安时期留下的优良传统和作风,培育形成的以坚定正确的政治方向、解放思想实事求是的思想路线、全心全意为人民服务的根本宗旨、自力更生艰苦奋斗的创业精神为主要内容的延安精神,是我们党的宝贵精神财富。"[①]习

---

① 《习近平总书记关于延安精神的重要论述摘录》,载《学习时报》2021 年 11 月 15 日,第 5 版。

近平总书记关于延安精神科学内涵的深度概括,是新时代研究延安精神的基本遵循。2021年,学术界围绕习近平总书记关于延安精神科学内涵,对延安精神形成的历史背景、具体内涵和实践要求进行了系统的学习和研究。李国喜认为,延安精神形成于中国共产党领导中国革命事业走向胜利的伟大实践中,正确的政治路线指引是延安精神形成的政治保证,确立毛泽东思想的指导地位是延安精神形成的思想理论基础,确立以毛泽东同志为核心的党中央领导集体是延安精神形成的组织保障,陕甘宁边区艰苦斗争的磨炼是延安精神形成的客观环境;延安精神始终是中国共产党不断取得新胜利的强大精神力量,坚定正确的政治方向是延安精神的灵魂,解放思想、实事求是是延安精神的精髓,全心全意为人民服务是延安精神的本质和核心,自力更生、艰苦奋斗是延安精神的显著特征;延安精神是中国共产党人不忘初心、继续奋斗的"永久教材",不忘初心,继续奋斗,就要从延安精神中汲取信仰的力量,就要从延安精神中查找党性的差距,就要从延安精神中校准前进的方向。① 经过多年的研究,延安精神政治内涵的研究已经成熟。李国喜等人关于延安精神的形成背景、具体内涵和实践要求等方面的研究成果,成为学术界研究延安精神内涵的基本框架。

(二)时代内涵研究

延安精神具有恒久弥新的时代价值,其时代内涵不断得到丰富和发展。蔡钊利认为,延安精神是中国共产党在特定历史时期把马克思主义和中国优秀传统文化相结合,创新生成的一整套无产阶级价值观和优良作风的集中体现;在延安精神的滋养和淬炼下,中国共产党战胜了一个又一个看似不可战胜的困难,取得了革命、建设和改革的伟大胜利;作为中国共产党的传家宝,延安精神是中国共产党精神谱系中具有代表性的元精神。② 李晓婕、郝琦等人从延安精神与党政领导干部能力的关系的维度阐释了延安精神的时代内涵,他们认为延安精神是党政领导干部能力提升的信仰之基、力量之源、方向之舵、精神之钙。③ 张迪、石磊等人从延安精神与统一战线的关系视角阐释了延安精神的时代内涵,延安时期统一战线思想是延安精神的重要组成部分,为新时代统一战线的发展奠定了理论基础;独立自主原则是保障统一战线运作的基本原则,是延安精神的生动体现,正是凭着艰苦创业、不怕苦、不怕累的延安精神,党领导人民战胜了国内外所有强敌,战胜了来自社会和自然的千难万险,艰苦奋斗精神为新时代统一战线提供了坚实力量支撑。④

(三)要素内涵研究

围绕延安精神结构要素,学术界对延安精神的内涵进行了大量研究。谭虎娃认为,

---

① 中国延安干部学院:《弘扬延安精神 开启新的百年征程》,载《党建》2021年第1期。
② 蔡钊利:《用延安精神 筑牢党性修养根基》,载《学习时报》2020年7月27日,第1版。
③ 李晓婕、郝琦:《浅析延安精神与党政领导干部能力的提升——以脱贫攻坚为例》,载《鄂州大学学报》2021年第4期。
④ 张迪、石磊:《新时代统一战线视域下的延安精神》,载《中学政治教学参考》2021年第12期。

延安精神是延安时期中国共产党在挽救民族危亡、实现民族独立和人民解放的伟大历史进程中，在传承红色基因和弘扬优秀传统文化中形成的一种革命精神。延安精神蕴含着历史唯物主义的群众观和英雄观，能够使我们正确认识和处理党员干部与人民群众关系；延安精神蕴含着人民至上的执政理念，彰显着为人民服务、以人民为中心的宗旨意识；延安精神蕴含着马克思主义的基本立场、观点和方法，可以帮助党员增强执政、服务本领；延安精神的时代价值永放光芒，继承与弘扬延安精神，从中汲取丰富养分是我们牢记初心使命的重要途径。① 学术界在深入分析延安精神结构内涵的同时，也深刻认识到延安精神的本质和价值所在。

（四）原生内涵研究

在2021年党史学习教育过程中，陕西学术界围绕党在延安时期的伟大历史进程，对延安精神的原生形态进行了具体研究。张金锁认为，延安时期中国共产党人在面对各种考验和艰难险阻的过程中，延安精神是中国共产党在延安这块神奇的土地上克服千难万苦、创造辉煌的过程中培育和形成的。抗大精神、白求恩精神、南泥湾精神、整风精神、张思德精神、延安县同志们的精神、劳模精神等是延安精神的原生形态。② 这些精神都是在不同历史时期延安精神的具体体现，经过提炼、升华和凝聚，形成了伟大的延安精神，延安精神的科学内涵正是在总结和归纳这些精神的基础上形成的。

总体而言，学术界从不同的角度阐述了延安精神的具体内涵，加深了对延安精神的理解和认识，进一步推进了延安精神科学内涵研究的时代化、大众化和具体化。

二、延安精神的逻辑关系研究

2021年，学术界在探究延安精神科学内涵的同时，围绕着延安精神体系的逻辑关系开展深入研究，主要集中于以下几个方面。

（一）延安精神与其他革命精神的关系

2021年2月，习近平总书记在党史学习教育动员大会上明确提出"精神谱系"这个概念。2021年9月，党中央批准了中央宣传部梳理的第一批纳入中国共产党人精神谱系的伟大精神，延安精神被纳入。至此，学术界关于延安精神在中国共产党人精神谱系中的定位更为清晰，延安精神与其他革命精神逻辑关系研究更为深入。钱均鹏认为，延安精神在中国共产党人的精神谱系中居于"承上启下"的位置，它上承伟大建党精神、井冈山精神、长征精神等，下启抗战精神、红岩精神、西柏坡精神、"两弹一星"精神、焦裕禄精神、大庆精神、脱贫攻坚精神、抗疫精神等革命精神。这些革命精神，既一脉相承，有共同的

---

① 谭虎娃：《延安精神：广大党员干部淬炼灵魂的营养剂》，载《中国军转民》2021年第6期。
② 张金锁：《延安精神 滋养初心淬炼灵魂》，载《中国教育报》2021年8月19日，第4版。

红色基因,又具有不同具体时空的特点,共同构筑了我们中国共产党人的精神谱系。同时,他还认为,在中国共产党的精神谱系之中,延安精神有着自身独特的价值,延安精神是中国共产党人永远的精神标识。① 理解了延安精神,就理解了中国共产党。关于延安精神的独特地位,吴照峰认为延安精神是中国共产党精神谱系上一座明珠荟萃的精神宝库,它包含着马克思主义中国化的精神成果,凝聚着中国革命斗争的精神内涵,是中国共产党思想成熟的精神丰碑;延安精神在党的精神谱系上赓续革命斗争薪火,传承中华优秀传统文化的基本精神,传承五四精神续写革命精神新华章,承继伟大建党精神赓续红色血脉;延安精神起着承前启后的作用,有着光照千秋指引未来的功能,不断丰富和发展着中国共产党人的精神谱系,为中国人民和中华民族的精神文化注入永葆活力的精神元素。②

(二)延安精神与新时代党的建设总要求的关系

习近平总书记指出,"全面从严治党要继续从延安精神中汲取力量"。研究延安精神与新时代党的建设总要求的关系,是延安精神研究的重点课题。苏斌等人认为,延安精神是新时代全面从严治党的精神动力,要从延安精神中汲取全面从严治党的力量,汲取践行"两个维护"的力量、汲取初心使命的力量、汲取勤政廉洁的力量、汲取守正创新的力量,继续挖掘延安精神的丰富内涵和时代价值,弘扬光荣传统、赓续红色血脉,不断推进全面从严治党向纵深发展,让延安精神焕发新时代光芒。③ 梁桂玲认为,延安精神作为党内政治文化在特定历史时期的一种文化形态,对延安时期良好政治生态的形成从思想引领、行为规范和制度导向方面发挥了积极的引领和促进作用,新时代条件下用延安精神净化党内政治生态,必须充分汲取延安精神中所蕴含的党内精神文化精华、行为文化精华和制度文化精华。④ 王纪刚从"中国共产党为什么能"这一线索分析了延安时期党的建设的重大成就和宝贵经验,他的著作《从延安走来——中国共产党如何从危难中奋起?》,聚焦于中共中央在延安十三年的光辉历史,首次全面系统地梳理并阐述了延安时期中国共产党如何应对危机的壮阔历程,从不同侧面展现伟大的延安精神及其时代风貌。⑤

(三)延安精神与思想政治教育的关系

关于延安精神与思想政治教育的关系,学术界的研究主要集中在三个方面:一是强调延安精神要在思想政治教育中"融入"。张雪认为,延安精神为高校的思想政治提供了核心素材,其蕴含着丰富的价值思想、理想信仰以及道德理念,所以要在高校的思想政治

---

① 钱均鹏:《延安精神与中国共产党人的精神谱系》,载《政工学刊》2021年第11期。
② 吴照峰:《论中国共产党精神谱系中的延安精神》,载《中国延安干部学院学报》2021年第4期。
③ 苏斌:《从延安精神中汲取全面从严治党的力量》,载《中国纪检监察》2021年第17期。
④ 梁桂玲:《用延安精神净化党内政治生态——基于党内政治文化的视角》,载《中共成都市委党校学报》2021年第4期。
⑤ 王纪刚:《从延安走来——中国共产党如何从危难中奋起?》,人民出版社,2021年。

教育中融入延安精神,用延安精神来加强对学生的教育。① 二是强调延安精神要在思想政治教育中"强化"。张敏认为,大学生坚定文化自信可以为民族发展提供强大的精神支撑,有利于抵御西方文化的渗透,而在现实中,大学生身上显现出对民族传统文化认知不足,对中国革命文化和社会主义先进文化认同感低,而对西方外来文化盲目推崇的文化失色现象。延安精神有助于新时代大学生的健康成长,大学生要从延安精神中汲取文化自信的养分和力量。② 三是强调延安精神要在思想政治教育中"启发"。赵鹏鸽认为,研学旅行是培养学生核心素养的综合实践活动。延安精神主题式研学是思政研学的一项重要内容。他对延安精神主题式研学的目标确定、内容选择和实施流程进行初步探索,提出"三个阶段、四层探悟"研学流程,该研究成果对于优化思政研学模式具有重要的借鉴和参考价值。③

(四)延安精神与社会主义核心价值体系的关系

其一,两者具有一致性。段佳、程鹏认为,延安精神作为中华民族伟大的精神财富,具有历久弥新的教育意义,是新时代青年大学生坚定政治方向的重要途径、树立文化自信的重要推手和培养价值观的重要举措。④ 其二,两者具有融合性。王莎认为新时代青年传承和弘扬延安精神,有助于充分发挥社会主义先进文化的指导作用,帮助青年获取红色文化的智慧滋养和精神浇灌,从而坚定理想信念、树立核心价值观、培养优良品德。两者的关系具有相融相成性,从一定意义上看,延安精神为社会主义核心价值体系的形成提供思想文化基础和精神动力支持。⑤

从整体上看,延安精神的逻辑关系研究取得了重要进展,学术界从构建完善的上层建筑角度出发,围绕着延安精神进行了较为系统的理论分析。但研究的内容仍有待进一步丰富,如延安精神作为重要精神力量,它和第二个百年奋斗目标存在怎样的逻辑关系?延安精神与中华优秀传统文化之间有怎样的内在联系?这些都应该值得学术界高度关注。

三、延安精神的时代价值研究

延安精神的形成,从根本上讲是由中国共产党的性质和本质特征决定的。从延安精神产生的历史背景看,它的形成具有历史必然性,包含着党在长期奋斗中积淀的宝贵经

---

① 张雪:《延安精神融入高校思想政治工作研究》,西安理工大学硕士学位论文,2021年。
② 张敏:《延安精神视域下新时代大学生文化自信探究》,载《黑龙江工业学院学报》(综合版)2021年第2期。
③ 赵鹏鸽:《延安精神主题式研学:目标确定·内容选择·实施流程》,载《中学政治教学参考》2021年第35期。
④ 段佳、程鹏:《新时代青年传扬延安精神的价值与路径》,载《中学政治教学参考》2021年第47期。
⑤ 王莎:《新时代青年传承和弘扬延安精神的路径》,载《中学政治教学参考》2021年第23期。

验,传承着党在长期奋斗中形成和发展的红色基因,体现着党在特定历史时期的整体风貌,是党奋斗历程的精神结晶。因此,研究探讨延安精神的时代价值,对于我们传承红色基因、担当新使命、开创新局面有着重要的现实意义。一年来,学界从不同的角度研究延安精神的时代价值,形成了一些创见性的观点。

(一)延安精神与推进全面从严治党

赵耀宏认为,延安精神作为中国共产党延安时期光荣传统和优良作风的集中体现,对于教育广大党员干部升华思想、锤炼党性、增强素质、提升能力,赓续共产党人精神血脉,始终保持革命者的大无畏奋斗精神,鼓起迈进新征程、奋进新时代的精气神,具有重要的现实价值。[1] 郭兴全、杨伟宏基于延安精神在中国共产党革命精神谱系中具有独特的重要地位视角,深刻阐明了延安精神的历史地位、主要内容和时代价值。他们的著作《延安精神与全面从严治党》,坚持以全面从严治党为主线,按照新时代党的建设总要求深入挖掘延安精神对党的政治建设、思想建设、组织建设、作风建设、纪律建设、制度建设和反腐败斗争的时代意义、经验借鉴和深刻启示,对于运用延安时期党的建设宝贵经验推进今天全面从严治党具有重要的实践价值。[2] 郭玉杰认为,延安时期党的政治建设是最具有活力、最具有创新、最富有成效的时期之一,继承创新延安时期党的政治建设的优良传统,关键要从延安精神中汲取政治信仰的力量、汲取实事求是的思想力量、汲取为民服务的政治立场力量、汲取艰苦奋斗优良作风的力量。[3]

(二)延安精神与学校思想政治教育

孟亚玲、刘格等认为延安精神作为为党育人、为国育才的重要法宝,对于培养有担当的社会主义建设者和接班人、形成具有中国特色的教育管理队伍和构建世界一流的教育体系,都具有重要价值;延安精神在培养师资队伍方面能够起到政治引领、动力激发、灵魂淬炼和品质固本培元的作用,在人才培养方面能够为培养有担当的社会主义建设者筑牢理想信念、增强创新意识、树立服务理念、磨砺坚强意志;延安精神能够强化教育管理者的育人导向和服务育人、创新实践、艰苦奋斗的管理理念,并在世界一流教育体系构建中为确保社会主义办学方向、构筑良好教育生态、贯彻以人民为中心的教育理念、助推"百年教育梦"提供精神食粮。[4] 王娟论述了延安精神融入陕西民办高校大学生思想政治教育的重要价值,他们认为,延安精神蕴含的丰富科学内涵,对加强大学生思想政治教育起着重要的精神指引作用,延安精神融入陕西民办高校大学生思想政治教育能够坚定大学生的理想信念,有助于陕西民办高校大学生养成实事求是的科学精神,有助于陕西

---

[1] 赵耀宏:《从延安精神中汲取无穷力量》,载《红旗文稿》2021年第7期。
[2] 郭兴全、杨伟宏:《延安精神与全面从严治党》,人民出版社,2021年。
[3] 郭玉杰:《坚持从延安精神中汲取党的政治建设的力量》,载《陕西社会主义学院学报》2021年第1期。
[4] 孟亚玲、刘格:《延安精神的教育价值》,载《知与行》2021年第3期。

民办高校大学生树立全心全意为人民服务的宗旨,能够滋养陕西民办高校大学生艰苦奋斗的精神。①

(三)延安精神与现代化建设

任晓伟从弘扬延安精神与推进社会主义现代化建设的关系这一维度出发,深刻揭示了延安精神在社会主义现代化建设的地位和作用。他的著作《弘扬延安精神 实现脱贫共富》,坚持以延安精神的时代传承和弘扬为主线,全面梳理和总结了延安在实施精准脱贫过程中实现共同富裕的发展过程,在此基础上从延安精神的视角总结了延安实现脱贫共富的精神根源,揭示出了在延安精神的鼓舞和感召下,延安从贫穷落后向富庶文明变迁的发展轨迹,凸显出蕴含在延安脱贫共富中的可资借鉴的发展经验,具有重要的理论价值和实践价值。② 杨静、薛永毅梳理出1941年延安市第一届参议会在基层民主选举、监督批评政府以及提案工作等方面的基本做法和历史经验,分析这一基层代议机关的日常运作机制,对于深入地了解陕甘宁边区县域参议会制度的历史面貌,发扬"延安精神",坚持和完善人民代表大会制度,推进基层社会治理现代化,具有重要现实意义。③

中国特色社会主义进入新时代,对深入挖掘延安精神时代价值提出了更高要求,如何让延安精神放射出新的时代光芒等是学术界高度关注的重要课题。

四、延安精神的弘扬路径研究

延安精神作为一种重要的红色资源,其最根本的价值是为人们的实践活动提供精神力量。新时代如何继承和弘扬延安精神,使其更好地服务于全面建设社会现代化,成为当前研究的重要内容。2021年,学术界立足于实践,结时代背景,详细探讨了继承和弘扬延安精神的具体路径与方法。

(一)基于社会主义先进文化建设视角

张栋瑞认为,延安精神是一种革命传统,是保持执政党革命本色的永久财富;延安精神是一种民族智慧,是增强国家文化软实力的丰富宝藏;延安精神是一种科学精神,是推动民族复兴的强大精神力量。只有享乐不贪、安逸不图、居安思危、克勤克俭、虚浮不慕、名利不逐、固本保色、奋发有为、勇于担当、善于创造、乐于奉献、永不懈怠,才能经受住各种风险的挑战和考验,创造出无愧于时代、无愧于人民、无愧于党的工作业绩来。④ 赵宇

---

① 王娟:《延安精神融入陕西民办高校大学生思想政治教育的路径研究》,西安建筑科技大学硕士学位论文,2021年。
② 任晓伟:《弘扬延安精神 实现脱贫致富》,人民出版社,2021年。
③ 杨静、薛永毅:《1941年延安市第一届参议会的民主实践——基于〈解放日报〉相关报道的考察分析》,载《中共中央党校学报》2021年第1期。
④ 张栋瑞:《浅析延安精神及其时代价值》,载《决策探索》(中)2021年第6期。

涛认为,延安时期广大文艺工作者创作了一大批荡气回肠、脍炙人口的经典红色歌曲,蕴含了延安精神的灵魂、精髓、特征和宗旨。这些红色歌曲从延安窑洞传唱到祖国大江南北,成为承载中国共产党人初心和使命的红色音符,对弘扬延安精神,团结壮大革命武装力量,赢得抗日战争和人民解放战争的胜利发挥了重要作用。新时代弘扬延安精神,依然需要发挥红色歌曲的作用,彰显其政治性、人民性、艺术性。[①]

(二)基于推进马克思主义理论创新视角

梁星亮认为,延安精神是党的理论创新的生动体现。党的创新理论必须和人民群众结合,必须变成人民群众的自觉行动,党是创新的领导者和组织者,而人民群众是创新的实践者和主力军,只有两者紧密结合,才能实现创新发展,才能创造奇迹和结出硕果。在第二个百年新的历史起点上,我们更需要学习和弘扬延安精神,准确领会延安精神和伟大建党精神的内在联系,把党的创新理论持续转化为坚持和发展中国特色社会主义的不竭动力。[②]

(三)基于实现推进全面从严治党向纵深发展视角

谭虎娃认为,延安精神是广大党员干部淬炼灵魂的营养剂。要对照延安精神,检视政治方向是否坚定正确。新时代,我们也要始终坚定正确的政治方向,"对国之大者要心中有数",更加自觉讲政治,围绕党中央关心的重大问题、作出的重大决策、展开的重大部署,切实把增强"四个意识"、坚定"四个自信"、做到"两个维护"落到行动上。要对照延安精神,检视为人民服务是不是全心全意。践行党的初心使命,全心全意为人民服务,从根本上来讲,就是人民当家作主。正是因为中国共产党人有了这种全心全意为人民服务的精神和决心,才使其成为中国近代社会进步和革命发展的主心骨、先锋队,成为历史的选择和人民的选择。要对照延安精神,检讨工作中是不是破除了形式主义和官僚主义。要以踏石留印、抓铁有痕的劲头,持续深化"四风"整治,以钉钉子精神持续深入推进,久久为功。[③]

(四)基于实现第二个百年奋斗目标视角

李国喜认为,延安精神是中国共产党人不忘初心、继续奋斗的"永久教材"。在新的历史条件下,筑牢信仰之基,就要从延安精神中汲取信仰的力量,用当代中国马克思主义培植中国共产党人的精神家园,切实用习近平新时代中国特色社会主义思想武装头脑,胸怀共产主义远大理想和中国特色社会主义共同理想,在全面建设社会主义现代化国家、实现第二个百年奋斗目标新征程中发挥中国共产党的先锋模范作用;在开启全面建

[①] 赵宇涛:《论延安时期红色歌曲与延安精神的传播》,载《中国延安干部学院学报》2021年第3期。
[②] 梁星亮:《延安精神是党的理论创新的生动体现》,载《光明日报》2021年11月7日,第12版。
[③] 谭虎娃:《延安精神:广大党员干部淬炼灵魂的营养剂》,载《中国军转民》2021年第6期。

设社会主义现代化国家新征程的今天,不忘初心,继续奋斗,就要自觉从延安精神中查找党性的差距,以习近平总书记对党员干部提出的新要求为基本遵循,以自我革命的勇气直面自身存在的不足,增强党性修养,积极投身新时代中国特色社会主义伟大实践,担当使命,勇挑重担,做新时代合格的奋斗者;开启新的百年征程,要求我们坚持不懈加强理论武装,在学懂弄通做实习近平新时代中国特色社会主义思想上下功夫,不断增强"四个意识"、坚定"四个自信"、做到"两个维护",做中国特色社会主义的坚定信仰者、忠实实践者,为实现第二个百年奋斗目标、实现中华民族伟大复兴的中国梦继续奋斗。①

党的十八大以来,习近平总书记强调延安精神是党的宝贵精神财富,全面从严治党应继续从延安精神中汲取力量。伟大的事业离不开伟大的精神,新时代传承和发扬延安精神,准确把握弘扬路径,不仅是推进新时代党的建设新的伟大工程的现实要求,也是实现中华民族伟大复兴事业的实践指向。

五、延安精神的研究展望

通过上述研究观点和成果的梳理,可以看到一年来学界对延安精神的研究已经取得很大的进展。未来一个时期,延安精神研究还面临新形势新任务新挑战,还有待从以下几方面进一步拓展和深化。

第一,延安精神与"两个确立"关系问题研究。延安时期一个重要成果,就是形成了以毛泽东同志为核心的中央领导集体,把毛泽东思想确立为党的指导思想。党的七大后,之所以能够迅速地取得抗日战争的全面胜利和解放战争的伟大胜利,与这一历史决定是分不开的。历史是最好的教科书。传承和弘扬延安精神,就是要以史为鉴、开创未来。党的十九届六中全会指出,党确立习近平同志党中央的核心、全党的核心地位,确立习近平新时代中国特色社会主义思想的指导地位,反映了全党全军全国各族人民共同心愿,对新时代党和国家事业发展、对推进中华民族伟大复兴历史进程具有决定性意义。如何认识"两个确立"的决定性意义? 如何把"两个确立"真正转化为"两个维护"? 如何认识"两个确立"党员干部提出的新要求? 延安时期的"两个确立"历史经验对于新时代的"两个确立"具有十分重要的借鉴意义。因此,延安精神与"两个确立"关系研究,必将是学术界研究的重点。要切实提高政治站位,深化思想领悟,清醒地认识波谲云诡的国际形势所带来的前所未有的复杂环境、难以预料的矛盾风险挑战、繁重艰巨的改革发展稳定任务,清醒地认识进行伟大斗争、建设伟大工程、推进伟大事业、实现伟大梦想的难度,深入研究捍卫"两个确立"深层次问题,把新时代党的建设新的伟大工程推向深入。

第二,延安精神与历史周期率关系问题研究。延安时期,毛泽东在回答历史兴亡周期率问题时表示:"我们已经找到新路,我们能跳出这周期率。这条新路,就是民主。只有让人民来监督政府,政府才不敢松懈。只有人人起来负责,才不会人亡政息。"毛泽东

---

① 李国喜:《弘扬延安精神 开启新的百年征程》,载《党建》2021年第1期。

给出了我们党"跳出历史周期率"的第一个答案。在党的十九届六中全会第二次全体会议上,习近平总书记谈及"窑洞对"并给出新解:"经过百年奋斗特别是党的十八大以来新的实践,我们党又给出了第二个答案,这就是自我革命。"踏上新的赶考之路,面对长期而复杂的"四大考验",面临尖锐而严峻的"四种危险",如何永葆先进性和纯洁性、永葆青春活力,如何永远得到人民拥护和支持,如何实现长期执政,是必须回答好、解决好的一个根本性问题。

第三,延安精神与全面建设社会主义现代化关系问题研究。延安期间,中国共产党将陕甘宁边区建设成了"一没有贪官污吏,二没有土豪劣绅,三没有赌博,四没有娼妓,五没有小老婆,六没有叫化子,七没有结党营私之徒,八没有萎靡不振之气,九没有人吃磨擦饭,十没有人发国难财"的全国最进步的地方。这是中国共产党执政陕甘宁边区取得的非凡成就,也是革命圣地的集中写照和延安精神的生动体现。延安精神属于历史,属于新时代,也属于未来。传承和弘扬延安精神,就是要坚持不懈用延安精神教育广大党员、干部,从中汲取信仰的力量、查找党性的差距、校准前进的方向,就是要持续加强作风建设,坚决破除形式主义、官僚主义,切实转变工作作风,始终保持党同人民群众的血肉联系,就是要坚定理想新年,解决好世界观、人生观、价值观这个"总开关"问题,胸怀"国之大者",扛起使命担当,自觉做共产主义远大理想和中国特色社会主义共同理想的忠实实践者,为全面建设社会主义现代化国家提供政治保证、治理智慧和动力支撑。

[作者单位:中共陕西省委党校(陕西行政学院)]

2021 年陕西省丝绸之路研究报告

马瑞映

丝绸之路起源于中国古代,最初的作用是运输古代中国出产的丝绸、瓷器等商品,后来发展为东西方之间进行经济、政治、文化交流的主要道路。进入 21 世纪,中国依托这一历史符号创造性提出"一带一路"合作倡议,丝绸之路焕发出新的生机。九年来,中国政府积极推动"一带一路"建设,加强与沿线国家的沟通磋商,推动与沿线国家的务实合作。截至 2021 年底,中国已和 84 个共建国家建立科技合作关系,支持联合研究项目 1118 项,在农业、新能源、卫生健康等领域启动建设 53 家联合实验室,"创新丝绸之路"建设蓬勃发展。

2021 年度,陕西省社科界以服务国家和区域战略发展需求为导向,围绕涉及丝绸之路建设政治、经济、文化等问题进行了多角度、深层次的研究。现对 2021 年度陕西省社会科学界就涉及丝绸之路问题研究取得的成就做简要综述。

一、科研平台

研究机构科研平台建设是促进高等教育高质量、内涵式发展的重要内容,是增强教育服务国家社会发展的有力抓手。陕西各院校一直高度重视科研平台建设和发展,努力改善科研平台条件,及时修订管理办法,为科研平台的建设和发展增加动力。目前,我省各科研单位共有 20 个丝绸之路研究基地。其中陕西科技大学丝路电影与丝路文化理论研究基地是由陕西省委宣传部、省电影局于 2021 年 11 月批准建立;在已有的 19 个科研基地中,2021 年度陕西师范大学乌兹别克斯坦研究中心被评为教育部国别和区域高水平研究建设单位。

二、项目立项

2021 年,陕西各院校科研单位申请国家社科基金中涉及丝绸之路研究项目共 11 项,其中陕西师范大学吾斯曼江·亚库甫的"中原地区与西域各民族交流交往交融史料整理与研究"、西北大学王铁铮的"新编中东国家通史(多卷本)"获国家社科基金重大项目立项;西北大学王铁铮的"海湾国家的家族统治与君主制政体嬗变史比较研究"(21ASS005)获国家社科基金重点项目立项;西北大学张婉婷的"超竞争下'丝绸之路经济带'在新欧亚一体化进程中面临的挑战与可持续发展研究"(21XGJ003)、西安工程大学吴铁的"唐代胡人都市生活研究"(21XKG004),西北工业大学刘艳的"'长安-雅典'丝绸之路沿线汉代金银器的考古学研究"(21XKG005)获国家社科基金西部项目立项;陕西省社会科学院樊为之的"美国相关涉外法规对'一带一路'建设的影响及我对策研究"(21BGJ029)、陕西师范大学庞玮的"印度智库西藏学资料编译整理与研究"(21BGJ015)、陕西师范大学周宏刚的"中印领土争端舆论史研究(1947—2017)"(21BXW113)、西北大学李丰庆的"文明交往视域下丝绸之路天山廊道古城址考古研究"(21BKG033)、任宝磊的"边疆安全视野下的汉唐西域军事地理研究"(21BZS119)获国家社科基金一般项目立项。

三、科研成果

2021年度,陕西省内各院校科研机构学者立足于服务国家与区域发展战略,充分发挥哲学社会科学优势,聚焦学术前沿热点问题,积极探索陕西乃至全国丝绸之路建设新路径,产出专著、论文、报告十余篇,研究水平层次不断提高,研究成果影响力越来越高,得到国内外学术界广泛赞誉。

(一)丝绸之路历史研究

丝绸之路最初为中西方贸易的商道,后逐渐发展为集经济、政治、文化功能于一体的中西交往大动脉。陕西学者考察丝绸之路上的中外文化交流传播以及丝绸之路沿线国家历史发展进程,为国家"一带一路"建设追古探今。

陕西师范大学沙武田的《唐墓出土三彩骆驼驮囊兽首形象属性考》[①]揭示丝绸之路上贩运时用来保护货物的兽皮包装驮囊及其使用现象,为理解丝绸之路商品贩运、唐墓出土三彩骆驼的制作等提供不同的思考角度。文章被人大复印资料《考古学》2021年第4期全文转载。西安外国语大学李茜的《约旦现代化进程研究》[②]从现代化的起源、政治现代化、经济现代化等方面勾勒出约旦现代化发展的脉络,总结约旦现代化进程的特点及问题,对于了解约旦现代化,甚至中东现代化历程,具有重要的学术价值。

(二)丝绸之路文化研究

文化交流互通是推动丝绸之路建设的民意基础与社会根基。陕西学者以"一带一路"全方位对外开放战略为背景,研究丝绸之路文化历史,又将研究视野拓展至当下,深

---

① 沙武田:《唐墓出土三彩骆驼驮囊兽首形象属性考》,载《文物》2021年第2期。
② 李茜:《约旦现代化进程研究》,社会科学文献出版社,2021年。

度解析了国际当代文化发展趋势,为推动丝绸之路建设提供理论指导。

陕西师范大学曾小梦的报告《汉语及中华文化在中亚五国交流传播路径调查研究》通过调研中亚五国(哈萨克斯坦、吉尔吉斯斯坦、乌兹别克斯坦、塔吉克斯坦、土库曼斯坦)汉语教育、学习以及中华文化交流传播情况,了解五国对于中文及中华文化学习和服务的未来需求,分析探讨"丝绸之路经济带"背景下汉语及中华文化在中亚五国交流传播的方法与路径选择,作者提出落实语言发展规划"服务观",优化汉语推广机构的组织结构,建设汉语教学资源,构筑"互联网+"的汉语推广资源融合等建议。报告被陕西省政协文化文史和学习委员会采纳。西安交通大学郭继荣的《"一带一路"跨文化建设研究》①从"一带一路"倡议出发,探究跨文化交际在国家发展中可能发挥的作用,尤其是社会文化情报的支援作用,提出跨文化交际研究中应该避免的态度如刻板印象、偏见、种族中心主义等。薛华的《当代知识产权研究与实践的生态逻辑——基于马克思主义的反思》②在马克思主义法学理论的基础上,运用知识产权生态理论和相关评价指标对"一带一路"沿线68个国家知识产权生态指数进行实证研究,提出知识产权生态的理论构想,这一视角有助于分析和把握知识产权制度设立的目的和运行规律,克服现有理论研究中学科领域单一的问题,突破了法律学科局限性。西安交通大学张欣、郭继荣,西北工业大学车向前的《吉尔吉斯斯坦国对中国文化的感知研究——基于WEKA平台对小样本问卷调查的分析》③利用WEKA数据挖掘与分析平台,结合问卷调查法、案例分析法,从认知意愿、传播媒介、传播内容和传播效果四个维度明晰吉尔吉斯斯坦国对中国文化符号的认知情况,认为吉尔吉斯斯坦国民众显示出对中国文化强烈的兴趣,对中国传统文化与经典文化元素了解更多,但依然存在认知渠道单一、感知内容浅显老旧、文化亲切感不足、朋友圈狭窄等问题。基于此,应从融合新媒体、更新文化内容、挖掘本土题材、丰富传播主体等方面多维发力,突出文化对话的系统性、现代感与参与感,以增强受众的文化认同。

(三)丝绸之路经济研究

"一带一路"是在后金融危机时代,作为世界经济增长火车头的中国,将自身的产能优势、技术与资金优势、经验与模式优势转化为市场与合作优势,实行全方位开放的一大创新。陕西学者立足于地区、国家经济发展现状与要求,考察中国与丝绸之路沿线国家经济发展的困境与未来,为夯实世界经济长期稳定发展建言献策。

陕西科技大学马广奇的《线上丝路金融论》④以"一带一路"和国际格局变化为时代

---

① 郭继荣:《"一带一路"跨文化建设研究》,西安交通大学出版社,2020年。
② 薛华:《当代知识产权研究与实践的生态逻辑——基于马克思主义的反思》,法律出版社,2021年。
③ 张欣、郭继荣、车向前:《吉尔吉斯斯坦国对中国文化的感知研究———基于WEKA平台对小样本问卷调查的分析》,载《情报杂志》2021年第8期。
④ 马广奇:《线上丝路金融论》,复旦大学出版社,2021年。

背景,以国际金融理论、区域金融理论和国际金融合作经验为参照,结合丝绸之路沿线各国的金融发展实际,对丝路货币、丝路金融、丝路金融合作进行系统的、多维度的定性描述和定量分析,重点研究"线上"丝绸之路金融合作机制,从丝路金融合作基础可行性条件入手,分析丝路金融合作的瓶颈和障碍,揭示基于互联网的丝路金融合作的影响因素、总体特征,着重对丝路金融合作机制进行框架设计,并提出了基于互联网的"线上"与"线下"相结合的"双轮驱动"的丝路金融合作机制的建设策略和实施建议。西安交通大学周晓阳、朱佳雯、李洁、冯耕中的报告《高质量建设中欧班列西安集结中心的对策建议》以中欧班列西安集结中心获批成立为背景,强调西安作为古丝绸之路的起点和西部陆海新通道的重要节点面临着"一带"与"一路"陆海贸易通道并网融合的历史机遇,提出应进一步深入推进西安集结中心高质量建设,筑牢在亚欧陆海贸易大通道中的战略核心地位,抢抓西部陆海新通道列为国家"十四五"重大工程的新发展机遇,将陕西打造成为全国的通道联通融合核心枢纽,对于开创西部对外开放新局面,引领我省经济更高水平开放发展,具有重要的现实意义。报告被陕西省决咨委采纳,受到蒿慧杰副省长批示。陕西颖创跨境贸易研究院杨妍的报告《陕西跨境贸易语言服务体系构建研究报告》以陕西跨境贸易的语言服务体系构建为研究对象,旨在为陕西语言服务行业促进陕西跨境贸易发展的有效路径和作用提供智力支撑。报告被陕西省社科联采纳。渭南师范学院张钧涛的《"一带一路"背景下物流供应链金融的优化路径》[1]以"一带一路"倡议为背景,探究我国与"一带一路"沿线国家和地区物流供应链金融发展面临的不足与挑战,提出应帮助物流公司建设高效的供应链金融形式,推动物流供应链金融作用于实体经济。西安邮电大学谢逢洁的《"一带一路"沿线国家分类农产品贸易竞争与互补关系分析》[2]借鉴复杂网络理论中加权有向网络的研究方法,定义具有权重和方向的国家间的竞争与互补关系,基于"一带一路"沿线国家分类农产品进出口贸易额,构建加权有向的分类农产品贸易竞争与互补关系网络,分析各类网络的强度分布、强度-度相关性、出入强度关系、加权集聚性等复杂网络结构特性。

(四)丝绸之路国际政治研究

"一带一路"倡议旨在积极发展与沿线国家的合作伙伴关系,打造文化包容、经济融合、政治互信的利益共同体、命运共同体和责任共同体。陕西学者立足于服务国家"一带一路"建设,积极探索丝绸之路共同体建设新路径。

西安外国语大学王志的《制度与规范:比较视野下中亚区域一体化研究》[3]对比探究欧亚经济联盟与上海合作组织对于推进中亚区域一体化的价值及其面临的问题,认为"丝绸之路经济带"倡导"互联互通",致力于提升中亚基础设施建设水平和区域连通性,

---

[1] 张钧涛:《"一带一路"背景下物流供应链金融的优化路径》,载《山西农经》2021年第1期。

[2] 谢逢洁、刘馨懋、孙剑,等:《"一带一路"沿线国家分类农产品贸易竞争与互补关系分析》,载《统计与决策》2021年第12期。

[3] 王志:《制度与规范:比较视野下中亚区域一体化研究》,社会科学文献出版社,2021年。

实现"民心相通",提高地区国家信任程度,立足"丝路精神",建设中国－中亚命运共同体,客观上推动了中亚区域一体化,也为中亚区域一体化未来发展提供了新的路径。陕西师范大学龙国仁的《构建中国－中亚"卫生健康共同体"面临的机遇、挑战与路径选择》[①]认为中国与中亚国家的卫生健康合作基础良好,且中亚国家对卫生健康合作存在内驱动力,双边互信关系也稳定持久。同时中亚地区普遍存在医疗硬件设施老旧、医疗卫生体系不健全和专业人才的短缺,以及地缘政治争夺和地区安全风险等复杂社情,这是双方合作面临的现实挑战。在新型冠状病毒肺炎疫情与世界百年未有之大变局共振叠加下,构建中国－中亚"卫生健康共同体"已迎来历史机遇。中国中亚可从医疗物资生产合作和标准化对接、推动中医走向中亚、健康素质养成和健康专业人员培养等路径来展开合作,共同推进"卫生健康共同体"建设,这将有利于夯实"一带一路"合作基础,有利于拓展合作新空间和增添合作新动力。

四、成果获奖

2021年度陕西高等学校人文社会科学研究优秀成果奖共有获奖成果797项,其中涉及丝绸之路相关研究一等奖获奖4项,包括西北大学卫玲的《以人工智能推进"一带一路"建设的提质升级——基于马克思政治经济学的思考》,陕西师范大学李继凯、西安外国语大学荀羽琨等人的《文化视域中的现代丝路文学》,陕西师范大学詹晋洁的《当代阿拉伯国家社会结构研究》,西北大学韩志斌等人的《阿拉伯社会主义国家治理的历史考察》;二等奖获奖7项,包括西北大学王颂吉、西北政法大学刘俊等人的《丝绸之路经济带支点城市:空间分布、地区差异与建设路径》,陕西师范大学李玉栋的《丝绸之路沿线省域学科与产业的协同研究》,西安工程大学吕钊的《丝绸之路沿线民族服饰研究(唐代)》,西安美术学院胡月文的《丝绸之路——河西走廊生态与地域建筑走向》,西北大学罗希的《唐代胡乐入华及审美问题研究》,马莉莉、黄光灿的《丝绸之路经济带建设背景下西部内陆开放新体制研究》,西安财经大学贺宁华等人的《丝绸之路经济带建设中我国企业对外直接投资风险防范研究》;三等奖获奖19项,包括陕西师范大学贾妮莎、雷宏振的《中国OFDI与"一带一路"沿线国家产业升级——影响机制与实证检验》,李秉忠的《转型时期奥斯曼土耳其和英帝国在中东的角力及其遗产》,杨屹、樊明东的《中国丝绸之路经济带沿线省份生态足迹时空差异及公平性分析》,西北大学黄孟芳、郑红翔的《百余年丝绸之路上的艺术文献研究——以丝绸之路(中国西北段)绘画艺术为主线》,王猛的《论"一带一路"倡议在中东的实施》,张亚蓉的《"一带一路"下的汉语国际教育专业培养模式探讨》,西北农林科技大学高小升的《欧盟高端智库对"一带一路"倡议的认知评析》,西安翻译学院刘俊霞、西北工业大学王宁军的《"一带一路"背景下中国教育服务贸易研究》,

---

① 龙国仁:《构建中国－中亚"卫生健康共同体"面临的机遇、挑战与路径选择》,载《陕西师范大学学报》(哲学社会科学版)2021年第2期。

王利晓的《"一带一路"背景下陕西省国际产能合作研究》，张英的《"一带一路"背景下区域经济一体化进程研究》，西安文理学院朱晓晴的《非物质文化遗产——丝绸之路中国段概述》，西北工业大学柴华奇、袁雅娜的《"一带一路"中基于知识融合平台的军民一体化产业发展研究》，长安大学韩春萍的《丝路骑手：红柯评传》，西安翻译学院王雅楠等人的《丝绸之路经济带背景下西安科技创新中心发展能力评价及对策研究》，西安交通大学李晓鸣等人的《服务"一带一路"建设的陕西知识产权保护体系研究》，杨琳等人的《"丝绸之路"背景下沣东新城自贸功能区系统提升对外文化教育创新功能研究》，西安石油大学陈丁等人的《丝绸之路经济带西安航空物流中心建设策略研究》，西安外事学院王慧珍等人的《"一带一路"背景下陕西国际陆港物流发展对策研究》，西北工业大学李娜等人的《丝绸之路经济带背景下西安企业"走出去"的法律问题研究》。

五、学术交流

2021年度，陕西各科研院校机构围绕丝绸之路开展了多形式的学术交流探讨活动。

5月7日，陕西师范大学与乌兹别克斯坦中亚国际研究所视频友好合作备忘录。10日，西安外国语大学中国"一带一路"合作与可持续发展研究院揭牌仪式举行。11日，由中华全国妇女联合会、陕西省人民政府联合主办，陕西省妇女联合会、陕西省人民对外友好协会和西安外国语大学承办的指尖上的丝绸之路——丝路妇女论坛举行。12日，由陕西省人民政府主办，陕西省教育厅承办2021丝绸之路教育合作交流会开幕式暨陕西省"一带一路"国际学生文化艺术节启动仪式举行，会上，陕西省副省长方光华与陕西师范大学副校长董治宝为陕西师范大学乌兹别克斯坦研究中心海外工作站揭牌。15日，由中国（西安）丝绸之路研究院、西安财经大学主办的第五届"丝路经济国际论坛（2021）·公共管理学科分论坛"举行，会议就"一带一路"高质量发展与公共治理问题展开讨论。18日，由西安市司法局、西安国际港务区管理委员会和西安交通大学法学院联合主办的"一带一路"国际商事法律服务高端圆桌会议暨后疫情时代国际商事法律服务保障研讨会在西安召开。同日，陕西师范大学中亚研究所李琪教授应乌兹别克斯坦撒马尔罕国立大学邀请，为该校历史系和国际学院的硕博研究生进行线上授课。25日—26日，西安交通大学"一带一路"自由贸易试验区研究院围绕协同创新区建设意义及建设路径主题面向协同创新区领导干部30余人开展培训。28日，上海理工大学赵来军教授应西北工业大学管理学院邀请作题为丝绸之路经济带物流管理创新研究的报告。29日—30日，西安外国语大学承办陕西省"一带一路"国际学生文化艺术季户外展演——乌兹别克斯坦专场活动。

6月19日—20日，由西安交通大学、西安外国语大学、西安邮电大学、西安石油大学联合承办的交大会计高峰论坛暨丝路会计硕士（MPAcc）联盟创立大会在西安交通大学管理学院成功举办。26日—27日，由陕西师范大学、陕西历史博物馆联合主办的文明的推动与互动——丝绸之路上的粟特国际学术研讨会举行，会议就丝绸之路、粟特墓葬、中亚考古、中亚壁画、中西交通道路等诸多考古艺术方面的研讨展开深入的交流。

7月21日,由最高人民法院民四庭提供指导和支持,由西安交通大学法学院承办的"一带一路"倡议背景下国际商事争端解决机制的创新发展高端圆桌会议举行。

10月22日至12月3日,西北工业大学文化遗产研究院举办"文明互鉴视野下的欧亚考古研究"海外名家系列讲座。19日,由中国社会科学院俄罗斯东欧中亚研究所、陕西师范大学乌兹别克斯坦研究中心主办的2021欧亚经济论坛智库分会国际研讨会举行,本次智库分会以"互通互融 共享共赢"为主题,旨在更好推动欧亚地区经济、文化、教育各领域的全方位交流与合作。28日,由教育部主办的"创新合作 共谋发展"2021丝绸之路国际产学研用合作会议在西安开幕。会上,中共陕西省委教育工委书记王建利与董治宝副校长共同为陕西师范大学与乌兹别克斯坦撒马尔罕国立大学合作共建的海外中文实习基地揭牌。

11月13日,由陕西师范大学和中国社会科学院西亚非洲研究所联合主办的2021中国中东学会年会暨构建中国中东研究的知识体系学术研讨会举行。19日,陕西师范大学中亚研究所所长李琪教授应邀参加首届"中国+中亚五国"智库论坛,并作大会发言。22日,由陕西师范大学社会科学处、陕西师范大学"一带一路"文化研究院主办的陕西省社科界第十五届(2021)学术年会分场活动举行,西北大学黄民兴教授教授作"阿富汗问题的前世今生"专题讲座。

27日,由陕西省社会科学界联合会、长安大学及陕西省图书馆联合主办,长安大学等单位承办的高质量发展导向下的文化融合发展创新暨第三届"一带一路"与文化发展创新学术研讨会在长安大学举行。

12月1日,由西安交通大学马克思主义学院主办、陕西省人民政府对外联络办公室协办的"一带一路"与文化创新发展国际学术研讨会召开,研讨会从文化互鉴、经济贸易、信息技术、基础建设等视角探讨了"一带一路"建设相关议题,为讲好中国故事、传播好中国声音作出积极贡献。2日至3日,西北政法大学联合意大利罗马第二大学、意大利国家科研委员会主办第五届"长安与罗马——两个文明的相遇'一带一路'与亚欧团结"国际学术研讨会。4日,由中国公共关系协会、陕西省委宣传部指导,陕西省社科联、西安交大等单位共同主办的"新时代·新传播·新路径——'一带一路'国际传播能力建设"论坛举行。19日,由陕西师范大学"一带一路"文化研究院主办,国家民委环黑海研究中心、外高加索研究中心承办的"环黑海区域:历史与当下"国际学术研讨会举办,会议围绕"土耳其与黑海安全""'一带一路'倡议下中国与环黑海国家的合作""大国博弈下外高加索的历史与现实"等议题展开讨论,对于推动国内相关区域国别研究,推进中国与国际学者在黑海问题研究上的持续友好对话具有十分积极的作用。

(作者单位:陕西师范大学)

2021年陕西省关学研究报告

袁祖社

一、关学研究总体概述

张载,字子厚,陕西眉县横渠镇人,北宋著名的思想家、哲学家、教育家,宋明理学奠基人之一,著有《正蒙》《西铭》《横渠易说》《经学理窟》等。因晚年在家乡设馆讲学,又被称为"横渠先生"。张载既是宋明理学的开创者之一,又是关学学派的创始人,其所开创的关学是理学的重要组成部分。张载以强烈的家国情怀,为文化传承使命与治世理想的紧密融合开辟了新境界。其学说对于宋明理学各学派的思想,乃至对近现代中国哲学,都产生了深远的影响,在中国思想文化史尤其是宋明理学的崛起与形成上具有承前启后的重要地位。他所提出的"为天地立心,为生民立命,为往圣继绝学,为万世开太平",不仅体现了理学的真精神,也阐明了知识分子的使命和担当,被后世推崇并广为传颂。

2020年是张载(1020—1077)诞辰1000周年,上一年度的张载研究热度高涨,研究成果层出不穷,特别是推出了一系列的纪念张载诞辰的丛书,影响深远。2021年陕西省内关学学者在研究上持续发力,在继续对上一年度推出的丛书进行推介宣传的同时,还产出了一篇高质量的成果,包括在各类专业学术期刊发表学术论文40余篇,获批省部级以上研究项目10项(包括1项国家社科基金后期资助项目),3项研究成果获陕西高等学校人文社会科学研究优秀成果奖。

本年度在研究成果的推广上取得了重要成效,在社会各界产生了积极的影响。其一,报刊对于关学研究书籍的推介。2021年1月4日《陕西日报》11版(读书专版)发表了推介关学研究系列书评推介三篇(支旭仲的《为往圣继绝学 为时代添光彩——评〈关学经典集成〉》、陈战峰的《不断推动张载思想的系统化研究——〈张载思想研究〉(修订本)出版》、米文科的《芭蕉心尽展新枝——读〈新订关学编〉》),详细推介了张岂之所著《经学、理学与关学》、魏冬所著的《张载及其关学》,刘学智、魏冬主编的《关学二十二讲》3本著作。2021年2月19日《陕西日报》11版(读书专版)详细推介了丁为祥所著的《张载关学的历史重构》一书。其二,出版社举办系列推介会。2021年3月31日三秦出版社在中国国际展览中心举办专场《关学经典集成》推介会。其三,各类媒体平台进行宣传推荐。魏冬所著《新订关学编》《张载及其关学》二书均入选"学习强国"学习平台推荐阅读书目，其点校关学著作《关中道脉四种书》书评也先后在《文化艺术报》、封面新闻、四川文化网等国家重要媒体和网站进行多次推荐。

最值得一提的是本年度由陕西省孔子学会、西北大学关学研究院主办的以"弘扬中华关学，助力社会发展"为主题的社会实践公益活动"中华关学·中国行"在关学研究和推广方面产生了广泛的社会影响。"中华关学·中国行"系列活动以"弘扬中华关学，服务地方建设"为活动宗旨，以关学文化进校园、进乡村、进社区、进社会机构、进企事业单位，开展公益赞助、公益讲学为主要形式，积极组织、引导社会各界力量投身地方文化建设和教育发展，为企事业单位文化发展献计献策，为乡村社区建设凝心聚魂，为中国社会发展汇聚能量、传播精神。2021年该活动在陕西省宝鸡市眉县、陈仓区，渭南市临渭区、合阳县等地开展了一系列以促进家庭家风家训、乡约文化建设、乡村教育为主题的公益性捐赠助学、文化宣讲、学术交流活动。中国报道网站（中国报道杂志社）对该活动进行了系列报道，还推出了"中华关学·中国行|大家特刊"对西北政法大学资深教授、陕西省社科联名誉主席赵馥洁教授进行了题为"吕氏乡约与儒家价值实现方式的创新"的专访，对四川省新文人画院学术院长、互联星空中国书画院秘书长孙亚军进行了题为"践行张载文化　弘扬中国精神"的访谈。

受到上一年度纪念张载诞辰1000周年研究热度的辐射，本年度呈现出了新的研究内容，在研究类型和研究方向上获得了极大的丰富与拓展。一方面，吸引了社会各界、各个层面的更多的研究学者关注张载关学，包括诸多博士生、研究生都纷纷将张载关学作为自己的毕业论文的研究内容；另一方面，还有学者将张载关学与教育、书法、石刻等多个方面相结合，形成了丰富的研究成果。比如"陕西关学石刻文献集存"课题被列入陕西省社科基金，该研究旨在通过系统整理陕西宋元明清各代的关学石刻文献，为关学研究者提供较为完整准确的资料信息，起到充实关学基本学术文献，补充并完善关学文库，推动关学研究的广度和深度的重要作用。

二、陕西省关学研究成果概况

（一）著作情况

在对张载文献整理方面，本年度的4部著作对相关古籍进行了详细的整理、解说，对进一步研究张载思想具有重要的参考价值。林乐昌编校了《张子全书（增订本）》在点校原竖排繁体字版的基础上又增加了"卷十七补遗四仪礼说、补遗五周礼说""卷十八补遗六文集缉补佚文·佚诗"两部分，并对全书予以核订。刘儃撰、邸利平点校了《正蒙会稿新刊正蒙解》和《正蒙初义》两部著作，分别对明代关学学者刘玑撰写《正蒙》的注本、明代学者刘儃疏通《正蒙》句意的文献、清代王植撰《正蒙》释意的文本进行了点校，并在相应的基础上丰富了文献的内容。刘泉的《横渠易说校注》以徐必达辑刻《合刻周张两先生全书》、吕柟刻本《横渠先生易说》、宋代集注类易著及《张载集》等为对校本对《横渠易说》进行了点校。

(二)论文情况

在相关学术论文产出方面,分别从张载关学总体性概述研究、张载思想理论的具体阐释、张载关学思想在教育学等其他学科方面的理论价值、关学及其相关研究、关学研究成果的推介等5个方面,形成了约43篇高水平的研究论文并在相关学术期刊发表。

(三)陕西省关学研究成果

1.有关张载关学总体性概述及价值意义研究

一是,2020年召开的张载诞辰1000周年学术会议影响深远,与会议相关的研究成果在本年度纷纷刊发。曹振明①在对会议整体举办情况整理的基础上,分别概述了参会学者的研究,指出与会学者分别从张载思想及关学文献解读与诠释、关学及宋明理学及其学派相关研究等多角度、多内容展示了目前学术界对张载关学研究的继承、诠释和创新。张岂之②教授在会议上还做了大会发言,强调了关学研究的重要意义和深远影响。陆航、段锦航③在《中国社会科学报》以"深化关学研究 彰显文化自信"为题,对本次会议进行了全程报道,对关学研究的既有成果做了全面的宣传。二是,在对张载关学及其价值进行阐发的研究方面,林乐昌④认为张载一生的主要贡献,是在其思想成熟期完成了其理学体系的建构,最终实现了"为往圣继绝学"的抱负,为后世留下了丰富的思想遗产。无论是在古代的儒学发展史上,还是在中华优秀传统文化的当代传承体系中,张载的理学思想都享有崇高地位。陈金锋、刘学智⑤指出儒学中蕴藏着丰富的可资利用的精神资源,作为宋代新儒学重要地域性学术流派的关学,可为我们战胜新型冠状病毒肺炎疫情提供人文精神的强劲动力,也可以为建构人类命运共同体思想提供借鉴。田富强⑥根据正史、地方志、历史遗迹与口述史料等考证,认为张载曾在周原南缘贤山寺读书,深受周文化影响,这对其"尽究释老""尽弃异学",遵守周礼、试行井田、创立独树一帜的关学等产生了深刻影响,张载读书周原之考,为探索关学与周文化的关系提供新材料。魏冬⑦认为现代的关学研究,不仅需要从传统关学谱系建构者主体视域下的"关中"观念去构建关学的历

---

① 曹振明:《纪念张载诞辰1000周年学术研讨会暨中国哲学史学会2020年年会综述》,载《中国哲学史》2021年第1期。
② 张岂之:《在张载千年诞辰学术研讨会上的发言》,载《华夏文化》2021年第3期。
③ 陆航、段锦航:《深化关学研究 彰显文化自信》,载《中国社会科学报》2021年1月8日。
④ 林乐昌:《论张载的思想遗产、历史地位和现代价值》,载《宝鸡文理学院学报》(社会科学版)2021年第4期。
⑤ 陈金锋、刘学智:《张载关学人文精神的当代启示》,载《国际儒学》(中英文)2021年第3期。
⑥ 田富强:《张载读书周原稽考》,载《唐都学刊》2021年第5期。
⑦ 魏冬:《关学视域下"关中"的文化内涵——基于关学谱系建构文献的地域观念考察》,载《咸阳师范学院学报》2021年第5期。

史传统脉络,从关中文化与关学发展的互动关系中深入分析关学的历史发展和精神特征,更要把关学作为中华民族传统文化的重要精神标识,依次凸显关学在历史上的精神贡献和现代弘扬关学的基本要求。

2. 对张载思想理论的具体阐释

一是对张载思想中核心理论、概念的研究,李睿①认为张载的人性论是其思想构建的重要组成部分,其人性论思想的形成理路展现出张载人性论的天道根据、内在理路和价值指向,同时呈现出张载援"道"以"造道"的历史使命和理想关怀。张茂泽重点论述了张载的"中道观"他认为中道观是儒学思想的重要组成部分,在张载的中道观中,"太虚即气""德合阴阳"说是本体论基础,"参和"说是核心内容,中道修养则要求"两端并进"以"尽性成性","德性所知"是中道认识的核心。在天人合一、体用合一、知行合一等方面,张载中道观均可给后人以方法论启迪。孙军红②从学习圣贤之道、恶向善的迁移等方面对张载的"学即能移"的观点进行了哲学阐释。二是对张载的著作方面的研究,李睿③从张载《西铭》本身思想形成进路来考察,在此基础上对张载思想进行诠释,以更加详细地体现《西铭》思想中"天道性命相贯通"的义理指向和"民胞物与"的理想境界与价值关怀。高贵朋④认为《西铭》是儒学的经典篇目,张载写作《西铭》时,引用或改造了《孟子》的很多概念和话语,继承了孟子的仁爱思想,并将仁爱发展至侍奉天地父母的高度,在儒学史上具有重要意义。贾午炜⑤认为张载对《大学》的诠释虽并未紧贴原文进行注解,但整体脉络和内在精神却与《大学》多有契合,二者都是由"内圣"推扩出"外王",形成内外相养之道,以《大学》诠释为例,可以见出张载经典诠释与哲学体系建构之间的互动关系,二者共同构成了张载丰富的思想世界。

3. 张载关学思想在教育学等其他学科方面的理论价值

本年度在研究内容上有了新的发展,体现在有学者将张载关学与教育、文学、天文学、建筑学等其他学科理论相结合形成了丰富的研究成果,拓展了关学的研究内涵。一是,与教育相关的研究包括:郭秋桂⑥认为张载"中正"之道的教育哲学对实践中有关德性与知识、内容与方法等问题的解决具有指导与启发意义,她同时阐释了张载教育哲学中"蒙以养正"的教育目的论,"中道而立"的教育内容论,"亨行时中"的教育方法等。魏娜、曹振明⑦更加关注张载"蒙以养正"的教育思想,认为这一思想对于青少年的心智培

---

① 李睿:《论张载"天人一贯"之人性论思想的形成理路》,载《湖北社会科学》2021年第7期。
② 孙军红:《张载"学即能移"的哲学阐释》,载《平顶山学院学报》2021年第3期。
③ 李睿:《从"创造性诠释"到"还原性解读"——关于宋明理学张载〈西铭〉诠释模式的反思》,载《唐都学刊》2021年第2期。
④ 高贵朋:《张载〈西铭〉对孟子思想的继承与发展》,载《理论界》2021年第7期。
⑤ 贾午炜:《内圣外王相一贯:张载的〈大学〉诠释与经典解读》,载《西安石油大学学报》(社会科学版)2021年第3期。
⑥ 郭秋桂:《"中正"之道视域下张载教育哲学探微》,载《江西社会科学》2021年第10期。
⑦ 魏娜、曹振明:《张载"蒙以养正"教育思想探论》,载《华夏文化》2021年第4期。

育具有重要的作用。黄华芳①通过对张载"人性论"的分析,认为张载围绕着人性生成、本质和发展,将人性划分为"天地之性"和"气质之性",蕴含着丰富的生命教育意蕴,这对提高对生命本质的认知与尊重,培养生命责任意识,对于发展新时期高校生命教育具有重要的时代意义。王云刚②基于文化对外传播的视角,认为中国传统"关学"文化具有"合作共赢、和谐相处、相互尊重、彼此包容"的国际价值,在对外汉语的教学中,应当运用良好的文化因子改善对外汉语的课堂教学效果,增强目的语国家学习者的跨文化综合交际能力。葛薇③认为张载"民胞物与"思想中的"爱必兼爱"融合公德与私德的爱,"责任感"消弭公德与私德的界限,"超越自我,达至大心"化解公德与私德的隔阂,"有信"破除公德与私德的藩篱,这一系列思想对师德两难困境消解具有重要的启示作用。另外还有贺文华④认为宋明时期的陕西书院教育继儒圣之道统,续儒教之学统,展关学之新枝,讲学、明道、爱国,尤为重视"内圣修身"之养成教育,这对于社会主义核心价值观建设具有重要的借鉴意义。米文科、闫亚萍⑤主要分析了清代关学学者对《小学》之教的重视,认为《小学》一书体现了关学重视下学实践的品格。

二是,在关学思想与其他学科相结合的现代转化与当代开展研究,聂启阳⑥从宇宙结构、宇宙运动以及宇宙动因三个方面探讨张载的天文学思想并且明确"太虚"与"气"在天文学中的具体内涵和关系,对理解张载"太虚即气"命题的内涵和成因提供一个独特的视角。周春芳⑦认为蒙学建筑受关学、农耕文化、隐逸文化等影响,表现出质朴实用、适宜简淡的鲜明文化特色,深挖以关学为灵魂、以隐逸文化为表征的蒙学建筑文化内涵对于彰显关学的时代精神,传承陕西地域建筑文化的优秀内核,推动传统文化的创造性转化和创新性发展都具有重要意义。

三是在社会发展、社会治理等相关方面,刘梦莹、赵琳⑧指出张载思想中具有丰富的乡村治理思想,对张载乡村治理思想的分析更应该注重和当代乡村治理的现实切合性、古今乡村治理的差异性及可借鉴性,为当代中国乡村振兴及乡村治理体系建设提供现实

---

① 黄华芳:《张载"人性论"思想的生命意蕴及现代教育价值探析》,载《重庆第二师范学院学报》2021年第6期。
② 王云刚:《"一带一路"背景下中国传统"关学"文化在孔子学院汉语教学中的应用策略》,载《陕西教育》(高教)2021年第5期。
③ 葛薇:《张载"民胞物与"思想对师德两难困境消解的启示》,载《教师教育论坛》2021年第2期。
④ 贺文华:《宋明时期陕西书院教育特色探析——兼论对涵育社会主义核心价值观的启示》,载《长春大学学报》2021年第3期。
⑤ 米文科、闫亚萍:《清代关学的〈小学〉之教》,载《宝鸡文理学院学报》(社会科学版)2021年第4期。
⑥ 聂启阳:《"他山之石":张载"太虚即气"命题的天文学初诠》,载《自然辩证法研究》2021年第8期。
⑦ 周春芳:《明清陕西蒙学建筑文化研究》,载《建筑与文化》2021年第5期。
⑧ 刘梦莹、赵琳:《20世纪80年代以来张载乡村治理思想研究综述》,载《昆明理工大学学报》(社会科学版)2021年第1期。

意义和实践价值。潘胜强①重点分析了关学名儒刘古愚在陕西开展了一系列的实业教育活动,认为他对实业教育的倡导和探索,不仅使当地的经济、科技面貌出现了一些新气象,而且还对近代关中的教育发展和社会转型产生了深远影响。

4. 关学与宋明理学及其学派的相关研究

一是与儒家学说相关的研究。魏冬②认为在张载的视域下,孔子固然为圣,但并非"生而知之"的"天纵之圣",而是"困而知之""蒙难正志,圣德日跻"的圣人,张载对孔子人格的诠释意向,是张载将自我生命感受投放于孔子的人格映照,也是张载人格养成的理想基准、"以礼为教"主张的人格体现。高贵朋③继而论述了张载既继承了孔子的天命观,恢复了天命的道德意涵,又继承了孟子以道德善性统摄运命的理路,而且还从天道本体的角度为这一理路确立了保障,纠正了汉唐儒学将人生依附于主宰之天的弊病,将儒家思想提升到一个新的高度。丁为祥、孙德仁④认为从张载到王阳明的形上追求以及其从"虚气相即"到"知行并在"的指向,体现了儒家超越追求及其现实落实的典型表现。

二是明清以后关学代表人物的思想研究。许宁、高贵朋⑤认为明清时期,讲学风靡,关学学者冯从吾、李二曲、刘古愚均推崇讲学,并表现出了注重笃实践履的关学精神,通过这些关学学者讲学思想的嬗变,可以勾勒出明清时期关学发展的基本动向:晚明的理学转向、清初的实学转化和晚清的近代转型。张锦辉⑥认为李念慈的诗歌创作从诗学思想、诗风倾向、创作态度三方面体现出关学特色,不同于明清初期不务实之风,以崇真务实、经世致用之风独树一帜,传衍并发展着张载所开创的关学宗风。闫亚萍⑦对晚清关学人物贺瑞麟、刘古愚思想进行了比较研究,认为两人不论在教学方法、教育主张以及最终学术成果方面均有不同,其中贺瑞麟坚守程朱理学的道统,试图通过传统理学振兴关学,实现自己道德救世的主张;刘古愚则通过将传统理学和近代西学相结合的原则,向实学方面落脚,讲求经世致用以救国。范樵父⑧从书法著作上阐述了关学思想于右任的作品,凸显了关学特色。

三是在探讨张载思想与二程、王夫之等的关系上的研究,张瑞元⑨通过考察张载与二

---

① 潘胜强:《晚清关学名儒刘古愚的实业教育活动与思想述评》,载《西安文理学院学报》(社会科学版)2021年第3期。
② 魏冬.《张载视域下的孔子》,载《船山学刊》2021年第3期。
③ 高贵朋:《张载对儒家命论的发展》,载《社科纵横》2021年第4期。
④ 丁为祥、孙德仁:《遍在与超越:儒家的形上追求及其实现路径》,载《国际儒学》(中英文)2021年第4期。
⑤ 许宁、高贵朋:《明清关学讲学思想的三个维度——以冯从吾、李二曲、刘古愚为例》,载《宝鸡文理学院学报》(社会科学版)2021年第6期。
⑥ 张锦辉:《论明清社会变革之际李念慈创作的关学特色》,载《华中学术》2021年第2期。
⑦ 闫亚萍:《晚清关学人物贺瑞麟、刘古愚思想之异》,载《今古文创》2021年第26期。
⑧ 范樵父:《关学思想与百年巨匠于右任》,载《书与画》2021年第4期。
⑨ 张瑞元:《张载学于二程吗?——张载与二程关系探析》,载《内蒙古师范大学学报》(哲学社会科学版)2021年第4期。

程兄弟之间往来书信、《洛阳议论》,认为他们在学术上虽然有争论,但也有相同的学术观点,从著作完成的时间、相互之间的评价来看,张载的学术思想比二程成熟得更早,应该是张程关系中的主导者。郑熊①从"诚"说来讨论张载与王夫之的学术关系,认为王夫之也继承了张载"诚"说的一些内容,更为重要的是把诚直接界定为"实有",并以此为基础来观照本体和天地万物、体用关系、有无辨析以及批判佛老。

5. 关学研究成果的推介

在关学研究成果的推介方面,学者们也做出了巨大贡献,其中《中国哲学史》推介了《关学源流》,该著作集合了诸多知名当代关学研究者的智慧,详细地展示了张载与关学思想的全貌。《陕西日报》2021年1月4日发表专版文章:《不断推动张载思想的系统化研究——〈张载思想研究〉(修订本)出版》《为往圣继绝学　为时代添光彩——评〈关学经典集成〉》《芭蕉心尽展新枝——读〈新订关学编〉》,分别推介了关学研究方面的3部著作成果,进一步提升了关学研究的影响力。

(四)项目

在项目成果的取得方面,围绕关学研究、结合当代关学的发展,学者们也取得了国家社科基金后期资助、陕西省社会科学基金年度项目等若干项目立项。具体情况如下:

(1)李敬峰:关学《中庸》学研究,陕西师范大学,2021年国家社科基金后期资助项目。

(2)许宁:人类命运共同体视域下的"民胞物与"思想研究,陕西师范大学,2021年陕西省社会科学基金年度项目。

(3)李敬峰:清代关学《四书》学研究,陕西师范大学,2021年陕西省社会科学基金年度项目。

(4)傅如明:王宏撰《砥斋题跋》中的关学内涵研究,西安工业大学,2021年陕西省社会科学基金年度项目。

(5)车向前:《张载的思想》中关学概念的跨文化翻译与阐释研究,西北工业大学,2021年陕西省社会科学基金年度项目。

(6)王㻌:新时代张载关学典籍译介与对外传播模型研究,西安翻译学院,2021年陕西省社会科学基金年度项目。

(7)樊波:陕西关学石刻文献集存,西安碑林博物馆,2021年陕西省社会科学基金年度项目。

(8)刘丽芳:关学思想对构建陕西红拳文化体系的意义研究,西安外国语大学,2021年陕西省社会科学基金年度项目。

(9)王文峰:张载《正蒙》的英译及传播研究,西安石油大学,2021年陕西省社会科学

---

① 郑熊:《从"实在"到"实有"——王夫之对张载"诚"说的继承与发展》,载《船山学刊》2021年第4期。

基金年度项目。

(10)潘胜强:晚清关学名儒刘古愚的实业教育活动与思想研究,西安理工大学,2021年度西安市社科规划基金课题。

(五)获奖

关学研究的3篇论文李敬峰的《二程后学研究》,魏冬的《载及其关学:"横渠四为句"视域下的现代阐释》,邸利平的《道由中出——吕大临的道学阐释》获得了2021年度陕西高等学校人文社会科学研究优秀成果奖。

(六)学术活动

在学术活动方面,本年度围绕关学研究成果的推广、关学精神的传承与弘扬等进行了展开,特别是本年度开展的"中华关学·中国行"分别走入陕西各县区开展了丰富多彩的活动。具体活动情况如下:

(1)2021年3月31日,三秦出版社举办《关学经典集成》推介会。会议介绍了《关学经典集成》卷帙分布情况,及其在文献整理、学术研究方面的创新之处、独特优势,肯定这套丛书对关学典籍保护整理、关学精神传承弘扬的贡献。该社还在陆续推出《关学经典导读》《关学思想的现代诠释》《张载传》等一系列关学普及类图书,力争在推动关学这一优秀传统文化创造性转化、创新性发展方面做出更大的贡献。

(2)2021年4月25日,"中华关学·中国行"启动仪式、张载家风建设座谈会暨走进横渠:张载后裔张世敏先生家风馆捐赠讲学活动在陕西省宝鸡市眉县举行。由陕西省孔子学会、西北大学关学研究院主办,央视《人物春秋》《中国报道》人物访谈栏目、封面新闻、四川文化网、陕西广播电视台等媒体支持,"中华关学中国行"系列活动以"弘扬中华关学,服务地方建设"为活动宗旨,以关学文化进校园、进乡村、进社区、进社会机构、进企事业单位,开展公益赞助、公益讲学为主要形式,积极组织、引导社会各界力量投身地方文化建设和教育发展,为企事业单位文化发展献计献策,为乡村社区建设凝心聚魂,为中国社会发展汇聚能量、传播精神。

(3)2021年4月26日,"中华关学·中国行""走进陈仓"——陈仓区中小学公益捐赠讲学活动在陕西省宝鸡市陈仓区凤阁岭镇举行。西北大学关学研究院为陈仓区凤阁岭镇初级中学和中心小学赠予《关学思想史》《新订关学编》等籍,"中华关学中国行"专家与学校领导进行关学文化交流,组织学生进行青少年VR科普活动。

(4)2021年5月9日,"中华关学·中国行"大型公益活动之三,走进素有"三贤故里"美誉的渭南市临渭区下邽镇,专家学者与临渭区、下邽镇领导以及下邽镇西关村新乡约促进会成员,一起探讨了如何做好乡村文化振兴、如何彰显新乡约等问题。

(5)2021年5月10日,"中华关学·中国行"系列公益活动之四——"走进合阳"在合阳县百良镇中心小学进行爱心捐赠公益讲学活动。陕西省孔子学会、西北大学研究院、合阳县领导等参加了活动,教授专家团和校领导就学校今后教育的发展方向和传统文化进校园渗透到课堂,培养学生良好道德情操的德育问题进行交流。

(6)2021年5月16日—17日,"中华关学·中国行"系列活动之五:走进临渭——国家社会科学基金重大项目"乡约文献辑考及乡约文化与当代乡村治理体系建构研究"专家组一行赴渭南临渭区考察乡约文化及乡村振兴。

(7)2021年6月11日,由陕西省孔子学会、西北大学关学研究院、甘肃中医药大学定西校区主办,甘肃中医药大学人文教学部、陇中文化研究所承办的关陇学术对话学术研讨会在甘肃中医药大学定西校区隆重召开。本次学术研讨会以"关学陇学对话"为主题,深入探讨关陇文化的精神实质和思想底蕴,探究关学陇学继承发展与学术繁荣之路。

(8)2021年6月18日,"中华关学·中国行"系列活动在三原县举行,陕西省孔子学会向三原县宏道书院授予陕西省孔子学会会员单位牌匾;西北大学关学研究院授予宏道书院西北大学关学研究院中华关学传承创新实践建设基地牌匾,捐赠了《关学思想史》《新订关学编》等书籍,开展了中华关学与德行诠释学高峰论坛活动。

(9)2021年12月3日,西安文理学院历史文化旅游学院与陕西省关学文化促进会、西安文理学院关中书院与陕西正蒙文化公司共同召开大型电视专题片《张载夫子》剧本研讨会。会议介绍了拍摄《关学与关中书院》电视片,开展关中书院历史文化挖掘整理等工作,希望将《张载夫子》打造成为陕西文化精品工程和传承弘扬关学精神的典范。

(作者单位:陕西师范大学)

学 科 综 述

陕西省马克思主义理论研究

陈建兵

一、马克思主义基本理论研究

马克思主义基本原理研究方面。李忠军、张宝元在对马克思《1844年经济学哲学手稿》进行研究的基础上,认为科学认知人的能动与受动及其相互关系是马克思人学思想建构的核心点位。正是基于对人是能动与受动统一的深刻把握,马克思全面洞察了现实的人的本质,找到了人全面占有其本质、实现合乎人性的本质复归的现实路径,奠定了人的全面发展与全人类解放的价值追求。① 侯秋月从马克思社会发展双重评价尺度理论出发,对我国国家制度和国家治理体系的马克思主义哲学理据以及制度优势进行阐发,认为我国要体现和发挥制度优势,应当以促进社会发展双重评价尺度的统一为哲学理据,在实践中要把握好既利用资本又限制资本、既发展科技又管控科技、既刺激消费又引导消费、既发扬民主又强调集中等几个关键问题。② 杨栋以《巴黎手稿》"异化劳动和私有财产"为中心,尝试以海德格尔思想整体为资源,在当代哲学语境中展示一种后形而上学式异化概念诠释的可能性,认为这一阐释在丰富异化概念传统理解的基础上,最终指向对当代世界自主性技术现象及其与异化和异化之扬弃关系的进一步思考,有助于在当代语境中从理论哲学的层面推动马克思哲学与当代哲学的对话。③ 张志昌、王秀通过对恩格斯《英国工人阶级状况》的文本研究,揭示了恩格斯这一重要著作的贡献在于通过调查事实,阐述了从工业革命开始的市民社会变革促进了现代城市的产生和发展,揭示了工商业充分发展使无产阶级日益远离乡村并陷入了物质和精神的双重贫困,以及"城市病"使城乡在经济结构和生态环境方面形成鲜明对比,继而促使城乡分离、对立、融合成为一

---

① 李忠军、张宝元:《关于"人是能动与受动的统一"的理解——基于〈1844年经济学哲学手稿〉的研究》,载《马克思主义理论学科研究》2021年第10期。
② 侯秋月:《马克思社会发展双重评价尺度理论与我国制度优势的发挥》,载《毛泽东邓小平理论研究》2021年第8期。
③ 杨栋:《重审马克思的异化概念——以〈巴黎手稿〉"异化劳动和私有财产"为中心的后形而上学诠释》,载《哲学研究》2021年第10期。

体化发展的必经阶段。① 刘占虎从守正与拓新的维度阐释了恩格斯对科学社会主义的独特贡献,认为恩格斯根据亲身观察和可靠资料率先展开对资本时代的经济批判,论证了社会主义科学化的经济事实基础,在一定程度上促使马克思深入市民社会研究来揭示现代社会的经济运动规律。通过对"哲学基本问题"的阐释,以辩证法的科学视野在思维与存在的统一性上明确了"改变世界"的前提和无产阶级实现自我解放的实践逻辑,拓展了社会主义科学化的"新世界观"论域。② 刘儒、卫离东基于对列宁关于资本主义发展阶段划分依据理论的研究,认为列宁以唯物史观为根本依循,科学分析第二次工业革命对社会生产力和资本主义基本矛盾的巨大影响,创造性继承、创新性发展了马克思恩格斯资本主义发展阶段划分依据理论,创立了科学的帝国主义理论,形成了帝国主义和无产阶级革命时代的马克思主义。③

政治经济学研究方面。王宏波、曹睿提出公有资本是资本范畴在中国特色社会主义市场经济中的重要实践形式,其生成是理论逻辑和历史逻辑共同演化的结果,在社会主义市场经济高质量发展、公益性产业和公共产品供给、贯彻落实国家战略和政策、应对重大灾害和突发性危机等方面发挥着主导性作用,公有资本范畴是巩固社会主义公有制生产关系的坚实基础,是保障中国市场经济社会主义方向的依靠力量,是构建中国特色社会主义政治经济学体系的重要范畴。④ 刘儒、魏嘉玉围绕恩格斯关于政治经济学研究对象的阐释进行系统论述,提出中国特色社会主义政治经济学研究对象的确定应以恩格斯关于政治经济学研究对象的阐释为根本依循,始终坚持联系初级阶段的生产力发展状况研究社会主义生产关系发展变化规律,以实现创新发展。⑤ 段学慧、程恩富以马克思主义经典著作为依据,考证了马克思政治经济学逻辑起点的方法论,提出中国特色社会主义政治经济学逻辑起点的选择和体系构建要以唯物史观为指导,遵循从抽象到具体的叙述方法,坚持逻辑与历史相统一,注意区分研究的出发点和逻辑起点、哲学逻辑起点与经济学逻辑起点的不同,进一步指出中国特色社会主义政治经济学的逻辑起点是商品,重点是分析公有企业生产的商品。⑥ 金栋昌、王宏波结合马克思主义资本观,深入分析了新中国成立以来我国对资本范畴的认识转型,认为这种认知转型为从唯物史观角度及生产力

---

① 张志昌、王秀:《恩格斯〈英国工人阶级状况〉之城乡观分析及启示》,载《西北民族大学学报》(哲学社会科学版)2021年第6期。

② 刘占虎:《守正与拓新:恩格斯对科学社会主义的独特贡献》,载《福建师范大学学报》(哲学社会科学版)2021年第1期。

③ 刘儒、卫离东:《列宁对资本主义发展阶段划分依据理论的创新发展及其当代价值》,载《西安交通大学学报》(社会科学版)2021年第4期。

④ 王宏波、曹睿:《公有资本范畴的生成逻辑、实践成就与时代价值》,载《西安交通大学学报》(社会科学版)2021年第4期。

⑤ 刘儒、魏嘉玉:《恩格斯关于政治经济学研究对象的阐释及其当代意义》,载《社会主义研究》2021年第6期。

⑥ 段学慧、程恩富:《马克思政治经济学逻辑起点方法论考证和启示》,载《甘肃社会科学》2021年第6期。

标准和商品经济等维度,确认社会主义市场经济中资本的客观性提供了理论范式,为审视和运用资本范畴提供了方法论标准。① 范玉仙将国有经济在高质量发展中的作用分析纳入"生产力—生产关系"理论框架,从构建技术创新体系、保护和提高生态生产力、建立和维护产品高质量标准体系方面探究了国有经济在推动社会主义生产力高质量发展中的独特优势;从在改革中践行公平正义理念、优化资源配置、优化组织和管理模式、实现与其他经济融合发展方面阐释了国有经济在社会主义生产关系调整中发挥的作用及机制。② 宁殿霞在方法论批判的视域下,探讨了经济学界争论已久的"利润率下降规律之谜",认为利润率下降规律不是因下降的结果而存在,而是因下降的趋势驱动历史的上升运动而存在,而且这种上升运动是一个"自然历史过程",对这一规律实证论证的结果无论是利润率上升还是下降,都陷入方法论的窠臼,构成这一迷局的关键不在于上升还是下降,而在于出发点上方法论的不同。③ 王萍在对新中国成立以来我国社会主义市场经济体制改革实践进行历史梳理的基础上,提出社会主义市场经济体制上升为基本经济制度,是党对改革开放以来一以贯之坚持社会主义市场经济改革方向的继承和创新,在强调基本制度稳定性、长期性、原则性的同时,在实践中要求更好地阐明和凸显社会主义市场经济体制的制度属性,在解放和发展生产力的同时,维护好社会公平正义,实现效率和公平的辩证统一。④ 杜永峰在遵循马克思主义政治经济学基本理论和根本方法的基础上,提出要从五个维度,即以学理维度为本、以术语维度为用、以方法维度为基、以时代维度为实和以创新维度为魂,来构建中国特色社会主义政治经济学理论体系。⑤ 吴欢认为数字资本是通过参与并支配数字劳动生产和商品交换过程以追逐剩余价值的新资本形态,在作为生产要素上表现出人工化、智能化、平台化等新特征,在作为生产关系载体上呈现出金融垄断、自身反噬和制度差异等新特点,在具体结构上呈现出固定资本进入壁垒高、垄断技术壁垒高、劳动力资本功能分化、经营资本平台垄断等新变化。数字资本运动依然具有价值创造和价值增值的二重性,但具体过程上又呈现为由传统运动期与加速扩张期构成的双分期首尾衔接周期性循环运动的独特路径。⑥

---

① 金栋昌、王宏波:《社会主义市场经济中的资本:认知转型、理论确证与应用方法论》,载《经济纵横》2021年第7期。

② 范玉仙:《国有经济引领社会主义经济高质量发展的内在机制研究》,载《西安交通大学学报》(社会科学版)2021年第4期。

③ 宁殿霞:《方法论批判视域中的"利润率下降规律之谜"》,载《西安财经大学学报》2021年第5期。

④ 王萍:《社会主义市场经济体制上升为基本经济制度的逻辑进路》,载《经济问题》2021年第8期。

⑤ 杜永峰:《建构中国特色社会主义政治经济学理论体系的五个维度》,载《东南学术》2021年第4期。

⑥ 吴欢:《数字资本论析:结构特征与运动路径》,载《经济学家》2021年第3期。

二、马克思主义中国化研究

习近平新时代中国特色社会主义思想研究方面。任晓伟认为习近平新时代中国特色社会主义思想是马克思主义中国化最新理论成果,是21世纪马克思主义,其形成与发展具有充分的时代依据、实践依据和理论依据。① 燕连福、王亚丽认为习近平新时代中国特色社会主义思想人民性的生成过程,贯穿着强烈的问题意识,彰显了人民目标论、人民主体论、人民共享论、人民民主论、民族复兴论、人类发展论等丰富内涵。② 张琳、于建贵认为习近平"精准思维"方法具有思想发展的过程性、历时性和阶段性,具有明确的本质要义、深厚的哲学基础和鲜明的基本特征,具有用于解决实践问题的丰富经验、成功案例和积极探索,彰显了科学思维形成的逻辑要求、内在判断要求和实践检验要求,是逻辑严密的科学思维方法。③ 陈建兵、王明认为新时代意识形态的"中国话语"蕴含着中国特色社会主义道路、制度和模式,反映着中国和平发展的道路、理念和行动,体现着中国特色社会主义理论体系、价值和文化,是对马克思主义、社会主义意识形态话语的创新发展,对增强"四个自信"、讲好"中国故事"具有重要价值。④

中国共产党百年奋斗历史经验研究方面。阎树群认为百年来中国共产党领导并持续推进的马克思主义中国化是极其艰难的伟大事业,无论是理论命题的提出和演变,成果形态的丰富和拓展,还是历史进程的飞跃与延伸,都经历了一个长期实践探索、不断深化认识和反复提炼概括的发展过程。⑤ 任晓伟认为中国共产党的百年在人类文明史上占有重要的地位。在百年奋斗中,中国共产党开辟出一条全新的社会主义现代化道路,使人类的现代化具有了新的成功方案,创造出人类文明发展的新型样态。⑥ 刘进田认为中国共产党的百年历史是探索和创造人类文明新形态的历史,党探索和创造文明形态的路径是通过中华民族解放和复兴而实现人类解放、通过民族文明创新实现人类文明创新,实现马克思向往的"人类社会"或"社会化的人类"。⑦ 燕连福、王芸认为中国共产党成立百年来,对文化建设的探索历经了文化重建、文化改造、文化改革、文化自信四个阶段。

---

① 任晓伟:《论21世纪马克思主义形成的依据》,载《马克思主义理论学科研究》2021年第7期。
② 燕连福、王亚丽:《习近平新时代中国特色社会主义思想人民性的生成与实践》,载《马克思主义理论学科研究》2021年第8期。
③ 张琳、于建贵:《习近平"精准思维"重要论述的理论阐释与科学逻辑》,载《思想理论教育导刊》2021年第12期。
④ 陈建兵、王明:《论新时代意识形态的"中国话语"及其意义》,载《北京工业大学学报》(社会科学版)2021年第1期。
⑤ 阎树群:《中国共产党与马克思主义中国化的百年探索》,载《陕西师范大学学报》(哲学社会科学版)2021年第1期。
⑥ 任晓伟:《中国共产党百年在人类文明史上的地位》,载《陕西师范大学学报》(哲学社会科学版)2021年第4期。
⑦ 刘进田:《人类文明新形态的伟大探索者和实践者——写在中国共产党成立100周年》,载《社会科学辑刊》2021年第3期。

从破除旧文化、创立新民主主义文化到探索社会主义文化发展方向,再到建立中国特色社会主义文化,中国共产党探索走出了一条中国特色社会主义文化发展道路。①

中国特色社会主义制度体系建设研究方面。陈建兵、高镜雅认为中国特色社会主义制度将人民立场作为价值取向、人民群众作为价值主体、人的自由全面发展作为价值目标,在长期实践中实现了制度及其变迁"为人民服务"的落脚点。② 张艳娥认为党的领导是中国特色社会主义制度的根源性优势,是其他制度优势生成运行的根本保障,其转化机理在于通过使命型政党的全面领导和政治整合,使中国国家治理呈现出政治统治权威性、政党行动性与政府科层性治理相互融合的特点,蕴化出行动性治理与制度性治理、实质正义与程序正义、政党自我革命与制度自我完善有机统一的巨大优势和治理效能。③ 王永香、陆卫明认为社会主义协商民主制度内生于中华民族传统文化,是中国共产党在革命实践中形成的一种行之有效的民主制度,具有鲜明的中国特色,它为人民民主在中国的实现提供了制度载体,为实现国家治理现代化提供了有力支撑,为建构中国民主话语体系、增强中国国际话语权奠定了重要基础,也为广大发展中国家民主政治建设提供了生动范本与宝贵经验。④ 王晓荣、李斌认为社会主义国家政治安全必须置于马克思主义理论框架中才能得以说明,毛泽东在《关于正确处理人民内部矛盾的问题》一文中关于社会主义国家政治安全的特殊性、客观现实性和内在逻辑、如何维护社会主义国家的政权、制度及意识形态安全的分析,对于今天坚持总体国家安全观、探索中国特色国家安全道路具有重要的理论价值和现实意义。⑤ 陈建兵、郝一博认为民主集中制是中国特色社会主义国家治理的组织原则和领导制度,内嵌于国家治理之中,具有深刻的理论逻辑、历史逻辑、文化逻辑和现实逻辑。民主集中制是国家制度和法律体系形成和完善的决策原则,是国家制度和治理体系高效运转的制度内核,为国家治理能力不断提升提供强大的组织支撑,集中体现了制度优势转化为国家治理效能的中国逻辑。⑥

脱贫攻坚与共同富裕研究方面。燕连福、谢克分析了中国特色反贫困理论,认为这一理论在反贫困方法论、反贫困制度论、反贫困价值论、反贫困合力论、反贫困动力论以及全球减贫论等方面作出了创新性贡献,为全面推进乡村振兴战略、加快农业农村现代

---

① 燕连福、王芸:《中国共产党百年来领导文化建设的历程、经验与展望》,载《西安交通大学学报》(社会科学版)2021年第4期。

② 陈建兵、高镜雅:《中国特色社会主义制度自我完善价值动力探析》,载《西安交通大学学报》(社会科学版)2021年第4期。

③ 张艳娥:《中国制度"最大优势"的发生逻辑与转化机理》,载《社会主义研究》2021年第3期。

④ 王永香、陆卫明:《社会主义协商民主的科学内涵、鲜明特色与时代价值》,载《北京工业大学学报》(社会科学版)2021年第1期。

⑤ 王晓荣、李斌:《毛泽东对社会主义国家政治安全规律的探索———基于〈关于正确处理人民内部矛盾的问题〉的分析》,载《理论学刊》2021年第1期。

⑥ 陈建兵、郝一博:《民主集中制:制度优势转化为国家治理效能的中国逻辑》,载《科学社会主义》2021年第4期。

化指明了前进方向,提供了根本遵循。① 雒亚男认为党致力于推进马克思主义反贫困理论中国化,在实践中探索创新贫困治理机制,形成了一套科学合理、内容丰富且具有中国特色的减贫理论、工作方针和治理机制。② 许伟认为习近平解决贫困问题的空间治理观是对马克思主义空间观基本立场和原则的创造性运用,并在空间治理的重心转向、自然空间与经济社会空间协同治理以及空间使用价值回归等方面实现了中国化马克思主义空间观的创新性发展。③ 郭瑞萍总结了中国共产党百年来对共同富裕内涵、基础和路径不断发展和深化的认识,认为它构成了中国共产党现代化观的重要组成部分,形成了中国共产党在推动实现中华民族伟大复兴过程中领导国家现代化发展的基本经验。④ 王媛提出要从健全防止返贫的监测和帮扶机制、巩固完善扶贫政策、发挥市场主体支撑作用以及构建返贫风险防控的智力体系等方面,积极探索防止规模性返贫的根本路径。⑤ 苟灵生和刘儒提出构建以教育促进农村人口素质和能力提升、教育扶贫配置资源的发展模式,建立激发子代的个人期望、激活贫困人口的内生动力机制,健全农村人口教育培训、促进贫困家庭增产增收的减贫保障机制。⑥

三、思想政治教育研究

"大思政"建设与思政教育一体化研究方面。夏永林从多个维度对"大思政课"的内涵进行了探讨,认为"大思政课"既是一种育人理念,也是一种工作方法,从育人理念上看"大思政课",更加突出了对思政育人的重视;从育人体系上看"大思政课",更加凸显了对育人规律的尊重;从育人过程上看"大思政课",更加强调了对育人方式的创新;从育人主体上看"大思政课",更加提高了对教师队伍的规范要求;从育人格局上看"大思政课",更加体现了对育人合力的要求。⑦ 朱旭认为"大思政课"理念为新时代思政教育工作守正创新指明了新方向,为新时代思政工作"如何培养人"提出了新要求,为新时代思想政治理论课改革提供了新动力。新时代落实"大思政课"理念,就要善用"大思政课",加强顶层设计,完善"大思政课"体制机制建设;开拓"一体上课",推进大中小学思想政

---

① 燕连福、谢克:《中国特色反贫困理论的创新性贡献及对推进乡村振兴战略的指导意义》,载《思想理论教育导刊》2021年第7期。
② 雒亚男:《中国共产党百年反贫困的机制创新和历史启示》,载《经济社会体制比较》2021年第4期。
③ 许伟:《论习近平解决贫困问题的空间治理观》,载《江淮论坛》2021年第3期。
④ 郭瑞萍:《论中国共产党共同富裕思想的百年演变》,载《陕西师范大学学报》(哲学社会科学版)2021年第6期。
⑤ 王媛:《后扶贫时代规模性返贫风险的诱致因素、生成机理与防范路径》,载《科学社会主义》2021年第5期。
⑥ 苟灵生、刘儒:《教育供给阻断贫困代际传递的机制及实现路径》,载《西北农林科技大学学报》(社会科学版)2021年第5期。
⑦ 夏永林:《"大思政课"内涵的多维探讨》,载《思想理论教育导刊》2021年第8期。

治理论课一体化建设;结合实践教学,让现实生活成为思想政治理论课的丰富源泉;结合时代大背景,讲好新形势下的"大思政课"。① 李仙娥、刘跃强则对劳动教育融入大中小学思政课的侧重点进行了探究,认为小学阶段注重启蒙劳动意识、增进劳动兴趣、明确劳动规范;中学阶段注重树立劳动理念、提升劳动能力、培育劳动素养;大学阶段注重创新劳动思维、明晰劳动价值、涵养劳动精神。②

思想政治理论课建设和教学研究方面。苏玉波、潘思雨提出高校思想政治理论课教师"情怀要深"的核心包括家国情怀、传道情怀和仁爱情怀三方面。高校思想政治理论课教师要厚植家国情怀,坚守爱国主义精神之魂;树立传道情怀,筑牢马克思主义信仰之基;培育仁爱情怀,把稳以学生为中心思想之舵,真正做到以教书育人、立德树人为使命,以培养学生、锻炼学生为己任,以此提升情怀素养。③ 马忠、李园园认为在思想政治理论课教学中,教学话语是实现教材体系向教学体系转化的关键,必须在阐释式、提问式和例证式等不同教学中灵活运用有效的话语方法。在阐释式教学中要准确运用如何激活理论、切入理论、剖析理论的话语方法;在提问式教学中要善于运用如何提出问题、展开分析、深入讨论的话语技巧;在例证式教学中要准确运用如何选择素材、呈现案例、以事析理、提炼思想的话语策略。④ 高飞认为思想政治教育议题设置是思想政治教育实践活动的重要组成部分,它具有阶级性、能动性、动态性、创新性和时代性的特点,只有认真把握思想政治教育议题设置的过程和基本规律,从加强调查研究、定期进行研判、凝练重大主题、主动设置议题、引导实践方向五大方面着眼,才能不断提升思想政治教育议题设置水平,有效开展思想政治教育。⑤ 梁珊、张云龙认为实践教学作为新时代高校思想政治教育改革新的突破口,其能否有效地彰显存续意义,取决于其能否映照思想政治教育的时代诉求与时代方向,能否回应新时代思想政治教育自身所关切的价值预期与价值归宿,以及能否保障新时代思想政治教育具有切实可行的实现路径与实践方式,并且从时代映照、价值关涉和实践路径等方面探讨了思想政治教育实践教学的方法论进路。⑥

网络意识形态研究与社会思潮研究方面。郝保权通过对网络意识形态工作在理论建设维度、日常生活维度、社会实践维度、制度构建与执行维度的考察,分析了网络信息传播技术下意识形态治理的优势与缺陷,提出构建"党政主导—社会协同—法治保障—技术支持—科学评价"于一体的网络意识形态治理体系,发挥立体互动、协同运作、综合

---

① 朱旭:《"大思政课"理念:核心要义、时代价值与实践路径》,载《马克思主义理论学科研究》2021年第5期。
② 李仙娥、刘跃强:《劳动教育融入大中小学思政课的侧重点探究》,载《人民论坛》2021年第36期。
③ 苏玉波、潘思雨:《高校思想政治理论课教师"情怀要深"的时代内涵及培育路径》,载《思想教育研究》2021年第5期。
④ 马忠、李园园:《思想政治理论课常见教学话语方法探究》,载《思想教育研究》2021年第8期。
⑤ 高飞:《思想政治教育议题设置研究》,载《马克思主义理论学科研究》2021年第2期。
⑥ 梁珊、张云龙:《新时代高校思想政治教育实践教学证成的三重逻辑》,载《湖北社会科学》2021年第1期。

施策的体系优势,全面提升网络意识形态治理能力的现代化水平。① 谷永鑫、张瑜提出新时代网络空间道德治理要强化内容生产与舆论监督相结合,推动道德正能量占领网络主阵地;坚持一元主导和多元参与相结合,构建网络空间道德协同治理新格局;实现教育引导与实践养成相结合,增强网络空间道德行为的文明自律;推进网络空间道德治理的制度化建设,营造清朗的网络道德环境氛围。② 郑冬芳、李进荣在碎片化语境下对社会思潮的传播进行了研究,认为当前社会思潮的传播主体、传播话语和传播策略均呈现出碎片化态势,具体表现为传播主体分散化存在于网络空间,专业与非专业人士同时在场、精英与草根立场交织共存以及分散与圈群形式相互呼应给社会思潮治理增加了难度;传播话语琐碎化弥散于生活世界,与快餐式文化生活相结合、与碎片式日常生活相融合以及与景观式娱乐生活相媾和,削弱了主流价值观的引领效度;传播策略潜隐贯穿于网络空间与生活世界的双重场域,采用由碎到聚形成意识茧房、先易后难固化思维认知以及循序渐进实现传播意图的传播策略,延展着社会思潮的滋长向度。③ 王哲、邱雪对错误思潮的传播逻辑和应对策略进行了剖析,认为在意识形态感性化的时代背景下,错误思潮加强了感性渗透手法的使用,主要涉及利用客观对象营造在场体验、利用感官刺激促成感性认同和利用物欲诱导形成感性自觉三个方面,深层机理在于偷换感性活动概念,借力于人感性存在规律与意识形态时代转型规律。④

四、国外马克思主义研究

关于西方马克思主义代表人物思想研究。杨栋基于对《海德格尔重生》的考察,通过阐释这一文本中卢卡奇批判海德格尔的立场和观点,并从海德格尔思想的角度审视这一批判,提出除了隐微地承认,卢卡奇由点及面地否定了海德格尔从《存在与时间》到《关于人本主义的书信》中的思想。这种从政治定性出发,将《关于人本主义的书信》视作前法西斯主义自我辩护的哲学批判,在相当程度上错失了海德格尔思想的内核,最终走向对海德格尔思想之为精致唯心主义的当代哲学"第三条道路"的判断。⑤ 李宝星辩证地审思了卢卡奇的"物化"理论,肯定其揭示资本主义社会的新变化——资本主义社会生产关系的组织化与全面扩张,从而为后人揭示出社会批判新方向的价值,同时也指出其存在根本的缺陷——"对象化"与"异化"的混同,这一缺陷使得青年卢卡奇与其后继者的思想囿于发达资本主义国家的社会生产关系,最终使无产阶级革命理论遭遇到无法突破的

---

① 郝保权:《网络意识形态治理新趋势》,载《马克思主义研究》2021年第1期。
② 谷永鑫、张瑜:《论网络空间的道德治理》,载《思想理论教育》2021年第11期。
③ 郑冬芳、李进荣:《碎片化语境中社会思潮传播的三维透视》,载《内蒙古社会科学》(汉文版)2021年第4期。
④ 王哲、邱雪:《错误思潮的感性渗透与应对建议》,载《思想教育研究》2021年第4期。
⑤ 杨栋:《卢卡奇的海德格尔批判及其反思——基于对〈海德格尔重生〉的考察》,载《马克思主义与现实》2021年第1期。

困境。而要走出这种困境,需要恰当运用列宁的"灌输"策略,借助于新形势下适当的内部和外部条件,唤醒发达资本主义国家无产阶级的革命主体意识。①

关于国外马克思主义学术前沿动态研究。李武装认为西方马克思主义的"空间转向"实质是经典马克思主义既有空间思想的再发挥和精进,无论是考察"空间转向"还是审视历史唯物主义,都应当"回到马克思",在传承马克思原初话语基质的基础上,更多捕捉到当代空间叙事新质素和新样态。唯有如此,历史唯物主义的空间转向才可能彰显出全部理论和现实意义,其当代重光也才能真正落到实处。② 宋晓丹对近年来国外马克思主义对资本主义的批判进行了系统阐述,指出当代国外马克思主义不同于早期西方马克思主义抽象的话语体系,而是立足当今时代发展前沿,不断丰富深化对资本逻辑的时代批判;更不同于传统西方马克思主义"开历史倒车"的理论策略,而是对资本主义的替代性方案做出了新的时代判断。当代国外马克思主义对资本主义新趋向的把握与认识,为当代马克思主义中国化的发展提供可资借鉴的理论视角,为解决中国问题提供理论参考,为中国方案贡献话语力量。③

(作者单位:西安交通大学)

---

① 李宝星:《卢卡奇"物化"理论的价值、局限与出路新探》,载《江西社会科学》2021 年第 2 期。
② 李武装:《西方马克思主义的"空间转向"与历史唯物主义的当代重光》,载《青海社会科学》2021 年第 3 期。
③ 宋晓丹:《近年来国外马克思主义对资本主义的批判及启示》,载《毛泽东邓小平理论研究》2021 年第 7 期。

陕西省哲学研究

郭　泓　杨晓英　赵文浩　田海宁

哲学是时代精神的精华。2021年在中国共产党迎来建党百年华诞之际,我国如期打赢脱贫攻坚战,如期全面建成小康社会,实现第一个百年奋斗目标。在中国共产党的坚强领导下,中国人民正意气风发踏上全面建设社会主义现代化国家,向第二个百年奋斗目标进军的新征程,陕西省哲学界学人主要依托国家和陕西省社科基金项目开展了卓有成效的科研工作,并取得丰硕成果,特别是一批中青年学人的学术建树颇丰。现以当年发表在核心期刊的学术论文为代表,对哲学学科的学术发展和主要学术观点综述如下。

一、马克思主义哲学

马克思主义哲学研究主要集中在经典著作、马克思主义哲学中国化和西方马克思主义等领域。在经典著作及理论研究方面,李忠军、张宝元[1]基于对马克思《1844年经济学哲学手稿》的研究,在对人的能动与受动内涵、人的能动性与受动性辩证关系厘析的基础上,提出对新时代思想政治教育的启示。彭蕾、刘海莲、刘慢慢[2]对恩格斯《自然辩证法》的思维方法进行了探析。叶妮[3]通过对恩格斯《国民经济学批判大纲》《自然辩证法》《路德维希·费尔巴哈和德国古典哲学的终结》《家庭、私有制和国家的起源》《反杜林论》等著作的考察,从实践的性质、关系、过程、工具和结果等维度,剖析了恩格斯实践观的主要特质。刘宇[4]在认同历史唯物主义划分层次的前提下,探究了其方法论唯物主义的原则以及演进方式,以及对实践方法的指引。王振民[5]认为批判性吸收和借鉴西方刘《矛盾

---

[1] 李忠军、张宝元:《关于"人是能动与受动的统一"的理解——基于〈1844年经济学哲学手稿〉的研究》,载《思想政治教育研究》2021年第10期。

[2] 彭蕾、刘海莲、刘慢慢:《恩格斯〈自然辩证法〉的思维方法探析》,载《学术探索》2021年第6期。

[3] 叶妮:《恩格斯实践观的五维分析》,载《学术研究》2021年第12期。

[4] 刘宇:《论马克思方法论唯物主义的演进方式——从发生论的描述到目的论的解释》,载《哲学动态》2021年第3期。

[5] 王振民:《西方对〈矛盾论〉与中国传统文化关系研究的审思》,载《西北大学学报》(哲学社会科学版)2021年第1期。

论》与中国传统文化关系的研究成果,对新时代深化这一问题研究具有重要的镜鉴作用。寇东亮①通过对马克思劳动概念考察,认为劳动是一个关涉人类的自我生成、发展、解放和实现的总体性和历史性范畴,具有多维辩证和自由意蕴。他还认为,青年恩格斯通过对古典自由主义的批判与马克思共同创立了科学社会主义学说,并做出了诸多原创性贡献。马文保、刘曦②在梳理我国学界对生产方式研究成果的基础上,认为对生产方式的研究,只有结合现实的生产活动进行辩证的、全面的、客观的以及过程性的思考,才有实际内容、才会有新的突破。在马克思主义哲学中国化问题研究方面,肖士英③认为"普善实践性唯物史观"作为凝聚该新时代内在精神底蕴的马克思主义哲学新形态,初创性地建构起了双重普善取向的实践方式、解放主体实践性普善在场机理、实践能动性内在矛盾、基于民族命运间性均衡协调治理的普善性人类命运共同体等理论,实现了马克思主义哲学形态在新时代坐标中的继承性创新。任晓伟④考察了中国共产党在百年奋斗中不断把马克思主义哲学与中国发展实践相结合,对马克思主义哲学一系列重大原创性贡献,形成了中国化马克思主义哲学的理论形态。袁祖社、杜添⑤在唯物史观视域内对人类命运共同体思想从不同维度进行了探究,认为人类命运共同体理念是破解全球性治理难题的中国智慧和中国方案,是21世纪唯物史观理论发展的最新成果。王云霞⑥运用西方正义论和环境正义理论的前沿成果,对马克思恩格斯的环境正义批判进行考察,探寻了其对我国生态文明建设的重要意义。常改香⑦认为毛泽东哲学思想在中国哲学史上具有"转向"特质,它的形成与发展是中国马克思主义哲学的标志性成果,昭示着新时代中国哲学发展的走向。在西方马克思主义研究方面,张渊⑧认为霍克海默尔通过对形而上学和唯物主义的分析,奠定了其"社会批判理论"的实践唯物主义基础,并对历史唯物主义解决时代问题指出了现实路径。李宝星⑨对卢卡奇"物化"理论的价值及局限进行了探析,并

---

① 寇东亮:《马克思的劳动概念与"三个王国"的自由思想》,载《上海师范大学学报》(哲学社会科学版)2021年第6期;寇东亮:《青年恩格斯对古典自由主义的批判》,载《山东社会科学》2021年第8期。
② 马文保、刘曦:《生产方式在何种意义上是生产力和生产关系的统一》,载《现代哲学》2021年第6期。
③ 肖士英:《基于当代创新实践的马克思主义哲学新形态解析》,载《学术界》2021年第5期。
④ 任晓伟:《中国共产党在运用马克思主义哲学百年进程中的重大原创性贡献》,载《广西大学学报》(哲学社会科学版)2021年第2期。
⑤ 袁祖社、杜添:《实践主体性与整全性生存理想:对象性理论视域中的自我—他者关系与人类命运共同体的世界意义》,载《陕西师范大学学报》(哲学社会科学版)2021年第6期。
⑥ 王云霞:《马克思恩格斯对资本主义的"环境正义"批判及其中国意义》,载《安徽师范大学学报》(人文社会科学版)2021年第2期。
⑦ 常改香:《论毛泽东哲学思想发展中的"四个转向"》,载《湖南科技大学学报》(社会科学版)2021年第6期。
⑧ 张渊:《霍克海默尔"社会批判理论"的实践唯物主义基础》,载《甘肃社会科学》2021年第5期。
⑨ 李宝星:《卢卡奇"物化"理论的价值、局限与出路新探》,载《江西社会科学》2021年第2期。

提出列宁的"灌输"策略可以为走出"物化"理论的困境提供出路。杨栋①基于对《海德格尔重生》的考察,反思了卢卡奇对海德格尔的批判,借助对海德格尔诠释学方法,通过阐释《巴黎手稿》中的经典异化概念,尝试在当代哲学语境中展示一种后形而上学式异化概念诠释的可能性和意义。李武装②认为西方马克思主义的空间转向实质是经典马克思主义空间思想的再发挥和精进,无论是考察空间转向还是审视历史唯物主义都应当回到马克思,这样历史唯物主义的空间转向才可能彰显出全部理论和现实意义。李永虎③对索恩-雷特尔经济认识论进行了评析,认为他尽管误判了现实抽象的真正来源,但提出的"资本主义的本质不是形而上学,形而上学的本质是资本主义"却极具启发性。

二、中国哲学

中国哲学研究成果主要集中在先秦哲学、宋元明清理学和实学、近代新学等方面。其中,先秦哲学中道家研究成果最多。景婧、韩鹏杰④认为庄子建构了一个"人""技""道"相统一的人与技术有机发展系统,为化解现代人与技术的发展困境提出新思路。赵俭杰、刘生良⑤分析了《庄子》中的三个喻示,"以环喻道"借圆环的贯通性破除是非之辨,用周期性破解生死之执;"以镜喻心"借镜子的容纳性与客观性,喻示人心若能像镜子般保持平静、虚空便不易受制于外物;卮是一种与圆环、镜子类似的圆融性和中空性酒器,这一特性与日出、天倪类似,从而借卮、日出、天倪喻示作为道言的卮言。孙旭鹏⑥考察了庄子的隐逸思想,认为庄子的隐逸思想充满了社会批判精神,却没有指出改造社会的有效途径。张谷⑦比较了西田几多郎的哲学与老庄哲学,认为西田几多郎的哲学深受老庄哲学的影响。商晓辉⑧通过分析"道—理—形(刑)—名—法"之间的逻辑关系,阐明了"道生法"的内在根据和逻辑结构,揭示了黄老政治哲学的治理模式及运作机制。在儒家哲学方面,张茂泽⑨通过研究《周易》的儒教思想,认为"天生""人则"的天人关系观、人文理性的天命鬼神观、"进德修业"的人性修养论、"神道设教"的文明教化论是《周易》儒教

---

① 杨栋:《卢卡奇的海德格尔批判及其反思——基于对〈海德格尔重生〉的考察》,载《马克思主义与现实》2021年第1期;杨栋:《重审马克思的异化概念——以〈巴黎手稿〉"异化劳动和私有财产"为中心的后形而上学诠释》,载《哲学研究》2021年第10期。
② 李武装:《西方马克思主义的"空间转向"与历史唯物主义的当代重光》,载《青海社会科学》2021年第3期。
③ 李永虎:《形而上学与资本主义——索恩-雷特尔经济认识论评析》,载《现代哲学》2021年第2期。
④ 景婧、韩鹏杰:《庄子的技术思想及其现代启示》,载《云南社会科学》2021年第2期。
⑤ 赵俭杰、刘生良:《〈庄子〉以环喻道、以镜喻心及卮言三喻》,载《江汉论坛》2021年第11期。
⑥ 孙旭鹏:《庄子隐逸思想探微》,载《学术交流》2021年第8期。
⑦ 张谷:《西田几多郎与老庄哲学》,载《学术探索》2021年第3期。
⑧ 商晓辉:《道生法:黄老政治哲学的治理路径》,载《中国道教》2021年第2期。
⑨ 张茂泽:《〈周易〉的儒教思想》,载《河北师范大学学报》(哲学社会科学版)2021年第1期。

思想的主要内容。杨胜利①从水的意象性研究了孔子的人文精神,指出孔子的人文精神以水"源泉混混"的意象性为其逻辑起点,开显出务本求实精神;以水"不舍昼夜"的意象性为其现实基础,开显出自强不息精神;以水"出入以就鲜絜"的意象性为其终极所归,开显出崇德包容精神。秦晓②提出荀子天人观的依据和基础是自然之天,并揭示了荀子的天人观对当今生态环境保护的意义。法家哲学的研究主要关注的是韩非的思想,夏海③认为,韩非以人性恶为基础,以法为核心,建构了法、术、势三位一体的思想大厦,为传统社会的中央集权和君主专制提供了理论依据。理学研究主要围绕理学各个流派及其相关人物的思想展开。李敬峰④梳理了两宋之际二程洛学与王安石新学的学术之争,深入探讨了两宋之际的学术演进。高明⑤通过对明初朱学代表人物曹端、薛瑄、吴与弼、胡居仁等思想的研究,揭示了明初朱学发展演变的特点。赵永翔⑥考察了明代心学与儒学学统的建构问题,认为心学在对儒学学统的绍续与构建中凸显了自身的理论价值,达到了对明代儒学主流的改造。李敬峰⑦考察了阳明心学在关中地区的传播,并概括了其在关中显现出的区域学术形态的模式与特质。在理学代表人物的思想研究方面,黄琳⑧从形上的宇宙论架构入手,认为周敦颐的思想融汇了战国秦汉时期新儒家的宇宙论与魏晋玄学的思想特征。史少博⑨分析了伊藤东涯对周敦颐《太极图说》的研究,指出伊藤东涯认为朱熹《太极图说解》偏离了周敦颐《太极图说》的本义,而《太极图说》又偏离了儒家经典的本义。聂启阳⑩立足张载的天文思想,解读其"太虚即气"命题的内涵,为把握张载哲学理论提供了一个独特视角。郭秋桂⑪剖析了张载的教育哲学中"蒙以养正"的教育目的论,"中道而立"的教育内容论,"亨行时中"的教育方法论。朱锋刚⑫探讨了朱熹理学思想建构中荀子的形象,指出在朱熹看来,荀子是有救世情怀的儒家圣贤,同时在性的

---

① 杨胜利:《从水的意象性看孔子人文精神的逻辑构建》,载《学术研究》2021年第12期。
② 秦晓:《论荀子的天人观及其生态价值》,载《中共福建省委党校(福建行政学院)学报》2021年第2期。
③ 夏海:《从人性恶到法、术、势:论韩非思想的主旨》,载《孔学堂》2021年第4期。
④ 李敬峰:《两宋之际洛、新学术之争及其思想史意义》,载《江汉论坛》2021年第7期。
⑤ 高明:《明初朱学之演变》,载《湖北社会科学》2021年第2期。
⑥ 赵永翔:《宗其原而应之变:论明代心学与儒学学统的建构问题》,载《暨南学报》(哲学社会科学版)2021年第12期。
⑦ 李敬峰:《阳明心学在关中地区的传播与接受》,载《北京理工大学学报》(社会科学版)2021年第2期。
⑧ 黄琳:《形上宇宙论架构如何安放道德主体的自觉心?——周濂溪思想解析》,载《现代哲学》2021年第5期。
⑨ 史少博:《伊藤东涯"古义"视角下的〈太极图说〉研究》,载《周易研究》2021年第1期。
⑩ 聂启阳:《"他山之石":张载"太虚即气"命题的天文学初诠》,载《自然辩证法研究》2021年第8期。
⑪ 郭秋桂:《"中正"之道视域下张载教育哲学探微》,载《江西社会科学》2021年第10期。
⑫ 朱锋刚:《试论朱熹理学思想建构中的荀子思想形象》,载《吉林大学社会科学学报》2021年第3期。

问题上,孟荀皆有得失,应该统合孟荀来发展儒学。王春梅①分析了朱熹、王阳明对天理不同理解的贡献和不足。彭传华、张鹏伟②考察了王阳明心学视域中的天理和人欲,认为阳明理欲之辨的特色是把客体维度的天理诠释为主体维度的纯乎天理之心,把涵养未发的超越体征转化为未发已发相统一的内在体征。钟治国③围绕"万物一体之仁",剖析了尤时熙、孟化鲤、王以悟、张信民等河洛王学代表人物的思想,及其学术特色和发展脉络。通过对孟化鲤的一体、安分之学的阐述,梳理其学说的内蕴、脉络及为学宗旨。在实学研究方面,王宝峰④从狄百瑞"个人主义"的视角考察了李贽思想。李敬峰⑤通过对王船山不同时期《大学》注本的考察,揭示了王船山对朱子学态度的嬗变,回应了学界在此问题上的纷争,为把握二者关系提供了新的视角和方法。新学研究主要关注的是严复、章太炎的思想。商原李刚⑥指出,严复以"变注"甚至"误读"的"反向格义"方法寻找《老子》《庄子》中的"自由""民主""科学""进化"等本土启蒙资源;同时立足救亡,用启蒙思想"类比""比附""嵌入"老庄思想文本,试图将西方思想与中国传统思想相结合,形成救亡图存的新思想。这种"变注"与"接引"也成为近代中国思想史的重要发展形式。李智福⑦阐发了章太炎的易学思想,指出章太炎以佛学的阿赖耶识为易学重建哲学本体,将文王的忧患意识诠释为佛教的大悲心或烦恼障,将"既济"诠释为世间法,将"未济"诠释为出世间法,世间法与出世间法真妄一元,俗真同体。因此,文王在最高智慧上与佛乘并无二致。他还对章太炎与熊十力的"新唯识学"作了比较,认为无论是庄佛联姻还是易佛会通,都是用传统的学术资源回应西方的主流价值。

三、外国哲学

外国哲学研究主要集中在对德国古典哲学、启蒙运动思想、现当代外国哲学相关人物及其思想的考察。在德国古典哲学方面,比如,刘萌⑧通过对康德在沉默时期对"Funktion"使用情况的考察,提出以数学含义的"函数"来翻译并理解这一概念,才能凸显出其

---

① 王春梅:《朱熹、王阳明对天理的理解——从二人对"子入太庙,每事问"的解释来看》,载《学术探索》2021年第3期。
② 彭传华、张鹏伟:《工阳明理欲之辨探微》,载《湖南社会科学》2021年第4期。
③ 钟治国:《河洛王学的"万物一体之仁"说通论》,载《西南民族大学学报》(人文社会科学版)2021年第4期;钟治国:《论河洛王门学者孟化鲤的一体、安分之学》,载《现代哲学》2021年第6期。
④ 王宝峰:《狄百瑞"儒家个人主义"视域下的李贽思想研究》,载《周易研究》2021年第4期。
⑤ 李敬峰:《从〈大学〉诠释看王船山对朱子学态度的嬗变》,载《求索》2021年第6期。
⑥ 商原李刚:《启蒙视野下严复的"变注"与"接引"》,载《人文杂志》2021年第11期。
⑦ 李智福:《"未济"与"忧患":章太炎以佛证易思想发微》,载《哲学研究》2021年第9期;李智福:《"以庄济佛"与"以易济佛"——章太炎与熊十力两种"新唯识学"比较初论》,载《现代哲学》2021年第4期。
⑧ 刘萌:《"机能"还是"函数"?——解析康德判断理论中的"Furktion"概念》,载《世界哲学》2021年第2期。

在康德判断理论中的核心地位,以及康德在判断理论上基于传统形式逻辑做出的重要变革。庄振华[1]提出在各种新兴"实在论"对康德先验论构成重大挑战的当今时代,黑格尔的上帝观是一条既尊重现代理性,又坚守宇宙秩序的可参考的出路。他还认为谢林的自然哲学的意义不只是对那个时代自然科学的"哲学总结",而是对现代自然科学的观念性、主体性提出了根本挑战,对当今科学与思想的发展依然具有启发。在启蒙运动思想研究方面,罗久[2]从分析早期浪漫派重要成员诺瓦利斯的自然观念为切入点,认为德国浪漫主义的兴起既不是单纯的文学和美学运动,也不是简单的基督教世界观和唯灵论的复兴,而是有着深刻的哲学根源。苏光恩[3]认为苏格兰启蒙思想,借助"文明"概念在接受或拥抱商业社会的同时,获得对商业社会进行自我审视和自我批判的视野。汶红涛[4]认为休谟通过对契约论的质疑和解构,从"利益"和"需要"的角度解释了人类政治建构的起源与基础,为19世纪功利主义政治哲学的兴起提供了理论框架。在现当代外国哲学相关人物及其思想的考察方面,邱雨[5]对韦伯的价值中立思想进行了考察,认为其对学术公共领域的建设具有重要的指导意义。尹兆坤[6]认为马里翁的被给予性原则是其现象学的根本原则,该现象学是现象学乃至西方哲学发展的一个新高峰。王建辉[7]通过对朗西埃《劳工之夜》《审美无意识》《美感论》等著作的解读,为政治主体性问题提供了一种新的解读方案。邵世恒[8]依托文本上的证据,论证将紧缩本体论归给后期维特根斯坦的合理性,及其说明后期维特根斯坦思想对于当代紧缩本体论讨论的借鉴意义。毕晓[9]通过对哈贝马斯交往行为理论的批判性分析,提出了差异对话理论的观点。张渊[10]认为霍克海默尔通过对形而上学和唯物主义的分析,奠定其"社会批判理论"的实践唯物主义基础。杨栋[11]从现象与经验出发,诠释了存在历史之思源自海德格尔早期思想的现象学方

---

[1] 庄振华:《黑格尔的上帝存在证明及其历史意义》,载《世界宗教文化》2021年第3期;庄振华:《谢林自然哲学的思想宗旨与演进历史——以"大全一体"的肯定性发生史为中心》,载《哲学研究》2021年第9期。

[2] 罗久:《"诗是宇宙的自我意识":诺瓦利斯论诗化自然的真理》,载《世界哲学》2021年第4期。

[3] 苏光恩:《"文明社会"与"商业社会"——苏格兰启蒙思想中的双重现代社会想象》,载《现代哲学》2021年第2期。

[4] 汶红涛:《从契约到功利:休谟与近代政治哲学的转向》,载《南昌大学学报》(人文社会科学版)2021年第1期。

[5] 邱雨:《"乌托邦"与"应当"——韦伯"价值中立"思想的二重属性》,载《西南大学学报》(社会科学版)2021年第2期。

[6] 尹兆坤:《被给予性与现象之间隔——对马里翁被给予性原则的研究》,载《哲学研究》2021年第1期。

[7] 王建辉:《从空洞的主体到具身的主体——朗西埃论政治主体性问题》,载《世界哲学》2021年第5期。

[8] 邵世恒:《存在、语法与容易论证——后期维特根斯坦的紧缩本体论》,载《浙江社会科学》2021年第11期。

[9] 毕晓:《哈贝马斯交往行为理论再批判与差异对话理论的建立》,载《人文杂志》2021年第6期。

[10] 张渊:《霍克海默尔"社会批判理论"的实践唯物主义基础》,载《甘肃社会科学》2021年第5期。

[11] 杨栋:《论海德格尔后期思想的方法问题》,载《哲学动态》2021年第3期。

法进路。王嘉新①在哲学人类学的视角下,通过对胡塞尔"质料"概念的澄清和语境化,探讨了胡塞尔晚期对"生命"概念的反思。唐树生②认为,齐泽克的后黑格尔主义是激进化的黑格尔主义,对黑格尔的拉康式复活使得黑格尔哲学获得了现代解释力。宋宽锋③认为,诠释学所内蕴的"文本"解读方式与哲学史研究之间具有大致对应的关系,哲学史研究方式的探究就是"哲学诠释学"的内在构成部分。刘宇④认为实践诠释学需要以实践叙事为媒介,才有可能开发出用于理解实践的方法,并构建出可以适用于实践过程本身的实践理性模式。

四、逻辑学

逻辑学研究成果相对较少,主要是可知性悖论研究。王晶⑤对克里斯平·赖特的"真"概念进行了评析,并指出了"超可断言性"不可能成为"反实在论的真之概念"候选者的理由。

五、伦理学

伦理学研究主要是对中外伦理思想的梳理及其当代价值的发掘。在中国伦理思想研究方面,比如,张再林⑥认为中国传统伦理道德通过"下学而上达"的方式,形成身心一体和囊括医学、美学、武学的多元一体的大伦理观,它可以从根本上解决德以"治心"、法以"治身"的二律背反。他还认为,中国家际伦理学不同于西方美德伦理学、规范伦理学,也不同于非西方"角色伦理学",而是在夫妇之际、父子之际、兄弟之际次第展开的"家际伦理"。常新⑦提出儒家思想特别是儒家所遵循的道德原则与实践原则,是中国人民在现代化进程中追求美好生活的重要思想资源,这既是对儒家优秀传统文化的继承,也是当代中国文化自信的体现。李友广⑧在对荀子人性论既有五种具有代表性的观点进行考量与探讨的基础上,提出荀子的人性论是性朴欲趋恶论的观点。付粉鸽⑨认为在孔子的思想世界,"敬"不仅是为"礼"的前提,更是做事的根本,是孔子"事"观的基本道德取向。

---

① 王嘉新:《论胡塞尔"质料"概念的生命意蕴》,载《现代哲学》2021年第3期。
② 唐树生:《齐泽克的后黑格尔主义》,载《世界哲学》2021年第4期。
③ 宋宽锋:《诠释学的两种取向与哲学史的两种研究方式》,载《天津社会科学》2021年第1期。
④ 刘宇:《实践哲学之诠释学路径——以叙事逻辑为中介》,载《社会科学辑刊》2021年第5期。
⑤ 王晶:《"超可断言性"即"真"?——克里斯平·赖特的"真"概念评》,载《江淮论坛》2021年第4期。
⑥ 张再林:《基于身心一体的中国传统道德的多元一体》,载《中州学刊》2021年第9期;张再林:《作为"家际伦理"的中国式伦理》,载《哲学分析》2021年4期。
⑦ 常新:《儒家关于美好生活的思想资源及其价值发掘》,载《伦理学研究》2021年第4期。
⑧ 李友广:《性朴欲趋恶论——荀子人性论新说》,载《现代哲学》2021年第2期。
⑨ 付粉鸽:《思敬严行敬笃:孔子"事"观的道德取向考察》,载《学海》2021年第4期。

余加宝①通过对先秦儒家的道德自觉论在历史赓续中的考察,认为先秦儒家的道德自觉思想对现代社会依然具有深刻的启示。陈丛兰②认为中国古代建筑的每种门表达着儒家的伦理思想、政治结构和制度设计,在建构与维持古代中国家庭和社会生活的过程中发挥着重要作用。李世平③对孟子性善问题进行了辨析。路传颂④对有关学者把王阳明的"良知"诠释为能力之知和动力之知观点开展商榷,提出放弃道德命题知识不具有实践能动性的观点,就能说明"良知"实践能动性的见解。李睿⑤以梳理张载人性论的形成理路为主线,剖析了张载人性论的天道根据、内在理路和价值指向。在外国伦理思想研究方面,比如,毕晓⑥通过对巴赫金与列维纳斯的伦理学比较以及审美转化的考察,提出文艺作品具有伦理价值与审美价值的社会功用见解。谢欣然⑦基于对西方资本逻辑主导下城市空间发展局限性的反思,意在探寻弥合城市空间生产价值缺失的伦理路径。史少博⑧对日本近代学界围绕国民公德和私德素养与社会文明的关系作了具体的探讨,并通过对日本明治"道德运动"的考察,探析了儒学道德对日本道德教育的影响。王云霞⑨对麦茜特的伙伴关系伦理进行了梳理和评介,为推进环境哲学的研究提供了新的视角。王志⑩对罗德尼·佩弗对马克思主义道德理论的贡献及局限性进行了考察和审视。杨芳⑪从商业社会和普通人的美德视角,梳理了亚当·斯密的美德主体、来源、范畴、生成机制及其现代性转向,揭示斯密的人性科学的本质特征、理论贡献及其对当代新工业革命时代的有益启示。常永强⑫通过与前苏格拉底时期的伦理学与自然哲学的比较,考察了苏格拉底伦理学转向的原因和意义。刘佳宝⑬通过剖析威廉斯对反身性审思的怀疑和否定,揭示并论证了一种被其论述所遮蔽的反身性的实践审思,并将儒家修身传统纳入道德心理学的视野之中,为对西方伦理学的理解提供了启发。

---

① 余加宝:《先秦儒家的道德自觉论及其现代价值》,载《伦理学研究》2021年第2期。
② 陈丛兰:《由"门"管窥中国古代居宅伦理之堂奥》,载《齐鲁学刊》2021年第5期。
③ 李世平:《孟子性善的内在理路》,载《哲学研究》2021年第3期。
④ 路传颂:《良知既非能力之知亦非动力之知——与郁振华、黄勇商榷》,载《文史哲》2021年第6期。
⑤ 李睿:《论张载"天人一贯"之人性论思想的形成理路》,载《湖北社会科学》2021年第7期。
⑥ 毕晓:《巴赫金与列维纳斯他者伦理学比较及其美学意义》,载《文艺理论研究》2021年第6期。
⑦ 谢欣然:《从"资本逻辑"走向"人本逻辑"——当代城市空间生产的伦理演变及其中国实践》,载《人文杂志》2021年第1期。
⑧ 史少博:《日本近代学界对公德、私德之辨析》,载《理论学刊》2021年第5期;史少博:《论日本明治"道德运动"融入的儒家道德》,载《学术探索》2021年第2期。
⑨ 王云霞:《麦茜特伙伴关系伦理解析》,载《伦理学研究》2021年第3期。
⑩ 王志:《罗德尼·佩弗对马克思主义道德理论的元伦理学分析与构建》,载《理论学刊》2021年第4期。
⑪ 杨芳:《商业社会与普通人的美德——亚当·斯密的人性科学解析》,载《学海》2021年第5期。
⑫ 常永强:《从苏格拉底转向看伦理学的性质与功能》,载《伦理学研究》2021年第5期。
⑬ 刘佳宝:《道德上的自我沉溺与反躬自省——对威廉斯实践审思观念的反思与超越》,载《哲学动态》2021年第4期。

六、美学

美学研究主要是对马克思主义美学、生态美学及中外美学人物思想的考察。比如,李西建①通过探究马克思生态审美观包含的理念、价值及意义取向,以认识和把握马克思生态审美观丰富的理论意蕴及思想的创造性。他认为"按照美的规律建造"作为一种生态审美意识,给予当代社会最深刻的启示是,人的自由全面发展必须依赖一种和谐有序的社会审美关系状态及完善化的制度,以积极促进和提升文明的进步和社会的整体性发展。黄继刚②认为,风景诗学的文化政治涵盖着意义塑形和自我言说的生产机制,与阶级地理、国族认同及文化想象密切相关,成为一种地缘记忆和表征符号,其建构出的"自然的民族化"倾向,是阐释空间权力、环境正义的有效理论维度,提出风景诗学是一个包蕴着情感体验和文化想象的审美综合体的见解。谢欣然③认为空间生态正义及其内蕴的审美价值研究,作为生态文明建设领域的理论创新,对建立起能够充分适应现代生态秩序和生存需求的价值指南,以及形成人与自然和谐发展的新时代空间建设格局具有积极的探索意义。陈中雨④在审美主体和审美判断的视域下,探讨了阿伦特审美、普遍认同与共同体建构之间的关系,以及阿伦特政治哲学的美学转向。王普明⑤结合现代遗传学、分子生物学等领域的最新科研成果,对李泽厚美感积淀说的科学性或真理性进行了非辩护性的审查。另外,樊高峰、刘颖洁⑥通过对《周易》中的"天""地"观念的考察,认为其不仅是一种神话空间观念,也是一种审美空间观念,其中蕴含着丰富的审美意蕴。

七、宗教学

宗教学研究主要集中在各教派典籍、思想及其本土化方面。其中,佛教思想及中国化问题研究成果突出,如袁志伟⑦通过对《释摩诃衍论》辽朝注疏等相关文献的解读,探析了辽道宗的佛学思想及其背后的现实政治诉求,以及与民族和文化认同的关系。黄红

---

① 李西建:《马克思生态审美观的理论意蕴与启示》,载《陕西师范大学学报》(哲学社会科学版)2021年第5期。
② 黄继刚:《伊西丝的多重面孔:风景诗学的话语建构及其理论面向》,载《社会科学辑刊》2021年第2期。
③ 谢欣然:《空间生态正义的审美价值取向及其实践反思》,载《陕西师范大学学报》(哲学社会科学版)2021年第5期。
④ 陈中雨:《共同体与审美治理:阿伦特政治哲学的媒介学转向》,载《吉首大学学报》(社会科学版)2021年第1期。
⑤ 王普明:《李泽厚美感积淀说与遗传学》,载《学术探索》2021年第3期。
⑥ 樊高峰、刘颖洁:《〈周易〉神话空间观念与审美意蕴——以"天""地"观念为例》,载《周易研究》2021年第4期。
⑦ 袁志伟:《〈释摩诃衍论〉辽朝注疏与辽道宗的佛学思想》,载《中国哲学史》2021年第2期。

兵①对陈那所缘缘二义观之渊源及其在唯识思想史上的影响和意义进行了考察,并揭示了其价值和意义。曹振明②通过对澄观"撮台衡三观之玄趣"问题的考察,为把握澄观思想内涵、反思天台宗与华严宗乃至中国佛教不同"宗派"的理论异同与发展关联提供了新的启示。徐东明③根据田野调查和相关研究成果对云南丽江指云寺历史传统、创建和谐寺庙成绩以及存在问题和对策进行了阐述,为推动新时代藏传佛教中国化提供了借鉴。刘田田④梳理了天台宗人通过《请观世音菩萨消伏毒害陀罗尼咒经》的弘扬,对汉传佛教观音信仰、观音忏法的影响及观音信仰中国化过程。在伊斯兰教思想方面,哈宝玉、马晓旭⑤依据有关资料,对刘智"采辑经书目"《米福他合欧鲁密》的诠释和注疏等作了较为详细的考释。在道教思想研究方面,刘康乐⑥根据现存明清方志、文集等史料,补遗明清各地宫观庋藏明版《道藏》30部,而且梳理了明清时期《道藏》庋藏的地理分布。朱韬⑦对王屋山石刻《坐忘论》源流、作者及价值等问题进行了考辨,为研究《云笈七籤》本《坐忘论》提供了新的线索。在基督教思想研究方面,王硕丰⑧通过对白日昇书信的梳理以及相关历史的考察,探析了 Deus 译名选择的背景和内在因素。李华⑨从思想史渊源出发,阐述了苏索思想在神秘主义发展史和德国思辨哲学中的地位和意义。还有学者对宗教与文学的关系,以及宗教对中国思想史的影响进行了探讨。

八、科学技术哲学

科学技术哲学研究主要是从认识论、价值论和因果关系等角度,探讨了信息化、智能化时代背景下的哲学问题。比如,曹嘉伟、李建群⑩从信息的视角探讨了"心智的工作模式"及"深度学习框架"的有效性主体双重尺度内在统一的命题,并提出对马克思主义哲学认识论的深化、发展,以及实现认识论的现代化的作用和意义。何江新⑪从语义学与算

---

① 黄红兵:《陈那的所缘缘二义观及其影响和意义》,载《宗教学研究》2021年第1期。
② 曹振明:《澄观的"撮台衡三观之玄趣"及其启示》,载《宗教学研究》2021年第1期。
③ 徐东明:《藏传佛教寺庙中国化的主要问题及其对策——以云南丽江指云寺田野调查为例的考察》,载《西藏民族大学学报》(哲学社会科学版)2021年第5期。
④ 刘田田:《天台诸祖对〈请观音经〉的阐释与修习》,载《世界宗教文化》2021年第1期。
⑤ 哈宝玉、马晓旭:《刘智"采辑经书目"〈米福他合欧鲁密〉的考释与研究》,载《世界宗教研究》2021年第4期。
⑥ 刘康乐:《明清各地宫观庋藏〈道藏〉补遗》,载《宗教学研究》2021年第2期。
⑦ 朱韬:《王屋山石刻〈坐忘论〉源流、作者及价值》,载《宗教学研究》2021年第2期。
⑧ 王硕丰:《首部汉语新约〈圣经〉译名问题——"白徐"〈圣经〉"神"之研究》,载《宗教学研究》2021年第2期。
⑨ 李华:《神秘合一与个体自由的实现——论苏索对德国神秘主义的澄清与拓展》,载《世界宗教文化》2021年第6期。
⑩ 曹嘉伟、李建群:《物的规定与人的选择:基于信息中介论的主体双重尺度的统一性问题研究》,载《湖南大学学报》(社会科学版)2021年第5期。
⑪ 何江新:《技术人工物道德意向性何以可能》,载《甘肃社会科学》2021年第5期。

法、伦理学与道德哲学、生命的有限性与道德的不圆满性和制度的保障性与社会实践的验证性方面,分析了技术人工物道德意向性的形成,提出技术人工物道德意向性的形成有助于促进语义学与算法向伦理化发展,有助于伦理学与道德哲学的算法化发展,有助于人类生命的有限性与道德的不圆满性的弥补,有助于法律与制度的不断完善。如何数理化地表达因果关系,以致机器可区别因果与相关性,是机器真正实现智能的法门所在。吴小安和张瑜[1]从思想史的角度梳理了因果概念、反事实概念,以及因果与反事实关系理解的变迁与发展,探讨了当代三种颇为流行的因果反事实模型。另外,杨小丽、赵宝军[2]从价值论的视域出发,对智能时代的价值冲突问题进行了考察并指出化解的路径。也有学者立足现代科技哲学发展的前沿分析传统哲学的智慧,以期实现理论与现实的融合互动。

[作者单位:中共陕西省委党校(陕西行政学院)]

---

[1] 吴小安、张瑜:《因果的革命与革命的因果》,载《中国社会科学评价》2021年第3期。
[2] 杨小丽、赵宝军:《智能时代的价值冲突及其化解路径》,载《河海大学学报》(哲学社会科学版)2021年第4期。

陕西省文学研究

李继凯[1]　张翼驰[2]　刘　宁[3]　孙　旭[4]　黄心怡[5]

一、古代文学研究

习近平总书记多次强调,要坚定文化自信,推动中华优秀传统文化创造性转化、创新性发展,继承革命文化,发展社会主义先进文化,不断铸就中华文化新辉煌,建设社会主义文化强国。在此背景下,2021年陕西省古代文学研究彰显出蓬勃的生机和巨大的潜力。本年古代文学领域共有三个国家社科基金重大项目获得批准,分别是"新出土墓志与隋唐家族文学文献整理与研究""《佛教造像艺术大辞典》汉译与研究"和"关中地区十六国时期墓葬资料的整理与研究"。诚如张新科所言,中国古代文学经典的建构方式和途径,实际上反映的是古代文学创造性转化与创新性发展的历史过程与历史经验,古代中国文学经典的建构是一个漫长的过程,本质上体现的是古代文学创造性转化与创新性发展的实现途径。① 本年度陕西省古代文学研究继往开来,同样取得了丰硕的成果。陕西学人既关注经典的新阐释同时也着力于学术前沿,本年度的研究成果突出表现在断代文学研究、文学理论研究、文献学研究和文化研究等方面。

(一)断代文学研究

本年度的断代文学研究成果颇丰。先秦文学研究集中于诗经学、楚辞学和庄学。刘生良、赵俭杰从读音出发考察了《诗经·摽有梅》的内涵和艺术表达方式,认为其主题是表现女子对爱的渴求、对迟剩的恐惧和对及时出嫁的期盼。② 赵俭杰和刘生良还关注到《庄子》以环喻道和以镜喻心及以酒器、日出、天倪喻卮言,以象喻艺术和环型思维将诸多概念形象化,体现出《庄子》之"道"的主要特征,即"圆"与"空"。③ 在访谈中,刘生良谈及自己的治学经验,探讨了新文化以来《庄子》研究的得失、《庄》学未来的研究方向等问

---

① 张新科:《"两创"与中国古代文学经典的建构》,载《文学遗产》2021年第1期。
② 刘生良、赵俭杰:《〈诗经·摽有梅〉"摽"字的正读和全诗的正解》,载《人文杂志》2021年第9期。
③ 赵俭杰、刘生良:《〈庄子〉以环喻道、以镜喻心及卮言三喻》,载《江汉论坛》2021年第11期。

题,最后延伸探讨了《庄子》对高校教学工作的启示。① 曹胜高则关注了先秦时期的礼乐与文学的关系,探讨了周礼的"七祀之制"和《大司命》《少司命》的祭义之关联②,通过文献考察,试图对周代雅乐的形制进行系统性的还原③。除此之外,曹胜高还认为应在去君自疏、去国远逝的历史语境中还原屈骚的行文逻辑,探绎远逝与自疏的情感在汉赋中被改造、被消解的过程。④ 张新科、刘彦青编写的《史记研读》一书,从文史角度研读《史记》,不仅可以作为本科生和研究生的教材,也可为社会读者提供参考。⑤

两汉魏晋文学研究中,汪雯雯指出早期五言诗内容和结构方面的共同性,表现在句式表达、内容主题,诗篇整体的构架和展开的层次、诗歌情感抒发的方式等方面。文人五言诗在篇体构造上呈现出与乐府诗相似的主题连接特征,体现了五言诗由叙事向抒情转换的演进趋势。⑥ 刘祥关注到两汉时期外戚政治与辞赋的关系问题,并试图通过还原赋家生存情境以探究两汉之际赋学转变路径。⑦ 刘彦青发现了《史记·五帝本纪》中黄帝战争文本中明显的重组痕迹,这体现了司马迁尝试重组不同来源的黄帝文献资料,这一文本在某种程度上解决了有关历史的困惑,又在思想维度创造着新的价值理念。⑧ 李春霞、刘生良以傅玄《傅子》为出发点,指出儒家传统政治思想具有更大的通变性和适应性。⑨ 王伟则关注到中古正统建构和文学演进之间的关系,他认为,正统争夺既阻隔了文学交流与发展,又在特定的环境中予以促进与推动,而文学创作也作为争夺场域和形象建构的手段,主动参与到正统建构的过程中去,二者共同促进了十六国至南北朝文学与文化发展的多样性,也为隋及唐初文化与文学融合提供了契机。⑩

唐宋元文学研究中,师海军通过考查文献发现,杜甫寓居秦州的目的是投奔河西节度使杜鸿渐。杜甫在秦州所面对的复杂政局与自身仕宦理想难酬的困境,涵育并丰富了他的情感体认,对其诗歌创作产生了重要影响。⑪ 李芳民历时性考察了李白的佛教接受

---

① 刘生良、毛蕊:《〈庄子〉大道,学不可以已——陕西师范大学文学院博士生导师刘生良教授访谈》,载《社会科学家》2021年第2期。
② 曹胜高:《七祀与〈大司命〉〈少司命〉的祭义》,载《中南民族大学学报》(人文社会科学版)2021年第2期。
③ 曹胜高:《乐之九变与九德之歌的生成机制》,载《民族艺术》2021年第1期。
④ 曹胜高:《屈原"远逝以自疏"的历史语境及其文本建构》,载《吉林大学社会科学学报》2021年第5期。
⑤ 张新科、刘彦青编:《史记研读》,高等教育出版社,2021年。
⑥ 汪雯雯:《论早期五言诗的趋同书写及其意境生成——从"揽衣起徘徊"说起》,载《古代文学理论研究》2021年第1期。
⑦ 刘祥:《两汉之际的外戚政治与赋学转捩》,载《齐鲁学刊》2021年第1期。
⑧ 刘彦青:《重组的艺术与重构的记忆:〈五帝本纪〉黄帝战争文本蠡测》,载《陕西师范大学学报》(哲学社会科学版)2021年第1期。
⑨ 李春霞、刘生良:《魏晋之际儒学新变析论——以傅玄〈傅子〉为中心》,载《河北学刊》2021年第1期。
⑩ 王伟:《"正统在我":中古正统建构与文学演进》,载《复旦学报》(社会科学版)2021年第2期。
⑪ 师海军:《杜甫离职华州西行论稿》,载《四川大学学报》(哲学社会科学版)2021年第4期。

情况,并且分析了李白诗文中的佛典运用情况,可以得出李白佛教接受及其文学表现的特点。① 李芳民还注意到柳宗元为其家族亲属所撰的墓志碑铭之文,体现着柳宗元本人对其家族的独特情感与记忆,这对于研究中古士族的家族特点,具有重要的价值。② 张文利回顾了21世纪以来唐宋转型视阈下的宋代文学研究,认为这类研究已经取得相当的成果,但更有值得深入开掘的广阔研究空间。③ 赵望秦和高文智关注元代散曲对《史记》人物形象的重塑,元代散曲作家通过对《史记》人物形象的颠覆性重塑,来倾吐心中的愤激情绪,造就了作品所具有的特殊的时代意义。④

明代文学研究也是本年度断代文学研究中的一个热点。陈刚以李贽的豪杰观对《〈忠义水浒传〉序》进行再解读,认为李贽此文的写作目的是想通过对江湖之盗的高扬,来反衬朝廷能力之不足,进而曲折地表达一种对于朝廷用人的抨击与批判,并在其中表达李贽自我的人生寄寓⑤;陈刚还以文人游记为材料,考察了晚明文人秦地旅游的情况。指出晚明文人秦地游记是一笔关于陕西旅游、陕西历史、陕西文化的宝贵财富。⑥ 常智奇从戏剧《中山狼》分析康海的价值投向,认为《中山狼》的高超之处就在于,它从中国古典哲学家经典性的论述出发,审视和拷问墨家兼爱理论思想对民族精神引导和塑造的可能性。⑦ 杨遇青以杨一清的边塞书写为考察中心,以杨一清四入陕西的文学唱和与创作为线索,探索明中叶文学从中央到地方、从馆阁到江山朔漠、从台阁体到文学复古运动的发展动态及其内在逻辑。⑧

本年度的断代文学研究的研究对象更加广泛,能以小见大、由点及面地窥见整体的文学发展态势。

(二)古代文论研究

本年度的古代文论研究在继承前人研究成果的基础上又有新变。文体学研究依然

---

① 李芳民:《论李白对佛教的接受及其文学表现》,载《清华大学学报》(哲学社会科学版)2021年第3期。

② 李芳民:《家族图谱与家世记忆——柳宗元自撰家族墓志碑铭文的文化蕴涵》,载《文学遗产》2021年第2期。

③ 张文利:《新世纪以来唐宋转型视域下宋代文学研究的回顾与前瞻》,载《西北大学学报》(哲学社会科学版)2021年第1期。

④ 赵望秦、高文智:《论元散曲家对〈史记〉人物形象的重塑》,载《陕西师范大学学报》(哲学社会科学版)2021年第1期。

⑤ 陈刚:《忠义缘何在水浒?——李贽的豪杰观与〈忠义水浒传〉序之再解读》,载《求是学刊》2021年第6期。

⑥ 陈刚:《晚明文人秦地旅游研究——以文人游记为中心》,载《陕西师范大学学报》(哲学社会科学版)2021年第5期。

⑦ 常智奇:《历史的批判与审美的选择——评康海〈中山狼〉的价值投向》,载《当代戏剧》2021年第2期。

⑧ 杨遇青:《论杨一清四入陕西及其边塞书写的意义》,载《西北大学学报》(哲学社会科学版)2021年第1期。

令人瞩目。蒋旅佳的《宋元文章总集分体与分类研究》分为上下两编,上编为"宋元文章总集分体与分类研究",探讨宋元总集分类体例研究的历史与现状,下编为"宋元时期文章总集叙录",内容包括总集编者考辨、版本流传的梳理与存录情况介绍、选文标准与分类方式的阐释等。① 董晨以朱熹的书院教学为中心,考察南宋书院诗歌创作观中的诗体问题。② 张翼驰关注明清之际贺贻孙的宋诗观,深入阐释了贺唐宋诗之创见。③ 党圣元、赵静关注近代文话中的辨体批评论,从辨体之重要性、原则、内容以及"体"外三个层次梳理了近代文话中的辨体批评观念。④ 党圣元通过历史语义考辨和理论阐释两个途径及其二者的有机结合,对先秦"书写"神圣性的观念、理论、范畴的生成和发展进行系统梳理和深入阐释,准确把握它们的内在逻辑和不同时期的呈现特点。⑤ 党圣元主编的《文体:中国古代文体观念要籍研究》论文集第二卷,该书深入探究四部要籍中的文体观念,以专题的形式呈现中国古代文体观念的研究成果。⑥

任竞泽认为,宋代书学"老"范畴在继承唐五代时期的基础上有所嬗变,出现了诸多组合范畴,但是都和唐人的"老成"范畴本义相背离。后有苏轼、赵构与唐人契合统一,滋衍出"老"的平淡、滋味、兴趣等美学内蕴。⑦ 杨新平以文章选本评点为中心,考察桐城派"逆笔"批评论,指出桐城派通过选本评点对历代文章典范中的用"逆"现象进行了细致的品评析义,揭橥"反面"之逆、"旁面"之逆、"逆中之逆"等逆笔艺术佳妙,象喻方式对逆笔进行创造性阐释,丰富了逆笔批评之内涵。⑧ 岳进立足于视觉图像与诗歌文赋的交叉研究,从魏晋南朝的诗学画论出发,探讨诗画理论中以"气"为主线的历史脉络,审视山水如何从一种自然之物转换为具有美学意义的物象。⑨ 贺玉洁、杨遇青以会稽问道、致书李梦阳事为中心,对黄省曾思想的演变、发展及形成展开辨析,揭示其文学复古观共同生成、特质与时代意义。⑩ 本年度古代文论的研究在深入挖掘的基础上向宽开拓,得出了宝贵的新见解。

(三)文献学研究

本年度的文献学研究充分发挥陕西地区的地域优势,对一些新出土的、罕见的文献

---

① 蒋旅佳:《宋元文章总集分体与分类研究》,中华书局,2021年。
② 董晨:《试论南宋书院诗歌创作观中的诗体问题——以朱熹的书院教学为中心》,载《人文杂志》2021年第11期。
③ 张翼驰:《贺贻孙的宋诗观》,载《中国社会科学报》2021年1月4日,第8版。
④ 党圣元、赵静:《近代文话中的辨体批评论》,载《江西社会科学》2021年第5期。
⑤ 党圣元:《先秦"书写"神圣性观念研究》,载《社会科学战线》2021年第3期。
⑥ 党圣元主编:《文体:中国古代文体观念要籍研究》(第2卷),中国社会科学出版社,2021年。
⑦ 任竞泽:《论宋代书学"老"范畴对唐人的背离及拓展》,载《中国书法》2021年第7期。
⑧ 杨新平:《桐城派"逆笔"批评论——以文章选本评点为中心》,载《文艺理论研究》2021年第3期。
⑨ 岳进:《从气韵到气势:气类感应与山水的美学转换》,载《中州学刊》2021年第4期。
⑩ 贺玉洁、杨遇青:《黄省曾文学复古观诠论——以其与王阳明、李梦阳的思想交涉为中心》,载《新疆大学学报》(哲学·人文社会科学版)2021年第4期。

进行梳理与考证。如刘锋焘主编《陕西丛书汇纂》,该书卷帙浩繁、体量宏大,该系列丛书对陕西地区的史料典籍进行了挖掘和整理,共收录二十七种陕西地方丛书文献,按照内容和成书时间排序,可以使读者全面、整体地了解陕西地区的政治、经济、文化的发展情况。① 贾三强主编的《陕西省古代文献集成》收录了清代以前有关陕西的书籍以及陕西人写的著作、《颜鲁公文集》等②。贾二强编《长安学研究文献汇刊》(考古编金石卷)第18辑和第20辑,汇编了清代金石著作《金石萃编》,为古代文学研究提供了宝贵的资料③。除了陕西地区文献资料的收集整理,郝润华、杜学林校注的《李翱文集校注》④、张文利、杨曦主编的《宋五子文献辑刊》等文献学研究著作相继出版⑤使古代文献的编辑校注工作也获得了瞩目的成果。

贾三强、周喜存对清末民初陕西关中大儒牛兆濂的《蓝川四集》进行考证与分析,其中讲解和阐发《论语》和《孟子》的部分字句,体现了较为保守的政治立场。⑥ 王伟关注了《陕西省考古研究院新入藏墓志》中的《韦傑墓志》,由该墓志探绎中古旧族发展轨迹的转变,也对贞观中叶诸王之间的权力斗争提供了另一种观察视角。⑦

杨晓斌通过考察史志和官私书目中有关阴铿别集的著录,梳理勾勒了《阴铿集》的结集、版本演变及其流传路径。⑧ 刘彦青将各类《史记》选本分为古文选本选《史记》和专门的《史记》选评本两类,以此为视角探究明代《史记》文章学元典地位,并认为明代古文选家对《史记》的选录是一个解构与重构的过程,通过明代文学家的选文和重构,使明代《史记》的文章学地位逐渐超越唐宋古文、《汉书》甚至《左传》,最终确立了文章元典的地位。⑨

(四)文化研究

文化研究是指以中国文化大传统作为对象的研究。李仲凡、陈一军、费团结的《文学地理专题研究》,对文学地理学的学科建设、文学景观、游记文体、"现地研究"、文学地图、中国文学的地理分异等六个专题进行了较为深入的研究。⑩ 祁伟的《禅宗写作传统研究》研究了禅宗文学中具有相对固定的写作形态且世代相传的文学样式,填补了学界在

---

① 刘锋焘主编:《陕西丛书汇纂》,北京燕山出版社,2021年。
② 贾三强主编:《陕西古代文献集成》(第26—30辑),陕西人民出版,2021年。
③ 贾二强:《长安学研究文献汇刊·考古编·金石卷》(第18辑),科学出版社,2021年。
④ 李翱:《李翱文集校注》,郝润华、杜学林校注,中华书局,2021年。
⑤ 张文利、杨曦主编:《宋五子文献辑刊》,北京燕山出版社,2021年。
⑥ 贾三强、周喜存:《牛兆濂〈蓝川四集〉考论》,载《西北大学学报》(哲学社会科学版)2021年第3期。
⑦ 王伟:《新见〈大周故魏州昌乐县令韦君(傑)墓志铭并序〉考论——以贞观十七年齐王李祐谋反案为中心》,载《新疆大学学报》(哲学·人文社会科学版)2021年第2期。
⑧ 杨晓斌:《〈阴铿集〉的结集与流传——著录、题跋、版本相结合的考察》,载《励耘学刊》(文学卷)2021年第1期。
⑨ 刘彦青:《从明代选本看〈史记〉文章元典地位的确立》,载《河南大学学报》(社会科学版)2021年第3期。
⑩ 李仲凡、陈一军、费团结:《文学地理学专题研究》,中国社会科学出版社,2021年。

该研究领域的空白。①

曹胜高《中国礼乐文化丛书：文化的格调》将传统与当代、文化与文学相结合，将中国传统文化的根本精神多方位地展现出来。②《中国礼乐文化丛书：中国的修养》则融合融合儒家、道家、佛教以及诸子思想，从"励志""正心""修身""怀德""向学""立业"等六个方面详述作为一个优秀的人才所应该具有的修为。③曹胜高还从调理身体、调养心神、调整行为三个方面谈及古人应对焦虑的智慧④，并对古代宵禁制度进行了考察，梳理了古代宵禁制度产生的原因、发展和变通策略⑤。

在访谈中，李永平对文学人类学的四重证据、文化大传统等理论命题进行了新的阐发，他认为，文学人类学把文类、文体的世代更替问题转换为原型观念的置换变形研究，神话和仪式中的原型观念，替代了"文学性"的讨论。这种文学性为现代文学理论学科中的"文学性"提供了"深度模式"。⑥

综合来看，2021年陕西省古代文学研究仍然以断代文学研究为主，在文学理论研究方面又有新的拓展，针对中国传统文化的文化研究方兴未艾，越来越多的学者采用跨学科、综合性的视角对传统文化进行整体的观照，为进一步推动中华优秀传统文化创造性转化、创新性发展贡献了陕西智慧。

二、中国现当代文学研究

2020年陕西现当代文学研究学人在中国现当代文学及相关领域研究取得丰硕成果，较之前，视野更宏阔、涉猎学术问题研究等与时代结合更加紧密，更难能可贵的是，像文化磨合等理论日渐形成。

（一）中国现当代文学理论建构

近年出现李继凯的文化磨合理论、李震的典型建构论、王鹏程的现代文学对话批评精神都颇有创新性。

1. 文化磨合理论

孙旭、李继凯的《文化磨合思潮与当代中国文艺批评话语实践》求一种强调生成与转化、重视差异与不确定性，凸显对话、互补与多样性的批评话语，该文从文化磨合思潮蕴含的理论视野出发，分析东方、西方主义、天下、世界主义这两种不同的理论话语的内涵、

---

① 祁伟：《禅宗写作传统研究》，中华书局，2021年。
② 曹胜高：《中国礼乐文化丛书：文化的格调》，上海文艺出版社，2021年。
③ 曹胜高：《中国礼乐文化丛书：中国的修养》，上海文艺出版社，2021年。
④ 曹胜高：《古人应对焦虑的智慧》，载《人民论坛》2021年第14期。
⑤ 曹胜高：《古代宵禁的缘由及变通》，载《人民论坛》2021年第7期。
⑥ 李永平、赵周宽：《文学人类学的新阶段与新思考——陕西师范大学博士生导师李永平教授访谈》，载《社会科学家》2021年第11期。

具体批评实践及其缺陷,进而对文化磨合思潮这一现象从其历史语境、理论原则、当下价值与文学发展以及文艺批评实践提供另外一种可能介入视角和理论纬度。①

2. 经典建构论

李震、李牧泽的《典型建构论:从艺术形象到文化符号》认为典型是某个原创的艺术形象在时空流变中,通过跨文类、跨文体、跨艺术门类、跨媒介的叙事与传播,以及批评家的阐释与再阐释,社会公众的文化习俗、审美习惯、想象力和公众舆论等途径与方式的协同建构,才逐步完成的。典型建构的结果是将艺术形象约定俗成为特定时空中为人们所共识、共用、共享的文化符号。②

3. 中国当代文学研究基本文学概念阐述

王鹏程的《中国现代文学对话性批评精神的形成》阐述中国现代文学批评在中西文化碰撞、古今文学变革的历史语境下,在时代精神的感召下,注重独立意识、对话精神与交往功能,在审美追求与价值趣味不尽一致的前提下,联系多方面的社会、历史、道德、伦理等领域的观念形态,对具体的、动态的、存在于作品中的普遍性审美进行分析,形成了具有现代性的批评观念和批评功能。③

(二)乡土小说研究

雷鸣的《国家逻辑与农民经验——周克芹〈许茂和他的女儿们〉的一种读法》中《许茂和他的女儿们》揭示"文革"给乡村经济带来的灾难性破坏和对农民造成的严重精神创伤。小说不但批判了极左代表人物的丑恶,也揭示了乡村传统文化的因袭给农民带来的精神奴役,表达了新时期初国家意识形态对理想青年的一种角色期待。④ 雷鸣的《乡村政治图谱及生成逻辑——重读贾平凹长篇小说〈秦腔〉的一种视角》认为《秦腔》精细勾勒中国社会转型期真实而复杂的乡村政治图谱,真切再现 1990 年代至新世纪初中国乡村政治生活的境况,并由此呈现深切的反思。⑤ 雷鸣的《新世纪以来长篇小说历史叙述的三种范式及其问题》当代小说的历史叙述形成革命历史小说、新历史主义小说、戏说历史的通俗小说等三种潮流,亦呈现三种范式"大女主"成长史诗、大时代小人物的日常生活书写、革命历史的"考古学"叙述,隐含着趋影视化、拟世情小说、仿悬疑叙事等消费主义文化视界,由此亦引致了历史在场的虚化、人物形象同质、历史主体精神的缺失、价值取向雷同、陈旧等诸多问题。⑥ 雷鸣的《论"十七年"合作化小说的牲畜话语及其意义》合作化

---

① 孙旭、李继凯:《文化磨合思潮与当代中国文艺批评话语实践》,载《文艺争鸣》2021 年第 4 期。
② 李震、李牧泽:《典型建构论:从艺术形象到文化符号》,载《中国文艺评论》2021 年第 7 期。
③ 王鹏程:《中国现代文学对话性批评精神的形成》,载《中国文学批评》2021 年第 1 期。
④ 雷鸣:《国家逻辑与农民经验——周克芹〈许茂和他的女儿们〉的一种读法》,载《中国当代文学研究》2021 年第 1 期。
⑤ 雷鸣:《乡村政治图谱及生成逻辑——重读贾平凹长篇小说〈秦腔〉的一种视角》,载《中国文学研究》2021 年第 4 期。
⑥ 雷鸣:《新世纪以来长篇小说历史叙述的三种范式及其问题》,载《江汉论坛》2021 年第 1 期。

小说通过书写不同类型人物对牲畜的情感取向,检视其认同立场与道德水准,但又表达了部分农民发自人性的美好;通过牲畜之生死的设置,两条道路的斗争得以生活场景化;在对合作化未来生活想象的虚拟风景中,数量繁多的牲畜是不可或缺的元素,这既契合中国乡村传统文化心理,又使农民对美好生活的期许变得具象化,从而激发农民对合作化共同体的信心,无意之中也为文本增添了田园诗意。① 雷鸣的《论新世纪长篇小说"农民进城"叙事的新向度及生成逻辑》新世纪长篇小说的"农民进城"叙事呈现新世纪中国农民的生存状态、综合素质、人员构成均发生嬗变,中国城市化进程提速、加深,国家在宏观政策层面引导城乡关系趋于协调。②

(三)延安文艺研究

李继凯的《论〈山海情〉对延安文艺精神的承传与创新》认为该剧对"初心"和"民心"的彰显,恰是延安文艺精神"人民性"的具体体现;劳动叙事、创业范式、集体创作、艰苦奋斗及南泥湾精神等也都内蕴其中,是一部具有历史、现实及审美意义的新时代"创业史"。③ 李继凯、程志军的《文化磨合与歌剧〈白毛女〉》从白毛女事件发生的缘起,经过集体创作延安文人将带有封建迷信性的民间传说转变为符合解放区新民主主义文化建设的话语资源。④ 赵学勇的《延安文艺与百年中国文学发展的历史经验》认为延安文艺的精神影响并没有随着时代的变迁而消隐,而是在不同历史阶段、不同的现实境遇中得以不断发展,并内化为当代文学所特有的文艺传统和精神文化现象,渗透于中国文化建设的各个领域。⑤ 袁盛勇、邱跃强的《延安文艺歌词创作的历史与审美特征——以〈解放日报〉所刊歌曲为中心》延安文艺是现代中国文化史上富有精神魅力的文艺形态。延安文艺中歌词的创作具有鲜明的历史阶段性特征,歌词中所表达的对于普通劳动者和劳动之美的颂赞,以及其所具有的信仰性内涵都真实而热切地存在着。延安文艺是一种真实的历史和艺术存在,人们可以从中汲取精神的力量。⑥

(四)中国现当代经典作家与作品研究

对经典作家的研究主要集中在鲁迅、赵树理、路遥、李应物、陈彦等作家的研究上。

1. 鲁迅研究

徐改平的《鲁迅是宋庆龄与史沫特莱断交的导火索?!》指出艾格尼丝·史沫特莱

---

① 雷鸣:《论"十七年"合作化小说的牲畜话语及其意义》,载《文学评论》2021年第5期。
② 雷鸣:《论新世纪长篇小说"农民进城"叙事的新向度及生成逻辑》,载《山东社会科学》2021年第6期。
③ 李继凯:《论〈山海情〉对延安文艺精神的承传与创新》,载《中国高校社会科学》2021年第3期。
④ 李继凯、程志军:《文化磨合与歌剧〈白毛女〉》,载《南方文坛》2021年第4期。
⑤ 赵学勇:《延安文艺与百年中国文学发展的历史经验》,载《中国文学批评》2021年第3期。
⑥ 袁盛勇、邱跃强:《延安文艺歌词创作的历史与审美特征——以〈解放日报〉所刊歌曲为中心》,载《当代文坛》2021年第5期。

(Agnes Smedley)是20世纪30年代在中国的外国记者中介入中国政治斗争最深的人,是中国国民党左派领袖宋庆龄较早结识的外国革命朋友之一。[①] 李跃力的《"鲁迅国文":〈读书与出版〉对〈呐喊·自序〉语言问题的讨论——兼及许杰先生的一封佚信》1947—1948年,复刊后的《读书与出版》展开一场关于鲁迅《呐喊》尤其是《呐喊·自序》中的语言问题的讨论。他们对鲁迅作品语言问题的讨论,以小见大,无疑具有方法论的意义,可为当今的鲁迅研究提供有益的参考和启迪。[②] 袁盛勇、刘飞的《论赵树理小说叙事形式的传承与创造》赵树理小说在表现农村革命的同时,也从叙事角度为人们动态呈现较为独特的现代性维度。[③] 赵学勇的《一部怎样的文本——新世纪20年〈故事新编〉文体研究述论》[④]认为21世纪以来,《故事新编》的文体研究呈现出"众声喧哗"的多元景象,研究者不再限于文本内容,而是跳脱其限制,多结合作品的创作方法、文化内涵、叙事特征等多方面进行考察,注重纵向联系与横向比较。从现有研究局面看,大体呈三种趋势:一是针对《故事新编》与"后现代主义"的研究;二是围绕"历史小说"文体范畴展开的深化研究;三是针对《故事新编》与"现代主义"的研究。姜彩燕的《鲁迅西安讲学与当地报纸相关报道新考》[⑤]以1924年6—8月的《新秦日报》《建西报》《旭报》的相关报道为中心,对鲁迅在西安讲学期间的相关背景作较为全面的考察,以此透视此次讲学的社会反响,为研究鲁迅在西安提供新的第一手资料。

2. 郑伯奇研究

赵学勇、吕惠静的《郑伯奇与新文学的大众化》从大众化的萌芽起步、大众化的发展成熟、大众化的持续推进阐述郑伯奇在新文学中的重要地位。[⑥]

3. 柳青、路遥、陈忠实、红柯等陕西重要作家研究

段建军的《柳青的文学道路及其当代价值》[⑦]认为柳青的创作道路,说简单就是作家在人民生活中生根的道路,说具体就是作家如何处理生活与艺术的关系的道路,而柳青正是基于作家对于艺术的独立判断,才有了历史的宽广度和厚重度。赵学勇的《当代秦地作家与民俗文化》认为对于民俗文化的倚重,深刻奠定了百年间乡土文学叙事的整体基调,也不断绵延至新时期以来秦地小说的创作实践之中,使其文学价值和意义显示出来。[⑧]

李震、杜庆霞的《一部移民族群的秘史:评吴文莉长篇小说〈叶落长安〉〈叶落大地〉

---

① 徐改平:《鲁迅是宋庆龄与史沫特莱断交的导火索?!》,载《鲁迅研究月刊》2021年第7期。
② 李跃力:《"鲁迅国文":〈读书与出版〉对〈呐喊·自序〉语言问题的讨论——兼及许杰先生的一封佚信》,载《现代中文学刊》2021年第6期。
③ 袁盛勇、刘飞:《论赵树理小说叙事形式的传承与创造》,载《中国现代文学研究丛刊》2021年第1期。
④ 赵学勇:《一部怎样的文本——新世纪20年〈故事新编〉文体研究述论》,载《鲁迅研究月刊》2021年第1期。
⑤ 姜彩燕:《鲁迅西安讲学与当地报纸相关报道新考》,载《现代中文学刊》2021年第4期。
⑥ 赵学勇、吕惠静:《郑伯奇与新文学的大众化》,载《新文学史料》2021年第2期。
⑦ 段建军:《柳青的文学道路及其当代价值》,载《小说评论》2021年第2期。
⑧ 赵学勇、魏欣怡:《当代秦地作家与民俗文化》,载《陕西师范大学学报》(哲学社会科学版)2021年第3期。

〈黄金城〉》认为吴文莉的长篇小说《叶落长安》《叶落大地》《黄金城》书写一部聚居于陕西关中城乡的河南、山东移民族群的秘史,其中体现:大历史与小叙事;苦难、悲悯与救赎;诗性与批判性:两种叙事传统的融合。①

4. 其他经典作家研究

杜睿的《"他者"的世界与女性镜像书写——阎连科〈她们〉的女性话语解构》认为阎连科的新作《她们》作为女性题材的非虚构写作,通过一个家族的女性命运,得以窥见几代中国女性的生活经验和人生境遇。② 王宝丹、王鹏程的《窥探与叩问——评黄朴中短篇小说》以陕西"新生"力量的陕西"70 后"作家群中的黄朴的中短篇小说集《新生》,阐述其在承续陕西文坛的传统之下,透过异质性的突破与创造。③ 王鹏程的《徐志摩的"粉墨"生涯》从徐志摩的扮相、旧戏瘾,以及徐志摩、陆小曼受到小报中伤,走上法律诉讼阐述一段中国当代浪漫主义作家鲜为人知的往事。④

(五)海外华文研究

程国君的《〈美华文学〉与汉诗拓展——美华诗歌的诗体探索与全球性主题展现》认为美国华文诗歌创作是海外华文文学的重要部分。从现代汉诗的视野来看,美华诗人的现代汉诗创作既是现代汉诗走向海外,在海外拓展的最佳文本之一,又是对于现代汉诗歌现代性思想品格的成功展现。⑤ 庞琦昕、李继凯的《论金庸小说的复合境界与文武之道》认为金庸的武侠小说里汇合了文武古今诸多文化元素,他摒弃了旧式武侠小说中"嗜血"气,塑造了大量具有文侠气质的武侠形象,他将武功的一招一式与士大夫阶层的雅文化相融相通,运用文化的加法和乘法,使得金庸武侠拥有有增无减的文化艺术魅力。而这种写作策略背后所投射的,是金庸对中国文化与中国精神的思考,同时也是他自身文武兼备的复合境界的体现。⑥

(六)文艺与媒介、手稿、期刊研究及陕西学人访谈录

1. 文艺与媒介研究

李震的《媒介本体化与文艺批评属性的变异》⑦认为数字技术正在使媒介的属性由文化建构的工具变为文化建构的主体因素,也使媒介哲学在工具理性基础上开始本

---

① 李震、杜庆霞:《一部移民族群的秘史——评吴文莉长篇小说〈叶落长安〉〈叶落大地〉〈黄金城〉》,载《当代作家评论》2021 年第 5 期。

② 杜睿:《"他者"的世界与女性镜像书写——阎连科〈她们〉的女性话语解构》,载《当代作家评论》2021 年第 3 期。

③ 王宝丹、王鹏程:《窥探与叩问——评黄朴中短篇小说》,载《名作欣赏》2021 年第 5 期。

④ 王鹏程:《徐志摩的"粉墨"生涯》,载《新文学史料》2021 年第 2 期。

⑤ 程国君:《〈美华文学〉与汉诗拓展——美华诗歌的诗体探索与全球性主题展现》,载《陕西师范大学学报》(哲学社会科学版)2021 年第 3 期。

⑥ 庞琦昕、李继凯:《论金庸小说的复合境界与文武之道》,载《华文文学》2021 年第 5 期。

⑦ 李震:《媒介本体化与文艺批评属性的变异》,载《思想战线》2021 年第 6 期。

体化进程。文艺批评作为文化建构的重要环节,在媒介本体化进程中,正在由学术论坛变异为公众舆论场,并表现出公众性、话题性、对话性和多元性特征。作为文艺批评的文艺公众舆论场,在很大程度上已成为数字时代的新兴公共领域,并与阿伦特、哈贝马斯和桑内特等西方学者论述的公共领域形成鲜明差异。这一由数字虚拟空间构成的新兴公共领域正在因公共性的缺位,表现出种种批评乱象,亟待在学术和实践层面进行重新建构。

2. 作家手稿研究

李继凯的《现代中国作家文人汉字书写手稿略论》认为现当代作家与书法文化所缔结的翰墨良缘这一事实本身也构成了一种继承和弘扬古典文化的新传统,可使我们看出汉字古今书写的相通和文化生命的延续,也可看出现当代作家文人、书家文人在传承创新中华民族文化方面的重要作用。①

3. 文学期刊研究

张艳茜的《文学期刊与文学生态——对〈延河〉杂志的历史考察(1956—1966)》认为1956—1966年间,作为"地方性刊物"《延河》,与"十七年"文学制度和政治生态密切相关,其创生、流播及发展,与当代文学进程互动共生,影响着当代文学生态,尤其是陕西文学生态。②

4. 陕西文学研究

窦鹏、周燕芬的《"十七年"短篇小说的戏剧化探索及其突破——以王汶石的创作为例》认为"十七年"小说短篇小说的繁盛及其创作特征,不应仅被看成是文学政治化的表征,若将"十七年"短篇小说主流创作重新纳入考察范围,那么,以王汶石为代表的"戏剧化"小说或为"十七年"短篇小说艺术增加另一种可能。③ 周燕芬、朱文久的《陕派文学与"五四"新文学传统之关系考察——兼论杨争光的小说创作》认为那就是鲁迅等先驱者开辟的"启蒙"和"国民性批判"之路。④

5. 陕西学人访谈录

李继凯、张旖华的《文化磨合视域中的文学研究——李继凯教授访谈录》表述了李继凯在文化磨合思潮与中国现当代文学,"文化磨合论"作为一种理论和方法的可能性;文化磨合的跨学科"文学研究"及其意义在中国现当代文学研究上的贡献。⑤ 李铮的《卓见拔流俗

---

① 李继凯:《现代中国作家文人汉字书写手稿略论》,载《广州大学学报》(社会科学版)2021年第1期。
② 张艳茜:《文学期刊与文学生态——对〈延河〉杂志的历史考察(1956—1966)》,载《人文杂志》2021年第3期。
③ 窦鹏、周燕芬:《"十七年"短篇小说的戏剧化探索及其突破——以王汶石的创作为例》,载《当代作家评论》2021年第2期。
④ 周燕芬、朱文久:《陕派文学与"五四"新文学传统之关系考察——兼论杨争光的小说创作》,载《小说评论》2021年第2期。
⑤ 李继凯、张旖华:《文化磨合视域中的文学研究——李继凯教授访谈录》,载《当代文坛》2021年第6期。

笔锋利如锥——雷鸣访谈录》，欧阳澜、汪树东的《生态·边地·乡土——雷鸣的当代文学研究述评》指出雷鸣关注生态小说、边地叙事、乡土小说，或关注新世纪长篇小说，抓住带有普遍性、规律性的文学现象，在广泛阅读文本的基础上，以深厚的学理性来归纳现象，阐释原因，进而透视更为宏阔的社会文化语境，彰显出难能可贵的人文情怀。①

三、外国文学研究

2021 年陕西学界的外国文学研究成果丰富，既有对经典作家作品的研究，也关注到当下外国文学的发展走向，新作家、新作品、新的研究方法在本年度的研究成果中都有所体现。

（一）作家作品研究

1. 小说研究

南健翀、赵欣在《希拉里·曼特尔〈狼厅〉〈提堂〉中的国家空间生产与空间正义》一文中，以列斐伏尔的"国家空间生产""空间正义""领域化"等概念，分析英国当代小说家、布克奖得主希拉里·曼特尔的小说《狼厅》和《提堂》。文章从政治、经济、文化领域的国家空间生产，探讨曼特尔如何以文学的想象还原都铎王朝亨利八世执政时期英格兰的国家空间生产过程。②

孙宵在《论〈光年〉的无聊生活书写特征》一文中，探讨美国当代作家詹姆斯·索特的小说《光年》如何再现 20 世纪六七十年代美国中产阶级的婚姻家庭生活，聚焦"无聊"对无产阶级生活的吞噬，揭示人们精神无聊空虚的深层根源。文章认为，《光年》对无聊的描写，体现了索特对美国后现代时期丰裕年代的透视以及对人类主体存在意义的反思，具有存在主义的后现代特点。③

董雯婷在《论〈林肯在中阴界〉的晚期后现代死亡叙事》一文中，以美国当代作家乔治·桑德斯的小说《林肯在中阴界》(2017)为研究对象，探讨其体现的后现代的死亡叙事。作者认为，这种死亡叙事体现在以夸饰死亡来强调历史超越理性认知的不可再现性与无逻辑性，以对死者私人意识和个体死亡经验的重视，重建现实主义对"人"的关注。文章进一步指出，桑德斯的小说创作既是对后现代强调颠覆传统的继承，在具体叙事中又游走于讽刺与诚恳的叙事态度之间，通过死亡叙事在诗学层面上再次概念化了美国历史，并于奇幻性与合理性之间取得了一种基于张力的平衡，是对美国国家统一神话的晚期后现代式重写，具有明确的政治指涉。④

---

① 欧阳澜、汪树东：《生态·边地·乡土——雷鸣的当代文学研究述评》，载《文艺论坛》2021 年第 4 期。
② 南健翀、赵欣：《希拉里·曼特尔〈狼厅〉〈提堂〉中的国家空间生产与空间正义》，载《西北工业大学学报》（社会科学版）2022 年第 1 期。
③ 孙宵：《论〈光年〉的无聊生活书写特征》，载《湖南科技大学学报》（社会科学版）2021 年第 6 期。
④ 董雯婷：《论〈林肯在中阴界〉的晚期后现代死亡叙事》，载《当代外国文学》2021 年第 3 期。

郭荣、王文在《论〈塞布丽娜〉绘本叙事中的伦理价值》一文中,认为美国当代作家、布克奖得主尼克·德纳索的绘本小说《塞布丽娜》(2018)以极简主义和现实主义相结合的艺术手法描绘了普通人的灾难体验,揭露了后"9·11"时代美国社会面临的种种问题。此文将绘本叙事与伦理批评相结合,指出《塞布丽娜》中文字与图像相结合的双轨叙事模式是德纳索进行伦理表达的有效途径。德纳索通过"外聚焦",表现了现代社会的伦理困境,而媒介声音的凸显进一步证实了恐怖主义当代形式的在场;通过对媒介声音及其使用者的伦理反思,意在唤醒人们对社会困境的认知。①

2. 诗歌研究

孙立恒在《论格吕克诗歌中的面具声音》一文中,从"面具声音"这一切入点审视2020年诺贝尔文学奖获得者、美国抒情诗人露易丝·格吕克的诗歌。文章指出,素有"面具大师"之称的格吕克,其诗歌多围绕一系列面具声音,如神话人物面具之声、自然花语者面具之声和现世凡人面具之声进行自我组织。借由这些面具之声,格吕克得以将人类的精神渴望和含蓄表达的优雅轻盈完美结合,开创了属于其个人的抒情叙事模式。②

(二)作家作品比较研究

白宇新在《贾平凹与帕慕克文学创作对比研究——从传统文化衰败之思谈起》一文中,对贾平凹和帕慕克的文学创作进行了比较研究。作者认为,贾平凹与帕慕克两位作家之间的可比性在于,虽然两位作者生活背景不同,但在描写异质文化冲突下人物的心理动态及其精神诉求时却有着异曲同工之妙。文章指出,贾平凹在其作品《秦腔》中以平实细腻的语言风格,集中表现了改革开放年代农村的价值观念在传统格局中的转换,展现出作者对社会转型期农村现状的思考。帕慕克则在其代表作《我的名字叫红》中揭示了伊斯兰文化与欧洲文化之间的碰撞与融合,同时也体现出了对传统文化的忧患意识。两部文学作品的文化语境,寄寓了两位作者共同的现实批判以及对未来不同的展望。③

南健翀、王嘉琪在《比较诗学语境下约翰·济慈"双颂"的"无我"书写》一文中,以《文心雕龙》和济慈书信集中涉及文学创作、作者才情和批评鉴赏的观点为研究基础,通过对照阅读典型个案《夜莺颂》与《希腊古瓮颂》,探讨济慈如何以"无我"书写实现"美"与"真"的交融互渗。文章认为,刘勰和济慈都强调情感和想象在文学创作中的重要性。④

郭英杰在《〈诗章〉对惠特曼自由体诗歌模仿的两面性》一文中指出,惠特曼的《草叶集》和庞德的《诗章》都是自由体诗歌的典范。惠特曼的自由体诗歌影响了庞德的《诗章》创作,诸如诗歌韵律、节奏和抒情模式,口语表达和开放结构,平民思想和道德意识

---

① 郭荣、王文:《论〈塞布丽娜〉绘本叙事中的伦理价值》,载《当代外国文学》2021年第1期。
② 孙立恒:《论格吕克诗歌中的面具声音》,载《外国文学》2021年第3期。
③ 白宇新:《贾平凹与帕慕克文学创作对比研究——从传统文化衰败之思谈起》,载《西安外国语大学学报》2020年第3期。
④ 南健翀、王嘉琪:《比较诗学语境下约翰·济慈"双颂"的"无我"书写》,载《广东外语外贸大学学报》2021年第6期。

等。但庞德对惠特曼自由体诗歌的模仿有一种矛盾心态,表现为一种"影响的焦虑"。从整体上看,庞德的自由体诗歌融合了意象派的艺术特色,本质上具有现代主义的风格。①

郭英杰的另一篇文章《互文式独白:庞德〈诗章〉与布朗宁的"独白体"》聚焦于庞德与布朗宁的诗歌比较。作者认为,庞德的《诗章》借鉴了布朗宁诗歌的"独白体",但《诗章》借助多声部独白和蒙太奇式表达,创造性地呈现了庞德式的现代主义诗歌特点。②

陈敏在《鲁迅与黑塞的"故乡回忆"与互相书写比较》一文中聚焦于鲁迅与黑塞在"故乡回忆"这一主题上的可比性研究。作者认为鲁迅和黑塞都处在传统向现代转变的重要时代,同样面临着现代性巨变中的社会与文化精神困境。他们均成长于小城镇中,在思想方面同受尼采、叔本华的哲学影响。作为现实世界的斗士,他们执笔针砭时弊、剖析人性,同时也在不懈寻找以"立人"解救现代性危机的道路。③

(三)日本文学研究

高兵兵在《日本入明僧绝海中津的江浙吟咏》一文中,以日本中世禅林文学(五山文学)的代表性人物绝海中津(1336—1405)及其诗文集《蕉坚稿》为研究对象。文章从介绍绝海中津在明九年的经历起始,诸如遍访江浙名山,师从季潭宗泐、清远怀渭等高僧修习禅法等,但更为重要的是进一步指出中日两国对《蕉坚稿》的注释及研究尚处于基础阶段这一事实,认为现有注释中疏漏及谬误颇多,且研究的焦点多集中于绝海中津的生平及中日文化交流,但缺乏从文学的角度对其诗文进行深入解读。有鉴于此,《日本入明僧绝海中津的江浙吟咏》一文选取《蕉坚稿》中绝海中津在明期间与江浙相关的诗作,重新进行整理和解读,对之前未曾注解或注解有误之处进一步订正、补充且完善,体现了此文的研究意义及价值。④

郭雪妮在《李渔与十八世纪日本"文人阶层"的兴起》一文中探讨了李渔在18世纪日本的影响和接受。文章认为,虽然李渔戏曲小说传入日本的时间早于其诗文画谱,但前者在接受时间上却较后者落后近百年,这种接受时间上的倒错与江户思想史上"文人阶层"的兴起存在着错综复杂的关系。文章从"中国诗与日本画"这一主题展开来论述,具体以日本文人画名作《十便十宜图》为例,阐述18世纪日本文人阶层的兴起与李渔接受之间的关系;在此基础上进一步探讨日本文人画的诞生与"文人阶层"的兴起这一文化现象;揭示李渔《芥子园画传》及《闲情偶寄》对日本文人画及文人生活美学的影响,并借由江户政治史与儒学史的交集,探讨李渔与18世纪日本"文人阶层"兴起之间的关系。⑤

---

① 郭英杰:《〈诗章〉对惠特曼自由体诗歌模仿的两面性》,载《广东外语外贸大学学报》2021年第6期。
② 郭英杰:《互文式独白:庞德〈诗章〉与布朗宁的"独白体"》,载《江南大学学报》(人文社会科学版)2021年第4期。
③ 陈敏:《鲁迅与黑塞的"故乡回忆"与互相书写之比较》,载《鲁迅研究月刊》2021年第4期。
④ 高兵兵:《日本入明僧绝海中津的江浙吟咏》,载《日语学习与研究》2021年第6期。
⑤ 郭雪妮:《李渔与十八世纪日本"文人阶层"的兴起》,载《外国文学评论》2021年第2期。

（四）生态文学批评

孙霄在《儒家生态智慧的美国之旅及其精神还乡——以梭罗的〈瓦尔登湖〉为例》一文中，从比较文学的视野，一方面探讨美国文艺复兴时期的超验主义者梭罗对儒家生态智慧的创造性转化，认为其代表作《瓦尔登湖》体现出中国儒家生态智慧与美国超验主义生态思想的融合；另一方面以当下生态文学批评的兴起为切入点，分析被视为"绿色圣经"的《瓦尔登湖》对中国当代文坛的影响，认为《瓦尔登湖》是中国当代作家生态思想的渊源之一。①

原玉薇在《"怪物"和"瘟疫"的启示——玛丽·雪莱两部小说的生态批评解读》一文中，以生态批评的视角重新解读解读玛丽·雪莱的《弗兰肯斯坦》和《末世一人》这两部小说。文章认为，这两部小说体现了玛丽·雪莱对无边界的科学研究和无敬意的物化自然的反思，对当时人类的科学野心以及人类中心主义思想所导致的人与自然关系异化问题的担忧。②

（五）海外华裔作家作品研究

刘肖栋在《水仙花作品的双重性探究》一文中，以华裔女作家水仙花（Sui Sin Far，1865—1914）为研究对象，指出水仙花的作品不仅具有强烈的民族性，还有独特的美国文学特性。作者认为水仙花的作品具有双重性特征：一方面，她的文学创作为美国文学增添了多元文化元素，展现了美国文学发展的多样性，她对"华裔美国人"的定义开创了美国文学的先河；另一方面，水仙花的作品超越了美国文化霸权，彰显了作家的族裔自豪感，弘扬了中华民族的传统文化。③

梁琰、张生庭在《"无名女人"的游戏性空间书写》一文中，以华裔美籍作家汤亭亭的作品《女勇士》的第一篇"无名女人"为例，探讨游戏性书写的价值和意义。文章认为，汤亭亭使用重复、嫁接和隐喻转换的游戏手法解构原本的叙事话语，并以此为基础建构游戏性叙事空间。这种游戏性书写打破以时间为中心的线性叙事模式，转向对叙事空间的建构。在"无名女人"中，这种游戏性书写让叙述主体"我"成为母亲文本积极的阐释者，使曾经沉默的女性主体得以言说，并为之赋予鲜活的生命。这种重新书写让叙述主体参与话语权的争夺，完成对父权文化和语音中心主义的批判和颠覆，也体现了诗学话语和哲学思辨的结合。④

---

① 孙霄：《儒家生态智慧的美国之旅及其精神还乡——以梭罗的〈瓦尔登湖〉为例》，载《南通大学学报》（社会科学版）2021年第6期。
② 原玉薇：《"怪物"和"瘟疫"的启示——玛丽·雪莱两部小说的生态批评解读》，载《广东外语外贸大学学报》2021年第2期。
③ 刘肖栋：《水仙花作品的双重性探究》，载《外语教学》2021年第5期。
④ 梁琰、张生庭：《"无名女人"的游戏性空间书写》，载《西安外国语大学学报》2021年第3期。

（六）文学与文化现象研究

于俊青在《威廉·琼斯与英国印度学的确立》一文中，探讨18世纪的英国学者威廉·琼斯在英国印度学的发展和确立过程中所起的重要作用及其意义。文章指出，威廉·琼斯在印度文学研究上坚守人文主义学术传统，以一种超前的世界文学视野和文化多元性理念来观照梵语文学并给予同情理解，超越了西方中心主义的定型思维。他从莫卧儿帝国的文化压制和婆罗门阶层的知识垄断中发掘出大量古代梵语典籍，奠定了英国的印度学的重要基础，并在欧亚大陆产生了两个深远影响：打破了欧洲人对印度文学的无知，启迪了赫尔德、歌德的世界文学观念；激发了印度人文化主体意识的觉醒和文化革新运动"孟加拉文艺复兴"的兴起。然而，琼斯又受专业主义学术潮流和殖民主义力量的裹挟，他的印度法律研究沦为了殖民统治的附庸。总体而言，琼斯的印度学研究为当今东西方之间的跨文化理解与交往提供了正反两方面的镜鉴。①

张媛在《是"难以抉择"还是"迫不得已"：2019年度布克奖双得主现象背后的思考》一文中，探讨了2019年布克文学奖所折射的当下文化与文学现象。文章从读者阅读号召力、出版市场影响力以及重塑赞助商信心等三方面，分析造成2019年度双得主现象的原因：究竟是奖项评委们所说因作品本身而"难以抉择"，还是因来自其他方面的压力"迫不得已"做出的决定。②

（七）比较文学跨学科研究

裴亚莉、闪金晴在《将"如画"搁置——从李安电影〈理智与情感〉中的3幅画谈起》一文中，从李安导演的影片《理智与情感》背景墙上的3幅画谈起，联系到简·奥斯丁的小说文本《理智与情感》，探讨18世纪"如画"趣味在英国的流行，以及奥斯丁对这一趣味的排斥及从中体现的奥斯汀的审美观念。进而指出，李安改编的电影文本通过将这3幅画作为道具来使用，体现了他对奥斯丁审美观念的认可。作者认为，李安在电影《理智与情感》中关于风景、风景画以及"如画"风格的态度和立场，既标志着"风景"作为重要元素开始在他未来的电影创作中占据突出地位，也显示出他在当代电影史上所选择的艺术观念的独特性。③

（作者单位：1 陕西师范大学，2、3 陕西省社会科学院，4 西安外国语大学，5 西北大学）

---

① 于俊青：《威廉·琼斯与英国印度学的确立》，载《江西社会科学》2021年第4期。
② 张媛：《是"难以抉择"还是"迫不得已"：2019年度布克奖双得主现象背后的思考》，载《外国文学动态研究》2021年第1期。
③ 裴亚莉、闪金晴：《将"如画"搁置——从李安电影〈理智与情感〉中的3幅画谈起》，载《中国比较文学》2021年第1期。

陕西省艺术学、体育学研究

万炳军　王一民　刘　璐

2021年7月1日,天安门广场铺展盛世图景,庆祝中国共产党成立100周年大会隆重举行。中共中央总书记、国家主席、中央军委主席习近平代表党和人民庄严宣告,经过全党全国各族人民持续奋斗,我们实现了第一个百年奋斗目标,在中华大地上全面建成了小康社会,历史性地解决了绝对贫困问题,正在意气风发向着全面建成社会主义现代化强国的第二个百年奋斗目标迈进。2021年是党和国家历史上具有里程碑意义的一年。顶住世纪疫情和百年变局叠加的冲击,在以习近平同志为核心的党中央坚强领导下,中国经济"稳"的基调愈发坚实,"进"的态势不断增强。经济的稳进发展,使得人民群众获得感、幸福感、安全感持续增强,艺术、体育在满足人民日益增长美好生活需要方面发挥着不可替代的作用。党和国家领导人对此非常重视,习近平总书记就体育和艺术工作多次召开座谈会,党中央和国务院出台了一系列关于此方面的相关文件和政策。

为不断满足人民对美好生活的需要,努力将体育建设成为中华民族伟大复兴的标志性事业,国务院办公厅、国家体育总局以习近平新时代中国特色社会主义思想为指导,深入学习贯彻党的十九大以及十九届二中、三中、四中全会精神,增强"四个意识",坚定"四个自信",做到"两个维护",相继印发了《全民健身计划(2021—2025年)》《奥运项目竞技体育后备人才培养中长期规划(2014—2024)》《体育强国建设纲要》以及《关于全面加强和改进新时代学校体育工作的意见》和《关于全面加强和改进新时代学校美育工作的意见》等重要文件,并针对学校体育工作做出了一系列指示。

为传承和发展我国传统艺术,文化和旅游部艺术司下发了《中华优秀传统艺术传承发展计划》《中国杂技艺术创新工程》《中国民族歌剧传承发展工程》《时代交响—中国交响音乐作品创作扶持计划》等一系列的通知。自党的十九大以来,在以习近平为核心的党中央领导的带领下,坚决打赢脱贫攻坚战的同时,将体育和艺术工作融入实现"两个一百年"奋斗目标大格局中去谋划,将全民健身上升为国家战略,为确保我国体育、艺术事业的发展制定了一系列的政策保障措施。本报告全面梳理陕西省2021年体育艺术科研取得的丰硕成果,为我国体育和艺术事业的传承和发展提供了路径,助推陕西省体育与艺术事业的蓬勃发展。

一、2021年陕西省体育学理论研究

响应党的号召,积极贯彻《健康中国行动(2019—2030年)》《关于深化体教融合　促进青少年健康发展的意见》等一系列重要文件精神,2021年体育学发表南大核心期刊论文54篇,出版专著7部,主要涉及群众体育、体育教育训练学、学校体育、民族传统体育、体育产业、体育人文、体育文化、运动人体与科学等方面的内容,在促进全民健身、普及大众体育文化,弘扬体育传统文化精神,竞技体育训练,体育科研创新等方面产出了多项重要成果。

（一）群众体育

2018年,农业农村部、国家体育总局联合印发的《关于进一步加强农民体育工作的指导意见》指出:"推动全民健身持续向农民覆盖和倾斜,满足农民群众对美好生活的需要。"2020年10月29日,党的十九届五中全会通过了《中共中央关于制定国民经济和社会发展第十四个五年规划和二〇三五年远景目标的建议》,提出要优先发展农业农村,全面推进乡村振兴,坚持把解决好"三农"问题作为全党工作重中之重,维护最广大人民的根本利益,强固农民农村与农业发展的根基。进入21世纪以来已有3份中央一号文件为农业发展助力,可见乡村振兴的重要性。进入新时代,在全面推进乡村振兴战略的现实背景下,以乡风文明建设为契机,深入开展乡村全民推动全民健身与全民健康深度融合,对实现全民健身国家战略具有重要意义,张鹏、杨涛等学者从历史传统、社会关系、文化习俗、人文条件4个方面分析我国目前农村全民健身促进乡风文明建设过程中存在的问题及成因,以此提出全民健身促进乡风文明建设的路径:以社会主义核心价值观为导向,在农村传播全民健身新理念;以改善农村全民健身资源条件为抓手,减少城乡差距,建设乡村宜居新环境;增强体育健身影响力,争创乡村全民健身新典型;以全面修订村规民约为契机,引领农村地区全民健身新风尚;以地方民俗体育为特色,增强农村体育治理能力,打造乡村全民健身新窗口。[①]

（二）体育教育训练学

在我国"体育强国"和"双一流"建设的战略背景下,体育学迎来了前所未有的机遇与挑战。加强学科交叉融合创新发展是我国推进高校"双一流"建设的重要内容,而促进

---

① 张鹏、杨涛、刘艳娜:《新时代全民健身促进乡风文明建设的发展路径研究》,载《沈阳体育学院学报》2021年第5期。

学科之间协同创新合作是高校拓展学科发展新增长点的重要途径。在此过程中学科通过引入、吸收和整合其他学科的理论、方法及技术来促进学科自身发展,已成为学科创新最常见的途径。

体育教育训练学是研究体育教学和运动训练基本理论与方法的学科,是体育学下设 4 个二级学科之一,支撑着体育教育和运动训练 2 个本科专业和体育教育训练学硕士、博士学位研究生人才培养,以及体育教学、运动训练、竞赛组织 3 个方向专业学位研究生教育的重任,是我国体育学中涉及学生数量最多,对体育事业发展影响最大的学科之一。王硕、许治平等学者依据文献计量学相关理论和学科专业理论,从知识利用的视角对 2015—2019 年 11 种 CSSCI 体育核心期刊关于体育教育训练学引文的学科结构及演变趋势、亲缘关系及知识结构与模式进行深入剖析,以期探寻我国体育教育训练学科结构的构建特征及未来创新融合发展趋势。研究表明:体育教育训练学是一门交叉融合创新发展较强的学科,知识建构的数据来源期刊间发文量和期刊自身年发文量均存在较大差异,知识建构的来源学科维度较大,且各学科维度对体育教育训练学科的影响差异也较大,但对其产生较大影响的学科却十分集中。当前我国体育教育训练学科呈现出"双核蛛网式"4 层知识结构模式,引文学科结构具有综合性但全面性不足、稳定性但独立性不足、固化性但深入性不足的特征,亲缘学科对体育教育训练学科产生重要影响的知识结构表现出偏于宏观性而微观性不足、维度较大而全面性不足的特征。应不断加强和优化我国体育学科的知识建构,坚持走中国特色体育学科建设之路,逐渐演化成为一个以"体育教育训练学"单核中心向外延伸并辐射的多元、多"次中心"的综合性知识体系。① 体育教育训练学研究还涉及健美操、网球、足球等各个项目的理论研究,如张鹏等学者对我国高水平健美操运动专项体能进行研究,提出构建我国高水平健美操运动员专项体能评价指标体系以及一般与理想量值模型,为我国健美操运动员专项体能评价与训练、监控与选材提供理论与实践双向参考②。马孝刚等学者对网球发球力学的进展与趋势进行了研究,研究表明:国内网球发球研究应当拓宽研究角度,加强实验设计严谨性,选取指标时注重全面性和针对性原则。并且研究显示,网球发球力学研究逐渐从总结技术规律、损伤致因向各关节力学特征、动力学指标、器械创新和研究动态化趋势过渡③。除此之外,陕西省学者还对体育教育训练学的其他方面进行了研究,研究论文如杨小帆、孟傲天、丁建岗等的《体育教学内容操舞化的表征、审视与应对》,曹卫华、白福兴、成康等《不同比赛情境下中超球队传球表现与比赛胜负的关系》,马相华的《不同耐力跑测试评价 $\dot{V}O_{2max}/\dot{V}O_{2peak}$ 效度的比较研究》,闫振龙、曹振波、朱改等的《高校高水平运动员运动风险

---

① 王硕、许治平、郭伟,等:《我国体育教育训练学引文的学科结构状况及演变趋势》,载《体育学刊》2021 年第 3 期。

② 张鹏、刘静轩、张文婕,等:《我国高水平健美操运动员专项体能评价指标体系及其模型构建》,载《西安体育学院学报》2021 年第 5 期。

③ 马孝刚、史兵:《网球发球力学:研究进展与趋势》,载《成都体育学院学报》2021 年第 2 期。

防控研究》,张志勇、马勇、蔺世杰的《速度对奥运会470级帆船船体阻力和压力分布的影响》等。

(三)学校体育学

长期以来,儿童和青少年体质健康的现状与评价一直都受到党和国家的高度重视,同时也是国内外学者普遍关注的热点议题。2020年9月21日,经中央深改委第十三次会议审议通过,国家体育总局、教育部联合印发《关于深化体教融合促进青少年健康发展的意见》指出,教育部门要会同体育、卫生健康部门加强对学校体育教学、课余训练、竞赛、学生体质健康监测的评估、指导和监督。2020年10月15日,中共中央办公厅、国务院办公厅印发的《关于全面加强和改进新时代学校体育工作的意见》指出,要将学生体质健康状况、素质测评情况和支持学校开展体育工作情况等纳入教育督导评估范围。学者水祎舟通过文献资料、专家访谈、问卷调查、测试法对我国16个省份32个城市的288所中小学5048名儿童青少年的各项体质健康指标进行数据采集,结果表明,我国10—17岁青少年体质健康评价指标总体随年龄的增长显著提升,各相同年龄段男生的体质健康指标普遍优于女生,各项测试指标的变化呈现出一定程度的波动性特征且与年龄显著相关($P<0.05$)。并研究尝试构建了我国10—17岁青少年体质健康指标P5—P95百分位分布曲线与参考值。研究所构建的百分位数曲线与参考值对于我国中小学生体质健康评价标准与常规模型参照体系的修订、体质健康数据库建立、学生身体素质的长期系统监测以及人才的选拔、培养与分流具有一定的借鉴价值。①

幼儿体育也属于学校体育的一部分,新时期幼儿教育应以习近平新时代中国特色社会主义思想为指导,全面贯彻党的教育方针,落实立德树人根本任务,以游戏为基本活动,促进幼儿身心健康全面发展。《体育强国建设纲要》《关于全面加强和改进新时代学校体育工作的意见》等国家政策文件明确了幼儿体育发展应加强体育课程和教材体系建设的目标,提出了学前教育阶段应开展适合幼儿身心特点的游戏活动,培养体育兴趣爱好,促进运动机能协调发展。陕西省学者宁科从"身体素养终身之旅始于幼儿"的视角切入,深入剖析身体素养构成要素与具身认知理论基础下幼儿体育的游戏化创新思路与推进机制,构建6类游戏结构夯实"游戏——幼儿体育正确打开方式"的操作基础。同时,借由身体素养关于"生活化运动""环境多样化"及"游戏结构化"的理念导向,提出幼儿体育游戏化的目标路径、坏境创设路径及课程操作路径,实现游戏化的操作方式滋养幼儿身体素养发展、身体素养反哺幼儿身体活跃基础的双向互动路径。体育游戏化、生活化发展之路必将激发幼儿更加广泛的明确性身体活动。建立幼儿阶段的运动兴趣、习惯,转变久坐少动的生活方式,更迭刻板、无趣的体育参与方式,身体素养在幼儿体育的

---

① 水祎舟、游旭群、万炳军:《基于GAMLSS模型的我国青少年体质健康评价指标百分位数分布曲线及参考值》,载《武汉体育学院学报》2021年第11期。

游戏化推进中具有重大意义。为当前、未来中国幼儿体育科学化发展奠定重要理论基础①。除此之外,陕西省关于学校体育学的研究论文还有如郭海霞的《世界各国儿童青少年身体活动指南发展研究》,宁科的《学龄儿童基本动作技能测量工具 AST 应用的理论与实证研究》。

(四)民族传统体育

中国武术在经历了漫长的发展之后,开始形成自身的科学体系,成为中国文化乃至世界文化领域、体育领域中璀璨的民族智慧结晶。随着人们对武术文化资源所蕴含的多层价值认识的逐渐深入,人们对其需求也更为迫切和直接,但是目前在武术文化资源区域治理、合理开发、科学利用等方面,却存在区域失衡、利用程度较低、精神内涵虚无、同与日俱增的资源优化需求形成强烈反差等问题。武术文化资源是发展我国文化产业、提升国家软实力的重要组成部分,继党的十九大报告对文化治理高度重视之后,2019 年 7 月,国家体育总局等十四部委联合印发的《武术产业发展规划(2019—2025 年)》中,明确指出要传承武术精神,深挖武术资源,充分发挥武术文化的社会功能与价值,为武术文化资源的科学治理奠定了坚实理论根基,成为新时代中国武术事业开展的重要指引,这是武术文化资源治理的基本历史前提和重要现实语境。中国武术文化资源的治理是在历代实践基础上的合目的性与合规律性的辩证统一。学者李卓嘉等人运用文献资料、逻辑分析等科研方法,在阐释武术文化资源治理理论内涵的基础上,客观辨析武术文化资源治理的现实境遇,通过武术文化资源治理的逻辑生成与治理主体的认同,为中国武术文化资源治理的推进路径奠定理论根基。目前武术文化资源存在空间分布的根植性造成地方与区域治理的失衡,价值认知的滞后性造成物质与精神治理的偏失等问题。以习近平提出的"共建共治共享"社会治理理念为指导,构建武术文化资源与其内在关联的治理路径,即以文以化人、区域平衡、制度保障等多方主体协同治理的路径,合力凝聚各方力量,旨在正确把握武术文化资源时代发展方向,深度挖掘武术文化资源的多元价值,促进武术文化资源的可持续发展。② 从"徐雷之战"到马保国"闹剧",武术热议不断,武术真伪如何辨、如何看等问题依然困扰着民众。围绕着对中国武术从"真伪之辨"到"重看之路"的相关问题,学者陈保学对张再林教授进行了学术访谈。他从身体哲学的视角对中国武术与西方搏击、中国武术本体研究、中国武术文化传统、中国武术"道术关系"、中国武术改造国民性的功能、中国武术的育人价值、中国文化的始源性等热点问题,进行了"重看"且给出了正本清源的深度评价。③ 为重构中华武术的文化自信,提升新时代中华

---

① 宁科、王庭照、万炳军:《身体素养视域下幼儿体育的游戏化推进机制与发展路径》,载《北京体育大学学报》2021 年第 8 期。
② 李卓嘉、陈绍卓、杨慧馨,等:《中国武术文化资源治理的逻辑生成、主体认同与推进路径研究》,载《体育与科学》2021 年第 3 期。
③ 陈保学、金玉柱,《中国武术:从"真伪之辩"到"重看之路"——张再林教授访谈录》,载《体育与科学》2021 年第 4 期。

武术文化的聚合力、感染力和生命力,陕西省学者关于武术的研究论文还有很多,如马文国的《文化社会学视角下中华武术文化自信的重构机制》,金玉柱的《武术人类学的想象力》,金玉柱的《体育强国:认知、实践与本体回归———"建党百年来中国现代体育发展历程"工作坊学术综述》等。

(五)运动人体与科学

运动人体科学是陕西省体育学领域特别具有特色和实力的一个二级学科。2020年,以陕西师范大学等单位为主体,在运动人体科学领域取得了丰硕的成果。如学者王友华探讨了有氧运动对心梗大鼠副交感神经M2和α7受体的表达及其对心脏功能调控的影响。研究发现:有氧运动改善心梗大鼠心脏功能可能与有氧运动改善梗死边缘区组织结构,增加副交感神经α7受体的表达,上调eNOS,降低M2受体和TNF-α的表达密切相关[1]。学者宋伟还比较了间歇低氧和间歇运动干预对心梗大鼠心肌HIF-1α、miR-126表达及血管新生的影响,并对其相互之间的关系进行探讨。研究发现:间歇低氧和间歇运动可能通过HIF-1α上调心梗心肌miR-126表达,促进心肌血管新生,改善心功能,且间歇运动产生的效果要优于间歇低氧。提示,对于临床上不适宜进行运动康复治疗的缺血性心脏病患者,间歇低氧可以作为一种很好的替代和补充[2]。学者冯丽丽还探讨了有氧运动、抗阻运动、全身振动和骨骼肌电刺激对小鼠骨骼肌中应激诱导蛋白Sestrin2(SESN2)表达的影响以及运动激活SESN2/AMPK/PGC-1α通路改善心梗小鼠骨骼肌质量减少潜在机制。研究发现:有氧运动、抗阻运动、全身振动和骨骼肌电刺激可显著激活小鼠骨骼肌SESN2/AMPK/PGC-1α信号通路,提高小鼠骨骼肌质量,其中抗阻运动干预效果最优。有氧和抗阻运动可抑制心梗小鼠骨骼肌细胞氧化应激、炎症及细胞凋亡,抑制心梗小鼠骨骼肌质量减少,其潜在机制与运动激活骨骼肌SESN2/AMPK/PGC-1α通路密切相关[3]。

(六)体育人文社会学

"十四五"时期,中国将面临更加复杂严峻的国内外环境,对实现经济社会更高层次的发展也有新的目标。为了与时俱进提升我国经济发展水平、扩大我国国际合作和竞争新优势,党的十九届五中全会提出要加快构建以国内大循环为主体、国内国际双循环相互促进的新发展格局的战略抉择,这是中央根据国内国际形势变化,从建设社会主义现代化强国的目标出发提出的重大发展战略,对今后经济高质量发展、高水平市场体系建

---

[1] 王友华、马美、陈伟,等:《有氧运动调节副交感神经及其受体改善心梗大鼠心脏功能机制探讨》,载《中国体育科技》2021年第11期。

[2] 宋伟、田振军:《间歇低氧与间歇运动对心梗大鼠心肌HIF-1α、miR-126表达及血管新生影响的对比研究》,载《中国体育科技》2021年第11期。

[3] 冯丽丽、李博文、田振军:《运动激活SESN2/AMPK/PGC-1α通路改善心梗诱导的骨骼肌减少》,载《北京体育大学学报》2021年第5期。

设和高水平对外开放,都有根本的指导意义。学者黄谦从双循环新发展格局下体育产业与其他产业融合发展的内在逻辑关联出发,结合产业融合理论、产业分工理论和产业关联理论,对体育产业融合发展的内外部动力机制进行了理论诠释,并以此为依据对照当前制约我国体育产业与其他产业融合的现实因素,构建了双循环背景下体育产业高质量发展的实现路径。提出在现有发展基础上,我国体育产业要进一步拓宽融合发展的广度和深度,破除产业融合的行业与行政壁垒,强化各类产业融合资源整合力度,注重人力资本开发和创新驱动对产业融合的提升作用,从而在双循环背景下实现体育产业融合的高质量发展。① 体育产业成为推动国民经济增长中的新生力量,体育产业高质量发展需要相匹配的高标准金融配置。学者郭俊华从宏观、中观、微观层面分析了金融社会化促进体育产业发展以及体育产业推动金融社会化进程的机理。依据体育产业高质量发展的特征,提出了在金融社会化视角下金融支持体育产业高质量发展的创新债权融资工具、发展体育保险、建设体育金融治理体系等实现路径。② 体育人文社会学中所包含的体育产业还涉及体育健身消费等,为研究体育健身消费的数字化应用与路径,学者王鹏等人从国家新基建大背景出发,探讨云计算、大数据、物联网等新技术在体育健身消费领域的数字化应用与发展路径,从平台构建、有效供给、模式创新、协同融合、科学决策等方面进行阐述。并得出以下结论:① 通过构建体育健身大数据平台,将业务运营、物联网、智能分析等功能进行系统整合,有助于俱乐部与用户间交互模式的创新;② 体育健身消费领域的数字化转型可从产业融合、科学决策进行改革,采用全新的组织业态和互联网精神整合产业链,通过资源交互共享与跨界整合打造复合型的体育健身消费生态系统;③ 通过对体育健身行业数据的存储、共享、分析与个性化推送,实现健身产品与服务的有效供给,基于价值共创通过交互迭代实现健身消费模式的不断创新,更好满足民众的体育健身消费需求。③

为迎接十四运的到来,学者于善对西安国家中心城市建设的发展程度和"十四运"在西安国家中心城市建设及城市形象塑立中的促进作用进行了分析。研究认为应借助国家"十四五"规划全面开启新征程的机遇,在保障"十四运"赛事稳步开展的基础上扩大赛事的后续效应,带动西安体育事业腾飞,推进城市基础资源的良性调整、塑立具有国际视野的城市形象,为打造高水平、高质量、高标准的国家中心城市助力。④ 同时学者师博也围绕十四运大型体育赛事助推城市高质量发展的效应进行了研究,认为全运会还需要

---

① 黄谦、谭玉姣、王铖皓,等:《"双循环"新发展格局下体育产业高质量发展的动力诠释与实现路径》,载《西安体育学院学报》2021年第3期。

② 郭俊华、蒲阳:《金融社会化促进体育产业深度融合发展的机理与路径》,载《西安体育学院学报》2021年第6期。

③ 王鹏、焦博茹、贺圣楠:《新基建背景下体育健身消费的数字化应用与发展路径》,载《西安体育学院学报》2021年第1期。

④ 于善、许治平、常译文:《"十四运"对西安国家中心城市建设及形象塑造的促进作用及实践路径》,载《西安体育学院学报》2021年第3期。

重点打造高质量的赛事遗产、发展高质量的体育产业以及规划高质量的旅游服务,推进陕西体育事业的协调、持续发展。①

除此之外,陕西省体育人文社会学方面的研究论文还有很多,如柴王军的《"双循环"新发展格局下体育产业阻滞表现、畅通机制与保障措施》,王海峰的《发达国家体育经纪产业的制度治理与本土启示》《美国搏击赛事制度治理特征与启示》,丁建岚的《明星代言体育产品的匹配性研究——来自 ERP 的证据》《执裁经验对足球裁判员判罚决策的影响——基于神经管理学视角》,刘志强的《我国城镇居民体育消费需求结构特征比较研究——基于 ELES 模型的实证分析》,王秋茸的《专业运动员在线社会网络社区特征分析》《专业运动员在线社会网络社区特征分析》,樊敏的《被访者驱动抽样法在中国退役运动员群体调查中的应用》,李宁的《健身者的个体社会资本会影响其健身动机吗?——来自健身人群调查数据的实证分析》,杭兰平的《举办"丝绸之路经济带"沿线国家体育赛事的型构逻辑与方案设计》,杨小帆的《美国城市社区体育的发展模式、组织型态与经验》,邱洪华的《欧洲体育运动创新平台建设的经验及其对中国的启示》,闵瑞欣的《启蒙与革新:早期中国共产党人的体育实践及理论探索》,黄谦的《社会支持、退役准备与运动员退役应对积极性》《中国足球职业联赛女性裁判员职业压力研究》,高海利的《身体素养发展的自主性动机生成的理论探究——基于自我决定理论的分析》,郭维刚的《体育对构建新时代美好生活新样态的价值》,冯加付的《新中国成立以来全运会改革:历程、经验及展望》,张晓丽的《运动促进健康还是健康的人更偏爱运动?——因果推断在体育学的应用前沿》,边燕杰的《在线健身与网络社交的新冠疫情防控效应——基于全球 7 国相关大数据的实证分析》,殷鼎的《中国共产党少数民族体育政策的历程与趋向》等。

(七)体育文化

习近平总书记强调,"文化兴国运兴,文化强民族强。没有高度的文化自信,没有文化的繁荣兴盛,就没有中华民族的伟大复兴"。探求新时代红色体育文化的传承开发价值,不仅是贯彻落实党的文化方针政策,坚定中国共产党的领导地位,引领人民创造美好生活,而且是深化文化润育功能,为国家和中华体育精神是中国体育的核心和灵魂。以新时代习近平总书记关于"红色资源""文化自信""体育强国"等重要论述为指导,学者王硕运用文献资料法、逻辑分析法等方法对我国红色体育文化的开发价值、传承现状、发展困境以及推广路径等方面进行梳理,探讨如何将传承弘扬红色体育文化与发展全民健身运动有机结合起来产生多重效能。研究表明,新时代开发红色体育文化具有坚定中国共产党领导地位、引领人民创造美好生活、深化文化润育功能和推进体育产业可持续发展等传承开发价值。从搭建完备的发展平台、开发特色文化产品、探究全方位的推广模

---

① 师博、任保平:《大型体育赛事助推城市高质量发展的效应研究:基于第 14 届全运会的分析》,载《西安体育学院学报》2021 年第 2 期。

式等3个主要方面提出新时代红色体育文化的发展路径。① 中华体育精神是中国体育的核心和灵魂。从时间看,任何精神都具有历史性与时代性,历史性说明它是相对稳定和不变的,时代性则表明它会随着时代的发展而不断调整和变化。我国已经迈入新时代,我们所面临的国内外局势都发生了深刻的变化,新时代体育精神也要与时俱进,在继承的基础上进行创新和发展。罗晓婷在新时代中华体育精神的继承、创新与发展中写到新时代中国体育被赋予政治、经济、文化、社会、生态5个方面的价值。新时代中华体育精神是新时代中国体育的灵魂和精髓,既有继承,又有创新和发展。其内涵是全面发展的人本主义精神、为国争光的爱国主义精神、遵纪守法的公平竞争精神、自我超越的英雄主义精神、健康自信的乐观主义精神。创新之处在于坚持"以人民为中心"、为实现中华民族伟大复兴提供精神动力、倡导构建人类命运共同体。新时代中华体育精神应在新时代中国体育的功能、价值、实践等层面发挥更大的作用。②

2021年正值中国共产党成立100周年之际,陕西省体育文化研究多是围绕红色体育文化展开。如党挺的《红色体育文化思想与中国共产党初心和使命初论》,史进的《延安时期红色体育与马克思主义中国化实践研究》,王增明的《中国红色体育的发展进程与历史经验》等。

二、2021年陕西省体育学研究项目

2021年是国家"十四五"开局之年,在国家的大力支持下,体育学学科研究平台建设进一步发展,人才队伍不断成长,通过国家社科基金、教育部人文社会科学研究规划基金及国家体育总局决策咨询研究项目等对体育学科的大力支持,凝聚和培养了一批优秀人才,培育了体育学科领域带头人,提高了我国体育学学科发展进程。据统计2021年陕西省产出体育学研究项目29余项。其中,国家社科基金9项,教育部人文基金2项,国家体育总局决策重点项目3项,陕西省项目15项。

国家社科基金9项:史进的"中国红色体育文献暨图像史料整理与研究",黄荣的"健康中国视域下个性化运动处方智慧评估系统培育推广研究",万炳军的"国家治理体系下体教融合地方模式的梳理、比较及其优化路径研究",李艳茹的"新时代中国学校体育督导研究",金玉柱的"近代以来著名武术家美育思想研究",冯加付的"我国群众性体育赛事协同治理模型构建与推进路径研究",袁金宝的"中国武术话语体系本土构建研究"。

教育部人文基金2项:薛海红的"常态化疫情防控背景下大学生心理危机预测及运动干预的理路研究",于善的"体育强国背景下'体教融合'提升青少年体质健康水平路径与策略研究"。

---

① 王硕、张安琪、匡小红,等:《新时代我国红色体育文化传承及发展路径研究》,载《西安体育学院学报》2021年第5期。

② 罗晓婷:《新时代中华体育精神的继承、创新与发展》,载《西安体育学院学报》2021年第4期。

国家体育总局决策重点项目 3 项:张金桥的"优秀退役运动员、教练员进校园做教师、教练员的政策建议研究",万炳军的"关于对体育中考、高考改革建议的研究",邹军的"深化体教融合的政策落地研究"。

陕西省项目 15 项:陈善平的"陕西省体育产业高质量发展中的新型体育消费研究",柳青的"体育健身消费市场的网络口碑对消费者的影响研究",方程的"'十四五'时期陕西生态文明与体育文化融合发展研究",张超的"全运会助力体育强国建设的现实依据与实现路径研究",何力的"体育安全评价理论与应用研究",张洁的"陕西省中小学生水域安全教育现状与发展对策研究",高明有的"陕北健身秧歌发展助力群众体育生活化机制与路径研究",郑亦飞的"'十四五'时期陕西省体育产业高质量发展路径研究",刘丽芳的"关学思想对构建陕西红拳文化体系的意义研究",刘长江的"宏观调控范式下陕西省体育政策法规完善的机制构建研究",杨瑾的"新时代公众体育素养与健康传播协同发展研究",王聃的"大型体育赛事法律风险研究",郭维刚的"中国共产党百年体育强国观念发展研究",高颖辉的"基于区域差异视角的我省城镇居民体育消费行为研究",王力的"'双循环'新发展格局下促进陕西省武术产业高质量发展的路径研究"。

三、2021 年陕西省体育学获奖成果

2021 年陕西省体育学成果获厅局级以上奖项共计 59 项,其中 2021 年陕西省体育学第十五次哲学社会科学优秀成果奖 43 项,陕西省教育厅高校人文社会科学研究优秀成果奖 16 项,其中二等奖及以上 7 项。

2021 年陕西省体育学第十五次哲学社会科学优秀成果奖有孙云的《学校体育课教学目标内容体系构建》,刘阳的《定向运动练习对儿童青少年生存能力改善的作用研究》,张杨的《体育治理现代化背景下我国职业体育法治建设研究》,曹卫华、邵兵兵的《基于共词分析法的我国民族传统体育文化研究热点评析》,史兵、丁建岚、钱钧等的《健康中国视域下群众体育发展模式的结构创新》,曹卫华的《基于社会网络分析的西班牙 Tiki-Taka 战术打法的传控特征分析》,杨竞的《人类命运共同体视域下体育博物馆传承发展体育文化的实践与展望》,吉丽的《休闲体育指导实践》,金玉柱的《中国武术中"势"的身体哲学论绎》,侯鹏、于少勇的《团体操排练预演虚拟仿真教学实验系统的设计与开发》,高鹏飞、梁勤超、李磊的《青少年体育参与不足的文化惯习、代际传递与现代重构》,于少勇、陈洪波、张鑫的《"三大球"项目教练员服务型领导行为的结构及测量》,雷鸣的《体育锻炼如何提升幸福感——论社会资本的中介作用》,李艳霞、蔡运涛、宋志强的《网球运动训练与体质健康促进研究》,何立、李峰、杨华薇的《高校体育设施安全评价指标体系研究》,崔秀云、郭海霞、尤传豹等的《全球健身趋势特征分析及启示》,谢尊贤、郭琰的《空间分布视角下健康型运动休闲小镇发展模式探索》,郭海霞、何志杰、潘凌云的《投资身体资本:一种新的学校体育目的观》,衡阳的《建大体育精神作用于"立德树人"工作的路径与载体研究》,张洁、毛煜、孔德佳等的《基于第十四届全运会背景的陕西省竞技体育人力资源优化

配置研究》、应晨林、贺京周、刘长江的《我国体育民事公益公诉制度适用研究》、陈善平、刘丽萍、张中江等的《〈国家学生体质健康标准〉政策态度理论模型的实证分析》、吴翔宇的《高校篮球教学中实施素质教育的必要性分析及优化策略研究》、刘燕、刘莺、张强等的《陕西体育助推国家中心城市建设的路径研究》、黄谦的《中国专业运动员的社会网络结构研究》、王鹏的《互联网环境下的青少年体质健康促进研究》、张念坤的《青少年运动健康促进模式建立与运用》、张恩利、刘新民的《我国运动员职业发展权利劳动法保护研究》《我国户外运动安全的法律保障》、张彩虹《私法自治与适度监督：公私法视域下我国体育社团制度研究》、杨涛、羿翠霞、崔鲁祥的《基于共生理论的中国职业足球联赛利益相关者关系研究》、杨涛、李法伟、蔡军的《文化产业与体育产业中体育消费统计现状研究》、马文国的《困境与超越：中国武术从"术"至"道"之路》、齐慧等的《政府购买体育公共服务及其法律规制研究》、方程等的《我国西部地区校园足球工作综合评价及发展路径研究》、王晓艳等的《陕西省西安市社会体育指导员生存状态研究》、雷福民等的《城市基本公共体育服务力综合评价实证研究》、查毅等的《西安市推进国家体育消费试点城市建设实施方案》、陈亮等的《十四届全运会后体育中心型服务综合体发展模式研究》、王聃、冯卫国的《基于突发事件：大型体育赛事中的情报需求分析与风险防控》、李强、陈栋昇的《竞技格斗类项目中过当行为的界定依据及法律判析》、徐翔的《体育权：一项新兴人权的衍生与发展》。

陕西省教育厅高校人文社会科学研究优秀成果奖二等奖及以上有：史兵、丁建岚、钱钧等的《健康中国视域下群众体育发展模式的结构创新》一等奖，张晓丽、雷鸣、黄谦的《体育锻炼能提升社会资本吗？——基于 2014 JSNET 调查数据的实证分析》二等奖，陈善平、张中江、潘秀刚等的《学校体育政策态度对大学生体质健康标准测试数据的影响》二等奖，黄谦、赵万东、张晓丽等的《中国专业运动员的社会网络结构研究》二等奖，刘阳的《定向运动对儿童青少年生存能力改善的作用研究》二等奖，李寿邦的《陕西体育旅游发展研究》二等奖，池爱平的《中学生慢性疲劳综合征分布、成因及生理机制研究》二等奖。

四、2021 年陕西省艺术学理论研究

2021 年陕西省艺术学科稳步发展，艺术学工作者积极响应国家战略，在实施"一带一路"倡议和中华优秀传统艺术传承发展计划、中国民族歌剧传承发展工程、曲艺传承发展计划等方面发挥了积极作用。2021 年艺术学理论"不忘本来，吸收外来，面向未来"，认真总结既往，坚持守正创新，朝着学理化、规范化学科发展目标不断探索、持续深化。据统计 2021 年陕西省艺术学发表论文约 66 余篇，出版专著约 12 余部，涉及美术、音乐、书法、电影电视等方面的内容。

（一）美术学

2021 年是中国共产党成立 100 周年之际，陕西省各学者从红色美术、马克思主义在

美术创作中的影响等方面对美术学进行了相应的研究。红色美术是指由中国共产党领导和推动的中国现代美术形态变革和经典美术作品创作。它主要突出表现在马克思主义指导下的中国共产党推动中国现代美术变革与发展的历史，以及以中国共产党领导中国人民为实现民族独立、人民解放和国家富强、人民幸福不懈奋斗的历程为题材的美术创作。红色美术既赋予中国现代美术深厚的人文精神和时代气息，也镌刻着中国共产党领导和推进现代美术发展的历史印记，凝聚着一代代美术家的艺术创造和精神追求。作为中国现代美术重要组成部分的红色美术，是由中国共产党领导和推动的美术发展历史与成就的体现。但是，学界对于红色美术概念和内涵的界定并不一致，这在一定程度上影响了对红色美术的历史和艺术价值的理解。鉴于此，学者冯民生等对红色美术的概念和价值及其在中国现代美术史上的地位作学理分析，揭示其风格特点和审美品格，具有一定的深远意义。① 学者冯晗回顾了中国共产党成立百年间关于马克思形象的美术创作，不难发现，随着历史演进、马克思主义在中国指导地位的确立以及其真理力量的显现，中国人对马克思形象的认知经历了一个由符号象征到真理表征的过程，塑造了一个个鲜活、饱满的马克思形象。②

除上述方面外，陕西省学者对美术的研究还涉及其他方面，研究论文有范淑英的《从教学研究到专业教育——高等美术院校艺术考古学科建设的思考》《传统母题与中古变相　唐李寿墓室石刻兽面图像溯源》，王彬羽的《"贺丹"展览之后》《论中国相术对于汉地造像匠工造型思维的影响》，李惠子的《"画记"者与抗战画的新探索——赵望云1942年"西北旅行写生"释读》，张渝的《"长安画派"缘起与发生的相关补遗》，吴克军的《0—9：贾斯帕·约翰斯重叠数字画的多元阐释》，张晨的《传神写道——王胜利油画艺术展暨学术研讨会探讨的命题》，白茜的《从美术展览馆到美术博物馆——十年美术馆发展研究（2010—2019）》，陈强的《从女性回归自然——胡东方的玻璃艺术》，马晓琳的《从图式到观念：康定斯基绘画中东亚艺术元素的意涵表征》，候懿航的《东方欲晓——延安枣园作为中国革命象征的图像建构》，魏健鹏的《敦煌石窟壁画"劳度叉斗圣变"的中断与重现》，张俊杰的《非遗美术与西部美育的协同创新——以关中地区的国家级非遗美术为中心》，廖宗蓉的《基于数字时代的唐墓壁画活态创演设计研究》，刘艳卿的《见证·聚焦·引领：〈美术〉杂志与"长安画派"的历史钩沉》，李杰的《科技美术考古学的理论建构》，曾智泉的《两宋民窑瓷器纹样及其内涵研究》，刘芳的《美育的时代使命——"当代美育建设与美术教育发展高峰论坛"综述》，张西昌的《民间美术理论教学的史迹探踪及重构——以西安美术学院为例》，张鹏的《情境化的身体——从格林伯格的现代主义到极简主义》，钟潇的《生生之美——从汉画中探索插画的图形创意》，韦宾的《石涛历史地位变迁考》，牛冬冬的《蜕变中的拓展——中国漆画十年发展研究（2010—2019）》，王名峰的《西汉霍去病墓及"马踏匈奴"石刻研究》，周园、唐中磊的《寻根溯源　聚力创新——党

---

① 冯民生、沈宝莲：《论红色美术与中国现代美术史建构》，载《中国文艺评论》2021年第7期。
② 冯晗、沈宝莲：《马克思形象在中国美术创作中的阐释与构建》，载《美术》2021年第7期。

史百年历史画创作与研究学术研讨会在延安召开》,王峰的《有诗意的绘画——汪诚一油画艺术谈》,黄梦新的《釉彩与瓷艺的新突破——宁钢陶艺作品谈》,孟蕾的《中国现代陶艺的传统与现代——读吕金泉陶艺绘画创作》,程征的《纵笔关陇开壮阔——赵振川的关陇山水》,李志军的《西夏时期华严修行体系的图像演示——莫高窟第464窟修行礼佛窟功能的义理诠释》等。

(二)音乐学

中国共产党延安时期,是近现代中国音乐发展史上的重要音乐文化建设时期,它特指中共中央在陕北十三年的音乐发展历史。整体而言,这一独特历史时期的音乐,是以中国共产党的文艺思想为主导,集合革命音乐人才和大量进步音乐人才的智慧创造而成,是众多音乐思想火花碰撞的结果。故而探究延安音乐思想的整体特征,是研究延安音乐发展的关键,也是考察中国近代革命音乐发展脉络的重要路径。中国共产党延安时期,集结和涌现了大批音乐家,音乐呈现出繁荣多元的文化态势。受区域背景和学缘结构差异的影响,这些音乐家形成了诸如西乐思潮、民族性思潮、音乐启蒙、音乐救亡、音乐美育等不同的观念和思想。学者张君仁、黄键梳理了延安时期的音乐家群体及其纷繁多样的音乐思想,讨论了各种音乐思想在延安形成的缘由,进而总结延安文艺思想的整体特征,以及这些音乐思想对后期我国音乐发展的影响。[①]

近年来,随着"一带一路"合作倡议的提出,连通中国与周边国家和地区的丝绸之路音乐文化研究逐渐成为显学,也成为中国少数民族音乐学界的研究热点。新疆是古丝绸之路的中枢地带,也是东西方各民族、文化、宗教的汇聚之地。学者王慧从田联韬先生与后辈学人扎根田野,从"音乐本体"切入,运用多学科视角展开丝绸之路新疆段多民族音乐文化研究,形成了以绿洲丝绸之路、草原丝绸之路为通道,以阿尔泰语系突厥语族、蒙古语族音乐文化为主要研究对象的学术研究领域,并呈现出历时与共时、定点与多点、宏观与微观、区域与跨区域、跨族群与跨文化相结合的丝绸之路多民族音乐文化研究态势。[②]

2021年陕西省音乐学研究还涉及乐器等方面,如刀郎木卡姆旋律性伴奏乐器有卡龙琴、刀郎艾捷克与刀郎热瓦普,乐器在表演进程中围绕歌唱音调以一定模式进行不完全跟腔伴奏,从而产生了特有的多声形态。以"套"为单位的刀郎木卡姆在表演进程中随着节拍与速度发展,伴奏音调由丰富多变逐步转向简单固化,织体形态历经自由复调、支声复调、综合过渡、音型化主调四个阶段。和音类型在"即兴模式"与"稳态结构"二者间不断转换,伴随着"即兴模式"由强至弱,"稳态结构"逐渐凸显。量化显示,刀郎木卡姆的多声形态具有规律,但"混杂"依然是其音响的典型特征。学者杨银波从群体内隐的文化观念、客观局限的器身属性、乐舞现场的视听需求、转换生成的材料选择四个方面对这种

[①] 张君仁、黄键:《延安时期的音乐家群体及其思想特征与影响》,载《音乐研究》2021年第4期。
[②] 王慧:《丝绸之路上的新疆多民族音乐研究》,载《民族艺术研究》2021年第4期。

"混杂"音响的成因进行了综合阐释。①

2021年陕西省音乐学的研究还涉及其他方面,研究论文如罗艺峰的《中国音乐思想史研究的历史观、材料观与方法观》,袁建军的《周敦颐"淡和"音乐观再识》,高贺杰的《方兴未艾——罗传开民族音乐学相关文论述评》,杨银波的《"商核"视域下的刀郎木卡姆"内核"结构探究》,武心怡的《"舞蹈科学"视角下舞蹈专业人才可持续性发展研究》,罗希、罗艺峰的《〈苏幕遮〉考述并及相关问题的认识》,蒋晶的《从〈文子〉的听道哲学探赜儒道两家听乐的基本性格》,徐程瑞的《河南地区中小型汉墓出土乐舞百戏俑初探》,李宝杰的《李茂贞夫妇墓乐伎图像再考》等。

(三)书法学

近年来,随着全球化进程加快,书法作为中国传统文化的代表,亦面临严峻挑战。学者刘大伟提出书法博士作为高等书法教育中的最高层级,理应担此重任。书法博士教育要重视传统文化教育,提高以文字学为基础的国学修养,在传承好优秀传统文化基础上拓宽了学术视野。②

作为中国古代书学的重要美学范畴,"老"大体经历了唐代的源起与总结、宋代的矛盾与滋衍、明、清的嬗递与迷途三个发展阶段。作为中间链条,宋代具有承上启下的地位与意义。任竞泽对宋代书法"老"进行了相关研究,宋代书学"老"范畴在继承唐五代时期孙过庭、窦臮和李煜的基础上有所嬗变,出现了诸多组合范畴,但是都与唐人的"老"和"老"范畴本义相背离。在理论阐述上,朱长文、黄庭坚、朱熹或自相矛盾,或混乱不一,而苏轼、赵构则与唐人契合统一,并滋衍出"老"的平淡、滋味、兴趣等美学内蕴。③

卫泊健以河东卫氏家族为例讨论魏晋南北朝时期门阀政治背景下书法艺术的传承方式和特点,从河东卫氏家族书法理论与书体的继承来看魏晋时代书法理论的继承与变化,继而从后人评价来展示世人审美倾向的变化以及卫氏家族书法的主要风格特征在不同时期下世人的看法。④

除此之外,陕西省的书法研究论文还有如陈磊的《〈邠州石室录〉唐人题刻补遗四通》,于晗的《黄庭坚以"韵"论书的书法品评观》,石志刚等的《略阳灵岩寺新发现三通北宋摩崖释考》,胡晋峰的《王铎及其怀素"野道"观论析》等。

(四)电影电视

伟大时代催生伟大奇迹,伟大奇迹铸就伟大精神。脱贫攻坚取得举世瞩目的成就,完成了消除绝对贫困的艰巨任务,丰富了现实题材电视剧选题资源。多部扶贫题材电视剧取材于脱贫攻坚一线的生动故事,以宏阔的视野观照大时代的大变迁,以细腻的手法

---

① 杨银波:《刀郎木卡姆多声形态的量化分析及成因探析》,载《中国音乐》2021年第5期。
② 刘大伟:《当代书法博士教育理念思考》,载《中国书法》2021年第2期。
③ 任竞泽:《论宋代书学"老"范畴对唐人的背离及拓展》,载《中国书法》2021年第7期。
④ 卫泊键:《论魏晋门阀政治与河东卫氏书法传承》,载《中国书法》2021年第11期。

刻画脱贫攻坚的人物群像,呈现了乡土中国、乡村社会的深刻嬗变。学者陈守湖以2020年以来播出的《一个都不能少》《枫叶红了》《绿水青山带笑颜》《遍地书香》《花繁叶茂》《金色索玛花》《最美的乡村》《山海情》等电视剧为案例,分析扶贫题材电视剧在展现时代巨变、讲述脱贫故事、激发观众情感上的艺术特色,以共视的创作视角见证了新时代中国乡村的巨变,以共述的叙事策略强化了反贫减贫的观众认同,以共情的艺术魅力勾连了时代、民心、人性,为如何打造主旋律题材电视剧精品力作提供了借鉴。① 纪录片《2020我们的脱贫故事》紧扣贫困地区贫困人群在外源动力和内源动力的相互作用下实现脱贫这条主线脉络,有意识地选择特困地区,以亲身参与的方式和微缩叙事视角展现脱贫难度,以多种结构融合的形式演进脱贫过程,以具有审美特征的叙事语言传递脱贫内生动力。②

2021年2月,腾讯视频推出国际青年文化交流男团成长综艺节目《创造营2021》,开创了"网综养成系偶像男团"的国际化先河。《创造营2021》打破了已有的国内网综的制作局限,召集来自不同国家、不同地区、不同民族、不同身份等具有先天差异化文化背景的近百名青年学员(其中有23名外国学员),在多位榜样前辈的引领、助力、陪伴下一同进行文化与专业交流、打破重组迎接挑战。《创造营2021》作为一档网络综艺节目,在文化共同体视域下所进行的青春价值传播的效果是有目共睹的。郑海昊在青春价值的起点、价值的塑造、价值的传递与价值的升华等角度进行了积极探索与尝试,有效地发挥了网综在价值传播方面对社会的影响力。③ 除腾讯视频推出国际青年文化交流男团成长综艺节目外,学者朱海涛等人还对我国校园综艺节目题材进行了研究分析,我国校园综艺节目同时具备娱乐、文化、教育的三重意义,从诞生以来就备受青少年群体关注,又因其题材的限定性和情境的相对固定,便于营造矛盾、冲突和悬念,使其叙事模式走向强情节化。近年来,我国校园综艺节目的规则设置和主题选材日趋多样,嘉宾与普通学生的交相辉映,使其愈发贴近社会现实,在真实的场域中诉说青春的戏剧性、故事性和非预设性,向内不断深掘人物内心情感,向外着重于嘉宾之间、人物与环境间的互动磁场营造,以悬念丛生、跌宕起伏的叙事吸引更多观众。④

陕西省电影电视方面的研究除上述方面之外,还有如吴迎君的《〈图画日报〉的晚清电影批判性书写》《两段失语间的短促扬声:"抗日统一战线"路向香港左派电影批评》,宋瑞等的《〈戏剧新生活〉:小众文化与大众综艺的碰撞》,燕耀等的《盗猎、狂欢与互动:鬼畜视频的传播心理研究》,原文泰的《复杂的"模范"——"十七年"时期陕西地区流动电影放映员的形象探究》,段怡然的《中国西部电影英雄叙事的审美》,焦欣波的《"化装

---

① 陈守湖:《扶贫题材电视剧:共视、共述、共情》,载《当代电视》2021年第8期。
② 田龙过、姜梦洁:《纪录片〈2020我们的脱贫故事〉的叙事创新和价值呈现》,载《当代电视》2021年第3期。
③ 郑海昊:《文化共同体视域下网络综艺的青春价值传播——以〈创造营2021〉为例》,载《当代电视》2021年第5期。
④ 朱海涛、马冬:《我国校园综艺节目的戏剧化叙事策略》,载《当代电视》2021年第9期。

讲演"的文体生成及其观念演变》等。

（五）艺术设计学

十八大以来,习近平总书记反复强调文化自信,提出文化是一个国家、一个民族的灵魂。而要继承好、发展好自身文化,首先就要保持对自身文化理想、文化价值的高度信心,保持对自身文化生命力、创造力的高度信心。继承传统,从传统文化中发掘古人的智慧,并和当代时尚融合创新是我们应该重点思考的。高强认为国际化和本土化的冲突与融合是当今时代的大趋势,我们所持的态度既不应该拒绝和抗拒,也不应该是全盘接受,而是应该立足本土,坚定文化自信,充分挖掘中国传统文化背后的文化内涵、社会风俗等,根据当代人的社会生活和审美风尚,提取有价值的符号和设计语言,进行传统和当代的融合,在传统文化和当代国际理念之间寻求契合点,符合当代人心理需求和审美趣味的基础上进行设计,这样才能设计出既体现传统文化魅力又具有国际审美的优秀作品,真正体现文化自信并引领国际时尚。①

在人类文明之初,女人的生理和心理特征使她们更适合在栖息地料理部落里的日常生活,在物质和精神生活中起着主导作用,创建和维持了人类历史上最漫长的一种社会模式——母系氏族社会。王晓华对新石器时代陶器造型的设计艺术进行了探讨分析,新石器时代的大母神是远古时代人类对母性崇拜的一种崇高意向,是女权社会形成的一大精神内涵。陶器的发明和发展是该时期最伟大的文明成就,也是新石器时代文化精神的结晶。②

2021年是典型理论进入中国100周年。"典型"是现当代中国文艺理论的重要概念之一,是马克思主义文艺理论的重要基石。典型理论在中国的百年旅行,对现当代中国的文艺观念与文艺理论评论产生了不可低估的深远影响。6月27日,中国文艺评论家协会第二届理论委员会、北京大学艺术学院在京召开"典型理论百年"学术研讨会,深入探讨典型理论的内涵、典型概念与现代中国文艺实践、各艺术门类中的典型人物及典型化等重大问题,推动典型理论研究迈向新的起点,为新时代中国文艺理论与评论的话语体系建设提供借鉴。学者李震提出的典型建构论认为,典型是某个原创的艺术形象在时空流变中,通过跨文类、跨文体、跨艺术门类、跨媒介的叙事与传播,以及批评家的阐释与再阐释,社会公众的文化习俗、审美习惯、想象力和公众舆论等途径与方式的协同建构,才逐步完成的。在今天提出典型建构论,对现实主义文艺的开放化,对自觉建构已有典型形象,对创造更多新时代的典型形象,具有一定的学术和现实意义。③

五、2021年陕西省艺术学研究项目

高举中国特色社会主义伟大旗帜,以马克思列宁主义、毛泽东思想、邓小平理论、"三

---

① 高强:《秦汉文化元素的当代呈现》,载《美术观察》2021年第1期。
② 王晓华:《新石器时代陶器造型的设计艺术》,载《美术观察》2021年第1期。
③ 李震、李牧泽:《典型建构论:从艺术形象到文化符号》,载《中国文艺评论》2021年第7期。

个代表"重要思想、科学发展观、习近平新时代中国特色社会主义思想为指导,深入贯彻落实党的十九大精神,落实《中共中央关于加快构建中国特色哲学社会科学的意见》,坚持解放思想、实事求是、与时俱进、求真务实,发挥国家社会科学基金、教育部人文基金示范引导作用,加快构建中国特色艺术学体系,推动文化和旅游融合发展,为党和国家工作大局服务,为繁荣发展哲学社会科学服务。据统计2021年陕西省艺术学研究项目65项。其中国家社科基金项目7项,教育部人文基金项目9项,陕西省项目49项。

国家社科基金项目有:詹秦川的"(西北五省区)人文景观与旅游环境融合发展研究",史承勇的"基于文旅融合的黄河流域遗产廊道构建",孟明娟的"江南戏剧的地域文化特征研究",孟蕾的"丝路沿线传统陶瓷技艺谱系构建及创新设计研究",李科平的"沿黄地区红色戏剧与歌谣文化艺术基因研究",张文琪的"中国电影'新乡村叙事'实践及路径研究",吉平的"新时期以来丝绸之路题材影视发展史研究(1979—2019)"。

教育部人文基金项目有:薛媛的"基于感性评价的中国应用色彩体系(COLORO)配色调和模型预测研究",王莉的"延安红色建筑遗产的保护性利用研究",何慧斌的"药王山北魏造像题记书法研究",王锐明的"'长征国家文化公园'陕甘宁青段视觉形象谱系构建研究",刘令贵的"隋唐时期须弥座台基外来艺术样式中国化研究",薛白的"符号学视域下延川民间美术与谚语的结合形态研究",宁慧的"文旅融合视角下民间音乐类非物质文化遗产的应用与创新研究——以西安市为例",蒋媛的"新媒体语境下秦腔动态数字插画设计与应用研究",王旭鹏的"老龄化背景下KOA患者运动辅具设计及应用研究"。

陕西省项目有:杨晓萍的"陕西民国金石书法研究",张燕的"'一带一路'背景下陕西本土油画创作的发展与应用研究",史小亚的"共享模式下的音乐资源整合与社区音乐服务策略及实践",刘天琪的"秦晋豫新出墓志志盖题铭艺术研究",王晓敏的"以社区参与为导向的陕西大遗址区村落人居环境营建理论与策略",祝捷的"市场细分视角下陕西'红色收藏'现状与发展路径研究",王景会的"丝路工匠精神创新传承及当代价值研究",李秀春的"陕南会馆建筑文化价值挖掘及保护利用研究",李科平的"陕甘宁边区戏剧歌谣红色基因研究",周欣的"陕西关中地区遗存明清石牌坊图像研究",张文琪的"乡村振兴视域下陕西村民影像实践调查及发展路径研究",欧阳文思的"唐代音乐文化在《乐家录》中的留存研究",傅如明的"王宏撰《砥斋题跋》中的关学内涵研究",张聪的"延安时期吴印咸的摄影风格及其影像意蕴研究",徐雅宁的"空间诗学视域下的中国新西部影视剧研究",鄢志莉的"汉调二黄唱腔音乐传承及创新研究",王名峰的"初唐帝陵石刻造型研究",马笨珺的"乡村振兴战略背景下陕西民间社火文化产业发展研究",张毛毛的"陕西古建筑木构件树种配置及数字平台构建研究",杨冬菊的"史记礼制仪式音乐文化研究",郑海昊的"智能传播时代陕西特色文化遗产的视觉设计创新研究",杨阳的"陕西地域景观基因表达与应用研究",曹阳的"图像学视域下的汉画天象图研究",袁荔的"城市历史景观视域下陕西典型明清古城安全防御体系及保护研究",崔艳天的"陕西省数字文化产业创新路径与协同机制研究",赵莎莎的"腔传统剧目版本传承与流变研究",李晶的"秦巴山区传统村落活态化保护模式研究",刘令贵的"隋唐时期须弥座台基外来艺样式中国化研究",李根的"秦岭南麓传统村落文化生态特色传承与发展策略研究",马勐磊的"基于城市复兴视角下陕西抗战工业遗产的保护与更新研究",李强的"陕西秦岭区域演艺文化历史与现实发展研究",申恒的"延安鲁艺木刻艺术中'人民性'的创作风格研究",王彦龙的"'一带一路'视野下秦腔流行剧目的传播与创新研究",郑璐的"'一带一路'视域下陕西文化软实力提升发展及对外传播策略研究",李涛的"陕南传统民居营造技艺调查研究",乌云的"陕西古代壁画人物服饰研究",王文中的"全媒体背景下陕西红色基因数字化演绎与提升研究",唐可欣的"延安时期俄苏戏剧表演模式在陕接受研究（1935—1948）",张楷的"电影解说在无障碍电影中的应用研究",董斌的"公共艺术介入陕西美丽乡村建设的路径和方法研究",岳红记的"陕西北朝石刻书法的当代文化价值研究",张涛的"秦岭山地典型传统民居建筑原型的生态建筑经验研究",李辉的"延安时期红色报刊设计艺术研究",潘晓东的"中共中央在延安时期的革命主题美术社会功效研究",许涛的"音乐人类学视角下的陕南民间音乐研究",卢珊的"刘文西人物画艺术研究",刘福龙的"基于关中地区乡村空间文化认同的公共艺术介入路径研究",李惠子的"新中国十七年黄河主题美术创作研究",白慧的"文化自信视域下书法美育的当代价值与实施路径研究"。

六、2021年陕西省艺术学获奖成果

2021年陕西省艺术学成果获厅局级以上奖项共计142项，其中2021年陕西省艺术学第十五次哲学社会科学优秀成果奖87项，陕西省教育厅高校人文社会科学研究优秀成果奖55项，其中二等奖及以上35项。

陕西省艺术学第十五次哲学社会科学优秀成果奖有：侯红艳的《生态之维与民歌之美——生态美学视域下的旬阳民歌研究》，范义付等的《声乐"颤音教学模式"在高校教学实践中的应用研究》，崔艳天的《场景理论视角下艺术区创新活力机制研究》，岳进的《宋元明时期的〈长江万里图〉：历史、地域与文化共同体》，闫敏等的《音乐类综艺节目的创新路径分析——以〈声入人心〉为例》，王建华的《知觉—世界的时间形式——梅洛-庞蒂论电影》，张慧的《工笔人物画的意象性流变研究》，《陕西省志·文化艺术志》编纂委员会的《陕西省志·文化艺术志（1991—2010年）》，郎菁的《陕西省榆林市星元图书楼藏〈永乐南藏〉述略》，蔡亚红的《1982陕西国画院中国画研修班导师讲课录》，张艳的《长安古代园林艺术》，辛雪峰的《长安古代舞蹈艺术》，孙婧等的《长安古代雕塑艺术（上下册）》《长安古代陶瓷艺术》，何桑的《诗化秦腔的美学意蕴》，倪娟的《基于组织平衡理论的戏曲生态研究》，郭禹池的《石鲁和他的"红色经典"绘画》，吴准怀的《不知花萎自何年——第十二届全国书法篆刻展观察》，谢菲的《新时期陕西喜剧的文化内涵》，韩香的《中西亚印章及艺术的东传》，裴亚莉等的《文学与音乐：对跨媒介领地的一个测绘》，刘军华的《民间艺人的家国书写——秦腔传统〈杨家将〉剧目的文化精神特质论析》，王伟的《书家诗心：蔡襄〈洛阳诗帖〉本诗及其书学意义考论》，杨辉的《作为批评和美学文本

的〈早晨从中午开始〉——兼论路遥的文学观与20世纪80年代文学思潮》，徐改平的《鲁迅与陕西易俗社》，王进华的《符号学视域下的合阳面花》，邵媛的《汉代漆器绘画艺术研究》，杨洪冰的《唐代燕乐在宋元时期的发展变化——以陕西地区出土文物图像为中心》，张文琪的《"枯槁"之美与中国电影诗性表达》，牛鸿英的《情感叙事与身份认同——后世俗社会视域中泰国视频公益广告的文化建构》，贾嫚的《胡琴源流新考》，王慧的《"歌舞"表演中的维吾尔族木卡姆节奏模式研究》，冯民生的《"五四"与中国绘画的现代实践》，姜卓的《方术、文学、绘画的互动：论相马术对鞍马画的影响及进程》，冯晗的《威廉·透纳绘画中的现代空间及视觉表征》，韦兵的《董其昌集大成说在清代的影响——兼谈清代山水画派的划分》，杜少虎的《水墨何为："新水墨"的出现到底有何意义？》，程玉萍的《丝绸之路尖帽胡俑族属考》，张锦辉的《韵意所向寓其心——苏轼书法创作意境论》，张坤的《塞尚绘画艺术思想研究》，王炳社的《中国音乐隐喻史》，吕青等的《陕北民间艺术的文化生态》，王强的《走向生活的艺术——艺术市场解密》，李焱的《从"事神"到"爱人"——融入世俗生活的先秦礼乐文化》，徐红蕾的《秦版秦话》，蔺宝钢等的《当代国际美术展传播价值研究》，杨冠楠的《舞蹈对戏剧表演的价值与训练途径探究》，张译丹的《寂静的空间诗意——维尔姆·哈默肖伊与约翰内斯·维米尔绘画美学比较分析》，张向辉的《新中国70年军事历史题材油画创作的图像叙事与价值构建》，杨晓萍的《书法艺术辩证思想研究》，李庆明的《秦腔剧本英译的多模态化与意义重构——以〈杨门女将〉英译本为例》，杨锁强等的《周原金文书法周原金文书法艺术》，张辉等的《新媒体语境下影像艺术的多元化表现》，李路葵的《新丝路之旅：西安地铁三号线公共艺术》，苟爱萍的《图像的表征：贺兰山人面岩画研究》，王丽红的《二十世纪中国招贴艺术发展史研究》，项仕中的《对话丝路 文明互鉴——"新文明观"指引下的主题油画创作研究》，张浩的《全国十四运会视觉形象设计的时代性》，白文的《莲华与妙法：敦煌莫高窟第285窟的结构与主题》，沈宝莲的《论主题性绘画创作的当代性价值》，王丽红、黄向东的《社会意识的艺术呈现——宣传画在抗击疫情中的特征与作用》，杨志的《白地青韵 象外心游——干道甫的青花绘画艺术》，侯小春的《关中大雅：凤翔泥塑艺术研究》，崔金明的《眉户唱腔曲牌结构的演变与眉户戏的形成和发展》，史海静的《声乐理论与表演艺术》，史蕾的《地域性音乐家数据库建设构想与实施——以"韩兰魁音乐数据库"为例》，王恪居的《中提琴艺术的中国化进程》，辛雪峰的《制度变迁与文化调适——20世纪秦腔改革的三大模式》，孙璐璐的《陕西音乐文化发展新路径研究》，袁建军的《复古与通变：清中叶礼乐诠释的两种路向——以汪烜、江永为中心》，吴延的《爱国主义歌曲创作特征探究——以〈党旗下的誓言〉为例》，祁宜婷的《格里高利传奇：神话及其破解》，赵江珊的《〈九儿主题变奏曲〉的创作历程与内涵诠释》，高贺杰的《历史风格与个性诠释——从郎朗〈哥德堡变奏曲〉谈巴洛克音乐的演绎品质》，马昱的《舞蹈节的"跨界"呈现与城市文化表达》，高莎的《基于文化视域下的民族舞蹈探究》，李雁劼的《李白诗歌丝路乐舞精神探究》，任洁玉的《"神官调"在陕北民间信仰体系中的文化内涵》，陈卉等的《音乐启蒙教育的网络发展》，李瑞哲的《龟兹石窟佛教艺术研究》，罗希的《唐代胡乐入华及审美问题研究》，王江鹏的《延安鲁艺美术教育培养机制考略》,屈菁等的《面对疫情,美术家的应有之义》,张丹的《齐美尔艺术思想的多重面貌:从艺术哲学到艺术社会学》,王志权的《西方后现代舞蹈民族志研究述评》,马建华的《延安时期木刻艺术家创作群体特征及其影响》,刘梦的《民俗音乐定位与区域音乐文化分区——评区域—民俗中的陕北音乐文化研究》。

陕西高等学校人文社会科学研究优秀成果奖二等奖及以上的有:李焱的《从"事神"到"爱人"——融入世俗生活的先秦礼乐文化》,贾嫚的《胡琴源流新考》,巩杰的《中国电影"西部空间"的影像呈现与文化嬗变》,张阿利等的《求变·裂变·新变:改革开放40年与中国西部电影变迁》,崔艳天的《场景理论视野下艺术区创新活力机制研究》,杜少虎的《水墨何为:"新水墨"的出现到底有何意义?》,张勇的《鲁迅早期思想中的"美术"观念探源——从〈拟播布美术意见书〉的材源谈起》,王伟的《书家诗心:蔡襄〈洛阳诗帖〉本诗及其书学意义考论》,李有军的《转换与再现:当下中国电影声音中的听点解析》《民国时期易俗社与社外文人知识分子交往考察》,王琳的《影像催生的文化记忆转变——以影片〈大屠杀〉为例》,高贺杰的《在改造与融合的"漩涡"中:20世纪中叶中国的乐器改良——由1954、1959、1961年北京三次乐器改良会议说起》,董阳的《后人类影像异托邦的自反性生成:〈黑镜〉的自反性构境研究》,张东芳的《阿弗洛狄忒与羽人——唐代青海羽人瓦当艺术渊源刍论》,张向辉的《新中国70年军事历史题材油画创作的图像叙事与价值构建》,牛鸿英的《疾病的隐喻:近年来国产医疗剧的"治愈性"叙事分析》,张辉、沈姚姚的《新媒体语境下影像艺术的多元化表现》,郭振华的《"与"的中道和猪的救赎——〈千与千寻〉和〈奥德赛〉》,赵益的《区块链、5G、物联网——去中心化思维下电影产业模式前瞻》,薛艳敏的《网页设计元素对PAD情感体验的影响研究》,周焱的《浅析近十年日本动画电影创作的时代个性》,毕经纬的《试论商周青铜器的中期质变》,李杰的《著作立象尽意:魏晋南北朝平面图像的美术考古学研究》,周晓陆的《考古印史》,冯民生的《中西比较美术实践中的理论问题与方法论研究》,岳红记的《北朝造像题记书体研究》,王炳社的《中国音乐隐喻史》,朱平的《感官联觉机制的历史书写:从古代绘画到当代艺术》,吕钊的《丝绸之路沿线民族服饰研究(唐代)》,侯小春的《关中大雅:凤翔泥塑艺术研究》,罗希的《唐代胡乐入华及审美问题研究》,杨晓萍的《书法艺术辩证思想研究》,唐萍的《都市语境下的中国当代油画》,蔺宝钢等的《当代国际美术展传播价值研究》,高子民的《中小学戏剧美育》。

(作者单位:陕西师范大学)

陕西省语言学研究

邢向东　谷丽娟

2021年陕西省的语言学科迎来新一年的稳步发展。在新型冠状病毒肺炎疫情长期存在的大背景下,语言学工作者遵守国家相关政策,积极开展语言学调查研究工作,取得了一定的成绩。以下从汉语言文字学、语言学及应用语言学、外语研究、语言学成果获奖和对外交流等五方面进行综述。

2021年陕西省语言学科出版专著、论文集、集刊51部,其中汉语言文字学7部,语言学及应用语言学3部,外语及译著类41部。发表论文123篇,其中汉语研究类论文36余篇,外语研究87篇。立项或结项的省部级以上的科研项目56项,其中汉语类25项,外语类31项;从项目等级看,国家级项目22项,省级项目34项。

一、汉语言文字学研究

(一)汉语言文字学研究专著

汉语言文字学研究出版专著7部,其中论文集和期刊4部,涉及语言学理论、汉语方言、文字、音韵、文献考辨等方面。

汉语方言研究如邢向东的《近八十年来关中方音微观演变研究》,对关中方言进行了全面的调查,并与白涤洲的《关中方音调查报告》进行对比,以系统考察当代关中方言的重要演变,尤其是声母、介音的演变及其在关中方言中地理分布的变化,在此基础上解释汉语史上曾经发生的一些重要音变现象。该书所整理的关中48个调查点2000多字的声韵调对照表,为进一步展开官话方言研究提供可靠的当代关中方言大型语料库。

汉语言文字集刊有邢向东主编的《语言与文化论丛》(第三辑、第四辑),开设"语言资源保护开发研究""'一带一路'语言文化研究""汉语方言研究""民族语言研究""民俗文化及语言研究""出土文献和民间文书语言研究""汉字与中华文化研究""调查实录"等栏目,以中国语言资源和文化资源的保护、开发、研究为宗旨,促进中国语言与文化的调查研究。

音韵学研究有两部论文集,分别是乔全生、胡安顺主编的《中国音韵学——第二十届国际学术研讨会论文集》,共收录37篇论文。论文集大体以概论、中古音与等韵、诗律与戏曲音韵、汉语音韵学史、汉语方言、大会致辞与总结报告为次排序。杨军、乔全生主编的《中国音韵学——2016国际高端学术论坛论文集》,本书所涉内容丰富,具体包括音韵学研究、音韵学与方言研究、音韵学与少数民族语言研究以及音韵学其他领域研究等相关专题。

文献考辨研究有周广干的《〈左传〉〈国语〉文献关系考辨研究:以虚词比较为中心》,该书以虚词为研究对象和切,通过对《左传》《国语》虚词体系的描写和比较对两书的文献关系行语言学的考辨。另外还有刘永华的《卷香风十里珠帘——小令、套数、戏曲百首曲词赏析》,精选了部分小令、套数、戏曲片段共百余首,并对其加以注解,疏通字面,揭示曲词语言表达系统的特点。

(二)汉语言文字学研究论文

2021年汉语言文字学发表论文共计25篇,其中汉语方言学论文19篇,涉及方言语音、词汇、语法、方言理论、方言史、方言文化等方面的内容。

方言语音如乔全生、高晓慧的《山西中阳(宁乡)方言同音字汇》,余跃龙的《糜[méi]子还是穈[mí]子》,孙建华的《语言接触视域下陕西富县"客边话"语音的演变》。方言词汇、语法研究如邢向东的《晋语和西部官话中表短时貌的语法手段》,刘永华的《上蔡话"俺俩给张三VP"句式中的代词词项错配现象》,王琪的《提高关中方言词汇的知名度》。方言理论研究如乔全生、谷少华的《黎锦熙对汉语方言分区理论的重大贡献》,余跃龙的《"近代汉语方言文献集成"研究的理论与方法创新》,董洪杰的《西安传统回族社区语言态度及其实现模式》。方言史研究如乔全生、张长江的《近代汉语方言文献的搜集和整理势在必行》,齐旺的《"空格"在台语词汇史研究中的运用——以北部台语相关词语为例》。方言文化研究如邢向东的《丝绸之路沿线的汉语方言文化》,王晓婷的《山西方言口传文化调查研究助力语言资源保护》,余跃龙的《山西方言口传文化濒危原因省思》,贺雪梅的《陕西地名研究的语言文化价值》。其他如邢向东、庄佳的《2020年汉语方言研究的新进展与新走向》,乔全生的《促进语言保护和非遗传承有机融合》《任重道远 苦尽甘来》,惠红军的《丝绸之路与语言接触》等。

文字学如马乾的《中医古籍疑难字辑考》,任韧的《陕西神德寺塔出土文献的俗字校注》。训诂学如李月辰的《张文虎〈校刊史记集解索隐正义札记〉指瑕》。近代汉语契约文书考证类,如郭敬一的《明清契约文书篇末绝止符号研究——以"行"形为中心》,黑维强的《丝绸之路上的契约文书》,高岩的《清至民国时期陕西契约文书的语言文字价值》。

(三)汉语言文字学研究项目

2021年陕西省汉语言文字学方向省级以上科研项目共计15项。汉语方言调查研究项目6项。其中国家社科基金项目3项:余跃龙的"语言接触视域下晋冀蒙边界地带方言语音研究",高峰的"语法化视角下的陕北晋语语法深度研究",郭沈青的"接触层叠视角下的陕南方言史及重建方法研究"。省级项目3项:柯西钢的"语言文化观视域下的陕西地名整理保护研究",王红霞的"语言地理学视角下秦晋交界地带晋语的小称及其音变方式研究"(省社科基金项目)、"语言地理学视角下秦晋交界地带晋语小称的类型及其演变研究"(省社科联项目)。

古代汉语研究项目9项。其中国家级项目3项:郭敬一的"浙江契约文书语言研究",赵学清的"港澳地区多语多文制的历史与现状研究"(国家级重点),张蕊的"新疆少数民族国家通用语言文字能力发展研究"(国家民委民族研究项目)。教育部古委会资助项目1项:乔辉的"明代六经图文献整理与研究"。省部级项目5项:惠红军的"上古汉语词的多功能性的认知研究",马俊杰的"故事与认知:隋唐民间故事的认知诗学研究",黄立波的"陕西翻译文化史研究",李月辰的"凌稚隆《汉书纂》点校整理",杨志飞的"《大唐内典录》整理与研究"。

二、语言学及应用语言学研究

(一)语言学及应用语言学研究专著

2021年语言学及应用语言学方向出版专著3部,分别是李宇明、邢向东等的《语言学新视野》,系统梳理了语言学科当前发展的基本状况,并对国家"十四五"时期语言学的学术前沿和发展趋势进行了科学研判。周利芳的《以汉语教学为背景的语篇衔接成分研究》,以功能语法理论为框架,以对外汉语教学为背景,对现代汉语口语、书面语中的语篇衔接成分进行系统研究。柯慧俐的《语用学视域下汉语词汇与文化研究》既是一部词汇语用学的理论著作,同时也是一部将最新语用理论与词汇研究相结合的实践性专著。

(二)语言学及应用语言学研究论文

2021年语言学及应用语言学研究发表论文共计11篇,主要涉及汉语语法、修辞、语用、篇章研究等方面。

汉语语法研究如贾泽林的《副词"还"量级义的浮现》,杨炎华的《句法何以构词》。修辞研究如孙毅、王媛的《隐喻认知的具身性及文化过滤性》。语用学研究如陈娟的《语用学和语义学的分工与合作:基于使用的语言观视角》,赵浩、姜占好、武鸣的《发挥语言学对交流障碍诊疗的支撑作用——实现语言学与医学的跨学科深度融合》,宋璐、姜占好、刘红艳的《充分发掘语言的疗护作用——以阿尔茨海默病患者照护为例》。篇章语言学研究如乌云赛娜、潘海华的 The Discoursal Accessibility of Semantic Entities in Chinese Discourse。其他研究如党怀兴的《推进新文科建设 培养时代新人》,马俊杰的《从语言学视角探索口头传统》,董佳的《地铁站名体现城市人文话语》,白振有、王华锐的《郁达夫散文语言风格论》。

(三)语言学及应用语言学研究项目

2021年陕西省语言学及应用语言学方向省级以上科研项目共计10项。国家级项目

5项,其中国家社科基金青年项目1项:丁丁的"汉语致使表达的共时分布与历时演变研究"。国家社科基金项目1项:刘锋的"互动语言学框架下的汉语句末语气词研究"。教育部项目3项,其中教育部人文社会科学研究项目1项:侯建波的"基于新冠疫情防控的官方和民间协同性话语的跨学科研究";教育部中外语言交流合作中心国际中文教育创新项目1项:冯鸽的"汉语作为第二语言习得偏误案例分析与研究教学能力培养";教育部语合中心项目1项:杜百顺的"'汉语桥'线上团组交流项目——秦东文化研学团"。

省部级项目5项,其中省社科基金项目3项:张蕊的"陕西高校少数民族学生汉语语言能力发展研究",王丹丹的"'汤沈之争'对晚明传奇戏曲编演的影响研究",褚瑞莉的"汉语动词语义扩展机制研究"。陕西省社科联合作项目1项:李燕的"'一带一路'背景下高校跨文化交际课程建设创新研究"。省部级一般项目1项:邢向东的"2020年陕西省语言学学科发展报告"。

三、外语研究

(一)外语研究专著(含译著)

外语类专著、译著类著作共计41部。其中成果较为突出的是西安交通大学(13部)、西安外国语大学(11部)、延安大学(8部)。外语类著作涉及内容较广,主要包括外语教学、外语语言理论及各子系统研究、外语翻译理论与教学研究、语言比较研究、学术译著、名著译著、外语教材等。

外语教学研究共计8部,如张小花、张欣的《基于动态学习数据分析的大学英语智慧课堂模式研究与实践》,史洁、康巍巍、李孟君的《语言学视域下的英美文学翻译教学研究》,刘锋的《认知语言学与二语教学探索》,马军校的《大学英语教学发展研究》,吴海利的《韩国语学习策略与词汇知识研究》,韩思远的《现代外语教学与文化融合研究》。

外语语言理论及各子系统研究6部,如杨瑞英的《专门用途英语新发展研究》,张硕、郭玲的《唇轻音研究》,宋健楠的《语言评价中的隐喻:隐喻态度的语义表征研究》,刘曼的《词义流变与常用词更替研究》,赵永刚的《英汉韵律结构的音系与句法接口研究》,艾喜荣的《"话语操控"与安全化话语机制研究》。

外语翻译理论与教学研究7部,如苏蕊的《陕西省非物质文化遗产名录中的陕西民俗英译》,田荣昌的《诗国圣坛:汉诗英译鉴赏与评析》,方菁的《跨文化视域下翻译行为的影响因素及其作用机制研究》,孙伏辰的《钱稻孙的〈万叶集〉翻译研究》,黄立波的《语料库翻译学理论研究》,何媛媛的《英语翻译理论与教学实践研究》,陈璐、罗颖、汪银萍《英汉文化翻译教学与实践研究》。

语言比较研究1部,是白晓光的《汉日语限定词对比研究——基功能语法的视角》。

学术译著3部,分别是乔全生、胡安顺的《中国音韵学:第二十届国际学术研讨会论文集(西安2018)》,张世胜的《普通话1000句(德语版)》,刘志峰的《普通话1000句(韩语版)》。

名著译著2部,分别是林梅的《俄罗斯修辞学导论》,冯广宜的《译著:伊朗恺加王朝(1796—1926)政治经济学:社会、政治、经济及外交》。

外语教材14部,如牛莉的《Bridge to College 系列〈交流与表达〉1》《Bridge to College 系列〈交流与表达〉2》《Bridge to College 系列〈阅读与写作〉2》《Bridge to College 系列〈阅读与写作〉3》,王芳的《通用学术英语》,陈向京的《新探索研究生英语——视听说教程》,吴萍的《思维英语——学术进阶》,林玉萍的《思维英语——国际交流》,陈琦的《通用学术英语写作(高阶)》,姚丽梅的《大学英语听力教程》,秦晓梅的《大学英语综合教程》,高彤彤的《大学英语写作教程》,张彩云的《大学英语综合教程4》,李小玺的《大学英语写作教程》。

(二)外语研究论文

2021年陕西省各高校发表外语类论文87篇,其中47篇发表于国内期刊,40篇论文发表于国外期刊。包括英语、日语、韩语、俄语等多种语言的研究,内容涉及语言本体研究、外语教学与外语学习、外语翻译、跨文化、跨学科外语研究等多个不同领域。

语言本体研究如许小艳、桑仲刚、庞加光的《提取和激活模型下的汉语名词谓语句研究》,蒋跃、马瑞敏、韩红建的《句法层面"第三语码"的计量研究》,程冰的《英语语音范畴化感知干预的行为和ERP研究》,庞加光、张韧的《动词的概念结构与概念观照——以主宾倒置句为例》,王伟的《英语TED演讲语篇语域特征多维分析》,王娟娟的《基于双重认知主体的蓄意隐喻动态主体间性》,杨红燕的《政府重大态度的隐喻表达机制研究——以〈抗击新冠肺炎疫情的中国行动〉白皮书为例》,林梅的《俄罗斯现代修辞学视野中论题体系的论辩功能》等。

外语教学与外语学习研究如孟亚茹、钱希、岳真的《通用学术英语混合式教学活动系统的评估模型构建》,杜文博、马晓梅的《基于混合认知诊断模型的二语阅读技能内在关系探究》,李铁的《不丹语言政策对我国外语教学的启示》,李书影、王宏俐的《非对称同伴评价对英语写作文本质量的影响研究——基于Peerceptiv互评系统》,苏芳、杨鲁新的《〈课堂环境下的语言社会化:文化、互动与语言发展〉评介》,李榕、王元鑫的《中高级阶段韩国留学生汉语篇章第三人称回指的习得研究》,苏芳、杨鲁新的《语言社会化理论视角下的外语课堂研究》,闫开伦、王宏俐、李名城的《高校学生外语在线学习满意度及其影响因素研究》,郭继荣、周峻的《移动外语学习的效能评估概念模型与计量方法》,蔡宁、邱鹄《〈同侪互动与二语学习〉述评》等。

外语翻译研究,如徐佐浩、蒋跃、詹菊红《〈离骚〉的译入与译出:情感元素与屈原形象再造》,蒋跃的《基于依存树库的翻译语言句法特征研究》,桑仲刚的《叙事典籍翻译的"声音"策略:以敦煌遗书〈孔子项!相问书〉的英译为例》,党争胜、李楠楠、李秋靓的《在翻译与写作之间:文学翻译的二重性之辩》,陈卫国、梁真惠的《"影像文化志"视野下"活态"史诗口头表演特征的翻译——以〈玛纳斯〉史诗英译为例》,侯健的《译者的选择——陈国坚的中诗西译之路》,王硕丰的《首部汉语新约〈圣经〉译名问题——"白徐"〈圣经〉

"神"之研究》,吉文凯的《文化宣传片对外译介传播的多模态协同重构》,王满良的《翻译的方向性影响对外译介效果》,冯丽君的《译者与作者的"共谋":〈废都〉英译的意识形态探析》,邵霞的《中国乡土小说中的文学方言英译与接受研究——以〈到黑夜想你没办法〉英译为例》,李大艳的《饮食、民俗文化视野下的翻译应用——评〈跨文化传播视角下的英语翻译策略与技巧〉》,石欣玉、黄立波的《毛泽东著作英译与国家形象建构:基于语料库的考察》,等等。

跨文化、跨学科外语研究,如王宏俐的《俄罗斯主流媒体的"中国观"》,郭继荣的《吉尔吉斯斯坦国对中国文化的感知研究——基于 WEKA 平台对小样本问卷调查的分析》,林玉萍的《基于医学影像分割算法的多模态语料库构建》《基于医学影像和病历文本的甲状腺多模态语料库构建与应用》,詹菊红的《中医翻译研究的现状及展望》等。

其他研究如郭继荣的《中西方主流媒体对中国民族问题的话语建构——以〈纽约时报〉和〈中国日报〉为例》,李榕、陈晓、金贤姬的《基于平行语料的汉外话题省略现象分析》,李蓓岚的《基于 Twitter 的"英国脱欧"事件社交媒体舆情分析》,马晓梅的《应用型本科院校英语毕业论文分类评分量表的构建与试用》,吕生禄的《同分异构理念下语言表达能力在线评分量规的设计思路》等。

(三)外语研究项目

2021 年陕西省外语类科研项目共计 31 项,其中国家级项目 10 项。国家社科基金项目 4 项:陈建明的"基于语料库的汉日程度范畴主观性对比研究",宋健楠的"基于认知过程的涉外公共语篇态度语码变体研究",毋育新的"面向人机对话系统的日语语用距离调节机制研究",张硕的"《朝鲜语借字表记字典》编撰"。教育部人文社会科学研究项目 4 项:冯小冰的"形象学视野下的中国现当代文学德译研究",黄立波的"基于汉语母语学习语料库的中小学《语文》教材翻译文本语言特征与功能考察研究",石琳霏的"批评隐喻视域下美国主流报纸的中国国家形象比较研究(1949—2020)",王改燕的"第二语言词汇教学的语用转向研究"。国家民委民族研究项目 1 项:姜占好的"基于多模态语料库的英美主流媒体中华民族形象研究(2011—2020)"。全国科技名词委项目 1 项:李琴的"国博物馆文物术语译介及其译名规范化建设研究"。

陕西省项目 21 项,其中省社科基金项目 4 项:蒋跃的"计量语言学范式下的学习者翻译语言特征研究",田沛的"基于语料库的西班牙语国家主流媒体对'一带一路'倡议报道的批评话语分析",杨毅隆的"认知灵活性调节二语学习者创造性思维的认知神经机制研究",张晓燕的"外语构式习得的实验及计算机神经网络模拟研究"。省社科联项目 14 项:张欣的"中亚五国语言政策与汉语在中亚传播路径研究——以俄语为例",卢册的"多模态汉英口译语料库创建与应用研究",严丹的"国际化与本土化双重视野下陕西民俗文化译介模式研究",任桂婷的"'商於古道'唐诗整理、英译及国际传播研究",刘锋的"构建国家形象视域下影视作品《装台》的外译研究",付丹亚的"新时代统一战线工作中的语言服务研究",胡琰琪的"贾平凹作品生态译介与传播研究",段文婷的"陕西非物质文化遗产的文化翻译与功能对等研究"、田亚亚的"'可表演性'视角下陈彦戏剧译介研究"、廉洁的"全域旅游视角下商洛特色文化的英译与传播研究"、文辛的"'一带一路'背景下陕西红色旅游外宣资料英译研究"、褚瑞莉的"新文科背景下外语构式教学理论创新研究"、李军胜的"'互联网+'背景下大学英语线上线下混合式教学改革与实践"、李冬艳的"基于'学习通'平台的英语线上线下混合式教学模式探究与实践——以《高级英语》课程为例"。省教育厅项目1项：仵雨萌的"贾平凹小说中文化负载词的英译研究"。陕西省高等教育科学研究项目2项：杨柳的"新时代课程思政和语言技术协同下的'中华典籍英译'课创新路径研究"、文辛的"新时代《大学英语》课程思政实施价值与融入路径研究"。

四、语言学成果获奖

2021年陕西省语言学成果获厅局级以上奖项共计32项，其中汉语类成果获奖15项，外语类成果获奖17项。

（一）汉语类获奖

2021年陕西省教育厅颁发了2021年度陕西高等学校人文社会科学研究优秀成果奖。汉语类成果获得一等奖的有3项成果，分别是陕西师范大学黑维强的论文《土默特契约文书所见200年前内蒙古晋语语音的几个特点》、柯西钢的论文《汉江上游地区方言的混合特征及历史成因》，渭南师范学院陶生魁的著作《说文解字（点校本）》。获得二等奖的有5项成果，分别是陕西师范大学李琼的著作《西安市城中村语言使用状况调查研究》、余跃龙的论文《唐五代西北方音的早期源头和形成历史》，西北大学杨炎华的论文《从汉语的词类问题看汉语》，西安外国语大学孙建华的著作《中国语言文化典藏·富平》、李榕的论文《现代汉语语篇主题性第三人称回指的多学科研究》。获得三等奖的有5项成果，分别是西北大学叶祖贵的论文《论汉语方言中来源于副词的先行义标记——以"正""再""先"为例》、葛红丽的论文《东汉简牍文字语用研究》、张亚蓉的《"一带一路"下的汉语国际教育专业培养模式探讨》，西安科技大学乔辉的著作《历代三礼图文献考索》，商洛学院赵萍君的著作《紫阳方言调查研究》。

获得陕西省人民政府颁发的2021年度陕西省哲学社会科学优秀成果一等奖的有陕西师范大学邢向东的专著《近八十年来关中方言微观演变研究》，获二等奖的是西北大学叶祖贵的论文《论汉语方言中来源于副词的先行义标记——以"正""再""先"为例》，获得三等奖的有渭南师范学院陶生魁的著作《说文解字（点校本）》。

（二）外语类获奖

2021年陕西省教育厅颁发的2021年度陕西高等学校人文社会科学研究优秀成果奖，外语类成果获得一等奖的有2项成果，分别是西安外国语大学黄立波的《实证翻译研究的发展及趋势》、李琴的《新世纪外国通俗文学汉译研究》。获得二等奖的有 5 位的成果,分别是西安财经大学张晓燕的论文"Effects of Receptive-productive Integration Tasks and Prior Knowledge of Component Words on L2 Collocation Development";西安外国语大学赵永刚、王晓霞的《手语音节与语素结构的类型学考察》,林梅的《俄罗斯现代修辞学的社会功能研究》,安新奎的《俄汉应用翻译》,冯小冰的《中国当代小说在德语国家的译介研究(1978—2017)》。获得三等奖的有 10 位的成果,分别是宝鸡文理学院张硕的《朝鲜语半齿音研究(译名)》;商洛学院黄元英、邵霞的著作《贾平凹长篇小说序跋注译》,冯丽君的论文《贾平凹作品"走出去"之生态译介策略研究》;西安外国语大学宋健楠的《批评性话语阐释的合法化趋近视角》,陈曦、牛迎春的《基于语料库的日汉指示词认知互动性对比研究》,张倩的《四十年自译研究:现状与不足》,屈社明的《国内高等外语教育翻转课堂研究——基于 CSSCI 外国语言学类来源期刊论文的内容分析》,刘锋、张京鱼的《互动语言学对话语小品词研究的启示》,张京鱼、陈晓光的《"日心说"时间认知模式》,杨红燕、姚克勤的《近二十年汉语政治新词新语翻译研究述评》。

五、对外交流

2021 年陕西省对外交流活动的内容主要包括组织省级以上学术会议、学者对外交流学习与访学等。

(一)组织省级以上学术会议情况

2021 年由陕西省高校主办或承办国家级、省级语言学科会议有 5 次,分别是第九届西北方言与民俗学术研讨会(西安外国语大学中文学院/陕西方言研究所),第三届 C9 高校"研究生学术英语教学与研究"主任论坛(西安交通大学外国语学院),2021 年陕西高等学校大学外语教学研究会理事会(西安交通大学外国语学院),第八届全国外语教学与研究专家论坛(西安交通大学外国语学院),第八届高校日语教师专业发展论坛暨骨干教师研修会(延安大学外国语学院)。

(二)学者对外交流与访问学习

由于近期新型冠状病毒肺炎疫情的影响,学者对外交流与访问学习的情况较往年有所减少。2021 年陕西省语言学方向,只有来自延安大学的 1 位老师外出访学,前往英国伯明翰大学。

(作者单位:陕西师范大学)

陕西省历史学研究

何志龙

一、2021 年世界史学科综述

1. 中东史研究

2021 年陕西省世界史学科中东历史研究取得了突出成果,西北大学中东研究所关于中东史以及南亚等研究成果突出,围绕着南亚研究①、摩洛哥②、土耳其③、阿富汗④、约旦⑤、埃及⑥、巴尔干⑦、中东部落⑧、伊拉克⑨、奥斯曼帝国⑩、以色列⑪、阿塞拜疆⑫等具体

---

① 李福泉、王雪羽:《孟加拉国伊斯兰促进会的发展历程、现实困境和前景展望》,载《南亚东南亚研究》2021 年第 6 期;李福泉、王雪羽:《孟加拉国伊斯兰教本土化的历程与特点》,载《中国穆斯林》2021 年第 6 期。
② 张玉友:《摩洛哥进步与社会主义党的发展演变及现实挑战》,载《当代世界与社会主义》2021 年第 6 期;张玉友:《摩洛哥对以色列'接触政策'中的犹太人因素考察》,载《西亚非洲》2021 年第 2 期;张玉友:《外交多元化战略视域下摩洛哥对华友好政策析论》,载《中国非洲学刊》2021 年第 1 期。
③ 张向荣:《正义与发展党执政以来土耳其的巴尔干政策新变化》,载《西亚非洲》2021 年第 6 期。
④ 闫伟:《身份政治与阿富汗国家建构的难题》,载《当代世界》2021 年第 10 期;闫伟:《阿富汗塔利班崛起的历史逻辑》,载《现代国际关系》2021 年第 8 期;闫伟:《族际政治视域下阿富汗国家重构的困境》,载《国际论坛》2021 年第 4 期;闫伟:《无政府社会:当代阿富汗部落社会的权力结构与秩序延展》,载《史学月刊》2021 年第 5 期。
⑤ 闫伟、田鸿涛:《"哈希姆认同":约旦政治文化的意涵与建构路径》,载《西亚非洲》2021 年第 5 期。
⑥ 李芳洲:《米斯尔银行与埃及经济民族主义的构建(1920~1939 年)》,载《西亚非洲》2021 年第 4 期。
⑦ 韩志斌、张弛:《巴尔干战争前后英国的'协调外交'》,载《世界历史》2021 年第 3 期。
⑧ 王铁铮:《非洲阿拉伯民族国家构建中的部落因素》,载《光明日报》2021 年 1 月 18 日;韩志斌:《中东部落:概念认知、类型演化及社会治理》,载《史学月刊》2021 年第 5 期;张玉友:《民族志·"分支型社会"·部落转型——阿尔及利亚部落社会史书写范式的演变》,载《史学月刊》2021 年第 5 期;韩志斌、林友堂:《部落与民族主义的竞逐——1953 年法国在摩洛哥的政变与格拉维部落的兴衰》,载《史学集刊》2021 年第 3 期;韩志斌、邢昊:《索马里现代国家建构过程中的部落问题——以国家建构关系理论为视角》,载《世界民族》2021 年第 2 期;闫伟、刘伟:《部落问题:阿富汗国家重构的制度困境与社会危机》,载《南亚研究》2021 年第 1 期。
⑨ 韩志斌、薛亦凡:《伊拉克复兴党的兴衰成败与现实影响》,载《西亚非洲》2021 年第 3 期。
⑩ 蒋真、李小娟:《美国传教士在奥斯曼帝国的传教活动及其影响》,载《阿拉伯世界研究》2021 年第 3 期。
⑪ 王晋:《以色列对中东变局的认知及其应对》,载《当代世界》2021 年第 3 期。
⑫ 李福泉、张雅梅:《多维视角下的阿塞拜疆什叶派问题》,载《阿拉伯世界研究》2021 年第 1 期。

问题展开了深入研究,并取得了丰硕的学术成果。同时,西北大学中东研究所围绕着阿拉伯国家通史编纂①、中东民族国家构建②、中东能源问题③、古代希腊化④等问题进行了专题研究,在国内引起了广泛的影响,其中多篇论文被《中国社会科学文摘》⑤《新华文摘》⑥《人大复印资料》⑦等转载。

2021年12月18日,由西北大学中东研究所主办"文明交往与世界历史研究"彭树智先生学术思想研讨会。彭树智先生参编的《世界史》(四卷本)教材荣获首届全国教材建设奖一等奖。彭树智先生的著作《京隐述作集》(两卷)出版。⑧ 王铁铮教授申报的"新编中东国家通史(多卷本)"获国家社科基金中国历史研究院重大历史问题研究专项2021年度重大招标项目立项。2021年西北大学中东研究所主办《中东研究》集刊入选CSSCI来源集刊,主编的《世界历史文摘》(第2期)正式出版。⑨

西北大学叙利亚研究中心稳步建设发展,中心主任王新刚教授主编的《叙利亚发展报告2020(蓝皮书)》由社会科学文献出版社出版。⑩ 该中心围绕叙利亚研究取得了一系列成果,在国内外学界引起了良好的反响。⑪ 2021年西北大学以色列研究中心举办的西北大学第八届"犹太/以色列研究论文竞赛"颁奖典礼在西北大学历史学院举行。2021年中国中东学会年会暨"构建中国中东研究的知识体系"学术研讨会在陕西师范大学举办。陕西师范大学犹太历史文化研究所先后出版专著《苏联犹太人研究(1941—1953)》⑫、译著《本杰明行纪》⑬,发表关于反犹主义研究的学术论文。⑭ 2021年陕西师范大学何志龙、高成圆论文《塞勒斯·万斯对1967年塞浦路斯危机的调解》获陕西省第十五次哲学社会科学优秀成果一等奖。

---

① 王铁铮:《关于非洲阿拉伯国家通史研究的若干问题》,载《西亚非洲》2021年第1期。
② 黄民兴:《试析伊斯兰教与近现代中东民族国家构建的关系》,载《外国问题研究》2021年第1期。
③ 曹峰毓:《论中东能源地缘政治中的海上通道问题——对霍尔木兹海峡安全问题的再思考》,载《当代世界与社会主义》2021年第2期。
④ 龙沛:《帕提亚帝国"希腊化王朝论"商榷》,载《古代文明》2021年第2期。
⑤ 王铁铮:《关于非洲阿拉伯国家通史研究的若干问题》,载《西亚非洲》2021年第1期。
⑥ 黄民兴:《试论第二次世界大战后发展中国家的经济发展道路》,载《西北大学学报》(哲学社会科学版)2021年第2期。
⑦ 黄民兴:《试析伊斯兰教与近现代中东民族国家构建的关系》,载《外国问题研究》2021年第1期;韩志斌、薛亦凡:《伊拉克复兴党的兴衰成败与现实影响》,载《西亚非洲》2021年第3期。
⑧ 彭树智:《京隐述作集》(两卷),中国社会科学出版社,2021年。
⑨ 西北大学中东所编:《世界历史文摘》,中国社会科学出版社,2021年。
⑩ 王新刚主编:《叙利亚发展报告2020》(蓝皮书),社会科学文献出版社,2021年。
⑪ 王晋:《叙利亚总统的新七年将面临哪些挑战?》,载《世界知识》2021年第16期;刘昌玉:《税制与乌尔第三王朝的国家治理》,载《古代文明》2021年第1期;赵娜:《法国委任统治与亚历山大勒塔问题的由来》,载《世界历史》2021年第5期。
⑫ 宋永成:《苏联犹太人研究(1941—1953)》,商务印书馆,2021年。
⑬ 本杰明:《本杰明行纪》,李大伟译注,商务印书馆,2021年。
⑭ 李大伟:《反犹主义概念源起与流变》,载《世界历史》2021年第5期。

2."一带一路"与中亚研究

2021年陕西省世界史学科在"一带一路"与中亚研究方面成果突出,陕西作为丝绸之路的起点,勾连中亚、直通欧洲,近些年来围绕着"一带一路"建设,陕西省世界史学科在"一带一路"与中亚研究方面取得了较为突出的成果。陕西师范大学"一带一路"文化研究院着重建设与打造了一系列科研平台,推动成立国家民委"一带一路"国别和区域研究中心环黑海研究中心与外高加索研究中心,已形成包括"一带一路"人文合作研究中心、阿富汗研究中心、乌兹别克斯坦研究中心、土耳其研究中心、西北跨境民族与边疆安全研究中心等在内的研究机构。2021年陕西师范大学"一带一路"文化研究院启动"一带一路"专项科研项目,校内各研究人员积极参与申报研究。2021年12月2日上午,陕西师范大学召开学习第三次"一带一路"建设座谈会讲话精神研讨会。陕西师范大学"一带一路"建设与中亚研究协同创新中心参加以"互通互融·共享共赢"为主题的2021欧亚经济论坛智库分会国际研讨会。2021年4月22日,李琪教授应邀为乌兹别克斯坦撒马尔罕国立大学师生线上授课。2021年6月8日首届"女性视角下的上海合作组织:具象化认知"学术研讨会在上海国际问题研究院召开,中心主任李琪教授、青年学者王晓红博士、青年教师李郁瑜博士应邀参加会议并作报告。

西北大学丝绸之路研究院致力于为国家"一带一路"建设建言献策,提供学术思想支持,围绕"一带一路"与丝绸之路展开深入研究。2021年9月29日西北大学丝绸之路研究院成员应哈萨克斯坦首任总统图书馆中国研究中心之邀,列席参加"中亚能源丝绸之路:对华油气合作成果与展望"国际会议。2021年5月29日,西北大学丝绸之路研究院中亚研究中心成员参加由北京外国语大学主办的"'一带一路'背景下的中哈合作"国际学术研讨会。

3.西方欧美史研究

2021年陕西省世界史学科西方欧美史研究取得了长足的进步,围绕着希腊-罗马、欧洲中世纪以及世界近现代史研究取得了重要的学术成果。陕西师范大学医学与文明研究院继续围绕西方社会的防疫、医疗与疾病史展开研究,成功举办第十一届"医学与文明"学术研讨会暨研究生论坛,第11次"中国乡间医人、医事、医史口述史调研项目"圆满收官,举办"多元视角下的医学社会史展开路径"青年学术沙龙暨医学与文明研究院第十次学术研讨会。尤其在新型冠状病毒肺炎疫情期间,陕西师范大学医学与文明研究院多次举办疾病防疫的学术讲座,取得了良好的学术反响与社会价值。

2021年陕西师范大学李化成教授的论文《14世纪西欧黑死病疫情防控中的知识、机制与社会》、李大伟副教授的论文"Chinese Terms of Address for Jews from the Tang to the Qing Dynasty"获陕西高校人文社会科学研究优秀成果奖一等奖;西北大学王子晖副教授的论文《冷战后期美国对苏联社会状况的调查:以"苏联访谈项目"为中心》、马锋副教授的论文《东哥特王国的罗马化》获陕西高校人文社会科学研究优秀成果奖三等奖。同时,西北大学世界史专业本科生荣获"海国图志奖"。西北大学、陕西师范大学等省内高校与研究机构,在美国冷战史以及世界近现代史研究方面亦保持良好的发展态势,取得了一定的研究成果。

二、2021年中国史学科综述

1. 制度史研究

西北大学历史学院王子今教授研究认为,秦"收周余民有之"是向东方进取的历程中具有重要意义的步骤,既是明智的历史表现,也显现了秦文化的开放胸怀、实用原则与科学精神。① 王子今教授还分析了足与秦汉礼、法规范的基点。② 陕西师范大学历史文化学院王晖教授对土昔鸡铜器与昔氏分封诸问题进行了考证。③ 陕西师范大学历史文化学院李忠林教授对秦汉基层社会治安体制的构建进行了系统梳理,认为其较好地维护了基层社会的治安环境。④ 陕西师范大学历史文化学院崔建华副教授通过梳理三"河"及"三河"区域称谓的形成过程,分析了秦统一进程对区域融合的深远影响。⑤ 同时,崔建华副教授还探讨了越人之争对汉匈奴关系的深刻影响。⑥ 西北大学文化遗产学院博士后黎镜明考察了汉初经边战略的调整与边郡战略地位。⑦

陕西师范大学历史文化学院黄寿成教授认为,魏晋南北朝时期少数民族自觉不自觉地开始接受汉文化,使得少数民族所建立政权的中央集权进程进一步加快。⑧ 陕西师范大学历史文化学院权家玉副教授分析了南朝政权的建康化和南朝军镇的独立化。⑨ 陕西师范大学历史文化学院杜文玉教授深入探讨了对唐代内诸司使个案研究中没有清晰结论的一些基本问题。⑩ 西北大学历史学院贾连港教授认为,南宋初年中央统军体制的调整,对于勉力维持风雨飘摇的南迁朝廷立足东南有重要意义,其运作方式对新的统军体制亦有重要影响。⑪

西北大学历史学院曹循副教授认为,明后期名色武官日趋冗滥,引发种种乱象,冲击

---

① 王子今:《秦强国扩张的重要政策:"收周余民而有之"》,载《人文杂志》2021年第4期。
② 王子今:《足与秦汉礼、法规范的基点》,载《武汉大学学报》(哲学社会科学版)2021年第6期。
③ 王晖、姜春萌:《周原出土昔鸡铜器与昔氏分封诸问题考证》,载《宁夏社会科学》2021年第1期。
④ 李忠林:《秦汉基层社会治安体制的构建》,载《人民论坛》2021年第13期。
⑤ 崔建华:《天下之中:秦汉三河区域研究》,上海古籍出版社,2021年。
⑥ 崔建华:《越人之争与汉武帝对匈奴政策的转变——以君主的执政体验为中心》,载《社会科学》2021年第12期。
⑦ 黎镜明:《汉初经边战略的调整与边郡战略地位的凸显》,载《中国历史地理论丛》2021年第1辑。
⑧ 黄寿成:《汉士族与西魏北周政权》,载《陕西历史博物馆论丛》2021年。
⑨ 权家玉:《地域性与南朝政局:围绕政权基础与军镇的考察》,社会科学文献出版社,2021年。
⑩ 杜文玉:《论唐代内诸司使的定义及其影响》,载《唐史论丛》2021年第1辑。
⑪ 贾连港:《南宋初年中央统军体制的调试及其运作方式研究——以御营使司的兴废为线索》,载《中国史研究》2021年第4期。

了传统等级秩序和国家对于军队的控驭，产生了较大的消极影响①；明代过度重视武举，任用大批缺乏练兵作战经验的人员为将，是军事失败的重要因素②；而锦衣卫官制与职权演化的过程，是明中后期文治道路的典型个案③。西北大学历史学院副教授陈跃、西安市隋唐长安城遗址保护中心韩海梅副研究馆员认为，明政府对吐鲁番在开关与闭关问题上的反复，不仅受西北边情变化的影响，而且与内部朝政波动有关。④ 陕西师范大学中国西部边疆研究院王启明研究员利用满汉档案资料就清代各种文献有关辟展同知设立时间进行了综合讨论，认为辟展同知的设立为日后吐鲁番改土归流的实施创设了必不可少的先决条件。⑤ 陕西师范大学历史文化学院黄正林教授对中国共产党的战略选择与八路军三五九旅南征问题进行了深入研究。⑥

2. 经济史研究

陕西师范大学西北历史环境与经济社会发展研究院博士研究生赵淑清认为，大同贡市实践表明，朝贡关系中明廷政治利益和蒙古经济利益的非均势博弈是导致边疆关系变动的关键要素，而平等互利的贸易原则才是维持边疆长期稳定的砝码。⑦ 陕西师范大学中国西部边疆研究院博士研究生马秀英、上海交通大学人文学院历史系教授曹树基指出，吐鲁番葡萄园不仅存在与中国东部地区相同的地权结构，还存在典地与典租之间的灵活转换，以及债务清偿中的典地式清偿与典租式清偿的多种模式。⑧ 陕西师范大学西北历史环境与经济社会发展研究院田宓副教授探讨了清至民国时期归化城土默特地区水利经费筹措方式的历史演变，及其所反映的近代地方行政和财政体系的建立过程。⑨ 陕西师范大学历史文化学院石涛教授分析了中央银行在清末、北洋时期、抗日战争前、抗日战争时期、抗日战争胜利后五个时段的内在联系及共同特点。⑩ 石涛副教授研究认为衰退与发展并存是全面抗战时期陕西棉业的显著特点。⑪

3. 思想文化史研究

西北大学中国思想文化研究所郑熊教授认为，探讨《中庸》学与儒学形而上学关系，有利于系统勾勒儒家形而上学发展史，也有利于加深对经典诠释学与中国思想史之间关

---

① 曹循：《明代名色武官考论》，载《史学月刊》2021年第2期。
② 曹循：《明代武举与武官选任新探》，载《中国史研究》2021年第1期。
③ 曹循：《明代锦衣卫官制与职权新探》，载《历史研究》2021年第1期。
④ 陈跃、韩海梅：《明代哈密危机与嘉峪关开闭之争》，载《安徽史学》2021年第2期。
⑤ 王启明：《乾隆年间辟展同知设置考》，载《新疆大学学报》（哲学·人文社会科学版）2021年第3期。
⑥ 黄正林：《中国共产党的战略选择与八路军三五九旅南征问题研究》，载《近代史研究》2021年第5期。
⑦ 赵淑清：《瓦剌与明代大同贡市》，载《中国历史地理论丛》2021年第1辑。
⑧ 马秀英、曹树基：《清代后期吐鲁番的葡萄园典当与金融》，载《清史研究》2021年第6期。
⑨ 田宓：《清至民国时期归化城土默特水利经费筹措方式研究》，载《安徽史学》2021年第2期。
⑩ 石涛：《近代中国中央银行史》，商务印书馆，2021年。
⑪ 石涛：《从农业资源配置看全面抗战时期的陕西植棉业》，载《陕西师范大学学报》（哲学社会科学版）2021年第5期。

系的理解。① 西北大学历史学院白立超副教授认为,当代儒学研究有必要在新的学术条件下,对旧有叙事进行分析和取舍,对"血流漂杵"提出自己的史实考究。延安大学历史文化学院贾鹏涛副教授经过对杨宽的墨学研究分析,认为杨宽所谓《墨经》中无数学、力学、几何学、光学以及否定名家或辩者等观点失之偏颇。②

西北大学中国思想文化研究所博士研究生周晓敏和谢阳举教授研究认为,春秋时期士阶层的崛起并逐渐成为一股不可忽视的政治力量有其深刻的历史背景。③ 西北大学文化遗产学院师资博士后黎镜明、陕西师范大学中国西部边疆研究院王欣教授认为,西汉与匈奴关系在显性的政治、经济、军事交流之外,还存在一个隐秘的巫风维度,对生存资源的争夺和对资源边界的维持则是巫风弥漫背后的本相。④

陕西师范大学西北历史环境与经济社会发展研究院博士研究生邱海文对《考工记·匠人营国》著作年代进行了考察。⑤ 陕西师范大学历史文化学院讲师吕东超细致分析比对了《左传诂》与宋儒王应麟的《古文春秋左传》、余萧客的《古经解钩沉》、严蔚的《春秋内传古注辑存》在辑佚条目数量和来源及文本等方面的异同。⑥ 陕西师范大学历史文化学院博士研究生张少娜对清代修省研究进行了探讨,认为因异象而修省是清统治阶层在天人感应等政治思想体系下对天灾人祸的反思,是清帝王稳定王权、扩充权力、驾驭臣工的政治文化工具。⑦

4. 历史地理、边疆史研究

西北大学历史学院史党社教授综合传世文献和考古以及文字资料研究认为,秦、赵长城附近的广衍、西沟畔、福路塔等战国和秦汉遗存,其年代和性质也可得到更加清晰的说明。⑧ 陕西省社会科学院杨曙明特聘研究员考证了秦时三畤原所建鄜畤、吴阳上畤、吴阳下畤、北畤的建造地点,认为鄜畤在凤翔区长青镇孙家南头村蕲年宫建筑群内,吴阳上畤和下畤在凤翔区灵山一带,北畤在凤翔城区以北的玄武山。⑨ 西北大学历史学院王子今教授指出,彭城地处东方海岸线中点位置,东海郡武库的规模可以说明其战略意义;在内河水运交通及海路交通系统中,彭城也占据重要的战略坐标点,东汉末期若干强势军阀集团的"徐州""共争",也说明彭城交通地位的优越。⑩ 此外,王子今教授认为,曹操高

---

① 郑熊:《〈中庸〉学与儒家形而上学关系研究》,人民出版社,2021年。
② 贾鹏涛:《杨宽的墨学研究》,载《历史教学问题》2021年第6期。
③ 周晓敏、谢阳举:《论春秋时期"士"含义的演变及其历史条件》,载《学术探索》2021年第11期。
④ 黎镜明、王欣:《巫风笼罩下的西汉与匈奴关系——从"单于朝中国辄有大故"说起》,载《史林》2021年第4期。
⑤ 邱海文:《〈考工记·匠人营国〉著作年代考》,载《中国典籍与文化》2021年第2期。
⑥ 吕东超:《〈春秋左传诂〉成书考——以其所辑〈左传〉汉儒旧注为考察中心》,载《中国典籍与文化》2021年第2期。
⑦ 张少娜:《应天、因人与治世:清代修省研究》,载《政治思想史》2021年第3期。
⑧ 史党社:《战国秦长城东北端走向及相关遗存辨析》,载《中国历史地理论丛》2021年第1辑。
⑨ 杨曙明:《秦汉雍畤考》,载《西安财经大学学报》2021年第3期。
⑩ 王子今:《秦汉"彭城"的交通地位》,载《中国历史地理论丛》2021年第3辑。

陵出土石牌文字"绒手巾",可以提示社会物质生活史中使用"手巾"这一现象的出现,或许也可以看作丝路西来文化影响在民俗生活中的具体表现。① 陕西师范大学历史文化学院崔建华副教授认为,东汉"义从"逐渐形成后,尽管"义从"概念的名与实未尽相符,但"义从"群体参与汉王朝的军事行动,对中原王朝以及边疆族群自身的历史均有一定影响。② 西北大学文化遗产学院博士后黎镜明认为,汉代时人心中的敦煌地理意象经历了一个由"蛮夷之地"到"华夏之区"的转变过程,这种意象的转换也使得当时乃至后世的中原人士始终以保家卫国的自觉保卫敦煌。③

陕西师范大学中国西部边疆研究院周伟洲先生针对唐"安西四镇"最早设置的时间问题,分析了1980年前后学界不同认识,认为学界使用的主要唐宋史籍应源于宋以后散佚的唐代诏敕,基本可信,但因太宗去世及高宗即立,四镇的设置有其名而无实。④ 陕西师范大学历史文化学院王双怀教授在整理史念海先生遗稿的基础上研究认为,京师长安通往各地的交通干线唐代都于关中,以长安统帅全国各处,关中虽为四塞之地,其间道路都是畅通无阻,当时曾于交通要道险要之处,设置关隘,以限制中外。⑤ 西北大学历史学院李军教授认为,传世史书中张议潮于大中五年两次派遣使团献地的范围以及唐政府据图授地的记述,均是史臣根据张议潮所获法定辖区反推其入献区域的结果。⑥ 此外,李军教授认为通过收复三州七关,唐宣宗赢得了足以稳定局势的声望,同时还为其继绍宪宗之政提供了新的素材,与此同时,宣宗君臣通过"河湟"媒介进一步强化了收复三州七关的举动与继承宪宗统治之间的联系。⑦

陕西师范大学西北历史环境与经济社会发展研究院史红帅教授基于大量清代奏折档案,结合方志、舆图等着重探讨了清代渭河滩地的大规模耕垦历程,认为滩地的大规模开垦对渭河滩地土壤与植被、滨水地带景观和区域社会发展产生了显著影响。⑧ 陕西师范大学西北历史环境与经济社会发展研究院张力仁教授认为,经济利益是清代蒙汉关系发展的基本驱动因素,蒙陕两方对放垦地域发展历史的建构或重构,是蒙汉关系走向深入的历史知识源泉。⑨ 陕西师范大学中国西部边疆研究院王启明研究员认为,从18世纪

---

① 王子今:《曹操高陵"绒手巾"考议》,载《西部史学》2021年第2期。
② 崔建华:《东汉"义从"概念的生成——汉代边疆伦理整合的个案考察》,载《石河子大学学报》(哲学社会科学版)2021年第4期。
③ 黎镜明:《汉代敦煌的边城景观和地理意象》,载《城市史研究》2021年第1期。
④ 周伟洲:《唐"安西四镇"最早设置时间辨》,载《中国边疆史地研究》2021年第4期。
⑤ 史念海、王双怀:《唐代的道路系统》,载《丝绸之路研究集刊》2021年第1期。
⑥ 李军:《控制、法定与自称:唐宋之际归义军辖区变迁的多维度考察》,载《中国史研究》2021年第4期。
⑦ 李军:《唐大中三年宣宗收复三州七关事发微》,载《中国边疆史地研究》2021年第4期。
⑧ 史红帅:《清代渭河滩地的开垦历程及其影响》,载《云南大学学报》(社会科学版)2021年第3期。
⑨ 张力仁:《从"经济共享"到"共享历史":清代伊克昭盟南部蒙汉关系的再审视》,载《人文杂志》2021年第10期。

末到19世纪30年代,清朝曾分三个阶段将北疆伊犁军队通过中亚"纳林道"换防至南疆喀什噶尔,而非以往学者认为的"两阶段说"。① 同时,王启明研究员还利用军机处满文录副奏折等档案,深入探究了清前期吐鲁番"土流并治"回众管理模式的形成原因。②

陕西师范大学中国西部边疆研究院徐百永教授等认为,乌拉制度对于元朝中央有效治理西藏发挥着上通下达的重要作用,但同时该制度执行中西藏地区的民众遭受乌拉摊派、剥削之弊,对西藏社会的长远发展产生了深远影响。③ 陕西师范大学中国西部边疆研究院讲师谢光典研究认为,直至元朝末年西北地区的诸多佛教圣地依然对来自西藏的高僧活佛有着巨大吸引力与感召力,元代西北地区是汉、藏、蒙古、党项、畏兀儿等民族交往交流交融的重要场所。④

陕西师范大学西北历史环境与经济社会发展研究院杜鹃助理研究员认为,民国时期治理黄河成为改善黄河流域灾害环境的首要任务,由于国力民力所限,很多工作仍停留在科学试验阶段,但这些基础性工作为新中国成立后的水土保持事业奠定了良好基础。⑤ 陕西师范大学"一带一路"建设与中亚研究协同创新中心李如东副研究员认为,20世纪三四十年代国人在开发河西走廊过程中,对该区域展开了地理与文化之话语建构,将之纳入现代国家与社会建设进程是其核心叙事。⑥

5. 敦煌学、西夏史、佛教研究

陕西师范大学历史文化学院沙武田教授对张氏归义军历史有了新的发现和认识,对归义军首任节度使张议潮相关问题在前人研究基础上有了重要突破。⑦ 沙武田教授认为同类菩萨像在曹氏归义军晚期和西夏时期被广泛绘制在重修重绘的一批洞窟中,也使得之前处在宋夏阶段无法确立具体时代的一批洞窟的重修重绘时代有了新的分期研判的空间,西夏时期重修重绘洞窟的工程需要重新评估。⑧ 沙武田教授还梳理了瓜州洞窟营建的历史,结合洞窟壁画强调新样及新样的善变特性研究认为,瓜州成为新型地方统治阶层功德主们展示真正具有西夏时代特性的佛教艺术场所。⑨ 陕西师范大学历史文化学院博士研究生马洋以类型学方法,对西夏时期的骨朵进行了分型、分式研究。⑩

---

① 王启明:《三通三绝:清朝使用"纳林道"研究》,载《历史地理研究》2021年第3期。
② 王启明:《清前期吐鲁番"土流并治"回众管理模式的形成》,载《清史研究》2021年第4期。
③ 徐百永、阳梦婷:《元代西藏乌拉制度及其影响研究》,载《中国藏学》2021年第3期。
④ 谢光典:《四世噶玛巴若贝多吉元末西北朝圣巡礼活动考述——以其藏文传记史料为中心》,载《中国边疆史地研究》2021年第3期。
⑤ 杜鹃:《民国时期黄土高原水土保持的路径与成效》,载《中国历史地理论丛》2021年第3辑。
⑥ 李如东:《纳"旧疆"入现代:20世纪三四十年代开发河西走廊诸论述中的边疆话语》,载《云南社会科学》2021年第3期。
⑦ 沙武田:《敦煌石窟中的归义军历史:莫高窟第156窟研究》,甘肃人民出版社,2021年。
⑧ 沙武田:《莫高窟第55窟重绘净土菩萨对敦煌晚期石窟断代的意义》,载《西夏学》2021年第2期。
⑨ 沙武田:《西夏瓜州佛教洞窟营建的时代特性》,载《中原文物》2021年第4期。
⑩ 马洋:《西夏骨朵的类型及其功能考论》,载《西夏学》2021年第4期。

西安博物院助理馆员王璐认为杨广积极投身崇法活动,以期获得政治收益,开皇年间杨广的佛教经营有着深刻的政治意涵,是其最终夺得太子之位的文化政策之一。① 陕西师范大学历史文化焦杰教授等在广泛搜集墓志资料的基础上,辅之以传世高僧传记,对送年幼子女出家奉佛这一现象进行梳理,借以探讨性别制度对唐代社会送年幼子女出家现象的影响。② 陕西师范大学历史文化学院苏小华副教授以在综合大量多种版本的基础上,对《续高僧传》进行校注。③

6、墓志、碑刻研究

陕西师范大学历史文化学院博士研究生王怀宥、陕西师范大学历史文化学院教授黄寿成立足于新石刻资料,结合历史文献,对泾州所辖诸郡沿革进行系统全面梳理,订正了《魏书·地形志》中的错误。④ 陕西师范大学历史文化学院拜根兴教授、陕西师范大学历史文化学院博士研究生林泽杰考察了李祯其人在隋唐之际的任官经历,认为唐代的墓志写作虽有范式可循,但因个人因素、政治原因等,墓志铭的写作可能呈现多种情况,故在论述考证时应更为严谨,还原墓志背后所蕴含的真相。⑤ 陕西师范大学西北历史环境与经济社会发展研究院博士后宋婷以新出碑志为主,考察唐长安城周边小原27处,同时探讨碑志所载原的资料价值以及使用此类资料时应注意的问题。⑥ 西北大学历史学院李军教授结合《族谱》与传世文献、石刻资料,对翁承赞的生平事迹尽可能地复原,以弥补正史未为其立传的缺憾。⑦ 陕西师范大学中国西部边疆研究院助理研究员尹波涛认为,在中古时期有相当数量的粟特人进入了华夏地区,若干世代之后共同的祖源记忆凝聚一个族群,而个人或人群经常通过改变原有祖源记忆来加入、接纳或脱离一个族群,从而造成族群认同的变迁。⑧ 陕西师范大学历史文化学院杨瑾教授认为,应该在胡汉交融的大历史语境下探寻这位唐章怀太子墓墓道东壁出土的《客使图》(又称《礼宾图》《迎宾图》)鸟羽冠使者"东北少数民族人物"的原型、族属和重要事迹,尤其是在唐朝经营朝鲜半岛秩序和逐鹿西域过程中一些关键人物,进而解释《客使图》作为艺术曲笔的叙事意义。⑨ 陕西

---

① 王璐:《晋王杨广佛教经营中的政治经纬——以其僚属群体为着眼点》,载《佛学研究》2021年第1期。
② 焦杰、谢宇荣:《唐人家庭送年幼子女出家奉佛的性别选择》,载《唐史论丛》2021年第1期。
③ 释道宣:《续高僧传校注》(上下册),苏小华校注,上海古籍出版社,2021年。
④ 王怀宥、黄寿成:《北魏泾州所辖诸郡建置沿革考——以石刻资料为中心》,载《敦煌学辑刊》2021年第3期。
⑤ 拜根兴、林泽杰:《新出隋唐之际李祯墓志关联问题探微》,载《社会科学战线》2021年第12期。
⑥ 宋婷:《新出碑志所见唐长安城周边小原及相关问题考述》,载《中国历史地理论丛》2021年第4辑。
⑦ 李军:《唐梁之际福建士人翁承赞生平事迹考索》,载《唐史论丛》2021年第2期。
⑧ 尹波涛:《唐代粟特康氏的祖先记忆与族群认同——以出土墓志为中心》,载《唐史论丛》2021年第2期。
⑨ 杨瑾:《艺术的曲笔:唐章怀太子墓〈客使图〉所谓"东北民族人物"族属再探》,载《陕西历史博物馆论丛》2021年。

师范大学历史文化学院沙武田教授探讨了唐墓出土骆驼驮囊的包装用途。① 陕西师范大学人文社科高等研究院葛承雍教授认为,上党出土陶俑原生艺术的探究,将深入了解丝路纽带的延伸更有补史、证史、明史的历史价值。② 陕西师范大学历史文学院陈玮副教授认为,《野利李延玉碑》碑文不仅展示了野利氏家族与唐廷、静难军的紧密政治联系,还体现出该家族明晰的族属意识。③

陕西师范大学历史文化学院周晓薇、郭海文教授,陕西师范大学人文社会科学高等研究院王庆昱研究员,西北大学历史学院王善军教授,西北大学历史学院胡坤教授等人分别对《明克让墓志》④《韦甚墓志》⑤《大唐故兰陵长公主碑铭并序》⑥《大唐故郯国大长公主墓志铭并序》⑦《拓跋昇墓志》⑧《刘行敏墓志》⑨《唐围棋国手王积薪墓志》⑩《故贵妃萧氏玄堂志铭》⑪《田成墓志》⑫进行了考证梳理。

7. 中外关系史、个案人物研究、史学理论研究

陕西师范大学历史文化学院拜根兴教授等认为,自7世纪初唐与新罗缔结新型宗藩关系之后,双方经历了从携手并进到摩擦动荡,最终迎来关系正常发展的漫长历程,新罗成为唐与周边政权宗藩友好关系的典范。⑬ 拜根兴教授指出在唐朝存在的近三百年中,除了7世纪后半叶短暂时期之外,唐与朝鲜半岛所在的新罗建立了较为稳固的宗藩往来关系,这种关系不仅表现在政府间的使者往来、留学生派遣、佛教僧侣的求法巡礼,民间的经济、人员往来也频见史载,展现出全方位的,堪称唐朝与周边民族国家友好关系典范的盛况。⑭ 陕西师范大学历史文化学院艾冲教授对开皇十九年(599),隋朝在河曲地域为突厥启民可汗部众游牧区构建南、北两道"横堑"的位置做了探讨。⑮ 陕西师范大学历史文化学院杨瑾教授认为,学界研究揭示的敦煌与波斯关系表现在艺术、器物、人物、服

---

① 沙武田:《唐墓出土三彩骆驼驮囊兽首形象属性考》,载《文物》2021年第2期。
② 葛承雍:《上党殊样:山西长治唐商骑骆驼俑探讨》,载《故宫博物院院刊》2021年第12期。
③ 陈玮:《新见后唐党项首领野利李延玉碑研究》,载《西夏学》2021年第2期。
④ 周晓薇、王菁:《东南之美:"修礼议乐"的明克让与平原明氏——新见隋开皇十四年〈明克让墓志〉疏证》,载《唐史论丛》2021年第2期。
⑤ 周沫如、周晓薇:《隋〈韦甚墓志〉所见关中郡姓链接的婚姻关系》,载《文博》2021年第3期。
⑥ 郭海文:《〈大唐故兰陵长公主碑铭并序〉考释》,载《唐史论丛》2021年第2辑。
⑦ 郭海文、远阳:《〈大唐故郯国大长公主墓志铭并序〉再考》,载《陕西历史博物馆论丛》2021年。
⑧ 李宗俊:《论北朝鲜卑姓氏的三次改易——从〈拓跋昇墓志〉谈起》,载《中国边疆史地研究》2021年第3期。
⑨ 王庆昱:《新出刘行敏墓志与唐代前期史事考述》,载《陕西历史博物馆论丛》2021年。
⑩ 王庆昱:《新出唐围棋国手王积薪墓志所涉史事再考》,载《暨南史学》2021年第1期。
⑪ 王善军、王迎辉:《辽代〈故贵妃萧氏玄堂志铭〉考释》,载《中国历史地理论丛》2021年第1辑。
⑫ 胡坤:《黍离之悲:两宋之际一位陕西军人的转战史——以〈田成墓志〉为中心》,载《山西大学学报》(哲学社会科学版)2021年第5期。
⑬ 拜根兴、阳运驰:《论唐与新罗的相互认识及其特征》,载《韩国研究论丛》2021年第1期。
⑭ 拜根兴:《唐朝与新罗道教文化交流的再探索》,载《唐史论丛》2021年第2期。
⑮ 艾冲:《隋开皇十九年所建"横堑"工程地理位置初探》,载《西夏研究》2021年第4期。

饰、医药、饮食、宗教、天文等诸多方面,既有萨珊波斯至后萨珊波斯长时段迁移传播的线性脉络,也有极为复杂的广泛横向联系,萨珊波斯构建的人神秩序图像化表现形式依稀见于敦煌多元文化形态中,包括后萨珊波斯与粟特等。①

陕西师范大学历史文学院黄寿成教授对尉迟迥起兵进行了深入分析。② 陕西师范大学历史文化学院张华腾教授认为,张凤翙是陕西军政府首任都督,他在领导西安新军起义和捍卫陕西辛亥革命成果的过程中,在陕西摧毁一个旧世界,创建民主共和的新世界中立下卓越功勋。③ 延安大学历史文化学院赵红教授研究了印度医生柯棣华加入中国共产党的原因及影响。④

陕西师范大学历史文化学院邓锐副教授认为中国古代史学涉及四部之学,又贯通文学和哲学,主要包括叙事、义理与考证三个基本方面,中国古代史学的这种独特形态使其具备了崇高与独特的知识价值与文化地位。⑤ 西北大学历史学院兰梁斌在《侯外庐著作与思想研究》等史料整理成果的基础上,从马克思主义理论与史料关系的视角切入,深入探讨马克思主义史家侯外庐历史研究的道路、原则、方法和特点等治史路径,以深化侯外庐史学思想的研究。⑥

8. 社会生活史研究

西北大学历史学院王子今教授强调,考察秦始皇陵地宫的海洋文化元素,应当有助于深化对中国海洋学史的认识。⑦ 西北大学历史学院刘志平讲师认为秦时入居秦境外的秦人后裔在汉代被称为"秦人""秦虏"或"秦胡",而匈奴人在某些场景仍称西汉人为"秦人"。⑧ 此外,刘志平认为秦汉陇右异族的整体性自我族群认同一直存在,甚至有越来越强烈的表现,表明异族与华夏在边地的接触并不一定形成异族的华夏化。⑨ 西北大学历史学院彭剑英教授等认为,受封可汗名号其实质是牵涉其中的各方势力,相互借力又相互角力,以之作为谋求解除危机和获取利益的策略和工具,而此互动过程促进了中古时期农牧(南北)民族之间的认知加深和交融共存。⑩ 陕西师范大学人文社科高等研究员葛承雍教授认为,"剪头胡雏"发型具有"阶级感"的存在,是有关底层胡人的直观艺术产

---

① 杨瑾:《中国学者视野中敦煌与波斯关系研究现状与展望》,载《敦煌研究》2021年第5期。
② 黄寿成:《尉迟迥起兵与山东地区》,载《丝绸之路研究集刊》2021年第2期。
③ 张华腾:《张凤翙与陕西辛亥革命》,载《宝鸡文理学院学报》(社会科学版)2021年第5期。
④ 赵红:《柯棣华:加入中国共产党的印度医生》,载《延安大学学报》(医学科学版)2021年第3期。
⑤ 邓锐:《中国古代史学形态略论》,载《学术探索》2021年第7期。
⑥ 兰梁斌:《侯外庐的治史路径》,载《史学理论研究》2021年第5期。
⑦ 王子今:《论秦始皇陵"水银为海"》,载《北京师范大学学报》(社会科学版)2021年第5期。
⑧ 刘志平:《先秦秦汉的"秦人"称谓与认同》,载《清华大学学报》(哲学社会科学版)2021年第6期。
⑨ 刘志平:《先秦秦汉时期陇右地区的族群互动与认同》,载《西北大学学报》(哲学社会科学版)2021年第5期。
⑩ 彭剑英、冯景运:《隋唐帝王与割据群雄获称汗号问题考论》,载《内蒙古社会科学》(汉文版)2021年第1期。

物,也说明当时入华胡人还没有彻底"汉化",仍然保留着本族群的发型特征,该发式是胡人与汉人的区别,也是其身份归属的象征。① 陕西科技大学设计与艺术学院李红坦副教授、西北大学历史学院王善军教授认为契丹家庭伦理的变迁与辽代游牧文化与中原文化的交融、社会统治思想的转型及契丹世家大族维系发展的内在需求等因素有着密不可分的联系。② 西北大学历史学院博士后刘晓飞认为,金朝汉族家庭在金朝形成一个庞大的阶层,他们繁衍生息,同宗虽"阡陌连接",但"散居诸村","同乡里"的地缘意识并不很强。③

陕西师范大学历史文化学院黄正林教授认为通过新的动员模式,中共加强了对乡村社会的控制,提升了动员的深度和广度。④ 陕西师范大学西北历史环境与经济社会发展研究院程森副教授认为,道沟具有网状的结构和地上隆起的景观形态,使平原变成了"丘陵",最终成为华北平原抗日根据地军民持久抗战的地理依托。⑤ 延安大学历史文化学院王悦之副教授认为,蒋介石笼络杨虎城旧部的同时,也要斩断他们与共产党的联系以孤其势,1944 年以后蒋介石企图吞并杨虎城旧部而引发双方彻底决裂。⑥ 此外,程森副教授认为在严峻的战争环境和生态危机双重压力作用下,人们注重对野生动物的利用和危害应对,而无法产生保护思想,华北根据地时期人对野生动物的这种生态观也延续至新中国成立之后。⑦ 陕西师范大学历史文化学院石涛教授认为泾惠渠建成后整个灌区社会经济面貌焕然一新,成为近代农田水利事业影响区域社会经济变迁的典型代表,也成为民国时期部分地区农业生产和农村经济在有利条件下发展进步的例证。⑧ 陕西师范大学西北历史环境与经济社会发展研究院博士后刘静认为,多民族共同参与促进了青海湖湟鱼资源的开发利用。⑨ 陕西师范大学西北历史环境与经济社会发展高升荣院副研究员认为,西安地处西北内陆,民国时期居民面临的饮水问题主要有饮用水源单一、水量不足、水质不良、饮水不卫生等,西安居民饮水问题持续存在,科学饮水措施并未得到全面

---

① 葛承雍:《胡人发型:中古"剪头胡雏"艺术形象试解》,载《故宫博物院院刊》2021 年第 2 期。
② 李红坦、王善军:《辽代契丹世家大族家庭伦理的变迁及其原因》,载《内蒙古社会科学》2021 年第 1 期。
③ 刘晓飞:《地缘与社会认同:金朝汉族同乡里姓氏分布考论》,载《内蒙古社会科学》2021 年第 1 期。
④ 黄正林:《抗战时期陕甘宁边区战争动员问题研究》,载《日本侵华南京大屠杀研究》2021 年第 3 期。
⑤ 程森:《战争、地貌改造与社会动员——华北平原抗日根据地军民挖道沟运动研究》,载《近代史研究》2021 年第 6 期。
⑥ 王悦之:《蒋介石与杨虎城部关系述论》,载《史学月刊》2021 年第 9 期。
⑦ 程森:《战争环境下的人与野生动物——华北根据地除害兽运动研究》,载《中国农史》2021 年第 3 期。
⑧ 石涛:《近代水利之兴:民国陕西泾惠渠与区域社会经济变迁研究》,载《史学月刊》2021 年第 6 期。
⑨ 刘静:《资源、生计与族群:清至民国时期青海湖湟鱼的捕捞与运销》,载《中国历史地理论丛》,2021 年第 2 期。

有效的执行,亦反映出民国时期西安城市饮水治理的成效不足。① 陕西师范大学历史文化学院温艳教授从陕西的自然环境和政治生态角度分析民国时期陕西灾荒的形成原因,并重点考察了灾荒之后陕西人口、农村经济以及城乡关系等方面的深刻变化,从国家与社会的视角探讨了中央政府、地方政府、各种新型救灾团体的救灾活动及其互动,从区域史的角度考察了中国救灾制度现代转型的曲折性和复杂性。②

陕西师范大学历史文化学于庚哲教授将疾病和应对疾病的手段作为"读史"的窗口,认为不仅要看到疾病对历史进程的影响,还要看到人们为了对抗疾病、追求健康与长生时采取的种种手段对历史进程的影响,以及疾病对古代中国思想的冲击,对许多人人生的改变。③

(作者单位:陕西师范大学历史文化学院)

---

① 高升荣:《民国时期西安居民的饮水问题及其治理》,载《中国历史地理论丛》2021年第2辑。
② 温艳:《民国时期陕西灾荒与社会》,社会科学文献出版社,2021年。
③ 于庚哲:《疾病如何改变我们的历史》,中华书局,2021年。

陕西省考古学研究

赵丛苍　祁　翔　曾　丽

2021年,是中国现代考古学诞生100周年。习近平总书记在致仰韶文化发现和中国现代考古学诞生100周年的贺信中高度评价了中国考古人的工作和贡献:"100年来,几代考古人筚路蓝缕、不懈努力,取得一系列重大考古发现,展现了中华文明起源、发展脉络、灿烂成就和对世界文明的重大贡献,为更好认识源远流长、博大精深的中华文明发挥了重要作用。"在考古界引发热烈反响,令全国考古工作者备感振奋。对陕西省考古工作而言,坚持立足重点区域与重点遗址,突出优势,布局沿黄区县考古工作,推动黄河文化遗产系统保护;深入推进周、秦、汉、唐大遗址考古,挖掘其文化精神内核,促进展示利用,延续中华文脉;做好基本建设工程中的考古及文物保护工作;发挥考古在人文交流中的独特作用,加强国际考古合作研究。[①] 而考古人在这关键的一年,在做好积极防控、抗击疫情的同时,以田野考古为基础,不忘初心,接续奋斗,取得了丰硕的成果,为陕西考古事业的高质量发展奠定了坚实基础,也为中国特色、中国风格、中国气派的考古学的建设贡献力量。

本年度,有关陕西地区的考古发现与研究收获丰富,据不完全统计,出版考古报告和图录近10部,发表调查报告及发掘简报30余篇,学术论文118篇,相关硕博士学位论文计30余篇。本文对陕西省2021年度不同历史阶段不同领域的考古发现与研究进行梳理和简要叙述。

一、旧石器时代考古

2021年陕西地区旧石器时代考古发现与研究成果相对较少,但仍具有较为重要的学术价值。

(一)旧石器时代考古发现

该年度对省中、北部的旧石器地点开展了考古调查工作。对渭河支流北洛河沿岸开

---

① 孙周勇:《潮平岸阔　风正帆悬——新时代陕西考古的探索与实践》,载《中国文物报》2021年10月1日,第5版。

展了初步的野外调查,调查面积180平方千米,新发现旧石器地点32处,获得石制品400余件。此次调查填补了北洛河上中游地区的旧石器考古空白,发现的石制品大多属于"简单石核-石片技术"的产品,年代从中更新世至晚更新世晚期的遗存均有发现,内涵较为丰富。①

洛南夜塬遗址位于商洛市洛南县四皓街道夜塬村,陕西省考古研究院对该遗址进行了考古发掘,发掘面积500平方米,堆积厚20米左右。现已出土石制品12000余件,属于简单石核-石片技术体系的产品,未见明确的手斧、手镐等阿舍利工业类型的石器。年代至迟在距今约60万年前的中更新世早期。此前,洛南盆地的旧石器遗存中极少发现早于距今25万年的遗存,夜塬遗址的发掘为该地区旧石器遗址年代和古环境的研究提供了良好的素材。② 洛南盆地中更新世龙牙南洞穴地点曾出土过直立人牙齿化石以及大量的石器和小哺乳动物化石,而该洞穴地点出土的两件中更新世粗直马陆化石于本年度见于报道。③

龙王辿遗址第一地点旧石器时代晚期考古发掘资料整理出版。龙王辿遗址第一地点位于陕西省宜川县壶口镇,发现了大量石制品和一些动物骨骼,以及20余处烧土遗迹,其文化内涵具有典型的中国华北细石器工业传统的特征。对建立黄河中游旧石器时代晚期文化谱系和年代框架,研究中国细石器工业起源,中国北方旱地农业起源及黄河中游旧石器时代向新石器时代的过渡等,提供了重要资料。④

(二)旧石器时代考古研究

张改课对黄河中游晋陕峡谷地区的旧石器考古工作进行了梳理。该地区已发现旧石器遗址和地点逾百处,取得了许多重要成果,特别是在旧石器时代遗存的埋藏地层与年代、古人类的石器技术、旧—新石器时代过渡、人类生存环境与适应策略等方面,进展突出。同时,也还存在着一些问题,如时空框架不完善、忽视整体性的思考、人群迁徙和文化交流问题需深化等,有待持续改善和推进。⑤

二、新石器时代考古

(一)新石器时代考古发现

近年来,与石峁、芦山峁等大型遗址直接或间接相关的考古发现,成为学界和大众关

---

① 张改课、王社江、景玉薇,等:《北洛河流域旧石器考古调查》,载《陕西省考古研究院2021考古年报》(内部资料)。
② 张改课、别婧婧、张鑫荣:《洛南夜塬遗址》,载《陕西省考古研究院2021考古年报》(内部资料)。
③ 李永项、胡松梅、李冀,等:《陕西洛南龙牙洞发现中更新世马陆化石》,载《第四纪研究》2021年第1期。
④ 中国社会科学院考古研究所、陕西省考古研究院:《龙王辿遗址第一地点:旧石器时代晚期遗址发掘报告》,文物出版社,2021年。
⑤ 张改课:《黄河中游晋陕峡谷地区旧石器考古研究现状与思考》,载《考古与文物》2021年第6期。

注的热点,其考古工作持续开展,不断取得重要收获。本年度公布了陕西府谷寨山遗址庙墕地点居址的发掘资料。府谷寨山遗址庙墕地点发现一处石峁文化墓地和居址,包括凸字形和圆形房址、灰坑。出土有石峁文化的典型器双鋬鬲、三足瓮、大口尊、盉、斝等。年代属于石峁文化中期阶段,绝对年代在公元前 2100 年至公元前 1900 年。还发现少量仰韶文化遗存。为研究河套地区的仰韶文化与石峁文化提供了丰富的新材料。① 陕西神木寨峁遗址是石峁文化分布在陕晋地区和内蒙古中南部地区的重要遗址,1993 年对其进行了发掘,其二期遗存发现有房址、灰坑、墓葬,出土有陶器、石器、骨器。根据出土遗物分析,寨峁二期遗存的时代上限约相对于龙山文化晚期,下限可能不晚于二里头文化一期,与石峁遗址的时代上下限近似。此类遗存在陕北、内蒙古中南部地区多有发现。② 芦山峁遗址的田野工作主要是补充发掘了大营盘梁北端排水沟底部"阻水带"设施,完善并确认小营盘梁"宗庙建筑"的平面形制和附属建筑布局,在二营盘梁顶部发现 3 座大型排房,为明确大营盘梁、二营盘梁和小营盘梁上遗存内涵和功能性质提供了重要资料。③

西安太平遗址是斗门水库项目建设过程中发现的大型遗址,其考古工作引起了广泛关注。习近平总书记 2020 年 10 月 15 日对太平遗址的保护工作做出重要批示。多家单位组成联合考古队,自 2021 年 3 月考古工作启动以来,本年度发掘面积近 3900 平方米,揭露了部分环壕、大量灰坑和少数房址及窑址,出土遗物种类和数量丰富,有大量陶器、石器、骨角器、玉器等,其中包括玉璜、玉璧、卜骨、陶牌饰和关中地区少见的陶铃。发掘基本确认这是一处客省庄二期文化时期大型环壕聚落遗址,年代距今有 4150 至 3700 年,是中华文明起源和早期发展中心区域的高等级中心聚落遗址。④

除了以上几处大型遗址外,泾阳、旬邑、吴起、白水等地区也有较为丰富的新石器时代考古发现。泾阳蒋刘遗址发现有丰富的仰韶文化遗存,包括遗迹 237 处,有灰坑、窑址、墓葬、灰沟等,出土遗物丰富,有陶器、石器、骨器和动植物遗存等,年代为仰韶文化晚期偏早阶段。经过发掘,已基本明确了蒋刘遗址的东、南边界,发现的 13 座陶窑及袋状窖穴,为确定蒋刘遗址陶器生产区和物品储藏区提供了重要线索。⑤ 西北大学文化遗产学院等单位在旬邑西头遗址南部的南头村发现仰韶文化遗存,有灶、灰坑等遗迹,出土有陶器、石器、骨器。其可分为两期,第一期为仰韶文化半坡类型,第二期为庙底沟类型。这些仰韶文化遗存虽不算丰富,但为建立西头遗址的年代序列、研究旬邑地区仰韶文化的分布,积累了重要的考古资料。⑥ 陕西吴起李拐沟遗址发现了丰富的仰韶文化和少量

---

① 陕西省考古研究院、榆林市文物保护研究所、府谷县文管办:《陕西府谷寨山遗址庙墕地点居址发掘简报》,载《文博》2021 年第 5 期。
② 陕西省考古研究院、榆林市文物考古研究所:《陕西神木寨峁新石器时代遗址发掘报告》,载《考古学报》2021 年第 3 期。
③ 马明志:《延安芦山峁遗址》,载《陕西省考古研究院 2021 考古年报》(内部资料)。
④ 王小庆:《西安太平遗址》,载《陕西省考古研究院 2021 考古年报》(内部资料)。
⑤ 邵晶、裴学松、朱瑛培:《泾阳蒋刘遗址》,载《陕西省考古研究院 2021 考古年报》(内部资料)。
⑥ 西北大学文化遗产学院、陕西省考古研究院、旬邑县文物旅游局:《陕西旬邑西头遗址南头村地点 2019 年仰韶文化遗存发掘简报》,载《文博》2021 年第 5 期。

龙山文化遗。其仰韶文化遗存分为二期，第一期，遗物丰富，有重唇口尖底瓶、侈口盆、敛口盆、直口钵、敛口钵、叠唇缸、底心内凹的器底等，为庙底沟类型；第二期，主要有平唇口瓶、侈口罐、敛口罐等，这些与岐山王家嘴晚期、案板二期、福临堡三期、水北三期等遗存中的同类器十分相似，应属于半坡晚期类型。经调查，该遗址的面积约3万平方米，在洛河上游地区属于小型聚落遗址，填补了洛河上游地区仰韶文化考古工作的空白，对于认识这一区域史前时期文化面貌有重要意义。① 西安市高陵区马家湾遗址发现了7个新石器时代灰坑，出土一批重要的陶器、石器等，包括喇叭口尖底瓶、宽沿盆、单把鬲、石箭镞等，其年代主要为半坡四期文化和客省庄二期文化。② 白水杜康遗址发掘580平方米，清理了带院落的窑洞式房址、灰坑和墓葬等遗迹。出土器物以陶器居多，石器次之，还有少量的骨笄、蚌壳等。为了解杜康遗址的聚落布局、功能分区和文化内涵等积累了丰富的材料。③

（二）新石器时代考古研究

本年度新石器时代考古研究主要集中在石峁文化、仰韶文化遗存的研究上，关于史前墓葬、房屋居址、聚落分布的研究也有部分涉及。

陕北地区新石器时代考古研究近年来不断丰富，是学界关注的焦点。④ 其中，对于石峁遗址的研究热度依旧不减，主要是对石峁玉器的研究，包括其文化属性和背后所体现考古学文化之间的互动交流研究。石峁遗址出土的部分玉器有后石家河文化的运输，例如：玉牙璋、玉鹰笄、玉虎头，两者存在着一定的交流互动。结合两地之间出土的同类器，其交流路线应为河套地区、关中地区、南阳盆地、江汉平原间的"走廊地带"。⑤ 陕西石峁遗址出土玉、石器，器类较丰富。距离石峁不远的山西兴县碧村遗址也发现有一定数量的玉器。距离石峁较近的陶寺、清凉寺遗址中也有大量玉器的发现。这些遗址中的玉器存在着一定的相似之处，以长方形钺、各种璧环、刀、牙璋、圭和琮等为主要器类的玉器文化。通过比较研究，探明他们之间的交流互动。即碧村、石峁、新华、芦山峁等遗址陕北龙山期玉器，应直接来自以陶寺龙山城址为中心的晋南地区。而牙璋、牙璧、方形璧、有领璧、多孔玉刀和玉圭以及镶嵌绿松石的工艺等，主要来自以大汶口-龙山文化玉器为

---

① 西北大学文化遗产学院、延安市文物研究院、吴起县文管所：《陕西吴起李拐沟遗址调查简报》，载《文博》2021年第5期。
② 陕西省考古研究院：《陕西高陵马家湾遗址2015年发掘简报》，载《考古与文物》2021年第4期。
③ 杨利平、段宇鹏：《白水杜康遗址》，载《陕西省考古研究院2021考古年报》（内部资料）。
④ 孙周勇、邸楠、邵晶：《陕北地区新石器时代考古发现与研究》，见王巍主编：《中国考古学百年史（1921—2021）》（第一卷，中册），中国社会科学出版社，2021年。
⑤ 邵晶：《论石峁文化与后石家河文化的远程交流——从牙璋、鹰笄、虎头等玉器说起》，载《考古研究》2021年第3期。

代表的海岱系玉器文化。①

陕西地区仰韶文化遗存丰富,是新石器时代研究的重点。庙底沟文化是中国史前一支最强势的考古学文化,但庙底沟文化的聚落与墓葬长期以来不清楚。而陕西高陵杨官寨遗址大型环壕、水池遗址、墓地等的发现,为庙底沟文化聚落与墓地的研究提供了契机。② 仰韶文化零口类型是分布于陕西关中和汉中地区的仰韶文化初期的一个地方类型,其由白家文化发展而来,并迅即东向扩展至晋西南、豫西地区,形成与零口类型大同小异的仰韶文化枣园类型。仰韶文化零口类型的形成及其东向扩张,是距今 7000 年左右黄河中游一次非常重要的文化整合。③ 刘莉等学者对陕西半坡、姜寨遗址出土的 11 件仰韶文化早期尖底瓶中的残留物进行分析,发现有淀粉粒、植硅体、霉菌、酵母细胞等,证明这些尖底瓶曾用于酿酒。仰韶人掌握两种酿造方法:利用发芽的谷物酿造谷芽酒和利用发霉的谷物加植物茎叶制麴酿造麴酒。这两种方法有时分别采用,有时也许同时采用。④ 邓淑萍对"华西系玉器"的提出与研究状况进行了回顾,对这一地区的质料、矿料进行了研究,并对仰韶文化玉器进行了分析。⑤

墓葬和居址建筑,分别是研究史前社会葬制葬俗、居住方式及建筑技术的重要材料,一直备受关注。本年度相关研究的视野往往不局限于单个遗址,而是从长时段、大区域入手进行综合性研究。彭小军分析汉渭流域史前同圹并穴墓的分布和变迁。同圹并穴合葬墓产生于仰韶文化早期,发展到屈家岭文化较为流行,每一阶段都有其所承载的社会功能和时代意义。其产生和演变是与当时社群的葬俗传统、社会背景有着必然的联系,并且存在两类不同的区域特征。⑥ 王天艺将先秦院落建筑分为"西土类"和"中原类"。前者以夯土墙技术为中心,在黄土高原盛行,而后者以木骨墙技术为主,流行于中原及其周边。芦山峁院落建筑的发现表明,"西土类"院落建筑最早出现于龙山晚期,持续了近两千年。这两种建筑体系的技术可以追溯到仰韶晚期。前者是华南地区影响的结果,而后者是气候、环境和可用资源波动的结果。⑦

对史前聚落的关注,是新石器时代考古的热点。赵晶等人基于 GIS 对西安地区新石器时代的聚落遗址进行空间分析,研究遗址分布与高程、坡度、坡向、离水距离四种环境因子的关系,并建立模型得到聚落遗址综合等级图,将仰韶、庙底沟、龙山三个文化阶段

---

① 栾丰实:《试论陕北和晋南的龙山时代玉器——以石峁、碧村和陶寺为例》,载《中原文物》2021年第 2 期。
② 王炜林:《陕西高陵杨官寨考古与关中地区庙底沟文化研究》,载《中原文物》2021 年第 5 期。
③ 韩建业:《仰韶文化零口类型的形成及东向扩张》,载《文物春秋》2021 年第 2 期。
④ 刘莉、王佳静、刘慧芳:《半坡和姜寨出土仰韶文化早期尖底瓶的酿酒功能》,载《考古与文物》2021 年第 2 期。
⑤ 邓淑萍:《史前至夏时期"华西系玉器"研究(上)》,载《中原文物》2021 年第 6 期。
⑥ 彭小军:《汉渭流域史前同圹并穴墓的分布和变迁》,载《考古》2021 年第 1 期。
⑦ 王天艺:《芦山峁遗址与"西土类"院落建筑体系的形成》,载《考古》2021 年第 4 期。

的遗址点数据与聚落作叠加比较,从"宜居性"的角度去分析人地关系的演变过程。① 其研究视角和研究方法具有一定的启发性和学术价值。

三、夏商周考古

(一)夏商周考古发现

2021年公布的陕西地区夏时期遗存的发现相对较少,主要为老牛坡遗址夏代墓葬的发掘。西安老牛坡遗址2010年发掘了5800平方米范围,其中有3座保存较好的夏代墓葬,出土遗物丰富,包含有齐家文化因素、二里头文化因素和客省庄二期文化,年代应为夏代早期。这一发现为研究陕西夏代时期文化的分布、文化面貌及时代特征提供了宝贵资料。②

陕西商时期和西周时期考古工作多集中在地方中心性遗址、都邑性遗址和墓葬发掘上,小型聚落相对而言并不突出、涉及较少。相关遗存主要位于西安、宝鸡、旬邑地区。为进一步厘清老牛坡遗址的聚落布局,对该遗址进行田野调查,发现有较为丰富的遗迹、遗物,为确定遗址的聚落范围,为探讨老牛坡遗址的聚落变迁、内部结构及功能分区等提供了条件。③ 旬邑西头遗址是目前发现泾河中游地区商周时期的大型聚落之一。西头遗址鱼嘴坡地点发掘商周时期房址、墓葬、灰坑、灰沟等,出土陶器、石器、铜器、骨器、角器等,年代为商代晚期至西周中期。为区域文化序列构建、文化布局变迁研究及对早期周文化的探索等提供了较为重要的资料。④ 周原遗址在2020年度工作的基础上,继续清理王家嘴大型夯土建筑,并通过发掘验证西周时期城墙遗迹,清理发掘了外城东南角和"城门"。此两重城垣的发现是周原聚落结构研究的重大突破,有助于周原遗址功能区分布的深入研究。⑤ 丰镐遗址2021年发现上至仰韶文化晚期、下至清代的遗迹,其中对官庄村南的西周大型夯土建筑基址的发掘是本年度工作的重点。建筑基址残存200多平方米,分上下两层,上层使用年代在西周中期至晚期前段,下层始建年代在西周早期,废弃于西周中期。出土了大量建筑材料,以及骨笄、陶球、鬲、豆、盂等,丰富了丰镐遗址大型建筑基址的考古资料。⑥ 有关小型聚落,长安赤栏遗址目前发掘面积2400平方米,共清理灰坑、房址等遗迹115处,墓葬30座,遗址分居址区和墓葬区,出土遗物丰富,时代相对

---

① 赵晶、冯健、王洋:《西安新石器时代聚落遗址文化重心迁移与环境考古研究》,载《干旱区资源与环境》2021年第5期。
② 陕西省考古研究院:《陕西西安老牛坡遗址2010年夏时期墓葬发掘简报》,载《考古与文物》2021年第3期。
③ 陕西省考古研究院:《西安老牛坡遗址聚落范围调查简报》,载《中原文物》2021年第1期。
④ 西北大学文化遗产学院、陕西省考古研究院、旬邑县文化和旅游局:《陕西旬邑县西头遗址鱼嘴坡地点商周时期遗存发掘简报》,载《考古》2021年第12期。
⑤ 种建荣、杨磊:《周原遗址》,载《陕西省考古研究院2021考古年报》(内部资料)。
⑥ 岳连建、丁岩:《丰镐遗址》,载《陕西省考古研究院2021考古年报》(内部资料)。

于洹北商城时期。该遗址商代遗存的发现对探讨商王朝在关中地区的经略有一定意义。遗址中还发现有铸铜作坊,为关中地区商代青铜铸造传统的研究提供了新材料。①

墓葬方面,孔头沟遗址 M10 的发掘资料被公布,为西周晚期偏早的双墓道大墓。该墓虽遭盗扰,但仍出土铜器、玉石器、骨角器、蚌贝器等随葬品近 800 件(组),尤以各类车马器最为丰富,其中车轮与铜牌形辕饰的数量为已知西周墓葬之最。该墓主人为男性,属非姬姓西土族群高级贵族,可能为孔头沟西周采邑的一代采邑主。② 宝鸡市旭光村清理了 5 座西周早期墓葬,均为竖穴土坑木椁墓,墓底无腰坑,共出土器物 100 余件(组),质地有铜、陶、原始瓷、玉、石、漆木、骨等。铜器有礼器、车马器及兵器,礼器有鼎、簋、觯、卣、壶等。陶器仅有鬲、罐两种,且数量较少。旭光西周墓葬的发掘,对于研究西周时期宝鸡一带与周边地区的文化交流及西周时期地方组织结构也具有重要意义。③

陕西地区东周时期考古发现较为丰富,以墓葬为主,尤其是秦墓,还涉及大型建筑基址和手工业作坊。东周戎狄遗存资料的刊布,也颇引人注目。

高等级秦墓的发掘工作取得了重要收获。雍城秦公一号大墓的一号坑出土 5 组木车,每组车有挽马两匹,车下有殉人(驭手)坑,还出土大量殉牲和各类车马器、车马饰。一号坑位于大墓西南侧,应为大墓建成后祭祀秦公时使用的祭祀坑。一号坑的发现对于进一步了解秦公陵园布局和内涵提供了新的研究资料。④ 二号坑位于墓葬东南,平面形状为"凸"字形,由通道、坑体两部分组成。其盗洞出土了大量动物骨骼及各种质地的器物,也一定程度上反映了坑内陪葬品内涵。⑤ 陕西省考古研究院于 2004—2008 年发掘的神禾原战国秦陵大墓,为"亚"字形墓,位于陵园中心位置,虽遭盗扰,仍出土数百件精美器物。根据大墓形制、随葬器物及其刻铭,并结合文献资料,推定墓主为战国晚期秦国夏太后。该墓的发掘为战国秦汉时期高等级墓葬形制、埋葬制度等方面研究提供了丰富的实物资料。⑥

秦墓陵园的调查勘探与发掘也有积极进展,为秦人陵园形制、帝王陵墓制度等研究增添新资料。近年宝鸡太公庙村以及周边遗址范围内发现一座"中"字形大墓、车马坑遗迹以及相关秦早期聚落遗存、秦汉文化遗址等,共同组成一个秦公陵园。太公庙秦公陵

---

① 胡松梅、苗轶飞、李彦峰:《长安赤栏桥遗址》,载《陕西省考古研究院 2021 考古年报》(内部资料)。
② 陕西省考古研究院、北京大学考古文博学院:《陕西岐山县孔头沟遗址西周墓葬 M10 的发掘》,载《考古》2021 年第 9 期。
③ 宝鸡市考古研究所:《陕西宝鸡旭光西周墓葬发掘简报》,载《文物》2021 年第 9 期。
④ 陕西省考古研究院、宝鸡市考古研究所、宝鸡先秦陵园博物馆:《陕西凤翔雍城秦公一号大墓一号坑考古发掘简报》,载《考古与文物》2021 年第 6 期。
⑤ 陕西省考古研究院等:《陕西凤翔雍城秦公一号大墓二号坑 2019 年考古发掘简报》,载《考古与文物》2021 年第 6 期。
⑥ 陕西省考古研究院:《陕西长安神禾原战国秦陵园大墓发掘简报》,载《考古与文物》2021 年第 5 期。

园的发现对于进一步研究秦汉帝王陵墓制度具有重要的意义。① 严家沟秦陵由陵园和陪葬墓区两部分组成。陵园平面为南北向长方形，由双重陵园、陵墓、陪葬坑、祔葬墓、建筑遗址、道路、陪葬墓等遗迹组成。内陵园中除南、北陵墓外，还有少量的建筑遗址、陪葬坑及大量祔葬墓。陪葬墓区位于陵园西部、南部。严家沟陵园叠压在汉成帝延陵陵园之下，综合判断其应为战国晚期秦陵。② 而上召窑大墓及陵园也开展了一定的勘探和发掘工作，其应已达到战国时期秦公级别，与严家沟秦陵、"周陵"秦陵、司家庄秦陵构成秦"咸阳陵区"的核心部分。③ 与上召窑大墓时代相近、位置相邻的底张墓地，发掘了 337 座战国秦墓，或为上召窑大墓修建人群集中公墓。④ 对三岔秦公陵园遗址周边的考古勘探，还发现了具有等级差别的秦人墓地。⑤

有关中小型秦墓的发现。西安杜城遗址发掘了 58 座可能属于杜县秦人的春秋秦墓。⑥ 西安市高陵区米家崖村战国秦墓 M3、M9、M14、M49 保存较好，出土器物较为丰富，普遍出土两套随葬品：一套为秦墓常见陶器，另一套为比较少见的低温陶器、低温陶俑。为战国秦墓研究增添了新资料，也对各类陶俑制作与发展源流以及其后秦兵马俑源流等问题的研究具有重要意义。⑦

此外，还值得注意的是，韩城陶渠遗址发掘的西周晚期至春秋早期的"甲"字形大墓，出有"京"字铭文铜戈，或与两周之际的"京"邑有关，对陕西周代封国研究有重要价值。⑧ 长安水磨墓地发掘 31 座小型长方形竖穴土圹墓，春秋中期开始使用，下限不晚于战国早期，秦文化风格较浓厚。值得注意的是，部分陶器保留有西周时期的特征，或可为周余民的研究提供新资料。⑨ 刘家洼遗址发现了两排西周晚期的大型下沉式房址。其建筑形式可能与地理环境或人群居住喜好有关。夯土台基多被春秋早中期的灰坑打破。大型建筑的废弃可能与人群和等级的变化有关，为聚落变迁的研究提供新线索。⑩ 杜城遗址除秦墓外还发现居址类遗存，其中秦汉时期铸铁遗存颇为重要，包括大量水井、陶窑、灰坑、炼炉等遗迹和陶范、炉壁、炼渣、鼓风管等遗物，对研究秦汉时期冶铁业的发展具有重要意义。⑪

---

① 陕西省考古研究院、宝鸡市考古研究所、宝鸡市陈仓区博物馆：《陕西宝鸡太公庙秦公大墓考古调查勘探简报》，载《考古与文物》2021 年第 1 期。
② 陕西省考古研究院、咸阳市文物考古研究所：《陕西咸阳严家沟秦陵考古调查勘探简报》，载《考古与文物》2021 年第 1 期。
③ 赵汗青：《咸阳上召窑大墓》，载《陕西省考古研究院 2021 考古年报》（内部资料）。
④ 赵汗青：《咸阳底张墓地》，载《陕西省考古研究院 2021 考古年报》（内部资料）。
⑤ 杨武站、景宏伟、陈爱东：《秦雍城遗址》，载《陕西省考古研究院 2021 考古年报》（内部资料）。
⑥ 种建荣、孙战伟、夏培朝：《西安杜城遗址》，载《陕西省考古研究院 2021 考古年报》（内部资料）。
⑦ 陕西省考古研究院：《陕西高陵米家崖秦墓发掘简报》，载《考古与文物》2021 年第 4 期。
⑧ 耿庆刚、马亮：《韩城陶渠遗址》，载《陕西省考古研究院 2021 考古年报》（内部资料）。
⑨ 胡松梅、李彦峰：《长安水磨墓地》，载《陕西省考古研究院 2021 考古年报》（内部资料）。
⑩ 种建荣、孙战伟、夏培朝：《澄城刘家洼遗址》，载《陕西省考古研究院 2021 考古年报》（内部资料）。
⑪ 种建荣、孙战伟、夏培朝：《西安杜城遗址》，载《陕西省考古研究院 2021 考古年报》（内部资料）。

本年度夏商周考古领域有两部新出版的考古报告值得注意。宝鸡郭家崖墓地是一处规模较大、保存较好的东周秦及汉唐墓葬。该墓地的发掘，对研究秦人聚落形态、葬制葬俗、秦戎关系等具有重要意义。① 有关东周戎狄考古，黄陵史家河墓地和清涧辛庄战国墓地考古资料刊布。前者出土了大量特征鲜明的戎人陶器，后者陶器中包括数量较多且与寨头河、史家河风格不同的另一类陶器，报告将其称为"辛庄类遗存"，推测是北方狄人器物。该报告的出版填补了陕北地区考古学文化谱系中的重要一环，同时也为辨识该区域戎狄文化系统遗存的年代及性质提供了较为可靠的标尺。②

（二）夏商周考古研究

在陕西夏商周考古研究中，与夏文化有关的研究为数不多，学界尚需加强对陕西地区夏文化的调查、发掘和研究工作。朱乃诚在分析二里头绿松石龙的源流时，认为其渊源是石峁皇城台大台基 8 号与 24 号石雕龙，中介是新砦龙纹饰。陶寺彩绘龙与石峁石雕龙、新砦龙纹饰、二里头绿松石龙区别明显，可能分属不同的文化传统，或许与年代相隔较久有关。石峁皇城台大台基南侧石护墙年代可能在新砦期早段之后，不属于夏王朝、夏王室的文化遗存。③

陕西地区是商王朝西土经略的重点，也是周人的"大本营"。相关研究工作历来备受重视，本年度也取得了丰硕成果，主要在建筑、青铜器、墓葬、手工业及考古学文化等方面。老牛坡遗址是陕西商时期典型遗址，郭明通过老牛坡建筑遗存与中原地区商代建筑的比较，发现两者呈现出两种不同风格。但老牛坡建筑与西周时期陕西地区的许多建筑相似，应是吸收了周文化因素。商与周的建筑风格分属两大系统，即西土集团与东土集团。④ 汉中盆地商文化的研究引起了学者的关注。曹玮通过对汉中盆地商代青铜器与盘龙城青铜器的比较，认为汉中盆地的早中期青铜器是由盘龙城直接传入的，随着盘龙城商人的退却，汉中盆地的青铜器面貌也发生了较大的变化。⑤ 三星堆考古发现一直引人注目，其与关中、汉中地区的文化交流也为学界关注。对于二号祭祀坑出土的圆眼直喙歧冠或无冠的鸟形饰，田剑波认为其可能是从长江中游输入或仿制的。长江中上游和汉中的这类鸟形饰以南方系尊、罍等容器为载体，关中则是在商式爵、斝上局部加入此类形饰，这是在关中、汉中沟通南北的特殊位置和这一时期商文化的对外扩张作用下形成的，也显示出重要物质文化的交流是一种社会上层的行为。⑥

---

① 陕西省考古研究院、宝鸡市考古研究所编：《宝鸡郭家崖考古发掘报告》，科学出版社，2021 年。
② 陕西省考古研究院、延安市文物研究院、榆林市文物保护研究所：《戎与狄：陕北史家河与辛庄战国墓地考古报告》，文物出版社，2021 年。
③ 朱乃诚：《二里头绿松石龙的源流——兼石峁遗址皇城台大台基石护墙的年代》，载《中原文物》2021 年第 2 期。
④ 郭明：《老牛坡遗址商代建筑试析》，载《考古与文物》2021 年第 3 期。
⑤ 曹玮：《汉中盆地商代早中期青铜器与盘龙城青铜器的对比研究》，载《江汉考古》2021 年第 3 期。
⑥ 田剑波：《试论商时期长江中上游与秦岭南北的文化交流方式——从三星堆出土圆眼直喙歧冠鸟形饰说起》，载《江汉考古》2021 年第 5 期。

先周文化的探索始自20世纪30年代斗鸡台的发掘,所得学术观点至今聚讼纷纭。本年度,尹盛平对刘家文化的历史背景、族属、来源进行了分析,并认为碾子坡文化与西周文化完全不是同一个谱系的文化,它不是先周文化。提出先周族早期可能是在杜水流域附近,后来才迁徙到漆水下游的邰地,这可能是武功郑家坡先周文化年代的上限,为商代二里岗上层或略晚的原因。① 乳钉夔纹盆形簋是探索先周文化铜器群的重要对象。李宏飞将关中地区商周之际的乳钉夔纹盆形簋分为三式,年代由殷墟文化第四期早段至西周早期。跨先周晚期至西周初年的Ⅱ式簋主要出自关中商周之际的中小型墓葬,先周晚期中小贵族成为社会的中坚力量,为西土集团的崛起奠定了重要的礼制基础。乳钉夔纹圆鼎与乳钉夔纹盆形簋以一鼎一簋构成的随葬组合有可能早至先周晚期,西周早期出现于东方地区。② 杨文昊和宋江宁认为地基坑是不同于普通垃圾坑的灰坑类遗迹,推测其应为建筑地基的组成部分。基于此认识,认为周原遗址凤雏六号建筑基址的年代可能已进入西周而非商周之际。③

宝鸡石鼓山商周墓葬的青铜器研究是该年度的热点。邵安定等学者对宝鸡石鼓山商周墓地出土的青铜容器进行科学分析,均为铸造而成。在合金成分方面,各有不同。经过科学检测表明,典型商文化青铜容器与殷墟晚期青铜容器技术特征相似;先周文化青铜容器材质差;商周之际青铜容器与殷墟晚期青铜容器较为接近;而"当地类型"青铜容器与先周文化青铜容器技术特征相似。④ 宝鸡石鼓山出土有近百件青铜容器,通过观察发现其扉棱的制作工艺包括浑铸扉棱无分范、浑铸扉棱中心分范、浑铸扉棱一侧分范以及扉棱分铸四种,这与石鼓山墓地出土青铜容器表面扉棱的形制、大小以及器物的文化属性存在一定的关联性。⑤

有关墓葬的研究,多是对墓地结构的分析。赵丛苍和祁翔认为凤翔孙家南头墓群周墓地的墓主至少应由周系族群和广义的殷遗民组成,以后者居多,等级均普遍较低。墓地结构反映出这一地区社会亲属关系结构至少分为三个层级。不同亲属集团的墓葬群同处一地,两大族群的文化相互影响。西周晚期该墓地规模的缩小,很可能与周人对关中西部地区控制力减弱有关。此研究对于凤翔地区西周墓葬特征、人群构成、社会结构和文化演变等问题的探讨,具有重要意义。⑥ 王洋对华县东阳西周墓地结构进行研究,墓地人群包含殷遗民与东阳主体族群,后者可能原为活动于甘肃东部地区的西土古族。墓地按族属、等级分区,表明血缘关系是其社会组织的基础,族群内与族群间的等级差异又

---

① 尹盛平:《刘家文化新探——附论先周文化的渊源》,载《考古与文物》2021年第4期。
② 李宏飞:《论商周之际的乳钉夔纹盆形簋——关中地区先周时期铜器群探索之三》,载《四川文物》2021年第2期。
③ 杨文昊、宋江宁:《周原遗址凤雏六号建筑基址年代再论》,载《文博》2021年第6期。
④ 邵安定、李建西、宋俊荣等:《石鼓山商周墓地出土青铜容器的科学分析与研究》,载《文博》2021年第2期。
⑤ 邵安定、李建西、陈坤龙,等:《宝鸡石鼓山墓地青铜容器扉棱制作工艺研究》,载《中原文物》2021年第5期。
⑥ 赵丛苍、祁翔:《孙家南头墓群周墓地分析》,载《文博》2021年第1期。

体现了宗法等级制度及族群关系的政治等级化。该墓地人群构成模式罕见于西周畿内的非都邑性聚落,原因应与东阳主体族群的特殊社会地位有关。①

手工业遗存的整理与分析,逐渐受到学界的关注。徐良高梳理了丰镐遗址铸铜、制陶、制骨等西周手工业作坊遗址的重要考古发现与研究成果,探讨了丰镐手工业生产组织、管理方式,提出城市手工业考古应由作坊遗址的个别具体遗迹现象发掘和工艺技术研究向聚落考古和社会史视野下的整体性发掘和全方位研究发展。② 郭士嘉等学者将周原遗址西周时期聚落内确认的 61 处手工业遗存,按生产规模分为大型作坊、小型作坊和家庭手工业。有些大型作坊集中分布,形成两个"手工业园区"。在供应链形态上,"手工业园区"各作坊生产原料来源统一,产业分工明确,产品流通范围广泛。周原遗址西周时期聚落内的作坊或功能区,是地缘组织单位,作坊内由不同的血缘组织单位构成。③ 旬邑枣林河滩遗址商周时期骨制品可分为坯料、半成品和成品,其多采用黄牛和鹿科动物的骨骼,多见肩胛骨和肋骨。通过比较研究,结合骨制品的出土位置,认为枣林河滩遗址骨制品生产可能属于自给自足的家庭式生产。此丰富了商周时期的制骨手工业发展水平的相关认识。④

东周时期的考古研究主要以墓地研究为角度,聚焦芮国和秦国。薛铭博通过对芮国青铜器与墓地的梳理,芮国自西周初年立国到灭亡为止,可能经历了 13 代国君,其地位经历了起伏。第二,春秋早期,芮国的国家形态可能经历了由畿内贵族成为独立封国的转变。⑤ 有关秦国的研究,焦南峰和李岗分析指出,根据历史文献,"秦东陵"应称为"芷阳秦陵"或"秦芷阳陵区"。目前考古所发现的秦陵并不是此前所披露的"四座陵园",而是"两座陵园",墓主分别应为昭襄王、唐太后以及宣太后。认为秦东陵还未发现的庄襄王及帝太后陵应在原三号陵园以北隔沟相望的杨寨塬寻找。⑥ 此外,焦南峰还认为"雍城秦公陵园"应称为"秦雍城陵区",建议雍城秦陵考古资料应采取类型学方法整理,微调基础资料的编号。根据陵园规模、布局和内涵提出Ⅷ、Ⅶ、Ⅷ号三座陵园实际上是一座陵园,有关陵园勘探、诸陵园隍壕补充勘探、诸陵园内外中小型遗存补充勘探等工作需要加强。⑦ 李振飞认为秦人自春秋早期开始,随着都城的迁移共建设了西垂、平阳、雍城、咸阳四个陵区,可能存在衙、栎阳陵区。根据各陵园的形态特征以及所处的绝对年代,将其划分为五期,认为秦陵的发展历程是内外因共同作用的结果,秦陵兆域形态影响了中小型秦墓的形态。⑧ 此外,玉器研究在夏商周礼仪制度与文化探索中占有重要地位。宝鸡先

---

① 王洋:《华县东阳西周墓地结构研究》,载《中国国家博物馆刊》2021 年第 2 期。
② 徐良高:《丰镐手工业作坊遗址的考古发现与研究》,载《南方文物》2021 年第 2 期。
③ 郭士嘉:《周原遗址西周"手工业园区"初探》,载《南方文物》2021 年第 2 期。
④ 黄泽贤、成芷菡、王楚喻,等:《陕西旬邑枣林河滩遗址出土商周时期骨制品研究》,载《南方文物》2021 年第 4 期。
⑤ 薛铭博:《芮国铜器与芮国世系探微》,载《中原文物》2021 年第 3 期。
⑥ 焦南峰、李岗:《"秦东陵"相关问题初探》,载《考古与文物》2021 年第 1 期。
⑦ 焦南峰:《雍城秦公陵园研究的再思考》,载《考古与文物》2021 年第 6 期。
⑧ 李振飞:《秦陵园及其兆域的初步研究》,西北大学硕士学位论文,2021 年。

秦陵园博物馆藏战国玉人是专门选材加工制作,应是先秦祭祀性质玉人的初始形态。其制作简单,不规范,没有形成统一样式,显示出原始性,对比可知时代应不晚于战国晚期。为我们研究先秦祭祀用玉情况提供了重要资料。① 此外,还有硕士研究生论文涉及汉水中游地区楚国墓地空间结构②、关中及周邻地区东周秦汉时期城邑③等方面。

三代时期的遗民问题一直是研究的热点,学界多聚焦殷遗民的研究,而对"周余民"及其考古学文化的研究较少见。张天恩和刘锐通过对两周之际考古资料的梳理,总结出关中周余民文化遗存的基本特征:头北向的南北向土圹竖穴墓,仰身直肢葬,无腰坑和殉人(个别例外)。大中小型墓在随葬器物方面也有其特点,多继承西周晚期的特征。东西部周余民存在差异,或与其对待秦国在关中崛起的态度不同有关。④

四、秦汉考古

(一)秦汉考古发现

本年度陕西秦汉考古田野工作主要集中在对墓葬的调查与发掘。其中,对帝陵布局的勘探,以及对帝陵陪葬墓的发掘,是秦汉墓葬考古发掘的工作重点与关注焦点,对于探究秦汉帝陵埋葬制度及其演变具有重要意义。2011—2013 年,西汉宣帝杜陵进行了全面的考古调查与勘探。基本探明了杜陵陵区范围与布局,明确了杜陵陵园有一重外围沟、一重外园墙,外园墙之内发现帝陵陵园、皇后陵园、100 座外藏坑、57 座祔葬墓、6 座建筑遗址、数条道路;陵区东、东北、北部发现 75 座陪葬墓;陵区西北发现陵邑墙基、围沟,并在陵邑内发现 4 处大型建筑遗址、2 座陶窑等。深化了对陪葬墓区、陵邑范围、布局及内涵的认识。有助于推动对西汉中期帝陵的形制要素与布局及西汉帝陵埋葬制度的演变的全面认识。⑤ 2014—2016 年,由陕西省考古研究院与汉阳陵博物院联合成立的阳陵考古队对东区陪葬墓 M3 的外藏坑进行发掘。墓葬有外藏坑(外藏箱)2 座,设在墓道位置,用木材搭建成长方形的箱体结构,放置陶/木俑、木质车马、石磬、生活器具等随葬品千余件。M3 的时代为西汉前期,陪葬阳陵证明该墓主人身份特殊,应为景帝时期的重要人物。其外藏坑中的器物丰富了西汉帝陵陪葬墓随葬的内容,为研究西汉前期陪葬墓品及当时的物质文化生活提供重要实物依据。⑥ 本年度霸陵遗址考古工作是霸陵外藏坑和南

---

① 景宏伟:《宝鸡先秦陵园博物馆藏战国玉人》,载《文物》2021 年第 5 期。
② 沈艳红:《汉水中游地区楚国墓地空间结构研究》,郑州大学硕士学位论文,2021 年。
③ 陈阳:《关中及周邻地区东周秦汉时期城邑研究》,郑州大学硕士学位论文,2021 年。
④ 张天恩、刘锐:《春秋早期关中周余民及文化遗存浅识》,载《陕西历史博物馆论丛》2021 年。
⑤ 陕西省考古研究院、中国社会科学院考古研究所、西安市文物保护考古研究院:《汉宣帝杜陵考古调查勘探简报》,载《考古与文物》2021 年第 1 期。
⑥ 陕西省考古研究院、汉景帝阳陵博物院:《汉阳陵东区陪葬墓 M3 之外藏坑考古发掘简报》,载《考古与文物》2021 年第 1 期。

陵的发掘。发现大量的陶俑、乐器、动物骨骸等，丰富了西汉早期陵墓外藏系统的陪葬内涵。南陵"石围界"的试掘，则有助于明晰南陵陵园的建筑形制。①

秦汉时期中小型墓的发掘工作也取得了丰硕的成果，丰富了中小型墓葬制葬俗研究资料，其主要集中在西安、咸阳、泾阳、宝鸡、韩城、安康等地。

西安地区，浐灞生态区东方红墓地发掘秦墓153座，以竖穴土洞墓为主，东西向比例较高，屈肢葬和直肢葬比例相近，出土罐、釜、盆、蒜头壶等陶器。部分竖穴土坑墓有壁龛。汉墓312座，形制为斜坡墓道砖室墓、斜坡墓道土洞墓、竖穴砖室墓、竖穴墓道土洞墓和竖穴土坑墓，以竖穴墓道土洞墓占比最高。该墓地是近年来浐河下游发掘的最大的秦汉墓地，为探讨秦汉墓葬分布与秦汉都城位置变迁关系提供重要资料。② 高陵区南绳刘墓地清理汉、隋唐、明清墓葬53座，以汉墓最多，从其分布情况看，可能属于家族墓地，形制主要为斜坡墓道砖室墓，有2座斜坡墓道多室土洞室墓。出土器物以陶器为主，有祭祀器、模型明器和动物俑模型。有2座墓还出土了东汉和帝年号"永元"等朱书的镇墓瓶、镇墓罐。此发掘有助于汉墓年代学和该地区葬制葬俗演变过程的研究。③ 西安市文物保护考古研究院于2014年至2015年在西安南郊上塔坡村北侧发掘的10座汉墓为竖穴墓道直线式洞室墓，葬具为一棺或一棺一椁，葬式均为仰身直肢葬；随葬品分为陶器、铜器、铁器三类，以鼎、盒、钫等陶礼器和罐、缶、钵等日用陶器为主，并出有陶璧，后者在西安地区以往公布的汉墓材料中较为少见。为当时墓葬形制、丧葬习俗的研究提供新材料。④ 2018年西安市文物保护考古研究院与郑州大学历史学院在西安市南郊发掘的M37、M39为竖穴墓道券顶砖室墓，出土遗物包括陶鼎、陶仓、陶灶、陶壶、陶罐、铜镜及铜钱等。从墓葬形式及出土器物的特征判断其年代大致在西汉晚期。两墓结构相同、大小接近、南北并列，相距仅5米，初步推断为家族合葬。⑤ 西安白杨寨墓地、黄渠头墓地等也开展了相关发掘。⑥

咸阳地区，2021年，陕西省考古研究院在咸阳成任－岳家墓地东汉家族墓地发掘，出土了两件犍陀罗风格的铜佛造像。和出有佛像的墓葬相邻的墓葬中，出土陶罐朱书纪年为东汉延熹元年（158），为佛像断代提供重要参考。⑦ 这是目前国内考古出土的时代最早的金铜佛像，属本土制作，具有犍陀罗风格，对于研究佛教文化的传入及中国化具有重

---

① 马永嬴、曹龙、朱晨露：《西汉帝陵——霸陵遗址》，载《陕西省考古研究院2021考古年报》（内部资料）。
② 陈爱东、王曾：《西安东方红墓地》，载《陕西省考古研究院2021考古年报》（内部资料）。
③ 杨利平、殷宇鹏：《高陵南绳刘墓地》，载《陕西省考古研究院2021考古年报》（内部资料）。
④ 西安市文物保护考古研究院：《陕西西安南郊上塔坡村西汉墓发掘简报》，载《文博》2021年第2期。
⑤ 郑州大学历史学院、西安市文物保护考古研究院：《西安南郊缪家寨村M37、M39发掘简报》，载《中原文物》2021年第2期。
⑥ 参见《陕西省考古研究院2021考古年报》（内部资料）。
⑦ 李明、赵占锐：《咸阳成任－岳家墓地》，载《陕西省考古研究院2021考古年报》（内部资料）。

要价值。① 此外，咸阳贺北墓地发掘了828座战国晚期至秦代平民墓葬，分布密集且打破关系较少，应经过整体规划，其进一步明确了秦咸阳城周边功能区划及平民墓地分布规律。秦人墓葬以直线式洞室墓最多，其次分别为竖穴土圹墓和偏洞室墓。随葬陶器多为鼎、盒、壶、盆、罐、釜、茧形壶、蒜头壶等，少量铲足鬲，铜器极少。还清理了西汉晚期的竖穴墓道砖室墓、东汉时期的长斜坡墓道砖室墓和萧梁太宗萧纲昭容乐氏墓。② 咸阳瓦刘墓地发掘的汉墓以长斜坡墓道洞室墓为主，少量为竖穴墓道，墓室有单室和多室之分。发现2座带围(兆)沟的汉代中小型墓园。出土带有明确纪年的朱书陶器。这为汉墓分期研究和明确关中中小型东汉墓年代学研究提供重要证据。③

泾阳地区，宝丰寺墓地发掘52座墓葬，10余条围沟。墓葬形制以竖穴土洞墓居多，还有竖穴土圹墓和斜坡墓道砖室墓，屈肢葬直肢葬各半。出土鼎、盒、壶、蒜头壶、缶、釜、熏炉等陶器，少量铜器和玉器。另发现有陶文和刻铭。西区墓葬年代为秦代晚期，东区为西汉早期。④ 泾阳大堡子墓地该年度共清理墓葬近1500座，以竖穴墓道洞室墓为主。墓地南北部差异较明显。北部有少量竖穴土圹墓，随葬品组合常见鼎、盒、壶、钫等仿铜陶礼器，也常见汉"半两"铜钱；南部斜坡墓道土洞墓和券顶砖室墓增多，常见罐、奁、仓、灶等明器，彩绘陶减少而釉陶器增多，多见"五铢"及少量新莽钱。墓地由北向南时代渐晚的特征明显。为研究西汉墓葬制度等提供丰富的资料。⑤

韩城、宝鸡、安康等地的发掘工作也取得一定进展。韩城堡安墓地清理战国晚期至西汉早期墓285座，东汉及以后各时期墓葬184座。前者主要位于发掘区东南部，形制有竖穴土坑墓和竖穴墓道土洞墓，随葬品以陶器为主，有少量鼎、壶、钫、蒜头壶、瓠等铜器。东汉墓主要位于发掘区东部，为长斜坡墓道砖室墓，被盗严重。发掘区北部有1座北周长斜坡墓道土洞墓，明清墓散乱分布在发掘区东部和北部。该墓地的发掘为韩城历史地理研究提供实物资料。⑥ 2020年3月，陕西省考古研究院等单位在陕西省宝鸡市陈仓区西秦村发掘了5座西汉初期墓葬。墓葬均是东西向的竖穴墓道洞室墓，规模接近，保存完整，随葬器物以陶器为主，有少量金属器和漆器，放置位置明确、组合清晰，以"钫＋鼎＋盛＋甑＋锜"的仿铜陶礼器为基础。墓葬的发掘，为研究宝鸡地区西汉初期普通平民的物质生活及丧葬习俗提供了实物资料。⑦ 安康汉王坪遗址清理战国至秦汉时期陶窑4座、沟3条、灶坑1个、灰坑14个，出土有陶容器、筒瓦等建筑材料及制陶烧窑工具。此为

---

① 李明、赵占锐：《陕西咸阳成任墓地出土中国最早金铜佛像》，载《中国文物报》2021年12月10日，第2版。
② 张杨力铮：《咸阳贺北墓地》，载《陕西省考古研究院2021考古年报》(内部资料)。
③ 段毅：《咸阳瓦刘墓地》，载《陕西省考古研究院2021考古年报》(内部资料)。
④ 于有光：《泾阳宝丰寺墓地》，载《陕西省考古研究院2021考古年报》(内部资料)。
⑤ 邵晶：《泾阳大堡子墓地》，载《陕西省考古研究院2021考古年报》(内部资料)。
⑥ 马亮、耿庆刚：《韩城堡安墓地》，载《陕西省考古研究院2021考古年报》(内部资料)。
⑦ 陕西省考古研究院、宝鸡市考古研究所、陈仓区博物馆：《陕西宝鸡西秦村汉墓发掘简报》，载《文博》2021年第2期。

安康地区这一时期遗址的第一次发掘,具有重要的学术价值。①

秦咸阳城遗址的田野工作仍持续进行。本年度主要从六号建筑群发掘、宫殿官署区西部及南部勘探和试掘两方面开展。六号建筑群发掘工作主要是确定高台建筑西部和北部边界、附属建筑布局及时代,出土有葵纹瓦当、筒瓦、板瓦及草拌泥白灰墙皮等遗物,高台建筑遗存年代为战国晚期至秦代。其西北部发现的晚期道路和房址的时代不早于西汉中期。此外,通过本年度工作,还在六号建筑群西北部的附属建筑确认了三期遗存及其分布,对了解秦咸阳城遗址建筑布局、区划范围和相关遗存年代具有重要的意义。②

(二)秦汉考古研究

1. 墓葬研究

(1)帝陵及诸侯王墓。2021年12月14日,国家文物局在"考古中国"重大项目工作会议上公布,位于西安市白鹿原的江村大墓是西汉文帝的霸陵,引起广泛关注。马永赢讨论汉文帝霸陵选址白鹿原的主要原因。认为汉文帝霸陵放弃渭北祖陵区,选址白鹿原的原因不是因为受到"昭穆制度"限制被迫别葬,而是有三:其一,为了解决其母薄太后的丧葬礼仪问题;其二,扼守交通要道、防御东方诸侯的政治需要;其三,文帝的个人情感因素也影响到霸陵的选址。③ 霍巍通过对汉文帝霸陵的文献流传进行梳理,并对考古发现的江村大墓分析,认为"因山为藏,不复起坟"应是依托山脉、紧靠山脉建造陵墓,不再另起坟丘的,而与在山体内开凿墓室并无关系,将"因山为藏"理解为营建"崖墓",可能是一个误读。开凿在山体之内的汉代崖墓起源及大量出现的原因,还需要结合汉代墓葬制度和丧葬礼俗的发展变化,以及地域文化甚至外来文化影响等方面重新探讨。④ 陈正奇和魏兴分析汉三陵的文化内涵及历史影响。汉文帝的霸陵与其母薄太后南陵、窦皇后陵合称汉三陵,汉文帝崇尚节俭,是仁孝的典范,薄太后和窦皇后和谐的婆媳关系成为后世典范。汉文帝陵开创了因山为陵的先例,对后世帝陵修建影响深远。⑤

严辉对秦、两汉帝陵二元式空间结构进行分析。秦、两汉帝陵空间结构由四个系统组成,其中瘗埋系统和祭祀系统,是陵园的核心。灵魂二元式观念是促成帝陵二种格局形成的思想渊源。魏晋南北朝时期,瘗埋和祭祀两个系统分离。⑥ 朱晨露梳理西汉帝陵墓道资料,总结了西汉帝陵墓道的两个主要特点:一是规模逐渐减小,主墓道作用突出;二是遵循了严格的使用制度。西汉中期之后,陵园内墓葬的朝向出现了东(帝陵朝向)、南向(陵园内祔葬墓朝向)杂糅的格局,与西汉后期尊卑有序观念有一定的关系。而陵墓

---

① 王志友:《安康汉王坪遗址》,载《陕西省考古研究院2021考古年报》(内部资料)。
② 许卫红、张杨力铮:《秦咸阳城遗址》,载《陕西省考古研究院2021考古年报》(内部资料)。
③ 马永赢:《汉文帝霸陵选址研究》,载《考古与文物》2021年第1期。
④ 霍巍:《汉文帝霸陵的文献流传与考古发现的江村大墓》,载《江汉考古》2021年第6期。
⑤ 陈正奇、魏兴:《汉三陵的文化内涵及历史影响》,载《秦汉研究》2021年第16辑。
⑥ 严辉:《秦、两汉帝陵二元式空间结构概说》,载《中原文物》2021年第3期。

墓道位置的选择,受到都城布局的影响,是中国古代建筑"居中"理念的表象。①

杨懿、徐卫民梳理内西汉诸侯王崖洞墓结构各组成部分的定名和定义,将西汉崖洞墓分成两型:模仿竖穴墓墓葬结构和模仿生前居室。崖洞墓在产生初期可能是向成熟的木椁墓系统和生前建筑分别进行学习和模仿后产生的。后期的崖洞墓结构都更为简单,布局更加合理协调,这可能与不同诸侯国的经济条件和崖洞墓建造技术的提升有关。②马永嬴对汉阳陵北区陪葬墓的归属进行探讨。通过西汉帝陵制度发展演变、墓葬形制、陪葬墓外藏坑的设置等方面的考察,认为两座陪葬墓分别属于临江哀王刘阏于和清河哀王刘乘。对于死葬长安的刘氏诸侯王的葬地问题,认为其因病夭亡者可能会陪葬乃父帝陵,因罪而死的诸侯王则可能会在长安附近另外选择墓址埋葬。该推断还有待考古成果的检验。③

(2)中小型墓。何家欢、段清波分析战国西汉时期长安-咸阳地区中小型墓葬,梳理墓葬形制演变规律。认为这一时期的墓葬形制存在两次转变:战国中晚期,竖穴墓道洞室墓迅速普及;西汉中晚期,砖室墓及同室、多室合葬兴起。关中各地区、关中与周边邻近地区的墓葬形制演变有所差异。墓葬形制的变化体现出当时政治体制以及思想观念的转变,即可能与秦人东进及中央集权郡县制的社会治理体系确立有关,而西汉中期以后受到"忠""孝"理念下家庭观念增强的影响,家庭合葬墓逐渐增多。④

2. 手工业遗存研究

许卫红分析秦都咸阳城北区手工业遗存布局。其分布于东北和西南两个区域。西南区为东北区提供制骨、冶铸、制陶等生产所需原料以及陶质生活用品和建筑材料,隶属内史机构。东北区手工业制作均与少府所辖机构有关。两区分隔,一定程度上显示出"双区并列"布局特点。而经济管理可能是其主要的行政职能。⑤

徐国龙对汉长安城手工业遗存进行梳理。分制陶、铸钱和铸铁三大门类,分布于汉长安城内、近郊及上林苑三个区域。砖瓦生产以就近为原则,位于建筑附近。陶俑生产及铁器铸造集中于汉长安城西北部的"手工业园"。铸钱位于西汉上林苑内。都城手工业属于官府手工业性质。其职能主要是为都城建设生产建筑材料,为帝王及贵族陵墓生产随葬用品及少量生活用品,为全国铸造钱币或提供技术支持。多行业普遍使用范模成型,大大提高了生产效率及产品的标准化水平。叠铸技术广泛应用于金属铸造领域。⑥汉长安城上林三官铸钱遗址出土大量陶钱范,其中的铭文范模分有纪年类和无纪年类两

---

① 朱晨露:《西汉帝陵墓道及相关问题刍议》,载《常州文博论丛》2021年。
② 杨懿、徐卫民:《西汉诸侯王崖洞墓的类型学研究》,载《文博》2021年第2期。
③ 马永嬴:《汉阳陵北区陪葬墓归属考辨——兼谈死葬长安之刘氏诸侯王的葬地问题》,载《陕西历史博物馆论丛》2021年。
④ 何家欢、段清波:《关中战国西汉中小型墓葬形制演变探析——以长安—咸阳地区为例》,载《考古与文物》2021年第6期。
⑤ 许卫红:《从手工业遗存看秦都咸阳城北区布局》,载《南方文物》2021年第2期。
⑥ 徐龙国:《汉长安城手工业遗存的发现与研究》,载《南方文物》2021年第2期。

类。徐龙国还根据浇铸口与排气道的不同设置,结合纪年类范模对铭文范模进行分型和分期,对认识上林三官铸钱的分工及技术演变,无纪年铭文范模及五铢钱的断代研究具有积极意义。①

3. 器物研究

类型学分析和文化因素分析,是器物研究的重点。陈代玉将丹江库区汉墓随葬陶器分为七期。西汉早期,秦、楚、巴蜀文化因素占有一定比例,并延续到西汉中期,巴蜀文化器物可能是秦人带入,而非直接传入。继秦文化以后,来自关中地区的汉文化因素保留至东汉初年。西汉晚期模型明器大量涌现,汉文化陶礼器延续到东汉早期,体现本地传统的双耳罐贯穿始终,但在东汉时期逐渐减少。此地区经历了汉文化因素逐渐取代本地原有文化因素的过程,其汉墓文化面貌整体上与南阳盆地属于同一文化区,同时又呈现出地域性、多样性、滞后性的特征。② 王欣亚、曹龙以泾渭秦墓出土的陶俑为基础,分析秦人服饰的特点,补充了东周时期秦人服饰研究。交领右衽的窄袖曳地长袍贯穿秦人始终,适用人群亦最为广泛;露足长袍数量较少,应为特定身份人群的专有服饰;襦服是武士的统一服饰。东周时期形成了秦、齐鲁、三晋及楚四个服饰文化区域,秦服在部分款式、形制上与三晋地区较为接近,但在具体穿着搭配与服色、纹饰上与其他三个文化区域差异明显,尚素、尚白、实用性第一、系带等是秦人服饰文化中的重要特征。③ 金银研究西安地区汉代中小型墓葬中随葬钱币在墓中的意义及作用。通过统计墓葬中随葬钱币的数量,墓葬中钱币伴出物确定钱币的位置,统计墓葬钱币的类型,研究墓葬钱币的安放方式,探讨随葬钱币在墓葬中所具有的社会功能和宗教功能。④

除出土于墓葬的陶器、陶俑外,主要出于宫殿区、作坊区等非墓葬类遗迹中的夯头,也受到了关注。学界以往对秦汉时期夯头的研究较少。薛程对其进行梳理分析,该时期夯头有石质、铁质、铜质和木质。石夯头的使用数量最多,频率最高。铁夯头的基本形制应来源于同时期的石夯头。秦汉时期夯头形制的确立,成为后代夯头不断改进创新的基础,也形成了秦汉以后夯筑建筑工艺的基本特点,促进我国古代夯土建筑工艺的标准化进程。⑤ 李超研究西安博物院藏"昌邑国相章"封泥,认为其从属于刘髆或刘贺的可能性均不能排除,从属于刘髆的可能性较大,与汉武帝或昭帝时的皇位继承有密切关联。⑥

4. 画像石研究

对画像石的研究主要集中在图像内容的辨识和图像的象征及寓意方面,以陕北地区汉画像石为主要研究对象。东汉中期陕北地区墓门左右立柱图像上,存在一类与羽人对

---

① 徐龙国:《西汉上林三官铭文范模研究》,载《考古》2021年第12期。
② 陈代玉:《丹江库区汉墓陶器研究》,载《江汉考古》2021年第2期。
③ 王欣亚、曹龙:《秦人服饰浅析——从泾渭秦墓出土的陶俑出发》,载《考古与文物》2021年第4期。
④ 金银:《西安地区汉代中小型墓葬随葬钱币研究》,载《秦汉研究》2021年第1期。
⑤ 薛程:《秦汉时期夯头研究》,载《考古》2021年第2期。
⑥ 李超:《西安博物院藏"昌邑国相章"封泥考》,载《秦汉研究》2021年第1期。

坐的穿长袍的高大男子形象,学界对其性质和意义众说纷纭。庞政结合纪年材料及该地区早期东王公和西王母图像出现、发展与结合的过程,认为图中高大人物为东王公,图像表现东王公正在与羽人对弈六博。这类模式的东王公图像是陕北地区最早出现的东王公形象,具有鲜明的地域特色和过渡性质,对此后东王公图像的发展产生一定影响。① 也有研究生学位论文涉及汉画像石东王公图像、璧类图像及动物图像等研究。陕北地区出土的搏斗题材汉画像石主要表现为人与人搏、人与兽搏以及兽与兽斗三种形式,此题材多与陕北当时特殊的社会历史背景有关。另从画像石出土背景和表现内容看,其与游牧民族有一定关系,或可据此对陕北随葬搏斗图像墓葬的墓主身份作出推断。② 刘向斌、刘国伟分析了陕北汉画像石中荆轲刺秦王故事,认为将其置于陕北汉画像石的图像叙事网络中,与现在生活图景、未来生活图景组合成一个完整的生命循环,有渴望生命不息、长生永寿的隐喻。③ 段友文、叶蕾选取陕北晋西汉画像石中女娲伏羲、西王母东王公、日神话月神话三组神话,从其所内蕴的祈愿族群延续的生命意识,渴求个体长生不老的生命意识,探寻万物共生宇宙的时空意识方面,论述汉代人追求生命不朽的精神风貌与文化内质,展现汉画像石的艺术生命力。④

5.祭祀研究

史党社具体分析《巫咸文》及凤翔血池秦汉祭天遗址等资料,认为《大荒西经》中的灵山,就是今凤翔西北的灵山,而非重庆之巫山。先秦至西汉时期,灵山在神灵祭祀体系中具有核心地位。⑤ 徐卫民和裴蓓从宏观层面对秦祭祀文化的概括、特点及其影响进行总结。秦祭祀文化汲取了商周以来的祭祀文化与礼制传统,包括祭祀天帝和宗庙社稷的做法,形成了推崇五德终始、祭祀五帝等特点,在中国文明发展史上具有承上启下的作用,其祭祀文化中"畤文化"的创立与发展对汉王朝的影响极大。⑥

此外,本年度出版的有关秦汉考古的论文集,研究视角多样,涉及领域广泛,成果较丰硕。如,《国际视野下的秦始皇帝陵及秦俑学研究学术研讨会论文集》汇集了有关秦始皇陵防洪堤渠、兵马俑一号坑西门道等遗存的调查勘探简报,以及对秦始皇陵园形制、秦墓、秦都城、车马、玉器等方面的一些学术研究成果。⑦《汉阳陵与汉文化研究》(第四辑)一书集中了有关汉帝王陵墓、汉代祭祀文化、器物(如砖瓦、兵俑、兵器、玉器)等方面的数

---

① 庞政:《试论陕北汉画像中的"仙人六博"式东王公及相关问题》,载《考古与文物》2021年第3期。
② 郑倩:《陕北汉画像石搏斗图像研究》,西安美术学院硕士学位论文,2021年。
③ 刘向斌:《论陕北汉画像石中荆轲刺秦王故事的隐喻与象征》,载《中原文化研究》2021年第5期。
④ 段友文、叶蕾:《陕北晋西汉画像神话的生命意识》,载《贵州民族大学学报》(哲学社会科学版)2021年第3期。
⑤ 史党社:《〈山海经·大荒西经〉灵山考——兼论凤翔血池秦汉祭天遗址发现的意义》,载《西北大学学报》(哲学社会科学版)2021年第3期。
⑥ 徐卫民、裴蓓:《秦祭祀文化探研》,载《秦汉研究》2021年第1期。
⑦ 秦始皇帝陵博物院:《国际视野下的秦始皇帝陵及秦俑学研究学术研讨会论文集》,西安地图出版社,2021年。

篇学术论文。① 而"历史记忆与考古发现——秦汉祭祀遗址的发现与研究"研讨会论文集《历史记忆与考古发现》，主要是聚焦秦汉时期重要的祭祀遗址、仪轨、体系及其政治意义。② 这些对于推进秦汉陵墓制度、都城形制、祭祀文化等方面的考古研究，有较重要的学术价值。

五、魏晋南北朝考古

（一）魏晋南北朝考古发现

魏晋南北朝时期的田野考古工作主要集中于墓葬的发掘，特别是家族墓地的发现，为魏晋南北朝家族葬制葬俗研究和家庭研究提供重要资料。咸阳成任-岳家墓地发现一处西晋家族墓地（7座）和一处十六国时期家族墓地（6座），均为带台阶的斜坡墓道多室土洞墓。③ 咸阳西蒋墓地发掘古墓202座，最主要收获为十六国至北魏时期墓葬。形制为长斜坡墓道土洞墓，墓葬数量多，布局有序，聚族而葬，人骨和遗物保存较好，还出有纪年砖志，为关中地区北朝丧葬制度以及家庭和社会研究提供新资料。④ 西安前锋墓地共清理汉、北魏、唐、清等各时期墓葬53座，其中28座北魏墓排列整齐，主要为斜坡墓道单室土洞墓，仅2座为竖穴墓道单室土洞墓，出有陶罐、陶俑、铜镜、砖志、瓦志等，可能属杨氏家族墓葬，其志文纪年明确，为研究北魏墓葬分布增添新材料。志文对"杜县"县名的记载也纠正了部分文献所载之误。⑤ 陕西省考古研究院抢救性发掘了豆卢恩家族墓园。墓园由兆沟和墓葬本体组成。兆沟围合部分平面略呈南北向长方形，面积有2万余平方米。园内以树状结构排列着豆卢家族三代人四座墓葬。出土随葬品丰富，有鼓吹骑马俑、侍立俑、陶塑动物、牛车、铜镜、玉组佩及生活明器等。这是首次发现规模宏大、长幼排列有序、保存较好的北周高等级家族墓园。⑥

除了家族墓地外，还有一些墓葬因出有墓志、特殊器物或自身等级等方面，也值得关注。2017年陕西省考古研究院在西咸新区摆旗寨发掘了西魏陆丑墓。该墓为长斜坡墓道双室土洞墓，由墓道、两天井、两过洞、封门、甬道、前室及后室组成。出土器物228件（组），包括陶器、金银器、铜器等，有镇墓俑、人物俑、模型明器、陶容器、金银币、铜镜等，另有墓志一方。墓葬中域外货币和玻璃器、料珠的发现为研究中西方文化交流增加了实物资料。⑦ 2014年咸阳市文物考古研究所在西咸新区空港新城韩家村配合基本建设时

---

① 汉景帝阳陵博物院：《汉阳陵与汉文化研究》（第四辑），三秦出版社，2021年。
② 李零：《历史记忆与考古发现》，商务印书馆，2021年。
③ 李明、赵占锐：《咸阳成任-岳家墓地》，载《陕西省考古研究院2021考古年报》（内部资料）。
④ 田有前：《咸阳西蒋墓地》，载《陕西省考古研究院2021考古年报》（内部资料）。
⑤ 陈钢、魏铖：《西安前锋墓地》，载《陕西省考古研究院2021考古年报》（内部资料）。
⑥ 段毅：《陕西咸阳豆卢恩家族墓园》，载《大众考古》2021年第12期。
⑦ 陕西省考古研究院：《陕西西咸新区摆旗寨西魏陆丑墓发掘简报》，载《文物》2021年第11期。

发掘的北周墓葬 M1,为长斜坡墓道带天井、过洞的土洞墓。墓葬形制完整、规模较大,出土随葬品数量较多,有陶器、金器、玉石器、铁器、骨器等,该墓葬虽未发现墓志,但仍为北周墓葬的研究提供了新的实物资料。① 陕西省考古研究院还于 2017 年在西咸新区空港新城底张街道朱家寨村北抢救性发掘了一座北周墓。结构为斜坡墓道带天井的前后室土洞墓,随葬器物 109 件(组),包括陶俑、陶动物、陶模型明器、陶瓶、玉组佩、金币、铜钱、墓志等。随葬器物保存完整且位置大致不变,对了解北周品官墓葬随葬器物组合及其所反映的时代特征颇有助益。此墓出土的两副玉组佩,是目前仅有的能完整复原的北周玉组佩,对研究北朝及隋唐时期的朝服葬和舆服制度具有重要的参考价值。② 咸阳瓦刘墓地、咸阳韩家墓地和西安等驾墓地等也有相关的发掘工作。③ 其中,后两者所发现的十六国墓葬的等级较高。咸阳韩家墓地发掘的 1 座十六国高等级墓葬为斜坡墓道带天井洞室墓,长 85 米,深 16.5 米,前后两室,前室顶部土雕藻井与屋椽。此类高等级墓的发现,为寻找十六国时期帝陵提供重要线索。④ 西安等驾墓地十六国墓葬 M3 为长斜坡墓道洞室墓,墓道长 48 米,墓葬虽然规模较大但被盗较为严重,出土陶动物俑、侍从俑、伎乐俑、牛车、模型明器等,此墓的发现为探究十六国时期较高等级墓葬分布提供了新线索。⑤

(二)魏晋南北朝考古研究

陕西地区魏晋南北朝考古的研究持续进行,内容集中于墓葬制度、随葬品、佛造型诸方面。

付龙腾对北朝陵寝制度发展阶段进行概括总结,认为金陵制度为最初阶段代表,其以拓跋鲜卑丧葬礼俗为主,兼采部分华夏文明丧葬制度。方山永固陵则对上述两者进行了初步整合,开始了北魏陵寝的创制阶段。而洛阳模式是以华夏陵寝制度为模板,东魏、北齐主要是对洛阳模式的继承和发展,西魏、北周则从关中地域文化出发,补充了若干新因素。同时,原始部族残留因素的逐步排除,使得北朝陵寝制度也逐步建构皇权主导下的丧葬等级体系。⑥ 林泽洋对关中十六国墓葬陶俑群进行类型学研究,将其分为三个时期:前、后赵时期,前秦时期,后秦至北魏初期。前、后赵时期,关中地区陶俑的发展受到了洛阳地区的影响;之后"汉乐"与"胡乐"交融与碰撞成为鲜明的主题,并愈加明显;北魏占据关中后,鲜卑化成为主流。⑦

魏晋南北朝时期,是中国佛教和佛造像艺术快速发展的时期。佛造像的研究对了解

---

① 咸阳市文物考古研究所:《陕西咸阳韩家村北周墓发掘简报》,载《文博》2021 年第 3 期。
② 陕西省考古研究院等:《陕西西咸新区朱家寨北周墓发掘简报》,载《文物》2021 年第 11 期。
③ 参见《陕西省考古研究院 2021 考古年报》(内部资料)。
④ 于春雷:《咸阳韩家墓地》,载《陕西省考古研究院 2021 考古年报》(内部资料)。
⑤ 张杨力铮:《西安等驾墓地》,载《陕西省考古研究院 2021 考古年报》(内部资料)。
⑥ 付龙腾:《略论北朝陵寝制度的发展阶段》,载《考古与文物》2021 年第 1 期。
⑦ 林泽洋:《关中十六国陶俑研究——以陶俑群的形成为中心》,载《中国国家博物馆馆刊》2021 年第 5 期。

这一时期佛教的发展历程及特点具有重要的意义。于春、郭峰运用光栅扫描的方法,对泾阳太壶寺藏北周保定二年(562)如来立像进行三维建模、测量,并绘制考古线图。经分析,立像为张操所释释迦像,张、王二氏是此次法事活动的主要成员;题记中的比丘尼人数较多,反映北周一朝尼僧集团出现较大发展;长安及周边出土的武成二年(560)造像暗示武帝即位之初并未明显表现出对佛教的反感。① 茹溪对西安博物院藏天和六年张石安释迦佛青石造像座的形制、纹饰、发愿文、艺术特质等进行分析。佛座雕刻技法为减底兼阴线刻与阴线刻组配使用,佛座四面内容在呈现礼佛场面的同时,男性粟特人乐伎等元素,体现了浓郁的西域粟特文化风格。佛座中粟特文化元素的融入,一方面是对粟特人宗教信仰多元化的体现,另一方面也体现出北周中原佛教艺术兼收并蓄、多元发展的特点。②

值得注意的是,古代疾病的研究也受到了学者的关注。消渴症在目前的墓志中并不多见,郭晓涛结合北周拓跋迪墓志文,探究消渴症在古代社会实际发现的时代渊源,并分析这一疾病与中古时期社会文化之间的互动关系。认为消渴症在战国时就已被关注,到两汉时期对此产生了大量医方;从中古时期消渴症表现症状来看,其发生的实际原因或与这一时期服用寒食散的社会风气有关。人们该疾病认知误区的存在及因应之策的错误,使得该病症在中古时期持续蔓延。此外,作者还就此指出了与之相关的考古发掘中疾病信息的遗漏问题,引人思考且亟须改善。③

六、隋唐五代考古

本年度隋唐五代考古的相关工作,视角多样,成果丰富,主要围绕着都城、墓地、墓志、丝绸之路等方面开展。

(一)隋唐五代考古发现

据已发表的资料看,陕西隋唐五代考古田野工作的对象主要是墓地,包括帝陵、中小型墓葬等,都城的相关工作则相对较少。这一点与2020年度的情况类似。

西安市文物保护考古研究院对隋唐长安城东北角夹城及十王宅遗址东城墙与夹城墙之间的道路南段进行了主动发掘,清理道路、车辙等遗迹,还解剖了东城墙墙基。出土铜花饰2件、乾元重宝1枚、开元通宝2枚。根据路面的结构、使用痕迹和出土文物,结合文献判断,道路从唐玄宗年间一直使用到晚唐时期。④

帝陵陵园的调查与发掘,丰富了隋唐帝王陵园布局和陵寝制度研究的资料。陕西省

---

① 于春、郭峰:《陕西泾阳太壶寺藏北周如来立像调查与研究》,载《考古与文物》2021年第4期。
② 茹溪:《西安博物院藏天和六年佛造像座研究》,载《南方文物》2021年第1期。
③ 郭晓涛:《北周拓跋迪墓志所见消渴症发微》,载《考古与文物》2021年第2期。
④ 西安市文物保护考古研究院:《隋唐长安城东北角夹城及十王宅遗址2020年度发掘简报》,载《文博》2021年第1期。

考古研究院公布了2010年隋文帝泰陵陵园及隋文帝庙遗址全面考古调查和勘探的收获，搞清了隋泰陵陵园的平面布局，证实了文献关于泰陵"同坟异穴"的记载；隋文帝庙为祭祀场所，遗址上发现的城址，带有4个马面，可能利用了早期的建筑，或兼具防御与祭祀功能。① 唐敬宗庄陵陵园遗址考古勘探发掘资料也以简报形式公布。通过对庄陵陵园遗址及陪葬墓的全面调查和勘探，陵园的范围和整体布局已基本清楚。对庄陵下宫位置和范围的勘探，搞清了下宫建筑基址的保存状况，明确了下宫内部分建筑的性质。对庄陵陵园南门外西侧蕃酋殿遗址进行考古发掘，出土6件蕃酋像和瓦当、筒瓦、板瓦、方砖、鸱吻等大量建筑材料。同时，还对封土南侧的石块遗迹及陵园石刻进行了发掘清理。这为今后更深入研究唐代陵寝制度提供了翔实的资料。②

除了帝陵外，还清理了一些其他等级的墓葬，部分墓葬随葬器物较丰富，另多有墓志出土，可提供明确的纪年，起到了推动唐墓年代学研究，以及证经补史的重要作用。

高等级墓葬方面。西安市文物保护考古研究院于长安区清理的戴胄夫妇墓，位于神禾原西麓，坐北朝南，东西并列，同茔并穴合葬。墓葬均由长斜坡墓道、甬道、土洞墓室组成。戴胄墓（M6）因盗扰严重保存很差，出土器物共58件（组），其墓道与墓室均有壁画。戴胄夫人菀氏墓（M5）亦被盗扰，出土随葬器物43件（组），主要集中于墓室西半部和墓室口，墓道与墓室的壁画脱落殆尽，内容不可辨。两墓的发掘，为初唐时期高等级墓葬的研究增添了宝贵资料。二者墓志的发现，也为隋末唐初历史、法制、谯郡戴氏等方面的研究提供了新材料。③ 2020年陕西省考古研究院于西安市西咸新区秦汉新城发掘一批隋唐时期墓葬，可确认为同属元氏家族的唐代墓葬共三座。其中，元大谦、罗婉顺夫妇墓为五天井，带围沟，出土墓志、塔式罐、陶俑、铜钱等117件（组）。元大谦为北魏皇室后裔，罗婉顺为鲜卑族，本姓叱罗，其家族与李唐皇室有姻亲关系。夫妇二人于两唐书中均无记载，其墓志内容可补史书之阙。墓中一些"逾制"现象一方面反映出玄宗开元年间厚葬的社会风气，另一方面应与墓主家族和李唐皇室的特殊关系有关。本次发现补充了唐长安城周边墓地分布的材料。罗婉顺墓志书丹者为颜真卿，该墓志的发现为反映颜真卿书法风格形成历程提供珍贵实物。④ 另两座墓主分别为元大谦第三子元不器及侄子元自觉夫妇。两座墓葬均被盗扰，但仍出土较为丰富的随葬品。墓志内容为研究唐玄宗时期相关内容提供了重要资料。⑤

有关中小型墓葬的发现。西安市文物保护考古研究院于西安市南郊上塔坡村北发

---

① 陕西省考古研究院：《隋文帝泰陵考古调查勘探简报》，载《考古与文物》2021年第1期。
② 陕西省考古研究院、三原县文化和旅游局：《唐敬宗庄陵陵园遗址考古勘探发掘简报》，载《考古与文物》2021年第1期。
③ 西北大学文化遗产学院、西安市文物保护考古研究院：《西安市长安区唐戴胄夫妇墓发掘简报》，载《考古》2021年第10期。
④ 陕西省考古研究院：《陕西咸阳唐代元大谦、罗婉顺夫妇墓发掘简报》，载《考古与文物》2021年第2期。
⑤ 陕西省考古研究院：《陕西西安唐元不器墓、元自觉夫妇墓发掘简报》，载《文博》2021年第4期。

掘了一批汉、唐时期墓葬,其中 M116 为韦赜及夫人荥阳郑氏合葬墓,墓葬为斜坡墓道土洞墓,出土遗物较少,有墓志 1 合,陶罐盖、小瓷罐、贝壳各 1 件。志文是核纠史料中关于逍遥公房支系的实证①。韦旷夫妇合葬墓则是西安南郊新发现的又一座唐代京兆韦氏逍遥公房成员墓葬。形制为斜坡墓道土洞墓,由墓道、过洞、天井、甬道、墓室组成。墓葬保存基本完好,出土器物丰富,有陶、铜、贝、石四类,类别有人物俑、动物俑、塔式罐、铜钵、铜钱、贝壳、墓志等②。均是研究北周至隋唐时期京兆韦氏家族的重要依据,具有证史补史的价值。同年,陕西省考古研究院在西安市高陵区崇皇乡发现了武周时期唐昌县令武太的墓。该墓平面呈"甲"字形,盗扰损坏严重,遗物仅存 15 件,以陶俑为主,所出墓志对于武太生平职位、唐代职官体系及爵位制度等方面的研究有重要意义③。雁塔区月登阁村杜华墓,为折背刀形竖穴墓道土洞墓。墓主杜华下葬于唐贞元十四年(798),其夫苏顺曾任解县县尉。墓葬保存完好,随葬品种类丰富,出土遗物共 86 件(组),有陶俑、陶釜、陶塔式罐、石三足匜、铁剑、铜镜、银盒等,尤其是墓内汇聚"南青北白"两大类瓷器,精美的茶具和香器为研究唐代的茶文化和了解中唐时期的民风民俗等提供了重要资料④。西安市文物保护考古研究院发掘的韩森寨唐张思九夫人胡氏壁画墓,为土圹砖室墓,出土器物 150 件,主要有塔式罐、陶盏、陶俑、铜钱、铅盘、铁泡钉等,有墓志 1 合。墓室壁画以仙鹤、侍女人物、宠物为题材。该墓虽遭盗扰,但墓志和壁画尚存,墓志纪年明确,为盛唐时期中小型墓葬研究提供了一定新材料⑤。咸阳瓦刘墓地发现有明确纪年的唐墓,有唐麟德元年(664)魏国公李将军裴氏夫人墓,及开元九年(721)窦顼、开元十二年(724)王夫人合葬墓,后者丰富了名臣窦抗家族研究资料⑥。西安前锋墓地清理的 17 座唐墓均为斜坡墓道单室土洞墓,盗扰严重。较为重要的是,出土一合墓志记载墓主出身陇西辛氏,为研究陇西辛氏在唐代的发展提供了新资料⑦。西安大居安墓地最主要的发现是 M1 和 M2。前者为长斜坡墓道五天井洞室墓,规模较大,M2 位于 M1 围沟内,是短斜坡墓道竖穴洞室墓,出有女坐俑、瓷器、铜盘等,年代为晚唐至五代时期。墓地所出瓷器多来自外地窑口,为唐高阳原墓葬研究提供重要资料⑧。

此外,还发现了一些中小型的家族墓地以及低等级围沟墓。西安肖里墓地发掘北周至宋代墓葬 43 座,北朝、宋代、明清窑址各 1 座。其中 36 座为北周至隋代小型墓,分布有序,是一处平民阶层家族墓地。多见长斜坡墓道洞室墓及多人合葬,随葬品较少。墓志所载地名与现今一致,也为历史地理研究提供新材料⑨。咸阳成任-岳家墓地、咸阳布里

---

① 李尔吾、朱连华:《隋韦赜及夫人墓的发现及墓志读考》,载《文博》2021 年第 3 期。
② 西安市文物保护考古研究院:《陕西西安唐韦旷夫妇墓发掘简报》,载《文博》2021 年第 4 期。
③ 曹龙:《唐武太墓的发现与研究》,载《华夏考古》2021 年第 5 期。
④ 陕西省考古研究院:《陕西西安月登阁村唐杜华墓发掘简报》,载《考古与文物》2021 年第 6 期。
⑤ 张翔宇:《西安韩森寨唐张思九夫人胡氏壁画墓发掘简报》,载《中原文物》2021 年第 3 期。
⑥ 段毅:《咸阳瓦刘墓地》,载《陕西省考古研究院 2021 考古年报》(内部资料)。
⑦ 陈钢、魏铖:《西安前锋墓地》,载《陕西省考古研究院 2021 考古年报》(内部资料)。
⑧ 胡春勃:《西安大居安墓地》,载《陕西省考古研究院 2021 考古年报》(内部资料)。
⑨ 张杨力铮:《西安肖里墓地》,载《陕西省考古研究院 2021 考古年报》(内部资料)。

墓地、西安白杨寨墓地也均发现有隋唐时期的家族墓地,根据出土墓志判断,分别为张虔威家族墓、杨全节家族墓以及唐宦官刘宏规家族墓,多为斜坡墓道洞室墓、外有围沟。这些发现为隋唐围沟墓时代特征、隋唐家族墓地等方面的研究提供实证。① 还值得注意的是,西安三民墓地该年度发掘西晋、北朝、隋唐、清等时期墓葬共175座,其中66座隋代墓葬均为直线型斜坡底小型土洞墓,随葬品以陶罐、壶为主,墓葬东侧有兆沟。墓主均为女性,多在20—30岁,应属隋代宫人。唐代墓葬发现带有兆沟的宫廷侍卫墓葬。② 而西安贺家墓地也发现了2处唐代小型围沟。③ 这些资料表明唐代低级官吏或中小型墓葬确实存在以围沟作兆域的情况,与文献所载基本一致。西安黄渠头墓地、高陵南绳刘墓地、西安等驾墓地、西安月登阁墓地、西安史家湾墓地、西安陈家寨墓地等也开展了相关发掘工作,墓葬以小型土洞墓居多。这些墓葬主要为隋唐长安城周边乡里分布、低等级贵族和平民墓葬分布、中小型墓葬葬制葬俗及其演变等方面的研究提供新材料。④

石窟寺考古工作也在有序开展。咸阳、西安、渭南石窟寺专项调查工作复查和新发现石窟寺遗存45处,发展序列基本完整。其中延安地区数量最多,时代集中在北朝至唐;西安地区最少,以唐代为主;渭南石窟寺营建时间从北朝延续至明清。为后续石窟寺考古研究工作的深入开展奠定了良好基础。⑤

(二)隋唐五代考古研究

本年度隋唐五代考古研究的成果较为丰富,集中在隋唐帝陵制度、都城布局规划与功能、墓葬及所出墓志、画像石,以及器物等方面的研究。

有关帝陵制度的研究,学界主要关注隋唐帝陵制度的源流及其演变。冉万里以调查勘探的隋文帝泰陵为中心,对隋代帝陵制度的沿革以及在中国帝陵发展史上的重要地位进行分析、总结。隋代帝陵制度在中国古代帝陵发展史上,具有明显的过渡性特征。泰陵的一些基本特征是对西汉帝陵的恢复,或者称之为杂糅西汉帝陵制度,后来又被唐高祖献陵所继承,这也与诸多唐初墓葬与隋墓相似较为一致。⑥ 张建林对唐代帝陵制度主要源自汉魏陵墓制度的观点提出异议。通过对隋文帝泰陵和唐高祖献陵的封土、墓道、陵园、四方四门及门阙等的比较研究,并结合文献分析可知,隋文帝陵很大程度上模仿的是西汉帝陵陵园布局,但在玄宫、陵园门及门阙等方面多有变通。而唐高祖献陵虽声称"斟酌汉魏""悉从汉制",实际上直接以隋文帝陵为范本修建陵园,其近仿隋文,远追汉

---

① 陈爱东、王曾:《西安白杨寨墓地》,载《陕西省考古研究院2021考古年报》(内部资料)。
② 宋远茹、苗轶飞:《西安三民墓地》,载《陕西省考古研究院2021考古年报》(内部资料)。
③ 苗轶飞、梁依倩:《西安贺家墓地》,载《陕西省考古研究院2021考古年报》(内部资料)。
④ 参见《陕西省考古研究院2021考古年报》(内部资料)。
⑤ 席琳、田有前:《咸阳、西安、渭南石窟寺专项调查》,载《陕西省考古研究院2021考古年报》(内部资料)。
⑥ 冉万里:《隋代帝陵制度研究》,载《考古与文物》2021年第1期。

魏,综合了前朝诸多因素,为初唐陵寝制度奠定了基础。① 此外,还有对唐代帝陵陪葬墓的研究,见于本年度硕士学位论文。

唐长安城西市近些年的考古新发现主要涉及十字街、石板桥、石涵洞、街道和水沟、木板桥、砖砌水涵洞、水井、灰坑、骨器作坊以及一些重要佛教遗物等。为西市的规划格局、商业遗存结构、佛教文化以及西市繁荣与变迁等研究提供了珍贵资料。研究表明,西市众多商业遗存模式为临街开店,并集店后制造、加工于一体的"前店后坊"格局。认为西市既是商品交换与贸易的集散地,也是集加工制造、住宅、娱乐、漕运等于一体大型商业综合体。②

隋大业四年(608)李静训墓被发掘以来,备受关注。李梅田从遗存堆积状态、墓志、墓主身世等方面对其遗存进行了重新解读。认为下葬时没有举行通行的墓内祭祀礼仪;受墓主的特殊身世和隋代的舍利瘗埋活动的影响而有意模拟了佛教舍利瘗埋之法。此外,其石棺形制源自北朝的房形石椁,画像内容主要延续了关中的壁画传统,是唐代殿堂式石椁的前身,呈现出北朝和唐代之间高等级葬具的过渡形态。③ 吴小龙通过墓志材料对唐长安城安仁坊内居民的葬地选择及其位置分布进行研究。认为安仁坊内居民葬地位置并非随意安置,具体主要表现在:其一,葬地选择受政治及身份地位的影响较大;其二,受家族观念的影响,聚族而葬、迁葬、归葬祖茔的情况普遍,且葬地多集中分布于长安南郊、洛阳北部等;其三,僧人及信仰佛教的群体在选择葬地时受佛教思想影响较大。④

墓志的考释,往往为相关研究提供直接的、明确的历史信息,具有证经补史的作用。对于隋代墓志,李皓、周晓薇分析耀州新出土隋开皇三年(583)《折娄罴墓志》,与同地所出唐永隆元年(680)《折娄惠墓志》相结合,弥补传世文献对折娄氏记载之阙漏,同时揭示出折娄氏在北朝末年至唐前期约百年间的政治地位变迁及社会生活辙迹。⑤ 新近出土于西安的隋大业三年(606)《皇甫颢墓志》的墓主与正史所记的原武令皇甫文颢为同一人,与皇甫诞为侄叔关系,该碑文还展现了仁寿四年(604)杨谅反逆政变事件的面貌,具有证经补史的重要意义,同时也对于研究安定皇甫氏的家族变迁、政治发展和人物行迹提供实物资料。⑥ 段锐超对新见隋《长孙懿墓志》进行考释,并从铭文作者沈警行迹看唐人小说的"史补"性,认为唐人小说也具有一定的史料价值。⑦

有关唐代墓志的研究。胡元超、刘向阳对七方唐太宗妃嫔墓志进行梳理,结合相关

---

① 张建林:《"斟酌汉魏"还是"唐承隋制"——唐高祖献陵与隋文帝泰陵的比较》,载《考古与文物》2021年第1期。
② 何岁利:《唐长安城西市考古新发现与相关研究》,载《南方文物》2021年第3期。
③ 李梅田:《再读隋李静训墓及其葬仪》,载《华夏考古》2021年第5期。
④ 吴小龙:《墓志所见唐长安城安仁坊居民葬地的地理分布》,载《文博》2021年第1期。
⑤ 李皓、周晓薇:《中古北族复姓折娄氏之新史料——耀州新出隋开皇三年〈折娄罴墓志〉疏证》,载《文博》2021年第1期。
⑥ 傅清音、王其祎:《新见隋皇甫颢墓志及相关史实探析》,载《华夏考古》2021年第6期。
⑦ 段锐超:《新见隋〈长孙懿墓志〉考释——兼以铭文作者沈警行迹看唐人小说的"史补"性》,载《中国国家博物馆馆刊》2021年第7期。

历史文献,总结唐高宗朝安置先皇妃嫔的三条基本制度:正一品国太妃(太宗正一品四夫人)出宫随子就藩;正二品九嫔出宫侍奉于太宗别庙——崇圣宫;正三品婕妤以下在保留原妃嫔名号同时,剃度为尼,绝大多数居于灵宝尼寺,个别居于其他尼寺。① 周沫如和周晓薇通过《韦慧墓志》分析关中郡姓链接的婚姻关系。该志文是记录入唐前京兆韦氏南皮公房的重要资料。通过韦慧及其三子的婚姻关系,可见北朝至隋以京兆韦氏为代表的关中本地士族与地域临近的河东士族构结的婚姻圈,是唐代最终酝酿出看似与地理区划相违的"关中郡姓"的原因之一。② 2019 年出土于咸阳的《唐赵士达墓志》志文楷书,共 48 行,满行 48 字,记载志主赵士达参与了初唐时期几乎所有重要战役,屡立战功。这些所载的史事,对初唐历史,尤其是军事史有重要研究价值,可补史籍之阙。志文出自初唐文学家王勃之手,对于初唐文学史和王勃文学创作与风格的研究有着较高的价值。③ 2020 年,陕西省考古研究院于西咸新区秦汉新城龚东村发掘唐代元大谦、罗婉顺夫妇合葬墓一座,出土墓志两合。张杨力铮对两合墓志进行研究,可知元大谦为北魏常山王拓跋遵后裔,罗婉顺为唐郑王李元懿外玄孙,二人家族为让皇帝李宪妃元氏的妻族。汝阳王李琎为二志撰文,志文内容添补了李琎早年的仕宦经历。罗婉顺墓志是研究作为书丹者的颜真卿早年书风的珍贵实物资料。墓志所载地名则反映了唐人对秦咸阳故城的认知已局限于渭河以北区域,从而导致对杜邮地望的错误判断。杜邮地望仍需通过新的考古发现获得确证。④ 杜镇、苗轶飞、刘皓妍分析了新出唐建中元年(780)《张参夫妇墓志》所载的生卒年月、家族世系、婚姻状况、履宦事迹及学术成就等内容,印证传世史书之记载,补充了《新唐书·宰相世系表》《尚书省郎官石柱题名》中敦煌张氏信息,也为唐代经史学术发展提供了重要实证线索。⑤ 刘皓妍则关注郑氏墓志记载的郑氏家族情况、品行及婚姻关系,其对唐代士族婚姻观念和女子教育变化的研究具有一定的学术价值。⑥ 韩森寨唐张思九夫人胡氏壁画墓虽遭盗扰,但墓志和壁画尚存,且墓志纪年明确。高博在对其志文进行校释的基础上,就墓主夫妇家世生平、唐长安城周边墓地及"招魂葬"等相关问题进行初步考察,以窥见唐玄宗时期长安平民的日常生活大略情形。⑦

除了新出土的墓志外,馆藏墓志如西安交通大学博物馆馆藏的两合墓志,也引起研究者注意。杨晓萍对馆藏《唐故处州司马穆府君夫人河东孙氏墓志》进行研究。志文记载了孙氏生平身世、妇德、对子嗣的教育及任职情况。其高规格的书刻罕见于晚唐非奉敕书刻墓志中。其所留存的晚唐书、刻名家信息,添补了晚唐书法名家张宗厚的官职变

---

① 胡元超、刘向阳:《唐高宗朝先皇妃嫔安置制度研究——以唐太宗妃嫔墓志为中心》,载《文博》2021 年第 4 期。
② 周沫如、周晓薇:《隋〈韦慧墓志〉所见关中郡姓链接的婚姻关系》,载《文博》2021 年第 3 期。
③ 王亮亮、赵汗青、耿庆刚:《新出〈唐赵士达墓志〉疏证》,载《考古与文物》2021 年第 2 期。
④ 张杨力铮:《唐代元大谦、罗婉顺夫妇墓志考》,载《考古与文物》2021 年第 2 期。
⑤ 杜镇、苗轶飞、刘皓妍:《新出唐建中元年〈张参夫妇墓志〉与唐代经史问题》,载《中国国家博物馆馆刊》2021 年第 10 期。
⑥ 刘皓妍:《新出唐张参妻郑氏墓志研究》,载《江汉考古》2021 年第 4 期。
⑦ 高博:《新出唐张思九夫人胡氏墓志考释》,载《中原文物》2021 年第 3 期。

迁、书法风貌情况,并为唐代"玉册官"制度的研究提供素材。① 张履正对馆藏的《唐司天监翰林待诏徐昇墓志》进行考述。作为唐代《观象历》和《宣明历》制定者的徐昇,在两唐书中无传。志文一定程度上填补了史书之阙,同时纠正了文献及以往论著中将《观象历》和《宣明历》制定者记为"徐昂"的错讹,志文记载了徐昇若干重要天文事迹,这些为研究两历法提供了重要资料,也为中国古代天文学的研究提供了线索。②

此外,还有涉及画像石、造像、器物等方面的研究。贺西林以陕西潼关税村隋废太子、房陵王杨勇墓画像石棺为研究对象,讨论了石棺画像的视觉传统及其与宫廷匠作的关系。认为此传统萌自东汉,臻于北魏,续于南北朝后期,发展未曾断裂。推测隋宫廷技艺臣僚阎毗诏领参与杨勇墓的相关营造事务的可能性最大,且主导了石棺画稿的创作和绘制。③ 陈宁宁对耀州窑博物馆藏邑子八十人等造像进行分析。认为造像记可校正部分文献所载之误。历史上八十人石佛像应一直位于今铜川地区,而非泾阳。此造像为陕西隋代佛造像研究提供了重要的资料。④ 沙武田探讨了唐墓出土骆驼驮囊的包装用途。认为三彩骆驼所驮之驮囊上出现兽首形象物品的性质为动物皮包装或保护类材料,为理解丝绸之路商品贩运、唐墓出土三彩骆驼的制作等提供不同的思考角度。⑤ 对墓葬中骆驼俑形象的发展和变化及其在俑群组合中的关系的研究,则又可为研究北朝隋唐时期的随葬陶俑制度及丧葬理念提供重要信息。⑥ 王小蒙探究了唐代两京地区两种模式的唐三彩生产、工艺发展、生产工艺的传播模式。唐三彩随葬葬俗的兴衰,是唐朝廷贵族阶层引领的结果。唐三彩生产的模式,是都城内的传统制陶业与新兴的、远离都城的制瓷工艺相结合的产物,唐三彩在生产和流通上都反映出当时社会习俗和技术交流具有浓厚的官方和政治的色彩。⑦

七、宋元明清考古

陕西境内开展的宋元明清考古的发掘和研究相对较少,相关工作以墓葬发掘、石窟调查和佛像碑文研究为主。

(一)宋元明清考古发现

西安市马腾空村东北发现1座北宋晚期墓葬,为斜坡带台阶墓道土洞墓,墓室东、

---

① 杨晓萍:《〈唐处州司马穆府君夫人孙氏墓志〉考——兼及书刻与"玉册官"的讨论》,载《考古与文物》2021年第2期。
② 张履正:《〈唐司天监翰林待诏徐昇墓志〉考述》,载《考古与文物》2021年第6期。
③ 贺西林:《稽前王之采章 成一代之文物——陕西潼关税村隋墓画像石棺的视觉传统及其与宫廷匠作的关系》,载《故宫博物院院刊》2021年第12期。
④ 陈宁宁:《耀州窑博物馆藏邑子八十人等造像考》,载《文物天地》2021年第9期。
⑤ 沙武田:《唐墓出土三彩骆驼驮囊兽首形象属性考》,载《文物》2021年第2期。
⑥ 王心怡:《北朝隋唐骆驼俑及相关问题研究》,西北大学硕士学位论文,2021年。
⑦ 王小蒙:《唐两京地区三彩制品的生产及工艺传播模式》,载《考古》2021年第8期。

南、西三面土壁及门洞上部土壁上雕刻有房屋门窗、花草造型的图案,墓室四角有河卵石镇墓石,出土遗物分瓷、陶、铁、石、铜5种材质,包括青釉熏炉、茶盏与盏托,陶釜、陶罐等,棺内散铺钱币。该发现对于研究当时的建筑结构及等级低于砖雕、石雕墓的人群葬俗与生活习俗提供了新材料。① 西安姜仁遗址清理零散墓葬31座,灰坑、井、陶窑等遗迹218处。灰坑等遗迹分布密集,打破关系较多,出土遗物多见素面板瓦、筒瓦、灰陶罐、盆,瓷片极少,该遗址属于唐宋时期一般性聚落遗址的边缘地带,为寻找唐长安城外的低等级乡邑聚落提供一定线索。② 西安市文物保护考古研究院于2015年在长安区二府井村清理一座长斜坡墓道砖室墓,出土94件(组)器物,包括陶、瓷、金属、骨、玉石器等类。根据墓葬形制、随葬器物及出土墓志,推断为明永兴王朱惟熿及王妃王氏的合葬墓。此发现为明代墓葬的形制、构筑、王位世袭制度等诸多方面研究提供了丰富的实物资料。③ 西安等驾墓地、高陵南绳刘墓地、咸阳瓦刘墓地等也有相关墓葬发现,一般为小型墓,随葬品也较少。④

石窟和崖居等建筑的调查和清理,也是这一时期考古工作的重点。洛川县博物馆联合延安市文物研究所对梨树窑子观音殿石窟进行实地详细调查、测绘和记录。石窟坐西向东,是陕北宋金时期民间开凿的具有代表性的有明确纪年题记的小型单窟。山形龛正壁为自在坐观音像、左右两壁为对称的十六尊罗汉像和天王像,是北宋时期陕北地区所独有且较为固定的造像组合。为研究陕北地区及葫芦河流域宋金时期佛教的发展、佛教文化与艺术的传播以及雕刻技艺的发展,提供了珍贵的实物资料。⑤ 杨军、夏金菊介绍了延安市富县张家湾镇石坊头石窟实地调查情况,并对石窟的建造技术、造像题材和风格等相关问题进行研究,石坊头石窟属于一处宋代民间开凿的小型石窟,造像题材主要有一佛二弟子像、十六罗汉像、天王像和文殊、普贤菩萨像等陕北地区常见的石窟造像组合。为研究陕北、陇东等地石窟建筑艺术、造像风格、佛教文化的发展和传播及交流提供了重要实物资料。⑥ 王天艺等人介绍了甘泉洛河流域3处古代崖居群。本次调查共发现古代崖居61处,大致分为群组类崖居和单体类崖居两大类。此次调查探明了甘泉境内古代崖居的具体地点、数量、基本分布和结构特点。崖居内纪年题记的发现更是为判断甘泉古代崖居的年代和性质提供了重要依据。⑦ 靖边清平堡遗址清理出明成化至清康熙年间的规模较大的高台建筑,及其相邻街道和小型院落。对研究该地区明清时期军事布

---

① 陕西省考古研究院:《陕西西安马腾空北宋墓发掘简报》,载《考古与文物》2021年第3期。
② 张杨力铮:《西安姜仁墓地》,载《陕西省考古研究院2021考古年报》(内部资料)。
③ 西安市文物保护考古研究院:《陕西西安明永兴恭定王及王妃墓发掘简报》,载《文博》2021年第6期。
④ 参见《陕西省考古研究院2021考古年报》(内部资料)。
⑤ 洛川县博物馆、延安市文物研究所:《陕西富县梨树窑子观音殿石窟调查简报》,载《四川文物》2021年第2期。
⑥ 杨军:《陕西省延安市张家湾石坊头石窟调查研究》,载《草原文物》2021年第2期。
⑦ 王天艺、李延莉、刘传瑞:《陕西甘泉洛河流域古代崖居初步调查与研究》,载《考古与文物》2021年第5期。

防、经济互动、文化交流等具有重要意义。① 除此之外,西安张旺渠宋金遗址发现沣河变迁和地震砂土液化迹象,也值得注意,为相关历史地理研究提供实证。②

(二)宋元明清考古研究

陕西境内宋元明清考古研究主要体现在对砖瓦窑炉、佛造型、官印、碑文等方面。目前已发现的宋元时期的砖瓦窑数量不少于150座。其中陕西20座左右。这一时期砖瓦窑炉类型丰富且地域特点鲜明,陕西地区的形制包括方形、凸字形和近葫芦形,方形窑的窑后均设烟道而非烟室。砖瓦窑多建造在建筑基址范围内,以利于运输。宋元时期砖瓦生产的专业化程度较高,且有官营与民营之分。③ 李静杰研究富平南张村金大定二十一年铁佛立像的造型特征、因素来源、铭文信息等。该像系现存最高的古代完整铁铸佛像,反映了鲜明的金代风貌和高超的铸造技术。④ 姚晓璐对渭南市博物馆藏金代"总领军马都提控印"作考释。认为此印为金朝地方政府京兆府颁造的义军高级将领官印,是金朝晚期为挽救危亡局势而在同州潼关招募的义军最高统帅的官印,品阶为从三或正三品。小官用大印,反映了金朝晚期为招兵买马,下放颁造官印权力,滥赐官爵,造成官印制度混乱的史实。⑤ 蓝田吕氏家族墓园出土墓志也受到关注,通过出土墓志与传世文献相结合,对蓝田吕氏家族的发展源流及家族成员的生平事迹等进行深入研究,促进对蓝田吕氏家族的进一步认识。⑥ 张文玲介绍了2012年在茂陵封土旁发现的明洪武四年御制祝文碑。碑文记载了洪武四年(1371)明太祖朱元璋派遣侍仪司通赞舍人于谦来茂陵祭祀汉孝武皇帝之陵一事。体现了明代帝王对汉武帝文治武功的认同以及对茂陵陵园的重视和保护。⑦

八、科技考古

(一)成分分析

本年度运用科技手段进行成分分析的对象主要是青铜器、壁画和瓷器。陕西甘泉县阎家沟墓葬出土的十二件青铜容器经成分分析和金相组织观察可知,五件为红铜材质、四件为铅砷青铜材质、两件为砷青铜材质及一件铅青铜材质,十二件青铜器均为铸造,部分在铸造后经过了热处理。阎家沟墓地出土青铜器的"无锡高铅高砷"材质不同于中原

---

① 李坤:《靖边清平堡遗址》,载《陕西省考古研究院2021考古年报》(内部资料)。
② 丁岩、岳连建、胡珂:《陕西西安张旺渠宋金遗址发现沣河变迁和地震砂土液化迹象》,载《中国文物报》2021年6月18日,第8版。
③ 李清临、张新秋:《宋元时期砖瓦窑炉技术及相关问题研究》,载《江汉考古》2021年第3期。
④ 李静杰:《富平南张村金大定二十一年铁佛像考察》,载《中原文物》2021年第1期。
⑤ 姚晓璐:《渭南市博物馆藏金代"总领军马都提控印"考释》,载《文博》2021年第1期。
⑥ 王聪:《陕西蓝田北宋吕氏家族墓园出土墓志研究》,西北师范大学硕士学位论文,2021年。
⑦ 张文玲:《汉武帝茂陵发现明洪武四年御制祝文碑》,载《文物》2021年第5期。

地区青铜器和北方地区青铜器。该墓葬本质上仍属于李家崖文化遗址,此分析结果可为研究商晚时期关中地区与陕北地区间的文化交流提供借鉴。①

胶结材料因其成分复杂、降解明显、含量极低,一直是壁画分析保护的热点和难点。马珍珍、严静、赵西晨等人运用GC-MS分析技术分析典型墓葬壁画,发现壁画中使用桐油分散固定颜料是建立在材料、技法基础之上的,具有一定科学合理性。糯米灰浆常用作墙体等建筑材料。此发现丰富了对墓葬壁画胶结材料的认识。② 张尚欣、张卫星、付倩丽等人使用偏光显微镜、拉曼光谱、配有能谱的扫描电镜、红外光谱仪对壁画残块进行分析。结果表明壁画结构由外到内分别是颜料层、底色层、细泥层、粗泥层。黑色颜料为黑铜矿、红色勾边颜料为赤铁矿、白色底层为碳酸钙;粗泥层和细泥层中均添加了生石灰为胶结材料,前者还添加有植物茎秆。这是首次对秦陵壁画开展科学研究,可为探索秦陵及其陵寝建筑的考古文化提供重要信息。③

古代有机质组成的软质枕头一般难以保存,而旬邑西头遗址尖子地点十六国时期两座墓葬随葬的两件枕头的显微结构和组成成分分析显示,其主要由禾本科茎叶类植物材料和粟、黍等小米类稃壳组成,可能夹杂少量蛋白质类物质。为探讨十六国时期枕头的制作材料及其组成提供了重要信息,对于进一步探索卧具的发展历程,了解当时社会不同阶层的丧葬习俗具有重要意义。④

对属于长安城太平坊的西北大学太白校区大礼堂东西两侧出土的白瓷进行显微结构、化学组成等分析,显示其可能来自河南巩义及其周边地区的白瓷窑口,制作水平受胎釉成分、烧制工艺的影响。河南白瓷窑口所产瓷器出于此地,说明唐代时期长安城中普通居民已经可以消费经过长途运输的瓷器,这也为进一步研究唐代白瓷生产和唐代社会生活提供材料。⑤

(二)工艺分析与器物复原

科技考古为古代遗存工艺分析和器物复原提供了新视角、新方法、新技术。黄晓娟等人采用金相显微观察、扫描电镜能谱、X光照相等多种技术手段,对周原贺家遗址出土的青铜车马器进行分析。对周原出土的镀锡铜车马器进行了详细的信息采集,使出土时残损的器物原貌得到重建。同时,结合车马坑遗迹实验室清理的数字化信息,对整个马

---

① 刘成、吴昊泽、徐兴彬,等:《陕西甘泉县阎家沟墓地出土晚商青铜器的科学分析研究》,载《文物保护与考古科学》2021年第5期。
② 马珍珍、严静、赵西晨,等:《墓葬壁画胶结材料的探讨分析》,载《考古与文物》2021年第5期。
③ 张尚欣、张卫星、付倩丽,等:《秦陵建筑基址壁画材质及制作工艺的初步研究》,载《文物保护与考古科学》2021年第6期。
④ 马志坤、白瑞娜、王振,等:《陕西西头遗址十六国时期墓葬出土枕头的材质研究》,载《微体古生物学报》2021年第4期。
⑤ 齐菲、温睿:《唐长安城太平坊出土白瓷残片的相关研究》,载《华夏考古》2021年第5期。

车及各镀锡铜饰件的装饰位置进行了数字化复原。①

咸阳龚西战国晚期秦墓 M8 出土的两件铜壶经表面观察、X 光摄像、金相显微镜、扫描电镜能谱分析等手段分析显示,均为铸造,器底和铜环预先铸好后置于范中,与器身铸为一体。器身和器底均为铅锡青铜,成分有一定差异,镶嵌的装饰金属片为高铅青铜。铜壶的器底分铸工艺和高铅青铜镶嵌工艺为古代青铜器制作工艺研究提供了重要的新材料。②

马琳娜、马生涛、张加万等人针对秦始皇帝陵出土的二号青铜车马彩绘纹样的受损情况,提出了结合高光谱成像技术与计算机图像技术的数字复原方法,主要利用高光谱成像技术"图谱合一"的优势,得到较为完整的铜车马彩绘纹样的数字复原图像,并为今后对于铜车马更深入的研究和应用提供有力支撑。③ 杨欢、杨军昌、姜春萌等人则从秦始皇陵出土青铜马车零部件尺寸、金属成分配比的标准化程度切入研究。所涉及的同类零部件外形尺寸都保持高度一致;青铜马车中所有的青铜部件都为铜锡二元合金,从小型马车零件到大型部件如铜马,从薄板部件到青铜焊料,大致都含有 10% 左右的锡,不同部件成分趋于统一。马车零部件的外形尺寸与器物成分的同一化,表明秦始皇统一六国后存在着高度标准化的社会生产。④

(三)动物考古

陕西地区动物考古的研究也日渐丰富。胡清波和袁靖在收集陕西地区动物考古研究成果的基础上,将该地区动物考古的研究历程分为形成期(20 世纪 50 年代至 90 年代末)和发展期(21 世纪以来)两个阶段,将陕西地区动物考古研究取得的重大进步概括为三点:① 对动物遗存的重视程度不断提升;② 研究方法不断进步;③ 研究内容更加全面。同时也提出了未来的研究展望。⑤

2021 年度的相关研究成果即较好地体现了上文所述的陕西动物考古研究发展期的重大进步。对案板遗址 2012 年发掘的动物遗存研究表明,在仰韶文化晚期至龙山时代早期,家猪和鹿科动物是当时先民的肉食结构中的两大组成部分,并呈现加强的趋势。遗址中还发现有骨器的制作和消费。无论是家猪饲养还是骨器制作都反映出自给自足的经济特征。⑥ 根据榆林地区已开展的动物考古学研究,通过动物死亡年龄、动物骨骼单元分布、古环境重建和聚落变迁等视角,常经宇重新分析榆林地区新石器时代晚期已发表的动物遗存数据,并对动物资源的种属构成、肉食结构、次级产品、环境和社会关系等

---

① 黄晓娟:《陕西周原贺家遗址出土车马器工艺调查及数字化复原》,载《西北大学学报》(自然科学版)2021 年第 5 期。
② 郭苗苗、李建西、邵安定,等:《咸阳龚西战国秦墓出土铜壶制作工艺研究》,载《文博》2021 年第 1 期。
③ 马琳娜、马生涛、张加万,等:《秦始皇帝陵出土二号青铜马车彩绘夔龙纹复原方法研究》,载《文物保护与考古科学》2021 年第 1 期。
④ 杨欢、杨军昌、姜春萌,等:《基于标准差分析的秦始皇陵青铜马车零部件生产工艺研究》,载《文物保护与考古科学》2021 年第 4 期。
⑤ 胡清波、袁靖:《陕西动物考古研究的形成与发展》,载《南方文物》2021 年第 4 期。
⑥ 侯富任、刘斌、钱耀鹏,等:《陕西扶风案板遗址的动物资源利用方式研究》,载《文博》2021 年第 2 期。

问题进行初步探讨。① 胡松梅基于榆林地区 5000—4000 年前动物考古与测年数据分析了该地区牧业的发展。② 郧阳区大寺遗址出土动物骨骼研究显示,该遗址的生业经济是家畜饲养与狩猎经济并重,具有南北过渡性特点。通过对比发现,汉水中游地区的生业经济在区域内部存在差异,这可能与仪式性的活动需求有一定关系。③ 弓背崖遗址动物遗存研究表明,仰韶时期家畜饲养模式较为单一,家猪和鹿为遗址居民主要的肉食来源;东周时期,家养动物种类和数量显著增加,野生动物比重降低。这一特点延续至秦汉时期。关中地区史前至秦汉时期的生业经济发展总体上经历了两个阶段:仰韶至龙山时期家养动物与野生动物的占比大致相同,但存在明显波动,而商周至秦汉时期家养动物则占绝大多数,家养动物在生业经济中的地位不断提高。不同于郑洛地区,关中地区史前时期的生业经济发展并不稳定,但这种差别在进入商周时期之后逐渐缩小。该研究有助于进一步认识关中地区史前至秦汉时期社会发展与文明演进的经济基础。④ 神木木柱柱梁遗址出土鸟类遗存经鉴定,分属鹰、雕、环颈雉和雕鸮。除了常见的陆禽环颈雉,其余均为猛禽类。猛禽类是自然界鸟类群落的组成部分,也经古人狩猎而来,以保护村落或对其表达崇拜之意。⑤ 胡松梅、杨苗苗、李悦等对血池遗址祭祀坑出土的马牛羊三牲骨骼进行了鉴定,主要检测三牲的数量、年龄,并对祭祀坑的年代作判断。在此基础上发现,战国时期对祭牲的马有严格的年龄限制,均为马驹,但对牛羊祭牲没有严格的年龄限制,到西汉时期,牛则变成了牛犊。⑥ 杨苗苗对西安曲江唐故博陵郡夫人崔氏墓出土兽骨进行了分类、测量和鉴定,共鉴别出 3 头驴和 4 头牛,且均处于最佳使用年龄,反映出唐代对于殉葬家畜的选择已有一定标准。该墓所殉葬动物应供主人在地下享用。⑦

(四)体质人类学

雷帅、陈靓、翟霖林通过对西安鱼化寨史前婴幼儿乳齿特征的观察研究,发现人类乳齿与恒齿在种族识别方面具有相同的价值,且乳齿齿冠部分形态特征相较于恒齿表现得更加鲜明。鱼化寨婴幼儿乳齿形态与同时期关中地区其他古代人群颅骨上反映的种族特征基本一致。⑧ 统万城遗址出土人骨颅面形态特征的分析显示,其以亚洲蒙古人种为主体,遗址

---

① 常经宇:《陕西榆林地区新石器时代晚期动物资源的获取和利用》,载《考古》2021 年第 8 期。
② 胡松梅:《从榆林地区考古管窥牧业发展——基于榆林地区 5000~4000 年动物考古与最新测年数据》,载《中国社会科学报》2021 年 9 月 14 日,第 6 版。
③ 刘一婷、陶洋、黄文新:《汉水中游地区先秦时期生业经济探索——郧县大寺遗址出土动物遗存研究》,载《江汉考古》2021 年第 3 期。
④ 宗天宇、郭昕、刘欢:《动物遗存反映的关中地区史前至秦汉时期生业经济发展状况——以西安弓背崖遗址为例》,载《第四纪研究》2021 年第 5 期。
⑤ 杨苗苗:《陕西木柱柱梁遗址出土鸟类遗存初探》,载《中原文物》2021 年第 6 期。
⑥ 胡松梅、杨苗苗、李悦,等:《陕西凤翔雍山血池遗址 2016~2018 年祭祀坑出土三牲骨骼研究》,载《考古与文物》2021 年第 4 期。
⑦ 杨苗苗:《西安曲江唐故博陵郡夫人崔氏墓出土动物遗存分析》,载《文博》2021 年第 4 期。
⑧ 雷帅、陈靓、翟霖林:《西安鱼化寨史前婴幼儿乳齿的特征》,载《人类学学报》2021 年第 2 期。

居民颅面特征的多态性与融合性,和古代人群演化的历时性特点相吻合,与统万城历史上频繁的人群往来相关,欧罗巴人种因素可能来自粟特人的影响。男女两性居民的主体构成可能有不同来源,随着政治权力主体变化,农人与牧人所占比重也发生了变化。①

(五) 同位素分析

同位素分析的应用范围逐渐广泛,包括绿松石、人骨、动植物遗存等研究。先怡衡、梁云、樊静怡等人实验发现来自同一产地绿松石样品的铅、锶同位素比值具有较好的一致性。结合铅、锶同位素比值和锶含量数据,可以初步区分不同产地的绿松石原料。通过应用该模型测试二里头遗址出土绿松石文物的原料产地,结果表明,洛南河口古代绿松石采矿遗址应是二里头绿松石的原料产地之一。②

通过周公庙遗址出土人和动物骨骼碳氮稳定同位素分析,综合同位素数据及动植物考古学研究知,周公庙遗址西周时期农业得到较大发展,形成以粟作农业为主体、家畜养殖为辅助、采集狩猎为补充的复合型生业模式,中下层个体间生活方式及食物结构差异不大,社会整体较为稳定。③ 魏潇洋、种建荣、孙战伟基于出土人骨的碳氮稳定同位素测定与分析,揭示刘家洼春秋时期芮国先民食谱特征,探讨其生活方式、经济形态等历史信息。春秋时期刘家洼芮国先民植物性食物主要来自 C_4 类植物,同时有一定比例的动物蛋白摄入;贵族墓中殉葬者摄入动物蛋白比例低于平民;陕西关中地区不同遗址先民的食物结构皆以 C_4 类植物为主,并包含一定比例的肉食,各地食物结构因自然地理环境的不同而略有差异。春秋时期刘家洼芮国先民的生活方式以种植粟、黍等植物为主的农作物,并伴有狩猎和家畜饲养活动。④ 常经宇对榆林地区新石器时代晚期植物、动物和碳、氮稳定同位素数据分析,发现以藜科和豆科为代表的杂草与人类和家畜的关系非常密切。藜科主要属种是与人类和家猪密切相关的 C_4 类食物,而豆科应是绵羊、山羊和黄牛的主要饲料。⑤

九、文物保护

文物是不可再生的文化资源。做好文物保护工作,加强对文物病害及保护措施的分

---

① 赵东月、吕正、邢福来,等:《统万城遗址出土人骨颅面测量性状》,载《人类学学报》(网络首发) 2021 年 8 月 26 日。
② 先怡衡、梁云、樊静怡,等:《洛南河口遗址出产绿松石产地特征研究》,载《第四纪研究》2021 年第 1 期。
③ 李楠、何嘉宁、李钊,等:《陕西周公庙遗址人和动物骨骼的 C、N 稳定同位素分析》,载《南方文物》2021 年第 5 期。
④ 魏潇洋、种建荣、孙战伟:《刘家洼遗址春秋时期芮国先民生活方式初探——基于人骨稳定同位素分析》,载《第四纪研究》2021 年第 5 期。
⑤ 常经宇:《榆林地区新石器时代晚期杂草的利用及碳、氮稳定同位素研究的反思》,载《文博》2021 年第 4 期。

析研究,对历史文化的传承、传播具有重大意义。本年度的相关工作主要集中在兵马俑、石质文物、骨角质遗存、壁画等方面的保护,以及方法技术创新的研究与应用。

针对秦俑一号坑遗址区表面絮状物及其中真菌分布情况,罗强、严淑梅、李华等采用显微观察和化学分析对絮状物的来源与成分进行分析;采用宏基因组物种多样性测序和分析技术,对絮状物中真菌的种类及分布情况进行研究。发现絮状物成分完全可以满足真菌生长繁殖所需基础条件,采样点絮状物中真菌分布及组成存在差异性。[1] 兰德省、易伟同、祝磊等人利用三维扫描技术获取兵马俑残片的三维点云数据,逆向建立高精度的残片三维实体模型,并对足踝部分进行有限元力学分析,以研究重力作用下足踝部分的应力和变形特征。研究表明:该俑相对薄弱部位位于左腿足踝处;大部分残片最佳简化比例在60%~70%;采用简化模型得到的有限元结果的误差更小,应力云图和变形图形状接近,模型简化具有可靠性。[2]

南普恒、田进明、王晓毅等人利用XRF、XRD、Raman、超景深视频显微系统及万能材料试验机等仪器对隋栖岩道场舍利塔碑的材质、病害及粘接材料性能进行了科学分析,设计并制作了专用移动保护平台,通过清洗、粘接、补全等系列石质文物保护修复措施,对碑座和碑身分别进行了保护修复。[3] 甄刚、秦立科、马宏林等人调查乾陵东一翁仲裂隙并对其稳定性进行分析。石刻存在着可能处于失稳状态,甚至整体倒塌的危险。该研究结果可为东一翁仲的保护工作提供一定的科学依据。[4] 郭靖雯、先怡衡、肖薇等人以陕西周原贺家墓地、陕西咸阳岩村墓地、新疆吐鲁番胜金店墓地、新疆伊犁吉仁台沟口遗址四个遗址出土的16件煤精制品和原料为研究对象,探索漫反射傅里叶变换红外光谱在出土煤精类文物成分分析中的应用。[5] 李依林、凌雪、杨利平等人总结了目前在骨角质遗物的污染物清洗、加固、防霉杀菌、封护、修复粘接等保护修复工作中现代化学材料的应用现状,并分析了存在的问题。[6]

杨文宗、金紫琳、王佳等人监测懿德太子墓白虎图壁画展柜内外温度、湿度、光照度、紫外线、二氧化碳、可挥发性有机化合物数据,提出调控设备如何控制、展柜设施展厅材

---

[1] 罗强、严淑梅、李华,等:《秦始皇帝陵兵马俑一号坑遗址表面絮状物及其中真菌的现状研究》,载《文博》2021年第3期。

[2] 兰德省、易伟同、祝磊,等:《基于三维扫描模型的兵马俑足踝有限元分析》,载《文物保护与考古科学》2021年第3期。

[3] 南普恒、田进明、王晓毅,等:《隋栖岩道场舍利塔碑的科学分析与保护修复》,载《文物保护与考古科学》2021年第6期。

[4] 甄刚、秦立科、马宏林,等:《乾陵东一翁仲裂隙调查及稳定性分析》,载《文物保护与考古科学》2021年第2期。

[5] 郭靖雯、先怡衡、肖薇,等:《红外光谱的煤精类文物材质判别方法》,载《光谱学与光谱分析》2021年第5期。

[6] 李依林、凌雪、杨利平,等:《现代化学材料在骨角质遗物保护中的应用》,载《高分子材料科学与工程》2021年第2期。

料如何改进以及管理措施如何加强等环境调控建议,有针对性地改善文物保存环境。[1] 孟元亮等人对韩休墓出土的玄武图残块进行观察,发现玄武图中黄色颜料为钒铅矿与铅丹混合使用,铅丹氧化产生的碳酸铅在实验室环境下被进一步氧化为氧化铅。实验室目前使用的两种加固剂对壁画色度的影响,符合良好标准。[2]

除了对具体遗存保护的分析外,对文物保护方法与技术的创新也取得了较大收获。羟基磷灰石近年来在石灰岩、钙质砂岩和甲骨等文物的保护领域得到了广泛的研究和应用。杨富巍等人就羟基磷灰石材料本身的特点、保护原理及应用研究现状进行了阐释与评述,羟基磷灰石材料良好的耐候性和适中的强度,但现有保护方法在制备羟基磷灰石时多采用磷酸(氢)铵为前驱物,其中的氮、磷元素有造成微生物滋生的风险。在用于表面防护时,现有制备方法得到羟基磷灰石膜都是多孔结构,不够致密,制约了其耐候性的提高,仍需进一步改进。[3] 孙满利对植物覆盖技术对潮湿地区土遗址保护进行探讨。提出针对封土、墙体等不同遗址,充分考虑遗址风化程度和保存状态,选用适合植物物种实施植物覆盖技术,植物物种选择应首选当地适宜优势种,并充分评估植物对土遗址的不利影响。[4] 彭进业、张涵毓、付毅豪等人设计了一套文物高光谱数字化采集流程,以规范化采集同一场景的RGB和高光谱图像数据,为后续融合增强带来便利。提出了基于多尺度多支路的RGB和高光谱图像融合方法,通过设计空间光谱融合模块和细化模块,获取具有高空间和高光谱分辨率的数字化影像。[5] 此外,文物出土现场应急保护技术体系研究、高通量计算辅助制备纳米氢氧化钙及其在壁画保护中的应用研究、考古发掘现场有机质文物遗痕性状的图形识别关键技术研究等[6],以及墓室壁画检测中三维热层析成像定量评估方法的提出[7],使用便携式全波段高光谱感应器对文物中的有机胶料进行分析[8],也均是文物保护方法与技术创新的有益尝试。

(作者单位:西北大学)

---

[1] 杨文宗、金紫琳、王佳,等:《懿德太子墓白虎图壁画展柜环境监测分析研究》,载《文博》2021年第4期。

[2] 孟元亮、高小超、王佳,等:《唐韩休墓玄武图颜料表面特征及加固材料对其色度的影响》,载《文物保护与考古科学》2021年第6期。

[3] 杨富巍、刘妍、张坤,等:《羟基磷灰石材料在文物保护中的应用述评》,载《文物保护与考古科学》2021年第2期。

[4] 孙满利:《植物覆盖技术保护潮湿地区土遗址探讨》,载《文物保护与考古科学》2021年第5期。

[5] 彭进业、张涵毓、付毅豪,等:《文物高光谱数据采集及其多尺度多支路融合增强方法》,载《西北大学学报》(自然科学版)2021年第5期。

[6] 参见《陕西省考古研究院2021考古年报》(内部资料)。

[7] 王从嗣、陶宁、张群喜,等:《方波激励红外热像法在墓室壁画上的检测研究》,载《光学学报》2021年第16期。

[8] 王聪:《便携式高光谱感应器在有机胶料无损分析中的应用初探》,载《光谱学与光谱分析》2021年第9期。

陕西省经济学研究

任保平　刘若江　王　薇　秦　华　豆渊博

经济学科包括两个一级学科和十六个二级学科,其中一级学科包括理论经济学、应用经济学。理论经济学包含政治经济学,西方经济学,经济史,经济思想史,人口、资源与环境经济学,世界经济六个二级学科;应用经济学包含产业经济学,金融学,财政学,国民经济学,国际贸易学,区域经济学,劳动经济学,统计学等。2021年我省学者在经济学相关领域的研究基本覆盖了经济学研究的所有领域,产生了一系列具有影响力的学术成果。本章对具有代表性的部分学术成果进行了整理和归纳,对2021年经济学学科的研究成果进行综述。

一、理论经济学研究

(一)政治经济学

在政治经济学领域,我省学者主要研究和分析了中国共产党百年经济思想的政治经济学逻辑、数字经济对经济活动影响的政治经济学分析等问题。本节将代表性成果综述如下。

《中国共产党百年经济思想的政治经济学逻辑》认为:"中国共产党经济思想是中国共产党在运用马克思主义政治经济学解决中国实际问题过程中所形成的经验总结与理论概括。在革命、建设和改革的百年历程中,党形成了丰富的经济思想,并在生产、分配、交换、消费理论等方面对马克思主义政治经济学进行了创新发展。党的经济思想的演化具有思想基调彰显中国特色、思想主张体现科学、思想目标聚焦民生、思想内容形成体系、思想境界日益开阔等特征。"[①]

《劳动资料数字化发展背景下资本主义劳动关系的新变化——基于马克思主义政治经济学视角的分析》认为:"劳动资料数字化发展的本质是马克思所论述的工业革命时期

---

① 任保平:《中国共产党百年经济思想的政治经济学逻辑》,载《中国高校社会科学》2021年第4期。

机器应用的升级和扩展,其所引发的劳资矛盾运动仍处于马克思主义政治经济学的逻辑框架之中。劳动资料数字化发展不仅使资本主义劳动过程呈现规模数据资源化、生产体系智能化、市场流通平台化的新特征,极大地提高生产力水平;还使资本主义劳动关系发生了新变化,即资本的逐利性使其趋向于通过智能化生产强制劳动,利用平台规则设定支配劳动,占有用户数据并以此控制劳动,从而加深了劳动对资本的实质从属。当前,我国劳动资料数字化正在快速推进,应采取相应措施,建立健全应对机制,推动劳动资料数字化与劳动关系的协调发展。"①

(二)西方经济学

在西方经济学领域,我省学者的研究方向主要集中在我国新经济的测度及其经济高质量发展效应分析等问题。

《中国新经济的测度及其经济高质量发展效应分析》采用"纵横向拉开档次法-BP神经网络分析法"测算了中国新经济的发展水平,并从信息技术、知识能力、智能技术与平台经济四个层面考察了新经济对经济高质量发展的影响机制及其作用效应。研究发现:新经济对经济高质量发展具有显著的促进作用,并且这种正向效应在经济发展质量较高地区表现得尤为突出。同时指出,新经济推动经济高质量发展的作用主要体现在信息技术的信息匹配效应、知识能力的知识溢出效应、智能技术的技术提升效应以及平台经济的网络协同效应。②

(三)人口、资源与环境经济学

在人口、资源与环境经济学领域,我省学者的研究主要探讨了人口结构变动下中国消费的未来趋势、环境规制与异质性企业技术创新等问题。

《人口结构变动下中国消费的未来趋势——基于第七次全国人口普查数据的分析》指出:"第七次全国人口普查数据显现出中国人口增长率下滑但质量提升、性别结构改善但户均规模减小、少儿化和老龄化并存、流动人口两极分化愈发明显的结构新变化,并将通过人才红利效应、年龄结构效应、收入分配效应及生活成本效应对消费需求产生巨大影响,助推消费智能化、健康化、分级化和特色化的未来趋势。"③《环境规制与异质性企业技术创新——基于工业行业上市公司的研究》以 2003—2015 年工业行业上市公司为研究对象,构建多种环境规制和技术创新指标,研究环境规制对异质性企业技术创新的影响及其背后的作用机制。研究发现,环境规制与企业技术创新之间呈现出显著的 U 型

---

① 何爱平、徐艳:《劳动资料数字化发展背景下资本主义劳动关系的新变化——基于马克思主义政治经济学视角的分析》,载《经济纵横》2021 年第 11 期。
② 钞小静、薛志欣、王昱瓅:《中国新经济的测度及其经济高质量发展效应分析》,载《人文杂志》2021 年第 8 期。
③ 朱雅玲、张彬:《人口结构变动下中国消费的未来趋势——基于第七次全国人口普查数据的分析》,载《陕西师范大学学报》(哲学社会科学版)2021 年第 4 期。

曲线关系,环境规制会因为企业所在地区、所处行业和产权性质的不同,对企业的技术创新水平产生不同的影响。同时,通过机制分析发现,环境规制可以通过促进 R&D 经费内部支出和 R&D 人员全时当量的机制,提高企业的技术创新水平。[1]

(四)经济史及经济思想史

在经济史及经济思想史领域,我省学者主要研究中国共产党经济思想体系。

《中国共产党 100 年经济思想的主线、发展阶段与理论体系》认为,"中国共产党在其 100 年经济发展实践中形成了丰富的经济思想,其主线是把马克思主义基本原理同中国具体实际相结合探索共同富裕之路。按照这一主线,党的 100 年经济思想可以划分为四个发展阶段:第一阶段是为共同富裕建立政权基础阶段的经济思想(1921—1949 年),第二阶段是为共同富裕建立制度基础阶段的经济思想(1949—1978 年),第三阶段是为共同富裕建立体制基础阶段的经济思想(1978—2012 年),第四阶段是新时代实现共同富裕阶段的经济思想(2012 年至今)。中国共产党 100 年经济思想的理论体系,包括基本经济制度思想、微观经济思想、中观经济思想、宏观经济思想和对外经济思想等五个维度的内容。"[2]

(五)世界经济

在世界经济的研究领域下,我省学者的研究方向主要集中在"一带一路"下在岸人民币 NDF 市场的发展等问题。

《"一带一路"下在岸人民币 NDF 市场的发展》认为:"我国'一带一路'建设持续深入发展,合作国家不断增加,合作规模持续扩大,整体上有利于我国经济进一步发展和改革开放的深入。然而,'一带一路'沿线国家的主权货币普遍存在汇率不稳定的风险,影响了我国对外贸易投资和金融稳定。应对人民币和外汇管理体制改革带来的冲击,通过发展在岸人民币 NDF 市场,解决人民币汇率问题和实现人民币自由化与国际化。掌握'一带一路'沿线国家与我国经济合作中的汇率问题和人民币 NDF 发展现状,借鉴国际经验,力争于在岸人民币 NDF 之前做好理论研究和市场培训的准备,在市场准入、交易模式、干预和监管方面,吸取澳、韩的教训,结合我国实际金融发展现状,制定干预和监管制度。"[3]

---

[1] 冯宗宪、贾楠亭:《环境规制与异质性企业技术创新——基于工业行业上市公司的研究》,载《经济与管理研究》2021 年第 3 期。

[2] 白永秀、王颂吉:《中国共产党 100 年经济思想的主线、发展阶段与理论体系》,载《西北大学学报》(哲学社会科学版)2021 年第 3 期。

[3] 李富有、韦星:《"一带一路"下在岸人民币 NDF 市场的发展》,载《甘肃社会科学》2021 年第 1 期。

二、应用经济学研究

(一)产业经济学

在产业经济学领域,我省学者的研究主要集中在"十四五"时期新经济推进我国产业结构升级的路径与政策、新型数字基础设施对制造业高质量发展的影响等问题。

《"十四五"时期新经济推进我国产业结构升级的路径与政策》指出:"新经济背景下,我国产业的发展环境不断变化,5G 技术、大数据、区块链、人工智能等技术快速发展,我国形成以信息技术为核心、数字经济为依托的新经济发展格局,为'十四五'时期我国产业结构升级带来了机遇和挑战。新经济对于产业结构升级的作用机理表现为新经济的发展为产业结构升级提供技术支持、内需支持和产业政策的创新支持。……通过发展新经济推动'十四五'时期我国产业结构向全球价值链中高端迈进。"①

《新型数字基础设施对制造业高质量发展的影响》立足于制造业全产业链条,从"研发设计""生产制造""市场匹配"三个环节阐释新型数字基础设施影响制造业高质量发展的理论机理。通过实证研究发现:新型数字基础设施能够显著促进制造业高质量发展,且对高效率制造业的正向影响更加强烈;新型数字基础设施对东部地区、城市群内部城市、高技术行业、高数字化行业和成长期企业制造业高质量发展的促进作用更加强烈;在作用机制方面,新型数字基础设施可以通过升级生产制造、改善市场匹配两条渠道推动制造业高质量发展。"②

(二)金融学

在金融学研究领域,我省学者主要探讨了系统性金融风险的动态演进等问题。

《系统性金融风险的动态演进——一个制度金融学的分析范式》以制度金融学为分析范式,结合我国金融改革的特征,以动态过程视角解释我国系统性金融风险的演进机制。分析表明:分工与专业化形成的市场网络负效应、制度外延性和内涵性缺陷以及金融体系发展会因交易成本的存在内生出系统性金融风险,而旨在消除系统性金融风险的制度变迁,会因其变迁方式和结果的不同成为新的系统性金融风险的根源。正确认识我国经济金融体制改革与系统性金融风险的关系,寻找政府与市场的制度均衡是化解我国系统性金融风险的关键。③

---

① 任保平、豆渊博:《"十四五"时期新经济推进我国产业结构升级的路径与政策》,载《经济与管理评论》2021 年第 1 期。
② 钞小静、廉园梅、罗鎏锴:《新型数字基础设施对制造业高质量发展的影响》,载《财贸研究》2021 年第 10 期。
③ 崔建军、张佩瑶:《系统性金融风险的动态演进——一个制度金融学的分析范式》,载《经济学家》2021 年第 5 期。

(三)财政学

我省学者在财政学研究领域,主要研究和分析了财政政策与货币政策的动态调控效应等问题。

《财政政策与货币政策的动态调控效应——基于时变参数向量自回归模型的检验》运用中国 2004—2019 年的经济季度数据,构建 TVP-SV-VAR 模型探究两类政策对宏观经济的调控效应。通过研究发现:财政政策与货币政策共同把控流动性"闸门"实现互动协调;财政政策搭配货币政策具有时变性,在整体上"同向发力"推动经济发展;两类政策对产出的影响并非始终如理论一致,在结构层面仍有优化靶向性操作的余地。①

(四)国民经济学

在国民经济学的研究领域,我省学者主要探讨了畅通国民经济循环的重点问题和关键环节,中国省际数字经济规模测算、非均衡性与地区差异研究等问题。

《中国省际数字经济规模测算、非均衡性与地区差异研究》基于马克思政治经济学理论构建数字经济测算框架并完成中国省际数字经济规模测算,进而采用 Kernel 密度估计和 Dagum 基尼系数对中国及三大区域数字经济的非均衡性和地区差异进行分析。通过研究发现:中国省际数字经济规模整体呈上升趋势,横向比较来看,省际数字经济主要集中在数字经济生产阶段,数字经济生产增加值占数字经济总增加值的比重超过 50%;纵向比较来看,广东省、江苏省、北京市、四川省和上海市的数字经济规模常年保持领先地位。②

(五)国际贸易学

在国际贸易学领域,我省学者主要探讨了全球数字贸易中的竞争互补关系及其演化等问题。

《全球数字贸易中的竞争互补关系及其演化——基于社会网络分析方法》运用社会网络分析法研究全球数字贸易中各经济体间的竞争互补关系及其演化,通过研究发现:全球数字贸易中各经济体间的竞争性和互补性逐年提升,但互补性大于竞争性;俄罗斯和波兰等经济体具有较高的竞争性,法国和加拿大等经济体具有较高的互补性;中国的竞争性快速提升,且提升速度快于互补性;当前,全球数字贸易中存在三大竞争关系板块及两大互补关系板块。两大互补关系板块一个由美、英、印等经济体组成,该板块对内对外都存在紧密的互补关系;另一个板块由中、加、越等经济体组成,该板块仅对外存在紧

---

① 李成、丁顺文、李一帆:《财政政策与货币政策的动态调控效应——基于时变参数向量自回归模型的检验》,载《经济理论与经济管理》2021 年第 7 期。

② 韩兆安、赵景峰、吴海珍:《中国省际数字经济规模测算、非均衡性与地区差异研究》,载《数量经济技术经济研究》2021 年第 8 期。

密的互补关系。①

(六)区域经济学

我省学者在区域经济学研究领域,主要研究西部城市现代化,国内国际双循环新格局下的西部高水平开放型经济发展等问题。

《中国西部城市基本实现现代化的驱动机制、演进态势与政策选择》认为:"2035 年西部地区基本实现现代化是新时代推进西部大开发形成新格局的核心目标,提升西部城市现代化水平则是驱动东西协同并进的战略选择。2011—2018 年,我国西部城市现代化水平整体上在波动中攀升了38%,基尼系数由 0.253 降至 0.2255,城市间的差距趋于缩小。2018 年区域内差异、区域间差异和超变密度对西部城市现代化总体差异的贡献分别为 50%、15.71% 和 34.29%。西部城市现代化的分布曲线具有明显的右拖尾特征,呈现出强劲上升的演进态势。新时代西部城市要以现代化建设实现高质量发展,其重点在于培育创新发展动能、推进人的全面发展、健全现代化产业体系和高标准市场体系、培育现代化治理体系以及发展现代化的生态体系和基础设施体系。"②

(七)统计学

在统计学研究领域,我省学者的研究主要探讨了究竟哪些因素决定了中国企业的技术创新等问题。

《究竟哪些因素决定了中国企业的技术创新——基于九大中文经济学权威期刊和 A 股上市公司数据的再实证》通过引入统计显著性因素拓展了现有的经济重要性衡量指标,首次提出和重新设计了一种分析和评价经济变量重要性的贡献度指标。通过对已有实证文献的再实证分析发现,企业规模是决定中国企业技术创新的关键内部因素,而地区金融发展水平、产业结构和产权保护水平是决定中国企业技术创新的关键外部因素;相比于国有企业和非高新技术行业企业,金融发展水平对民营企业和高新技术行业企业技术创新的影响表现得更为重要;而在国有企业和非高新技术行业企业技术创新中,地区产业结构则更为关键。因此,中国未来促进企业技术创新能力提高的政策着力点应放在做强做优做大企业、继续深化金融供给侧结构性改革、加快发展现代产业体系以及不断完善产权保护制度等方面。③

(八)劳动经济学

我省学者在劳动经济学领域,主要探讨了劳动力成本上升是否驱动企业"脱实向虚"

---

① 刘敏、薛伟贤、赵璟:《全球数字贸易中的竞争互补关系及其演化——基于社会网络分析方法》,载《国际经贸探索》2021 年第 10 期。

② 师博、明萌:《中国西部城市基本实现现代化的驱动机制、演进态势与政策选择》,载《北京师范大学学报》2021 年第 3 期。

③ 冯根福、郑明波、温军,等:《究竟哪些因素决定了中国企业的技术创新——基于九大中文经济学权威期刊和 A 股上市公司数据的再实证》,载《中国工业经济》2021 年第 1 期。

等问题。

《劳动力成本上升驱动企业"脱实向虚"了吗?》利用2007—2018年上市企业作为样本数据进行实证检验。通过研究发现:劳动力成本上升显著促进了企业金融化,对企业"脱实向虚"产生了驱动效应;随着劳动力成本上升,实体企业增加了金融资产持有规模,金融渠道盈利比重提高;劳动力成本上升对企业金融化的驱动效应在竞争更激烈的行业和内部盈利压力更大的企业中表现更为明显,而研发投入有助于减轻劳动力成本上升对企业金融化的正向影响。文章指出,要重视劳动力成本上升对企业"脱实向虚"的驱动效应,激励企业研发创新,并从效率层面提高实业投资的长期回报。[①]

(作者单位:西北大学)

[①] 李亚鹏、李成:《劳动力成本上升驱动企业"脱实向虚"了吗?》,载《商业研究》2021年第1期。

陕西省法学研究

张荣刚

2021年是党和国家历史上具有里程碑意义的一年,是实现第一个百年奋斗目标的收官之年,也是"十四五"规划开端之年,还是《中华人民共和国民法典》实施的元年。2021年,陕西法学学术界不断在学习研究中深化对习近平法治思想的理解和把握,在世界正经历百年未有之大变局,以习近平法治思想为引领,立足中国国情,关注法治中国、法治陕西建设,为进一步建设中国特色社会主义法治体系、建设社会主义法治国家贡献陕西力量,为新时代党和国家事业发展提供陕西智慧。2021年陕西法学理论研究范围广泛、内容深入、重点突出、成果颇丰,现从法学理论和法律史研究、国内部门法学研究、国际法学研究、法学教育研究等四个方面综述如下。

一、法学理论和法律史研究

法理学所研究的是关于法,特别是关于我国社会主义和法制的基本概念、原理和规律,法理学的深入研究,可以帮助人们达到克服法律偏见、超越自身法律经验和常识的局限的作用。而通过法律史的研究,可以把握中国历史各个朝代对法律的独特理解,对法律的价值追求及其基本过程,从而揭示中国法律史的演变历程,现代中国特色社会主义法治理论研究离不开对中国传统法律的研究。

(一)法学理论研究

法学理论研究应以中国特色社会主义法治建设实践中出现的具体法律问题为导向,真正面向中国特色社会主义法治建设的实际。习近平法治思想集中体现了中国共产党在新时代法治理论的守正创新,集中体现了马克思主义法治思想中国化的最新成果,集中体现了党领导人民推进社会主义法治建设的崭新实践,是全面依法治国、建设社会主义法治国家的根本遵循。

1.习近平法治思想研究

杨宗科深入学习习近平法治思想,提出习近平法治思想是马克思主义法治理论中国化的最新成果,是内涵丰富、论述深刻、逻辑严密、体系完备、博大精深的法治思想。习近平法治思想引领中国法学研究从法律主题向法治主题转换,蕴含着系统化的法治学理论,开辟了法治学学科新领域。新时代的法学研究应当以习近平法治思想中的法治学学理为依据,加快推进形成科学完备的法治学学科体系,实现新法学建设的历史性突破。①

杨宗科还对习近平德法兼修高素质法治人才培养思想进行了深入探讨,明确了根据法学教育的内外部关系规律,习近平总书记指出了新时代法治人才培养的新使命、新目标、新模式、新机制、新格局,科学地回答了新时代法学教育为谁培养人、培养什么人、怎样培养人、谁来培养人、培养得怎么样等基础性问题。习近平德法兼修高素质法治人才培养思想是习近平新时代中国特色社会主义思想和习近平法治思想的重要组成部分,具有重要的时代意义、历史意义和世界意义,开辟了法学教育发展的新时代。②

王健认为学习和研究习近平法治思想,应以"十一个坚持"为核心,重点把握好五个方面的结合,即把习近平法治思想和习近平新时代中国特色社会主义思想,和马克思主义法治理论与中国特色社会主义法治理论的基本原理,和传承中华优秀法律文化与借鉴国外法治有益成果的实践,和当代中国法治建设的丰富实践,和党的十八大之前习近平同志在领导依法治县、依法治市、依法治省的实践和有关政权建设,法治建设和社会治理等方面的重要论述紧密结合起来,并以掌握尽可能完整全面的原始文献作为学习和研究习近平法治思想的基本保障。③

王健还认为,中国共产党主要领导人的著作、政法工作负责人的著作和党的文件及组织机构史料,是研究党的思想理论和法治建设最直接、最全面,也最基础的文献材料。必须把学习党史和学习其他专门史有机结合起来,把创新中国特色社会主义法治理论研究建立在深入学习和研究党史的基础之上。党的十八大以来,习近平总书记对中国共产党自成立以来的法治建设作出大量论述,全面梳理了党团结带领中国人民在新民主主义革命时期、社会主义革命和建设时期、改革开放时期以及中国特色社会主义新时代法治建设的发展脉络,同时对党领导法治建设的经验和教训作出明确的概括和总结,并指明了今后必须坚持的方向。习近平法治思想是指导新时代法治实践、法学教育和法学研究的根本遵循和行动指南,必须长期坚持,不断丰富发展。④

2. 中国特色社会主义法治理论研究

陶泽飞、杨宗科提出乡村法治建设是全面依法治国建设的重要组成部分,进入新时代,厘清乡村法治建设面临的现实问题,理性思考乡村法治建设的新使命、新内涵和新场域,对推进乡村法治建设的路径变革与重构具有重要意义。应构建在党的领导下强化乡村居民法治主体地位、完善乡村治理体系、走中国特色社会主义良法善治的乡村法治建设路径。同时,加快乡村法治建设,实现广阔乡村地区的法治脱贫,夯实全面依法治国的

---

① 杨宗科:《习近平法治思想中的法治学学理》,载《法律科学》(西北政法大学学报)2021年第2期。
② 杨宗科:《习近平德法兼修高素质法治人才培养思想的科学内涵》,载《法学》2021年第1期。
③ 王健:《习近平法治思想研究路径初探》,载《思想理论教育导刊》2021年第8期。
④ 王健:《学习中国共产党历史的法学意义》,载《人民论坛·学术前沿》2021年第20期。

基础,巩固脱贫攻坚的胜利成果,为乡村振兴提供法治保障。①

张炜达、郭朔宁研究发现,党的领导法治化承续了中国共产党改善领导方式的优良传统,坚持和发展了马克思主义政党理论,是新时代深化改革和依法治国实践的根本旨归,是"历史逻辑—理论逻辑—实践逻辑"相统一的产物。新时代党的领导法治化有利于加强党的全面领导;有利于促进依法治国、依法执政、依法行政共同推进以及法治国家、法治政府、法治社会一体建设;有利于保障社会主义市场经济健康发展;有利于在法治轨道上推动国家治理体系和治理能力现代化。②

张炜达、郭朔宁还认为建党百年来,中国共产党以马克思主义民族观为指导,紧密结合革命、建设、改革实践,逐步摸索出具有中国特色的解决中国民族问题的方法与道路,其中,将实践升华至理论,将民族政策与民族纲领逐步实现法制化与制度化,成为贯穿民族工作始终的隐性逻辑。从历史角度对这一逻辑范式予以纵向梳理,探索百年来民族法制建设在不同历史阶段的时代表达、侧重方向与阶段特点。从现时角度对这一逻辑范式予以横向展开,凝练百年来民族法制建设的基本规律与优秀经验,结合"实现中华民族伟大复兴"的时代场景和发展环境,指导当下民族法制建设的具体方向。③

谢寄博、王思锋认为在我国行政执法体制发展过程中,应当理顺党的领导和行政执法权力运行的关系。总结中国共产党保证执法的实践经验,以合理配置行政执法权、优化行政权力结构、整合"碎片化"的政府功能、提升行政效率作为行政执法体制改革的基本目标。按照"社会发展—功能变迁—结构调整"的路径,在厘清中央与地方、同级职能部门事权界限的基础上,依照事权相对集中、权责对等的原则,根据不同层级政府和职能部门的事权范围,明确其执法权限,合理配置执法力量,并以法律的形式最终确定,从而实现党保证执法的科学化、规范化、法治化。④

钱锦宇、孙子瑜强调党的领导力是决定党成为中国特色社会主义事业坚强领导核心的重要因素。在以全面依法治国为重要依托和主要内容的治国理政现代化的战略工程中,党领导人民守法的能力是党治国理政领导力的重要构成。立足于"两个大局"这一谋划工作的出发点,通过抓住领导干部这个"关键少数",不断提升党的守法公信力,构建守法的重叠型动员模式,并在坚持民主集中制的基础上维护党中央的权威,这是提升和强化党领导人民守法能力的重要路径,最终将有助于党的治国理政领导力建设和全面依法

---

① 陶泽飞、杨宗科:《新时代乡村法治建设的核心命题及路径重构》,载《郑州大学学报》(哲学社会科学版)2021年第4期。

② 张炜达、郭朔宁:《论全面依法治国背景下党的领导法治化》,载《西北大学学报》(哲学社会科学版)2021年第5期。

③ 张炜达、郭朔宁:《中国共产党百年民族法制建设:实践探索、基本经验、时代回应》,载《西北民族大学学报》(哲学社会科学版)2021年第4期。

④ 谢寄博、王思锋:《中国共产党保证执法的实践逻辑——以行政执法体制改革为视角》,载《西北大学学报》(哲学社会科学版)2021年第5期。

治国战略的实施。①

杨强认为中国特色的反贫困法治,经历了体制改革式反贫困、开发式反贫困和精准扶贫式反贫困三个阶段,形成了市场调节为基础、政府主导为主体的发展中国家反贫困法治模式,创造了减贫治理的中国样本,是马克思主义反贫困理论中国化的最新成果。应合理定位政府扶贫职能,实现扶贫方式从微观到宏观、从直接到间接的逐步调整,同时提高贫困人口的权利保障,推进我国反贫困模式从动员型治理向法治型治理转型。②

肖周录、高博研究发现,社会主义核心价值观与法治文化之间关系紧密,耦合关系则可以更精确地描述两者之间的关系特性。社会主义核心价值观集中展现我国法治文化建设的价值共识和根本性质,法治文化则为社会主义核心价值观培育提供承载形式和落实路径,两者间动态关联,具体表现为理论、功能和实践耦合。社会主义核心价值观与法治文化的耦合关系研究对推进国家治理体系和治理能力现代化具有重要的理论和现实意义。③

台建林提出媒体宣传是弘扬社会主义法治文化的重要手段,而社会主义法治文化对社会主义法治建设具有十分重要的涵养怡育作用。法治周末报社通过打造专业团队、开发优质产品、利用新媒体技术、开展线下活动等方式,探索出了一条媒体在社会主义法治文化建设中的有效道路,具有良好的借鉴意义。④

武建敏提出社会治理概念预示着法治作为一种治理方式的理念之确立,它的实践维度内在地蕴含了"良法善治"的基本原理。社会治理的法治意义及方法论价值在于确立了自治在法治发展中的基础性地位,它内在地蕴含了一种简约化的法治精神,展现了自主性作为法治基本精神的重要属性。以及从国家与社会的分析框架加以勘查,社会治理包含了一种关于平衡的法治理念,也意味着法治的边界意识。⑤

3. 宗教法治化建设研究

彭瑞花、李锋认为宗教法治化建设是我国法治建设的重要组成部分,也是坚持宗教中国化,引导宗教与社会主义社会相适应的必由之路。党的十八大以来,我国进入以习近平法治思想引领中国宗教法治化建设的新阶段,在习近平法治思想引领下,我国宗教法治化建设成就斐然,《宗教事务条例》修订,《民法典》颁布,地方性宗教事务条例、宗教规章和规范性法律文件制定和实施,宗教领域的突出问题得到有效治理,宗教领域治理

---

① 钱锦宇、孙子瑜:《论党的领导与全民守法:以党的治国理政领导力为视域的阐释》,载《西北大学学报》(哲学社会科学版)2021年第5期。
② 杨强:《反贫困法治的中国道路》,载《法律科学》(西北政法大学学报)2021年第3期。
③ 肖周录、高博:《社会主义核心价值观与法治文化的耦合关系研究》,载《陕西师范大学学报》(哲学社会科学版)2021年第3期。
④ 台建林:《〈法治周末〉社会主义法治文化建设的创新与实践》,载《传媒》2021年第18期。
⑤ 武建敏:《社会治理的法治之维——现代法治的理论展开》,载《西北大学学报》(哲学社会科学版)2021年第3期。

体系和治理能力现代化取得重大发展。①

穆赤·云登嘉措、赵旭东研究发现,佛教戒律传入中国后经历了适应自然与社会环境的继受和扬弃。中华人民共和国成立后,在中国共产党的领导下,中国佛教协会致力于重申戒律、恢复传统丛林制度,指导寺院进行自我民主管理。三者是在民间实践中确立和发展的,确立僧众权利和义务的,有一定约束力的内心和行为规范。它们弥补国家法在社会控制与社会秩序构造中的不足,在当下的宗教法治建设和社会治理创新中发挥重要作用,应对其积极重视、深刻挖掘、合理阐释,践行佛教的中国化方向。②

4. 现代法治基础的法学流派研究

唐学亮认为霍布斯不仅为现代法治奠定了坚实的政治哲学基础,而且在此基础上发展出一整套逻辑严密、概念精巧,既包括形式合法性又包括道德合法性的法律合法性思想,该思想的精髓在于,借助"衡平"的概念,既拟制出一种对主权进行制衡的法律解释方法,又拟制出一种作为主权统一机制的衡平法院,这两者之间的张力在一定意义上决定了霍布斯的法理学定位。霍布斯既不是一个现代法律实证主义者,也不是一个传统的自然法思想家,并且也不同于以富勒为代表的当代程序自然法学派,其法律思想介于自然法与法律实证主义、普通法法学与罗马法法学之间,因之走出了现代法治发展的第三条道路。③

(二)法律史研究

以史为鉴,可以知兴替。一切法律生活最终都将进入法制史,历史记录的是过去,但其辐射力却指向现在与未来。我们要用历史映照现实、远观未来,深入研究法律史,可以继承具有悠久历史的中华传统法律文化,倡导民族精神与传统理念,对推进中国特色社会主义法治体系建设有着重要的借鉴意义。

1. 中国古代法律思想史研究

杜军强研究发现,儒家思想所包含的价值自汉以来对中国古代法律形成了全方位的影响,虽最终形成了瞩目的儒家化法典,但也自始直接对司法裁判产生了深刻影响。儒家价值基于法律框架的差异呈现为不同类型的理由,即从非实定的法律原则最终转变为实定的法律原则,儒家价值的优先适用也由引发法律价值变革转向进行具体的价值重申或补充。儒家价值在与律令、律例的规范冲突中,其权威形式的差异使论证优先适用的权衡论辩或不存在,或频繁使用,因而对传统法律的变迁也具有明显的利弊。对儒家价值参与司法论证的模式进行总结反思,应可为当代核心价值观融入司法的实践提供历史

---

① 彭瑞花、李锋:《以习近平法治思想引领中国宗教法治化建设》,载《世界宗教文化》2021年第2期。

② 穆赤·云登嘉措、赵旭东:《民间法视野下的佛教戒律、传统丛林制度和寺院规约》,载《青海社会科学》2021年第5期。

③ 唐学亮:《霍布斯的法律合法性思想研究——以法律拟制为中心》,载《学海》2021年第4期。

启示。①

段秋关从十个方面重述先秦法家,以正误解。认为法家称谓非时人自称,实后人所授;法家之"法"不等于今语法律;法家人士特立独行,无组织有共识;诸子有思想,法家成学说,是形式法治的典型表达;"法、术、势"三结合为统一国度的治理方法;确立"法"的立公弃私,平等正直价值;历史上只有儒法争鸣,不存在儒法斗争;"法治"与"德治"的斗争亦属虚构;大秦帝国并非亡于法家。②

2. 中国古代法律制度史研究

杜军强对汉代春秋决狱进行解读,认为其引入的"春秋之义"系关键所在。从裁判论证角度分析汉代董仲舒及其他春秋决狱例可知,春秋决狱中的"春秋之义"并不具备直接取代律令进行裁判的条件,而是与律令共存于司法裁判中并发挥特有的作用:或是在初步可适用律令的基础上创造例外规则或指向其他律令,或是重新阐发特定律令的基础理由以证立其适用。结合法源的结构与权威视角,"春秋之义"在法源上可视为一种具有适用优先性并意在替代汉代法制既有诸法律原则的非实定法律原则。春秋决狱的法理构造则可看作以"春秋之义"的优先适用为主导并与律令等结合进行裁判论证,但缺乏关于优先适用的论辩形式与结构的裁判形态。就此而言,春秋决狱的利弊不只取决于司法者的良窳,更在于其法理构造特征。③

陈玺、潘晨子认为依限取会是宋代取证制度的核心内容。因州县难治,有司渎职,治狱草率等客观原因,导致宋代长期存在的取会阻滞、回报稽留和禁系淹滞等逾期违慢问题,始终未能有效解决,严重侵害司法权威、司法效能和事主权益。究其根本,中国古代奉行"疑罪从有""疑罪惟轻""罪疑从赦"等诉讼原则,对于取会无果、查无确证的案件,因而无法按照无罪推定原则迅速终结裁判程序并开释干系人等,最终导致取证逾期现象无法禁绝。④

闫晓君以清末永氏案的罪与罚为切入点,探讨案件中所存在的悖论。光绪亲政之初,旗人桂永氏被诱拐。桂永氏逃离虎口后在提督衙门喊告。经过刑部审理,桂永氏原告诱拐案,除被告控罪被坐实外,自己却被判以诬告罪名。此案经洪良品封驳,引起朝野关注。光绪帝颁旨对此案覆审,经过翁同龢和怀塔布历时两月的审理,还是含糊了结,大体上维持了原判。案件遭遇了罗生门,尤其吊诡的是,作为案件唯一受害者的桂永氏赴衙门告状,将诱拐犯绳之以法的同时,自己也因诬告亲夫被处以极刑;否则就含冤莫释,任由诱拐者逍遥法外。⑤

---

① 杜军强:《中国古代司法论证中儒家价值的理由类型及适用》,载《法律方法》2021年第3期。
② 段秋关:《再识先秦法家》,载《法律科学》(西北政法大学学报)2021年第4期。
③ 杜军强:《汉代春秋决狱的法理构造——以"春秋之义"的法源地位分析为中心》,载《清华法学》2021年第1期。
④ 陈玺、潘晨子:《依限取会:宋代取证逾期及其破解之道》,载《证据科学》2021年第3期。
⑤ 闫晓君:《中国传统法律的悖论:以清末永氏案的罪与罚为切入点》,载《华东政法大学学报》2021年第4期。

汪世荣对陕西省档案馆保存的"紫阳县正堂"诉讼档案系当事人起诉到官府的土地纠纷案例进行深入研究,认为其呈现的土地交易规范包括:"买卖由地主为政",交易应"契明价足","不得事后争买",从交易的启动、程序和结果等层面,既规范了土地交易活动,也与律典、习惯、判例等资料相印证。诉讼档案反映的清朝土地交易规范中蕴含的私法理念包括:尊重卖主意愿,保障交易自由;便利产权转移,降低交易成本;预防减少纠纷,维护交易安定;促成守信践诺,优化交易环境。土地交易规范还体现了平衡双方利益的特点,表明中国私法文化具有源头上的内生性,需要高度重视其创造性转化和创新性发展。①

3.中国近现代法律史研究

伊卫风研究发现,中国共产党通过制定颁布婚姻家庭法律的方式对农村女性展开的社会动员,促使她们走出家庭和走入社会,支持乃至参与中国革命。当时赢得了大量农村女性的认同,但起初也曾因一部分内容过于激进,引发一些男性农民、革命战士乃至部分党员干部的质疑或抵制。中国共产党随后不断修订完善相关法律,有效地回应了前述质疑或抵制,最终赢得更多人的支持。充分说明了中国共产党坚持群众路线与实事求是的优良传统。同样重要的还有,中国共产党通过法律对女性的社会动员,使女性从实践中认识到自身在家庭、社会及政治领域中所拥有的种种权利。②

二、国内部门法学研究

部门法学的研究对象是因某一类法律规范调整的社会关系与调整方法的不同而划分成的各部门法,各部法律之间存在相对的独立性。改革开放后部门法的法律体系结构、理论范式、实证解释力等方面存在空缺,受到广大学者的持续关注。通过对部门法的研究,可以为当下的社会发展提供法律约束助力,亦可以推进部门法律体系的制度改革。

(一)宪法学与行政法学研究

宪法是国家的根本法,坚持依法治国首先要坚持依宪治国,坚持依法执政首先要坚持依宪执政。对法治国家、法治政府、法治社会一体建设的研究使得依法治国顶层设计更加科学严谨。宪法学、行政法学生动地体现了一个国家的政治体制、政治运作及国家、政府和公民的关系,对二者的研究,推进了政治体制的完善,进一步拓展了公民的法律认同价值理念。

1.宪法法律体系研究

常安认为"十七条协议"将"驱除帝国主义势力出西藏"作为首条内容,强调了中央

---

① 汪世荣:《陕西紫阳诉讼档案中的清代土地交易规范及其私法理念》,载《法学研究》2021年第1期。

② 伊卫风:《通过法律对女性的社会动员——中国共产党与1949年之前婚姻家庭法律在农村的实践》,载《法学家》2021年第5期。

人民政府的统一领导,改变了西藏近代史上被帝国主义者侵略与蚕食的半殖民地状况,重申了中华人民共和国对西藏的主权,以"共同纲领"中规定的民族政策为指导原则确认了西藏人民享有民族区域自治的权利。把握"十七条协议"的历史意义,还需要将其放在中国共产党治理西藏政策的历史连续性中进行理解。①

郭永辉、李明通过对国家安全法律体系现状进行研究分析,发现在某些领域依然存在立法空白,法律体系效力层次冲突,一些法律条款中存在漏、弱项等问题,执行保障也需进一步优化。对此,借鉴国际上较为成熟的国家安全法律体系模式,结合我国国情,从宪法、基本法律、一般法律等层次进行立法完善,修改完善新版《国家安全法》,编制国家安全法体系立法规划,优化执行监督机制等角度提出完善路径,进而构建体系完整、法律位阶分明、责任清晰、运行协调的国家安全法律体系。②

穆兴天、马文华研究发现,大数据时代,"国家安全"和"个人数据安全""个人隐私权"存在相冲突的问题,以美国《涉外情报监控法》第 702 条为研究样本,实证分析了个人隐私被侵犯的原因,如即情报搜集工作监督不严、问责不力等。规范分析了平衡"国家安全"和"个人数据安全""个人隐私权"之间的法律对策。研究认为应当设立情报监督机构,规制数据使用目的和范围,加大问责力度,平衡国家安全和公民个人数据隐私权。③

代水平提出,我国现行法律法规及相关规范性文件尚未对"城乡建设与管理"作出明确界定,导致其外延边界模糊,进而使得《立法法》第 72 条对设区的市立法权限的规定难以得到切实的遵守。总结 2015 年《立法法》修订以来的地方立法实践,发现部分地方立法的实践样态和相关法律的规范解释之间存在一些缝隙。为了贯彻落实依法立法的原则,有必要进一步对"城乡建设与管理"进行明确,具体可通过全国人大常委会的立法解释、上级立法机关的事前指导和事后审查以及设区的市立法机关自身的节制等路径来弥合规范解释与实践样态之间的缝隙,以最大限度地校准中央与地方立法权限分配的"黄金分割点"。④

2.中华民族生态共同体研究

陈娟丽经过研究林业碳汇核证减排量这一应对气候变化领域的新生事物,提出其所有权归属是确保林业碳汇交易稳定的首要问题。但我国《民法典》物权编、自然资源法和碳排交易规范中均无明确规定,个别部门规章对其收益分配的规定有违上位法。在我国鼓励积极开展碳汇交易和推进法规制度建设的背景下,应尽快完善相关法律规范,确定

---

① 常安:《纪念西藏和平解放 70 周年:"十七条协议"的宪法学解读》,载《中国边疆史地研究》2021 年第 4 期。
② 郭永辉、李明:《论完善我国国家安全法律体系的路径》,载《甘肃政法大学学报》2021 年第 2 期。
③ 穆兴天、马文华:《美国情报搜集中个人数据隐私权状况及对我国的启示——以 FISA 第 702 条为研究样本》,载《情报杂志》2021 年第 4 期。
④ 代水平:《"城乡建设与管理"地方立法的规范与实践》,载《西北大学学报》(哲学社会科学版)2021 年第 2 期。

国家为核证减排量的管理者角色,确立同一项目核证减排量由多个参与主体共有的制度,遵循自愿公平原则合理分配转让收益,以及做好相关权属争议解决的法律准备。最终为拓宽放活经营权渠道,保障各方利益,乃至我国资源安全和气候安全提供法律支撑。①

焦琰认为饮用水水源保护关乎着人民群众的生命健康,牵动着社会的稳定发展。目前,在国家立法中已有大量涉及饮用水水源保护的规定,为执行这些规定,各地方一直将饮用水水源保护作为重点立法事项。但存在的问题是,大多数饮用水水源保护地方立法的立法目标内部不协调、立法模式单一,同时,在法律制度上也暴露出很多缺陷。这就需要进一步通过优化立法目标、创新立法模式和完善法律制度来指出饮用水水源保护地方立法的应有设计方向。②

王社坤、吴亦九通过研究生态环境损害赔偿制度的构建与完善问题,认为必须首先准确界定生态环境损害政府索赔的诉权基础。基于国家环境义务构建的生态环境损害赔偿制度,在理论上可以弥补现行权利论作为诉权基础的弊端,具有必要性和可行性;以国家环境义务论为出发点构建的生态环境损害赔偿制度,有利于廓清生态环境损害赔偿制度的定位,优化生态环境损害磋商制度,改进生态环境损害政府索赔规则。③

朱艳丽认为流域水生态系统提供的服务和功能丰富而多样,跨界流域带来的诸多效益更是超越了不同行政界限。流域水生态系统的经济、社会和文化价值应该由流域内所有利益关联主体共享。《长江保护法》规定了流域协调机制的框架。在"共抓大保护、不搞大开发"和"高质量发展"的时代要求下,长江流域生态保护和经济发展需要依赖于流域协调机制的创新性落实。构建以流域资源为基础的网络型协调机制框架、以政府为主导的利益分配机制、以制度为基础的法律硬约束机制,能够突破传统行政区划障碍,促进流域协调发展。溯源流域协调理论的历史,论证国际流域治理协调机制的客观理性,分析长江流域协调机制的供给性约束和体制性约束,对长江流域协调机制落实的法律路径进行探索性思考。④

申文君指出从2021年1月1日零时起,长江流域重点水域开始为期10年的全面禁渔期,长江保护战进入了持久战阶段。在长江生态保护机制日渐完善之际,2021年3月1日,《中华人民共和国长江保护法》正式施行,为长江生态保护提供了强有力的法治保障。该法针对长江流域的生态特点及当前存在的主要问题,采取了诸如建立流域保护协调机

---

① 陈娟丽:《林业碳汇核证减排量所有权归属的实践样态与应然思路》,载《干旱区资源与环境》2021年第4期。
② 焦琰:《我国饮用水水源保护地方立法的目标优化、模式创新与制度完善》,载《环境保护》2021年第9期。
③ 王社坤,吴亦九:《生态环境损害政府索赔的诉权基础:反思与重塑》,载《江苏大学学报》(社会科学版)2021年第5期。
④ 朱艳丽:《长江流域协调机制创新性落实的法律路径研究》,载《中国软科学》2021年第6期。

制、生态补偿全覆盖等特别措施,标志着长江大保护进入了一个新的重要阶段。①

王社坤、焦琰通过研究作为国家公园的核心理念之一的全民公益性理念,认为需要予以法治化。现有国家公园地方立法虽已在立法目的、原则和规则三类条款上对全民公益性理念进行了表达,但存在对全民公益性理念内涵认识不一致、立法表达体系性不强的问题。《国家公园法》应当在立法目的和原则条款上对全民公益性理念予以规范表达,同时在具体规则条款中分别从共享、共有和共建三方面进行相应的制度设计,实现对全民公益性理念的体系化表达。②

闻丽英、蔺紫玄提出观点认为乡村振兴离不开永久性基本农田保护,加强永久性基本农田的保护对防止耕地面积减少,保障国家粮食安全,维护社会稳定发展具有重要而深远的意义。我国永久性基本农田保护立法仍存在立法层级低、划定标准不科学、监督管理制度不完备、法律责任不健全等诸多弊端。美国、英国、日本的基本农田法律保护经验可资借鉴,我国应将立法层级由行政法规提升为专项法律;科学划定最低底线标准;完善监督管理制度;健全行政和刑事法律责任。保护永久性基本农田,助力乡村振兴。③

3. 教育法治研究

管华、黄艳娜提出观点认为法律责任豁免是教育惩戒得以实施的前提。教育惩戒的违法阻却性可以从法秩序的统一性和违法阻却事由两方面来判断,认定为职务行为、权利义务行为或正当业务行为。当教育惩戒符合主体适格、目的合法、过罚相当、程序正当四要件时,豁免法律责任。《中小学教育惩戒规则(试行)》施行后,应进一步对正当教育惩戒豁免法律责任作相应补充规定。④

管华、程子洳发现在《中小学教师实施教育惩戒规则(征求意见稿)》发布后,对于教育惩戒权是否属于国家教育行政权、教育惩戒行为是否属于行政处罚等相关问题引发了讨论。教育惩戒开始出现在地方立法中,现实中的表现更是灵活多样。在我国法律体系中,教育惩戒不同于管教、处分和体罚。教育惩戒权不是国家权力,更不因《中小学教师实施教育惩戒规则》的制定而成为国家权力,而是专业权力,是学校和教师教育教学自由的范畴,教育惩戒行为应限于事实行为。揆诸各国,并无统一的教育惩戒模式。将教育惩戒与行政处罚区分开,是最小代价的立法选择。⑤

刘璞等人认为通过建立可量化评估的指标体系监测地方政府履行残疾人受教育权保障职责的情况,能够反映各地残疾人教育事业的发展状况,为中央调整政策和财政支

---

① 申文君:《〈长江保护法〉守护母亲河》,载《生态经济》2021年第3期。
② 王社坤、焦琰:《国家公园全民公益性理念的立法实现》,载《东南大学学报》(哲学社会科学版)2021年第4期。
③ 闻丽英、蔺紫玄:《乡村振兴背景下我国永久性基本农田保护的立法完善》,载《西安财经大学学报》2021年第2期。
④ 管华、黄艳娜:《论教育惩戒的法律责任豁免》,载《江苏行政学院学报》2021年第4期。
⑤ 管华、程子洳:《教育惩戒与行政处罚的关系辨正——围绕〈中小学教师实施教育惩戒规则(征求意见稿)〉的思考》,载《现代教育管理》2021年第2期。

持力度提供参考。以省域内政府为评估对象,以推进融合教育为核心目标,运用法学规范分析法,依据法律法规内容、政策标准要求,以权利和义务对应、实体与程序并重为逻辑主线共设计 4 个一级指标:保障制度、保障措施、保障状况、监督机制,并下设 10 个二级指标和 48 个三级指标。依据三级指标的测算方法进行评估,可以建立残疾人教育状况长效评估机制。①

4. 行政法学与法治政府研究

姬亚平、王艾捷认为公共服务是政府为满足公民需求而向公众提供产品或服务的一种政府职能。确定政府公共服务基本原则,应结合公共服务的基本特征、公共服务的核心理念、价值要求以及实践目标,由此确定公共服务的基本原则应当包括合法性与合理性相结合原则、普遍性原则、平等性原则、持续性原则、针对性原则、适用性原则以及公开性原则等七项。在新型冠状病毒肺炎疫情期间,政府为民众提供公共服务也应遵循此七项原则,以维护公众基本权益,助力打赢疫情防控阻击战。②

杨彬权提出,PPP 这一模式是政府和社会资本共担风险、合力达成公共任务的关键。在 PPP 模式下政府不再承担公共任务的履行责任,转而承担国家担保责任。政府承担国家担保责任,使得政府的角色从公法上的公共任务的"履行者"转变为"担保者"和"合作者"。担保行政法学模式是以国家担保责任作为 PPP 行政合作法制构建的理论基础,以法律关系作为行政法学体系建构的另一砥柱,通过行政程序的担保化和合作化规制公私合作行为,以合作契约作为 PPP 模式的基本担保管制手段,通过担保纠纷解决机制有效化解纠纷和保护公共利益。③

杨彬权认为《公共图书馆法》的颁布使得社会力量兴办民办图书馆不但成为可能,而且具有了合法性。民办图书馆的设立对保障公民文化基本权,促进公共图书馆事业的永续发展起到了非常重要的作用。但《公共图书馆法》对民办图书馆的规范力度不够,针对性不强,难以有效规范和促进民办图书馆的发展,因此,应该修改《公共图书馆法》,增加对民办图书馆遵循的基本原则,设立的主体、条件与程序,运行机制,扶持与保障,监督检查和退出与接管等内容的规范,以冀为我国民办图书馆的永续发展奠定法律基础。④

朴宗根、乔良通过分析当前监察实践中出现监察调查提前介入适用率过高、介入随意等现象,他认为,监察调查有其正当性,从职能分立与政务连带理论角度看,体现了监察机关与监察机关相互协作的关系;从"成本-收益分析"权衡理论角度看,提前介入具有经济性上的正当性;从人权保障理念看,监察调查提前介入体现了人权保护的目的性。

---

① 刘璞、刘怡婷、麻敏洁,等:《政府履行残疾人受教育权保障职责评估指标体系的构建》,载《中国特殊教育》2021 年第 3 期。

② 姬亚平、王艾捷:《论政府公共服务的基本原则——以抗击新冠肺炎疫情为视角》,载《人权研究》(辑刊)2021 年第 1 期。

③ 杨彬权:《PPP 模式下政府的角色定位——兼论担保行政法学模式的兴起》,载《财经法学》2021 年第 1 期。

④ 杨彬权:《民办图书馆立法问题研究》,载《图书馆杂志》2021 年第 9 期。

监察调查提前介入在实践中存在实体筛选标准模糊、被调查人权利保障不足等问题,需对其进行合乎监察规律的体系性完善:首先在监察法规制定权下优化监察调查提前介入运行的规则;其次完善"内部提前介入"与"商请检察机关提前介入"的衔接机制;最后完善重大、疑难、复杂职务犯罪案件的上下级监委的领导机制,促使监察调查提前介入规范化、法治化。①

王周户、田雷指出政务失信现象是行政机关违反信赖保护这一公法基本原则而外化的一种不法状态。这种现象危害国家公信力,违背法律公正性,阻滞经济资源公平流动。运用法治手段施治政务失信问题,有利于推动政府公信力建设,进而建设法治政府、服务型政府。因此,应以建设法治政府为指引,分析政务失信现象的社会危害和根源,通过完善现有体制机制、落实行政决策公众参与要求、优化行政决策外部环境、压缩行政行为的自由裁量权空间等法治手段对政务失信问题进行纠治,力求在较小的社会震荡、较少的资源投入的情况下解决政务失信问题。②

杜国强强调,委员会是我国行政组织领域存在的客观现象。根据法律地位不同,其可以分为机关型委员会与机构型委员会。委员会在不同领域、不同阶段行使着不同性质的权力,是国家治理体系的重要组成部分。有必要从依法行政特别是法律保留的角度审视其存在与合法性。为实现委员会与法治政府建设的衔接,应当从设立与运转两个阶段对其进行过程规制。③

马治国、赵世桥认为科学技术在为人类社会带来便利的同时也带来了许多科技风险。在风险社会中完善的科技法律责任对科技社会法律治理、科技法律体系化建设、传统法律责任体系突破、科技强国建设以及科学技术标准化发展都具有重要意义。风险社会,行政法律责任主导的科技法律责任制度并不足以有效应对科学技术活动过程中产生的科技风险,致使无法实现科技活动的有效法律治理。为此,建议转变传统的行政法规制的科技立法理念,引入私法自治理念,加强科研人员权利保障。为全面促进科学技术活动中的科技法律责任制度建设,建议在科技研发、成果转化以及成果应用等各个阶段严格遵循技术标准化和专利许可的控制策略,以对风险社会中的科技法律责任进行补充和完善,从而实现科技法所具有的调整科技活动的根本价值目标。④

李大勇认为涉诉信访是一种较为特殊的社会矛盾表现形式。法院在涉诉信访中从中立者、裁判者的角色转化为参与对抗的一方,出现角色混同,加大了信访治理难度。涉诉信访的生成源于社会基础、传统文化、社会心理、制度基础等诸多因素。涉诉信访客观

---

① 朴宗根、乔良:《监察调查提前介入:正当性、问题及体系完善》,载《广西社会科学》2021年第4期。
② 王周户、田雷:《运用法治手段施治政务失信问题研究》,载《广西社会科学》2021年第5期。
③ 杜国强:《"熟悉的陌生人":行政组织领域的委员会现象》,载《天津行政学院学报》2021年第3期。
④ 马治国、赵世桥:《科技法律责任的特性与制度优化》(英文),载《科技与法律》(中英文)2021年第1期。

上能实现个案正义、补充正式司法救济、完善司法工作;但也可能冲击司法权威,影响司法职能的实现。涉诉信访司法政策的核心是诉访分离,让信访的归信访、司法的归司法。为实现"诉访分离"政策目标,需通过保障诉权、综合治理等多种制度构建加以整体推进。①

李大勇还认为在疫情防控期间,中央以及地方为推动疫情防控工作的整体安排与资源调配,设置中央应对疫情工作领导小组、疫情防控(应急)指挥部(办公室)、疫情应对处置领导小组等形式的临时机构。临时机构作为一种协调机制的组织形式,强调分权基础之上的整合协作和行政任务的整体推进。临时机构扩展了行政组织的基本形态和类型化,为行政组织法理论的拓展与深化提供了一个新的视角。临时机构的行政组织法构建必须立足于我国行政管理实践,以行政任务为圭臬,以行政协作为价值准则。②

邱昭继认为从法律角度审视,新型冠状病毒肺炎经历了不明原因肺炎、群体性不明原因疾病、突发原因不明的传染病、国内新发生的传染病和乙类甲管的传染病五种法律身份。我国《传染病防治法》在新发生传染病面前暴露出许多问题和短板,存在概念含混、外延定义的封闭性、新发生传染病防治机制不完善的缺陷。建议全国人大常委会修改《传染病防治法》时,规范传染病防治法律体系中传染病概念的使用,赋予地方政府更多的决策权并完善新发生传染病的防控机制。③

5. 网络安全与个人权益保护问题研究

李大勇认为大数据时代对网络谣言的规制,既是机遇也是挑战。谣言借助网络的手段,无论是传播的方式、手段以及谣言的表现形式都会发生巨大而又深刻的变化。针对网络谣言规制已形成道德规制、法律规制、技术规制三种模式,但各有优劣,应当引入合作规制理念。在网络谣言规制主体上除了政府,还应强化网络服务商的监管责任,依靠其他社会组织,动员社会广泛参与,进行合作治理。在网络谣言治理方式的选择上,采取多元的治理方式,要坚持法治手段为底线,道德熏陶为引导、网络技术手段为保障的整合方式,从而形成制度合力来应对网络谣言。④

伊卫风通过研究算法自动决策发现在其背后存在人为歧视,主要表现为算法过滤、算法错误及数据瑕疵,结果追求算法自动决策中的透明性似乎成为消除歧视的普遍共识,例如《一般数据保护条例》就为此进行了相应的立法。但透明性在私人领域却受到了隐私权的挑战,于是追求算法的公正性便成为另一条思路,美国关于算法自动决策的法律规制正是采取这种策略。抛开了复杂的技术问题,回归到法律的公正价值上,这种规制思路无疑值得我们学习,另外法律人也应该联合其他专业人士,促使算法自动决策能

---

① 李大勇:《"诉访分离"司法政策的表达与实践》,载《法律科学》(西北政法大学学报)2021 年第 4 期。
② 李大勇:《我国临时机构的组织法调控及其改革》,载《当代法学》2021 年第 6 期。
③ 邱昭继:《新冠肺炎对我国传染病防治法的挑战及应对》,载《理论探索》2021 年第 1 期。
④ 李大勇:《大数据时代网络谣言的合作规制》,载《行政法学研究》2021 年第 1 期。

够更好地服务我们。①

国瀚文指出自数据被作为生产要素后,以"大数据"为交易对象的数字经济迅速发展,但数据确权困难、隐私泄露、数字市场秩序混乱、流通机制欠缺、国际数字贸易对接不畅等问题掣肘了数据资源价值的实现。解决该问题需要融合各项法律手段,构筑理想化的大数据交易管理法律模型,对现行法律规范难以规制的大数据交易管理问题,进行跨专业、跨学科的研究,有选择地设计和安排相应的制度,从而为数字经济运行提供规制工具,推进我国数字经济科学化和规范化发展。②

苏青指出由于法律规制的缺乏导致人们将网络爬虫几乎等同于"害虫"。在现象层面,网络爬虫作为运用自动软件从网页上提取大量信息的技术,具有中立性。从网络爬虫所涉及的主要案件类型看,网络爬虫经历了从中立技术到一般违法,再到犯罪的演变过程,刑法领域的网络爬虫已突破其技术定义而发生了明显的"异变"。从"广义"的网络爬虫概念出发,可以从对象、手段、目的三个方面对其进行合法性限定:合法的网络爬虫应是针对开放数据的、不具有侵入性的、基于正当目的的数据获取技术,不符合任一条件者便为违法。③

郭富青认为营商环境国际化是我国参与经济全球化一体化的必然要求。鉴于我国当前营商环境存在的不足,优化营商环境应有自己的思路。对标国际标准,着力扩大和增强市场化、法治化的范围和调整功能,以解决破坏营商环境的难点、堵点问题为抓手,纲举目张地优化营商环境;扩大和深化"放管服"改革,重塑法治政府、有限政府、服务政府的形象,放弃或减少对经营活动准入的事前管制,加强适度事中、事后监管,让市场充分发挥配置资源的决定性作用;进一步清除与市场经济抵触的法律规范;提高公正执法和司法水平,在动态上与立法保持一致,健全多元化的纠纷解决机制,充分、有效地保护营商环境持续优化。④

单文华、邓娜通过研究数据发现欧盟和美国之间数字贸易联系紧密,美国借助《隐私盾协议》及《安全港协议》打破了欧盟数据保护立法的壁垒,实现了个人数据向美国的自由流动。《隐私盾协议》无效案反映出欧美之间数据跨境流动的主要问题在于美国国家安全法律与欧盟个人数据保护法律之间的冲突,背后的根源是欧盟为抗衡美国的数字经济霸权与监控资本主义而实施"技术主权"战略。《隐私盾协议》无效案对中国的个人数据治理具有重要借鉴意义,中国需明确数据规制的目标,完善数据跨境流动的规则,并且利用自由贸易协定和 WTO 机制积极推广中国数据治理的国际主张。⑤

---

① 伊卫风:《算法自动决策中的人为歧视及规制》,载《南大法学》2021 年第 3 期。
② 国瀚文:《数字经济视域下大数据交易管理法律模型建构研究》,载《中国应用法学》2021 年第 6 期。
③ 苏青:《网络爬虫的演变及其合法性限定》,载《比较法研究》2021 年第 3 期。
④ 郭富青:《营商环境市场化法治化的中国思路》,载《学术论坛》2021 年第 1 期。
⑤ 单文华、邓娜:《欧美跨境数据流动规制:冲突、协调与借鉴——基于欧盟法院"隐私盾"无效案的考察》,载《西安交通大学学报》(社会科学版)2021 年第 5 期。

(二)刑法学研究

刑法是维护经济社会安全稳定的最后一道屏障。我国刑法制度的发展一直与时代发展保持同步,不断响应群众呼唤,符合我国发展实际,并通过修正案的形式不断完善,对各种犯罪的打击更为全面、更加严谨,刑法学的深入研究对法治中国建设有着重大意义。

1. 刑法教义学与刑法规范研究

吴亚可认为刑法教义学作为刑法的规范意义的发现方法,对刑法立法进行的批判主要表现在模糊性刑法规范、滞后性刑法规范和"漏洞"型刑法规范的意义发现过程中,即根据社会生活事实对三者的通常规范意义进行扬弃,从而实现其规范意义的明确化、发展性和填补。但是,刑法教义学的立法批判功能也是有场域限制的,即刑法教义学的司法面向性和实践导向性决定了刑法教义学批判不能否定现行有效的刑法规定,同时,刑法规范语言的文义边界框定了面向司法的刑法教义学批判的基本限度。[①]

付玉明强调《刑法修正案(十一)》的修订具有增修范围相对集中、犯罪圈进一步扩大、处罚严厉程度调整三个显著特征,在刑法参与社会治理的过程中,积极刑法观具有现实意义,但对于立法的过度扩张需要保持警惕。[②]

2. 刑法总则犯罪论研究

谭堃认为在区隔于共同正犯本质的前提下,罪名从属性也处于共犯从属性的射程之内,应当在共犯成立上判断其罪名是否从属于正犯。鉴于教唆犯参与正犯犯罪进而间接侵害法益的本质属性,以否定罪名从属性为基本原则,只有在所教唆之罪与所实行之罪存在犯罪构成的重合时,教唆者方可以第29条第2款被认定为教唆犯。在教唆者所教唆之罪重于正犯者所实行之罪以及非身份者教唆身份者实行真正身份犯的场合,则对否定罪名从属性的基本适用原则存在诸多例外。[③]

段阳伟认为我国刑事司法解释出现大量"受过刑事或行政处罚入罪"的规定,将行为人受过刑事或行政处罚的事实作为定罪情节纳入犯罪成立与否的考量之中,但该规定很难发挥其预想的价值。在坚持我国"定性+定量"刑事立法模式下,为了清晰行政违法与刑事犯罪的界限,刑法总则应当明确规定影响犯罪成立"量"的要素,统一罪量要素在刑事立法和司法实践中的适用;为了加强行政处罚与刑法处罚的有效衔接,应当建立独立型附属刑事立法,改变我国大一统的刑事立法模式。[④]

王鹏飞认为我国《刑法》第22条对于预备犯罪普遍处罚原则给司法操作带来的可操

---

① 吴亚可:《论刑法教义学的立法批判功能》,载《南大法学》2021年第1期。
② 付玉明:《立法控制与司法平衡:积极刑法观下的刑法修正》,载《当代法学》2021年第5期。
③ 谭堃:《论〈刑法〉第29条第2款的解释——以共犯罪名从属性为路径》,载《清华法学》2021年第6期。
④ 段阳伟:《我国刑事立法理念和技术反思——以"受过刑事或行政处罚入罪"为视角》,载《甘肃政法大学学报》2021年第4期。

作性困局,理想的路径是基于解释论的视角,以行为惯性基础上的法益侵害说、刑事近代学派主张的社会防卫论作为理论根据,坚持预备犯的普遍处罚理念的基本立场,纠正传统观点对于预备犯条款与但书条款关系认识上存在的误区,通过类型化方法的运用,对预备犯处罚范围加以限缩。①

3. 刑法总则刑罚论研究

王鹏飞研究发现供犯罪所用的本人财物的没收条款在司法适用过程中的形式化判断导致的没收范围过度扩张、轻重比例失衡等问题,严重影响了该项制度功能的充分发挥。认为应以制度的犯罪人人权保障目的为指引,建构司法适用过程中的均衡性规则;以制度的被害人(社会)法益保护目的为指引,建构司法适用过程中的危险性规则;以制度的再犯预防规范目的为指引,建构司法适用过程中的必要性规则。②

4. 刑法分则罪名研究

谭堃研究发现虚开发票罪以"情节严重"作为犯罪成立的罪量要素,司法实践中对"情节严重"的形式化认定使得该罪的适用范围存在不合理之处。虚开发票行为是否产生侵害法益的危险性,应当以一般人所可能认识的事实以及行为人所特别认识到的事实作为基础,站在行为时从一般人的立场出发进行判断。此外,应当以结果未发生的偶然性作为具体危险存在与否的基础性条件,判断虚开行为对法益侵害的危险性程度。③

舒洪水认为"有毒、有害的非食品原料"的司法认定是《刑法》第144条的难点,是决定罪与非罪、此罪与彼罪的关键。鉴定意见和检验报告在认定"有毒、有害的非食品原料"中起着至关重要的作用。必须明确检验报告的地位和作用,厘清检验报告与鉴定意见的关系,厘清行政执法和刑事诉讼中形成的鉴定意见、检验报告的关系。④

赵姗姗认为非法吸收公众存款罪的保护法益除了通说的金融管理秩序,还应包括公众的财产权。换用货币银行学的视角,通过解析《商业银行法》的相关条文、货币政策工具的效能及中国人民银行的宏观调控机理,尝试对《刑法修正案(十一)》通过后的非法吸收公众存款罪的保护法益进行再度审读,并以此为指导,为实务中本罪实行行为的认定、入罪标准的划定以及如何量刑等问题提供参考,以期实现良好的司法效果和社会效果。⑤

李琳研究认为《刑法修正案(十一)》通过设置独立适用的加重情节、增设加重情节具体类型、限制加重情节扩张适用,明确和完善了猥亵儿童罪的加重情节。对"在公共场

---

① 王鹏飞:《普遍处罚模式下预备行为的类型建构》,载《法学杂志》2021年第6期。
② 王鹏飞:《供犯罪所用的本人财物没收的限制性适用——规范目的基础上的实质考察》,载《首都师范大学学报》(社会科学版)2021年第4期。
③ 谭堃:《论虚开发票罪中"情节严重"的具体危险构造及其判断》,载《政治与法律》2021年第6期。
④ 舒洪水:《论"有毒、有害的非食品原料"的司法认定》,载《江西社会科学》2021年第12期。
⑤ 赵姗姗:《非法吸收公众存款罪法益新论及对司法适用的影响——结合货币银行学对〈刑法修正案(十一)〉的审读》,载《中国刑事法杂志》2021年第2期。

所当众猥亵儿童"情节的认定应把握公共场所的相对公开性,是否"情节恶劣"应以儿童身心健康法益遭受侵害的程度作为判断依据。①

5. 民刑、行刑交叉研究

郭研强调不能以"法秩序统一性"的命题遮蔽刑事违法和行政违法的实质界分,行政违法并不当然推出刑事违法,刑事违法性的判断也不需完全从属于行政法,而是具有独立性。对于行政犯刑事违法性的判断应在参照立法规定的基础上,分析两法在保护法益与规范保护目标上的差异。行政犯的保护目标应遵循前置法的认定路径,寻求其具体规定。当一行为既是行政违法又构成犯罪的情况下,应当刑事处罚优先。②

(三)民商法学研究

民商法作为我国法律体系中一个十分重要的组成部分,核心作用就是通过规范化、有序化的条例促进国家社会经济平稳发展、保护公民合法权利、维持正常交易秩序。因此民商法研究为我国经济活动的正常开展提供制度基础。民商法的研究与完善更是我国社会主义特色经济体制的不断发展所提供的有效保障。

1. 民法典编纂研究

聂卫锋钻研《民法典》编撰,提出"渐进实践继受+创新式"的《民法典》编纂方式在中国具有历史合理性和实践正当性,是中国社会关系、经济结构逐步走向稳定和成熟之后的自然产物。《民法典》编纂是中国特色社会主义法律体系已经形成之后的立法形式化作业,标志着新中国的法治建设事业达到了一个新的高度,但是需要同等对待《民法典》在创"新"和守"旧"两个维度的基调。③

2. 民法典总则研究

孙山认为民法学研究通常将对象和客体同义化使用,对象与客体不分无法解释同一对象上承载不同利益、生成不同法益、获得平行保护的普遍现象。对象与客体区分在民法中具有如下法技术价值:法益分类的事实前提和逻辑根基;法益内容的现实基础;法益救济中请求权配置与行使的依据。后《民法典》时代,应当重视对象和客体区分在法教义学中的作用。④

聂卫锋认为《民法典》第 180 条第 1 款拟在提取共通因素的基础之上一体化整合《民法通则》第 153 条、《侵权责任法》第 29 条、《合同法》第 117 条等既有规范,该条虽然具有扩张不可抗力免责规范适用范围的积极意义,但没能纠正既有规范抽象过度、对象错位的错误,在立法方法论上值得检讨。《民法典》第 180 条第 1 款所产生的体系效应也需要

---

① 李琳:《〈刑法修正案(十一)〉中猥亵儿童罪加重情节的理解与适用》,载《现代法学》2021 年第 4 期。
② 郭研:《行政犯刑事违法性独立判断之提倡》,载《中国人民公安大学学报》(社会科学版)2021 年第 4 期。
③ 聂卫锋:《〈民法典〉的继承与创新》,载《内蒙古社会科学》2021 年第 5 期。
④ 孙山:《民法上对象与客体的区分及其应用》,载《河北法学》2021 年第 2 期。

采取"更加体系化、更加具体化"的策略加以联动回应。①

3. 物权研究

韩松认为《中华人民共和国民法典》第261条规定的"农民集体所有的不动产和动产属于本集体成员集体所有"中的"本集体成员集体"概念有其理论来源和历史与现实的依据,其内涵确定,可以作为表达农民集体所有权主体的特定概念。本集体成员集体所有是集体成员与集体所有权的权利连接点,是成员权产生的基础,决定了行使农民集体所有权的集体经济组织法人的特别属性。只有把握本集体成员集体所有的集体公有制本质,农村集体产权改革和集体经济组织法人构造才能坚持正确的方向。②

韩松还认为"一户一宅、无偿分配"政策是产生宅基地"取得困难、利用粗放、退出不畅"等问题的症结之一,解决宅基地使用存在的问题,促进农村产业发展,应当改革该政策和制度。一户一宅应当解释为符合宅基取得条件的一户农户只能拥有一处宅基地,对新增宅基地实行有偿分配,宅基地用地标准应当统一规划。农户分户申请宅基地要依据宅基地建房容积率对户内人口的平均住房面积不能满足为条件。对农民住房的保障应当由宅基地分配转向保障户有所居,可以宅基地或者住房股份合作社作为实现户有所居的有益探索。③

史卫民、董鹏斌在共享宅基地使用权是宅基地"三权分置"政策下放活宅基地使用权,推动土地要素市场化配置和实现农民户有所居的关键举措。在明晰共享宅基地使用权性质内涵的基础上,健全其规制路径:一是共享宅基地使用权的设立规制,以共享宅基地使用权协议的签订制度和公示登记明确主体权利义务;二是共享宅基地使用权的用途规制,严控共享宅基地的用途,加大共享宅基地规划建造安全的监管,完善共享宅基地用途的监督管理机制;三是共享宅基地使用权的利益规制,构建共享宅基地使用权利益协调机制,以保障和促进以共享宅基地经济利益为目的的宅基地使用权制度改革持续稳定发展。④

张翔提出我国民法在未规定"动产占有的权利推定效力"的前提下,仍将"法律禁止之私力"作为占有返还请求权的要件,基于"盖然性判断",形成了"尽管原占有人很可能是权利人,但只有当现占有人以恶劣方式侵害原占有的,才需返还原物"的利益格局,进而导致了"无法证明所有权的失主即无法请求拾得人返还遗失物"的法律漏洞。通过将《民法典》第462条中的"侵占"一词扩张解释为"无权占有",则可弥补上述法律漏洞,并可在"动产占有的权利推定效力"阙如的我国民法中,使"盖然性判断"彰显于动产占有

---

① 聂卫锋:《不可抗力免责规范构造逻辑的义务类型基础——〈民法典〉第180条第1款立法方法论之历史性检讨》,载《法律方法》2021年第4期。
② 韩松:《论农民集体所有权的成员集体所有与集体经济组织行使》,载《法商研究》2021年第5期。
③ 韩松:《论宅基地分配政策和分配制度改革》,载《政法论丛》2021年第1期。
④ 史卫民、董鹏斌:《户有所居视角下共享宅基地使用权的法律规制》,载《湖南农业大学学报》(社会科学版)2021年第2期。

返还请求权之上。①

张翔还研究提出大陆法系民法之所以将地役权性质界定为物权,与罗马法具有相同的旨趣,只是以人是权利的主体、主从权利关系、物权的对抗与排他效力等理论,取代了罗马法上"脱钩"与"捆绑"的法律技术。因此,民法赋予一项民事权利以物权性质之必要性,并非在于确立起人对物的支配,而在于确立起支配者对他人的排他与对抗。由此出发可知,我国民法赋予居住权以物权性质确有必要,而赋予土地经营权以物权性质则无意义。②

百晓锋研究拍卖成交裁定认为应将《民法典》第229条意义上的拍卖成交裁定局限于不动产。就不动产拍卖成交裁定而言,其物权变动效力主要是买受人原始取得财产权利和消灭担保物权,但用益物权与租赁关系可视情形存续。拍卖成交裁定可因法定事由被撤销,但实体事由一般不影响拍卖成交裁定的效力。拍卖成交裁定被撤销的,物权变动效力归于消灭,但是否返还原物应以能够执行回转为限。③

4. 合同、侵权责任研究

聂卫锋通过研究提出,生态环境损害赔偿制度属于生态补偿机制中的事后责任,在我国法律上早已普遍存在,《民法典》明确和巩固了其民事责任的定位。生态环境保护相关的责任形态较为多元,责任措施和方式种类繁多,构成了民事化生态环境损害赔偿制度的适用背景。最大化发挥民事化生态环境损害赔偿制度的效用,需要处理好其与其他责任形态下责任措施或方式的功能竞争、协调配合与顺位先后关系。④

孙那在《民法典》视域下对知识产权展开研究,对知识产权惩罚性赔偿制度方面提出:准确定位我国知识产权惩罚性赔偿与法定赔偿的制度功能,明确我国知识产权损害赔偿领域的司法二元体系。在防止惩罚性机制被滥用的同时,应当积极鼓励当事人进行举证,通过适用条件的约束等方式,限缩法定赔偿在目前司法适用中的比例。法官通过准确计算权利人的损失或侵权人的获利等方式,考量侵权人的主观恶意程度,进行相应的惩罚性赔偿的倍数适用,才能真正达到填补权利人损失,遏制和预防侵权行为的发生的司法目标。⑤

彭涛认为私法领域中合同相对性及其突破是源于对合同主体的意思表示施加法律约束,而公法领域中的行政协议也存在行政机关的意思表示。公法领域的行政协议的意

---

① 张翔:《论动产占有返还请求权的构造及其要件的扩张解释》,载《法律科学》(西北政法大学学报)2021年第5期。
② 张翔:《论地役权的物权法律技术——兼论〈民法典〉上居住权、土地经营权的物权性质》,载《西北大学学报》(哲学社会科学版)2021年第2期。
③ 百晓锋:《论拍卖成交裁定的物权变动效力》,载《法律科学》(西北政法大学学报)2021年第5期。
④ 聂卫锋:《民事化生态环境损害赔偿制度的效用发挥机制——〈民法典〉第1234、1235条的体系化适用》,载《法治论坛》2021年第3期。
⑤ 孙那:《民法典视阈下知识产权惩罚性赔偿与法定赔偿的司法适用关系》,载《知识产权》2021年第4期。

思表示在公共利益保护与社会秩序维护方面都有着与私法合同不同的表现,从而导致行政协议在合同的相对性方面有新的突破。行政协议打破了传统私法合同没有突破的相对性约束,即在合同的履行主体、合同的涉诉主体以及责任主体方面有所突破。①

吴国喆、长文昕娉研究认为违约获益交出责任在于让违约方将其不法所得的全部利益交出,而不在于弥补守约方的损失。违约获益交出责任有特定的构成要件,特别是关于主观故意和因果关系的要求,还需要注意其适用的例外情形。违约获益交出无法通过损害赔偿或不当得利返还来实现,与其他类似制度之间也存在一系列重要区别。违约获益交出责任无法纳入现有规则体系,承认其独立性就成为必然选择。②

5. 著作权相关问题研究

孙昊亮对《著作权法》进行研究,提出司法上对摄影作品独创性认定标准偏低,立法上摄影作品的著作权条款存在制度缺陷。我国应将"艺术审美"作为摄影作品的要件,提高摄影作品的独创性认定标准,在《著作权法》中增设"照片"邻接权,解决摄影作品保护中的诸多问题,促进全媒体下作品和信息的更好传播,维护社会公共利益。③

孙昊亮、张倩认为对作品"宽容使用",会引发"版权蟑螂"、著作权"弃法者"、著作权"利益待定"等问题。我国应当在著作权制度中构建"许可声明"制度和"默示许可"制度,减少作品"宽容使用"的情况,以保护著作权人和社会公众的合法权益,对于维护著作权制度的权威性和稳定性也有着重要意义。④

鲁甜对数字技术展开研究,我国2020年《著作权法》既未限定无障碍阅读相关利用主体,也无法解决无障碍阅读教育资料供给不足的现实窘境,还忽视了著作权人与视力障碍者之间的利益平衡。有鉴于此,需要通过完善图书馆法等配套法律确认利用主体范围,明确对利用成果的再限制,确定商业可获得前置条款并增加无障碍阅读教育资料法定许可的规定。⑤

焦和平研究提出若将游戏动态画面认定为"类电作品",当前裁判通过径直适用国际公约、抽象理论和法律原则等架空"类电作品"的法定构成要件,以达同一性认定之目的这些做法实质上有损法律的完整性、权威性和安定性。游戏动态画面符合"类电作品"的"由一系列有伴音或者无伴音的画面组成"的核心构成要件,但在形态和传播方式上与"类电作品"存在较大差异,采取类推方法将"类电作品"视为游戏动态画面是较为妥当的著作权保护路径。⑥

---

① 彭涛:《合同相对性在行政协议中的新突破》,载《政法论丛》2021年6期。
② 吴国喆、长文昕娉:《违约获益交出责任的正当性与独立性》,载《法学研究》2021年第4期。
③ 孙昊亮:《全媒体时代摄影作品的著作权保护》,载《法律科学》(西北政法大学学报)2021年第3期。
④ 孙昊亮、张倩:《作品"宽容使用"引发的问题及其解决路径》,载《法学杂志》2021年第8期。
⑤ 鲁甜:《我国视力障碍者获取作品之著作权限制研究——以日本经验为视角》,载《国家图书馆学刊》2021年第3期。
⑥ 焦和平:《形式解释论下网络游戏动态画面的著作权保护路径》,载《现代法学》2021年第2期。

6. 专利权相关研究

李晓鸣研究相关法律法规认为专利无效行政审查是行政职权实现的必要方式,专利无效行政诉讼具有监督行政权力运行和保护行政行为各方主体权益的特殊功能。结合该制度的国际发展趋势,应当维持无效审查制度的基本架构,细化专利无效行政审查的程序规定,完善行政诉讼判决内容以约束无效宣告行政审查,适度放开侵权诉讼对专利有效性的审查权,补充专利无效行政诉讼再审的有关规定。①

孙山对专利诉讼中停止侵害请求权行使的限制问题研究,认为停止侵害请求权行使受限有其立法层面和司法层面的原因。目前我国仅在司法解释中规定了停止侵害请求权行使的限制,具体内容仍有待明确和补充。司法适用中应当对属于弹性的概念"国家利益""公共利益"进行严格限定,要以利益指向的内容本身而非被诉侵权主体的性质作为判定标准。对于基于双方利益的考量限制行使停止侵害请求权的情形,同样应严格适用。②

7. 知识产权与数字技术相关研究

鲁甜、赵江琦认为著作权合理使用为无障碍阅读版本的制作与利用提供了侵权豁免路径。人工智能时代,我国无障碍阅读合理使用面临诸多困境。基于此,有必要结合《马拉喀什条约》内容,分析我国合理使用条款之不足,通过完善无障碍阅读合理使用的实施机制,明确被授权实体概念,并借用区块链技术等方式疏解该条款的适用之困。③

孙那通过研究数字作品的发行,认为诞生于纸质书出版时代的发行权在面对网络环境中的数字作品形态时,移植性适用权利用尽原则是各国面对的难题。欧洲法院的判决认为除计算机软件之外的数字作品再次转售行为需要获得原有权利人的同意且需要向其支付报酬。考察欧洲的思路,为我国未来数字作品的交易和立法的修改提供相应的法律参考。④

金春阳、邢贺通认为将人工智能法学研究限定在弱人工智能范围内,肯定人工智能出版物的可版权性,否定人工智能的主体性。借鉴美国代理制度,将人工智能出版物版权归属及侵权归责原则的情况划分为开发阶段和市场化阶段,明确在开发阶段适用我国《著作权法》中的"法人作品"制度,版权归属于人工智能开发商,版权侵权归责原则适用支配或受益原则;在市场化阶段适用承揽加工制度,版权归属于消费者,版权侵权归责原则以支配或受益原则为基础,限制适用间接侵权责任和产品责任。⑤

---

① 李晓鸣:《我国专利无效宣告制度的不足及其完善》,载《法律科学》(西北政法大学学报)2021年第1期。
② 孙山:《专利诉讼中停止侵害请求权行使限制的司法适用》,载《北方法学》2021年第2期。
③ 鲁甜、赵江琦:《人工智能时代无障碍阅读合理使用的适用之困与疏解之道》,载《出版发行研究》2021年第10期。
④ 孙那:《论数字作品发行权用尽原则的最新发展——以 Tom Kabinet 案为研究对象》,载《出版发行研究》2021年第1期。
⑤ 金春阳、邢贺通:《人工智能出版物版权归属及侵权归责原则研究》,载《出版发行研究》2021年第9期。

马治国、胡明强、张磊认为人工智能基础数据也应当纳入知识产权法治范畴,并且对其知识产权的保护予以规范化设计。从目前我国知识产权法律相关内容来看,人工智能基础数据保护嵌入成文法体系存在客体和标准等一系列的现实困境。在综合考察域外立法实践的基础上,确立保护的基本原则,明晰基础数据的相关权利义务,建立行政监管与行业自律相结合的保护机制,加强基础数据跨境流动的过程监管,制定《人工智能基础数据保护条例》。①

田小楚、马治国研究发现虚拟现实技术业引发的著作权侵权风险与乱象难题亦日益凸显。他建议以虚拟现实技术的理论研究为切入点,在探析虚拟现实三维数字模型转换的技术原理与实践困境基础上,进一步分析该项技术涉及著作权客体与内容的适格要件与规制范围,并从"独创性判断—异维复制—合理使用"三重视角深度剖析虚拟现实三维数字模型应用中的可版权性、合法性与利益权衡考量等问题,以促进虚拟现实技术之科技创新和法治回应的动态均衡发展。②

马治国、赵龙研究发现文本与数据挖的挖掘行为存在侵犯著作权相关财产性权利的风险。我国文本与数据挖掘借鉴美国模式概括性适用合理使用条款是目前最具可行性的应对策略。为了使文本与数据挖掘自洽于著作权例外体系,还应采取"四要素分析法"作为判断"三步检验法"的要件、提供合法授权的"第三方规避者"以及保持技术措施保护例外的开放性等举措。③

8. 商法学研究

郭富青研究认为大陆法系将董事与公司视为委任关系的解释路径,难以支撑《中华人民共和国公司法》规定的信义义务规则体系,且会弱化其优化公司治理的调整功能。对此,《中华人民共和国公司法》须承认信义义务赖以存在的信托法律关系,培育信义法的理念,引入商业判断原则,依据信义义务规则及其法理,完善相关判决的证成。④

郭富青还认为《公司法》应废除以纸质为载体而设置的证券规范,确立无纸化证券规则体系,并在信息披露电子化、网络化,以及股东表决网络化方面与证券法同步现代化。国有独资公司和国有投资公司应由专门制定的《国有公司法》调整,对国有控股和参股经营的公司除适用公司法之外,国有股权则受《国有公司法》约束。在公司临界或出现资不抵债时,《公司法》应要求董事对公司的债权人负信义义务,相应地,《破产法》对迟延申请公司破产的董事应予以责任追究。⑤

---

① 马治国、胡明强、张磊:《我国人工智能基础数据的专门法保护研究》,载《西北大学学报》(哲学社会科学版)2021年第6期。
② 田小楚、马治国:《论虚拟现实三维数字模型著作权法的适用问题与完善路径》,载《上海交通大学学报》(哲学社会科学版)2021年第3期。
③ 马治国、赵龙:《文本与数据挖掘对著作权例外体系的冲击与应对》,载《西北师大学报》(社会科学版)2021年第4期。
④ 郭富青:《我国公司法移植信义义务模式反思》,载《学术论坛》2021年第5期。
⑤ 郭富青:《论公司法与邻近法律部门的立法协同》,载《法律科学》(西北政法大学学报)2021年第6期。

王莹莹强调商事连带责任与民事连带责任的关系界定不清,对《公司法》中的商事连带责任制度缺乏体系化思考与精细化设计,给理论与司法实践造成困扰。我国《公司法》未来的修订应在我国《民法典》连带之债规定的基础上对商事连带责任进行体系化贯通,谨慎设定法定连带责任,厘清连带责任与无限责任的关系,对有限连带责任与无限连带责任、连带清偿责任与补充清偿责任进行细化区分。①

(四)经济法学研究

通过经济法的适用,政府能够对市场进行法律范围内的宏观调控,对市场的运行进行有效的调节和干预,使得经济活动的各个环节都能得到法律的限制和约束,弥补了市场自我调节上的缺陷。因此,经济法学的建设完善对于维护市场经济秩序、保证经济的可持续发展具有重要意义。

1. 市场规制法研究

杨军、张凯铎认为应针对如何构建回应型统计法提出应将其定位于经济法,着重构建统计法目的体系。结合经济法的思路,提出统计法立法建议,包括明确统计机关的职权,赋予统计机构更充分的调控权力,建立健全统计法领导责任体制,完善统计法律责任,规范政府统计活动程序,建立健全全民行动体系。以立法目的为指导不断丰富统计法的内容,使得统计法修订和完善能够与时俱进,回应公众的诉求以及社会发展的需要。②

申文君强调大数据市场竞争属性较为特殊,本质上是一种非价格竞争,质量竞争是其主要手段,且竞争损害带有较强的隐蔽性。基于大数据经营者滥用市场支配地位的认定、滥用市场支配地位认定、损害后果认定、抗辩事由判断等不同认定标准及因素,在规制过程中需要回应市场主体的正当需求,综合考量大数据在提升经营者市场势力中的作用,健全以成本、质量为核心的分析范式,进一步完善大数据市场反垄断规则及实施细则。③

聂洪涛、韩欣悦认为大型互联网平台利用数据获取和处理的优势地位,在市场中实施强制不兼容、市场挤出、大数据杀熟和用户隐私侵权等不正当竞争行为,破坏了市场竞争秩序并减损了消费者福利,高筑数据壁垒,导致行业创新受阻。对此,应构建多元主体共治的数据垄断监管体系,推动惩罚性赔偿与举证责任倒置的活用,促进数据开放与数据共享,防止数据寡头滥用优势地位,及时规制数据垄断,实现平台经济的健康有序

---

① 王莹莹:《我国〈公司法〉修订中商事连带责任的重构——基于"连带"的历史发展脉络》,载《政治与法律》2021年第3期。

② 杨军、张凯铎:《回应型法视野下中国统计法的修订和完善》,载《统计与信息论坛》2021年第2期。

③ 申文君:《大数据经营者滥用市场支配地位的认定与规制》,载《中国流通经济》2021年第7期。

发展。①

薛亮认为信息供给的"碎片化"状态、信息获取的成本高昂、消费者提取和使用具有证据意义的信息困难成为窒碍城镇供水消费者知情权实现的因素。其根由在于消费者知情权与经营者信息告知义务的对应性偏差、城镇供水立法中技术条款的缺失以及城镇供水法律关系的特殊构造。破解窒碍因素的出路，不妨以对消费者进行倾斜性立法保护为基本思路，通过对相关立法条款的优化，实现消费者获取信息"量"与"质"的双重提高，最终达到消费者知情权有效保护的目的。②

2.宏观调控法研究

强力、卢一凡研究发现，司法者在办理新型金融案件时，面临以概念解释为路径的传统规范发现方法出现失灵、以抽象涵射为路径的传统法律适用思维出现紊乱、以形式正义为追求的传统裁判价值理念出现错位等问题。领域法学思维可以有效化解上述困境，其具体适用路径为：在规范发现方面，从概念中心下的法律解释转向问题导向下的规范集成；在法律适用方面，从抽象涵射下的二元抉择转向具象关怀下的多维考量；在价值理念方面，从一体适用下的形式正义转向价值多元下的实质正义。③

侯欢认为税收公平、税收中性和纳税便利分别构筑起民营经济税收营商环境法治化的起点、边界和标准，其实现还需要发挥多元共治的税务协商和双重监管机制的功效。税收共治机制的逻辑起点即为税务机关与民营经济发生涉税纠纷时寻求最大限度的个案公平，其落实所需厘清和建构的具体制度和规则的运行应始终恪守并体现上述三原则，从税收公平到税收共治皆直指民营经济法治化税收营商环境建设目标的实现。④

刘亚军强调自"一带一路"倡议提出以来，我国海外投资保险制度法律体系、保险人经营模式、海外投资保险资本结构、合格投资者定义和海外投资保险追偿机制在与国际立法的衔接上均有着体系上的不足。应从立法、经营范式、资本运营、合格投资者等方面全方位、立体化重构我国海外投资保险法律制度。⑤

刘丹冰、许青伟研究认为我国现行流动性监管制度体系，主要以较低层次规章和规范性文件为载体，存在政策依据过多、法律依据不足、不能适应当下金融市场深度融合等问题，为此，从进一步改革现行监管体制、使其更好适应我国金融市场深度融合、综合经营改革需求的角度，制定、修订相关金融法律，规定流动性监管统一规则与指标。⑥

---

① 聂洪涛、韩欣悦：《互联网平台数据垄断法律规制的困境与出路》，载《长白学刊》2021年第4期。
② 薛亮：《城镇供水消费者知情权实现的困境与出路》，载《兰州大学学报》（社会科学版）2021年第5期。
③ 强力、卢一凡：《论领域法学思维在金融司法中的适用》，载《证券法苑》2021年第3期。
④ 侯欢：《民营经济税收营商环境法治化：从税收公平到税收共治》，载《人文杂志》2021年第12期。
⑤ 刘亚军：《"一带一路"海外投资保险法律制度重构》，载《社会科学辑刊》2021年第1期。
⑥ 刘丹冰、许青伟：《我国金融市场流动性监管法律制度的创新与演进——从"守住不发生系统性风险底线"说起》，载《西北大学学报》（哲学社会科学版）2021年第4期。

(五)诉讼法学研究

三大诉讼是现代法治国家不可缺少的法律规范程序。诉讼法律制度的发展与时代同步,既体现了鲜明的时代特征,又为改革发展提供了法治保障。党的十八届四中全会提出"推进以审判为中心的诉讼制度改革"以来,诉讼法学领域围绕这一改革的理论研究持续发力,成果颇多。

1. 行政诉讼法律研究

李瑰华认为在行政公益诉讼程序中,行政机关是否"依法履职"依然是大量行政公益诉讼案件的主要争议焦点和审理难点。李瑰华就当下学界有关"依法履职"的认定标准存在的争议、"依法履职"的基本语义、认定标准之间的关系、标准背后的法理依据、审判中心主义视角下认定标准如何选择等基本问题进行分析和厘清,期望为司法实践提供一些理论参考。①

2. 刑事诉讼法律研究

桂梦美以法院裁判文书为考察样本,实证分析发现,经验法则的刑事适用模式存在三种异化样态:公诉方少用、审判方慎用和辩护方误用。从理念层面观察,这与证据分布样态下的距离偏差、裁判文书制作中的说理缺失和有效辩护语境里的目标异化不无关系。聚焦经验法则刑事程序价值,从实质对等、论证公开以及程序制裁等价值资源中汲取营养,进而激活经验法则刑事适用模式持续发展因子并努力抵近司法公正。②

王林、王柏洪认为在缺乏明确法律赋权的情况下,要转变观念,开辟社会治理类检察建议刚性的新路径。和其他类型检察建议相比,社会治理类检察建议规范性较低,要以"公共利益"和"办理案件中"标准划定社会治理类检察建议的权力边界。社会治理类检察建议要保持一定的谦抑性,避免泛化和法律监督的一般化。规范化社会治理类检察建议,不但要通过提高制度刚性和释法说理在内容上规范化,而且还要通过检察建议书格式化、创新送达方式、引入听证程序等在形式上规范社会治理类检察建议。③

步洋洋认为消解因立法留白所形成的"技术性上诉"现象,避免"以抗诉制约上诉"的一揽子做法在客观上架空那些真正为己方不利益而提出上诉者的救济权益,刑事立法和司法应当基于认罪认罚从宽制度下上诉权与抗诉权的应然关系,在适用速裁程序审理的认罪案件中确立上诉审查机制,将原有的"权利型上诉"改造为"裁量型上诉",并以列举方式对认罪案件中检察机关可以提出抗诉的情形予以明定,复归此二项权能实则统摄于控辩衡平语义下的关系样态。④

王东明认为在完善"认罪认罚从宽制度"精准化量刑的对策出路上,应在界定认罪认

---

① 李瑰华:《行政公益诉讼中行政机关"依法履职"的认定》,载《行政法学研究》2021年第5期。
② 桂梦美:《经验法则的刑事适用模式:表述、样态与程序指引》,载《政法论坛》2021年第5期。
③ 王林、王柏洪:《社会治理类检察建议的权力边界及规范化》,载《广西大学学报》(哲学社会科学版)2021年第2期。
④ 步洋洋:《认罪认罚从宽制度下上诉权与抗诉权的关系论》,载《法学杂志》2021年第4期。

罚从宽与自首、坦白既有包含又有并列的关系上对从宽幅度做分层设计;应强化制度与程序保障,落实值班律师的物质权益保障,增强值班律师工作实效;法院检察院要加强沟通,及时更新司法理念,共同制定量刑指导意见;要积极总结经验,加强培训,探索智能精准量能辅助系统。①

步洋洋强调应将认罪口供置于认罪案件证据体系的核心地位,刑事立法和刑事司法当以从口供取得和口供采信的两个维度,通过强化值班律师的协商实质参与、完善激励型的自愿供述机制,以及规范认罪口供之庭审实质印证的具体方式,切实保障认罪口供的自愿性、真实性与合法性,并以此为基础划定出认罪案件中口供适用的应然限度和基准。②

3.民事诉讼与仲裁法律研究

百晓锋强调要合理界定执行和解的法律效力,需要从执行体制转型的视角对"法院干预型"执行和解和"当事人自主型"执行和解进行区分,并需要在区分实体和程序的基础上,对两者的实体法律效力作差异化处理。执行和解究竟对原生效法律文书的执行力产生何种影响,应通过诉讼程序依实体法规定和原理具体判断。③

杨锦帆认为区块链的纠纷解决机制在给当事人带来解纷便利的同时,也可能因技术先占形成"商业化长臂管辖",给发展中国家带来司法安全的隐患。该机制对于我国的主要启示在于,我们对于区块链技术在解纷与司法应用方面的理解和视野都有待拓展,加快推进我国基于区块链的救济途径的建设和布局是应对"商业化长臂管辖"的必然选择。④

张生、李妮认为基于区块链技术衍生的内部私人仲裁系统呈现"司法化"特征,引发"链上仲裁"与传统争端解决机制的对立。为应对这一挑战,各国需从内部和外部合法性两方面做出努力。中国需加强区块链"司法化"相关标准的研究,积极参与国际对话,提升国际话语权和规则制定权,推动数字时代立法向更加公平的方向发展。⑤

谢鹏远研究发现,韩国民事调停制度设计及其司法实践对我国法院调解制度改革具有重要的启示,保留庭审法官调解、扩大调解主体、调解程序前移、调解主体多元化与专业化、完善诉前申请调解制度等是我国法院调解制度改革的必要路径,构建独立的调解法律体系则是改革的最终目标。韩国民事调停改革"降低调停的强制性"的改革方案为我国法院调解制度改革提供了可供借鉴的素材和新的思考路径。⑥

---

① 王东明:《"认罪认罚从宽制度"量刑建议精准化的困境与完善路径》,载《云南社会科学》2021年第4期。
② 步洋洋:《认罪案件中口供适用的逻辑与限度》,载《社会科学》2021年第7期。
③ 百晓锋:《论体制转型期执行和解的法律效力》,载《国家检察官学院学报》2021年第3期。
④ 杨锦帆:《基于区块链的纠纷解决机制研究》,载《陕西师范大学学报》(哲学社会科学版)2021年第4期。
⑤ 张生、李妮:《区块链的"司法化":发展、挑战与应对》,载《西安交通大学学报》(社会科学版)2021年第1期。
⑥ 谢鹏远:《韩国法院附设调停制度的当代发展及其启示》,载《东疆学刊》2021年第2期。

4. 司法改革相关研究

李国华认为改革遗留的问题与改革新要求均预示着有必要继续推进法官绩效考评制度改革。面向未来的人民法院法官绩效考评制度改革在理念上应当秉持循序渐进的改革路径、坚持公正与效率并重的目标设定、深度应用现代信息技术。根据中央召开的历次司法改革会议所提要求、法律修改内容,下一阶段的人民法院法官绩效考评改革重点应当从考评模式、考评内容、考评等次和结果运用三个方面进一步展开。①

邱昭继认为中国特色社会主义法官职业道德观是马克思主义法官职业道德观同新时代中国特色社会主义的社会状况相结合的产物。我国社会主要矛盾的变化决定了法官的主要任务不是对敌人实行阶级专政,而是满足人民日益增长的公平正义需要。法官应坚持人民司法为人民,依靠人民群众推进公正司法,通过公正司法维护人民的权利和利益。以人民为中心是法官职业道德的基本原则。人民的根本利益和美好生活需要是法官职业道德的基础。满足人民日益增长的公平正义需要是法官职业道德的目标。②

三、国际法学研究

国际法是世界各国间的法律,为各国进行国际交往提供行为准则。随着世界经济、科技的迅速发展,国际交往越来越频繁,国际法的作用也在不断加强。在"和平与发展"作为当今时代主题的今天,国际法毫无疑问是维护国家利益、国家间的共同利益以及全人类的共同利益的重要方式。在全球化的时代背景下,树立正确的国际法观,可促使国际法在维护国家利益和促进国际关系的健康发展中发挥作用。研究具有中国特色的国际法理论是在国际社会中形成中国立场、中国话语、中国声音的重要基础。

王泽林研究发现《联合国海洋法公约》对外国军舰是否享有领海的无害通过权问题规定模糊。规范军舰无害通过领海的习惯国际法并未形成,中国坚持军舰进入中国领海需要事先获得批准,但该立场近年持续遭到美国的挑战,俄罗斯的实践操作以及对国际规则的解释和利用对中国处理相关争端具有借鉴意义。③

单文华、夏伯琛研究认为,借鉴世界贸易组织法律咨询中心等相关国际实践,国际投资法律咨询中心可以发挥"一站式"优势,承担法律咨询、争端预防、争端解决支持、替代争端解决、能力建设、资源共享等多重要功能,对于推动国际投资秩序朝着更加公平合理的方向发展具有独特的重要意义。在国际投资法律咨询中心的建设过程中,无论是通过启动独立的建设进程,还是依托现有的多边平台,都是中国在全球投资治理方面提升

---

① 李国华:《人民法院法官绩效考评制度改革回顾与展望》,载《河南财经政法大学学报》2021年第4期。
② 邱昭继:《法官职业道德的批判与重构——基于马克思恩格斯文本的考察》,载《浙江社会科学》2021年第1期。
③ 王泽林:《外国军舰在俄罗斯北方海航道领海的无害通过:理论、实践与借鉴》,载《中国海商法研究》2021年第3期。

制度性话语权的重要战略机遇。①

孙尚鸿通过研究内国法域外适用,认为其核心在于国内立法管辖权如何在域外得以确认和实现。在宏观管辖权规则体系下,运用执行管辖权为相关保障的体系化逻辑,以立法管辖权合理拟制为基点,以司法管辖权确定行使为切入点。注意与他国管辖利益有所关联并容易引发关注的实际情况,对相关利益需求予以平衡取舍、顾及国际法准则及礼让互惠等考量的基础上对诸种管辖权进行确立与行使。②

张超汉强调民用航空器停飞类型不同,责任主体和损害赔偿也不尽相同。中国应加强适航管理,严格规范适航标准和适航审定程序,建立并固化航空安全监管机制,增强国家、航空企业各层级全范围应对突发危机事件的处理能力,制定风险防控预案,完善适航法规体系和停飞责任保险机制。③

刘雁冰、马林认为《国际卫生条例》由《国际卫生公约》发展而来,在仅有的一次修订中抛弃了原来保守的治理理念,与国际人权机制结合扩大了缔约国的义务,建立了国际公共卫生紧急事件机制,并试图实现公共卫生治理与国际经济发展的平衡。然而,在此次新冠疫情应对中,《国际卫生条例》作为全球公共卫生治理领域的基础性和框架性条例,其缔约国公共卫生核心能力建设不完善,条例遵约引力的缺失以及国际公共卫生紧急事件机制的缺陷,再次使得《国际卫生条例》陷入实施困境。针对上述困境,应当以共同利益观为补位,强化《国际卫生条例》的权威性和规范性,使《国际卫生条例》在全球公共卫生治理领域发挥应有的作用。④

四、法学教育研究

法学教育为我国培养适应时代发展的法学人才、法律人才,为我国法治的发展奠定了基础。法学教育的研究肩负着历史的使命,是"依法治国"战略发展的关键,也是我国法治国家建设的重要保障之一。新时期法学教育的发展,是我国法治建设的要求,也是我国能否在国际竞争中处于优势的关键。

陈虹睿认为提高法学毕业生实践能力是我国法学教育所面临的当务之急。借鉴教育目标分类法,我国法学本科、研究生阶段学生的"法律实践能力"差强人意的根本原因在于相当数量的法学专业课程教育所达到的"认知范畴"目标仍然停留在低级阶段,而现阶段增加以技巧为主的法律实践课程的解决方法难治标也无法治本。设计并推行法学

---

① 单文华、夏伯琛:《论"国际投资法律咨询中心"的构建:基础、功能与路径》,载《法学论坛》2021年第3期。
② 孙尚鸿:《内国法域外适用视域下的管辖权规则体系》,载《社会科学辑刊》2021年第4期。
③ 张超汉:《民用航空器停飞责任类型化研究——以2019年"埃航空难"引发的停飞事件为切入点》,载《北京航空航天大学学报》(社会科学版)2021年第1期。
④ 刘雁冰、马林:《〈国际卫生条例〉在新冠疫情应对中的困境与完善》,载《西北大学学报》(哲学社会科学版)2021年第4期。

专业课程"练习型反转课堂"教学改革。使用现代"互联网+"的教育信息技术,以"化简为繁"的案例为纽带设置"听说读写"四个环节的训练,以"高预期""有效激励"评价体系为依托切实有效推动教改工作。①

王林认为国家安全法学专业是在新文科背景下重点建设的国家安全学与法学交叉学科,对完善我国的学科体系、在理论上指导我国用法治的手段维护国家安全的实践、培养国家安全人才意义重大。通过探究新文科的理论内涵,即新理念、新思维、新体系和新目标,为国家安全法学专业建设和人才培养指明方向。国家安全法学专业人才培养机制要考虑到国家安全法学专业的特殊性,采取"精英化"的人才培养模式;加强涉外国家安全法治人才培养;建立以需求为导向的人才培养机制,避免人才浪费;通过将《国家安全法》纳入法学专业核心课程体系和国家司法考试范围,提升国家安全法学专业的刚性和可持续性发展。②

杨云霞、高翔认为课程思政的建设关系到立德树人根本任务的落实,以知识产权法课程思政的推进为例,分析了知识产权法课程思政的重要价值,在课程中深入挖掘思想政治教育资源的着力点。提出了优化知识产权法课程思政的有效途径。③

宋鋆提出《陕甘宁边区法制史概论》一书系我国高校法学学科发展的重要成果,是彰显我国高校法学教育地方特色的又一力作。他认为改革开放后,我国高校法学教育事业开始焕发新生机并取得了喜人成就。个别高校也因地制宜地开展了具有地方特色的法学教育,如中央苏区法制史、陕甘宁边区法制史、哈尔滨解放区法制史等专题教育,但多数为选修的形式,未能形成教学规模。④

(作者单位:西北政法大学)

---

① 陈虹睿:《练习型法律翻转课堂教学改革初探——以提高法科学生实践能力为目标》,载《法学教育研究》2021年第2期。
② 王林:《新文科背景下的国家安全法学专业建设与人才培养研究》,载《情报杂志》2021年第10期。
③ 杨云霞、高翔:《知识产权法课程如何开展课程思政》,载《中国高等教育》2021年第22期。
④ 宋鋆:《我国高校法学教育地方特色的彰显——评〈陕甘宁边区法制史概论〉》,载《中国教育学刊》2021年第10期。

陕西省政治学研究

刘吉发

2021年,陕西学者在党史党建、政治文化、国际政治等传统优势领域继续深耕,在制度研究、民主政治等热点研究领域不断创新,在网络政治、政治传播、环境政治等交叉学科领域持续探索,高水平政治学研究成果产出丰富,影响广泛。学者们坚持国内国际两大视域,围绕政治历史规律、政治实践特征和政治发展趋势三大主题,采用规范研究、实证研究和交叉融合研究三大方法,形成"中国共产党政治实践经验研究""政治制度研究""民主实践研究""政治文化研究""国际政治研究"和"交叉学科研究"六大类成果集群。研究成果突出学理厚度,强调问题意识,彰显学者担当。

一、中国共产党政治实践经验研究

中国共产党百年政治实践的成就与经验,是现代政党政治发展的重大历史成果,表征着政党政治发展的时代逻辑,引领着政党政治的发展方向。学者们围绕中国共产党百年政治实践的伟大意义、历史经验、现实启示和实践要旨等重要议题展开学理分析,形成了丰富立体并具有代表性的研究成果。

学者任晓伟认为,中国共产党的百年在人类文明史上占有重要的地位。在百年奋斗中,中国共产党把世界上人口最多的国家重新带入人类文明发展的正轨,丰厚了人类文明发展的中华民族基础;在百年探索中,中国共产党开辟出一条全新的社会主义现代化道路,使人类的现代化具有了新的成功方案;在百年追求中,中国共产党基于中国特色社会主义伟大成就,创造出人类文明发展的新型样态;在百年锤炼中,中国共产党以强大的自我革命能力,把自身建设成为推动人类文明发展的不竭动力源泉。[①]

学者阎树群认为,百年来中国共产党领导并持续推进的马克思主义中国化是极其艰难的伟大事业,无论是理论命题的提出和演变,成果形态的丰富和拓展,还是历史进程的飞跃与延伸,都经历了一个长期实践探索、不断深化认识和反复提炼概括的发展过程。

---

① 任晓伟:《中国共产党百年在人类文明史上的地位》,载《陕西师范大学学报》(哲学社会科学版)2021年第4期。

立足于新时代新的历史方位,从理论和实践、历史和现实相统一的角度系统梳理和正确辨析这一历史进程的复杂因素及其内在逻辑,对于科学总结马克思主义中国化实践创新、理论创新、制度创新、文化创新的基本经验,不断开辟当代中国马克思主义、21世纪马克思主义新境界,具有重要时代价值。①

学者陆卫明、孙泽海认为,坚持中国共产党的全面领导,最根本的是坚持和维护党中央权威和集中统一领导,这是马克思主义政治权威理论的当代体现,是实现"两大奇迹"的关键所在。从历史维度看,这是中国共产党的百年历史重要经验总结。从现实维度看,这是应对百年未有之大变局、统筹中华民族伟大复兴战略全局、坚持和加强党的全面领导的迫切需要。从文化维度看,坚持和维护党中央权威和集中统一领导根植于中华民族的优秀文化土壤。从制度维度看,中国共产党在历史上与新时代关于坚持和维护党中央权威和集中统一领导各项重要制度与具体机制有着历史承继关系,体现出强大的制度力量。②

学者李永胜、李威威认为,领导权建设是党的统战事业的生命线。建党100年来,中国共产党领导权建设经历了从自发到自觉再到自为的历史演进过程。百年领导权建设积累了丰富经验,主要是:统一战线的领导权是靠斗争赢得的,党的建设是统一战线领导权的根本保障,爱国主义是统一战线领导权的精神旗帜,科学理论是统一战线领导权的行动指南。③

学者许门友、张文杰认为,中国共产党百年来防范化解政治风险的斗争充分体现了党的忧患意识、风险意识以及斗争精神,其重要启示是:防范化解政治风险必须把坚持和加强党的全面领导摆在首位;必须科学认知和识别政治风险;必须着眼于制度建设;必须发扬斗争精神增强斗争本领;必须紧紧依靠广大人民群众的支持和参与。在全面建设社会主义现代化国家新征程中,我们要统筹发展与安全,不断增强忧患意识,坚持底线思维,发扬斗争精神,发挥制度优势,着力防范化解重大政治风险挑战,为中华民族伟大复兴筑牢政治安全屏障。④

学者韩松、邓峰彬认为,习近平总书记关于反腐败斗争首先要从政治上看的重要论述,其理论内涵包括了对党风廉政建设和反腐败斗争的政治认识论、政治本质论和政治实践论。我们应当首先从政治上认清,反腐败是关系到党和国家前途命运的重大政治斗争,要做到首先从政治上看就要不断提高对反腐败斗争的政治判断力、政治领悟力、政治

---

① 阎树群:《中国共产党与马克思主义中国化的百年探索》,载《陕西师范大学学报》(哲学社会科学版)2021年第1期。

② 陆卫明、孙泽海:《论坚持和维护党中央权威和集中统一领导》,载《思想理论教育导刊》2021年第2期。

③ 李永胜、李威威:《中国共产党统一战线领导权建设的百年历程及其经验》,载《中州学刊》2021年第10期。

④ 许门友、张文杰:《中国共产党百年来防范化解政治风险的斗争与启示》,载《西安财经大学学报》2021年第4期。

执行力。①

学者廉伟、廉永杰认为,中国共产党政德建设在历史脉络梳理、核心要义凸显、基本内涵建构、实践要求提出等方面虽取得了一定建树,却需警惕陷入边界淡化、伦理无涉和唯"洋"是从的范式陷阱中。新时代需从三点方法论中开拓研究进路:一是在边界守护的进路中彰显中国共产党政德建设的逻辑自洽性,将理论与实践相结合,坚守理想信念、担当历史使命。二是在伦理关涉的进路中对西方"工具理性"行政体系进行价值反思,在制度伦理和行政伦理中探索中国共产党政德建设的价值旨归。三是在本土观照的进路中为政德建设研究内涵嵌入中国传统文化和历史经验,并进行继承、创新和发展,从而建构起本土话语以言自身。②

学者钱锦宇认为,构筑中国特色人权发展道路,其根本要求是在坚持党的领导的基础上,多维度推进党的领导力建设。其中,党的政治领导力是中国特色人权发展道路朝着正确方向前进的根本保障,党的思想引领力为中国特色人权发展道路提供先进指导,党的战略决策力决定了中国特色人权发展道路的实效,党领导人民对政治和社会资源的有效动员和整合能力是中国特色人权发展道路获得持续性力量供给的必要条件。③

学者张近乐、姚冰洋以政治生态学的理论视域透视新时代党内政治生态治理,展示出其丰富的内涵体系,明确党内政治生态治理的起始基础、首要任务、必然要求、治本之举、关键群体、核心灵魂、有力保障、根本路径与评价标准,认为新时代党内政治生态治理不仅是单单的政治系统内部的腐败治理,更加关注社会系统对政治系统的影响,是统筹政治系统内外的双向生态式治理。④

学者肖红认为,中国共产党党内政治生态评价体系,既能够对以往管党治党成效加以综合检视,又能为今后优化党内政治生态、增强政治自信提供科学参照。在原则遵循上,重在坚持政治方向与政治原则相统一、政党价值与人民价值相统一、党内政治生态稳定性与动态性相统一、定性研究与定量研究相辅相成。在评价指标确立上,着眼于深入推进新时代党的建设伟大工程,从政治、思想、组织、作风、纪律、制度和反腐倡廉建设等方面切入,确立评价标准,制定评价指标。⑤

二、政治制度研究

政治制度研究是政治学研究的核心内容之一。2021年陕西学者围绕当代中国的"制

---

① 韩松、邓峰彬:《对反腐败斗争为什么首先要从政治上看》,载《人民论坛》2021年第18期。
② 廉伟、廉永杰:《边界守护、伦理关涉、本土观照:新时代中国共产党政德建设的方法论进路》,载《西安交通大学学报》(社会科学版)2021年1期。
③ 钱锦宇:《中国特色人权发展道路与党的领导力建设》,载《人权》2021年第3期。
④ 张近乐、姚冰洋:《新时代党内政治生态治理的内涵体系——基于政治生态学的理论视角》,载《学术探索》2021年第9期。
⑤ 肖红:《建构中国共产党党内政治生态评价体系的理论维度、原则要求及指标体系》,载《领导科学》2021年第24期。

度自信""制度优势""制度特质""政党制度的演进逻辑""基层组织的制度要义"等展开深入探讨,理论成果彰显学者的政治自信和学理自觉。

学者阎树群认为,以习近平同志为核心的党中央对新时代坚定什么样的制度自信、怎样坚定制度自信这一基本问题作出了系统回答和原创性贡献,这集中体现在:把中国特色社会主义制度的显著优势系统概括为 13 个方面,丰富了对社会主义制度优越性的认识;把全面深化改革作为完善制度、彰显优势的根本途径,拓展了对改革与社会主义制度关系的认识;把推进国家治理现代化作为制度建设的重要内容,创新了对社会主义社会治理的认识;把中国特色社会主义制度体系分为根本制度、基本制度和重要制度三个层面,深化了对制度体系内在结构和基本要素的认识。①

学者黎日明认为,党的十八大以来,随着全面深化改革的推进,我国各方面制度日益成熟定型并彰显出显著优势,使"中国之制"成为当代中国发展的制度密码。建构新时代制度优势话语,既回答了现实问题,又为建设中国特色社会主义话语体系提供新契机和新思路。新时代制度优势话语建构要以问题为导向,阐明话语建构的现实缘起;以思想内涵为中心,把握话语建构的丰富内容;以话语表达为关键,明确话语建构的路径选择。也就是厘清"为什么说话""说什么话"以及"如何说话"三大话语逻辑问题。②

学者梁华认为,坚持和完善新型举国体制,关键是要不断增强领导力、组织力、执行力和创新力。具体就是:一是坚强领导力,凸显党的全面领导的制度优势;二是应变组织力,统筹制度性与灵活性、整体性与精准性的兼容优势;三是制度执行力,上下联动、全国一盘棋的协同优势;四是科技创新力,数字技术赋能政府治理的创新优势。③

学者李景平、汪锐和李贤认为,中国共产党探索新型政党制度的实践历经四个发展阶段:在带领中国人民争取民族独立与人民解放过程中构建出新型政党制度的基本框架;在进行社会主义革命和建设过程中推动了新型政党制度的曲折发展;在实施改革开放和社会主义现代化建设过程中促进了新型政党制度的完善;在中国特色社会主义新时代又进一步实现了新型政党制度的创新发展。实践历程表明,坚持中国共产党的领导是新型政党制度运行的本质要求,坚持巩固和发展爱国统一战线是新型政党制度发展的重要保障,坚持以人民为中心是新型政党制度实施的根本目标,坚持政治协商是新型政党制度完善的基本途径。④

学者张振认为,新制度主义认为的"合法性"对组织的生存和发展至关重要,组织的合法性主要来源于制度的规制性、规范性和文化-认知性三个维度。基于对"红色业委会"实践案例的剖析表明,在中国社会治理的制度情境下,基层党组织通过规制性维度的

---

① 阎树群:《习近平关于制度自信重要论述的基本内容与理论贡献》,载《马克思主义研究》2021年第2期。
② 黎日明:《新时代制度优势话语建构的三重逻辑》,载《重庆社会科学》2021年第11期。
③ 梁华:《新型举国体制在抗击疫情中的优势展现》,载《理论探索》2021年第5期。
④ 李景平、汪锐、李贤:《中国共产党探索新型政党制度的实践历程与基本经验》,载《广西社会科学》2021年第12期。

规则设计和奖励惩罚机制、规范性维度的组织嵌入与人员选择机制、文化-认知性维度的党建精神融入和党员典型示范机制将业主组织纳入政党主导的体制框架中,重塑业主组织的合法性。政党主导业主组织的合法性建构体现了"以党领社"的社会治理理念,对推动业主组织的规范性成长、确保多元治理主体的活力与社区秩序的"双把关"以及社区治理共同体的生产具有重要的实践意义。①

学者桂梦美、王思涵认为,派驻监督作为全面从严治党与廉政治理体系的组成部分,在党和国家监督体系中就日常监督与贴近权力监察方面发挥着重要作用。推进派驻监督全面覆盖,是反腐败治理视域下纪检监察派驻机构改革的基本目标,更是派驻监督反腐败升级与协同高效的时代要求。派驻机构改革应当遵循政治监督、依规依纪依法和协同高效等专属原则,近距离履行监督执纪问责,常态化发挥"派"的权威和"驻"的优势,不断强化主体责任和监督责任。评估分析派驻机构改革绩效与问题检视,对完善派驻机构监督职责和全天候发挥"探头"作用具有指引价值,进而展示全面从严治党"中国之治"的制度优势与自信。②

三、民主实践研究

当代中国民主实践具有鲜明的时代特征和世界意义。既是社会主义民主政治的时代发展,又是人类社会民主实践的时代高峰。学者通过对当代中人民政治的演进逻辑、全过程民主的实践特质、协商民主的中国实践、网络民主的实践路径以及乡村治理的民主要义等重大理论和现实议题进行学理研究,丰富了民主实践研究的理论成果,深化了对当代中国民主政治本质属性和实践规律的学理认知。

学者王悦之认为,20世纪初,国民国家竞争体系下流行天演论逻辑,人民主权观念与民权思想均扩张成时代精神意识,人民政治由此兴起于绅商阶层主导的立宪政治潮流之中;20年代,伴随19世纪西方文明的去魅化、立宪选举体制的弊病以及苏俄十月革命的影响,人民政治由于阶级政治的引入而表现为对无产阶级专政的探索;到了40年代,毛泽东鉴于国民革命时期和土地革命时期的成败经验,形成了区别于英美式和苏俄式的人民民主专政理论,这也是以农民阶级为主要力量的人民政治的第三波浪潮。人民政治是现代性在政治上的根本体现,受到战争的深刻影响,而其兴起和演化,不仅是完成国家和民族救亡大业的强劲动力,更是人民启蒙事业获得长足进步的重要表现。③

学者张爱军认为,全过程民主的实质是人民民主的彻底实行,体现的是中国共产党领导、依法治国和人民民主的统一性,核心是保证中国共产党自始至终的领导地位。全

---

① 张振:《合法性建构:党建引领城市社区业主组织发展的策略机制——以全国城市基层"红色业委会"党建创新为例》,载《内蒙古社会科学》2021年第2期。
② 桂梦美、王思涵:《治理视域下纪检监察派驻机构改革:原则、职责和评估》,载《河北法学》2021年第4期。
③ 王悦之:《人民政治的兴起与演化》,载《开放时代》2021年第4期。

过程民主以人民当家作主为本质和核心,是赋予人民以主体性的民主,具有特定的时间和空间范围,以及制度性和非制度性范围。其重中之重是民主选举、民主决策、民主管理和民主监督,四者不可分割。全过程民主是持续性与非持续性的有机统一,具有政治制度限度、政治客观限度和政治主观限度,失去政治限度的全过程民主将会具有走向全过程民主对立面的可能性与现实性。①

学者王永香、陆卫明认为,协商民主在新时代的中国实现了从价值理念到制度实践的全方位提升与发展。社会主义协商民主内生于中华民族传统文化,是一种行之有效的民主制度,其既是一种科学决策体制、民主治理模式与社团组织形式,更是一种体现人民民主真谛的制度安排、贯彻党的群众路线的有效机制、巩固和发展统一战线的重要方式。社会主义协商民主具有鲜明的中国特色,其坚守人民性的价值立场,坚持内生性的发展道路,注重协商实践的制度化发展,努力构建系统化的体制机制。它为人民民主在中国的实现提供了制度载体,为实现国家治理现代化提供了有力支撑,为建构中国民主话语体系、增强中国国际话语权奠定了重要基础,也为广大发展中国家民主政治建设提供了生动范本与宝贵经验。②

学者张师伟认为,改革开放以来,中国农村社会的生活内容、组织形式以及治理机制等明显呈现出多元化格局。协商民主给农村社会提供了一个共建共治共享的良好平台,但农村多元治理主体的并存共治亟待顺理彼此之间的关系。各主体行为规范的完善及不同规则的逻辑耦合就成为农村协商民主能否稳健存在及有序运行的关键。基层党组织在农村协商民主的规范完善及规则耦合方面扮演着组织领导的重要角色,其既要指导多元主体各自的规范完善以保证其民主性,又要负责农村治理整体性规则的耦合以增强农村治理的整体性及协调性,从而推动农村协商民主的规范运行和农村治理的成熟完善。③

学者李明德、李萌认为,随着网络及相关技术的不断发展,构建有序的网络民主参与路径,成为社会主义政治文明建设和国家治理现代化的重要方面。文章论述了网络民主参与具有提高公众参与国家事务积极性、提高网民政治素养和道德觉悟、推动国家治理体系和治理能力现代化等伦理意义。讨论了当前网络民主参与存在少数网民网络民主参与的理性不足、在一些舆情发展过程中缺乏有效的舆论引导能力等问题,并认为网络政治伦理体系建设的滞后等是导致各种问题的主要原因之一。提出培育网民公共理性,加强和完善舆论引导能力,特别是构建具有中国特色的网络政治伦理体系,可从根本上

---

① 张爱军:《全过程民主的范围与限度》,载《天津行政学院学报》2021年第3期。
② 王永香、陆卫明:《社会主义协商民主的科学内涵、鲜明特色与时代价值》,载《北京工业大学学报》(社会科学版)2021年第1期。
③ 张师伟:《基层党组织的领导功能:农村协商民主的规范完善与规则耦合》,载《探索》2021年第4期。

解决网络民主参与的诸多问题,筑造网络民主参与的有效路径,推进国家治理现代化。①

学者王永香、王心渝、陆卫明认为,网络协商民主是以网络技术为依托的新型协商民主实践形式,网络时代协商民主能否有效开展的关键是制度化建构。制度化分为制度建构和制度认同两个层面,其中,制度建构包括规制性维度和规范性维度,制度认同体现为认知性维度。网络协商民主制度化建构面临着法规建设不完善、协商流程不可控、制度平台供给不足的规制困境,公共道德失范、公共领域无序化、公共理性缺失的规范困境和制度认同欠缺导致的认知困境。在实践过程中,可以通过完善法规体系、规范协商流程和强化平台建设优化网络协商民主的有效制度供给;通过加强网络公共道德建设、构建公共领域新秩序和重塑公共理性精神实现网络协商民主的公共性建构;从跨越技术障碍、加强政府管控、建设参与型政治文化、培育社会资本和提升公民参政能力方面促进网络协商民主的制度认同。②

学者惠斌认为,乡村治理事关国家治理全局。党中央、国务院为加快推进乡村治理体系现代化作出了一系列重大部署,旨在加强农村基层组织建设、充实治理内容、创新治理手段,形成系统有机的治理生态,寻求乡村永续发展之路。乡村振兴战略"二十字"总要求中明确提出"治理有效","治理有效"是完善乡村基层民主,是推进农村依法治理,是实现乡村善治促进乡村和谐,是保障乡村社会发展活力,是增强广大农民幸福感,更是实现乡村振兴的基本保障。③

四、政治文化研究

红色文化研究和中国传统政治文化研究是陕西政治学研究的传统阵地和优势领域。2021年学者继续深耕,形成了红色基因的文化涵育、中国话语的世界价值、西方宪政理论的辩证批判、中国政治思想史的研究取向和学科方法、不丹模式的文化意涵以及人物思想专题研究等代表性成果。

学者孙绍勇认为,红色基因作为中国共产党独特鲜明的精神标识,蕴含着中国共产党的精神信仰,反映着中国共产党的精神特质,承载着中国共产党的精神谱系。基于历史逻辑、理论逻辑、现实逻辑的维度,认识把握红色基因的精神积淀、内涵属性和价值指向,系统阐释中国共产党赓续红色基因,汲取前进力量的内在逻辑。从文化领导权的建构、革命文化的教育、党内政治文化的建设,探究新时代红色基因传承弘扬的文化涵育路

---

① 李明德、李萌:《网络民主参与的伦理意义及实现路径研究》,载《浙江工商大学学报》2021年第4期。
② 王永香、王心渝、陆卫明:《规制、规范与认知:网络协商民主制度化建构的三重维度》,载《西安交通大学学报》(社会科学版)2021年第1期。
③ 惠斌:《乡村社区治理创新中的民主法治与善治》,载《中国农业资源与区划》2021年第11期。

向。这对于激发红色基因兴党强国、铸魂育人的伟力,有着深刻的价值意蕴。①

学者马瑞科、袁祖社认为,西方启蒙现代性主导的旧全球化实践主张一种同质化的排他性意识形态,由此造成了"合法性认同"与"抗拒性认同"持续紧张、冲突和对抗的全球结构性认同危机。人类命运共同体作为中国政府、中国社会倡导并践行的新公共哲学理念,其立足于"类本位"的价值实践基点,在价值坐标、价值主张和实践路径三个面相上推动全球治理的范式转换。在中国特色社会主义制度所内蕴的优良制度理性的关照下,人类命运共同体为有效化解旧全球化复杂的认同危机,实现文明互鉴、包容差异、尊重他者、互惠共生的"认同型全球化",重构了价值原则和实践规范。②

学者李娟、王含阳认为,社会契约理论与三权分立理论在资产阶级反抗封建阶级的历史出场过程中发挥了历史性作用。当它们上升为资产阶级国家的法理基础时,却因资产阶级的局限性而存在着逻辑问题与理论缺陷。社会契约理论的逻辑问题是逻辑关系错位,它用横向关系的逻辑论证纵向关系的逻辑,把适用于调整横向层面商品交换关系的契约法则用来解释纵向层面的资产阶级国家的阶级统治关系,违背了国家产生的基本规律。三权分立理论的逻辑问题是,它以政体为逻辑指向,却用政体逻辑来解释国体逻辑,颠倒了国体与政体之间的本末关系和主次关系,且为资产阶级将阶级意志贯穿到政治权力分配与运行全过程提供了舞台幕布。③

学者张师伟认为,中国政治思想史作为一门学科知识,具有强烈的实践性格与经世特征,毋庸置疑,中国政治思想史研究具有政治知识积累的科学价值。中国政治思想史研究并不是从中寻找某个普遍性的现成政治理论体系,其作为一种积累起来的理论知识,又确实可以提供理论养分,并有利于理论工作者在时代性理论思考中充分吸纳民族性理论养分。中国政治思想史研究的知识取向,就是立足于梳理中国历史上的政治知识,呈现客观内容,明晰理论逻辑,吸取理论精华。研究者要达成中国政治思想史研究的知识取向目标,就要充分注意其跨学科的知识性质,综合运用多学科分析方法,力争多学科方法在使用中的融会贯通。④

学者李铁认为,20世纪70年代,不丹四世国王辛格·旺楚克将"国民幸福总值"这一内向探求生命愉悦的心理体验,直接转化为不丹国家治理的核心概念。其主要内容是以王权促政治转型,关注经济发展质量的逻辑以及幸福教育。"不丹模式"国家治理的独特道路并不是一蹴而就的,而是不丹君主制政权渐进的政治改革与佛教理念熏陶下政治文化和价值观的历史产物。"幸福教育"理论体系较为完整,但实践操作则存在较多困难,

---

① 孙绍勇:《中国共产党红色基因百年赓续的精神解码及其文化涵育》,载《思想教育研究》2021年第6期。
② 马瑞科、袁祖社:《优良制度理性与人类命运共同体——"认同型全球化"的制度性证成逻辑》,载《内蒙古社会科学》2021年第4期。
③ 李娟、王含阳:《西方宪政理论意识形态性的辩证批判》,载《马克思主义理论学科研究》2021年第9期。
④ 张师伟:《中国政治思想史研究的知识取向与多学科方法》,载《政治思想史》2021年第1期。

并带来了一些意想不到的后果。强制实行以民族融合和同化为特征的民族不丹化政策,造成难民问题,至今悬而未决。尽管如此,"以追求国民幸福为终极目标"的"不丹模式"国家发展道路在世界治理史上仍具有独特个性和重要地位。①

学者汶红涛认为,自然法学说是近代契约论政治哲学的理论基石。休谟认为自然法学说中的"理性"概念存在着逻辑、事实与道德的内在混淆。通过对契约论的质疑和解构,基于自然主义立场,休谟从"利益"和"需要"的角度解释了人类政治建构的起源与基础,为后来19世纪功利主义政治哲学的兴起提供了直接性的理论框架。休谟在"契约论"向"功利论"政治哲学的转向中扮演了极为重要的过渡性角色,但他既不是一名契约论者,也不是任何形式的功利主义者。②

学者王世巍认为,雅克·朗西埃的平等政治在哲学与艺术领域影响深远。朗西埃所论述的政治美学既不是政治思想研究对象的美学化,也不是美学(或是审美问题)的政治化。在朗西埃那里,政治与美学能够被扭结、组合为一个学术语词,是因为二者在本质上源自并且表现为同一个事物,即歧感。歧感是在与结构、共识、阶层、群体等集体性概念的断裂中产生出来,是对可见、可感事物的再分配。朗西埃对歧感的着力标示和强调,就意味着在讨论政治哲学时,必须以对个体独立感觉经验、感性空间的发现、认可、再造和利用为前提。于是,这个被个体化了和感性化了的政治概念最终与审美伦理精神不谋而合。③

五、国际政治研究

2021年陕西学者继续围绕国际热点和地缘政治展开研究,主要聚焦在中俄关系、日美关系、俄罗斯伊朗关系、乌克兰问题、中东地区和亚太地区的地缘政治以及摩洛哥进步与社会主义党的政治实践等重大国际问题和热点研究领域。研究成果呈现出系列性、持续性、纵深性等显著特征,彰显着陕西学者深厚的研究实力和敏锐的研究视角。

学者王晋认为,近些年来国际政治学者对于"预测"的分析和讨论逐渐增多。学界对于国际政治研究的"预测"存在着较深刻的误解,或是批评国际政治学界方法单一,未能"预测"某一重大政治事件的走向,或是批评国际政治研究"忽视历史研究",导致预测失败。国际政治研究学科主要关注"体系"层次的"解释",而非某一具体事件的"预测"。尽管学者们也在尝试"预测",但是"预测"可以分为形势评估、偏好归类和概率判断三种类型,应当根据不同类型运用"因果联系"和"相关性联系"展开分析。国际政治的"预

---

① 李铁:《以追求国民幸福为终极目标——当代不丹国家治理的独特道路》,载《西北大学学报》(哲学社会科学版)2021年第2期。
② 汶红涛:《从契约到功利:休谟与近代政治哲学的转向》,载《南昌大学学报》(人文社会科学版)2021年第1期。
③ 王世巍:《政治美学如何可能——以雅克·朗西埃平等论为中心》,载《政治思想史》2021年第4期。

测"研究仍然存在诸多挑战,国际政治"预测"的全面准确需要时间和耐心。①

学者刘书凝、王宏俐、卢可和张欣元认为,随着新时代中俄全面战略协作伙伴关系深入发展和中国在国际舞台上地位日益突出,俄罗斯主流媒体对中国给予极大关注。分析这些媒体对华关注点和态度倾向有助于把握俄罗斯的"中国观",从而为我国在百年未有之大变局中做好外宣提供情报支持。俄罗斯主流媒体将中国塑造为一个在世界舞台上拥有强大政治影响力,经济快速发展但具有"威胁性",科技成就众多,文化和体育事业蓬勃发展,国防实力强大,但仍有较多社会民生问题的国家。②

学者李家胜认为,美国一直在印度洋维持着强大的军事力量,中国、日本和澳大利亚也在不同程度上介入印度洋事务。印度海洋战略的目标是主导印度洋,却对其他国家介入印度洋采取了不同的战略反应。印度对美国由防范逐渐演变为防范与合作兼有的平衡自主型战略反应,对中国和日本分别采取了防范主导型与合作主导型战略反应,对澳大利亚则长期维持着合作缓进型战略反应。威胁认知与收益预期对印度的战略反应提供了整体性解释。对美国威胁认知的降低是印度对美国降低防范并与之开展合作的主要因素;中国军事能力的提升以及印度由来已久的关于中国"威胁"意图的判断,很大程度上影响了印度对中国的战略反应;印度对日澳两国的威胁认知较低,但对日本较高的收益预期促使印日之间的海洋合作更为深入。③

学者朱海燕认为,日本对日美同盟的战略性利用表现在:战略规划上,谋求与美国战略的对接;政治上,以首脑关系引领同盟发展;外交上,积极打造共同议题,试图主动诱导同盟走向;安全上,最大限度地强化和充实日本多维度跨域联合防卫能力,使日本成为有战略价值、能自主防卫的盟国;经济上,追随美国,试图引领世界经贸规则的调整和修订。其对日本的效果是:提升了国际存在感,扩充了外交转圜空间,防卫能力实现质的提升和飞跃。尽管日本战略性利用日美同盟收益良多但并未完全达成其战略初衷,主要表现在:日美在朝鲜核导问题上步伐一度失调,使日本的朝鲜政策陷入困顿;日美贸易争端并未因同盟关系的特殊性而缓解;特朗普对同盟价值的质疑将在同盟关系的未来发展中产生诸多"后遗症";日本与美国的战略捆绑使日本在安全上进一步疏离邻国,阻碍日本融入地区一体化的进度和深度。④ 此外,在新的时代背景下,日美同盟在调适过程中呈现出诸多新特点,包括针对中国的指向性更明显;全球性色彩更加浓重;由单向军事依赖型逐渐向平等、互助型关系转变。推动日美同盟的变动与调整的力量要素有:日美均视崛起的中国为"对手"或"关切";美国在实力相对受损的背景下为护持其亚太地区霸权,进一步向日本"让利""放权";美国民主党政府重视利用和调度同盟体系为其全球战略服务,提升对日本的战略重视;日本防卫体制改革及防卫能力的提升,使同盟的对等化成为可

---

① 王晋:《国际政治研究能不能"预测"未来》,载《中国社会科学评价》2021年第3期。
② 刘书凝、王宏俐、卢可,等:《俄罗斯主流媒体的"中国观"》,载《情报杂志》2021年第10期。
③ 李家胜:《印度洋海权竞争与印度的战略反应》,载《当代亚太》2021年第1期。
④ 朱海燕:《日本国家战略视域中的日美同盟——战略定位、政策手段及效果评估》,载《国际政治研究》2021年第5期。

能。在国际格局深刻调整的背景下,日美两国将进一步谋求同盟的扩容、扩边,并继续保持强化和拓展态势。①

学者王晋认为,俄罗斯自视为"世界大国",伊朗自视为"中东大国"。俄伊关系对中东政治格局具有重大的影响。俄伊两国在经济金融、核能开发、军工装备和打击恐怖主义等方面,存在着共同利益。但与此同时,俄罗斯和伊朗在叙利亚问题、对美国关系和中东地缘政治等议题上,仍然存在猜忌和矛盾。俄罗斯与美国保持既合作又竞争的复杂关系,因此在中东事务上,保持着与美国及其盟国的关系;自视为"中东大国"的伊朗反对外部力量干涉,反对美国及其盟国影响中东事务。美国的压力和威胁,促成了俄罗斯和伊朗之间的多领域合作。然而,俄罗斯和伊朗对美国的认知差异,是俄伊两国关系进一步发展的重要障碍。②

学者曹峰毓认为,霍尔木兹海峡安全形势的演变可被划分为局部战争、领土纠纷、美伊冲突与非传统安全四个时期。霍尔木兹海峡在国际石油运输中的重要地位,以及由此产生的对地区冲突的担忧是导致这一安全问题产生的根源。石油通道控制权的脆弱性与霍尔木兹海峡特殊的地缘政治环境是导致其安全形势持续动荡的主要原因,而波斯湾各国实力的变化是推动霍尔木兹海峡安全形势演进的基本动力,并由此导致了它的阶段性与周期性。美伊关系仍旧是霍尔木兹海峡安全形势重要决定因素,但其他国家的参与度也在逐渐提高;封锁依然是核心议题,但其手段正日趋多样化;局部战争依旧是主要威胁来源,但新型安全威胁也在日益显露。未来,精确制导武器的扩散与能源地缘形势的改变可能从根本上扭转霍尔木兹海峡的安全局势,而中国则应结合海峡安全形势的最新变化,从更理性的角度探讨该问题。③

学者王志、王梅认为,冷战结束后,受国家身份、国内政治和地缘博弈因素的影响,乌克兰外交政策中的地区一体化方向,存在向西、平衡或欧亚三种选择。乌克兰自身定位为东欧国家,向西成为基本目标。然而,受制于国内政治和地缘博弈干扰,地区一体化方向在不同政策间摇摆。当国内政治或地缘博弈削弱了国家身份对外交政策的影响时,它偏向平衡外交。当然,如果这种反作用的力量过于强大,偏离了身份塑造外交的基本方向,则将引发国内政治动荡。④

学者张玉友认为,摩洛哥进步与社会主义党的产生和发展是西亚北非地区共产主义运动的重要组成部分。该党历经70多年的曲折发展,经历了从共产党到解放与社会主义党再到进步与社会主义党的转变,逐步发展成为摩洛哥"参政党"。该党在不同时期充分结合本国国情,从内政与外交两大方面对社会主义革命进行了积极的理论探索。长远

---

① 朱海燕:《日美同盟的新特点与新趋向》,载《现代国际关系》2021年第7期。
② 王晋:《美国影响下的俄罗斯与伊朗关系》,载《阿拉伯世界研究》2021年第2期。
③ 曹峰毓:《论中东能源地缘政治中的海上通道问题——对霍尔木兹海峡安全问题的再思考》,载《当代世界与社会主义》2021年第2期。
④ 王志、王梅:《国家身份、国内政治与地缘博弈——乌克兰地区一体化政策探析》,载《俄罗斯研究》2021年第5期。

来看,尽管摩洛哥进步与社会主义党的发展深受政治分裂化和党内实用主义路线的影响,但其社会主义思想将持续影响和塑造摩洛哥左翼思潮。①

六、交叉学科研究

2021年陕西政治学交叉学科研究的代表性成果主要集中在网络政治、政治传播和环境政治三大领域。相关学者在上述领域多年来持续深耕,连续推出研究成果,形成了较为稳定的研究视域和较为成熟的研究团队。这种发展态势有利于陕西政治学交叉学科研究成果的持续推出,也为其他领域的研究工作提供了有益的示范。

学者张爱军认为,网络政治动机是影响和决定网络政治歧视的直接心理因素。网络政治动机包括个体政治动机、群体政治动机、政治情感动机、意识形态动机和权力动机。不同的政治动机极化易于形成政治极化,政治极化具有攻击性、侵犯性,并以身份特权、话语特权、道德特权、智商特权等方式强化网络政治歧视。网络政治歧视不同于现实政治歧视,其虚拟化、匿名化、极端化、变异化、碎片化等特征使网络政治歧视复杂化和叠加化。网络政治歧视会带来相应的社会风险、政治风险,破坏良好的网络生态环境。加强网络政治建设,建立平等理性的交往制度、规则与程序是降低网络政治歧视程度的基本途径。②

学者张爱军认为,以身份政治为表现形态的后政治在网络媒介技术逻辑加持下构建了政治认同的后政治传播环境。后政治传播时代政治认同具有多元化、流动性、离散性、碎片化、重叠性与失衡性等特征,其认同变化的基础逻辑在于认同主体意识的提升,认同主体身份意识提升、"他者"意义制造与权威意义消解三个维度在差异化、冲突化和表演化的行为逻辑下,表现出国家认同模糊性、民族认同离散性和价值认同冲突性等三种动态趋势。认同主体的层次化与趋利化、虚拟性与流动性、隐匿性和社会化等身份行为特性分别从政治认同对象、建制与形塑等方面引致后政治传播时代认同建构的三种困境:利益缺场下的政治认同越级化、差异身份认同对契约政治的消解、主体性沦丧下的政治认同宰制化。③

学者张爱军、侯瑞婷认为,表情包应用到政治领域,具有政治萌化的特性,并使政治生活化和娱乐化。同一表情包在使用过程可以赋予不同的政治内涵,多样性的表情包也可以赋予同一政治内涵。表情包具有对政治的正向功能,也具有对政治的负向功能,主要体现在具体的语境和应用者的政治心理、政治伦理、政治价值观等方面。表情包的正向功能会推进政治文明的发展,推进国家治理体系和治理能力的现代化。负向功能会阻

---

① 张玉友:《摩洛哥进步与社会主义党的发展演变及现实挑战》,载《当代世界与社会主义》2021年第6期。
② 张爱军:《网络政治歧视:动机、表现及纠偏》,载《江汉论坛》2021年第6期。
③ 张爱军:《后政治传播时代政治认同的特征、趋势与建构困境》,载《湖南师范大学社会科学学报》2021年第2期。

碍政治文明的进步,影响和破坏政治人物的尊严感、政治权力的权威感、政治过程的严肃感。加强表情包应用上的规制,使表情包有利于政治发展与进步,需要加强制度建设、法治建设、环境建设和使用者素养建设。①

学者郭淼、郝静认为,2020年初新型冠状病毒肺炎疫情所引发的重大公共卫生风险,使隔离人员、信息畅达成为防控疫情、维护秩序稳定、防范次生风险的首要任务。农村因春节期间返乡人数激增成为防控关键区域,对返乡流动人口及留守村民的疫情管控是基层社会治理的难点。为实现精准的防疫信息传播,有效发挥风险预警的作用,广播大喇叭成为农村疫情预警和疫情期间隔离管控等信息传播的重要手段,是通过精准解码缩小政治信息鸿沟、垂直到村以增强个体理解、激活政治参与意识的工具,是规范性政治权力虚拟聚合、政治信息传播仪式化的表征,是基层政治治理的隐喻符号。"溢散"和"共鸣"使新媒体与农村广播大喇叭实现联动,二次传播增强了政治传播效果,创新了基层治理手段,为引导社会舆情,防范社会风险,提升基层治理水平和治理能力现代化发挥了重要作用。②

学者赵斌、谢淑敏认为,拜登上台后,美国的气候政策出现重大调整,最突出表现是重返《巴黎协定》,将应对气候变化列为国家战略的优先事项,并计划恢复奥巴马政府时期的一系列环境法规。这种转变有利于美国国家自主贡献预案的实现,亦可促进其低碳经济发展。对美国重返《巴黎协定》这一重大国际事件的过程追踪,有必要回顾特朗普政府时期的美国气候政治衰朽、分析拜登政府重返《巴黎协定》的动因和气候政治新变化,并展望新时代中美气候政治竞合之前景。③

学者赵斌认为,新时代中国与世界关系,仍面临气候变化等全球问题的挑战。应对全球气候变化,需要寻求全球气候治理创新。以人类命运共同体理念为视角,可从国内和国际层面为应对气候变化提供现实启迪,探索全球气候治理的中国方案、彰显中国智慧。深刻理解人类命运共同体理念,应追踪全球气候治理的前沿动态,尤其是结合《巴黎协定》之后的全球气候政治新变化,思考中国气候外交应对。从问题导向出发,当前全球气候治理的碎片化是一种相对混沌和失序的状态,同时,人类命运共同体的构建亦应依托具体的议题。将人类命运共同体理念嵌入全球气候治理分析,可深化有关习近平外交思想的认知,同时也助益于全球气候治理创新。④

(作者单位:长安大学)

---

① 张爱军、侯瑞婷:《表情包传播的"政治萌化"及其调适》,载《中共天津市委党校学报》2021年第1期。
② 郭淼、郝静:《虚拟聚合与精准解码:农村广播大喇叭在突发疫情传播中的政治功能》,载《新闻与传播评论》2021年第2期。
③ 赵斌、谢淑敏:《重返〈巴黎协定〉:美国拜登政府气候政治新变化》,载《和平与发展》2021年第3期。
④ 赵斌:《人类命运共同体理念与全球气候治理创新》,载《西安交通大学学报》(社会科学版)2021年第2期。

陕西省社会学研究

胡俊生[1] 高 萍[2] 李 巾[3] 秦 敏[4]

2021年,陕西社会学界传统优势研究领域,如农村社会学、社会保障、老年社会学、健康社会学及家庭社会学、网络社会学、教育社会学、环境社会学等成果丰硕,亮点纷呈;观照重大社会事件响应学术热点焦点,如建党百年、疫情防控、农村转型发展等,铿锵发声,个性凸显。研究重镇如西安交通大学、西北农林科技大学、西北大学、陕西师范大学等发挥平台优势与团队实力,继续领跑,再创佳绩;西北政法大学、西安财经大学、延安大学等奋力追赶,成绩可圈可点。

一、学科特征与发展方向

马良灿指出,人民性是社会学学科一以贯之的思想主线,是社会学发展的灵魂、动力和最明显的学科品质。① 孙新华指出,发展中国特色社会主义社会学,需要青年社会学学者植根中国大地,为此要重视对青年学者的培养和支持。② 李元元、李军指出,重拾被"遮蔽"的西方人类学国家话语,有助于提升国内人类学回应时代主题、进行宏大叙事的能力。③ 赵晓峰指出,农村社会学研究形成的"经验—理论比较与重构—经验"和"经验—理论提炼与创新—经验"两条循环进路,为认识和改造乡村中国、推进社会学本土化发展以及提升国家软实力提供了认识论和方法论支撑。④

二、社会群体与社会阶层

帅满揭示了快递业的非正式和不稳定特征,以期为维护快递员权益和规范快递业发

---

① 马良灿:《发展一种更好为了人民的社会学》,载《社会科学战线》2021年第12期。
② 孙新华:《植根中国大地的青年社会学学者发展特征及展望——基于中文社会科学引文索引数》,载《北京工业大学学报》(社会科学版)2021年第5期。
③ 李元元、李军:《文化进化、女性主义与"国家民族志"——20世纪后半叶以来西方人类学国家研究关键词检视及其意义》,载《宁夏社会科学》2021年第6期。
④ 赵晓峰:《认识乡村中国:农村社会学调查研究的理想与现实》,载《中国农村观察》2021年第2期。

展提供参考和借鉴。① 袁玥等人指出,由强调农民工社会经济地位的绝对作用转向相对作用,引导农民工积极地感知社会地位,对提高农民工生活满意度具有一定的意义。② 芦强发现,西部社会日趋开放,然而西部地区工农子弟仍然存在明显的阶层再生产,他们即使经历社会流动,也难以融入优势阶层;西部地区底层群体面临社会流动与社会交往的双重困境,应当进一步激发社会活力,增加底层群体的流动能力与交往机会。③ 张顺、祝毅指出,快速发展经济和促进代际职业流动是提升城市居民分配公平感的重要途径。④

三、农村社会学

1. 贫困治理

李黎明、杨梦瑶指出,要因材施教、因地制宜激发劳动力自身有效内生动力,并帮助弱势群体转换升级劳动能力。⑤ 胡俊生、李期指出,以"精准培训"助推"精准脱贫",是高校,亦即高等继续教育扶贫的主要路径。⑥ 付少平、石广洲指出,要注重培育脱贫人口社会资本,充分发挥资金互助会等集体经济组织作用。⑦ 翟绍果、张星指出,在以韧性治理为重点的反贫阶段,需要围绕经济资源、健康能力与社会机会调整政策方向,围绕减贫、扶贫与反贫优化政策机制,围绕脆弱性、包容性与韧性完善政策体系。⑧ 邢成举、李小云指出,贫困治理贯彻了共享发展、以人民为中心和坚持发展中国特色社会主义的理念与原则。⑨ 李卓总结提炼了基于基本公共服务的减贫分析框架,为 2020 年后推进脱贫地区乡村振兴工作提供了启示。⑩

---

① 帅满:《快递员的劳动过程:关系控制与劳动关系张力的化解》,载《社会发展研究》2021 年第 1 期。
② 袁玥、李树茁、悦中山:《参照群体、社会地位与农民工的生活满意度——基于广州调查的实证分析》,载《人口学刊》2021 年第 5 期。
③ 芦强:《社会流动对社会交往的影响研究——基于西部社会的实证分析》,载《宁夏社会科学》2021 年第 2 期。
④ 张顺、祝毅:《代际流动轨迹与分配公平感——影响机制与实证分析》,载《社会学评论》2021 年第 3 期。
⑤ 李黎明、杨梦瑶:《教育还是健康? 更有助于脱贫、共富——基于中国综合社会调查数据的微观分析》,载《兰州学刊》2021 年第 4 期。
⑥ 胡俊生、李期:《教育扶贫论——社会学的视角》,中国社会科学出版社,2021 年版。
⑦ 付少平、石广洲:《乡村振兴背景下脱贫人口面临的生计风险及其防范》,载《西北农林科技大学学报》(社会科学版)2021 年第 1 期。
⑧ 翟绍果、张星:《从脆弱性治理到韧性治理:中国贫困治理的议题转换、范式转变与政策转型》,载《山东社会科学》2021 年第 1 期。
⑨ 邢成举、李小云:《精准扶贫与新时代的中国社会革命》,载《北京工业大学学报》(社会科学版)2021 年第 1 期。
⑩ 李卓:《基本公共服务供给与减贫——来自秦巴小区 A 县的田野叙事》,社会科学文献出版社,2021 年。

2. 乡村发展

马良灿指出,新型农村集体经济发展壮大将为实现乡村社会再组织提供坚实的社会经济基础。① 郭占锋等人指出,新型乡村市场体系形成了多元化、立体型的市场空间,也不断调适着与其所嵌入的乡村社会之间的关系。② 曾凡木、蒋晓雨指出,集体经济管理的规范化是重塑乡村关系、强化乡镇对村社集体经济管理控制的一种方式。③ 陈靖指出,农业型村庄集体经济发展的前提是使承载统分结合治理实践的制度通道保持畅通,恢复集体制度的制度韧性与实践弹性。④ 孙新华等人指出,服务型集体经济主要依赖于村社组织的组织资源发展集体经济,这不仅壮大了集体经济,也提升了村社组织的服务能力和组织能力。⑤ 张方旭指出,新乡贤获得乡村身份的合法性与权威性、有效利用与拓展乡村社会关系网络、成功挖掘乡村可创造性资源等是乡村由"外生型发展"向"内生型发展"转化的重要社会基础。⑥ 郑永君等人指出,通过复合经纪机制形塑而成的多元合意的利益联结共同体是乡村振兴中的基层治理新结构。⑦ 郭占锋等人指出,细致的政策制定构建了精细的乡村治理组织体系,而村民日常生活中的精准需求又助推了乡村治理评价体系的细化。⑧ 胡卫卫、于水指出,乡村公共危机治理的有效性在于行政理性和社会理性两种治理逻辑的内在耦合。⑨ 边燕杰、王学旺指出,作为农村居民社会资本的亲友联系,通过信息传递和人际影响实现了法律下乡,也促进了乡村的法治化建设。⑩

3. 农业转型

赵晓峰、刘子扬认为,"非粮化"与"趋粮化"是农业农村现代化进程中农地经营的两大趋势,是各经营主体基于"经济理性"和"生存理性"的综合考虑做出的理性选择。⑪ 何得桂、公晓昱认为,农业社会化服务模式的推广,需要企业具有整合和服务农民的规模、

---

① 马良灿:《新型农村集体经济发展与乡村社会再组织——以贵州省唐约村为例》,载《中州学刊》2021年第2期。
② 郭占锋、张森、黄民杰:《旅游文化发明与乡村市场体系重构——对一个关中村庄的社会学剖析》,载《社会学评论》2021年第6期。
③ 曾凡木、蒋晓雨:《集体经济管理的规范化与乡村关系变迁》,载《南京农业大学学报》(社会科学版)2021年第3期。
④ 陈靖:《解析集体:制度通道与治理实践》,载《南京农业大学学报》(社会科学版)2021年第3期。
⑤ 孙新华、赵祖远、王宁:《服务型集体经济的内涵与组织基础》,载《南京农业大学学报》(社会科学版)2021年第3期。
⑥ 张方旭:《内生型发展视角下新乡贤助力乡村振兴的社会基础——基于F村"绿色菜园"发展的经济研究》,载《人文杂志》2021年第7期。
⑦ 郑永君、王美娜、李卓:《复合经纪机制:乡村振兴中基层治理结构的形塑——基于湖北省B镇土地股份合作社的运作实践》,载《农业经济问题》2021年第5期。
⑧ 郭占锋、李轶星、张森:《迈向精细化的乡村治理——以一个陇西移民村的治理实践为例》,载《西北农林科技大学学报》(社会科学版)2021年第1期。
⑨ 胡卫卫、于水:《政社互动、柔性嵌入与乡村公共危机治理》,载《中国农村研究》2021年第2期。
⑩ 边燕杰、王学旺:《社会资本与乡村法治:亲友联系的作用机制》,载《河南社会科学》2021年第3期。
⑪ 赵晓峰、刘子扬:《"非粮化"还是"趋粮化":农地经营基本趋势辨析》,载《华南农业大学学报》(社会科学版)2021年第6期。

调动乡村精英参与农业现代化的积极性、农户主动与现代农业衔接的意识,还需要公共政策和市场法律环境等外部条件的有力支持。① 郭占锋、张森认为,推动农业转型除了国家干预和市场资本的力量外,还需关注内生于农业当中的农民经济行为。② 陈航英认为,下乡资本的经济逻辑必须以乡土逻辑为依据来展开。③ 赵晓峰等认为,探索和完善下乡资本与农民家庭分工合作的农地经营模式,有利于引导小农户进入现代农业发展轨道和推动农业现代化水平稳步持续提升。④ 赵祥云等认为,农技推广是改变社会的关键力量,促进了县域农业经济的发展。⑤

四、社会保障

席恒、余澍、李东方认为,在中国共产党领导下,目前已形成以保障全民的社会保险为核心,以社会救助、社会福利、军人保障与社会优抚、慈善事业等为补充的社会保障体系。⑥ 席恒、王睿认为,中国共产党将残障者作为公民权利的主体,积极推进残障人士融入社会,生动诠释了人民至上的根本立场和全心全意为人民服务的价值取向。⑦ 张轶妹、周明认为,进一步建立权责明晰的社会保障管理体制、建立统一的社会保险经办服务体系、建立统一的社会保障信息服务平台,是高质量发展新要求下的重点任务。⑧ 张立琼等人认为,基础养老金全国统筹的完全实现,需要在养老金制度参量、结构和管理等方面进行改革与创新。⑨ 雷晓康认为,应有序推动社会保障制度改革和结构调适,切实提升社会保障法治支撑和治理效能。⑩ 吴玉锋、李德权指出,提升中青年农村居民保险续费意愿是

---

① 何得桂、公晓昱:《农业价值链视角下小农户融入社会化服务体系的有效实现路径》,载《农村经济》2021年第11期。
② 郭占锋、张森:《农业转型过程中农民经济行为的主体性实践——以一个三十年移民村庄为例》,载《农村经济》2021年第8期。
③ 陈航英:《土客结合:资本下乡的用工机制研究》,载《社会》2021年第4期。
④ 赵晓峰、任雨薇、杨轩宇:《资本下乡与农地流转秩序的再造》,载《北京工业大学学报》(社会科学版)2021年第5期。
⑤ 农业治理研究课题组:《科技改变社会——苹果产业发展中的技术变迁与社会转型》,中国社会科学出版社2021年版。
⑥ 席恒、余澍、李东方:《数据与意义:中国共产党社会保障100年大事记的数理分析》,载《西北大学学报》(哲学社会科学版)2021年第4期。
⑦ 席恒、王睿:《权益与保护:中国共产党百年残障保障政策的历史演进》,载《东岳论丛》2021年第10期。
⑧ 张轶妹、周明:《中国共产党百年社会保障管理体制探索、演进与创新》,载《西北大学学报》(哲学社会科学版)2021年第4期。
⑨ 张立琼、田宋、席恒:《基础养老金全国统筹:问题缘起、政策框架与制度创新》,载《社会保障研究》2021年第4期。
⑩ 雷晓康:《推动我国社会保障高质量发展可持续发展》,载《中国高校社会科学》2021年第6期。

实施全民参保计划的关键。①

五、老年社会学

李翌萱认为,人工智能拓展了老年人的行动能力和社会参与潜能,但其不确定性特征也引发了老年人参与智能社会的情感焦虑、能力危机和边缘化风险。② 吴玉锋等人发现,参加城乡居民基本养老保险改善了农村老年人的健康绩效,这种改善作用是通过提高医疗支出、增加闲暇娱乐、均衡膳食实现的。③ 聂建亮等人探讨了社会网络对农村老人养老服务意愿的影响,提出了聚焦村庄内生资源开发、推广"能人"带动型互助养老、加强宣传等建议。④聂建亮、唐乐发现,地缘信任和制度信任显著提高了农村老人互助养老的参与意愿,普遍信任则显著降低了农村老人互助养老的参与意愿。⑤ 聂建亮、樊荣发现,农村老人对身体失能风险的感知水平最高,然后是对陪伴缺失风险以及经济依赖风险的感知。⑥ 孙晓冬、张骏发现,女儿数量多、与邻里互动频率以及与亲戚互动频率的提升显著提高了农村丧偶老人的精神健康水平,女儿数量多以及与朋友互动频率的提升显著提高了城市丧偶老人的精神健康水平。⑦

六、健康社会学

陈兴怡、翟绍果认为,进入新时代,需要通过卫生资源整合、健康服务融合和治理网络耦合,提升卫生健康治理能力。⑧翟绍果、丁一卓认为,要通过经济资源在家庭内部的整合配置,提高老年人抵御疾病风险的经济能力;通过健康机会在社会网络中的多重叠加,减轻

---

① 吴玉锋、李德权:《社会互动与中青年农村居民保险续费意愿》,载《河北大学学报》(哲学社会科学版)2021年第3期。

② 李翌萱:《人工智能时代老年人社会参与的价值审视和伦理思考》,载《自然辩证法通讯》2021年第6期。

③ 吴玉锋、虎经博、聂建亮:《城乡居民基本养老保险对农村老年人健康绩效的影响机制研究》,载《社会保障研究》2021年第6期。

④ 聂建亮、孙志红、吴玉锋:《社会网络与农村互助养老实现——基于农村老人养老服务提供意愿视角的实证分析》,载《社会保障研究》2021年第4期。

⑤ 聂建亮、唐乐:《人际信任、制度信任与农村老人互助养老参与意愿》,载《北京社会科学》2021年第5期。

⑥ 聂建亮、樊荣:《靠配偶还是靠子女?——农村老人养老风险感知消减的家庭保障机制研究》,载《华中科技大学学报》(社会科学版)2021年第6期。

⑦ 孙晓冬、张骏:《城乡丧偶老年人的精神健康:基于社会支持的研究》,载《宁夏社会科学》2021年第2期。

⑧ 陈兴怡、翟绍果:《中国共产党百年卫生健康治理的历史变迁、政策逻辑与路径方向》,载《西北大学学报》(哲学社会科学版)2021年第4期。

老年人与子女的经济负担;通过针对性的健康扶贫政策工具,促进健康扶贫的精准性与有效性。① 张星、翟绍果认为,要通过制订卫生安全国家战略、完善卫生法律法规系统、健全卫生应急管理制度、优化基本公共卫生服务体系、推进全民健康促进计划、加快卫生信息技术应用等举措,构建更加协同强韧的卫生健康治理网络。② 鲁肖麟、边燕杰指出,政策机制和社会机制的疫情防控效果并不是线性叠加,而是在有效减少新增病例过程中存在相互调节的作用。③ 卢春天、刘萌指出,欧盟在新型冠状病毒肺炎疫情应对与防控上,应加强医疗保健治理的集中化、强化信息和数据安全以及增加卫生保健系统的弹性和可持续性。④

七、家庭社会学

李卫东认为,在城乡人口流动背景下,单独迁移和跨省迁移都会提高农民工的婚姻不稳定性;⑤在性别失衡背景下,女性拥有更多再婚机会,女性农民工具有更高的离婚倾向。⑥ 海莉娟发现,在已婚青年女性重构亲属关系过程中,其身份归属由姻亲归属转变为血缘归属,同时对婆家与娘家的亲属距离进行了重新衡量。⑦ 孙晓冬、张骏发现,对于育龄夫妻而言,已婚女性表现出更高的经济依赖特征,并且子女数量的增加会显著提升已婚女性的经济依赖系数。⑧ 孙晓冬发现,除了市场劳动时间与子女数量的作用,青年夫妻同时存在通过家务劳动行为建构性别形象的情形。⑨ 翟绍果指出,在人口、资源、环境等经济社会约束条件下,中国生育政策将会走向适应性选择和渐进式改革,从而构建全生命周期友好型社会。⑩

---

① 翟绍果、丁一卓:《疾病冲击、代际互动与健康贫困——基于西部三省九县农户调查的实证分析》,载《西北大学学报》(哲学社会科学版)2021年第2期。

② 张星、翟绍果:《我国公共卫生治理的发展变迁、现实约束与优化路径》,载《宁夏社会科学》2021年第1期。

③ 鲁肖麟、边燕杰:《疫情风险治理的双重动力——政府防控措施与网络公众参与》,载《江苏社会科学》2021年第6期。

④ 卢春天、刘萌:《欧盟对于新冠肺炎疫情的应对和防控——基于世界社会理论视角的分析》,载《经济社会体制比较》2021年第4期。

⑤ 李卫东:《流动过程与农民工的婚姻稳定性》,社会科学文献出版社,2021年。

⑥ 李卫东:《配偶替代与农民工婚姻稳定性的关系》,载《人口研究》2021年第4期。

⑦ 海莉娟:《"婆婆不是妈":城市已婚青年女性亲属关系的重构与"个体-合作"型养老趋向——基于陕西省C市的调研》,载《中国青年研究》2021年第1期。

⑧ 孙晓冬、张骏:《子女数量与中国育龄夫妻的经济依赖》,载《西安交通大学学报》(社会科学版)2021年第6期。

⑨ 孙晓冬:《中国青年夫妻的家务劳动投入:经济交换还是性别呈现?》,载《中国青年研究》2021年第2期。

⑩ 翟绍果:《全生命周期下生育制度协同改革的政策意蕴、全球图景与中国画像》,载《中共中央党校(国家行政学院)学报》2021年第5期。

八、网络社会学

姜利标、邢婧宇指出,网络事件治理需在共性认知的基础上就事件的发展状态做出即时预判,进而将网络舆论有效引导在"就事论事"的商谈情境中,最终让事件回归常态并走向平息。① 卢春天、马怡晨基于青年网络主播案例,指出社会注意力发挥的四种功能,即社会经济功能、情感支持功能、网络建构功能和社会流动功能。② 杨建科、李慧指出,快手类短视频平台的兴起为社会注意力向底层青年转移提供了机会,其本质也是对边缘青年群体的赋权和增能。③ 帅满等人发现,媒介使用影响政府信任的绩效感知、信息控制、参照群体、认知转型、传递机制,对社会治理具有参考和借鉴意义。④ 边燕杰等人指出,信息时代的社会资本在疫情期间通过线上社交帮助人们保持了核心关系圈的紧密互动,从而避免了风险社会中个体化的危害。⑤ 雷晓康、张田指出,要依托网络信息技术回应细分群体的政策诉求,积极推进社会治理精细化发展。⑥

九、教育社会学

梁在、李文利指出,父母外出务工导致农村留守儿童在家庭教育投入上的相对劣势,进而影响了留守儿童的学业表现。⑦ 张龙等人指出,要科学认识体育锻炼与学业成绩的良性关系,强化体育锻炼的功能与作用。⑧ 陆根书等人指出,高校可从合理分配政策注意力、警惕建设过程中的量化逻辑及厘清特色发展之路三方面寻求突破。⑨ 刘自团、陆根书分析了家庭经济资源对大学毕业生就业质量的影响程度及作用机制,提出了对家庭经济困难大学生加大就业援助力度、优先提供就业见习机会、设立就业专项资助基金以及构

---

① 姜利标、邢婧宇:《"殊异同归":事件—情境认知框架下的共性呈现——基于74起网络事件的案例分析》,载《社会发展研究》2021年第2期。

② 卢春天、马怡晨:《社会注意力的概念、功能及应用——基于青年网络主播的案例分析》,载《中国青年研究》2021年第2期。

③ 杨建科、李慧:《从"失语者"到"屏民老铁"——边缘青年群体基于快手平台的文化公民身份构建》,载《中国青年研究》2021年第2期。

④ 帅满、罗家德、郭孟伦:《媒介使用对地方政府信任的作用机制研究》,载《国际新闻界》2021年第2期。

⑤ 边燕杰、缪晓雷、鲁肖麟,等:《社会资本与疫情风险的应对》,载《武汉大学学报》(哲学社会科学版)2021年第5期。

⑥ 雷晓康、张田:《数字化治理:公众参与社会治理精细化的政策路径研究》,载《理论学刊》2021年第3期。

⑦ 梁在、李文利:《从留守经历的视角分析农村儿童家庭教育投入》,载《人口学刊》2021年第1期。

⑧ 张龙、卢春天、陈保学:《体育锻炼影响中学生学业成绩的路径》,载《青年研究》2021年第6期。

⑨ 陆根书、宋亚萍、李珍艳:《高校一流本科教育建设方案的特征、存在的问题与优化策略探析——基于15所高校方案的文本分析》,载《法学教育研究》2021年第2期。

建个性化就业指导服务体系的建议。① 朱晓文等人发现,无论是在中国还是在美国,家庭社会经济地位越高的青少年,未来期望从事职业的地位也越高。②

十、环境社会学

卢春天、王辰光指出,乡村环境治理须尊重地方性知识和农村主体性作用,将农村的人居环境格局与生产、生活和生计方式有机统一,回归乡村生活主体。③ 胡卫卫、赵晓峰认为,农村生态空间治理共同体建构的场域逻辑在于能量空间中的"关系再造",强调乡村公共能量场的营造;秩序逻辑在于"政治势能"下的多元协同,重视党建引领下的协同推进;信任逻辑在于乡村公共领域中的"空间正义",旨在治理权下移与公共价值的重塑。④

受篇幅所限,2021年度社会学研究优秀成果难以全部呈现。唯盼下年度实现新的超越。

(作者单位:1,4,延安大学;2,3,陕西省社会科学院)

---

① 刘自团、陆根书:《家庭经济资源对大学毕业生就业质量影响的实证研究——基于陕西高校毕业生就业创业跟踪调查》,载《北京工业大学学报》(社会科学版)2021年第3期。

② 朱晓文、李玉磊、成昱萱:《青少年职业期望的中美比较》,载《青年研究》2021年第5期。

③ 卢春天、王辰光:《村庄环境"问题"的基层建构与实践困境》,载《西安交通大学学报》(社会科学版)2021年第6期。

④ 胡卫卫、赵晓峰:《农村生态空间治理共同体建构的场域、秩序与信任》,载《社会发展研究》2021年第4期。

陕西省心理学研究

游旭群

一、航空心理与人因工程研究

航空安全与人因失误的作用机制研究中,王新野和游旭群等人提出在飞行活动中,飞行员的惊吓和惊奇反应是导致飞行失控的重要因素,而当前飞行员训练中尚未有针对此的训练流程,因此在已有 Landman 模型的基础上,加入飞行员心理能力的个体间差异,以扩展的 Landman 模型对航线飞行员进行心理训练及心理能力评估,降低航空风险。[1] 同时,高鹏峻和代静等人发现,在急性心理应激状态下,个体的身体质量指数、情绪智力以及应激状态通过调节个体紧张水平和脑力负荷影响飞行绩效。[2] 除飞行员个人因素外,航空公司也是影响航空安全的重要因素之一,李瑛、游旭群和李苑等人探究了航空公司中组织信任、组织认同与组织承诺对飞行员的安全操作行为的影响,组织认同和组织承诺对航空公司飞行员的组织信任和安全操作行为之间的关系具有中介作用。[3]

在飞行员认知研究方面,胡博和常明等研究了在时间压力下,图标语义距离对雷达界面信息工作记忆的影响。研究对比了在有时间压力与无时间压力的情况下,图标语义距离在工作记忆的编码提取上的差异,结果发现有时间压力下强语义图标在信息提取上具有优势。[4] 朱荣娟和游旭群等通过信号检测技术探究了航空决策中认知负荷与期望水平对听觉警报探测灵敏度的影响,通过模拟航空决策场景研究者发现高认知负荷会更大幅度降低听觉警报检测灵敏度,而飞行员对听觉警报有预期后,认知负荷不再对听觉警

---

[1] 王新野、李姝、蔡文皓,等:《飞行中惊吓和惊奇的管理——扩展的 Landman 模型》,载《心理科学》2021 年第 6 期。

[2] 高鹏峻、曹新生、王航,等:《急性心理应激状态下飞行绩效影响因素分析》,载《载人航天》2021 年第 6 期。

[3] Li Ying, Liu Zhen, Qin Kuiyuan, et al. Organizational Trust and Safety Operation Behavior in Airline Pilots: The Mediating Effects of Organizational Identification and Organizational Commitment, *Journal of Air Transport Management*, 2021, 92.

[4] 胡博、李开容、陈雨嘉,等:《时间压力下图标语义距离对雷达界面信息工作记忆的影响》,载《心理科学》2021 年第 5 期。

报检测灵敏度产生影响。①

二、认知效能增强研究

认知效能增强研究中,朱荣娟和游旭群等从空间工作记忆的经颅直流电刺激(tDCS)的角度出发,阐述了空间工作记忆增强的可能性,通过短期内重复的tDCS刺激影响皮质脊髓的兴奋性,能够改善空间工作记忆的部分功能,如工作记忆的刷新功能。② 王梓宇,朱荣娟和游旭群同样利用tDCS探究了背外侧前额叶皮层(DLPFC)与任务转换之间的关系,发现阳性tDCS激活右侧顶叶皮层会损害任务转换的转换能力,证明右侧顶叶皮层参与了任务转换的主动加工过程,并暗示其与外源性调节过程关系不明显。③ 高清晰度经颅直流电刺激(HD-tDCS)作为一种有效的脑刺激技术已被用于优化健康成年人的认知功能,卢宏亮和游旭群等人探索了在重复阳性HD-tDCS调节后执行功能的表现和皮质激活的变化,记录在9次HD-tDCS治疗后执行功能的三个核心部分(抑制性控制、工作记忆和认知灵活性)的变化,并使用功能性近红外光谱仪(fNIRS)记录双侧DLPFC的神经活动,结果发现重复阳性HD-tDCS疗程可以显著促进认知灵活性。④

三、特殊人群心理研究

心理障碍机制方面,惠琪、姚崇和游旭群采用执行功能障碍问卷、情绪调节问卷和自评抑郁量表对1017名中国大学生(84.0%为女性,平均年龄20.25岁)进行调查,探索执行功能障碍对抑郁症状的预测作用以及情绪调节策略在其中发挥的中介作用。结果表明:① 执行功能障碍与抑郁症状、情绪调节显著相关;② 执行功能障碍对抑郁症状有显著的直接影响,且通过情绪重评和情绪表达抑制对抑郁症状有显著的间接影响。这些发现为不同的情绪调节策略对执行功能到抑郁症状影响路径的作用提供了新的见解,提出了新的治疗方法。⑤ 此外,马雪儿、古海霞和赵晶晶对有关孤独症谱系障碍(ASD)的眼动

---

① Zhu Rongjuan, Wang Ziyu, Ma Xialiang, et al. High Expectancy Influences the Role of Cognitive Load in Inattentional Deafness During Landing Decision-Making, *Applied Ergonomics*, 2021, 99.

② Zhu Rongjuan, Luo Yangmei, Wang Ziyu, et al. Within-session Repeated Transcranial Direct Current Stimulation of the Posterior Parietal Cortex Enhances Spatial Working Memory, *Cognitive Neuroscience*, 2021, 13(1).

③ Wang Ziyu, Zhu Rongjuan, You Xuqun. Anodal Transcranial Direct Current Stimulation-Induced Effects Over the Right Dorsolateral Prefrontal Cortex: Differences in the Task Types of Task Switching, *Frontiers in Psychology*, 2021, 12.

④ Lu Hongliang, Gong Yue, Huang Peng, et al. Effect of Repeated Anodal HD-tDCS on Executive Functions: Evidence from a Pilot and Single-Blinded fNIRS Study, *Frontiers in Human Neuroscience*, 2021, 14.

⑤ Hui Qi, Yao Chong, You Xuqun. The Mechanism of Executive Dysfunction in Depressive Symptoms: The Role of Emotion Regulation Strategies, *Current Psychology*, 2021.

追踪研究进行了元分析,其中纳入元分析的共有 75 篇文章(91 项研究)和 4209 例个体(ASD:2027、控制组:2182),以探究年龄和文化对 ASD 面部处理非典型凝视模式的影响。结果表明,ASD 患者的对眼睛的注视时间比常人短,且在注视眼睛的时间上,各组之间的差异受文化影响,即东方文化的效应量大于西方文化的效应量。此外,注视嘴部时间的组间差异并不显著,但会随着年龄的增长而变化,并受文化的影响。与正常对照组相比,西方 ASD 患者从学龄开始就花更多的时间注视嘴部,而东方 ASD 患者直到成年才花更长的时间注视嘴部。① 同时,兰继军和吕娜娜根据整理前人研究发现虽然 ASD 儿童普遍存在共同注意及心理理论缺陷,但是关于共同注意与心理理论的关系存在两种相悖的观点,一种认为共同注意是孤独症儿童心理理论发展的基础,另一种则认为心理理论发展是其共同注意产生的前提。这可能是由于没有明确区分共同注意和心理理论的类型,以及传统评估方法存在主观局限性,导致研究结果产生差异。根据心理理论机制模块说,提出孤独症儿童的共同注意和心理理论可能存在交叉进化关系的推测。②

残疾人心理健康方面,王杨阳和宋国萍等人为研究已就业残疾人领悟社会支持、心理资本与工作满意度和心理健康之间的关系,采用领悟社会支持问卷、积极心理资本问卷、工作满意度问卷和一般心理健康问卷对 388 名已就业残疾人进行研究。结果表明:① 心理资本是领悟社会支持与心理健康之间的中介变量;② 工作满意度是领悟社会支持与心理健康之间的中介变量;③ 心理资本→工作满意度在领悟社会支持与心理健康之间的链式中介作用显著。研究结果说明,给予已就业残疾人物质和精神支持等,能够提升其心理资本,以提高其工作满意度和心理健康水平。③

四、教师职业心理健康和学生心理健康研究

教师职业心理健康研究方面,惠琪、姚崇、李萌、游旭群采用向上社会比较敏感性量表、自尊量表和马拉赫职业倦怠量表 – 教育者调查(MBI-ES)子量表对 681 名教师进行调查,旨在探究自尊与性别差异在向上社会比较敏感性对教师职业倦怠影响中的调节作用。结果表明:① 向上社会比较敏感度与情绪耗竭呈正相关;② 自尊调节了向上社会比较敏感度与情绪耗竭的关系;③ 自尊在调节向上社会比较敏感性与情绪耗竭之间的关系方面存在显著的性别差异。这些发现有助于理解向上社会比较敏感性如何预测教师的

---

① Ma Xue'er, Gu Haixia, Zhao Jingjing. Atypical Gaze Patterns to Facial Feature Areas in Autism Spectrum Disorders Reveal Age and Culture Effects: A Meta-analysis of Eye-tracking Studies, *Autism Research: Official Journal of the International Society for Autism Research*, 2021, 14(12).

② 兰继军、吕娜娜:《孤独症谱系障碍儿童共同注意与心理理论的关系》,载《绥化学院学报》2021 年第 1 期。

③ 王杨阳、杨婷婷、李甜田,等:《已就业残疾人领悟社会支持与心理健康:心理资本与工作满意度的链式中介作用》,载《心理研究》2021 年第 3 期。

情绪耗竭,并为学校环境中保护教师心理健康的预防和干预方案提供实用的见解。① 同时,谢倩、张春雨和陈谢平基于付出回报失衡模型,对336名高校青年教师进行了多时间点调查,考察了高校青年教师的付出回报失衡与焦虑的关系。结果显示:① 付出回报失衡对高校青年教师的焦虑有显著正向预测作用;② 付出回报失衡通过心理契约破裂间接影响高校青年教师的焦虑;③ 相较于低过度承诺教师,高过度承诺教师的付出回报失衡经由心理契约破裂对焦虑的影响更为突出。研究结果揭示了付出回报失衡对焦虑影响的过程机制和边界条件,对高校青年教师工作焦虑的改善有一定启示。② 此外,罗增让和王颖采用中学教师职业成就感量表和教师职业认同量表对陕西省和山东省177名中小学教师进行问卷调查,以探究中小学教师职业成就感与职业认同感的关系。中小学教师的职业成就感(91.38 ± 12.84)和职业认同感(73.82 ± 9.24)得分较高。不同性别、从教学科、从教时间的中小学教师的职业认同感得分比较,差异均有统计学意义。中小学教师职业成就感与教师职业认同感呈显著正相关。职业成就感对中小学教师职业认同感有显著正向预测作用,预测量为18%。这说明可以通过提高中小学教师的职业成就感来提升其职业认同感。③

学生心理健康教育研究方面,刘倩文和王振宏在新型冠状病毒肺炎疫情期间招募了617名青少年并完成了在线调查,旨在探究青少年对新型冠状病毒肺炎疫情的感知压力与抑郁症状之间的关系。结果表明,青少年对新型冠状病毒肺炎疫情的感知压力与抑郁症状呈显著正相关。性格强度与青少年对新型冠状病毒肺炎疫情的感知压力及其抑郁症状呈显著负相关。此外,性格强度对青少年新型冠状病毒肺炎疫情感知压力与抑郁症状之间关系的调节作用显著。因此,青少年的性格优势作为一种保护性因素,可以缓冲新型冠状病毒肺炎疫情的感知压力对其抑郁症状的影响。④ 同时,李彩娜、赵清玲、代文杰和张云运对2152名初中生在间隔一年的两个时间点上进行调查,通过考察悲伤反思和愤怒反思的中介作用,探讨同伴伤害与关系攻击之间的关系。结果发现,自我报告的同伴伤害(而不是同伴提名的伤害)正向预测一年后的关系攻击,悲伤反思和愤怒反思起完全中介作用。具体而言,同伴伤害感知对悲伤反思和愤怒反思均有正向影响,从而增加了青少年一年以后表现出的关系攻击倾向。此外,受伤害男孩的关系攻击行为的升高主要是由于其高度的悲伤反思,而受伤害女孩的关系攻击行为的升高主要是由于其高度的愤怒反思。这种性别差异表明,为减少青少年外化问题而采取的干预措施,如果针对

---

① Hui Qi, Yao Chong, Li Meng, et al. Upward Social Comparison Sensitivity on Teachers' Emotional Exhaustion: A Moderated Moderation Model of Self-Esteem and Gender, *Journal of Affective Disorders*, 2021, 299.

② 谢倩、张春雨、陈谢平:《付出回报失衡与高校青年教师的焦虑:心理契约破裂的中介作用和过度承诺的调节作用》,载《心理科学》2021年第4期。

③ 罗增让、王颖:《陕西省与山东省中小学教师职业成就感与职业认同感的关系研究》,载《职业与健康》2021年第13期。

④ Liu Qianwen, Wang Zhenhong. Perceived Stress of the COVID-19 Pandemic and Adolescents' Depression Symptoms: The Moderating Role of Character Strengths, *Personality and Individual Differences*, 2021, 182.

不同性别采取对应措施可能会更为有效。① 另外,罗增让和李玲玉采用安全感量表、感知到的教师支持量表、中学生传统欺凌与受欺凌问卷对山西省晋中市的500名初中生进行纸质文件调查,探讨初中生安全感、感知到的教师支持与传统欺凌行为之间的关系。不同生源地初中生感知到的教师支持差异显著,不同年级初中生感知到的情感支持和能力支持差异显著,不同性别和年级初中生传统欺凌行为得分比较差异均显著。初中生安全感、感知到的教师支持对传统欺凌行为具有显著的负向预测作用。初中生安全感、感知到的教师支持与传统欺凌行为之间显著相关。感知到的教师支持在安全感与初中生传统欺凌行为之间具有明显的中介作用,中介效应占总效应的32.7%。②

在大学生的研究方面,余培林和符永川等人对大学生无聊倾向和生活满意度的关系进行研究发现,无聊倾向、人际信任、生命意义感和生活满意感之间构成有调节的中介模型,生命意义感在无聊倾向于生活满意度之间起部分中介作用,人际信任在这一中介过程的前半段起调节作用。③

五、家庭与青少年发展研究

家庭与青少年发展方面,王小丽、张丽锦和吴秀娟通过调查收集了中国2136个双收入家庭的数据,包括父母和孩子(51.2%的女孩,年龄:11.6—19.3岁),建立使用参与者-合作者相互依赖的结构方程模型(APIM-SEM)检验工作－家庭外溢效应可以通过父母的教育期望和感知的教育期望来影响青少年的学业调整的假设。结果表明,母亲的工作－家庭经历是影响青少年学业调整的主要因素,如母亲的工作－家庭冲突(WFC)会通过父母教育期望和感知教育期望对青少年学业调整造成影响。同时,由于实际和感知的教育期望,母亲的工作－家庭丰富冲突(WFE)与青少年的学业调整间接相关。此外,在夫妻关系中,母亲的生育年龄对父亲的教育期望有显著影响。这些结果强调了工作－家庭界面作为影响整个家庭健康和相关结果的一个因素的重要性,特别是在这一背景下,母亲的工作－家庭经验的重要性。④ 同时,刘倩文和王振宏对1380名青少年进行了中文版亲子依恋量表(s-EMBU-c)、简体中文版亲子同伴依恋量表(IPPA-R)和VIA青少年优势量表(VIA-Youth)的调查,来测量父母的情感温暖、父母依恋、同伴依恋和性格优势。结果显示,父母情感温暖度、父母依恋、同伴依恋与青少年性格优势显著正相关。父母情感温

---

① Li Caina, Zhao Qingling, Dai Wenjie, et al. Victims Become Covert Aggressors: Gender Differences in the Mediating Effects of Rumination on Anger and Sadness, *Journal of Psychology*, 2021, 155(4).

② 罗增让、李玲玉:《初中生安全感、感知到的教师支持与传统欺凌行为的关系》,载《职业与健康》2021年第9期。

③ 余培林、符永川、金婉莎,等:《大学生无聊倾向对生活满意度的影响》,载《中国健康心理学杂志》2021年第1期。

④ Wang Xiaoli, Zhang Lijin, Wu Xiujuan, et al. Work-Family Conflict, Enrichment, and Adolescent Academic Adjustment in Dual-Earner Family, *Frontiers in Psychology*, 2021, 12.

暖通过父母依恋和同伴依恋的多重中介效应对青少年的性格优势有促进作用。此外,父母依恋通过父母情感温暖和同伴依恋的系列多重中介作用对青少年的性格优势有促进作用。在这些关系中没有发现性别特异性的结果。本研究揭示了父母情感温暖和依恋对青少年性格优势影响的可能机制,为青少年性格优势的发展提供了进一步的研究思路。[1] 另外,杜亚雯和 Abida Rasool 等人对 1117 名 11—19 岁的中国青少年进行了养育方式、感恩和心理弹性的测量,探讨教养方式差异对青少年感恩和心理弹性的影响,以及感恩在教养方式差异与心理弹性关系中的中介作用。结果表明,在相同的教养水平下,与同一教养维度上的教养一致性相比,同一教养维度上的教养差异性对青少年的感恩和心理弹性的负面影响更大。结果还显示,感恩在父母教养差异和青少年心理弹性之间起到中介作用。这些发现有助于更好地理解父母教养差异影响青少年心理弹性的内在机制,为有效提高青少年个体心理弹性提供指导。[2] 此外,王梦云、徐泉和何宁对 688 名中学生进行调查,调查项目包括人口学特征、儿童对父母间冲突的感知量表、罗森伯格自尊量表、中国青少年不良适应认知量表和 Facebook 入侵问卷,旨在探讨青少年感知到的父母间冲突与问题性社交媒体使用(PSMU)之间的关系,以及自尊和社交网络认知不良的中介作用。结果显示:① 父母间冲突感知与 PSMU 呈正相关;② 社交网站认知不良在此过程中起着显著的中介作用;③ 自尊和对社交网络的不良认知在此过程中起着显著的中介作用。这项研究为理解父母间冲突感知如何增加 PSMU 的风险提供了有用的见解,结果进一步表明,需要具体的方法来预防和干预青少年的 PSMU。[3]

六、公共心理学研究

公共心理学研究方面,秦奎元和游旭群等人采用心理资本问卷(PCQ)、工作投入量表(JES)和安全公民行为量表(SCBS)对来自 5 家煤炭和能源企业的 317 名煤矿工人的心理资本、工作投入和安全公民行为进行评估,旨在探索工作投入在煤矿工人心理资本与安全公民行为关系中的中介作用。结果表明,心理资本、工作投入和安全公民行为三者之间存在显著相关;工作投入在心理资本与安全公民行为的关系中起显著中介作用。心理资本不仅直接影响煤矿工人的安全公民行为,而且通过工作投入间接影响煤矿工人的安全公民行为。因此,有效提升个体的心理资本和工作投入度可能是决定煤矿工人安

---

[1] Liu Qianwen, Wang Zhenhong. Associations between Parental Emotional Warmth, Parental Attachment, Peer Attachment, and Adolescents' Character Strengths, *Children and Youth Services Review*, 2021, 120.

[2] Du Yawen, Dang Qingxiu, Zhang Baoshan, et al. The Effects of Parenting Differences on Psychological Resilience in Adolescent Students: The Role of Gratitude, *Children and Youth Services Review*, 2021, 130.

[3] Wang Mengyun, Xu Quan, He Ning. Perceived Interparental Conflict and Problematic Social Media Use Among Chinese Adolescents: The Mediating Roles of Self-esteem and Maladaptive Cognition toward Social Network Sites, *Addictive Behaviors*, 2021, 112.

全公民行为的基本因素,从而进一步促进企业内部的安全生产。① 同时,郝媛媛和孔风等人通过调查法收集了间隔4个月的数据,其中包括时间点1的393名护士和时间点2的241名护士,旨在探讨中国护士感恩与抑郁症状的因果关系。结果表明,时间点1的感恩情绪可以预测时间点2的抑郁症状,时间点1的抑郁症状可以预测时间点2的感恩情绪。在控制了性别、年龄、教育程度、婚姻状况、职称、一般积极影响和消极影响后,这些结果仍然显著。该研究结果为中国护士感恩与抑郁症状之间的因果关系提供了初步证据。② 另外,梁三才和杨安琪等人收集了494名中国大学生填写的测量正念、自控力、心理弹性和生活满意度的问卷,旨在探讨自我控制和心理弹性在正念与生活满意度之间的调节作用。结果表明,自控力调节了正念和生活满意度之间的联系,因此这种联系只对自控力高的人有意义,而对自控力低的人没有意义。自控力的调节作用被心理弹性进一步调节,在较高水平和平均水平的心理弹性中,正念和自我控制交互作用影响生活满意度;而在心理弹性较低的情况下,这种交互作用是微不足道的。③ 同时,周喜华和吴琼对陕西省某高校253名在校大学生采用生活目的量表、领悟社会支持量表、心理弹性量进行问卷调查,以探讨领悟社会支持对大学生生命意义感的影响,考察心理弹性在二者之间的中介作用。结果发现,男生心理弹性总分显著高于女生,女生领悟社会支持总分显著高于男生;理科生在生命意义感生命热忱维度得分显著高于文科生;在生命意义感未来期许维度上,独生子女显著高于非独生子女,农村户口显著高于城镇户口。大学生生命意义感总分与领悟社会支持总分和心理弹性总分均呈正相关,心理弹性在大学生生命意义感与领悟社会支持之间起部分中介作用。④

七、社会认知研究

在社会认知研究中,李文洁和孔风等人引入 HEMA-R(Hedonic and Eudaimonic Motives for Activities-Revised scale)量表,该量表是评估人们追求幸福的最常用的量表的之一。研究针对该量表进行一系列本土化研究,说明 HEMA-R 在测量享乐和安乐动机方面

---

① Qin Kuiyuan, Jia Zhaona, Lu Tianjiao, et al. The Role of Work Engagement in the Association between Psychological Capital and Safety Citizenship Behavior in Coal Miners: A Mediation Analysis, *International Journal of Environmental Research and Public Health*, 2021, 18(17).

② Hao Yuanyuan, Zhang Linting, Bai Chengzhi, et al. Gratitude and Depressive Symptoms in Chinese nurses: A Longitudinal Cross-lagged Study, *Applied Psychology. Health and Well-being*, 2021, 14(1).

③ Liang Sancai, Dong Meimei, Zhao Hongbin, et al. Mindfulness and Life Satisfaction: The Moderating Effect of Self-Control and the Moderated Moderating Effect of Resilience, *Personality and Individual Differences*, 2021, 185.

④ 周喜华、吴琼:《大学生生命意义感、领悟社会支持与心理弹性的关系研究》,载《职业与健康》2021年第20期。

有效并可靠,可在不同性别的中国成年人中普遍应用。[1] 罗扬眉和陈煦海等人探究享乐型奖励和现实型奖励的神经习惯化机制,以及它们对幸福感纵向变化的影响,实验将享乐型奖励具体化为"为自己赢得金钱",将现实型奖励具体化为"为慈善机构赢得金钱",完成货币奖励问卷,同时利用ERP记录货币赌博任务。结果显示奖励积极性效应很容易随着享乐型奖励的重复而下降,而对现实型的奖励积极性效应则随着时间的推移而持续存在。[2] 在其他的社会认知研究中,陈云云和晏碧华等人考察了个体的择偶动机启动下男女的择偶复制发生情况,及目标面孔吸引力对男性择偶复制的调节作用,结果发现女性易出现择偶复制,而男性的择偶复制会受择偶动机启动的影响,但这种影响仅限于目标面孔吸引力处于中、低水平,说明男性的择偶复制是更为负责的结果。[3] 同样,蔡浏阳和高阳等人对择偶动机及女性身体自我客体化之间的关系进行深入研究后发现,性选择情境会引发两性对于女性(而非男性)身体的客体化和自我客体化,将女性身体知觉为"物"而非"人"。研究揭示了择偶动机影响女性身体客体化的心理机制,为性选择对女性身体客体化的进化塑造作用提供了初步实证支持。[4]此外,茆家焱和郭永玉等人用社会认知视角解释了阴谋论信念的产生机制。社会认知视角为个体这种阴谋论信念的产生提供了三种解释。错觉模式感知导致人们认知上倾向于在不相关的事件之间建立联系;敏感性动因觉察影响人们过度感知并假定事件背后的动因、目的和意图等;投射是将自己愿意参与阴谋的意图归因于事件中的他人。[5] 在社会交互研究中,袁航和陈煦海等人研究了人际间情绪对风险决策的影响,实验过程中,被试需要在感知合作者的面部情绪后进行赌博游戏,同时在实验过程中利用ERP检测任务过程中P300电位变化,结果发现人际表达和反馈引起的神经反应可以预测参与者的后续决策,说明人际关系的情绪通过加强选项评估阶段的深入评价和结果评价阶段的早期动机显著性评价来塑造个人的风险偏好。[6]

---

[1] Li Wenjie, Zhang Linting, Jia Ning, et al. Validation of the Hedonic and Eudaimonic Motives for Activities-Revised Scale in Chinese Adults, *International Journal of Environmental Research and Public Health*, 2021, 18(8).

[2] Luo Yangmei, Zhang Xi, Jiang Hongda, et al. The Neural Habituation to Hedonic and Eudaimonic Rewards: Evidence from Reward Positivity, *Psychophysiology*, 2021, 59(3).

[3] 陈云云、王雨莹、郭淼,等:《君子不夺人所好?择偶动机启动下的男性择偶复制》,载《心理科学》2021年第4期。

[4] 蔡浏阳、高阳、彭凯平:《女为悦己者容:择偶动机对女性身体(自我)客体化的影响》,载《心理与行为研究》2021年第1期。

[5] 茆家焱、郭永玉、杨沈龙:《阴谋论信念的产生机制——社会认知视角的三种解释》,载《心理科学》2021年第1期。

[6] Yuan Hang, Zheng Tingting, Chang Yingchao, et al. Your Happy Expressions Encourage Me to Take Risks: ERP Evidence from an Interpersonal Gambling Game, *Biological Psychology*, 2021, 166.

八、认知神经科学研究

在认知神经科学研究中,张瑞、王振宏和杨剑峰等人对视觉词汇识别的事件相关电位(ERP)进行研究,发现早期的脑电成分 N170 具有对词汇的敏感性,这可能反映了字形、语音和语义加工。研究利用汉字形声字声旁表音和形旁表义的独特性,使用神经适应范式深入考察了 N170 对汉字亚词汇语音和语义信息的敏感性,结果发现左侧 N170 不仅对整字语音和语义信息敏感,还对亚词汇的声旁信息敏感;而右侧 N170 对整字语义以及亚词汇的形旁信息敏感。[1] 其他研究中,昌颖超和陈煦海等人用互动决策游戏和脑电技术考察阈下情绪反馈对结果加工的影响,通过对实验过程中 FRN/RewP 和 P300 的分析发现明阈下情绪反馈可影响决策结果评价早期对刺激动机性意义的快速评估,但对晚期的深度评估没有显著影响,且这种影响在女性被试中更为明显。[2] 另外,钱召强和李永丰等人使用加权基因共表达网络分析研究慢性疼痛导致抑郁的脑区基因共表达网络,寻找与之相关的枢纽基因。研究使用 WGCNA 方法筛选出慢性疼痛导致抑郁小鼠的三个脑区的关键模块和枢纽基因,为慢性疼痛机制研究提供新思路。[3]

(作者单位:陕西师范大学心理学院)

---

[1] 张瑞、王振宏、王小娟,等:《汉字识别中亚词汇语音和语义信息在 N710 上的神经适应》,载《心理学报》2021 年第 8 期。

[2] 昌颖超、袁航、郑婷婷,等:《阈下情绪反馈对结果评价的影响及其性别差异》,载《心理科学》2021 年第 5 期。

[3] 钱召强、李永丰、刘一辉,等:《慢性疼痛导致抑郁的脑区基因共表达网络分析》,载《中国疼痛医学杂志》2021 年第 9 期。

陕西省教育学研究

司晓宏

本报告以教育学学科下属的十个二级学科为分类基础,并加入师范教育、初等教育、中等教育、教育经济与管理四个独立或交叉学科领域作为补充,从十四个领域对我省教育学学科发展的情况作以梳理与总结。2021年共检索到陕西省学者撰写的教育学各领域核心及以上论文132篇,其中,高等教育学领域28篇,课程与教学论领域23篇,教育学原理领域19篇,教育技术学领域18篇,共检索到教育学相关专著10本。

一、教育学原理领域

司晓宏、王桐认为学生负担过重、教育焦虑情绪弥漫等情况已成为我国教育优质均衡发展的主要阻碍。"双减"《意见》的出台,表明了党中央对学生课业负担过重、校外培训负担过重问题,以及由此引发的广大家长和学生的教育焦虑现象的高度重视。纾解教育焦虑现象必须从扩大义务教育优质资源供给、落实中小学"减负"任务、端正家长教育理念、推进全社会教育综合治理入手。[①]

何菊玲认为教育有自己的目的与使命,教育正义问题是关于教育领域的正义问题。教育正义具有不同于社会正义的特殊性。只有基于教育的立场考察教育领域的正义问题才有可能揭示教育正义的本质。教育立场是指从教育的本意目的出发而不是从某种教育观念或理论出发研究教育问题。基于教育立场研究教育正义问题,就必须深入教育的场域,结合时代的发展特点,考察教育的正义性问题,具体来说就是从教育分配关系、教育人际关系、教育目的、教育正义与社会正义的关系等领域考察与研究教育正义问题,由此构成了教育正义研究的问题域。[②]

陈珊珊、张旸提出,中华民族历来是热爱劳动的民族,努力劳动是几千年来积淀的优良传统。"赖力者生",劳动是人特有的生存方式,使人"心存"而"身修",令国富而民强。"辛勤劳动""诚实劳动""奉献劳动"内蕴着"真""善""美"的统一,寄托着人们对美好生

[①] 司晓宏、王桐:《"双减"之下:教育焦虑现象的纾解与治理》,载《中小学管理》2021年第10期。
[②] 何菊玲:《教育正义研究的教育立场及其问题域》,载《山西大学学报》(哲学社会科学版)2021年第1期。

活的追求。"心体俱用"的劳动教育是耕读相兼、洒扫应对和习行并举的统一,是生命主体成长的实现活动。传承中华传统劳动思想及其教育智慧,就是要走向"道德"的劳动品质教育、"生活"的日常劳动教育和"育人"的劳动价值教育。①

袁利平、李君筱指出劳动教育是中国特色社会主义教育制度的重要内容,更是新时代培养德智体美劳全面发展的社会主义建设者和接班人的关键手段。运用 Citespace 统计软件,以 1949—2019 年间与劳动教育内容相关的期刊论文为研究对象,从年载文量、高频关键词、突显词等维度进行分析,全面呈现新中国成立以来我国劳动教育研究的知识图谱,梳理劳动教育研究的发展脉络,厘清劳动教育研究的相关热点,把握新时代劳动教育研究的主题构成与前沿趋势。未来需从话语体系、研究视角、研究内容、研究方法和研究体系等方面继续深化劳动教育研究,为新时代劳动教育研究的发展提供重要的理论支撑和实践参考。②

胡金木、左丽娜认为陶行知教人"做自己的主人"观点彰显了主体性教育哲学思想。从"目的—手段"的链条上看,培养"人中人",自由平等、联合自动、开拓创造的"主人"体现了主体性教育的目的;在主体性教育方法上倡导尊重主体与"六大解放"、教人自治与"自动教育"、以人教人与"共学共事共修养"、手脑结合与"教学做合一"等。我们应该基于马克思主义哲学,立足中国教育现实对其进行创造性继承和发展,培育担当民族伟大复兴大任的时代新人。③

郭秋桂提到,张载作为北宋时期著名的理学家和教育家,构建了以"中正之道"为基本原理的教育哲学体系。基于对张载"中正之道"教育原理的揭示,阐释其教育哲学中"蒙以养正"的教育目的论,"中道而立"的教育内容论,"亨行时中"的教育方法论。张载以"中正"之道为理论之基的教育哲学对实践中有关德性与知识、内容与方法等问题的解决具有指导与启发意义。④

胡金木、赵林卓认为学生在不同的学习兴趣发展阶段所受的影响因素不同,教师不仅要关注到外部的情境兴趣,更要关注到内部的个体兴趣,并促进兴趣向积极稳定的方向转换。要求教师要营造良好的学习环境以使学生获得积极的情感体验;优化教学内容并赋值以促进深层理解;以问题为导向教学以提升主体效能感;鼓励学生自主选择以实现学习的内化、认同;积极提供外部支持以使学生自信自强;乐学善教以唤起学生求知的愿望,最终形成稳定的个体学习兴趣。⑤

---

① 陈珊珊、张旸:《中华传统哲学中的劳动思想智慧及其教育传承》,载《教育学术月刊》2021 年第 12 期。
② 袁利平、李君筱:《我国劳动教育研究的知识图谱与未来展望》,载《教育学术月刊》2021 第 3 期。
③ 胡金木、左丽娜:《做自己的主人:陶行知主体性教育哲学阐释》,载《教育学术月刊》2021 第 12 期。
④ 郭秋桂:《"中正"之道视域下张载教育哲学探微》,载《江西社会科学》2021 年第 10 期。
⑤ 胡金木、赵林卓:《学习兴趣的发展阶段、影响因素与激发路径》,载《课程·教材·教法》2021 年第 11 期。

常亚慧等人指出教师的流动既表征了社会结构变化带来的教育资源重组与重构,也折射了城乡资源失衡下教师作为行动者的行动意图与轨迹。以教师流动为切入点,聚焦于流动教师的生活,展现了教师流动后的日常影像,勾勒出了教师流动背后的行动逻辑与生存策略。研究发现,流动教师虽然能够跃升城市,但是在职业生活、制度生活和日常生活中都呈现出多重边缘境遇,回不去的故乡和难以融入的城市共塑了他们作为异乡人的生活。[①]

毋改霞说,创新能力是教师专业素养的核心。基于2018年经合组织教师问卷数据,采用量化方法发现:教师创新意愿表现较好,而创新准备与创新实践较差;教师年龄、教龄对其创新能力会产生显著影响;任教科目显著影响其创新准备与创新意愿;教师是否为首选职业显著影响其创新意愿;团队合作、工作满意度、参与专业发展活动对创新能力的三个维度有显著正向影响;学校氛围在上述三因素对教师创新准备和创新实践的影响中起到正向调节作用。据此,建议推动教龄较长的专家型教师积极参与帮扶带教,强化专业发展活动的顶层设计,致力培养教师的现代教学技能,创建民主、合作、开放的学校氛围,以期提高教师创新的信心和能力。[②]

万怡基于场域、惯习和资本视角,采用个案研究方法对乡村易流动的中青年教师与非流动的老年教师群体进行比较。研究发现:乡村中青年教师流动受到多种因素影响,从场域角度分析,他们所受城乡二元结构影响不同;从惯习角度分析,与传统美德和等级观念淡化相关;从资本角度分析,中青年教师流动以实现资本积累与再生产为诉求。实现城乡场域深度融合、培养教师乡土情怀、引入分层激励机制、实现双向轮岗交流,是解决乡村教师流失的有效手段。[③]

戴妍、陈佳薇认为教师尊严既需要教师自我建构与自觉维护,又需要社会他者的认可与尊重,阐明教师尊严的真实意蕴、内在属性和价值逻辑等核心要义是坚守教师尊严的理论前提。坚守教师尊严在实践指向上要承转师尊之中华优秀传统文化、恪守新时代教师职业使命、创新家校社协同育人体系、探索教师队伍治理新模式,以培育教师尊严主体自觉、升华教师尊严内在价值、构建教师尊严共生空间、夯实教师尊严制度基础来推进全社会形成尊师重教之风,巩固和夯实强教兴国之本,为建设中国特色社会主义现代化教育强国奠定坚实基础。[④]

关注教师专业发展的重要方面是理解教师学习,胡卫平等人借助对8名小学数学教

[①] 常亚慧、冯璐瑶、梁燕玲:《异乡人:流动教师的日常影像》,载《济南大学学报》(社会科学版)2021年第6期。

[②] 毋改霞:《教师创新能力发展及影响因素研究——基于2018年"教与学国际调查"上海数据的分析》,载《陕西师范大学学报》(哲学社会科学版)2021年第6期。

[③] 万怡:《乡村中青年教师流动的场域、惯习、资本作用机制研究》,载《教育与经济》2021年第3期。

[④] 戴妍、陈佳薇:《教师尊严的理论蕴涵及其实践指向》,载《国家教育行政学院学报》2021年第4期。

师展开叙事访谈收集数据,使用质性分析软件 ATLAS.ti8 辅助资料分析,采用文献回顾延迟进行的方式建立扎根理论。文中聚焦的角色冲突是发生在教师实践共同体中的一种教师需要面对的真实困境,探讨了教师在学习活动中所经历的角色内冲突和角色间冲突下教师发展困境的诱因;教师角色协调中权威信任和权威服从行为作为突破困境的心理基础;理性对待外部认同是突破教师专业发展框架的重要驱动力;进一步讨论了角色冲突作为教师专业成长重要契机,并针对教师队伍建设提出建议。①

二、课程与教学论领域

姚小鸽、张俊列对近三十年来西方关于施瓦布实践课程思想的研究进行梳理后发现:相关的研究成果数量整体较少,其影响力呈持续减弱状态;研究群体相对集中,主要为施瓦布的亲传弟子和其思想的追随者;研究主题比较聚焦,主要集中于实践可行性、思想渊源追溯、与泰勒原理的关系争论、学科结构和探究性教学以及时代价值探讨等方面。施瓦布课程思想学术代际传播的减弱、思想中内在的实践困境以及芝加哥大学教育系的关闭是导致其话语衰落的主要原因。②

廖婧茜指出课程改革公共伦理是内生于课程改革社会政治化过程中的追求"公共善"的伦理观念,以公共伦理学作为理论基础,体现了课程改革管理学和伦理学两种视角的交叉、交集与渗透。共同利益优先原则、特殊权利合道德原则和民主商谈原则是课程改革公共伦理遵循的基本原则。唯有以明确的逻辑起点、核心理念以及应有原则诠释和推广课程改革公共伦理,才能为促进课程改革规范化、秩序化、伦理化发展起到价值指引作用。③

张俊列指出通过阐明相对主义嵌入中国新课程改革的过程及原因,在凸显理论叙述与实践操作之间巨大的悖反与断裂关系的前提下,重新揭示长期以来被遮蔽的客观知识的价值,从而对"轻视知识"的教育思潮保持警惕。本文通过审视相对主义的误区,为知识的客观性辩护,重新思考和估价知识问题与课程研究的关系定位。④

张俊列认为当代课程理论依然面临着两大危机:一是旁观者课程理论;二是平庸化课程理论,导致危机的根本原因是在解决课程理论与实践的关系问题上没有找到新的方法论。关键属性是融合性、关系性与生成性。以实践逻辑作为中介方法论,以亲历实践为案例,通过实践情境还原、实践语言表达、实践引导思维、实践参与角色尝试课程理论

---

① 黄晓林、黄秦安:《实践共同体(CoPs)中教师学习的角色冲突与教师专业发展扎根理论研究》,载《教师教育研究》2021 年第 1 期。
② 姚小鸽、张俊列:《西方近三十年来施瓦布实践课程思想研究新进展》,载《全球教育展望》2021 年第 12 期。
③ 廖婧茜:《课程改革公共伦理的意蕴诠释》,载《内蒙古社会科学》2021 年第 3 期。
④ 张俊列:《回归强有力的知识传统——对课程知识相对主义的批判性考察》,载《北京大学教育评论》2021 年第 4 期。

的转化,以期实现课程理论与实践的双向建构。①

胡卫平等人通过对科学探究的历史回溯和本质剖析,明确了思维是科学探究的核心;基于当代学习理论和国际科学教育改革趋势,提出科学探究教学改革的五个基本原则;以思维型教学理论为指导,从教学目标、教学过程、教学评价三个方面构建了思维型科学探究教学的理论模型,以期为科学探究教学的实施提供系统有效的指导。②

三、教育史领域

喜饶尼玛、李双指出国家认同教育是边疆教育的重要内容,在促进多民族国家整合中被赋予了重要意义。国民政府为培育和强化边疆各族青年的国家认同意识,在首都设立了国立边疆学校,专门招收边疆学生,并针对边疆学生的特殊性,设计一套相应的教学方案。边疆教育作为培养少数民族学生国家认同的重要手段,其历史经验及教训还可为现今民族教育的改革与发展提供借鉴意义。③

四、比较教育学领域

袁利平、杨文杰通过对全球教育治理范式转换的分析指出中国应深度参与国际教育事务、洞悉国际社会发展趋势、注重相关专业人才培养、坚持理论与实践相结合,进一步提高全球教育治理的国际地位、传播全球教育治理中国声音、提升全球教育治理专业能力、重视全球教育治理实践导向,在全球教育治理中讲述中国教育治理故事、贡献中国教育治理智慧、传播中国教育治理声音。④

袁利平、王垚赟认为在百年未有之大变局下,全球教育治理需顺应国际力量对比深刻调整和全球治理体系深刻变化之大势,提高全球教育治理中多元主体的平等性,增强弱势主体的代表性和发言权;坚持国家的核心地位并兼顾不同主体的多元利益诉求;加强次国家、国家和超国家治理层次的协调互动,提高治理的有效性;为稳定、持续的信任关系提供公正、有效、清晰的制度保障;在多元主义的基础上促进全球教育治理理念的包容性发展,建立全球教育治理的理念共识,进而增强应对全球性教育问题的能力,切实提

---

① 张俊列:《课程研究的实践逻辑——中介方法论的思考》,载《陕西师范大学学报》(哲学社会科学版)2021年第1期。

② 胡卫平、郭习佩、季鑫,等:《思维型科学探究教学的理论建构》,载《课程·教材·教法》2021年第6期。

③ 喜饶尼玛、李双:《国民政府时期国家认同教育的评述与思考——以国立边疆学校为例》,载《青海民族研究》2021年第4期。

④ 袁利平、杨文杰:《全球教育治理的范式转换与中国应对》,载《湖南师范大学教育科学学报》2021年第6期。

高全球教育治理的实效性。①

刘骥、谢金辰通过梳理联合国与国际跨组织应急教育治理框架,分析各国应急教育案例与治理经验,总结出针对应急教育中预防、应对、恢复三个关键阶段的体系化经验,并就此对我国应急教育的体系建设与治理提出建议:第一,优化应急教育体系的顶层制度设计;第二,建设全国应急教育综合服务调度平台;第三,参与国际应急教育体系的有效治理供给。②

袁利平、师嘉欣认为在机制复合体视角下,全球教育治理可分为关系复合体、结构复合体和规范复合体三种互动类型。在每种互动类型下,治理主体的治理互动机理主要围绕全球教育治理议题、治理价值取向和治理手段展开。全球教育治理机制复合体的形成对全球教育治理行动具有积极价值,且在全球教育治理主体交互程度、治理议题范围、治理取向融合以及治理类型方面发挥作用。③

五、学前教育学领域

虞永平、王淑君指出爱护儿童、重视教育一直是中国共产党的优良传统。延安时期中国共产党主要领导人就已经具备了科学的现代儿童观,陕甘宁边区政府对儿童保育采取了系统规划和举措,确保了"儿童万岁"理念的真正贯彻与落实,最大限度地体现了"儿童优先"的原则。这是我们今天建设中国特色社会主义学前教育事业需要继承与发扬光大的基本教育主张与重要思想传统。④

胡金木认为儿童正义感的培育不仅需要理性的正义认知,也离不开感性的移情体验。社会同情是儿童正义感形成的情感基础。基于同情共感机制,教育者要为儿童提供丰富的活动,引导儿童深入社会生活以获得真切的社会体验,倾听他者的声音以促进主体间理解,体验他人的感受以实现情感共鸣,学习榜样以认同社会所信仰的正义价值,借助移情投射以激发正义的想象,促进儿童形成一种厌恶不义、渴望正义,依据正义行动的正义感。⑤

王昆、杨露认为在设置 STEAM 课程目标时,教师应坚持可行性、真实性、综合性等原则,处理好课程总目标与具体活动目标以及知识学习与技能、情感发展之间的关系,强调幼儿相关行为能力和个性品质的发展。在建构 STEAM 课程过程中,教师应注意以具体

---

① 袁利平、王垚赟:《百年未有之大变局下全球教育治理体系何以重塑?——基于全球价值链视角的分析》,载《外国教育研究》2021 年第 11 期。
② 刘骥、谢金辰:《国际应急教育体系与治理》,载《全球教育展望》2021 年第 10 期。
③ 袁利平、师嘉欣:《全球教育治理机制复合体:类型、机理及价值》,载《比较教育研究》2021 年第 2 期。
④ 虞永平、王淑君:《儿童万岁:延安时期中国共产党人的儿童观》,载《学前教育研究》2021 年第 7 期。
⑤ 胡金木:《社会同情与儿童正义感的培育》,载《教育研究》2021 年第 5 期。

情境为先导,提炼课程框架,细化课程脉络,制定详细的实施方案,聚焦重难点,通过活动结果的迭代推动幼儿探究走向深入。教师在课程建构过程中还应善于反思与评价,不断提升自身课程建构能力。①

温燕指出随着教育实践情境日趋复杂,自主学习与发展是教师适应时代发展的必然要求。幼儿发展评价可以为教师专业自主发展提供现实动力与事实依据,促使教师不断反思与完善。开展幼儿发展评价的过程也是教师专业自主发展的过程,借此过程,教师的观察与记录能力、分析与判断能力、理论思维与运用能力、研究与行动能力等都会得到全面的提升。②

张亚妮、王婉纯认为亟须通过实施卓越教师计划培养一批热爱学前教育事业,幼儿为本、才艺兼备、擅长保教的卓越幼儿园教师。采用问卷法和访谈法,围绕"UGKE"卓越幼儿园教师人才培养质量、培养满意度等方面进行调查。研究发现,卓越班人才培养质量初见成效,学生对卓越班幼儿园教师人才培养总体满意度较高,充分肯定"双导师制"人才培养机制,但存在学生专业能力有待提升、课程选择缺乏灵活性等问题,尝试对提升本科学前教育专业卓越班人才培养质量提出建议。③

陈立等人指出儿童对主要照顾者形成的依恋对儿童情绪社会性与心理健康等的发展具有深远影响。我国学前留守与流动儿童容易陷于相似的早期社会剥夺境遇中,同样存在依恋障碍等精神疾病发生的高风险。政府部门应构建留守和流动幼儿发展风险监测机制,优化幼儿依恋关系发展的成长环境;家庭应成为留守和流动幼儿依恋发展的安全基地,促进幼儿安全型依恋关系的发展;幼儿园应加强对留守和流动幼儿的关爱,促进幼儿亲子依恋向多重依恋的平稳过渡。④

六、初等教育学领域

何菊玲、赵小刚发现新中国成立以来,乡村教师队伍建设政策的演进经历了乡村教师队伍建设的初步探索时期(1949—1976)、积极探索与发展时期(1977—2005)和均衡聚焦发展时期(2006—2021)等三个历史阶段;乡村教师队伍建设政策存在的主要问题是忽视建立和完善有效的培养乡村教师的长效体制与机制、培养高质量的教师教育者群体以及发挥乡村教师主体性等方面。只有高度重视并研究这些问题,才能从根本上保证政策

---

① 王昆、杨露:《幼儿园大班 STEAM 课程的建构》,载《学前教育研究》2021 年第 9 期。
② 温燕:《以幼儿发展评价助推教师专业自主发展》,载《学前教育研究》2021 年第 10 期。
③ 张亚妮、王婉纯:《"UGKE"协同培养卓越幼儿园教师的实践探索》,载《教育学术月刊》2021 年第 9 期。
④ 陈立、王倩、赵微,等:《早期社会剥夺的发展风险与儿童依恋障碍》,载《学前教育研究》2021 年第 10 期。

的科学性与有效性,以便有效解决乡村教师队伍建设问题。①

郝文武指出,农村城镇化引起的乡村小规模学校数量增减和质量变化成为乡村教育振兴及其结合、融合的农村教育现代化的"晴雨表"。办好乡村学校应以乡村振兴战略目标、决策和举措为遵循,全面深入认识不同时段的具体目标、客观事实、方式手段之间的因果关系、发展趋势和规律,有效解决办好乡村学校发展的矛盾与困难,努力补齐乡村学校发展短板,促进乡村学校浴火重生、乡村教育振兴和现代化。②

七、中等教育学领域

杨振德指出构建"三智六慧"课程体系,促进学生全面发展。一是"慧行"课程以立德,即通过党团队共建,将社会主义核心价值观内化于心;通过丰富多彩的德育实践活动,把习惯、礼仪、爱心、诚信、责任感、感恩等"做人智慧"外化于行。二是"慧思"课程以立智,引导教师深度教研,从"关注形式"走向"关注内涵",从"感觉研修"走向"专业研修"。③

司晓宏指出推进教育治理体系和治理能力现代化,是党的十八大以来我国深化教育体制改革所面临的一项重要任务。中小学的内部治理结构作为教育治理体系的重要组成部分,已成为激发学校办学活力、确保学校各项工作健康运行、提高教育教学质量的关键所在。④

冯晓敏基于对F校的个案研究发现,当前学校管理中的教师人际互动主要存在三种样态,分别是因循校长权威的层级式互动,权责不清下中层管理者的夹心式互动,以及服从与反抗并存的教师双逻辑互动。为此,则需突破科层管理体系的束缚,淡化竞争性教师绩效管理,转变问题聚焦式的管理惯习,以此来赋予教师参与学校管理的自主权,培育"合作共生"的人际互动关系,以及构建优势挖掘的人际互动文化,并在现代学校制度框架下,实现从校长权威领导向学校管理共同体的变革,进而有效化解由教师人际互动问题所引发的管理困境。⑤

八、高等教育学领域

王世娟、董小龙认为"红色基因"中蕴含的精神内涵和独特价值是新时代高校思想政

---

① 何菊玲、赵小刚:《新中国乡村教师队伍建设政策演进的历史逻辑与优化策略——基于政策文本的分析》,载《陕西师范大学学报》(哲学社会科学版)2021年第4期。
② 郝文武:《重建乡村小规模学校的战略和策略》,载《中国教育科学》(中英文)2021年第2期。
③ 杨振德:《智慧育人促进学校内涵发展》,载《中国教育学刊》2021年第7期。
④ 司晓宏:《构建具有中国特色的中小学内部治理体系》,载《中小学管理》2021年第6期。
⑤ 冯晓敏:《学校管理为什么这么难——基于F校教师人际互动样态的个案分析》,载《中国教育学刊》2021年第4期。

治教育的重要基因和文化资源。要切实提升高校传承弘扬红色基因的实效性,就要坚持目标导向,聚焦问题,靶向施策,构建新时代育人新格局,打造红色品牌,拓展育人阵地,实现学生知情意行契合发展,进而形成高质量思想政治教育体系。①

胡金木、杨淑雯认为服务学习作为一种将社会服务与学术学习结合起来的学习方式,可以有效弥合爱国主义教育中知识学习、情感体验与社会行动之间的鸿沟,促进学生在真实生活情景中自主自觉行动。基于服务学习的爱国主义教育基本过程包括:主题选择上要充分考虑学生需要、社区需求、学校条件与教育要求;在参与学生充分讨论基础上制订服务学习计划;进而学生以主动参与的姿态进入真实问题情境,执行服务学习计划;服务之后需要对行为进行评估、反馈,并展示学习成果;持续性、批判性的反思活动贯穿于整个服务学习之中。②

王改花、傅钢善为了探究知识类型(陈述性知识与程序性知识)、呈现方式(PPT与视频)与学习风格(序列型与综合型)对大学生在线学习的影响,通过眼动实验,探索了不同学习风格学习者对不同类型在线学习材料学习效果的影响及其内在影响机制。文章发现:学习不同类型的在线学习材料时,序列型、综合型学习者有不同的视觉注意特征,但学习效果、认知负荷、社会存在感无显著差异;当学习不同知识类型的学习材料时,学习者的学习效果、认知负荷、社会存在感有显著差异;知识呈现方式对学习程序性知识的学习效果、认知负荷、社会存在感有显著影响,对陈述性知识无显著影响。③

贺宝勋等人通过实验探究游戏化评价是否具有缓解大学生在线学习倦怠的作用。研究表明,仅通过游戏化评价干预并不足以有效缓解大学生在线学习倦怠;游戏化评价可提升在线教学测验成绩且并未出现"新奇效应",反而表现出"持续效应";与普通在线测验相比,游戏化评价可使在线学习更加有趣,且评价实质等效;国外游戏化评价系统易用性欠佳,学生期望在线教学与游戏化评价相融合的独立系统。据此提出对整门在线课程实施游戏化,以及对在线教学平台评价功能实施游戏化或将平台数据与游戏化评价系统融通,是实现在线教学游戏化,进而缓解在线学习倦怠、提升学习成绩的可行路径。④

龙宝新认为新文科是文科集群化丛生的学科共生体,是中国价值内联而成的学科集成体,是全面释放文科内能的学科功能体。新文科具有时代性、中国性、世界性与技术性。中国新文科建设的精神要义是塑造时代精神,凸显中国价值,迎战世界挑战,回应科技文明,使之有力服务于中国特色社会主义事业建设者与接班人的培育。面向未来,新文科建设的方向是夯实人文灵魂,弘扬中国文化,耦合学科体系,重振文科教育,助推中

---

① 王世娟、董小龙:《新时代高校红色基因传承路径探析》,载《中国高等教育》2021年第20期。
② 胡金木、杨淑雯:《服务学习:爱国主义教育的重要途径》,载《中国教育学刊》2021年第1期。
③ 王改花、傅钢善:《知识类型、呈现方式与学习风格对大学生在线学习的影响——基于眼动的证据》,载《现代教育技术》2021年第9期。
④ 贺宝勋、张立国、庄科君:《游戏化评价对大学生在线学习倦怠及学习成绩的影响研究》,载《电化教育研究》2021年第3期。

华民族的伟大复兴。①

陈亮指出学科是一个组织生命体,它的发育与生长不是人为设计的结果,需要在自生自发的秩序空间内进行新陈代谢,不同学科在交往互动的网状结构图谱中相互吸取养料,实现学科生命的交替轮回。学科评估与学科建设是大学学科实现生命生长的两大共生体,学科评估能够为学科建设提供指标参与和创新基因,形成基于知识协同创新的跨学科群与学科生态系统,学科建设参考学科评估的结果对学科(群)进行有序重组与调整。②

陈亮、杨娟认为导生交往互动的质量对提高研究生整体培育效果起着至关重要的作用,良性互动的交往模式有助于促进导生之间的有效沟通,形塑导生间交往互动的氛围。新时代的导生交往互动是以哈贝马斯的交往互动理论为根基,促进双方联系的真诚性、诉求表达的有效性、策略调节的互动性以及实践行动的合法性。导生交往互动旨在以"善"为指引,形成以善念为基石、以善治为手段、以善行为目标的互动旨意,最终达致"善"的实践。"善"的实践需要提升师德与生德的交互感知、促进师者与学生的意识转换、构建制度与权力的平衡系统以及达致行为与经验的对话联通。③

陈亮又认为多中心治理强调公共事务的治理过程是多元主体民主协商和互动对话的过程。多中心治理视角下的研究生培养机制具有公共性、合作性、民主性以及内省性的特征。基于此,重塑研究生培养机制的科学价值取向,明确研究生培养机制的多元治理主体,优化研究生培养机制的制度内容设计,规范研究生培养机制的监管制度,应成为新时代我国研究生培养机制实现善治的关键举措。④

陈亮等人指出大学学术文化生态是在学术场域中形成的相对稳定且可阐释的文化关系,学者的自由发展性、学术的自组生成性和文化环境的自主开放性是形成和谐共生学术文化生态环境的基础。然而,大学自上而下组织模式下的学术泛化、市场化逻辑下的学术取向功利化以及行政权力主导下的学术价值异化等使得学术文化生态呈现出失衡的态势。大学学术文化生态治理需要在学术主体发展中激发学术人的创造性、在大学组织生成环节促生学术评价的合理规范性、在权利耦合中凸显学术权力的自主性,以实现新时期大学学术文化生态治理的"善态"愿景。⑤

杨聚鹏、梁瑞认为治理对变革我国以政府为主的单一化高等教育管理方式具有借鉴性,对于满足高等教育多元化利益诉求具有适切性,对保障高等教育办学的社会主义方向具有迫切性。从组织要素视域对治理体系建构方式进行研究,分析了大学治理体系构

---

① 龙宝新:《中国新文科的时代内涵与建设路向》,载《南京社会科学》2021年第1期。
② 陈亮:《新时代学科评估现代化的要义指向》,载《教育发展研究》2021年第1期。
③ 陈亮、杨娟:《新时代导生交往互动的价值旨意与实践形态》,载《内蒙古社会科学》2021年第6期。
④ 陈亮:《多中心治理:研究生培养机制的善治之路》,载《四川师范大学学报》(社会科学版)2021年第1期。
⑤ 陈亮、石定芳、张啟胜:《大学学术文化生态及其治理》,载《现代大学教育》2021年第5期。

建的逻辑要义、体系结构,提出大学治理体系要以治理能力发挥充分发挥为导向,采取"价值—逻辑—方法—技术"的路径进行重构,这对提升国家大学治理水平,实现扎根中国大地办大学,坚持立德树人,满足新时期国家、社会及个体对高质量高等教育发展新需求具有重要意义,对实现"党育人、为国育才",培养社会主义事业的合格建设者和可靠接班人具有重要价值。①

陈亮还认为学术治理能力涵涉多元利益主体参与大学学术场域实践活动的积极性、参与方式、治理的运行制度设计、治理主体的权责划分以及利益分配、治理程序等多重因素。提升学术治理能力现代化水平已成为全面推进高等教育治理能力现代化的关键。然而,实然境遇下的大学学术场域由于诸多权力的交错混杂与寻租以及外部法律制度供给缺位,造成学术治理能力出现"虚假治理"困境,阻滞了现代大学制度建设的步伐。真正实现学术治理能力现代化需要在具有民主契约的共生环境中秉持善治理念,塑造多中心学术治理格局,确保学术治理动态过程的手段善与结果善统一。②

九、成人教育学领域

祁占勇、王晓利认为,当前城镇化倾向明显与新型职业农民本质属性相背离、异质化观照不足与新型职业农民个性化发展相脱节、功利化取向突出与新型职业农民可持续发展相矛盾等问题的存在使农村职业教育在新型职业农民的培育中严重缺位。因此,乡村振兴背景下,农村职业教育应采取立志以定向强化农民务农动力、强智以引行塑造农村现代气息、持技以立农促进农业转型升级的措施增强自身培育新型职业农民的定力与实力。③

郝文武指出"三农教育"目前虽然不是普遍概念,但它是解决"三农"问题的重要基础,也很有必要成为普遍概念。中国共产党成立以来,始终重视"三农"及其教育问题,以马克思主义为指导,以人民为中心,根据中国革命和建设不同阶段的实际,形成对社会主义现代化建设具有重要基础性和指导性意义的丰富的农村教育、农民教育和农业教育思想及其成功教育实践。新民主主义革命时期的"三农教育"主要是争取和落实农民的平等受教育权,宣传革命思想和培养革命干部。社会主义革命和建设初期的"三农教育"是全面开创史无前例的教育根本制度和崭新实践。改革开放以来的"三农教育"是在社会主义市场经济和城镇化不断发展条件下,为实现小康目标,积极实施"普九"教育和农业教育。中国特色社会主义新时代的"三农教育"是在大力推进优先发展农村教育和城乡

---

① 杨聚鹏、梁瑞:《组织要素视域下大学治理体系构建的逻辑要义、结构解构与体系重构研究》,载《中国电化教育》2021年第10期。

② 陈亮:《论大学学术治理能力现代化》,载《华东师范大学学报》(教育科学版)2021年第2期。

③ 祁占勇、王晓利:《农村职业教育培育新型职业农民的现实困顿与实践路向》,载《陕西师范大学学报》(哲学社会科学版)2021年第6期。

一体化发展基础上,积极推进城乡教育融合发展的中国特色世界先进水平的教育现代化。①

十、师范教育学领域

龙宝新、蔡婉怡认为当代教育知识已身陷"迷宫",教师教育事业被拖入教育知识过度、超容的困境。教师教育语境中的"教育知识"是行动之知、动力之知与规则之知的合成物,它具有四重属性:表里性、事理性、多态性和过渡性。创造有效教师教育,教育知识的授受应该实现从"学术中心""学理优先""理论教学""语言教学"向"实践中心""教理优先""立体教学""行动教学"的适时转变。②

龙宝新认为在"学科后"时代,教师教育学科发展面临学科基础虚化、学科教学论"双边缘化"、回避"双核冲突"以及研究重心移位等问题。推进教师教育学科建设,应遵循其广域性、交叉性与嵌套性等特点,以学科耦合为统领,通过观念层面、主体层面以及组织层面的耦合,加快教师教育系统各层级、各维度、各领域的耦合进程。通过达成师范性与学术性、文理专业与教育专业、学科教师与专业教师、学科院系与教育院系、师范院校与综合院校间的良性互动机制,走向深度协同耦合,创建最佳教师教育耦合态,这是教师教育学科破解根源问题、走向高质量发展的应然之道。③

十一、职业技术教育学领域

李姝仪、马君指出切实加强劳动教育,是高职院校端正学生劳动价值取向、培养学生良好劳动思维和习惯、锤炼学生劳动能力的题中应有之义。新时代走特色发展之路的高职院校在办学理念贴近劳动教育内涵特征、劳动教育资源丰富以及在劳动实践中造就人才。高职院校应该通过调整优化人才培养方案、依托专业群建设开展劳动教育、建立校企劳动教育共同体、加强创新创业实践构建起具有自身特色的劳动教育体系。④

马君、张玉凤指出一流的教学创新团队对于高水平专业群建设起着决定性作用。蚁群模型理论和集体效率理论对职业院校教学创新团队构建和治理具有很强的借鉴意义本文基于蚁群模型理论和集体效率理论提出高职院校教学创新团队构建路径和治理

---

① 郝文武:《"三农教育"思想的发展与实践》,载《北京师范大学学报》(社会科学版)2021年第5期。
② 龙宝新、蔡婉怡:《"教育知识"的概念定位与授受之道》,载《教育理论与实践》2021年第28期。
③ 龙宝新:《教师教育学科:现象、隐忧与走向》,载《教育研究》2021年第7期。
④ 李姝仪、马君:《新时代高职院校加强劳动教育的价值、优势与实践路径》,载《教育与职业》2021年第3期。

思路。①

十二、特殊教育学领域

刘璞等人认为建立可量化评估的指标体系监测地方政府履行残疾人受教育权保障职责的情况,能够反映各地残疾人教育事业的发展状况,可以为中央调整政策和财政支持力度提供参考。以省域内政府为评估对象,以推进融合教育为核心目标,运用法学规范分析法,依据法律法规内容、政策标准要求,以权利和义务对应、实体与程序并重为逻辑主线设计指标。依据三级指标的测算方法进行评估,可以建立残疾人教育状况长效评估机制。②

皮悦明、王庭照认为中国共产党百年特殊教育发展经历了"积极推进残疾人社会救助""开辟社会主义特殊教育事业""推动特殊教育走上规范化、法制化道路""开创中国特色特殊教育发展新局面"等历史阶段,走出一条中国特色特殊教育发展道路。究其原因在于:一是坚持中国共产党的正确领导,走中国特色特殊教育发展道路;二是坚定社会主义制度自信,彰显中国特色社会主义制度优越性;三是提升文化自信与教育自信,践行社会主义本质要求。③

卢晓洁等人认为美国自闭症干预实践领域越来越强调儿童的主导地位、家长的干预作用和干预人员的专业性,越来越注重早期干预的重要性、干预技术的循证性、干预环境的自然性以及干预评估的持续性和客观性。④

十三、教育技术学领域

廖婧茜指出随着人工智能技术不断渗透到教育领域,面向未来学习场域的界限逐渐演变成"知识场""意义场"和"生活场"组成的庞大学习空间。三大场域兼具"物性""人性"和"活性"等特征。从运作机制看,场域内部通过信息流的互通交流和能量交换发生着置换和进级,场域外部通过价值制导与资源介入提升其造血功能和组织活力,由此推动学习场域的发展和变迁。⑤

徐晶晶、胡卫平指出,从思维发展与技术支持两个层面廓清了思维型教学引领技

---

① 马君、张玉凤:《专业群视域下高职院校教学创新团队构建及治理》,载《高等工程教育研究》2021年第1期。
② 刘璞、刘怡婷、麻敏洁,等:《政府履行残疾人受教育权保障职责评估指标体系的构建》,载《中国特殊教育》2021年第3期。
③ 皮悦明、王庭照:《中国共产党百年特殊教育思想与实践发展道路回望》,载《中国特殊教育》2021年第9期。
④ 卢晓洁、田琳、张婕,等:《美国自闭症综合干预模式概述及其发展趋势》,载《中国特殊教育》2021年第10期。
⑤ 廖婧茜:《未来学习空间的场域逻辑》,载《开放教育研究》2021年第6期。

赋能学习的核心要素,并构建了思维型教学引领技术赋能学习的运行机制模型。提出思维型教学引领技术赋能学习的基本路径在于提升教师智能教育素养、完善学习空间设计、加强思维能力培养、构建多元主体协同联动发展机制,并重点聚焦影响学习者认知发展的思维能力的培养这一核心。①

刘晓琳、张立国的文章以场域中的变革性能量"资本"为统领,剖析了场域演进的"蝴蝶效应",提出教师用以实现智能时代创新人才培养价值的价值,包含三方面要素。在价值意蕴上,智能教学人力资本赋予教师从传统到智能教育场域跃迁的能量,社会资本赋予教师借助他人专业资本开展智能教学的权力,决策资本赋予教师合理、合法地开展智能教学的专业自主性。②

皮忠玲等人的研究通过眼动追踪技术,分析了学习者与不同水平同伴交互时,其视觉注意、学习成绩和满意度的差异。结果发现,向上比较不仅有利于提高学习者对视频课程的注意资源的投入,同时还能提高他们的学习成绩。因此,未来在设计视频课程时,应创设学习者与高水平同伴交互的环境,以提高视频课程的教学效果。③

张立国等人认为人工智能教育伦理问题是人类教育群体中植入类人,由于"演员"群体的转变而引发的问题,其主要议题包括类人的伦理问题、新的人与人行为准则的调整问题以及"演员"活动的舞台——人工智能教育场问题。人工智能教育伦理问题的规约应该以追求人类的福祉为宗旨,聚焦实践,主要从习俗迁移、规范构建、法律约束等方面着手。④

贺琳等人指出目前国培项目的绩效测评仍以教师满意度的单一化主观评估为主,缺乏包含教师、学生、学校的多源化、多层化、综合化的融合研究。针对此问题,文章从数据融合的角度出发,以信度熵(邓熵)和 D 数理论为基础,应用模糊数、D 数偏好矩阵等方法融合教师源、学生源和学校源的多维、多层复杂数据,探讨国培项目绩效多源测评的复杂不确定数据处理、数据融合测评算法及其效能评估。⑤

单迎杰等人指出通过对一门教师教育类慕课前、中、后期与情感体验表达有关的724条学习者反思文本的质性分析,确定了 25 种积极和消极情感体验,体现了慕课学习情感体验的特有状态。从整体情感倾向来看,绝大多数情感体验是积极的,满意、激励与期待三种主要情感体验约占总体的 80%。从课程阶段来看,三个阶段均以积极情感体验为

---

① 徐晶晶、胡卫平:《智能时代思维型教学引领技术赋能学习:现实反思、运行机制与实践路径》,载《电化教育研究》2021 年第 12 期。

② 刘晓琳、张立国:《智能时代"何以为师"——对智能教育场域中教师专业资本的考量》,载《电化教育研究》2021 年第 11 期。

③ 皮忠玲、刘晓莉、杨九民:《社会比较对视频课程学习的影响》,载《电化教育研究》2021 年第 9 期。

④ 张立国、刘晓琳、常家硕:《人工智能教育伦理问题及其规约》,载《电化教育研究》2021 年第 8 期。

⑤ 贺琳、马红亮、赵梅:《西部地区国培项目绩效测评的多源数据融合方法初探》,载《现代教育技术》2021 年第 6 期。

主。从情感体验指向对象来看,七成指向学习内容,两成指向学习者自身。①

乜勇、万文静的文章利用 Review Manager 元分析工具开展研究,首先通过文献检索与筛选,获得 40 个有效样本,同时通过漏斗图验证了样本的有效性;其次采用 Cohen's d 作为效应量的表征指标,检验效果。研究发现:增强现实技术对学习成效具有积极正向的促进作用;进一步细分不同调节变量,发现技术对学习的促进作用仅在教学方法、应用场景选择上存在差异。②

张文兰、李莎莎的文章利用文献研究和专家咨询进行在线课程学习体验理论维度的构建,按照科学的量表编制流程,经过初稿项目编制、专家效度建立、量表预试与项目分析、探索性因素分析、验证性因素分析和信度检验等步骤,开发了包含 36 个题项,涉及 9 个一阶因素和 3 个二阶因素的在线课程学习体验量表。经检验,量表丰富了在线课程学习体验测量工具的研究。③

徐晶晶等人指出,基础教育信息化协同发展要改变传统的"中心—边缘"式结构,形成基于学校自组织与校外他组织的协同机理,需在发挥和保障自组织的主体能动性基础上,将自组织的开放性与他组织的保障性相结合,构建学校自组织为主体与校外他组织为辅助的协调运作模式。④

张文兰等人指出,研究综合采用社会网络分析法和内容分析法,对在线学习者协作知识建构水平进行了分析。研究发现,情绪交互的连通性较低、密度整体不高、中心势偏高,而且在线学习者的协作知识建构总体水平也不高。其次,情绪交互密度和中心势与知识协商和知识修改之间存在显著相关关系。⑤

十四、教育经济与管理领域

常芳等人发现西北地区农村中小学数学教师的流动率为 12.06%,其中校内流动率为 5.56%,校外流动率为 6.51%;小学数学教师的流动率为 10.14%,中学数学教师的流动率为 14.55%。总体来看,女教师、学历更高的教师流动率更高,这些因素在教师的校外流动中体现得更为明显,但与教师的校内流动无关。关注农村教师的流动问题,尤其

---

① 单迎杰、傅钢善、王一冰,等:《基于反思文本的慕课学习情感体验特征分析》,载《电化教育研究》2021 年第 4 期。
② 乜勇、万文静:《增强现实技术能提升学习成效吗?——基于国内外 40 项实验与准实验研究的元分析》,载《现代教育技术》2021 年第 2 期。
③ 张文兰、李莎莎:《在线课程学习体验量表的开发与检验》,载《现代教育技术》2021 年第 2 期。
④ 徐晶晶、胡卫平、逯行,等:《基础教育信息化协同发展的当代实践:自组织与他组织视角》,载《现代远程教育研究》2021 年第 1 期。
⑤ 张文兰、刘君玲、刘斌:《情绪交互对在线协作学习者知识建构的影响》,载《电化教育研究》2021 年第 1 期。

是在宏观层面关注教师校外流动对学生质量提升以及教师队伍稳定具有重要作用。①

戴妍认为贫困的多维性、动态性、相对性、持久性构成了后扶贫时代教育扶贫政策优化的逻辑前提。在后扶贫时代，教育扶贫开发道路的理论优势构成了教育扶贫政策优化的逻辑起点，贫困与教育反贫困的理论关照揭示了其政策优化的理念探寻，教育扶贫与乡村振兴有效衔接的理论支点指明了其政策优化的价值理路，立体交融式战略格局的理论图景表达了其政策优化的发展走向。在后扶贫时代，教育扶贫政策要基于共识、共融、共生、共建、共享五个维度全面升级，走出政策优化的创新路径。②

万怡认为乡村中青年教师流动受到多种因素影响，从场域角度分析，他们所受城乡二元结构影响不同；从惯习角度分析，与传统美德和等级观念淡化相关；从资本角度分析，中青年教师流动以实现资本积累与再生产为诉求。实现城乡场域深度融合、培养教师乡土情怀、引入分层激励机制、实现双向轮岗交流，是解决乡村教师流失的有效手段。③

袁利平、姜嘉伟认为教育扶贫在本质上是教育扶贫发展规律的映射和体现。教育扶贫机制是教育扶贫主体客体之间、社会属性与个体属性之间、价值理性与工具理性之间、社会期望与实践发展之间所形成的脉络机理与运行架构形式。教育扶贫机制在理论上是对自身发展与适应的内在逻辑回应和社会发展期望与实践可行的外在逻辑关切的辩证统一；在实践上是从理念、方法和组织体系等层面将教育扶贫机制的内在逻辑与外在逻辑进行有机衔接。④

（作者单位：陕西省社会科学院）

---

① 常芳、吴世瑾、刘涵，等：《农村教师流动率及其影响因素的研究——基于西北农村地区数学教师的追踪数据》，载《教育与经济》2021年第5期。
② 戴妍：《后扶贫时代教育扶贫政策优化的理论证成与路径选择》，载《教育与经济》2021年第5期。
③ 万怡：《乡村中青年教师流动的场域、惯习、资本作用机制研究》，载《教育与经济》2021年第3期。
④ 袁利平、姜嘉伟：《教育扶贫何以可能——基于教育扶贫机制整体性框架的再思考》，载《教育与经济》2021年第1期。

陕西省管理学研究

冯耕中

2021年,中国共产党成立一百周年,实现第一个百年奋斗目标,开启向第二个百年奋斗目标进军新征程,是党和国家历史上具有里程碑意义的一年。过去一年,我国沉着应对百年变局和世纪疫情,构建新发展格局迈出新步伐,高质量发展取得新成效,实现了"十四五"良好开局。基于我国经济社会发展的实践土壤,陕西省管理学科也取得重要进展,主要研究成果总结如下。

一、管理科学与工程

2021年,全球新型冠状病毒肺炎疫情仍处于大流行状态,奥密克戎新冠变异毒株的突袭,使得疫情走向再度变得扑朔迷离。同时,全球各国大数据战略持续推进,聚焦数据价值释放,而国内围绕数据要素的各个方面正在加速布局和创新发展。数字经济在逆势中加速腾飞,有效地支撑了疫情防控和经济社会发展。2021年度陕西省管理科学与工程的研究主要集中于数字经济背景下新业态新模式中的行为研究、基于大数据的分析模型与决策方法研究、政府应急管理及物资储备及循环经济与可持续发展等方面。

1. 数字经济背景下新业态新模式中的行为研究

作为一种特殊的社会信息系统,众筹平台近年来因其日益流行而吸引了研究人员的注意。基于活动理论,胡旭等探讨了众筹在网站接受度、人群熟悉度和捐赠互惠度方面的关键成功因素,建立了研究模型以预测用户的信任和导致实际捐赠行为的准备程度,并讨论了技术利用和社会协作在众筹活动中的影响。[1]

众包风险管理中各种关键风险因素如何影响众包绩效的机制,Liu Shan 等研究发现,三个技术(即复杂性、需求和任务)和三个社会(即寻求者、解决者和关系)子系统风险不仅直接而且交互影响众包任务表现。技术子系统风险因素虽然会降低绩效,但会减少社会子系统风险因素对众包任务绩效的负面影响。整合社会和技术子系统元素的混合策

---

[1] Hu Xu, Yang Zhaojun, Sun Jun, et al, Exempting Battery Electric Vehicles from Traffic Restrictions: Impacts on Market and Environment under Pigovian Taxation, *Transportation Research Part A: Policy and Practice*, 2021, 154.

略可能有效地实现众包风险管理的卓越任务绩效。众包平台的管理者还可以优化社交和技术环境,以提高社交和技术系统之间的匹配度。①

电动汽车私人充电桩共享是一个新兴的共享经济现象。胡旭等研究了共享对充电市场的影响,发现共享经济为充电桩(非)所有者、电力分销商、公共充电设施运营商提供了共赢的解决方案。以中国为例,共享带来的节约可转化为产业链中更多的非政府投资,这为合理水平的消费者补贴政策提供了证据。②

随着社会化商务的快速发展,基于在线社交平台的创客云商(CKYS)应运而生。闫梦颖等研究了用户是否加盟创客云商平台的策略选择问题。研究结果表明:当用户的时间成本小于收益临界点时,此时用户可以加盟该平台,且需继续提高平均互动率,当平均互动率达到利润函数的极大值点时不再增加互动;当用户的时间成本大于等于收益临界点时,此时用户不应该加盟该平台。③

当前,互联网上的很多内容都是由用户贡献的。针对用户生成内容(UGC),刘跃文等从理论的层面,首次提出了"动机挤出 + 竞争挤出"的双挤出效应。即一方面,引入经济激励之后,部分用户因内在贡献动机被挤出而减少或者停止贡献;另一方面,由于经济激励会吸引很多专业选手入场,业余选手在竞争中失败而停止贡献。在这两种效应的共同作用下,互联网平台引入经济激励,有可能会使得贡献人数减少甚至贡献内容减少。④

2. 基于大数据的分析模型与决策方法研究

李兆磊等进行了基于竞合关系分析的网约车与出租车适度规模研究。结果表明:在竞争环境下,激烈的竞争导致劣势方被市场淘汰,优势方最终达到规模阈值;当竞争趋于缓和时,两者能在市场中达到平衡稳定后共存;在合作环境下,两者都有较大的发展空间,能更好地促进新旧业态的融合发展;在竞合环境下,两者的发展趋势与竞争环境下的发展趋势相似,但合作可以延缓劣势方的消亡速度。⑤

针对于空气污染和出行行为的关系,Xu Yuquan 等基于中国西安约 46 亿条移动定位记录进行了研究。结果表明,空气污染与出行行为呈显著负相关:① 人的出行距离略有减少,但出行面积大幅减少;② 50 岁及以下的年轻人减少了更多的出行区域,而 50 岁以上的老年人减少了更多的出行距离。⑥

---

① Liu Shan, Xia Fan, Gao Baojun. et al, Hybrid Influences of Social Subsystem and Technical Subsystem Risks in the Crowdsourcing Marketplace, *IEEE Transactions On Engineering Management*, 2020, 68(2).

② Hu Xu, Yang Zhaojun, Sun Jun, et al. Sharing Economy of Electric Vehicle Private Charge Posts, *Transportation Research Part B: Methodological*, 2021, 152.

③ 闫梦颖、艾时钟、杜荣:《创客参与创客云商的策略选择研究》,载《中国管理科学》2021 年第 4 期。

④ Liu Yuewen, Feng Juan. Does Money Talk? The Impact of Monetary Incentives on User-Generated Content Contributions, *Information Systems Research*, 2021, 32(2).

⑤ 李兆磊、刘坤、孙启鹏:《基于竞合关系分析的网约车与出租车适度规模研究》,载《交通运输系统工程与信息》2021 年第 4 期。

⑥ Xu Yuquan, Liu Yuewen, Chang Xiangyu, et al. How does Air Pollution Affect Travel Behavior? A Big Data Field Study, *Transportation Research Part D-Transport and Environment*, 2021(99).

Sun Shaolong 等通过文本挖掘方法探索 COVID-19 发生前后消费者满意度的变化。研究发现:疫情前后不同旅行者类型的总体评分、空间分布和评分存在显著差异。一般来说,疫情发生后,顾客有更高的"容忍度",更倾向于给予更高的评价,更关注酒店防控措施;酒店业应根据从客户评论中获得的有效信息,不断调整产品和服务,以实现疫情时代酒店业的活化和振兴。①

分解方法被广泛用于处理复杂的旅游需求数据模式。考虑到旅游需求数据的内在复杂性,从理论上理解不同的分解方法如何提供解决方案至关重要。Zhang Chengyuan 等研究了分解方法对旅游需求的预测效果。研究发现:所有的分解方法在水平和方向预测上都普遍优于基准;变分模态分解方法始终优于其他八种分解方法,在所有情况下都能提供最好的预测结果。②

多标准决策辅助(MCDA)是描述人类决策基本原理的一系列分析方法。Guo Qiaozhen 等将 MCDA 模型和机器学习相结合,提出了基于神经网络的多准则决策辅助(NN-MCDA)方法,并且阐明了如何使用机器学习技术提高 MCDA 模型的预测性能,以及如何使用 MCDA 方法增强机器学习模型的可解释性。③

Guo Qiaozhen 等研究了智能合约在发展中经济体减轻贫困方面的工具价值,研究发现:智能合约可用于自动执行绿色能源融资和补贴分配过程,对于政府主导的补贴设计方案,我们提出了结合空间异质性(能源贫乏和能源丰富地区)和能源生产成本不确定性的古诺数量竞争模型。研究发现:政府的总补贴支出在太阳能不确定性下会降低,仅针对高不确定性从单一地区选择家庭是最优的。智能合约促进了异质性和不确定性,以软化数量竞争,使两个地区的家庭和政府都受益。④

王阳等针对秩 1 二次分配(QAP-R1)的通用二次优化模型进行了研究,提出了利用目标函数结构特性实现问题降维的方法构建大规模二次分配问题的混合整数规划模型,有效解决了大规模 QAP-R1 无法精确求解的问题,提升了模型求解的质量和时间性能;同时提出了基于突破局部搜索算法的元启发式算法求解 QAP-R1 的大规模问题算例。美国国家工程院院士 Fred Glover 评价该研究应成为未来研究这一问题的一个里程碑。⑤

---

① Sun Shaolong, Jiang Fuxin, Feng Gengzhong, et al. The Impact of COVID-19 on Hotel Customer Satisfaction: Evidence from Beijing and Shanghai in China, *International Journal of Contemporary Hospitality Management*, 2021, 11.

② Zhang Chengyuan, Li Mingchen, Sun Shaolong, et al. Decomposition Methods for Tourism Demand Forecasting: A Comparative Study, *Journal of Travel Research*, 2021, 61(7).

③ Guo Mengzhuo, Zhang Qingpeng, Liao Xiuwu, et al, A Hybrid Machine Learning Framework for Analyzing Human Decision-Making through Learning preferences, *Omega-International Journal of Management Science*, 2021(101).

④ Guo Qiaozhen, He QiaoChu, Chen YingJu, et al, Poverty Mitigation via Solar Panel Adoption: Smart Contracts and Targeted Subsidy Design, *Omega-International Journal of Management Science*, 2021, 7.

⑤ Wang Yang, Yang wei, Punnen Abraham P, et al. The Rank-One Quadratic Assignment Problem, *Informs Journal on Computing*, 2021, 33(3).

3. 政府应急管理及物资储备

为更好地促进与协议企业开展应急物资生产能力储备合作,政府需要对企业提供的物资进行合理定价。扈衷权等研究发现,当政企双方决策达到均衡状态时,政府最优采购定价会随着灾害事件发生概率的增加而减少,但此时协议企业反而会随之提高,其利润水平也随之增加。政府过量的自身储备不但会阻碍企业的合作意愿,还会使政府采购定价上升,增加其采购成本。① 关于应急物资储备社会化,刘阳等引入期权契约到政府和多个异质型企业组成的应急物资供应链系统,构建了政企合作模式下基于期权契约的应急物资储备模型,给出了协调应急物资供应链系统、改善供应链成员成本收益的条件,得到了协调企业利润分配的柔性机制,有效缓解国家储备的压力,提高政府应急物资保障能力。②

针对如何科学合理地储备应急药品和原材料,刘阳等人研究发现:企业将预储生产能力紧急转产时,紧急生产成本需要处于一定范围内;同时,政府接收的捐赠药品数量不宜太多,政府对社会组织的补贴也应该处于适当水平;期权价格的大小应处于一定范围内,保证期权契约机制下政府成本和企业收益都得到改善。③ 张琳等人研究发现,协议企业可以在应对政府灾后采购需要时使用用于商业生产的原材料进行加急生产,但需向其商业供应链中的下游企业进行一定额度补偿情境下的应急物资预先生产与原材料预储数量决策;基于期权契约的应急物资采购合作可以实现政企双赢。④

4. 循环经济与可持续发展

作为最清洁的化石能源,天然气的使用越来越广泛。充分了解天然气的价格决定机制及未来波动趋势至关重要。史惠婷等人的研究利用动态贝叶斯网络模型研究 Henry Hub 天然气现货价格的波动机制并预测价格波动率。通过研究建立了天然气现货价格形成机制的动态因果网络图,全面展示了驱动价格形成的直接因素与间接因素,为天然气驱动因素的探索提供了全面的分析框架,也为投资者和政策制定者提供了更全面的预测信息。⑤

Zhao Jing 等对经济增长、能源消耗和金融发展对环境污染的影响进行了研究发现:能源消耗增加了环境污染;金融深度和金融效率对环境污染的直接影响分别为负和正,并对技术进步和产业结构对环境污染的影响具有不同的调节作用。⑥

---

① 扈衷权、田军、冯耕中:《基于协议企业生产能力储备的应急物资采购定价模型》,载《管理评论》2021 年第 9 期。
② 刘阳、田军、冯耕中,等:《期权契约机制下应急物资储备模型研究》,载《中国管理科学》2021 年第 12 期。
③ 刘阳、田军、周琨:《基于期权契约的应急药品储备模型研究》,载《运筹与管理》2021 年第 8 期。
④ 张琳、田军:《协议企业应急物资生产与原材料预储决策研究》,载《中国管理科学》2021 年第 2 期。
⑤ 史惠婷、柴建、卢全莹,等:《北美天然气现货价格波动机制分析及波动率预测》,载《系统工程理论与实践》2021 年第 12 期。
⑥ Zhao Jing, Zhao Ziru, Zhang Huan. The Impact of Growth, Energy and Financial Development on Environmental Pollution in China: New Evidence from a Spatial Econometric Analysis, *Energy Economics*, 2021, 93.

转型城市群(TUA)水资源禀赋和社会经济发展的差异导致城市实现可持续发展目标(SDG6)的能力差异,这不可避免地低估了水危机的可能性。Yang Yi 等人的研究发现:水资源系统中每个城市的社会经济活动之间的因果链关系不尽相同,提出了减少城市实现 SDG6 能力差异的潜在价值和政策含义。①

杜强等人对中国住宅建筑物的直接回弹效应进行了研究。结果表明,住宅建筑中预期的节能效果在城市或是农村都无法完全实现,且在中国农村地区存在明显的"逆火"效应,并提出制定针对城市居民的能源效率教育计划和针对农村居民的清洁能源项目等策略建议。② 杜强等人对"一带一路"沿线国家交通运输业碳排放效率进行了研究。结果表明,"一带一路"沿线国家交通运输业平均碳效率较低,而平均碳减排潜力较大;收入水平越高的国家,交通运输业碳效率越高,并提出了针对性减排策略。③

随着新兴市场中可持续发展理念的逐步深入,如何制定管理政策和完善企业经营管理方法,成为政府和相关物流企业面临的关键问题。Liu Aijun 等针对易逝性产品特性给企业可持续供应链管理带来的挑战,创新性地提出了考虑碳排放和产品新鲜度等因素的"选址—库存—路径"集成优化模型。决策者可以通过发展基础设施、投资保鲜和冷藏技术以及建立信息平台提升易逝性产品可持续供应链的现代化和信息化,也可以激励企业采用综合决策机制节约能源,减少碳排放,从而促进社会与经济的可持续发展。④

二、工商管理

面向发展数字经济、建设数字中国等国家战略和重大需求,运用大数据等数智技术研究企业行为与决策,2021 年度陕西省工商管理学科主要集中于数字经济背景下的用户行为和营销策略研究、企业战略研究、创新与创业及人力资源管理等方面,力争通过交叉前沿研究取得突破。

1. 数字经济背景下的用户行为和营销策略研究

关于移动支付中影响消费者感知的因素,Gong Xiang 等人研究发现:直接网络效应(即网络规模、网络中心性、网络能力)、间接网络效应(即平台-应用互补性、应用-服务互补

---

① Yang Yi, Cheng Yi. Evaluating the Ability of Transformed Urban Agglomerations to Achieve Sustainable Development Goal 6 from the Perspective of the Water Planetary Boundary: Evidence from Guanzhong in China, *Journal of Cleaner Production*, 2021, 314.

② Du Qiang, Han Xiao, Li Yi, et al. The Energy Rebound Effect of Residential Buildings: Evidence from Urban and Rural Areas in China, *Energy Policy*, 2021, 153.

③ Du Qiang, Lu Cheng, Zou Patrick X. W., et al. Estimating Transportation Carbon Efficiency (TCE) across the Belt and Road Initiative Countries: An Integrated Approach of Modified Three-Stage Epsilon-Based Measurement Model, *Environmental Impact Assessment Review*, 2021, 90.

④ Liu Aijun, Zhu Qiuyun, Xu Let, et al. Sustainable Supply Chain Management for Perishable Products in Emerging Markets: An Integrated Location-Inventory-Routing Model, *Transportation Research Part E: Logistics and Transportation Review*, 2021(150).

性、服务－策略互补性)和负面网络效应(即一般制度结构、一般结构保证、地方体制结构和地方结构保证)是感知利益的关键决定因素,进一步提高了移动支付消费者的忠诚度。网络效应对移动支付消费者忠诚度的影响在面向消费者和面向服务的网络之间是不同的。[1]

近年来,越来越多的零售商引入自有品牌,发展自有产品。Shi Chun-lai 等人探究了零售商不与品牌商共享需求信息是抑制还是促使其引入自有品牌。研究发现,若零售商不与品牌商共享需求信息,零售商是否引入自有品牌不仅依赖于自有产品和品牌商产品间的竞争强度,而且取决于零售商对市场需求信息的预测精准度;相较零售商与品牌商共享需求信息,零售商不与品牌商共享需求信息反而抑制了其引入自有产品。[2]

Yin Zhou 等人对关系嵌入如何为营销渠道合作伙伴带来利益和风险进行研究。研究发现关系嵌入性对机会主义有 U 形影响,并且这种关系可以通过非强制性影响策略来调节。强制影响对机会主义的影响呈倒 U 形,非强制影响对机会主义的影响呈 U 形。[3]

房源受欢迎程度表明公众对点对点(P2P)住宿平台房源的兴趣。通过启发式和系统化的信息处理模式,考察了房东和房产属性如何促进房源热度。研究发现:房东自我披露、房东声誉和房东身份验证是提升房源受欢迎程度的关键房东属性,同时物业视觉描述、物业照片验证和物业视觉吸引力是促进上市受欢迎的重要物业属性。[4]

痴迷在线社交游戏已经成为一个全球性的社会挑战,Gong Xiang 等人从理论上推导出了一种强迫性技术使用类型,将强迫性在线社交游戏概念化;强迫性技术使用的类型包括四种相互关联的类型:冲动使用、强迫使用、过度使用和上瘾使用。IT 身份正向影响四种强迫性在线社交游戏原型,并充分调节社交身份对强迫性在线社交游戏的影响。[5]

信息技术成瘾者通常表现出很高的复发率,Chen Chongyang 等研究发现:回避冲动(负强化)和接近冲动(正强化)都对 IT 成瘾的复发产生积极影响,但回避冲动比接近冲动表现出更显著的影响,即避免或逃避负面影响和戒断症状的冲动似乎是 IT 用户重新

---

[1] Gong Xiang, Christy M. K. Cheung Liu Shan, et al. Battles of Mobile Payment Networks: The Impacts of Network Structures, Technology Complementarities and Institutional Mechanisms on Consumer Loyalty, *Information Systems Journal*, 2021(9).

[2] Shi Chun-lai, Geng Wei. To Introduce a Store Brand or Not: Roles of Market Information in Supply Chains, *Transportation Research Part E: Logistics and Transportation Review*, 2021(150).

[3] Yin Zhou, Wei Yang, Guijun Zhuang. The Dilemma of Relational Embeddedness: Mediating Roles of Influence Strategies in Managing Marketing Channel Opportunism, *Journal of Business & Industrial Marketing* 2021, 36(6).

[4] Yan Ruihe, Zhang Kem Zikun, Gong Xiang. Listing Popularity on the Peer-to-Peer Accommodation Platform: The Heuristict-Systematic and Uncertainty Reduction Perspectives, *International Journal of Contemporary Hospitality Management*, 2021, 33(12).

[5] Gong Xiang, Cheung Christy M. K., Zhang Kem Z. K, et al. A Dual-Identity Perspective of Obsessive OnLine Social Gaming, *Journal of the Association For Information Systems*, 2021, 22(5).

上瘾的主要原因。①

2. 企业战略管理

关于社交媒体在公司应对危机事件的作用,贾明等人研究发现:违规事件发生后,上市公司会通过官方微博发布大量与违规事件无关的信息,以改变投资者在不同信息获取渠道的注意力配置,从而分散投资者对危机事件的注意力,公司这一行为降低了后续时间段内投资者对危机事件的负面反应。②

针对大量企业捐款后并不宣传的反常现象,贾明等人的研究发现:亏待主要利益相关者(mistreated stakeholders)的企业更可能对其慈善行为保持沉默的问题,基于合法性和利益相关者管理视角,为企业做慈善后保持沉默的行为提供了全新的解释,并挑战传统思维而认为利益相关者并不总是会对企业慈善持有积极评价。③

新企业和外部利益相关者之间严重的信息不对称问题为不当行为创造了空间。Gong Mijia 等人研究发现:面部表情可以在一定程度上帮助预测新企业的不当行为,两者之间存在正相关关系,个人责任也加强了这种关系;在预测新企业的不道德行为时,可以在 IPO 路演演示中考虑企业家的面部表情。④

张莹等人对企业获得环境管理体系认证会给企业带来的影响进行了研究,研究显示:企业获得环境管理体系认证向外界传递着积极信号,证明企业是可以信赖并具有合法性,有助于企业获得更多的融资。但二者关系受到规制合法性、道德合法性和实用合法性的影响。⑤

Wang Ting 等对组织控制的最新研究表明,除了独立使用战略控制外,战略控制和财务控制的结合和平衡使用对内部创新都很重要;对于专门从事合作创新的企业来说,财务控制更有效,战略控制和财务控制的结合使用对合作创新有负面影响。⑥

投资者情绪能够影响其价值判断、风险偏好及决策过程,田高良等人从管理层权衡避税的边际成本和边际收益的视角出发进行了研究,研究发现高涨的投资者情绪会显著提高公司税收激进程度,并在个人投资者持股比例较高、公司为民营以及所在地税收征

---

① Chen Chongyang, Zhang Kem Z. K., Gong Xiang et al. Preventing Relapse to Information Technology Addiction Through Weakening Reinforcement: A Self-regulation Perspective, *Information & Management*, 2021(7).

② 贾明、孙向坤、张喆:《社交媒体在企业应对危机事件中的作用》,载《管理评论》2021 年第 5 期。

③ Wang Heli, Jia Ming, Zhang Zhe: Good Deeds Done In Silence: Stakeholder Management and Quiet Giving by Chinese Firms, Organization Science, 2021;32(3)

④ Gong Mijia, Zhang Zhe, Jia Ming. Lie Detectors? How Entrepreneurs Facial Expressions During IPO Roadshow Presentations Predict New Venture Misconduct Behaviors, *IEEE Transactions On Engineering Management*, 2021(12).

⑤ Zhang Ying, Ruan Hongfei, Tang Guiyao, et al. Power of Sustainable Development: Does Environmental Management System Certification Affect a Firm's Access to Finance?, *Business Strategy and the Environment*, 2021, 30(8).

⑥ Wang Ting, Yang Jianjun, Zhang Feng. The Effects of Organizational Controls on Innovation Modes: An Ambidexterity Perspective, *Journal of Management and Organization*, 2021, 27(1).

管力度较弱时更为显著;这种行为虽然提高了短期的资本市场收益,却损害了未来的公司价值,拓展了对避税成本收益权衡的理解。①

张博等人对投资者情绪的生成机理的研究表明市场收益对投资者情绪具有直接的正向影响,市场波动和相关资产收益两因素基于市场预期中介变量间接负向作用于投资者情绪,市场收益、市场投资价值与投资者情绪之间存在正反馈强化过程,也佐证了中国股市过度投机行为的存在。②

3. 创业与创新研究

廉思秋等人从历史发展视角评述中国新型举国体制,以新型举国体制的"双轮"驱动为背景,通过划分高新技术类型(重大战略技术、关键核心技术、产业共性技术)构建"以国家意志为主导,囊括政府、国辖组织、中小型企业协同创新的'扇形'触发模式",从创新动机、创新能力、创新权责利分配三个方面详细分析中国高新技术产业突破性创新的产生,为政府和市场创新主体参与触发高新技术突破性创新提供有益的政策参考和管理启示。③

创业激情对新创企业的发展具有重要意义。周郴等人的研究结果表明,创业者的发明激情和发展激情均能有效促进新创企业的商业模式创新,但发展激情比发明激情更有助于新创企业的商业模式创新。新创企业应尽可能创造良好的条件和氛围来维持创业者这种强烈且积极的创业情感,使创业激情产生其应有的价值。研究有助于更深入地理解影响商业模式创新的前因变量,并对新创企业的创业实践产生积极的指导作用。④

现有研究对集群企业非本地创新是否受空间距离束缚持有不同观点。向希尧、裴云龙的研究显示:即使考虑社会接近性,地理接近性对集群企业非本地创新绩效与创新性仍具有显著正向影响,提供了"地理未死"的直接证据;社会接近性并不能完全"缓解"空间距离对集群企业非本地创新的影响,进而提供了"地理未死"的间接证据。⑤

杨水利、李雷等探讨了互联网对高技术产业创新效率的影响机理。研究发现:互联网显著促进高技术产业创新效率提升,但具有明显的滞后效应与区域差异,有助于缩小落后地区与发达地区间的创新效率差距;互联网可以通过提升技术研发能力与成果转化能力对高技术产业创新效率产生促进作用。⑥

---

① 田高良、贝成成、何畅,等:《投资者情绪与公司避税行为》,载《系统工程理论与实践》2021年第11期。
② 张博、扈文秀、杨熙安:《投资者情绪生成机理的研究》,载《中国管理科学》2021年第1期。
③ 廉思秋、高山行、舒成利,等:《新型举国体制下构建触发中国高新技术突破的"扇形"模式研究》,载《中国科技论坛》2021年第8期。
④ 周郴保、赵文红、舒成利,等:《同源异效?——发明激情和发展激情对商业模式创新的影响研究》,载《外国经济与管理》2021年第12期。
⑤ 向希尧、裴云龙:《集群企业非本地创新的空间束缚:接近性效应研究》,载《科研管理》2021年第9期。
⑥ 杨水利、李雷:《互联网发展与创新效率提升——来自中国高技术产业的经验证据》,载《运筹与管理》2021年第3期。

杨苗苗等人将跨界搜索分为前瞻性跨界搜索和追随性跨界搜索。研究表明,前瞻性跨界搜索和追随性跨界搜索对可持续竞争优势均具有倒 U 形作用;当前瞻性跨界搜索和追随性跨界搜索的水平较低或中等时,探索性创新在前瞻性跨界搜索和可持续竞争优势之间起到补充中介作用,而开发性创新在追随性跨界搜索和可持续竞争优势之间起到补充中介作用。①

4. 人力资源管理

杜艺珊等人从下属视角对下属在领导过程中的能动作用进行了研究:下属在领导过程中的能动作用过程包括下属的内在认知、下属对领导者的识别过程、下属对领导者的反应过程和下属对领导者的影响过程四个部分,下属在领导过程中是具有主动性的。领导者对下属影响的产生是建立在下属对其识别和解读的基础上,而并非直接发生作用。②

Zhang Zhe 等人研究了首席执行官(CEO)童年贫困经历与公司风险承担之间的关系,研究发现:具有童年贫困经历的 CEO 愿意参与公司的风险承担,因为他们感知到的生存威胁,生存威胁的时间感知会影响 CEO 对公司风险承担的选择。③

Zhang Jing 等人的研究发现:高层管理团队语言风格匹配与会计保守主义之间存在正相关关系,这表明具有相似语言风格的高层管理团队成员对公司价值的公司新闻反应迅速。有助于加强关于公司应如何应对影响其价值的各种公司事件的决策。当公司面临更具竞争力的商业环境、严重的信息不对称和更高的财务困境时,语言风格匹配对保守会计报告行为的影响更为明显。④

三、公共管理

回顾 2021 年陕西省管理学科的研究,公共管理研究者持续紧密关注社会发展中涌现的热点和难点问题,在新型智慧城市建设、生育政策与生育观念、老年人养老政策和养老服务等方面开展了一系列研究。

2017 年以来发展中国家由于担心本国在国际废物贸易中受到发达国家的废物转移而实施的废物贸易禁运。刘哲提出制定国际废物贸易相关规则以促进国家间的废物资源可以在相关国家中循环再生利用。据研究,国家间的废物贸易并不单纯只有废物转移,其中也包含废物资源的循环再生利用。因此,这种以废物循环再生为特征的国际贸

---

① Yang Miaomiao, Wang Juanru, Zhang Xiaodi. Boundary-Spanning Search and Sustainable Competitive Advantage: The Mediating Roles of Exploratory and Exploitative Innovations, *Journal of Business Research*, 2021, 27.

② 杜艺珊、徐立国、席酉民:《下属在领导过程中的能动作用研究:概念、关系及机理》,载《管理评论》2021 年第 10 期。

③ Zhang Zhe, Wang Xin, Jia Ming. Poverty as a Double-Edged Sword: How CEOs' Childhood Poverty Experience Affect Firms' Risk Taking, *British Journal of Management*, 2021(5).

④ Zhang Ting, Liu Fang-Chun, Gao Baojun, et al. Top Management Team Social Interaction and Conservative Reporting Decision: A Language Style Matching Approach, *Decision Support Systems*, 2021(3).

易符合循环经济发展原理。基于此,建议国际社会建立相应的国际流通与监管机制以解决相关国家间在废物循环再生数据共享、价值链重构等方面问题。①

郑烨等人对我国智慧城市研究的发展演进及热点主题等进行了深入探讨,结果表明:智慧城市研究的年度发文量呈逐年上涨趋势,学界对智慧城市的关注度日益提高;研究进程历经了萌芽期、初步发展期、快速发展期、纵深发展期四个阶段,且研究趋势主要沿着三条脉络与轨迹;研究的热点主题包括政府智慧治理、城镇化与智慧城市建设的互动关系、公共服务智慧化实现路径、智慧城市可持续发展与延伸应用领域。②

李冬冬等人通过构建政府、企业、消费者三方博弈模型,本文考察了消费者需求异质性情形下两类新能源汽车推广政策(价格折扣政策和绿色税政策)的效果及其差异。研究表明:价格折扣和绿色税推广政策的实施能够提高新能源汽车的需求以及新能源汽车生产企业的利润水平,具有良好的推广效果;消费者需求异质性以及新能源汽车绿色度影响政府最优推广政策的选择;消费者需求异质性影响推广政策的实施力度及其效果。③

韧性城市建设已逐渐成为我国城市管理者应对日益严峻的复合型灾害风险的实践选择与发展趋势。朱正威等人基于对国内外韧性城市实践历程的梳理,对新型冠状病毒肺炎疫情风险下两个代表性城市韧性建设实践案例的分析发现,我国韧性城市建设呈现出明显的问题导向特征,正在经历由简单借鉴到自主创新、由强调城市局部功能强化到追求城市系统韧性提升的积极转变,同时也存在着对风险的不确定性缺乏系统准备、常态与应急管理缺乏有效衔接、大城市韧性建设的制度化不足等短板,对此,建议以"发展 – 安全"同构的韧性治理推动后疫情时代的韧性城市建设。④

随着复合型灾害的频发与扩散,跨行政边界、跨地域边界的系统性风险图景催生着城市灾害风险评估逻辑的重塑与治理体系的再造。吴佳和朱正威建议公共行政视野中的城市韧性,应当遵循"评估—治理"的统合思路,揭示科层组织在灾害情境中的适应规律。同时,应当超越部门化的管理思维,将灾害治理作为透视城市治理的重要窗口,从全过程、全领域的防灾减灾中提炼城市治理体系与治理能力现代化的要素、条件和逻辑。⑤

应急预案是应急管理组织机构的行动指南,组织之间的有效协作是应对突发公共事件的必要条件。郭雪松、赵慧增对市级、省级和国家突发公共卫生事件应急预案的组织间网络结构和关系模式进行了量化与可视化研究。结果发现,各级突发公共卫生事件应急预案网络稀疏且组织间联系随预案层级的降低而线性下降,处置与救援阶段是预案应

---

① Liu Zhe. Regulate Waste Recycling Internationally, *Nature*, 2021, 594(333).
② 郑烨、姜蕴珊:《走进智慧城市:中国智慧城市研究的十年发展脉络与主题谱系》,载《公共管理与政策评论》2021年第5期。
③ 李冬冬、商辰宣、吕宏军,等:《"后补贴"时代考虑消费者需求异质性的新能源汽车推广政策研究》,载《中国管理科学》2021年。
④ 朱正威、刘莹莹、杨洋:《韧性治理:中国韧性城市建设的实践与探索》,载《公共管理与政策评论》2021年第3期。
⑤ 吴佳、朱正威:《公共行政视野中的城市韧性:评估与治理》,载《地方治理研究》2021年第4期。

急管理各阶段网络的薄弱环节。在此基础上,从组织间网络结构层面提出了突发公共卫生事件应急预案改革和优化策略。①

建立在扶贫开发基础上的乡村旅游征地表现出规模小、强制性弱、兼具经营性和带动性的特点,黄志刚和黎洁从多维度对失地农户福祉进行分析。结果表明:整体而言,乡村旅游征地实施后失地农户家庭总福祉及多维度福祉均有所提升,未来乡村旅游经营效益的提升是失地农户福祉持续改善的保证,后续仍需要针对不同类型的失地农户采取多种措施减少征地带来的不利影响,才能实现可持续发展的目标。②

共享经济在缓解社会就业压力、优化劳动资源配置的同时,深刻改变了传统劳动用工形式,使得共享经济平台个体经营者的社会保障由于用工关系难以认定而面临实践困境。王立剑等建议明确共享经济平台个体经营者社会保障政策创新的主要思路,确定共享经济平台个体经营者社会保障模式和相关主体责任,优化社会保险参保缴费机制,填补社会保险政策空白,补足补充性社会保障项目短板,建立多维社会救助识别机制,改革社会保障服务管理方式,以更加灵活、更加适应新业态的社会保障制度创新回应共享经济平台个体经营者劳动权益保护的现实需要。③

当农民工因流动导致外部环境发生变化时,他们在评价自己社会地位时的参照群体发生变化。袁玥等人对我国农民工的参照群体与生活满意度之间的相关关系进行了研究。实证结果表明:农民工以城市居民为参照群体的主观社会经济地位和以老家村民为参照群体的主观社会经济地位与生活满意度之间均存在显著的正相关关系。因此,由强调农民工社会经济地位的绝对作用转向相对作用,引导农民工积极地感知社会地位,对提高农民工的生活满意度具有一定的意义。④

基本医保、大病保险和医疗救助是防止出现贫困人口的重要保障,通过构建医疗费用的三方分担体系,分担一部分可能仍需要额外报销的费用,是保证不再出现因病致贫、因病返贫人口的重要基础。赵可彤等人考虑了医保额外报销费用的分担问题,引入供应链和博弈论的思想,将其转化为一个多方分担费用的问题。该研究发现,随着承担的额外费用越多,大病保险和医疗救助承担的基本费用也越多。⑤

"互联网+医疗"作为一种新型便民惠民服务具有有效分流实体医院需求侧、提高患者就医可及性、解决人民群众看病就医急难愁盼问题的应用价值。对当前"互联网+医

---

① 郭雪松、赵慧增:《突发公共卫生事件应急预案的组织间网络结构研究》,载《暨南学报》(哲学社会科学版)2021年第1期。

② 黄志刚、黎洁:《乡村旅游征地对失地农户福祉的影响——基于PSM模型的检验》,载《资源科学》2021年第1期。

③ 王立剑:《共享经济平台个体经营者用工关系及社会保障实践困境研究》,载《社会保障评论》2021年第3期。

④ 袁玥、李树苗、悦中山:《参照群体、社会地位与农民工的生活满意度——基于广州调查的实证分析》,载《人口学刊》2021年第5期。

⑤ 赵可彤、孙秉珍、宋兆宇:《精准扶贫背景下贫困人口医疗费用分配模型》,载《系统工程理论与实践》2021年第1期。

疗"的发展现状进行了梳理,建议"互联网+医疗"一方面应以服务医药卫生体制改革政策为目的,坚持线上线下一体化基层社区医疗服务,有效促进优质医疗资源纵向流动,助力分级诊疗就医新格局的形成;另一方面借助第五代移动通信技术的高速发展,"互联网+医疗"应依托实体医院,构建看病、急救、重大疫情防控融于一体的便捷通道。①

2021年5月11日,备受瞩目的中国第七次人口普查(简称"七人普")数据发布,引起学界和公众的高度关注。2021年是中国第十四个五年计划开局之年,是面向第二个百年奋斗目标迈进之年,是"全面二孩"政策实施五年后又迎来"三孩政策"之年,政府着力推进以"一老一小"为重点的生育政策和养老配套服务等。韦艳等人就"七人普"发布数据相关的人口规模、人口老龄化、性别结构、生育水平和人口流动等专题进行全方位、多视角的解读。②

进入21世纪以来,中国的生育水平已明显低于更替水平,且下降趋势非常明显,低生育率时代已然来临。杨雪燕等人基于西安市育龄人群调查,分析了儿童照顾政策需求层次与结构。研究发现,托育服务与二孩税收减免分别处于育龄人群政策需求的第一与第二层次,对于不同子女数的育龄人群而言,养育指导、延长产假、延长陪产假与二孩现金补贴所处政策需求层次存在差异;半数以上育龄人群对多项政策有较高需求,其需求结构受到个体特征与家庭特征显著影响。建议以需求为导向,明确儿童照顾领域政策供给重点。③

李婉鑫等人在全面二孩政策的背景下,对祖辈照料、正式照料两类儿童照料安排对中国女性生育意愿的影响进行了研究。研究发现,祖辈照料可以显著提升女性的二孩生育意愿,而正式照料则对生育意愿产生显著的抑制作用;地级市人均幼儿园数量和平均托育费用对生育意愿产生不同的影响。建议加大托育服务供给,降低托育服务费用,为育龄女性提供普惠可及的婴幼儿照料支持从而提升二孩生育意愿。④

张思锋对中国养老服务体系的发展历程进行了梳理,面对养老服务有效需求不足与有效供给不足并存的结构性矛盾,建议养老服务体系顺应中国特色社会主义市场经济规律,构建有效的养老服务供求、价格、竞争机制;充分发挥市场在养老服务资源配置中的决定性作用;更好地发挥政府在建设养老服务公平竞争的统一市场、高效规范的营商环境、公正监管的法制秩序等制度供给与制度执行中的作用。⑤

智慧养老产品在向失能老人提供便捷高效服务的同时,面临需求供给对接难的发展

---

① 周忠良:《"互联网+医疗"的现状、问题与发展路径》,载《人民论坛》2021年第22期。
② 韦艳、段重利、梅丽,等:《从第七次人口普查数据看新时代中国人口发展》,载《西安财经大学学报》2021年第5期。
③ 杨雪燕、高琛卓、井文:《低生育率时代儿童照顾政策的需求层次与结构——基于西安市育龄人群调查数据的实证分析》,载《人口研究》2021年第1期。
④ 李婉鑫、杨小军、杨雪燕:《儿童照料支持与二孩生育意愿——基于2017年全国生育状况抽样调查数据的实证分析》,载《人口研究》2021年第5期。
⑤ 张思锋:《中国养老服务体系建设中的政府行为与市场机制》,载《社会保障评论》2021年第1期。

瓶颈。王立剑、金蕾借鉴整合技术接受模型将失能老人使用智慧养老产品的情况进行了分析,研究发现,失能老人愿意使用智慧养老产品的比例仅有30.7%,年龄、居住地、接受新兴事物能力、平均月收支比、家庭支持、非政府组织支持对失能老人是否愿意使用智慧养老产品有显著影响。建议搭建失能老人与智慧养老产品"接轨"渠道,政企协同促进智慧养老产业快速发展。①

获得感作为习近平新时代中国特色社会主义思想的重要组成部分,为衡量老年群体生活福祉提供"中国概念"。封铁英、刘嫄对新时代老年群体养老获得感进行了研究。研究发现,新时代老年群体养老获得感是客观获得与主观评价合力作用的结果,精准化满足差异化养老需求的实际获得是养老获得感产生的客观基础,通过公平认知与多重比较叠加对实际获得产生满意的主观评价是养老获得感产生的主观基础。建议通过革新养老理念、发展科技驱动的智慧化养老模式、优化养老保障制度,实现养老保障从"福利"到"权利"、从"供需错位"到"精准供给"、从"隐形失衡"到"适度平衡"的三大转变。②

发展养老产业是应对未来深度老龄化的重要国家战略。封铁英、南妍聚焦养老产业政策体系对养老产业政策层级、政策发展历程、政策主体、政策效力、政策专项性、政策内容等进行分析。研究发现:养老产业政策体系内部不同层级之间政策联系紧密,涉及的政策各要素较为完备,但仍然存在纵向、横向维度中的不协调因素。建议通过丰富养老产业政策类型与内容、优化体系结构、加强相关部门合作等有效措施,进一步提升养老产业政策体系的协调性,为推动养老产业的健康可持续发展奠定制度基础。③

刘堃等人探讨了子女为父母选择养老方式的影响因素。研究结果显示:绝大部分老年人当前是传统居家养老,而对于社会支持程度高、资源和人际交往广泛的子女则更倾向于新型养老方式。建议创新养老方式,完善配套政策并加强民间宣传,使老年人及其子女能全面了解新型养老方式,从而帮助不同家庭根据实际情况做出更合理的养老选择。④

(作者单位:西安交通大学)

---

① 王立剑、金蕾:《愿意抑或意愿:失能老人使用智慧养老产品态度研究》,载《西北大学学报》(哲学社会科学版)2021年第5期。

② 封铁英、刘嫄:《新时代老年群体养老获得感:产生机理、逻辑进路与实现路径》,载《北京工业大学学报》(社会科学版)2022年第1期。

③ 封铁英、南妍:《养老产业政策体系及其协调性——基于政策文本的量化分析》,载《北京行政学院学报》2021年第1期。

④ 刘堃、高琛卓、代秀亮,等:《基于子女视角的父母养老模式选择的影响因素》,载《中国老年学杂志》2021年第17期。

陕西省新闻与传播学研究

许加彪　王慧婷

一、马克思主义新闻观研究

2021年,中国共产党迎来百年华诞。回顾往昔光辉历程,中国共产党始终坚持马克思主义在意识形态领域上的指导地位,不断推进马克思主义中国化理论创新与实践创新的良性互动。党的十八大以来,习近平总书记多次强调要加强新闻舆论工作,建党百年之时召开的十九届六中全会所通过的决议又再次重申,要高度重视传播手段建设和创新,推动媒体融合发展,提高新闻舆论传播力、引导力、影响力、公信力。在这一过程中,学理探析、理论创新与现实实践缺一不可。在学术研究方面,作为引领中国特色社会主义新闻事业发展的思想指南,马克思主义新闻观得到了应有的学术关照,时值中国共产党成立100周年之际,相关研讨取得了较为丰硕的成果。

2021年陕西省马克思主义新闻观研究特色鲜明、内容丰富,总体而言,主要集中在以下两个方面:一是深耕细耙文献史料,建构历史景观,通过细致入微地解读报刊文本,考察报刊活动的宣传动员和修辞策略;二是呼应建党百年的时代主题,既回溯历史,梳理分析中国共产党百年新闻政策的演进脉络,深入阐释中国共产党历史使命的建构与变迁,又立足当下,致力于剖析大数据时代下党政形象建构的可能路径。纵观已有的研究成果,这一年陕西省马克思主义新闻观研究呈现出新闻理论与新闻实践辩证统一,历史视野与现实关照紧密结合的局面,围绕"社会动员"与"建党百年"两大热点议题,相关学者持续发力,拓展研究边界,促进学科发展。然而,这一年的阶段性成果并未形成多点开花的态势,解读视角与研究方法的单调依旧是制约陕西省马克思主义新闻观研究发展的痛点所在。从跨学科研究视角出发,陕西省马克思主义新闻观研究的学术成果主要来源于新闻传播学科与马克思主义理论学科的对话,社会学、哲学、法学等多元学科的融入或将成为陕西省马克思主义新闻观研究新的学术增长点。

马克思主义政党报刊以宣传鼓舞人民群众参与政治实践、凝聚社会革命理想为己任。2021年,基于不同的文本资料与具体的研究对象,陕西省马克思主义新闻观研究相关学者对报刊活动的政治动员作用进行了深入的考察。许加彪、赵悦言分析了延安时期中共中央通过《解放日报》展开多维度社会总动员工作的历史意义,经文本解读发现,中国共产党在延安时期形成了以笔为刀的革命传统,通过灵活多样的宣传手段进行政治宣传和政治鼓舞,《解放日报》凝聚了救亡图存的社会共识,并形成了一切以人民为中心的可资借鉴的延安经验。① 刘驰、乔丽雯聚焦考察中国共产党早期报纸《向导》周报的新闻实践,为动员青年群体广泛参与政治运动,《向导》周报致力于阐释马列主义理论,报道国内外时政动态,在此基础上,得益于构建批判性的话语和灵活性的议题设置、组建多元化和年轻化的编辑作者队伍,《向导》周报形成了独具特色的宣传策略。② 燕云捷、苏程对延安时期的现实境况进行了画面勾勒,陕北地区地瘠人贫的社会特征让陕甘宁边区政府意识到开展劳动英雄运动的必要性;为推进大生产运动,中国共产党创造性地提出了"劳动光荣"的新话语,从而成功形塑出劳动者的精神新境界;同时,中国共产党通过物质刺激和荣誉鼓励、举办劳动英雄表彰大会、政治化再解读劳动英雄事迹、开展多样化的文艺宣传活动等策略鼓励劳动者积极参与劳动实践,激发了乡村社会的劳动热情。③

书写千秋伟业,铸就百年辉煌,结合中国共产党成立100周年的关键历史节点与新时代中国特色社会主义所面临的新机遇,陕西省马克思主义新闻观研究相关学者围绕"建党百年"时代主题展开了集中研究。青年学者孙清凤、徐思南细致梳理了中国共产党百年新闻教育政策的演化历程,他们从历史制度主义视角出发,分别考察了结构观与历史观视域下中国共产党新闻教育政策的变迁逻辑,并以史为鉴,提出智媒时代,应当基于教育规律与新闻传播规律,优化新闻教育资源配置,坚守中国特色新闻教育事业。④ 李明德、赵琛采用了批评话语分析三重维度的研究方法,分别从文本、话语实践、社会实践等角度剖析了1978—2020年《人民日报》"7·1"相关的40篇社论,从而揭示出媒介话语生产对改革开放以来中国共产党历史使命建构与变迁的重要作用,并归纳总结了《人民日报》"7·1"社论媒介话语的基本逻辑、价值取向、话语风格与话语模式的坚守与流动。⑤ 苏玉波、刘婷婷认为,大数据技术的广泛运用给中国共产党的形象建构带来了重大的历史机遇,也带来了"茧房效应""塔西佗陷阱""蝴蝶效应""工具困境"等全新的挑战,面对如此境况,中国共产党作为社会主义建设的引领者,理应把握大数据规律,提升党的执政能力、夯实马克思主义在意识形态领域的指导地位、把握党员形象建设、创新宣传话语和

---

① 许加彪、赵悦言:《以笔为刀的红色基因:延安〈解放日报〉的抗战社会动员》,载《传媒》2021年第14期。
② 刘驰、乔丽雯:《早期党报对青年宣传动员策略研究——以〈向导〉周报为例》,载《中国出版》2021年第3期。
③ 燕云捷、苏程:《人民性:延安时期劳动英雄宣传的观念与实践考察》,载《学海》2021年第4期。
④ 孙清凤、徐思南:《中国共产党新闻教育政策百年回望——基于历史制度主义视角》,载《教育学术月刊》2021年第11期。
⑤ 李明德、赵琛:《当代中国共产党使命建构与变迁的媒介话语分析——基于1978—2020年〈人民日报〉"7·1"社论》,载《西安交通大学学报》(社会科学版)2021年第4期。

中国叙事体系、建立多方联动的形象监测,从而形塑适应新时代发展的党政形象。①

二、新闻传播史论研究

以史为鉴,启迪智慧,具备历史视野的研究能够凸显一个学科的底蕴和厚重。新闻传播学与史学的结合,得以继承和发扬新闻事业的传统,汲取经验,探索规律,启示未来。2021年,陕西省新闻传播史论的研究重新探索历史印记,从微小处着眼,以新视角、新思维解读史料,打破了统一连续的叙事路径,探寻新闻传播史研究的多重维度,卓有成效。

革命新闻史作为党和人民协同作战、英勇奋斗的光荣记载,具有极高的研究价值,2021年陕西省新闻传播史论研究涉及这方面的有多篇。在新闻工作的探索上,王敏芝抓住延安时期党的新闻宣传作为主线,梳理总结了该时期党的宣传体系建设和新闻宣传的实践策略。值得注意的是,文章着重探讨了对外宣传策略的启示,结合当下宣传工作提出讲好中国故事需要注意事实、进行广泛社会动员等。② 甄东霞以名记者个体为案例,分析了延安时期美国著名记者埃德加·斯诺的身份特征及其新闻传播活动,认为他传播了红军领导人的思想、促进了跨文化交流,斯诺新闻传播表现为连续性、序列性、结构性的特点,为世界打开了解中国共产党的窗口,也为新闻工作者树立了榜样。③ 在宣传媒介的解读上,张聪通过研究延安影像的生产机制和宣传作用,对电影和摄影这两种媒介如何与政治话语建构相联系进行了分析,阐释了延安时期影像生产的文化特征,强调了党对文化创造力和文艺工作的重视,认为延安时期的影像活动既反映了延安生活面貌,又提高了人们思想认识水平。④

通过内容主题的分析,王友军、马文娟以《新中华报》的民族宗教报道为例,论述了陕甘宁边区中央党报的民族宗教报道的实践及意义,将《新中华报》的民族宗教报道内容总结为宣传党的民族宗教政策、记录少数民族抗日救亡及其民族宗教认同与国家认同的统一等,并在启示中特别分析了民族宗教报道对相关历史题材纪录片创作的启示。⑤ 吕强、杨明悦在整体分析全面抗战时期内陆城市的疫病防治中,探讨了传播媒介在防疫中发挥的作用,如利用幻灯片、卫生壁报、展览会等多种形式,宣传防疫知识和手段,发挥了引进先进医学理论、启发民智的作用。⑥

海外华人办报实践的研究近年来逐渐成为新闻传播史论研究中的新趋向。封艳梅

---

① 苏玉波、刘婷婷:《大数据时代中国共产党的形象建构:挑战与应对》,载《西安交通大学学报》(社会科学版)2021年第4期。
② 王敏芝:《延安时期党的新闻宣传策略及当代启示》,载《媒体融合新观察》2021年第2期。
③ 甄东霞:《延安时期的新闻工作者斯诺》,载《新闻研究导刊》2021年第2期。
④ 张聪:《延安时期的影像生产及其意义》,载《青年记者》2021年第7期。
⑤ 王友军、马文娟:《陕甘宁边区中央党报的民族宗教报道及其现实意义——以〈新中华报〉的民族宗教报道为例》,载《民族学刊》2021年第9期。
⑥ 吕强、杨明悦:《全面抗战时期内陆城市的疫病流行与社会应对———以1939年西安霍乱防治为例》,载《延安大学学报》(社会科学版)2021年第5期。

将研究视野聚焦于德国华人办报,分析了20世纪60年代《出谷月报》的内容特色和价值,强调其对促进中西文化交流、保存中西方文化碰撞现场和体现海外华人超越种族的哲学、宗教与艺术追求的文化价值,拓展了对海外华人办报的研究。① 与海外华人新闻工作研究不同,赵战花、朱茜芸分析了来华外籍人士对中国新闻史的研究,凸显了"越境"中形成的中外交融、多方参与的互动关系网络价值,并由此视角对当前中国新闻史研究的不足之处进行反思,具有一定的拓展价值。②

此外,赵云泽、董翊宸深入宋朝新闻传播史研究,以进奏院为中心分析了宋代政府信息传播机制的结构、特点和内生性矛盾,即冗杂、掣肘牵制的信息传播体制背后的发展瓶颈。③ 张晓、刘塈琼以《新秦日报》为例研究民国时期关中知识群体对地方建设的思考和努力,肯定其在动荡时局中做出的传承与创新,认为自身和时代局限是其未能产生更大作用的根本原因。④

三、媒介文化研究

纵观2021年陕西省高校的媒介文化研究的成果产出,一系列学者围绕都市媒介景观、声音文化研究、娱乐圈粉丝现象、亚文化理论探索以及城乡发展问题展开研究。

作为继视觉文化研究之后的另一前沿范畴,"声音文化研究"或说"听觉文化研究"已成为今日媒介文化研究竞相追逐的热点。在《耳朵的苏醒:场景时代下的声音景观与听觉文化》中,陕西师范大学新闻与传播学院许加彪和张宇然认为,日常生活的媒介化和移动化使人们进入了"场景时代","移动的声音景观"不断被生产和复制,建构了人们的另类体验。作者在对听觉文化进行批判研究的同时,指出这类文化潮流的回归也折射出"大众对自我解放、深度无聊、社交孤独以及不确定的未来的焦虑"之现实。⑤

亚文化始终是媒介文化研究的永恒议题。在《走出亚文化理论的迷思》一文中,陕西师范大学新闻与传播学院王敏芝基于"数字时代网络"的新语境,详细论述了亚文化理论的发展演变,并对亚文化的媒介建构、场景生产以及主体弥合展开考察,试图弥补亚文化理论与中国经验之间的缝隙。⑥

---

① 封艳梅:《越境与周边:文化交涉视角下近代来华外人的中国新闻史研究》,载《文化与传播》2021年第5期。
② 赵战花、朱茜芸:《越境与周边:文化交涉视角下近代来华外人的中国新闻史研究》,载《新闻春秋》2021年第6期。
③ 赵云泽、董翊宸:《宋代政府信息传播机制的内生性矛盾——以进奏院为中心的分析》,载《新闻大学》2021年第2期。
④ 张晓、刘塈琼:《传承与创新:民国关中知识群体对地方建设的思考——〈新秦日报〉言论的内容分析》,载《新闻知识》2021年第12期。
⑤ 许加彪、张宇然:《耳朵的苏醒:场景时代下的声音景观与听觉文化》,载《编辑之友》2021年第8期。
⑥ 王敏芝:《走出亚文化理论的迷思》,载《文化研究》2020第4期。

伴随新媒体的发展,互联网与民众的日常生活的联结愈发紧密,有关经典的"粉丝"理论研究也不断获得突破。例如西安交通大学新闻与新媒体学院徐婧、孟繁荣在《数字化抚育:"妈粉"媒介实践中的"母职"再造》文中,围绕"妈粉"这一独特群体展开研究。她认为"饭圈"已经发展成为"一个具有强烈身份意指的亚文化社群",特别是其中的"妈粉"群体,构成了一个极具阐释性的概念。作者通过使用网络民族志的研究方法,对"妈粉"的"粉丝身份指称"进行探索,考察了其与传统"母职"之间的关联。该研究为理解中国网络文化提供具有价值的一个视角。① 在另一篇文章《"快手"中的乡土中国:乡村青年的媒介呈现与生活展演》中,徐婧、汪甜甜续以参与式观察和深度访谈的方式,聚焦乡村青少年的媒介使用,认为他们在新媒体平台的"日常生活展演",再现和重塑了乡村日常生活的行为特征和个人身份认同的问题。徐婧的研究梳理了在"日常生活—媒介呈现—重塑认同"之间,如何出现形成一种有关乡村青年群体确认自我身份的一种认同机制。②

在一个消费主义思潮盛行的时代,社会城市的灯光装扮也进入了一些媒介文化研究学者的关注之中。陕西师范大学鲍海波以《炫幻之境》为题,对被灯光奇观包裹的城市形象展开研究,认为"现代城市中充斥着以光为材料的一系列实用或非实用的产品,这些产品已转化为一种媒介文化及其表征体系,并承担着相应的文化功能"。作者进一步指出,城市的灯光秀创造了一个"可动员观者共同参与其间以共享意义的媒介世界"。③

在《网络打卡照中的权力在场与身体形塑——基于卢克斯三维权力观的考察》中,陕西师范大学滕朋、王菲将身体视为视觉和权力的中心点,继而从卢克斯三维权力观展开对日常权力机制的分层讨论。作者指出:第一,权力与个体之间的关系是间接的,通过一套机制来影响个体;第二,权力发生作用不是靠显性的制度,而是塑造价值、偏好并形成隐性规范;第三,在权力与个体的互动中,对个体而言是非暴力、没有强制性的;第四,在被权力规制的过程中,个体在心理层面是自愿甚至是愉悦的。④

四、出版科学与出版产业研究

以文载道,传承文明。出版是将作品通过纸媒、电子、网络等介质公之于众的一种行为。陕西作为一个出版资源大省和出版强省,陕西省的出版科学研究也保持在同等水准。2021年,陕西省有关学者对出版行业和出版学科等进行了多方面的研究,其中涵盖了出版史、商业出版、学术出版、数字出版、出版产业等方面。

---

① 徐婧、孟繁荣:《数字化抚育:"妈粉"媒介实践中的"母职"再造》,载《新闻大学》2021年第11期。
② 徐婧、汪甜甜.:《"快手"中的乡土中国:乡村青年的媒介呈现与生活展演》,载《新闻与传播评论》2021年第2期。
③ 鲍海波:《炫幻之境:城市之光的媒介文化识读》,载《广州大学学报》(社会科学版) 2021年第3期。
④ 滕朋、王菲:《网络打卡照中的权力在场与身体形塑——基于卢克斯三维权力观的考察》,载《当代传播》2021年第5期。

他山之石可以攻玉,文明互鉴和交流是历史的正道,本着拿来主义的精神研究和借鉴西方文明的先进经验是中国学人的使命。肖超、王佳彤以西方学生所办的美国法律评论类期刊的视角切入,对《哈佛法律评论》《耶鲁法律杂志》《斯坦福法律评论》学生编辑的选拔与分工机制、刊物的栏目建构和集稿审稿机制进行研究。通过研究,总结出学生主导、独立办刊、组织严密、体系完备、民主制衡等特征,采用"学生办刊"模式有利于进行集群化发展,从而保持学术水准成长为国际权威学术期刊。选择性地借鉴美国"学生办刊"模式的经验,对于我国的报刊发展有长远的借鉴意义。①

在商业出版方面,大数据、物联网等信息技术不断纳入到出版界,为出版商发展提供了精准的方向和崭新的路径。代杨、裴永刚研究发现,出版集团可以将用户画像运用于知识服务,通过对相关数据进行整合分析,确立用户的知识需求。知识需求不但是使用者的基本需求,也是出版企业的搭建知识服务商业体系的基础,出版企业可以围绕其核心的价值意图,实现价值的不断获取。②

中国特色哲学社会科学建设离不开学术出版,学术出版在一定意义上可以引领学科体系和学术体系建设。在学术出版方面,肖超、付正苇根据2020年JCR数据,选取数十种国外物理学期刊,对其作者指南的内容进行分析,研究发现作者指南可以规范论文书写格式、促进学术诚信建设、推动数据分享和使用、进一步加速刊物数字出版发展,对我国科技类刊物发展有着重大的启示意义。③

学术出版数字化、新技术融合是出版的未来和方向。在数字出版方面,肖超、高兆强认为古籍出版技术处在发展革新的时代实现其不断发展依然是一个需要探析的问题。古籍出版应分析评价各商业要素,通过整合优化商业路径,确定并实施具体的商业模式。同时,古籍数字出版应在用户评估、依据"双效"原则确立价值主张,并完善古籍数字出版搭建基本的设施构建,以达成商业创新和转型的新路径。④

在出版产业领域,王勇安、全浙蔚认为内容资源的衍生开发是出版企业进行精准内容生产和知识服务的关键所在,对地方出版的数字化演变和聚合发展起到巨大的作用。地方出版社应提高重视资源衍生的开拓思路,从根源上提升其创意生态位,根据出版资源的衍生路径,建成团队型的资源管理模式,使得资源有效整合,并明确资源内容的权属关系并达到有效的资源管理。⑤

综上所述,2021年陕西省出版科学与出版产业研究进行了相应的探索,意在通过理

---

① 肖超、王佳彤:《美国法律评论的"学生办刊"模式研究》,载《出版科学》2021年第6期。
② 代杨、裴永刚:《基于用户画像的出版企业知识服务商业模式探析》,载《中国编辑》2021年第5期。
③ 肖超、付正苇:《国外代表性物理学期刊作者指南的作用及启示》,载《出版与印刷》2021第6期。
④ 肖超、高兆强:《出版社古籍数字出版商业模式研究:基于商业模式画布理论》,载《科技与出版》2021第11期。
⑤ 王勇安、全浙蔚:《地方出版集团内容资源的衍生开发——基于陕西新华出版传媒集团的案例研究》,载《出版广角》2021年第8期。

论指导实践,振兴出版行业生态体系。学者们从回答出版的时代问题入手,提出了一系列新的理念,解答出版行业的现实问题,为今后出版行业的发展提供了宝贵的建议。

五、新媒体研究

过去20年,互联网的每一步发展升级都引发了社会各个维度的改变。2021年,随着元宇宙、VR技术、区块链、智媒时代、5G等技术成果的不断发展,人们的生活方式以及社会结构都在发生着崭新的变化,学者们也对新媒体传播展开了更深入的思考和探索。在2021年陕西新闻传播研究中,新媒体传播研究主要从社会治理、算法研究、传媒行业发展和个人与技术四个方面展开。

近些年,新媒体对社会治理的作用越发明显,李明德、邝岩探讨了大数据与人工智能背景下的网络舆情治理,对其作用、风险和路径进行研究,针对网络舆情治理面临的隐私伦理、数据垄断、数据滥用信息管理风险等新挑战,提出了具体的解决措施:优化技术升级,推进网络舆情治理综合化技术发展;完善舆情治理法制和理念,实现舆情数据管理应用机制升级;壮大人才队伍,培养复合型舆情治理专业人才;加强平台自律,提升公众的网络媒介素养和算法素养。① 郭军和韩小谦从意识形态话语传播方式的角度展开论述,他认为全媒体时代的到来为我国意识形态话语权建设提供了新的环境,技术的进步、时代的变迁要求展开意识形态话语传播方式的供给侧结构性改革,传播内容再造、传播方法变换、传播形式重构三个领域的话语传播方式创新转换成为全媒体时代意识形态话语权建设的迫切任务。② 许加彪、成倩则从区块链技术的角度探讨了网络谣言治理的议题,他们认为,区块链技术对于提升国家网络空间治理能力提出了一种新的方向与路径,区块链的时间戳与数字签名等验证机制可为谣言治理提供法律依据,治理成本大为降低;在传播阶段,其激励机制与共识机制推动高度分散的节点积极参与甄别谣言的过程,有效阻断传播链的扩张。③ 郭淼和贾璐认为,在新舆论格局被重构、传播资源再聚合、固有圈层选择性交融的背景下,网络舆论引导应推动社会民意真实表达,关注网络空间的再社会化特征,平衡社会效益和经济效益关系,以"内容为王+形式制胜"的策略呈现新闻内容,遵循受众心理诉求和传播规律,引导理性思考形成跨圈层社会共识,营造网络舆论良性发展环境。④ 李明德、王含阳从舆情治理的角度展开研究,认为新媒体传播模式的复杂性特征使传播模式支配下的舆情出现随机衍生与相互干涉转化发酵的特征,因此,新媒体传播模式下的舆情工作需要建立舆情治理与社会治理相融合的治理机制,以系统化

---

① 李明德、邝岩:《大数据与人工智能背景下的网络舆情治理:作用、风险和路径》,载《北京工业大学学报》(社会科学版)2021年第6期。
② 郭军、韩小谦:《全媒体时代我国意识形态话语传播方式的创新转换》,载《编辑之友》2021年第3期。
③ 许加彪、成倩:《自媒体时代的区块链技术与网络谣言治理》,载《当代传播》2021年第2期。
④ 郭淼、贾璐:《削弱到重构:智媒时代的网络舆论引导》,载《中国编辑》2021年第6期。

信息发布机制和常态化舆情回应机制作为依托,以社会化的正能量舆情主体为抓手,实现科学有效的舆情治理效果。①

现如今,算法作为一种新的媒介,已经实在地影响到人的生存、认知、关系等各个层面,对于算法的研究,学者们也在进行深入探索。王敏芝从人机关系的角度切入,提出算法日趋智能并具有强大嵌入性,人的主体性受到抑制和支配,在算法传播过程中沦为"降维"的、极化的、透明的和偏见的信息主体;因此,需要从认知和实践两个层面探寻人的主体性复归路径,重申人的主体性价值。② 在《算法之下:"透明社会"的技术与观念》一文中,王敏芝再次提出算法逻辑之下强制性的技术表达使得人逐渐数据化,"失控"的数据使社会透明,并提出了"算法时代的观念对峙"。③ 张爱军、王芳从"大数据杀熟"这一现象切入,讨论了对于政治安全的影响,他们认为数字经济时代网络平台利用算法进行的"大数据杀熟"行为更加隐秘和复杂,利用大数据技术构建寡头垄断势力将工具理性与经济利益置于伦理规范和社会责任之上,导致一系列的伦理问题和政治安全风险。④ 郭淼、王立昊认为抖音作为国内最大的短视频平台,依托算法推荐机制建构起用户的"个人拟态环境"并降低用户消费短视频内容的成本,但算法偏见也抑制着用户的信息需求。算法偏向性对用户信息获取能力和心理带来双重抑制,会对用户作为信息生产者、获取者和依赖者的主体价值进行某种意义上的"绑架",引发用户的信息焦虑。⑤ 李明德、李巨星《智媒时代算法推荐的社会风险与协同治理》一文,则是探讨了智媒时代的算法的优势与风险。提出从加强政治引领、实施分级管理、强化协同治理和推动公开透明等维度,提出会同多方建立、健全智媒时代的算法推荐监管体系与协同治理策略。⑥

新媒体日新月异的发展为传媒行业带来挑战的同时,也提供了巨大的机遇。王昊宇、丛红艳在《VR 技术在新闻传播领域的应用研究》一文中提出,在新闻传播领域中,VR 技术的有效应用既可以增强新闻传播的趣味性,又可以通过受众的沉浸式体验丰富新闻内涵,推动新闻传播行业的良性发展。⑦ 王军峰则从媒体带货的角度讨论媒体消费动员与融合创新,他认为,作为社会公信力平台,主流媒体直播带货正是公信力平台经济的体现;作为媒体消费动员的手段,它实现了对市场资源的激活与对接;作为媒体融合创新实践,它拓展了媒体业务范围和盈利模式。⑧ 赵茹等人研究了"5G + 媒体融合"背景下主流媒体舆论工作的机遇与挑战,认为"5G + 媒体融合"是主流媒体掌握新闻舆论工作话语权

---

① 李明德、王含阳:《新媒体传播模式及其对舆情治理的新要求》,载《西北大学学报》(哲学社会科学版)2021 年第 2 期。
② 王敏芝:《算法时代传播主体性的虚置与复归》,载《苏州大学学报》(哲学社会科学版)2021 年第 2 期。
③ 王敏芝:《算法之下:"透明社会"的技术与观念》,载《探索与争鸣》2021 年第 3 期。
④ 张爱军、王芳:《"大数据杀熟"的政治安全风险》,载《未来传播》2021 年第 2 期。
⑤ 郭淼、王立昊:《抑制与绑架:抖音用户的"算法焦虑"》,载《新闻与写作》2021 年第 4 期。
⑥ 李明德、李巨星:《智媒时代算法推荐的社会风险与协同治理》,载《青年记者》2021 年第 21 期。
⑦ 王昊宇、丛红艳:《VR 技术在新闻传播领域的应用研究》,载《信息与电脑》(理论版)2021 年第 14 期。
⑧ 王军峰:《媒体直播带货:作为公信力平台的媒体消费动员与融合创新》,载《传媒》2021 年第5期。

和深入推进媒体融合的重要战略支撑,这需要的不仅是思想融合、技术融合、制度融合、资源融合,更是时间与经验。① 孙海荣、周燕探讨了社交媒体时代新闻图片的传播效果及版权风险问题,通过分析社交媒体时代新闻图片的传播效果及版权风险,并结合《著作权法》相关规定,探求新闻图片版权风险的规制路径。②

新媒体传播不仅对国家、社会以及传媒行业产生影响,对于现代人生活的改变,不可谓不大,因此,对个人与技术的探讨成为新媒体传播研究中绕不过去的议题。张志成在其文章《数据新闻生产的个人信息所有权探析》中,探讨了探讨社交媒体数据所有权、数据挖掘与数据"脱敏"问题,在"场景性公正"的前提下,要厘清数据所有者、代理人和使用者之间的关系。③ 马晓悦等人探究受众接受意愿成为数字文化发展优化的有效手段,并得出结论:数字文化沉浸式技术刺激中感官体验即媒介技术丰富度、感知交互性与数字文化情感价值感知存在正相关关系,认知体验即视觉一致性与受众数字文化情感价值感知存在正相关关系。④ 党君和马俊树就网络直播App使用行为对线上购买意愿的影响机制进行研究,结果发现:网络直播App使用行为对线上购买意愿具有显著的正向预测作用,价值感知在网络直播App使用行为与线上购买意愿的正向关系中起到完全中介作用,社会互动对网络直播App使用行为、对价值感知的直接预测作用以及对价值感知的中介作用起调节作用。⑤ 马锋、张峰以Snapchat为研究对象,探讨了沃尔特·翁的"口语文化"理论,及其所开创的"阅后即焚"引领用户"在场"交谈;将社交与媒体分离,使用户逃离"秀场",重回亲密的人际交流;这一切象征着社交媒体是"在场的吟唱",也意味着社交媒体时代口语文化的复返。⑥

此外,李明德、朱妍还通过对复杂舆论场景相关理论研究,归纳出复杂舆论场景具有全连接性、融合性、智能性、在线化、关系去中心化的特点,然后通过德尔菲法提炼出复杂舆论场景中信息内容传播的五大风险点,并从传播动态视角出发,结合业界实践分析当前风险识别的关键影响因子和应用困境。⑦

(作者单位:陕西师范大学)

---

① 赵茹、巨高飞、王磊:《"5G+媒体融合"背景下主流媒体舆论工作的机遇与挑战》,载《当代传播》2021年第4期。
② 孙海荣、周燕:《社交媒体时代新闻图片的传播效果及版权风险》,载《中国编辑》2021年第8期。
③ 张志成:《数据新闻生产的个人信息所有权探析》,载《青年记者》2021年第13期。
④ 马晓悦、孙铭菲、陈强:《沉浸式技术体验如何影响数字文化接受意愿——基于自我分类调节作用的实证研究》,载《西安交通大学学报》(社会科学版)2021年第5期。
⑤ 党君、马俊树:《网络直播App使用行为对线上购买意愿的影响机制研究》,载《新闻大学》2021年第5期。
⑥ 马锋、张峰:《复返口语文化的社交媒体——以Snapchat为个案的讨论》,载《现代传播》(中国传媒大学学报)2021第4期。
⑦ 李明德、朱妍:《复杂舆论场景中信息内容传播风险研究》,载《情报杂志》2021年第12期。

陕西省民族学研究

尹波涛　周伟洲

2021年,陕西省内高校及科研单位共发表民族学相关论文76篇,出版专著6本。其中中国少数民族史相关论文54篇、专著3本,中国少数民族艺术相关论文11篇,民族学相关论文6篇、专著1本,中国少数民族语文及文献研究相关论文5篇、专著2本。

一、中国少数民族史研究

由于学术传统的影响和制约,中国少数民族史是陕西省民族学的传统优势专业,因此相关的科研成果产出较多,共有54篇论文、3本专著。这些成果根据其内容大致可分为六类:① 与少数民族碑志相关的研究;② 对历史上的少数民族人物的研究;③ 对历史上边疆少数民族地区治理及少数民族政权的研究;④ 对历史上少数民族及其分布地区的经济、社会与文化的研究;⑤ 历史上的民族(族群)认同研究;⑥ 民族关系史研究。

近年来,伴随着国内一浪高过一浪的基础建设热潮,地不爱宝,出土了大量少数民族人物的墓志,这为相关研究提供了新材料,从而成为中国少数民族史研究的一个热点。2021年,共有18篇与少数民族墓志相关的研究论文。其中,有12篇论文是对单方碑志的考释,这是墓志研究的主流范式。这包括以下内容段锐超对《元瞻墓志》的研究,他着重通过对墓志中使用典故的考释,勾勒元瞻的出身及人生轨迹,并以志主出任地方官的仕历补正吴廷燮《元魏方镇年表》中的相关记述。① 李宗俊将《源延伯墓志》与《魏书·源贺附源子雍传》相结合,对源子雍、延伯父子领导的统万城保卫战进行了考释,并考察了源姓的渊源及志主家族在北朝的传承世系。② 根据新近发掘出土的《西魏陆丑墓志》,张杨力铮考证了陆丑的生平、宦历、家族世系及卒葬地。③ 李宗俊根据《拓跋昇墓志》对志主的生平事迹进行了梳理,并结合墓志中的记述对北朝时期三次改易鲜卑姓氏的过程进

---

① 段锐超:《北魏〈元瞻墓志〉考释与〈二十五史补编〉补正》,载《宁夏大学学报》(人文社会科学版)2021年第5期。
② 李宗俊:《北魏源延伯墓志与北朝源氏考》,载《唐都学刊》2021年第2期。
③ 张杨力铮:《西魏陆丑墓志考释》,载《文物》2021年第11期。

行了释证。① 李皓、周晓薇将新出隋《折娄黑墓志》和碑林博物馆藏唐《折娄惠墓志》相结合,指出折娄氏为代北胡人,后者籍宜州(今陕西耀州区东南),折娄黑及其父折娄真在魏周之间主要担任武职,保留了较多的胡族文化。② 根据《长孙懿墓志》,段锐超勾勒了长孙氏的得姓缘由,长孙懿的籍贯、家族世系及仕历。此外,作者结合传世文献,考证了《长孙懿墓志》序、铭文的作者北海唐怡和吴兴沈警的行迹。③ 根据新出土《翟伯墓志》中的相关记述,郑旭东指出翟伯家族为内迁的粟特人,信仰袄教或佛教。此外,作者将墓志中翟伯"领参旗军校尉"的记述与传世文献相结合,对唐初十二军进行了补证。④ 王书钦对《萨孤吴仁墓志》的考释。⑤ 结合唐宋姓氏书,作者指出"萨孤"即传世文献中的"薛孤"。此外,结合新、旧《唐书》,作者对萨孤吴仁的生平事迹进行了疏证。陈玮对延安新出入唐吐火罗人《罗何含墓志》进行了疏证,他指出,罗何含祖父祈斯为安史之乱爆发后随吐火罗叶护入华援唐的吐火罗大首领,后任唐禁军将军;父罗殷为河中朔方军武将;罗何含作为朔方军子弟,在唐廷削弱河中镇后转往延州安塞军发展,得到出身朔方军的安塞军节度使李如暹、良僙父子的重用,参与了防御吐蕃及调解党项部落矛盾的行动。⑥ 根据后唐《野利延玉碑》的记述,陈玮指出,安史之乱后,野利延玉父阿胡率庆州下属党项羁縻州静州的党项部落参与了防御吐蕃的军事行动,从而出仕唐廷。唐末五代,阿胡、延玉父子一直仕于邠宁静难军,并由镇将进入节度使衙庭,不断靠近藩镇的权力中心。⑦ 根据宋《康成此墓志》,吴小龙梳理了康成此家族的世系,康成此曾祖、祖、父的仕宦履历及康成此在定难军中的宦历及事迹,并考释了志主的卒葬地。⑧ 王善军、田迎辉结合传世文献,对《故贵妃萧氏玄堂志铭》的撰者、志主生平及家族世系进行了考释,并阐述了《玄堂志铭》的撰写特色及价值取向。⑨

同时,一些学者利用出土的系列墓志开展综合研究,这是近年来墓志研究的新动向,有4篇论文可视为这一方向的成果。董文强、周晓薇根据永熙三年(534)《尉陵(尉景父)墓志》《北齐书·尉景传》和大象二年(580)《尉茂(尉景孙)墓志》中关于尉氏祖源记

---

① 李宗俊:《论北朝鲜卑姓氏的三次改易——从〈拓跋昇墓志〉谈起》,载《中国边疆史地研究》2021年第3期。
② 李皓、周晓薇:《中古北族复姓折娄氏之新史料——耀州新出土隋开皇三年〈折娄黑墓志〉疏证》,载《文博》2021年第1期。
③ 段锐超:《新见隋〈长孙懿墓志〉考释——兼以铭文作者沈警行迹看唐人小说的"史补"性》,载《中国国家博物馆馆刊》2021年第7期。
④ 郑旭东:《西安新出土唐代粟特裔翟伯墓志二题》,载《石河子大学学报》(社会科学版)2021年第5期。
⑤ 王书钦:《百战愈古稀 丹青悭一传——新出唐〈萨孤吴仁墓志〉考释》,载《西北民族论丛》2020年第2期。
⑥ 陈玮:《唐罗何含墓志所见安史之乱后入唐吐火罗人动向》,载《中国边疆史地研究》2021年第2期。
⑦ 陈玮:《新见后唐党项首领野利李延玉碑研究》,载《西夏学》2021年第2期。
⑧ 吴小龙:《〈故大宋国定难军管内都指挥使康公墓志铭〉再考》,载《西夏研究》2021年第3期。
⑨ 王善军、王迎辉:《辽代〈故贵妃萧氏玄堂志铭〉考释》,载《中国边疆史地研究》2021年第1期。

述的变迁,指出北魏"勋臣八姓"之一的尉迟氏(孝文帝时改为尉氏)建构华夏祖源是当时华夷共祖意识的具体反映,亦是其全面融入华夏共同体的真实写照。① 李宗俊将新出土柔然可汗阿那瓌次女、孙女华政公主及吐谷浑晖华公主的墓志与传世文献相结合,对北朝时期柔然与东、西魏及吐谷浑之间的政治联姻进行了考察。② 他指出,因为东、西魏及柔然各自的政治需求,柔然可汗阿那瓌分别将长女、次女及孙女邻和公主嫁给西魏文帝、东魏权臣高欢和高欢子高湛,并分别为其弟塔寒和长子庵罗辰娶西魏宗室华政公主和东魏宗室兰陵郡长公主。此外,东魏亦曾与吐谷浑进行政治联姻,东魏孝静帝迎娶了吐谷浑可汗夸吕从妹,并将宗室广乐公主嫁给了夸吕。而柔然亦与吐谷浑之间存在通婚。根据吐谷浑晖华公主墓志,知柔然可汗阿那瓌的可敦是晖华公主的姐姐。因此之故,晖华公主后随阿那瓌长女进入西魏。根据上述复杂的联姻关系,李氏认为柔然奉行的是一种灵活自主的多元务实外交策略。尹波涛收集了四十三方唐代与粟特康氏相关的墓主,对其中反映的祖先记忆的变迁及其与族群认同的关系进行了研究。③ 作者发现,粟特康氏关于粟特祖源的记忆日益式微并最终消失。与此相继,其开始了攀附华夏祖源的过程,这一过程由开始的多元化到后来一致以卫康叔为康氏华夏祖源。与此同时,粟特康氏亦开始了其建构中夏郡望的过程。这也是一个由缤纷复杂到整齐的过程,最终形成了会稽、汲郡、敦煌、颍川四望。通过重构祖先记忆,粟特康氏的族群认同发生了由粟特至汉(或华夏)的变迁。李皓以出土的乞伏氏墓志为基础材料,阐述了鲜卑乞伏氏在北朝隋唐时期迁徙流变和融入华夏的过程。④ 他指出,西秦灭亡后,王族乞伏氏迁徙至平城、出仕北魏并与北魏皇室及代北勋贵联姻,享有颇高的政治待遇。北齐北周时期,乞伏氏家族成员多出仕边地而甚少在中央任职,未成为高门大族,至唐代逐渐沦为小姓。

此外,尚有2篇对于中古时期民族碑志著录和研究概况的综述文章。梁雨昕等人将北朝隋唐时期汉文关于少数民族的碑志著录类文献分为以断代史划分的断代类、以地域或收藏单位划分的地方类、长时间广地域的汇编类、碑志检索目录类和电子数据库五类,并分别进行了简单的概述和列目。⑤ 冯立君概述了北朝隋唐时期辽东地区的契丹、奚、高句丽、渤海靺鞨等民族的碑志的著录和研究概况。⑥

2021年,研究历史上的少数民族人物的成果共有4篇论文。陈岑通过对史料的对勘

---

① 董文强、周晓薇:《墓志所见中古尉迟氏祖源建构与华夏认同》,载《宁夏社会科学》2021年第6期。

② 李宗俊:《论柔然与北朝诸政权的"和亲"外交——以柔然、吐谷浑公主墓志为中心》,载《烟台大学学报》(哲学社会科学版)2021年第2期。

③ 尹波涛:《唐代粟特康氏的祖先记忆与族群认同——以出土墓志为中心》,载《唐史论丛》2021年第2期。

④ 李皓:《族姓的式微:北朝隋唐时期西秦乞伏氏的迁徙流变与民族融合》,载《宁夏社会科学》2021年第2期。

⑤ 梁雨昕、陈飞飞、李宗俊:《北朝至隋唐汉文民族石刻文献著录概述》,载《陕西历史博物馆论丛》2021年。

⑥ 冯立君:《北朝隋唐辽东古族碑志的著录与研究(上)》,载《西北民族论丛》2020年第2期。

和考证,指出《金史》中记载的海陵王完颜亮柔妃唐括石哥和皇子矧思阿补之母柔妃唐括氏为同一人,而柔妃唐括氏本是秘书监完颜文之妻,后入宫为海陵王之妃。① 宋亚文考察元末契丹人石抹宜孙在浙东地区的交游唱和活动。② 其将石抹宜孙交游唱和的浙东人士分为理学家、同僚和台州同乡三类,认为石抹宜孙的交游唱和活动为维护元末浙东地区的政治稳定、理学发展及文坛繁荣作出了重要贡献。谢光典利用藏文文献的记述,考察了元末噶玛噶举黑帽系第四世活佛若贝多吉在西夏故地北五台山、河西甘凉两州的汉藏佛教寺院以及敦煌莫高窟等地的朝圣巡礼活动,并指出直至元朝末年西北地区的诸多佛教圣地依然对来自西藏的高僧活佛具有巨大的吸引力和感召力。③ 根据档案史料,赵卫宾梳理了第一个出使土尔扈特的清朝使团——图理琛使团首领殷扎纳的生平事迹。④ 他指出,殷扎纳是八旗蒙古镶红旗人,一生与康熙朝相始终,经历了三藩之乱、噶尔丹之乱和征剿策妄阿拉布坦等重大事件,先后出使喀尔喀、土尔扈特和准噶尔等蒙古部,并在内阁蒙古房掌事多年,拥有丰富的外藩和外交事务经验。

2021年,对历史上边疆少数民族地区治理及少数民族政权的研究共有专著2本、论文17篇。专著包括两个:周伟洲著《南凉与西秦》,该书主要叙述十六国时期分别在陇右和河西地区建立的南凉、西秦两个政权的历史。细言之,南凉、西秦两政权分别是由我国古代陇西鲜卑乞伏氏和河西鲜卑秃发氏所建,因此本书首先从民族史的角度,分别探讨了秃发、乞伏鲜卑的来源、迁徙及融合情况;其次,叙述了他们建立政权的背景和经过,两国与邻近各政权的关系,以及他们盛衰的历史。最后,对两国的社会政治制度、社会形态和意识形态也作了一些探索。⑤ 周伟洲著《吐谷浑史》,该书首次全面、系统论述吐谷浑的历史。全书共分八章,首述吐谷浑的来源、迁徙及政权的建立(第一章),再论其政权的兴衰(包括与其他政权关系)史(第二、三章)及其政治、经济、文化和其原氏族、部落的组成(第四、五章);后叙述其在唐、吐蕃统治下的情况以及五代、宋初的情况(第六、七章);最后论述它与今天土族的关系。附录五篇,包括吐谷浑大事年表、吐谷浑世系表、青海都兰暨柴达木盆地东南沿墓葬主民族系属研究、吐谷浑墓志通考、吐谷浑晖华公主墓志与北朝北方民族关系。⑥

论文包括以下17篇。王子今发现,秦汉的边政按照地理方位可分为"北边""南边""西边"和"西北边",这与当时的生态环境、政治格局、经济水准、民族关系以及不同民族的生产方式和军事实力紧密相关,这也使得不同地理方位有不同的处置方式。简言之,

---

① 陈岑:《金海陵王柔妃唐括氏小考》,载《西夏研究》2021年第4期。
② 宋亚文:《元契丹人石抹宜孙交游及文学活动考论》,载《太原师范学院学报》(社会科学版)2021年第4期。
③ 谢光典:《四世噶玛巴若贝多吉元末西北朝圣巡礼活动考述——以其藏文传记史料为中心》,载《中国边疆史地研究》2021年第3期。
④ 赵卫宾:《图理琛使团首领殷扎纳生平事迹辑考》,载《中国边疆史地研究》2021年第2期。
⑤ 周伟洲:《南凉与西秦》,社会科学文献出版社,2021年。
⑥ 周伟洲:《吐谷浑史》,商务印书馆,2021年。

"北边"最受重视,是因为草原强势军事集团匈奴的存在。汉武帝时代进军漠北,克服西域,使当时社会以"西北边"为进取方向;东汉光武帝时期,有转而用心"南边"的趋向;明帝起,又致力于"西边"——西域,实现了"定远"的成功。① 安梅梅认为,两汉在陇右地区实行属国、道和护羌校尉等多元民族管理建置,其具有各自不同的行政管理系统和职责权限,而这种多元化的民族管理建置适应汉代陇右民族分布格局发展变化的形势,体现了汉代边郡政策的灵活性、包容性和多样性。② 崔建华指出,以"义"为抓手的伦理治国,在具体操作中可大体划分为"礼义""法义""情义"三种取向。汉承秦而起,原本重"法义",然而,随着儒家地位的上升,统治者对"礼义""情义"的重视程度越来越高。"义从"概念即形成于这一历史进程中,其意图在于将履行国家义务的意识推而广之,灌注到边疆地区、边疆族群的治理和管控之中。③ 开皇十九年(599)在河曲地域为保护归降的突厥启民可汗及其部众的安全而修建了南北两道"横堑",艾冲考证了两道"横堑"的地理位置,并指出这两道"横堑"在特定时期发挥了保护突厥启民可汗及其部众的安全及游牧经济的作用。④ 董永强考察了贞观十三四年间(639—640)唐廷就是否出兵高昌和设立西州的争论,并勾勒了西州建立后唐廷对当地治理方式的变化:一方面羁縻州制转变为正州县与都护府复合体制;另一方面则是户籍制度从无到有。⑤ 周伟洲借用史源学的方法,对于记载贞观二十二年(648)破龟兹后始置安西四镇的记载进行了研究,认为其基本可信。只不过因太宗去世及高宗即立,四镇的设置有名无实,而这又导致学术界关于这一问题争论不休。⑥ 何强林以《悟空入竺记》的相关记载为中心,对悟空所记安西、北庭的行政建置,寺院与译经活动,等进行了考释。⑦ 吴正浩将《赵师武墓志》与传世文献相结合,讨论了宣宗大中二年至五年(848—851)唐廷征讨京西北地区内附党项战争的起因、经过和结果。⑧ 李军、何静苗认为,大中二年(848)征讨党项之役失利后,宣宗从指挥体系、兵员组成、作战重点等方面调整了其政策,于大中四年(850)五月至九月间重启了针对党项的大规模作战。但并未解决唐军物资运输的问题,这使得其对于党项的经略一直未取得明显成效,于是,在大中五年(851)三月将其经略方式由单纯的军事征伐转变为

---

① 王子今:《秦汉边政的方位形势:"北边""南边""西边""西北边"》,载《中央民族大学学报》(哲学社会科学版)2021年第3期。
② 安梅梅:《汉代陇右的多元民族管理建置探析》,载《宝鸡文理学院学报》(社会科学版)2021年第1期。
③ 崔建华:《东汉"义从"概念的生成——汉代边疆伦理整合的个案考察》,载《石河子大学学报》(哲学社会科学版)2021年第4期。
④ 艾冲:《隋开皇十九年所建"横堑"工程地理位置初探》,载《西夏研究》2021年第4期。
⑤ 董永强:《平高昌前后的争论与唐初西域政策的转向》,载《唐都学刊》2021年第2期。
⑥ 周伟洲:《唐"安西四镇"最早设置时间辩》,载《中国边疆史地研究》2021年第4期。
⑦ 何强林:《绝域音书——悟空游记所见之安西北庭》,载《唐史论丛》2021年第2期。
⑧ 吴正浩:《新见唐〈赵师武墓志〉考释》,载《西夏学》2021年第1期。

招抚与征讨相结合,从而促成了党项问题的暂时解决。① 唐博、戴羽研究了西夏的上请制度,上请制度是中国古代司法审判或重要事项决策中请求皇帝或上级机关裁决的制度,唐氏等从适用范围、与唐宋法律的渊源及自身特色等方面对于西夏上请制度进行了阐述。② 唐博对西夏中后期的治安维护体系进行了考察。他指出,西夏在内地主要依靠捕盗巡检进行治安维护,在边地采取边地检人等多方配合的严密体系,民间则形成了农迁溜的治安维护模式。面对中晚期治安问题总体呈恶化趋势的问题,西夏通过扩大治安维护者职权和新设坊老等方式来强化治安维护的效能。③ 徐百永、阳梦婷认为,"乌拉"是对元朝站户所支应的来自驿站的差役的称呼。西藏地区乌拉制度与吐蕃时期的驿传制度有一定的渊源关系,其产生是为了满足元朝为统治西藏设立站赤机构产生的驿路沿途服务人员及驿马、饮食等需求。经过两次对乌斯藏地区的"括户",元廷在西藏设立了运作稳定的乌拉差役制度。乌拉制度一方面对于元朝有效治理西藏发挥着上通下达的重要作用,另一方面又给西藏民众带来了沉重经济负担。④ 刘淼通过对文献中关于贵州苗人聚集区都匀地区设府时间不同记载的考证,指出都匀府设置时间为弘治七年(1494)五月。⑤ 通过对军机处满文录副奏折等档案的考证,王启明指出清廷设置小伯克的吐鲁番回迁威鲁堡回众及原莽噶里克属众分别于乾隆二十八年(1763)及三十二年(1768)迁居伊犁,这使得扎萨克制成为吐鲁番盆地的"世袭土司";而乾隆年间将原属扎萨克旗的吐鲁番西部四个苏木划归新设领队大臣直辖,实质上为一种"改土归流"举措,这使得清前期吐鲁番呈现出"土流并治"的回众管理模式。⑥ 王启明综合考察满汉档案资料,指出乾隆三十六年(1771)以前的辟展同知实为清朝由内地临时派遣辟展专办粮饷、粮务之"管粮同知",乾隆三十六年陕甘总督明山始奏准在辟展设立实缺同知。⑦ 王启明根据北京和台北两地所藏满汉文档案的记述,指出从18世纪末至19世纪30年代,清廷曾分三个阶段将北疆伊犁的军队通过中亚"纳林道"换防至南疆喀什噶尔。此外,他还讨论了清廷在三个阶段使用这条道路的缘起、换防过程和演变,以及放弃原因与影响。⑧ 陈跃从新疆建省的视角研究了巴里坤乌鲁木齐满营移驻古城的过程。他指出,将巴里坤乌鲁木齐满营移并古城,设古城城守尉,改属甘肃新疆巡抚管辖和考核,为新疆东部地区治理内地化扫清

---

① 李军、何静苗:《唐大中年间宣宗经略党项政策之演进——以石刻史料为中心的考察》,载《西北大学学报》(哲学社会科学版)2021年第4期。
② 唐博、戴羽:《西夏上请制度考述——以〈天盛律令〉为中心》,载《西夏研究》2021年第2期。
③ 唐博:《西夏中后期治安维护研究》,载《西夏研究》2021年第4期。
④ 徐百永、阳梦婷:《元代西藏乌拉制度及其影响研究》,载《中国藏学》2012年第3期。
⑤ 刘淼:《明贵州都匀府建置时间考》,载《安顺学院学报》2021年第1期。
⑥ 王启明:《清前期吐鲁番"土流并治"回众管理模式的形成》,载《清史研究》2021年第4期。
⑦ 王启明:《乾隆年间辟展同知设置考》,载《新疆大学学报》(哲学·人文社会科学版)2021年第3期。
⑧ 王启明:《三通三绝:清朝使用"纳林道"研究》,载《历史地理研究》2021年第3期。

了障碍,保障了新疆建省的顺利完成。①

2021年,关于历史上少数民族及其分布地区的经济、社会与文化的研究成果共有论文7篇。沙武田、陈国科通过对武威南山吐谷浑王族墓地的考察,指出吐谷浑王族墓具有两个特点:一为"靠山为坟"——将坟墓设置于东西向山脉延伸出的一条条南北向山梁上;一为夫妇异穴合葬。而这两个特点都体现出较为明显的鲜卑文化特征,一定程度上反映了吐谷浑的民族文化属性。② 李红坦、王善军指出,契丹世家大族的家庭伦理在辽代呈现出日趋儒家化的倾向,儒家关于父子、兄弟和夫妻的家庭伦理观念对契丹世家大族产生了深远的影响。而这种家庭伦理的变迁深受辽代东北游牧文化与中原农耕文化交融、社会统治思想转型和契丹世家大族维系家族发展的内在需求等因素的影响。③ 刘佩认为,明代宁夏作为九边重镇之一,使得其生产生活无不与军事作战密切相关。在这种背景下,明代宁夏地区的手工业呈现明显的军事化特征,其表现在军备制造技术成熟、以杂造局和兵车厂为代表的官营手工业占据主流地位等。④ 郭少妮对清代西藏地区的天花防治实践的研究。她通过对清代西藏地区天花暴发及防治历史的梳理,指出西藏地方的天花防治实践主要为宗教禳灾、藏医药治疗、接种牛痘疫苗和设立医馆等。此外,由于对天花的认知不足及恐惧,亦存在将染疫者驱逐至无人之地的错误行径。⑤ 衡宗亮考察了清至民国时期定湘王信仰在新疆地区传播和发展。他指出,定湘王信仰是伴随左宗棠大军收复新疆而传播至天山南北,清政府对于定湘王信仰采取了灵活和实用的态度,从而稳定了社会秩序,并巩固了统治基础。至民国时期,因为新疆局势动荡,加之湘楚集团影响力的缩小,定湘王信仰亦由盛转衰。⑥ 盘应福以贵州锦屏县、天柱县婚姻契约文书、碑刻为基础材料,对清至民国时期清水江流域苗、侗等族的婚姻与财礼流动之间的关系开展了研究。他指出,财礼交付是苗族、侗族婚姻缔结成败的关键,在"买休卖休"的过程中,财礼交付也决定了婚姻教义的成败。而退婚、再醮亦都与财礼回流密切相关。⑦ 成珊娜研究了民国时期南疆地区维吾尔族社会教育的发展历程。她将其分为杨增新、金树仁时期,盛世才时期和国民党统治时期三个时段,并指出南疆维吾尔族社会教育第一个时段处于停滞状态,第二个时段获得了快速发展,第三个时段经过一段时间的继续发展后,

---

① 陈跃:《晚清新疆建省视角下巴里坤乌鲁木齐满营移并古城研究》,载《清史研究》2021年第3期。
② 沙武田、陈国科:《武威吐谷浑王族墓选址与葬俗探析》,载《考古与文物》2021年第2期。
③ 李红坦、王善军:《辽代契丹世家大族家庭伦理的变迁及其原因》,载《内蒙古社会科学》(汉文版)2021年第1期。
④ 刘佩:《明代宁夏地区手工业军事化探究》,载《宁夏大学学报》(人文社会科学版)2021年第1期。
⑤ 郭少妮:《清代西藏地区的天花防疫实践》,载《中国藏学》2021年第3期。
⑥ 衡宗亮:《清至民国时期新疆定湘王信仰研究》,载《中国本土宗教研究》2021年第0期。
⑦ 盘应福:《姻亲、世俗与礼法:清至民国清水江流域族群婚姻与财礼流动研究》,载《北方民族大学学报》2021年第3期。

由于社会动荡和财政困难而逐渐衰落。①

受民族学界关于民族(族群)认同研究热潮的影响,关于历史上的民族(族群)人认同的问题亦逐渐得到学者们的重视,相关的研究成果亦日趋增多。2021年,关于历史上的民族(族群)认同的研究成果共有3篇论文。刘志平研究了先秦秦汉时期的"秦人"称谓与认同。他认为,春秋时期,"秦人"称谓与认同逐步得到凸显,在以姬周华夏为核心的"夷夏之辨"的族群认同格局中处于边缘华夏的位置。战国至秦,"秦人"与"非秦人"的族群区分得到凸显。西汉建立后,"秦人"与"非秦人"的族群区退出历史舞台,"秦人""秦胡""秦虏"成为秦时脱离秦境的秦人后裔在汉代的称谓。② 刘志平研究了先秦秦汉时期陇右地区的族群互动与认同变迁的现象和趋势。他指出,虽然华夏族群向陇右地区的移徙及华夏式政治、经济和文化不间断地向这一地区渗透,但该地区始终是不同族群共生共存的区域,这一区域内华夏族群整体性的自我族群认同一直存在。这表明非华夏与华夏在边地的接触并不一定导致非华夏的华夏化。③ 高强描绘了魏晋南北朝时期鲜卑、匈奴、羯、氐、羌等内迁少数民族贵族祖述炎黄的现象,并认为这些内迁北族的炎黄崇拜促进了民族融合,为隋的统一乃至中华民族共同体的形成奠定了文化心理基础。④

2021年,关于民族关系史的研究成果共有论文5篇。崔建华认为,成功处置建元三年(前138)、建元六年(前135)两次越人之争,对汉王朝的匈奴政策的转变具有极强的启发作用。具体而言,包括对越处置"有征无战"的良好心理体验、"边人言边事"的有效用人模式,使得汉武帝采纳了燕人王恢的建议,在马邑设伏诱致单于,改变了对匈奴的根本战略。⑤ 黎镜明等从巫术信仰与实践的视角对西汉与匈奴的关系进行了审视。细言之,首先,西汉与匈奴皆有以"巫"知道战争的理念,并将"巫"作为战争中钳制对方的手段;其次,在双方盟誓、朝觐、祭天等其他场景中,"巫"的表现也非常活跃。这表明,西汉与匈奴关系在显性的政治、经济、军事交流外,还存在一个隐秘的巫风维度。⑥ 严可对北魏遣使高句丽的相关问题进行了研究。他指出,太武帝太延元年(435)北魏开始向高句丽遣使。北魏实行严格的使节选任制度,家族背景、学识才能、官职品级等均构成考量标准。使者的使命大体包括通好、册封、诏谕、送迎和责问五个种类。同时,北魏以升降官职的

---

① 成珊娜:《民国南疆维吾尔族社会教育研究——以民众学校为例》,载《西北民族论丛》2020年第2期。
② 刘志平:《先秦秦汉的"秦人"称谓语认同》,载《清华大学学报》(哲学社会科学版)2021年第6期。
③ 刘志平:《先秦秦汉时期陇右地区的族群互动与认同》,载《西北大学学报》(哲学社会科学版)2021年第5期。
④ 高强:《分裂中的认同:魏晋南北朝时期的炎黄崇拜》,载《信阳师范学院学报》(哲学社会科学版)2021年第4期。
⑤ 崔建华:《越人之争与汉武帝对匈奴政策的转变——以君主的执政体验为中心》,载《社会科学》2021年第12期。
⑥ 黎镜明、王欣:《巫风笼罩下的西汉与匈奴关系——从"单于朝中国辄有大故"说起》,载《史林》2021年第4期。

形式对使节进行奖惩。① 彭建英等考论了隋唐时期的中原皇帝和割据群雄获称可汗号的问题。他们认为,隋文、炀二帝获突厥尊奉汗号体现了承奉者与接受者之间政治上的臣属关系。突厥授予隋末群雄汗号,是为了多封众建汉地诸雄为其操控的小可汗,维持中原分裂的局面,而隋末群雄接受突厥授予的名号,旨在借北族汗号之虚名,以实现夺取中原帝位之实利。天可汗意味着太宗已成为诸蕃认可的真正意义上的共主。② 陈飞飞通过对《破吐蕃露布》内容的释读,勾勒了其所反映的贞元十七至十八年(801—802)唐蕃之战的基本过程,并指出其对之后唐蕃关系的影响——改善了唐王朝的不利局面,对促成其后的和谈及长庆会盟起到了重要作用。③

最后,周伟洲将其与藏族有关的论文结集出版,因其内容跨越前述分类类别,故在此单独介绍。该论文集包括上、中、下三编。上编是关于唐代吐蕃史,尤其是吐蕃早期与邻近西北各族关系的论文。中编是清代藏族历史相关的论文。下编是民国藏族历史相关的论文。④

二、中国少数民族艺术研究

2021年,中国少数民族艺术共有论文11篇。李娟等对于东周S形饰的研究。他们指出,S形饰最早出现于春秋晚期,流行于战国中晚期,入秦后消失。他们根据其器形、纹饰、涂锡工艺、在秦墓中所占的比例、分布的区域等方面的信息推测,S形饰为一支与秦人交好的戎人特有的器物。他们又根据其结构、与长冠的拟合、出土信息等推测,S形饰为悬挂在腰间的明器化腰带饰。⑤ 阳梦婷考察了唐代汉人"胡服"概念。她认为,唐代至少存在"对襟式""叠襟式"两种外观同样为圆领的袍服,"对襟式"圆领袍服才是唐代汉人所认为的"胡服","叠襟式"是汉魏晋以来传统袍服体系在唐代的传承。⑥ 杨瑾对唐章怀太子墓《客使图》中自南向北第一位穿皮衣戴皮帽使者的族属提出了新说。首先,她指出唐代壁画中对东北少数民族的描摹以软毛皮帽和宽大的皮帽袍服为特征,这一使者符合这一特征,因此她同意其为东北民族使者的旧说。其次,通过考察章怀太子生前监国至死后两次改葬这一时期东北民族与唐廷关系,她认为粟末靺鞨与唐廷关系较为密切,并

---

① 严可:《北魏遣使高句丽关联问题探赜——兼论北魏与高句丽首次往来时间》,载《暨南史学》2021年第2期。
② 彭建英、冯景运:《隋唐帝王与割据群雄获称汗号问题考论》,载《内蒙古社会科学》(汉文版)2021年第1期。
③ 陈飞飞:《〈破吐蕃露布〉与其所反映的唐蕃关系研究》,载《西藏大学学报》(社会科学版)2021年第3期。
④ 周伟洲:《周伟洲藏族史论文集》,中国藏学出版社,2021年。
⑤ 李娟、郭妍利:《东周S形饰辨析》,载《文博》2021年第2期。
⑥ 阳梦婷:《何谓"胡服"——唐时期汉人"胡服"概念考》,载《浙江纺织服装职业技术学院学报》2021年第4期。

据此认为这一使者的族属为粟末靺鞨。① 呼啸对西魏吐谷浑晖华公主夫妇墓出土的一套五件明器化的铜器组合进行了详细描述和初步分析。② 马洋考述了西夏骨朵的类型及功能。他用类型学的方法对西夏时期的骨朵进行了分型和分式,认为其经历了由蒺藜形向蒜头形发展的变化过程。此外,他将历史文献与文物相结合,认为骨朵不仅是作战的兵器,兼具礼仪仪卫的作用。③ 沙武田推定莫高窟第55窟甬道和主室重绘净土菩萨壁画为西夏时期,并认为重绘菩萨像所具有的浓厚的净土图像元素和色彩是宋夏阶段敦煌石窟中流行简化版净土变的极致。其与曹氏归义军时期同类图像在洞窟中主题搭配存在的显著差异,是判断敦煌晚期石窟中一批以其他形式重绘洞窟中同类菩萨像时代的重要证据。易言之,其对于敦煌晚期石窟图像对待具有极为重要的意义。④ 李志军考察了莫高窟第365窟中佛教图像反映的西夏重修思想。他指出,深受华严和密教影响的西夏信众,依据《佛说佛名经》及相关陀罗尼经典的记述,将莫高窟第365窟改造为由华严教主毗卢遮那佛提领华严法会的完整华严结构。⑤ 司晶晶对瓜州榆林窟第29窟国师像的名称及意义进行了阐释。他指出,榆林窟第29窟是西夏晚期洞窟,其中的国师像为真义国师像。真义国师像是在高僧"神格化"背景影响下出现的新图样。其一方面与洞窟中华严净土思想相呼应,一方面作为党项人自己的国师,对于供养人有引导作用。⑥ 吴雪梅研究了10—13世纪在西夏地区流传的"八塔变"擦擦。他指出,"擦擦"来源于藏语音译,指采用按印或脱模工艺制作的小泥佛塔或小泥佛像。西夏时期,八塔变盛行,擦擦作为八塔变的佛教艺术载体而流行,其来源于印度和我国的西藏地区,是藏传佛教艺术东传的结果。⑦ 臧正对于藏式木碗的起源、形制及功用的研究。他认为,藏式木碗是中原地区碗文化和中亚地区高足杯文化交流的结果,兼具碗和杯的形态。其具有不烫嘴、解毒及耐用等特点,使其在清代广泛流行于清廷贵族及社会上层人士之中。⑧ 张莉对新疆哈萨克族舞蹈动势文化意义的研究。她认为,新疆哈萨克族舞蹈动势不仅呈现出浓郁的生活气息,形象地诉说着他们的历史与文化,更是多元文化背景下各民族文化相互影响、相互交融的结果。⑨

---

① 杨瑾:《艺术的曲笔:唐章怀太子墓〈客使图〉所谓"东北民族人物"族属再探》,载《陕西历史博物馆论丛》2021年。
② 呼啸:《吐谷浑晖华公主夫妇墓出土铜器略谈》,载《东方博物》2021年第3期。
③ 马洋:《西夏骨朵的类型及其功能考论》,载《西夏研究》2021年第4期。
④ 沙武田:《莫高窟第55窟重绘净土菩萨对敦煌晚期石窟断代的意义》,载《西夏学》2021年第2期。
⑤ 李志军:《教宗华严 行归净土——莫高窟第365窟西夏重修思想初探》,载《西夏学》2021年第1期。
⑥ 司晶晶:《瓜州榆林窟第29窟国师像阐释》,载《西夏研究》2021年第2期。
⑦ 吴雪梅:《10—13世纪"八塔变"擦擦在西夏地区的流传》,载《西夏研究》2021年第3期。
⑧ 臧正:《小碗大用——藏式木碗的起源、形制及功用研究》,载《西藏研究》2021年第4期。
⑨ 张莉:《新疆哈萨克族舞蹈动势的文化意义》,载《西北民族论丛》2020年第2期。

三、民族学研究

2021年,陕西省民族学相关的研究成果共有专著1本、论文6篇。专著即马强《社会变迁与实践调适——现代化进程中的中国城市穆斯林》。该书重点记录和讨论了广州、义乌、西安三市在1980—2010年间的变迁。内容主要涉及外籍穆斯林、网络社区、迁移人口、族群互动、城市女学、宗教思潮等。其以个案丰富了宗教人类学、都市人类学、城市社会学、宗教社会学等跨学科研究,对于提高穆斯林适应都市生活的能力,消除教派观念和族群隔阂,促进不同信仰群体之间的互动和理解等有着积极的学术贡献。[①]

民族学相关的论文可分为田野调查及研究、民族学家思想研究及海外民族研究三种。田野调查及研究的论文共有3篇。盘应福、黄利晓对榕江县怎东村瑶族"还愿"仪式的研究。作者指出,怎东村瑶族"还愿"仪式,属于瑶族群体的祖先崇拜和世代继承的一种特殊宗教"礼",以"交愿"和"还愿"仪式施行。瑶族成年男子,需要接受这种宗教"礼"的洗礼,形成独特的认识框架和生活圈内的民族文化。[②] 通过长期对单家集田野调查,苏文彪发现单家集继承历史上经营集市传统,又打破乡村设集立市的惯例,建立了以活畜交易为主导的专营特色集市,形成以牛为媒介的地方性、区域性中心市场,改变了六盘山集市圈牲畜市场分布格局并再造新秩序,而其自身亦由村落经济共同体转变为集市经济共同体。[③] 高锦花等人对湘西麻阳高村镇苗族丧葬礼仪进行考察。他们指出,麻阳苗族自治县是迄今为止苗族传统丧葬文化保留较为完整的区域之一。从人类学视角来看,丧葬仪式中的象征意味突出,既体现了中国传统文化中固有的生死观念和价值观,也体现了某些文化要素如禁忌、闹丧所具有的地方风俗习惯;而保证亡者旅途安全的一系列告别仪式和用物又说明人类在面对死亡时的共同心理。[④]

民族学家思想研究的论文共有2篇。王伟光详细阐述马长寿先生在民国时期提出的"文化多元、政治一体"的"国族"重塑理论。作者指出,晚清民国时期,在现代化国家的政治诉求框架下,存在着"一元一体"的"单一国族"重塑与"多元一体"的"国族"重塑的争执。马长寿先生依据自己长期的西南民族研究实践,系统地提出了一整套较为完整的解决这一矛盾的方案,即"文化多元、政治一体"的"国族"重塑理论。马氏引入中国各民族演进史,在批判将"同化"等同于"汉化"和"国族化"的基础之上,提出了"多元主义

[①] 马强:《社会变迁与实践调适——现代化进程中的中国城市穆斯林》,兰台出版社,2021年。

[②] 盘应福、黄利晓:《仪与礼:黔东南瑶族"还愿"仪式新探——以榕江县怎东村为个案》,载《内蒙古大学学报》(社会科学版)2021年第3期。

[③] 苏文彪:《一个西北山区村落集市的自我塑型与秩序再造——基于宁夏单家集田野调查》,载《回族研究》2021年第4期。

[④] 高锦花、邬思宇、张茹:《人类学视野下的湘西麻阳高村镇苗族丧葬礼仪考察》,载《湖南工程学院学报》(社会科学版)2021年第2期。

同化"的原则和标准,认为此是解决文化多元与政治统一矛盾之合理方法,两者并行不悖。① 李如东对谷苞民族研究学术思想的探析与总结。作者认为,谷苞先生的民族研究在继承魁阁研究的问题意识与学术方法的同时又对其扬弃,形成了一种综合社会调查、经济类型学与文化史研究的民族学。这一风格的民族学基于谷氏的西北民族研究经验与中国民族学的整体观照发展而来,并在其对多民族统一之中国的阐释中得到集中体现。②

海外民族研究的论文只有1篇。马强、马建福通过考察侯吉热功能的变化管窥巴基斯坦普什图人的社会变迁。他们指出,侯吉热意为客房或客舍,是普什图男子进行公共社交的场所。侯吉热大致经历了从集体到地方权威,再到私人或被新的经济阶层拥有的过程,总体上是公共性丧失而私有性提升的过程。公共侯吉热的衰落影响到普什图瓦里的传承,提升了普什图人的信仰身份、公民意识和自主意识,使女性、家庭和学校的文化传承功能凸显。而手机等媒体构建的虚拟社区也使普什图人的文化传承方式表现出一定的脱域性。③

四、中国少数民族语文及文献研究

2021年,陕西省中国少数民族语文及文献研究共有专著2本、论文5篇。两本专著分别如下。马强的《心灵的明灯——中国化汉阿波多语料文献转写、翻译与校注》,该书是中国学者对波斯语同名著作的多语料翻译抄本的汉字转写与校注。抄本内容主要是对天地造化、天堂地狱、天仙圣人、今世行善、后世受问等基础伊斯兰知识的故事性表述。抄本的价值主要体现在语言学和文献学方面,是糅合了消经文字转写的汉语、阿拉伯语、波斯语和经堂语词汇的多语料文献,是中国文明融合性和中外文明交汇的实物见证,以活态文化展现了中国文化的整合性和融通性,以及中国文化对外来文明的吸收、接纳和改造过程。④ 韩小忙编著的《西夏文词典:世俗文献部分》(全9册),该词典是由编者建立的西夏文世俗文献语料库的基础上编纂而成,约800万字。其征引资料繁富,囊括了目前可见的绝大部分西夏文世俗文献,占有语料远超前人,为西夏学研究者提供了十分全面的研究资料。正文体例规范,各词条详列出单字的形、音、义及例句,可从中掌握每一个西夏字的来龙去脉及使用特点。同时,该词典内容征引准确,编著者对单一词条所

---

① 王伟光:《民国时期"国族"重塑的探寻路径——以马长寿先生所提方案为中心》,载《中国边疆史地研究》2021年第1期。
② 李如东:《论谷苞的民族研究:从社会类型比较到多民族国家的历史解释》,载《西北民族研究》2021年第1期。
③ 马强、马建福:《由公到私:从侯吉热观察巴基斯坦普什图人的社会变迁》,载《南亚研究季刊》2021年第2期。
④ 马强:《心灵的明灯——中国化汉阿波多语料文献转写、翻译与校注》,兰台出版社,2021年。

引用的例证资料都进行了详细的标注。①

论文包括以下5篇。李宗俊对敦煌古藏文历史文献《小邦邦伯家臣及赞普世系》《赞普传记》及《吐蕃大事纪年》性质、内容及成书时间进行了研究。② 王玫、许鹏对于西夏文世俗文献中的通假现象的研究。③ 他们指出,西夏文世俗文献中也有通假字,分布于民间文书、夏译汉籍、国家法典等,使用较为频繁。辨析西夏文通假字,对于重新审视、考证世俗文献释读过程中存疑的词义具有重要意义。许鹏、同敏对西夏文利用大宗语料西夏文《大般若经》,结合世俗文献语料库,对四个西夏语词汇的意义或用法进行了考辨。④ 吴雪梅对新见西夏文《佛说如来一切总悉摄受三十五佛忏罪法事》的缀合研究。作者对武威博物馆藏676号西夏文佛经(原定名为《佛说佛名经》)与武威新发现一件与此相似的西夏文残片进行翻译缀合后,发现该文献与武威博物馆藏6761号西夏文残片前后衔接,应该属于同一文献。作者通过对这一文献考证分析,指出武威博物馆藏6761号西夏文佛经与本次新发现的西夏文佛经残片可能是俄藏黑水城出土汉文本《佛说三十五佛名经》的西夏文译本——《佛说如来一切总悉摄受三十五佛忏罪法事》。⑤ 哈宝玉、马晓旭对于刘智"采辑经书目"中《米福他合欧鲁密》的作者、内容及诠释和注疏进行了较为详细的考察和介绍。⑥

(作者单位:陕西师范大学中国西部边疆研究院)

---

① 韩小忙编著:《西夏文词典:世俗文献部分》(全9册),中国社会科学出版社,2021年。
② 李宗俊:《敦煌古藏文历史文献的撰修及其反映的早期吐蕃史》,载《西藏研究》2021年第5期。
③ 王玫、许鹏:《西夏文世俗文献中的通假字考辨》,载《西夏学》2021年第1期。
④ 许鹏、同敏:《西夏语词义考辨四则》,载《西夏学》2021年第2期。
⑤ 吴雪梅:《新见西夏文〈佛说如来一切总悉摄受三十五佛忏罪法事〉缀合研究》,载《西夏学》2021年第1期。
⑥ 哈宝玉、马晓旭:《刘智"采辑经书目"〈米福他合欧鲁密〉的考释与研究》,载《世界宗教研究》2021年第4期。

社科项目

2021年,在各级主管部门的领导和支持下,陕西省社会科学界积极组织完成国家社科基金、教育部社科基金、陕西省社科基金等各类项目的申报工作。其中国家社科基金项目中,重大项目11项、重点项目12项、一般项目102项、青年项目34项、西部项目52项、后期资助项目43项、冷门绝学项目2项、教育学项目15项、高校思政课研究专项6项、中华学术外译项目4项。教育部人文社会科学研究项目中,规划项目77项、西部和边疆地区项目42项、专项任务项目8项、后期资助6项及其他各类别项目。此外,陕西省哲学社会科学规划办公室批准立项本年度省社科基金项目389项,陕西省社科界重大理论与现实问题研究项目立项1096项,其中年度项目500项、联合课题项目485项、重大委托项目1项、重大智库项目70项、出版资助项目28项、省教育厅项目59项。各级各类社科项目的立项充分反映了我省在哲学社会科学研究中的实力。

陕西省获立2021年度国家社科基金项目

陕西省2021年度国家社科基金重大项目立项名单(11项)

序号	项目批准号	项目名称	首席专家	工作单位
1	21&ZD019	中国共产党百年对马克思主义的整体性原创贡献研究	任晓伟	陕西师范大学
2	21&ZD137	企业低碳价值创造的理论与实践研究	贾 明	西北工业大学
3	21&ZD147	国家治理能力现代化的测度理论、方法与进展评价研究	张维群	西安财经大学
4	21&ZD181	新形势下我国面临的主要就业风险及多维治理研究	张 顺	西安交通大学
5	21&ZD237	关中地区十六国时期墓葬资料的整理与研究	刘呆运	陕西省考古研究院
6	21&ZD241	人类瘟疫史	李化成	陕西师范大学
7	21&ZD250	《佛教造像艺术大辞典》汉译与研究	王启龙	西安外国语大学
8	21&ZD256	中国共产党文艺制度史研究	李西建	陕西师范大学
9	21&ZD260	红色文艺与百年中国研究	赵学勇	陕西师范大学
10	21&ZD270	新出土墓志与隋唐家族文学文献整理与研究	王 伟	陕西师范大学
11	21&ZD320	乡村振兴视角下新媒体在乡村治理中的角色与功能研究	杨 琳	西安交通大学

陕西省2021年国家社科基金年度项目立项名单(114项)

序号	项目批准号	项目类别	学科	项目名称	负责人	工作单位
1	21AZX018	重点项目	哲学	中国传统居住伦理文化研究	陈丛兰	西安工业大学
2	21AJY020	重点项目	应用经济	"三链"双循环下我国制造业高质量发展路径与驱动机制研究	杨水利	西安理工大学
3	21ARK005	重点项目	人口学	当代中国农村老年家庭代际和谐发展与支持政策研究	王 萍	西安科技大学
4	21ASS005	重点项目	世界历史	海湾国家的家族统治与君主制政体嬗变史比较研究	王铁铮	西北大学
5	21AKG002	重点项目	考古学	宝鸡石鼓山商周墓地发掘报告	丁 岩	陕西省考古研究院
6	21AZW001	重点项目	中国文学	习近平总书记对马克思主义文艺理论中国化的理论贡献研究	李西建	陕西师范大学
7	21AZW019	重点项目	中国文学	红色中国的域外书写及传播研究(1934—1979)	赵学勇	陕西师范大学
8	21AYY009	重点项目	语言学	港澳地区多语多文制的历史与现状研究	赵学清	陕西师范大学
9	21AXW009	重点项目	新闻学与传播学	媒介域视角下延安木刻版画的社会动员研究	许加彪	陕西师范大学
10	21AGL009	重点项目	管理学	RCEP框架下促进中国制造业产业链重构的政府补贴效能提升研究	李婉丽	西安交通大学
11	21AGL028	重点项目	管理学	以生计与基层治理为重点的西部脱贫攻坚与乡村振兴有效衔接实现路径研究	杜海峰	西安交通大学
12	21AGL030	重点项目	管理学	重点空域军地联合管控建设及应急处置问题研究	李 泽	西京学院
13	21BKS005	一般项目	马列·科社	习近平生态文明思想对历史唯物主义的原创性贡献研究	李 刚	西安电子科技大学
14	21BKS036	一般项目	马列·科社	新时代意识形态话语创新研究	陈建兵	西安交通大学
15	21BKS169	一般项目	马列·科社	马克思级差地租的方法论思想及其应用研究	金栋昌	长安大学

续表

序号	项目批准号	项目类别	学科	项目名称	负责人	工作单位
16	21BKS170	一般项目	马列·科社	习近平总书记关于新时代学校思想政治理论课重要论述的逻辑体系和实践转化研究	田建军	西安交通大学
17	21BKS171	一般项目	马列·科社	陕甘宁红色文化遗产的价值挖掘及智能传播研究	苏卉	西安建筑科技大学
18	21BKS172	一般项目	马列·科社	新时代青年国家安全意识教育的长效机制构建研究	刘远亮	西北工业大学
19	21BKS173	一般项目	马列·科社	延安时期毛泽东的哲学活动研究	韩琳	延安大学
20	21BKS174	一般项目	马列·科社	中国制度在全球风险治理中的比较优势研究	郭洪水	西北农林科技大学
21	21BKS175	一般项目	马列·科社	中国共产党处理中央与地方关系问题的探索历程与历史经验研究	韩奇	陕西师范大学
22	21BDJ022	一般项目	党史·党建	延安时期中共党史学习的历史研究	谭虎娃	延安大学
23	21BDJ069	一般项目	党史·党建	脱贫地区基层党组织推进乡村产业振兴能力建设研究	范建刚	陕西师范大学
24	21BDJ087	一般项目	党史·党建	延安时期中国共产党基层治理研究（1935—1948）	冯峰	长安大学
25	21BDJ113	一般项目	党史·党建	延安时期陕甘宁边区乡村党支部建设经验与当代价值研究	王今诚	中国延安干部学院
26	21BZX015	一般项目	哲学	《库萨哲学著作集》编译与研究	李华	陕西师范大学
27	21BZX024	一般项目	哲学	伦理学视域中的全球贫困及其治理进路研究	胡军良	西北大学
28	21BZX098	一般项目	哲学	匹兹堡学派实用主义研究	孙小龙	西安邮电大学
29	21BJL002	一般项目	理论经济	数字经济推动经济高质量发展的机制及路径研究	钞小静	西北大学
30	21BJL043	一般项目	理论经济	基于效率诉求的政府引导基金全链条运营机制优化研究	晏文隽	长安大学
31	21BJY004	一般项目	应用经济	财政激励影响劳务要素收入的效应测度与政策优化设计研究	宋丽颖	西安交通大学

续表

序号	项目批准号	项目类别	学科	项目名称	负责人	工作单位
32	21BJY034	一般项目	应用经济	新发展阶段绿色发展的量化评价框架与测度研究	曾先峰	西安外国语大学
33	21BJY086	一般项目	应用经济	新就业形态下城市劳动力工作时间配置研究	王兆萍	陕西师范大学
34	21BJY091	一般项目	应用经济	网络结构视角下机构投资者抱团的金融风险传染机理及防范策略研究	侯剑平	西安工业大学
35	21BJY138	一般项目	应用经济	脱贫山区农村社会组织稳定脱贫的作用机制与提升路径研究	尚海洋	西北政法大学
36	21BJY169	一般项目	应用经济	新发展阶段黄河流域生态安全评估、预警及实现机制研究	吴艳霞	西安理工大学
37	21BJY180	一般项目	应用经济	复杂网络视角下我国产业深度融合的评价与对策研究	原嫄	西北工业大学
38	21BJY187	一般项目	应用经济	生产托管促进小农户与现代农业发展有机衔接的机制、效应与政策优化研究	夏显力	西北农林科技大学
39	21BJY203	一般项目	应用经济	新时代红色基因传承与陕甘宁边区旅游形象重塑研究	宋竹芳	延安大学
40	21BJY216	一般项目	应用经济	重大突发事件应急物流体系脆弱性评估及协同治理研究	山红梅	西安邮电大学
41	21BJY231	一般项目	应用经济	企业金融化对货币政策传导的影响与对策研究	高蓓	西安交通大学
42	21BTJ048	一般项目	统计学	模型自适应合成检验方法及其应用研究	朱学虎	西安交通大学
43	21BTJ051	一般项目	统计学	影子银行系统性风险：溢出效应、动态预警与监管规制	张兴旺	西安财经大学
44	21BZZ029	一般项目	政治学	新时代党的治疆方略视域下新疆生产建设兵团维稳戍边职能研究	樊根耀	长安大学
45	21BZZ044	一般项目	政治学	中国特色新型举国体制构建的理论逻辑与实现路径研究	梁华	中共陕西省委党校（陕西行政学院）

续表

序号	项目批准号	项目类别	学科	项目名称	负责人	工作单位
46	21BZZ079	一般项目	政治学	"两种韧性"视角下中西方新冠疫情防控比较研究	吕书鹏	西安交通大学
47	21BZZ085	一般项目	政治学	对外纠纷解决中的国家安全审查机制研究	王 钢	西北大学
48	21BZZ102	一般项目	政治学	环境治理现代化下生态补偿横向转移支付机制与政策设计研究	王小辉	西安邮电大学
49	21BFX025	一般项目	法学	当代国外马克思主义法学最新动向和趋势研究	邱昭继	西北政法大学
50	21BFX054	一般项目	法学	政务数据资源权利制度构建研究	王思锋	西北大学
51	21BFX085	一般项目	法学	"三权分置"背景下农村宅基地利用主体制度创新研究	惠建利	陕西师范大学
52	21BFX133	一般项目	法学	环境健康权保障法律问题研究	韩利琳	西北政法大学
53	21BFX212	一般项目	法学	全球空间安全治理视域下临近空间飞行法律规制研究	张超汉	西北政法大学
54	21BSH021	一般项目	社会学	全生命周期视域下健康老龄化体系路径研究	翟绍果	西北大学
55	21BSH095	一般项目	社会学	乡村振兴背景下复合型农村社区组织体系建设问题研究	马良灿	西北农林科技大学
56	21BSH102	一般项目	社会学	"00后"大学毕业生工作价值观的代际演变与动态特征研究	张春雨	陕西师范大学
57	21BSH146	一般项目	社会学	基层社会治理中志愿服务行为习惯的形成机制与培育路径	罗扬眉	陕西师范大学
58	21BRK011	一般项目	人口学	智慧健康养老视角下老年人数字鸿沟治理研究	杨 波	西北大学
59	21BRK022	一般项目	人口学	人口老龄化背景下老年外科病人迅速增多的应对策略研究	王志东	西安交通大学
60	21BRK033	一般项目	人口学	数字技术驱动下的我国人口分布转型研究	米瑞华	延安大学

续表

序号	项目批准号	项目类别	学科	项目名称	负责人	工作单位
61	21BMZ045	一般项目	民族学	甘青涉藏地区多民族民间信仰交流交融研究	刘军君	陕西师范大学
62	21BMZ159	一般项目	民族学	近代新疆各民族与铸牢中华民族共同体意识研究	赵海霞	西北工业大学
63	21BMZ160	一般项目	民族学	边疆安全视域下的清代南疆军事体系构建研究	王启明	陕西师范大学
64	21BGJ015	一般项目	国际问题研究	印度智库西藏学资料编译整理与研究	庞 玮	陕西师范大学
65	21BGJ019	一般项目	国际问题研究	基于发展-安全良性互动的中国-东盟非传统安全治理模式优化研究	金 新	西安交通大学
66	21BGJ029	一般项目	国际问题研究	美国相关涉外法规对"一带一路"建设的影响及我对策研究	樊为之	陕西省社会科学院
67	21BZS008	一般项目	中国历史	新出隋代墓志铭蒐补与研究	周晓薇	陕西师范大学
68	21BZS068	一般项目	中国历史	明代南海海防聚落地理调查与中外文献的互证研究	韩虎泰	宝鸡文理学院
69	21BZS073	一般项目	中国历史	运输成本视角下清代市场格局变迁研究	胡 鹏	西北大学
70	21BZS086	一般项目	中国历史	能源转型视野下近代江南社会经济与环境变迁研究（1840—1937）	裴广强	西安交通大学
71	21BZS106	一般项目	中国历史	清代黄河中下游人水互动关系时空演变及其响应机制	张 健	西北大学
72	21BZS114	一般项目	中国历史	先秦时期中原与北方边疆族群互动交融研究	冯盛国	宝鸡文理学院
73	21BZS115	一般项目	中国历史	新出墓志与唐代治理西域研究	王庆昱	陕西师范大学
74	21BZS119	一般项目	中国历史	边疆安全视野下的汉唐西域军事地理研究	任宝磊	西北大学
75	21BKG009	一般项目	考古学	唐乾陵陵园遗址考古发现与研究	田有前	陕西省考古研究院
76	21BKG013	一般项目	考古学	汉晋十六国镇墓瓶整理与综合研究	刘卫鹏	西北大学
77	21BKG033	一般项目	考古学	文明交往视域下丝绸之路天山廊道古城址考古研究	李丰庆	西北大学

续表

序号	项目批准号	项目类别	学科	项目名称	负责人	工作单位
78	21BZJ019	一般项目	宗教学	中国古代宗教心理学说研究	肖建原	陕西师范大学
79	21BZJ036	一般项目	宗教学	日传汉文《大藏经》禅宗典籍序跋整理研究	邵颖涛	西北大学
80	21BZJ059	一般项目	宗教学	国家安全视域下大数据与宗教治理研究	李锋	西北政法大学
81	21BZW002	一般项目	中国文学	《狱中札记》新选译注及葛兰西马克思主义意识形态领导权理论研究	陈越	陕西师范大学
82	21BZW066	一般项目	中国文学	英国文化马克思主义意识形态理论研究	胡小燕	西北大学
83	21BZW157	一般项目	中国文学	人民戏剧中的传统文化资源研究(1942—1966)	焦欣波	西北大学
84	21BWW004	一般项目	外国文学	汉籍抄物与日本室町时代的中国文学阐释研究	郭雪妮	陕西师范大学
85	21BWW041	一般项目	外国文学	欧洲启蒙思潮下纳博科夫译注《欧根·奥涅金》与小说《微暗的火》的批评史观研究	郑燕	西安外国语大学
86	21BYY013	一般项目	语言学	接触层叠视角下的陕南方言史及重建方法研究	郭沈青	宝鸡文理学院
87	21BYY073	一般项目	语言学	语法化视角下的陕北晋语语法深度研究	高峰	西安文理学院
88	21BYY076	一般项目	语言学	语言接触视域下晋冀蒙边界地带方言语音研究	余跃龙	陕西师范大学
89	21BYY119	一般项目	语言学	传统秦腔汉英多模态双语语料库构建与英译研究	李庆明	西安理工大学
90	21BYY162	一般项目	语言学	互动语言学框架下的汉语句末语气词研究	刘锋	西安外国语大学
91	21BYY191	一般项目	语言学	基于语料库的汉日程度范畴主观性对比研究	陈建明	西安外国语大学
92	21BXW004	一般项目	新闻学与传播学	县级融媒体与基层治理能力现代化实现路径研究	张宏邦	西安交通大学
93	21BXW017	一般项目	新闻学与传播学	数字农家书屋建设的实践逻辑及创新路径研究	刘萍	西安工业大学
94	21BXW022	一般项目	新闻学与传播学	延安时期中国共产党新闻教育研究	郭小良	延安大学

续表

序号	项目批准号	项目类别	学科	项目名称	负责人	工作单位
95	21BXW027	一般项目	新闻学与传播学	延安声音媒介史（1937—1947）	张好玟	西北大学
96	21BXW038	一般项目	新闻学与传播学	人工智能出版物著作权保护模式选择及制度创新研究	焦和平	西北政法大学
97	21BXW069	一般项目	新闻学与传播学	数字公共媒介破解乡村治理碎片化困境的机制研究	牛耀红	西安交通大学
98	21BXW113	一般项目	新闻学与传播学	中印领土争端舆论史研究（1947—2017）	周宏刚	陕西师范大学
99	21BTQ095	一般项目	图书馆·情报与文献学	《汉书·艺文志》解题新撰	孙振田	西安工业大学
100	21BTY028	一般项目	体育学	国家治理体系下体教融合地方模式的梳理、比较及其优化路径研究	万炳军	陕西师范大学
101	21BTY038	一般项目	体育学	新时代中国学校体育督导研究	李艳茹	陕西师范大学
102	21BTY043	一般项目	体育学	近代以来著名武术家美育思想研究	金玉柱	西安电子科技大学
103	21BTY051	一般项目	体育学	我国群众性体育赛事协同治理模型构建与推进路径研究	冯加付	西安体育学院
104	21BTY109	一般项目	体育学	中国武术话语体系本土构建研究	袁金宝	西安体育学院
105	21BGL012	一般项目	管理学	双向混改影响企业技术创新的机制与路径研究	蔡建峰	西北工业大学
106	21BGL013	一般项目	管理学	突发公共事件背景下企业供应链应急能力构建研究	王 强	西安交通大学
107	21BGL038	一般项目	管理学	新一代信息技术驱动中国制造业智能化转型的机制与对策研究	刘泽双	西安理工大学
108	21BGL082	一般项目	管理学	地方政府或有债务风险的生成、传染及防控研究	杨 沁	西安理工大学
109	21BGL170	一般项目	管理学	新发展格局下我国农村中小银行风险防范机制及政策研究	王文莉	西安理工大学
110	21BGL183	一般项目	管理学	国家安全视域下石油企业的义务储备决策机制与政策保障研究	王建玲	西安交通大学

续表

序号	项目批准号	项目类别	学科	项目名称	负责人	工作单位
111	21BGL200	一般项目	管理学	面向突发事件的大数据质量提升与移动应急快速响应机制研究	李建勋	西安理工大学
112	21BGL209	一般项目	管理学	寄宿制对西部农村学生社会情感能力的影响机理及干预措施研究	史耀波	西安理工大学
113	21BGL262	一般项目	管理学	文旅深度融合背景下文化遗产价值链活化与文化基因传承研究	王毅菲	西安翻译学院
114	21BGL280	一般项目	管理学	数智时代我国高端会计人才供需画像与培养研究	董南雁	西安交通大学

陕西省2021年国家社科基金青年项目立项名单(34项)

序号	项目批准号	项目类别	学科	项目名称	负责人	工作单位
1	21CKS051	青年项目	马列·科社	新时代社会治理理论与实践创新研究	张振	西安交通大学
2	21CDJ003	青年项目	党史·党建	新发展阶段基层党组织政治功能的实现机制与增强路径研究	张晋龙	西北大学
3	21CZX007	青年项目	哲学	财产权批判谱系中马克思与黑格尔的关系问题研究	吴鹏	西安交通大学
4	21CZX008	青年项目	哲学	斯蒂格勒数字资本主义批判思想研究	陈明宽	西北大学
5	21CZX043	青年项目	哲学	社会转型中的先秦法家治理思想研究	王晨光	西安电子科技大学
6	21CZX064	青年项目	哲学	康德《杜伊斯堡遗稿》译注及思想价值研究	刘萌	延安大学
7	21CJY001	青年项目	应用经济	数字化背景下农地金融的发展特征、运行机制、风险测度与政策改进研究	王珏	西安交通大学
8	21CJY035	青年项目	应用经济	中国地方债务可持续性的测度、影响因素与实现路径研究	陈宝东	西安工程大学
9	21CTJ009	青年项目	统计学	高维面板数据条件下的多维向量回归模型及应用研究	陈方尧	西安交通大学

续表

序号	项目批准号	项目类别	学科	项目名称	负责人	工作单位
10	21CZZ008	青年项目	政治学	"党员下沉基层"背景下的社区治理共同体建设机制研究	包涵川	长安大学
11	21CZZ013	青年项目	政治学	中国近世思潮中的政治共同体问题研究	苏鹏辉	陕西师范大学
12	21CZZ017	青年项目	政治学	乡村振兴中的基层"动员－参与"协同机制研究	郑永君	西北农林科技大学
13	21CZZ031	青年项目	政治学	复合治理视角下的社会矛盾防范化解机制研究	王 琼	西安交通大学
14	21CFX011	青年项目	法学	岳麓简《秦律令》所见秦代罪刑之制辑释与研究	齐伟玲	西北政法大学
15	21CFX057	青年项目	法学	网络安全信息共享的法律保障研究	方 婷	西北大学
16	21CSH082	青年项目	社会学	地位获得视域下农业转移人口的职业教育回报研究	李颖晖	西北政法大学
17	21CSH087	青年项目	社会学	农业现代化进程中小农户"组织困境"破解研究	冯 小	西北农林科技大学
18	21CMZ043	青年项目	民族学	杜·乔玛之前的西方藏学研究	牛海洋	陕西师范大学
19	21CMZ044	青年项目	民族学	新出13—14世纪藏文文献中有关汉藏蒙多民族交往交流交融史料的译注与研究	谢光典	陕西师范大学
20	21CGJ009	青年项目	国际问题研究	海上恐怖主义及其治理研究	曹峰毓	西北大学
21	21CZS020	青年项目	中国历史	官阶优免与唐代赋役体系运行研究	顾成瑞	西北大学
22	21CZS070	青年项目	中国历史	汉唐河西边地家族与地方权力结构研究	王 晶	西北大学
23	21CSS002	青年项目	世界历史	美国对华安全战略研究（1969—2001）	忻 怿	陕西师范大学
24	21CSS030	青年项目	世界历史	联合国环境规划署与全球环境治理关系研究（1968—1992）	靳小勇	西安交通大学
25	21CKG004	青年项目	考古学	裕民文化遗址石器整理与史前先民生计行为研究	赵 潮	陕西师范大学

续表

序号	项目批准号	项目类别	学科	项目名称	负责人	工作单位
26	21CKG007	青年项目	考古学	陇东－陕北地区仰韶晚期至龙山时期的聚落演变与文明化进程研究	李小龙	西北工业大学
27	21CKG015	青年项目	考古学	伊犁河流域及帕米尔高原塞人考古遗存比较研究	梅子霖	西北大学
28	21CKG021	青年项目	考古学	陕西宋元壁画墓发掘报告	苗轶飞	陕西省考古研究院
29	21CZW041	青年项目	中国文学	"二史馆"藏创造社作家档案整理与研究(1938—1945)	曾祥金	西安交通大学
30	21CWW005	青年项目	外国文学	日本震灾后文学研究（2011—2020）	时渝轩	西安交通大学
31	21CYY023	青年项目	语言学	浙江契约文书语言研究	郭敬一	陕西师范大学
32	21CYY025	青年项目	语言学	汉语致使表达的共时分布与历时演变研究	丁 丁	西安交通大学
33	21CTQ010	青年项目	图书馆·情报与文献学	听觉文化复兴视角下公共数字文化资源的听觉化开发与触达研究	王 铮	西北大学
34	21CTQ018	青年项目	图书馆·情报与文献学	数据驱动下科研项目团队异质性对创新绩效的影响研究	田人合	西北大学

陕西省2021年度国家社科基金西部项目立项名单(52项)

序号	项目批准号	项目类别	学科	项目名称	负责人	工作单位
1	21XKS015	西部项目	马列·科社	对国外"两个马克思"论的批判性研究	代建鹏	长安大学
2	21XKS003	西部项目	马列·科社	延安时期马克思主义哲学中国化的基本经验与当代价值研究	白 莹	西安石油大学
3	21XKS013	西部项目	马列·科社	乡村社会治理共同体建设的公共性困境与实践路径研究	林 星	西安交通大学
4	21XKS014	西部项目	马列·科社	运用英雄模范人物传播社会主义核心价值观的内在机理研究	吕 焰	西安交通大学
5	21XDJ014	西部项目	党史·党建	新时代延安精神滋养初心、淬炼灵魂、净化政治生态三大功能研究	白宽犁	陕西省社会科学院

续表

序号	项目批准号	项目类别	学科	项目名称	负责人	工作单位
6	21XDJ015	西部项目	党史·党建	延安时期党的文艺育德历史研究	王东维	延安大学
7	21XDJ016	西部项目	党史·党建	延安时期中国共产党宣传话语范式的观念、结构与特征研究	刘小红	榆林学院
8	21XDJ017	西部项目	党史·党建	国家治理现代化视域下中国共产党的制度领导力研究	吴琼华	中共陕西省委党校（陕西行政学院）
9	21XZX009	西部项目	哲学	历史唯物主义语境中的"精神政治学批判"研究	袁立国	西安电子科技大学
10	21XZX010	西部项目	哲学	以人民为中心思想的实践哲学基础及其效度研究	曹瑜	西北工业大学
11	21XZX011	西部项目	哲学	尼古拉·哈特曼《伦理学》翻译与研究	杨俊英	西北政法大学
12	21XZX012	西部项目	哲学	黑格尔哲学体系的原则问题研究	贾红雨	长安大学
13	21XJL004	西部项目	理论经济	中国制造业转型升级的双循环演化机制及路径研究	宋炜	西安建筑科技大学
14	21XJL005	西部项目	理论经济	生态全要素生产率视角下推动黄河流域高质量协同发展研究	高赢	长安大学
15	21XJY012	西部项目	应用经济	乡村振兴视阈下西部地区农村三产深度融合的机理研究	黄天柱	陕西科技大学
16	21XJY013	西部项目	应用经济	西部水源地农户生产生活方式绿色转型成效评价及提升路径研究	徐嘉祺	陕西理工大学
17	21XJY014	西部项目	应用经济	央行数字货币的经济金融效应与货币体系改革研究	吴炳辉	陕西师范大学
18	21XJY015	西部项目	应用经济	陕南秦巴山区返贫风险评估和多维预警研究	张孝存	商洛学院
19	21XJY016	西部项目	应用经济	后疫情时代系统性金融风险监测、预警及防控研究	宋长青	西安财经大学
20	21XJY017	西部项目	应用经济	乡村振兴背景下西部地区农村金融减贫增收长效机制研究	牛晓冬	西北政法大学

续表

序号	项目批准号	项目类别	学科	项目名称	负责人	工作单位
21	21XSH012	西部项目	社会学	留守儿童和流动儿童健康及其社会影响的动态关联与促进研究	李彩娜	陕西师范大学
22	21XSH013	西部项目	社会学	西部农村长期照护资源配置的合作困境及治理之道	朱松梅	中共陕西省委党校（陕西行政学院）
23	21XFX010	西部项目	法学	中介型分享经济平台民事责任研究	徐颖	西安财经大学
24	21XFX011	西部项目	法学	社会企业参与乡村振兴的法律机制研究	王波	西安财经大学
25	21XFX012	西部项目	法学	全面乡村振兴下闲置宅基地和住房利用方式研究	史卫民	西安财经大学
26	21XFX013	西部项目	法学	法律适用视阈下家事法请求权基础研究	高丰美	西北政法大学
27	21XFX014	西部项目	法学	中国共产党领导立法的系统研究	李佳飞	西北政法大学
28	21XGJ003	西部项目	国际问题研究	超竞争下"丝绸之路经济带"在新欧亚一体化进程中面临的挑战与可持续发展研究	张婉婷	西北大学
29	21XZS008	西部项目	中国历史	商王朝与方国的互动交融关系研究	刘新民	西安财经大学
30	21XZS009	西部项目	中国历史	岑仲勉与20世纪中国史学研究	张峰	西北大学
31	21XZS010	西部项目	中国历史	明清时期山陕会馆与关帝庙碑刻资料整理与研究	李薇	西北大学
32	21XSS003	西部项目	世界历史	美国在香港的隐蔽行动研究（1949—1972）	刘磊	西北大学
33	21XKG004	西部项目	考古学	唐代胡人都市生活研究	吴铁	西安工程大学
34	21XKG005	西部项目	考古学	"长安—雅典"丝绸之路沿线汉代金银器的考古学研究	刘艳	西北工业大学
35	21XMZ029	西部项目	民族学	西夏陵残碑及西夏文本残件缀合研究	孙飞鹏	西安交通大学
36	21XMZ030	西部项目	民族学	社会治理视域下西北少数民族地区家庭耦合机制与实现路径研究	马雪莲	西北政法大学

续表

序号	项目批准号	项目类别	学科	项目名称	负责人	工作单位
37	21XZJ008	西部项目	宗教学	宗教治理视域下的中国汉传佛教管理制度研究	李继武	陕西省社会科学院
38	21XZW019	西部项目	中国文学	中国现当代审美人类学史研究	孙文刚	陕西科技大学
39	21XZW020	西部项目	中国文学	现代社会转型与中国乡土文学的发生研究	魏策策	陕西省社会科学院
40	21XZW021	西部项目	中国文学	中国西部电影学术史研究（1984—2020）	赵涛	西北大学
41	21XZW022	西部项目	中国文学	"周公"形象衍变与汉代政治文化关系研究	王效峰	咸阳师范学院
42	21XWW006	西部项目	外国文学	本土视阈下美国诗歌中的中国书写研究(1912—2020)	郭英杰	陕西师范大学
43	21XYY008	西部项目	语言学	《朝鲜语借字表记字典》编撰	张硕	宝鸡文理学院
44	21XYY009	西部项目	语言学	面向人机对话系统的日语语用距离调节机制研究	毋育新	西安外国语大学
45	21XYY010	西部项目	语言学	基于认知过程的涉外公共语篇态度语码变体研究	宋健楠	西安外国语大学
46	21XXW006	西部项目	新闻学与传播学	我国移动新闻对外传播影响力的形成机制及其提升策略研究	邹霞	西安交通大学
47	21XTQ009	西部项目	图书馆、情报与文献学	新疆出土佉卢文收养子文书整理与研究	李博	陕西中医药大学
48	21XTQ010	西部项目	图书馆、情报与文献学	乡村振兴背景下数字乡村文化发展的基本理论与服务可及性研究	杨九龙	西北大学
49	21XTJ003	西部项目	统计学	空间功能异质性视角下西部地区绿色发展水平测度及提升路径研究	李政大	西安建筑科技大学
50	21XTY012	西部项目	体育学	健康中国视域下个性化运动处方智慧评估系统培育推广研究	黄荣	陕西理工大学
51	21XTY013	西部项目	体育学	中国红色体育文献暨图像史料整理与研究	史进	西安体育学院
52	21XGL011	西部项目	管理学	数字技术驱动下的供应商绿色整合模式与治理机制研究	张茜松	西安邮电大学

陕西省 2021 年国家社科基金后期资助项目立项名单(43 项)

序号	项目类别	学科	项目名称	负责人	工作单位
1	重点项目	中国文学	中国古代采诗研究	王志清	西安电子科技大学
2	重点项目	中国文学	明代《文选》广续补本整理与研究	王晓鹃	陕西师范大学
3	重点项目	外国文学	盎格鲁－诺曼语文学史	张亚婷	陕西师范大学
4	重点项目	管理学	中国农村电子商务精准扶贫研究	李鹏飞	西安邮电大学
5	一般项目	马列·科社	唯物史观视域中的新文明类型研究	曹 绿	陕西师范大学
6	一般项目	哲学	马克思的劳动伦理：从异化到人的解放	张亲霞	西安外国语大学
7	一般项目	哲学	无相辩证之逆觉体证研究	王 琼	西北政法大学
8	一般项目	哲学	行动者图式：一个自然化的认知概念框架	张志伟	西安交通大学
9	一般项目	哲学	实际因果的结构方程路径研究	吴小安	西北工业大学
10	一般项目	哲学	从意识到生命：围绕"质料"问题的现象学研究	王嘉新	西安交通大学
11	一般项目	哲学	关学《中庸》学研究	李敬峰	陕西师范大学
12	一般项目	理论经济	马克思主义分配理论与新时期中国劳资和谐共赢问题研究	李晓宁	西北政法大学
13	一般项目	理论经济	能源革命与中国机遇问题研究	田洪志	西北大学
14	一般项目	理论经济	近代新疆乡村借贷内生机制与演进路径研究	热依拉·依里木	陕西师范大学
15	一般项目	理论经济	创新驱动价值链升级的理论与实证研究	高 煜	西北大学
16	一般项目	应用经济	互联网金融对银行风险承担的影响研究	郭 品	西安交通大学
17	一般项目	应用经济	中国式地方政府债务	王柏杰	西北工业大学
18	一般项目	应用经济	数字经济背景下银行数据资产价值实现研究	程茂勇	西安交通大学
19	一般项目	法学	中国知识产权保护与域外法治互动机制研究	张 曼	西北大学

续表

序号	项目类别	学科	项目名称	负责人	工作单位
20	一般项目	法学	延安时期宪制民主论（1935—1948）	韩伟	西北工业大学
21	一般项目	社会学	关系求职与人职匹配	郝明松	西安交通大学
22	一般项目	人口学	民办养老服务机构社会企业化改革路径研究	范西莹	陕西师范大学
23	一般项目	民族学	俄罗斯藏学史略	王启龙	陕西师范大学
24	一般项目	国际问题研究	摩洛哥国家治理的多维研究	张玉友	西北大学
25	一般项目	中国历史	西周金文中的天子礼仪研究	李春艳	宝鸡文理学院
26	一般项目	中国历史	西安钟鼓楼的营修与西安城明清至近代的历史变迁研究	林源	西安建筑科技大学
27	一般项目	中国历史	洪亮吉及其《春秋左传诂》研究	吕东超	陕西师范大学
28	一般项目	世界历史	大西洋视野下的美国捕鲸移民与环境变迁研究	张宏宇	西北大学
29	一般项目	世界历史	美国进步主义时期环境保护运动中的女性	李婷	西安外国语大学
30	一般项目	宗教学	释氏稽古略校注	杨志飞	西安外国语大学
31	一般项目	中国文学	"柳青传统"与陕西当代长篇小说的艺术流变	宋海婷	西安科技大学
32	一般项目	中国文学	《史记》十二本纪文本生成研究	刘彦青	陕西师范大学
33	一般项目	语言学	会话叙事标记的语用理论阐释研究	朱冬怡	陕西师范大学
34	一般项目	新闻学与传播学	智能推荐型视频媒体产业价值链研究	陈积银	西安交通大学
35	一般项目	图书馆、情报与文献学	基于引文索引的"一带一路"学术传播话语体系建构研究	赵豪迈	陕西师范大学
36	一般项目	管理学	党组织法定地位与公司治理	舒伟	西安财经大学
37	一般项目	管理学	数字经济时代科创板上市公司信息披露机理及经济后果研究	田高良	西安交通大学

续表

序号	项目类别	学科	项目名称	负责人	工作单位
38	一般项目	管理学	会计职业道德决策理论研究	张 禾	西安交通大学
39	一般项目	管理学	系统论视域下的行政审批局改革研究	寇晓东	西北工业大学
40	一般项目	管理学	区域大气污染金融调控激励机制研究	薛 俭	陕西科技大学
41	一般项目	艺术学	口述史视野下的新中国美术研究	刘艳卿	西北大学
42	一般项目	艺术学	唐帝陵石像生艺术研究	张 辉	西安理工大学
43	一般项目	艺术学	图像视域下的唐长安风景园林文化模式研究	崔陇鹏	西安建筑科技大学

陕西省2021年度国家社科基金冷门绝学研究专项立项名单(2项)

序号	项目批准号	项目名称	首席专家	工作单位
1	21VJXG027	中国古代的交食推步术研究	滕艳辉	咸阳师范学院
2	21VJXG035	秦腔传统绝活数字化采录典藏与研究	王 衡	西安工程大学

陕西省2021年国家教育科学规划立项名单(15项)

序号	项目批准号	项目类别	项目名称	负责人	工作单位
1	BAA210021	国家一般	学校生活的正义状况测评与改善机制研究	胡金木	陕西师范大学
2	BCA210089	国家一般	互联网促进义务教育优质师资城乡一体化流动机制与实践路径研究	张立国	陕西师范大学
3	BJA210106	国家一般	基于技术哲学的职业本科高校专业评估指标体系构建及测评研究	李延平	陕西师范大学
4	BEA21011	国家一般	新时代乡村教师教育情怀及其培育研究	马多秀	宝鸡文理学院
5	BIA21015	国家一般	地方高校二级学院治理体制改革的理论逻辑与实践路径	姚聪莉	西北大学
6	BKA21022	国家一般	中国共产党百年妇女教育的实践进路与中国经验研究	杨 洁	陕西师范大学
7	CAA210229	国家青年	我国中小学教师荣誉制度的健全研究	任凤芹	西安外国语大学

续表

序号	项目批准号	项目类别	项目名称	负责人	工作单位
8	COA210239	国家青年	延安时期中国共产党学校劳动教育的理论与实践研究	张 寅	陕西师范大学
9	CFA210245	国家青年	"高校对口支援"政策实施20年效能评估与提升策略研究	李玉栋	陕西师范大学
10	CIA210269	国家青年	新时代学科治理现代化的要义证成与实现机制研究	陈 亮	陕西师范大学
11	CIA210276	国家青年	高水平应用型大学的建设内涵与实施路径研究	胡万山	陕西师范大学
12	CKA210283	国家青年	家庭教育焦虑下的父母社会比较：影响因素及作用机制	王明珠	陕西师范大学
13	BDX210285	西部项目	数字化贫困的教育治理：国际经验与本土方案	邓 飞	西安外国语大学
14	BKX210292	西部项目	阻断相对贫困代际传递的家庭教育投入研究	董俊燕	陕西师范大学
15	DLA210372	教育部重点	重大突发事件背景下青少年心理危机的运动干预研究	王志锋	西安工程大学

陕西省2021年国家社科基金中华学术外译项目立项名单(4项)

序号	项目类别	项目名称	负责人	工作单位	外译文版	原著作者
1	一般项目	《共产党宣言》汉译本与马克思主义话语中国化研究	曹红荃	西安交通大学	日文	陈文娟
2	一般项目	六至九世纪中国政治史	葛洲子	陕西师范大学	英文	黄永年
3	一般项目	中国文明起源新探	刘宝英	西北大学	意大利文	苏秉琦
4	一般项目	《玛纳斯》史诗歌手研究	梁真惠	西安外国语大学	英文	阿地里·居玛吐尔地

陕西省2021年国家社科基金高校思政课研究专项立项名单(6项)

序号	项目名称	负责人	工作单位
1	新时代思政课培养学生服务国家需求意识研究	池芳春	西京学院
2	马克思主义新闻观线上线下混合式教学设计研究	叶 妮	西安交通大学
3	制度自信教育融入高校思政课教学体系研究	易 鹏	西安理工大学
4	经管课程思政话语体系与学术话语体系协同创新研究	田富强	西安文理学院
5	美国自媒体的政治传播对我国高校思想政治教育的挑战研究	曹建军	西北大学
6	西北地区民族高校大学生中华民族共同体意识培育路径研究	侯江华	陕西师范大学

陕西省2021年研究阐释党的十九届五中全会精神国家社科基金专项立项课题名单(3项)

序号	项目名称	负责人	工作单位
1	西部地区巩固拓展脱贫攻坚成果同乡村振兴有效衔接的路径及政策研究	白永秀	西北大学
2	黄河流域生态环境保护与高质量发展耦合协调与协同推进研究	任保平	西北大学
3	新时期我国健康老龄化服务体系优化研究	刘慧君	西安交通大学

陕西省获立2021年度教育部社科基金项目

陕西省2021年教育部人文社科研究规划项目(77项)

序号	项目批准号	项目类别	学科	项目名称	负责人	工作单位
1	21YJA710017	规划基金项目	马克思主义/思想政治教育	统筹推进新时代大中小学国家安全教育一体化建设研究	李科	西安交通大学
2	21YJA710032	规划基金项目	马克思主义/思想政治教育	全媒体时代高校思想政治教育的优化与创新研究	孙六平	西安理工大学
3	21YJA740003	规划基金项目	语言学	比较诗学视域下中西译学核心话语对比研究	车明明	西安理工大学
4	21YJA751006	规划基金项目	中国文学	中国新诗集"序跋"研究（1918—1949）	邓艮	西安外国语大学
5	21YJA760011	规划基金项目	艺术学	丝绸之路视域下的胡俑艺术研究——以七至十世纪为中心	程玉萍	陕西师范大学
6	21YJA760079	规划基金项目	艺术学	基于感性评价的中国应用色彩体系(COLORO)配色调和模型预测研究	薛媛	西安工程大学
7	21YJA760064	规划基金项目	艺术学	延安红色建筑遗产的保护性利用研究	王莉	西安工业大学
8	21YJA760024	规划基金项目	艺术学	药王山北魏造像题记书法研究	何慧斌	西安交通大学城市学院
9	21YJA760066	规划基金项目	艺术学	"长征国家文化公园"陕甘宁青段视觉形象谱系构建研究	王锐明	咸阳师范学院
10	21YJA790033	规划基金项目	经济学	风险感知视角下汇率波动对资本急停的影响机制研究	梁锶	陕西师范大学
11	21YJA790073	规划基金项目	经济学	推动黄河流域城市群水资源生态保护与高质量发展研究	杨屹	西安理工大学

续表

序号	项目批准号	项目类别	学科	项目名称	负责人	工作单位
12	21YJA790070	规划基金项目	经济学	"农超对接"模式下苹果种植户绿色生产行为研究：契约选择、组织支持与行为决策	闫小欢	西北农林科技大学
13	21YJA630056	规划基金项目	管理学	区域创新导向型公共采购对"卡脖子"技术的影响机制及政策设计研究	刘京	西安电子科技大学
14	21YJA630092	规划基金项目	管理学	分类生态补偿下的绿色住宅供需主体交互行为与政策协同研究	王莹	西安建筑科技大学
15	21YJA630082	规划基金项目	管理学	科创板上市公司多元化信息披露研究	田高良	西安交通大学
16	21YJA630100	规划基金项目	管理学	我国废旧汽车回收定价策略及分配机制研究	肖忠东	西安交通大学
17	21YJA630050	规划基金项目	管理学	基于数据挖掘技术的矿工群体不安全行为识别与仿真研究	李琰	西安科技大学
18	21YJA630078	规划基金项目	管理学	PPP项目利益主体引爆性行为演化机理与控制策略研究	史玉芳	西安科技大学
19	21YJA630106	规划基金项目	管理学	外资VC攫取中国企业创新资源的风险研究：基于竞争者间接联结视角	杨敏利	西安理工大学
20	21YJA630046	规划基金项目	管理学	区块链赋能审计高质量发展的演化机制及实现路径研究	李海霞	西京学院
21	21YJA810003	规划基金项目	政治学	"政治体检"的伦理意蕴与靶向治理研究	高振岗	西安科技大学
22	21YJA840014	规划基金项目	政治学	多重压力下黄河流域矿农复合区农户的生计转型与实现路径研究	史兴民	陕西师范大学
23	21YJA850003	规划基金项目	民族学与文化学	陕西汉唐中亚胡族遗迹调查、整理与研究	韩香	陕西师范大学
24	21YJA190006	规划基金项目	心理学	跨诊断预防儿童青少年焦虑和抑郁的有效性及其机制研究	齐森青	陕西师范大学

续表

序号	项目批准号	项目类别	学科	项目名称	负责人	工作单位
25	21YJA890034	规划基金项目	体育科学	常态化疫情防控背景下大学生心理危机预测及运动干预的理路研究	薛海红	西安工程大学
26	21YJAZH110	规划基金项目	交叉学科/综合研究	基于生态系统服务流的河西内陆河流域水资源供需与生态补偿机制	张福平	陕西师范大学
27	21YJAZH086	规划基金项目	交叉学科/综合研究	中国共产党为人民谋居住幸福的百年实践与探索研究	王立军	西安工业大学
28	21YJAZH022	规划基金项目	交叉学科/综合研究	北魏平城规划设计中的文化融合形态研究	高元	西安建筑科技大学
29	21YJAZH037	规划基金项目	交叉学科/综合研究	三江源地区藏族传统聚落文化基因保护与应用研究	靳亦冰	西安建筑科技大学
30	21YJAZH028	规划基金项目	交叉学科/综合研究	基于新冠疫情防控的官方和民间协同性话语的跨学科研究	侯建波	西安外国语大学
31	21YJAZH067	规划基金项目	交叉学科/综合研究	20世纪现实主义小说的主体分化研究	乔琦	西安外国语大学
32	21YJA860020	规划基金项目	新闻学与传播学	人工智能助推网络舆情治理的逻辑与进路研究	张玉容	西安工程大学
33	21YJC720020	青年基金项目	哲学	笛卡尔形而上学的经院哲学渊源及其当代阐释研究	尹兆坤	陕西师范大学
34	21YJC720021	青年基金项目	哲学	儒林视域下的北宋儒学史研究	张瑞元	西安石油大学
35	21YJC740020	青年基金项目	语言学	长沙五一广场东汉简牍通假字汇考与音韵研究	黄耀明	陕西师范大学
36	21YJC740041	青年基金项目	语言学	孙思邈《备急千金要方》海外翻译研究	曲倩倩	陕西中医药大学
37	21YJC740013	青年基金项目	语言学	形象学视野下的中国现当代文学德译研究	冯小冰	西安外国语大学
38	21YJC751022	青年基金项目	中国文学	韩愈诗文明代接受研究	莫琼	西安财经大学

续表

序号	项目批准号	项目类别	学科	项目名称	负责人	工作单位
39	21YJC751003	青年基金项目	中国文学	近代英文汉学期刊中的中国民间文学资料整理与研究（1832—1949）	崔若男	西安外国语大学
40	21YJC752015	青年基金项目	外国文学	20世纪来华犹太裔德语作家中国书写研究	唐洁	西安外国语大学
41	21YJC760047	青年基金项目	艺术学	隋唐时期须弥座台基外来艺术样式中国化研究	刘令贵	西安交通大学
42	21YJC760094	青年基金项目	艺术学	符号学视域下延川民间美术与谚语的结合形态研究	薛白	西安交通大学
43	21YJC760055	青年基金项目	艺术学	文旅融合视角下民间音乐类非物质文化遗产的应用与创新研究——以西安市为例	宁慧	西安交通工程学院
44	21YJC760112	青年基金项目	艺术学	延安红色音乐资源基因复原与当代传承研究	张志超	延安大学
45	21YJC770019	青年基金项目	历史学	唐代官寺官观政策与边疆治理研究	聂顺新	陕西师范大学
46	21YJC790137	青年基金项目	经济学	差异化收费政策下外省籍货车对省域通行费优惠回流的影响机理研究	闫晟煜	长安大学
47	21YJC790085	青年基金项目	经济学	新型数字基础设施驱动黄河流域产业高质量发展的机制与路径研究	马微	陕西师范大学
48	21YJC790089	青年基金项目	经济学	双循环格局下农业供应链金融数字化对农户融资的影响机制与政策优化研究	孟樱	西安外国语大学
49	21YJC790079	青年基金项目	经济学	新形势背景下非法集资风险的形成机理、溢出效应与防控机制研究	刘希章	西北大学
50	21YJC790163	青年基金项目	经济学	数字经济推动消费升级的机理与路径研究：供需动态平衡的视角	张万里	西北工业大学
51	21YJC790093	青年基金项目	经济学	基于解释水平理论的农户粮食生产托管契约安排及引导政策研究	钱冬	西北农林科技大学

续表

序号	项目批准号	项目类别	学科	项目名称	负责人	工作单位
52	21YJC630037	青年基金项目	管理学	双积分时代传统车企电动化研发决策与复合牵引机制研究	何浩楠	长安大学
53	21YJC630057	青年基金项目	管理学	个体合作网络资源聚合模式对团队突破式技术创新的跨层次影响机制研究	李德鸿	长安大学
54	21YJC630163	青年基金项目	管理学	非金融企业异质性金融化研究：抵押资产降价抛售传染与实体部门影子银行化	张嘉望	陕西师范大学
55	21YJC630131	青年基金项目	管理学	境外LP参股对中国VC基金寻找境外合作伙伴的影响研究：基于关系网络视角	王晗	西安财经大学
56	21YJC630002	青年基金项目	管理学	促销努力对产品-渠道组合的优化及其在平台经济中的应用研究	曹斌	西安建筑科技大学
57	21YJC630014	青年基金项目	管理学	碳中和背景下城市群协同发展的系统建模、路径优化与政策分析研究	陈甄妮	西安交通大学
58	21YJC630165	青年基金项目	管理学	考虑传染风险的医疗废弃物回收车辆路径优化研究	张萌	西安交通大学
59	21YJC630033	青年基金项目	管理学	价值共创视角下城市居民自愿碳交易行为影响机理与助推政策研究	郭道燕	西安科技大学
60	21YJC630137	青年基金项目	管理学	创新网络治理下新创企业持续性竞争优势的培育机制与实证分析研究	王钰	西安外国语大学
61	21YJC630083	青年基金项目	管理学	品牌钦佩感的测量、形成机制及其对在线品牌拥护的影响研究	刘伟	西北大学
62	21YJC630086	青年基金项目	管理学	水贫困视角下西北地区县域城乡用水质量时空演变及配置路径研究	刘文新	西北农林科技大学
63	21YJC630174	青年基金项目	管理学	关中平原耕地非粮化时空格局、形成机制与管控策略研究	郑伟伟	西北农林科技大学

续表

序号	项目批准号	项目类别	学科	项目名称	负责人	工作单位
64	21YJC840024	青年基金项目	社会学	"关系学文献"暨早期德国微观社会学理论研究	王珩	西北大学
65	21YJC840004	青年基金项目	社会学	乡村振兴背景下柔性治理的运作机理及实践路径研究	胡卫卫	西北农林科技大学
66	21YJC870004	青年基金项目	图书馆、情报与文献学	河西汉代医简整理与研究	范香立	陕西中医药大学
67	21YJC870023	青年基金项目	图书馆、情报与文献学	用户认知结构视角下人文图像资源标注研究	周知	西北大学
68	21YJC880006	青年基金项目	教育学	基于知识图谱的主观题自动评判和试卷智能分析研究	陈静	长安大学
69	21YJC190017	青年基金项目	心理学	碎片化学习的认知神经机制及个性化干预研究	王伟	陕西师范大学
70	21YJC190028	青年基金项目	心理学	主动压抑的间接遗忘机制及在创伤性记忆中的应用研究	朱子建	陕西师范大学
71	21YJC890043	青年基金项目	体育科学	体育强国背景下"体教融合"提升青少年体质健康水平的路径与策略研究	于善	西安体育学院
72	21YJCZH072	青年基金项目	交叉学科/综合研究	陕南传统民居营造技艺的工艺特征与创新应用方法研究	李涛	西安建筑科技大学
73	21YJCZH134	青年基金项目	交叉学科/综合研究	城市社区老年人日间照料中心空间构成及其复合模式研究	石英	西安建筑科技大学
74	21YJCZH138	青年基金项目	交叉学科/综合研究	跨域传输视角下污染排放对城市空气质量脆弱化的级联传播机理研究	苏佳	西安建筑科技大学
75	21YJCZH030	青年基金项目	交叉学科/综合研究	大数据深度学习预测建模的股票在线算法交易策略研究	高妮	西安外国语大学

续表

序号	项目批准号	项目类别	学科	项目名称	负责人	工作单位
76	21YJCZH132	青年基金项目	交叉学科/综合研究	批评隐喻视域下美国主流报纸的中国国家形象比较研究（1949—2020）	石琳霏	西安外国语大学
77	21YJCZH050	青年基金项目	交叉学科/综合研究	先秦时期鎏金工艺及其技术传播研究	蒋凤瑞	西北工业大学

陕西省2021年度教育部人文社会科学研究西部和边疆地区项目（42项）

序号	项目批准号	项目类别	学科	项目名称	负责人	工作单位
1	21XJA710005	规划基金项目	马克思主义/思想政治教育	中国共产党对社会主义和市场经济相结合的创新性发展研究	王 萍	西安建筑科技大学
2	21XJA710002	规划基金项目	马克思主义/思想政治教育	新时代高校主流意识形态认同教育研究	程馨莹	西北大学
3	21XJA740004	规划基金项目	语言学	基于汉语母语学习语料库的中小学《语文》教材翻译文本语言特征与功能考察研究	黄立波	西安外国语大学
4	21XJA740006	规划基金项目	语言学	第二语言词汇教学的语用转向研究	王改燕	西安外国语大学
5	21XJA630011	规划基金项目	管理学	基于复杂网络抗毁性的中国ICT产业创新网络的安全性研究	周 勇	西安建筑科技大学
6	21XJA630001	规划基金项目	管理学	城市生活垃圾分类收集效果评价研究	Jing Ma	西安交通大学
7	21XJA630010	规划基金项目	管理学	社会责任型人力资源管理对企业经济绩效和社会效益的跨层影响机制研究	张 喆	西安交通大学
8	21XJA630003	规划基金项目	管理学	制造企业数字化赋能策略的识别、解析与选择研究	杜占河	西安理工大学
9	21XJA790004	规划基金项目	经济学	中国"碳中和"目标的倒逼机制及其经济影响研究	王 锋	西安交通大学

续表

序号	项目批准号	项目类别	学科	项目名称	负责人	工作单位
10	21XJA840001	规划基金项目	社会学	西南联大社会学系的社会调查研究	杨海挺	长安大学
11	21XJA860001	规划基金项目	新闻学与传播学	传播学场理论后续研究	程郁儒	陕西师范大学
12	21XJA190003	规划基金项目	心理学	危险物体引发动作干扰效应的双通路加工机制及调控因素研究	刘鹏	西北大学
13	21XJA910001	规划基金项目	统计学	成为市场基准价格目标下中国原油价格国际影响力的测度与评价研究	田洪志	西北大学
14	21XJAZH002	规划基金项目	交叉学科/综合研究	德国医学人文教育经验及启发研究	李乐	西安医学院
15	21XJA752003	规划基金项目	外国文学	冰岛萨加文学研究	徐琳	西北大学
16	21XJC710008	青年基金项目	马克思主义/思想政治教育	人类命运共同体引领全球治理体系变革的中国方案研究	张鹏	陕西师范大学
17	21XJC710001	青年基金项目	马克思主义/思想政治教育	新时代爱国主义教育文化载体的整合与建设研究	葛轶蒙	西安外国语大学
18	21XJC720002	青年基金项目	马克思主义/思想政治教育	实际因果前沿问题研究	吴小安	西北工业大学
19	21XJC740001	青年基金项目	语言学	基于《现代汉语词典》各版本的词语规范研究	曾柱	陕西师范大学
20	21XJC740002	青年基金项目	语言学	新媒体语境下大学机构身份话语建构的语用学研究	段李敏	陕西师范大学
21	21XJC760002	青年基金项目	艺术学	新媒体语境下秦腔动态数字插画设计与应用研究	蒋媛	西安科技大学
22	21XJC760003	青年基金项目	艺术学	老龄化背景下KOA患者运动辅具设计及应用研究	王旭鹏	西安理工大学
23	21XJC770003	青年基金项目	历史学	北平"文化城"的营造研究(1928—1937)	李建国	西安财经大学

续表

序号	项目批准号	项目类别	学科	项目名称	负责人	工作单位
24	21XJC770005	青年基金项目	历史学	美国海外领土的合法性建构及其失灵现象研究——以美国对太平洋岛屿托管地的政策为例	牛丹丹	西安外国语大学
25	21XJC770009	青年基金项目	历史学	倭马亚王朝历史兴衰中的部落因素研究	赵琳	西安外国语大学
26	21XJC790011	青年基金项目	经济学	基于区块链的秦巴地区典型城市低碳发展模式研究	王淑新	陕西理工大学
27	21XJC790008	青年基金项目	经济学	政策激励、信息干预与农户绿色农业技术采用行为研究	毛慧	陕西师范大学
28	21XJC790001	青年基金项目	经济学	复杂网络与广义多维经济空间视角下系统性金融风险空间溢出效应及机制研究	陈少炜	西安财经大学
29	21XJC630012	青年基金项目	管理学	政府购买养老服务的契约设计与补贴协调研究	王灿友	长安大学
30	21XJC630004	青年基金项目	管理学	政企合作储备下应急物资采购定价及储备策略研究	扈衷权	西安电子科技大学
31	21XJC630008	青年基金项目	管理学	复杂生产环境中制造企业切割生产线智能排产决策研究	马宁	西安交通大学
32	21XJC630003	青年基金项目	管理学	直播营销场景下多维虚拟产品体验的创造：技术可供性和临场感视角的整合研究	胡名叶	西安理工大学
33	21XJC630005	青年基金项目	管理学	制造企业用户参与服务创新中知识整合与实现机制研究	蒋楠	西安理工大学
34	21XJC630014	青年基金项目	管理学	国家公园体制试点区农户参与生态旅游经营的决策行为研究：驱动机制与绿色引导	姚岚	西北农林科技大学
35	21XJC820002	青年基金项目	法学	中欧投资协定中的国家间争端解决机制研究	张生	西安交通大学

续表

序号	项目批准号	项目类别	学科	项目名称	负责人	工作单位
36	21XJC870001	青年基金项目	图书馆、情报与文献学	图书馆助力乡村振兴战略下的健康信息普及机制研究	李淑敏	西安医学院
37	21XJC870002	青年基金项目	图书馆、情报与文献学	基于深度学习的学者学术影响力递进维度精准评价研究	徐小莹	西北工业大学
38	21XJC880008	青年基金项目	教育学	幼儿教师儿童保护素养的评估与培育研究	许倩倩	陕西师范大学
39	21XJC880005	青年基金项目	教育学	儿童故事的伦理精神与教育机制研究	王云	陕西学前师范学院
40	21XJC910001	青年基金项目	统计学	基于三种相依保险模型和一种一般投资模型的最优再保险与投资问题研究	杨鹏	西京学院
41	21XJCZH001	青年基金项目	交叉学科/综合研究	互联网时代零工经济下新生代农民工社会保护研究	李洁	西安航空学院
42	21XJCZH003	青年基金项目	交叉学科/综合研究	20世纪德国思想界的多元中国观及历史转向研究	温馨	西安外国语大学

陕西省2021年度教育部人文社会科学研究专项任务项目(8项)

序号	项目批准号	项目名称	负责人	工作单位
1	21JD710012	大变局背景下主要社会思潮新动向及应对研究	周远	西安交通大学
2	21JD710013	文化自信视域下大学文化建设理论和实践研究	李重	西安交通大学
3	21JDSZ3005	会话分析和互动语言学视角下高校辅导员与学生谈心谈话的能力提升策略研究	罗星琪	宝鸡文理学院
4	21JDSZ3018	新时代高校劳动教育创新实践路径研究	郭云珠	长安大学
5	21JDSZ3157	高无聊倾向性群体积极心理品质提升探究	万红	西安欧亚学院
6	21JDSZ3158	基于多目标优化分析模型的大学生劳动教育体系构建研究	马捷	西安外国语大学
7	21JDSZ3159	认同心理视域下陕西红色资源融入大学生思想政治教育的路径研究	周瑾昱	西安医学院
8	21JDSZ3160	新时代大学生"四史"教育研究	山磊	西北工业大学

陕西省2021年度教育部哲学社会科学研究后期资助项目立项名单(6项)

序号	项目类别	学科	项目名称	负责人	工作单位
1	重大项目	教育学	基于乡村振兴的农村职业教育发展战略研究	祁占勇	陕西师范大学
2	一般项目	马克思主义/思想政治教育	"社会－生态"视阈下马克思主义生态正义思想研究	陈怀平	长安大学
3	一般项目	马克思主义/思想政治教育	美欧视角下的习近平人类命运共同体重要理念研究	高小升	西北农林科技大学
4	一般项目	艺术学	中国美术考古学撰稿	李 杰	西安外国语大学
5	一般项目	历史学	童书业年谱	贾鹏涛	延安大学
6	一般项目	法学	秦汉廷尉研究	闫强乐	西北大学

陕西省2021年度教育部高校思想政治理论教室研究专项(7项)

序号	项目批准号	项目类别	项目名称	负责人	工作单位
1	21SZK10718005	重大课题攻关项目	加强"四史"教育与思政课选择性必修课建设研究	张 琳	陕西师范大学
2	21SZK10704001	一般项目:教学研究项目	中国共产党百年奋斗精神贯穿思政课教学研究	郭 鹏	西安科技大学
3	21SZK10712001	一般项目:教学研究项目	基于学生获得感的"思想道德与法治"课教学设计研究	胡燕红	西北农林科技大学
4	21SZK13125004	一般项目:教学研究项目	新时代"西迁精神"融入高校思政课教学研究	颜毓洁	陕西服装工程学院
5	21SZK11560002	一般项目:教学方法择优推广项目	思政课程与课程思政协同育人的社会调查实践教学模式研究	黄 斌	西安财经大学
6	21SZK10712003	一般项目:优秀中青年思政课教师择优资助项目	基于问题导向的"中国近现代史纲要"课混合式教学实践研究	孙 巍	西北农林科技大学
7	21SZK10718004	一般项目:优秀中青年思政课教师择优资助项目	中国精神融入"马克思主义基本原理"课教学研究	成 彬	陕西师范大学

2021年陕西省社会科学基金项目

2021年陕西省社会科学基金年度项目立项名单(389项)

学科分类：马克思主义·科学社会主义				
序号	立项号	课题名称	负责人	所在单位
1	2021A001	立德树人视域下加强政治监督实践路径研究	乔 琨	西安建筑科技大学
2	2021A002	教师"六要"素质耦合思政课质量评价模型构建研究	孙红湘	西安科技大学
3	2021A003	面向陕西制造业高质量发展的"双循环"新发展格局及协同创新路径研究	李 翠	西安财经大学
4	2021A004	建党100年来马克思主义经典著作研究历程与经验启示	陈亚丽	西北工业大学
5	2021A005	新发展理念下陕西省推进乡村治理现代化面临的主要矛盾研究	樊 凡	西北农林科技大学
6	2021A006	关中传统乡贤文化创造性转化和创新性发展研究	王长坤	西安理工大学
7	2021A007	习近平生态空间治理观研究	许 伟	陕西理工大学
8	2021A008	历史叙事视角下马克思主义新历史理性建构的逻辑与策略研究	孙晓喜	西安石油大学
9	2021A009	新时代高校"精准思政"的理论构建与实践探索研究	周 远	西安交通大学
10	2021A010	马克思主义现代化理论视域下乡村振兴进程中的农民现代化问题研究	夏群友	西安电子科技大学
11	2021A011	高选择性媒介环境中增进大学生国家认同感的动态机制与策略研究	任天浩	西安交通大学
12	2021A012	马克思主义视域下人类新文明发展的内在逻辑研究	曹 绿	陕西师范大学
13	2021A013	陕西省高校思想政治教育质量评价机制研究	胡锦玉	长安大学
14	2021A014	陕西传统教化资源融入思政课研究	蒲创国	咸阳师范学院
15	2021A015	陕西脱贫摘帽地区不发生规模性返贫的制度体系研究	王 俊	西京学院

续表

学科分类:马克思主义·科学社会主义				
序号	立项号	课题名称	负责人	所在单位
16	2021A016	抗疫精神融入大学生思想政治教育现状、价值与路径研究	查方勇	长安大学
17	2021A017	新时代中国共产党执政话语体系创新研究	郝苏君	长安大学
18	2021A018	习近平总书记关于科技创新人才重要论述研究	徐侠侠	陕西理工大学
19	2021A019	新时代网络空间道德建设机制研究	高 飞	西安交通大学
20	2021A020	马克思的资本界限思想及其当代意义	万冬冬	中共陕西省委党校（陕西行政学院）
21	2021A021	习近平总书记关于制度自信重要论述的叙事范式研究	杨永强	西北工业大学
22	2021A022	延安精神融入时代新人培养的机制研究	易 鹏	西安理工大学
23	2021A023	习近平新时代中国特色社会主义思想"三进"话语体系构建研究	宋振航	西安理工大学
24	2021A024	陕西高校大学生网络素养的影响因素及培育机制研究	袁宁波	长安大学
25	2021A025	新时代高校课程思政价值引领力内在机制优化研究	吴 越	西安交通大学城市学院
26	2021A026	马克思主义美育视域下陕西高校大学生审美观形成机理与路径研究	冯 婷	西安工业大学
27	2021A027	群众路线视阈下陕西农村环境政策制定中的公众参与研究	杜 熙	长安大学
28	2021A028	霍耐特社会自由理论向马克思主义的回归及其启示研究	何海涛	西安建筑科技大学
29	2021A029	新发展理念引领城乡融合发展的实现路径及评价机制研究	李 凯	西北大学
30	2021A030	新时代背景下陕西民办高校思想政治教育质量评价体系优化研究	史冬梅	西安交通大学城市学院
学科分类:党史·党建				
序号	立项号	课题名称	负责人	所在单位
1	2021B001	中国共产党革命精神谱系研究	阮云志	陕西科技大学
2	2021B002	新时代党内政治文化建设的理论创新与实践发展	高 宏	咸阳师范学院
3	2021B003	建党百年中国共产党"人民性"话语的历史演进及当代价值	张丽丽	陕西师范大学

续表

学科分类:党史·党建				
序号	立项号	课题名称	负责人	所在单位
4	2021B004	关中地区红色文化的思想政治功能开发研究	张美赞	咸阳师范学院
5	2021B005	抗战时期中国共产党在陕西国统区的乡村统战工作研究	何金凤	西北大学
6	2021B006	延安时期干部党史学习教育的历史考察和基本经验研究	郝丹梅	西安理工大学
7	2021B007	延安时期中国共产党政治优势话语建构的基本经验研究	吕越颖	陕西师范大学
8	2021B008	延安时期中国共产党提升革命文化软实力的举措和启示研究	冉 彦	西安工程大学
9	2021B009	延安时期陕甘宁边区党的统战工作历史经验研究	裴恒涛	西安科技大学
10	2021B010	"延安作风"与"西安作风"对比视野中净化党内政治生态研究与现实启示	王书吟	西安交通大学
11	2021B011	视觉重构视域下陕西红色文化数字化传播路径研究	马桂花	西安外事学院
12	2021B012	中国共产党基层统战工作的历史经验与实践价值研究	侯江华	陕西师范大学
13	2021B013	百年来中国共产党意识形态领导权建设的基本经验研究	高 静	西北政法大学
14	2021B014	中国共产党延安时期基层政治传播研究	张 戈	西北大学
15	2021B015	陕西省基层党建与乡村振兴的深度融合研究	豆书龙	西北农林科技大学
16	2021B016	中国共产党百年党性教育历史进程及基本经验研究	李文娜	中共陕西省委党校（陕西行政学院）
17	2021B017	党建引领基层城市治理现代化的体系架构与实践路径	杜雁平	西安市社会科学院
18	2021B018	中国共产党价值观话语的百年发展及其体系的当代建构	吴永刚	陕西中医药大学
学科分类:哲学·宗教学				
序号	立项号	课题名称	负责人	所在单位
1	2021C001	美德伦理学视域下的柏拉图德性论研究	郭振华	西北大学
2	2021C002	文明互鉴视域下的陕西地区宗教文化交往研究	谢志斌	西北大学
3	2021C003	清代关学《四书》学研究	李敬峰	陕西师范大学
4	2021C004	马克思恩格斯的环境正义批判及其中国价值研究	王云霞	陕西师范大学

续表

学科分类：哲学·宗教学					
序号	立项号	课题名称	负责人	所在单位
5	2021C005	中国共产党斗争精神百年传承实践的理论逻辑与历史逻辑研究	宁殿霞	西北工业大学
6	2021C006	生成主义认识论与马克斯·舍勒比较研究	王嘉新	西安交通大学
7	2021C007	人类命运共同体视域下的"民胞物与"思想研究	许 宁	陕西师范大学
8	2021C008	明代《春秋》学研究	刘 俊	西安交通大学
学科分类：经济学				
序号	立项号	课题名称	负责人	所在单位
1	2021D001	陕西脱贫攻坚有效衔接乡村振兴的保险支持研究	杨 馥	西安财经大学
2	2021D002	陕西省利用中国西部创新港构筑科研创新高地的路径研究	王 乐	西安交通大学
3	2021D003	空间经济学视角下陕西省城市扩散推动乡村振兴的机理与路径研究	霍露萍	西安外国语大学
4	2021D004	高质量发展背景下高速公路PPP项目治理机制研究	樊建强	长安大学
5	2021D005	基于数字经济复杂网络的陕西省产业空间布局的路径及机制研究	张万里	西北工业大学
6	2021D006	对外直接投资对陕西省制造业企业系统性风险的影响效应研究	黄秀路	西安建筑科技大学
7	2021D007	创新驱动下陕西省新兴科技企业知识产权运营机制研究	张月花	西安理工大学
8	2021D008	畜牧业高质量发展背景下陕西畜禽标准化规模养殖的驱动机制与政策优化研究	司瑞石	西安建筑科技大学
9	2021D009	新发展格局下我国通用航空产业市场体系研究	高启明	西安航空学院
10	2021D010	信息流动性视角下陕西苹果"保险+期货"试点的溢出效应研究	罗添元	西北农林科技大学
11	2021D011	深度融入共建"一带一路"大格局下陕西-中亚跨境农业产业链构建研究	张学会	西安财经大学
12	2021D012	新发展理念下陕西省民间金融推进经济高质量发展研究	刘希章	西北大学
13	2021D013	陕西科研创新影响力的形成机理及其人才集聚效应优化研究	张 权	西安邮电大学
14	2021D014	"低效"创新补贴动态测度及其退出对陕西省装备制造业深层次创新的作用机理研究	张伟亮	西安外国语大学

续表

\multicolumn{5}{	c	}{学科分类:经济学}
序号	立项号	课题名称	负责人	所在单位
15	2021D015	空间功能异质性视角下陕西绿色发展机制和路径选择研究	李政大	西安建筑科技大学
16	2021D016	现代产业分工推动西安都市圈与关中平原城市群协调发展研究	高 煜	西北大学
17	2021D017	陕西省制造业高质量发展带动产业转型升级的实现机制	宋文月	西北大学
18	2021D018	金融服务陕西乡村振兴的政策转型与创新模式研究	杨琳	陕西省社会科学院
19	2021D019	陕西省农业外贸升级研究:驱动、制约与路径	苏珊珊	西安财经大学
20	2021D020	交通PPP模式在关中城市群交通互联构建中的收益调节机制研究	蔡晓琰	长安大学
21	2021D021	人口转型视角下陕西省乡村振兴路径研究	高小明	西安石油大学
22	2021D022	数字金融驱动陕西实体经济高质量发展研究	何宏庆	延安大学
23	2021D023	企业金融化对陕西经济发展的影响与对策研究	高 蓓	西安交通大学
24	2021D024	中欧班列多式联运驱动下推进西安港深度融入国际物流网络的路径研究	伍佳妮	长安大学
25	2021D025	5G时代陕西省文化产业模式与业态创新研究	吕 寒	西安外国语大学
26	2021D026	陕西绿色能源体系构建与能源产业高质量发展深度融合研究	袁 艺	西安财经大学
27	2021D027	数字经济推动陕西省区域协调发展的机理、效应及对策研究	贺 娜	西安建筑科技大学
28	2021D028	陕西省农户绿色农业技术采用行为及干预机制研究	毛 慧	陕西师范大学
29	2021D029	高质量发展下政府科技投入与陕西省企业创新多元化融资有机衔接研究	张嘉望	陕西师范大学
30	2021D030	面向环境保护的黄河流域现代产业体系评估及优化研究	薛伟贤	西安理工大学
31	2021D031	空间关联网络视角下关中平原城市群高质量发展评估与提升路径研究	李博阳	长安大学
32	2021D032	基于区块链的低碳城市发展模式构建	王淑新	陕西理工大学
33	2021D033	乡村振兴战略背景下农业产业集群"嵌入式爬升"研究	兰娟丽	陕西师范大学
34	2021D034	人口老龄化约束下陕西省县域经济高质量发展路径研究	曹献雨	西安财经大学

续表

学科分类:经济学					
序号	立项号	课题名称	负责人	所在单位
35	2021D035	数字经济驱动陕西省企业出口价值攀升的机制与对策研究	张营营	西安邮电大学
36	2021D036	数字普惠金融对陕西县域经济高质量发展的影响路径及对策研究	沈 燕	西安理工大学
37	2021D037	陕西推进数字经济和实体经济深度融合路径研究	吴 刚	陕西省社会科学院
38	2021D038	数字经济时代陕西省营商环境与企业创新研究	舒 伟	西安财经大学
39	2021D039	创新链驱动下陕西制造企业高质量发展的路径研究	张 杨	西安外国语大学
40	2021D040	双循环背景下陕西制造业现代化产业链体系构建研究	张 英	西安翻译学院
41	2021D041	新发展格局下陕西强化就业优先政策的机制和路径研究	翁宇雷	西北大学
42	2021D042	陕南山地农户绿色稳定脱贫测度及长效机制研究	申 利	陕西理工大学
43	2021D043	陕西提升能源产业链供应链现代化水平的机制与路径研究	周 宾	陕西省社会科学院
44	2021D044	陕西脱贫攻坚与乡村振兴有效衔接的绩效评价和实现路径研究	尚 娟	西安电子科技大学
45	2021D045	陕西省数字竞争力统计指标体系构建研究	王思瑶	陕西科技大学
46	2021D046	产业数字化推动陕西省工业高质量发展路径及政策支持研究	周 勇	西安建筑科技大学
47	2021D047	陕西省巩固脱贫攻坚成果与乡村产业高质量发展有效衔接研究	李文辉	西安财经大学
48	2021D048	数字经济驱动陕西省现代产业体系构建路径研究	王欣亮	西北大学
49	2021D049	陕西脱贫农户生计转型与乡村振兴有效衔接的金融支持研究	刘 莎	西安石油大学
50	2021D050	关中平原城市群经济韧性的时空演变、影响因素与协同发展研究	张 澄	西北工业大学
51	2021D051	陕西省绿色发展测度评价和模式选择研究	陈 丁	西安石油大学
52	2021D052	陕西省装备制造业高质量发展的财税政策支持机制与路径研究	石党英	渭南师范学院
53	2021D053	城乡联动视角下劳动力、土地要素市场化协同推进陕西省绿色发展水平提升研究	胡琰欣	陕西科技大学

续表

学科分类：经济学					
序号	立项号	课题名称	负责人	所在单位
54	2021D054	陕西省数字经济赋能制造业高质量发展的效应测度、长效机制与实现路径	屈小娥	西安交通大学
55	2021D055	关中平原城市群物流空间格局演化及物流网络优化研究	张圣忠	长安大学
56	2021D056	陕西科技资源配置效率评价及提升研究	杨俊辉	西安邮电大学
57	2021D057	数字金融赋能陕西制造业高质量发展的影响研究	武宵旭	西北大学
58	2021D058	陕西省中小规模生猪养殖户高质量发展适应性问题研究	闫振宇	西北农林科技大学
59	2021D059	要素市场扭曲对陕西居民消费增长的影响及优化路径研究	顾 冉	西安财经大学
60	2021D060	数字金融背景下家庭金融脆弱性形成机理研究	赵 青	西安邮电大学
61	2021D061	新发展理念视域下陕西省高技术产业对经济增长质量影响研究	党晨鹭	西安外国语大学
62	2021D062	基于灰色模型的陕西省碳排放总量及其结构预测研究	汪辉平	西安财经大学
63	2021D063	全球价值链视角下推进陕西制造业高质量发展的财税政策研究	铁 卫	西安财经大学
64	2021D064	陕西先进制造业和现代服务业深度融合发展的路径与对策研究	曹 林	陕西省社会科学院
65	2021D065	地方政府竞争视角下陕西雾霾治理与工业绿色转型研究	王 石	西安外国语大学
66	2021D066	陕西渭河流域高质量发展提升水资源承载力的作用机理研究	余灏哲	陕西理工大学
67	2021D067	知识图谱视角下陕西省金融风险大数据监测预警研究	贺毅岳	西北大学
68	2021D068	西安灞桥区农村闲置土地综合利用研究	赵阿宁	中国地质调查局西安地质调查中心
69	2021D069	陕西省数字经济发展综合评价研究	马香品	西安科技大学高新学院
70	2021D070	新旧动能转换背景下陕西科技金融网络与创新生态耦合研究	王伟舟	西安欧亚学院

续表

学科分类:政治学·法学					
序号	立项号	课题名称	负责人	所在单位
1	2021E001	陕西构建市域社会治理现代化新路径研究	钟海	西安财经大学
2	2021E002	"四史"教育视域下加强大学生文化自信培育的路径研究	庄思	西安航空学院
3	2021E003	"一带一路"背景下陕西省跨境电商企业的刑事合规问题研究	陈奕屹	西安财经大学
4	2021E004	总体国家安全观视野下中外合作办学机构大学生意识形态安全教育研究	刘言正	西安建筑科技大学
5	2021E005	陕西提升政府治理效能研究	王彩梅	中共陕西省委党校（陕西行政学院）
6	2021E006	国家治理现代化视域下推进政党协商研究	李斌	商洛学院
7	2021E007	网络舆论治理工作中的政府角色转型研究	邱雨	西安交通大学
8	2021E008	中国司法的国际公信力提升问题研究	王卿	西安财经大学
9	2021E009	数字化时代个人信息流动中利益平衡保护法律研究	李金玉	西安工业大学
10	2021E010	黄河流域高质量发展协同立法研究	杨军	西安财经大学
11	2021E011	国际投资协定中的气候变化议题研究	张生	西安交通大学
12	2021E012	坚持用习近平法治思想引领陕西法治政府建设的逻辑理路与实现路径	周敏	西北政法大学
13	2021E013	隐私权和个人信息保护视角下人脸识别的法律规制	高学强	陕西师范大学
14	2021E014	数字金融犯罪治理中的刑行衔接机制研究	苏青	西安交通大学
15	2021E015	中国共产党建构农民政治认同的百年历程与基本经验	姚荣杰	西安邮电大学
16	2021E016	完善突发公共卫生事件预防性立法制度研究	王阳	陕西警官职业学院
17	2021E017	陕西省城市复合型灾害风险治理机制研究	郭雪松	西安交通大学

学科分类:社会学·人口学				
序号	立项号	课题名称	负责人	所在单位
1	2021F001	以乡村家庭生计可持续为核心的陕西巩固脱贫攻坚成果同乡村振兴有效衔接研究	杜巍	西安交通大学
2	2021F002	陕西省托幼公共服务体系及政策创新研究	尚子娟	长安大学
3	2021F003	陕西农村家庭健康贫困脆弱性:多维评价、影响因素及防贫减贫对策研究	程菲	西安邮电大学

续表

| \multicolumn{5}{c}{学科分类：社会学·人口学} |
序号	立项号	课题名称	负责人	所在单位
4	2021F004	零工经济下陕西省新生代农民工社会保护研究	李 洁	西安航空学院
5	2021F005	返贫风险防控视域下返乡农民工家庭生计脆弱性及适应策略研究	刘 健	西北工业大学
6	2021F006	基于社会资本的陕西省城乡社区公共卫生治理能力提升研究	吴玉锋	西北大学
7	2021F007	家庭友好政策视阈下陕西省0—3岁婴幼儿托育服务体系建设研究	陈玉佩	陕西师范大学
8	2021F008	陕西省低龄老年人生活目标心理结构及引导机制研究	王 彤	陕西师范大学
9	2021F009	陕西乡村建设中留守妇女社会价值重塑及实现进路研究	王晓娥	陕西理工大学
10	2021F010	积极发展视角下秦巴山区脱贫家庭儿童身心健康研究	耿艳玲	西北大学
11	2021F011	全面脱贫后陕西省农村居民最低生活保障兜底标准研究	胡芳肖	西安交通大学
12	2021F012	陕南易地搬迁农户可持续生计及后续扶持机制研究	张 雪	商洛学院
13	2021F013	陕西省农业转移人口多维相对贫困的致贫机理及治理机制研究	刘 燕	长安大学
14	2021F014	乡村振兴背景下提升脆弱家庭抗逆力防返贫机制研究	聂 翔	陕西省社会科学院
15	2021F015	人口红利降低背景下陕西省农民工职业期望与行为探究	李 丹	西安工程大学
16	2021F016	乡村振兴中农村妇女的行动角色及参与路径研究	海莉娟	西北农林科技大学
17	2021F017	乡村振兴背景下农村社会工作嵌合陕西基层社区治理体系的路径研究	高海珍	西北农林科技大学
18	2021F018	健康中国视阈下青少年心理健康素养的提升研究	王渭玲	西安交通大学
19	2021F019	乡村振兴战略下陕西县域公共文化服务效能建设困境及破解研究	李 庚	西安邮电大学
20	2021F020	陕西省城乡养老服务融合发展机制研究	马红鸽	西安财经大学

续表

学科分类:历史·考古学					
序号	立项号	课题名称	负责人	所在单位
1	2021G001	露天石窟文物防水保护体系构建研究	赵 星	西北大学
2	2021G002	唐代采木用材与森林承载能力研究	贾志刚	西北大学
3	2021G003	基于特征感知的壁画表情复原研究	范训礼	西北大学
4	2021G004	汉唐经学类型化比较研究	邓 锐	陕西师范大学
5	2021G005	文化交往视阈下陕西地区北朝戎装俑多维研究	王晨仰	西安工程大学
6	2021G006	宋元时期关中地区的民间信仰与地域文化	刘 缙	西安电子科技大学
7	2021G007	西安交大的留学生群体与西迁精神	周 棉	西安思源学院
8	2021G008	关中地区墓葬壁画水盐运移规律及原址保护研究	戎 岩	咸阳师范学院
9	2021G009	陕西旬邑西头遗址商周陶器综合研究	李晓健	西北大学
10	2021G010	侯外庐文明观研究	韩永志	西安科技大学
11	2021G011	基于超耐磨/抑菌超疏水材料的关中唐帝陵石刻封护技术研究	曹颐戬	西北工业大学
12	2021G012	宋初陕西黄河流域物资转输机制研究	黄泽凡	陕西省社会科学院
13	2021G013	隋唐长安城律令化治理研究	梁克敏	陕西省社会科学院
14	2021G014	基于堡军事聚落特征的榆林明长城防御体系军力部署研究	杜昱民	西北工业大学
15	2021G015	唐代墓志中外交流资料整理和研究	王兰兰	西安文理学院
学科分类:文学				
序号	立项号	课题名称	负责人	所在单位
1	2021H001	延安文学的跨媒介改编研究	宋颖慧	陕西师范大学
2	2021H002	文学制度视域下中国词学的现代转型研究	孙启洲	西安交通大学
3	2021H003	地理景观与近现代关中文学研究	刘 宁	陕西省社会科学院
4	2021H004	建国70年陕西小说青年农民形象流变研究	韩 蕊	西安建筑科技大学
5	2021H005	延安时期汉译俄苏文学的传播与接受研究	白 玉	延安大学
6	2021H006	陕甘宁边区儿童文学研究	王 欢	陕西师范大学
7	2021H007	《延河》(1977—1985)与新时期现实主义文学	张悠哲	西安工业大学
8	2021H008	丝绸之路上的国马及其文学书写研究	姜 卓	陕西师范大学
9	2021H009	黑格尔美学的中国接受史研究	李 创	西安工业大学

续表

学科分类:文学					
序号	立项号	课题名称	负责人	所在单位
10	2021H010	"柳青传统"与陕西当代长篇小说的流变研究	宋海婷	西安科技大学
11	2021H011	陕西省历史文物博物馆叙事研究	王 凤	西安电子科技大学
12	2021H012	"汤沈之争"对晚明传奇戏曲编演的影响研究	王丹丹	商洛学院
13	2021H013	近代西方人译介中国歌谣资料的整理与研究	崔若男	西安外国语大学
14	2021H014	当代陕西文学IP影视化研究	高 翔	西北大学
15	2021H015	数字媒介生态下的新世纪文学转型研究	杨 博	西安外国语大学
16	2021H016	唐诗选本文化背景下的"玄妙诸集"研究	白爱平	西安石油大学
17	2021H017	中国戏曲剧本乐体特性研究	王 铭	西安工程大学
18	2021H018	张载《正蒙》的英译及传播研究	王文峰	西安石油大学
19	2021H019	英文期刊《新作品》中国叙事研究	陈 栩	西安外国语大学
20	2021H020	赤松禅诗翻译行为的社会性研究	秦 思	长安大学
21	2021H021	当代陕西历史小说传奇叙事研究	董雯婷	西北大学
22	2021H022	言语行为视域下的文学语言研究	孙 宁	陕西理工大学
学科分类:艺术学				
序号	立项号	课题名称	负责人	所在单位
1	2021J001	陕西民国金石书法研究	杨晓萍	西安交通大学
2	2021J002	"一带一路"背景下陕西本土油画创作的发展与应用研究	张 燕	西安石油大学
3	2021J003	共享模式下的音乐资源整合与社区音乐服务策略及实践	史小亚	西安音乐学院
4	2021J004	秦晋豫新出墓志志盖题铭艺术研究	刘天琪	西安外事学院
5	2021J005	以社区参与为导向的陕西大遗址区村落人居环境营建理论与策略	王晓敏	长安大学
6	2021J006	市场细分视角下陕西"红色收藏"现状与发展路径研究	祝 捷	西安工程大学
7	2021J007	丝路工匠精神创新传承及当代价值研究	王景会	陕西师范大学
8	2021J008	陕南会馆建筑文化价值挖掘及保护利用研究	李秀春	安康学院
9	2021J009	陕甘宁边区戏剧歌谣红色基因研究	李科平	西安工程大学
10	2021J010	陕西关中地区遗存明清石牌坊图像研究	周 欣	渭南师范学院

续表

学科分类:艺术学					
序号	立项号	课题名称	负责人	所在单位
11	2021J011	乡村振兴视域下陕西村民影像实践调查及发展路径研究	张文琪	陕西师范大学
12	2021J012	唐代音乐文化在《乐家录》中的留存研究	欧阳文思	陕西师范大学
13	2021J013	王宏撰《砥斋题跋》中的关学内涵研究	傅如明	西安工业大学
14	2021J014	延安时期吴印咸的摄影风格及其影像意蕴研究	张聪	西安外国语大学
15	2021J015	空间诗学视域下的中国新西部影视剧研究	徐雅宁	西安外国语大学
16	2021J016	汉调二黄唱腔音乐传承及创新研究	鄢志莉	安康学院
17	2021J017	初唐帝陵石刻造型研究	王名峰	西安建筑科技大学
18	2021J018	乡村振兴战略背景下陕西民间社火文化产业发展研究	马裖珺	宝鸡文理学院
19	2021J019	陕西古建筑木构件树种配置及数字平台构建研究	张毛毛	西安建筑科技大学
20	2021J020	《史记》礼制仪式音乐文化研究	杨冬菊	渭南师范学院
21	2021J021	智能传播时代陕西特色文化遗产的视觉设计创新研究	郑海昊	陕西师范大学
22	2021J022	陕西地域景观基因表达与应用研究	杨阳	西安建筑科技大学
23	2021J023	图像学视域下的汉画天象图研究	曹阳	西安工程大学
24	2021J024	城市历史景观视域下陕西典型明清古城安全防御体系及保护研究	袁荔	长安大学
25	2021J025	陕西省数字文化产业创新路径与协同机制研究	崔艳天	长安大学
26	2021J026	秦腔传统剧目版本传承与流变研究	赵莎莎	西安工程大学
27	2021J027	秦巴山区传统村落活态化保护模式研究	李晶	西安工程大学
28	2021J028	隋唐时期须弥座台基外来艺术样式中国化研究	刘令贵	西安交通大学
29	2021J029	秦岭南麓传统村落义化生态特色传承与发展策略研究	李根	陕西理工大学
30	2021J030	基于城市复兴视角下陕西抗战工业遗产的保护与更新研究	马劭磊	宝鸡文理学院
31	2021J031	陕西秦岭区域演艺文化历史与现实发展研究	李强	西安翻译学院
32	2021J032	延安鲁艺木刻艺术中"人民性"的创作风格研究	申恒	西安翻译学院
33	2021J033	"一带一路"视野下秦腔流行剧目的传播与创新研究	王彦龙	西安财经大学

续表

\multicolumn{5}{c}{学科分类：艺术学}
序号	立项号	课题名称	负责人	所在单位
34	2021J034	"一带一路"视域下陕西文化软实力提升发展及对外传播策略研究	郑璐	陕西师范大学
35	2021J035	陕南传统民居营造技艺调查研究	李涛	西安建筑科技大学
36	2021J036	陕西古代壁画人物服饰研究	乌云	西安建筑科技大学
37	2021J037	全媒体背景下陕西红色基因数字化演绎与提升研究	王文中	陕西科技大学
38	2021J038	延安时期俄苏戏剧表演模式在陕接受研究（1935—1948）	唐可欣	陕西师范大学
39	2021J039	电影解说在无障碍电影中的应用研究	张楷	西北大学
40	2021J040	公共艺术介入陕西美丽乡村建设的路径和方法研究	董斌	延安大学西安创新学院
41	2021J041	陕西北朝石刻书法的当代文化价值研究	岳红记	长安大学
42	2021J042	秦岭山地典型传统民居建筑原型的生态建筑经验研究	张涛	西安建筑科技大学
43	2021J043	延安时期红色报刊设计艺术研究	李辉	延安大学
44	2021J044	中共中央在延安时期的革命主题美术社会功效研究	潘晓东	西京学院
45	2021J045	音乐人类学视角下的陕南民间音乐研究	许涛	陕西理工大学
46	2021J046	刘文西人物画艺术研究	卢珊	西安建筑科技大学
47	2021J047	基于关中地区乡村空间文化认同的公共艺术介入路径研究	刘福龙	西安建筑科技大学
48	2021J048	新中国十七年黄河主题美术创作研究	李惠子	西安美术学院
49	2021J049	文化自信视域下书法美育的当代价值与实施路径研究	白慧	西北工业大学
\multicolumn{5}{c}{学科分类：语言学}
序号	立项号	课题名称	负责人	所在单位
1	2021K001	计量语言学范式下的学习者翻译语言特征研究	蒋跃	西安交通大学
2	2021K002	汉中方言口传文化遗产典藏及综合研究	张璐	陕西理工大学
3	2021K003	《张载的思想》中关学概念的跨文化翻译与阐释研究	车向前	西北工业大学
4	2021K004	语言类型学视野下俄汉实现事件的对比与翻译研究	王翠	陕西师范大学

续表

学科分类:语言学				
序号	立项号	课题名称	负责人	所在单位
5	2021K005	外语构式习得的实验及计算机神经网络模拟研究	张晓燕	西安财经大学
6	2021K006	陕西高校少数民族学生汉语语言能力发展研究	张蕊	西安外国语大学
7	2021K007	《黄帝内经》译本的计量风格学研究	詹菊红	西安交通大学
8	2021K008	新时代张载关学典籍译介与对外传播模型研究	王淙	西安翻译学院
9	2021K009	基于外媒语料库的西安城市形象跨区域历时变化研究	王均松	西北工业大学
10	2021K010	川陕甘交界地带汉语方言接触研究	郅远春	西安工业大学
11	2021K011	故事与认知:隋唐民间故事的认知诗学研究	马俊杰	西安外国语大学
12	2021K012	陕西道教宫观旅宣文本的整合与译介研究	王国栋	西北大学
13	2021K013	多元具身视域下儿童抽象词汇的发展规律及其影响因素研究	姚昭	西安交通大学
14	2021K014	基于人工智能方法的西北地区多模态医学语料库构建与应用	林玉萍	西安交通大学
15	2021K015	语言学视角下微博用户的抑郁倾向分析研究	何浪	西安邮电大学
16	2021K016	上古汉语词的多功能性的认知研究	惠红军	陕西师范大学
17	2021K017	陕西翻译文化史研究	黄立波	西安外国语大学
18	2021K018	基于语料库的西班牙语国家主流媒体对"一带一路"倡议报道的批评话语分析	田沛	西安交通大学
19	2021K019	习近平总书记讲话中熟语的语篇认知研究	王艳滨	陕西师范大学
20	2021K020	《现代汉语词典》学术思想整理研究	曾柱	陕西师范大学
21	2021K021	框架语义学视域下国际期刊论文中"knowledge emotions"研究	王倩	西北工业大学
22	2021K022	陕西地域文化的语用模因翻译策略研究	刘红见	西安翻译学院
23	2021K023	陕西脱贫攻坚国家智库报告的译介研究	杨陇	西北工业大学
24	2021K024	语言地理学视角下秦晋交界地带晋语的小称及其音变方式研究	王红霞	宝鸡文理学院
25	2021K025	汉语动词语义扩展机制研究	褚瑞莉	渭南师范学院
学科分类:新闻与传播学				
序号	立项号	课题名称	负责人	所在单位
1	2021M001	英雄模范人物传播效果研究	许秦	西安外国语大学
2	2021M002	中国非虚构写作者群体及新闻实践研究	刘蒙之	陕西师范大学

续表

学科分类:新闻与传播学				
序号	立项号	课题名称	负责人	所在单位
3	2021M003	陕西文化形象的物质性转向与城市传播的数字场景重构	李颖	西安外国语大学
4	2021M004	"智慧广电+"背景下的陕西省应急管理公共服务体系构建研究	马晓悦	西安交通大学
5	2021M005	可沟通的历史文化名城:社会记忆与空间重构研究	高小燕	西北大学
6	2021M006	基于知识图谱的突发公共卫生事件舆情研判和治理研究	程飒	西北大学
7	2021M007	"延安1938":文化街区及其媒介意义	鲍海波	陕西师范大学
8	2021M008	基于业态创新的"书香三秦"建设研究	王勇安	陕西师范大学
9	2021M009	人工智能时代颠覆性传媒创新的商业模式研究	王亮	西安外国语大学
10	2021M010	网络视频时代重大体育赛事传播中集体记忆与国家认同建构研究	陈琦	西安体育学院
11	2021M011	政府官员直播带货的传播效果评估研究	沈霄	西安交通大学
12	2021M012	丝绸之路陕西段非物质文化遗产的新媒体可视化对外传播	王秀丽	西安外国语大学
13	2021M013	青少年数字媒介实践"饭圈化"的生成机制及纠偏策略	徐婧	西安交通大学
14	2021M014	陕西乡村直播带货的营销类型与传播模式研究	王玉珠	陕西理工大学
15	2021M015	重大突发事件中县级融媒体对基层舆论认同的引导力提升研究	蒙胜军	西安交通大学
16	2021M016	"一带一路"语境下西部历史文化纪录片创作研究	郭勋亚	宝鸡文理学院
17	2021M017	新媒介语境中主流媒体的议程设置困境及对策研究	崔慎之	长安大学
学科分类:图书馆·情报与文献学				
序号	立项号	课题名称	负责人	所在单位
1	2021N001	基于伟大抗疫精神之思想政治教育案例集的建设与实践探索	吕晔	西安交通大学
2	2021N002	陕西关学石刻文献集存	樊波	西安碑林博物馆
3	2021N003	陕西推进高校新型智库数字化建设研究	赵豪迈	陕西师范大学
4	2021N004	乡村振兴背景下城乡公共文化服务协同发展长效机制研究	冯永财	西安科技大学

续表

学科分类:教育学					
序号	立项号	课题名称	负责人	所在单位
1	2021P001	学理与法理:学术共同体治理学术不端的实现机制研究	陈 亮	陕西师范大学
2	2021P002	陕西省中小学美育课程实施成效与质量提升研究	杨 晓	陕西科技大学
3	2021P003	中国共产党领导下省域教育管理改革的百年历程与经验启示研究	张 寅	陕西师范大学
4	2021P004	新时代陕西高校跨学科组织治理模式研究	张冰冰	西北大学
5	2021P005	大学生在线持续学习行为形成与发展机制研究	单迎杰	陕西师范大学
6	2021P006	数学成就的诊断性测评及其发展路径研究	武小鹏	陕西师范大学
7	2021P007	扎根理论范式下陕西普惠性民办园教师流失治理研究	郑益乐	宝鸡文理学院
8	2021P008	毒品成瘾者内生意图性抑制的缺陷及其认知神经机制	徐梦思	陕西师范大学
9	2021P009	我国应用型本科高校教师科研评价指标体系研究	李 治	西安文理学院
10	2021P010	农事诗艺文编年及其劳动教育的生成逻辑研究	李河成	陕西师范大学
11	2021P011	延安精神融入少数民族大学生心理健康教育研究	杨彩霞	延安大学
12	2021P012	基于精细化治理视角的幼儿园安全风险防控体系建设研究	柯 亮	陕西学前师范学院
13	2021P013	陕西优秀历史文化资源融入高校思政教育的研究与实践	王 颇	西安航空职业技术学院
14	2021P014	智慧教育背景下陕西省基础教育信息化发展路径研究	罗 征	西安欧亚学院
15	2021P015	新时代陕西高校以戏剧美育促进思想政治教育创新与实践研究	高字民	西北大学
16	2021P016	"双循环"新格局下陕西学科集群与产业集群高质量协同发展研究	李玉栋	陕西师范大学
17	2021P017	区域协调发展战略下陕西本科高校教师供求平衡的机制、现状与路径研究	徐志平	西北大学
18	2021P018	产教融合视域下陕西应用型大学课程建设模式创新研究	胡万山	陕西师范大学
19	2021P019	碎片化学习的认知机制及效果提升研究	王 伟	陕西师范大学
20	2021P020	新时代开展来华留学生思政教育理论基础与实践途径研究	张知惊	西安交通大学

续表

学科分类:教育学					
序号	立项号	课题名称	负责人	所在单位
21	2021P021	全面乡村振兴过程中职业教育解决相对贫困的长效机制研究	陈 琪	陕西师范大学
22	2021P022	融入陕西特质的课程思政资源发掘及其全域化育人策略研究——以物理为例	许世军	西安工业大学
23	2021P023	面向职业发展的陕西省中小学STEM教师培育路径研究	周 榕	陕西师范大学
24	2021P024	协同治理视域下陕西行业特色高校创新发展战略研究	王 鹏	西北工业大学
25	2021P025	跨诊断预防大学生焦虑和抑郁的有效性及其机制研究	齐森青	陕西师范大学
26	2021P026	增值评价视角下地方应用型本科高校青年教师教学能力发展研究	杨 哲	安康学院
27	2021P027	师范生核心素养测评模型构建及应用研究	徐 波	咸阳师范学院
28	2021P028	"互联网+"背景下在线协同学习的群体动力测评模型建构及其应用研究	徐晶晶	陕西师范大学
29	2021P029	重大突发事件下陕西大学生心理危机干预与防控实证研究	黄存良	陕西理工大学
学科分类:体育学				
序号	立项号	课题名称	负责人	所在单位
1	2021Q001	陕西省体育产业高质量发展中的新型体育消费研究	陈善平	西安交通大学
2	2021Q002	体育健身消费市场的网络口碑对消费者的影响研究	柳 青	西安体育学院
3	2021Q003	"十四五"时期陕西生态文明与体育文化融合发展研究	方 程	西安体育学院
4	2021Q004	全运会助力体育强国建设的现实依据与实现路径研究	张 超	西安电子科技大学
5	2021Q005	体育安全评价理论与应用研究	何 立	西安建筑科技大学
6	2021Q006	陕西省中小学生水域安全教育现状与发展对策研究	张 洁	西安建筑科技大学
7	2021Q007	陕北健身秧歌发展助力群众体育生活化机制与路径研究	高明有	榆林学院
8	2021Q008	"十四五"时期陕西省体育产业高质量发展路径研究	郑亦飞	长安大学

续表

学科分类:体育学					
序号	立项号	课题名称	负责人	所在单位
9	2021Q009	关学思想对构建陕西红拳文化体系的意义研究	刘丽芳	西安外国语大学
10	2021Q010	宏观调控范式下陕西省体育政策法规完善的机制构建研究	刘长江	西安交通大学
11	2021Q011	新时代公众体育素养与健康传播协同发展研究	杨 瑾	西安邮电大学
12	2021Q012	大型体育赛事法律风险研究	王 聃	西北政法大学
13	2021Q013	中国共产党百年体育强国观念发展研究	郭维刚	西安体育学院
14	2021Q014	基于区域差异视角的我省城镇居民体育消费行为研究	高颖晖	西北农林科技大学
15	2021Q015	"双循环"新发展格局下促进陕西省武术产业高质量发展的路径研究	王 力	西北大学

学科分类:管理学				
序号	立项号	课题名称	负责人	所在单位
1	2021R001	双循环背景下陕西省装备制造业供应链弹性评估与优化对策研究	周金华	陕西科技大学
2	2021R002	逆全球化背景下陕西省高端制造业供应链重构研究	黄 辉	西北工业大学
3	2021R003	养老产业推动陕西县域经济高质量发展研究	封铁英	西安交通大学
4	2021R004	中美"技术脱钩"态势下陕西省技术创新风险的领域研判及应对	李德鸿	长安大学
5	2021R005	高质量发展背景下陕西省经济增长与节能治理协同激励机制研究	薛 俭	陕西科技大学
6	2021R006	陕西省独角兽企业原始创新能力提升策略研究	张 岭	西安工程大学
7	2021R007	财务共享服务实施推动陕西企业高质量发展的机理和路径研究	欧佩玉	西安交通大学
8	2021R008	陕西省绿色创新绩效评价与空间差异演化	王郁蓉	西安财经大学
9	2021R009	乡村振兴视域下陕西省苹果产业可持续性品牌策略研究	张 琦	西北农林科技大学
10	2021R010	社交商务消费者风险认知影响隐私保护行为的神经机制与干预研究	王璐瑶	西安建筑科技大学
11	2021R011	可持续生计框架下农户创业的多维相对贫困治理路径研究	马红玉	西北农林科技大学
12	2021R012	竞争性国有企业控制权配置:结构测度及其对资本管理的影响	吴建祥	西安财经大学

续表

| \multicolumn{5}{c}{学科分类:管理学} |
序号	立项号	课题名称	负责人	所在单位
13	2021R013	"两山"理念下陕西秦岭生态保护补偿机制优化研究	李晓平	长安大学
14	2021R014	新发展格局下陕西有效推进基础研究的战略路径研究	李 慧	西北工业大学
15	2021R015	陕西省生态保护红线与油气开发耦合机制研究	徐 森	西安财经大学
16	2021R016	数字经济背景下陕西省中小企业战略转型路径研究	张小娣	西北工业大学
17	2021R017	绿色低碳发展格局下陕南地区绿色创业的驱动机制及其演进路径研究	张 悦	西北工业大学
18	2021R018	多维视角下陕西新型文化业态发展机制与跃迁路径研究	刘 婧	西安建筑科技大学
19	2021R019	公众认知视角下建筑废弃物回用工程排斥行为触发及防范机制研究	翟 磊	西安建筑科技大学
20	2021R020	陕西省县域医疗卫生共同体建设效果评估与优化策略研究	刘锦林	西北工业大学
21	2021R021	政策组合视域下陕西医养结合养老模式创新的政策响应机理与效果评价	赵 静	西北工业大学
22	2021R022	基于债务约束视角下管理层权力制衡强度与企业创新投资研究	戴雨晴	西安财经大学
23	2021R023	粮食安全视角下关中平原耕地非粮化的空间模拟及其管控策略研究	郑伟伟	西北农林科技大学
24	2021R024	数字顾客导向下游戏化营销对陕西老字号品牌价值提升的影响研究	曹 丽	西安工业大学
25	2021R025	大数据背景下陕西省危险品实时路径双层目标优化模型研究	赵利英	西安理工大学
26	2021R026	乡村振兴背景下陕西省现代农业产业园发展策略研究	董 朕	商洛学院
27	2021R027	新型农业经营主体视角下陕西农产品区域品牌发展路径与政策研究	李大垒	西北农林科技大学
28	2021R028	安全感视角下陕西省城市韧性的评估、预测与减灾策略研究	封 超	西北大学
29	2021R029	PE/VC 在头部企业带动陕西产业创新升级中的角色定位和作用机制研究	王 晗	西安财经大学
30	2021R030	扩展计划行为理论下陕西省村干部不作为协同治理研究	亓红帅	长安大学

续表

学科分类:管理学				
序号	立项号	课题名称	负责人	所在单位
31	2021R031	陕西省城乡融合发展中生产要素城乡间自由流动和合理配置的实现机制研究	李玲玲	西北农林科技大学
32	2021R032	陕西国有企业科技攻关团队创新能力形成机理及培育策略研究	张谦	陕西师范大学
33	2021R033	陕西省高新技术产业创新链与产业链融合机制研究	王新红	西安科技大学
34	2021R034	产学研深度融合促进制造业企业高质量发展的影响机制研究	章芬	西安交通大学
35	2021R035	稳定新生代知识型员工就业:基于生成式对抗网络的离职预警模型研究	王薇	长安大学
36	2021R036	空间联结视域下陕西物流业创新模式形成影响因素及创新绩效研究	李楠	西安财经大学
37	2021R037	儿童保护视域下短视频嵌入式广告的披露效应研究	胡海华	西安建筑科技大学
38	2021R038	生态系统视角下陕西省制造企业数字服务化转型障碍与对策研究	王绒	西安邮电大学
39	2021R039	碳中和背景下陕西能源生产革命的动力机制、路径和政策研究	许建	西安科技大学
40	2021R040	陕西省农村人居环境治理水平测度及农户参与机制研究	王博文	西北农林科技大学
41	2021R041	碳中和目标下陕西省重污染企业能源转型模式及其实现路径研究	陆秋琴	西安建筑科技大学
42	2021R042	陕西省制造业企业数字化与创新融合演进及协同治理机制研究	张洁	西北大学
43	2021R043	供给安全目标下陕西省粮食低碳生产政企农协同路径研究	朱郭奇	西北农林科技大学
44	2021R044	创新驱动陕西省制造业高质量发展路径研究	蒋楠	西安理工大学
45	2021R045	陕西制造型企业大数据敏捷营销能力的构建路径研究	张涛	西北工业大学
古籍整理与研究专项				
序号	立项号	课题名称	负责人	所在单位
1	2021GJ001	凌稚隆《汉书纂》点校整理	李月辰	西安外国语大学
2	2021GJ002	《大唐内典录》整理与研究	杨志飞	西安外国语大学

续表

学科分类:古籍整理与研究专项				
序号	立项号	课题名称	负责人	所在单位
3	2021GJ003	陕西家谱知见录	郭旭晔	咸阳图书馆
4	2021GJ004	陕西古代医案汇编	冷 伟	陕西中医药大学
5	2021GJ005	留坝张良庙碑石文献整理与研究	王 超	陕西理工大学

2021年陕西省社科界重大理论与现实问题研究年度一般项目立项名单(500项)

序号	编号	项目名称	管理单位	负责人
1	2021ND0001	宝鸡虢文化再研究	宝鸡市社科联	王宏波
2	2021ND0002	商周时期宝鸡地区青铜器纹饰图像研究	宝鸡文理学院	齐秀芝
3	2021ND0003	数字经济背景下陕西省制造业高质量发展模式与路径选择	宝鸡文理学院	刘 辉
4	2021ND0004	语言地理学视角下秦晋交界地带晋语小称的类型及其演变研究	宝鸡文理学院	王红霞
5	2021ND0005	习近平关于课程思政重要论述的育人格局和价值意蕴生成研究	宝鸡文理学院	许 阳
6	2021ND0006	抗战时期的延安工合运动研究	宝鸡文理学院	张占勤
7	2021ND0007	文化自信视域下《讲话》与当代陕西文学的文本实践	宝鸡文理学院	李雅妮
8	2021ND0008	生态风险社会背景下陕西生态环境多元共治的法治保障路径研究	宝鸡文理学院	吕晓伟
9	2021ND0009	新发展理念下宁陕县生态文明体系构建研究	陕西财经职业技术学院	张炳红
10	2021ND0010	高职院校立德树人的实践逻辑及其保障机制建设研究	陕西财经职业技术学院	程书强
11	2021ND0011	陕西省乡村振兴与精准扶贫的衔接机制研究	陕西服装工程学院	李春仙
12	2021ND0012	"追赶超越"目标下秦腔戏曲动画的创新研究	陕西国际商贸学院	王丽娜
13	2021ND0013	资源环境双重约束下关中平原城市群产业结构优化调整研究	陕西国际商贸学院	曹馨予
14	2021ND0014	不忘初心、牢记使命的制度建设研究	陕西国际商贸学院	杨建云
15	2021ND0015	统筹推进大中小学思政课中法治教育一体化问题研究	陕西交通职业技术学院	杨 蓓

续表

序号	编号	项目名称	管理单位	负责人
16	2021ND0016	新时期陕西省终身教育意识形态工作创新路径研究	陕西开放大学	程 芳
17	2021ND0017	小康社会背景下陕西省农村家庭财富增长路径及模式研究	陕西开放大学	庄旭升
18	2021ND0018	社会正能量传递视域下陕西红色文化IP生态链构建研究	陕西开放大学	黄镜源
19	2021ND0019	高校应对重大公共卫生突发事件的线上教学管理与应急响应能力研究	陕西开放大学	孔令军
20	2021ND0020	数字金融驱动陕西创新能力提升的机制及支撑政策研究	陕西开放大学	张 怡
21	2021ND0021	农村远程教育参与乡村人才振兴调查研究	陕西开放大学	张小永
22	2021ND0022	立德树人视域下高职学生心理健康教育的功能研究和实践探索	陕西开放大学	刘晓花
23	2021ND0023	陕西农村相对贫困测度与长效治理机制研究	陕西科技大学	罗文春
24	2021ND0024	扩大陕西省物流业设备更新和技术改造投资的理论与政策研究	陕西科技大学	申 亮
25	2021ND0025	社会资本对大学生就业质量的影响作用研究	陕西科技大学	沙颖洁
26	2021ND0026	基于陕西文物资源的文创产品设计路径及产业化开发研究	陕西科技大学	李 晶
27	2021ND0027	陕西秦巴山区农产品品牌的形象提升与设计策略研究	陕西科技大学	赵敏婷
28	2021ND0028	基于资源利用的后脱贫时代重点生态功能区稳定脱贫生计干预研究	陕西科技大学	苏 芳
29	2021ND0029	陕西省创新网络权力演化分布及自治体系建设研究	陕西科技大学	石乘齐
30	2021ND0030	重大突发公共卫生事件下大学生社会心态衍变及健康引导机制研究	陕西科技大学	王慧芳
31	2021ND0031	陕西红色基因和革命文化的新时代传承路径研究——以电影产业为例	陕西科技大学	王文中
32	2021ND0032	自媒体经济获利行为对网络舆情影响力研究	陕西科技大学	张 刚
33	2021ND0033	大中小学劳动教育一体化建设研究	陕西科技大学	鲍 薇
34	2021ND0034	"五位一体"视域下陕西秦腔文化影响力挖掘与推广研究	陕西科技大学	乔现荣

续表

序号	编号	项目名称	管理单位	负责人
35	2021ND0035	陕西新时代追赶超越背景下县域经济特色化发展创新路径研究	陕西科技大学镐京学院	张红珍
36	2021ND0036	农村学前教育教师能力素质现状及提升对策研究	陕西理工大学	郑瑞
37	2021ND0037	汉江中上游流域近现代建筑遗产的科学评价与创新利用研究	陕西理工大学	黄文华
38	2021ND0038	乡村振兴背景下陕西省农村地区婴幼儿照护服务体系建设研究	陕西理工大学	谭娟
39	2021ND0039	文化强国视野下陕南民歌的保护、传承与创新研究	陕西理工大学	僧文莉
40	2021ND0040	陕南生鲜农产品电商供应链模式创新研究	陕西理工大学	王东生
41	2021ND0041	重大突发公共卫生事件下陕西高校大学生心理防控机制与干预实证研究	陕西理工大学	黄存良
42	2021ND0042	城乡融合视野下秦巴山区脱贫后乡村善治实现路径研究	陕西理工大学	王晓娥
43	2021ND0043	数字经济下科技服务与县域经济协同度模型和实证	陕西理工大学	谭新喜
44	2021ND0044	乡村振兴战略背景下陕西省农村公共体育服务的治理路径研究	陕西理工大学	王峰
45	2021ND0045	陕南地区绿色发展的综合评价研究	陕西理工大学	黎延海
46	2021ND0046	"双循环"新格局下以数字经济助推陕西省产业链供应链现代化发展路径研究	陕西理工大学	哈乐群
47	2021ND0047	社会治理视角下陕西两新组织意识形态工作研究	陕西社会主义学院	王晓琎
48	2021ND0048	新时代陕西教育舆情发展趋势及风险防范研究	陕西省社会科学院	胡月
49	2021ND0049	陕西地域三国时期人物及文化内涵研究	陕西省社会科学院	张寅潇
50	2021ND0050	新时代黄帝公祭的信息化传播与社会效能研究	陕西省社会科学院	吴南
51	2021ND0051	陕西基础教育发展现状、问题与对策研究	陕西省社会科学院	司晓宏
52	2021ND0052	共同体美学视域下"丝路电影"的类型构建和创意生产	陕西师范大学	穆俊
53	2021ND0053	近代以来陕西土壤环境与生态保护研究	陕西师范大学	杜娟
54	2021ND0054	延安时期中国共产党强化纪律教育的实践及现实启示研究	陕西师范大学	范海龙

续表

序号	编号	项目名称	管理单位	负责人
55	2021ND0055	高质量发展背景下陕西省主题出版发展策略研究	陕西师范大学	郝 婷
56	2021ND0056	陕西省农旅信息共享的数字化提升路径	陕西师范大学	于江波
57	2021ND0057	双一流建设背景下陕西高校跨学科团队创新能力提升对策研究	陕西师范大学	张 谦
58	2021ND0058	中国共产党引领社会思潮的百年历程与基本经验研究	陕西师范大学	吴海燕
59	2021ND0059	陕西省生态产品价值实现机制研究	陕西师范大学	姚柳杨
60	2021ND0060	陕甘宁边区大生产运动中女劳动英雄群像研究	陕西师范大学	刘 薇
61	2021ND0061	基于人口-产业耦合协调的陕西县域经济提升路径研究	陕西师范大学	牛静坤
62	2021ND0062	新时代体教融合视域下青少年"体育健身"模式建构与实现路径	陕西师范大学	宁 科
63	2021ND0063	外国留学生视域下我国应对重大突发事件上的制度优势和国际比较研究	陕西师范大学	曾 柱
64	2021ND0064	延安时期秧歌剧资料整理及其价值功能研究	陕西师范大学	白 云
65	2021ND0065	中国共产党百年学习制度的演进研究	陕西师范大学	朱雪平
66	2021ND0066	创新驱动发展战略下政府管理地方院校的职责承担机制研究	陕西师范大学	杨聚鹏
67	2021ND0067	陕西市域教育现代化水平时空演变及影响因素研究	陕西师范大学	戴 妍
68	2021ND0068	高校新型智库信息化建设研究	陕西师范大学	赵豪迈
69	2021ND0069	新中国成立以来陕西省省域教育管理的改革历程与经验启示研究	陕西师范大学	张 寅
70	2021ND0070	陕西音乐剧区域性发展策略研究	陕西师范大学	张 敏
71	2021ND0071	党员领导干部在新时代公民道德建设中的引领作用研究	陕西师范大学	宁 馨
72	2021ND0072	"一带一路"文化背景下山水画中西融合路径探究	陕西学前师范学院	王 希
73	2021ND0073	"四史"教育融入高校共青团工作路径探析	陕西学前师范学院	康 乐
74	2021ND0074	新时代陕西省基层群众思想文化需求调查研究	陕西学前师范学院	白谨豪

续表

序号	编号	项目名称	管理单位	负责人
75	2021ND0075	文化自信视域下的陕西关中地区唐墓壁画艺术研究	陕西学前师范学院	杜艺垚
76	2021ND0076	推动陕西区域城市文化消费升级的文化场景开发研究	陕西学前师范学院	王梦蝶
77	2021ND0077	新时代陕西黄河非遗文化生态保护与传承研究	陕西学前师范学院	魏 华
78	2021ND0078	激励理论在高校人事管理中应用研究	陕西学前师范学院	王文彬
79	2021ND0079	习近平关于高校思想政治工作重要论述的逻辑体系研究	陕西学前师范学院	李 菁
80	2021ND0080	全面推进乡村振兴背景下陕西农村一二三产业融合的就业效应研究	陕西学前师范学院	杨 艳
81	2021ND0081	新时代陕西高校大学生爱国主义教育实践路径研究	陕西学前师范学院	晁 琨
82	2021ND0082	全域旅游视域下陕西红色资源片区旅游发展研究	陕西学前师范学院	万生更
83	2021ND0083	新能源汽车对陕西城市生态环境的影响研究	陕西学前师范学院	曹 明
84	2021ND0084	基于SWOT分析的陕西大学生红色文化认同体系构建研究	陕西学前师范学院	李 敏
85	2021ND0085	乡村振兴战略背景下陕西省乡村治理模式研究：理论与经验	陕西学前师范学院	常朝阳
86	2021ND0086	"一带一路"视域下陕西民俗文化资源外宣英译现状及路径研究	陕西学前师范学院	赵 琼
87	2021ND0087	"体医融合"背景下陕西省残疾人康复体育路径发展研究	陕西学前师范学院	杨春霞
88	2021ND0088	文化自信视阈下张载德育思想研究	陕西学前师范学院	刘 静
89	2021ND0089	新时代师范院校思想政治工作守正创新研究	陕西学前师范学院	温晓荣
90	2021ND0090	推动思政铸魂与艺术教育深度融合	陕西学前师范学院	吴一帆
91	2021ND0091	陕西省儿童阅读推广体系构建研究	陕西学前师范学院	王 娟
92	2021ND0092	"古诗新唱"创作中的音乐文化研究——以央视《经典咏流传》为例	陕西学前师范学院	田 元
93	2021ND0093	秦乐府编钟文化的历史发展和现代文化内涵初探	陕西艺术职业学院	王 昕
94	2021ND0094	中华优秀传统文化融入青年学生德育的逻辑机理、价值意蕴、实践向度研究	陕西职业技术学院	高会燕

续表

序号	编号	项目名称	管理单位	负责人
95	2021ND0095	"后扶贫时代"陕西高职教育助力化解返贫风险路径研究	陕西职业技术学院	申雯
96	2021ND0096	文化认同视域下中医药膳名称翻译策略研究	陕西中医药大学	王前
97	2021ND0097	"互联网+"背景下的中医药文化"扶智"策略研究	陕西中医药大学	李战权
98	2021ND0098	我国水源涵养区生态补偿的困境与完善研究	陕西中医药大学	欧阳远丛
99	2021ND0099	乡村振兴视角下陕西革命文化资源的时代价值	陕西中医药大学	李博
100	2021ND0100	后新冠时代陕西省高校留学生传统体育教学现状与问题研究	陕西中医药大学	王莉
101	2021ND0101	中国传统医德思想的传承与应用研究	陕西中医药大学	张亚军
102	2021ND0102	陕南秦巴山区脱贫成果巩固及返贫预警机制研究	商洛学院	郭萌
103	2021ND0103	秦岭腹地智慧生态农业可持续发展模式研究	商洛学院	袁训锋
104	2021ND0104	陕西非物质文化遗产的文化翻译与功能对等研究	商洛学院	段文婷
105	2021ND0105	乡村振兴背景下陕南地区农民思想政治教育研究	商洛学院	王晓霞
106	2021ND0106	商业模式创新与家庭农场创业发展研究	商洛学院	房琳
107	2021ND0107	全域旅游视角下商洛特色文化的英译与传播研究	商洛学院	廉洁
108	2021ND0108	商洛市旅居养老路径研究	商洛学院	张晓文
109	2021ND0109	陕西"一带一路"建设背景下英汉财经新闻编译研究	商洛学院	汪斐
110	2021ND0110	"乡村振兴"背景下陕西省农村公共文化服务体系建设研究	商洛学院	员立亭
111	2021ND0111	延安时期中国共产党马克思主义话语权建构研究	商洛学院	张亚强
112	2021ND0112	陕甘革命根据地扶贫问题研究	商洛学院	安梅
113	2021ND0113	网络泛娱乐主义思潮渗透机制研究	商洛学院	刘玲霞
114	2021ND0114	长征精神融入新时代高校思政教育路径研究	商洛学院	杨增强

续表

序号	编号	项目名称	管理单位	负责人
115	2021ND0115	公共突发事件下陕西高校教学模式改革对策研究	商洛学院	宁兆卿
116	2021ND0116	"十四五"时期陕西省高等教育财政性投入绩效研究	商洛学院	周小婷
117	2021ND0117	"可表演性"视角下陈彦戏剧译介研究	商洛学院	田亚亚
118	2021ND0118	陕西经济高质量发展的知识产权保护政策研究	渭南师范学院	李 真
119	2021ND0119	内循环视角下陕西制造业高质量发展的产业链服务研究	渭南师范学院	杨 娜
120	2021ND0120	"双循环"新发展格局下陕西省流动经济高质量发展的路径选择	渭南师范学院	王瑞妮
121	2021ND0121	西安市先进制造业创新生态系统价值共创模式与机制研究	渭南师范学院	张 萌
122	2021ND0122	创新发展理念下的陕西美育教育机制研究	渭南师范学院	崔莹莹
123	2021ND0123	陕西省黄河流域生态文化旅游融合发展路径研究	渭南师范学院	杨 妮
124	2021ND0124	"文化强国"视域下陕西乡土文学原型探究及外宣研究	渭南师范学院	苏焕莉
125	2021ND0125	新媒体时代高校"微思政"的实践与创新研究	渭南师范学院	薛一筝
126	2021ND0126	乡村振兴战略下陕西农村精神文明建设现状调查研究	渭南师范学院	周菊芳
127	2021ND0127	新媒介下以老腔为例的陕西小剧种传承与发展研究	渭南师范学院	张辽艳
128	2021ND0128	陕西古镇文创产品开发创新研究——以渭南尧头古镇为例	渭南师范学院	杨明彦
129	2021ND0129	"一带一路"背景下陕西红色旅游外宣资料英译研究	渭南师范学院	文 辛
130	2021ND0130	西方文化对当代大学生的影响及思政教育对策研究	渭南师范学院	聂凤云
131	2021ND0131	双循环格局下陕西内陆开放型经济运行效率、影响因素与路径选择	渭南师范学院	赵 维
132	2021ND0132	文旅融合视域下华州皮影戏传承路径研究	渭南师范学院	陈 波
133	2021ND0133	基于DPSIR模型的陕西沿黄旅游生态安全评价体系研究	渭南师范学院	李永生

续表

序号	编号	项目名称	管理单位	负责人
134	2021ND0134	基于产业链现代化的陕西特色农产品营销体系研究	渭南师范学院	张赵晋
135	2021ND0135	陕北生态脆弱区大宗固废资源化利用管理模式研究	西安财经大学	李 艳
136	2021ND0136	引汉济渭调水工程水源区生态补偿机制研究	西安财经大学	刘红红
137	2021ND0137	文化自信视域下秦岭古道文化景观的重构与意义	西安财经大学	鲁小艳
138	2021ND0138	数字化转型背景下陕西省相对老龄化与农村劳动力结构变动研究	西安财经大学	于思琦
139	2021ND0139	乡村振兴视阈下农村经营性建设用地出让制度构建研究	西安财经大学	孟存鸽
140	2021ND0140	体医融合背景下陕西省社区中老年慢性病健康管理方案的研究	西安财经大学	牛 峥
141	2021ND0141	"互联网+"时代下博物馆"云展览"模式研究	西安财经大学	赵夫群
142	2021ND0142	当代中国财经翻译史的生态翻译学研究	西安财经大学	贾晓刚
143	2021ND0143	"一带一路"倡议下村上春树作品中复杂文化心理研究	西安财经大学	杜丽娜
144	2021ND0144	新时代哲学社会科学研究成果综合评价体系及应用研究	西安财经大学	张韵华
145	2021ND0145	西安国家高新区市场导向与技术创新双螺旋协同的动力机制研究	西安财经大学	李 涛
146	2021ND0146	"双循环"发展新格局下陕西装备制造业价值链数字化转型升级的机制与路径研究	西安财经大学	武俞辰
147	2021ND0147	碳达峰目标约束下陕西煤炭工业高质量发展路径研究	西安财经大学	贾县民
148	2021ND0148	社会互动视阈下陕北黄土高原区农户节水灌溉技术采用研究	西安财经大学	王格玲
149	2021ND0149	新时代基层党建引领社区治理创新的路径研究	西安财经大学	王智强
150	2021ND0150	陕西秦岭地区生态环境保护与高质量发展问题研究	西安财经大学	任 燕
151	2021ND0151	陕西省数字经济空间网络结构一体化建设研究	西安财经大学	薛 颖

续表

序号	编号	项目名称	管理单位	负责人
152	2021ND0152	媒体环境下陕西体育赛事外宣策略与路径分析	西安财经大学	王红艳
153	2021ND0153	基于双重逻辑内核的陕西基层社会"一核多元"精细化治理体系构建机制研究	西安财经大学行知学院	申毛毛
154	2021ND0154	融媒体时代陕西传统文化传承创新设计及重塑机制研究	西安财经大学行知学院	辛路娟
155	2021ND0155	大中小思政课教师教学交往困境研究	西安电子科技大学	李 瑾
156	2021ND0156	精准扶贫视域下陕西省高校大学生体育帮扶研究	西安电子科技大学	杨国标
157	2021ND0157	生态翻译学视角下陕西沿黄红色旅游文化外宣翻译研究	西安翻译学院	焦艳伟
158	2021ND0158	高质量发展背景下陕西高校青年女教师职业幸福感提升路径研究	西安翻译学院	高晶晶
159	2021ND0159	社会主义理想人格在我国的实践之研究	西安翻译学院	闫世笙
160	2021ND0160	国家安全观视域下的陕西文化安全建设研究	西安翻译学院	姜春兰
161	2021ND0161	陕西省地方高校国家级一流翻译专业建设路径研究	西安翻译学院	张 睿
162	2021ND0162	秦汉时期陕西地区的翻译活动	西安翻译学院	刘 鸣
163	2021ND0163	陕西省推进"稳投资"工作的地方债务管理策略研究	西安工程大学	陈宝东
164	2021ND0164	濒亡剧种陕西东府碗碗腔的影像化保护与传播研究	西安工程大学	刘彩霞
165	2021ND0165	陕南红色文化建筑遗产的保护与传承研究	西安工程大学	郑 培
166	2021ND0166	新发展理念下唐代服饰的多元文化融合研究	西安工程大学	郑 佳
167	2021ND0167	以陕西户县农民画为载体的红色文化创新传播研究	西安工程大学	连 璐
168	2021ND0168	陕西巩固脱贫攻坚成果与乡村振兴行动接续问题研究	西安工程大学	李 斌
169	2021ND0169	合作创新背景下企业间知识关联性促发陕西省高新技术企业知识创造绩效的路径研究	西安工程大学	李 丹
170	2021ND0170	基于陕西地域文化特色内涵的旅游文化纪念品创新设计与传播力提升研究	西安工程大学	毛洋洋

续表

序号	编号	项目名称	管理单位	负责人
171	2021ND0171	基于红色文化基因传承视域下陕北"红色之旅"传播路径和模式研究	西安工程大学	邱春婷
172	2021ND0172	抗疫精神融入新时代高校思想政治教育研究	西安工程大学	陈钰娴
173	2021ND0173	人口负增长时代背景下陕西省农民工职业行为探究	西安工程大学	李 丹
174	2021ND0174	西迁精神融入陕西高校大学生使命感培育的实证研究	西安工程大学	连 灵
175	2021ND0175	健康传播视阈下新媒介使用对我省农村居民健康行为优化研究	西安工程大学	林禹杉
176	2021ND0176	艺术考古视角下陕西地区十六国北朝戎装俑研究	西安工程大学	王晨仰
177	2021ND0177	清代民间关帝庙壁画的艺术价值及社会功能研究	西安工程大学	李朝霞
178	2021ND0178	"体医融合"视域下陕西省社区老年健康服务实施路径研究	西安工程大学	刘忠举
179	2021ND0179	戏曲现代化背景下秦腔的社会文化性受众研究:以西安地区观众为例	西安工程大学	于 晗
180	2021ND0180	文旅融合视域下西安博物馆文化的新媒体传播研究	西安工程大学	徐利兰
181	2021ND0181	基于语料库的日本主流媒体陕西形象研究	西安工程大学	李 伟
182	2021ND0182	乡村振兴背景下陕西省农村生态环境保护法律研究	西安工业大学	毛 帜
183	2021ND0183	陕西省地方政府债务风险评估与融资平台市场化转型发展研究	西安工业大学	孔婷婷
184	2021ND0184	关中平原城市群经济高质量发展测度及路径研究	西安工业大学	党晶晶
185	2021ND0185	陕西省"以人民为中心"美术创作思想的实现路径研究	西安工业大学	何香凝
186	2021ND0186	美丽乡村视野下的陕北乡村色彩规划研究	西安工业大学	于天文
187	2021ND0187	新时代青年理想人格观研究	西安工业大学	刘俊丽
188	2021ND0188	新时代"红色文化"传承的艺术性展示与提升研究	西安工业大学	叶东明
189	2021ND0189	基于陕西革命文化的新时代高校立德树人研究	西安工业大学	孟 燕

续表

序号	编号	项目名称	管理单位	负责人
190	2021ND0190	青年人社会隔离对精神健康的影响及作用机制研究	西安工业大学	程新峰
191	2021ND0191	基于负熵理论的融媒体平台思想政治教育工作研究	西安工业大学	李小雁
192	2021ND0192	文化自信视域下的高等设计教育与非遗文化传承创新研究	西安工业大学	孙雅茹
193	2021ND0193	后疫情时代陕西文化旅游高质量发展动能与路径研究	西安航空学院	张 阳
194	2021ND0194	新时代高校党建与统战工作协同发展路径研究	西安航空学院	高雯宇
195	2021ND0195	新发展理念视域下陕西省经济发展评价研究	西安航空学院	王晓光
196	2021ND0196	符际翻译视域下陕西红色文化对外推广研究	西安航空学院	张化丽
197	2021ND0197	"十四五"规划下国际商事法律服务陕西方案设计	西安建筑科技大学	魏婷婷
198	2021ND0198	汉长安城遗址黄河文化精神标识地发展路径研究	西安建筑科技大学	邹宜彤
199	2021ND0199	新工科时代背景下工匠精神融入高校思政教育模式研究	西安建筑科技大学	王 凯
200	2021ND0200	陕西关中历史城市遗产价值评估及保护管理策略研究	西安建筑科技大学	李慧敏
201	2021ND0201	视觉文化研究语境下中国西部城市影像的再生产	西安建筑科技大学	赵 阳
202	2021ND0202	畜牧业高质量发展背景下"陕西羊乳"公共品牌建设路径研究	西安建筑科技大学	司瑞石
203	2021ND0203	陕西特色农产品包装设计扶贫研究	西安建筑科技大学	张 明
204	2021ND0204	陕西省巩固拓展脱贫攻坚成果同乡村振兴有效衔接的政策研究	西安建筑科技大学	李 博
205	2021ND0205	陕西典型乡村地域的遗址景观文化保护与价值创新研究	西安建筑科技大学	张 颖
206	2021ND0206	延安精神融入新时代陕西高校劳动教育模式研究与实践	西安建筑科技大学	张振龙
207	2021ND0207	新型基础设施对陕西区域碳排放的影响:机理及实证研究	西安建筑科技大学	宋金昭
208	2021ND0208	服务省属高校高质量发展的招生就业体系研究与构建	西安建筑科技大学	裴喜永

续表

序号	编号	项目名称	管理单位	负责人
209	2021ND0209	新时代大学生廉洁教育研究	西安建筑科技大学	宋　阳
210	2021ND0210	社会-生态系统理论视角下山区农户人口内生动力影响因素及政策研究	西安建筑科技大学	刘永茂
211	2021ND0211	技术赋能视角下陕西城市生活垃圾分类治理路径研究	西安建筑科技大学	李淑娟
212	2021ND0212	总体国家安全观融入高校思想政治教育的学理认识、现实困境与实践路径	西安建筑科技大学	魏彦民
213	2021ND0213	体育强省建设中全民健身公共服务评价标准化研究	西安建筑科技大学	衡　阳
214	2021ND0214	陕西秦汉唐陵墓雕塑中的中华传统文化精神研究	西安建筑科技大学	陈雪华
215	2021ND0215	陕西高校教师发展质量评估与改进建议	西安交通大学	李运福
216	2021ND0216	陕西高校科技发展指数构建与应用研究	西安交通大学	李珍艳
217	2021ND0217	"放管服"改革与陕西省民营经济发展研究	西安交通大学	马　宁
218	2021ND0218	养老机构护理人员的职业保障研究	西安交通大学	万琳静
219	2021ND0219	陕西高校国际学生教育服务质量模型构建及相关因素研究	西安交通大学	赵　炜
220	2021ND0220	后真相时代自媒体乱象社会治理研究	西安交通大学	张收鹏
221	2021ND0221	快速城镇化背景下群体性突发事件防控研究	西安交通大学	蔡　萌
222	2021ND0222	文化强省视域下的陕西文化影响力提升路径研究	西安交通大学	吴　锋
223	2021ND0223	医养结合高质量发展指标体系建设研究	西安交通大学	胡书孝
224	2021ND0224	陕西"非遗故事"图像叙事策略与传播路径研究	西安交通大学	鲁　鹏
225	2021ND0225	自媒体时代药物科普的宣传与策略研究	西安交通大学(一附医)	张晓霞
226	2021ND0226	大学生非特异性改变成因分析躯体典型部位变化来研究	西安交通大学(一附院)	王　辉
227	2021ND0227	孕产期因素及家庭环境对3岁儿童行为问题的影响研究	西安交通大学(一附院)	何宏灵
228	2021ND0228	基于陕西区域性特色的中国传统文化国际化认同建构研究	西安交通大学城市学院	姚丹丹
229	2021ND0229	文化建设背景下陕西血社火的传播与价值实现研究	西安交通大学城市学院	马　岚

续表

序号	编号	项目名称	管理单位	负责人
230	2021ND0230	创新生态视阈下陕西信息产业创新发展研究	西安交通大学城市学院	刘　静
231	2021ND0231	新时代高校思想政治理论课课堂话语交往质量提升路径研究	西安交通大学城市学院	曹嘉伟
232	2021ND0232	陕西文化"走出去"隐喻英译形式表征与意义构建研究	西安交通工程学院	胡仁青
233	2021ND0233	西部高校科研资源配置绩效评价与调控机制研究	西安科技大学	孙雪花
234	2021ND0234	陕西科技期刊推动科技进步的创新发展路径研究	西安科技大学	王　强
235	2021ND0235	陕西省碳排放—经济增长—生态环境协同发展测度与对策研究	西安科技大学	吕靖烨
236	2021ND0236	后脱贫时代陕西省外语精准扶贫路径研究	西安科技大学	时　健
237	2021ND0237	增权视角下旅游精准扶贫与乡村振兴的衔接机理与路径研究	西安科技大学	王会战
238	2021ND0238	乡村振兴战略下农户不同生计策略对生活能源消费绿色转型的影响研究	西安科技大学	王　萍
239	2021ND0239	效率变革视角下陕西经济高质量发展路径研究	西安科技大学	张江洋
240	2021ND0240	优化西安营商环境的对策及建议	西安科技大学高新学院	王军平
241	2021ND0241	陕西省新创企业制度压力对创业绩效的影响研究	西安理工大学	王兆群
242	2021ND0242	耀瓷传统文化的符号转译与数字化形象推广策略	西安理工大学	钦　松
243	2021ND0243	传承黄河文化基因视域下用雕塑艺术讲好"陕西黄河故事"表达路径研究	西安理工大学	宋明明
244	2021ND0244	工业遗产文化基因传承体系研究	西安理工大学	乔　治
245	2021ND0245	核心价值观视域下学校体育文化使命研究	西安理工大学	冯建强
246	2021ND0246	智能制造驱动陕西省制造业攀升全球价值链的金融路径研究	西安理工大学	许　璐
247	2021ND0247	地域民间文化资源牵引陕西沿黄观光公路区域乡村文旅发展研究	西安理工大学	李　博
248	2021ND0248	"互联网＋慢病管理"陕西模式研究	西安理工大学	周毅晖

续表

序号	编号	项目名称	管理单位	负责人
249	2021ND0249	新时代农村生态文明建设制约因素及解决机制研究	西安理工大学	黑晓卉
250	2021ND0250	陕西"长安乐派"品牌提升路径及策略研究	西安理工大学	胡　冰
251	2021ND0251	新时代陕西推进社会治理法治化研究	西安理工大学	张丽丽
252	2021ND0252	空间文化视域下的西安"新唐风"建筑研究	西安理工大学	张　媛
253	2021ND0253	延安精神对陕西当代文学的影响研究	西安理工大学	毋　杉
254	2021ND0254	创新生态视角下信息技术驱动陕西经济增长质量的路径研究	西安理工大学	张之光
255	2021ND0255	建设水文化类博物馆提升我省文化软实力问题研究	西安理工大学	张　锐
256	2021ND0256	关中平原城市群资源集聚能力测度与提升研究	西安理工大学	赵　璟
257	2021ND0257	基于陕西文化"走出去"战略布局的秦腔翻译研究	西安理工大学	王巧宁
258	2021ND0258	后疫情时期陕西小微企业融资创新研究	西安理工大学	李秉祥
259	2021ND0259	数字文化激活陕西文旅产业融合发展路径研究	西安理工大学	薛艳敏
260	2021ND0260	移动购物中陕西消费者冲动购买行为影响机理及对策研究	西安理工大学	张　伟
261	2021ND0261	陕西地区红色题材美术创作与其历史贡献研究	西安美术学院	李　华
262	2021ND0262	西部电影与美术的文化共生现象研究	西安美术学院	刘　森
263	2021ND0263	陕西传统手工艺再生创作与美丽乡村建设关系研究	西安美术学院	王檬檬
264	2021ND0264	全国十四运会视觉形象设计与陕西体育精神内涵的时代性研究	西安美术学院	张　浩
265	2021ND0265	陕西高校文创助力地域文化开发研究	西安美术学院	李四军
266	2021ND0266	数字经济下陕西中小企业转型发展路径研究	西安欧亚学院	王　敏
267	2021ND0267	军民融合背景下陕西省军工企业的服务供应链协调机制研究	西安欧亚学院	李　菁
268	2021ND0268	陕西乡村振兴进程中电子商务应用模式与路径研究	西安欧亚学院	李红新

续表

序号	编号	项目名称	管理单位	负责人
269	2021ND0269	高水平对外开放背景下的陕西企业OFDI风险测度体系构建研究	西安培华学院	涂玉侠
270	2021ND0270	高校网络舆情生成机制与治理路径研究	西安培华学院	田秀秀
271	2021ND0271	视觉修辞视域下影视剧中西安城市形象传播研究	西安培华学院	晋珊珊
272	2021ND0272	陕西省先进制造业科技创新能力提升路径研究	西安培华学院	邓向梅
273	2021ND0273	陕西省制造业服务化转型升级的动力机制与实现路径研究	西安培华学院	张亚娜
274	2021ND0274	基于陕西传统音乐文化视域下民族器乐剧的价值与创新研究	西安石油大学	张 帆
275	2021ND0275	基于资源化利用的陕西省农村人居环境提升研究	西安石油大学	方松林
276	2021ND0276	社会性别视域下新时代家庭建设路径探究	西安石油大学	石玲玲
277	2021ND0277	构建中国特色社会主义政治经济学学术话语体系研究	西安石油大学	杜永峰
278	2021ND0278	特色小镇建设对陕西省县域经济发展的影响及对策研究	西安石油大学	毛 毅
279	2021ND0279	"一带一路"背景下西安城市区域形象塑造研究	西安石油大学	张 磊
280	2021ND0280	陕西省属高校科技创新服务体系建设现状与对策研究	西安石油大学	张 莹
281	2021ND0281	习近平新时代中国特色社会主义思想的哲学理论研究	西安石油大学	李海霞
282	2021ND0282	陕西农信社改革效率评估与提升机制研究	西安石油大学	郝一帆
283	2021ND0283	李文炤《正蒙集解》对张载关学的继承和发展研究	西安石油大学	张瑞元
284	2021ND0284	陕西高端装备制造业创新升级的驱动机制研究	西安石油大学	王 言
285	2021ND0285	政府R&D补贴对陕西省装备制造业创新效率的影响	西安石油大学	杨 嵘
286	2021ND0286	"一带一路"背景下西安属地高校联络口译人才知识结构与培养模式研究	西安石油大学	沈志轩
287	2021ND0287	环境规制下陕西能源开发产业高质量发展研究	西安石油大学	姚小剑

续表

序号	编号	项目名称	管理单位	负责人
288	2021ND0288	基于智慧化服务的图书馆社区文化自助服务模式研究	西安石油大学	连宇江
289	2021ND0289	文旅融合视域下的西安旅游演艺市场调查	西安市社科联	赵晨浩
290	2021ND0290	"一带一路"沿线陕西自贸区开展国际贸易的路径研究	西安思源学院	杨 蕾
291	2021ND0291	乡村振兴战略背景下西安乡村旅游与文化产业融合发展研究	西安思源学院	刘利利
292	2021ND0292	基于OBE理念的民办本科高校教学质量保障体系构建研究	西安思源学院	虞晓君
293	2021ND0293	陕西省中小学生慢病防控体医融合策略构建与实证研究	西安体育学院	李小生
294	2021ND0294	"健康中国"视域下陕西全民健身公共服务需求分析研究	西安体育学院	王新建
295	2021ND0295	青少年健康意识和运动锻炼行为调查及对策研究	西安体育学院	谢 红
296	2021ND0296	陕西省体育产业与数字经济深度融合的理论与实践研究	西安体育学院	马文国
297	2021ND0297	"十四运"背景下陕西传统体育文化资源的旅游价值及开发路径研究	西安体育学院	于俊利
298	2021ND0298	"大健康"视域下陕西省社区"体医融合"体系的构建	西安体育学院	任超学
299	2021ND0299	陕西省青少年体育俱乐部治理体系的构建研究	西安体育学院	张 军
300	2021ND0300	陕西省农村公共体育服务整体性治理路径与服务质量评价体系研究	西安体育学院	杨学智
301	2021ND0301	陕西省滑雪场建设运营管理研究	西安体育学院	陈 彦
302	2021ND0302	陕西国有企业核心科技员工股权激励模式选择与方案设计研究	西安外国语大学	付 强
303	2021ND0303	陕西省农业种植户亲环境行为背后的心理因素探讨及提升机制研究	西安外国语大学	郭清卉
304	2021ND0304	数字经济视角下陕西省中小企业融资模式及运行机制研究	西安外国语大学	吴婷婷
305	2021ND0305	西安高新区金融与科技协同集聚的高质量发展效应研究	西安外国语大学	孙 婷
306	2021ND0306	西安城市发展与疏散化的阶段性关系研究	西安外国语大学	霍露萍

续表

序号	编号	项目名称	管理单位	负责人
307	2021ND0307	叙事学视域下中国抗疫故事的国际传播研究	西安外国语大学	杨毅隆
308	2021ND0308	陕西"南南"科技合作重点伙伴与领域选择及合作路径	西安外国语大学	杨 荻
309	2021ND0309	大西安国家中心城市形象多模态建构研究	西安外国语大学	雷 茜
310	2021ND0310	"黄河文化"保护传承弘扬下黄河流域陕西省地级市政府对文化政策"注意力"配置研究	西安外国语大学	易洪艳
311	2021ND0311	政治术语英译传播与接受历时研究	西安外国语大学	杨红燕
312	2021ND0312	陕西省装备制造业与人工智能深度融合的多维路径研究	西安外国语大学	王新霞
313	2021ND0313	绿色信贷政策推动陕西省绿色经济发展研究	西安外国语大学	赵 娜
314	2021ND0314	"十四运"助推陕西"互联网+体育"文化建设研究	西安外国语大学	雷 鸣
315	2021ND0315	中欧班列"长安号"促进中国－中东欧国家互联互通合作研究	西安外国语大学	姬文刚
316	2021ND0316	多模态汉英口译语料库创建与应用研究	西安外国语大学	卢 珊
317	2021ND0317	陕西企业环境信息披露制度质量提升与政策选择	西安外事学院	安芮坤
318	2021ND0318	陕西特色农产品"农消对接"流通渠道构建研究	西安外事学院	胡一波
319	2021ND0319	中欧班列（长安号）高质量运行的路径与对策研究	西安外事学院	王慧珍
320	2021ND0320	当代思潮对陕西大学生价值观的影响研究	西安文理学院	王国强
321	2021ND0321	陕西生态地理分区城市水资源利用效率时空差异分析	西安文理学院	李肖肖
322	2021ND0322	生态文明视阈下陕西秦岭地区生态安全测度研究	西安文理学院	申圆圆
323	2021ND0323	秦腔传统剧目现实性研究	西安文理学院	孙 琳
324	2021ND0324	陕西省幼儿园主班教师专业发展现状与提升策略	西安文理学院	蔺素琴
325	2021ND0325	运用PEM心理健康管理平台提升陕西留守儿童心理健康状况的策略研究	西安文理学院	杨光艳

续表

序号	编号	项目名称	管理单位	负责人
326	2021ND0326	后疫情时代陕西省本科高校外语专业课程思政教育研究	西安文理学院	张颖
327	2021ND0327	文化自信融入陕西省城市雕塑隐喻教育的策略和实践研究	西安文理学院	刘小飞
328	2021ND0328	新时代陕西乡村阅读推广模式与方法研究	西安文理学院	范红
329	2021ND0329	"健康陕西"行动背景下的农村老年人健康管理服务研究	西安医学院	余舟
330	2021ND0330	人口老龄化背景下陕西省养老机构护理员工作认知与离职意愿研究	西安医学院	张晓娜
331	2021ND0331	社区老年人体医融合健康促进治理策略研究	西安医学院	陈亮
332	2021ND0332	红色文化融入大学生思想政治教育的新模式研究——基于陕西高校立德树人，以文化人的视域	西安医学院	王文鹓
333	2021ND0333	大型体育赛事对提升陕西省国际影响力的研究——以全国十四运会为例	西安医学院	陈盼盼
334	2021ND0334	新时代大学生奋斗精神培育与践行路径研究	西安医学院	张明霞
335	2021ND0335	"旋律筑梦 书香铸魂"高校新时代思政与艺术融合的探索与实践	西安音乐学院	王文霞
336	2021ND0336	陕西高校学生党支部建设与实践探索研究	西安音乐学院	王晓宇
337	2021ND0337	文化强省进程中陕西民俗音乐创新研究	西安音乐学院	东青
338	2021ND0338	陕西红色音乐文化产业发展现状与对策研究	西安音乐学院	高贺杰
339	2021ND0339	民族弓弦乐重奏在陕西地方性音乐中的发展与延续性研究	西安音乐学院	马赛赛
340	2021ND0340	新时代红色音乐文化在艺术类高校中的育人价值探究	西安音乐学院	华夏
341	2021ND0341	"追赶超越"背景下高校音乐艺术人才培养与文化产业互促模式研究	西安音乐学院	任洁玉
342	2021ND0342	融思想政治教育与艺术美育于一体实践探索研究	西安音乐学院	张津波
343	2021ND0343	放管服教育改革背景下陕西高校科研团队建设研究	西安邮电大学	李进忠

续表

序号	编号	项目名称	管理单位	负责人
344	2021ND0344	数字经济对信息技术创新生态系统的影响机理研究	西安邮电大学	雷雨嫣
345	2021ND0345	数学文化素养和数学建模思想对高校人才培养的良性蝴蝶效应研究	西安邮电大学	陈　诚
346	2021ND0346	以城市更新推动新型城镇化高质量发展	西安邮电大学	杨佩卿
347	2021ND0347	数据要素"双侧联动"赋能装备制造企业创新：逻辑、机制与路径	西安邮电大学	刘启雷
348	2021ND0348	人工智能与制造业融合对陕西省经济高质量发量的影响研究	西安邮电大学	刘　立
349	2021ND0349	关中平原城市群突发公共卫生事件协同应急管理机制研究	西安邮电大学	李　栋
350	2021ND0350	能源企业数字经济应用融合的影响机理及提升路径研究	西安邮电大学	张　媛
351	2021ND0351	党建"双创"背景下陕西高校思想政治教育实践创新研究	西安邮电大学	张增峰
352	2021ND0352	高校舆情风险防控等级分类标准与处置机制研究	西安邮电大学	李琳娜
353	2021ND0353	常态化疫情防控对地方高校就业的影响及对策研究	西安邮电大学	唐　黎
354	2021ND0354	城乡信息鸿沟与数字乡村政策执行困境研究	西安邮电大学	刘晓燕
355	2021ND0355	乡村振兴视域下陕西关中乡村伦理重构研究	西安邮电大学	樊继福
356	2021ND0356	新时代思政课教师大练兵的内涵、途径和展望研究	西安邮电大学	袁文伟
357	2021ND0357	习近平关于文化建设重要论述的哲学基础及方法论创新研究	西北大学	张永奇
358	2021ND0358	延安时期中华民族新文化的核心理念研究	西北大学	王有红
359	2021ND0359	三次西迁与陕西高等教育的百年发展历程研究	西北大学	伍小东
360	2021ND0360	延安时期陕甘宁边区影音文献整理与传播研究	西北大学	巩　杰
361	2021ND0361	延安时期党的政治建设的经验及启示	西北大学	梁鹏遥
362	2021ND0362	推动陕西城乡融合发展的政策体系构建研究	西北大学	张明皓

续表

序号	编号	项目名称	管理单位	负责人
363	2021ND0363	新冠疫情背景下陕西省监狱服刑人员基本医疗保障体制改革路径探析	西北大学	魏潇然
364	2021ND0364	黄河流域史前彩陶的设计文化研究	西北大学	宗立成
365	2021ND0365	国际经贸规则重构下中外投资协定透明度规则研究	西北大学	张建军
366	2021ND0366	陕西省高校跨学科协同融合机制研究	西北大学	张冰冰
367	2021ND0367	智障者及其监护人养老需求现状及其影响因素分析	西北大学	许琳
368	2021ND0368	数字金融对陕西省全要素生产率的影响研究	西北大学	马芬芬
369	2021ND0369	陕西省社会组织介入居家和社区养老服务供给机制与实施路径研究	西北大学	李东方
370	2021ND0370	幼儿园教师"教育研究力"现状及提升策略研究	西北大学	屈艳峰
371	2021ND0371	"四史"教育融入高校思政课的路径构建	西北工业大学	赵海霞
372	2021ND0372	推动全面从严治党纵深发展的意识形态破解路径研究	西北工业大学	孙绍勇
373	2021ND0373	新时代加强社会组织党的建设机制创新研究	西北工业大学	高红波
374	2021ND0374	陕西省中华地理自然标识的文化符号表征与形象传播研究	西北工业大学	车向前
375	2021ND0375	乡村振兴战略下农民文化传统的改造提升研究	西北工业大学	薛金慧
376	2021ND0376	国际化进程中城市多语环境建设研究	西北工业大学	许霄羽
377	2021ND0377	陕西省野生动物致人损害补偿制度完善研究	西北农林科技大学	刘鹏
378	2021ND0378	陕西省用水质量与经济高质量发展的协同性研究	西北农林科技大学	刘文新
379	2021ND0379	建党100年来中国共产党对"三农"问题认识发展研究	西北农林科技大学	张坤
380	2021ND0380	基于禀赋效应的农地流转补贴政策研究	西北农林科技大学	宋健峰
381	2021ND0381	"一带一路"视域下陕西省高校跨文化特色人才培养模式研究	西北农林科技大学	李赞萍
382	2021ND0382	放管服背景下陕西搏击赛事管理制度的创新与优化研究	西北农林科技大学	王海峰

续表

序号	编号	项目名称	管理单位	负责人
383	2021ND0383	体育强国背景下陕西网球赛事运作模式的创新研究	西北农林科技大学	徐立国
384	2021ND0384	关中地区推进乡村治理现代化的逻辑与实践的研究	西北农林科技大学	樊 凡
385	2021ND0385	陕西乡村养老秩序重建研究	西北农林科技大学	张晓容
386	2021ND0386	山地苹果种植户低碳技术采纳行为研究——以陕北地区为例	西北农林科技大学	党红敏
387	2021ND0387	易地搬迁地区农民土地利用及提升路径研究	西北农林科技大学	王 倩
388	2021ND0388	学习者焦虑感、心理加工过程对外语听力理解的影响研究	西北农林科技大学	王 云
389	2021ND0389	习近平总书记关于坚持和完善人民代表大会制度的重要论述研究	西北政法大学	倪 楠
390	2021ND0390	陕西巩固脱贫成果与推进乡村振兴有效衔接的财政支持研究	西北政法大学	张 瑛
391	2021ND0391	陕西数字经济高质量发展与知识产权研究	西北政法大学	孙海荣
392	2021ND0392	陕西省数字经济与实体经济融合发展研究	西北政法大学	李丹丹
393	2021ND0393	碳中和愿景下推进REDD+机制实施的法律问题研究	西北政法大学	陈娟丽
394	2021ND0394	党建引领"红色物业"建设与社区民生保障研究	西北政法大学	余 涛
395	2021ND0395	"十四五"陕西服务贸易发展法律保障机制研究	西北政法大学	马海涛
396	2021ND0396	适配陕西实体经济高质量发展的最优金融结构研究	西北政法大学	陈 锋
397	2021ND0397	当代社会思潮对陕西大学生价值观影响研究	西京学院	张喜燕
398	2021ND0398	乡村振兴视角下陕南地区可持续性减贫机制研究	西京学院	杨宝国
399	2021ND0399	基于黄河文化旅游的陕西生态创意产品设计研究	西京学院	王 颖
400	2021ND0400	智媒时代重大突发公共卫生事件冲击下的陕西文化对外宣传策略研究与实践	西京学院	张云霞
401	2021ND0401	新常态下陕西省旅游经济增长潜力测评研究	西京学院	王瑞功

续表

序号	编号	项目名称	管理单位	负责人
402	2021ND0402	基于VR的陕西博物馆历史文化传播路径研究	西京学院	沈忠杰
403	2021ND0403	非遗技艺赋能乡村文化产业发展研究——以北张村楮皮纸制作技艺为例	西京学院	鞠月
404	2021ND0404	延安时期党的自我革命精神内涵及启示研究	西京学院	戴从容
405	2021ND0405	文化墙绘艺术在"十四五"规划——乡村振兴战略中的价值研究	咸阳师范学院	张小进
406	2021ND0406	陕西乡土音乐文化传承研究——以陕北秧歌为例	咸阳师范学院	于丽
407	2021ND0407	艺术人类学视野下芮国贵族女性服饰形制研究	咸阳师范学院	宇文塔曼
408	2021ND0408	区块链技术在陕西省旅游业高质量发展中的应用研究	咸阳师范学院	张曼
409	2021ND0409	关中平原城市群城市化与生态环境协同发展研究	咸阳师范学院	郭玲霞
410	2021ND0410	乡村振兴战略背景下农村学前教育公共服务现状调查研究	咸阳师范学院	袁圆
411	2021ND0411	基于西咸一体化产业发展视角下的国际化语言景观构建研究	咸阳师范学院	臧瑞婷
412	2021ND0412	新时代中国共产党党内文化建设研究	咸阳师范学院	高宏
413	2021ND0413	"大西安"背景下古都咸阳城市历史文化的传承与创新	咸阳师范学院	王永飞
414	2021ND0414	乡村振兴背景下陕西省乡村旅游高质量发展研究	咸阳师范学院	孙媛媛
415	2021ND0415	关中城市群建设用地利用效率提升路径研究	咸阳师范学院	王建兴
416	2021ND0416	陕西社区社会组织培育发展和作用发挥研究	咸阳师范学院	王薇
417	2021ND0417	陕西县域老旧小区改造中党建工作的首链作用研究	咸阳市委宣传部	阎晋
418	2021ND0418	黑水城汉文文献军政文书语料的整理与语言研究	延安大学	贺知章
419	2021ND0419	延安时期党员干部理想信念教育现实启示研究	延安大学	亢鸽
420	2021ND0420	延安时期教育工作者教育信念及当代价值研究	延安大学	张永芳

续表

序号	编号	项目名称	管理单位	负责人
421	2021ND0421	后疫情时期陕西省夜间经济的演变、发展与治理研究	延安大学	徐宁
422	2021ND0422	延安时期红医精神及其当代价值研究	延安大学	冯娜
423	2021ND0423	陕西文学的影视改编与对外推广研究	延安大学	侯业智
424	2021ND0424	陕西产业集聚与数字经济发展对环境污染的影响研究	延安大学	柴晶霞
425	2021ND0425	陕北地区农村治理现代化与乡村振兴融合发展研究	延安大学	白如钰
426	2021ND0426	金融科技推动陕北能源产业高质量发展研究	延安大学	何宏庆
427	2021ND0427	心理学视域下路遥文学与路遥精神的研究	延安大学	申朝晖
428	2021ND0428	当代陕西散文创作对西部美学精神的建构研究	延安大学西安创新学院	李冠华
429	2021ND0429	新媒体时代网络暴力的法律规制路径研究	延安大学西安创新学院	李建飞
430	2021ND0430	陕西乡土小说汉英平行语料库的建设与研究	延安大学西安创新学院	孙瑞
431	2021ND0431	乡村振兴战略下陕北城乡基层社会多元治理模式构建研究	榆林学院	李海宝
432	2021ND0432	乡村振兴战略视角下陕北乡村村级治理问题研究	榆林学院	郭婧婧
433	2021ND0433	陕西黄河文化IP生态链构建与文化旅游融合发展研究	榆林学院	王惠
434	2021ND0434	区域协调新格局下陕西地方经济发展路径研究	榆林学院	李霞
435	2021ND0435	延安时期党的政治建设的经验与启示研究	榆林学院	张渊
436	2021ND0436	陕西省体医融合的多主体协同治理研究	榆林学院	王利娥
437	2021ND0437	体育健身场所对健身者对满意和信任的影响研究	榆林学院	刘业飞
438	2021ND0438	陕北民间文化资源传承保护与开发利用研究	榆林学院	赵一鸣
439	2021ND0439	高校图书馆物质文化育人的问题及对策研究——以榆林市图书馆为例	榆林学院	白晓燕
440	2021ND0440	陕西省农村金融发展对贫困的减缓效应研究	榆林学院	刘泽惠

续表

序号	编号	项目名称	管理单位	负责人
441	2021ND0441	陕西文物保护相关历史人物的思想及当代价值研究	长安大学	陈斯亮
442	2021ND0442	陕南汉江流域传统村落生态治水空间策略与地域文化耦合机理研究	长安大学	任娟
443	2021ND0443	乡村振兴战略下的陕西省现代农业发展："十三五"评价及"十四五"高质量发展取向	长安大学	梁青青
444	2021ND0444	经济双循环格局下陕西省对外干线通道结构优化研究	长安大学	宋京妮
445	2021ND0445	社会资本破解陕西省农户非正规信贷约束的实现路径及有效性研究	长安大学	张梁梁
446	2021ND0446	陕西社区居家养老服务多维评价及影响因素识别研究	长安大学	王灿友
447	2021ND0447	交通融合发展背景下陕西新能源汽车产业可持续发展研究	长安大学	王超
448	2021ND0448	陕西省黄河流域生态环境综合治理研究	长安大学	王奕淇
449	2021ND0449	领导－员工创新互动对新生代员工创新绩效的影响机理研究	长安大学	王薇
450	2021ND0450	国家治理现代化视域下陕西绿色发展的问题及对策研究	长安大学	刘芳芳
451	2021ND0451	陕西省政府数据开放生态系统构建路径研究	长安大学	范丽莉
452	2021ND0452	西安市民参与垃圾分类的运行机制及引导策略研究	长安大学	马明芳
453	2021ND0453	陕西资源型城市经济转型视角下的金融支持研究	长安大学	薛晴
454	2021ND0454	陕西黄河文化资源利用及产业发展研究	长安大学	金栋昌
455	2021ND0455	国土空间规划体系下西安沣东新城绿色空间规划策略研究	长安大学	白骅
456	2021ND0456	系统观念下高等教育学生资助治理体系和治理能力现代化研究	长安大学	徐英
457	2021ND0457	秦岭地区高速公路植被生态修复技术研究	长安大学	杨乐
458	2021ND0458	黄土丘陵沟壑区延河流域生态空间区划与修复研究	长安大学	段亚琼
459	2021ND0459	党在延安时期推进"中华民族共同体建设"的基本经验与时代价值研究	长安大学	周玉琴

续表

序号	编号	项目名称	管理单位	负责人
460	2021ND0460	陕西省基层社会治理绩效评价研究	中共陕西省委党校(陕西行政学院)	汪 婷
461	2021ND0461	生命哲学视域下人工智能伦理问题研究	中共陕西省委党校(陕西行政学院)	袁典妃
462	2021ND0462	改革完善陕西疾病预防控制体系研究	中共陕西省委党校(陕西行政学院)	李永红
463	2021ND0463	黄河文化助推陕西沿岸乡村振兴的路径研究	中共陕西省委党校(陕西行政学院)	李 焕
464	2021ND0464	乡村振兴背景下我省农业地理标志产品保护的路径研究	中共陕西省委党校(陕西行政学院)	刘旭勇
465	2021ND0465	十八大以来海外关于中国共产党的研究	中国延安干部学院	杨 倩
466	2021ND0466	陕西跨境贸易语言服务体系构建研究	陕西颖创跨境贸易研究院/西安翻译学院	杨 妍
467	2021ND0467	乡村振兴视域下西部地区农村农业现代化发展路径研究	陕西省外国经济学说研究会/西北大学	杨世攀
468	2021ND0468	中国共产党反腐败的百年回望与基本经验研究	陕西省廉政文化研究会/陕西师范大学	程燕子
469	2021ND0469	陕西高校优秀思政课教师素质结构模型构建与培育路径研究	陕西省政治学会/西安医学院	刘登攀
470	2021ND0470	环境污染、政府治理与陕西经济高质量发展	陕西省发展经济学学会	杨 勇
471	2021ND0471	跨文化传播视野下以泾阳茯茶文化为例的中华优秀传统文化传播	陕西省茶文化研究会	肖 瑶
472	2021ND0472	中国共产党精神体系的建构逻辑与弘扬路径研究	陕西省中共党史人物研究会/西北政法大学	刘 超
473	2021ND0473	陕西省快递绿色包装发展状况及标准化建设研究	陕西省物流学会	陈新武
474	2021ND0474	"十四五"时期陕西财政支持科技创新的思路和对策研究	陕西省动物研究所	王 红
475	2021ND0475	中华民族共同体意识对高校民族人才生涯内驱力实证研究	陕西省高校心理素质教育研究会	郑林科
476	2021ND0476	报刊出版行业社会效益及评价研究	陕西省传播学会	郑 雯
477	2021ND0477	陕西省级社会组织党的建设现状及对策研究	陕西社会组织服务中心	王 娜
478	2021ND0478	新时代党的政治建设的理性根基、价值逻辑与实践路径研究	陕西省价值哲学学会/西北大学	胡军良

续表

序号	编号	项目名称	管理单位	负责人
479	2021ND0479	脱贫攻坚与乡村振兴有效衔接的机制与路径研究	陕西省《资本论》研究会/中共宝鸡市委党校	童力冲
480	2021ND0480	陕西县域金融支持县域经济发展研究	陕西省金融学会	课题组
481	2021ND0481	双元创新驱动的陕西制造业绿色融资治理效能研究	陕西省创造学会/西安财经大学	姚树俊
482	2021ND0482	教育扶贫怎样为"新农人""新工人"的培育赋能再助力	陕西省社会学会/延安大学	李 期
483	2021ND0483	"五位一体"背景下的地方艺术文化资源与审美文化的有效融合研究	陕西省吴宓研究会/咸阳师范学院	徐 伟
484	2021ND0484	出土文献与秦汉传食制度研究	秦文化研究会/西北大学	单印飞
485	2021ND0485	延安时期党的农村社会治理话语体系和传播范式研究	陕西省马克思主义研究会/西北政法大学	刘 驰
486	2021ND0486	全球化背景下哈萨克斯坦城乡基层治理转型研究	陕西省经济学学会/西北农林科技大学	高建梅
487	2021ND0487	陕西省家庭教育类社会组织发展现状及支持性政策研究	陕西省家庭教育研究会/西安市社科院	王国琪
488	2021ND0488	基于非对称信息国企混改结构问题研究	陕西省管理科学研究会	程 瑜
489	2021ND0489	国土空间规划体系下秦岭生态保护策略研究	陕西三秦国土空间规划研究院	何元方
490	2021ND0490	陕西省中小学生态文明教育路径研究	陕西华夏教育科学研究院/陕西学前师范学院	史晓荣
491	2021ND0491	文景时期的随葬器物与汉代社会文化研究	陕西省考古学会	白冬梅
492	2021ND0492	全民影像视域下关中城市形象传播与治理研究	陕西新闻摄影学会/西安培华学院	杜耀峰
493	2021ND0493	语言文化观视阈下的陕西地名整理保护研究	陕西省语言学学会/陕西师范大学	柯西钢
494	2021ND0494	利用现代摄影技术解决古琴制作非遗传承普及的研究实践项目	陕西省长安古琴艺术研究院	程 刚
495	2021ND0495	陕西美术典籍整理研究	当代陕西研究会	李凌飞
496	2021ND0496	陕西省经济社会发展与建设用地供需研究	陕西省黄河经济文化研究会	田忠林

续表

序号	编号	项目名称	管理单位	负责人
497	2021ND0497	当代陕西外国文学研究的传承与创新	陕西省外国文学学会/西安外国语大学	刘一静
498	2021ND0498	心理教学改善罪犯子女心理状态的实证研究	陕西省心理健康教育研究会	宋馨
499	2021ND0499	新就业形态人员职业伤害保障制度研究	陕西省劳动学会	付鲲鹏
500	2021ND0500	用红色旅游资源增进民众政治认同的机理模式体系研究	陕西省南泥湾精神研究会	王亚玲

2021陕西省哲学社会科学重大理论与现实问题研究合作项目名单(485项)

2021年度陕西省党史课题研究项目				
序号	项目批准号	项目名称	合作单位	负责人
1	2021HZ0501	建党百年以来陕西英雄模范人物传播启示研究	西安外国语大学	许秦
2	2021HZ0502	改革开放以来陕西农村中小学的发展变迁研究	陕西学前师范学院	杨令平
3	2021HZ0503	习仲勋民族团结思想的演进逻辑与时代价值研究	长安大学	宋鑫华
4	2021HZ0504	农民社会心理嬗变与乡村治理的路径创新研究	西北农林科技大学	高海珍
5	2021HZ0505	延安时期中国共产党开展党史学习教育的历史经验及启示研究	西安财经大学	李转
6	2021HZ0506	魏野畴与马克思主义在陕西的传播研究	咸阳师范学院	贺团卫
7	2021HZ0507	抗日战争时期陕甘宁边区"十个没有"实现研究	西安科技大学	杜玉珍
8	2021HZ0508	王尚德年谱	渭南师范学院	王奎群
9	2021HZ0509	延安精神新时代内涵研究	长安大学	宋琳
10	2021HZ0510	延安时期美术的中国气派内涵研究	西北大学	王江鹏
11	2021HZ0511	改革开放以来陕西农村基层党建经验与启示研究	西安工程大学	黄云
12	2021HZ0512	延安时期中国共产党维护党中央权威的逻辑依据及实现路径研究	陕西师范大学	杨建强
13	2021HZ0513	陕甘宁边区政府的公文与共产党执政效能研究	陕西师范大学	赵颖
14	2021HZ0514	新时代陕西青年传承和弘扬延安精神研究	西北农林科技大学	冉珑

续表

2021 年度陕西省党史课题研究项目

序号	项目批准号	项目名称	合作单位	负责人
15	2021HZ0515	土地革命时期陕西党的农村宣传工作研究（1927—1936）	西安交通大学	宋希斌
16	2021HZ0516	大数据技术下陕西扶贫攻坚政策跟踪审计研究	西安财经大学	徐维兰
17	2021HZ0517	《讲话》对历届全国美展获奖作品"人民性"建构的研究	西安美术学院	韩晶磊
18	2021HZ0518	延安时期毛泽东中华民族命运共同体抗战模式研究	长安大学	武永江
19	2021HZ0519	共建共治共享社会治理格局下的陕西社会治理体系建设研究	陕西开放大学	王 锋
20	2021HZ0520	文艺的"人民性"思想与延安纪实文学写作研究	西北大学	韩 隽
21	2021HZ0521	延安时期中国共产党道德教育的理论与实践研究	西北大学	李志松
22	2021HZ0522	梦桃精神的发展传承与当代价值研究	咸阳师范学院	辛志军
23	2021HZ0523	中国共产党劳动育人的历史经验研究	延安大学	臧爱绒
24	2021HZ0524	统编历史教科书涉陕中共党史教育研究	陕西师范大学	蔡 娜
25	2021HZ0525	延安时期党的民族宗教纲领政策创新调整研究	西安培华学院	王志平
26	2021HZ0526	延安时期秦邦宪新闻实践与宣传思想研究	西安建筑科技大学	高瑞龙
27	2021HZ0527	延安精神助推陕西高质量发展对策研究	西安欧亚学院	关 宏
28	2021HZ0528	立德树人视域下延安精神时代内涵研究	西安建筑科技大学	李 焱
29	2021HZ0529	改革开放以来陕西省农民组织化的阶段演化与建构机制研究	西北农林科技大学	张贯磊
30	2021HZ0530	中国共产党斗争精神百年传承的哲学问题研究	西北工业大学	宁殿霞

2021 年度陕西省审计重点课题研究项目

序号	项目批准号	项目名称	合作单位	负责人
1	2021HZ0531	"十四五"陕西国有企业增值型内部审计的目标定位和发展策略研究	西安交通大学	王鲁平
2	2021HZ0532	社会共治环境下陕西省政府审计机关提升国家治理效果的路径研究	西安外国语大学	许 瑜
3	2021HZ0533	国家审计促进陕西乡村振兴战略实施的机制与路径研究	西北政法大学	刘维政

续表

\multicolumn{5}{c	}{2021年度陕西省审计重点课题研究项目}
序号	项目批准号	项目名称	合作单位	负责人
4	2021HZ0534	国家审计在基本建设项目审计中存在的问题及对策研究	西安交通大学城市学院	唐云波
5	2021HZ0535	国家审计在构建新发展格局中的作用研究	西北政法大学	张荣刚
6	2021HZ0536	国家审计在构建新发展格局中的作用机制研究	西安财经大学	徐维兰
7	2021HZ0537	黄河流域生态保护与高质量发展的自然资源资产审计研究	西安财经大学	张丽达
8	2021HZ0538	3S技术与秦岭生态审计发展研究	西京学院	任 芳
9	2021HZ0539	新发展视角下陕西省生态文明建设审计路径研究	西安欧亚学院	谢 涛
10	2021HZ0540	生态文明建设视角下陕西省资源环境审计对策研究	西安建筑科技大学	李晨曦
11	2021HZ0541	生态文化审计的作用机理与实施路径——以陕西为例	西安外国语大学	周 龙
12	2021HZ0542	全覆盖视角下陕西省高校内部审计问题及对策研究	陕西中医药大学	张宝珍
13	2021HZ0543	大数据视域下"陕西乡村振兴战略"审计全覆盖数据采集研究	陕西财经职业技术学院	康 蒙
14	2021HZ0544	新时代背景下高质量推进内部审计全覆盖实现路径研究	咸阳师范学院	刘耀利
15	2021HZ0545	大数据分析与挖掘技术助力陕西高质量推进审计全覆盖模式研究	陕西中医药大学	车 鹏
16	2021HZ0546	陕西省财政资金绩效审计研究	渭南师范学院	石党英
17	2021HZ0547	国家治理能力视角的财政资金绩效审计功能理论研究	宝鸡文理学院	刁 艳
18	2021HZ0548	政府审计对大气污染防治专项资金绩效的影响效应、作用路径及优化策略研究	西安建筑科技大学	贺 娜
19	2021HZ0549	陕西高校财政资金绩效国家审计研究	西安工业大学	党江艳
20	2021HZ0550	大数据背景下财政资金绩效审计	西北大学	王阿妮
\multicolumn{5}{c	}{2021年度陕西省税务重大课题研究项目}
序号	项目批准号	项目名称	合作单位	负责人
1	2021HZ0551	利用增值税发票数据全面模拟测算GDP	西安财经大学	李伟
2	2021HZ0552	利用增值税发票数据全面模拟测算GDP	西安交通大学	宋丽颖

续表

2021年度陕西省税务重大课题研究项目

序号	项目批准号	项目名称	合作单位	负责人
3	2021HZ0553	从增值税发票测算汉中市建筑业季度增加值并构建行业经济指数	西安财经大学	李 侠
4	2021HZ0554	从增值税发票测算安康市批发零售业和餐饮业季度增加值并构建行业经济指数	西安财经大学	贾 彧
5	2021HZ0555	从增值税发票测算榆林市交通运输、仓储和邮政行业季度增加值并构建行业经济指数	陕西师范大学	任海云

2021年度全省统战理论研究课题研究项目

序号	项目批准号	项目名称	合作单位	负责人
1	2021HZ0556	新发展阶段统一战线的新变化新趋势新特征	西安财经大学	黄 斌
2	2021HZ0557	新时代统一战线培育共同体意识研究	长安大学	武永江
3	2021HZ0558	国家治理现代化视域下统一战线法宝作用研究	长安大学	孙锡芳
4	2021HZ0559	横山起义对新时代统一战线工作的多维度示范研究	西安科技大学	石 磊
5	2021HZ0560	延安时期党的统一战线理论与实践研究及其现实启示	西北大学	师 妍
6	2021HZ0561	延安时期党的统一战线理论与实践研究及其现实启示	咸阳师范学院	赵万东
7	2021HZ0562	新时代民主党派履行政党协商职能的实践研究	西安交通大学	吴平魁
8	2021HZ0563	乡村振兴视域下陕西关中农村民众宗教信仰问题研究	陕西师范大学	段塔丽
9	2021HZ0564	乡村振兴视域下农民宗教信仰与思政教育研究	西安财经大学	郝 耕
10	2021HZ0565	乡村文化振兴视域下陕西农村宗教信仰问题治理研究——以关中为中心	西北工业大学	赵海霞
11	2021HZ0566	港澳政协委员参与陕西省社会治理的作用研究	长安大学	常 莉
12	2021HZ0567	新时代民营企业家政治参与困境与对策研究	咸阳师范学院	姚 波
13	2021HZ0568	国有企业党外知识分子工作研究	西安邮电大学	王 靖
14	2021HZ0569	新的社会阶层人士思想状况研究	西安建筑科技大学	李志红

续表

2021年度全省统战理论研究课题研究项目

序号	项目批准号	项目名称	合作单位	负责人
15	2021HZ0570	做好海外授荣工作研究	西安交通大学	刘 静
16	2021HZ0571	当前形势下做好多党合作领域风险防范应对的思路举措	西安市委党校	汪 锐
17	2021HZ0572	关中地区西安市基督教青年会的发展研究	陕西学前师范学院	赵大洲
18	2021HZ0573	新时代民营经济领域意识形态工作体制机制创新研究	西北工业大学	高红波
19	2021HZ0574	高校无党派人士群体作用发挥问题研究	陕西学前师范学院	孔养涛
20	2021HZ0575	陕西省高校无党派知识分子作用发挥问题研究	渭南师范学院	杨秋娟
21	2021HZ0576	理论逻辑与实践路径:新时代无党派人士主流意识形态引领问题研究	西北工业大学	温海霞
22	2021HZ0577	陕西自由职业者群体政治参与现状及引导策略研究	西安欧亚学院	关 宏
23	2021HZ0578	利用陕西历史文化资源打造海外统战工作特色品牌策略研究	陕西师范大学	宋新雅
24	2021HZ0579	陕西历史文化资源海外统战品牌构建路径探索	陕西师范大学	王晓音
25	2021HZ0580	新时代统一战线工作中的语言服务研究	商洛学院	付丹亚

2021年度陕西省外语学科专项课题研究项目

序号	项目批准号	项目名称	合作单位	负责人
1	2021ND0582	生态女性主义视阈下的维多利亚时期的小说研究	安康学院	余 珊
2	2021ND0583	"一带一路"背景下陕西文化对外传播路径研究	宝鸡文理学院	李 伟
3	2021ND0584	"金课"视域下,陕西省高职院校英语课线上线下融合的教学模式研究与实践	陕西财经职业技术学院	康 涛
4	2021ND0585	"大思政"格局下大学英语"课程思政"混合式教学行动研究	陕西科技大学	负 玮
5	2021ND0586	理工科高校大学英语课程思政教学研究与实践	陕西科技大学	李俊叶
6	2021ND0587	民办本科院校大学英语读写译教学的课程思政理念设计与实践	陕西科技大学镐京学院	郭圆达
7	2021ND0588	基于POA理论的大学英语课程思政智慧教学设计与实践研究	陕西理工大学	李俊丽

续表

2021年度陕西省外语学科专项课题研究项目					
序号	项目批准号	项目名称	合作单位	负责人
8	2021ND0589	后疫情时代"线上"+"线下""专业"+"职业"交传教学模式创新研究	陕西师范大学	雷 震
9	2021ND0590	16世纪—19世纪西文涉藏游记中的西藏形象研究	陕西师范大学	牛海洋
10	2021ND0591	"一带一路"背景下陕西省语言服务机制与策略研究	陕西师范大学	强 薇
11	2021ND0592	海外中国学视域下西安传统文化对外传播策略研究	陕西师范大学	史 凯
12	2021ND0593	英国当代城市文学中的伦敦漫步和城市记忆	陕西师范大学	张 沛
13	2021ND0594	高职外语在线开放课程建设研究	陕西铁路工程职业技术学院	王 薇
14	2021ND0595	"一带一路"战略背景下中国文化软实力提升路径研究	陕西学前师范学院	王 雨
15	2021ND0596	贾平凹作品生态译介与传播研究	商洛学院	胡琰琪
16	2021ND0597	新文科背景下外语构式教学理论创新研究	渭南师范学院	褚瑞莉
17	2021ND0598	英语构式习得的实验及计算机神经网络模拟研究	西安财经大学	张晓燕
18	2021ND0599	基于语料库的中国脱贫攻坚实践对外话语研究	西安财经大学	付 星
19	2021ND0600	系统功能语言学视角下的机器翻译质量研究	西安电子科技大学	李长安
20	2021ND0601	国家级一流科技英语课程线上线下混合式教学模式构建	西安电子科技大学	马 刚
21	2021ND0602	陕西民办高校大学英语课堂学生反馈素养提升研究	西安翻译学院	陈竞春
22	2021ND0603	英语演讲混合式教学与跨文化思辨能力培养研究	西安翻译学院	张 莹
23	2021ND0604	高校外语教育中国家文化安全意识构建策略研究	西安翻译学院	蒋小军
24	2021ND0605	"新文科+信息技术"背景下翻译教学模式的创新与实践	西安翻译学院	秦晓梅
25	2021ND0606	陕西民办高校翻译课程思政教学路径设计研究	西安翻译学院	罗 飞

续表

2021 年度陕西省外语学科专项课题研究项目				
序号	项目批准号	项目名称	合作单位	负责人
26	2021ND0607	多模态视角下陕西旅游文化国际传播研究	西安翻译学院	乃瑞华
27	2021ND0608	数字背景下高校外语教师信息素养研究	西安翻译学院	高丽娟
28	2021ND0609	基于翻译补偿的西安汉陵文物英译勘误补遗与传播路径研究	西安工程大学	井春燕
29	2021ND0610	新工科背景下基于KAQ模型的高校外语教师信息素养培育模式研究	西安工程大学	杜国香
30	2021ND0611	新时代中外文化外译研究体系的构建	西安工程大学	傅异非
31	2021ND0612	大学英语课程思政教学设计与研究研究	西安工业大学	王亚军
32	2021ND0613	线上线下混合式大学英语"金课"教学模式研究	西安航空学院	高敏娟
33	2021ND0614	基于语料库的儿童外语早期习得研究：形态、句法与迁移	西安建筑科技大学	杨延龙
34	2021ND0615	动态系统视角下陕西高校外语教师信息素养结构现状及培养路径研究	西安建筑科技大学	张赵清
35	2021ND0616	"一带一路"沿线国英语变体和"中国英语"的计量特征分析	西安交通大学	蒋　跃
36	2021ND0617	基于陕西文学英译语料库的陕西国际形象研究	西安交通大学	李颖玉
37	2021ND0618	陕西文化元素融入大学英语课程思政路径研究	西安交通大学城市学院	巫奕君
38	2021ND0619	外语文化类课程思政教学实践研究——以《中国文化》为例	西安交通大学城市学院	袁长普
39	2021ND0620	混合式大学英语特色课程模块构建与学生能力培养研究——以西安科技大学高新学院实践为例	西安科技大学高新学院	刘淑颖
40	2021ND0621	基于核心素养的大学英语课程改革与实践	西安理工大学	李宝宏
41	2021ND0622	二维语境下中医术语英译策略研究	西安理工大学	王　冕
42	2021ND0623	新文科背景下学业导师工作机制创新研究	西安培华学院	甘世安
43	2021ND0624	陕西文化对外传播中的翻译自觉研究	西安石油大学	陈　柯
44	2021ND0625	《英语写作》"一流"课程建设实施路径研究	西安石油大学	张　虹

续表

| \multicolumn{5}{c}{2021年度陕西省外语学科专项课题研究项目} |
序号	项目批准号	项目名称	合作单位	负责人
45	2021ND0626	新文科背景下英语专业课程思政推进路径研究	西安石油大学	王文峰
46	2021ND0627	秦腔的译介模式与跨文化形象构建研究	西安思源学院	白 雯
47	2021ND0628	基于语料库的陕西"红色"基因政治术语在西语世界的传播与接受研究——以"延安精神"为例	西安外国语大学	曹 韦
48	2021ND0629	新文科背景下南亚语种专业共同体构建路径研究	西安外国语大学	陈泽华
49	2021ND0630	陕西高校外语教师论文评阅的学术话语研究	西安外国语大学	侯建波
50	2021ND0631	基于语料库的人类命运共同体理念在西语国家传播与接受研究	西安外国语大学	孔祥雯
51	2021ND0632	文化的印记:陕西美食专名的译写和陕西形象建构	西安外国语大学	李 利
52	2021ND0633	基于胜任力模型的陕西省中学英语教师课堂评价能力研究	西安外国语大学	吕生禄
53	2021ND0634	20世纪来华犹太裔德语作家中国形象书写研究	西安外国语大学	唐 洁
54	2021ND0635	陕西丝绸之路系列纪录片的叙事研究与国际传播	西安外国语大学	薛 蓓
55	2021ND0636	外语课程中"异步交互与同步面授"混合模式应用研究	西安外国语大学	张 蕊
56	2021ND0637	基于ADDIE模型的大学英语"多元立体"课程体系建构研究	西安外事学院	李 慧
57	2021ND0638	新文科背景下民办高校英语专业建设研究	西安外事学院	赵 丽
58	2021ND0639	基于语言生态规划理论的"一带一路"沿线南亚国家语言政策和实践研究	西安义理学院	薛 维
59	2021ND0640	医学院校大学英语课程模块构建与医学生能力培养研究	西安医学院	张 艳
60	2021ND0641	陕西文化建筑古迹翻译研究	西安邮电大学	闫 欣
61	2021ND0642	"线上"+"线下"混合式大学英语课程思政的实践研究	西安邮电大学	张贞桂
62	2021ND0643	我省高校大学英语教材中的中国文化现状问题研究	西安邮电大学	刘小佳

续表

\multicolumn{5}{	c	}{2021年度陕西省外语学科专项课题研究项目}
序号	项目批准号	项目名称	合作单位	负责人
63	2021ND0644	课程思政视域下大学英语基础口译实践探索	西北大学	石 岩
64	2021ND0645	中亚五国语言政策与汉语在中亚传播路径研究——以俄语为例	西北大学	张 欣
65	2021ND0646	中华典籍英译课思政教学设计与实践	西北大学	杨 柳
66	2021ND0647	研究生学术英语能力培养研究	西北工业大学	宋美盈
67	2021ND0648	基于线上线下混合式"美国文学"课程的教学模式研究	西北工业大学	李利敏
68	2021ND0649	守好学科责任田——新时代思政视域下大学英语"三全育人"思政模式研究	西北工业大学	屈江丽
69	2021ND0650	新文科交叉融合背景下学科英语知识建构问题与路径研究	西北农林科技大学	王保健
70	2021ND0651	数据驱动下英语演讲与辩论创新教学模式研究	西北农林科技大学	王慧娟
71	2021ND0652	"双一流":背景下大学英语教师职业心态特征与专业发展路径校本研究	西北农林科技大学	贺新全
72	2021ND0653	海外"西安"城市形象网络舆情及传播研究	西北政法大学	张 寅
73	2021ND0654	陕西当代文学作品译介研究	西京学院	晁 正
74	2021ND0655	高校外语课程思政教学中传播中华文化实践研究	咸阳师范学院	付 敏
75	2021ND0656	党建文献外译的生态翻译学模式构建研究	咸阳师范学院	胡学坤
76	2021ND0657	大学英语视听说课程思政建设的路径与策略研究	咸阳师范学院	王洪涛
77	2021ND0658	地方师范院校英语专业"课程思政"评价研究	咸阳师范学院	肖春艳
78	2021ND0659	《美国文学史》教材思政元素研究	延安大学	崔 莉
79	2021ND0660	贾平凹乡土文学"走出去"生态译介策略研究	延安大学 西安创新学院	卓欣莲
80	2021ND0661	基于"学习通"平台的英语线上线下混合式教学模式探究与实践——以《高级英语》课程为例	榆林学院	李冬艳
81	2021ND0662	新文科背景下"文工交叉"复合型人才培养中的外语教师专业发展研究与实践	长安大学	马 瑛

2021年度陕西省外语学科专项课题研究项目

序号	项目批准号	项目名称	合作单位	负责人
82	2021ND0663	"一带一路"沿线国家交通运输人才跨文化培养思考与实践	长安大学	刘冠东
83	2021ND0664	思政课程建设视域下的建筑学专业外语课程建设研究	长安大学	马 轩
84	2021ND0665	文化自觉视域下的秦腔对外译介研究	中共陕西省委党校（陕西行政学院）	范 丹

2021年度陕西省退役军人事务课题研究项目

序号	项目批准号	项目名称	合作单位	负责人
1	2021ND0666	延安时期退役军人工作的经验和启示	中共陕西省委党校（陕西行政学院）	翟晓舟
2	2021ND0667	退役军人工作氛围营造的策略和路径研究	西安工程大学	杨建军
3	2021ND0668	退役军人统计数据应用研究	西安科技大学高新学院	王军平
4	2021ND0669	新时代退役军人作用发挥工作体系研究	西安培华学院	王 琳
5	2021ND0670	军休干部养老服务社会化的现实需求与实现路径研究	西安建筑科技大学	李从容
6	2021ND0671	军队转业干部思想政治教育资源挖掘与作用发挥研究	西京学院	李 静
7	2021ND0672	发扬双拥优良传统,建立陕西社会化爱国拥军组织的方法路径探究	西北政法大学	袁冬根
8	2021ND0673	英烈精神融入中小学生教育体系的路径研究	西安文理学院	王筱宁
9	2021ND0674	退役军人事务系统干部能力现状评价与提升路径研究	西北大学	孙 峰
10	2021ND0675	退役军人全周期服务机制的探索研究	西安建筑科技大学	周恩毅

2021年度法学研究课题研究项目

序号	项目批准号	项目名称	合作单位	负责人
1	2021ND0676	习近平法治思想探析	陕西省法学会	刘文斌
2	2021ND0677	黄河流域高质量发展协同立法研究	西安财经大学法学院	杨 军
3	2021ND0678	陕西省民营企业营商环境法治保障体系研究	西安建筑科技大学	刘 颖
4	2021ND0679	乡村振兴背景下陕西农民法律援助体系构建研究	西安建筑科技大学	夏进文

续表

2021年度法学研究课题研究项目

序号	项目批准号	项目名称	合作单位	负责人
5	2021ND0680	法治陕西发展现状及对策研究	西北大学 社会科学界联合会	武建敏
6	2021ND0681	陕西法治人才培养现状及对策研究	西北大学 社会科学界联合会	虎有泽
7	2021ND0682	基层社会治理法治体系研究	西北大学 社会科学界联合会	卞 辉
8	2021ND0683	民法典与民事执行研究	西北政法大学	韩红俊
9	2021ND0684	公民体育运动信息权的法律保护研究	西北政法大学	潘瑞成
10	2021ND0685	乡村振兴背景下山区农村宅基地管理机制问题研究——以陕西柞水县为视角	商洛市委党校	张晓云

2021年度陕西省高等教育社科理论研究课题研究项目

序号	项目批准号	项目名称	合作单位	负责人
1	2021HZ0686	陕西高校科研育人现状、困境与突破途径	安康学院	李景林
2	2021HZ0687	基于秦巴汉水流域的安康旅游城市标识语研究	安康学院	赵临龙
3	2021HZ0688	融媒体时代基于"AIPE"导向的职业生涯规划与就业创业课程思政体系探索与实践	陕西科技大学	罗晓婷
4	2021HZ0689	基于网络空间开展大学生思想政治教育的实践创新路径	陕西科技大学	田少宁
5	2021HZ0690	新时代把握党史学习教育与民办本科高校思政课融合的维度研究	陕西科技大学镐京学院	杨晓娟
6	2021HZ0691	教育改革背景下陕西行业特色高校师资队伍建设研究	陕西省改革发展研究会	宋振涛
7	2021HZ0692	高校海外归国教师课程思政开展的策略研究	陕西师范大学	落 鑫
8	2021HZ0693	劳动教育在农事诗艺文编年中的生成逻辑研究	陕西师范大学	李河成
9	2021HZ0694	本科生学术道德规范教育体系的构建	陕西师范大学	任 凯
10	2021HZ0695	以微课为依托的"线上线下混合式教学"在大学公共课程中的应用研究	陕西师范大学	吴 婵
11	2021HZ0696	地方师范类高校大学英语混合式一流课程实践探索	陕西学前师范学院	丁 珗
12	2021HZ0697	基于健康中国理念的中医药院校研究生培养模式探究	陕西中医药大学	张 浩

续表

\multicolumn{5}{c}{2021年度陕省西高等教育社科理论研究课题研究项目}				
序号	项目批准号	项目名称	合作单位	负责人
13	2021HZ0698	产学研深度融合视角下应用型本科院校创新型人才培养机制研究	商洛学院	董 朕
14	2021HZ0699	融入课程思政的高等数学线上、线下混合教学模式研究	商洛学院	王 晓
15	2021HZ0700	高校"产学研用"四位一体人才培养路径研究	渭南师范学院	任晓婷
16	2021HZ0701	"互联网+"背景下大学英语线上线下混合式教学改革与实践	渭南师范学院	李军胜
17	2021HZ0702	基于信息技术的跨文化商务沟通课程教学设计与改革战略研究	渭南师范学院	景艳娥
18	2021HZ0703	陕西非遗特色文旅的IP化开发研究	渭南师范学院	张鸽舞
19	2021HZ0704	新型混合教学模式在《职业生涯管理》课程中的应用	西安财经大学	王郁蓉
20	2021HZ0705	文化自信视域下基于线上线下混合式教学的大学英语课程思政教学实践研究	西安电子科技大学	陈争峰
21	2021HZ0706	西安旅游景点虚拟空间中的语言景观研究	西安翻译学院	赵 伸
22	2021HZ0707	陕西红色资源融入大学生思想政治教育的路径研究	西安翻译学院	马知辰
23	2021HZ0708	"1+X"证书制度促进产教融合深化发展研究	西安翻译学院	马 祯
24	2021HZ0709	基于生态翻译学视角的太极拳文本译介与对外传播研究	西安工程大学	刘振利
25	2021HZ0710	地理符号学视域下陕西省文化旅游景区语言景观研究	西安工程大学	邹 妮
26	2021HZ0711	新时代陕西高校创新创业教育课程体系优化研究	西安工业大学	吕 美
27	2021HZ0712	融入陕西特质的物理课程思政元素发掘及其多维度教学路径研究	西安工业大学	许世军
28	2021HZ0713	高校行业类课程开展课程思政的路径研究	西安航空学院	李 洁
29	2021HZ0714	陕西高校课程思政协同创新研究	西安建筑科技大学	董群雁
30	2021HZ0715	陕西民俗文化视觉形象创新表达及对外传播研究	西安建筑科技大学	牟 夏
31	2021HZ0716	思政素材在高校专业设计基础课中的渗透研究	西安建筑科技大学	冯 郁

续表

2021年度陕西省高等教育社科理论研究课题研究项目				
序号	项目批准号	项目名称	合作单位	负责人
32	2021HZ0717	基于深度挖掘与融合的《新思维大学英语（综合教程）(思政版)》思政要素提炼与提升研究	西安交通大学城市学院	赵永生
33	2021HZ0718	"四史"教育背景下陕西省党外人士统战工作路径创新研究	西安科技大学	吕叻加
34	2021HZ0719	文化自信培育视角下陕西民间故事推介研究	西安科技大学	王　娟
35	2021HZ0720	英语写作教学与评价改革研究	西安科技大学高新学院	刘清波
36	2021HZ0721	构建陕西省大学生创新创业教育体系研究	西安科技大学高新学院	李小丽
37	2021HZ0722	大明宫遗址虚拟语言景观文化表达研究	陕西科技大学	李稳敏
38	2021HZ0723	教学改革背景下陕西应用型本科高校青年教师发展研究	渭南师范学院	孙宏恩
39	2021HZ0724	陕西教育改革背景下"教师教学发展中心"高质量创新发展的循证研究	西安美术学院	张　乐
40	2021HZ0725	美术类院校英语课程思政的语料库建设研究	西安美术学院	任会玲
41	2021HZ0726	企业参与陕西应用型本科高校深度融合教学的机制研究	西安欧亚学院	张丽敏
42	2021HZ0727	秦岭北麓西安段生态保护标识系统研究	西安培华学院	刘雪婷
43	2021HZ0728	从产学研协同创新到深度融合教学的趋势研究	西安培华学院	孙文琳
44	2021HZ0729	校地融合对陕西地方高校创业人才培养机制的影响研究	西安石油大学	武晓朦
45	2021HZ0730	重大公共事件下陕西民办高校社会责任及应急防控研究	西安思源学院	李茂华
46	2021HZ0731	普通高校体育课程开展课程思政的素材和路径研究	西安体育学院	王　硕
47	2021HZ0732	高校教师课程思政能力评价研究	西安体育学院	穆　晓
48	2021HZ0733	基于3PEAKING模型的西安轨道交通空间语言景观研究	西安外国语大学	杨　彬
49	2021HZ0734	国际化与本土化双重视野下陕西民俗文化译介模式研究	西安外国语大学	严　丹

续表

2021年度陕西省高等教育社科理论研究课题研究项目

序号	项目批准号	项目名称	合作单位	负责人
50	2021HZ0735	"一带一路"战略下陕西原生态民俗文化传承及英译研究	西安外事学院	展卫华
51	2021HZ0736	基于"产出导向法"的高校英语阅读"课程思政"探究	西安外事学院	封 杰
52	2021HZ0737	陕西城市语言景观英译现状分析及规范化研究	西安文理学院	杨红梅
53	2021HZ0738	陕西安塞腰鼓文化对外传播路径研究	西安文理学院	李 治
54	2021HZ0739	中非人文交流目标驱动下的援非医生英语语言能力建设	西安医学院	薛英利
55	2021HZ0740	省级图书馆公共文化服务体系研究	西安医学院	蒲晔芬
56	2021HZ0741	"文化走出去"背景下陕西红色文化外宣翻译效度研究	西安邮电大学	王晓燕
57	2021HZ0742	智能技术赋能课程思政教学设计研究——以研究生综合英语课程为例	西安邮电大学	陈彦茹
58	2021HZ0743	马克思主义技术哲学视域下思想政治教育创新研究	西北大学	梁 靖
59	2021HZ0744	大学公共课程"线上线下"不同混合教学模式对教学效果的影响研究	西北大学	伍 勇
60	2021HZ0745	"毛泽东思想和中国特色社会主义理论体系概论"课专题式教学改革创新研究	西北工业大学	陶惠敏
61	2021HZ0746	新时代陕西高校课程改革研究——以"书法美育通识"课程为例	西北工业大学	白 慧
62	2021HZ0747	"PBL"模式下的"纲要"课混合式教学研究	西北农林科技大学	孙 巍
63	2021HZ0748	嵌入史料信息的课程思政模式研究	西北农林科技大学	李高峰
64	2021HZ0749	"一体两翼三育"体育教学方式实施路径探析	西北农林科技大学	王 艳
65	2021HZ0750	功能翻译理论及传播学视域下的陕北民俗文化译介及对外传播路径研究	西北政法大学	高一波
66	2021HZ0751	应用型本科高校财务管理专业产教融合育人策略和实施路径研究	咸阳师范学院	闫雅雯
67	2021HZ0752	新发展格局下陕西省高等教育国际化人才培养路径研究	延安大学	雷 琨
68	2021HZ0753	新时代背景下海伦·斯诺与延安精神及其价值研究	延安大学	屈彩娥

续表

\multicolumn{5}{	c	}{2021年度陕西省高等教育社科理论研究课题研究项目}
序号	项目批准号	项目名称	合作单位	负责人
69	2021HZ0754	英语教学改革背景下陕西高校大学英语教师教学信念取向及影响因素研究	榆林学院	高吉利
70	2021HZ0755	"四个自信"融入陕西高校思政课建设研究	长安大学	高 硕
71	2021HZ0756	课程思政视域下地质精神融入高等地质教育的探索与实践	长安大学	查方勇
72	2021HZ0757	"互联网+"背景下陕西高校思政课翻转课堂教学模式创新研究	中共陕西省委党校（陕西行政学院）	王晓帆
73	2021HZ0758	延安时期党的宣传思想与经验研究	西安交通大学	李明德
74	2021HZ0759	形势与政策课"线上线下"混合教学模式研究	西京学院	王 琪
\multicolumn{5}{	c	}{2021年度陕西省统计学课题研究项目}
序号	项目批准号	项目名称	合作单位	负责人
1	2021HZ0760	陕西规模以上工业企业"亩均效益"效率测评与提升研究	延安大学	杜 涛
2	2021HZ0761	陕西市域统计监督质效测度与评价研究	陕西理工大学	田京京
3	2021HZ0762	区块链背景下陕西跨境贸易的数字化创新路径研究	西安外事学院	周晓燕
4	2021HZ0763	乡村振兴战略背景下陕西省农业农村现代化发展水平与路径优化研究	西安财经大学	马金萍
5	2021HZ0764	数字经济下的陕西数字产业定位与区域融合发展路径研究	西安邮电大学	刘 飞
6	2021HZ0765	"文化记忆"视野下陕西数字文旅时空数据库建设与应用	咸阳师范学院	包富华
7	2021HZ0766	"十四五"期间陕西省碳达峰产业路径研究	陕西师范大学	易 兰
8	2021HZ0767	大数据背景下"四下"企业调查方法研究	西安理工大学	李建勋
9	2021HZ0768	基于数据挖掘的新能源汽车产业发展模型构建与政策研究	西安欧亚学院	王 艳
10	2021HZ0769	陕西服务业统计测度及高质量发展路径研究	西安财经大学	周 芸
11	2021HZ0770	陕西新能源汽车现代化产业链体系构建研究	西安翻译学院	张 英
12	2021HZ0771	数据驱动下的陕西乡村新零售研究	西安翻译学院	刘腾蛟

续表

2021年度陕西省统计学课题研究项目

序号	项目批准号	项目名称	合作单位	负责人
13	2021HZ0772	优化政府补助政策助推陕西汽车行业强链补链行动	陕西师范大学	任海云
14	2021HZ0773	大数据背景下地方政府统计现状及路径转型研究	西安科技大学高新学院	梁惠珍
15	2021HZ0774	乡村振兴战略目标下陕西农村人力资源效能提升问题研究	陕西省统计局	高 星
16	2021HZ0775	基于工业投资的亩均产出效益评价测度研究	陕西省统计局	王冬羽
17	2021HZ0776	基于大数据视角的"四下"制造企业产品服务创新能力统计云研究	西安财经大学	陈树广
18	2021HZ0777	陕西省建设工程项目群协同减排策略研究	长安大学	白礼彪
19	2021HZ0778	乡村振兴背景下陕西农村产业融合与价值链提升研究	西安工程大学	王铁山
20	2021HZ0779	陕西省碳达峰关键时点确定与实现进程安排研究	西北大学	田洪志

2021年度省政府参事重点调研课题研究项目

序号	项目批准号	项目名称	合作单位	负责人
1	2021HZ0820	黄河西岸绿色廊道建设研究	陕西师范大学	方 兰
2	2021HZ0821	聚焦补短板的陕西省县域电商物流体系高质量建设研究	长安大学	李兆磊
3	2021HZ0822	陕西城市社区治理重点问题研究	西北农林科技大学	胡 钢
4	2021HZ0823	陕西省城市社区治理的现状分析、问题诊断与优化路径研究	西安电子科技大学	曹 飞

2021年度国际传播能力建设重点课题研究项目

序号	项目批准号	项目名称	合作单位	负责人
1	2021HZ0824	延安时期国际友人对中国革命的国际传播史研究	西安邮电大学	袁小陆
2	2021HZ0825	"一带一路"背景下高校跨文化交际课程建设创新研究	渭南师范学院	李 燕
3	2021HZ0826	"一带一路"深度共建背景下陕西高校外语教育助力国际化人才培养策略研究	西安财经大学	王 健
4	2021HZ0827	"一带一路"视域下西安作为国家中心城市提升中华优秀传统文化国际传播与海外教育融合策略研究	西安文理学院	苏志敏

续表

2021年度国际传播能力建设重点课题研究项目				
序号	项目批准号	项目名称	合作单位	负责人
5	2021HZ0828	复杂系统视阈下的贾平凹作品英译与传播研究	西安文理学院	韩红建
6	2021HZ0829	"商於古道"唐诗整理、英译及国际传播研究	商洛学院	任桂婷
7	2021HZ0830	文化资本视域下的跨文化适应与传播研究	西安邮电大学	徐丽华
8	2021HZ0831	"一带一路"背景下陕西传统文化民间对外传播与交流路径研究	西安翻译学院	刘 杨
9	2021HZ0832	基于"五眼联盟"银行年报语料库的经济话语批评研究	西安财经大学	赵红霞
10	2021HZ0833	评价等效视阈下政府白皮书英译的中国态度传播模式建构研究	西安科技大学	冯正斌
11	2021HZ0834	"一带一路"语境下当代陕西文学在俄罗斯的译介与研究	西安石油大学	孙 婷
12	2021HZ0835	"一带一路"背景下陕西当代文学的对外译介与传播研究	陕西学前师范学院	孙立盎
13	2021HZ0836	"一带一路"战略下澜湄五国的语言生态与语言政策研究	渭南师范学院	王淑莉
14	2021HZ0837	"一带一路"背景下陕西非物质文化遗产国际化传播新媒体渠道研究	西安外事学院	高淑玲
15	2021HZ0838	秦腔剧本英译的多模态化与秦腔文化对外传播研究	西安理工大学	李庆明
16	2021HZ0839	"一带一路"背景下陕西高校跨文化交际人才培养研究	延安大学 西安创新学院	拓 欣
17	2021HZ0840	"一带一路"背景下西安语言景观翻译研究	西安电子科技大学	杨 跃
18	2021HZ0841	"一带一路"背景下陕西传统文化的跨文化传播研究	西安翻译学院	李瑞超
19	2021HZ0842	"一带一路"背景下师范类高校大学英语精品教材资源建设研究	咸阳师范学院	赵崇俊
20	2021HZ0843	"一带一路"背景下,职业院校开展"走出去"文化传播的实践与探索研究	陕西财经职业技术学院	康 涛
21	2021HZ0844	中国神话传说中的中国精神及其对外传播研究	陕西理工大学	余 丽
22	2021HZ0845	"一带一路"视域下陕西传统文化对外传播模式研究	陕西师范大学	张翼驰

续表

| \multicolumn{5}{c}{2021 年度国际传播能力建设重点课题研究项目} |
序号	项目批准号	项目名称	合作单位	负责人
23	2021HZ0846	国家舆论话语建构的符号修辞与中国路径研究	西北大学	李　玮
24	2021HZ0847	"一带一路"背景下陕西文学翻译与传播研究	西安电子科技大学	曹志宏
25	2021HZ0848	构建国家形象视域下影视作品《装台》的外译研究	商洛学院	刘　锋
26	2021HZ0849	"一带一路"背景下来华留学生"讲好地方故事"创新路径研究	安康学院	陈　蕾
27	2021HZ0850	喜马拉雅区域在连接"一带"与"一路"中的作用研究	西安外国语大学	赵　勇
28	2021HZ0851	复杂国际舆论背景下西北地区高校讲好"丝路故事"的作用和路径研究	西安交通大学	张铁云
29	2021HZ0852	"一带一路"视域下《伤寒论》人机翻译对比研究	陕西国际商贸学院	赵　旭
30	2021HZ0853	"一带一路"背景下西部文化的现代转化与影像传播研究	西安建筑科技大学	王　坤
31	2021HZ0854	"一带一路"背景下陕北民俗文化对外传播路径研究	延安大学	韩　峰
32	2021HZ0855	新冠肺炎疫情下中国对外传播话语体系的构建	西北工业大学	蒲　瑶
33	2021HZ0856	"一带一路"沿线国家语言建设研究——以东盟12国语言政策变化为例	西安外国语大学	杨红燕
34	2021HZ0857	基于语料库的陕西民俗文化社交媒体外宣短文本特征研究	西安交通大学城市学院	刘　慧
35	2021HZ0858	"一带一路"背景下陕西高校博物馆对西部传统文化对外传播研究	西北大学	王　珺
36	2021HZ0859	"一带一路"视域下针对青少年的中华传统文化对外"轻传播"研究	陕西师范大学	石晓雯
37	2021HZ0860	文化强国战略下"中国精神"的国际传播话语体系研究	西北工业大学	周　爽
38	2021HZ0861	国际传播视域下中国援非医疗对外新闻报道的共情叙事研究	西安医学院	朱晓娟
39	2021HZ0862	"一带一路"沿线东南亚五国"一国多语"现象及语言政策对比研究	西京学院	柴国喜
40	2021HZ0863	"讲好中国故事"视阈下政法院校大学英语ESP课程教学研究与实践	西北政法大学	陈　河

续表

2021 年度全省共青团和青年工作重点课题研究项目					
序号	项目批准号	项目名称	合作单位	负责人
1	2021HZ0865	共青团改革视域下陕西省团干部培训需求分析研究	陕西省团校	孙 伟
2	2021HZ0866	高校学生团干部中华民族共同体意识培育研究	长安大学	巩昌盛
3	2021HZ0867	宝鸡市村(社区)团支部书记结构分析及对策建议	共青团宝鸡市委	刘 妍
4	2021HZ0868	推动陕西省县(区)青联建设的策略研究	西安欧亚学院	孙 慧
5	2021HZ0869	陕西高校共青团"第二课堂成绩单"制度研究	西北农林科技大学	李国龙
6	2021HZ0870	"第二课堂成绩单"制度下高校共青团服务大学生创新创业教育模式研究	西安建筑科技大学	孙宏哲
7	2021HZ0871	新时代高校共青团"第二课堂成绩单"制度深化与创新实践研究	长安大学	张 永
8	2021HZ0872	强化基层党组织建设政治功能,推进机关政治监督的路径探索	陕西职业技术学院	孙 洁
9	2021HZ0873	基于SMART原则的高校共青团工作成效评估路径研究	西安航空学院	雷颖颐
10	2021HZ0874	共青团和青年工作成效评价体系和评估路径研究	航天四院	郝志鹏
11	2021HZ0875	高校青年工作有效性量化评价与实证分析	西北工业大学	周 凯
12	2021HZ0876	共青团工作扁平化运作模式的探索性研究和制度设计	陕西省团校	宋利国
13	2021HZ0877	基于组织创新氛围与成员创新行为关系模型的高校创新型团校组织建设路径研究与实践	西安工程大学	黄 冠
14	2021HZ0878	国有企业共青团组织扁平化运作和制度设计研究	陕钢集团汉中钢铁有限责任公司	刘 勇
15	2021HZ0879	大学生生态文明教育的现状与路径选择研究	陕西科技大学	庞 博
16	2021HZ0880	新形势下加强大学生生态环保意识教育有效途径探究	西安建筑科技大学	辛 欣
17	2021HZ0881	陕西青年创业发展活力指数研究	陕西省青年就业创业基金会	王坤元
18	2021HZ0882	高职院校"三维一体"创新创业教育模式研究与实践	杨凌职业技术学院	任争峰

2021年度全省共青团和青年工作重点课题研究项目

序号	项目批准号	项目名称	合作单位	负责人
19	2021HZ0883	陕西省中小学法治宣传教育模式研究	西北政法大学	褚宸舸
20	2021HZ0884	陕西省青少年法治宣传教育模式创新指数与监测体系建构研究	陕西国际商贸学院	蒋涛
21	2021HZ0885	陕西共青团"大公益"工作体系研究	西安培华学院	姚文静
22	2021HZ0886	陕西共青团大公益体系建设实践路径探索	长安大学	丁芝娟
23	2021HZ0887	基于多元化背景下高校志愿服务实践育人工作模式研究	西安科技大学	党雪
24	2021HZ0888	实施全童分批入队增强少先队员光荣感的实践研究	汉中市宁强县阳平关镇中心小学	张翠琴
25	2021HZ0889	红领巾奖章激励体系的建设与实践研究	榆林高新第五小学	孔红红
26	2021HZ0890	陕西青少年教育基地在青少年思想引领中发挥主体功能的路径探析	西安医学院	韩旭芳
27	2021HZ0891	网络育人视域下高校共青团舆论场建设与管理的新机制研究	西安医学院	王文鹓
28	2021HZ0892	以团学组织为支点的高校网络舆论场建设初探	西安音乐学院	李曼辰
29	2021HZ0893	陕西省青年婚育公租房政策构建与落地研究	西北大学	雷晓康

陕西省政府研究室2021年度重大课题研究项目

序号	项目批准号	项目名称	合作单位	负责人
1	2021HZ0894	发挥秦创原创新平台作用在创新驱动引领上实现新突破研究	西北大学	陈关聚
2	2021HZ0895	推动我省重点产业链提质增效路径研究	西北政法大学	王静
3	2021HZ0896	陕西省新型城镇化与县域经济协同发展路径研究	西安电子科技大学	张建军
4	2021HZ0897	中欧班列西安集结中心支撑内陆国际贸易通道的发展路径	西安交通大学	张旭
5	2021HZ0898	加快推进我省金融控股公司发展问题研究	西安财经大学	王波
6	2021HZ0899	秦岭生态环境"天地一体化"的监管体系研究	西北农林科技大学	龚直文
7	2021HZ0900	陕西省数据要素市场体系建设研究	西安交通大学	张俊瑞

续表

2021年度全省高质量发展若干重大课题研究项目（人大财经委）				
序号	项目批准号	项目名称	合作单位	负责人
1	2021HZ0902	陕西省双碳目标驱动下的产业转型发展	上海交通大学	尹海涛
2	2021HZ0903	陕西巩固拓展脱贫攻坚成果同乡村振兴有效衔接的路径及对策	西北大学	卫玲
3	2021HZ0904	"双碳"战略对陕西产业发展的影响及对策研究	西北政法大学	刘光岭
4	2021HZ0905	秦岭北麓陕西段自然资源禀赋管理体制机制研究	陕西师范大学	孔祥利
5	2021HZ0906	新发展理念下的陕西秦岭地区高质量发展评价研究	西安财经大学	任燕
6	2021HZ0907	双碳驱动战略下陕西省资源型产业转型路径研究	西京学院	李海霞
7	2021HZ0908	基于"双碳"目标的二氧化碳捕集、驱油与封存项目（CCUS）成本效益分析	同济大学	李博英
8	2021HZ0909	数字技术驱动下的陕西"双碳"发展战略研究	西安交通大学	廖貅武
9	2021HZ0910	需求侧改革视域下的文化消费数字化转型	陕西省社会科学院	秦开凤
10	2021HZ0911	数字经济发展及其影响因素研究	陕西学前师范学院	白谨豪
11	2021HZ0912	数字经济驱动陕西省经济高质量发展的动力机制与实现路径研究	西安培华学院	楚文静
12	2021HZ0913	数字经济推动沿黄区域新型城镇化高质量发展研究	西安邮电大学	杨佩卿
13	2021HZ0914	陕西红色资源片区发展康养旅游助推乡村振兴研究	陕西学前师范学院	万生更
14	2021HZ0915	陕西省建设现代化综合交通运输体系工作研究	陕西学前师范学院	韩奋发
15	2021HZ0916	陕西推动数字经济高质量发展对策研究	西安邮电大学	张鸿
16	2021HZ0917	新时代加快推进陕西省国资国企改革的思路与对策研究	西安交通大学	冯根福
17	2021HZ0918	陕北如何打造绿色智慧能化基地	榆林学院	孙利鹏
18	2021HZ0919	技术创新驱动陕西省高质量发展的绩效评价及实现路径研究	西安交通大学	张丛
19	2021HZ0920	大数据背景下终身教育网络资源库建设研究	陕西开放大学	马省轩

续表

2021年度全省高质量发展若干重大课题研究项目(人大财经委)			
序号	项目批准号	项目名称	合作单位	负责人
20	2021HZ0921	疫情常态下生鲜畜产品电商销售现状及对策	西北农林科技大学	王倩
21	2021HZ0922	巩固脱贫攻坚成果与乡村振兴路径有效衔接路径对策研究	西安财经大学	史卫民
22	2021HZ0923	巩固脱贫攻坚成果与乡村振兴有效衔接的路径研究	中共陕西省委党校（陕西行政学院）	刘亚波
23	2021HZ0924	新消费视角下的陕西传统产业转型升级问题研究	西安财经大学	张武康
24	2021HZ0925	新发展格局下陕西省县域经济高质量发展研究	陕西财经职业技术学院	程书强
25	2021HZ0926	巩固拓展脱贫攻坚成果同乡村振兴有效衔接路径对策研究	陕西科技大学	苏芳
26	2021HZ0927	基于政府视角的土地资源价值计量研究	长安大学	云虹
27	2021HZ0928	秦创原驱动陕西高质量发展研究	西安财经大学	赵益维
28	2021HZ0929	发挥秦创原创新驱动平台作用,带动我省科技成果转化高质量发展	西安交通大学	张旭
29	2021HZ0930	数字经济驱动的陕西制造业高质量发展路径研究	西安理工大学	陈菊红
30	2021HZ0931	努力打造区域经济高质量发展新高地——华州区高质量发展调研	中共陕西省委党校（陕西行政学院）	王亲玲
31	2021HZ0932	陕西乡村振兴重点帮扶地区村镇装配式建筑"降噪"机理及策略研究	西安建筑科技大学	王腊银
32	2021HZ0933	双碳视野下陕西省县域经济高质量发展潜力及优化路径研究	西北农林科技大学	刘文新
33	2021HZ0934	双碳战略驱动下陕西省产业发展目标与路径研究	西安翻译学院	刘俊霞
34	2021HZ0935	陕西省保障经济高质量发展的法治环境及其评价体系研究	西北大学	赵海怡
35	2021HZ0936	陕西省沿黄区域城镇化与旅游业协同发展研究	西安科技大学	崔琰
36	2021HZ0937	巩固脱贫攻坚成果与乡村振兴有效衔接路径对策研究	长安大学	杜智民
37	2021HZ0938	双碳驱动战略与我省产业发展目标路径研究	西安科技大学	王新平

续表

2021年度全省高质量发展若干重大课题研究项目（人大财经委）				
序号	项目批准号	项目名称	合作单位	负责人
38	2021HZ0939	制造业高质量发展及其评价指标体系研究	西安财经大学	任　静
39	2021HZ0940	陕西经济高质量发展水平测度与实现路径研究	陕西科技大学	贺宝成
40	2021HZ0941	陕西绿色金融高质量发展测度体系与创新策略研究	西安财经大学	姚树俊
2021年度民政基层政权工作领域课题研究项目				
序号	项目批准号	项目名称	合作单位	负责人
1	2021HZ0942	陕西省未成年人保护工作网络创新示范区建设探索实践研究	中国政法大学	皮艺军
2	2021HZ0943	陕西省基层儿童工作人员稳定配置和专业提升路径方法研究	中国青少年研究中心	陈卫东
3	2021HZ0944	基于困境未成年人保护基层政府个案评估会商制度研究	西北大学	李　静
4	2021HZ0945	陕西省乡镇未成年保护工作站设立对策措施研究	长安大学	刘　勇
5	2021HZ0946	陕西省未成年人保护工作平台模式研究	咸阳师范学院	王　薇
6	2021HZ0947	陕西省基层未保站/儿童之家建设标准化模式研究	长安大学	刘启波
7	2021HZ0948	陕西省儿童福利机构聘用人员待遇保障机制研究	咸阳师范学院	李　莹
8	2021HZ0949	省市未成年人保护工作领导协调制度机制研究	陕西创智云谷企业发展管理有限公司	王　静
9	2021HZ0950	陕西省未成年人保护工作网络创新示范区建设探索实践研究	西安工业大学	汶　希
10	2021HZ0951	城乡社区精准化精细化治理能力建设研究	西北大学	雷晓康
11	2021HZ0952	规范化数字化网格化助力村居务公开机制	西安交通大学	杨建科
12	2021HZ0953	新形势下生态环境保护督查干部队伍建设问题研究	西安工业大学	刘选会
13	2021HZ0954	陕西省深入打好污染防治攻坚战问题与对策研究	西安交通大学	郭菊娥
14	2021HZ0955	构建我省生态环境执法体系研究	西安交通大学	董新宇

续表

2021年度陕西省民政基层政权工作领域课题研究项目

序号	项目批准号	项目名称	合作单位	负责人
15	2021HZ0956	陕西生态环境损害赔偿制度改革问题研究	西安建筑科技大学	刘 莉
16	2021HZ0957	我省黄河流域生态环境保护与高质量发展问题识别与对策研究	陕西学前师范学院	李 强
17	2021HZ0958	我省黄河流域生态环境保护与高质量发展问题识别与对策研究	西安交通大学	刘志仁
18	2021HZ0959	南水北调中线工程水源区生态补偿机制研究	西安财经大学	史卫民
19	2021HZ0960	秦岭区域生态补偿机制研究	西安财经大学	马红鸽

2021年度西安邮电大学、陕西省税务局研究项目

序号	项目批准号	项目名称	合作单位	负责人
1	2021HZ0980	从"画面"到"屏面":陕西农民画的数字化转化与乡村美育研究	西安邮电大学	闫兴亚
2	2021HZ0981	西安高校传媒专业领域双创模式及机制的研究	西安邮电大学	唐 黎
3	2021HZ0982	陕西新媒体电商创新模式与实践案例研究	西安邮电大学	卢 涛
4	2021HZ0983	数字文化生态下陕西艺术乡建"再部落化"研究	西安邮电大学	王永涛
5	2021HZ0984	税收视角下秦创原提升陕西创新效率的机制研究	陕西省税务局	高 旭
6	2021HZ0985	税收视角下陕西数字经济发展新思考	陕西省税务局	戴 芳
7	2021HZ0986	抓住机遇迎挑战陕西瞄准"双碳"目标促进能源转型——基于税收视角的分析	陕西省税务局	李 玮
8	2021HZ0987	融入共建"一带一路"大格局助推陕西外资外贸高质量发展	陕西省税务局	王利晓

2021年度陕西省文物保护利用重大课题研究项目

序号	项目批准号	项目名称	合作单位	负责人
1	2021HZ1058	关中地区优秀近现代建筑的保护与发展研究	西安交通大学	翟斌庆
2	2021HZ1059	陕西省博物馆藏品规范管理与科学研究	西北大学	尹夏清
3	2021HZ1060	基于融合发展的延安革命文物保护利用示范区保护利用创新研究	西北大学	吴铮铮

续表

\多列{6}{2021年度陕西省文物保护利用重大课题研究项目}

序号	项目批准号	项目名称	合作单位	负责人
4	2021HZ1061	陕西革命文物活化利用模式研究	陕西省文化遗产研究院	赵璐
5	2021HZ1062	公益诉讼视角下我省文物保护协同机制建设与研究	西安交通大学	刘丽娜
6	2021HZ1063	博物馆教育课程化的设计研究	陕西历史博物馆	步雁
7	2021HZ1064	陕西省文物保护地方立法研究	西北大学	代水平
8	2021HZ1065	陕西世界文化遗产公共教育服务体系研究	陕西师范大学	卜琳
9	2021HZ1066	陕西沿黄地区遗产保护与活化利用模式研究	西北农林科技大学	史承勇
10	2021HZ1067	数字人文时代陕西博物馆文物多模态译介与传播研究	西安外国语大学	李琴

2021年度陕西省学校共青团课题研究项目					
序号	项目批准号	项目名称	合作单位	负责人	
1	2021HZ1068	习近平总书记青年观视阈下陕西地方高校青年人才培育创新研究	宝鸡文理学院	杨福荣	
2	2021HZ1069	高校共青团视阈下"朋辈导师制"的育人机制研究	西安建筑科技大学	魏旖旎	
3	2021HZ1070	全媒体视域下大学生"互联网+思政"教育模式的研究现状及发展途径探索	西安财经大学	李俊	
4	2021HZ1071	大思政格局下高校共青团思想政治引领的内涵和实践研究	西安科技大学	周斌	
5	2021HZ1072	高校共青团强化思想政治引领,主动融入"大思政"格局的内涵和路径研究	长安大学	张永	
6	2021HZ1073	高校共青团强化思想政治引领,主动融入"大思政"格局的内涵和路径研究	西安工业大学	王守民	
7	2021HZ1074	破壁与融通:新时代陕西高校党建带团建实现路径研究	西安思源学院	徐文	
8	2021HZ1075	陕西音乐类高校党建带团建创新与实践研究	西安音乐学院	王怀瑾	
9	2021HZ1076	新时代背景下学校团学组织全面推进从严治团的路径研究	西安建筑科技大学	张明磊	
10	2021HZ1077	高校共青团助力"秦创原"创新驱动平台建设路径研究——提升大学生创新创业能力	西安科技大学	樊建武	

续表

2021年度陕西省学校共青团课题研究项目				
序号	项目批准号	项目名称	合作单位	负责人
11	2021HZ1078	基于能力增值的高校大学生社会实践育人成效评价机制研究	西安电子科技大学	陈海涛
12	2021HZ1079	高校共青团思想政治引领视域下新时代集体主义精神内涵及培育路径研究	西安交通大学城市学院	常媛
13	2021HZ1080	红色文化资源融入高校共青团思想政治引领的内容供给研究	西安科技大学	陈振兴
14	2021HZ1081	新时代共青团员使命感的模型构建与培育路径研究	西安音乐学院	李妍囡
15	2021HZ1082	学校共青团思想政治引领的内容供给研究	西北大学	陈露
16	2021HZ1083	新时期高校青年马克思主义培养工程质量提升机制研究	宝鸡文理学院	罗燕
17	2021HZ1084	融媒体视域下大学生爱国主义教育创新路径研究	西安建筑科技大学	杨欣
18	2021HZ1085	全媒体背景下大学生思想行为特点及其引导策略研究	陕西科技大学	阮云志
19	2021HZ1086	全媒体背景下大学生思想行为特点及其引导策略研究	陕西科技大学	李萌
20	2021HZ1087	全媒体背景下学生思想行为特点及其引导策略研究	西安财经大学行知学院	王栓萌
21	2021HZ1088	新媒体背景下大学生心理行为特点及引导策略研究	西安电子科技大学	丁兰艳
22	2021HZ1089	全媒体背景下大学生网络攻击行为及其影响因素与对策研究	西安医学院	张东宁
23	2021HZ1090	网络思政视域下高校团属新媒体发展策略研究	陕西开放大学	刘琰珮
24	2021HZ1091	陕西高校共青团新媒体矩阵传播策略研究	西安科技大学	刘光林
25	2021HZ1092	网络思政视域下高校共青团新媒体发展策略研究	西安欧亚学院	樊荣
26	2021HZ1093	基层社会治理创新背景下陕西共青团区校共建实践路径和机制研究	陕西师范大学	李晔
27	2021HZ1094	第十四届全运会陕西大学生志愿者服务模式可持续发展机制研究	西安科技大学	刘明远
28	2021HZ1095	高校院系层面"多位一体"团建工作体系的构建与实施路径研究	西安建筑科技大学	康彦

续表

2021 年度陕西省学校共青团课题研究项目					
序号	项目批准号	项目名称	合作单位	负责人	
29	2021HZ1096	新时代高校共青团助力乡村振兴行动路径研究	宝鸡文理学院	杜鹏宇	
30	2021HZ1097	基于AGIL模型的陕西高校共青团志愿服务助力乡村振兴路径研究	陕西科技大学	徐卫涛	
31	2021HZ1098	新时代高校共青团助力乡村振兴行动路径研究	陕西理工大学	钱德敏	
32	2021HZ1099	新时代高校共青团助力乡村振兴行动路径研究	西安财经大学	聂洪涛	
33	2021HZ1100	新时代高校共青团助力乡村振兴行动路径研究	西安财经大学	张艳平	
34	2021HZ1101	新时代高校共青团助力乡村振兴路径研究	西安航空学院	雷颖颐	
35	2021HZ1102	新时代高校共青团助力西部乡村振兴行动路径研究	西北大学	马丽	
36	2021HZ1103	"靶向式"教育范式下高校共青团创新创业教育与思想政治教育融合研究	陕西科技大学	孔庆金	
37	2021HZ1104	共青团视角下西部地方高校大学生创新创业工作质量提升路径研究	西安工程大学	张克英	
38	2021HZ1105	科技自立自强背景下理工类高校共青团赋能科技创新人才培养研究	西安理工大学	杨雯	
39	2021HZ1106	健康中国战略下医学生创新创业工作质量提升策略研究——基于共青团供给侧结构性改革视角	西安医学院	李一杨	
40	2021HZ1107	基于"高校共青团创新创业工作体系"的工作质量提升策略研究	西安工业大学	刘强珺	
41	2021HZ1108	陕西省乡村困境儿童社会心理服务实践体系设计研究	陕西科技大学	董雪	
42	2021HZ1109	提升"三下乡""返家乡"等社会实践活动育人成效的策略研究	陕西师范大学	王文琦	
43	2021HZ1110	短视频时代四史教育的路径探索——以青年学子讲四史为例	陕西学前师范学院	王璐	
44	2021HZ1111	大学生"三下乡"社会实践活动育人成效提升策略研究	西安财经大学	孙研	
45	2021HZ1112	基于OBE理念的大学生社会实践育人体系构建与效果评价	西安石油大学	何国强	

2021年度陕西省学校共青团课题研究项目

序号	项目批准号	项目名称	合作单位	负责人
46	2021HZ1113	基于"第二课堂成绩单"大数据画像的高校人才培养模式探索	陕西科技大学	赵 钢
47	2021HZ1114	提升高校共青团"第二课堂成绩单"制度育人成效策略研究	陕西学前师范学院	皇甫菁菁
48	2021HZ1115	提升高校共青团"第二课堂成绩单"制度育人成效策略研究	西安财经大学	白海荣
49	2021HZ1116	面向"共青团深化改革"的学校团干部队伍建设路径研究	长安大学	倪凤英
50	2021HZ1117	教育"双减"政策背景下中学共青团应对策略研究	西安体育学院	黄宏叶

2021年陕西省哲学社会科学重大理论与现实问题研究委托项目名单(1项)

2021年度陕西省哲学社会科学重大理论与现实问题研究委托项目

项目编号	项目名称	合作单位	负责人
2021ND0581	机关基层党组织政治监督途径与方法研究	中共陕西省委党校	刘 飞

2021年度陕西省哲学社会科学重大理论与现实问题研究重大智库项目(70项)

2021年度陕西省哲学社会科学重大理论与现实问题研究重大智库项目

序号	项目编号	项目名称	项目单位	参与人
1	2021ZD0988	陕西高水平对外开放新格局构建路径及策略研究	西安翻译学院	王利晓
2	2021ZD0989	(1)陕西内陆智慧口岸建设及畅通贸易大通道路径研究	西安翻译学院	王利晓
3	2021ZD0990	(2)陕西打造国内大循环重要节点与国内国际双循环战略连接研究	西安交通大学	杨 凌
4	2021ZD0991	(3)"一带一路"背景下陕西自贸试验区贸易便利化创新体系构建研究	西安财经大学	于璐瑶
5	2021ZD0992	(4)共建"一带一路"大格局的陕西省制造业双重价值链参与及地位研究	西北大学	王 珏
6	2021ZD0993	碳达峰、碳中和对陕西经济社会发展影响及其应对研究	西安交通大学	冯宗宪
7	2021ZD0994	(1)双碳治理目标对我省能源结构及经济社会发展的影响和应对策略	西安交通大学	江 旭

续表

2021年度陕西省哲学社会科学重大理论与现实问题研究重大智库项目			
序号	项目编号	项目名称	项目单位	参与人
8	2021ZD0995	(2)双碳治理目标对我省产业结构及经济发展的影响和应对策略	陕西师范大学	易兰
9	2021ZD0996	(3)双碳治理目标对我省区域布局及经济社会发展影响和应对策略	西安理工大学	薛伟贤
10	2021ZD0997	(4)我省应对双碳治理目标行动的政策方案及路线图	西安交通大学	冯宗宪
11	2021ZD0998	碳达峰、碳中和对陕西经济社会发展影响及其应对研究	延安大学	张金锁
12	2021ZD0999	(1)碳达峰、碳中和对陕西经济社会发展的影响	西安交通大学	袁晓玲
13	2021ZD1000	(2)陕西能源产业绿色低碳转型研究	西安科技大学	赵京
14	2021ZD1001	(3)碳达峰、碳中和政策体系研究	延安大学	张金锁
15	2021ZD1002	(4)碳达峰、碳中和实现路径研究	西安培华学院	孙文琳
16	2021ZD1003	秦创原创新驱动平台组织模式创新与动能激发研究	西北大学	赵守国
17	2021ZD1004	(1)"秦创原"创新驱动平台创新创业模式研究	西北大学	杨建飞
18	2021ZD1005	(2)"秦创原"创新驱动平台科技成果转化模式研究	西北大学	朱云杰
19	2021ZD1006	(3)"秦创原"创新驱动平台创新链与产业链融合模式研究	西安工程大学	王进富
20	2021ZD1007	(4)"秦创原"创新驱动平台动能激发对策研究	西北大学	赵守国
21	2021ZD1008	陕西产业结构转型升级路径和对策研究	西北大学	王满仓
22	2021ZD1009	(1)陕西省产业升级转型的影响因素及机理研究	西北大学	王满仓
23	2021ZD1010	(2)金融发展、科技创新促进陕西省产业结构升级转型的路径及对策研究	西北大学	李凌飞
24	2021ZD1011	(3)陕西省制造业数字化升级转型的路径及对策研究	西安工程大学	和征
25	2021ZD1012	(4)陕西省集成电路产业创新驱动发展路径研究	西安工程大学	邵景峰
26	2021ZD1013	以县城为主要载体的城镇化路径及策略研究	西安建筑科技大学	刘晓君

续表

2021年度陕西省哲学社会科学重大理论与现实问题研究重大智库项目					
序号	项目编号	项目名称	项目单位	参与人
27	2021ZD1014	(1)以县城为重要载体的城镇化动态时空演化规律研究	西安建筑科技大学	李 钰
28	2021ZD1015	(2)以县城为重要载体的城镇产业发展模式研究	西安建筑科技大学	李玲燕
29	2021ZD1016	(3)以县城为重要载体的城镇基础设施建设管理模式研究	西安建筑科技大学	刘晓君
30	2021ZD1017	(4)基于农业转移人口市民化的闲置宅基地盘活利用驱动策略研究	西安建筑科技大学	郭 斌
31	2021ZD1018	陕西县域经济高质量发展比较研究	咸阳师范学院	姚 波
32	2021ZD1019	(1)高质量背景下陕西县域经济发展战略研究	西安交通大学	冯耕中
33	2021ZD1020	(2)陕西县域经济高质量发展的测度与评价研究	西安理工大学	吴溥峰
34	2021ZD1021	(3)基于资源禀赋的陕西县域经济发展类别、层次和动力关系研究	西安财经大学	孙晓琳
35	2021ZD1022	(4)陕西县域经济高质量发展的对策研究	咸阳师范学院	姚 波
36	2021ZD1023	陕西巩固拓展脱贫攻坚成果与乡村振兴衔接研究	中共陕西省委党校（陕西省行政学院）	张贵孝
37	2021ZD1024	(1)陕西脱贫县扶贫产业衔接机制研究	陕西科技大学	苏 芳
38	2021ZD1025	(2)陕西脱贫地区产业可持续发展研究	中共陕西省委党校（陕西省行政学院）	张娟娟
39	2021ZD1026	(3)推动小农户与乡村振兴发展战略有效衔接	中共陕西省委党校（陕西省行政学院）	张贵孝
40	2021ZD1027	(4)有效衔接背景下的基本公共服务均等化研究	中共陕西省委党校（陕西省行政学院）	李永红
41	2021ZD1028	陕西巩固拓展脱贫攻坚成果与乡村振兴衔接研究	西北大学	吴振磊
42	2021ZD1029	(1)陕西省巩固脱贫攻坚成果同乡村振兴有效衔接状况评价	西安建筑科技大学	王文彬
43	2021ZD1030	(2)陕西省巩固拓展脱贫攻坚成果同乡村振兴有效衔接的机制选择	西北大学	吴振磊
44	2021ZD1031	(3)陕西省巩固拓展脱贫攻坚成果同乡村振兴有效衔接的政策创新研究	西北大学	吴丰华
45	2021ZD1032	(4)陕西省巩固拓展脱贫攻坚成果同乡村振兴有效衔接的案例研究	西北大学	束锡红

续表

2021 年度陕西省哲学社会科学重大理论与现实问题研究重大智库项目					
序号	项目编号	项目名称	项目单位	参与人
46	2021ZD1033	陕西推进实现共同富裕研究	陕西省社科院	裴成荣
47	2021ZD1034	（1）陕西推动实现共同富裕的现状与问题研究	陕西省社科院	裴成荣
48	2021ZD1035	（2）陕西推动实现共同富裕与高质量发展研究	陕西省社科院	裴成荣
49	2021ZD1036	（3）陕西实现共同富裕与提高城乡居民收入研究	西北大学	席 恒
50	2021ZD1037	（4）陕西实现共同富裕的优质公共服务体系建设研究	西安石油大学	王君萍
51	2021ZD1038	生态产品价值实现机制一般理论与陕西实现路径研究	西北农林科技大学	赵敏娟
52	2021ZD1039	（1）生态产品界定及陕西生态产品价值实现现状分析	西安建筑科技大学	程 哲
53	2021ZD1040	（2）陕西典型生态产品价值评估及其影响因素	西北农林科技大学	赵敏娟
54	2021ZD1041	（3）生态产品价值实现机制与陕西典型生态产品价值实现路径设计	西北农林科技大学	李 桦
55	2021ZD1042	（4）陕西典型区域生态产品价值实现与乡村振兴协同支撑体系	西北农林科技大学	淮建军
56	2021ZD1043	生态产品价值实现机制一般理论与陕西实现路径研究	陕西师范大学	方 兰
57	2021ZD1044	（1）陕西省生态产品价值实现机制核算与技术规范研究	西安财经大学	韦 艳
58	2021ZD1045	（2）陕西省生态产品价值实现机制理论体系与实践探索	商洛学院	王 怡
59	2021ZD1046	（3）陕西省生态产品价值实现机制影响因素的实证研究	西安交通大学	杨万平
60	2021ZD1047	（4）陕西省生态产品价值实现的市场与非市场机制研究	陕西师范大学	方 兰
61	2021ZD1048	数字赋能政府公共服务高质量发展及实现路径研究	西北大学	雷晓康
62	2021ZD1049	（1）数字赋能政府公共服务高质量发展的现实挑战与重要意义研究	西北大学	雷晓康
63	2021ZD1050	（2）数字赋能政府公共服务高质量发展的水平测度、影响因素与关键能力研究	西北大学	惠 宁

续表

2021 年度陕西省哲学社会科学重大理论与现实问题研究重大智库项目

序号	项目编号	项目名称	项目单位	参与人
64	2021ZD1051	(3)数字赋能政府公共服务高质量发展的响应机制与供给模式研究	西北大学	付熙雯
65	2021ZD1052	(4)数字赋能政府公共服务高质量发展的政策决策与实现路径研究	西北大学	孙 峰
66	2021ZD1053	陕西农业产业高质量发展研究	西北农林科技大学	夏显力
67	2021ZD1054	(1)陕西农业产业发展时空格局及影响因素分析	渭南师范学院	王留鑫
68	2021ZD1055	(2)陕西农业产业高质量发展水平测度与目标框架构建	西北农林科技大学	汪红梅
69	2021ZD1056	(3)陕西农业产业高质量发展模式构建与运行机制分析	西北农林科技大学	夏显力
70	2021ZD1057	(4)陕西粮食安全、农民增收潜力及其保障体系与政策研究	西北农林科技大学	陈 伟

2021 年度陕西省社科著作出版资助项目立项名单(28 项)

序号	项目编号	项目名称	申报单位	申报人
1	2021SKZZ001	中国思想文化史论稿	西北大学中国思想文化研究所	陈战峰
2	2021SKZZ002	董诏《正谊堂诗集》校注	安康学院	郑继猛
3	2021SKZZ003	初心与使命:中国共产党社会保障100年	西北大学	席 恒
4	2021SKZZ004	当代中国市民社会的利益冲突与均衡研究	长安大学	孙百亮
5	2021SKZZ005	教育高阶量化研究与大数据分析:范式、方法与应用	西安外国语大学社科联	邓 飞
6	2021SKZZ006	杜诗对高丽末期文学影响研究——以牧隐李穑汉诗为例	西安外国语大学社科联	刘志峰
7	2021SKZZ007	弘扬·传承·发展——陕西特色音乐文化创新研究	渭南师范学院社会科学界联合会	张辽艳
8	2021SKZZ008	管理层权力制衡强度、投资驱动与资本结构	西安财经大学	戴雨晴
9	2021SKZZ009	迈向高效能治理:基层社会治理创新的石泉模式研究	西北农林科技大学	何得桂
10	2021SKZZ010	全域旅游背景下陕西沿黄遗产廊道构建研究	西北农林科技大学	史承勇

续表

序号	项目编号	项目名称	申报单位	申报人
11	2021SKZZ011	陕西传统陶瓷文化符号谱系构建与设计创新新应用研究	西安建筑科技大学	孟 蕾
12	2021SKZZ012	西部乡村中小学教师专业发展与培训模式研究	陕西学前师范学院	牛文明
13	2021SKZZ013	大学英语课程思政阅读	西安欧亚学院	李艺美
14	2021SKZZ014	百年奋进传承初心:党史视域下的《中国共产党章程》	中国延安干部学院	王亚妮
15	2021SKZZ015	一画一课:美术经典作品中的党史	西安美术学院	沈宝莲
16	2021SKZZ016	岐下庐诗文稿	省诗词学会	孟建国
17	2021SKZZ017	商山四皓	西安理工大学	王家民
18	2021SKZZ018	《金文观止》——殷周青铜器、金文书法300种	西安思源学院	李西堂
19	2021SKZZ019	革命教育家杜斌丞在榆林	陕西省杜斌丞教育思想研究会	杜芳滨
20	2021SKZZ020	从融合到融通——县级融媒体创新案例评析(2018—2020)	西北大学	韩 隽
21	2021SKZZ021	社区老年人医养健康护理手册	西安医学院	宋 梅
22	2021SKZZ022	海伦·斯诺与中国	陕西警官职业学院	魏 巍
23	2021SKZZ023	黄河中国	陕西省社会科学院	刘 宁
24	2021SKZZ024	两汉三国历史文化典故悦读	陕西理工大学	李俊丽
25	2021SKZZ025	西安当代方言童谣精选	陕西学前师范学院	韩承红
26	2021SKZZ026	丝路明珠:大慈恩寺与大雁塔	西安文理学院	贾俊侠
27	2021SKZZ027	创业中你应该知道的经济学	陕西师范大学	姚 宇
28	2021SKZZ028	中国共产党妇女组织史(1921—1949)——庆祝中国共产党成立100周年	延安大学西安创新学院	强 蓓

2021年陕西省教育厅重点科学研究计划——哲学社会科学重点研究基地项目(59项)

序号	项目编号	项目名称	依托重点基地及单位	负责人	主要成员及单位
1	21JZ001	乡村振兴背景下陕南农村产业融合的路径与政策研究	陕南生态经济研究中心(安康学院)	陈绪敖	王远银、周高新(安康市农业科学研究院)、唐德剑(中国富硒研究院)、刘娟、蔡莎、钟桥

续表

序号	项目编号	项目名称	依托重点基地及单位	负责人	主要成员及单位
2	21JZ002	陕南乡村振兴与脱贫攻坚的衔接路径研究	陕南生态经济研究中心(安康学院)	王晓霞	何家理、赵雨恒、陈皓
3	21JZ003	陕南绿色金融返贫阻断的作用机制与支持路径研究	陕南生态经济研究中心(安康学院)	王俊义	张淑萍、汪晓丽、郑明喆
4	21JZ004	茶叶区域公用品牌引导陕南茶农绿色生产的路径研究	陕南生态经济研究中心(安康学院)	成党伟	王静、余谦、郑明喆
5	21JZ005	混合环境中无信号交叉口自动驾驶通行权谈判方法研究	综合运输经济管理研究中心(长安大学)	曹宁博	孙启鹏、武志刚、马飞
6	21JZ006	基于消费者剩余的区域综合运输并联通道客运供给结构优化	综合运输经济管理研究中心(长安大学)	宋京妮	杜凯、赵姣、姜亚宏、张娜、包一峰、李旭阳
7	21JZ007	依托"十四运"扩大陕西关中城市数字文化消费的策略研究	长安文化产业研究中心(长安大学)	赵晓妮	黄蜆、李晶(西安体育学院)、金栋昌、张丽(西安财经大学)、耿娇(西安高新区管委会)、王晖(西安建筑科技大学)、王云莉
8	21JZ008	陕西红色文化融入乡村振兴的内在机理与实践路径	长安文化产业研究中心(长安大学)	张晋宏	陈怀平、李景平(西安交通大学)、杜熙
9	21JZ009	乡村振兴视域下陕西省乡村文化自信培育研究	长安文化产业研究中心(长安大学)	于琳	陈怀平、丁社教(西北工业大学)、王振宇
10	21JZ010	两年制职教本科计算机应用工程技术专业人才培养模式创新与研究	西部现代职业教育研究院(陕西工业职业技术学院)	张磊	袁辉、赵革委、成小娟(西安交通大学)、党佳奇、曹珊、王伟晨、王婉星
11	21JZ011	双高计划引领高职院校高质量发展的路径及措施研究	西部现代职业教育研究院(陕西工业职业技术学院)	刘引涛	苏兴龙、何奇彦、贾应炜、温双(西安交通大学)、刘永亮、段峻、卢庆林

续表

序号	项目编号	项目名称	依托重点基地及单位	负责人	主要成员及单位
12	21JZ012	乡村振兴背景下高职院校服务农村产业发展路径研究——以陕西为例	西部现代职业教育研究院（陕西工业职业技术学院）	陈会玲	王冠宁、梅创社、徐丽蕊、杨云箐、杨建民、姚聪莉（西北大学）、魏修建（西安交通大学）
13	21JZ013	信息技术在现代远程教育教学评价中的探索研究	陕西省远程教育研究中心（陕西广播电视大学）	杨思燕	武佳、韩泉叶、贺国旗、杨丹
14	21JZ014	数据驱动的远程学习者特征与个性化学习研究	陕西省远程教育研究中心（陕西广播电视大学）	王宇	杨立军、李帆、张耀民、刘大鹏、王靖娜
15	21JZ015	疫情防控背景下中医药文化传播的困境与对策研究——以陕西地区为例	健康文化研究中心（陕西国际商贸学院）	马滢	卢洪涛、王一莎、蔚珺、王星鹭、张文华
16	21JZ016	基于IMB模型的民办高校大学生健康素养培育路径研究	健康文化研究中心（陕西国际商贸学院）	展海燕	吴一波（陕西省健康文化研究中心）、李吉友、张杰、郑明珠、程姣姣、石文奇、杨梦
17	21JZ017	基于全媒体平台数据的老年人居家健康状况与自主健康研究	健康文化研究中心（陕西国际商贸学院）	吴一波	栗思思、李夏蕾、杨梦、眭春迎、王秀军、乔俊杰、王胜源
18	21JZ018	5G时代陕西优秀文化对外传播与文明互鉴研究	丝路文化传承与创新设计研究中心（陕西科技大学）	张伟迪	郭杰、詹秦川、陈传志、李斌、张曦今、赵晋锐（山西农业大学）
19	21JZ019	"十三五"陕西高等学校科学技术奖授奖成果分析研究	陕西科技大学	李薇	郑雅宏、张露颖、卢琨、徐卫涛、孙健、贺雪梅
20	21JZ020	"一带一路"建设背景下的宝鸡千阳刺绣民间手工艺传承研究	丝路文化传承与创新设计研究中心（陕西科技大学）	从玮	马静、冯浩、李炎君、陈丹
21	21JZ021	"一带一路"视域下丝路文创IP开发与数字化研究	丝路文化传承与创新设计研究中心（陕西科技大学）	王文中	刘子建、马立军、韦华（西安航空职业技术学院）、许华、周珂、侯卫敏

续表

序号	项目编号	项目名称	依托重点基地及单位	负责人	主要成员及单位
22	21JZ022	汉江生态经济带生态系统服务的空间流转及补偿策略研究	陕南绿色发展与生态补偿研究中心（陕西理工大学）	张 静	张瑞君、严维斌、马静、余灏哲、吴洁
23	21JZ023	陕南生态产品价值实现机制研究	陕南绿色发展与生态补偿研究中心（陕西理工大学）	王 静	何龙斌、李俊英、宋晓玲、李柳迪、淮馨、张雪娜
24	21JZ024	习近平空间治理观与陕南科学合理的"三生"空间构建路径研究	陕南绿色发展与生态补偿研究中心（陕西理工大学）	许 伟	袁景衡、彭洁
25	21JZ025	新时代体教融合视域下"体幼融合"模式构建与推展路径研究	西北基础教育与教师教育研究中心（陕西师范大学）	宁 科	闫春（陕西学前师范学院）、郭亚洁、张敏飞、牛文英（陕西学前师范学院）、路东升、吴智宏（陕西学前师范学院）
26	21JZ026	中韩史剧影视女性服饰美学比较研究	"一带一路"服饰文化研究中心（西安工程大学）	李忠敏	刘洋、庄庆涛（山东青年政治学院）、赵月阳、王倩（韩国水原大学）
27	21JZ027	自主型人力资源管理实践对创新绩效的影响研究：以服装企业为例	纺织经济管理研究中心（西安工程大学）	马 冰	孙永生、刘小浪（华南理工大学）、高艳慧、马贵梅、刘聪颖、杨蓉
28	21JZ028	陕西地区歌舞表演服装研究	"一带一路"服饰文化研究中心（西安工程大学）	王文丽	兰宇、尹磊、刘静、徐咏驰、李薇
29	21JZ029	减税降费对纺织业的影响效应及优化路径	纺织经济管理研究中心（西安工程大学）	王 译	雷雷、孟亚丽、江春霞（西安工业大学）、刘欣悦
30	21JZ030	纺织过程中复杂数据的质量控制研究	纺织经济管理研究中心（西安工程大学）	丁 冬	陈立军、吴桂芹、刘聪颖、杨佳靓、王超群、姜亚蕾
31	21JZ031	结构性减速下人工智能重构房地产业发展动力的演化机制及实现路径研究	陕西省房地产业绿色发展与机制创新研究中心（西安建筑科技大学）	宋 炜	周勇、王旭嘉、鲁硕、段连鑫、雷雨萌、张彩红

续表

序号	项目编号	项目名称	依托重点基地及单位	负责人	主要成员及单位
32	21JZ032	新媒体关注对房地产企业利益相关者的影响研究	陕西省房地产业绿色发展与机制创新研究中心（西安建筑科技大学）	李君艳	田高良（西安交通大学）、秦晓萌、李政大、周玉琳、刘峰（西安荣耀网络传媒有限公司）
33	21JZ033	西部地区装配式建筑适宜技术分析及应用研究	建筑经济与管理研究中心（西安建筑科技大学）	王腊银	李芊、樊凤、王平乐、孙嘉宁、傅越、刘婧
34	21JZ034	数据资产视角下陕西城镇老旧小区居家养老模式可达性研究	建筑经济与管理研究中心（西安建筑科技大学）	宁文泽	卢梅、董睿、杨屹、李彤辉、李彦葆
35	21JZ035	基于区块链的建筑供应链管理研究	建筑经济与管理研究中心（西安建筑科技大学）	王明虎	张英春、吴海西、唐协平、张星、巩焱华、田起岳
36	21JZ036	新型基础设施建设对区域碳排放的影响机制与减排路径研究	建筑经济与管理研究中心（西安建筑科技大学）	宋金昭	胡湘湘、张雯雯、翟梦倩、丁永霞
37	21JZ037	关中平原都市群房地产业集聚的空间溢出效应	陕西省房地产业绿色发展与机制创新研究中心（西安建筑科技大学）	何 静	李芸、魏露露
38	21JZ038	"十三五"期间陕西高校自然科学类科技发展综合水平研究	陕西高等教育评估研究中心（西安交通大学）	李珍艳	李雪梅、徐菲（西安科技大学）、陆根书
39	21JZ039	陕西普通高校"十三五"人文社科研究统计分析及报告研究	陕西高等教育评估研究中心（西安交通大学）	贾小娟	李宁、徐菲、陆根书
40	21JZ040	品牌引领下的陕西全域旅游高质量发展研究	城市经济与管理研究中心（西安理工大学）	杨 毅	王保利、李丹、任乐晶、张舒佳、刘兰芳、冯光才

续表

序号	项目编号	项目名称	依托重点基地及单位	负责人	主要成员及单位
41	21JZ041	陕西省知识密集型服务企业赋能制造企业创新能力的机制研究	城市经济与管理研究中心(西安理工大学)	程鹏飞	田莎莎、王雪冰、谢三彬、蒋敬轩、张月花、赵旭
42	21JZ042	突发疫情下供应链韧性对西安制造业可持续竞争优势的影响及提升策略	城市经济与管理研究中心(西安理工大学)	蒲国利	李随成、侯琳娜、张雅琪、廉洁、黎舒婷、刘妍君
43	21JZ043	关中平原城市群资源集聚能力时空演变与提升策略研究	城市经济与管理研究中心(西安理工大学)	赵璟	靳珍(西安财经大学行知学院)、张欢、焦炬、左小茹、李洁、康攀舒
44	21JZ044	农村数字普惠金融服务乡村振兴绩效评价研究	油气资源经济管理研究中心(西安石油大学)	张颖慧	聂强(西北农林科技大学)、高静茹、段晓晶
45	21JZ045	分布式能源视阈下陕西天然气企业可持续性商业模式创新研究	油气资源经济管理研究中心(西安石油大学)	常静	赵需要、杨青青、郭名诚、李鑫浩
46	21JZ046	创业生态系统视角下陕西民办高校创新创业教育可持续发展路径研究	民办教育研究中心(西安外事学院)	王斌	魏燕娜、张娟、舒忠、郑春
47	21JZ047	基于数据挖掘的陕西民办高校学术研究影响力分析	民办教育研究中心(西安外事学院)	姚萍	李明富、雷润玲、孙军红、张燕、张驰、岳沛磊
48	21JZ048	陕西民办高校英语专业国际化人才培养模式研究	民办教育研究中心(西安外事学院)	苗丽华	高淑玲(西北大学)、赵翔、王靖涵、赵文娟、李敏、吴香阁、白玉洁
49	21JZ049	重大突发公共事件中的陕西青少年群体网络舆情研究	陕西省公共安全医学防控研究中心(西安医学院)	路苗	张东宁、苟朋兵、谭姣、师菁、陈仁娟、李瑛、王振东
50	21JZ050	基于多变量空间结构理论的公共安全应急能力综合评价模型的构建及虚拟演练研究	陕西省公共安全医学防控研究中心(西安医学院)	马永红	门可、张东宁、谭姣、穆可、杨龙飞(空军军医大学)、白靖(西安市新城区卫健委)、苟朋兵

续表

序号	项目编号	项目名称	依托重点基地及单位	负责人	主要成员及单位
51	21JZ051	陕西省公共安全医学防控信息标准化体系的建设及应用	陕西省公共安全医学防控研究中心(西安医学院)	冯彦成	门可、达泽蛟(兰州大学第二医院)、张东宁、张海瑞、邢远、张娟妮、陈栋栋(西安市新城区卫生健康局)
52	21JZ052	延安时期民主参与推动社会治理的经验及启示	陕西党史人物与红色文化研究中心(西安邮电大学)	李 芳	袁文伟、李圳、刘强
53	21JZ053	陕西红色文化资源及其思想政治教育价值的实现研究	陕西党史人物与红色文化研究中心(西安邮电大学)	张园园	刘俊凤、杨向卫、祁小敏、刘强
54	21JZ054	延安时期军队党的建设研究	陕西党史人物与红色文化研究中心(西安邮电大学)	王 明	李爱军(国防大学政治学院)、刘强、李鹏(西北工业大学)
55	21JZ055	在乡土文化的影响下油画本土化语言的研究——以陕北为例	陕北生态文化研究中心(榆林学院)	郭 鹏	孟强、李军伟、郭婷
56	21JZ056	陕北文学物质叙事研究	陕北生态文化研究中心(榆林学院)	杨静涛	马向东、霍燕飞(榆林市26小学)、王瑛、雷娟(榆林高新区第一中学)
57	21JZ057	国家级非物质文化遗产陕北绥德石雕技艺的保护与传承	陕北生态文化研究中心(榆林学院)	李振华	贺智利、冯涛
58	21JZ058	榆林非物质文化遗产生态化保护和发展研究	陕北生态文化研究中心(榆林学院)	王 玮	贺舒、康梦煜、张丽文
59	21JZ059	陕北传统村落口述史研究	陕北生态文化研究中心(榆林学院)	吕小如	贺智利、吕政轩、贾永雄、程明社

年度重要社科活动

☞ 学术交流·重要学术活动

第五届全国高等学校外语教育改革与发展高端论坛

2021年3月20日—3月21日,由北京外国语大学、教育部高等学校外国语言文学类专业教学指导委员会、教育部高等学校大学外语教学指导委员会主办,浙江大学、四川外国语大学协办,北京外国语大学中国外语与教育研究中心、中国外语测评中心、中国外语教材研究中心、外语教学与研究出版社、北京外研在线数字科技有限公司承办的第五届全国高等学校外语教育改革与发展高端论坛在北京举行。副校长姜亚军应邀出席论坛并担任论坛第二日主旨报告主持人。

首届全国创新马克思主义论坛

2021年3月27日,首届全国创新马克思主义论坛在西北工业大学举行。论坛由中国政治经济学学会、中国社科院经济社会发展研究中心、西北工业大学马院联合主办,来自全国高校、科研机构、学术期刊等150余名学者参加了本次会议。论坛就如何守正创新马克思主义展开讨论,要坚持独立的学术研究、理论宣传和政策探讨三者有机结合,对把中国马克思主义推向世界、促进马克思主义中国化发挥了重要作用。

中国共产党百年历程与中华民族伟大复兴高峰论坛

2021年3月27日,由西安理工大学和陕西省中共党史学会主办的中国共产党百年历程与中华民族伟大复兴高峰论坛在西安举行。校党委书记刘德安、陕西省委党史研究室副主任梁月兰、省委教育工委宣传部部长梅争利出席开幕式并致辞。本次会议从习近平新时代中国特色社会主义思想的哲学基础、中华民族伟大复兴的必由之路等角度进行专题报告,对扎实开展好党史学习教育具有重要意义。

祭祀黄帝陵与中华民族伟大复兴新征程学术论坛

2021年4月3日,由陕西省人民政府主办、西北大学承办的祭祀黄帝陵与中华民族伟大复兴新征程学术论坛在陕西省黄陵县开幕。来自海峡两岸的50余名学者,采取线上线下相结合的方式,分别从"黄帝与黄帝陵文化""铸牢中华民族共同体意识""中华文化元典诠释与当代意义"等角度展开了深入的研讨交流。学术论坛旨在挖掘和弘扬黄帝文化与黄帝精神,凸显中华优秀传统文化的传承性、民族性、创新性,铸牢中华民族共同体意识,为迈向中华民族伟大复兴新征程作出积极贡献。

第八届全国外语教学与研究专家论坛

2021年4月17日,第八届全国外语教学与研究专家论坛在西安交通大学创新港举行,会议由西安交通大学外国语学院主办,浙江大学文科资深教授许钧、上海外国语大学教授查明建、上海交通大学教授彭青龙、清华大学教授封宗信等10余位学科内知名领军人物与专家学者参会并做主旨发言。本次会议就中国共产党与中国外语教育、外国语言文学一级学科的层级与领域问题、外语在国民教育中的地位与作用及新时代外语学刊建设等问题展开讨论,此次论坛具有重要的学科发展指导意义。

"创造社与现代中国文化
——纪念创造社成立一百周年"学术研讨会

2021年4月24日,"创造社与现代中国文化——纪念创造社成立一百周年"学术研讨会在陕西师范大学文汇楼报告厅隆重举办。会议由中国现代文学研究会、中国郭沫若研究会、郁达夫研究会、田汉研究会主办,陕西师范大学文学院和人文社科高等研究院承办。来自中国社会科学院郭沫若纪念馆、《新文学史料》杂志社、北京大学、北京师范大学、南京大学、华东师范大学、厦门大学、四川大学、澳门大学等各地科研院所的70余位专家、学者与会。创造社后人代表郭沫若先生的女儿郭平英女士,郁达夫先生的长孙郁峻峰先生,郑伯奇先生的女儿郑敏女士也出席了此次座谈会。

"第二届终南讲坛:古琴与中国传统文化"研讨会

2021年4月24日,"第二届终南论坛:古琴与中国传统文化"研讨会在西安长安区南五台镇举行。会议由长安大学陕西省中华传统文化普及基地、长安大学哲学与社会发展研究所,联合陕西省社科院、西安汉楠古琴研制中心共同主办。陕西省社会科学院、长安大学、当代陕西研究会艺术创作研究中心等30余位专家参与了本次研讨会。会议从"冷谦的艺术人生""红楼梦与古琴"为主题展开讨论。本次研讨会被中国社会科学报的专题报道。

陈忠实与当代现实主义创作会暨纪念陈忠实先生研讨会

2021年4月30日,会议在开元名都大酒店举行,西安工业大学、陕西省作家协会主办,中国作家协会书记处书记吴义勤,省委宣传部副部长柯昌万,省作协党组书记、常务副主席齐雅丽,西安工业大学党委书记刘卫国,西安市灞桥区区长邹晓刚,省作协党组成员、文学院常务副院长李锁成等出席了会议。本次学术会议就陈忠实与当代现实主义创作问题展开讨论,会议对陕西现实主义文学、陕西当代作家创作等问题有重要意义。

区域与国别研究院揭牌仪式暨国家安全学科建设研讨会

2021年5月15日,西安外国语大学区域与国别研究院揭牌仪式暨国家安全学科建设研讨会在西安开幕。陕西省社会科学界联合会主席甘晖、西安外国语大学党委书记白黎出席揭牌仪式。来自国内高校和研究机构的专家学者50余人齐聚西安外国语大学,聚焦区域与国别研究理论前沿和国家安全学科建设,共同探讨区域与国别研究的路径,为新时代国家安全学科建设与发展建言献策。西安外国语大学副校长党争胜主持开幕式。

"非凡事业、红色传承"中国共产党百年新闻传播历史、理论与实践学术研讨会

2021年5月16日,延安大学文学与新闻传播学院联合复旦大学新闻学院、清华大学新闻与传播学院在上海、延安、北京三地同步举办"非凡事业、红色传承"中国共产党百年新闻传播历史、理论与实践学术研讨会。清华大学的陈昌凤、梁君健,复旦大学的曹晋、张殿元等国内知名高校的100余名专家学者在延安分会场线下参会。会议受到了新闻传播学界、业界和中央和省市媒体的高度关注,进一步提升了学院的办学影响力。

百年中国共产党生态文明建设历程和经验学术研讨会暨中国社会科学院习近平生态文明思想研究中心成立座谈会

2021年5月18日,在习近平生态文明思想正式确立三周年之际,中国社科院、延安市委市政府主办的百年中国共产党生态文明建设历程和经验学术研讨会暨中国社会科学院习近平生态文明思想研究中心成立座谈会延安分会,由延安市社科联承办。会议以视频会的形式在延安和北京同时举行。中国社会科学院院长、党组书记谢伏瞻在北京出席会议并讲话,陕西省委常委、延安市委书记赵刚在延安会场作重要讲话。来自中国社会科学院及全国各地的知名专家学者50多人围绕会议主旨进行了深入研讨交流。党组书记、院长司晓宏做会议主旨发言,同时与陈存根、赵刚、杨开忠等一同为中国社科院习近平生态文明思想研究中心陕西基地和山东基地授牌。

"一带一路"演艺文化与东方乐舞戏剧史学高层论坛

2021年5月22日—5月23日,由西安翻译学院、郑州市华夏文化艺术博物馆、郑州大象陶瓷博物馆主办,西安翻译学院文学与传媒学院、西安翻译学院中外民族戏剧学研究中心承办的"一带一路"演艺文化与东方乐舞戏剧史学高层论坛在郑州大象陶瓷博物馆召开。会议就东方丝绸之路沿途各国各民族文化艺术交流的历史与现实及存在的问题进行了全面、深入的研讨。本次会议对丝绸之路音乐、舞蹈、戏剧、戏曲、曲艺与民族文学等方面的研究和推广具有重大意义。

2021年中国社会发展高层论坛

2021年5月22日—5月23日,西安交通大学人文学院社会学系、实证社会科学研究所在中国西部科技创新港承办2021年中国社会发展高层论坛。本次会议由中国人民大学社会学理论与方法研究中心、中国人民大学社会与人口学院主办,西安交通大学社科处、教务处、《社会学评论》编辑部、《社会建设》编辑部、《西安交通大学学报(社会科学版)》编辑部、西安交通大学出版社协办。会议主题为"中国社会高质量发展与中国特色社会学",就"高质量发展与社会建设""新时代社会治理""乡村振兴与社会治理现代化""社会资本与社会网络""网络社会与社会发展""社会制度与社会变迁"等议题举办分论坛进行学术研讨。

纪念仰韶文化发现暨中国考古学诞生一百年"玄玉时代"高端论坛

2021年5月22日,纪念仰韶文化发现暨中国考古学诞生一百年"玄玉时代"高端论坛在咸阳召开。此次论坛由上海交通文学人类学中心暨神话学研究院、陕西师范大学人文社会科学高等研究院、咸阳市文化和旅游局共同主办,咸阳博物院、关中民俗艺术博物院承办,陕西省考古研究院、《陕西师范大学学报》编辑部等单位协办。来自上海交通大学、西北大学、中国社会科学院等高校和科研院所的40余位专家学者与会。此次会议以仰韶文化玄玉展览及玄玉时代的讨论为核心,说明蛇纹石玉是开启五千年玉路的史前交通征物,这给中国丝路起源研究带来重要新线索。

2021年陕西省应急管理学会年会暨学术论坛

2021年5月29日,陕西省应急管理学会年会暨学术论坛在西北工业大学召开。会议由陕西省应急管理学会和西北工业大学应急管理研究所共同主办,以应急管理发展及实践运用为主题,来自上海理工大学、西安交通大学、西安理工大学、河南理工大学等应急管理领域的知名学者专家做大会报告,会议的成功举办对加深应急管理研究与实践的认识,促进应急管理的学科发展及实践应用具有重要意义。省科协、应急管理学会60余名理事及相关专家参加了会议。

文明互鉴视野下传播学国际交流合作的机遇与挑战:第二届新闻传播学国际发表高端论坛

2021年6月18日,由西安交通大学新闻与新媒体学院、陕西高校新型智库新媒体与社会治理研究中心主办的文明互鉴视野下传播学国际交流合作的机遇与挑战:第二届新闻传播学国际发表高端论坛在西安交通大学南洋国际交流中心举行。会议期间发布了《2021年中国新闻传播研究的国际发表研究报告》,组委会组织专家评审并颁发了"中国新闻传播学国际发表突出贡献奖",并评选了"中国新闻传播学国际发表优秀论文"。

中国共产党百年经济发展理论与实践研讨会

2021年6月18日,中国共产党百年经济发展理论与实践研讨会在西北政法大学长安校区举行,本次会议由陕西省经济学会主办,西北政法大学经济学院承办。会议围绕"政治经济学的比较优势""现实的需要与经济学在中国的发展""影子银行与货币政策传导机制""建党百年来中国农村公共卫生体系的变迁及经验启示""建党百年金融业发展历程及展望""建党百年以来中国共产党应对风险的实践智慧"等问题展开讨论,对推动新时代中国特色社会主义经济建设具有重要意义。

新时代斯诺国际论坛

2021年6月18日—6月19日,由中国人民对外友好协会和陕西省人民政府主办、西北大学陕西省斯诺研究中心协办的新时代斯诺国际论坛在延安市红星园举行。本次会议共包括斯诺图片展、开幕式、三个分论坛、学术研讨会四大板块,从新时代的斯诺和国际友人精神传承视角展开研讨与交流,会议分为国际友人与中国革命、国际友人与工合运动、呼唤新时代斯诺三个论坛,通过线上、线下方式,国际友人代表、政府部门及国内外学者200余人,围绕国际友人与中国共产党的故事展开交流。

第四届行为经济与管理国际论坛

2021年6月19日,由陕西师范大学国际商学院主办,《陕西师范大学学报》(哲学社会科学版)协办的第四届行为经济与管理国际论坛在陕西师范大学长安校区文汇楼C段2层报告厅隆重举行。本次论坛以"变革时代面向不确定性预期的行为经济与管理"为主题,旨在应对变革时代中国经济发展需要,促进行为经济与管理学在当代中国的应用和发展,探索后疫情时代商学院战略发展方向。

第七届全国创造力学术研讨会

2021年6月19日—6月20日,第七届全国创造力学术研讨会在陕西师范大学雁塔校区召开。本次大会由现代教学技术教育部重点实验室、创造力研究协作组和中国基础教育质量监测协同创新中心联合主办,现代教学技术教育部重点实验室承办。会议围绕"科技、教育与创新"这一主题开展了52场报告,就创造力的认知神经机制、创造力与人的发展、创造力与教育学、创造力与组织管理、创造力与社会文化等多个创造力领域研究热点问题进行了学术交流与智慧碰撞,共同为提高我国科技与教育创新能力,服务国家创新发展建言献策。

第二届"一带一路"长安智库论坛
暨第二十四届全国社会科学院院长联席会议

2021年6月24日,由陕西省社会科学院主办的第二届"一带一路"长安智库论坛暨第二十四届全国社会科学院院长联席会议在西安陕西宾馆隆重举行。本次会议以"双循环"与"一带一路"建设、西部大开发新格局与陕西追赶超越、"三新"背景下高端新型智库建设、加快构建中国特色哲学社会科学"三大体系"为主题,旨在深入学习贯彻习近平总书记关于哲学社会科学工作和新型智库建设的一系列重要讲话精神,加快构建中国特色哲学社会科学学科体系、学术体系、话语体系,加快建设中国特色新型智库。

第三届终南史学论坛
暨庆祝西安电子科技大学建校十周年学术研究会

2021年6月25日—6月27日,西安电子科技大学人文学院主办的第三届终南史学论坛暨庆祝西安电子科技大学建校九十周年学术研讨会成功举行。本次论坛设置"区域社会发展与环境变迁""敦煌吐鲁番学""石刻史料与中古史研究""宋元以来民间信仰、地域文化与基层社会"四个分论坛。论坛在会议规模、参与单位数量、知名学者人数等方面均有新的突破,受到了与会专家和学界同仁的普遍认可。终南史学论坛日益成为西北地区乃至于全国具有一定影响力的中古史青年学者交流平台。

文明的推动与互动
——丝绸之路上的粟特国际学术研讨会

2021年6月26日—6月27日,文明的推动与互动——丝绸之路上的粟特国际学术研讨会在陕西师范大学长安校区举行,会议由陕西师范大学人文社会科学高等研究院、陕西师范大学历史文化学院、长安与丝路文化传播学科创新引智基地、陕西历史博物馆主办。本次学术会议就丝绸之路、粟特墓葬、中亚考古、中亚壁画、中西交通道路等诸多考古艺术方面的研讨展开深入的交流,对于加强中外学术文化交流,扩展丝绸之路上粟特人与周边学科的交叉研究具有十分重要的意义。

首届产业经济与贸易国际会议

2021年6月26日,经济与金融学院和亚太应用经济学协会(Asia-Pacific Applied Economics Association)联合主办的首届产业经济与贸易国际会议(International Conference on Industrial Economics and Trade)成功举办。会议由经济与金融学院副院长温军教授主持,院长孙早教授致开幕词,莫纳什大学 Paresh Narayan 教授、伦敦玛丽女王大学 Sushanta Mallick 教授、北京大学王勇教授、西安交通大学杨秀云教授分别做了题目为"COVID-19 Research Outcomes: An Agenda for Future Research""Is Financial Inclusion beneficial for Banks?""Endowment Structure and Role of State in Industrialization and Reforms""Opportunities and Challenges for the Development in the Era of Digital Economy"的主题报告。

全国政法院校"立格联盟"第十一届高峰论坛

2021年7月16日,全国政法院校"立格联盟"第十一届高峰论坛在西北政法大学长安校区召开。中国政法大学、西南政法大学、华东政法大学等9所政法院校代表参加。本次论坛以习近平法治思想为引领,服务构建新发展格局,推动政法院校改革发展,提高法治人才培养质量为主题,围绕"习近平法治思想'三进'与高素质法治人才培养""习近平法治思想与新法学建设""立足新发展阶段,推动政法院校高质量发展""加快涉外法治人才培养"等内容展开研讨,对促进政法院校学术交流具有重大意义。

"史诗的图像建构
——党史百年历史画创作与研究"学术研讨会

2021年7月23日,由中国美术家协会主办,中国美术家协会美术理论委员会、西安美术学院、延安文艺纪念馆承办的"史诗的图像建构——党史百年历史画创作与研究"学术研讨会在延安鲁艺召开。研讨会以"党史百年历史画创作与研究"为主题,全面梳理中国革命美术史发展历程及反映党史百年历史画创作的演变轨迹,多种角度探讨作品的深刻意涵及艺术成就,对深刻领会和贯彻习近平新时代文艺思想、积极推动新时代中国美术理论建设具有深远意义。

陕西师范大学校友作家论坛

2021年9月18日,陕西师范大学校友作家论坛在该校文汇楼报告厅举行。论坛由陕西师范大学校友总会和陕西师范大学文学院主办,人文社会科学高等研究院协办。来自陕西师范大学校友作家、评论家代表90余人济济一堂,畅叙情谊,追忆往昔,共话文学审美创造,分享文学创作感悟,从不同视角畅谈新时代文学创作与大学教育深度融合发展,为推动当代中国文学创作实践与发展走向新高峰献智献力。

"重返与超越:雷蒙·威廉斯诞辰一百周年暨文化研究的旅行"学术研讨会

2021年9月25日,"重返与超越:雷蒙·威廉斯诞辰一百周年暨文化研究的旅行"学术研讨会在陕西师范大学文学院文汇楼报告厅举行。会议由中国社会科学院文学理论研究中心、《文艺理论与批评》杂志社及陕西师范大学文学院共同举办。来自中国社会科学院、中国艺术研究院,以及同济大学、复旦大学、四川大学、华中师范大学、陕西师范大学等10余所国内高水平大学的35名学者齐聚于此,从不同的理论视角及研究方法出发,总结威廉斯研究的成就、探寻威廉斯研究的新进路,以敏锐的思考共同纪念这位英语世界中最杰出的马克思主义思想家、理论家。

中国社会学会农村社会学专业委员会 2021年学术年会暨学术工作坊学术会议

2021年9月24日—9月26日,中国社会学会农村社会学专业委员会2021年学术年会暨学术工作坊学术会议在杨凌召开。全国人大常委会、社会建设委员会副主任委员、中国社会科学院学部委员、社会政法学部主任、中国社会科学院-上海市人民政府上海研究院院长李培林研究员,中国社会学会会长、中国社科院社会学研究所所长陈光金研究员,陕西省委宣传部二级巡视员何军,中国社会学会农村社会学专业委员会理事长、中国社科院社会学研究所副所长王春光研究员,校党委副书记吕卫东等出席会议。

第三届全国高校马克思主义发展史学科建设发展论坛暨中国共产党百年历程与马克思主义中国化学术研讨会

2021年10月16日—10月17日,"第三届全国高校马克思主义发展史学科建设论坛暨中国共产党百年历程与马克思主义中国化学术研讨会"在西安召开。会议由全国高校马克思主义发展史学科建设发展论坛、北京大学马克思主义学院主办,陕西师范大学马克思主义学院、《陕西师范大学学报》(哲学社会科学版)、教育部高校思想政治工作队伍培训研修中心(陕西师范大学)承办。研讨会围绕"中国共产党百年历程与中国马克思主义的发展""当代中国与21世纪马克思主义""中国共产党百年历程与马克思主义教育经验启示"等主题展开,与会专家学者就相关主题进行了深入交流。

2021欧亚经济论坛智库分会"互通互融 共享共赢"国际研讨会

2021年10月19日,2021欧亚经济论坛智库分会国际研讨会以线上方式举行。本次智库分会由中国社会科学院俄罗斯东欧中亚研究所、陕西师范大学中亚研究所和欧亚经济论坛秘书处共同主办,来自中国、俄罗斯、白俄罗斯、哈萨克斯坦、乌兹别克斯坦、塔吉克斯坦、吉尔吉斯斯坦、格鲁吉亚、乌克兰等13个国家的130余位政界、学界、企业界和新闻媒体代表出席会议。与会专家学者围绕"推动欧亚区域合作:助力世界经济复苏""地区治理:上合组织作为'一带一路'建设的重要平台""新时代新机遇:互学互鉴,创新发展"等议题展开了深入研讨。

黄河流域生态文明建设学术论坛

2021年10月20日,黄河流域生态文明建设学术论坛在陕西师范大学举行,论坛由中国高等教育学会生态文明教育研究分会、中国高校生态文明教育联盟共同主办,陕西师范大学西北历史环境与经济社会发展研究院合办。1500余名来自社会各界的代表通过线下线上平台参会,本次学术会议就黄河流域生态的产品价值实现与高质量发展、生态安全与可持续发展、补偿机制研究等问题展开讨论,本次会议对推动黄河流域生态保护与高质量发展有重要意义。

纪念霍松林先生诞辰100周年暨长安文化与中国文学学术研讨会

2021年10月23日—10月24日,由陕西师范大学和天水师范学院、中国唐代文学学会、中国杜甫研究会共同主办的纪念霍松林先生诞辰100周年暨长安文化与中国文学学术研讨会在雁塔校区和天水师范学院同时举行。会议采取线下线上相结合的方式。来自全国各高校和科研机构的100余名霍门弟子、专家学者云端相聚,共同纪念霍松林先生100周年诞辰,探讨长安文化的学术前沿与热点,共谋中国文学在新时期新变革背景下的发展问题。

第九届西北方言与民俗学术研讨会

2021年10月23日—10月24日,第九届西北方言与民俗学术研讨会在线上召开。会议由全国汉语方言学会、《方言》编辑部、语言资源开发研究中心和西安外国语大学主办,西安外国语大学中文学院、陕西方言研究所承办,来自国内 21 个省区市、45 所高校和研究机构的 130 多位专家学者参加了会议。本次会议对方言学、民俗学、语言学等学科具有重要意义。

"包容与合作:全球当代博物馆与文化遗产发展"国际学术研讨会

2021 年 10 月 23 日,"包容与合作:全球当代博物馆与文化遗产发展"国际学术研讨会在西安举行,会议由陕西师范大学历史文化学院、中国被盗(丢失)文物信息平台翻译中心、中国博物馆协会区域博物馆专业委员会联合举办,来自莱斯特大学、维多利亚大学、奥格斯堡大学、北京大学、陕西师范大学等 100 余名文博考古领域的专家学者以线上和线下相结合的形式参加了活动。本次学术会议就博物馆高质量发展、博物馆史研究、博物馆展览、博物馆社会教育和文化遗产阐释等议题展开讨论。

第七届全国教育实证研究论坛教育因果推断分析分论坛

2021 年 10 月 30 日,第七届全国教育实证研究论坛教育因果推断分析分论坛以线上线下融合方式,在陕西师范大学雁塔校区教育学部二楼西部教育研究中心举行。会议由全国教育科学规划领导小组办公室、光明日报教育研究中心、华东师范大学教育学部、北京师范大学教育学部联合主办,陈鹏教授、祁占勇教授出席了会议,本次学术会议就教育研究实证化相关问题展开讨论,对扎根祖国大地研究中国教育现象和教育问题具有重要意义。

2021 年第一届数字经济与公司治理高峰论坛

2021 年 11 月 13 日—11 月 14 日,第一届数字经济与公司治理高峰论坛以在线方式举行。本次论坛由西北工业大学主办,以"聚焦前沿,放眼未来"为主题,探讨数字经济与公司治理的热点问题与未来发展趋势。论坛由五场主题报告、五场平行论坛、圆桌论坛及在线参访组成。本次论坛展现了数字经济与公司治理领域的最新研究成果,搭建了各界专家学者交流合作的平台,在学术界产生了良好的影响,来自全国各地高校、企业和智库机构的参与者超过一万人。

第四届海峡两岸法治会计及财务审计学术研讨会

2021 年 11 月 26 日,第四届海峡两岸法治会计及财务审计学术研讨会在西北政法大学长安校区召开,本次会议由西北政法大学和台湾东吴大学主办,采用线上线下相结合的形式。来自西北政法大学和台湾东吴大学、西南政法大学、华东政法大学、吉林财经大学等高校的 300 多位师生参加。会议围绕"会计法治与治理结构""智能自动化与绩效审计""会计信息与法律责任""会计信息与组织风险"等问题进行了深入研讨与交流,对海峡两岸法治会计及财务审计领域产生了积极的影响。

高质量发展导向下的文化融合发展创新暨第三届"一带一路"与文化发展创新学术研讨会

2021年11月27日,高质量发展导向下的文化融合发展创新暨第三届"一带一路"与文化发展创新学术研讨会在长安大学举行,会议由陕西省社会科学界联合会、长安大学及陕西省图书馆联合主办,长安大学马克思主义学院、陕西文化发展与融合创新智库、长安文化产业研究中心、陕西省文化产业协同创新研究中心、长安大学公共文化服务研究中心承办。全国50余所高校、研究机构和文化企事业单位的80余专家参会。本次会议就服务重大战略需求、文旅融合、黄河文化保护传承弘扬展开讨论,具有良好学术声誉。

"一带一路"与文化创新发展国际学术研讨会

2021年12月1日,由西安交通大学马克思主义学院主办、陕西省人民政府对外联络办公室协办的"一带一路"与文化创新发展国际学术研讨会在线上顺利召开。来自中国、塔吉克斯坦等50余位专家教授、青年学者参加会议。此次学术研讨会搭建起了不同文化背景学者的对话平台,参会人员从文化互鉴、经济贸易、信息技术、基础建设等视角探讨了"一带一路"建设相关议题,成效显著、意义重大。此外,研讨会为讲好中国故事、传播好中国声音做出积极贡献。

陕西高校经管学院(商学院)院长论坛

2021年12月4日,陕西高校经管学院(商学院)院长论坛在陕西师范大学国际商学院成功举办。会议邀请了华南理工大学经济与贸易学院院长孙坚强教授、宁夏大学经济管理学院院长杨国涛教授特邀出席,西北大学副校长兼经济管理学院院长吴振磊教授,西安交通大学管理学院及经济与金融学院,西北工业大学管理学院,西安电子科技大学经济与管理学院,西安理工大学管理学院等的19个学院院长、副院长出席了会议。本次会议由陕西省经济学学会会长、西部数字经济研究院院长张鸿教授与陕西高校经管学院(商学院)院长雷宏振教授共同主持。

第二十一届中国经济学年会

2021年12月4日,第二十一届中国经济学年会在陕西师范大学开幕。本届年会由中国经济学年会秘书处与陕西师范大学联合主办,陕西师范大学国际商学院承办。年会聚焦经济学前沿研究,与会人员现场分享教育经验,为中国经济的改革与发展提供理论支持。陕西师范大学党委常委、副校长党怀兴教授,中国经济学年会理事长、北京大学国家发展研究院院长姚洋教授,中国经济学年会秘书长、北京大学经济学院杨汝岱教授等出席开幕式。

陕西省社会学会2021年学术年会

2021年12月4日,在中国西部科技创新港,陕西省社会学会、西安交通大学人文社会科学学院、实证社会科学研究所、社会学系联合举办陕西省社会学2021年学术年会,年会主题为"高质量发展与共同富裕"。会议围绕"深化中国新时代治理体系创新""实现社会更高质量发展""促进全民共同富裕"等议题展开研讨。本次会议对于陕西省内社会学界全面贯彻落实党中央的新发展理念、新发展格局、新发展阶段的战略部署,积极践行社会学会的责任与使命,更好地推进全民共建共享的社会治理格局构建,在高质量发展中促进共同富裕具有深远意义。

陕西省人口学会2021年年会

2021年12月5日,陕西省人口学会2021年年会在南洋大酒店举行,本次年会主题为"追赶超越新征程与陕西人口新发展",由学会会长李树茁主持。会上,西安财经大学韦艳教授、西安工程大学李艳教授、西安交通大学杨雪燕教授、西安科技大学王萍教授、西安工业大学程新峰教授、陕西省卫生健康信息中心渠盛辉研究员分别做了主旨发言,会上共收到论文20余篇。对完善陕西省人口健康政策,助力"健康陕西"行动深入实施起到了良好促进作用。

2021年度陕西省社科界高层论坛暨第二届陕西口岸经济发展论坛

2021年12月11日,2021年度陕西省社科界高层论坛暨第二届陕西口岸经济发展论坛在西安翻译学院召开。论坛由陕西省社科联主办,陕西省教育厅、陕西省人民政府口岸办公室支持,西安翻译学院承办。陕西省社科联主席甘晖、陕西省教育厅副厅长高岭、西安翻译学院董事长丁晶出席并致辞。本次会议就聚焦陕西口岸经济、口岸物流发展存在的问题展开讨论。本次会议对陕西融入"一带一路"大格局,建设内陆开放新高地有重大意义。

"中原与周边:多地区互动视野下的早期中国文明进程"国际学术研讨会

2021年12月17日—12月18日,研讨会在陕西师范大学召开。会议由陕西师范大学和陕西省考古研究院共同主办,来自哈佛大学、多伦多大学、威尼斯大学、北京大学等国内外30多所科研院校的专家学者百余人以线上形式参加了会议。会议立足考古学、历史学发现与研究的最新成果,研讨史前至历史时期中原与四周地区的技术、经济、社会与文化互动模式,探索中国多元一体文化格局形成的动力机制与深远影响,有助于促进考古学领域国内外的学术交流,也将积极推动陕西师范大学历史学科发展,有力提升文博事业的整体建设水平。

"环黑海区域:历史与当下"国际学术研讨会

2021年12月19日,"环黑海区域:历史与当下"国际学术研讨会在陕西师范大学举办,会议由陕西师范大学"一带一路"文化研究院主办,国家民委环黑海研究中心、外高加索研究中心承办。会议围绕"土耳其与黑海安全""'一带一路'倡议下中国与环黑海国家的合作""大国博弈下外高加索的历史与现实"等议题展开讨论。本次会议对于推动国内相关区域国别研究,推进中国与国际学者在黑海问题研究上的持续友好对话具有十分积极的作用。

☞ 陕西省社科联第十五届(2021)学术年会

陕西省社科界第十五届(2021)学术年会活动主题为:把握新发展阶段,贯彻新发展理念,构建新发展格局。在各社团、民办社科研究机构,各市、高校社科联等团体会员单位申报的基础上,根据年会主题,结合地域、高校、各社会组织等分布情况,设立分场活动22场次,分别由7个社团、1家市社科联、14家高校社科联承办。为进一步鼓励学术创新,在各承办单位推荐的基础上,经过专家评审,设一等奖、二等奖对80篇优秀论文予以表彰。主场活动和西安外国语大学社科联承办的中国历史文化译介与国际传播高层论坛分场活动套开。

延安精神与当代中国专题研讨会

4月24日,由省社科联主办、延安大学协办、延安大学马克思主义学院承办的陕西省社科界第十五届(2021)学术年会分会场延安精神与当代中国专题研讨会在延安大学召开。省社科联党组书记、常务副主席郭建树、延安大学校长高子伟等领导出席并致辞。来自中国社会科学院、中国人民大学、陕西师范大学、西北工业大学、延安市延安精神研究中心等30余所高校与科研单位的40余名专家学者,围绕"延安精神与当代中国""中国共产党延安时期历史研究""延安时期党的建设及其当代价值""延安整风与党的纯洁性""先进性建设、延安十三年与党的百年历史""延安精神及其时代价值"等主题展开研讨交流。

首届西部乡村振兴论坛

6月19日,由陕西省社会科学界联合会、西北大学经济管理学院、中国农业大学国家乡村振兴研究院、上海(复旦大学)扶贫研究中心、陕西省区域经济研究会共同主办,西北大学乡村振兴战略研究中心承办的陕西省社科界第十五届学术年会分场活动暨首届西部乡村振兴论坛在西北大学长安校区举办。西北大学校长郭立宏,陕西省社科联党组书记、常务副主席郭建树等有关领导和来自北京大学、中国人民大学、复旦大学、中国农业大学、华中师范大学、西北大学、西安电子科技大学、陕西师范大学、西安建筑科技大学、西安理工大学、西北政法大学、《文汇报》《陕西日报》《西安日报》、人民网、光明网等高校、政府部门和社会组织、杂志社、媒体的国内贫困和乡村振兴领域的专家学者、地方领导、老师、同学等百余人参加了论坛。本次论坛的成功举办,将有助于深入探讨西部在"十四五"期间巩固拓展脱贫攻坚成果、接续推进乡村振兴的理论重点、实践难点和政策取向,也将有助于乡村振兴研究中"学术话语—制度话语—政策话语"的相互融汇转化。

庆祝中国共产党成立100周年暨绥德师范和中共陕北组织创建学术论坛

7月5日,陕西省社科界第十五届(2021)学术年会分会场庆祝中国共产党成立100周年暨绥德师范和中共陕北组织创建学术论坛在榆林开幕。来自全国的200多名专家学者参加会议,共同研讨绥德师范和中共陕北组织创建。本次学术论坛面向全国党史党建研究领域的专家学者、理论工作者、博硕士研究生等发布了会议征文。经过学术论坛学术组评审、筛选,本次学术论坛印刷论文集两本,共收录论文100余篇,投稿的论文评出一等奖4名、二等奖5名、三等奖10名、优秀奖若干名。

新文科视域下艺术思政理论建设及实践研究学术研讨会

7月11日,陕西省社科界第十五届(2021)学术年分会场新文科视域下艺术思政理论建设及实践研究学术研讨会在西安音乐学院举行。相关专家、领导及校马克思主义学院、党政办、党委宣传部、学工部、研究生部、教务处、科研处及各院系负责人、部分师生代表参加活动。与会专家分别从艺术思政的学理建构、工作路径、学科建设,以及基地的发展定位、学科凝练、科研实践、科学规划等方面提出了意见和建议。大家一致认为,推进艺术思政实践与研究契合我校学科特色,对于落实立德树人根本任务,提升音乐艺术人才培养质量具有重要意义,要进一步加强特色凝练和建设规划,辐射大学文化精神,努力培养一批人才、推出一批成果,形成思政工作品牌,发挥示范带动效应。

"十四五"陕西基础教育发展论坛

陕西翰林教育研究院以重振陕西基础教育为己任,组织部分基础教育专家、学者组成专题调研组,在7月—10月先后赴西安市(含区县)和省内其他多个地市进行专题调研,先后召开10多个场次的小型座谈会,在西安市新城区、雁塔区、鄠邑区举行了3场较为集中的学术研讨会,认为全省各级党委和政府一定要深刻领会习近平新时代中国特色社会主义教育思想,深入贯彻党的教育工作方针,切实把教育列为重大民生工程,纳入政府考核机制,加大投入,优先发展,积极借鉴省内外发展好的经验,努力解决好我省基础教育发展不平衡,硬件设施不足、师资力量短缺的问题,解决好上学难、上优质学校更难的问题。

"融入新发展格局,推进红色文化传承,助推陕西新时代高质量发展"专场理论研讨会

9月16日,由省社科联主办,陕西省南泥湾精神研究会承办的陕西省社科界(2021)学术年会分场"融入新发展格局,推进红色文化传承,助推陕西新时代高质量发展"专场理论研讨会在西安举行。会议特邀军地老首长、老领导,有关党政机关、院校、部队、政法、企事业单位的特邀研究员、研究员,南泥湾镇领导,研究会领导及办公室工作人员等40余人参加了会议。

"贯彻习近平法治思想 推动法学理论研究新发展"学术研讨会

9月25日,由陕西省社科联主办,西北政法大学社科联承办,西北政法大学科研处、西北政法大学法治学院、西北政法大学人权研究中心协办的陕西省社科界第十五届(2021)学术年会分会场活动"贯彻习近平法治思想 推动法学理论研究新发展"学术研讨会在西北政法大学召开。来自浙江师范大学、南京师范大学、西北工业大学、广西大学及西北政法大学的专家学者以线上线下相结合的方式参加了本次学术研讨会。

中药产业发展研讨会

10月21日,陕西省社科界第十五届(2021)学术年会分场中药产业发展研讨会在宝鸡市顺利召开。此次研讨会由陕西省社科联主办,宝鸡市社科联承办,农工民主党宝鸡市委员会、宝鸡市中医医院协办。会议邀请中医药相关研究领域知名专家及来自宝鸡文理学院、宝鸡职业技术学院、中共宝鸡市委政研室、农业农村局、林业局、中医药管理局、食品药品安全检验检测中心、农技中心、宝鸡天健医药等高校,研究机构及相关部门和企业的专家学者共计50余人参加会议。此次会议是社科界学习贯彻习近平总书记关于中医药发展重要论述,落实中共中央国务院及省市《关于促进中医药传承创新发展的意见》《关于加快推进中药产业发展的意见》精神,坚持中医药文化自信、助推中药产业高质量发展的具体实践,为提升中药产业发展活力、探寻中药产业高质量发展路径,做出了积极贡献。

首届全国数字艺术与媒介文化学术论坛

10月30日上午,由陕西省社科联主办,西安邮电大学社科联和数字艺术学院共同承办的首届全国数字艺术与媒介文化学术论坛暨陕西省社科届第十五届学术年会在西安邮电大学长安校区召开,来自全国有关院校的专家学者、师生代表100余人通过线上线下方式参加会议。本次论坛聚焦"把握新发展阶段、贯彻新发展理念、构建新发展格局"的主题,思考与反思数字技术与互联网语境对艺术、文化领域所带来的新形态、新现象、新思维与新问题,促进了兄弟高校之间的学术交流,受到与会师生的欢迎和好评。

文学经典的译介与阐释博士生学术论坛

10月30日,由陕西省社会科学界联合会主办,陕西省外国文学学会与陕西师范大学文学院、陕西师范大学外国语学院共同承办的陕西省社科界第十五届(2021)学术年会分会场文学经典的译介与阐释博士生学术论坛成功举办。本次论坛通过腾讯会议在线直播的方式进行,来自陕西省社会科学界联合会、陕西省外国文学学会、陕西师范大学、西北大学、西安外国语大学、西安科技大学的15位专家学者受邀出席会议,省内外的240余名高校师生参加会议。本次论坛由专家报告、主题发言和专家评议等环节组成。本届博士生学术论坛的成功举办,为广大研究外国文学和爱好外国文学的博士生(硕士生)们开展学术研究和交流创造了良好的平台,也为促进我省外国文学研究乃至哲学社会科学研究事业,促进我省文化建设起到了十分积极的作用。

"从'纸面'到'屏面':首届全国数字艺术与媒介文化"学术论坛

10月30日,由省社科联主办,西安邮电大学社科联和西安邮电大学数字艺术学院共同承办的"从'纸面'到'屏面':首届全国数字艺术与媒介文化"学术论坛暨陕西省社科界第十五届(2021)学术年会分场活动举办。与会专家与学者紧紧围绕大会主题,深刻探讨了数字时代和媒介文化出现的新问题和新现象。本次论坛已成为在新文科建设理念下,贯彻落实习近平总书记"在全国哲学社会科学座谈会上的讲话"中有关"知识变革与思想先导"论述的一次具体实践,为加强西安邮电大学数字艺术与传媒一流本科教育建设提供了坚实的理论支撑。

中国共产党百年历程与马克思主义中国化学术研讨会

11月6日,由陕西省社会科学联合会主办,陕西省中共党史人物研究会、西安财经大学马克思主义学院、西北大学延安精神与党的建设研究院、西安邮电大学马克思主义学院共同承办的陕西省社科界第十五届(2021)学术年会分会场,中国共产党百年历程与马克思主义中国化学术研讨会在西安财经大学长安校区举行。来自全省党史部门、高校院系、出版领域的专家学者等近百人参加了学术研讨。本次会议采取线上线下相结合的方式进行,与会专家学者分别围绕"中国共产党百年奋进伟大成就和基本经验""马克思主义中国化百年历史及宝贵经验""延安时期中国共产党的成功之路"等专题进行了研讨交流发言,引起参会学者的广泛共鸣。本次研讨会内涵丰富、立意深远、名家荟萃、成果迭出,交流论文角度新颖、内容充实、见解深刻,研讨会的情况被多家媒体报道。

聚焦双循环发展新格局推动区域协调发展学术论坛

11月13日,陕西省社科界第十五届(2021)学术年会分场暨聚焦双循环发展新格局推动区域协调发展学术论坛在咸阳师范学院召开。本次会议由陕西省社会科学界联合会主办,咸阳师范学院社科联、咸阳师范学院经济与管理学院、咸阳发展研究院共同承办。会议采取线下主会场与线上分会场相结合的方式展开。本次论坛以"聚焦双循环发展新格局推动区域协调发展"为主题,紧紧围绕加快构建以国内大循环为主体、国内国际双循环相互促进的新发展格局,探索以创新为驱动的区域发展模式,就如何因势利导、因地制宜地优化区域产业结构和产业布局,实现陕西省不同区域协调发展,奋力谱写新时代陕西高质量发展新篇章具有重要意义。

对外开放新格局下陕西数字贸易发展研讨会

11月17日下午,由陕西省社科联主办,西安翻译学院社科联、商学院承办的省社科界第十五届(2021)学术年会分场对外开放新格局下陕西数字贸易发展研讨会在西安翻译学院召开。西安工程大学、西北政法大学、西安外事学院、西安培华学院、西安欧亚学院等院校经管学院负责人受邀参会。研讨会主要围绕西安翻译学院商学院国际经济与贸易专业国家一流专业建设项目,探讨新发展阶段如何抓住服务贸易数字化,制造业服务化的发展机遇,深化服务领域的对外开放,大力发展数字贸易,推进数字口岸服务、服务贸易的规则、规制、管理、标准等领域的问题。

延安精神融入地方高校思政育人专题研讨会

11月20日,由陕西省社科联和安康学院社科联主办,安康学院科研处、经管学院、安康市委党校(延安精神研究会)、陕南生态经济研究中心共同承办的陕西省社科界第十五届(2021)学术年会分场活动延安精神融入地方高校思政育人专题研讨会在安康学院江北校区逸大科技楼九楼会议室顺利召开。来自陕西省社科联、安康市党史研究室、安康市延安精神研究会、延安大学及安康学院师生代表共80余人参加了本次研讨会。

中国共产党抗战大后方建设
暨纪念西安事变85周年学术研讨会

11月20日,为庆祝中国共产党成立100周年,由陕西省社会科学界联合会、中国现代史学会联合举办和西北大学社科联和历史学院共同承办的中国共产党抗战大后方建设暨纪念西安事变85周年学术研讨会在西北大学长安校区召开。与会学者围绕"中共抗战大后方建设"和"西安事变"两个主题进行研讨,展开了深入而广泛的学术交流,展示了在抗战大后方建设和西安事变研究方面的最新成果。本次研讨会是一次成功的研讨会,研讨会的召开对中共党史、抗战史、西安事变史的研究起到了有力推进作用。

"阿富汗问题的前世今生"学术论坛

11月22日下午,由陕西省社会科学界联合会主办、陕西师范大学社会科学界联合会与陕西师范大学"一带一路"文化研究院承办,陕西省社科界第十五届(2021)学术年会分场活动——"阿富汗问题的前世今生"学术论坛,在陕西师范大学长安校区举行。来自陕西师范大学、西北大学、西北政法大学等高校的教师和学生近百人参加了本次活动。论坛的举办将对进一步厘清阿富汗问题的内涵和根源,有针对性地开展阿富汗问题研究、探讨与阿富汗等中西亚地区国家开展人文交流合作的路径具有重要意义。

高质量发展导向下的文化融合创新
暨第三届"一带一路"与文化发展创新学术研讨会

11月27日,陕西省社科界第十五届(2021)学术年会分场高质量发展导向下的文化融合发展创新暨第三届"一带一路"与文化发展创新学术研讨会在长安大学顺利召开。会议由陕西省社会科学界联合会、长安大学、陕西省图书馆联合主办,长安大学马克思主义学院、陕西文化发展与融合创新智库、长安文化产业研究中心、陕西省文化产业协同创新研究中心、长安大学公共文化服务研究中心承办,首都师范大学创意产业与传媒文化研究中心协办。来自全国50余所高校、研究机构和文化企事业单位的80余专家学者以线上会议形式交流研讨。

西部城市高质量发展与空间治理青年论坛

11月28日,西部城市高质量发展与空间治理青年论坛在西安建筑科技大学成功举办。本次论坛是陕西省社科界第十五届(2021)学术年会系列活动之一,论坛由西安建筑科技大学陕西省新型城镇化和人居环境研究院/中国城乡建设与文化传承研究院、公共管理学院、城市与区域经济研究所承办,西部城市研究学社协办。本次论坛采取"线下会议+线上会议"相结合的方式。线下会议在西安建筑科技大学举行,校科技处(人文社科中心)、受邀出席的专家学者及陕西省新型城镇化和人居环境研究院/中国城乡建设与文化传承研究院、公共管理学院的师生代表,西部城市研究学社的同学参加了此次会议。同时,线上召开腾讯视频会议,来自北大、中科院、中央财经大学等高校院所的学者视频参加会议。

新时代·新传播·新路径
——"一带一路"国际传播能力建设论坛

12月4日,由中国公共关系协会、陕西省委宣传部指导,陕西省社会科学界联合会、西安交通大学新闻与新媒体学院和厦门大学新闻传播学院共同主办的陕西省社科界第十五届(2021)学术年会分场活动"新时代·新传播·新路径——'一带一路'国际传播能力建设"论坛在中国西部科技创新港举行。本次论坛分为主论坛、院长论坛、学术论坛、研究生论坛4个板块,来自政府机关、高等院校、主流媒体、大型互联网企业和智库单位的相关专家,围绕人类命运共同体、国家传播能力建设以及"一带一路"相关议题进行分享交流和深入讨论。

"推动科创金融改革创新 服务陕西新时代追赶超越"研讨会

12月7日上午,陕西省社科界第十五届(2021)学术年会分场活动在中国人民银行西安分行营业管理部举行。本次活动由陕西省社会科学界联合会主办、陕西省金融学会承办、人民银行西安分行营管部协办,以"推动科创金融改革创新 服务陕西新时代追赶超越"为主题开展研讨。陕西省金融学会秘书处、各副秘书长单位、人民银行西安分行营业管理部、西安市金融工作局等40余人参加会议。本次研讨会通过凝聚业界专家的思想和智慧,交流研讨金融支持科创产业发展的有效做法,研究解决存在的现实问题,对动员各方力量加大对陕西科创产业的金融支持力度、服务陕西新时代追赶超越具有重要意义。

中国历史文化译介与国际传播高层论坛

12月11日,中国历史文化译介与国际传播高层论坛暨陕西省社科界第十五届(2021)学术年会在西安外国语大学举行。与会学者围绕"中国历史文化译介与国际传播"议题,聚焦新时代外语类高校与国际话语权提升、中国文学译介传播实践、中国对外话语体系建设、翻译专业教师能力发展、国际传播人才培养机制等多个领域,探讨了如何"以文载道,以文传声,以文化人",如何加快构建中国对外话语和中国叙事体系建设,打造融通中外的新概念、新范畴、新表述,向世界阐释推介更多具有中国特色、体现中国精神、蕴藏中国智慧的优秀文化,为加快构建具有中国特色的对外话语体系,加强我国国际传播能力建设,为连接四海、对话中外、会通文化提供坚实的学理和智力支持。

☞ 学术资助活动

按照陕西省社科联党组安排,下发了《关于2021年度陕西省社科类社会组织学术活动资助项目申报的通知》,从256个申报项目中确定了50场每场给予8000元资助。资助活动亮点纷呈,多家社会组织组织的学术活动被陕西电视台、央广网、中国社科报等中央及省级媒体宣传报道。

2021年度陕西省社科界社会组织学术活动资助名单

序号	活动主办单位	学术活动名称
1	陕西省司马迁研究会	陕西省司马迁研究会2021年学术年会暨中国史传文学与文化研究新视野高端论坛
2	陕西省少年儿童文化研究会	儿童戏剧创作市场化研究
3	陕西新丝路电子商务研究院	新媒体对乡村振兴的影响研讨会
4	陕西现代经济与管理研究院	乡村振兴与陕西高质量发展研讨会
5	陕西省政治学会	2021年陕西省政治学年会暨百年党史与中国政治学的发展学术研讨会
6	陕西省新闻摄影学会	庆祝建党100周年·第二届美丽乡村国际影像节高峰论坛
7	陕西省心理健康教育研究会	陕西省心理健康教育研究会青少年阳光心理教育论坛
8	陕西省现代金融学会	疫情对小微企业融资影响调研
9	陕西省喜剧美学研究会	中国喜剧的发展方向——第六届陕西省喜剧美学理论研讨会
10	陕西省吴宓研究会	吴宓研究与地方文化资源开发——第六届吴宓学术研讨会
11	陕西省卫生经济学会	陕西省公立医院经济管理年专题研讨会
12	陕西省物流学会	两业联动布局与物流业高质量发展论坛
13	陕西颖创跨境贸易研究院	聚焦双循环发展新格局推动语言服务创新发展研讨会
14	陕西省外国经济学说研究会	2021陕西省外国经济学说研究会学术年会暨庆祝建党100周年理论研讨会
15	当代陕西研究会	不忘初心·百年筑梦:建党100年成就与经验理论研讨会
16	陕西省社会学学会	新时代陕西康复辅助器具产业发展与政策促进研讨会
17	陕西省社会科学信息学会	2021年西北地区红色文化资源开发与叙事营播研讨会
18	陕西创新人才发展研究院	陕西省全面推进乡村振兴加快农业农村现代化理论与实践研讨会

续表

序号	活动主办单位	学术活动名称
19	陕西省人口学会	追赶超越新征程与陕西人口新发展——省人口学会2021年年会
20	陕西省青少年素质教育研究会	电影审美赋能青少年健康成长的实践策略研究座谈会
21	陕西省秦文化研究会	"秦墓、秦简与秦文化"学术研讨会暨秦文化研究会学术年会（2021）
22	陕西省秦岭发展研究会	第五届大秦岭发展论坛
23	陕西省农业经济学会	陕西省2021年大农业、大健康下的中药产业峰会
24	西安朝华管理科学研究会	传承中华文明，弘扬红医之魂学术研讨会
25	陕西省纳税筹划研究会	《关于进一步深化税收征管改革的意见》学习研讨会
26	陕西省廉政文化研究会	党风廉政建设及腐败治理研讨会
27	陕西省老年学和老年医学学会	陕西省老年学和老年医学学会2021年度老年医学学术会议
28	陕西省劳动学会	新业态从业保障人员研讨会
29	陕西省科学社会主义学会	学习贯彻党的十九届六中全会理论研讨会
30	陕西省经济发展战略研究会	西部资源型城市高质量发展论坛
31	陕西省教育理论研究会	新时代乡村振兴战略视野下的优质教育均衡发展研讨会
32	陕西省建筑劳动研究会	新时代建筑行业收入分配制度改革及中长期激励机制探索研讨会
33	陕西省价值哲学学会	陕西省价值哲学学会年会暨中国共产党百年价值自觉学术研讨会
34	陕西省家庭教育研究会	新时代家庭教育理论创新与实践探索研讨会
35	陕西省机械工业会计学会	推进财务共享服务，促进财务工作转型研讨会
36	陕西省黄河文化经济发展研究会	"十字型"黄河文化旅游带暨第三次黄河文化研讨会
37	陕西省弘扬汉文化研究中心	首届"穿越时空·国学与汉学"高端论坛
38	陕西省管理科学研究会	2021年度社科类社会组织专项研究项目中期评审会
39	陕西省改革发展研究会	陕西创新驱动支撑高质量发展论坛
40	陕西省房地产研究会	2021欧亚经济论坛绿色建筑分会暨第五届绿色建筑与城市可持续发展高峰论坛
41	陕西省发展经济学学会	"十四五"规划与陕西省经济高质量发展论坛
42	陕西省道德文化研究会	中国共产党百年来思想道德建设的历史回顾学术论坛
43	陕西省创造学会	加快乡村振兴建设步伐，以创新推动县域经济高质量发展

续表

序号	活动主办单位	学术活动名称
44	陕西省陕甘宁革命根据地史研究会	纪念中共中央西北局成立80周年学术研讨会
45	陕西省茶文化研究会	以茶文化带动茶产业发展,振兴地方农村经济研讨会
46	陕西省财政学会	政府性融资担保资金支持小微企业和"三农"发展座谈会
47	陕西省财务成本研究会	大数据背景下的成本控制学术研讨会
48	陕西省保险学会	回归风险保障科技创新引领陕西保险业高质量发展之道暨2021年学术年会
49	陕西省《资本论》研究会	《资本论》与中国共产党百年经济理论与实践创新研讨会
50	陕西华夏教育科学研究院	中小学深度学习专题研讨会

☞ 其他学术活动

2021年,陕西省社科界以习近平新时代中国特色社会主义思想为指导,全面贯彻党的十九大和十九届历次全会精神,深入贯彻落实习近平总书记来陕视察重要讲话精神和省委有关部署要求,不断提升社科普及服务能力,满足人民群众对高质量社科文化知识的需求,有序开展了内容丰富、形式多样的社会性、群众性、经常性社科普及活动,极大推动了公众人文社会科学素养的提升。

序号	举办时间	地点	主题	主办单位
1	2021年1月7日—1月11日	西安翻译学院	"外国文学与翻译研究"系列学术研讨活动	西安翻译学院亚欧语言文化学院
2	2021年3月24日	西安翻译学院	小学教育专业人才培养方案研讨会	西安翻译学院
3	2021年4月2日	西安外国语大学	非洲研究中心揭牌仪式暨首届中非学术翻译论坛	西安外国语大学和中国非洲研究院、陕西省社会科学界联合会联合主办
4	2021年4月9日	陕西师范大学	《中华人民共和国学位法草案》(征求意见稿)专家研讨会	陕西师范大学教育立法研究基地
5	2021年4月10日	线上	新时代思想政治教育前沿学术论坛	西北工业大学马克思主义学院联合教育部高校思想政治工作创新发展中心(西北工业大学)、《西北工业大学学报》(社科版)杂志社共同主办

续表

序号	举办时间	地点	主题	主办单位
6	2021年4月13日	延安大学	第三届延安道路与当代中国学术研讨会暨马克思主义理论学科研究生学术论坛	延安大学
7	2021年4月17日	陕西宾馆	新时代行业特色高校高质量发展与创新型人才培养学术论坛	西北工业大学高等教育研究所
8	2021年4月29日	西安邮电大学	2021中国(西安)实体产业数字经济发展大会	西安邮电大学
9	2021年5月8日	西北大学	建党百年与中华民族伟大复兴高层论坛	西北大学马克思主义学院、西北大学延安精神与党的建设研究院、陕西省重点中国特色社会主义理论体系研究中心共同主办
10	2021年5月8日	陕西师范大学	《史记》疑案与《中国历史文选》修订学术研讨会	陕西师范大学人文社会科学高等研究院与商务印书馆联合主办
11	2021年5月9日	西安交通大学	西安交通大学MPA论坛——新时代背景下的公共管理学科建设与人才培养：回顾与展望	西安交通大学公共政策与管理学院
12	2021年5月13日	西安电子科技大学	学术与研究生国际胜任力培养论坛	西安电子科技大学管理科学与工程学科
13	2021年5月13日—5月15日	陕西中医药大学	首届中医药传承创新发展国际学术交流会	陕西中医药大学
14	2021年5月14日—5月15日	延安大学	陕西省哲学学会建党一百周年哲学学术思想理论研讨会	陕西省哲学学会
15	2021年5月14日	长安大学	公共文化服务高质量发展与交叉学科创新研讨会	长安大学陕西文化发展与融合创新智库、陕西省文化产业协同创新研究中心、长安文化产业研究中心、马克思主义学院联合举办
16	2021年5月15日	西安财经大学	第五届丝路经济国际论坛·公共管理学科分论坛	中国(西安)丝绸之路研究院、西安财经大学主办
17	2021年5月18日	西安	"一带一路"国际商事法律服务高端圆桌会议	西安市司法局、西安国际港务区管理委员会和西安交通大学法学院联合主办

续表

序号	举办时间	地点	主题	主办单位
18	2021年5月21日	西安邮电大学	2021数字资产与数字治理创新论坛	西安邮电大学
19	2021年5月22日	西安	"学史崇德 学史力行——红色基因传承与中国共产党革命精神研究"学术研讨会	西安电子科技大学马克思主义学院
20	2021年5月22日	西安交通大学	未成年人网络权益保护与犯罪预防研讨会	西安交通大学人工智能与信息安全法律研究中心
21	2021年5月22日—5月23日	西北工业大学	第329场中国工程科技论坛——"工程哲学与工程创新"	西北工业大学
22	2021年5月25日	陕西师范大学	中国共产党百年历程与马克思主义理论教育学术研讨会暨第十一届全国中青年马克思主义学者高峰论坛	《思想理论教育导刊》《马克思主义理论学科研究》《高校马克思主义理论教育研究》编辑部和陕西师范大学共同主办
23	2021年5月28日	安康学院	中国共产党成立100周年暨地方党史研究学术研讨会	安康学院
24	2021年5月28日—5月31日	延安大学	庆祝中国共产党成立100周年高峰论坛	延安大学
25	2021年5月30日	陕西师范大学	陕西师范大学唐史研究所四十周年座谈会暨文献与考古融合视野下的隋唐长安学术研讨会	陕西师范大学历史文化学院和人文社会科学高等研究院联合主办
26	2021年5月31日	西安外国语大学	推动中国—中东欧国家务实合作"西部论坛"	西安外国语大学
27	2021年6月1日	西安理工大学	坚持学史力行,助力科技强国建设——"庆祝建党100周年与科技强国建设"学术研讨会	西安理工大学
28	2021年6月9日—6月10日	秦始皇帝陵博物院	2021莫高窟-兵马俑"携手共进,多维创新"文化遗产保护利用青年论坛	敦煌研究院(古代壁画保护国家文物局重点科研基地)与秦始皇帝陵博物院(陶质彩绘文物保护国家文物局重点科研基地)联合举办
29	2021年6月11日	陕西科技大学	中国·安康毛绒玩具文创产业发展高峰会暨2021第四届国际创新设计(西安)高峰论坛	安康市人民政府和陕西省人社厅共同主办

续表

序号	举办时间	地点	主题	主办单位
30	2021年6月11日	西安邮电大学	陕西党史界庆祝中国共产党成立100周年学术研讨会	西安邮电大学
31	2021年6月11日	西安邮电大学	纪念西安事变85周年学术研讨会	西安邮电大学
32	2021年6月11日—6月13日	西北工业大学	红色文化100年高端学术论坛	西北工业大学马克思主义学院、中国社会科学院历史理论研究所《史学理论研究》编辑部和陕西高校新型智库"国防特色高校红色文化传承与创新研究中心"联合主办
33	2021年6月8日—6月11日	西北工业大学	陕西省科协系统学习中国科协十大精神暨党史学习教育培训班	陕西省科协
34	2021年6月19日	西安思源学院	纪念建党百年暨留学报国思想与实践第二届学术研讨会	陕西(高校)哲学社会科学重点研究基地西安思源学院留学生与中国现代化研究中心
35	2021年6月20日	宝鸡文理学院	首届横渠学术论坛	宝鸡文理学院、眉县横渠书院
36	2021年6月27日	陕西师范大学	陕西省《资本论》研究会第八届会员代表大会暨新时代中国特色社会主义经济理论学术论坛	陕西省《资本论》研究会
37	2021年7月6日—7月7日	西北工业大学	2021年企业社会责任国际学术研讨会	西北工业大学新时代企业高质量发展研究中心、西北工业大学管理学院和学科建设办公室联合主办
38	2021年7月8日	西安电子科技大学	陕西公众科学素质发展联盟公众科学素质促进研讨会	西安电子科技大学
39	2021年7月8日	陕西师范大学	第六届中国基础教育质量监测与评价学术年会暨硕博生论坛	北京师范大学中国基础教育质量监测协同创新中心
40	2021年7月18日—7月21日	西安交通大学	2021年中国高等院校市场学研究会学术年会暨博士生论坛	中国高等院校市场学研究会

续表

序号	举办时间	地点	主题	主办单位
41	2021年7月9日—7月11日	西安交通大学	第三届"公共治理的中国场景"高端论坛暨博士生工作坊	西安交通大学公共政策与管理学院
42	2021年7月10日	商洛学院	陈彦文学创作全国学术研讨会高端论坛	中国作家协会创作研究部、作家出版社有限公司、商洛学院主办
43	2021年7月10日	陕西师范大学	百年辉煌与高质量思政课教学建设——深入学习习近平总书记"七一"重要讲话精神暨西部师范大学教师教育创新与发展联盟高校马克思主义学院首届论坛	西部师范大学教师教育创新与发展联盟
44	2021年7月10日	西北政法大学	陕西省法学会互联网法律与治理研究会成立大会暨互联网法律与治理的机遇和挑战研讨会	陕西省法学会
45	2021年7月17日	陕西师范大学	全国高校秘书学专业建设研讨会	陕西师范大学文学院
46	2021年7月22日	西安交通大学	"一带一路"倡议背景下国际商事争端解决机制的创新发展高端圆桌会议	西安交通大学法学院
47	2021年7月23日	西安邮电大学	2021年新经济新技术背景下会计学科建设会议	西安邮电大学
48	2021年7月23日	陕西省委党校	全省党校(行政学院)系统学习贯彻习近平总书记"七一"重要讲话精神专题研讨会	陕西省委党校(行政学院)
49	2021年7月25日—7月27日	商洛学院	唯物史观视野下的中华文艺思想通史研讨会	中国社会科学院创新工程重大项目《中华思想通史·文艺思想编》项目组
50	2021年8月10日	宝鸡文理学院	"面向未来:情感教育与人的全面发展"学术研讨会	全国情感教育研究协作组
51	2021年8月16日	陕西师范大学	首届传薪·新闻传播学学科建设论坛	陕西师范大学新闻与传播学院
52	2021年8月28日	西北政法大学	西北政法大学碳中和法律研究中心成立大会暨首届碳达峰、碳中和法律问题学术研讨会	西北政法大学经济法学院、《法律科学》编辑部、发展规划与学科建设处联合主办

续表

序号	举办时间	地点	主题	主办单位
53	2021年9月17日	安康学院	第二届陕南乡村振兴发展论坛——乡村振兴推进举措学术研讨会	陕西省经济学会乡村振兴研究会、安康学院主办
54	2021年9月25日	西安电子科技大学	第一届"人性与治道"中国哲学学术工作坊	西安电子科技大学
55	2021年9月25日	西安电子科技大学	陕西省外国文学研究青年博士论坛	西安电子科技大学外国语学院
56	2021年9月25日	西安电子科技大学	共同富裕与陕西经济高质量发展论坛	陕西省发展经济学学会
57	2021年9月25日—9月27日	陕西师范大学	"文学与共同生活":《外国文学评论》第十八届学术研讨会	中国社会科学院外国文学研究所《外国文学评论》
58	2021年10月8日	西北工业大学	新文科背景下工科院校外语学科发展论坛暨语料库翻译学研讨会	西北工业大学
59	2021年10月13日	西安交通大学	"双循环"背景下的国际商事争端解决与法律服务高端论坛	西安市人民政府与中国国际经济贸易仲裁委员会(简称"贸仲")共同主办
60	2021年10月16日	西安交通大学	全面深化改革中的经济与金融研讨会	西安交通大学经济与金融学院
61	2021年10月22日	延安大学	延安精神视域下的汉字文明传承与发展学术研讨会	延安大学
62	2021年10月30日—10月31日	陕西师范大学	秦岭山地及邻近地区历史环境与经济社会发展学术研讨会	陕西师范大学
63	2021年11月13日	陕西师范大学和中国社会科学院西亚非洲研究所	2021中国中东学会年会暨构建中国中东研究的知识体系学术研讨会	中国中东学会和陕西师范大学历史文化学院联合主办
64	2021年11月16日	西安外事学院	中国喜剧的发展方向——第六届陕西省喜剧美学理论研讨会	陕西省喜剧美学研究会
65	2021年11月19日	陕西师范大学	全国高等学校文科学报研究会2021年度编辑学研究项目评审会	陕西师范大学
66	2021年11月20日	长安大学	第一届全国交通软科学研讨会	人民交通出版社、中国公路学会交通史志与文化工作委员会、长安大学人文学院联合主办

续表

序号	举办时间	地点	主题	主办单位
67	2021年11月26日	西安	回归风险保障 科技助推发展——2021年保险学术年会	陕西省保险学会
68	2021年11月27日	西安交通大学	2021年全国研究生学术论坛	西安交通大学马克思主义学院
69	2021年11月27日	西安财经大学	第三届乡村振兴与农业农村法治论坛	西安财经大学法学院、期刊管理中心、陕西省律协三农法律事务专业委员会主办
70	2021年11月27日	西安培华学院	陕西省《资本论》研究会2021年学术年会暨陕西经济"新发展"论坛	陕西省《资本论》研究会
71	2021年11月27日	西北农林科技大学	陕西省廉政文化研究会年会暨学习党的十九届六中全会理论研讨会	陕西省廉政文化研究会
72	2021年11月28日	西安财经大学	西安市法学会公司与金融法研究会成立大会暨学术研讨会	西安市法学会、西安财经大学法学院、西安仲裁委员会主办
73	2021年12月2日	西安翻译学院	"聚焦双循环发展新格局，推动语言服务创新发展"学术研讨会	陕西省社科联
74	2021年12月2日	岚皋	陕西乡村振兴规划与建设座谈会	陕西创新人才发展研究院
75	2021年12月3日—12月4日	西北工业大学	2021年全国马克思主义基本原理论坛	中国社科院马克思主义研究学部、马克思主义研究院、北京高校中国特色社会主义理论研究协同创新中心（中国政法大学）、西工大联合主办
76	2021年12月3日—12月5日	陕西师范大学	"历史唯物主义与第二个百年征程"学术研讨会暨中国历史唯物主义学会2021年年会	中国历史唯物主义学会、陕西师范大学主办
77	2021年12月4日	西安交通大学	数字经济时代产教融合协同育人高峰论坛	陕西省高等学校教学指导委员会工商管理类工作委员会和全国科学工作能力建设平台联席会共同主办
78	2021年12月10日	西安电子科技大学	中国中小企业家华山论坛	西安电子科技大学中国中小企业研究中心和经济与管理学院主办

续表

序号	举办时间	地点	主题	主办单位
79	2021年12月11日	西北农林科技大学	陕西省高校马克思主义学院院长论坛暨十九届六中全会精神研究高端论坛	西安交通大学、西北工业大学、西北农林科技大学主办
80	2021年12月11日	陕西师范大学	长安笔会2021暨文学创作与学术研讨会	陕西师范大学文学院长安笔会中心
81	2021年12月11日	宝鸡文理学院	2021年陕西省司马迁研究会学术年会暨史传文学研究高端论坛会议	陕西省社科联、陕西省司马迁研究会联合举办
82	2021年12月15日	西安翻译学院	"观念与现实"数字影像艺术周暨影像艺术研讨会	西安翻译学院艺术学院
83	2021年12月18日	陕西师范大学	现代化与人类文明：中国共产党百年价值自觉	陕西省价值哲学学会、陕西省马克思主义哲学史研究会主办
84	2021年12月27日	线上	"新时代中国电影学派的历史建构"第三届中国电影地缘文化学术讨论会	陕西师范大学中国地缘文化研究中心、北京电影学院未来影像高精尖创新中心、陕西电影家协会主办

☞ **社科普及**

长 安 讲 坛

　　创立于2005年的长安讲坛是陕西省社科界重要的科普宣传平台,十多年来形成了"一体多翼"的格局,被列入省委、省政府的工作要点。年内,为认真贯彻落实党的十九大、十九届六中全会和省委十三届九次全会精神,聚焦追赶超越定位和"五个扎实"要求,围绕"五新"战略任务,陕西省社科界在陕西省社科联的组织下,在高校、基层单位、社区、企业等单位组织了数十场长安讲坛精品讲座,其中"为党和人民奉献牺牲是革命军人最大的荣誉"主题讲座、"深刻认识中国革命的正确道路,坚定跟党走的理想信念"主题讲座、"中国工合运动的红色基因暨抗战时期的宝鸡工合运动"主题讲座、"短视频助农e起来新媒体科普进乡村"主题讲座、"双循环格局下陕西跨境贸易人才需求变化与人才供给侧结构性改革探索与实践"主题讲座、"双循环格局下陕西跨境贸易企业高质量发展实践"主题讲座、"落实RCEP、对标CPTPP,推动自贸试验区发展"主题讲座等讲座活动,在社会和群众中都引发了热烈反响。

2021 年长安讲坛精品讲座一览表

2021 年度长安讲坛现场讲座				
序号	主讲人	工作单位及职称	讲题	时间地点
1	白谨豪	陕西学前师范学院	中国共产党百年辉煌与21世纪马克思主义新发展	2021年7月27日,商洛市
2	李西堂	西安思源学院教授	深刻认识中国革命的正确道路,坚定跟党走的理想信念	2021年8月7日,西安成城裕郎
3	肖雪峰	西安石油大学教授	农产品品牌策划与提升	2021年9月4日,富平县
4	侯晓银	西安石油大学教授	短视频+农特产品和手工艺品	2021年9月4日,富平县
5	孙 静	西安文理学院教授	积极心理赋能教师成长	2021年9月10日,西安政治学院
6	占 琦	西北大学现代学院副教授	短视频助农e起来	2021年9月12日,灞桥区狄寨街道
7	马红娟	西安体育学院	红色体育文化科普宣传	2021年9月15日,渭南市澄城县
8	杜双鹤	西北大学	风雨百年传薪火	2021年9月16日,陕西国铁经营公司
9	韩晓东	陕西学前师范学院教授	低碳生活出彩人生	2021年9月17日,陕西学前师范学院
10	罗小娥	陕西学前师范学院教授	碳中和愿景实现路线解读	2021年9月17日,陕西学前师范学院
11	马权斌	西安警备区原政治部主任	为党和人民奉献是革命军人的最大荣誉	2021年9月18日,西安铁一中
12	张 瑞	西安外国语大学副教授	在跨文化交流中讲好中国故事	2021年9月21日,西安外国语大学
13	吕 薇	陕西师范大学教授	中学教师压力管理与应对策略	2021年9月21日,安康市汉阴县
14	王 淙	西安翻译学院教授	双循环格局下陕西跨境贸易人才需求变化与人才供给侧改革探索与实践	2021年9月23日,西安翻译学院
15	马红娟	西安体育学院	红色体育文化科普宣传	2021年9月28日,西安御今学堂
16	王铁山	西安工程大学副教授	中国(陕西)自贸试验区高质量发展	2021年9月29日,西安外国语大学
17	李军时	西北工业大学副教授	中国传统文化"天人合一"观解读	2021年10月15日,西安职业技术学院
18	胡卫卫	西北农林科技大学副教授	推进三变改革,发展陕西新型农村集体经济	2021年10月16日,杨凌示范区

续表

2021年度长安讲坛现场讲座				
序号	主讲人	工作单位及职称	讲题	时间地点
19	李军学	西安理工大学副教授	中国共产党的百年辉煌和宝贵经验	2021年10月19日,西京学院
20	崔凡	对外经济贸易大学教授	落实RCEP、对标CPTPP,推动自贸试验区发展	2021年11月25日,西安翻译学院

2021长安讲坛云讲座			
序号	主讲人	工作单位及职称	讲题
1	王双怀	陕西师范大学教授、博导	唐代诗人咏长安
2	于赓哲	陕西师范大学教授、博导	隋唐长安及唐人的日常生活
3	付粉鸽	西北大学教授、博导	道家智慧与领导干部创新能力培养
4	魏冬	西北大学教授、博导	张横渠的精神世界
5	邵振宇	西安市社科院副研究员	丝绸之路历史文化
6	丁为祥	陕西师范大学教授、博导	张载关学的历史价值及其现代意义
7	王向辉	陕西师范大学教授	《诗经》与礼乐宗周时代
8	刘福龙	西安建筑科技大学副教授	讲长安故事,传丝路精神——城市雕塑的当代文化使命
9	田刚	陕西师范大学教授、博导	鲁迅与延安的文艺思潮
10	魏景波	陕西师范大学教授、博导	唐代长安的社会空间与文学传播
11	李浩	西北大学文学院教授、博导,长江学者	唐诗与黄河文化(上集)
12	李浩	西北大学文学院教授、博导,长江学者	唐诗与黄河文化(下集)
13	杨琳	西安交通大学教授、博导	黄河,民族精神的象征
14	任保平	西安财经大学教授、博导,长江学者	新时代的经济高质量发展
15	袁晓玲	西安交通大学教授、博导	秦创原创新驱动平台带来的产业机遇
16	赵宁	西安邮电大学教授	短视频和直播助力乡村振兴
17	杨万平	西安交通大学教授、博导	"双碳"目标的内容解析与达成路径
18	来向武	西北大学教授、博导	人类命运共同体思想的解读
19	王有红	西北大学副教授	学习"七一"讲话,汲取信仰力量
20	王强	西北大学教授、博导	讲好英雄模范故事,弘扬伟大建党精神——学习习近平总书记在庆祝中国共产党成立一百周年大会上的讲话

陕西省社科联资助科普活动

在陕西省社科联的大力支持下,各基层单位还举办了不同主题、不同内容的各类讲座80余场,诸如中国共产党精神谱系列讲座社科普及活动、横渠讲坛系列活动、三秦保险讲堂系列专题讲座、"陕西喜剧的传承与发展"讲座、"中医治未病与传统养生"专题讲座、太乙论坛系列学术讲座、陕西省乡村振兴巾帼科技助农直通车暨全省高素质女农民能力建设培训班、文物保护技术与实践专题培训、社科专家讲党史活动、积极心理赋能教师成长公益讲座,都成了与会的群众、学子的精神文化盛宴。

2019年度陕西省社科普及活动资助项目立项名单

序号	立项号	项目名称	申报单位	主持人
1	2021KP001	中国共产党精神谱系传承讲座	西安电子科技大学社科联	李 刚
2	2021KP002	建党百年 学史增信——陕西红色旅游资源宣传推广系列视频讲座	西安翻译学院社科联	杨学兵
3	2021KP003	建党一百周年红色经典系列作品赏析	西安音乐学院社科联	史小曼
4	2021KP004	秦岭自然生态法治保障与国家生态安全系列讲座	陕西省法学会	王 毅
5	2021KP005	养成自尊自信、理性平和、积极向上的社会心态	中共陕西省委党校(陕西行政学院)	李亚云
6	2021KP006	唐代诗人与长安选讲	陕西师范大学社科联	刘锋焘
7	2021KP007	两千年的秘密——秦始皇陵考古重大发现解读	秦俑学研究会	张卫星
8	2021KP008	"秦岭植物的另类生存"短视频科普项目	秦岭国家植物园	吴力博
9	2021KP009	路遥:平凡的世界,不平凡的人生	延安大学路遥文学馆	梁向阳
10	2021KP010	张载与关学开派系列微讲座	宝鸡文理学院社科联	张 波
11	2021KP011	图说陕西与"丝绸之路经济带"系列短视频	陕西师范大学社科联	金 欣
12	2021KP012	讲故事、学文化——终南文化云讲座系列短视频	西安翻译学院终南文化科普基地	亢西民
13	2021KP013	感悟中国学校教育的发展历程——走进陕师大中国教育馆	陕西师范大学博物馆	赵 亮
14	2021KP014	党领导下的财政构建与国家治理:历史回顾与启示	西安外国语大学社科联	张伟亮
15	2021KP015	"长安八景"系列故事	西安培华学院社科联	赵怡萍

续表

序号	立项号	项目名称	申报单位	主持人
16	2021KP016	红色文化传承与乡村振兴有效衔接的新媒体宣传	中华传统文化普及基地	桑业明
17	2021KP017	中国民族音乐中的秦地特色文化	西安建筑科技大学社科联	魏茵
18	2021KP018	红色基因宣讲活动	陕西省南泥湾精神研究会	白鸥
19	2021KP019	中国共产党百年革命文化回溯与当代价值弘扬	陕西省《资本论》研究会	刘立云
20	2021KP020	"认真学习四史,坚定文化自信"系列专题宣讲活动	宝鸡文理学院社科联	刘刚
21	2021KP021	社科专家讲党史	延安市社科联	马彦平
22	2021KP022	中国共产党的百年辉煌及宝贵经验宣讲	西安理工大学社科联	李军学
23	2021KP023	在跨文化交流中讲好中国故事、传扬中国文化——新时代之下出国留学人员的新使命	西安外国语大学社科联	张瑞
24	2021KP024	红色体育文化科普宣传	西安体育学院社科联	马红娟
25	2021KP025	中国工合运动的红色基因暨抗战时期的宝鸡工合运动	宝鸡市社科联	张占勤
26	2021KP026	"忆百年党史·红色故事耀陕南"长安讲坛精品讲座	陕西省社科联汉水文化研究科学普及基地	徐侠侠
27	2021KP027	"四史"教育进机关——国企改革史	陕西理工大学社科联	卢阳
28	2021KP028	中国(陕西)自由贸易试验区高质量发展宣讲	西安工程大学社科联	王铁山
29	2021KP029	《史记》中华优秀传统文化科普讲座	渭南师范学院社科联	王有景
30	2021KP030	强心健体科普宣传进军营	空军工程大学军政系	彭波
31	2021KP031	不得不知道的商务礼仪	陕西省发展经济学学会	杨勇
32	2021KP032	唐代长安的绘画与书法艺术专题讲座	西安美术学院社科联	范淑英
33	2021KP033	认识中国革命的正确道路,坚定跟党走的理想信念	西安思源学院社科联	李西堂
34	2021KP034	短视频助农 e 起来 新媒体科普进乡村	西北大学现代学院社科联	占琦
35	2021KP035	中国传统文化"天人合一"观解读	西北工业大学社科联	李军时
36	2021KP036	积极推进"三变"改革,大力发展陕西新型农村集体经济	西北农林科技大学社科联	胡卫卫

续表

序号	立项号	项目名称	申报单位	主持人
37	2021KP037	榆林高新区"家风家训进校园·经典诵读进课堂"专题讲座	榆林市中华优秀传统文化科普基地	张 辉
38	2021KP038	秦岭地区生态保护区等级划分与乡村旅游准入科普宣传	长安大学社科联	丁 华
39	2021KP039	"双循环"格局下跨境贸易企业高质量发展之路系列专题讲座	陕西颖创跨境贸易研究院	李艳平
40	2021KP040	关于生活中相关标准的普及	陕西省物流学会	苏 娟
41	2021KP041	"展红色门票 荐红色经典 讲党的故事"系列活动	西安石油大学	史启明
42	2021KP042	风雨百年传薪火，初心如磐续辉煌——"四史"宣传教育"青马"志愿宣讲走进百户千家	西北大学社科联	邵 平
43	2021KP043	学党史，悟思想——抗战时期陕甘宁边区轻工业创建史宣传普及	陕西科技大学社科联	薛力源
44	2021KP044	红心向党——西迁馆里的红色印记	西安交通大学西迁博物馆科普基地	吕 青
45	2021KP045	中国共产党百年辉煌与21世纪马克思主义新发展——为"国培计划"中小学幼儿园教师送培宣讲	陕西学前师范学院	白谨豪
46	2021KP046	建党一百周年红色经典中国钢琴作品音乐会及赏析	西安音乐学院社科联	黄南淞
47	2021KP047	品牌传播背景下的华阴老腔大中小一体化校园科普展演	渭南师范学院社科联	杨军燕
48	2021KP048	以文创产品普及推广渭南白水"四圣"文化	渭南师范学院社科联	代 娟
49	2021KP049	红色经典音乐鉴赏会	商洛学院社科联	冯 渊
50	2021KP050	第五届商洛学院大学生社科知识竞赛暨庆祝建党一百周年党史知识竞赛	陕西省社会化问题研究应用科普基地	王伟萍
51	2021KP051	汉中天坑群的认识与保护地学科普活动——汉中天坑的"前世今生"	陕西省社科联汉水文化研究科学普及基地	吴 洁
52	2021KP052	基于短视频平台的陕南非物质文化遗产科普宣传	陕南文化遗产全媒体传播科普基地	汪 洋
53	2021KP053	法治护航产业兴旺——乡村振兴普法计划	西安石油大学社科联	蒋瑞雪
54	2021KP054	《韩城印记》——系列红色旅游歌曲编创及普及	西安石油大学社科联	赵丹宁

续表

序号	立项号	项目名称	申报单位	主持人
55	2021KP055	弘扬民族文化,延续中华文脉——非遗文化进校园系列活动	陕西学前教育书画艺术展训基地	张华
56	2021KP056	碳中和愿景实现路线解读	陕西学前师范学院社科联	罗小娥
57	2021KP057	传播中医药知识 倡导文化育人新概念——让"有趣、有爱、有用"的传统文化走进基层	陕西中医药大学社科联	张浩
58	2021KP058	"字说字画"汉字文化之旅系列科普教育活动	西安博物院	薛瑞芳
59	2021KP059	美丽陕西游研学关博行系列科普活动	西安关中民俗艺术博物院	梁挺
60	2021KP060	青铜科技大讲堂	宝鸡青铜器博物院	翟慧萍
61	2021KP061	"忠诚奉献、逐梦蓝天"航空报国精神宣传教育	西安航空学院社科联	常雅文
62	2021KP062	"礼赞中国科普地博"系列科普活动	西安科技大学社科联	张慧婷
63	2021KP063	汇聚专业志愿之力新"媒"助力普法维权——保护女孩维护妇女合法权益	西安培华学院性别平等与妇女发展科普基地	班理
64	2021KP064	"生命教育与临终照护"科普讲堂系列活动	西安医学院弘德馆	温春峰
65	2021KP065	"以红色资源挖掘助推陕西乡村振兴"科普宣讲	新时代乡村振兴战略研究科普基地	李仙娥
66	2021KP066	西北政法大学长安学堂经典读书会	西北政法大学社科联	曾文芳
67	2021KP067	保障民众生命安全,共建和谐美好家园	西安医学院社科联	门可
68	2021KP068	中小学生交通强国意识培育科普宣传	交通强国科普教育基地	孙百亮
69	2021KP069	社区老年人跌倒预防与干预科普活动	西安交通大学一附院	任延平
70	2021KP070	中小学教师与学生压力管理科普及干预	陕西师范大学心理学普及与教育科普基地	吕薇
71	2021KP071	新媒体时代影像传播知识科普讲座	陕西省新闻摄影学会	杜耀峰
72	2021KP072	中小学生阳光心理教学科普活动	陕西省心理健康教育研究会	宋馨
73	2021KP073	大明宫遗址博物馆"五进"系列活动	大明宫遗址博物馆	李宾
74	2021KP074	积极心理赋能教师成长系列科普活动	陕西省青少年素质教育研究会	孙静
75	2021KP075	关注母婴心理健康,助力科学婴幼儿照护先进理念进社区公益巡回讲座	西安交通大学第一附属医院	李晖

续表

序号	立项号	项目名称	申报单位	主持人
76	2021KP076	"未你而来,与爱同行"未成年保护宣传活动	咸阳师范学院社科联	王 薇
77	2021KP077	农特产品和手工艺品品牌提升与营销科普宣传活动	陕西民间艺术保护与文创设计科普基地	侯晓银
78	2021KP078	学习强国科技小屋(延安)——革命老区科普教育推广	西安邮电大学社科联	刘 洋
79	2021KP079	陕西喜剧的传承与发展	陕西省喜剧美学研究会	姜增祥
80	2021KP080	药王文化及中医药发展科普讲座	三秦文化研究会	闫智民

☞ 其他活动

序号	举办时间	地点	主题	主办单位
1	2021年1月14日	西北工业大学	科普中国共建基地及陕西省公众科学素质教育培训中心揭牌	西北工业大学
2	2021年4月8日	商洛	"让科创点亮青春梦想,用绿色涵养幸福生活"进校园活动	商洛学院陕西省商洛公众科学素质提升与创新发展研究中心
3	2021年4月15日	中国科学院地球环境研究所	"展科技之翼,登时代之巅"科技之春宣传月主题活动	西安外国语大学
4	2021年4月15日	西安理工大学	庆祝建党100周年系列活动之绘衫秀主题活动	西安理工大学
5	2021年4月26日	西北政法大学	"4.26"世界知识产权日宣传活动	陕西省公众科学素质与法治国家建设研究中心
6	2021年5月10日	咸阳实验中学	"桥梁科普日"科普活动	咸阳实验中学
7	2021年5月18日	泾阳	"走进考古现场,传承历史文化"国际博物馆日宣传活动	陕西省考古研究院与白水县文化和旅游局联合主办
8	2021年5月27日	商州区陈塬中心小学	"环保科普行"进商州区陈塬中心小学	商洛学院陕西省商洛公众科学素质与创新发展研究中心
9	2021年5月21日—5月28日	长安大学	"交通改变世界、智能引领未来"科普系列活动	交通强国科普教育基地和长安大学公路交通博物馆共同举办
10	2021年5月28日	西安美术学院	中国雕版术中的古代科技图像展	陕西省公众科学素质与绘画艺术创新研究中心

续表

序号	举办时间	地点	主题	主办单位
11	2021年6月17日	长安大学附属学校	交通科普周活动	陕西省公众科学素质与公共政策研究中心
12	2021年6月17日	宝鸡文理学院	金融知识进校园系列宣传活动	宝鸡文理学院
13	2021年7月27日—7月31日	商洛市	"中国共产党百年辉煌与21世纪马克思主义新发展"社科普及活动	陕西学前师范学院
14	2021年3月—7月	陕西师范大学	第一届"医学与文明"全国科普写作大赛	陕西师范大学医学与文明研究院
15	2021年9月4日	富平县	"转变销售模式、助推乡村振兴"科普宣传活动	西安石油大学民间艺术保护与文创设计科普基地
16	2021年9月4日	富平县	农特产品与手工艺品品牌提升与营销科普宣传活动	西安石油大学民间艺术保护与文创设计科普基地
17	2021年9月11日	壹乐园小白鹭儿童服务站	助力乡村振兴,服务儿童成长"青少年科技教育·卫生健康·应急科普"联合志愿服务	西安培华学院
18	2021年9月15日	陕西学前师范学院	"弘扬民族文化,延续中华文脉——非遗文化进校园"系列活动	陕西学前师范学院美术学院
19	2021年9月11日—9月17日	长安大学	"'全国科普日'青少年科学实践活动——'走进长安大学,解读城市建设奥秘'"科普系列活动	长安大学交通强国科普教育基地和长安大学公路交通博物馆
20	2021年9月22日	西北政法大学	百年再出发,迈向高水平科技自立自强——2021年陕西省全国科普日活动	陕西省公众科学素质与法治国家建设研究中心
21	2021年9月27日	铜川新区	陕西省乡村振兴巾帼科技助农直通车暨全省高素质女农民能力建设培训班	陕西省妇联
22	2021年9月5日—10月22日	宝鸡	"认真学习四史,增强文化自信"大型社科普及系列活动	陕西关学与传统文化科普基地与周秦伦理文化与现代道德价值研究中心联合主办
23	2021年7月—10月	延安希望小学	学习强国科技小屋(延安)——革命老区科普教育推广	西安邮电大学
24	2021年11月	汉中市	汉中天坑群的认识与保护科普进校园	陕西理工大学汉水文化研究中心
25	2021年7月—11月	陕西学前师范学院	"碳中和愿景实现路线解读"系列活动	陕西学前师范学院

研 究 成 果

著作·马克思主义理论研究

巩固高校马克思主义指导地位路径研究

陕西师范大学　宋吉玲　中国社会科学出版社　2020年8月

以党的十八大以来习近平总书记关于高校思想政治工作的重要论述和党的十九届四中全会精神为指导,研究阐释巩固高校马克思主义指导地位的重大意义,深刻分析当前巩固高校马克思主义指导地位面临的复杂形势及存在的突出问题。在全面总结党的思想政治工作基本经验的基础上,深入系统地探讨了在高校思想政治理论课主渠道建设、高校哲学社会科学理论研究阵地建设及高校日常思想政治教育主阵地建设中,坚持和巩固马克思主义指导地位的具体路径。以期为加强和改进新形势下高校宣传思想工作提供可资借鉴的思路在进一步深化马克思主义整体性和发展性研究,推动马克思主义中国化、时代化、大众化等方面进行有益探索。

弘扬延安精神实现脱贫共富

陕西师范大学　任晓伟　人民出版社　2021年5月

该书以习近平总书记关于精准扶贫重要论述为指导,以延安精神的时代传承和弘扬为主线,从要想富先修路、因地制宜发展农村特色致富产业、再苦不能苦娃娃、坚定走绿色发展道路、从穷山沟向富庶文明村庄的变迁等五个方面,全面梳理和总结了延安在实施精准脱贫过程中推进共同富裕的实践历程。在此基础上指明在延安精神的鼓舞和指导下,延安从贫穷落后向富庶文明变迁中积累了诸多发展经验,彰显了中国人民迸发出的冲天干劲和脱贫攻坚精神,以及为人类做出更大贡献的精神追求。

马克思"劳动自由"思想的当代解读

西北工业大学　马　军　中国社会科学出版社　2021年6月

本书在经典与时代的对话融合中重新解读马克思劳动自由思想及其当代价值。首先,对马克思劳动自由思想的出场背景、理论渊源、内在逻辑进行了再解读,从自然、社会、主体三重维度阐释了马克思劳动自由思想的内在逻辑。其次,以马克思劳动自由思想为视域,阐述当代资本主义新变化中限定性地表现出的某些劳动自由倾向;同时,分析资本逻辑对劳动自由的限定,表现为将人的需求框定在物欲的无限膨胀而无法实现向更高层次跃升。最后,将马克思劳动自由思想与中国特色社会主义劳动实践相结合,从社会主义生产力发展、和谐社会关系构建、马克思主义劳动观确立三个向度,分析马克思劳动自由思想的当代化实践。

延安时期马克思主义时代化研究

延安大学　任学岭　惠小峰　人民出版社　2021年8月

　　本书从延安时期马克思主义时代化的基本理论、延安时期马克思主义时代化的历史演变和主要标志、延安时期中共政治路线和方针政策的与时俱进、延安时期中共对马克思主义时代化的理论贡献、延安时期马克思主义时代化的历史贡献、延安时期马克思主义时代化的经验启示6个方面,全面系统地梳理了党在延安时期马克思主义时代化的国际、国内历史背景、历史演进过程和实现马克思主义中国化第一次飞跃的历史脉络,重点阐述了延安时期党对马克思主义时代化的理论贡献与历史贡献。

问题链教学的思政模式

西北大学　张永奇　中国社会科学出版社　2021年9月

　　该书以"八个统一"为遵循,认为实施"问题链"教学法的关键在于针对学生关心的重大理论与现实问题,从马克思主义中国化的历史、理论与现实逻辑提出问题,设置议题,展开研讨,通过层层深入的"问题链"提升高校思政课教学质量。通过"问题链"教学,取得了打破传统、双向交流、全程参与、教学相长的特殊效果。该书真实反映了"战疫"期间在线教学的有益探索,对于促进常态化疫情防控时期的思政课改革创新提供了丰富资料和重要借鉴。

☞ 著作·哲学研究

翻译与中国近代科学启蒙
——传教士科技翻译研究(1582—1911年)

陕西师范大学　白靖宇　科学出版社　2021年3月

　　本书从跨学科视阈考察明清期间传教士在华的科技文献翻译活动(1582—1911年),研究这个时期传教士在华的社会文化语境、经典科技译著及译者。全书共12章,以中国历史时期为主线分为三大部分:明末期(1582—1644年)、清初期(1644—1723年)和清晚期(1840—1911年)。本书重点研究了40余部传教士经典科技译著及译者,探讨和揭示了传教士在华科技文献翻译活动的基本特征,以及在近代中国社会转型发展过程中所产生的重要影响与作用。这对于我国翻译界、科技界和政府部门相关策略的制订具有现实意义——在当今全球化语境下,必须重视和加强对国际上前沿科技领域中经典著作的翻译工作,紧跟世界科技文明的步伐,推进中国社会现代化。

黄老学派的政治哲学研究

西北农林科技大学　王海成　北京师范大学出版社　2021年3月

该书在前辈学者研究成果的基础上,以《史记》对道家思想"以虚无为本,以因循为用"的特征的概括为线索,以"无为"和道、名、法之关系为切入点,在"诸子皆务为治"的时代背景下,对其政治哲学做了全面的解读,从纵向和横向两个方面建构黄老学派的政治哲学体系。在时间向度上,论述了道家政治哲学从原始道家崇尚的"无为而治"到黄老学派建立和儒家"德礼体系"相对的"道法体系"的逻辑发展过程;在黄老学派政治哲学逻辑展开的向度上,本研究以重构了黄老学派以"无为而治"为目的,以"道法"为途径容纳形名等治术的新治道模式及其内部理论关联。

中西哲学比较的身体现象学维度研究

陕西师范大学　张　兵　人民出版社　2021年4月

本书以"身体何以成为中西哲学比较的关键词"为中心问题搭建起综合理解的要求,继而通过对西方哲学中身体思想演进的翔实解析,透视出西方哲学在当代发展中"回到始源中去"的吁求,这一回返吁求为中国哲学的"大有作为"提供了现实可能。身体现象学的运动性分析揭示了身体这关键词双重性特征,尤其是其传统与现代理论特质兼具、先验与经验打并为一的"混全性"特征,为当代中国哲学的建构撑开了一个广阔的空间;概念性与非概念性的交织特征使身体成为会通中西哲学、贯穿前现代与现代的桥梁,在有机综合的基础上推进当代中国哲学文化事业的建设。从身体现象学视角所做的这一回环阐释,就中国哲学而言,消解了西方传统存在论、认识论、伦理观等话语指标对中国哲学的强迫性意指,对于西方哲学而言,则根本性地改变了上述基本范畴的内涵。

技术替补与广义器官
——斯蒂格勒哲学研究

西北大学　陈明宽　商务印书馆　2021年5月

本书系统介绍了斯蒂格勒的技术哲学理论,并通过分析他与胡塞尔、德里达、西蒙栋三位哲学家哲学思想之间的转换、继承关系,展现其思想的内在逻辑推演与诉求。斯蒂格勒是一位对人类和国家有着显著忧患意识的思想家和哲学家。他关注政治、经济、艺术、教育等领域所面临的挑战,并尝试提出应对这些挑战的措施。

中庸学与儒家形而上学关系研究

西北大学　郑　熊　人民出版社　2021年6月

该书通过对《中庸》学与儒家形而上学之间关系的考察,认为《中庸》学与儒家形而上学之间存在紧密深刻的互动关系。从儒家形而上学在先秦时期的产生和构建、汉唐时期的延续和深化,到儒家本体论在宋代的构建与深化、明清时期发展的多样化,都凸显出《中庸》学对儒家形而上学的发展具有重要推动作用。《中庸》学对儒家形而上学建构的推动作用主要是通过对"道"(人道、天道及二者关系等)的相关内容的阐发而实现的,尤其是通过对佛老的吸收和批判进一步彰显了"道"的形上本体性。通过对《中庸》学与儒学形而上学关系的探讨,有利于系统勾勒儒家形而上学发展史,也有利于加深对经典诠释学与中国思想史之间关系的理解。

正 蒙 初 义

西安邮电大学　邱利平　整理　中华书局　2021年6月

《正蒙初义》,清代王植撰,在广收前人旧注的基础上,通过检讨和反思以往对《正蒙》注解的不足,断以己意,提出了许多个人新见,以求更恰当、融贯地解释《正蒙》及其中张载的思想体系,"以张子之说还张子"。本书还充分注意到张载思想与周敦颐、二程、朱熹的不同,通过对"太虚""气""性""命""心"等多方面范畴的比较,试图指出张载思想的独特性。因此,《正蒙初义》对于了解和研究《正蒙》在理学史上的意义具有重要的参考价值。本书整理,以《四库全书存目丛书》影印的清雍正元年刻本为底本,以《文渊阁四库全书》本为校本加以点校而成。

符号唯心主义批判

西安理工大学　李军学　中国社会科学出版社　2021年10月

本书通过对西方符号学及其结构的研究,提出了符号唯心化理论及其特质,深度分析了符号唯心化的哲理基础。从符号与物的关系入手,探讨了符号如何嵌入经济社会发展,以及从物的功能性向物的非功能性符码化的动力机制、生成原因、运行逻辑、现实效应及其社会影响。在此基础上,借助现象学符号学理论,提出了不同于意识符号的身体符号系统,作为克服符号唯心化的途径。本书对于理解消费社会的符号消费现象及其我国当代社会转型发展具有一定的理论指导和现实启示价值。

☞ **著作·文学研究**

禅宗写作传统研究

陕西师范大学　祁　伟　中华书局　2021 年 2 月

禅宗写作传统是指禅宗文学中具有相对固定的写作形态且世代相传的文学样式。禅宗写作传统种类繁多,包括了山居诗、四威仪诗、渔父词、牧牛词、乐道歌、祖师赞等,数量也非常惊人,但学界研究涉及这一领域的成果较少。本书选择未被学界关注的几个具有代表性的写作传统展开研究,如禅宗拟寒山诗、十二时歌、祖师赞、禅林笔记、禅林语录等,主要梳理唐宋元明清各时代的代表作者、法脉信息、文本内容,分析每一种写作传统固有的写作形式及其重点表达的宗教意图,探索文字中表现出的作者对世俗生活、宗教制度、禅林风气的思考与态度,同时呈现禅宗写作传统中蕴含的文学思想与精神追求,展示禅宗写作与文人士大夫写作的差异。

宋元文章总集分体与分类研究

陕西师范大学　蒋旅佳　中华书局　2021 年 2 月

本书共分为上下两编,上编为"宋元文章总集分体与分类研究",从总体上探讨宋元总集分类体例研究的历史与现状,并分别论述《文选》《乐府诗集》《古赋辨体》等影响力较大的总集,"以古文为时文"的时代风气,以及宋代地方志编纂体例等因素,对宋元时期总集编纂与分类的影响。下编为"宋元时期文章总集叙录",著录宋元时期文章总集三十部,以《四库全书总目》顺序依次编排,内容一般包括:总集编者考辨、版本流传的梳理与存录情况介绍、选文标准与分类方式的阐释、相较于他集的分类体例及建树影响。

陈 彦 论

陕西师范大学　杨　辉　中国社会科学出版社　2021 年 4 月

2021 年度陕西高等学校人文社会科学研究优秀成果二等奖。陈彦的写作既得益于极为丰富的生活经验,亦受惠于底蕴丰厚的中国戏曲和文学传统。努力在时代总体性的宏阔视域中观照并处理普通人的生活和生命经验,塑造具有时代典范意义的人物形象,且在坚守雅正的现实主义传统的基础上融通中国古典传统,以开出文学的新境界,为陈彦作品的基本特征。本书尝试在融通"古""今""中""西",会通"文学"与"艺术"的更具包容性和概括力的新的视野中理解并阐发陈彦作品的文学史价值,抉发其之于中国古典传统的创造性转换和创新性发展,以及现实主义赓续的重要经验,进而探讨作为一种新的研究范式的"大文学史"观念的确立及其意义。

文学地理学专题研究

陕西理工大学　李仲凡　陈一军　费团结　中国社会科学出版社　2021年5月

本书对文学地理学的学科建设、文学景观、游记文体、"现地研究"、文学地图、中国文学的地理分异等6个专题进行了较为深入的研究。本书的主要观点包括:文学地理学的基本知识架构由文学地理学原理、文学地理学史、文学地理学批评及文学地理学方法论四大板块组成。文学地理景观具有空间广延性的特点,且必须直观外化为现实中具体的物象等。

唐代禅诗研究

西安外国语大学　辛鹏宇　中国社会科学出版社　2021年6月

唐代禅诗深邃的佛禅思想、精辟的佛禅譬喻、独特的禅悟境界、超绝的审美价值展现出其不同于纯文学诗歌的艺术魅力:受佛禅思想影响,唐诗中出现三界唯识论、缘起性空论、修行方法论、修行层次论等思想内容;受佛禅譬喻影响,唐诗中出现佛性永恒、诸法无常、世事虚妄、调伏妄心等喻象系列;受禅悟境界影响,唐代禅诗开创出直觉境、现量境、圆融境、日用境等独特境界。总体而言,唐代禅诗呈现出清幽美、自在美、无言美的审美价值。探析唐代禅诗对把握唐诗整体风貌具有重要意义。该著作为国家社科基金项目的阶段性成果。

世界视域中的延安文艺

西安外国语大学　王　鑫　陕西师范大学出版总社　2021年6月

本著从问题意识出发,以系统的延安文艺观为整体视域,集中展示延安文艺的域外译介与传播全貌,呈现域外作家的延安书写及参与中国文化创造的独特景观,全面探讨域外延安文艺研究的经验,并对域外研究进行学理性的回应,为开掘延安文艺的世界性资源提供历史参照,以期重新认知延安文艺跨越时空和语境的文化文学价值。

延安文艺与20世纪中国文学的价值体系重建

陕西师范大学　赵学勇　陕西师范大学出版总社　2021年7月

国家社科基金重大项目结项成果之一。本著以宽阔的问题视域,多向度地阐发延安文艺本体形态及其与20世纪中国文学复杂、深层的历史联系,重新认知其与20世纪中国文学的现代发展路向等关系,检视它对当代文化文学产生的规范、影响等问题,借以鉴取延安文艺之于当代文化建设的智慧和经验,力图重构延安文艺与20世纪中国文学价值体系再认知的历史图景和现实意义。

李翱文集校注

西北大学 郝润华 杜学林 校注 中华书局 2021年8月

本书十八卷,附录四卷,唐代李翱撰,郝润华、杜学林校注。李翱,唐代古文运动的重要人物,早年师从梁肃,后与韩愈交游,其文各体兼善,尤擅赋与碑传,为苏洵、宋濂、全祖望等所推崇。此次整理,以《四部丛刊》影印明成化十一年(1475)冯孜刻、嘉靖四年(1525)舒瑞重修本《李文公集》为底本,以汲古阁本、日本刻本、光绪本为校本,参校《文苑英华》《唐文粹》,以及两部《唐书》《唐摭言》《八琼室金石补证》《唐诗纪事》《中山诗话》等文献,全书加以笺注,并补遗文八篇,诗六首,书末附录有关传记资料,以及文集序跋等。

蕾·阿曼特劳特诗歌与诗论研究

陕西师范大学 孙立恒 陕西师范大学出版总社 2021年8月

作为美国西海岸语言诗派奠基诗人及2010年"普利策诗歌奖"得主,蕾·阿曼特劳特(Rae Armantrout)被《纽约客》誉为"继约翰·阿什贝利以来最具有真正实验精神的普利策获奖诗人"。本书结合国外最新诗歌文化思潮及相关研究动态,以全景式细读其1978年至2015年间所发表的全部诗集作品为基石,旨在对阿曼特劳特"意在见证资本主义对意识的干预"的诗歌与诗论进行全面、系统和多角的深入解读和阐论,包括其创作分期及各期风格和主题流变态势、诗学理论思想、诗歌艺术策略、诗歌美学特点,以及阿曼特劳特诗歌的重要意义与局限性等。

瞿秋白文化思想研究

宝鸡文理学院 张丽 中国社会科学出版社 2021年9月

本书追寻阐释了瞿秋白中国化马克思主义文化思想形成的历史逻辑进路,即中国传统文化与马克思主义结合所依循的传播、选择、融合、创新路径;恢复呈现了瞿秋白心目中无产阶级新文化的系统结构内涵,即从瞿秋白文化观衍生出的文化体系所涉及的表达符号、活动实践、价值意义各个层面的新文化建设方案;探讨评析了瞿秋白文化思想的特点、贡献、不足和启示。

中国当代小说在德语国家的译介研究(1978—2017)

西安外国语大学 冯小冰 社会科学文献出版社 2021年10月

本书依托德国两大中国文学德译出版信息数据库:卫礼贤翻译中心数据库和东亚文

学杂志数据库,建立独立的中国当代小说德译出版信息数据库。秉持"整体描写与个案分析相融合,定量与定性相结合"的思路与方法,写出 1978—2017 年中国当代小说在德语国家的译介面貌。该著作获 2021 年度陕西高等学校人文社会科学研究优秀成果奖二等奖。

德拉布尔作品中的神话诗学与伦理共同体

西安外国语大学　盛　丽　中国社会科学出版社　2021 年 11 月

本书借助伦理批评和神话诗学的理论视角,聚焦德拉布尔对英国撒切尔主义时期形形色色伪共同体的批判,包括表面上共生共存的家庭契约共同体、自由市场经济利益的现象共同体、世界主义异文化共同体及受限的无条件好客。作为纠偏路径,德拉布尔指出了关怀伦理心理性共同体、人文精神宗教记忆共同体、地方性共同体及文学创新条件性好客作为真正伦理共同体的建构潜能。

《小世界》中浪漫传奇的原型研究

西北工业大学　李利敏　科学出版社　2021 年 11 月

该著深入读者思维,探究叙事小说文本意义的生成规律,将文学研究与认知科学研究成果相结合,是文学认知研究的有益尝试。适合从事中外文学研究领域、认知语言学研究领域和文体学研究领域的研究者、教师及学生使用。该著作为教育部人文社科基金结项成果。

美国《文心雕龙》研究史料整理与翻译研究

西北大学　谷鹏飞　人民出版社　2021 年 12 月

本书以《文心雕龙》源文本为研究基点,以美国《文心雕龙》翻译与研究文本为研究对象,选取 20 世纪 50 年代末至 2010 年之前所有美国学术机构与学者通过翻译、研究、编选《文心雕龙》所形成的研究资料,对这些研究资料进行再研究。通过援引接受美学"效果历史"的阐释框架,梳理了《文心雕龙》源文本在跨文化传播中所形成的"翻译史料""阐释史料""影响史料"三种接受形态,分析了三种接受形态与源文本形成的"文本家族"关系,讨论了"翻译文本"的认同选择问题、"阐释文本"的阐释重建问题、"影响文本"的归化创造问题,后将这三个问题归结为一个问题,即源文本在跨文化语境中实现"经典重构"的可能性、方式及限度问题。

☞ 著作·艺术学、体育学研究

中国西部电影精品读解

西北大学　张阿利　赵　涛　高等教育出版社　2021年3月

"西部"无论是对于东方还是西方都包孕了一种值得玩味的"想象"与"重构",中国西部电影所呈现的荒蛮与神秘、质朴与瑰丽、亲和力与冲击力构成了民族文化影像记忆的一道奇异而浪漫的风景。本书的笔触将中国西部电影的发展脉络细腻而平易地展开,精心遴选35部电影加以文本细读,力图透过中国西部电影30余年风云诡谲的演进历程,整合出中国西部电影时空交错的嬗变谱系,令传统电影艺术在当代语境中释放出崭新的活力与能量。这里既有学院派的深度析理,又有"迷影式"的感性追索,以纵贯电影史的宏阔视野,用文字打开了一个通往西部影像的鲜活世界。

中国民族乐指挥

陕西师范大学　王　鹤　陕西师范大学出版总社　2021年8月

《中国民族乐指挥》是一本从指挥的视角对民乐指挥进行多层面研究的专著。全书共七章:第一章中国民乐指挥的历史溯源,内容包括敲击艺术下的指挥——论"节"、现当代的民族管弦乐指挥的形成与发展;第二章民族管弦乐总谱读法,分别论述了管乐、弦乐、弹拨乐和打击乐总谱读法、指挥的小节划分等;第三章指挥的击拍,内容包括指挥的点、指挥的线、指挥的对称性;第四章指挥的暗示,内容包括力度、速度、情绪诸方面;第五章音响的平衡与融合,内容包括管乐声部、弹拨乐声部、弦乐声部和全奏时的音响融合与平衡四部分;第六章音乐的风格,研究了演奏中的音准、速度的伸与缩(音乐的律动研究)、风格与节奏重音等;第七章是实例研究,主要是结合实际作品进行全面分析解读,让读者对指挥案头工作有更加直观和全面的认识。对民族管弦乐作品的举例研究,全面地呈现了作者对指挥工作的诠释。

☞ 著作·语言学研究

《左传》《国语》文献关系考辨研究:以虚词比较为中心

陕西师范大学　周广干　社会科学文献出版社　2021年3月

虚词是能够体现文献语言个性的重要因素之一,本书即以虚词为研究对象和切入点,通过对《左传》《国语》虚词体系的描写和比较对两书的文献关系行语言学的考辨。经爬梳整理并参考已有成果,本书首次对《左传》和《国语》的副词、介词、连词、语气词、助词行了穷尽性的梳理和比较,并运用异文对两书虚词的使用行直观对比。通过比较研究发现,《左传》《国语》在虚词使用上表现出极强的趋同性,两书有着同样的方言基础。

语料库翻译学理论研究

西安外国语大学　黄立波　外语教学与研究出版社　2021 年 3 月

《语料库翻译学理论研究》一书回顾了国内外语料库翻译学 20 多年来的理论发展,并对此领域从研究对象到研究方法、从研究视角到研究课题都提出了诸多思考。全书共分为六章:第一章从研究理念、方法、对象等方面梳理语料库翻译学的缘起。第二章介绍语料库翻译学的学术话语体系,包括语料库类型、基本术语及参数类考察工具等。第三章简要介绍语料库翻译学方法论的发展历程。第四章回顾语料库翻译学的基本研究课题。第五章探讨语料库翻译学现有研究的不同视角。末章是对语料库翻译学理论的简要评价,既讨论语料库翻译学的学科贡献,也从认识角度说明其局限性。

跨文化视域下翻译行为的影响因素及其作用机制研究

西安交通大学　方　菁　外文出版社　2021 年 5 月

系统探究了翻译行为多维影响因素之间的作用路径,提出了跨文化翻译行为模型,该模型能够较好地预测译员的翻译行为。

近八十年来关中方音微观演变研究

陕西师范大学　邢向东　中华书局　2021 年 5 月

本书对关中方言进行了更加全面的调查,并与白涤洲《关中方音调查报告》进行对比,以系统考察当代关中方言的重要演变,尤其是声母、介音的演变及其在关中方言中地理分布的变化,在此基础上解释汉语史上曾经发生的一些重要音变现象。本书所整理的关中 48 个调查点 2000 多字的声韵调对照表,为进一步展开官话方言研究提供可靠的当代关中方言大型语料库。

先秦两汉韵部演变专题研究

陕西师范大学　刘　琨　中国社会科学出版社　2021 年 5 月

上古韵部划分是构拟上古韵母系统的前提,一些邻近韵部的分合问题至今仍有争论,无法完整描述汉语韵部系统发展演变的情况。为能探求语音演变的线索和规律,为古音构拟提供进一步的材料和依据,本书选择了东、冬、侵诸部的分合问题;脂、微诸部的分合问题;阴、入声韵诸部关系等三个韵部演变专题进行研究。研究使用了包括两周金文、《诗经》、《楚辞》、周秦群经诸子、两汉韵文诗文等诗文用韵材料;包括谐声字、通假字等的文字材料。注重从时间、空间角度对材料进行科学、细致的划分,并在研究的过程中尽力贯彻古音研究应该考虑时空概念的原则,悉心探求上古韵部之间的关系源流及其地域走向。

西夏文词典:世俗文献部分

陕西师范大学　韩小忙　编著　中国社会科学出版社　2021年6月

该词典根据韩小忙教授建立的西夏文世俗文献语料库的基础上编纂而成,约800万字。征引资料繁富,囊括了目前可见的绝大部分西夏文世俗文献,占有语料远超前人。一方面,在体例方面,该书参照《汉语大字典》《汉语大辞典》等权威辞书,体例规范。字头按照左偏旁部首编排,首列西夏文原始辞书的解形,并标注字头在前人著作中的编号,以便核对;次列拟音和原始注音资料;再列释义和例证,进而列出词语和句例。引用的每一个文献都括注原始出处,便于检核。另一方面,作者还编制了左偏旁索引、右偏旁索引、声统索引、韵统索引、词语索引等8个索引,便于查阅。

汉日语限定词对比研究
——基功能语法的视角

西安外国语大学　白晓光　社会科学文献出版社　2021年10月

本书为国家社科基金年度一般项目《功能语法视阈下的汉日语限定词对比研究》的最终研究成果。以英语的限定词为出发点和参照,将汉日语中传统意义上的指示词、人称代词、数量词等相对独立的研究领域通过限定词短语串联在一起,以功能为纵轴,以对比为横轴,点面结合,以小见大,拓宽了研究视野,弥补了相关研究的不足。同时,通过对比考察,明确了两种语言在限定词用法上的差异,凸显了两种语言的类型学特征,为今后该领域的研究提供了崭新的思路和观点,同时也对中国日语教学、对外汉语教学具有一定的借鉴和参考意义。该著作为国家社科基金项目的阶段性成果。

语言学新视野

陕西师范大学　全国社科办语言学学科调研组　编　商务印书馆　2021年10月

本书系统梳理了语言学科当前发展的基本状况(包括主要研究力量布局、人才培养和队伍建设情况等),全面总结了"十三五"期间语言学研究的重要进展、主要成绩、代表性人物和成果,对当前语言学研究状况、存在问题和薄弱环节进行了科学分析,并对国家"十四五"时期语言学的学术前沿和发展趋势进行了科学研判,明确了需要进一步深化和拓展的重点研究领域、方向和范围等,在此基础上提出了语言学应重点研究的课题。

以汉语教学为背景的语篇衔接成分研究

陕西师范大学　周利芳　商务印书馆　2021年11月

本书以功能语法理论为框架,以对外汉语教学为背景,对现代汉语口语、书面语中的语篇衔接成分进行系统研究,包括语篇衔接成分的性质、分类、特点及其教学等,既有宏观考察,又有微观分析,并穷尽性地解释作者搜集的汉语语篇衔接成分。全书包括上下两编:上编"理论辨析编",共十章,对现代汉语语篇衔接成分的性质、分类、特点及各类衔接成分进行考察、辨析,还讨论了对外汉语教学中如何利用语境等问题;下编"语篇衔接成分释例",共四章,分别对四类语篇衔接成分进行解释。

教育领域英文论文写作指导

陕西师范大学　皮忠玲　陕西师范大学出版总社　2021年11月

本书结合丰富的教育领域英文论文写作实例,深入浅出地讲述了英文论文写作技巧,以切实提高读者的写作水平。本书首先对英文写作的常用语法、句型和词汇等进行了具体剖析和举例,使读者了解英文论文写作的基本格式与规范。其次从英文论文各部分,即标题与摘要、引言、方法、结果、讨论、结论和致谢等,结合大量实例与写作经验,讲述了英文论文写作要点与技巧,辅以各部分写作句库,使读者掌握英文论文写作模板。最后,本书还介绍了投稿信、审稿意见回复和教育领域英文期刊等,并给出了具体建议和若干示例,可供读者练习和模仿。

语言"误解"成因研究

陕西师范大学　邵　英　陕西师范大学出版总社　2021年11月

语言是人类最为重要的交际工具。可是这——"工具",其灵活多变性,使得人们在使用中颇为费神费力,根本原因是:使用者喜好采用自身的生活经验,诸如身体经验,社会经验和文化经验等助说,同时,说者有意无意中蕴含有自己的哲学理念。可是处于交际的另一方未必有发出者的以上经验,未必与发出者的哲学理念相吻合,这样误解自然就产生了。好在人类是拥有智慧的物种,只要愿意,便能拨开迷雾,虚心请教或者学习,逐渐认知,所谓的误解就会慢慢消解。正如1980年乔治·莱考夫和马克·约翰逊《我们赖以生存的隐喻》所阐述的:通过中外误解实例进行分析,使读者了解误解的类型与用意,以便更好使用语言这一工具进行有效沟通。

专门用途英语新发展研究

西安交通大学　杨瑞英　姜　峰　董记华　清华大学出版社　2021年12月

专门用途英语（ESP）是在20世纪六七十年代，非英语母语大学生在特定情境下的英语应用需求、语言交际功能观及以学习者为中心的教学观的共同推动下诞生与发展的，如何满足学习者英语语言应用需求是ESP研究和教学实践的出发点和根本目标。本书内容设计与安排立足于我国ESP教学及教师需求，融合定量与定性的研究方法，通过分析与比较，既从宏观视角呈现了21世纪以来国内外ESP研究的发展概况，又从微观视角探讨了近10年国内外ESP的教学实践、评估与测试和教师发展研究。本书可为高校英语教学管理者、研究者、英语教师，以及应用语言学的研究生了解与认识ESP提供参考，也可为教师开展ESP相关研究与教学提供理论和实践指导。

☞ 著作·历史学研究

秦汉统一多民族国家形成过程中的民族管理体制研究
——以"属国"和"道"为中心

宝鸡文理学院　安梅梅　中国社会科学出版社　2021年2月

秦汉是我国统一多民族国家形成和发展的重要历史时期，以属国制和道制为代表的民族管理体制最具代表性，对当时和后世产生了深远的影响。本书的研究内容主要体现在三个方面：第一，从宏观层面探讨秦汉时期由分封制向中央集权制转型过程中新型民族关系、民族分布格局、民族管理体制的形成及其特点；第二，对与秦汉时期民族管理体制相关的问题，从国家构造层面、体制层面和法律层面展开多层次论述；第三，以属国和道为中心，研究秦汉时期属国制和道制的具体内涵，探讨秦汉民族管理体制发展变化的过程及其在不同历史阶段所显现的特点，系统全面地论述秦汉时期民族管理体制发展演变的历史全貌，总结分析秦汉民族管理体制实施的历史意义。

天下之中：秦汉三河区域研究

陕西师范大学　崔建华　上海古籍出版社　2021年3月

秦汉时期，由河南、河东、河内构成的三河区域被视为"天下之中"。本书从基本概念入手，通过梳理三"河"及"三河"区域称谓的形成过程，揭示秦统一进程对区域融合的深远影响。进而以分区域、分时段的方式，考察三河地区的政区沿革、经济发展、军事纷争、文化演进，着力展示各个亚区域在秦汉统一及分裂时期的发展共性与特色，初步显现区域历史的整体意义。而探讨三河地区在秦汉行政管理方面的特殊性,以及对边防、漕运等全局性事务的参与,则使区域历史的整体意义得到进一步凸显。

苏联犹太人研究(1941—1953)
——以犹太人反法西斯委员会为中心

陕西师范大学　宋永成　商务印书馆　2021年4月

犹太人是苏联历史上特殊而又重要的一个民族。无论在革命还是建设时期,都对苏联社会发展作出过重大贡献。本书以苏联犹太人反法西斯委员会为中心,主要论述了1941年苏德战争爆发后,苏联犹太人在党和政府领导下,对卫国战争胜利所做的重大贡献;以及二战结束后到1953年斯大林去世这一历史转折时期苏联国内的反犹运动及其对苏联犹太人命运的重大影响,从一个侧面阐明了苏联解体的原因。作者利用了大量俄国、以色列等国家新近解密的档案材料,弥补了国内在苏联犹太人研究领域的不足,对了解二战和冷战史提供了一个全新的视角。

京隐述作集

西北大学中东研究所　彭树智　中国社会科学出版社　2021年5月

《京隐述作集》为西北大学中东研究所名誉所长、著名历史学家彭树智先生对于人类文明交往理论的最新思考,也是彭先生对于学问和人生之道的深入总结。彭树智先生由史入论,在系统研究中东文明史的基础上,提出了"文明交往论",并以此为指导主编《阿拉伯国家史》《二十世纪中东史》《中东国家通史》《中东史》等著作。特别是彭先生从理论视角,撰写《文明交往论》《松榆斋百记》《书路鸿踪录》《两斋文明自觉论随笔》《我的文明观》《老学日历》等著作,形成了系统的文明交往理论体系。

续高僧传校注(上下册)

陕西师范大学　苏小华　校注　上海古籍出版社　2021年5月

《续高僧传》,或称《唐高僧传》,三十卷,唐释道宣撰。收录从南北朝至唐麟德年间僧人共七百余人。按传主修持法门或所作贡献类别,全书分为译经、义解、习禅、明律、护法、感通、遗身、读诵、兴福、杂科声德共十篇。此次整理,以再雕高丽藏本为底本,以碛砂藏本、日本藏天平年间写本残卷、日本藏兴圣寺写本、初雕高丽藏本残卷、金赵城藏本残卷为对校本,以日本宫内省图书寮藏宋崇宁藏本、毗卢藏本、南宋资福藏本、洪武南藏本、永乐北藏本、乾隆大藏经为参校本,并参考与《续高僧传》有关的其他材料。在此基础上,对重要史实、关键名相、名物制度等均予以必要的考索与说明。

北宋武将群体及其相关问题研究(增订本)

西北大学　陈　峰　人民出版社　2021年8月

本书共分七章,以丰富的资料,揭示了北宋武将群体的形成,区分了武将世家、潜邸亲随、军班行伍、外戚成员等不同来源及其特征,并着意勾勒了北宋以文官抑制武将的轨迹。本书论证了具有几百万大军的北宋王朝,并非"轻武",而是在防范武将这一前提下,用不懂战争、缺乏实战经验的文官,牵制武将对军队的有效指挥,从而对北宋的军事力量造成了极消极的影响。前人曾感叹"自来战伐,必乘衰微,宋当靖康,犹称极盛"。而面对金军,却一败涂地,以至灭亡。本书从一个新的角度,审视了北宋的兴亡。

南凉与西秦

陕西师范大学　周伟洲　社会科学文献出版社　2021年9月

本书主要叙述了十六国时期在西北所建立的南凉、西秦两个政权的历史。由于这两个政权均由我国古代鲜卑族所建立,因此本书首先从民族史的角度出发,结合传世文献及考古文物资料,分别探讨了秃发鲜卑、乞伏鲜卑的来源、迁徙及融合情况。其次,在此基础上,叙述了他们建立南凉、西秦政权的背景和经过,以及与邻近各政权的关系,讲述了其盛衰的历史。最后,对这两个政权的社会政治制度、社会形态和意识形态也做了一些探索。

身份与权利:唐代士族家庭妇女研究

陕西师范大学　焦　杰　人民出版社　2021年9月

《身份与权利:唐代士族家庭妇女》是国家社科基金(12BZS029)《唐代墓志中女性资料的整理与研究》的结项成果。以墓志资料为主,对唐代士族家庭中在室女、妻子、寡母和姬侍妾的生活进行了探讨。主要创新有两点:一是资料收集更新更全面更具代表性;二是从女性角色切入,运用父权制、主观能动性和权力关系等妇女史理论,探讨了妇女不同时期的权利与义务,必须要面对和解决的问题。除了"三从四德"与"男外女内"的分工外,家庭背景、个人才识、为人处事、婚姻时间的长短、寿命的长短和子女的能力等,都会对她们的生活有影响。唐代士族家庭中的妇女权利与地位充分反映出妇女生活的复杂性、多样性与不确定性。

唐朝域外朝贡制度研究

西安邮电大学　李叶宏　中国社会科学出版社　2021年11月

唐朝朝贡制度具有一定的形式及特征。唐朝在中央和地方都设立朝贡管理机构,对朝贡物品进行多次限制。朝贡国书的用语反映国家的地位与实力。唐朝详细规定了朝贡的各个环节,从贡使入境、欢迎接待、贡使名额确定、进京,到朝贡大典、回赐、礼送返回等,还规定了设宴招待、安排住宿、供应食料、管理市易与参观、提供翻译、刺探蕃情、处理病亡贡使等制度。唐朝朝贡制度分为"内圈""外圈"朝贡制度。唐朝朝贡制度在唐高祖、唐太宗时期初具规模,在唐高宗、唐中宗、唐睿宗时期基本定型,在武则天、唐中宗、唐睿宗、唐玄宗时期进一步调整,在安史之乱后日渐式微。最后指出唐朝朝贡制度得不到实施的具体情况,探讨了朝贡争议的解决。

地域性与南朝政局:围绕政权基础与军镇的考察

陕西师范大学　权家玉　社会科学文献出版社　2021年9月

本书分为两部分:上编首先从政权角度探讨以建康为中心的南朝政权体现出的扬州内循环模式,重点从财政的角度分析建康政权对扬州的依赖和财政危机,以及与此相关的士人贫困问题;其次从君臣关系入手讨论南朝君臣关系,展现出政权的自我封闭性及皇权传递过程中有生力量的急剧消耗,从而得出政权自都督区崛起入主建康后即走向衰落的结论。下编从都督区入手,分析南朝都督区独立化的形成,以及与北朝的对峙使军事力量得到维持,兼刺史使其获得财权自主、辖区任官的相对自主、作部的军械供应使南朝的都督区演变为独立性极强的"类藩镇"形态。

宋代《春秋》学与理学研究

陕西科技大学　侯步云　中国社会科学出版社　2021年11月

《宋代〈春秋〉学与理学研究》致力于系统地整理研究宋代学人研究《春秋》的情况,尤其是其与理学的关系,揭示其历史的和逻辑的发展进程。创新之处一是在思路与方法上,强调思想史与学术史的结合,历史与逻辑的统一,探寻宋代《春秋》发展合史、合逻辑的发展过程;二是在内容上,以理学的兴起、发生、发展为参照,考查《春秋》学在其中由主动到被动再到"独立成长"的发展历程。通过对两宋《春秋》学进行比较系统的思想学术史研究,发掘其在学术方面的价值,为进一步研究明清以至近现代的《春秋》学发展奠定基础,且突出两宋《春秋》学的义理特征,寻找其与理学的关系,扩展理学以至于儒学研究的学术视野、史料范围。围绕一些相关的具体学术问题展开讨论,为进一步澄清某些《春秋》研究的相关学术问题提供了思考。

☞ 著作·考古学研究

冲击与调适:长江中游商代文化与社会演进的考古学观察

西北大学　豆海锋　科学出版社　2021年6月

本书对长江中游地区商代考古遗存进行了系统梳理,构建起区域文化发展的时空框架,通过多维视角对长江中游商代社会形态及长江中游与中原地区的文化互动关系进行了深入讨论,并以此为基础,对中原与南方地区文化互动所显示的商王朝与周边地区的政治关系进行了有益探索。

☞ 著作·经济学研究

叙利亚发展报告(2020)

西北大学　王新刚　主编　社会科学文献出版社　2021年3月

《叙利亚发展报告(2020)》由西北大学叙利亚研究中心组织编撰,详细回顾了2019年叙利亚政治、经济和外交形势,介绍了叙利亚军队建设、妇女儿童权益保障和高等教育等议题,阐述了中国在叙利亚问题上的立场和政策。附录对2018—2019年国内外叙利亚问题研究成果进行了分析,对2019年叙利亚问题的重大事件进行了整理。本书客观地论述了2019年叙利亚问题的形势和挑战,资料和数据客观准确,有着较为重要的学术价值和现实意义。

制度与规范:比较视野下中亚区域一体化研究

西安外国语大学　王志　社会科学文献出版社　2021年3月

对比探究欧亚经济联盟与上海合作组织对于推进中亚区域一体化的价值及其面临的问题,认为"丝绸之路经济带"倡导"互联互通",致力于提升中亚基础设施建设水平和区域连通性,实现"民心相通",提高地区国家信任程度,立足"丝路精神",建设中国—中亚命运共同体,客观上推动了中亚区域一体化,也为中亚区域一体化未来发展提供了新的路径。

中国横向税收竞争的环境效应及其作用机理研究

西安外国语大学　赵娜　人民出版社　2021年4月

本书将环境污染具体划分为外溢性污染物和非外溢性污染物两类,首先通过构建包含生产者、消费者、中央政府及地方政府的一般均衡模型,依次从资本流动、环保支出、资本流动与环保支出双重视角分析税收竞争对不同属性污染物的作用机制。其次利用2007—2016年我国30个省(直辖市、自治区)的面板数据,应用动态空间杜宾模型(SDM)和动态面板模型(GMM)分别检验了环保支出和资本流动是否为税收竞争影响环境污染的主要渠道,之后基于环保支出和资本流动双重视角阐释了税收竞争对环境污染的影响机制及效应。这对于从财税政策角度思考和理解不同类型的环境污染问题提供了借鉴,在各级政府促进经济高质量发展的决策过程中提供政策参考。该著作是教育部人文社会科学研究青年基金项目"中国横向税收竞争的环境效应及其作用机理研究"(18YJC790229)的研究成果。

统计思维的形成

西安财经大学　张维群　科学出版社　2021年4月

通过对统计学基本理论思维的剖析,对其形成运用马克思主义哲学观点给予了解释。内容包括统计学基本概念内涵的哲学本质,研究方法与哲学方法的一致性问题,解释了描述性统计、假设检验、回归分析、时序分析、统计分类、统计降维、统计样本等方法的哲学思想等。通过对相关内容的解释,可以帮助人们理解统计理论方法的本质,提升对统计方法合理、灵活应用的能力,促使形成科学的辩证思维方式。

农民合作与乡村振兴

西北农林科技大学　赵晓峰　社会科学文献出版社　2021年5月

新中国成立以来,党和政府为降低直接与数以亿计分散小农户打交道的成本,始终致力于推动农民组织化,试图变直接为间接,寻找有效的组织载体来治理交易成本。整体来看,七十年来,国家在将农民组织起来和让农民合作起来之间摇摆,未能明确一条清晰的农民组织化实现路径。《农民合作与乡村振兴》试图通过梳理新中国成立以来农民组织化的基本逻辑,厘清组织农民和农民合作的本质差异,探讨农民组织化的发展趋势,为乡村组织振兴寻找实现路径,从而有序推进国家乡村振兴战略的实施。

科技改变社会

西北农林科技大学　农业治理研究课题组　中国社会科学出版社　2021年5月

2005年,西北农林科技大学开始创建以大学为依托的农业科技推广模式,在陕西的白水、眉县、合阳等地建立了一批试验示范站。经过十多年的探索,该模式在推动农业科技推广与推动农业农村现代化发展方面取得了显著成效,被称为"西农模式"。"西农模式"在苹果产业发展中的影响说明,农技推广是可以改变社会的关键力量,它促进了县域农业经济的发展,取得了良好的科技扶贫效果,培养了一批"一懂两爱"的乡村人才。

哈萨克斯坦发展报告(2021)

西北大学　卢山冰　王　静　主编　社会科学文献出版社　2021年6月

本书是国内第一本有关哈萨克斯坦国家年度发展情况的综合研究报告。总报告从整体上分析了哈萨克斯坦政治、经济和外交等方面的情况;分报告对哈萨克斯坦的经济、教育、外交等方面进行了深入分析和解读;专题篇则对美国对中亚新战略、中亚地缘政治、经贸投资、交通物流业与中欧班列等方面的情况进行分析和展望;中哈关系篇对中哈关系、中国企业在哈状况和中哈经贸状况进行总结并提出对策;此外,书中还系统梳理了哈萨克斯坦人口数据、中央预算、外贸指标、大事记等资料。

产业园区总体规划理论与实践

西北大学　李建伟　刘科伟　科学出版社　2021年7月

该书聚焦于西北地区欠发达的县域中小产业园区,在总结理论研究与实践案例的基础上,对产业园区总体规划中的发展战略规划、产业发展规划、空间布局规划进行理论与案例分析,进而结合循环经济建设和集群创导培育两大理念,构建具有实操性的规划编制技术与方法,实现产业园区从规划构思到具体实施的全过程规划设计。

中国城乡融合发展研究

西北大学　王颂吉　等　科学出版社　2021年7月

本书以城乡融合发展为主题,采用理论与实证相结合的研究方法,深入讨论中国城镇化进程中的农业农村发展问题及其解决之道。首先梳理改革开放以来城镇化由"规模扩张"到"质量提升"的发展进程;其次从劳动力流动、金融"支农"、城乡生产要素配置状态、农业绿色TFP和现代农业发展等方面,研究中国城镇化进程中的城乡生产要素配置和农业现代化问题;最后从农村基本公共服务供给、大城市的户籍制度改革和农民工市民化等方面,研究中国城镇化进程中的城乡基本公共服务均等化问题,提出推进乡村全面振兴和城乡融合发展的路径。

乡村旅游与村落转型

西北农林科技大学　郭占锋　编　中国社会科学出版社　2021年9月

本书通过对陕西关中元村的长期跟踪调查,重点讨论元村的转型与发展历程,既从传统农业村发展为工业村,又进一步转型成为乡村旅游型村庄。元村围绕游客需求,依托集体经济和文化发明双重动力机制来促使其旅游产业快速融合发展,将一个普通村庄逐渐打造成为中国乡村旅游名村,并带动了周边区域的发展。在此基础上,本书进一步阐述村庄政治精英在元村旅游产业发展过程中的治理理念和行动逻辑及引发的村庄治理转型。最后综合旅游社会学、经济学等多学科理论视角,尝试着提出一个乡村旅游研究的分析框架。

数字劳动、数字商品和数字资本论析

陕西师范大学　吴　欢　陕西师范大学出版总社　2021年9月

本书在政治经济学经典理论框架下,审视数字经济时代涌现的数字劳动、数字商品和数字资本等经济现象,论证数字资本主义必将走向终结的历史宿命,推动我国政治经济学理论创新发展。

中国西部发展报告(2021):基本实现现代化的路径

西北大学　任保平　师博　茹少峰　等　社会科学文献出版社　2021年9月

本书以"基本实现现代化的路径"作为研究主题,通过构建中国西部地区现代化建设指标体系,测度并综合评价了西部各省区现代化建设的基本态势与发展现状;从农业、工业、城市、人民生活、社会、高等教育、企业管理、产业链、基础设施、治理体系和治理能力等方面对西部地区实现现代化的路径与政策做了全面且深入的研究;从产业、创新驱动、开放战略、生态环境战略、金融、法治建设、人才战略、文化传承与创新、社会管理等多方面,对保障西部地区实现现代化的支持体系进行了系统的阐释。

线上丝路金融论

陕西科技大学　马广奇　复旦大学出版社　2021年9月

本书是国家社科基金年度项目"基于互联网的丝绸之路经济带金融合作机制研究"(16BJY180)的最终成果。研究主题是"丝路金融",研究重点是基于互联网的丝路金融合作机制。本书以"一带一路"和国际格局变化为时代背景,以国际金融理论、区域金融理论和国际金融合作经验为参照,结合丝绸之路沿线各国的金融发展实际,对丝路货币、丝路金融、丝路金融合作进行系统多维度的定性描述和定量分析。基于互联网技术平台和全新思维,重点研究"线上"丝绸之路金融合作机制,从丝路金融合作基础可行性条件入手,分析丝路金融合作的瓶颈和障碍,揭示基于互联网的丝路金融合作的影响因素、总体特征,着重对丝路金融合作机制进行框架设计,并提出了基于互联网的"线上"与"线下"相结合的"双轮驱动"的丝路金融合作机制的建设策略和实施建议。

天山北麓土地开发与环境变迁研究(1757—1949)

陕西师范大学　张　莉　中国社会科学出版社　2021年10月

土地利用和土地覆被变化在全球环境变化中扮演着极其重要的角色,重建和深入理解历史时期人类活动对地表景观变化的影响是近年来许多科学研究计划的主要目标。本书选取新疆的天山北麓地区作为研究区域,在关注农业土地开发是导致区域环境变化主要驱动力的前提下,系统梳理了乾隆二十二年(1757)以来该区域土地开发政策的变化与农业人口的增减过程,重建了清至民国时期5个时间断面上6个亚区域的人口数量和耕地数量,进而深入地分析了天山北麓地区区域开发的时空差异;在全面研究该区域河湖水系变化过程的基础上,结合区域气候变化的研究结论,对该区域人地关系的相互作用过程及其机制提出了深刻的见解。本书是国家社科基金后期资助项目结项学术专著。

中国式分权治理模式对产业政策实施效果的影响研究

西北工业大学　席建成　北京大学出版社　2021年12月

该书从发展中国家"实施产业政策具有现实合理性"的前提出发,研究了中国式分权制度对产业政策实施效果的影响。与日本、韩国等经济体不同,中国的地方政府在产业政策实施过程中扮演了十分重要的角色。当中央政府的目标具有"追求经济增长"和"促进产业升级"的双重任务特征时,产业政策的实施效果不仅取决于地方政府在"促进产业升级"方面的努力投入,还与其"追求经济增长"的激励有关,而地方政府在不同任务上的努力配置则进一步取决于中央政府的考核目标和中央政府与地方政府之间的财政分权程度。同时,中国式分权治理模式对产业政策实施效果的影响与经济体的经济发展水平密切相关,并在一定程度上内生于经济体的市场化进程。

☞ 著作·法学研究

决胜绿色法庭:生态文明建设司法保障机制研究

西北政法大学　王继恒　中国社会科学出版社　2021年3月

环境司法的出现有其特定的原因和时代应然性、历史必然性。能动且有效的生态环境司法治理有助于保障民生福祉、促进人与自然和谐共生和实现经济社会可持续发展。本书以生态文明建设的法治保障为切入点,在持续关注中国环境司法理论与实践进展的基础上,以生态环境司法治理机制创新的地方实践为参照样本,既对其发展历程进行了回溯,又对其运行机制及其治理效能存在的问题进行了全面观察和理性检视,并结合对域外不同国家和地区环境法院和法庭最佳实践范例成功经验的分析,就新时代我国环境司法专门化的完善与发展及如何实现生态环境司法"善治"等问题提出了具体建议。

陕甘宁边区司法传统的认同研究

西北大学　潘怀平　人民出版社　2021年5月

本书围绕"司法与政治""司法与社会""司法与法律的关系"的核心问题,以政治化、治理化与正规化为逻辑次序,研究目标聚焦陕甘宁边区司法传统的政治认同、社会认同与制度认同。本书以实践理性为研究进路,从边区司法体制、功能和规范展开研究,对边区司法的政治属性、社会属性及法律属性的承认、认可或者共识。本书有力阐述了中国特色社会主义法律体系来源于中国共产党革命时期司法的丰富理论和实践,体现了中国特色社会主义司法制度有其深厚的革命传统渊源,体现了党的特色司法制度体系的传承和发展。

国家治理现代化视角下的行政证据研究

西北政法大学　姬亚平　北京大学出版社　2021年6月

本书是国家社科基金后期资助项目。本书立足于行政证据的独特性的分析,意在揭示行政证据专享的规律和特点。书中对举证责任和证明标准问题的分析较系统,对完善现有行政证据制度有一定的参考价值。本书以国家治理现代化为视角研究行政证据问题,对行政证据的基础理论、规则进行了阐述,分析了行政证据的举证责任、证明标准、审查认定等问题,对于完善行政法制理论、指导行政机关提高依法行政的能力和水平,保护公民、法人及其他组织的合法权益,具有一定的理论价值和现实意义。

网络金融犯罪综合治理效果评价

西安交通大学　张成虎　武博华　中国金融出版社　2021年6月

本书为"网络金融犯罪的综合治理研究"国家社科基金重大项目的阶段性成果。网络金融犯罪综合治理效果评价,作为网络金融犯罪综合治理的重要环节和主要内容,是反映网络金融犯罪综合治理效果现状,指导未来网络金融犯罪综合治理方向的关键。本书结合中国网络金融犯罪现状与网络金融犯罪综合治理实践,构建了中国网络金融犯罪综合治理效果概念模型,分析了影响中国网络金融犯罪综合治理效果的因素,设计了中国网络金融犯罪综合治理效果评价的指标体系,提出了提高中国网络金融犯罪综合治理效果的政策建议。

古代地方条约辑存

西北大学　杨一凡　李守良　编　社会科学文献出版社　2021年12月

本书共15册,约450余万字,收入宋、元、明、清地方条约500余件,分为综合、吏政、田土、钱粮、仓储、漕运、盐政、学政、书院、风俗、军政、保甲、弥盗、乡治、乡约、狱政、营造、河工、蠲恤、杂规等20类编辑,是对中国古代地方条约的首次辑佚、汇编,国内外尚无这类成果出版。本书所收文献,是在检索17000余部古籍的基础上,选编代表性地方性条约而成,史料珍贵,有很高的版本价值,从多个方面填补了我国的馆藏空缺。

☞ 著作·政治学研究

约旦现代化进程研究

西安外国语大学　李　茜　社会科学文献出版社　2021年1月

约旦自19世纪末出现现代化萌芽以来,在百年时间内,经历了现代化的巨大发展,步入初等发达国家行列。随着现代化进程的迅猛发展,约旦传统文化、社会制度和价值发生变化,半游牧半农业社会向多元化现代社会转变。本书从现代化的起源、政治现代化、经济现代化等方面勾勒出约旦现代化发展的脉络,总结约旦现代化进程的特点及问题,对于了解约旦现代化,甚至中东现代化历程,具有重要的学术价值。

陕西精准脱贫研究报告(2021)

陕西省社会科学院　司晓宏　白宽犁　于宁锴　主编
社会科学文献出版社　2021年1月

本书包含总报告、综合篇、区域篇和专题篇四部分,回顾陕西近年来各个领域脱贫攻坚历程,深入研究陕西取得的成效与经验,为巩固脱贫攻坚成果,有效衔接乡村振兴战略打好基础。总报告系统梳理"十三五"以来陕西脱贫攻坚取得的全面成果,对陕西精准发力提高脱贫攻坚成效的经验进行了系统总结。

从问题到决策:情境、模型与现代化
——网络时代的中国政策议程设置

西北大学　孙　峰　商务印书馆　2021年3月

公共政策是国家治理现代化的常规工具,作为筛选决策"真问题"的关键机制,政策议程设置日益重要。本书聚焦政策议程设置,对新的时代情境进行解读;对经典的多源流模型实施修正,建构出本土化网络多源流模型,在"互联网+"、国家治理现代化等新时代视域下拓展政策议程设置研究;对政策议程设置的约束条件及其产生机理进行分析,设计了网络社会情境中政策议程设置现代化标准体系,建构了多维复合型现代化模型,并据此提出分阶段、渐进式现代化对策,使理论研究回归现实土壤。

延安精神与全面从严治党

延安大学　郭兴全　杨伟宏　人民出版社　2021年6月

本书以延安时期为主要研究对象,延安时期是中国历史上中国共产党实现从革命到建设、从局部执政向全面执政转变的关键时期,是中国共产党带领全国各族人民实现民族解放与民族独立的决胜时期。这一时期是党的建设比较完备的时期,党的思想、组织、作风、制度等方面的建设都取得长足的进步,留下了宝贵的精神遗产。这些宝贵精神遗产主要内容包括毛泽东思想的科学体系、中国革命的三大法宝、党的三大优良作风、自力更生艰苦奋斗精神等多个方面,蕴含了伟大的爱国主义、彻底的唯物主义、崇高的集体主义、革命的英雄主义,体现在坚定正确的政治方向、实事求是的科学态度、大公无私的道德情操、艰苦奋斗的工作作风等多个层面。本书对于"不忘初心、牢记使命"主题教育活动的展开,具有一定价值。只有继续弘扬延安精神,弘扬延安时期我们党勇于自我革命、从严管党治党这个我们党最鲜明的品格,才能不断推进全面从严治党向纵深发展、向基层延伸。

从延安走来
——中国共产党如何从危难中奋起?

中国延安干部学院　王纪刚　人民出版社　2021年6月

该书于2021年6月由人民出版社出版。该书讲述了中国共产党从1921年7月23日起,就一直在面对各种危机和挑战中度过。中国共产党从来没有被吓倒,更不会退缩。"他们从地下爬起来,揩干净身上的血迹,掩埋好同伴的尸首",朝着不变的远大目标,又继续战斗了!通过讲述党的历史,认识到中国共产党取得的伟大业绩,以及带领全国人民应对各种困难和风险,不断开辟胜利道路的巨大勇气、巨大智慧和巨大力量。

思想政治教育叙事话语研究

西安交通大学　马　忠　人民出版社　2021年9月

本书从当前主流意识形态叙事的概念分析开始,研究了思想政治教育中体现叙事学话语的必要性,分析了思想政治教育叙事话语理论、思想政治教育叙事话语的主要形式、基本要求、话语策略,以及思想政治教育叙事的文化资源及其开发,最后以落脚于思想政治教育叙事的话语接受研究和效果分析;全书旨在通过理论和现实研究相结合的基础上,延续我党历来思想政治教育的优良话语传统,创新和发展思想政治教育的有效形式,并为其发展注入新的活力,使思想政治教育更好地体现民族文化特色,为讲好中国故事、传播好中国声音,从而增强中华民族的整体凝聚力、早日实现中华民族的伟大复兴贡献精神动力。

让社区治理活起来:基于"开放空间会议+"的理论与实践

延安大学　张继军　中国社会科学出版社　2021年9月

本书密切联系我国社区从建设走向治理的趋势,立足从新实践中获得新认识,以回答我国社区治理中的现实问题。突出问题意识,紧扣我国社区为什么长期处于有管理而无治理的现状,以如何使社区治理活起来为问题导向,根据笔者参与社区治理能力训练的实践经验和参与社区治理项目的督导经验,跟踪湖北省社区公益服务项目运作的过程,从新实践中获得新的认识。

基本公共服务供给与减贫
——来自秦巴山区A县的田野叙事

西北农林科技大学　李　卓　社会科学文献出版社　2021年10月

本书采用经验研究的方法,以实地访谈资料、公开的数据资料(如各年度的《中国统计年鉴》、国家统计局和地方统计局发布的国民经济和社会发展统计公报、《国家基本公共服务统计指标》和各年度《中国农村贫困监测报告》等)及相关政策文件为分析基础,构建了基于基本公共服务的减贫的分析框架,基于此研究框架进一步回答了基本公共服务如何参与减贫这一现实问题,即基本公共服务参与减贫的作用机理与基本维度。本书基于案例研究,总结提炼基于基本公共服务的减贫的分析框架,为2020年后推进脱贫地区的乡村振兴工作有很多有价值的启示。

天津"卍"字会及其慈善事业研究

陕西师范大学　侯亚伟　科学出版社　2021年11月

本书利用档案、报刊、文集、日记、回忆录、文史资料等多种史料,深入考察、勾勒、分析民国时期天津"卍"字会的变化历程,并对它们办理的慈善事业进行全方位考察,以期丰富人们对其的理解和认知,寻求其背后发展变化的原因,充分展示历史叙事的主观性、时代性与历史叙事、历史研究和历史编纂的复杂关系,丰富学术界对中国近代慈善史、社会史的研究。

政府支持行为对中小企业创新绩效的影响研究

西北工业大学　郑　烨　科学出版社　2021年12月

在中国的创新生态中,政府机构是企业外部网络中影响力最大、最复杂,也是最难预测的重要构成要素。党的十九大报告提出要坚定实施创新驱动发展战略,在此背景下,鼓励中小企业创新已成为当前中央和地方政府推动创新驱动发展战略有效实施的重要抓手,而探索政府支持行为对中小企业创新绩效的影响作用则是关键之举。本书基于政府支持企业创新的视角,重点从理论构建、案例分析和实证研究三个层面全面系统地分析了政府支持行为影响中小企业创新绩效的背景、现状、过程及效果,并提出了支持中小企业创新发展的相关政策建议。本书立足于政府支持中小企业创新的现实问题,是科技政策与管理领域的最新研究成果,可以直接用于指导财税、科技等政府部门制定相关的支持中小企业创新的公共政策,也可以为国内学者从政府视角研究企业创新过程提供思路借鉴。

☞ 著作·社会学研究

教育扶贫论:社会学的视角

延安大学　胡俊生　李　期　中国社会科学出版社　2021年2月

该书系作者主持的国家社会科学基金教育学一般课题:以"精准培训"助推"精准脱贫"——老区教育脱贫中高等继续教育的角色担当(BKA170233)的结项成果。全书分为上下两篇共11章,近40万字。上篇为社情调查篇,基于对陕北及陕甘宁革命老区贫困地区的实地调查访谈,就既往教育扶贫、技能培训实施的效果、存在的问题、困难群众及基层政府的意愿诉求,以及帮扶高校遇到的挑战与困惑进行分析研判。下篇为对策探讨篇,从学理的角度论证教育扶贫,是一项着眼长远的国家发展战略;高校实施"精准培训"的关键发力点;阻断贫困应拉伸帮扶链、打好组合拳;梳理总结了国内高校教育扶贫的几种主要模式、国外教育扶贫的典型经验和启示;继而讨论了新型城镇化、脱贫攻坚和乡村振兴三大战略的有机对接。

关中农村研究(第五辑)

西北农林科技大学　赵晓峰　主编　中国社会科学出版社　2021年3月

近年来,西北农林科技大学社会学学科快速发展,农业农村社会发展研究取得显著成绩。本辑收录的研究成果包括农业转型与新型农业经营主体发展、农村社会治理中的基层政治与权力秩序、脱贫攻坚与乡村振兴、农村养老与中小学教育、农村环境治理与文化治理等。本书旨在通过持续不断的调查研究,深化对中国农村问题的认识,助力新时期的农村发展与乡村振兴。

老年人社会隔离与健康老龄化

西安工业大学　程新峰　中国社会科学出版社　2021年4月

本书是国内老年健康研究领域中唯一一部专注于中国老年人社会隔离与健康后果的著作。本书系统分析了中国老年人的社会隔离现状及其风险因素,揭示了老年社会隔离对健康老龄化的影响效应与作用机制,提出了预防和应对的政策建议。

协同发展:社会化媒体与政治生态

西安交通大学　李明德　刘婵君　科学出版社　2021年11月

该书是基于政府、社会化媒体与公民新型关系建构的视角,探索如何构建面向政治生态建设的社会化媒体舆论协同引导模式,并确保其科学运行,旨在为提高新闻舆论传播力、引导力、影响力、公信力,提升网络意识形态领域风险防范化解能力,为营造风清气正的政治生态提供理论与实证支持。全部研究内容由理论研究"社会化媒体与政治生态协同发展的理论内涵与现实机理",实证研究"社会化媒体与政治生态协同发展的要素解析与机制构建"和对策研究"社会化媒体与政治生态协同发展的优化机制与路径选择"三大部分构成,包含10个具有内在逻辑联系的研究专题。

☞ 著作·心理学研究

飞行员空间能力:认知计算的可塑性与渗透性

陕西师范大学　晏碧华　科学出版社　2021年6月

视觉空间能力对飞行安全和飞行技能的高预测效度一直受到关注,被视为飞行员最主要的认知特征,是飞行员心理品质中的核心要素。本书梳理了空间能力和飞行员空间能力相关研究,讨论了飞行员静态空间能力和动态空间能力的认知加工优势,分析了飞行员空间能力的计算特性、认知可塑性和认知渗透性,同时分析了飞行员空间能力专长特征,总体上探索了飞行员空间能力形成的认知加工机制和飞行实践对空间能力的作用。本书适用于心理学、航空医学、工效学、人因学、人工智能等专业的研究者和学生阅读,也可以为相关专业研究者、管理者和从业者提供参考。

流畅性对再认记忆的影响

陕西师范大学　王　伟　陕西师范大学出版总社　2021年8月

　　根据记忆提取时是否存在意识的参与,可将人类的记忆区分为外显记忆和内隐记忆两种形式。来自行为实验、神经心理学、脑成像的研究证据显示,内隐记忆和外显记忆有着不同的认知神经机制,二者分属不同的记忆系统。但是,近年来的一些研究表明,内隐记忆和外显记忆之间并不是简单的二元分离,在一些情境下,这两种记忆之间存在着复杂的相互影响。本书的研究从流畅性影响外显再认记忆的角度探讨了内隐记忆和外显记忆的关系及相互影响,为相关研究问题提供了新的实验证据。这些实验结果加深了研究者对人类记忆过程的了解,可以为学生学习的促进、老年人和特殊人群(如遗忘症病人)的记忆改善提供理论支撑。

幸福感的神经基础

陕西师范大学　罗扬眉　陕西师范大学出版总社　2021年9月

　　全书主要分成三部分:第一部分主要是介绍幸福感的内涵、研究取向、测量工具等,为后续幸福感的研究打下坚实基础;第二部分主要是将幸福感分为以追求快乐避免痛苦为核心的快乐论幸福感和以追求意义为核心特征的实现论幸福感,分别探究它们各自的神经基础及其关联;第三部分主要研究的是幸福感是如何随着时间发生适应及其相应的神经基础。

☞ 著作·教育学研究

高考分类考试与普通高中转型发展研究

陕西师范大学　田建荣　尹　达　人民出版社　2021年1月

　　该书按照发现问题、分析问题、解决问题的思路,遵循PDCA循环的基本原理,依照计划(Plan)、执行(Do)、检查(Check)和修正(Act)的过程去解决问题,其研究思路分为5个环节:掌握高考分类考试的基本内涵与实施状况;分析普通高中转型发展的影响因素;厘清高考分类考试与普通高中转型发展的关系及其作用机制;构建高考分类考试对应普通高中转型发展的模式;通过现实实践,不断优化普通高中转型发展的路径与策略,并形成比较完善的理论体系与操作方案。

高校红色文化教育传承研究

长安大学 杜向民 郗波 王立洲 中国社会科学出版社 2021年3月

该著作主要围绕红色文化融入高校思想政治教育的"何以可能""何以必要"与"何以实现"等问题展开,具体就红色文化在高校中的教育传承动力、机制、目标、价值等进行探讨,尝试性地在"思政课程"和"课程思政"中充分融入红色文化元素,将红色文化作为新时代加强高校思想政治工作的思想资源和重要载体,进而促进红色文化的时代转化与实际应用,为培养能担当民族复兴大任的"时代新人"提供突破口和创新点。

研究生学术研究价值取向中的意识形态盲区研究

陕西师范大学 毋改霞 陕西师范大学出版总社 2021年4月

该书立足于对人文社科类研究生硕士学位论文的调查,探索性地分析了研究生学术研究价值取向中的意识形态盲区问题,反映出当下部分研究生在学术研究中方法论意识的薄弱与研究立场的不明,长此以往,会制约人文社会科学学术研究范式的本土化与科学化发展,阻碍中国特色人文社会科学体系的繁荣。基于此,该书从教育学的角度重点分析了研究生学术研究价值取向出现意识形态盲区问题的原因,并提出了引导研究生学术研究走出意识形态盲区的策略。该书对研究生学术研究价值取向中的意识形态盲区问题的研究,其实质是在探究高校德育的实效性,旨在为高校德育的改革提供参考。

中国教师教育

陕西师范大学 刘全国 中国社会科学出版社 2021年4月

本书共121万字,从历时和共时双元视角,系统、深入研究中国教师教育,以中国教师教育历时发展为经,以中国教师教育理论、教师教育形态、教师教育政策、教师教育课程、教师教育研究为纬,透视了中国教师教育的发展历程与当代图景。回顾了先秦至清代教师教育思想的历史旅行、近代传承与当代创造,分析了私塾、书院等古代教育形态对近代中国教师教育的滋养和涵育,以及中国对西方教师教育理论和课程思想的接受、扬弃与创造,系统梳理了上海南洋公学、"五四"新学、民国教师教育、新中国教师教育等教师教育的形态嬗替、政策演进与课程迁变,对中国教师教育研究的共时分布、历史沿革、逻辑演进、热点与范畴、范式与方法、主题与路径等进行了描写分析。

中国高等教育研究机构的组织转型研究

西北工业大学　刘　怡　中国社会科学出版社　2021年5月

　　本著作在求解"中国高等教育研究机构组织转型"的问题基点上,按照"一般—个别""静态—动态"的研究路径,运用普查法、问卷调查法、结构访谈法,从高等教育研究机构的现实图景切入,借鉴资源依赖理论和复杂性理论,全面分析其运行现状,系统研究其转型探索的内在逻辑,理性探寻非学术导向高等教育研究机构组织转型的现实归宿。基于研究,提出上述高等教育研究机构组织转型的建议与对策:遵循"两个规律"是转型的必要前提,确立院校研究的发展方向是转型的目标趋向,机构的行政性与研究的专业化相结合是转型的路径选择,共同创造是转型的内在要求。

教师专业发展与职业道德修养

陕西师范大学　龙宝新　陕西师范大学出版总社　2021年6月

　　该书是一本严格按照国家"教师教育课程标准"与新颁行的"国家教师资格证考试大纲"要求,专门针对在校师范生职前专业准备需要而编写的教师教育公共课程教材。全书按照教师专业发展、教师职业道德、教育政策法规、教育科学研究与教师语言等模块来组织教材框架,关注教师职业发展中所需要的各种公共专业发展知识,并配以章节同步训练,以期达到学以致用、生成素养的教材学习目标。本次修订一是升级课程实施理念,践行"以生为本"理念,真正实现"教材"向"学材"的深刻转变;二是嵌入慕课课程资源,打造新形态混合教材,适应信息化时代的要求;三是增加知识素材,更新阅读链接书目,引入"创意实践"练习内容,增强了教材的时代性与导学性。

自传课程研究:理论与实践

陕西师范大学　冯加渔　复旦大学出版社　2021年8月

　　本书在阐释自传课程理论内涵、实践方法的基础上,呈现了学生课程生活体验与教师课程生活体验的意义,分析了自传课程研究流派推动的从学科(subject)到主体(Subject)、从知识到自识、从他组织到自组织的研究转向,探讨了走向解放的人本课程理论和追寻有意义的人本课程实践的价值启示。

高校法治教育实效性研究

宝鸡文理学院　王红梅　中国社会科学出版社　2021年9月

　　本书以思想政治理论课程为视角,从理论和实证两个维度对高校法治教育实效性进行了探索研究,指出高校法治教育是学生法治教育的最高阶段,是大学生步入社会前储备知识、积累经验、价值形成、行为模塑的整合阶段,承担着中国法治社会建设的梦想,形塑着新时代现代公民的性格,开启了新时代公民性格培养的新路径。

高校心理健康教育发展40年

西北大学　郑安云　张文芳　社会科学文献出版社　2021年10月

本书以改革开放40余年来的发展历程为主线,运用纵向梳理和横向比较的方式,试图在大量素材和文献研究的基础上呈现我国高校心理健康教育的发展历程,从一个新的高度描绘该领域40余年来的发展面貌。作者在书中不仅呈现了40余年来我国高校心理健康教育的发展状况,还试图将其多年来在心理健康教育或心理咨询岗位上的感受与思考融入其中,反思心理健康教育事业的社会意义和价值,并探讨心理健康教育本土化的路径。

成人教育的典范:丹麦民众高等学校的发展变革及影响研究

陕西师范大学　陈　玥　陕西师范大学出版总社　2021年10月

该书的主要内括四个方面:首先,通过对丹麦民众高等学校产生的历史背景和思想渊进行回顾,继而对百余年来丹麦民众高等学校的发展和实施状况进行梳理,以此从宏观层面展现丹麦民众高等学校的整体轮廓。同时,为了更好地从微观层面对丹麦民众高等学校的具体发展情况进行全面剖析,进一步选取有代表性的"国际民众学院"作为案例进行深入分析。其次,通过对当前不同类型民众高等学校的探索,以期有效把握民众高等学校的多元发展方向。再次,通过对丹麦民众高等学校发展变革的深入分析进一步挖掘和探寻丹麦民众高等学校自创立至今仍经久不衰的历史经验。正是由于丹麦民众高等学校在本国成人教育领域实践,所以它也对世界许多国家的成人教育事业产生了间接或直接的影响,我国也不例外。因而最后分析了民众高等学校对丹麦、北欧、北欧以外其他国家和地区的影响。

农村教师社会地位研究

陕西师范大学　周兆海　中国社会科学出版社　2021年10月

本书把关于农村教师社会地位的研究置于"教师职业属性"与"农村社会属性"的框架下展开探讨,并建构了农村教师社会地位的理论解释框架:一是稀缺性知识是决定性因素;二是礼制规约是约束性条件;三是城乡社会等级结构属于空间性限制。通过学术考察发现,农村教师社会地位总体经历了从道德去魅化到地位边缘化的变迁。

基础教育学校信息化教学创新动力机制研究

陕西师范大学　刘晓琳　陕西师范大学出版总社　2021 年 10 月

　　随着信息化设施配备的完善,基础教育信息化教学创新推进效果不彰成为教育实践亟待解决的难题。本书立足基础教育学校信息化教学创新这一教育实践,采用多元实证研究方法,对基础教育学校信息化教学创新的内涵、创新特征、具体表现及信息化教学创新的动力要素和作用机制等进行了全面、深入的研究,并进一步从国家、区域、学校三个层面对推动信息化教学创新提出了策略建议,是在当前"教育研究科学化"倡议下所做的一点创新性探索。本书一方面可为信息化教学创新的研究者提供理论参考,另一方面也可为我国教育信息化的决策者提供决策依据。

成人教育的典范:丹麦民众高等学校的发展变革及影响研究

陕西师范大学　陈　玥　陕西师范大学出版总社　2021 年 10 月

　　丹麦民众高等学校诞生于 19 世纪,在成人教育领域产生了广泛而深远的影响,其倡导者是被誉为"民众高等学校之父"的丹麦教育家格龙维。丹麦民众高等学校自诞生之日起就被寄予了推动社会变革的期望,历经百余年,其依然在启蒙民智、推动社会民主发展的过程中扮演着重要角色,已被许多国家证实在成人教育领域的实践是卓有成效的,被公认为是成人教育的典范。21 世纪的今天,虽然社会发生了翻天覆地的变化,但是丹麦民众高等学校民主、平等、终身学习的办学理念与国际社会所倡导的终身学习、发展继续教育的理念不谋而合;同时在成人教育实践中,丹麦民众高等学校行之有效的办学模式与成功经验也为世界各国成人教育的发展变革提供了范例。

互联网促进义务教育优质师资城乡一体化流动机制与路径研究

陕西师范大学　张立国　陕西师范大学出版总社　2021 年 11 月

　　优质师资城乡一体化流动是义务教育优质均衡发展的重要举措。互联网技术重构了教师流动结构,创新教师流动的供给方式,为解决教师实体流动困难、区域优质师资不足等问题提供了新的思路。本书借助教育公平等理论框架,通过实地调研、案例剖析,设计了互联网促进义务教育优质师资城乡一体化流动的机制和实践路径,为义务教育优质均衡发展相关的政策制定、理论研究和实践探索提供参考与借鉴。

20世纪以来中国德育价值观变革的历史轨迹

陕西师范大学　孙　峰　陕西师范大学出版总社　2021年12月

《20世纪以来中国德育价值观变革的历史轨迹》这一成果主要研究和揭示了20世纪初,辛亥革命中国德育价值观的形成;20世纪30年代中国德育价值观的发展;20世纪30年代中期,新中国成立为争取中国独立自主的德育价值理论;新中国成立,1976年政治价值为主导的德育价值观对中国教育的巨大影响;改革开放以来中国德育价值观的变革历程;新时代中国德育价值观变革的指向等六个时期中国德育价值观的变革历程,并主要分析论证了各个历史时期德育价值观的主要特征和功能,探索了中国德育价值观变革历程中德育价值观形成的根源,社会背景和时代特点,具有代变性社会理论和思潮,价值追求等。通过研究总结和梳理20世纪以来中国德育价值观的变革的理论与实践,为中国德育价值观的现代建构提供了具有建设性的理论与实践基础。

"互联网+"乡村教师专业发展的理论与实践

陕西师范大学　马红亮　赵　梅　郭瑞迎　等　陕西师范大学出版社　2021年12月

该书以"互联网+"为大背景,以乡村教师的核心素养发展为焦点,融合教师专业发展的相关理论,探索乡村教师专业发展的素养框架、有效实施路径及绩效测评方式,这有助于拓展现有的乡村教师专业发展有效模式研究,为乡村教师专业发展的理论创新提供基于证据的学理支持。该书尝试交叉融合教师教育学和教育技术学两大研究领域,整合理论与实践两个研究层次,在梳理教师专业发展相关理论的基础上,通过实践案例探索"互联网+"背景下乡村教师专业发展的有效模式和路径等问题,旨在进一部分丰富和拓展乡村教师专业发展理论体系,并指导乡村教师在线或混合式专业发展的实践探索。

☞ 著作·管理学研究

冲突与和谐:科技创新团队创新管理研究

西北工业大学　万　涛　清华大学出版社　2021年3月

论著从扎根理论和博弈论的两个角度结合冲突辨析和科技创新团队冲突某一冲突形态下的和谐状态特性研究了冲突机理,进行了科技创新团队基于任务冲突、过程冲突和关系冲突的创新模型构建,占有比例变化的创新机制变化研究,相互博弈和创新管理模型,有限理性下的过程冲突博弈和创新管理创新容忍度的作用等。并对科技创新团队创新管理从冲突到和谐的应用过程进行了深入研究。研究的特色首先在于问题构思新颖,视角独特,构建了激发建设性冲突达到和谐状态从而提高科技创新团队创新能力的实时创新机制。期望本研究创意能与专家学者产生研究共鸣,研究结果能为科技创新团队的创新管理有一定的理论指导和操作方法引导。

生态文明建设的基本伦理问题研究

长安大学　樊小贤　人民出版社　2021 年 3 月

该著作以生态伦理学视域对生态文明建设中涉及的基本伦理问题进行释解与探究。内容既包含道德哲学的慎思明辨,也涉及应用伦理的现实考量;从文明与生态对立统一的辩证关系出发,系统阐释了生态文明的深刻内涵;依循境遇—情感—信念—态度—行动的逻辑进路,提出了生态文明建设中需要改变的伦理观念和行为态度;对生态伦理规范的构建做了深入研究与探索,从生产、生活、交往、合作等不同领域构设了相应的规范要求,并提出了付诸实施的路径选择。

管理研究的思维方式:透过复杂的现象发现问题的本质

西北工业大学　贾　明　机械工业出版社　2021 年 5 月

该著作聚焦管理研究的总体结构和管理学的研究思维方式,重点阐述如何提出问题、构建理论、提出假设和进行研究设计等,而不是具体的研究方法。本书通过介绍如何从社会现象中发现问题、提炼出科学问题,并以实证研究为例系统讨论了管理研究的基本过程,力图指导读者发现、提炼、分析、解决问题,培养他们创造知识的能力。

城市交通流量分配及优化

西安邮电大学　武小平　科学出版社　2021 年 7 月

本书从用户群体行为出发,研究了用户追求自身利益最大化情形下的交通流量分配。同时,从个体选择路径出发,研究时间不确定情形下的路径优化问题。本书主要内容包括两点:一是基于群体行为的城市交通流量分配量化研究。从时点交通流量已知和未知、一般网络和特殊网络、用户悲观考虑交通状态、路阻函数可分和不可分等方面对交通流量分配进行了研究和讨论;同时,针对信息不完全情况下城市交通流量的分配问题,采用在线理论和方法对时段内交通流量未知及突发情形下的路径优化问题做了深入的研究。二是时间不确定情形下个体选择路径优化研究。主要有单车不确定路径优化、带有时间窗的多车路径优化和多配送中心下双目标路径优化等问题,设计求解算法并进行了数值分析,证实模型的有效性。

如何阅读管理学文献:提出科学问题与构建理论

西北工业大学 贾 明 机械工业出版社 2021年8月

该著作旨在从如何提出问题和构建理论的角度出发,通过对管理学科中各研究领域的代表性研究成果进行解析,厘清其提出问题的思路和构建理论的基本逻辑体系,指导读者进行"批判性"阅读,即带着思考和质疑去阅读文献,科学判断文献的理论贡献,找到现有理论缺口,从而为读者开展学术研究提供指导。

"去杠杆"背景下上市公司债务政策的持续性

西北工业大学 黄 珍 机械工业出版社 2021年11月

在国家贯彻和落实供给侧结构性改革,大力推行"去杠杆"的背景下,基于路径依赖理论和印记理论,研究了我国上市公司债务政策持续性的存在性及其具体趋势,同时从主动选择和被动接受的视角深入探究了上市公司债务政策持续性的潜在影响因素。本书指出,战略惯性、盈利压力和创始CEO管理风格有助于上市公司主动增加其债务政策的持续性,而上市公司也会出于其融资约束和宏观环境稳定性的考虑而被动接受债务政策的持续性。该研究有助于深入理解我国微观企业的债务政策持续性特征、规律及其产生机理,对于破除"去杠杆"的障碍、持续推进和落实"去杠杆化"相关政策,逐步地实现企业杠杆率的下降,具有重要的理论价值和现实意义。

非对称信息下供应链减排策略研究

西安交通大学 苏 秦 李 剑 科学出版社 2021年12月

本书融合一体化水资源管理理论和善治理论,创新性地提出了法治视野下的水资源善治理论及其原则和要求。根据法治视野下的水资源善治理论及其原则和要求,对西北内陆河流域水资源管理制度进行了问题识别,认为该地区不存在体系完备、全面协调的流域水资源治理制度。进而较为系统地对西北内陆河流域水资源治理制度的构建问题进行了研究,针对制度总体架构,以及流域管理与区域管理、经济发展与环境保护、政府与公众、政府与市场、规制与激励、权力和责任的关系等六项基础性和关键性的具体问题,点面结合地提出了法律制度方面的对策建议。本书还对国外的典型内陆河流域水资源治理实践进行了比较研究,从中得到诸多启发。

西北内陆河流域水资源治理制度构建研究

西安交通大学　刘志仁　中国社会科学出版社　2021年12月

　　针对供应链减排中政府、企业及消费者间信息不对称问题,基于委托-代理分析框架,结合供应链契约理论和非合作博弈理论,研究政府驱动、消费者驱动,以及政府和消费者共同驱动下供应链减排策略。《非对称信息下供应链减排策略研究》从供应链视角揭示了核心企业在信息不对称下的减排策略,拓展了委托-代理理论在供应链减排中的应用,并设计了复合减排机制,从理论上验证了信息不对称环境下单一和复合减排机制对供应链减排的适用性。

高校科技创新支撑产业突破关键核心技术

西安交通大学　郭菊娥　裴云龙　张　旭　科学出版社　2021年12月

　　《高校科技创新支撑产业突破关键核心技术》首先将关键核心技术分为前沿引领技术和关键共性技术并给出相互关系及发展趋势等;其次将高校科技创新分为科学创新与技术创新并给出其主要表现形式等,澄清高校科技创新支撑产业突破关键核心技术的现状特征和障碍问题;接着,基于重组创新与社会网络理论,对校企合作支撑产业突破关键核心技术进行理论概念建模与实证检验结论分析;再次,采用创新生态系统视角,对高校技术成果产业化实现产业关键核心技术突破进行理论研究,并基于国内外高校科技创新实践案例进行国际比较研究;最后,提出高校支撑产业突破关键核心技术的创新资源与制度保障建议。

☞ 著作·新闻与传播学研究

"形式意识形态"的文化实践:论20世纪80年代中国先锋文学

陕西师范大学　陈守湖　中国社会科学出版社　2021年9月

　　该书以伊格尔顿、詹姆逊等批评家提出的"形式意识形态"为理论支撑,从文学社会学的视域重审20世纪80年代的中国先锋文学现象,将80年代先锋文学的形式实验作为研究主线,探析了80年代先锋文学的人文语境、历史谱系、语言风格、叙事伦理、精神意象和文化遗产。论著所择取的"形式意识形态"的研究理路,在中国先锋文学的研究中具有较突出的创新性。论著既注重先锋作为"纯文学"标榜的文本价值,亦着力于作为文化现象的先锋文学思潮的"外部研究",包括"纯文学"溢出文本的社会学意指。

互联网时代的事实核查嬗变研究

陕西师范大学　郭　栋　人民出版社　2021年10月

该书通过分析中国新闻奖、都市报、中央电视台和网络媒体上的核查类新闻产品,指出此类内容有日常生活化的特点,并从"符号表达与主观意识的一致"的层面,探析了各类网络平台上的核查实践。最后通过分析主流媒体对特定主题的报道及企业传播的案例,关注大众媒介在符号表达中建构出的媒介真实问题。新闻生产内部流程中的事实核查在主体、空间、手段和对象等层面经历了一个明显的嬗变过程,在网络内容生产中以不同的面貌延展开来,在网络平台的良性治理方面大显身手。

播音与主持艺术专业学科定位与学科建构新论

陕西师范大学　成越洋　陕西师范大学出版总社　2021年12月

该书基于播音主持专业的学科归属历史与现实困境调查,对播音主持专业的学科定位进行重新审视,用传播学、艺术学和语言学的基本理论展开跨学科研究,在前辈学者已经提出的"多质主调"说的基础上,进一步提出将播音与主持专业归属于传播学之一体,以播音主持传播活动中的语言学特质和艺术学特质为两翼的"一体两翼"学科定位,并基于新的学科定位的论证提出将播音与主持艺术专业拓展为口语传播专业,提出专业构成、学术研究方向和人才培养框架。

☞ 著作·交叉学科研究

中国创造力研究进展报告
——创造力的形成机制及其应用

陕西师范大学　胡卫平　主编　陕西师范大学出版总社　2021年3月

大力加强创造力研究,培养创造性人才,促进科技、经济、管理、社会等的创新,已成为学术界和国际社会共同关注的问题。《中国创造力研究进展报告——创造力的形成机制及其应用》系统总结和梳理了我国创造力研究者近两年的最新研究成果和重要进展,并为未来的创造力研究及教育、管理实践提供了参考和启示。报告涉及的领域包括创造力的认知神经机制、创造力与人的发展、创造力与教育教学、创造力与组织管理、创造力与社会文化等五个部分。

公众健康视角下区域大气污染联动治理机制研究

陕西科技大学　薛俭　赵来军　经济科学出版社　2021年9月

如何借鉴发达国家的经验，考虑公众健康情况下，适合我国国情的区域大气污染联动治理路径需要深入研究。主要内容如下：一是基于公众健康视角下的区域大气污染联动治理文献计量研究；二是区域大气污染现状、致因与污染特征分析；三是区域大气污染联动范围及等级研究；四是构建了基于公众健康视角下的区域大气污染联动治理激励模型；五是构建了基于期货交易的公众健康视角下区域大气污染联动治理激励模型，并在上述研究基础上，提出基于公众健康视角下的我国区域大气污染联动治理的路径及对策。

鄂尔多斯高原历史地理研究（历史城市地理卷）

陕西师范大学　肖爱玲　陕西师范大学出版总社　2021年10月

21世纪以来鄂尔多斯市的城市建设、区域资源开发与环境关系等备受世人关注，成为众多学科和学者关注的热点研究区域，也引发了社会各界的诸多反思。本书是长时段观察区域城市、城市地域结构与形态动态演化及其与当代区域经济发展关系的实证性研究成果。自然地理环境是城市形成和发展的基础，制度张力是促进城市形态改变的重要因素。鄂尔多斯高原及其邻近地区历史时期城市的发生、发展及其区域重心转移和结构形态的复杂变化，是各种必然性与偶然性因素耦合关系的表达。整理、分析和解释古城遗址历史文化信息是探索本区域古城文物资源保护和利用的有效途径，为当前区域城市建设和资源环境的开发、保护和利用提供可资借鉴的科学依据。本书是2011年国家社科基金重大项目结项成果。

丝绸之路学

西北大学　赵丛苍　主编　科学出版社　2021年12月

本书从丝绸之路学定义、研究对象、学科体系、研究方法、研究历程与展望诸方面进行阐释，指出丝绸之路学是以丝绸之路为研究对象的一门综合性学科，一切与丝绸之路相关的研究内容皆是本学科的研究对象；其重在探讨丝绸之路的机制、作用、价值及东西方文明交流之成果；在时间上包含了先秦的早期丝绸之路、历史时期的丝绸之路及当今的"一带一路"，在空间上包含沙漠、海上、西南、草原、高原等丝绸之路。

☞ 其他著作

序号	题目	作者	单位	出版社	时间
1	中国化马克思主义学风思想研究	阎树群	陕西师范大学	陕西人民教育出版社	2021年8月
2	王阳明德性修养论研究	梁花	西安工业大学	陕西人民出版社	2021年5月
3	先秦风险管理思想研究	黄萌	西安工业大学	西北大学出版社	2021年6月
4	新时代大学生积极社会心态培育研究	郭丹	陕西科技大学	吉林大学出版社	2021年8月
5	信息哲学基础理论及其意义阐释	邬焜 邬天启 王健	西安交通大学	中央编译出版社	2021年11月
6	文医符域综通研究	袁峰	陕西国际商贸学院	三秦出版社	2021年1月
7	叙事学视域下的艾丽丝·门罗小说研究	杨芳	西安交通大学	西安交通大学出版社	2021年3月
8	陕西丛书汇纂	刘锋焘 主编	陕西师范大学	北京燕山出版社	2021年4月
9	中国的修养	曹胜高	陕西师范大学	上海文艺出版社	2021年6月
10	文化的格调	曹胜高	陕西师范大学	上海文艺出版社	2021年6月
11	"一带一路"跨文化建设研究	郭继荣	西安交通大学	西安交通大学出版社	2021年9月
12	延安之光——人民文艺的生成研究	李静	陕西科技大学	兰州大学出版社	2021年10月
13	20世纪曲学史研究	李占鹏	陕西师范大学	人民文学出版社	2021年12月
14	音乐理论与教学策略	赵岩	西安音乐学院	吉林美术出版社	2021年1月
15	儿童节奏乐创编	王婷婷	陕西师范大学	安徽大学出版社	2021年3月
16	现代搏击运动	陈善平	西安交通大学	西安交通大学出版社	2021年5月
17	单簧管演奏理论与实践	何佩隆	西安音乐学院	吉林教育出版社	2021年5月
18	新时期红色戏曲研究	杨敏	西安音乐学院	兰州大学出版社	2021年5月
19	学生体育失范行为理论构建和实证研究	陈善平 刘丽萍 张中江 等	西安交通大学	西安交通大学出版社	2021年6月

续表

序号	题目	作者	单位	出版社	时间
20	中国武术文化的守护与开新	金玉柱等	西安电子科技大学	西安交通大学出版社	2021年8月
21	黑白键上的艺术历程——西方钢琴音乐史研究	陈华	陕西师范大学	吉林文史出版社	2021年8月
22	永远的绿洲——河西走廊	韩兰魁	西安音乐学院	山东友谊出版社	2021年8月
23	古琴艺术欣赏	张敏	陕西师范大学	中国书籍出版社	2021年9月
24	传统武术和健康	陈善平	西安交通大学	西安交通大学出版社	2021年9月
25	优秀运动员科学选材	石磊	西安交通大学	人民体育出版社	2021年9月
26	青少年运动员竞技训练风险的应用研究	万炳军	陕西师范大学	北京体育大学出版社	2021年11月
27	传统相声与中国文学的渊源、借鉴与融合	刘小佳	西安邮电大学	陕西人民出版社	2021年12月
28	大学生体能训练研究	王一民	陕西师范大学	陕西旅游出版社	2021年12月
29	陕北踢场子	吕政轩	榆林学院	陕西人民出版社	2021年12月
30	英汉韵律结构的音系与句法接口研究	赵永刚	西安外国语大学	陕西人民出版社	2021年4月
31	语用学视域下汉语词汇与文化研究	柯慧俐	咸阳师范学院	吉林大学出版社	2021年5月
32	新世纪国内外应用语言学研究现状与发展的历时研究——兼谈我国应用语言学国际化发展	林琳	西安外国语大学	陕西人民出版社	2021年5月
33	卷香风十里珠帘——小令、套数、戏曲百首曲词赏析	刘永华	西北大学	西北大学出版社	2021年6月
34	诗国圣坛:汉诗英译鉴赏与评析	田荣昌	西安交通大学	西安交通大学出版社	2021年8月
35	词义流变与常用词更替研究	刘曼	西安外国语大学	上海辞书出版社	2021年8月
36	现代外语教学与文化融合研究	韩思远	西安外国语大学	中国原子能出版社	2021年9月
37	"话语操控"与安全化话语机制研究	艾喜荣	榆林学院	世界知识出版社	2021年9月
38	钱稻孙的《万叶集》翻译研究	孙伏辰	西安外国语大学	西安交通大学出版社	2021年10月

续表

序号	题目	作者	单位	出版社	时间
39	语言评价中的隐喻：隐喻态度的语义表征研究	宋健楠	西安外国语大学	西安交通大学出版社	2021年12月
40	汉藏文史拾隅	王启龙	陕西师范大学	贵州人民出版社	2021年5月
41	敦煌石窟中的归义军历史——莫高窟第156窟研究	梁红 沙武田	陕西师范大学	甘肃文化出版社	2021年5月
42	龙王辿遗址第一地点旧石器时代晚期遗址发掘报告	陕西省考古研究院、中国社会科学院考古研究所	陕西省考古研究院、中国社会科学院考古研究所	文物出版社	2021年6月
43	戎与狄——陕北史家河与辛庄战国墓地考古报告	陕西省考古研究院	陕西省考古研究院	文物出版社	2021年10月
44	宝鸡郭家崖考古发掘报告	陕西省考古研究院、宝鸡市考古研究所	陕西省考古研究院、宝鸡市考古研究所	科学出版社	2021年10月
45	黄河流域重要农业文化遗产识别评估	杨乙丹 朱宏斌	西北农林科技大学	西北农林科技大学出版社	2021年11月
46	自主研发、税收优惠与经济高质量发展	张俊瑞 陈怡欣	西安交通大学	东北财经大学出版社有限责任公司	2021年1月
47	中国电子商务与物流精准扶贫理论与实践研究	李永飞	西安邮电大学	西北工业大学出版社	2021年1月
48	生态脆弱区退耕还林工程的减贫机制研究	任林静	西北工业大学	经济科学出版社	2021年2月
49	强可持续视角下中国生态全要素生产率的时空演化与提升路径研究	杨万平 李冬	西安交通大学	经济科学出版社	2021年5月
50	合资研发企业悖论冲突影响因素的实证研究——交易成本与关系交换视角	薛晋洁	西安外国语大学	西安交通大学出版社	2021年6月

续表

序号	题目	作者	单位	出版社	时间
51	中国经济增长质量发展报告(2021):新经济背景下的高质量发展	任保平 师 博 钞小静 等	西北大学	中国经济出版社	2021年8月
52	中国新型城镇化发展的多维福利实证研究	赵 娜	陕西师范大学	经济管理出版社	2021年8月
53	后福岛时代中国核能的公众接受度与社会抗争研究	肖群鹰	西安工业大学	上海远东出版社	2021年11月
54	UE4室内漫游开发教程	蒋维乐 孙兆鹏	西安交通大学	西安交通大学出版社	2021年12月
55	残障人受教育权保障的国家义务理论与实践	刘 璞	西北政法大学	中国民主法制出版社	2021年3月
56	秦法律文化新探	闫晓君	西北政法大学	西北大学出版社	2021年3月
57	第三人撤销之诉的程序构建研究	崔玲玲	西北大学	法律出版社	2021年5月
58	当代知识产权研究与实践的生态逻辑——基于马克思主义的反思	薛 华	西安交通大学	法律出版社	2021年6月
59	企业"枫桥经验研究"	汪世荣	西北政法大学	陕西人民出版社	2021年7月
60	法理与学理:大学学术不端行为问责研究	陈 亮	陕西师范大学	西南师范大学出版社	2021年8月
61	集体林权制度改革对中国木材供给的影响:基于省级面板数据的实证分析与GFPM预测	张 寒	西北农林科技大学	中国林业出版社	2021年8月
62	我国电力行业规制法律问题研究	吴 锐	西安交通大学	西安交通大学	2021年10月
63	新时代公务员法原论	杨彬权	西北政法大学	中国法制出版社	2021年10月
64	政府与社会资本合作(PPP)的行政法规制与纠纷解决机制研究	杨彬权	西北政法大学	中国法制出版社	2021年11月
65	共同过失犯罪理论争鸣与探索	王东明	西北政法大学	法律出版社	2021年11月
66	陕派律学家法律改革思想研究	王斌通	西北政法大学	陕西人民出版社	2021年11月

续表

序号	题目	作者	单位	出版社	时间
67	第四种战争：二战时期美国对轴心国的心理战	史澎海	长安大学	陕西人民出版社	2021年2月
68	创新文化视域下的干部培训互动式教学研究	张品茹	中共陕西省委党校	光明日报出版社	2021年4月
69	高级社会工作理论与实务	张 红	西北农林科技大学	中国农业出版社	2021年8月
70	社会工作伦理十讲	袁君刚	西安工业大学	吉林人民出版社	2021年9月
71	环境与社会：清代晋北地区土地利用及其驱动机制研究	张青瑶	陕西师范大学	陕西人民出版社	2021年11月
72	Aging in Place（居家养老）	陈 蓉	西安邮电大学	西南交大出版社、印度GBD出版公司	2021年11月
73	小学信息技术课程与教学	马红亮 蒋 雯	陕西师范大学	西南师范大学出版社	2021年2月
74	大学章程实施评估机制研究	杨向卫	西安邮电大学	西北工业大学出版社	2021年7月
75	Teacher Labour Markets During an Era of Economic Boom（经济繁荣时期的教师劳动市场）	刘 骥	陕西师范大学	Routledge（劳特利奇出版社）	2021年9月
76	高校教师信息化教学能力的结构框架与培训应用研究	葛文双	陕西师范大学	广东高等教育出版社	2021年11月
77	应急管理中不确定决策的双论域粗糙集理论与方法研究	孙秉珍	西安电子科技大学	同济大学出版社	2021年8月
78	企业绿色供应链管理与绿色社会责任治理研究	李 倩	长安大学	哈尔滨工业大学出版社	2021年8月
79	风险承担：现代企业发展之道	苏 坤	西北工业大学	电子工业出版社	2021年10月
80	面向大型零售连锁商店的销售预测模型及其信息系统研究	赵嵩正 巨 翠 董 杰 等	西北工业大学	航空工业出版社	2021年10月
81	基于个体行动者视角的组织资源获取微观机制研究	张 琳	西北工业大学	西安交通大学出版社	2021年12月

续表

序号	题目	作者	单位	出版社	时间
82	移动端应用界面视觉显示转换设计与研究	江菲飞	陕西科技大学	吉林美术出版社	2021年1月
83	县级融媒体国际化视野与本土化建设	张宏邦	西安交通大学	厦门大学出版社	2021年4月
84	基于大数据的欧洲热点事件社交网络舆情案例研究	王宏俐	西安交通大学	西南财经大学出版社	2021年9月
85	新加坡华语电视研究——多元族群社会中的机构、文本与受众	张 渤	西安外国语大学	中山大学出版社	2021年9月
86	中国环境通史（五代十国—明）第三卷	侯甬坚	陕西师范大学	中国环境出版集团	2021年2月
87	陕西省环境质量时空变迁与政策响应研究	王小辉	西安邮电大学	陕西人民出版社	2021年5月
88	黄河流域生态环境保护与高质量发展报告：战略篇	任保平	西安财经大学	西北大学出版社	2021年6月

☞ 论 文 · 马 克 思 主 义 理 论 研 究

习近平关于制度自信重要论述的基本内容与理论贡献

陕西师范大学　阎树群　《马克思主义研究》　2021年第2期

坚定制度自信既要靠进一步坚持和完善制度，又要把制度优势转化为治理效能，同时离不开科学的制度理论引领。党的十八大以来，以习近平同志为核心的党中央对新时代坚定什么样的制度自信、怎样坚定制度自信这一基本问题作出了系统回答和原创性贡献，丰富了对社会主义制度优越性的认识。关于制度建设的重要论述具有深厚的历史性、严谨的科学性、完整的系统性、广泛的人民性等显著特征，构成习近平新时代中国特色社会主义思想的重要内容，为新时代坚持和完善中国特色社会主义制度，更好坚定制度自信提供了全新视野、理论基础、科学方法和精神动力。

网络意识形态治理新趋势

西北工业大学　郝保权　《马克思主义研究》　2021年第1期

通过对网络意识形态工作在理论建设维度、日常生活维度、社会实践维度、制度构建与执行维度的考察，提出构建"党政主导—社会协同—法治保障—技术支持—科学评价"于一体的网络意识形态治理体系，调动多元主体、优化治理结构、整合优势资源，从主导力、协同力、支持力、保障力、再生力五个方面综合发力，以实现网络意识形态治理体系的良序运作。

五四时期苏俄社会主义法制在中国传播的过程和特点

陕西师范大学　张小军　《马克思主义与现实》　2021年第1期

五四时期苏俄宪法、国际法、土地法、家庭婚姻法、劳动法等均在中国得到了传播，苏俄社会主义法制在中国早期部分先进知识分子中达到了一定程度的理解和认同。五四时期，苏俄社会主义法制的传播具有鲜明的批判性、实践性和人民性，一定意义上开启了社会主义法治观念启蒙，在中国大地上种下了社会主义法治的红色基因，客观上促进了马克思列宁主义的传播。回顾这一历史，有助于我们理解近代以来中国选择社会主义法治道路的原因，更加坚定当代中国特色社会主义法治的制度自信。

社会主义人民政治的内在逻辑

长安大学　刘吉发　《社会主义研究》　2021年第2期

社会主义人民政治的内在逻辑，集中表现为历史逻辑、实践逻辑、理论逻辑和价值逻辑四大层面。从历史逻辑来看，人民政治是源于阶级政治、立足民族政治、走向人类政治的文明标识，从而构成了社会主义政治实践的基本坐标；从实践逻辑来看，核心政治是人民政治自组织化的政治结构，从而形成了人民主体与党的领导的有机统一，彰显着人民政治民主机制的生命活力；从理论逻辑来看，人民政治实践论、人民政治认识论、人民政治方法论和人民政治价值论，构成了人民政治逻辑建构的四大维度，标识着人民政治逻辑结构的四维形态；从价值逻辑来看，人民政治表征了人民主体价值创造与价值共享的主体合一，展现了人民政治价值逻辑从阶级回归走向公共回归的价值运动，全方位构筑了社会主义政治生活人民利益至上的价值坐标。

中国共产党现代化观科学建构的历史逻辑、理论逻辑和时代逻辑

陕西师范大学　任晓伟　《思想理论教育导刊》　2021年第2期

中国共产党现代化观的科学建构是对中国共产党百年思考和探索中国现代化历程

的理论抽象,科学回答了中国现代化的领导、基础、道路内容及中国现代化和人类发展的关系等一系列重大问题。中国共产党现代化观的科学建构具有鲜明的时代逻辑,宣示了社会主义现代化道路的客观形成,彰显了中国现代化对人类文明的重大原创贡献,承担着 21 世纪社会主义兴盛的理论使命。

当代霸权国家经济安全泛化及中国的应对

西北工业大学　杨云霞　《马克思主义研究》　2021 年第 3 期

在世界百年未有之大变局下,霸权国家经济安全泛化问题凸显,主要表现为国家经济安全的范畴、实施领域、审查范围及"例外规则"的扩大化。经济安全泛化造成了经济安全壁垒,破坏了国际经济法治格局,导致全球陷入经济安全困境。经济安全泛化的实质是霸权国家解决经济内在失衡和应对危机的一种手段,目的在于谋求金融垄断资本超额经济利益、实现其经济霸权。面对霸权国家经济安全泛化,中国应积极构建国内国际双循环的新发展格局,以法治对抗霸权国家的"非法治",积极推动双边、多边或区域自由贸易,积极构建新型国家经济安全观。

革新以来越南共产党对社会主义建设的理论探索

陕西师范大学　闫杰花　《当代世界与社会主义》　2021 年第 3 期

革新以来,越南共产党将马克思主义基本原理与越南国情相结合,不断对越南社会主义建设进行理论探索,逐步深化对越南社会主义过渡时期发展阶段理论的认识,不断推动越南社会主义民主建设理论的发展,逐渐完善越南共产党党的建设理论等重大问题。这些探索对越南共产党带领越南人民进行社会主义革新起到了重要的指导作用,但也存在一定的问题与不足。

中国共产党百年在人类文明史上的地位

陕西师范大学　任晓伟　《陕西师范大学学报》(哲学社会科学版)　2021 年第 4 期

中国共产党的百年在人类文明史上占有重要的地位。在百年奋斗中,中国共产党把世界上人口最多的国家重新带入人类文明发展的正轨,增厚了人类文明发展的中华民族基础;在百年探索中,中国共产党开辟出一条全新的社会主义现代化道路,使人类的现代化具有了新的成功方案;在百年追求中,中国共产党基于中国特色社会主义伟大成就,创造出人类文明发展的新型样态;在百年锤炼中,中国共产党以强大的自我革命能力,把自身建设成为推动人类文明发展的不竭动力源泉。

时间观念视角下高校辅导员工作状况研究

西安交通大学　张　楠　《思想理论教育》　2021年第9期

时间是人们了解社会秩序和制度、群体生活方式和生活节奏的重要"切口",对时间的研究有助于人们认识和把握不同群体的情感表达、行为方式和价值倾向。高校辅导员作为高校教师队伍的重要组成部分,他们对时间的认识、体验以及评价,不仅标记出该群体的工作轨迹和方式,而且呈现了群体的时间结构特征和实践经验以及诸多真切的生命体验,反映了该群体对高校管理文化、辅导员队伍建设等方面的真切期望和诉求。一种结构化的时间观念和体验,形塑着辅导员的职业价值观念。将时间维度纳入高校辅导员职业化、专业化建设发展的视域之中,可以更好地推动高校辅导员队伍建设。

新时代党内政治生态治理的内涵体系基于政治生态学的理论视角

西北工业大学　张近乐　姚冰洋　《学术探索》　2021年第9期

自然生态要山清水秀,政治生态也要山清水秀。以政治生态学的理论视域透视新时代党内政治生态治理,展示出其丰富的内涵体系,明确党内政治生态治理的起始基础、首要任务、必然要求、治本之举、关键群体、核心灵魂、有力保障、根本路径与评价标准。新时代党内政治生态治理不仅是单单的政治系统内部的腐败治理,更加关注社会系统对政治系统的影响,是统筹政治系统内外的双向生态式治理。

对反腐败斗争为什么首先要从政治上看

西北政法大学　韩　松　陕西省纪委　邓峰彬　《人民论坛》　2021年第18期

习近平总书记关于反腐败斗争首先要从政治上看的重要论述,其理论内涵包括了对党风廉政建设和反腐败斗争的政治认识论、政治本质论和政治实践论。我们应当首先从政治上认清,反腐败是关系到党和国家前途命运的重大政治斗争,要做到首先从政治上看就要不断提高对反腐败斗争的政治判断力、政治领悟力、政治执行力。

中国共产党与马克思主义中国化的百年探索

陕西师范大学　阎树群　《中国社会科学文摘》　2021年第6期

该文立足于新时代的历史方位,从理论和实践、历史和现实相统一的角度对中国共产党百年来推进马克思主义中国化进程中理论命题的提出和演变、成果形态的丰富和拓展以及历史进程的飞跃和延伸,作出了系统梳理和深入辨析。

摩洛哥进步与社会主义党的发展演变及现实挑战

西北大学　张玉友　《当代世界与社会主义》　2021年第6期

摩洛哥进步与社会主义党的产生和发展是西亚北非地区共产主义运动的重要组成部分。该党历经70多年的曲折发展,经历了从共产党到解放与社会主义党再到进步与社会主义党的转变,逐步发展成为摩洛哥"参政党"。该党在不同时期充分结合本国国情,从内政与外交两大方面对社会主义革命进行了积极的理论探索。长远来看,尽管摩洛哥进步与社会主义党的发展深受政治分裂化和党内实用主义路线的影响,但其社会主义思想将持续影响和塑造摩洛哥左翼思潮。

☞ **论文·哲学研究**

天台诸祖对《请观音经》的阐释与修习

西北大学　刘田田　《世界宗教文化》　2021年第1期

竺难提翻译的《请观世音菩萨消伏毒害陀罗尼咒经》是中土较早流传的观世音菩萨和观音信仰的经文。天台宗人对此经非常重视,智者大师天台智顗作《请观音经疏》,灌顶作观音忏法,慈云遵式践行观音信仰,完善观音忏仪。经过智者大师等人的弘扬,这部经对汉传佛教观音信仰、观音忏法等都有很大的影响,体现了观音信仰中国化的过程。

卢卡奇的海德格尔批判及其反思
——基于对《海德格尔重生》的考察

西安交通大学　杨　栋　《马克思主义与现实》　2021年第1期

通过阐释这一文本中卢卡奇批判海德格尔的立场和观点,并从海德格尔思想的角度审视这一批判,本文表明,除了隐微地承认,卢卡奇由点及面地否定了海德格尔从《存在与时间》到《关于人本主义的书信》中的思想。这种从政治定性出发,将《关于人本主义的书信》视作前法西斯主义自我辩护的哲学批判,在相当程度上错失了海德格尔思想的内核,最终走向对海德格尔思想之为精致唯心主义的当代哲学"第三条道路"的判断。

诠释学的两种取向与哲学史的两种研究方式

陕西师范大学　宋宽锋　《天津社会科学》　2021年第1期

该文从哲学史研究方式的视角反观"方法论取向的诠释学"和"存在论取向的诠释

学",前者内在地包含着心理的重建、语境的重建和祛语境化的三种文本解读方式,后者呈现的则是一种"再语境化的文本解读方式"。

"术"以载"道":基于区块链技术的科研诚信建设研究

西安邮电大学　李叶宏　《自然辩证法研究》　2021年第3期

区块链技术的快速发展为科研诚信建设提供了新的视野与方法,将其运用于科研诚信建设为记录科研过程提供了新的可靠路径,提升了科研成果评价的公正性,能更好地实现"重在预防"。区块链运用于科研诚信建设符合科学技术"为善"的初衷,科研诚信的特殊性及区块链技术应用于科研诚信建设的历史及发展趋势决定了区块链技术运用于科研诚信建设完全可行。应当构建基于区块链技术的科研综合平台,真实记录科研过程,客观、科学地评价科研成果。

论巨型工程大伦理观的建构与实现

西北工业大学　张云龙　《中国社会科学》　2021年第2期

以工程师为伦理主体的微观工程伦理学因其对其他工程主体的忽视而难以揭示巨型工程中的伦理问题。从宏观的视角出发,运用系统科学的方法,建构符合中国国情的大伦理观,既能克服微观工程伦理学的理论困境,又能有效激发工程共同体所有成员的伦理意识和道德情感,共同携手建造更多更好的巨型工程。

良知既非能力之知亦非动力之知
——与郁振华、黄勇商榷

西北大学　路传颂　《文史哲》　2021年第2期

郁振华和黄勇都认为道德命题知识不具有实践能动性,而王阳明的"良知"具有实践性,因此"良知"不是命题知识。两位先生分别把王阳明的"良知"诠释为能力之知和动力之知,但如此一来,"知而不行"就只是一种认知缺陷,而不是道德缺陷,即只具有道德命题知识,而没有实践性道德知识;要做到"知行合一",道德主体要在命题知识的基础上"别立个心"以获得实践性道德知识。道德能力之知与道德动力之知的概念也抹杀了信念与知识的分别,因此许多能够用"道德信念"解释的道德现象,是道德能力之知和道德动力之知难以解释的。为了说明"良知"的实践能动性,我们只需要放弃道德命题知识不具有实践能动性的观点,而不需要另立一种自成一类的道德知识。

以习近平法治思想引领中国宗教法治化建设

西北政法大学　彭瑞花　李　锋　《世界宗教文化》　2021年第2期

　　宗教法治化建设是我国法治建设的重要组成部分,也是坚持宗教中国化,引导宗教与社会主义社会相适应的必由之路。党的十八大以来,我国进入以习近平法治思想引领中国宗教法治化建设的新阶段,在习近平法治思想引领下,我国宗教法治化建设成就斐然,《宗教事务条例》修订,《民法典》颁布,地方性宗教事务条例、宗教规章和规范性法律文件制定和实施,宗教领域的突出问题得到有效治理,宗教领域治理体系和治理能力现代化取得重大发展。

超越《逻辑哲学论》"正统"之争的三条路径

西北大学　张学广　《哲学研究》　2021年第2期

　　在《逻辑哲学论》的百年解释史中,长期占主导地位的"正统解读"将它看作一部有关世界、思想、语言、逻辑的形而上学著作。直到新世纪前后,这种解读才受到"非正统解读"的挑战,后者认为它是一部从根本上否定"无意义"话语的反形而上学著作。如果超越正统解读和非正统解读,完整地理解该书文本,将它与其后期哲学加以对照,并从该书的产生过程、维特根斯坦一生的追求、所处的时代背景和哲学史的深远关联看,《逻辑哲学论》最终可被归结为一部以伦理为主旨、以辩证法为方法、以实践为目的的经典之作。

论马克思方法论唯物主义的演进方式
从发生论的描述到目的论的解释

西北大学　刘　宇　《哲学动态》　2021年第3期

　　马克思历史科学中的方法论唯物主义旨在描述和解释人们的实践活动与历史发展过程,其依循的原则是从下层的物质条件出发来解释历史的变迁和社会结构的形成。马克思采用两种方式回应了"质料何以成形"的问题:一是发生论的方式,即从历史起源的物质生产活动出发,描述这种活动如何一般性地层层构建起人类社会;二是目的论的方式,即从既定的社会形态出发,回溯过去的各个因素如何发展以至构成当前特殊的社会结构。其中,目的论的解释包含着发生论的描述,它既是理解历史的方法,同时也是理解实践的方法。

试论朱熹理学思想建构中的荀子思想形象

西安电子科技大学　朱锋刚　《吉林大学社会科学学报》　2021 年第 3 期

随着"朱熹是荀学"命题的提出,朱熹笔下荀子的真实思想形象值得聚焦探讨。朱熹用"参杂法家"甚至"全是申韩"的评语表达对荀子取法法家以建构学说的不满,但依然认为与韩非等法家人物相较,荀子是有救世情怀的儒家圣贤,是"大醇"。朱熹沿用了程颐"论性"时性与气兼备的义理架构,认为孟荀皆有得失,荀子于"大本处不透彻,只见得人性之不好",孟子"只见得大本,未说到气质之性",这构成了性恶论兴起的理论源头。不识性之大本,导致荀子虽强调践履工夫却因流于细节而无从落实。朱熹认为应该从孟子四端说来阐明"礼乃性之固有",可破荀卿之说。总之,朱熹体察、肯定荀子的救世情怀下的良苦用心,从义理上有意识地统合孟荀来寻求发展儒学。

因果的革命与革命的因果

西北工业大学　吴小安　张　瑜　《中国社会科学评价》　2021 年第 3 期

亚里士多德的四因说,作为因果理论的肇始,界定了之后两千年因果讨论的范式,而休谟的因果理论和穆勒五法蕴含着现代因果推断的思想雏形:用反事实来分析因果。随着后牛顿物理学的兴起,因果概念本身的合法性与重要性遭到质疑。20 世纪末,用反事实分析因果的径路兴起了"因果的革命",逐步建立起了当代三个因果的反事实模型:以可能世界的反事实模型为基础的因果理论,以及数据科学的结构因果模型与潜在结果模型,尽管它们有共同理论直觉,却选择了不同的刻画方式。这一"因果的革命"也对其他社会科学领域的研究方法构成革命性影响。

因果方向与反事实依赖
——大卫·刘易斯关于因果方向的形而上学理论

西北工业大学　吴小安　《自然辩证法研究》　2021 年第 4 期

本文将阐述了大卫·刘易斯关于因果方向的形而上学理论。刘易斯指出现实世界的一个特征:过度决定的不对称,而这个特征在他的框架中意味着奇迹的不对称。根据奇迹的不对称和他所给出的加权系统和反事实语义,三者一起证明了反事实依赖的不对称,再根据他把因果还原为反事实的主张,从而也证明了因果的方向性。我将在因果模型的框架内来重新审视他的反事实的相似性语义分析,指出它和因果模型语义的相同之处,比如如何刻画反事实的前件,并指出这种先验的概念分析和所设想的复杂系统有悖于用反事实来分析因果的初衷。

虚构谈论的关涉性

西北大学 邵世恒 《自然辩证法研究》 2021年第8期

虽然虚构角色不存在,但虚构谈论确是关于虚构角色的。为了使这一关涉可能,克兰提出了一种表征主义解释,但这一解释会受到强版本和弱版本两类反驳。这些反驳表明关涉性既具有表征性特征,也具有关系性特征。针对虚构谈论的关涉性,新的替代性策略将立足于表征之间的关系,而非表征的内在特征,从而虚构谈论关涉的是相互关联的表征所共同聚焦的对象。新策略同时满足了表征性特征和关系性特征,因而避免了针对克兰解释的反驳。最后,一种内置遵从性用法的因果链条被用来解释表征之间的关系,补足了新策略的最后一环。

辜鸿铭对中国哲学经典的英译及其启示

陕西师范大学 郑元会 陈庆欣 《中国社会科学报》 2021年8月10日

中国哲学文献是中国人对自然界、人类社会和人的思维等领域系统性、深层次认识,也是中国智慧与人类生存之道的书写呈现,承载了中国人的知识、价值和方法论。辜鸿铭认为中国哲学经典的翻译有利于欧美人理解中国文化之"道",培养道德责任感。他通过对中国经典的翻译推动了"中学西传",以期将中国文化作为一种理想的道德人格推广到全世界,重建人类道德伦理秩序。本文从辜鸿铭《论语》翻译中的价值连贯性、价值普遍性和差异弥合三个方面对其道德救世的良苦用心进行了典型性考察。

"他山之石":张载"太虚即气"命题的天文学初诠

西安邮电大学 聂启阳 《自然辩证法研究》 2021年第8期

张载作为中国古代杰出的思想家、关学学派的创立者,其思想体系蔚为大观,然而其独特的天文思想并未受到足够的重视。同时,"太虚即气"这一重要命题的具体内涵长久以来未有定论。从宇宙结构、宇宙运动,以及宇宙动因三个方面探讨张载的天文学思想并且明确"太虚"与"气"在天文学中的具体内涵和关系,能够对理解张载"太虚即气"命题的内涵和成因提供一个独特的视角。此外,通过分析《尚书·考灵曜》"双重天球"模式和"地动说"对张载天文思想的影响,是对张载天文思想研究的推动。

故事与问题:学术研究的困境是怎样产生的

西北大学 曲安京 《自然辩证法通讯》 2021年第6期

对"学术研究"的一系列相关基本概念的误解,致使人们混淆了"历史"与"历史研究"的差别,在很大程度上,恶化了部分人文学科的学术生态环境,这或许是中国的近现代精密科学史研究之所以陷入困境的主要原因。

"未济"与"忧患":章太炎以佛证易思想发微

西北政法大学　李智福　《哲学研究》　2021年第9期

章太炎将文王、孔子、老子、庄子并称为"域中四圣",此四圣皆是冥会华梵、悲悯利生的大乘菩萨。章太炎认为,文王在最高智慧上与佛乘并无二致,文王作易,始以乾坤,"乾知大始,坤作成物"即隐喻阿赖耶识变现天地万物;同时,文王意识到众生在种种无明中难以觉悟,故以"未济"来表达他度化众生的大悲心。生生之道为"既济"之世间法,度脱众生为"未济"之出世间法,出世间法不坏世间法,真妄一元,俗真同体。《蓟汉微言》指出"唯文王为知忧患,唯孔子为知文王",此中之忧患不是开物成务之世间法意义上的忧患,而是自证证他、觉悟众生之烦恼障。章太炎一生默会《周易》的忧患意识,此忧患意识对其人其学影响甚深,忧患是章太炎一生学思的底色,也是对其人格精神的玉成。

关于"人是能动与受动的统一"的理解
——基于《1844年经济学哲学手稿》的研究

陕西师范大学　李忠军　吉林大学　张宝元　《思想政治教育研究》　2021年第10期

科学认知人的能动与受动及其相互关系是马克思人学思想建构的核心点位。正是基于对人是能动与受动的统一的深刻把握,马克思全面洞察了现实的人的本质,找到了人全面占有其本质、实现合乎人性的本质复归的现实路径,奠定了人的全面发展与全人类解放的价值追求。对人的能动与受动内涵进行深入厘析、把握人的能动性与受动性的辩证统一关系,在此基础上凝练、汲取新时代思想政治教育理念和方法,创新发展的价值遵循与实践启迪,既是对马克思主义基本立场、原则的贯彻坚守,也能够在守正创新中更好地发挥思想政治教育的科学性、实效性,增强感召力、生命力。

《释摩诃衍论》辽朝注疏与辽道宗的佛学思想

西北大学　袁志伟　《中国哲学史》　2021年第5期

辽代法悟和志福在辽道宗授意下为《释摩诃衍论》所做的两部注疏,在很大程度上可以反映辽道宗耶律洪基本人的佛学思想,即以唐代华严学为理论根基,以真心思想为理论核心,并借助"一心二门"的思路融会禅宗、唯识宗、天台宗等佛学思想,进而建立以华严学为中心、诸宗融合的佛学体系。这些都体现出辽道宗试图统一佛学思想界、进而为现实政治服务的意图。

形上宇宙论架构如何安放道德主体的自觉心？
——周濂溪思想解析

西北工业大学　黄　琳　《现代哲学》　2021 年第 5 期

周濂溪关注宇宙论中生成、化生的全体,而价值论意义的"善恶"并"诚"与"几",必在心、性、情的心性论框架下方能顿现。如果假设濂溪思想中含有基本的道德价值理论,须先设定一"本然之理",此理可以是仁、义、礼、智"至善"的实体之理,预设一自由自律的道德理性,明觉心体的自觉心、道德心,情、意、欲、念、物、事(行动)之道德实践、践履若依本然之理而动即得正与和,成就道德本体的"善"与"诚",心若不依理,即反道德而为"恶"。但是,这些究竟是濂溪思想并未明白呈露的内蕴架构,还是强为之说,以《太极图说》和《通书》为据,尚晦暗难明。

马克思生态审美观的理论意蕴与启示

陕西师范大学　李西建　《陕西师范大学学报》(哲学社会科学版)　2021 年第 5 期

马克思生态审美观是其生态哲学思想的重要构成部分,进入 21 世纪后已引起学界的持续关注和重视。马克思一生的思想生产和理论创造,客观包含了独特的生态审美观意识或观念,这是由马克思所具有的完善的共产主义理想愿景,立足于改造和变革现实的实践哲学,以及科学认识和解释世界的唯物主义与辩证法的思维等"人类共同体"思想和理论的合力造就和决定的。马克思生态审美观集中体现在以《1844 年经济学哲学手稿》为基础的"自然的复活""异化的积极扬弃"和"彻底的自然主义与彻底的人道主义的同一"等思想观念和理论主张中,它所包含的生态审美观及理论价值取向,其理论意蕴所具有的思想生产张力和人文意义内涵,对当代生态审美伦理构建与人的审美救赎和解放等均产生了深刻影响,对当代社会文化发展具有建设性和积极意义的价值引领及启示。

从苏格拉底转向看伦理学的性质与功能

陕西师范大学　常永强　《伦理学研究》　2021 年第 5 期

在笛卡尔之前,西方哲学的基调主要是由苏格拉底奠定的。苏格拉底完成了西方哲学史上第一次转向,通常称之为伦理学转向。受阿那克萨戈拉启发,苏格拉底放弃了早年从事的自然哲学研究,转而在灵魂层面寻求真理。通过与前苏格拉底时期的伦理学与自然哲学进行比较,能够进一步看清苏格拉底发生哲学转向的原因和意义。他一方面扭转了真理探究的方向,另一方面也赋予了伦理学以坚实的本体论基础。如果说"善"理念是苏格拉底的形而上学,那么,伦理学就是通达这一形而上学真理的方法论。这种哲学观深刻地影响了西方古代哲学,与之相对照,笛卡尔方法论转向以及整个西方近代哲学的合法性则是需要我们重新加以反思的。

《庄子》以环喻道、以镜喻心及卮言三喻

陕西师范大学　赵俭杰　刘生良　《江汉论坛》　2021年第11期

《庄子》以圆环、镜子、酒器比喻道、心、卮言。借圆环之贯通性破是非之辩,用周期性破生死之执;以镜子之客观性和容纳性喻示人心若如镜子一样保持平静、虚空便不易为外物所伤,由此提出虚己以游世的处世方式;卮是一种与圆环、镜子特征类似的圆融性和中空性酒器,其与日出、天倪等皆喻示作为道言的卮言。通过揭橥《庄子》道、心、卮言的喻体特征,有助于理解其思想内涵。

恩格斯的自然哲学理论及其当代启示

西安交通大学　邬　焜　曹嘉伟　《自然辩证法研究》　2020年11月

恩格斯创立的自然辩证法是承认"自然界的辩证法"的自然哲学,同时也是一种科学的自然哲学。马克思和恩格斯强调过的阐释自然哲学的方法是"以自然的名义"来表述自然。恩格斯建立的自然哲学仅仅是辩证唯物主义自然哲学的第一个历史形态,今天,在现代科学有了充分发展的基础上,我们应当建立辩证唯物主义自然哲学的第二个历史形态。辩证唯物主义自然哲学应当是一种开放的哲学,应当是一种能够兼容众多与自然直接或间接发生关系的学科领域的哲学。

哈贝马斯交往行为理论再批判与差异对话理论的建立

西安电子科技大学　毕　晓　《人文杂志》　2021年第6期

哈贝马斯通过建构交往行为理论来重塑理性在世俗时代的统摄地位。他将交往行为理论的目的设置为重塑理性统治,而非交往行为本身。这使得交往行为理论本身成为一种对日常生活的理性抽象,丧失了交往行为的实践性。通过对交往行为理论的三大核心要素,即同质型主体间性、普遍语用学与公共领域进行批判性分析,结合列维纳斯与巴赫金的相关理论,或可尝试提出差异型主体间性、复调谈话与公共领域群三种对应思想,从而确立差异对话理论,弥补哈贝马斯交往行为理论的不足,将被抽象化了的交往行为修改为一种差异对话行为。

☞ 论文·文学研究

《红楼梦研究》批判与当代文学批评范式的建立
——兼论李希凡的文学批评

西北大学　周燕芬　《中国现代文学研究丛刊》　2021 年第 1 期

　　1954 年对《红楼梦研究》的批判，无疑带着特定时代共同的思想症候，表现出政治批判介入文艺批评的典型运动形态。这场运动对于中国当代文学批评，有着更大的构型作用和指向意义，所谓批评观念的时代转型和批评模式的全新建立，正在此间有效生成。因而将其作为当代文学批评建构过程中的特殊环节来深入研究，是非常必要的。

"民族 – 人民"诗人的生成
——马克思主义视野与抗战时期郭沫若的屈原研究

西北大学　唐文娟　《中国现代文学研究丛刊》　2021 年第 1 期

　　郭沫若抗战时期的屈原研究，是"民族 – 人民"诗人屈原生成过程的重要节点。首先，在民族主义催生的"屈原热"中，正是经过郭沫若的推动，"民族诗人"屈原的形象才得以确立。其次，如将郭沫若的屈原研究置于国统区的思想语境中加以考察，则郭沫若将屈原纳入"革命儒家"的脉络，虽然引发了左翼史学界内部的纷争，但也为"人民"屈原的生成奠定了基础。最后，抗战末期，随着"人民"话语的兴起，郭沫若"以人民为本位"的史观正式出场，屈原又被赋予"人民诗人"的称谓，其兼具民族性与人民性的双重内涵，既是中国革命独特性的写照，也包含了对革命中知识分子问题的另类思考。

桐城派"逆笔"批评论
——以文章选本评点为中心

西北大学　杨新平　《文艺理论研究》　2021 年第 1 期

　　"逆"是中国传统文化中重要的理论范畴，常与"顺"相对言。在"顺""逆"范畴的发展过程中形成了贵顺忌逆与主逆避顺两种价值取向，其中后者影响更为广泛，古代文学理论批评中的"逆笔"概念即渊源于此。属意于逆、以逆为贵是清代文学批评中普遍的审美祈向，桐城派亦通过选本评点对历代文章典范中的用"逆"现象进行了细致的品评析义，揭橥"反面"之逆、"旁面"之逆、"逆中之逆"等逆笔艺术佳妙，就中所论"取影""凌空倒影"等批评术语，以象喻方式对逆笔进行创造性阐释，丰富了逆笔批评之内涵。逆笔批评是桐城派文学思想细微面向的具体体现，既反映出桐城文士对逆向运思创作理念的深刻体悟，又内蕴贵曲忌直、崇尚奇险的审美心理。

"两创"与中国古代文学经典的建构

陕西师范大学 张新科 《文学遗产》 2021年第1期

中国古代文学经典的建构方式和途径,实际上反映的是古代文学创造性转化与创新性发展的历史过程与历史经验、文学经典的形成,一方面取决于作品内在的思想和艺术价值,另一方面则由于外在因素的影响。外在因素主要有社会土壤,文化政策,文学思潮,文学传播,文学家的学习与模仿,评论家的意义阐释,文选家的引导,古代诗文总集、别集、选本的收录,学校的文学教育,作品的改编等,但归根结底还是在于历代不同读者对作家、作品的认可与接受,把握古代文学经典的建构途径,有助于我们当下对"两创"的理论认识与实践探索。

中国现代文学对话性批评精神的形成

西北大学 王鹏程 《中国文学批评》 2021年第2期

中国现代文学批评在中西文化碰撞、古今文学变革的历史语境下,在时代精神的感召下,注重独立意识、对话精神与交往功能,在审美追求与价值趣味不尽一致的前提下,联系多方面的社会、历史、道德、伦理等领域的观念形态,对具体的、动态的、存在于作品中的普遍性审美进行分析,形成了具有现代性的批评观念和批评功能。中国现代文学批评家以独立的批评精神,构建起丰富多样的批评类型、和而不同的批评格局与广大开阔的批评空间,是当下文学批评进一步发展不可或缺的重要经验和宝贵资源。

李渔与十八世纪日本"文人阶层"的兴起

陕西师范大学 郭雪妮 《外国文学评论》 2021年第2期

江户时期,随着清人商船于长崎与中国港口之间频繁往来,李渔的戏曲小说、诗文画谱陆续传入日本,流传于日本文人学者之间。虽然李渔戏曲小说传入日本的时间早于其诗文画谱,但前者在接受时间上却较后者落后近百年,这种接受时间上的倒错与江户思想史上"文人阶层"的兴起存在着错综复杂的关系。本文从李渔绘画与诗文的跨界接受这一点切入,以日本文人画名作《十便十宜图》的图像学阐释为起点,揭示李渔《芥子园画传》及《闲情偶寄》对日本文人画及文人生活美学的影响,并借由江户政治史与儒学史的交集,探讨李渔与十八世纪日本"文人阶层"兴起之间的关系。

"正统在我":中古正统建构与文学演进

陕西师范大学　王　伟　《复旦学报》(社会科学版)　2021年第2期

在中国古代,正统建构既关系天下稳定,也攸关每一个王朝和帝王的执政合理性,因而其在政治文本、思想文本和文学文本中均有呈现。十六国南北朝各政权对抗时间久长,政权更迭频繁,且与华夷、南北等问题相糅合,故此一时期的正统之争在国史上尤为激烈,对文化及文学发展的影响甚巨。本文拟以正统争夺为语境,对十六国君主的文学形象建构,南北文学对立和隋唐文学融合等问题进行新的思考和探究。

唐诗中象征性女性形象的诗学功能及英译策略研究

西安外国语大学　王　洒　《外语教学》　2021年第4期

唐诗创造性地继承了屈原在《楚辞》中开创的美人喻,类型更为丰富,涵盖世俗、史典与神话中的各类女性形象。其诗学功能更为多元,衍生出政治托寓、社会讽喻、文学隐语和伦理卫道等寓意,形成了较完整的女性形象诗学象征系统——本文称为象征性女性形象。本文提出,可将副文本理论应用于唐诗英译实践,强化副文本的宣介,阐释与导航功能,通过序跋导读,加注释义,外副文本宣介等具体翻译策略,向目的语读者系统译介唐诗中象征性女性形象的诗学功能。

杜甫离职华州西行论稿

陕西师范大学　师海军　《四川大学学报》(哲学社会科学版)　2021年第4期

杜甫离职华州西行及在秦州的经历,对其诗歌创作及中国诗歌的发展产生了重要影响,但杜甫西行的深层原因与最终目的地历来说法不一。深入分析文献可以发现,杜甫并非仅因为躲避战乱、逃离饥荒、政治理想破灭、投奔亲友而寓居秦州,而是为了去凉州投奔河西节度使杜鸿渐。凉州是连接陇右、京畿与北庭、安西的中心,唐肃宗在与玄宗反复博弈之后才得到西北军镇的支持,杜鸿渐的任命就是肃宗为了加强对西北的控制。杜甫与杜鸿渐及其幕府中的主要人物均熟识,因而他在华州任上遭遇挫折后,即思去凉州寻求出路,杜甫在秦州的诗作也对此提供了相关证据。随着当时战局的发展以及肃宗与玄宗在荆襄地区的角力,杜鸿渐于乾元二年(759)七月被调任为荆南节度使,杜甫因身体、家庭及对政治形势的考量等原因,只能寓居秦州,为寻求下一步的出路,最终于同年十二月入蜀。

"影像文化志"视野下"活态"史诗口头表演特征的翻译
——以《玛纳斯》史诗英译为例

西安外国语大学 陈卫国 梁真惠 《外语教学》 2021年第5期

"活态"史诗是表演的史诗,具有很强的口头表演特征,这一特征在"文本化"过程中不可避免地被丢失,成为该类史诗在记录、转写及翻译中的一大缺憾。影像文化志将影像作品视为对民众日常生活的一种翻译"文本",是对原生态文化的视觉化立体呈现,为翻译"活态"史诗口头表演特征提供了理论方法。本文以我国三大"活态"史诗之一的《玛纳斯》为例,探讨"活态"史诗的口头表演特征及在翻译中的缺失,认为在文字译本之外提供原生态表演的真实影像文本可以在某种程度上弥补口头表演特征的缺失,实现"活态"史诗在他者文化中的立体呈现。

论"十七年"合作化小说的牲畜话语及其意义

西北大学 雷鸣 《文学评论》 2021年第6期

在"十七年"的合作化小说中,牲畜不仅是作为乡村社会的农业生产资料与家庭财富而存在,它还涉及合作化运动的必然性与合理性问题,同时又为合作化小说增添了若干审美异质元素。合作化小说通过书写不同类型人物对牲畜的情感取向,检视其认同立场与道德水准,但又表达了部分农民发自人性的美好;通过牲畜之生死的设置,两条道路的斗争得以生活场景化;在对合作化未来生活想象的虚拟风景中,数量繁多的牲畜是不可或缺的元素,这既契合中国乡村传统文化心理,又使农民对美好生活的期许变得具象化,从而激发农民对合作化共同体的信心,无意之中也为文本增添了些许田园诗意。

家族图谱与家世记忆
——柳宗元自撰家族墓志碑铭文的文化蕴涵

西北大学 李芳民 《文学遗产》 2021年第6期

柳宗元的墓志碑铭文中,为家族亲属所撰者数量甚多,可以说构成了一个人数众多的家族图谱。这些墓志碑铭文,不仅记述了其家族人物的德能行迹,而且还可以从中看出柳氏家族的历史盛衰、家门宗风、仕宦婚姻、子女教育与品德修养等,对于研究中古士族的家族特点,具有重要的价值。柳宗元在文中所体现的情感特点,作为中古士族走向衰落的历史映射,同样也具有重要的价值与意义。

忠义缘何在水浒？
——李贽的豪杰观与《〈忠义水浒传〉序》之再解读

陕西师范大学　陈　刚　《求是学刊》　2021年第6期

《〈忠义水浒传〉序》是《水浒传》主题解读中一篇极为重要的文字，然而关于该序深层内涵的解读尚难以让人完全满意。李贽眼中的豪杰往往有着强烈的入世情结、鲜明的侠之气概与超凡的能力要求，而水浒英雄恰好完美地符合了李贽心目中的豪杰标准。在万历二十年（1592）的历史背景下，李贽《〈忠义水浒传〉序》中对于梁山英雄的崇拜，不仅指向文学世界中的人物，还和张居正、梅国桢、林道乾这三个历史人物密切相关。李贽此文的写作目的是想通过对江湖之盗的高扬，来反衬朝廷能力之不足，进而曲折地表达一种对于朝廷用人的抨击与批判，并在其中表达李贽自我的人生寄寓。

☞ 论文·艺术学、体育学研究

被访者驱动抽样法在中国退役运动员群体调查中的应用

陕西师范大学　樊　敏　张晓丽　《成都体育学院学报》　2021年第1期

调查样本代表性对于研究结论的推广性具有重要的意义。如何找到一种新的方法，使抽样结果更接近总体抽样概率，这是中国退役运动员群体研究要解决的重要问题之一，被访者驱动抽样（RDS）为隐藏群体抽样提供了新的解决思路。本文首先对RDS方法的基本原理、应用程序、特点和使用注意事项进行了介绍，而后利用该方法对全国316名退役运动员进行了抽样调查，结果显示：总体招募情况良好，经过均衡性分析检验，利用RDS方法收集到的样本具有的较好的典型性和代表，可以对中国退役运动员总体进行估计。

见证·聚焦·引领：《美术》杂志与"长安画派"的历史钩沉

西北大学　刘艳卿　屈　健　《美术》　2021年第1期

20世纪五六十年代，《美术》杂志对"长安画派"长达6年的持续关注和推介讨论，不仅见证了一个发端于西北地区、极具时代特色的新画派的成长历程，而且触发了理论界对中国画如何继承传统、如何创新发展、如何确立符合新中国文艺要求的艺术评论标准等重要问题的讨论。以"长安画派"为代表性案例，《美术》杂志从思想的高度引领美术创作和艺术评论的方向，试图在中国画改造运动中建构新的话语体系和图像范式，从而探寻满足人民审美需求、反映崭新社会面貌、彰显时代精神内涵的中国画革新之路。

《图画日报》的晚清电影批判性书写

西北大学　吴迎君　《电影艺术》　2021 年第 1 期

晚清宣统年间的《图画日报》,作为近代唯一日报形式画报,在追求宪政发达意识下启聋发聪,通过"上海社会之现象""营业写真""时事新闻画"栏目及图绘小说《续海上繁华梦》的图文叙述,批判电影本土放映的"垢秽化"、由"破狭邪物"变成"狭邪物"的"停滞化"、相较改良新剧的"去启蒙化",把电影塑造成"预备立宪时代"窒塞民智的同谋者。因《图画日报》的宪制理念误读,电影作为"立宪障碍物"被污名化,实际成为中国启蒙话语的牺牲品。

中国西部电影英雄叙事的审美

西北大学新闻传播学院　段怡然　《北京电影学院学报》　2021 年第 4 期

英雄故事中包含着具有原型意义的观念、价值、思想,能够满足人类多方面的精神需求。英雄故事也是特定社会历史条件下人们生存境遇形式化的表现。本文以英雄叙事的原型结构为基础,从生命意识、现实关怀和文化反思这三个维度,就中国西部电影的英雄叙事进行具体阐释。探讨中国当代文化议题嵌入到原型叙事的方式,以此分析中国西部电影英雄叙事的美学特质和审美诉求。

刀郎木卡姆多声形态的量化分析及成因探析

陕西师范大学　杨银波　《中国音乐》　2021 年第 5 期

刀郎木卡姆旋律性伴奏乐器有卡龙琴、刀郎艾捷克与刀郎热瓦普,乐器在表演进程中围绕歌唱音调以一定模式进行不完全跟腔伴奏,从而产生了特有的多声形态。以"套"为单位的刀郎木卡姆在表演进程中随着节拍与速度发展,伴奏音调由丰富多变逐步转向简单固化,织体形态历经自由复调、支声复调、综合过渡、音型化主调四个阶段。和音类型在"即兴模式"与"稳态结构"二者间不断转换,伴随着"即兴模式"由强至弱,"稳态结构"逐渐凸显。量化显示,刀郎木卡姆的多声形态具有规律,但"混杂"依然是其音响的典型特征。文章从群体内隐的文化观念、客观局限的器身属性、乐舞现场的视听需求、转换生成的材料选择四个方面对这种"混杂"音响的成因进行了综合阐释。

延安时期的音乐家群体及其思想特征与影响

陕西师范大学　张君仁　黄　键　《音乐研究》　2021 年第 7 期

中国共产党延安时期,集结和涌现了大批音乐家,音乐呈现出繁荣多元的文化态势。

受区域背景和学缘结构差异的影响,这些音乐家形成了诸如西乐思潮、民族性思潮、音乐启蒙、音乐救亡、音乐美育等不同的观念和思想。本文梳理了延安时期的音乐家群体及其纷繁多样的音乐思想,讨论了各种音乐思想在延安形成的缘由,进而总结延安文艺思想的整体特征,以及这些音乐思想对后期我国音乐发展的影响。

马克思形象在中国美术创作中的阐释与构建

陕西师范大学　冯　晗　《美术》　2021 年第 7 期

20 世纪初,马克思主义传入中国,为探寻救亡图存出路的中国人民提供了思想来源、指明了前进方向,而伴随其传入中国的还有马克思的形象。回顾中国共产党成立百年间关于马克思形象的美术创作,不难发现,随着历史演进、马克思主义在中国指导地位的确立以及其真理力量的显现,中国人对马克思形象的认知经历了一个由符号象征到真理表征的过程,塑造了一个个鲜活、饱满的马克思形象。

非遗美术与西部美育的协同创新
——以关中地区的国家级非遗美术为中心

西北大学　张俊杰　屈　健　《美术研究》　2021 年第 4 期

西部地区拥有数量众多、底蕴深厚的非遗美术,总结其中所蕴含的中华美育精神,对于凝练新时代美育理念和促进教育公平,均有着重要的理论和现实意义。本文拟以关中地区的国家级非遗美术为中心,提炼其中所蕴含的美育理念,探寻以高校为龙头的美育协同创新机制,梳理专业美育与基础美育、社会美育之间的内在逻辑。借此求得西部美育协同创新的发展路径。

基于 GAMLSS 模型的我国青少年体质健康 评价指标百分位数分布曲线及参考值

陕西师范大学　水祎舟　游旭群　万炳军　《武汉体育学院学报》　2021 年第 11 期

本文建立我国 10~17 岁青少年体质健康评价指标百分位数分布曲线及参考值。结果表明,我国 10~17 岁青少年体质健康评价指标总体随年龄的增长显著提升,各相同年龄段男生的体质健康指标普遍优于女生,各项测试指标的变化呈现出一定程度的波动性特征且与年龄显著相关($P<0.05$)。研究尝试构建了我国 10~17 岁青少年体质健康指标 P5-P95 百分位分布曲线与参考值。研究所构建的百分位数曲线与参考值对于我国中小学生体质健康评价标准与常规模型参照体系的修订、体质健康数据库建立、学生身体素质的长期系统监测,以及人才的选拔、培养与分流具有一定的借鉴价值。

☞ 论文·语言学研究

在翻译与写作之间：文学翻译的二重性之辩

西安外国语大学　党争胜　李楠楠　李秋靓　《外语教学》　2021 年第 1 期

文学翻译是一种具有约束性和局限性的语言艺术活动。"译意"和"译艺"构成文学翻译活动两个根本要求。译者唯有在同时完成"译意"和"译艺"的情况下，才能使文学翻译的结果成为翻译文学。这一目标的实现，则需要译者同时扮演好译者与作者的双重角色，在翻译与写作之间寻求恰当的平衡，使得所译作品既有原著之种种原生美，又有译著之种种新生美，转化为另一种语言文化中的原著。

计算机动态评估的二语发展嬗变和研究框架

西安交通大学　耿　雪　孟亚茹　杜文博　《现代外语》　2021 年第 1 期

本文首先梳理了计算机动态评估（C-DA）的核心概念，通过对近 20 年相关实证研究进行系统述评，发现 C-DA 的研究内容从宏观语言能力向微观语言能力过渡；干预方式趋于多元化，也更具针对性和科学性。同时指出其局限性，如干预提示的效度等。基于此，本文初步提出了 C-DA 的研究框架，并展望未来，以期为国内相关研究和发展提供借鉴。

翻译汉语的活动度
——基于在线语料库的研究

西安交通大学　徐佐浩　蒋　跃　《外语教学与研究》　2021 年第 1 期

本文以活动度为观察项，基于三大在线语料库（LCMC、ZCTC、布朗家族扩展语料库），比较翻译汉语与原创汉语、原创英语在 4 大类和 15 小类体裁里的差异。发现表明，翻译语言是调节性和受限性的语言变体；非文学翻译的语体特征可能更接近目标语而更偏离原语；翻译语言的体裁差异并不像原创语言那么明显。

明清契约文书篇末绝止符号研究
——以"行"形为中心

陕西师范大学　郭敬一　《文献》　2021 年第 1 期

石仓契约文书篇末有"行"字及"行"形符号，其他地区明清契约文书也有类似情况。明清契约文书篇末的此类符号与敦煌契约文书绝止号一脉相承，是符号文字化的具体表现。其来源可追溯至西周时期。

基于混合认知诊断模型的二语阅读技能内在关系探究

西安交通大学　杜文博　马晓梅　《外语教学》　2021 年第 1 期

　　本研究采用混合认知诊断模型旨在探究二语阅读技能间的内在关系及其在不同水平组的表征。分析 740 名学生在诊断性阅读测试中的表现,结果显示:一是二语阅读技能间存在补偿与非补偿并存的关系;二是这种内在关系具有复杂的动态变化特征;三是这种关系在高低水平组中的表征存在显著差异,表现为高水平组倾向于技能间的补偿关系,而低水平组倾向于非补偿关系。据此,本文尝试提出了二语阅读动态复杂补偿模型,以期更加清晰地阐释二语阅读认知加工的内在机制。

主位选择的语境动因

西安外国语大学　徐玉臣　《中国外语》　2021 年第 1 期

　　本文旨在探讨制约小句主位选择的语境因素。笔者先以符号学理论审视语境与主位选择的关系,讨论主位选择受多重语境因素制约的可能。之后,又通过实证研究,证明在各语境变元中,话语基调的社会距离、情感投入、权势关系,以及话语范围的场景制度化、语义范围的专业化等因素都对复项主位中人际主位的择用起着制约作用,进而影响小句复项主位的构型。这也是语境、功能、词汇-语法三个层面之间多维作用关系的具体体现。

动词的概念结构与概念观照
——以主宾倒置句为例

西安交通大学　庞加光　陕西师范大学　张韧　《外语教学》　2021 年第 2 期

　　主宾倒置是指动词的两个不同语义角色交替实现为主宾语的现象,这给词库/句法界面理论带来挑战。在认知语法视角下,本文提出,该句式源自动词的状态用法,而非其典型的动作用法。该用法是认知主体从对整个过程轨迹的显影调节至对其终结阶段的显影。这造成施事(或与事)和受事(或处所)的角色对立弱化甚至消失。主宾倒置是认知主体选择后者为射体,即主语;前者为界标,即宾语,并通过对前者的量化来实现其用量描写功能。该分析凸显出动词概念结构的复杂性与概念观照的地位,为其他论元交替现象提供了一个新的认知解释路径。

英语 TED 演讲语篇语域特征多维分析

西安外国语大学　王　伟　《外语教学》　2021 年第 2 期

　　本研究运用多维分析法(MF/MD),考察英语 TED 演讲语篇的语域特征及不同话题子语域的变异。研究表明:TED 演讲总体上呈现出较强的交互性和非叙述性,指称明晰,显性劝说性强弱不一,其信息表达具体,即席信息组织较为精细。在 TED 子语域之间:艺术/设计类 TED 的指称明晰性、显性劝说性和即席信息加工精细度非常低;商业类 TED 的劝说性和即席信息加工精细度较高;教育/文化类 TED 叙述性最强,劝说表现最明显,语言最具体;政治/全球问题类 TED 指称明晰性最高;科技类 TED 即席信息加工程度最高,叙述性、指称明晰性和劝说性偏低。参与维度对比的 67 个词汇语法特征中存在显著差异的有 28 个,在一定程度上反映出子语域间的区别性特征。该研究对进一步认识口头科普篇章特点,提升 EFL/ESP 和不同专业教学中 TED 资源的开发和利用具有一定启示。

基于双重认知主体的蓄意隐喻动态主体间性

西安外国语大学 王娟娟 《外语教学》 2021 年第 2 期

蓄意隐喻指的是产出者和接收者之间有意识地使用隐喻,关注的是隐喻的交际维度。本文提出蓄意隐喻涉及产出者主体和接收者主体,从而推导出蓄意隐喻的双重认知主体性。为验证这一观点,本研究招募 76 名英语专业三年级学生,首先让其以产出者身份记录自己写作过程中使用的蓄意隐喻,接着让其与任一同学交换文本并以接收者身份识别蓄意隐喻。对双方结果进行对称测量发现,接收者并不能完全识别产出者的蓄意隐喻,双方的认知存在差异,验证了蓄意隐喻的双重认知主体性。接着,引入话语分析中的主体间性理论,将双重主体之间的关系构建为一个对话、协商的动态主体间性模型,并通过例证具象展示这一模型,形成了蓄意隐喻创建和解读的认知连续统。本研究对蓄意隐喻的概念界定、识别分析,以及双重主体的主次关系都提出了新的研究视角,这也是后续研究关注的重点。

上蔡话"俺俩给张三 VP"句式中的代词词项错配现象

西北大学 刘永华 《中国语文》 2021 年第 3 期

上蔡话属于中原官话漯项片。该方言有一种受部分和整体间语义影响而出现的代词词项错配现象。刘丹青指出,这种现象可以表现为:"双数、三数等非单数,则也可能根据并列式整体表几人而选用相关词项。例如某语言在表示'我和同学'一共三人时,用'我们(三数)和同学'这样的结构。"本文用"'俺俩给张三 VP'包括式句式"为例证来讨论这种现象。

基于依存树库的翻译语言句法特征研究

西安交通大学 蒋 跃 范 璐 王余蓝 《外语教学》 2021 年第 3 期

翻译语言因其独有特征,又被称为"第三语码"。但这个第三语码是否存在,翻译学界尚有争议。本研究一方面,试图在依存语法的框架下,从句法层面探究和回答这个问题。通过创建英语翻译文本和英语母语语料库及标注依存树库,计算库中所有文本的平均依存距离和依存方向。另一方面,经过统计分析得出结果:翻译文本与目的语母语文本在依存距离和方向方面均存在显著差异。本文证明,具有独有特征的"第三语码"确实存在,也说明依存语法的计量方法在翻译研究中的可行性。

毛泽东著作英译与国家形象建构:基于语料库的考察

西安外国语大学　石欣玉　黄立波　《外语教学》　2021 年第 3 期

本研究采用翻译研究的形象学路径,以同源文本这一概念为基础,以毛泽东著作译入和译出文本为考察对象,使用语料库方法比较不同译本在人称代词使用上的差异,进而探讨两种翻译方向下的译本对国家形象的建构。研究发现,由于人称代词使用差异,各译本从不同视角建构国家形象,凸显出不同的国家形象特征。本文指出,各译本在建构国家形象上的差别主要取决于翻译活动所选择的原文版本。

译者的选择
——陈国坚的中诗西译之路

西安外国语大学　侯　健　《中国翻译》　2021 年第 3 期

文学外译是中国文化"走出去"的必经之路,最能体现中国文学和文化特点的中国诗歌的外译又是其中的重要组成部分,而作为翻译主体的译者在这一过程中进行的持续选择又具有决定性作用。在西班牙定居近三十年、被誉为"中诗西译领军人物"的陈国坚为中国诗歌在西班牙语国家的译介和传播做出了突出贡献。本文以陈国坚的中诗西译历程为研究对象,以"翻译什么""怎么翻译"和"如何传播"这三个中国文学外译的核心问题为线索,解析陈国坚在翻译过程中在翻译文本、翻译策略和传播策略等方面做出的持续选择,并探究这些选择对我国文学和文化西译事业带来的积极影响。

基于使用的语言观照下语用学和语义学的分工与合作

西北大学　陈　娟　《外语教学》　2021 年第 7 期

尽管语用学和语义学均以意义为研究对象,但二者如何分工一直存在争议。在基于使用的语言观照下,语言表达的语义与语用意义都与其情景使用紧密关联。遵循这一视角本文提出,语用学和语义学均以语言的使用为核心对象,其根本区别在于关注语言使用的维度不同。语义学关注语言的情景描写,语用学更关注语言的使用条件与意图传递。二者呈现出连续渐变的关系,合作完成对语言表达的意义阐释。构式语用学是它们合作的产物。

英语专业教育中的中国文化传承现状研究

西安邮电大学 袁小陆 赵 娟 王 辉 《中国外语》 2021 年第 4 期

　　本研究借助调查问卷和文化测试等研究方法,对随机抽取的国内高校英语专业 3891 名学生的中国文化传承能力及其影响因素展开调查,并对学生中国文化学习意愿、课堂教学、作业测试、课程设置、中国文化英语表达能力等变量之间关系等进行了分析。结果显示,目前英语专业学生传承中国优秀文化的能力有待提高,学生对中国文化知识的掌握不够全面,学生的中国文化英语表达准确性不高。本研究就增强学生的中国文化传承能力提出了相关建议。

叙事典籍翻译的"声音"策略:以敦煌遗书《孔子项讬相问书》的英译为例

西安交通大学 桑仲刚 《外国语文》 2021 年第 4 期

　　与其他文类相比较,叙事典籍所包含的文化信息更丰富,翻译中译者需面对的翻译问题也会更多。尽管"厚译"是目前典籍翻译的主流方法或策略,但是如果一贯采用该策略处理叙事典籍中的翻译问题,势必会影响目标语叙事的流畅和连续性。对此,"译者是否会进行策略调整以及如何进行策略调整"的问题有待探究。采用描写研究方法,通过观察敦煌遗书《孔子项讬相问书》等叙事文献的英译决策规律,可对该问题进行解答。

黎锦熙对汉语方言分区理论的重大贡献

陕西师范大学 乔全生 谷少华 《陕西师范大学学报》(哲学社会科学版) 2021 年第 4 期

　　黎锦熙是我国著名语言学家,也是较早进行汉语方言分区的中国学者之一。黎锦熙对汉语方言分区的理论贡献是:以四区统领十二系方式命名具有准确性与层次性,以中古入声今读作为方言分区标准具有科学性与前瞻性,以汉语方言分区服务于北京标准音规范、推广具有全局性与开创性。这些理论贡献不仅为前贤论述相关问题奠定了基础,也为后辈学人进一步研究提供了参照。讨论黎锦熙汉语方言分区理论的重大贡献及相关问题可以对学术界的有关提法起到重要的补正作用。

晋语和西部官话中表短时貌的语法手段

陕西师范大学　邢向东　《中国语文》　2021 年第 4 期

汉语语法中的"短时貌""尝试貌"可以合称"短时貌"。晋语和西部官话（西北官话、西南官话）中表短时貌的语法手段,除了与普通话相同的以外,还有"V（一）下""V 给下""V 嘎""VV 儿""VV 子"等类型。"V（一）下"是最普遍的类型,"V 给下"型是在"V（一）下"中加上助词"给","V 嘎"是"V 给下"的合音形式。"VV 儿"是重叠式后字加儿缀实现名词化;"VV 子"是重叠式后字加子缀实现名词化,是共同语和方言的融合形式。以上不同的类型,在地域上有互补也有重叠。不同形式的并存,有的反映了它们之间的连续性,有的则反映了方言之间的接触关系或过渡性。短时貌不同形式在分布地域上的广狭,与其来源和历史深度具有相关性。

外语教学研究者后意向虚拟范式建构探索

西安邮电大学　仇晓春　浙江大学　肖海龙　《外国语文》　2021 年第 6 期

社会科学、技术及教育的发展,使外语教学研究者经常面对范式取舍及范式体系构建困境。而研究者个人虚拟范式则是突破困境的切入点。从描述到解释,再到后结构和后意向,现象学意向性的理解视角,有助于重新审视外语教学范式转变的意义和指向。进而借鉴后意向现象学方法论的过程成分框架,探索外语教学研究者后意向虚拟范式实践路径,以期推动研究者个人范式思维发展和框架构建。

提取和激活模型下的汉语名词谓语句研究

西安交通大学　许小艳　桑仲刚　庞加光　《现代外语》　2021 年第 4 期

和英语名词谓语句不同,汉语名词谓语句由两个名词短语直接组合构句,并表现出语义关系的多样性和特殊的句法限制。本文以认知语法中的提取和激活模型为框架,考察该句式的认知本质及其与英语的根本差异。结果发现:该句式源自认知主体对两个名词短语的依次提取与归组操作,其语义和句法上的特殊性皆生发于这种动态提取构句方式。英语名词谓语句采用的则是以概念内容为基础的构句方式。此外,现代汉语双主语句和重动句也是动态提取构句方式操作的结果,都是汉语句法认知动态性的表现。本文分析既揭示了汉语名词谓语句的动态认知本质,又为我们认识汉英差异提供了新的视角。

通用学术英语混合式教学活动系统的评估模型构建

西安交通大学　孟亚茹　钱　希　岳　真　《外语界》2021年第4期

本研究基于第三代活动理论,以通用学术英语混合式教学为例,探究线上线下活动系统各因素关系的评估模型。偏最小二乘法—结构方程建模结果显示:学生对待资源的态度、规则的遵守均受个体动机影响,线上线下资源影响学生的规则遵守情况,以及线上线下衔接性又共同影响学生整体受益度;教师在线反馈、课程评价规则对整体受益度具有显著调节作用。依据该评估模型,通用学术英语混合式教学系统中的矛盾需要各因素的充分互动和有效衔接来解决。本研究在理论和方法上为混合式教学评估提供了借鉴。

译者与作者的"共谋":《废都》英译的意识形态探析

商洛学院　冯丽君　《上海翻译》2021年第4期

以《废都》英译为切入点,分析《废都》翻译之前作者贾平凹和译者葛浩文翻译观、诗学观、价值观等个人意识形态差异对双方合作的影响,揭示《废都》翻译合作所体现的贾平凹和葛浩文翻译思想和翻译观的变化:贾平凹不再被动地等待译者,也不再苛求译者对原文内容一句也不能删;葛浩文在翻译文本选择上有了更多自信心和自主权,其翻译也不再是以读者为中心的连译带改,而是在忠实原作的基础上照顾译作读者的阅读体验,让原作者和译作读者彼此接近、相互交流,体现了葛浩文致力于做原作者和译作读者的中间人和协调者的翻译思想和翻译观。本研究对贾平凹作品的译介,以及译者葛浩文研究都具有一定的借鉴意义和参考价值。

高校学生外语在线学习满意度及其影响因素研究

西安交通大学　闫开伦　王宏俐　李名城　《外语界》2021年第5期

本研究通过问卷调查和访谈,考察了高校学生外语在线学习满意度状况以及学生对外语教学与在线学习方式的评价,并利用深度学习技术构建外语在线学习满意度影响因素模型,测量各影响因素的权重。研究发现,学生对外语在线学习的整体满意度较高;学习动力、学习质量、内容有用性、内容趣味性、平台易用性、教学能力、教学资源、平台熟悉度等是影响在线学习满意度的关键因素;超过半数的学生认为线上外语教学比线下教学更具优势。研究最后从学生自身、教师教学、课程内容、外部保障等方面提出提升学生外语在线学习满意度的对策。

英语语音范畴化感知干预的行为和 ERP 研究

西安交通大学　程　冰　张小娟　明尼苏达大学　张　旸　《外语教学》　2021 年第 5 期

二语学习者的语音问题可能源自其大脑的范畴化感知偏误。本文使用基于"儿向语"的原创语音培训软件对中国英语学习者极易混淆的英语对比音/i/和/I/的范畴化感知过程进行干预研究。研究采用行为和事件相关电位两种测量方法对干预前后的范畴化感知程度进行评估。结果显示培训后被试对英语对比音/i/和/I/关键声学特征的范畴化感知程度明显增强,表明基于"儿向语"特征的语音培训可以有效帮助学习者达到目标音位更趋近于母语的范畴化感知水平。

文化宣传片对外译介传播的多模态协同重构

西安外国语大学　吉文凯　《外语教学》　2021 年第 5 期

本研究以 Halliday 系统功能语法和 Kress 视觉语法为理论基础,尝试构建文化宣传片对外译介多模态语篇重构分析模式。进而以该模式为基础,以陕西电视台制作的、在国际会议上使用的、彰显陕西文化自信的汉英双语宣传片为研究语料,从多模态语篇分析视角,探讨面对体现蒙太奇拍摄手法、多种模态相互糅合、协同传达信息的文化宣传片时,译者如何对文本模态进行"操纵"才能实现目的语篇多种模态的最优协同,从而助力文化宣传片的目的语文化传播。

语言社会化理论视角下的外语课堂研究

西安外国语大学　苏　芳　北京外国语大学　杨鲁新　《外语教学》　2021 年第 5 期

本文重点介绍语言社会化理论的核心理念。从语言符号资源的标示性、权势与能动性、跨文化适应性、意识形态与身份认同及学术素养社会化等五大主题对语言社会化视角下的外语课堂相关研究进行探讨,并结合研究现状,指出已有研究存在的不足及未来可探究方向。希望本研究能为我国外语课堂研究提供参考。

句法层面"第三语码"的计量研究

西安交通大学　蒋　跃　《外语教学与研究》　2021 年第 6 期

本研究基于自建汉英文学翻译平行语料库和英语原创可比语料库,引入计量语言学中的句法结构定律探究"第三语码",以期精确、动态、科学地捕捉翻译语言的语言结构与其属性之间关系的普遍规律和特征,为解读翻译语言特征及其背后的翻译认知过程提供了新视角和方法。

同分异构理念下语言表达能力在线评分量规的设计思路

西安外国语大学　吕生禄　《中国外语》　2021年第6期

本文基于语言测试中的同分异构理念,借鉴 Upshur & Turner(1995)提出的 EBB 二元决策评分模式,讨论语言表达能力在线评分量规的设计思路。同分异构理念下的评分量规不仅包括表现水平等级和评分描述语,还提供评分参照点和赋分路线图。评分量规依托计算机平台在线呈现给评分者,既可规范评分流程,极大程度保证评分结果的信度,也能为学习者和教师提供个性化的能力表现反馈,便于他们查缺补漏,旨在实现以评促学。

基于平行语料的汉外话题省略现象分析

西安外国语大学　李榕　御茶水女子大学　陈晓　釜山大学　金贤姬
《外语教学与研究》　2021年第6期

本文通过对比长篇小说《骆驼祥子》的汉语原文与其英语、日语和韩语平行译本中的话题省略现象,发现汉语语篇的话题省略频率高于英语,但低于日语和韩语。英语话题多见句内省略,汉语话题常见短距离的同段内省略,日语话题存在大量长距离的同段省略,而韩语话题除同段省略外还有大量跨段省略。这四种语言的话题指称形式与语篇层级之间有不同的对应关系,会使用不同的手段提示语篇主题。

全球化时代的跨文化翻译:时代意义与实践难点

西安交通大学　方菁　《人民论坛·学术前沿》　2020年第23期

全球化时代,世界各国在政治、经济、语言和文化等方面的交流日益密切,多元文化互联互通、命运与共的趋势不可逆转。在中华文化"走出去"进程中,跨文化翻译具有保护文化多样性、促进文明交流互鉴、提升国家形象与国际话语权、彰显语言应急价值、构建人类命运共同体的时代意义。在跨文化翻译过程中,多元行为主体应在尊重差异、平等对话的基础上,坚守文化自信,以读者需求为导向,精选翻译内容,丰富翻译策略,拓展传播媒介。唯有协调好跨文化翻译多个要素之间的复杂关联,才能够讲好中国故事、传播好中国声音,充分彰显中华优秀传统文化的时代魅力。

☞ 论文·历史学研究

关于非洲阿拉伯国家通史研究的若干问题

西北大学　王铁铮　《西亚非洲》　2021 年第 1 期

非洲阿拉伯国家通史的整体和系统研究,涉及诸多对其历史进程具有重大影响的问题,可归纳为七大问题:非洲阿拉伯国家通史研究的理论指导;多元文明的流变与古代的北非史;非洲阿拉伯国家的氏族、部落、部族与民族国家认同;列强对非洲阿拉伯国家的殖民统治;现代化运动与阿拉伯社会主义的治国实践;早期的伊斯兰教与非洲阿拉伯国家的伊斯兰潮;北非的政治剧变和阿拉伯国家的未来走向。这七大问题既是每个独立的专题研究案例,又是彼此关联、互为作用、具有内在有机联系的整体,它依据多层面的视域和大量客观史实,深刻反映了不同时期非洲阿拉伯各国社会、政治、经济和宗教文化等领域的独特样貌及嬗变,从根本上影响着非洲阿拉伯国家历史演进的脉络和轨迹。一定程度上讲,这些问题构建了非洲阿拉伯国家通史研究的大框架,同时也提供了一种宏观的视野和路径,并通过多维度的比较研究来揭示非洲阿拉伯国家历史发展的基本规律和主要特点。

巴尔干战争前后英国的"协调外交"

西北大学　韩志斌　张　弛　《世界历史》　2021 年第 1 期

巴尔干战争所引发的危机是第一次世界大战前国际体系变化过程中的重要节点。危机期间,英国以大国集体会议的形式化解各方矛盾,不仅维护了"协调外交"体系,也令英国在近东的利益得到保证。在处理巴尔干战争后续问题时,英国却放弃"大国一致"原则,转而与法俄同盟协同行动,欧洲的多极协商格局正式演化为两极对峙,"协调外交"体系就此瓦解。"协调外交"处理巴尔干战争危机及其后续问题的教训是,尽管大国之间的协调外交可以解决个别问题,但没有解决国际体系的根本问题。两次巴尔干战争已经为"协调外交"敲响了丧钟,而"七月危机"及随后的第一次世界大战拉开了国际秩序和国际体系新时代的大幕。

10—13 世纪长城地带农牧社会的协同演进与"中国边疆"

西北农林科技大学　刘壮壮　《中国经济史研究》　2021 年第 1 期

通过对农牧两大"生存圈"相互关系的长时段考察,我们将中国北方长城地带农牧互动的历史划分为农牧分异(晚商至战国)、农牧博弈(秦汉至隋唐)、农牧融汇(辽夏金)和农牧文明整合(元明清)四个特点分明的阶段。其中 10—13 世纪"农牧融汇"阶段是农牧文明由博弈到整合的中间过渡环节。如何认识这一中间环节,是正确理解历史中国边疆形成和国家建构的重要前提。10—13世纪中国北方草原地带民族政权的格局发生了重大转变,早期的匈奴、鲜卑和突厥,他们兴起和经营的主要区域为以鄂尔多斯和蒙古高原为主的草原地区,而唐以后兴起的契丹、女真、蒙古和满族兴起和经营的主要区域为蒙古高原东部和东北地区。

民族志·"分支型社会"·部落转型
——阿尔及利亚部落社会史书写范式的演变

西北大学　张玉友　《史学月刊》　2021年第2期

中东部落社会史书写发轫于19世纪中后期,以法国学者对北非马格里地区的部落社会开展民族志研究为标志。19世纪末20世纪初,法国学者的部落社会研究范式在一定程度上也影响了后来的英国、美国和以色列等国学者。后者在吸收法国学者部落研究"人类社会学"范式的基础上,发展出了诸多阐释部落社会的书写范式。从学术史的角度来看,中东部落社会研究经历了从欧洲学派到美国学派再到西方和本土学者共存的发展过程。部落社会史书写是殖民主义、非殖民化和民族主义等国际社会思潮演进的结果。

释道儒文化背景下的唐代茶器纹饰探究
——以法门寺鎏金飞天仙鹤纹壶门座银茶罗子为例

陕西师范大学　王进华　赵　文　《唐史论丛》　2021年第2期

在唐代三教鼎立的社会环境下,道僧为吸引信众,积极传法弘道,力图扩大道、佛二教在社会上的影响力。今天我们通过唐代法门寺地宫出土的鎏金飞天仙鹤纹壶门座银茶罗子的装饰纹饰,看到一幅儒释道三教和谐相处、共同发展的历史画卷。

辽代《故贵妃萧氏玄堂志铭》考释

西北大学　王善军　王迎辉　《中国边疆史地研究》　2021年第2期

近年出土的《故贵妃萧氏玄堂志铭》涉及辽王朝中期的一些重要史实,具有很高的史料价值。撰者张幹曾在辽圣宗朝政坛担当重要角色,其笔下志主萧氏曾居皇后之位,后被废黜,又复起为贵妃,终因染疾薨逝。以骈偶构篇的《故贵妃萧氏玄堂志铭》善用典故,虽辞藻富逸,但文意隐晦。周、汉内代后妃典故及传统儒家经典,为擎与贵妃萧氏懿德美行的重要取材来源。这种书写取向反映了辽王朝于族源上的比附心理,同时亦蕴含着国家教化之义。

明代名色武官考论

西北大学　曹　循　《史学月刊》　2021年第2期

　　明朝实行武官世袭制和军民分籍制,既导致一般兵士升职困难,又限制了非军籍百姓成为武官,武官阶层因而逐渐固化,营兵军职也为世袭武官所垄断。嘉靖后期,为应对"南倭北虏",明廷始授权督抚等委任军民布衣,授以名色千总、名色把总等名目领兵,是为名色武官。名色武官成为百姓投军入仕、提高社会身份的重要途径,给明朝军事体制注入了诸多积极因素,为"倭乱"的平定和万历前期军力的重振提供了重要支撑。明后期,名色武官日趋冗滥,引发种种乱象,冲击了传统等级秩序和国家对于军队的控驭,明廷因而限制名色武官的任用,产生了较大的消极影响。这类军职后为清朝沿用并加以改造,是为绿营外委官。

B.B.巴托尔德的中亚历史地理研究及其贡献

陕西师范大学　陈东芳　李　琪　《中国历史地理论丛》　2021年第3期

　　巴托尔德是俄国著名的东方学家。他运用历史批判的研究方法,率先将中亚历史地理问题研究纳入科学轨道,成为中亚历史地理学的奠基人。他以解决实际问题为目标,以考古学、阿姆河流向、人工灌溉和政权更迭等问题为导向,对中亚区域史地问题进行研究,构建了他的中亚区域历史地理观。开启了中亚历史地理研究的先河:他的中亚区域历史地理观,对中亚历史地理学科的发展具有重大指导意义,对当今区域历史地理研究和国别研究具有深远影响。

伊拉克复兴党的兴衰成败与现实影响

西北大学　韩志斌　薛亦凡　《西亚非洲》　2021年第3期

　　从文明交往理论审视复兴社会主义的出现和伊拉克复兴党的形成,是西方社会主义思想和阿拉伯传统文明互鉴而产生的一种新思潮和实践成果。复兴党在伊拉克兴起并执政35年,其"因"有四:一是伊拉克复兴党从首次执政经历获得重要启示;二是扩大统治基础且建构"魅力型统治";三是推行石油国有化举措以实现经济独立;四是利用石油美元加强对国家的控制。伊拉克复兴党衰败并倒台之"训"亦有四:一是盲目发动两伊战争削弱了复兴党治国理政的基础;二是海湾战争受挫加剧了复兴党的颓势;三是制度化权力的缺失弱化了伊拉克复兴党的执政根基;四是复兴社会主义理论与伊拉克的实践存在错位。伊拉克复兴党的倒台对伊拉克本身、域内外局势均产生较大影响。复兴党作为一种概念,在现实生活中的影像是活生生的民众与具有边界的国家,其阿拉伯民族统一的阿拉伯民族主义思想主张尽管已经变得不切实际,但作为民众的想象会一直印在阿拉伯民众的脑海之中,并深刻规范着中东民族主义的发展轨迹与方向。复兴党在未来发展中应以开放的心态融入全球化文明大潮。

无政府社会:当代阿富汗部落社会的权力结构与秩序延展

西北大学　闫　伟　《史学月刊》　2021年第3期

阿富汗部落社会以普什图部落(也称"帕克同人"或"帕坦人")为主体,西方学界将之视为当代世界上规模最大的部落组织。阿富汗部落社会独具特色。美国人类学家巴菲尔德(Thomas J. Barfield)认为,中东和中亚的部落社会存在明显差别。前者以平等性著称,部落成员相互平等,社会缺乏强有力的公共权威;后者则具有等级性特征,部落首领具有绝对权威。部落社会的集权化程度沿着中亚、中东到非洲递减,部落的分权化和平等性则渐次增强。

明代锦衣卫官制与职权新探

西北大学　曹　循　《历史研究》　2021年第3期

以官制完备为标志,锦衣卫的职权在成化年间基本发展成熟。缉捕谳狱及城市管理是锦衣卫堂官的首要职掌,侍卫皇帝则居次要地位。北镇抚司官专理诏狱,北镇抚司狱与锦衣卫狱是两所不同的监狱。锦衣卫处理的案件以京师地区一般犯罪居多。堂官、镇抚司官主要由兵部推选,嘉靖中叶以后,文化与司法考试是选官必经之途,从而使文臣子孙掌握卫务,锦衣卫趋于文职化。堂官、镇抚司官职掌、排序及其人选要求显示,明中后期锦衣卫的性质更接近于治安司法机构。锦衣卫官制与职权演化的过程,是明中后期文治道路的典型个案。

明代武举与武官选任新探

西北大学　曹　循　《中国史研究》　2021年第7期

明代武举由正统年间考试选拔京营、镇戍将领的政策发展而来,是军制与武官制度演变的产物。武举会试、乡试俱开设于天顺八年(1464),最初以荐举的名义推行,成化末年始有武举之名。因将领选任资格和职业户计制的限制,武举长期只能发挥从卫所武官中选拔将领的作用。嘉靖中叶以后选将资格放宽,户籍限制也被突破,武举方成为军民进身为将的重要阶梯。明后期的武举在录取规模与任用规格两方面达到了中国古代武举制度发展的顶峰。武举仰赖政策保障,在出身主导的低级将领选除中超过了世职,但在功绩主导的中高级将领升迁中仍逊于世职。明季过度重视武举,任用大批缺乏练兵作战经验的人员为将,是军事失败的重要因素。

中东部落:概念认知、类型演化及社会治理

西北大学　韩志斌　《史学月刊》　2021年第4期

根深蒂固的部落文化及其酿造的部落精神构成了中东社会的基本特质。人类学家菲利普·卡尔·萨尔兹曼曾经说过,中东历史上曾经有两种突出的治理方式:部落自治和权力集中的君主治理。前者是中东地区社会治理的特色,更是深入理解中东地区社会体系的关键。中东绝大多数国家缘起于部落社会,虽然现在各国均有各自的政治制度和社会组织形式,但部落组织的长期存在是这些国家的共同特征。可以说,不了解部落就难以解读中东社会的深层结构。部落构成了中东社会生活的一个重要方面,对这些国家部落社会的深入剖析既是理解中东国家基本问题的基础,也是窥探中东社会必不可少的透视角。

论秦始皇陵"水银为海"

西北大学　王子今　《北京师范大学学报》(社会科学版)　2021年第5期

秦始皇陵以"水银"为"大海"的设计,体现了这位帝王对海上世界的向往,也可以看作当时海洋探索与早期海洋学成就的标志之一。秦始皇多次出巡海滨,并有"梦与海神战"以及以连弩射杀巨鱼的经历。正是在这一行为之后,他即走向人生的终点;而还葬骊山途中,又有"鲍鱼"故事。秦始皇对海洋的关注,起初谓"东抚东土,以省卒士;其事大毕,乃临于海",但随后则受到燕齐海上方士神仙学说的强烈影响。地宫中"水银为海"的象征意义亦可与仙化追求相联系。关注秦宫苑"海池"的存在,考察秦始皇陵地宫的海洋文化元素,应当有助于深化对中国海洋学史的认识。

反犹主义概念源起与流变

陕西师范大学　李大伟　《世界历史》　2021年第5期

本文在国际犹太学界对反犹主义概念认识的基础上,从概念史角度系统梳理反犹主义概念源起与流变,揭示了反犹主义概念呈现出泛化与类型化趋势,即概念泛化表现为反犹主义内涵扩大,即在种族反犹主义基础上演变出基督教反犹主义、希腊-罗马反犹主义与新反犹主义等;类型化表现为对反犹主义进行抽象提炼,对其普遍特点进行归类、定性总结。此种演变导致反犹主义概念体系愈加开放与抽象,据此对反犹主义现象的认定也变得更加宽泛,其中某些因素已经引发了学界与国际社会的争议。因此,本文认为在对反犹主义概念的认定中,应从社会互动交往的特殊性与普遍性角度考虑,注意区分哪些现象是特定针对犹太人,哪些是在其他社会交往中也普遍存在的现象,此对于认识何为反犹主义十分重要。在面对反犹主义概念不断泛化与类型化的趋势时,国际犹太学界有必要重新检视反犹主义概念,把握反犹主义概念的核心内涵。

足与秦汉礼、法规范的基点

西北大学　王子今　《武汉大学学报》(哲学社会科学版)　2021 年第 6 期

"礼"与"法"结合,共同成为社会秩序支柱的情形,自上古时代起始。至秦汉时期,对于人体支持站立与实现行走的"足","礼""法"制度有所规范,社会地位高贵者有减轻"足"的辛劳的种种便利条件,等级传统就此予以确定,而底层人群则以"徒步"为行走方式。所谓"步担"则指劳动者"负担""担负"的交通方式。执政阶层以"刖""非""钳""等"对"足"的基本行走功能予以摧残和破坏的刑罚,实现对损害社会秩序者的严厉惩处。

近代水利之兴:民国陕西泾惠渠与区域社会经济变迁研究

陕西师范大学　石　涛　《史学月刊》　2021 年第 6 期

泾惠渠建成于 20 世纪 30 年代初,是当时陕西乃至全国第一个大型现代化农田水利工程。泾惠渠建成后产生了广泛的社会经济效益,灌区农业生产、农村经济和社会均有显著进步。与严重旱灾时期的破败景象相比,泾惠渠建成后整个灌区社会经济面貌焕然一新,成为近代农田水利事业影响区域社会经济变迁的典型代表,也成为民国时期部分地区农业生产和农村经济在有利条件下发展进步的例证。

先秦秦汉的"秦人"称谓与认同

西北大学　刘志平　《人文杂志》　2021 年第 6 期

西周时期,"秦人"称谓与认同是隐而不显的。春秋时期,"秦人"称谓与认同逐步得到凸显,但仍被笼罩在以姬周华夏为核心展开的"夷夏之辨"的族群认同格局中。自战国至秦代,"秦人"和"非秦人"的族群区分得到凸显,原来以姬周华夏为核心展开的"夷夏之辨"的多层次族群认同格局,被以"秦人"为核心展开的"秦人非秦人之辨"的多层次族群认同格局取代,且形成了狭隘的"秦(夏)"认同。楚汉相争以后,"秦人"与"非秦人"的现实族群区分由于帝国上层精英的重组及帝国政治名号的改变而退出历史舞台,但"秦人"称谓本身仍在汉代的现实族群称谓表达中留下了印记。秦时入居秦境外的秦人后裔在汉代被称为"秦人""秦虏"或"秦胡",而匈奴人在某些场景仍称西汉人为"秦人"。

传统儒家论"血流漂杵":价值共识与史实考究

西北大学　白立超　《文史哲》　2021 年第 6 期

《尚书》记载牧野之战"血流漂杵",孟子以仁政立场质疑《武成》的记载,旗帜鲜明地表达了儒家的反战立场,王充、赵岐等学者在过辞说的基础上不断完善。荀子则重构了牧野之战的场景,提出周武王"兵不血刃"、商纣军队"倒戈"的说法,后世学者在此基础上将"兵不血刃""前徒倒戈""血流漂杵"等表述巧妙结合起来,形成了完整的逻辑链条,影响至今。梳理"血流漂杵"的历代诠释可以显示,对历史事件进行重构性叙述,是儒者论证、秉持、不断强化其价值观念的重要渠道。当代儒学研究有必要在新的学术条件下,对旧有叙事进行分析和取舍,对"血流漂杵"提出自己的史实考究。

秦汉基层社会治安体制的构建

陕西师范大学　李忠林　《人民论坛》　2021 年第 13 期

秦汉时期以县域为治理单元的基层社会,构建了以亭为核心的县—亭二级治安体系,配置有专职人员,负责辖区的司法和治安。行政序列中的乡以及处于最基层的里和什伍则起辅助作用。以国家律令为指导,建立了警备宵禁、巡行盘查、举报告发、奖惩及首匿连坐等一系列制度,形成了事前预防、事中介入、事后监管的联防机制,较好地维护了基层社会的治安环境。秦汉时期以县域为治理单元的基层社会,构建了以亭为核心的县—亭二级治安体系,配置有专职人员,负责辖区的司法和治安。

照金苏区在西北革命中的历史贡献

西安邮电大学　袁文伟　《人民论坛》　2021 年第 35 期

12 月照金苏区的开辟与建设,为西北革命的发展壮大作出了伟大的历史贡献:成功组建了西北红军,为陕甘边革命根据地的发展奠定了基础;坚持实事求是原则,形成了西北革命实践的宝贵经验;孕育了照金精神,唤醒了陕甘人民开展土地革命的觉悟,为党中央此后落脚陕北奠定了坚实的基础,在西北革命斗争中起到了承上启下的作用,成为红军长征的"落脚点"和"出发点",为中国革命发展壮大作出了重要贡献。

☞ 论文·考古学研究

唐墓出土三彩骆驼驮囊兽首形象属性考

陕西师范大学　沙武田　《文物》　2021 年第 2 期

文章指出各式各样驮囊的使用成为丝绸之路交通贸易顺利进行的保障,而对驮囊最丰富的图像呈现,则是大量唐墓出土的三彩和陶骆驼。其中的兽首驮囊形象,曾被认为是丝路上的祆神图像。文中揭示出丝绸之路上贩运时用来保护货物的兽皮包装驮囊及其使用现象,为理解丝绸之路商品贩运、唐墓出土三彩骆驼的制作等提供不同的思考角度,以还原此类图像的本来面貌。

陕西神木寨峁新石器时代遗址发掘报告

陕西省考古研究院　吕智荣　榆林市文物考古研究所　宋远茹
《考古学报》 2021 年第 3 期

20 世纪八九十年代,为配合陕西神木至山西朔县(今朔州市朔州市)的输煤铁路建设,1990 年,陕西省考古研究所(今陕西省考古研究院)陕北考古队对该县域的遗址进行了调查,并于 1993 年下半年对寨峁遗址进行了发掘。寨峁遗址位于神木店塔镇寨峁旧村的石畔上,处于窟野河与其支系考考乌素河的交汇地,石畔东、西、南三面环水,遗址高出河床 100 余米,南距店塔镇约 1 千米,距神木市区 15 千米。遗址前部地势较平坦北部为山梁峁坡地。遗址东西宽 220 余米,南北长 600 米左右,面积约 60 万平方米。

唐两京地区三彩制品的生产及工艺传播模式

陕西省考古研究院　王小蒙　《考古》 2021 年第 3 期

唐三彩的研究,以往主要依据墓葬出土随葬品进行分期讨论,随着三彩窑址发现的增多,有必要将二者结合起来,对生产、流通两个领域的资料进行比对,全面、立体地审视唐三彩生产的发展和技术流变。《中国大百科全书·考古学》"唐三彩"条记述:"迄今所见三彩器包括专供丧葬用的各种俑类、模型器和生活用器。"随着对唐三彩分期研究越来越细致,很多学者关注到唐三彩的三个品类中。

陕西泾阳太壶寺藏北周如来立像调查与研究

西北大学　于　春　太壶寺文物管理所　郭　峰　《考古与文物》 2021 年第 4 期

太壶寺藏北周保定二年(562)如来立像为张操所造释迦像,之前还有建八关邑、忏悔等系列法事,由张氏、王氏主要参与和出资;题记中的比丘尼人数较多,反映北周一朝尼僧集团出现较大发展;北周时期的"宝幢"可能用木质长杆制成"能人再现"之语可能指武帝宇文邕登基之事,关中周边出土的五件武成二年(560)造像表明武帝即位之初并未明显反感佛教。

黄河中游晋陕峡谷地区旧石器考古研究现状与思考

陕西省考古研究院　张改课　《考古与文物》 2021 年第 6 期

地处黄河中游的晋陕峡谷是中国气候变化的敏感地带,古人类迁徙扩散和文化交流频繁,旧石器文化内涵丰富,具有重大的科学价值和研究潜力。该地区已发现旧石器遗址和地点逾百处,在遗址地层与年代、石器技术、旧石器到新石器时代过渡、人类生存环境与适应策略等方面取得了许多重要的研究成果,同时也存在着旧石器考古工作极不平衡、时空框架尚未确立、综合研究局部突出而整体滞后、人群迁徙与文化交流研究仍需深化、旧石器到新石器时代过渡研究有待强化等问题,亟须通过系统的区域调查、精准的科学发掘和多学科的综合研究予以推进。

中原地区史前陶窑发展演变研究

西北大学　钱耀鹏　穆琼洁　《考古学报》　2021 年第 8 期

陶器是新石器时代的广域性文化遗存之一,明显改变了史前人类包括饮食结构在内的诸多生活方式,并促进了史前文化的繁荣与发展,因而制陶术也被视为史前人类的重大发明之一。以往对制陶技术的研究多集中在制坯成型工艺方面,陶窑结构虽也被纳入考察的范畴,却未能充分考虑烧制技术与陶窑结构之间的内在联系,似乎一直没有把握住陶窑形态结构演变的核心特征。中原地区(本文主要指河南及山西中南部)不仅是新石器时代文化发展的重要区域,也发现有裴李岗文化及各个阶段的史前陶窑遗存,为探讨史前陶窑结构演变及烧制技术提供了较系统的实物依据。本文在充分考虑烧制技术的基础上,通过陶窑形态结构分类,力求把握其结构演变的核心特征及演变规律。

陕西旬邑县西头遗址鱼嘴坡地点商周时期遗存发掘简报

西北大学　豆海锋　李　悦　等　《考古》　2021 年第 9 期

2018 年对西头遗址鱼嘴坡地点的发掘,商周时期遗迹有房址、墓葬、灰坑、灰沟等,出土遗物有陶器、石器、铜器、骨器、角器等。根据遗迹及遗物特点,推断年代为商代晚期至西周中期。此次发掘,为区域文化序列构建、文化布局变迁研究及对早期周文化的探索等提供了较为重要的资料。

☞ 论文·经济学研究

究竟哪些因素决定了中国企业的技术创新
——基于九大中文经济学权威期刊和 A 股上市公司数据的再实证

西安交通大学　冯根福　郑明波　温　军　等　《中国工业经济》　2021 年第 1 期

本文通过引入统计显著性因素拓展了现有的经济重要性衡量指标,首次提出和重新设计了一种分析和评价经济变量重要性的贡献度指标;然后,运用本文重新设计的贡献度指标,基于九大中文经济学权威期刊 2008—2018 年期间发表的 172 篇有关中国企业技术创新影响因素分析的实证文献,使用 1457 家中国 A 股上市公司的数据,对从上述文献中分析提炼出来的影响中国企业技术创新的主要因素的相对重要性进行了再实证分析，从中发现了决定中国企业技术创新的关键因素及其在不同产权性质和不同行业企业中的差异性。

供销部门土地托管何以遭遇困境？
——以山东省共享县为例

西北农林科技大学　豆书龙　张明皓　《中国农村经济》　2021年第1期

本文以山东省共享县供销部门土地托管为个案，通过构建复合型治理理性框架分析土地托管遭遇困境的深层次原因。政府应该采取破除各方主体对供销部门的污名化理解、创新采用"财政切块"方法、提升供销部门职责履行能力，以及加快供销社法制建设等措施推动土地托管政策的有效执行，深化供销社综合改革。

中国高创新投入与低生产率之谜：资源错配视角的解释

西安交通大学　戴小勇　《世界经济》　2021年第3期

本文针对中国创新投入快速增长而全要素生产率增速下降的现象，在异质性企业垄断竞争分析框架下引入要素市场扭曲与企业创新决策，刻画转型期中国全要素生产率决定的微观机理，发现要素市场扭曲通过影响企业创新、生产、进入与退出市场的决策，抵消了企业创新的要素重置效应，从而降低了加总全要素生产率。经验分析发现，企业创新使得生产要素从非创新企业流向创新企业；而要素市场扭曲导致企业间的要素错配，扭曲企业创新与退出市场的决策，要素错配效应大于企业创新的要素重置效应。中国制造业生产率的增长主要由企业生产率提高推动，企业间要素重置的贡献较小，创新企业与非创新企业之间的要素重置并没有带来行业总生产率的提高。

地方政府竞争下的区域产业布局

西安交通大学　马草原　朱玉飞　李廷瑞　《经济研究》　2021年第2期

地方政府竞争对不同行政区域的产业布局会产生何种影响？以Young（2000）为代表的主流文献大多基于"地方政府竞争→市场分割→地区产业同构"的理论逻辑，通过测量区域之间产业结构相似度的时间趋势来反推地方政府竞争及市场分割的强弱。本文认为，由于缺乏"无分割状态"下区域产业布局的对照组，使得这种以"时间趋势法"为识别策略的研究范式无法在时间截面上提供直接的事实依据，而只能在事先假定地区分割导致产业同构的基础之上，借助产业结构相似度的变化趋势来判断地区分割程度。这不仅陷入了前提和结论之间循环推证的逻辑窘境，而且很容易将经济体系中某种内在力量引起的各地区产业结构的共同变化趋势，错误地归咎于行政区域之间的市场分割。为了纠正现有研究范式和结论的偏差,本文利用中国省际分界线两侧城市的空间近邻特征构造了自然实验,真正析出了行政区割效应对地区产业布局的影响。

"租费替代"、地方财政压力与企业非税负担

西北大学　赵仁杰　范子英　《财政研究》　2021年第2期

　　本文基于2008—2015年地级市和全国税收调查数据,利用房地产限购政策,研究了"租费替代"关系下土地出让收入冲击对企业非税负担的影响。结果显示:房地产限购会显著降低地方政府的土地出让收入,增大地方财政压力,导致地方政府非税收入和企业实际非税负担上升,房地产限购政策带来了"租费替代"效应。并且,随着限购政策的实施,限购对企业非税负担的正向影响会持续存在。限购政策实施越严格,企业非税负担上升越明显。本文的研究为从土地财政角度理解中国企业的非税负担提供了新的视角,也表明在房地产调控背景下要真正实现为企业降费必须充分考虑地方政府的财政压力,理顺央地财政关系是确保减税降费政策落地的关键。

乡村振兴背景下中国数字农业高质量发展水平测度
——基于2015—2019全国31个省市数据的分析

西安邮电大学　张　鸿　《陕西师范大学学报》(哲学社会科学版)　2021年第3期

　　数字农业高质量发展是支撑我国农业农村现代化的现实基础,也是实现乡村全面振兴的重要抓手。在乡村振兴背景下,从数字农业发展环境、数字农业信息基础、数字农业人才资源、数字农业技术支持、数字农业绿色发展、数字农业产业效益6个方面出发,构建数字农业高质量发展评价指标体系。运用AHP-熵权法、综合评价模型实证测算并评价了中国2015年至2019年31个省份的数字农业发展情况。结果表明:我国数字农业发展水平逐渐提高,各省份数字农业发展水平存在显著差异,由高到低明显呈现"东—中—西"的阶梯形空间分布格局;西部地区大部分省市的数字农业发展处于中等以下水平,与全国平均水平相比仍存在一定差距。

中国地区之间的市场分割
——基于"自然实验"的实证研究

西安交通大学　马草原　李廷瑞　孙思洋　《经济学》　2021年第3期

　　本文基于"一价定律",利用中国行政区域分界线两侧的空间近邻特征构造了一项自然实验,通过剥离商品跨地区贸易中的摩擦性障碍,有效识别了商品市场在不同行政区域之间的制度性分割。研究表明:省际分界线两侧存在显著的市场分割效应,但将同样的实验思路应用于地级市分界线附近时,却并未发现市场分割的迹象。进一步分解发

现:2001—2015年省际市场的制度性分割和摩擦性障碍都出现大幅下降,当前地区间商品价格变动的非一致性主要由摩擦性因素所致。

工业智能化与产业梯度转移:对"雁阵理论"的再检验

西安交通大学　孙　早　侯玉琳　《世界经济》　2021年第7期

本文将工业智能化纳入新经济地理学经典分析框架,刻画与验证工业智能化、劳动力成本和人力资本影响中国区域间工业产业转移的机理和效应。研究发现:工业智能化一方面改变了区域间产业单向梯度转移模式,南部沿海地区已出现工业产业回流现象,劳动力成本不再是产业转移的决定性因素。另一方面改变了地区产业结构梯度升级模式,沿海地区的高技术含量和常规性任务密集行业开始呈规模扩张之势,部分中等技术制造业发展成熟后不再按照"雁阵模式"向内陆地区转移。此外,工业智能化和人力资本的有效匹配推动了东南沿海地区先进装备制造业的智能化升级。承接先进地区产业转入不再是后发地区实现产业高质量发展的唯一途径,高质量人力资本成为支撑国家或地区成功实现工业智能化转型和构筑现代产业体系的关键。

数字金融、融资约束与企业全要素生产率
——理论模型与工业企业经验证据

榆林学院　马芬芬　《人文杂志》　2021年第7期

基于融资约束的视角,分析数字金融对企业全要素生产率的影响。首先,构建包含融资约束的创新和规模扩张决策模型,厘清数字金融提升企业全要素生产率的机制。其次,以工业企业为研究样本,实证检验数字金融对企业全要素生产率的影响及其机制。研究发现:数字金融能够显著提升企业全要素生产率。机制分析表明:数字金融通过缓解融资约束促进技术创新和规模扩张,进而提升了企业全要素生产率。异质性分析表明:数字金融提升民营企业和中小企业全要素生产率的作用更大。本文研究从微观层面丰富了数字金融影响企业全要素生产率的机制,同时也为通过推进银行应用数字技术破除信息不对称,为缓解融资约束和提升企业全要素生产率提供了政策参考。

黄河流域经济增长–产业发展–生态环境的耦合协同关系

西北大学　任保平　杜宇翔　《中国人口·资源与环境》　2021年第4期

文章分析了黄河流域经济增长、产业发展与生态环境二者的耦合协同机理。在此基础上,首先,构建耦合协同综合评价指标体系,运用耦合协调度模型、空间自相关模型、灰色关联模型分析了2012—2018年黄河流域62个地级市经济增长、产业发展与生态环境各系统的综合水平及三者耦合协调度的时空差异及其驱动因素。运用GM(1,1)灰色预

测模型预测了短期内三者耦合协调度的变化趋势。其次,基于黄河流域经济发展与生态环境保护分析,为黄河流域经济增长、产业发展与生态环境耦合协同构建了包含组织保障、空间治理、政策保障以及体制机制等支撑体系,以期为实现黄河流域高质量发展奠定科学决策基础。

中国城乡要素配置状态的时序变化与空间差异分析

西北大学　王颂吉　李亦然　宿海越　《中国软科学》　2021年第4期

本文对中国城乡要素配置状态的时序变化及空间差异进行研究。构建农业与非农部门要素配置状态的测算框架,运用永续盘存法估计固定资本存量,回归得到要素产出弹性,在此基础上计算1996—2016年全国、省级、地区和粮食功能区等不同层面的城乡部门要素错配系数。从时序变化来看,全国层面非农部门的要素配置状态不断向好。从空间差异来看,东部省份的农业部门要素配置状态趋于优化,东北省份变化不明显,中西部省份则呈现要素错配程度加重之势;粮食主销区的农业部门要素配置状态较好,粮食主产区和粮食产销平衡区的农业部门要素错配程度较为严重。基于以上结论,提出促进资本和劳动力在城乡之间优化配置的政策建议。

股票流动性、股权治理与国有企业绩效

西安交通大学　温　军　冯根福　《经济学》　2021年第4期

本文从金融市场微观结构视角,考察了中国上市公司股票流动性对国有企业绩效的作用机制和影响效果。结果发现:一是中国资本市场股票流动性的提高有助于机构投资者低成本进入企业和国有大股东有效减持股份,显著优化公司的股权结构,降低国有企业的双重委托代理成本,提高国有上市企业的短期绩效和长期价值;二是股票流动性对竞争性国企和中央国企的公司价值提升作用强于特定功能类和公共服务类及地方国企。

农村老年家庭养老风险与老年福祉动态演进的跨学科分析框架

西安交通大学　李树茁　张　丹　王　鹏　《当代经济科学》　2021年第5期

在管理学、经济学、生态学等多学科交叉研究范式的指导下,结合可持续生计分析框架、社会-生态系统理论和生命历程理论,构建了一个用于解释中国农村老年家庭养老风险与老年福祉动态演进的跨学科分析框架。框架以农村老年家庭为分析对象,从个体、家庭、社区多尺度视角出发,将养老风险拓展为涵盖风险、脆弱性和恢复应对策略三位一体的广义风险概念。继而将广义养老风险与可持续生计分析框架结合,形成以养老风险为核心的影响机制链条,分析"养老资本→养老风险→老年福祉"的动态演进机制,探索创新降低养老风险、提升老年福祉的家庭支持政策体系。

农业价值链视野下小农户融入社会化服务体系的有效实现路径

西北农林科技大学　何得桂　公晓昱　《农村经济》　2021 年第 11 期

基于农业价值链视角研究发现：服务组织通过资源纵向整合和横向主体联盟构建了生产要素供应链和农业社会化服务链，农户作为供应链的"起点"和服务链的"终点"与服务供应商共置于一个服务平台，将农户作为农业价值链的重要一环形成"利益共享、风险共担"的协同机制。这种农业社会化服务模式的推广，需要企业具有整合和服务农民的规模、调动乡村精英参与农业现代化的积极性、农户主动与现代农业衔接的意识，也需要公共政策和市场法律环境等外部条件的有力支持。

跨界共融的产业链与供应链双联动协调发展研究

西北政法大学　王　静　《中国软科学》　2021 年第 6 期

运用嵌套 Logit 模型选择 EG 指数进行实证检验，首次考察中国产业链与供应链专业化集聚，产业链与供应链上、下游关联的多样化集聚现象，并进一步从外部异质性、内部保护性和新发展格局的综合视角探索其驱动因素及双联动协调发展形式与机制。基于此，提出以发展"一带一路"和长江经济带等为契机，转变政府职能，打破内部保护性，释放和拓宽外部异质性的溢出范围。依托跨界共融的产业链与供应链"三集一群""三位一体"两链双联动协调发展的创新模式，设计"跨区内区外通道 – 跨境内境外通道""基础融合平台 – 国际合作平台""科技创新链 – 资源集成链"两链双联动协调发展机制，有助于准确把握中国经济新发展格局的全貌，为有效提升产业链供应链现代化水平奠定了基础性认识。

专利导航试点政策是否促进了经济发展？
——以医药产业为例

西北工业大学　李黎明　刘海波　《中国软科学》　2021 年第 6 期

专利导航工程是专利制度在产业运行中的综合应用和专利战略在产业发展中的具体实施。基于合成控制和双重差分的实证检验显示，专利导航试点政策显著促进了产业的利润增长，但对新产品和新技术研发的激励作用不显著。

☞ 论文·法学研究

陕西紫阳诉讼档案中的清代土地交易规范及其私法理念

西北政法大学　汪世荣　《法学研究》　2021年第1期

陕西省档案馆保存的"紫阳县正堂"诉讼档案系当事人起诉到官府的土地纠纷案例，其呈现的土地交易规范包括："买卖由地主为政"，交易应"契明价足"，"不得事后争买"，从交易的启动、程序和结果等层面，既规范了土地交易活动，也与律典、习惯、判例等资料相印证。土地交易规范表明中国私法文化具有源头上的内生性，需要高度重视其创造性转化和创新性发展。

法定数字货币的刑法问题及其立法完善

西北政法大学　尚柏延　冯卫国　《江淮论坛》　2021年第1期

DC/EP是我国的法定数字货币项目，目前已经进入小规模试运营阶段。DC/EP与虚拟货币、私有数字货币、电子支付等在发展历程上具有一定的传承关系，法律属性具有承接性，同时，其技术架构还决定其属性不限于法定货币，还包括合同、交易及身份信息等内容。DC/EP作为法定货币新型样态，目前的货币犯罪体系无法适应其法律属性变化所带来的变革：一是其法律属性直接导致货币犯罪侵犯法益的范围扩大，二是货币犯罪的构成要件内容面临更新，三是刑法的犯罪预防功能被削弱，四是竞合犯的处理出现难点。对于这些问题，通过刑法解释进行调整已经不能妥善解决，需要在立法上考虑增设专门的妨害数字货币管理秩序罪。

形式解释论下网络游戏动态画面的著作权保护路径

西北政法大学　焦和平　《现代法学》　2021年第2期

与"唯立法论"将制度本身作为评价对象不同，"解释论"旨在以现行立法为依据通过准确适用规则解决具体纠纷，因此以尊重法条文义为要旨的法律解释方法应为司法所坚守。为将游戏动态画面认定为"类电作品"，当前一些裁判通过径直适用国际公约、抽象理论和法律原则等架空"类电作品"的法定构成要件，以达同一性认定之目的这些做法实质上有损法律的完整性、权威性和安定性，殊值反思。游戏动态画面与"类电作品"在形态和传播方式上存在较大差异，不宜径行认定为"类电作品"；但因游戏动态画面符合"由一系列有伴音或者无伴音的画面组成"这一"类电作品"的核心构成要件，采取类推方法将"类电作品"视为游戏动态画面是较为妥当的著作权保护路径。

2015年以来依规治党的实际效果评估

陕西师范大学　张小军　《中国社会科学》　2021年第2期

该文依据中国人民大学"中国调查与数据中心"2020年所发布的"中国法律发展报告"中国法治满意度评估的数据,抽取其中关于党内法规调查的满意度相关数据,设计了党内法规完善性、党内法规执行力等5个二级指标。通过横向、纵向对比分析,得出近年来依规治党体系建设之内各指标(要素)存在优劣得失,总结依规治党的成绩及经验,梳理其中的不足并分析可能存在的原因。并在实证研究的客观基础上,从党员监督和社会监督、党内法规的执行力等层面,为今后党内法规制度建设、全面从严治党提供可靠性参考意见。

认罪认罚案件量刑建议精准化
——内涵新解与采纳规则重构

陕西省人民检察院　陕西省人民检察院课题组　最高人民检察院　杨春雷
《法律科学》(西北政法大学学报)　2021年第3期

通过梳理量刑建议的实践发展,可以发现在认罪认罚案件的语境下,量刑建议已由无约束力的求刑意见,逐步转变为起诉前检察机关作出的正式承诺。这种转变,以优化司法资源配置、实现以审判为中心的诉讼体制改革为目的,以加强量刑建议的"精准性"为手段。量刑建议精准化的内涵,可以划分为形式与实质两个侧面:前者以最高人民检察院推动的量刑建议政策为依据,包括量刑建议的确定刑化和确定刑量刑建议的全面化两个要素;后者则由检察机关客观公正立场和认罪认罚案件中量刑建议的效用所决定,包括实体适当性和程序及时性两个要素。各级检察机关在执行最高人民检察院确定刑量刑建议及其全面化政策的同时,应当平衡适当性与及时性。在为《刑事诉讼法》第201条构建采纳规则时,不必固守以往幅度刑量刑建议的"采纳"概念,可以将在确定刑量刑建议以下一定幅度内判处刑罚作为确定刑量刑建议的采纳标准,从而重构确定刑量刑建议的采纳规则。

反贫困法治的中国道路

西北政法大学　杨强　《法律科学》(西北政法大学学报)　2021年第3期

中国特色的反贫困法治,经历了体制改革式反贫困、开发式反贫困和精准扶贫式反贫困三个阶段,形成了市场调节为基础、政府主导为主体的发展中国家反贫困法治模式,创造了减贫治理的中国样本,是马克思主义反贫困理论中国化的最新成果。应合理定位政府扶贫职能,实现扶贫方式从微观到宏观、从直接到间接的逐步调整,同时提高贫困人口的权利保障,推进我国反贫困模式从动员型治理向法治型治理转型。中国的反贫困法治注重保障人民的相当生活水准权、生存权、发展权、平等权,为发展中国家的反贫困提供了可资借鉴的成功经验。

《刑法修正案(十一)》中猥亵儿童罪加重情节的理解与适用

西安交通大学　李　琳　《现代法学》　2021年第4期

《刑法修正案(十一)》通过设置独立适用的加重情节、增设加重情节具体类型、限制加重情节扩张适用,明确和完善了猥亵儿童罪的加重情节。对"在公共场所当众猥亵儿童"情节的认定应把握公共场所的相对公开性,是否"情节恶劣"应以儿童身心健康法益遭受侵害的程度作为判断依据。在猥亵儿童罪新增加重情节的认定方面,应以造成轻微伤作为认定"造成儿童伤害"的底线,侵入型猥亵手段和具有较大人身伤害可能性的暴力、胁迫手段属于"手段恶劣"的典型类型,负有监护职责者猥亵儿童的属于"其他恶劣情节"。

论动产占有返还请求权的构造及其要件的扩张解释

西北政法大学　张　翔　《法律科学》(西北政法大学学报)　2021年第5期

因对罗马法及日耳曼法的继受,在大陆法系民法所形成的"物上请求权两立"与"动产占有的权利推定效力"并行的立法模式中,以"法律禁止之私力"作为占有返还请求权要件的规则,系立足于"原占有、现占有均不具有应受法律保护的权利,但现占有更具有可非难性"的利益判断基础之上。我国民法在未规定"动产占有的权利推定效力"的前提下,仍将"法律禁止之私力"作为占有返还请求权的要件,基于"盖然性判断",形成了"尽管原占有人很可能是权利人,但只有当现占有人以恶劣方式侵害原占有的,才需返还原物"的利益格局,进而导致了"无法证明所有权的失主即无法请求拾得人返还遗失物"的法律漏洞。通过将《民法典》第462条中的"侵占"一词扩张解释为"无权占有",则可弥补上述法律漏洞,并可在"动产占有的权利推定效力"阙如的我国民法中,使"盖然性判断"彰显于动产占有返还请求权之上。

习近平法治思想研究路径初探

西北政法大学　王　健　《思想理论教育导刊》　2021年第8期

学习阐释习近平法治思想有官方的和学理的两大类模式,前者为后者提供指导原则和研究出发点,并借助后者实现其目的。学习和研究习近平法治思想应以"十一个坚持"为核心,重点把握好5个方面的结合,即把习近平法治思想和习近平新时代中国特色社会主义思想,和马克思主义法治理论与中国特色社会主义法治理论的基本原理,和传承中华优秀法律文化与借鉴国外法治有益成果的实践，和当代中国法治建设的丰富实践，和党的十八大之前习近平同志在领导依法治县、依法治市、依法治省的实践，和有关政权建设、法治建设和社会治理等方面的重要论述紧密结合起来，并以掌握尽可能完整全面的原始文献作为学习和研究习近平法治思想的基本保障。

论农民集体所有权的成员集体所有与集体经济组织行使

西北政法大学　韩　松　《法商研究》　2021年第5期

《中华人民共和国民法典》第261条规定的"农民集体所有的不动产和动产属于本集体成员集体所有"中的"本集体成员集体"概念有其理论来源和历史与现实的依据，其内涵确定，可以作为表达农民集体所有权主体的特定概念。本集体成员集体所有是集体成员与集体所有权的权利连接点，是成员权产生的基础，决定了行使农民集体所有权的集体经济组织法人的特别属性。只有把握本集体成员集体所有的集体公有制本质，农村集体产权改革和集体经济组织法人构造才能坚持正确的方向。

通过法律对女性的社会动员
——中国共产党与1949年之前婚姻家庭法律在农村的实践

西北政法大学　伊卫风　《法学家》　2021年第5期

在中华人民共和国成立之前，中国共产党通过制定颁布婚姻家庭法律的方式对农村女性展开的社会动员，促使她们走出家庭和走入社会，支持乃至参与中国革命。中国共产党此种通过法律的社会动员，当时赢得了大量农村女性的认同。中国共产党通过法律对女性的社会动员，使女性从实践中认识到自身在家庭、社会及政治领域中所拥有的种种权利。这样的认知逻辑，与西方女性主义以性别政治为基础来主张女性权利的认知逻辑有着本质上的不同。

我国公司法移植信义义务模式反思

西北政法大学　郭富青　《学术论坛》　2021年第5期

采用大陆法系将董事与公司视为委任关系的解释路径，难以支撑《中华人民共和国公司法》规定的信义义务规则体系，而且会弱化其优化公司治理的调整功能。对此，《中华人民共和国公司法》须承认信义义务赖以存在的信托法律关系，培育信义法的理念，引入商业判断原则，依据信义义务规则及其法理，完善相关判决的证成。我国只有潜心培植公司法信义义务规则发达的根系和深厚的底土，才能最终获得信义义务移植的全面成功。

学习中国共产党历史的法学意义

西北政法大学　王　健　《人民论坛·学术前沿》　2021 年第 20 期

中国共产党主要领导人的著作、政法工作负责人的著作和党的文件及组织机构史料是研究党的思想理论与法治建设最直接、最全面,也最基础的文献材料。党史和各种相关专门史不仅为法学教学和法学研究提供参照框架,而且有助于我们准确把握法学教学和学术研究应当坚持的基本原则。必须把学习党史和学习其他专门史有机结合起来,把创新中国特色社会主义法治理论研究建立在深入学习和研究党史的基础之上。

长江流域协调机制创新性落实的法律路径研究

西北大学　朱艳丽　《中国软科学》　2021 年第 6 期

《长江保护法》规定了流域协调机制的框架。在"共抓大保护、不搞大开发"和"高质量发展"的时代要求下,长江流域生态保护和经济发展需要依赖于流域协调机制的创新性落实。构建以流域资源为基础的网络型协调机制框架,以政府为主导的利益分配机制,以制度为基础的法律硬约束机制,能够突破传统行政区划障碍,促进流域协调发展。

民营经济税收营商环境法治化:从税收公平到税收共治

西北大学　侯　欢　《人文杂志》　2021 年第 12 期

法治化税收营商环境已成为助推民营经济高质量发展的重要突破口和基础保障制度。税收共治机制的逻辑起点,即为税务机关与民营经济发生涉税纠纷时寻求最大程度的个案公平,其落实所需厘清和建构的具体制度和规则的运行应始终恪守并体现上述三原则,从税收公平到税收共治皆直指民营经济法治化税收营商环境建设目标的实现。

☞ 论　文·政治学研究

县域治理中的领导注意力分配

西北农林科技大学　陈　辉　《求索》　2021 年第 1 期

"领导重视"是县域治理中分配注意力、贯彻领导意志、分配稀缺资源的重要机制。注意力表达、传达和竞争是注意力分配的三项关键内容。在注意力表达方面,领导重视的持续性和响应性尤为重要,上下级在互动中形成良性意志表达和反馈机制;在注意力传达方面,督查和问责机制发挥关键作用,有利于增强注意力使动性和有效性,提升领导力;在注意力竞争方面,着重解决注意力捕获性和优先性问题。县域治理实践中要防范注意力稀释、耗散、持续性降低、失焦、泛化问题,避免注意力分配"内卷化"甚至注意力分配失灵。

新冠肺炎疫情背景下美共对资本主义制度的批判与斗争

陕西师范大学 刘力波 张子鉴 《当代世界与社会主义》 2021年第1期

在全球新型冠状病毒肺炎疫情背景之下,美共对资本主义制度的批判主要集中在三个方面:一是资本主义制度固有的基本矛盾导致疫情冲击下人权危机的必然暴发;二是资本主义政治制度的结构性缺陷削弱了国家疫情应对中的治理效能;三是资本主义制度的价值取向消解了团结一致抗击疫情的凝聚力。在对资本主义制度进行理论批判的同时,美共也积极开展斗争实践,揭露共和党疫情应对不力的种种表现,加强宣传教育扩大自身群众基础,建立多元选举联盟,力争在2020年总统大选中击败特朗普及共和党。

构建中国-中亚"卫生健康共同体"面临的机遇、挑战与路径选择

陕西师范大学 龙国仁 《陕西师范大学学报》(哲学社会科学版) 2021年第2期

构建中国-中亚"卫生健康共同体",有利于夯实"一带一路"合作基础,有利于拓展合作新空间和增添合作新动力。中国与中亚国家的卫生健康合作基础良好,且中亚国家对卫生健康合作存在内驱动力,双边互信关系也稳定持久。在新型冠状病毒肺炎疫情与世界百年未有之大变局共振叠加下,构建中国-中亚"卫生健康共同体"已迎来历史机遇。同时中亚地区普遍存在医疗硬件设施老旧、医疗卫生体系不健全和专业人才的短缺,以及地缘政治争夺和地区安全风险等复杂社情,这是双方合作面临的现实挑战。中国-中亚可从医疗物资生产合作和标准化对接、推动中医走向中亚、健康素质养成和健康专业人员培养等路径来展开合作,共同推进"卫生健康共同体"建设。

构建上海合作组织人文共同体的理论内涵与实践推进

陕西师范大学 李琪 《陕西师范大学学报》(哲学社会科学版) 2021年第2期

上海合作组织成立20年,人文交流合作作为其建设发展的础石之一,从实践探索到理论升华,使一个由诸多国家、多样民族、多种宗教、繁多语言、多元文化群体共同参与建设的综合性、跨区域性合作组织砥砺前行,开创了国际关系的新模式,成为国际秩序健康发展的建设性力量。构建人文共同体凝练为构建上海合作组织命运共同体的核心主题之一,丰富了人类命运共同体的时代意涵。当今世界百年未有之大变局与全球性疫情相叠加,上海合作组织面临着内部机制建设和抵御外部渗透干预。我们应在回眸上合组织

人文交流历史成就的基础上,针对现存问题,就如何通过文明交往互鉴,协调成员国分歧差异,提高其在国际舞台上的作为能力进行预应思考。

论中东能源地缘政治中的海上通道问题
——对霍尔木兹海峡安全问题的再思考

西北大学　曹峰毓　《当代世界与社会主义》　2021 年第 3 期

霍尔木兹海峡的安全形势一直是中东研究的重要议题。石油通道控制权的脆弱性与霍尔木兹海峡特殊的地缘政治环境是导致其安全形势持续动荡的主要原因,而波斯湾各国实力的变化是推动霍尔木兹海峡安全形势演进的基本动力,并由此导致了它的阶段性与周期性。未来,精确制导武器的扩散与能源地缘形势的改变可能从根本上扭转霍尔木兹海峡的安全局势,而中国则应结合海峡安全形势的最新变化,从更理性的角度探讨该问题。

推动有效市场和有为政府更好结合研究

陕西师范大学　任晓伟　赵　娜　《中国高校社会科学》　2021 年第 3 期

政府和市场的关系是始终贯穿社会主义经济史的重大理论与实践课题,中国共产党在正确认识和处理政府与市场关系这一世界性难题上形成了中国经验、中国理论和中国智慧。进入新发展阶段,有效市场和有为政府更好结合要以满足人民美好生活需要和实现全体人民共同富裕为目标,以加快构建新发展格局为时代命题,服务于经济高质量发展。在高水平社会主义市场经济体制建设中,有效市场和有为政府的结合将在更高起点、更高层次、更高目标引领下完善实现中华民族伟大复兴的经济体制基础。

中国制度"最大优势"的发生逻辑与转化机理

西安财经大学　张艳娥　《社会主义研究》　2021 年第 3 期

文章认为,进入新时代,中国特色社会主义制度理论得到系统化阐发,习近平总书记关于中国制度"最大优势"的相关论述是最具标志性的创新成果,深入揭示了中国制度治理体系的深层逻辑与功能机理。十九届四中全会《决定》全面体现和进一步贯彻了制度"最大优势"的思想认识,突出坚持和完善党的领导制度,抓住国家治理的关键和根本,在加强党的领导与人民民主的法治联结、综合运用制度效应与政策效应的总体思路中推进制度优势更好的转化为治理效能。

阿富汗塔利班崛起的历史逻辑

西北大学 闫 伟 《现代国际关系》 2021年第8期

文章认为,阿富汗战争后,塔利班迅速实现重组,建立了扁平化的组织结构,人员构成更加多元,意识形态趋向务实、温和。塔利班迎合了阿富汗广大农村和部落社会的政治文化和诉求,为之提供必要的公共产品,满足当地人的生存和安全需求,并实现社会动员。塔利班最终填补了农村的权力真空,逐渐侵蚀和瓦解地方政权,并在美国撤军后全面夺取政权。塔利班上台后,仍然面临一系列困难和问题。阿富汗国家的秩序恢复、和平建设任重而道远。

地理、政治与法律:当代国家边疆的三张面孔

陕西师范大学 金 欣 《中国社会科学》 2021年第5期

当代国家的边疆有地理、政治和法律三张面孔。在地理上,边疆通常处于国家领土的边缘和偏远地带,社会生活方式可能与中心地带不同,以致形成独特的边疆社会,民众的国家感较弱。在政治上,国家权力对边疆地区的非法暴力控制不足,中央和地方关系复杂,国家能力在边疆地区较弱,边疆地区可能有分离主义倾向。在国际政治上,边疆是区分敌友的前沿。在法律上,边疆是国家法律空间的边缘地带,对国内法来说,边疆问题体现在中央与地方权力划分、国家法与习惯法的关系,在国际法方面体现在国际干涉、法律管辖、难民问题和国际地役等问题上。当代国家的边疆问题是地理、政治和法律三方面综合作用的结果,地理是物理空间,政治是动力来源,法律是制度建设和规制手段。

党的领导是国家治理现代化的政治保证

西安交通大学 郭宏彬 白谨豪 《人民论坛》 2021年第30期

文章认为,党的领导是国家治理现代化的重要基石,只有坚持党的领导才能为国家治理现代化提供政治保证。要全面贯彻"坚持党对一切工作的领导"的根本原则,加强基层党建工作,建立健全党的领导制度体系,在国家治理现代化实践中提升党的领导力。

中国共产党德治思想历史演进的三维考察

陕西师范大学 王永和 《思想理论教育导刊》 2021年第10期

德治思想史是中国共产党思想史的重要组成部分。中国共产党在百年历史进程中,始终围绕着党的中心工作,发挥德治的价值和功能,形成、发展和丰富了系统化、体系化的德治思想。在社会功能的维度上,中国共产党实现了德治由治党治军育人"生命线"向

兴国强国之魂的升华。在战略地位的维度上，中国共产党实现了德治由社会特征、治国方略向制度优势的飞跃。在治理方法的维度上，中国共产党实现了德治由理论武装、思想引领向落细落小落实的深化。

后扶贫时代规模性返贫风险的诱致因素、生成机理与防范路径

陕西师范大学　王　媛　《科学社会主义》　2021 年第 5 期

迈向后扶贫时代，巩固拓展脱贫攻坚成果同乡村振兴有效衔接的一项关键性任务是有效防范规模性返贫风险。规模性返贫风险受诸多因素影响，自然灾害巨大冲击、基层政府扶贫政策偏差、政府行政逻辑代替市场逻辑，以及贫困农户内生动力不足等都能使脱贫农户和边缘农户面临较大返贫致贫风险。要从健全防止返贫的监测和帮扶机制、巩固完善扶贫政策、发挥市场主体支撑作用，以及构建返贫风险防控的智力体系等方面，积极探索防止规模性返贫的根本路径。

模式转换与创新：以"党史"为重点内容的思政课选择性必修课建设

陕西师范大学　张　琳　《思想战线》　2021 年第 5 期

思政课是落实立德树人根本任务的关键课程，以"党史"为重点内容的思政选择性必修课是落实党中央重大决策部署和立德树人任务的具体体现，是推动高校思政课模式转换和教学改革创新的必然要求，是现有思政"4＋1"必修课程的有益补充和深入拓展，是对大学生进行以"党史"为重点内容的"四史"教育的路径延伸。思政选择性必修课需要在深研教学内容、教育对象、教学环境、教学手段的基础上，深入探讨以"党史"为重点内容的思政选择性必修课的建设目标、内容设置、资源配置、师资建设、组织实施，以及效果评估等各环节的逻辑关系，以实现思政课选择性必修课建设的模式转换和教学改革创新。

习近平"精准思维"重要论述的理论阐释与科学逻辑

陕西师范大学　张　琳　于建贵　《思想理论教育导刊》　2021 年第 12 期

党的十八大以来，习近平总书记高度重视运用精准思维，并就此作了一系列重要论述。精准思维是建立在唯物论、辩证法和认识论基础上的具有针对性、务实性和高效性特征的思想方法，是精准细致的认识方法、严谨系统的分析方法和求真务实的工作方法；是精准定位国家和社会治理关键问题、精准谋划确保治理科学严密、精准施策增强治理成效的现实需要与必然选择。这一思维方法具有思想发展的过程性、历时性和阶段性；具有明确的本质要义、深厚的哲学基础和鲜明的基本特征；具有用于解决实践问题的丰富经验、成功案例和积极探索，彰显了科学思维形成的逻辑要求、内在判断要求和实践检验要求，是逻辑严密的科学思维方法。

☞ **论文·社会学研究**

推进市域社会治理现代化的基本维度

陕西师范大学　魏军梅　《中国社会科学报》　2021年3月3日

　　推进市域社会治理现代化的战略目标包含着多重维度,必然要求治理理念、治理体系、治理方式、治理能力及治理共同体的现代化。共建共治共享不仅是构建和完善我国社会治理制度的总体要求和原则,也是推进市域社会治理现代化应该遵循的基本理念。党委领导、政府负责、民主协商、社会协同、公众参与、法治保障、科技支撑的社会治理体系是推进市域社会治理现代化的关键。法治、德治和自治三种方式的融合是对社会治理长期实践经验的总结。提高社会治理社会化、法治化、智能化、专业化水平和能力是推进市域社会治理现代化的基本要求。推进社会治理的现代化需要建设人人有责、人人尽责、人人享有的社会治理共同体。

代际流动轨迹与分配公平感影响机制与实证分析

西安交通大学　张　顺　祝　毅　《社会学评论》　2021年第3期

　　中国城市居民的分配公平感及其形成机制已成为社会学研究的热点议题。代际流动轨迹不但刻画了人们社会地位的动态变化,而且通过形塑人们的地位获取相对机会感知与代际资源占有量,进而影响人们的分配公平感。研究结果表示,快速发展经济,促进代际职业流动,是提升城市居民分配公平感的重要途径。

旅游文化发明与乡村市场体系重构
——对一个关中村庄的社会学剖析

西北农林科技大学　郭占锋　张　森　黄民杰　《社会学评论》　2021年第6期

　　在乡村旅游已然成为乡村振兴重要途径的背景下,对陕西省元村的调查发现:元村作为旅游文化资源稀缺型村庄,基于强大的集体经济基础,先后通过继承村落原生文化、整合地区传统文化、迁移都市现代文化三条路径发明了若干形式的旅游文化资源与文化符号,并部分实现了文化商品化,进一步促进了乡村旅游产业蓬勃发展。元村所形成的巨型旅游市场在一定程度上重构了区域内的乡村市场体系,具体表现为深度拓展了施坚雅所谓的"小市"功能;改变了与周边村庄原来平行、平等的发展关系,从而构成了"支配－挤压"式的新型发展格局;替代了周边中心集镇的部分功能,更进一步跨越了乡镇地域,把"乡村旅游市场"延伸到大都市,直接与市民对接。

☞ 论文·心理学研究

青少年早期抑郁和自伤的联合发展轨迹：人际因素的作用

陕西师范大学　黄垣成　赵清玲　李彩娜　《心理学报》　2021 年第 5 期

通过对 859 名初中生历时 3 年的 3 次追踪测量,考察了抑郁和自伤的独立与联合发展轨迹,并对 3 种重要人际关系(亲子关系、同伴关系、师生关系)在二者联合发展中的作用进行检验。结果发现,青少年早期抑郁和自伤分别呈现 4 条和 3 条异质性发展轨迹；二者的联合发展轨迹包含"低抑郁—低自伤—稳定""低抑郁—低自伤—增长""中抑郁—中自伤—降低"三类；父母心理控制和同伴接纳分别为青少年早期抑郁和自伤的风险与保护性因素。

儿童认知发展水平诊断工具 IPDT 的动态化编制及其在低社会经济地位儿童中的应用

陕西师范大学　张丽锦　暴　卿　梁　渊　等　《心理学报》　2021 年第 9 期

"皮亚杰认知发展量表"(IPDT)中的守恒与关系领域经动态化改编后已被证实适用于小学低年级儿童的潜能评估。在此基础上,该研究旨在构建适用于小学高年级儿童的 IPDT 表征、分类、规律领域的动态测验；并运用所构建的 IPDT 动态测验对低社会经济地位(SES)儿童进行认知潜能评估；而后经过对低 SES 儿童的推理认知干预,进一步考查认知干预在低 SES 不同潜能儿童的认知能力和数学成就中的促进作用。结果发现：一是改编的 IPDT 表征、分类、规律领域的动态测验包含"前测—干预—迁移—后测" 4 个阶段,所构建的逐级提示干预方案合理适切,可以有效区分不同认知潜能水平的小学高年级儿童,特别是弱势儿童；二是推理认知干预对由 IPDT 动态测验细致区分出的不同潜能水平的低 SES 儿童作用不同,尽管他们在认知能力与数学成就上均有进步,但低 SES 高潜能儿童比低 SES 低潜能儿童从干预中获益更多。

汉字识别中亚词汇语音和语义信息在 N170 上的神经适应

陕西师范大学　张　瑞　王振华　王小娟　等　《心理学报》　2021 年第 8 期

视觉词汇识别的事件相关电位(ERP)研究发现早期的脑电成分 N170 具有对词汇的敏感性,可能反映了字形、语音和语义加工,目前还没有得到统一的结论。本研究利用汉字形声字声旁表音和形旁表义的独特性,使用神经适应范式深入考察了 N170 对汉字亚词汇语音和语义信息的敏感性。实验 1 操纵了连续汉字的声旁和整字读音重复呈现探究其诱发的神经适应性,结果发现了左侧电极的 N170 对声旁和整字读音重复都产生了神经适应。实验 2 进一步操纵形旁和整字语义的重复呈现,结果发现左侧 N170 仅对整字语义相似性具有神经适应性,而右侧 N170 对形旁和整字语义重复都产生了神经适应。实验结果表明,左侧 N170 不仅对整字语音和语义信息敏感,还对亚词汇的声旁信息敏感;而右侧 N170 对整字语义及亚词汇的形旁信息敏感。

家人情感卷入对老年自我刻板印象的影响：基于潜变量增长模型的分析

陕西师范大学　徐　冉　张宝山　林　瑶　《心理学报》　2021 年第 11 期

本研究使用问卷法对 257 名老年人进行了历时一年的三次追踪测试,采用潜变量增长模型与交叉滞后回归分析考察了家人情感卷入与老年自我刻板印象的变化趋势,家人情感卷入发展与老年自我刻板印象发展的关系,以及家人情感卷入对老年自我刻板印象的时序效应。结果发现:①老年人感知到的家人情感卷入在一年内呈线性递减,而老年自我刻板印象呈线性增长;②家人情感卷入的初始水平负向预测老年自我刻板印象的初始水平与增长速率;③家人情感卷入的下降速率也显著预测了老年自我刻板印象的增长速率;④交叉滞后回归分析进一步支持了老年人家人情感卷入对老年自我刻板印象的总体负向预测作用。本研究为老年刻板印象内化的家庭过程提供了理论支持,并对减少老年刻板印象内化、改善消极老年自我刻板印象的干预具有一定的实践价值。

☞ 论文·教育学研究

从权利到地位:学生法律地位的法律追溯与权利保障

陕西师范大学　陈　鹏　王君妍　《华东师范大学学报》(教育科学版)　2021 年第 1 期

学生的法律地位是教育法学研究的基本理论问题,也是我国教育法治进程中的重大实践问题。学生的权利与义务是学生法律地位的体现。基于现行教育法律关于学生权利义务的规定,可将学生的法律地位归纳概括为民法上的特殊民事主体和行政法上的特殊行政相对人。但当前学生受教育权的可诉性、程序性、公正性不足,有必要将受教育权的救济纳入行政司法审查的范围,对学生权利进行全面救济,并兼顾实体权利与程序权利,依法保障学生受教育权的实现。

地方行业特色型高校一流学科建设方略
——基于学科生态系统的视角

陕西科技大学　姚书志　武建鑫　郝　瑜　《高等教育研究》　2021 年第 1 期

　　以轻工类地方行业特色型高校为例,分别从学科、学科群、学科系统三个维度观测其学科分布情况,发现地方行业特色型高校普遍面临着学科内容老化严重、学科交叉融合不足、学科发展潜力受限等问题。基于此,地方行业特色型高校应确立学科特色型办学定位,重视"学科生态"结构调整,遵循"社会需求"服务逻辑,扎实推进一流学科建设进程。

服务学习:爱国主义教育的重要途径

陕西师范大学　胡金木　西安交通大学　杨淑雯　《中国教育学刊》　2021 年第 1 期

　　当前爱国主义教育取得了突出成绩,但也存在一些问题。例如,部分学生在认知上尚未达到情境化的理解,在情感上尚未内化为个人性格,在行为上很多是非自主化的行动。服务学习作为一种将社会服务与学术学习结合起来的学习方式,可以有效弥合爱国主义教育中知识学习、情感体验与社会行动之间的鸿沟,促进学生在真实生活情景中自主自觉行动。基于服务学习的爱国主义教育基本过程包括:主题选择上要充分考虑学生需要、社区需求、学校条件与教育要求;在参与学生充分讨论基础上制订服务学习计划;进而学生以主动参与的姿态进入真实问题情境,执行服务学习计划;服务之后需要对行为进行评估、反馈,并展示学习成果;持续性、批判性的反思活动贯穿于整个服务学习之中。

西部连片特困地区普惠性民办幼儿园教师队伍建设的现实困境与突围路径

宝鸡文理学院　郑益乐　史文秀　西北师范大学　周　晔　《教师教育研究》　2021 年第 1 期

　　西部连片特困地区普惠性民办园教师队伍面临先天"营养不良"、专业成长空间被挤压、教师队伍士气低落、"旅客"式流动现象严重等诸多问题。为此,要打破"所有制身份"的体制桎梏,提高普惠性民办园教师获得感;推进普惠性民办园"非营利性"转向,消解教师队伍建设的机制障碍;实施普惠性民办园"质量提升计划",助推教师队伍内涵式成长;引导教师找回迷失的"精神世界",唤醒教师的内在专业发展动能。

当代大学生创新创业意识培养的问题与对策研究

陕西科技大学　陈诗南　刘承琳　胡靖悦　《中国社会科学》　2021年第1期

当前,创新创业教育已成为我国经济增长的重要动力之一,高校作为培养社会人才的源头,面向广大学生对提升双创意识进行教育培养,在促进高等教育发展、推动社会经济进步等方面具有重大意义。以分析当代高校培养大学生创新创业意识现状及高校对学生创新创业意识的培养举措为主线,并以西部省属高校陕西科技大学为例,阐述基于学校实际的实践与创新路径,为提升学生双创意识、创新工作形式提供了具体思路。多方面提高学生创新创业意识,增强综合能力,培养高水平创新人才,为推动社会发展注入不竭力量。

论大学学术治理能力现代化

陕西师范大学　陈　亮　《华东师范大学学报》(教育科学版)　2021年第2期

学术治理能力涵涉多元利益主体参与大学学术场域实践活动的积极性、参与方式、治理的运行制度设计、治理主体的权责划分,以及利益分配、治理程序等多重因素。提升学术治理能力现代化水平已成为全面推进高等教育治理能力现代化的关键,主要包括学术治理制度的善意理解力、冲突解决力、共在执行力、责任悦纳力,以及创新驱动力等要素特征。然而,实然境遇下的大学学术场域由于诸多权力的交错混杂与寻租,以及外部法律制度供给缺位,造成学术治理能力出现"虚假治理"困境,阻滞了现代大学制度建设的步伐。真正实现学术治理能力现代化需要在具有民主契约的共生环境中秉持善治理念,塑造多中心学术治理格局,确保学术治理动态过程的手段善与结果善统一。

投资职业教育能否促进农村劳动力增收
——基于倾向得分匹配(PSM)的反事实估计

陕西师范大学　祁占勇　谢金辰　《教育研究》　2021年第2期

投资职业教育能否实现农村劳动力增收是制定职业教育政策的重要参考。以2018年中国家庭追踪调查(CFPS)的农村数据为依据,运用倾向得分匹配(PSM)的反事实估计与拓展后的明瑟方程,探究职业教育促进农村劳动力增收的效度。结果表明,职业教育在一定程度上承担了促进农村劳动力增收的职能;中等职业教育有效促进了农村劳动力增收,但相对收益的边际回报率逐渐降低;高等教育阶段投资高等职业教育对于农村劳动力增收的效益普遍低于大学本科教育;职业教育培育的农村劳动力与就业市场需求更吻合。因此,国家要通过提高职业教育对农村地区受教育者的吸引力、巩固中等职业教育的基础性地位、合理布局高等职业教育、发挥职业教育与劳动力市场有效衔接优势等措施,来达致职业教育促进农村劳动力增收的目的。

学校管理为什么这么难
——基于 F 校教师人际互动样态的个案分析

陕西师范大学　冯晓敏　《中国教育学刊》　2021 年第 4 期

教师人际互动状况关乎学校管理能否顺利开展。基于对 F 校的个案研究发现,当前学校管理中的教师人际互动主要存在三种样态,分别是因循校长权威的层级式互动,权责不清下中层管理者的夹心式互动,以及服从与反抗并存的教师双逻辑互动。为此,则需突破科层管理体系的束缚,淡化竞争性教师绩效管理,转变问题聚焦式的管理惯习,以此来赋予教师参与学校管理的自主权,培育"合作共生"的人际互动关系,以及构建优势挖掘的人际互动文化,并在现代学校制度框架下,实现从校长权威领导向学校管理共同体的变革,进而有效化解由教师人际互动问题所引发的管理困境。

社会同情与儿童正义感的培育

陕西师范大学　胡金木　《教育研究》　2021 年第 5 期

儿童正义感的培育不仅需要理性的正义认知,也离不开感性的移情体验。社会同情是一种主体间的情感共鸣,通过一种感同身受的同情共感机制来促进正义感的发展,是儿童正义感形成的情感基础。作为主体间理解的情感纽带,社会同情促使主体通过置身于他人的境遇感受、体验、思考,了解并理解他人,维持主体间的相互理解与相互善意。基于同情共感机制,教育者要为儿童提供丰富的活动,引导儿童深入社会生活以获得真切的社会体验,倾听他者的声音以促进主体间理解,体验他人的感受以实现情感共鸣,学习榜样以认同社会所信仰的正义价值,借助移情投射以激发正义的想象,促进儿童形成一种厌恶不义、渴望正义,依据正义行动的正义感。

高校教师内在激励因素与任务绩效关系实证研究

渭南师范学院　郝丹娜　《高等学校文科学术文摘》　2021 年第 5 期

为探寻高校教师内在激励因素与任务绩效之间的关系,选取 200 名高校教师作为研究对象,采用结构方程模型构建高校教师激励模型并进行实证研究。研究结果表明:工作成就对科学研究呈正相关关系,且有显著性影响;创新激励对教育教学呈正相关关系,且有显著性影响;个人价值对社会服务呈正相关关系,且有显著性影响。因此,高校应在教师激励方面建立以教学创新为主的绩效考核模式,建立以树立教师工作成就感为主的科研导向机制;建立以学校为主体的社会合作平台,激发教师参与社会服务的积极性等。

百年中国共产党对马克思主义教育正义思想的发展与实践

陕西师范大学　郝文武　《教育研究》　2021 年第 6 期

中国共产党建党百年来,始终以马克思主义的人民为本的教育正义观为指导,坚持不懈发展教育平等与教育质量、效率相互促进的教育正义思想和实践。中国共产党对马克思主义教育正义思想的发展与实践,历经新民主主义革命时期,争取工农的平等受教育权;社会主义革命和建设初期,创建工农优先、普及与提高相结合的新教育;改革开放和社会主义现代化建设新时期,坚持分数面前人人平等的教育公平;中国特色社会主义新时代,推进城乡教育公平和均衡发展、教育扶贫、发展公平而有质量的教育和中国特色世界先进水平的现代化优质教育等。百年发展,形成系统和丰富的教育正义思想和成功的教育正义实践。

重塑教师教育培养体系　着力打造优秀乡村教师

陕西师范大学　游旭群　《教育研究》　2021 年第 6 期

在迎接中国共产党成立一百周年的重要时刻,我国脱贫攻坚战取得了全面胜利。教育在脱贫攻坚中发挥了基础性、先导性和持续性作用。乡村振兴必先振兴乡村教育,而振兴乡村教育的关键是乡村教师队伍建设,核心是培养一批又一批优秀乡村教师。

小区配套园治理的产权障碍与立法解决

西安文理学院　王雅荔　中国人民大学　管　华　《中国教育学刊》　2021 年第 6 期

2019 年以来国家对小区配套园重拳出击进行集中整治,已取得初步成效,但治理中的移交环节在实践中推行困难,易出现法律瑕疵,其根源在于配套园的实际产权与教育管理中通行的公办园、民办园分类发生错位。对小区配套园的产权追溯应按照现行法,以土地出让合同或者划拨决定书上的规定为准,无规定的以产权登记为准。回归制度初心,应坚定治理决心,在立法中巩固治理成效,建议对已建小区配套园坚持完成治理、坚持普及普惠、坚持依法确权;对新建小区配套园明确其公办园性质和公有产权,并设置教育行政部门对小区配套园的前置审批权。

论家庭教育指导服务支持体系的供给主体及其行为选择

陕西师范大学　祁占勇　余瑶瑶　杜　越　等　《中国教育学刊》　2021 年第 6 期

家庭教育是人一生的基础性工程,需要政府、学校和社区等多元供给、共同参与、齐心协力支持其良好发展,从而确保家庭教育指导服务支持体系的有效供给和供给品质的全面提升。政府在家庭教育指导服务支持体系供给中居于主导地位,应通过健全法律体系、加强经费投入、打造专业化队伍、完善监督与评估、构建科学机制等供给方式来履行其主导责任。学校在家庭教育指导服务支持体系中处于参与角色,其参与意识的提升依赖于建立专门组织机构、形成顺畅运行机制、提供完备支持资源、采取多样活动形式等手段落实。社区在家庭教育指导服务支持体系中处于协同地位,需要依托社区场馆开发物质资源、借助各界力量整合人力资源、利用多种形式提供信息资源等彰显其协同角色。

教师教育学科:现象、隐忧与走向

陕西师范大学　龙宝新　《教育研究》　2021 年第 7 期

"教师教育学科现象"的发生具有鲜明的中国化要求、中国化底色,其源于新时代国家战略、优秀教师供需矛盾、大教师教育体系建设的现实需要。在"学科后"时代,教师教育学科发展面临学科基础虚化、学科教学论"双边缘化"、回避"双核冲突"及研究重心移位等问题。推进教师教育学科建设,应遵循其广域性、交叉性与嵌套性等特点,以学科耦合为统领,通过观念层面、主体层面以及组织层面的耦合,加快教师教育系统各层级、各维度、各领域的耦合进程。通过达成师范性与学术性、文理专业与教育专业、学科教师与专业教师、学科院系与教育院系、师范院校与综合院校间的良性互动机制,走向深度协同耦合,创建最佳教师教育耦合态,这是教师教育学科破解根源问题、走向高质量发展的应然之道。

学科内卷化时代的教师教育学科建设

陕西师范大学　龙宝新　《华东师范大学学报》(教育科学版)　2021 年第 8 期

内卷化是学科发展中出现的一种表面"繁荣"与实质"停滞"混为一体的焦灼状态。教师教育学科正位于学科内卷化发展的临界点上,其直接表现是"虚假繁荣""表面强势"一味体量扩张。学科范式突变是破解教师教育学科"发展路径依赖"的基本原理,其切入点是:选好学科生长的突点,激活学科增长的动能,治理学科发展的内外关系。当代我国教师教育学科质变正迎来新机遇,其中社会需求高涨、研究队伍膨胀、学问积累激增等最为明显。面向未来,教师教育学科走出内卷化困境的行动策略包括:学科热点驱动策略、学科基础分实策略、学科内能释放策略与学科基质提炼策略。

义务教育阶段学生减负背后的供需困境与化解

陕西师范大学　张　旸　张　雪　刘文倩　《中国教育学刊》　2021 年第 9 期

义务教育阶段学生学业负担过重及所导致的危害有目共睹,然而政府三令五申出台的"减负令"的落实效果却不尽如人意。面对这一顽疾,从历史和现实出发,剖析纷繁复杂现象背后的供需困境,具有追本溯源的价值。受制于"高中心"逻辑下义务教育价值缺失、现代化进程中的阶层分化与差异,以及政府与学校利益逻辑下的供给失灵的影响,要化解学生减负背后的供需错配、结构失衡等困境,需要政府从供需两侧双管齐下标本兼治,以教育评价倒逼教育生态良性循环,通过观念和行动的转变缓解家长焦虑及提升教师智慧和境界,还要以社会结构调整作为减负基础保障。

义务教育优质均衡发展督导评估审视与展望

陕西师范大学　樊莲花　陕西省社会科学院　司晓宏　《教育研究》　2021 年第 10 期

经过近 10 年的努力,我国义务教育基本均衡县认定已在 31 个省(自治区、直辖市)基本完成。该项工作的开展,极大地牵引和推动了全国各地义务教育的均衡发展,明显缩小了区域之间、城乡之间、校际办学条件和水平的差距,显著提高了义务教育的整体发展水平,并在此过程中形成了较为系统完备的评估认定框架体系。展望义务教育优质均衡发展督导评估认定工作,应在总结和审视基本均衡认定经验与不足基础上,进一步倡导主体多元,增强评估认定的专业性;兼顾国家统一标准和地方特色,凸显质量指标要素;构建动态数据采集机制,以科技赋能督导评估;强化评估结果使用方式,注重多元问责与持续改进;更新评估理念,科学校正评估价值取向;深化学术研究,积极构建具有中国特色的评估认定理论体系。

回归强有力的知识传统
——对课程知识相对主义的批判性考察

陕西师范大学　张俊列　《北京大学教育评论》　2021 年第 4 期

知识问题是课程研究的基础性问题。在社会建构主义、概念重建主义等理论的导向下,知识相对主义成为当代课程研究的强势话语。本文基于课程研究自身的历史、理论与实践问题,对相对主义进行批判性考察。特别是通过阐明相对主义嵌入中国新课程改革的过程及原因,在凸显理论叙述与实践操作之间巨大的悖反与断裂关系的前提下,重新揭示长期以来被遮蔽的客观知识的价值,从而对"轻视知识"的教育思潮保持警惕。本文通过审视相对主义的误区,为知识的客观性辩护,重新思考和估价知识问题与课程研究的关系定位。

为什么上大学
——乡村学生"离土"选择的教育发生考察

陕西师范大学　王　乐　张　乐　《教育研究》　2021 年第 1 期

一直以来,乡村存在一种"逃离"自己生长土地的倾向。大学作为人力资源的"配置中心"源源不断地将乡村学生输送到城市。为了追问"上大学"背后的"离土"动机如何通过教育变为现实,分别选择"出走前""出走中"和"出走后"三组教育群像进行"画图",基于"行为原因—影响因素—结果反思"的逻辑,深描"上大学"在教育时间线上如何影响乡村学生的"离土"选择。研究发现,乡村学生在教育的鼓励和"不支持"下,通过务实规划和环境提示做出"离土"选,同时表现出欣然接受和情感淡薄的态度。总之,教育通过认知、发展和情感三个方面将乡村学生推向城市,而其也可借助"实地化""专业化"和"伦理化"在系统内部对"离土"问题进行力所能及的教育性调适。

产学研融合培养行业特色创新人才研究
——基于军工企业访谈的分析

西北工业大学　李　辉　《教育发展研究》　2021年第21期

高等教育高质量发展是新时代高质量发展的重要组成部分,行业特色高校高质量发展和行业特色创新人才培养直接影响着我国经济发展和创新型社会建设,产学研融合是行业特色创新人才培养的先进模式。本研究以军工行业为例,通过对九个特色企业的访谈分析发现,当前行业特色高校与行业企业合作方式呈多元化趋势,但在利益分配、资源供求、教师投入、人才类型、学生实践创新能力培养及文化认同等方面仍存在问题。行业特色高校要在学科规划、人才培养体系构建、专业建设、行业文化育人、行业特色师资队伍建设等方面,以优化体现双赢的合作机制为保障,促进教师专业发展、支持学生实践创新、传承创新行业文化,通过校企产学研深度融合支撑培养全面发展的行业特色创新型人才。

☞ 论文·管理学研究

双重价值论面临的挑战与档案价值理论的重构

西北大学　黄新荣　曾　萨　《档案学研究》　2021年第1期

档案进入数据态管理模式,需要新的档案价值鉴定体系。在概述谢伦伯格文件双重价值理论的核心要点的基础上,分析档案管理模式改变、信息公开、电子文件,以及档案数据对双重价值理论时序性假设和方便利用等假设的冲击,反思双重价值理论在信息时代存在的合理性。从多元性角度重构档案价值理论,提出档案价值多元模型、档案多元价值变化时间模型,对档案价值体系重构进行思考。

直播社会临场感研究:量表编制和效度检验

西北大学　谢　莹　高　鹏　李纯青　《南开管理评论》　2021年第2期

本文构建并检验了直播社会临场感的构成,开发了直播社会临场感测量量表。研究应采用项目分析法及探索性因素分析法等方法筛选确定正式量表,运用验证性因素分析(CFA)和平均变异抽取值(AVE)验证了直播社会临场感是一个三因素构念,包括共存临场感、交流临场感和情感临场感,且具有良好的构念效度。研究二通过构建法则网络并用结构方程模型的方法验证了 LBSP 量表具有良好的法则效度。研究三将已有的 PSP 量表和 PP 量表作为校标,检验了 LBSP 量表的共时效度。本研究为今后展开直播模式下社会临场感相关商业和学术研究问题提供了有效的测量工具。

公共政策视角下的保护、发展与福祉问题
——一个跨学科研究框架的提出与应用

西安交通大学 李树茁 高博发 黎洁 等 《公共管理学报》 2021 年第 2 期

解决我国可持续发展进程中遇到的保护、发展与福祉目标难以协调的问题,通常需要一定的政策工具创新,追求多维目标的实现。本研究基于新的研究理念与思路试图提出一个跨学科、多层次、多尺度的研究框架,建立政策分析、学术研究与治理干预之间互动融合的过程,并以一个研究案例为例介绍研究框架的具体应用过程。本研究所提出的研究框架采用跨学科的方法分析保护政策对不同时空尺度内的不同利益相关者的影响机制,科学评估政策实施的预期经济成本与生态效益,强调学术研究的问题来源于政策分析的需要,并提倡将研究结果应用到政策实践过程之中,推动现实问题的解决。

生产能力储备模式下应急物资储备与采购定价模型

西安电子科技大学 扈衷权 西安交通大学 田军 沈奥 等
《管理工程学报》 2021 年第 2 期

本文从供应链的角度出发,利用供应链契约中的数量柔性契约建立了生产能力储备模式下的应急物资储备与采购定价模型,并进一步考虑了协议企业存在储备约束的情况。在利用逆序归纳法求解出合作下企业的生产能力储备量及相应的政府采购定价决策后,文章进一步分析了储备周期内灾害事件的发生概率与企业最大储备量约束对双方决策及各自成本收益的影响,为政府的采购定价及企业的储备策略提供了科学依据。

"健康中国 2030"战略下健康数据协同治理体系研究

西北大学 周知 武汉大学 胡昌平 《图书情报工作》 2021 年第 1 期

通过对《健康中国 2030》规划纲要》文本精神的领会,在分析了各治理主体对健康信息治理需求的基础上,提出一种面向"健康中国 2030"战略的健康数据协同治理体系,

并针对关键环节提出保障措施。协调各层级、各部门与各利益主体的健康数据治理体系构建与保障,有助于在推动国家健康战略目标的同时实现健康数据的社会价值,拓展健康信息学的研究范畴。

重要数据跨境流动背景下风险路径的识别与分级

西安电子科技大学 李 金 申苏浩 中国科学院 孙晓蕾
国家计算机网络应急技术处理协调中心 邢 潇 《中国管理科学》 2021 年第 3 期

本文基于复杂网络中的二分网络模型,对重要数据的跨境流动进行研究。通过重要数据跨境流动的二分网络和关联网络识别风险路径;构建基于网络结构和接收节点属性的目标风险路径方法以计算其风险值;对我国某重要行业跨境流动的数据开展实证分析,验证算法的有效性和精准度。本文旨在为重要数据跨境流动的预警管理提供量化方法,有效预防重要数据跨境流动带来的风险,提升我国数据治理能力。

第三方物流整合对供应链绩效的影响研究

西北工业大学 罗 恒 王莉芳 《管理学报》 2021 年第 3 期

立足于中国的传统文化背景,将集体意识作为中介因素,探讨第三方物流整合对供应链绩效的作用路径。基于 335 份问卷调查数据,建立第三方物流整合—集体意识—供应链绩效结构方程模型进行分析。研究表明:第三方物流整合对集体意识有促进作用;集体意识对供应链绩效有促进作用;集体意识三个维度(成员感知、互相影响、参与热情)在第三方物流整合与供应链绩效之间具有不同程度的中介作用。第三方物流整合应鼓励成员对整合网络的认同感,培育成员对自身能力贡献的自豪感,激发成员参与供应链增值活动的热情,实现供应链绩效持续提升。

组织延展性目标的黑暗面研究:
基于心理许可理论的一个被调节的中介模型

西安交通大学 陈 畅 张 喆 西北工业大学 贾 明 《管理工程学报》 2021 年第 4 期

本文基于心理许可理论,构建了员工心理特权作为中介变量的理论模型,旨在揭示组织延展性目标影响员工不道德行为的内部机制。此外,本文还关注了员工创新自我效能感对组织延展性目标与员工心理特权之间关系的调节作用。结果表明:组织延展性目标与员工不道德行为之间存在显著的正向关系,同时员工心理特权在上述关系中起中介作用。此外,员工的创新自我效能感对组织延展性目标与员工心理特权之间的关系有显著的正向调节作用。即员工的创新自我效能感越强,组织延展性目标与员工心理特权之间的关系越强。

政策引导对中小企业创新绩效的影响机理研究

西北工业大学　郑　烨　《科研管理》　2021年第4期

以国内457家科技型中小企业为研究对象,构建政策引导影响中小企业创新绩效的理论模型并进行实证检验。探索了两类政策引导对企业创新能力、创新绩效的影响,揭示了企业规模发挥的调节作用,以及提升企业创新绩效的三种最有效政策引导方式。

管理者短视主义影响企业长期投资吗？
——基于文本分析和机器学习

西安交通大学　胡　楠　薛付婧　王昊楠　《管理世界》　2021年第5期

本文基于高层梯队理论和社会心理学中的时间导向理论,提出了管理者内在的短视主义特质与企业资本支出和研发支出的关系,并采用文本分析和机器学习技术构建出管理者短视主义指标从而对其进行实证检验。研究结果发现,年报MD&A中披露的"短期视域"语言能够反映管理者内在的短视主义特质,管理者短视会导致企业减少资本支出和研发支出。当公司治理水平、监督型机构投资者的持股比例及分析师关注度越高时,管理者短视主义对这些长期投资的负向影响越易受到抑制。最终,管理者短视主义导致的研发支出减少和资本投资效率降低会损害企业的未来绩效。

双元学习、联盟管理实践转移与联盟成功

西安交通大学　江　旭　香港城市大学　杨　薇　《管理评论》　2021年第6期

联盟管理实践(Alliance Management Practices,AMP)是企业用以管理联盟的一整套方法、流程和技术。作为一种特殊类型的企业管理知识,AMP在联盟伙伴间的转移是一个包含AMP获取、AMP应用和AMP内化三个维度的二阶因子。本文基于组织学习理论,将单一组织层面的双元学习扩展到战略联盟背景下,探讨联盟企业双元学习的平衡维度和组合维度如何通过AMP转移的中介作用对联盟成功产生影响。本文所构建的"双元学习—AMP转移—联盟成功"的影响机制揭示了双元学习与联盟成功之间的关系"黑箱",对推动组织学习和战略联盟研究均有一定的理论价值。

国家生态治理重点区域政府环境数据开放利用水平评价与优化建议
——基于京津冀、长三角、珠三角和汾渭平原政府数据开放平台的分析

西北大学　司林波　裴索亚　《图书情报工作》　2021年第6期

通过开展生态治理重点区域政府环境数据开放利用水平的评价,能够发现影响环境数据开放利用水平的影响要素,有助于促进各地政府提高数据平台的开放利用水平,更好地服务于生态环境治理实践。基于价值共创理论和DPSIR模型,从驱动力、压力、状态、影响和响应五个维度构建环境数据开放利用水平评价指标体系,以京津冀、长三角、珠三角和汾渭平原等具有典型跨域特征的国家生态治理重点区域为例,对区域环境数据开放利用水平进行评价。

光荣与梦想:中国共产党社会保障100年回顾

西北大学　席　恒　余　澍　李东方　《管理世界》　2021年第6期

中国共产党建党100年来,始终秉承着为人民谋幸福的宗旨,从建党初期的民生主张到政策实践,从中华苏维埃共和国的社会保障初步探索到陕甘宁边区的社会保障工作,从抗日战争时期、解放战争时期团结一切力量的人民保障到建国前期的劳动保险制度确立,从改革开放时期现代社会保障制度的积极探索到新时代世界上最大规模的社会保障体系建立。中国共产党基于时代变化的条件约束和保障民生福祉的目标约束,使中国共产党领导下的中国社会保障对象不断扩大,保障项目不断增加,人民群众的获得感、幸福感、安全感不断增强,真正体现了中国共产党全心全意为人民谋福祉的建党初心和奋斗目标,以100年的光辉成就,实现了中国人民的百年梦想。

城乡交通一体化高质量发展的困局及其治理

西北农林科技大学　李玲玲　赵光辉　《中国软科学》　2021年第7期

从管理体制的"二元结构",公路立法滞后以及城乡公共客运票价、财税政策的二元市场混同结构问题入手,并针对公路设计标准与交通能力不匹配、城乡客运市场特征的显著差异性与农村交通基础设施归属不顺及投资主体的单一性等症结进行分析,得出了城乡交通一体化高质量发展需要对结构困局进行"一体化"统筹,实现结构体系化、综合性的新局面,需要从理顺城乡道路管理体制、绿色交通统筹衔接城乡道路功能层次结构,以及以智慧交通赋能完善城乡交通服务机制等层面整体优化路径,由此提出相应的对策建议。

网购情境下消费者线下体验行为的扎根研究

西安交通大学　卢亭宇　庄贵军　《管理评论》　2021年第7期

　　本文探讨了网购这一特殊情境下消费者线下体验行为的内涵、前因和后果，构建了一个网购情境下消费者线下体验行为模型。研究发现：首先，消费者感知的产品不确定性是关键且直接的前因变量，包括产品质量不确定性、产品适用不确定性及产品喜爱不确定性。其次，产品因素、渠道因素和消费者个人因素通过产品不确定性影响消费者的线下体验行为。再次，线下体验行为涵盖感官体验、认知体验、试用体验和情感体验等多个维度，其后果有购买决策、购后感受与行为。另外，环境因素直接影响消费者线下体验的意愿和行为。最后，本文讨论了这一研究结果的理论和实践意义，并指出了存在的缺陷和未来的研究方向。

基于领导者个体层面组织资源获取策略的形成与分类研究

西北工业大学　张　琳　《管理学报》　2020年第8期

　　通过对8位高校领导者进行多案例研究，从微观层面探索领导者为组织获取资源策略的形成与分类。研究发现：领导者资源获取策略由领导者认知、领导者行为与制度环境互动形成，可划分为跟随型策略、妥协型策略和创新型策略三种类型。

技术特征、关系结构与社会化购买行为

西北工业大学　董雪艳　哈尔滨工业大学　王铁男　《管理科学学报》　2020年第10期

　　针对现有研究鲜有从技术与社会的双重视角探索技术特征与社会关系如何影响用户购买决策的问题，论文在充分考虑社会化商务特性的基础上，首次考虑将技术、人、信息、商业四个社会化商务主要的影响要素纳入同一理论模型。通过同时考虑技术与关系两个维度，全面分析了技术特征、关系结构如何通过刺激用户对产品信息内容的感知进而影响其社会化购买行为，构建了以技术可供性和强弱关系为刺激因素，信息诊断性和意外发现性为内在机体状态，社会化购买意向为"反应"的理论模型，探索了用户社会化购买行为的发生机制。研究结论为进一步探究社会化购买行为提供了理论基础和实践指导。

下属在领导过程中的能动作用研究：概念、关系及机理

陕西科技大学　杜艺珊　《管理评论》　2021年第10期

　　本文采用案例研究方法，通过对7个组织进行实地调研和访谈，从下属视角对下属

在领导过程中的能动作用过程、机制和结果进行探索,识别出相关构念和构念之间的关系,提出了下属在领导过程中能动作用过程的概念地图。研究发现:下属在领导过程中的能动作用过程具体包括下属的内在认知、下属对领导者的识别过程、下属对领导者的反应过程和下属对领导者的影响过程四个部分,并对四个过程之间的作用机理进行描述。结论为以下属为中心的领导研究提供了一个整合性的分析框架,关注了下属在领导过程中的主动性,进一步打开了领导过程的黑箱。

包容型领导研究述评与中国视域下的展望

陕西科技大学 陈晓暾 《科研管理》 2021年第10期

文章系统梳理了包容型领导的概念起源、维度测量、影响效应、作用机制及影响结果,构建了包容型领导研究整体框架,对已有的文献进行整理述评,拓展其研究层次及方法,并将中介与调节变量纳入组织分析框架之中,同时强化了本土情境下的权变作用,并以此来讨论现有文献存在的不足,以期为未来组织管理更好地发展提出可行性结论。

☞ 论文·新闻与传播学研究

网络直播App使用行为对线上购买意愿的影响机制研究

陕西师范大学 党君 华东师范大学 马俊树 《新闻大学》 2021年第5期

研究采用问卷调查法,以390名高校网络直播App用户为调查对象,探讨了网络直播App使用行为对线上购买意愿的影响,以及在这一影响过程中价值感知与社会互动所发挥的作用。结果发现:①在控制了无关变量后,网络直播App使用行为对线上购买意愿具有显著的正向预测作用;②价值感知在网络直播App使用行为与线上购买意愿的正向关系中起到完全中介作用;③社会互动对网络直播App使用行为、对价值感知的直接预测作用以及对价值感知的中介作用起调节作用。

校园书店发展中的矛盾冲突及转型策略
——基于对24所西安市属地普通本科学校的调研

西安邮电大学 杨忠杨 《出版科学》 2021年第3期

通过走访调研发现,90%以上的西安市属地普通本科学校有校园书店,为研究校园书店发展提供了现实案例支撑。依据所有权归属的不同,将校园书店分为民间私人、校企共建和出版社出资经营三类,在深入分析不同类型书店特点与经营状况的基础上,提炼出当前制约校园书店发展的共性问题,即对"校园特性"和"书店本性"这对矛盾关系的处理不当。基于此,本文提出相应的优化发展建议,以校园书店两种本质特性之间的关系平衡为基础,一方面围绕"书店本性",以营销方式的改进和文化相关主业的开展为着力点;另一方面要强化"校园特性",在融合联动的基础上走专精特新的差异化发展道路,同时注重对"附近"意义的挖掘,重构共同社会交往关系的"在场"。

复返口语文化的社交媒体
——以 Snapchat 为个案的讨论

西北大学　马　锋　张　峰　《现代传播》(中国传媒大学学报)　2021 年第 5 期

作为全球社交媒体的"革命者",Snapchat 对我们重新理解社交媒体及其所生成的文化具有重要意义,然而这一问题远未受到学界的足够重视。依据沃尔特·翁的"口语文化"理论,其所开创的"阅后即焚"引领用户"在场"交谈;其将社交与媒体分离,使用户逃离"秀场",重回亲密的人际交流;其"My Stories""Our Stories"开创了社交网络讲故事的先河,独特的定位叙事和镜头编排时序是口头叙事传统的回归。这一切象征着社交媒体是"在场的吟唱",也意味着社交媒体时代口语文化的复返。

芬兰媒介素养教育政策的整体框架与逻辑理路

陕西师范大学　袁利平　王垚赟　《现代传播》(中国传媒大学学报)　2021 年第 5 期

媒介素养教育是提高公民媒介素养的主要途径。芬兰媒介素养教育得到了世界的普遍认可,其具有连续性和创新性的媒介素养政策为芬兰有效开展媒介素养教育提供了重要保障。《芬兰媒介素养》明确了芬兰媒介素养教育的政策背景、基本框架和保障措施等。发展综合、优质、系统的媒介素养教育以增强公民的媒介素养能力是芬兰媒介素养政策的主要目标。多部门参与贯穿芬兰媒介素养教育政策制定和实施的全过程,是芬兰媒介素养教育取得成功的关键,政府层面的广泛参与是芬兰媒介素养教育政策贯彻落实的关键。芬兰的媒介素养教育政策坚持以尊重人权和促进公平为根本,强调公民能力的培养,重视多样化和个性化发展。芬兰媒介素养教育新政策及其多年的实践探索为我国提供了一定的借鉴和启示。

城市实体书店场景建构探析
——基于知识交往视角

咸阳师范学院　李　淼　《中国编辑》　2021 年第 10 期

为应对电商经济与新型冠状病毒肺炎疫情的冲击,实体书店亟待从图书零售 1.0 时代、多业态复合经营 2.0 时代向文化交流 3.0 时代转型。场景理论以消费为导向,以生活文化设施为载体,以文化实践为形式展开对实体书店等城市"文化舒适物"的研究。实体书店场景建构是知识交往的过程,表现为空间与公众互动重构生活美学,以书店为中介连接趣缘关系,以书店为节点编织社区网络的三维互动。从知识交往的视角构建实体书店场景,可为大众文化消费兴盛时代的实体书店转型实践提供思路。

美国法律评论的"学生办刊"模式研究

陕西师范大学 肖 超 王佳彤 《出版科学》 2021年第11期

"学生办刊"作为一种独特的办刊模式,有利于创新办刊思路,促进学术期刊更好地发展。以《哈佛法律评论》《耶鲁法律杂志》《斯坦福法律评论》为例,探究美国法律评论类期刊学生编辑的选拔与分工机制及期刊的栏目设置和集稿审稿机制。研究结果表明:"学生办刊"模式的主要特征包括学生主导、独立办刊、组织严密、体系完备、民主制衡等。采用"学生办刊"模式应建立严谨的学生编辑选拔机制,明确学生编辑的职能分工,规范期刊集稿要求,健全期刊审稿制度,实现采用"学生办刊"模式的期刊间的联合,办出期刊特色。

数字化抚育:"妈粉"媒介实践中的"母职"再造

西安交通大学 徐 婧 孟繁荣 《新闻大学》 2021年第11期

本研究聚焦粉丝圈层中"妈粉"这一粉丝身份和指称,尝试寻找这一群体建构"母职"身份的动机,并探究其数字媒介实践方式与现实母职间的连接。研究发现:"妈粉"是一种流动中的身份共识,其基础在于对偶像去性化的"母子"依恋,这种看似已完成"询唤"的指称,实则并未脱离"母职"的多重历史沉积。"妈粉"尝试对母职进行引用以摆脱异性恋框架下常见的"偶像—粉丝"关系,却又难以拒绝现实母职中附有的权力和价值观念。网络空间不仅为这一操演提供了实践可能,且借由成熟的娱乐产业,将"母职"的抚育直接转化为"妈粉"的数字劳动和消费氪金。

区隔与认同:影评社群话语阐释

西安交通大学 张宏邦 陶 艺 《现代传播》 2021年第3期

以豆瓣影评文本作为研究案例,将影评社群划分为欣赏者阐释共同体和批评者阐释共同体,通过UCINET对整体网进行社会网络分析,深入剖析话语阐释机制,得出"辩证说理—情绪召唤—补充纠误—单向白话"四类阐释路向。在竞争性话语"叙事"和"观众"的建构中,欣赏者略微占据优势,在合作性话语"宣传"的建构中,双方都在有意识地制造区隔,以强化社群成员的身份认同。批评者阐释共同体的主动反抗并不意味着艺术审美的大众化。双方依然默认艺术是小众的而非大众的,趣味的区分功能与惯习的结构化作用依然存在。

媒体类型、新闻框架与用户在线情绪表达：
以新加坡"第一家族"纠纷的社交媒体呈现为例

西安交通大学　刘婵君　王威力　《国际新闻界》　2021年第4期

本文选取5家不同类型媒体的Facebook账号在17天时间里对新加坡"第一家族"纠纷所做新闻报道及相应用户评论为研究对象，基于内容分析法，考察冲突、人类兴趣、道德、责任归因和经济后果5类通用框架在不同类型媒体中的使用情况，同时关注采用了这5类框架的新闻其后对应的用户评论所表现的情绪差异。

以西方视角驳斥西方观点：
约翰·皮尔格作品的叙事策略及其国际传播启示

西安交通大学　陈积银　陈靖怡　《现代传播》　2021年第11期

澳籍记者约翰·皮尔格导演拍摄的系列纪录片以西方视角揭露了美国的全球霸权行径，驳斥了西方媒体一贯持有的对中国及其他发展中国家的偏见和不实论调，在国际社会引起了巨大的反响。这启示我们在国际传播过程中要尝试学习他者的叙事技巧，调整自身叙事策略，主动弥合"主我"与"客我"之间的间性，塑造中西方社会共同认同的中国国家形象。具体的实践措施有：具备国际视野，从泛政治化议题出发寻找国际政治共识；选取第一人称视角进行口述历史和微观叙事；善用倒叙和插叙重组时空，呈现历史；通过运动镜头、平行蒙太奇、黑白色彩和音乐使用把控叙事节奏；建立故事化叙事策略，包括构建认同、对比修辞、采访、议程设置和新媒体技术等。

☞ 论文·民族学研究

论谷苞的民族研究：从社会类型比较到多民族国家的历史解释

陕西师范大学　李如东　《西北民族研究》　2021年第1期

文章以谷苞先生学术生涯早期参与的"魁阁研究"为起点，追踪其学术研究的流变与发展，在此基础上讨论其西北民族研究的问题意识、学术理论与方法的内在理路。谷先生的民族研究在继承"魁阁研究"的问题意识与学术方法的同时又对其进行了扬弃，形成了一种综合社会调查、经济类型学与文化史研究的民族学。这一风格的民族学基于谷先生之西北民族研究经验与中国民族学的整体关照之下发展而来，并在其对"多民族统一之中国"的阐释中得到集中体现。谷苞先生的民族学对于理解西北民族研究与中国民族学的历史和现状仍有其价值。

民国时期"国族"重塑的探寻路径
——以马长寿先生所提方案为中心

陕西师范大学　王伟光　《中国边疆史地研究》　2021 年第 1 期

晚清民国时期,在现代化国家的政治诉求框架下,存在着"一元一体"的"单一国族"重塑与"多元一体"的"国族"重塑的争执。马长寿先生依据自己长期的西南民族研究实践,系统地提出了一整套较为完整的解决这一矛盾的方案,即"文化多元、政治一体"的"国族"重塑理论。马先生引入中国各民族演进史,在批判将"同化"等同于"汉化"和"国族化"的基础之上,提出了"多元主义同化"的原则和标准,认为此是解决文化多元与政治统一矛盾之合理方法,两者并行不悖。

论北朝鲜卑姓氏的三次改易
——从《拓跋昇墓志》谈起

陕西师范大学　李宗俊　《中国边疆史地研究》　2021 年第 3 期

《拓跋昇墓志》为北魏皇族在北周恢复"拓跋"旧姓史事又添了一实物证据。志文为鲜卑贵族墓志普遍的书写格式,已看不出半点胡族的信息。北魏末年以来的胡汉矛盾及鲜卑人对汉化政策的反动,主要是久居边疆的鲜卑军事贵族因汉化令他们丧失了作为鲜卑统治者最初享有的特权;西魏、北周恢复鲜卑胡姓,又为形式上顺应胡化逆流,将鲜卑姓氏包装为一种政治荣誉和政治待遇,以此吸引和笼络胡汉人才。北周大定元年北周再下令复旧姓,已非北周宇文氏之意,而是杨坚的意旨。

秦汉边政的方位形势:"北边""南边""西边""西北边"

西北大学　王子今　《中央民族大学学报》(哲学社会科学版)　2021 年第 3 期

秦汉时期的边政,可以为后世提供多种历史经验和历史教训。回顾秦汉边政史,应当同时了解当时的生态环境、政治格局、经济水准与民族关系等多方面的历史条件,亦应涉及不同民族的生产方式和军事实力。秦汉边政规划与实践,集中了执政者及其议人员的政治智慧。不同地理方位的处置形式不同,有复杂的因素。"北边"最受重视,是因为草原强势军事集团匈奴的存在。汉武帝时代进军漠北,克服西域,取得了全面扩张的成功。当时社会"宜西北万里"的进取方向,与英雄主义和开放精神共同表现出汉文化积极的时代风格。东汉初期汉光武帝刘秀执政时期,有转而用心"南边"的趋向。然而汉明帝起又致力西域,实现了"定远"的成功。

元代西藏乌拉制度及其影响研究

陕西师范大学　徐百永　阳梦婷　《中国藏学》　2012 年第 3 期

"乌拉"一词原被用作称呼元朝站户所支应的来自驿站的差役。西藏地区乌拉制度的形成与元朝为统治西藏而设立的站赤机构及西藏本土自吐蕃王朝时期便已形成的驿传传统有着密不可分的联系。经过两次对乌斯藏地区的"括户",元在西藏设立了制度完善、运作稳定之乌拉差役制度。乌拉制度对于元朝中央有效治理西藏发挥着上通下达的重要作用,但同时在该制度执行中,西藏地区的民众遭受乌拉摊派、剥削之弊,对西藏社会的长远发展产生了深远的影响。

中亚文字改革:历史回顾与现实思考

陕西师范大学　李郁瑜　《西北民族论丛》　2021 年第 2 期

文字作为记录语言的符号系统,既体现民族特性,又受制于国家政策和时代要求,往往成为社会变迁的信号。苏联解体后,中亚诸国将本国主体民族语言赋予国语法律地位,提出国语文字拉丁字母化设想,表达出摆脱苏联身份、独立进行民族国家构建的政治诉求。历经近 30 年的发展建设,中亚经济大国哈萨克斯坦与人口大国乌兹别克斯坦再次提出国语文字拉丁字母化改革政策,反映出中亚国家在现代化进程中,以独立姿态,适应当代信息技术时代需求,从而更好地融入国际社会,实现国家主体身份构建的发展路径。我们在建设"一带一路"、实现与中亚各国互联互通之时务必关注这些国家的语言文字政策及其变化。

从"经济共享"到"共享历史": 清代伊克昭盟南部蒙汉关系的再审视

陕西师范大学　张力仁　《人文杂志》　2021 年第 10 期

文章从蒙汉经济共享、文化生活转向及"共享历史"等三个方面,论述了清代伊克昭盟南部放垦"禁留地"区域蒙汉关系的发展、演变,认为经济利益是蒙汉关系发展的基本驱动因素,"多元共生,和而不同"是放垦地域蒙汉"文化合成或合成文化"的重要特征,蒙陕两方对放垦地域发展历史的建构或重构,是蒙汉关系走向深入的知识源泉。

☞ 其他论文

序号	题目	作者	单位	发表刊物	时间
1	延安时期中共中央以党史研讨解决政治问题研究	魏德平	陕西师范大学	中国延安干部学院学报	2021年第1期
2	延安时期工人思想政治工作的历史经验与启示	王东维 李亚妮	延安大学	延安大学学报（社会科学版）	2021年第2期
3	延安时期在中国共产党领导民族复兴百年史上的地位和意义	任晓伟	陕西师范大学	延安大学学报（社会科学版）	2021年第2期
4	1941年延安市第一届参议会的民主实践——基于《解放日报》相关报道的考察分析	杨静	西北政法大学	中共中央党校（国家行政学院）学报	2021年第1期
5	新时代中国基本经济制度的发展与创新——立足马克思经济制度理论的视角	郭瑞萍	陕西师范大学	思想战线	2021年第1期
6	表情包传播的"政治萌化"及其调适	张爱军 侯瑞婷	西北政法大学	中共天津市委党校学报	2021年第1期
7	新时代毛泽东《实践论》《矛盾论》研究评析	徐奇 鲁宽民	西安理工大学	高校马克思主义理论研究	2021年第1期
8	人类命运共同体理念与全球气候治理创新	赵斌	西安交通大学	西安交通大学学报（社会科学版）	2021年第2期
9	中国共产党人大制度理论的百年发展及其实践逻辑	王维国 陈雯雯	西安交通大学	北京联合大学学报（人文社会科学版）	2021年第2期
10	延安时期毛泽东劳动伦理思想的基本架构及其现代意义	李建森 朱锐博	西北大学	西北大学学报（哲学社会科学版）	2021年第3期
11	陕甘宁边区局部执政经验对新时代国家治理现代化的启示	王东维	延安大学	毛泽东邓小平理论研究	2021年第8期
12	论高校思政课教师在网络空间治理中的使命担当	鲁宽民 徐奇	西安理工大学	学校党建与思想教育	2021年第7期
13	习近平关于意识形态工作方法论述的辩证思维	鲁宽民 徐奇	西安理工大学	学校党建与思想教育	2021年第8期

续表

序号	题目	作者	单位	发表刊物	时间
14	警惕实用主义对理想的消解及对历史的虚无	程馨莹 种雪萍	西北大学	毛泽东邓小平理论研究	2021年第6期
15	论意识形态领导权及其合理性根据与有效实践路径	刘进田	西北政法大学	河南社会科学	2021年第3期
16	中国共产党推进意识形态建设的百年历程、基本经验及现实启示	梁华平	西安工业大学	社会主义研究	2021年第4期
17	习近平文艺观：理论来源、核心要义和价值指向	白清平	陕西科技大学	思想政治教育研究	2021年第5期
18	新时代青年传承和弘扬延安精神的路径	王莎	中共陕西省委党校	中学政治教学参考	2021年第6期
19	新时代青年传扬延安精神的价值与路径	段佳 程鹏	西安科技大学	中学政治教学参考	2021年第12期
20	网络政治歧视：动机、表现及纠偏	张爱军	西北政法大学	江汉论坛	2021年第6期
21	明清各地宫观庋藏《道藏》补遗	刘康乐	长安大学	宗教学研究	2021年第2期
22	张载"民胞物与"思想对师德两难困境消解的启示	葛薇	陕西师范大学	教师教育论坛	2021年第2期
23	西方马克思主义的"空间转向"与历史唯物主义的当代重光	李武装	西安工程大学	青海社会科学	2021年第3期
24	张载视域下的孔子	魏冬	西北大学	船山学刊	2021年第3期
25	内圣外王相一贯：张载的《大学》诠释与经典解读	贾午炜	西安电子科技大学	西安石油大学学报（社会科学版）	2021年第3期
26	论张载"天人一贯"之人性论思想的形成理路	李睿	西安财经大学	湖北社会科学	2021年第7期
27	论中国古代形而上学思想	康中乾 张维娜	陕西师范大学	社会科学战线	2021年第8期
28	由"门"管窥中国古代居宅伦理之堂奥	陈丛兰	西安工业大学	齐鲁学刊	2021年第10期
29	机能还是函数——解析康德判断理论中的Funktion概念	刘萌	延安大学	外国哲学	2021年第5期

续表

序号	题目	作者	单位	发表刊物	时间
30	物的规定与人的选择:基于信息中介论的主体双重尺度的统一性问题研究	曹嘉伟 李建群	西安交通大学	湖南大学学报（社会科学版）	2021年第5期
31	文化进化、女性主义与"国家民族志"——20世纪后半叶以来西方人类学国家研究关键词检视及其意义	李元元	西北农林科技大学	宁夏社会科学	2021年第6期
32	一部怎样的文本——新世纪20年《故事新编》文体研究述论	赵学勇	陕西师范大学	鲁迅研究月刊	2021年第1期
33	詹姆逊艺术生产论的文化政治阐释维度	刘 鑫 马 良	延安大学	延安大学学报（社会科学版）	2021年第3期
34	先秦"书写"神圣性观念研究	党圣元	陕西师范大学	社会科学战线	2021年第3期
35	人类命运共同体达成全球性认同的文学路径	李荣博	商洛学院	文学研究文摘	2021年第3期
36	俄罗斯现代修辞学视野中论题体系的论辩功能	林 梅	西安外国语大学	解放军外国语学院学报	2021年第3期
37	译者的选择——陈国坚的中诗西译之路	侯 健	西安外国语大学	中国翻译	2021年第3期
38	迟子建对鄂温克文化的守望与眷恋——以《额尔古纳河右岸》为例	臧小艳	榆林学院	当代文坛	2021年第4期
39	译者行为批评视域下的《人生》日译本评析	吴少华	西安外国语大学	西安外国语大学学报	2021年第4期
40	文化磨合思潮与当代中国文艺批评话语实践	孙 旭 李继凯	陕西师范大学	文艺争鸣	2021年第4期
41	论科幻小说《按钮,按钮》中的匿名诱惑	苏锑平	西安外国语大学	外国语文	2021年第4期
42	首都图书馆藏清孤本《云起阁诗集》考论	刘燕歌	西安邮电大学	首都师范大学学报（社会科学版）	2021年第4期
43	意义的生成与价值转换——《平凡的世界》中孙少平的读书图式	程明社	榆林学院	当代文坛	2021年第5期
44	徐志摩的"粉墨"生涯	王鹏程	西北大学	新文学史料	2021年第5期

续表

序号	题目	作者	单位	发表刊物	时间
45	A Study of Xu Dishan's Literary Creation from the Perpective of Southeast Asia(东南亚视野下的许地山文学创作研究)	郝亚茸	西安思源学院	Art and Performance Letters	2021年10月
46	温州龙港湿地公园生态化理念在公共空间设计中的应用	雷子昂	西安邮电大学	建筑学报	2021年第1期
47	陕北说书国家非遗传承人韩应莲访谈录	李醉海	榆林学院	文化遗产	2021年第1期
48	汉墓壁画色彩等级的讨论	龚晨	陕西师范大学	中国美术研究	2021年第2期
49	新时代中华体育精神的继承、创新与发展	罗晓婷	西安交通大学	西安体育学院学报	2021年第4期
50	论红色美术与中国现代美术史建构	冯民生	陕西师范大学	中国文艺评论	2021年第7期
51	典型建构论:从艺术形象到文化符号	李震 李牧泽	陕西师范大学	中国文艺评论	2021年第7期
52	从教学研究到专业教育——高等美术院校艺术考古学科建设的思考	范淑英	西安美术学院	美术观察	2021年第8期
53	文化社会学视角下中华武术文化自信的重构机制	马文国	西安体育学院	西安体育学院学报	2021年第5期
54	The Impact of Self-confidence, Self-motivation and Competitive State Anxiety on Attentional Control in Athletes in China	刘俊丽	西安工业大学	Revista de Psicologia del Deporte	2021年第5期
55	"哑行者"的声音:蒋彝与中国艺术在英国	冯晗	陕西师范大学	美育学刊	2021年第5期
56	乡村振兴战略的舞台物想秦腔《逐梦桃花源》的文化内涵	姚荣杰	西安邮电大学	中国戏剧	2021年第10期

续表

序号	题目	作者	单位	发表刊物	时间
57	健身者的个体社会资本会影响其健身动机吗？——来自健身人群调查数据的实证分析	李 宁 杨 竞 张义祥	西安体育学院	西安体育学院学报	2021年第4期
58	论魏晋门阀政治与河东卫氏书法传承	卫泊健	西安美术学院	中国书法	2021年第11期
59	46年石雕之路的"常"与"变"——绥德石雕技艺国家级"非遗"传承人鲍武文访谈录	李振华	榆林学院	文化遗产	2021年第6期
60	Typometrics：From Implicational to Quantitative Universals in Word Order Typology（类型学：语序类型学中的从蕴涵到数量共相）	陈芯莹	西安交通大学	Glossa-A Journal of General Linguistics（普通语言学杂志）	2021年第1期
61	Improving Interaction Experience through Lexical Convergence：The Prosocial Effect of Lexical Alignment in Human-Human and Human-Computer Interactions（通过词汇趋同改善交互体验：词汇趋同在人机交互中的亲社会效应）	王 敏	西安交通大学	International Journal of Human-computer Interaction（国际人机交互杂志）	2021年第1期
62	从王弼《周易注》看敦煌写本的文字学价值	张 喆 党怀兴	陕西师范大学	中国文字研究	2021年第1期
63	Automated Writing Evaluation（AWE）Feedback：a Systematic Investigation of College Students' Acceptance［自动化写作评价（AWE）反馈:对大学生接受度的系统调查］	马晓梅	西安交通大学	Computer Assisted Language Learning（计算机辅助语言学习）	2021年第3期
64	中医古籍疑难字辑考	马 乾	西北大学	励耘语言学刊	2021年第2期
65	副词"还"量级义的浮现	贾泽林	陕西师范大学	汉语学习	2021年第2期

续表

序号	题目	作者	单位	发表刊物	时间
66	句法何以构词	杨炎华	西北大学	当代语言学	2021年第2期
67	中国乡土小说中的文学方言英译与接受研究——以《到黑夜想你没办法》英译为例	邵霞	商洛学院	解放军外国语学院学报	2021年第2期
68	中高级阶段韩国留学生汉语篇章第三人称回指的习得研究	李榕 王元鑫	西安外国语大学	世界汉语教学	2021年第2期
69	Visual Context Modulates L2 Long-Term Structural Priming for the Chinese Ba Construction(视觉环境调节汉语Ba结构的L2长期结构启动)	王敏	西安交通大学	Modern Language Journal（现代语言杂志）	2021年第2期
70	读后续写中的二语句法协同效应研究——来自中国学习者产出英语运动构式的证据	王敏 甘桥	西安交通大学	Chinese Journal of Applied Linguistics	2021年第3期
71	俄罗斯现代修辞学视野中论题体系的论辩功能	林梅	西安外国语大学	解放军外国语学院学报	2021年第3期
72	语言选择的内涵特征及其功能旨向	王跃平 杜敏	陕西师范大学	北京科技大学学报（社会科学版）	2021年第3期
73	Are Parallel Translation Tasks Parallel in Difficulty? An Eye-tracking study（平行翻译任务的难度是否相同？一个眼动跟踪研究）	杨承松	西安交通大学	Perspectives-studies in Translation Theory and Practice（视角——翻译理论与实践研究）	2021年第6期
74	非对称同伴评价对英语写作文本质量的影响研究——基于Peerceptiv互评系统	王宏俐	西安交通大学	外语电化教学	2021年第4期
75	语言接触视域下陕西富县"客边话"语音的演变	孙建华	西安外国语大学	汉语学报	2021年第4期
76	中国日语学习者非语言交际能力多维评价体系探索	张长安	西安交通大学	西安外国语大学学报	2021年第4期

续表

序号	题目	作者	单位	发表刊物	时间
77	Rural versus Urban Fiction in Contemporary Chinese Literature-Quantitative Approach Case Study（中国当代文学中的乡村与都市小说——定量方法个案研究）	陈芯莹	西安交通大学	Digital Scholarship in the Humanities（人文学科的数字学术）	2021年9月
78	移动外语学习的效能评估概念模型与计量方法	郭继荣	西安交通大学	西北师范大学学报（社会科学版）	2021年第5期
79	"空格"在台语词汇史研究中的运用——以北部台语相关词语为例	齐 旺	西北大学	民族语文	2021年第5期
80	俄罗斯主流媒体的"中国观"	王宏俐	西安交通大学	情报杂志	2021年第10期
81	新冠肺炎疫情期间轨道交通语言服务研究——以西安市为例	杨书敏 杜 敏	陕西师范大学	咸阳师范学院学报	2021年第5期
82	Probing what's behind the Test Score：Application of Multi-CDM to Diagnose EFL Learners' Reading Performance（探究测试分数背后的原因：应用多指标分析来诊断英语学习者的阅读表现）	马晓梅	西安交通大学	Reading and Writing（阅读和写作）	2021年第6期
83	国内语言安全研究述评	郭继荣	西安交通大学	情报杂志	2021年第6期
84	The Role of Talker Variability in Nonnative Phonetic Learning：A Systematic Review and Meta-Analysis（说话人变异性在非母语语音学习中的作用：系统综述和元分析）	程 冰	西安交通大学	Journal of Speech Language and Hearing Research（语言与听力研究杂志）	2021年第6期
85	中西方主流媒体对中国民族问题的话语建构——以《纽约时报》和《中国日报》为例	郭继荣	西安交通大学	情报杂志	2021年第12期

续表

序号	题目	作者	单位	发表刊物	时间
86	An Optimal Choice of Cognitive Diagnostic Model for Second Language Listening Comprehension Test（二语听力测试认知诊断模型的优化选择）	董艳云	西安交通大学	Frontiers in Psychology（心理学前沿）	2021年第12期
87	International Undergraduate Students in Chinese Higher Education：An Engagement Typology and Associated Factors（中国高等教育本科留学生：参与类型及其影响因素）	田 美	西安交通大学	Frontiers in Psychology（心理学前沿）	2021年第12期
88	According to…：the Impact of Language Background and Writing Expertise on Textual Priming Patterns of Multiword Sequences in Academic Writing（根据……在学术写作中,语言背景和写作技能对多词序列文本启动模式的影响）	王 敏	西安交通大学	English for Specific Purposes（特定用途的英语）	2021年第61期
89	Is Talker Variability a Critical Component of Effective Phonetic Training for Nonnative Speech?（说话人的可变性是对非母语音进行有效语音训练的关键因素吗?）	程 冰	西安交通大学	Journal of Phonetics（语音学）	2021年第87期
90	试析伊斯兰教与近现代中东民族国家构建的关系	黄民兴	西北大学	外国问题研究	2021年第1期
91	试论第二次世界大战后发展中国家的经济发展道路	黄民兴	西北大学	西北大学学报（哲学社会科学版）	2021年第1期
92	游牧行国到农耕邑居转型中的城市形态——迁都平城前拓跋政权的都城问题	刘壮壮	西北农林科技大学	中国农史	2021年第1期

续表

序号	题目	作者	单位	发表刊物	时间
93	中学历史教育研究2020年度报告——基于2020年《复印报刊资料·中学历史、地理教与学》转载历史教育论文的分析	徐赐成	陕西师范大学	天津师范大学学报	2021年第2期
94	清至民国时期归化城土默特水利经费筹措方式研究	田宓	陕西师范大学	安徽史学	2021年第2期
95	《考工记·匠人营国》著作年代考	邱海文	陕西师范大学	中国典籍与文化	2021年第2期
96	试论第二次世界大战后发展中国家的经济发展道路	黄民兴	西北大学	西北大学学报（哲学社会科学版）	2021年第2期
97	红军长征与西北政局的互动及变迁	裴恒涛	西安科技大学	地域文化研究	2021年第3期
98	三通三绝:清朝使用"纳林道"研究	王启明	陕西师范大学	历史地理研究	2021年第3期
99	抗战时期陕甘宁边区煤炭资源调查述论	王飞	陕西科技大学	党的文献	2021年第5期
100	从"抵斗还官"到"量取息米":中国古代灾荒赈贷利息策略的演变与道义困局	杨乙丹 乔沁	西北农林科技大学	中国农史	2021年第6期
101	博物馆计算机技术虚拟修复与复制文物方法初探——以德国美因茨博物馆为例	侯改玲 Guido Heinz	陕西省考古研究院	华夏考古	2021年第1期
102	墓志所见唐长安城安仁坊居民葬地的地理分布	吴小龙	陕西师范大学	文博	2021年第1期
103	西安鱼化寨史前婴幼儿乳齿的特征	雷帅 陈靓 翟霖林	西北大学	人类学学报	2021年第2期
104	陕西省延安市张家湾石坊头石窟调查研究	杨军	延安市洛川县博物馆	草原文物	2021年第2期
105	论石峁文化与后石家河文化的远程交流	邵晶	陕西省考古研究院	中原文物	2021年第3期
106	陕西周原贺家遗址出土车马器工艺调查及数字化复原	西北大学	黄晓娟 王丽琴	西北大学学报（自然科学版）	2021年第5期

续表

序号	题目	作者	单位	发表刊物	时间
107	刘家洼遗址春秋时期芮国先民生活方式初探——基于人骨稳定同位素分析	魏潇洋 陈 靓 雷 帅 等	西北大学	第四纪研究	2021年第5期
108	唐武太墓的发现与研究	曹 龙	陕西省考古研究院	华夏考古	2021年第5期
109	陕西甘泉县阎家沟墓地出土晚商青铜器的科学分析研究	刘 成 吴昊泽 徐兴彬 等	西北大学	文物保护与考古科学	2021年第5期
110	档案所见南京国民政府时期关中水力加工业的生存困境	冯晓多	西安工业大学	农业考古	2021年第8期
111	新出唐建中元年《张参夫妇墓志》与唐代经史问题	杜 镇	西安石油大学	中国国家博物馆馆刊	2021年第10期
112	我国货币政策对资产价格的时变反应机制研究	王宏涛	西安邮电大学	统计与决策	2021年第1期
113	Analysis on the Mutation and Time-Varying Characteristics of Coal Price System Evolution from the Perspective of Finance	柴 建 等	西安电子科技大学	Journal of Systems Science and Complexity	2021年第1期
114	中国养老行业的未来发展	叶 玲	渭南师范学院	企业家信息	2021年第1期
115	国际贸易市场营销存在的中英跨语言障碍及其应对策略研究	田亚亚	商洛学院	市场营销文摘	2021年第1期
116	精准扶贫与新时代的中国社会革命	邢成举 李小云	西北农林科技大学	北京工业大学学报（社会科学版）	2021年第1期
117	乡村振兴背景下脱贫人口面临的生计风险及其防范	付少平 石广洲	西北农林科技大学	西北农林科技大学学报（社会科学版）	2021年第1期
118	从脆弱性治理到韧性治理：中国贫困治理的议题转换、范式转变与政策转型	翟绍果 张 星	西北大学	山东社会科学	2021年第1期

续表

序号	题目	作者	单位	发表刊物	时间
119	村庄市场共同体的形成与农村社区治理转型——基于陕西袁家村的考察	李轶星 张 森 郭占锋 等	西北农林科技大学	中国农村观察	2021年第1期
120	云数据运用下互联网金融审计实现路径分析	吴 欣	西北政法大学	财政监督	2021年第1期
121	绿色信贷政策能否改善上市公司的负债融资？	薛 俭	陕西科技大学	经济经纬	2021年第1期
122	我国发行优先股的上市商业银行融资效率分析	曹翠珍	西安邮电大学	会计之友	2021年第2期
123	基于TSCI变动的RBF-SVR月度快递业务量分析及预测	李鹏飞	西安邮电大学	统计与决策	2021年第3期
124	新时代国家审计权政治性和独立性的辩证关系	王晓红 朱殿骅	西安理工大学	湖北经济学院学报	2021年第2期
125	新经济背景下我国高质量发展的新增长体系重塑研究	任保平 邹起浩	西北大学	经济纵横	2021年第2期
126	马克思主义中国化视角下的金融问题研究	张俊娜	渭南师范学院	财政金融文摘	2021年第2期
127	"一带一路"背景下物流供应链金融的优化路径	张钧涛	渭南师范学院	财政金融文摘	2021年第2期
128	新型农村集体经济发展与乡村社会再组织——以贵州省塘约村为例	马良灿	西北农林科技大学	中州学刊	2021年第2期
129	数字乡村战略下农村高质量发展影响因素研究	张 鸿 杜凯文 勒矢艳 等	西安邮电大学	统计与决策	2021年第8期
130	新型城镇化背景下乡村文化保护路径探究	刘利利	西安思源学院	农业经济	2021年第4期
131	科技创新与科技金融协同效应研究——基于陕西数据的实证分析	杨嫩晓 安则同	西安邮电大学	西安财经大学学报	2021年第3期
132	农业生产方式变革是乡村振兴的根本出路	郝 耕	西安财经大学	改革	2021年第3期

续表

序号	题目	作者	单位	发表刊物	时间
133	服务型集体经济的内涵与组织基础	孙新华 赵祖云 王宁	西北农林科技大学	南京农业大学学报（社会科学版）	2021年第3期
134	农业知识产权保护的环境效应：最优保护、环境技术溢出与绿色化制度设计	李玲玲 赵光辉	西北农林科技大学	贵州财经大学学报	2021年第3期
135	解析集体：制度通道与治理实践	陈靖	西北农林科技大学	南京农业大学学报（社会科学版）	2021年第3期
136	集体经济管理的规范化与乡村关系变迁	曾凡木 蒋晓雨	西北农林科技大学	南京农业大学学报（社会科学版）	2021年第3期
137	混合所有制股权结构、公司治理效应与企业高质量发展	范玉仙 张占军	西安交通大学	当代经济研究	2021年第3期
138	"一带一路"沿线国家分类农产品贸易竞争与互补关系分析	谢逢洁 刘馨 孙剑 等	西安邮电大学	统计与决策	2021年第12期
139	乡村振兴战略下金融服务乡村旅游的思考	刘龙龙	商洛学院	山西农经	2021年第7期
140	Power of Sustainable Development: Does Environmental Management System Certification Affect a Firm's Access to Finance?（可持续发展的力量：环境管理体系认证是否会影响企业获得更多的融资？）	张莹 等	西北工业大学	Business Strategy and the Environment（商业战略与环境）	2021年第8期
141	大数据视角下金融审计数据分析研究	张若为	西安财经大学行知学院	财务管理研究	2021年第4期
142	城乡关系变迁、工业扶贫变革与共同富裕道路的构建	邢成举 李小云 石宝峰 等	西北农林科技大学	中国农业大学学报（社会科学版）	2021年第4期
143	合作思维下审计专业英语教学模式与运用	李晓荣	长安大学	审计文摘	2021年第5期
144	行业垄断、资本错配与过度教育	李勇 焦晶 马芬芬	西北大学	经济学动态	2021年第5期
145	资本下乡与农地流转秩序的再造	赵晓峰	西北农林科技大学	北京工业大学学报（社会科学版）	2021年第5期

续表

序号	题目	作者	单位	发表刊物	时间
146	巩固拓展脱贫攻坚成果：目标导向、重点内容与实现路径	邢成举 李小云 史 凯	西北农林科技大学	西北农林科技大学学报（社会科学版）	2021年第5期
147	复合经纪机制：乡村振兴中基层治理结构的形塑——基于湖北省B镇土地股份合作社的运作实践	郑永君 王美娜 李 卓	西北农林科技大学	农业经济问题	2021年第5期
148	现代风险导向审计对中小企业融资风险影响	张亚朋	榆林学院	行政事业资产与财务	2021年第5期
149	乡村振兴战略下农村高质量发展测度研究——基于陕西951份调研问卷的实证分析	张 鸿	西安邮电大学	西安财经大学学报	2021年第4期
150	先进制造业与数字经济的融合度测算：以长三角为例	周晓辉	西安邮电大学	统计与决策	2021年第16期
151	国家审计视角下产业链供应链现代化水平提升路径研究	李 媛	西安财经大学	审计文摘	2021年第8期
152	农业转型过程中农民经济行为的主体性实践——以一个三十年移民村庄为例	郭占锋 张 森	西北农林科技大学	农村经济	2021年第8期
153	土地经营权市场化视角下农业土地适度规模经营研究	段禄峰 魏 明	西安邮电大学	西北民族大学学报（哲学社会科学版）	2021年第5期
154	全球农业疾病下农产品贸易区域化规则：判例、争议与障碍	贺 蕾	陕西科技大学	农村经济	2021年第9期
155	政府会计实务操作中的关联数据分析	李 霞	榆林学院	财会通讯	2021年第19期
156	国家审计有助于提升国家治理指数吗？——基于时间进程的思考	许 瑜 冯均科	西安外国语大学	财会通讯	2021年第11期
157	"三权分置"背景下农业土地适度规模经营的多维解析	段禄峰 吴 倩 魏 明	西安邮电大学	农业经济	2021年第11期

续表

序号	题目	作者	单位	发表刊物	时间
158	国家审计促进中国经济高质量发展的路径研究	蒲晓晔	西安财经大学	审计文摘	2021年第6期
159	大数据技术对会计审计工作的影响与会计审计工作的创新	张建宁	渭南师范学院	审计文摘	2021年第6期
160	"非粮化"还是"趋粮化":农地经营基本趋势辨析	赵晓峰	西北农林科技大学	华南农业大学学报（社会科学版）	2021年第6期
161	大数据审计的理论逻辑、演化机理与博弈选择——基于IAD分析框架	徐京平	西北政法大学	财会研究	2021年第6期
162	低碳城市政策提升企业全要素生产率了吗	关宇航	榆林学院	海南大学学报（人文社会科学版）	2021年第6期
163	Regulate Waste Recycling Internationally	刘哲	西安交通大学	Nature（Correspondence文章）	2021年第333期
164	汉代春秋决狱的法理构造——以"春秋之义"的法源地位分析为中心	杜军强	西安交通大学	清华法学	2021年第1期
165	论宅基地分配政策和分配制度改革	韩松	西北政法大学	政法论丛	2021年第1期
166	论刑法教义学的立法批判功能	吴亚可	西北政法大学	南大法学	2021年第1期
167	非法吸收公众存款罪法益新论及对司法适用的影响结合货币银行学对《刑法修正案(十一)》的审读	赵姗姗	西北政法大学	中国刑事法杂志	2021年第2期
168	论"国际投资法律咨询中心"的构建:基础、功能与路径	单文华 夏伯琛	西安交通大学	法学论坛	2021年第3期
169	网络爬虫的演变及其合法性限定	苏青	西安交通大学	比较法研究	2021年第3期
170	中国特色人权发展道路与党的领导力建设	钱锦宇	西北政法大学	人权	2021年第3期
171	外国军舰在俄罗斯北方海航道领海的无害通过:理论、实践与借鉴	王泽林	西北政法大学	中国海商法研究	2021年第3期

续表

序号	题目	作者	单位	发表刊物	时间
172	依限取会：宋代取证逾期及其破解之道	陈 玺 潘晨子	西北政法大学	证据科学	2021年第3期
173	内国法域外适用视域下的管辖权规则体系	孙尚鸿	西北政法大学	社会科学辑刊	2021年第4期
174	霍布斯的法律合法性思想研究——以法律拟制为中心	唐学亮	西安交通大学	学海	2021年第4期
175	重述中国法律思想史	杨一凡	西北大学	华东政法大学学报	2021年第4期
176	环境行政罚款和刑事罚金关系处理的模式探析——兼论环境法律责任的承担方式	刘飞琴 司雪侠	榆林学院	华中科技大学学报（社会科学版）	2021年第4期
177	认罪认罚从宽制度下上诉权与抗诉权的关系论	步洋洋	西北政法大学	法学杂志	2021年第4期
178	民法典视阈下知识产权惩罚性赔偿与法定赔偿的司法适用关系	孙 那	西安交通大学	知识产权	2021年第4期
179	霍布斯的法律合法性思想研究——以法律拟制为中心	唐学亮	西安交通大学	学海	2021年第4期
180	新时代乡村法治建设的核心命题及路径重构	陶泽飞 杨宗科	西北政法大学	郑州大学学报（哲学社会科学版）	2021年第4期
181	中国传统法律的悖论：以清末永氏案的罪与罚为切入点	闫晓君	西北政法大学	华东政法大学学报	2021年第4期
182	国家公园全民公益性理念的立法实现	王社坤 焦 琰	西北大学	东南大学学报（哲学社会科学版）	2021年第4期
183	重令型国家的观念建构——与朱腾教授商榷清华简《子产》的定位	王晨光	西安电子科技大学	南大法学	2021年第4期
184	立法控制与司法平衡：积极刑法观下的刑法修正	付玉明	西北政法大学	当代法学	2021年第5期
185	生态环境损害政府索赔的诉权基础：反思与重塑	王社坤 吴亦九	西北大学	江苏大学学报（社会科学版）	2021年第5期
186	论全面依法治国背景下党的领导法治化	张炜达 郭朔宁	西北大学	西北大学学报（哲学社会科学版）	2021年第5期

续表

序号	题目	作者	单位	发表刊物	时间
187	中国共产党保证执法的实践逻辑以行政执法体制改革为视角	谢寄博 王思锋	西北大学	西北大学学报（哲学社会科学版）	2021年第5期
188	普遍处罚模式下预备行为的类型建构	王鹏飞	西北政法大学	法学杂志	2021年第6期
189	我国人工智能基础数据的专门法保护研究	马治国 胡明强 张 磊	西安交通大学	西北大学学报（哲学社会科学版）	2021年第6期
190	论《刑法》第29条第2款的解释——以共犯罪名从属性为路径	谭 堃	西北政法大学	清华法学	2021年第6期
191	从新逻辑观构想法律逻辑的新样貌	武宏志	延安大学	湖北大学学报（哲学社会科学版）	2021年第4期
192	县域治理中的领导注意力分配	陈 辉	西北农林科技大学	求索	2021年第1期
193	新时代党内政治生态建设的时空思维和中国范式	刘占虎	西安交通大学	西安交通大学学报（社会科学版）	2021年第1期
194	美国隐蔽宣传行动与苏东剧变	白建才	陕西师范大学	国际政治研究	2021年第1期
195	百年大党公平正义的政治主张及实现理路	郝玉洁	陕西师范大学	湖湘论坛	2021年第2期
196	网络民主崩溃论	张爱军	西北政法大学	党政研究	2021年第2期
197	农村基层协商民主的困境与对策	董 红 王有强	西北农林科技大学	西北农林科技大学学报（社会科学版）	2021年第2期
198	纳"旧疆"入现代：20世纪三四十年代开发河西走廊诸论述中的边疆话语	李如东	陕西师范大学	云南社会科学	2021年第3期
199	服务权能与百年来中国共产党领导政权建设的基本逻辑	赵晓峰	西北农林科技大学	西北农林科技大学学报（社会科学版）	2021年第3期
200	技术赋能何以变成技术负能？——"智能官僚主义"的生成及消解	胡卫卫 陈建平 赵晓峰	西北农林科技大学	电子政务	2021年第4期
201	论克罗斯兰民主社会主义思想的渊源	刘 健	陕西师范大学	世界社会主义运动	2021年第4期
202	新时代政治认同的内容表征、生成逻辑与路径构建	赵志业	西北农林科技大学	内蒙古社会科学	2021年第5期

续表

序号	题目	作者	单位	发表刊物	时间
203	新时代中国话语的阐释逻辑	韩泊尧	陕西师范大学	理论探讨	2021年第6期
204	快递员的劳动过程:关系控制与劳动关系张力的化解	帅 满	西安交通大学	社会发展研究	2021年第1期
205	隐性冲突、制度调适与社会继替——从费孝通《生育制度》论起	郭占锋 李 琳 李轶星	西北农林科技大学	社会发展研究	2021年第1期
206	文化失调、组织再造与乡村建设——从梁漱溟《乡村建设理论》论起	郭占锋 黄民杰	西北农林科技大学	中国农业大学学报（社会科学版）	2021年第1期
207	迈向精细化的乡村治理——以一个陇西移民村的治理实践为例	郭占锋 李轶星 张 森	西北农林科技大学	西北农林科技大学学报（社会科学版）	2021年第1期
208	"婆婆不是妈":城市已婚青年女性亲属关系的重构与"个体-合作"型养老趋向——基于陕西省C市的调研	海莉娟	西北农林科技大学	中国青年研究	2021年第1期
209	乡村组织网络再造与基层社会治理转型——基于陕西省山县"321"模式的分析	郭占锋 李 琳 水 森	西北农林科技大学	中国农村研究	2020年第2期
210	从"差序格局"到"差序治理"——概念跨学科移用现象的分析与反思	樊 凡 何得桂	西北农林科技大学	西北农林科技大学学报（社会科学版）	2021年第2期
211	认识乡村中国:农村社会学调查研究的理想与现实	赵晓峰	西北农林科技大学	中国农村观察	2021年第2期
212	社会流动对社会交往的影响研究基于西部社会的实证分析	芦 强	西北大学	宁夏社会科学	2021年第2期
213	农村社会工作介入乡村振兴的理论逻辑及实践反思	张 红 赵凡凡	西北农林科技大学	西北农林科技大学（社会科学版）	2021年第2期
214	新时代"三治结合"乡村治理体系的目标、原则与路径	林 星 吴春梅 黄祖辉	西安交通大学	南京农业大学报（社会科学版）	2021年第2期

续表

序号	题目	作者	单位	发表刊物	时间
215	团结性吸纳:中国国家与社会关系的一种新解释	何得桂 徐 榕	西北农林科技大学	中国农村观察	2021年第3期
216	农业与人类食物边界的划定——农村生态空间治理共同体建构的场域、秩序与信任	胡卫卫	西北农林科技大学	社会发展研究	2021年第4期
217	教育还是健康?更有助于脱贫、共富基于中国综合社会调查数据的微观分析	李黎明 杨梦瑶	西安交通大学	兰州学刊	2021年第4期
218	70年来延安时期"中国共产党农村社会调查"研究的回顾与展望	王 飞	陕西科技大学	贵阳学院学报（社会科学版）	2021年第4期
219	植根中国大地的青年社会学学者发展特征及展望——基于中文社会科学引文索引数据的分析	孙新华	西北农林科技大学	北京工业大学学报（社会科学版）	2021年第5期
220	参照群体、社会地位与农民工的生活满意度基于广州调查的实证分析	袁 玥 李树茁 悦中山	西安交通大学	人口学刊	2021年第5期
221	哺育中国:牛奶育婴与近代中国家庭结构及亲子情感变迁	王书吟	西安交通大学	河北师范大学学报（哲学社会科学版）	2021年第5期
222	"乐业"与"安居":乡村人才振兴的动力机制研究——基于陕西省元村的个案分析	李 卓 张 森 李轶星 等	西北农林科技大学	中国农业大学学报（社会科学版）	2021年第6期
223	自主与嵌入:社会组织参与基层协商治理的逻辑与模式	杨 柯 张长东	西安邮电大学	北京行政学院学报	2021年第5期
224	发展一种更好为了人民的社会学	马良灿	西北农林科技大学	社会科学战线	2021年第12期
225	进度条形状对主观评价、持续时间感知和生理反应的影响	历 莹 等	陕西师范大学	International Journal of Industrial Ergonomics	2021年1月
226	负面情绪对创造力的积极作用:COVID-19中的机遇	杜 颖 等	陕西师范大学	Frontiers in Psychology	2021年1月

续表

序号	题目	作者	单位	发表刊物	时间
227	不同年龄阶段的时间观和人生意义之间的关系	热比古丽·白克力 等	陕西师范大学	Personality and Individual Differences	2021年1月
228	呼吸窦性心律失常在"特定数学焦虑"与算术速度关系中的中介作用	唐久晴 等	陕西师范大学	Frontiers of Psychology	2021年2月
229	视觉空间能力通过算术和阅读能力预测学业成绩	刘赛芳 等	陕西师范大学	Frontiers of Psychology	2021年4月
230	享乐和实现动机对青少年主观幸福感的有益影响:两波交叉滞后分析	贾宁 等	陕西师范大学	The Journal of Positive Psychology	2021年4月
231	包容性分离真的意味着合并的可能性吗?	王墨耘 郑丽媛	陕西师范大学	Cognition	2021年5月
232	父母婚姻冲突与中国大学生社交焦虑症状的关系:依恋的中介效应	Aklilu A. Adare 等	陕西师范大学	Frontiers in Psychology	2021年9月
233	课程思政:内涵、属性与实施路径	罗云 倪非凡	陕西科技大学	高等教育评论	2021年第1期
234	教育正义研究的教育立场及其问题域	何菊玲	陕西师范大学	山西大学学报(哲学社会科学版)	2021年第1期
235	新时代背景下思想政治教育话语创新研究	陆风	西北工业大学	中国矿业大学学报(社会科学版)	2021年第1期
236	学习者特征对混合学习效果影响研究	王改花 张李飞 傅钢善	西安邮电大学	开放教育研究	2021年第1期
237	Intrinsic Motivation Enhances Online Group Creativity Via Promoting Members Effort, Not Interaction(内部动机是否对线上创造性团队中的互动行为起到促进作用)	张心如 等	陕西师范大学	British Journal of Educational Technology(英国教育技术杂志)	2021年第2期
238	Learning by Explaining to Oneself and a Peer Enhances Learners' Theta and Alpha Oscillations while Watching Video Lectures(视频学习过程中自我解释与教中学对学习者神经振荡强度与学习效果的影响)	皮忠玲 等	陕西师范大学	British Journal of Educational Technology(英国教育技术)	2021年第2期

续表

序号	题目	作者	单位	发表刊物	时间
239	我国西北地区高校教师教学学术现状研究——基于38所高校的调查	刘怡	西北工业大学	中国高教研究	2021年第3期
240	面向创新驱动发展战略的新型研究型大学实践路径研究	武建鑫	陕西科技大学	高校教育管理	2021年第3期
241	新时代中小学思政课教师职业认同感、荣誉感和责任感的现状及对策	马多秀	宝鸡文理学院	教师教育论坛	2021年第4期
242	知识类型、呈现方式与学习风格对大学生在线学习的影响——基于眼动的证据	王改花 傅纲善	西安邮电大学	现代教育技术	2021年第9期
243	新形势下社会科学研究生培养应注重"三个贯通"	赵晓峰	西北农林科技大学	研究生教育研究	2021年第6期
244	大中小学思政课一体化建设研究述评	阮云志 李世凤	陕西科技大学	西华师范大学学报（哲学社会科学版）	2021年第6期
245	Promoting Pupils' Computational Thinking Skills and Self-Efficacy: A Problem-Solving Instructional Approach（提高小学生计算思维和自我效能感：一种解决问题的教学方法）	马红亮 等	陕西师范大学	Educational Technology Research and Development（教育技术期刊）	2021年第6期
246	Adoption of MobileSocial Media for Learning Among Older Chinese Adults in Senior Citizen Colleges（影响中国老年人使用移动社交媒体的相关因素）	赵姝 等	陕西师范大学	Educational Technology Research and Development（教育技术研究与发展期刊）	2021年第12期
247	微信工作群对于员工关系绩效的影响研究	高婧	西北工业大学	云南民族大学学报（哲学社会科学版）	2021年第2期
248	Managing Data Quality of the Data Warehouse: A Chance-Constrained Programming Approach（管理数据仓库的数据质量：机会约束规划方法）	刘祺 等	西安交通大学	Information Systems Frontiers（信息系统前沿）	2021年第2期

续表

序号	题目	作者	单位	发表刊物	时间
249	公共卫生应急治理中地方政府信任的演化逻辑与叠加优势	何得桂 吴春来	西北农林科技大学	河南师范大学学报（哲学社会科学版）	2021年第2期
250	Good Deeds Done in Silence: Stakeholder Management and Quiet Giving by Chinese Firms（沉默行善：中国企业的利益相关者管理与沉默捐款）	贾 明 等	西北工业大学	Organization Science（组织科学）	2021年第3期
251	新型乡村社区组织体系建设何以可能——兼论乡村振兴的组织基础建设	马良灿 哈洪颖	西北农林科技大学	福建师范大学学报（哲学社会科学版）	2021年第3期
252	积极政府视角下加强和创新基层社会治理的有效路径	何得桂 武雪雁	西北农林科技大学	西北农林科技大学学报（社会科学版）	2021年第4期
253	中国特色土地托管实践的多元理论分析	豆书龙 张明皓	西北农林科技大学	西北农林科技大学学报（社会科学版）	2021年第4期
254	公共危机治理中社会保障应急政策评价与优化——基于PMC指数模型	封铁英 南 妍	西安交通大学	北京理工大学学报（社会科学版）	2021年第5期
255	第三方物流整合对供应链绩效的影响研究	罗 恒 王莉芳	西北工业大学	物流管理	2021年第6期
256	新时代国家审计服务乡村治理路径研究	王晓红 史向军	西安理工大学	西安财经大学学报	2021年第10期
257	Dual-Sourcing and Technology Cooperation Strategies for Developing Competitive Supplier in Complex Product Systems	周金华	陕西科技大学	Computers & Industrial Engineering	2021年第159期
258	论数字技术变革与著作权集体管理制度的耦合	刘 慧	西安交通大学	出版发行研究	2021年第1期
259	从"奇观叙事化"到"叙事奇观化"：再议VR影像的叙事问题	王 璐	西安邮电大学	传媒	2021年第2期
260	我国数字出版政策工具选择体系及其优化策略研究	张 窈 储 鹏	西安交通大学	科技与出版	2021年第2期

续表

序号	题目	作者	单位	发表刊物	时间
261	新媒体传播模式及其对舆情治理的新要求	李明德 王晗阳	西安交通大学	西北大学学报（哲学社会科学版）	2021年第2期
262	算法时代传播主体性的虚置与复归	王敏芝	陕西师范大学	苏州大学学报（哲学社会科学版）	2021年第2期
263	传统纸媒数字化转型与学术期刊的应对	秦开凤	陕西省社会科学院	澳门理工学报（人文社会科学版）	2021年第1期
264	媒介化时代"云交往"的场景重构与伦理新困	王敏芝	陕西师范大学	暨南学报（哲学社会科学版）	2021年第9期
265	谋书亦谋生：图书编辑职业认同研究	刘蒙之 王诗夏	陕西师范大学	现代出版	2021年第6期
266	我国近代机械印刷技术引进的社会建构论分析	陶安涛 杨军	陕西师范大学	出版发行研究	2021年第12期
267	哲学社会科学学术期刊高质量发展的内涵与路径	杜敏	陕西师范大学	出版广角	2021年第19期
268	"快手"中的乡土中国：乡村青年的媒介呈现于生活展演	徐婧 汪甜甜	西安交通大学	新闻与传播评论	2021年第2期
269	隋唐帝王与割据群雄获称汗号问题考论	彭建英	西北大学	内蒙古社会科学	2021年第1期
270	北魏源延伯墓志与北朝源氏考	李宗俊	陕西师范大学	唐都学刊	2021年第2期
271	清前期吐鲁番"土流并治"回众管理模式的形成	王启明	陕西师范大学	清史研究	2021年第4期
272	一个西北山区村落集市的自我塑形与秩序再造——基于宁夏单家集田野调查	苏文彪	陕西师范大学	回族研究	2021年第4期
273	互惠的意义：一个少数民族村落"公益困境"的文化解释	李元元	西北农林科技大学	广西民族研究	2021年第4期
274	敦煌古藏文历史文献的撰修及其反映的早期吐蕃史	李宗俊	陕西师范大学	西藏研究	2021年第5期
275	墓志所见中古尉迟氏祖源建构与华夏认同	董文强 周晓薇	陕西师范大学	宁夏社会科学	2021年第6期

智 库 报 告

陕西省黄河流域重大产业布局研究

西北大学 任保平 等

陕西省可通过实施创新驱动发展战略,加快培育陕西黄河流域重大产业布局的新动能支持;推动陕西制造业高质量发展,构建陕西黄河流域重大产业布局的现代产业体系支持;以保护生态环境为前提,加强陕西黄河流域重大产业布局水资源支持;完善保障体系,以黄河流域陕西重大产业布局提供保障等手段为重大产业布局提供支持。为此,在政策支持方面,陕西省一方面要加快制定政策:①加强黄河流域生态环境保护;②推进水资源节约集约利用;③推动高质量发展;④加快构建现代产业体系。另一方面要向国家争取的政策:①农村产业融合示范园建设;②黄河流域生态保护重点项目建设;③新型基础设施建设的支持。本文获陕西省第十五次哲学社会科学优秀成果调研报告一等奖。

关于加快我省县域经济高质量发展推动城乡居民持续增收的建议

西北大学 刘 蕾 西安财经大学 任保平

陕西省居民收入特别是农民收入增长滞后于经济发展,成为制约陕西省经济社会发展的突出短板,县域经济不强,如产业基础薄弱、经济体量偏小、现代农业发展水平不高、农村资源盘活不充分等因素是陕西省居民收入偏低的关键。为尽快补齐收入短板,缩小城乡居民收入差距,推动高质量发展、创造高品质生活,现从县域经济高质量发展的角度提出促进我省城乡持续增收的建议:一是为居民增收建立强有力的制度保障;二是以增收为中心狠抓县域产业发展;三是深化农村改革盘活农村资源要素;四是注重提高县域市场主体营业盈余;五是紧贴产业需求提升群众增收技能。本文获2021年优秀咨询建议三等奖。

关于农村宅基地退出补偿机制中农民权益法律问题的研究报告

西北政法大学 田静婷

报告以农户退出宅基地意愿与宅基地补偿标准为研究切入点,通过对陕西省农村宅基地使用权流转制度的现状和绩效调研,分析现行宅基地退出补偿机制的理论困境和出路,基于公法和私法双重维度,对在实证调研的基础上,提出强化农村集体的主体地位、保证退出补偿的价格应与城市建设用地同权同价、成立专门的宅基地退出补偿专项基金进行集中化的方案进行规划管理。

大力发展网络货运　引领陕西道路货运转型升级

西安交通大学　冯耕中　等

网络货运是基于互联网平台的道路货运新业态,实现了道路货运资源信息化、集约化、科学化的整合配置,突破了传统道路货运人车货要素分散,信息传递不通畅,运输效率低,服务不规范,管理难度大的困局。但仍存在行业合规性较差,税收流失严重,信息化程度较低,运输效率低下,政策支持度不高,企业流失严重。为此提出建议:一是强化支持措施,保障网络货运发展;二是加强行业信息化,助力道路货运规范运行;三是扶持网络货运平台,推进网络货运稳步壮大;四是完善政府监管能力,引领网络货运有序发展。

以一流营商环境筑好陕西省"十四五"开局

西安交通大学　冯耕中　等

项目组建议:新时代陕西省追赶超越需要更加开放优化的营商环境提供保障,结合新发展理念,积极推动政府部门从"店小二"到"金牌管家"转变,加快构建"服务型政府－活力型市场－宜居型社会"多维协同发展格局,打造"行政效率高、产业结构优、社会服务佳"的一流营商环境,加快推动陕西省高质量发展。主要方案:一是建立健全营商便利长效机制;二是积极创新行政服务精准方式;三是系统建立市场主体活力机制;四是着力提升社会民生服务能力。

以综合能源服务促进陕西能源供需低碳发展

西安交通大学　郑维博　等

成果建议:以综合能源服务为抓手,能够更精准实现需求侧能源消费升级与供给侧能源结构减碳的协同优化,推动陕西省加快构建陕北、陕南、关中多种能源综合发展的区域协同新格局,为充分践行碳达峰、碳中和提供陕西方案,为全省能源产业发展提供新的经济增长点,促进陕西社会经济绿色低碳高质量发展。解决方案:一是统筹能源建设服务挖掘客户用能需求;二是推动能源协同供应实现多能互补利用;三是加快储能市场建设保障电力系统稳定;四是制定科学支持政策促进能源产业发展。

高质量建设中欧班列西安集结中心的对策建议

西安交通大学　冯耕中　等

研究建议:一是定位通道融合核心枢纽,统筹推进西安集结中心有序建设;二是加快通道服务平台建设,提升西安集结中心运行效率;三是优化市场导向补贴结构和通道资源配置,巩固西安集结中心通道地位;四是促进通道贸易增速提质,夯实西安集结中心产业支撑;五是发展通道经济配套服务,增强西安集结中心综合实力。

中小企业发展指数变化、趋势预测及应对策略报告

西安电子科技大学　柴　建

本报告聚焦于疫情下中小企业生存和发展难题,采用多种技术预测了分区域、分行业中小企业发展指数演变趋势,指出当前中小企业面临生产经营成本上升、市场需求不旺、资金短缺和信心不足四大困境,据此提出了加强价格监测预警,切实做好原材料保供稳价工作、适时调节政策力度,化解企业经营"痛点"和"难点",加大金融对实体经济的扶持和帮助企业减低经营成本四条务实的思路举措。

鼓励引导民营企业　投身乡村振兴建设

西安电子科技大学　柴　建

为鼓励引导民营企业投身乡村振兴,本报告提出了六点建议:第一,要强化政策支持,完善顶层设计;第二,转变政府职能,提高服务水平;第三,促进乡村产业融合,提升民企产业水平;第四,强化人才保障机制,为民营企业投身乡村振兴提供智力支持;第五,完善金融体系建设,建立风险分担补偿机制;第六,坚持政府引导,民营企业为主体,以数字化赋能乡村振兴。

推进区域信息化协调发展研究

西安电子科技大学　马续补　等

本研究报告以通过区域信息化协调实现区域产业协调发展和公共服务均等化为目标牵引,围绕区域信息化"为什么要协调""协调什么""如何协调""如何保障"四个问题展开研究,提出适合我国当前发展阶段稳步推进区域信息化协调发展的政策建议,为"一带一路"建设和京津冀协同发展、长江经济带发展等重大国家战略的实施提供借鉴。该成果获2021年度陕西高等学校人文社会科学研究优秀成果奖二等奖。

产业融合视角下的西安新一代信息技术战略新兴产业发展研究

西安电子科技大学　惠调艳　等

本研究报告聚焦产业融合,立足西安市新一代信息技术战略新兴产业细分行业,围绕"现状剖析、问题诊断、发展路径、保障机制"四个方面展开研究,提出协同共生视角下多元联动的西安市新一代信息技术战略产业发展指导意见,为区域新一代信息技术产业规划和

产业培育提供借鉴。该成果获2021年度陕西高等学校人文社会科学研究优秀成果奖。

陕西省发展网络经济政策体系研究

西北工业大学　汪小梅　等

该成果构建了网络经济测度指标体系;对全国31个省市自治区的经济发展水平进行量化分析,调研了江苏省、深圳市及陕西省网络经济政策执行情况;构建了网络经济政策评估分析的"三位一体"模型,从基本政策工具、产业领域和政策层级三个维度对网络经济政策进行综合分析与评估。研究报告基于调研情况对陕西省发展网络经济存在的问题进行了分析,发现陕西省目前网络经济的发展问题,并提出了陕西省发展网络经济的建议。

文化旅游助推贫困地区乡村振兴的机制与对策研究:增权视角的陕西案例

西安科技大学　王会战　等

该研究报告构建了增权视角下文化旅游助推贫困地区乡村振兴的动力机制模型,并基于增权视角提出了文化旅游助推贫困地区乡村振兴的对策。该研究报告在理论上完善了文化旅游助推贫困地区乡村振兴的理论体系,在实践上为具有一定文化旅游发展基础的贫困地区的乡村振兴实践提供了理论依据和决策参考。

碳达峰、碳中和背景下陕西能源工业发展转型路径研究

西安科技大学　王新平

该课题立足煤炭作为我国主体能源的客观现实,提出了以持续做大做强我省能源工业与陕北高端能化基地,加快绿色能源基地建设推进"六化转型",依托"五碳并举"推进陕西省多元化立体减碳,"多能融合、培育新兴业态"打造我省现代能源体系,发挥"秦创原"支撑作用布局零碳低碳负碳技术攻关,推动产业迈向高端化、终端化,全面挖掘林草资源固碳潜力,以政策包激发主动作为等为主要内容的陕西能源工业发展转型的"八大路径",为我省能源化工产业高质量发展指出了前景和方向。该课题获得2021年陕西省决策咨询创新一等奖。

中国交通文化诗词研究

长安大学　杨琦　等

报告围绕中国交通文化内涵出发,梳理我国交通诗文及古代交通典型案例,分析交

通对中国古代农业文明发展、推动世界贸易往来及先进技术传播的连接作用,凝练"交通"在中国文化中的重要地位,探究交通实现人的行动自由和增进人类福祉的本质。报告注重交通文化与现代交通运输发展相结合,阐明了"开放、通达、共赢"的中国交通发展理念。报告被交通运输部政策研究室、国家发展和改革委员会综合运输研究所等部门在起草第二届联合国全球可持续交通大会有关文稿中得以采纳,研究成果得到了交通运输部领导充分肯定。

基于政府视角的土地资源价值计量研究

长安大学 云 虹

土地资源作为其他自然资源存在的重要载体,也作为人类生活成长与社会经济稳定发展至关重要的稀缺性不可再生资源。了解土地资源的禀赋是一切工作的前提条件,但目前实践工作中缺乏系统的方法和科学的体系进行土地资源价值计量。本文基于政府视角以陕西省为例开展土地资源价值计量研究。报告结合陕西省研究现状与存在问题,提出适合于陕西省的土地资源价值计量方法,选取相关年份数据对陕西省进行土地资源价值进行计量实践,基于政府视角提出土地资源价值计量的相关建议。

关于落实依靠创新推动实体经济高质量发展的若干建议

西安电子科技大学 李 华 马续补 吴爱萍

针对如何推动科技创新政策落地,进一步深化科技体制改革,实现创新推动实体经济高质量发展,结合我省实际提出了"打造以国家实验室为引领的战略科技力量,夯实"'创新源头'基础研究"等五点建议。

大数据时代青年偶像嬗变与塑造的社会调查报告

西安翻译学院 庞钊珺

青年是面向未来的一代,价值观是其人生从依附走向独立进行自我判断的重要标尺,是塑造自我命运的基调。偶像崇拜在不同时代对社会都曾发挥巨大的作用,青年把偶像作为自己精神寄托,越发自主化、商业化、平民化。偶像崇拜日益成为一种普遍的心理现象且日益影响着其生活、学习、思想行为和价值观念的构建。对信仰迷茫、价值观念混乱、行为失范等问题,如何引导青年确立、构建具有驱动功能和导向作用的正确价值观,既是关乎青年生活实际与生存现状的现实问题,又是必须予以回应的理论课题。在大数据时代,偶像崇拜则发生了深刻的变革,本研究正是建立在此变革之上,展开了对青年偶像观塑造问题的探索。

西安市出租车停靠站点设置调研及优化研究

西安工业大学　姬　浩　等

本成果首先对西安市出租车停靠站点进行实地调研和数据整理分析,并基于西安市出租车 GPS 轨迹数据对出租车的实际停靠情况和站点位置进行对比分析,发掘出租车站点设置问题和原因,针对问题给出西安市出租车停靠站点的设置优化方案。研究成果为西安市出租车运营管理、出租车停靠站设置优化,提供理论支撑和实践指导。该研究获陕西省第十五次哲学社会科学优秀成果奖二等奖。

乡村振兴背景下陕北特色农业建设研究

西安理工大学　尹　洁　等

该成果基于贯彻落实习近平总书记来陕视察考察讲话精神、探寻做大做强陕北特色农业产业的长效路径,以及推动革命老区高质量发展的深度考量,在"小木耳、大产业"的现实启发下,依托陕西省软科学研究计划重点项目,在对陕北延安、榆林两市六县(区)连续跟踪调研的基础上,初步总结了陕北特色农业发展现状及成效,深入分析了陕北地区特色农业现实问题,最后有针对性地提出了陕北地区特色农业高质量发展的原则和途径。该研究获陕西省第十五次哲学社会科学优秀成果奖调研报告二等奖。

我省"十四五"发展数字经济对策建议

西安邮电大学　张　鸿

当前,以数据为关键要素的数字经济蓬勃发展,并成为推动各国经济增长的重要力量。经过近年来的快速发展,我国已成为名副其实的数字经济大国,而陕西省也正处于建设网络强省、数字陕西、智慧社会的关键时期。把握数字经济战略机遇,加快推进数字经济发展,不仅有利于进一步提升我省经济发展活力、增强社会前进动力,更有利于推动我省经济转型升级和高质量发展,抢占数字经济发展制高点。西安邮电大学数字化融合与创新软科学研究基地联合西部数字经济研究院组成课题组,听取陕西省委网信办、陕西省政府研究室、陕数集团等部门介绍情况;走访了延安市委网信办、铜川市发改委等部门,了解有关情况;先后赴延安市宝塔区、铜川市耀州区、安康市汉滨区及渭南市等地考察调研,形成该研究报告。该研究获陕西省第十五届哲学社会科学优秀成果奖研究报告类一等奖。

我省基层社会治理共同体建议的情况和对策建议

西北大学 李国华

党的十九届四中全会指出,必须加强和创新社会治理,完善党委领导、政府负责、民主协商、社会协同、公众参与、法治保障、科技支撑的社会治理体系,建设人人有责、人人尽责、人人享有的社会治理共同体。按照陕西省委、陕西省政府领导,对我省基层社会治理共同体建设状况进行调研,撰写了此报告。

关于我省持续深入优化营商环境进一步推进政府职能转变的建议

西北大学 刘蕾

持续优化营商环境是深入推进政府职能转变和深化法治政府建设的重要抓手。当前我省在行政审批制度改革、提升政务服务水平等方面取得了明显成效,但区域间营商环境差距较大且分布不均衡,建议从完善顶层设计等方面进一步推进政府职能转变,不断优化营商环境,助推高质量发展、实现高效能治理。

中国语言文化典藏·富平

西安外国语大学 孙建华

"中国语言文化典藏"项目旨在对全国各地的方言文化进行抢救性的调查和保存。本项目调查点以汉语方言为主,也包括少数民族语言。汉语点主要以方言分布情况为依据,同时兼顾地域因素。少数民族语言则选择比较重要并有研究力量的点。现已开展调查的点约有40个。调查方法采用文字和音标记录、录音、摄像、照相等多种手段。该研究获得2021年度陕西高等学校人文社会科学研究优秀成果奖二等奖。

西安国家中心城市形象传播研究

西北政法大学 陈琦 等

本调研报告对城市形象传播的定义、西安国家中心城市形象的构成要素,以及国家中心城市形象传播的操作流程等进行梳理;在传播学框架下,对国家中心城市形象的生成机制进行深入剖析,在此基础上提出了西安国家中心城市形象传播的优化策略。对西安的城市旅游形象宣传、招商引资、对外合作等方面,具有较强的时间研究和现实指导意义。

陕西区域创新体系建设路径与政策研究

宝鸡文理学院　杨忠泰　等

主要从结构视角对区域创新体系（RIS）理论和陕西区域创新体系建设进行了20多年持续深化的实证与理论研究，为国家和我省区域创新体系建设提供了重要的理论、现实依据与智力支持，其在宝鸡、咸阳区域创新体系建设实践中，产生了良好的政策效应和社会经济效益。该研究获2021年陕西省科学技术进步三等奖。

"小木耳"如何长成"大产业"
——柞水县产业扶贫脱贫调研报告

陕西省委党校（陕西行政学院）　宦　洁　等

打赢脱贫攻坚战以来，柞水县坚持把产业扶贫作为脱贫攻坚的治本之策，探索出一条稳固长效的产业脱贫路子。其做法集中体现在"六个突出"：突出整体规划，"一主两优"兴产业；突出主体培育，加大扶持壮龙头；突出利益联结，围绕增收抓产业；突出科技引领，聚焦产业强支撑；突出产销对接，多措并举扩市场；突出品牌建设，提高公众认知度。柞水县产业扶贫的成功实践，为陕西省各地推动产业扶贫与产业兴旺的有效衔接提供了有益借鉴与启示。

黄河流域陕西段生态环境保护的思考与建议

陕西省委党校　陈　磊　等

习近平总书记在黄河流域生态保护和高质量发展座谈会上强调，"治理黄河，重在保护，要在治理。要坚持山水林田湖草综合治理、系统治理、源头治理，统筹推进各项工作，加强协同配合，推动黄河流域高质量发展"。我省作为沿黄主要省份之一，保护黄河流域陕西段的生态环境是一项长期而艰巨的重大任务，这对全省的生态环境乃至全国的生态环境保护都具有重要意义。近年来，陕西省大力实施退耕还林还草、黄土高原综合治理等工程，陕北黄土高原生态环境发生了根本性变化。本文通过对黄河流域陕西段生态环境及其治理状况的分析，总结出黄河流域陕西段生态环境面临的困难和挑战，提出从加强顶层设计、完善监督管理、健全生态环境保护体系、完善生态补偿机制等方面加强保护黄河流域陕西段的生态环境。

国家碳达峰与碳中和目标对我省传统能源及相关产业发展的影响分析

陕西省委党校　朱洞风　等

本文分析了碳达峰和碳中和目标背景下能源及相关产业发展态势,提出国内能源市场在面临初级产品需求时将不断减少,传统能源产业加速撤并重组,从而被迫加快绿色转型步伐,向主要生产清洁能源和新材料产品转变,高载能工业增长面临巨大压力等严峻形势。同时有针对性地分析了国家碳达峰和碳中和目标对我省未来经济增长和能源及相关产业发展带来的巨大压力,明确指出我省传统能源及相关产业发展空间已近极限,未来对我省增长的拉动作用将减弱,第二产业增长将不得不依赖于科技创新和非能工业,我省面临着严峻的经济结构调整考验。最后提出了碳达峰和碳中和目标背景下促进我省能源及相关产业绿色发展进而稳定我省未来经济增长预期的对策建议。

打造陕南乡村产业振兴新样本
——商洛市产业扶贫脱贫调研报告

陕西省委党校（陕西行政学院）　张娟娟　等

近年来,商洛市把发展产业作为拔穷根、开富源的治本之策和长久之计,产业发展取得显著成效。其主要做法:一是立足商洛资源禀赋,找到产业主攻方向;二是制定优惠政策措施,加大产业发展扶持力度;三是培育新型经营主体,注重发挥龙头带动作用;四是完善产销对接体系,做好贫困地区产品销售;五是加强关键要素支撑,保障特色产业健康发展。商洛市紧紧围绕促进农民增收、狠抓产业发展的成功实践为陕西省巩固拓展脱贫攻坚成果、推进乡村产业振兴提供了新经验,其具有较强的示范意义和借鉴价值。

关于我省历史文化名城保护工作的对策建议

陕西省委党校（陕西行政学院）　王友志

习近平总书记在中央全面深化改革委员会第十九次会议上强调"要本着对历史负责、对人民负责的态度,建立分类科学、保护有力、管理有效的城乡历史文化保护传承体系"。陕西是中华民族和华夏文化的重要发祥地之一,加强历史文化名城保护工作研究,对于保护传统山水格局和建筑风貌完整,维护历史文化遗产的真实性和完整性,打造特色鲜明的陕西历史文化名片,具有十分重要的意义。本文概述了陕西省历史文化名城保护工作基本情况,以具体事例形式深刻指出历史文化名城保护亟须关注和解决的问题。由此,从完善保护制度体系、强化政府部门保护职能、加强城市特色风貌塑造、开展历史文化名城申报等方面,提出加强我省历史文化名城保护工作的对策建议。

抓党建,促乡村振兴的"平利路径"

陕西省委党校(陕西行政学院) 李永红 等

近年来,安康市平利县充分发挥党建引领作用,打出了一整套强党建促脱贫攻坚、强党建促乡村振兴的组合拳,并取得了显著成效。其主要做法是:突出党的领导,建强发展"桥头堡";建强"三农"队伍,培养振兴"领头雁";创新组织设置,找准兴旺"金钥匙";落实振兴责任,同走康庄"共富路";打造核心引擎,建设美丽"新家园"。平利县抓党建促脱贫攻坚、促乡村振兴的成功实践为陕西省各地抓实党建,做好乡村振兴这篇大文章提供了有益借鉴。

"放管服"改革是政府高效能治理的重要抓手

陕西省委党校(陕西行政学院) 蔡钊利 等

本文总结了莲湖区"放管服"改革的主要做法在为审批集约化、工作协同化、制度体系化、创新持续化中起到良好的作用;同时还分析归纳了莲湖区"放管服"改革的主要成效:一是审批效率得到极大提升;二是极大地优化了营商环境,市场主体不断增加;三是"放管服"改革的带动辐射效应明显;四是改革成效的逐步显现为促进经济发展提供了有力保障。进而总结提出莲湖区"放管服"改革的经验与启示:一是切实以群众需求为导向推进"放管服"改革;二是坚持以高效能治理推进区域高质量发展;三是始终把创新驱动作为推动改革的有效路径;四是久久为功持续推进改革不断深化;五是始终保有迎难而上主动作为的奋斗精神。通过总结分析经验启示对陕西提升政府治理效能,推进高质量发展具有积极作用。

多维度讲好陕西故事 提高我省传统文化国际传播能力

陕西省委党校(陕西行政学院) 王晓芸 等

习近平总书记多次强调,要加强国际传播能力建设,精心构建对外话语体系,增强对外话语的创造力、感召力、公信力,讲好中国故事,传播好中国声音。陕西要在弘扬中华优秀文化、推进国际传播能力建设方面发挥优势、主动担当。建议根据国际文化传播框架,从文化理念、文化仪式、文化信仰、文化符号、文化产品五大维度出发,重点选取黄帝、周秦汉唐、儒释道、汉字、西游记作为样本题材,主动构建系统完整并具有示范价值的陕西故事话语体系。通过打开陕西这扇"窗口"宣介陕西,增强陕西的知名度、美誉度,让世界了解中国,从而推动我国国际形象从被动式的"他塑"转向主动式的"自塑",提升国际影响力和文化软实力。

关于扎实推进产业工人队伍建设改革的调研

陕西省委党校(陕西行政学院)　刘亚波

随着陕西科教兴省战略、人才强省战略、创新驱动发展战略,以及进一步推进先进制造业等政策的提出,如何在当前社会背景下提升产业工人各方面能力素质水平显得尤为重要。近四年来,我省在各级党委、政府和相关部委的共同努力和扎实推动下2020年9月选取了9家单位开展产业工人队伍建设改革试点,围绕思想引领、建功立业、素质提升、地位提高、队伍壮大等方面取得新的积极进展和成效,但新时期产业工人队伍建设仍然面临许多新的使命和挑战。本文通过分析我省产业工人队伍建设改革所取得的成效,以及扎实推进产业工人队伍建设过程中面临的新挑战,提出推动我省产业工人队伍建设改革的对策建议。

关于在我省试行城市生活垃圾计量收费的建议

陕西省委党校(陕西行政学院)　魏文章　马　瑞

近年来,我省在城市生活垃圾管理方面取得显著成绩,但还存在生活垃圾分类管理系统性不强、重末端处置、轻前端管理、管理体制机制不完善、企业参与积极性不高、盈利空间小、居民垃圾分类意识不强等问题。而采用垃圾计量收费能有效实现垃圾减量,促进前端分类和资源化利用,也能降低垃圾处理成本,促成居民养成文明的生活习惯,因此采用生活垃圾计量收费是一种有效的垃圾管理方式。未来我省应按照"谁产生谁付费,多产生多付费"的原则,建立生活垃圾计量收费管理办法。由政府向企业购买生活垃圾计量收费的公共服务,履行监管职责,由企业实施生活垃圾计量收费的具体方案,还要跟进相关法律法规和奖惩措施,以促进居民积极缴费。

进一步推进陕西基层社区应急能力建设的建议

陕西省委党校(陕西行政学院)　王彩梅　等

陕西在推进基层社区应急能力建设取得了很大成效。但是仍存在的突出问题:一是基层社区应急管理体制机制有待完善;二是应急能力建设保障不足;三是基层社区居民参与不足;四是基层社区应急管理队伍薄弱;五是基层社区应急能力建设科学化、规范化水平有待提高。针对存在问题提出建议:一是以共建共治共享为基本理念健全完善基层社区应急管理体制机制;二是以提高能力为根本目标提升基层社区居民参与水平;三是以多元主体参与的长效激励为主要手段加强基层社区应急管理队伍建设;四是以多元投入为关键支持加强基层社区应急能力建设保障;五是以示范社区内涵建设为重要抓手推进基层社区应急能力建设科学化、规范化。本文通过分析提出对策建议对陕西基层社区应急能力建设具有积极促进作用。

大学学术不端的行政监督机制研究

陕西师范大学 陈 鹏 等

公众常把大学誉为学术的殿堂,认为教授、学者应该是社会的楷模,科学家应该对真理做无私的追求。科研诚信的缺失不仅影响科研的健康发展,影响学者之间的相互信任,也影响大学科学的社会形象。行政监督作为一种法律制度是国家监督体系中的类型之一,在对大学学术不端的监督问题上发挥独有的作用,构建和完善大学学术不端的行政监督机制,有助于推动科研诚信教育、提升科研质量。

构建多方联动机制加强"五项管理"工作

陕西师范大学 侯江华

2021年"五项管理"是关系到学生健康成长、全面发展的大事,是全面贯彻落实党的教育方针,深化教育教学改革,深入推进立德树人的重大举措。调查发现:河南和山东两省对"五项管理"高度重视、督导部门行动迅速、各地积极探索创新。与此同时,也还存在基层落实有待强化、宣传引导还需深入、监管措施仍需加强等问题。对此,我们建议:提高政治站位,加强部门联动,加强宣传、督导和监管力度,构建多方联动、齐抓共管的工作机制,推进"五项管理"工作落实落地。

生态产品价值实现理论与实现机制

陕西师范大学 方 兰 李 军

本报告从生态产品概念的提出、现阶段理论研究与实践层面的进展、误区与局限、实现机制构建等方面对生态产品价值实现进行了深入研究,重点分析了当前生态系统服务理论与实践中所存在的误区与不足;基于此,本报告提出了构建科学的生态产品价值实现机制的具体流程,主要包括生态系统状况评估、绘制供需图、生态产品估值、构建合理的政府和市场实现机制等。最后以秦巴山区水源地生态产品价值实现机制为例进行了分析,建议完善自然资源定价、测算生态产品价值、政府保障机制确立和水源地涵养区再野化发展方面进行生态产品价值实现,为生态脆弱地区生态产品价值实现提供参考。

全民科学素质行动规划纲要(2021—2035)

陕西师范大学 胡卫平

为深入贯彻落实习近平总书记对科普和科学素质建设的重要指示批示精神,中国科协联合纲要办成员单位于 2020 年 4 月启动《全民科学素质行动规划纲要(2021—2035年)》编制工作。胡卫平教授在《科学素质纲要》的指导思想、原则、目标和重点任务等方面提出关键性建议,为编制工作务实、高效保驾护航,为《科学素质纲要》成功编制和颁布实施发挥了重要作用,为我国公民科学素质建设事业贡献了重要智慧和力量。

互联网背景下的法律服务信息系统助力陕西省法律服务创新的建议

陕西师范大学　朱　青　刘　汕

为缓解我省在法律服务方面的迫切发展需求,需借助法律服务信息管理系统建设手段,充分依赖信息平台化的指导理念,采用司法系统采集、司法系统统计,融入大数据技术,为人民群众提供公共、优质、高效的法律服务资源。

关于人工智能金融量化交易发展的建议

陕西师范大学　朱　青　刘　汕

加强人工智能同保障和改善民生的结合,人工智能是我国高新技术发展的高地,在我国行业的方方面面都有体现,而且这种技术影响的趋势越来越重。自从 21 世纪之后,随着互联网技术的高速发展,互联网所延伸出的人工智能服务受到人们的关注,并且运用于很多地方,广泛受到评价。在金融业中,人工智能的作用慢慢替代人力的作用,人工智能在量化投资中的应用还处于探索时期,人工智能在量化投资已表现出颠覆性的潜质。

关于宁夏钢铁工业发展方向的决策咨询报告

陕西师范大学　陈绍俭

本咨询报告调研了宁夏钢铁工业的基本情况,提出了基本观点和发展方向,符合努力实现"双碳"目标的战略要求和国家钢铁行业发展导向,具有一定参考价值。

甘肃省红色资源开发利用情况研究

陕西师范大学　张　莉　等

红色文化资源是集多种功能于一体的特殊的、珍贵的当代历史文化资源,是中国文化资源保护的新特点。2019 年 9 月,受甘肃省委政策研究室委托,我们就"甘肃红色资源开发利用情况"进行调查与研究,结合历史地理学实地考察、资源空间配置分析的特长,我们分析了该省红色资源的独特文化内涵、红色开发利用的现状、存在的突出问题和困难，提出开发和利用策略建议，同时提出了可实施的2个重大项目建议：以生态旅游推动甘肃生态文明建设与红色旅游发展和甘肃助推长征主题国家文化公园建设。该研究被中共甘肃省委政策研究室评为优秀结项成果；获2021年度陕西高等学校人文社会科学研究优秀成果调研报告类二等奖。

推进我省黄河流域水保生态治理研究

陕西师范大学　方　兰　等

陕西省地处黄河中游、黄土高原腹地，省内黄河流域经济及生态功能地位突出。黄河流域在我省涵盖8个市，土地面积、人口、经济总量分别占全省的65%、76%和87%，承担了全省83%以上的工业用水和78%以上的生活用水。我省同时又是全国水土流失面积占国土面积比例最大、侵蚀强度最高、水土流失影响最严重的省份之一。国土面积仅占全国的五十分之一，但土壤流失总量却占到全国的五分之一，全省水土流失面积达11.9万平方千米，占全省面积的57.82%，年均土壤侵蚀量高达7.35亿吨左右陕西黄河流域的水保治理事关陕西的生态保护和高质量发展，也深刻影响着国家的生态安全、防洪安全、粮食安全和饮水安全。本研究获陕西省第十五次哲学社会科学优秀成果奖一等奖。

新时代铸牢中华民族共同体意识的文化认同机制研究

陕西师范大学　朱　尉

陕西师范大学马克思主义学院朱尉副教授撰写的"新时代铸牢中华民族共同体意识的文化认同机制研究"为陕西省委统战部提供了一份高质量研究文章，对做好新时代统战工作具有较大的启发性。

充分发挥统一战线在国家治理中的政治整合作用

陕西师范大学　张亚泽

陕西师范大学马克思主义学院张亚泽教授撰写的"充分发挥统一战线在国家治理中的政治整合作用"为陕西省委统战部提供了一份高质量研究报告。该研究报告分析了推进国家治理体系和治理能力现代化进程中统一战线工作的重要意义和着力方向，观点有较大的启发性，对推进统一战线理论与实践研究有较高的参考价值，被陕西省委统战部采纳，并作为陕西省统战理论政策研究创新成果报送至中央统战部研究室。

新时代海外文化统战工作创新路径研究

陕西师范大学　宋新雅

陕西师范大学马克思主义学院宋新雅老师撰写的"新时代海外文化统战工作创新路径研究"为陕西省委统战部提供了一份高质量研究文章,对做好新时代统战工作具有较大的启发性,被陕西省委统战部采纳。

新发展阶段全省统一战线新变化新趋势新举措研究

陕西师范大学　张亚泽　等

陕西师范大学马克思主义学院张亚泽教授主持承担了陕西省委统战部委托的"新发展阶段全省统一战线新变化新趋势新举措研究",为我部提供了一份高质量的政策咨询研究报告。该研究报告分析了我省统一战线工作面临的新形势和发展趋势,并对新发展阶段全省统战工作的着力重点、工作举措提出建议。研究报告提出的观点和建议对我省统一战线工作有较好的参考价值,得到有关领导肯定,该研究被陕西省委统战部采纳。

陕西省高校毕业生西部基层就业报告

陕西师范大学　姚崇　等

开展高校毕业生就业状况、就业质量及发展态势跟踪调查研究,对政府制定就业政策,促进高校毕业生就业具有非常重要的意义。陕西省教育厅委托陕西师范大学姚崇教授带领团队,对"十三五"期间陕西高校毕业生西部基层就业状况进行了调查研究,并形成了《陕西省高校毕业生西部基层就业报告》,该报告较全面反映了我省高校毕业生西部基层就业的整体情况,对精准施策推动西部地区人才培养,助力西部地区高质量发展具有重要意义,我厅采纳并在陕西高校毕业生西部基层就业风采展暨2021届毕业生西部基层就业出征"仪式上发布了《陕西省高校毕业生西部基层就业报告》。

陕西省高校毕业生新疆西藏就业报告

陕西师范大学　姚崇　等

开展高校毕业生就业状况、就业质量及发展态势跟踪调查研究,对政府制定就业政策,促进高校毕业生就业具有非常重要的意义。陕西省教育厅委托陕西师范大学姚崇教授带领的团队,对"十三五"期间陕西高校毕业生赴新疆、西藏就业状况进行了调查研究,并形成了《陕西省高校毕业生新疆西藏就业报告》,该报告较全面反映了我省高校毕业生赴新疆、西藏就业的整体情况,对于推动高校为新疆、西藏培养和输送人才,助力新疆、西藏地区高质量发展具有重要意义。陕西省教育厅采纳并在陕西高校毕业生西部基层就业风采展暨2021届毕业生西部基层就业出征仪式上发布了《陕西省高校毕业生新疆西藏就业报告》。

陕西省中小学心理健康教育实施方案

陕西师范大学　王振宏　李彩娜

在全面梳理国内外中小学心理健康教育先进经验的基础上，结合对陕西省中小学心理健康教育实施状况的大样本调研数据，两位专家全程负责起草了《陕西省中小学心理健康教育实施方案》。该方案在明确陕西省中小学心理健康教育的指导思想与工作原则的基础上，澄清了陕西省中小学心理健康教育工作实施的9项重点任务及组织保障，对于健全我省中小学心理健康教育的体制机制，保障科学化、专业化的中小学心理健康教师队伍建设，促进学校心理健康教育工作的顺利实施，全面提升我省中小学心理健康教育水平具有重要的意义。目前该方案的主要内容已被陕西省教育厅采纳，并于2021年1月印发。

西北地区青少年心理健康调查报告

陕西师范大学　段海军

本报告聚焦西北地区青少年心理健康发展现状和社会关切的热点问题，分析了影响青少年心理健康的机制，提出了加强和改进青少年心理健康教育的对策建议，相关报告已提交团省委和团中央，并纳入陕西省政协"面对面"议题的重点调研报告。

新时代我省加强法院法官队伍保障的若干对策建议

陕西师范大学　张小军

由陕西师范大学张小军教授主持完成的《新时代我省加强法院法官队伍保障的若干对策建议》研究报告，遵循十九届六中全会关于推进政法领域全面深化改革的精神和贯彻习近平法治思想，通过对大量全面深入调查和数据资料整理研究，通过对2015年至2019年公众对法官队伍好、中、差评率状况调查研究，并对上述四个年度公众对法官队伍满意度进行量化评分比较分析。在此基础上，研究报告所提出的加强我省法院法官队伍保障的三点对策建议：法院法官队伍建设的数量问题仍然需要进一步解决；法官的专业水平仍然有提升的空间，需要法院在今后的队伍建设过程中予以重视；在全省范围内继续保持职业道德教育优势，加强党的纪律监督和执行。这些对策建议对于我省加快法院法官队伍建设具有重要参考价值，已在各级法院法官队伍保障和司法保障工作中对该研究成果、对策建议予以重点采纳应用，并在全省法院的队伍建设中获得了良好的效果，对于贯彻习近平法治思想,推进我省政法领域全面深化改革,加强全省法院法官队伍建设发挥了重要的作用。

新时代加强我省法院审判效率的若干对策建议

陕西师范大学　张小军

由陕西师范大学张小车教授主持完成的《新时代加强我省法院审判效率的若干对策建议》研究报告,遵循十九届六中全会关于推进政法领域全面深化改革的精神,贯彻习近平法治思想,通过大量全面深入调查和数据资料整理研究,特别是对2015年至2019年公众对司法效率满意度评价分布及其变化好、中、差评率状况调查研究,并对上述四个年度公众对司法效率指标满意度及四年间变化状况进行量化评分比较分析。在此基础上,研究报告提出了加强我省人民法院司法效率的三点对策建议:大力提升民事案件的执行效率;进一步提高民事案件的审判效率;进一步稳步提高行政案件的审判效率。这些对策建议对于新时代加强我省法院司法效率具有重要实际运用价值,已在各级法院的司法审判和执行管理活动中予以重点采纳应用,并在全省各级法院的司法审判和执行管理实践中获得了良好的效果,对于贯彻习近平法治思想、推进我省法院系统全面深化改革,确保全省法院司法公正廉洁高效权威发挥了重要的作用。

以贪污受贿罪量刑标准进一步规范化巩固新时代我省反腐败成果的建议

陕西师范大学　张小军

由陕西师范大学张小军教授主持完成的《以贪污受贿罪量刑标准进一步规范化巩固新时代我省反腐败成果的建议》,该成果认为新时代继续巩固该反腐败成果至关重要,刑法是惩治贪污受贿等腐败案件的重要手段。勇于自我革命、惩治贪污腐败是党的历史经验,是习近平法治思想应有之义。成果建议进一步规范贪污受贿犯罪"数额与情节"的量刑标准,规范适用贪污腐败犯罪死刑的起点数额,适当加重涉案数额较大的贪污腐败犯罪生命刑刑期,以更好地发挥刑法对贪污受贿犯罪的预防与惩罚功能,切实回应人民群众对腐败问题的现实关切。该研究成果提出了陕西省贪污受贿罪量刑标准进一步规范化建议。研究成果所采用的数据具体可靠,方法新颖,论证推理严密,报告所提出的进一步规范贪污受贿罪量刑标准的建议具有科学性和较强的实用价值,所提出的对策具有可操作性。该研究成果所提出的建议已在全省法院审判实践中予以实际采纳应用,提高了贪污受贿罪案件审理水平,推进了人民法院努力让人民群众在每一个案件中感受到公平正义,获得了良好的法律效果、社会效果和政治效果。

陕西省大中小学思想政治理论课一体化建设调研报告

陕西师范大学 刘力波 等

为进一步学习贯彻习近平总书记关于大中小学思政课一体化建设的重要论述,推动陕西学校思政课建设内涵式发展,陕西省委教育工委委托陕西师范大学刘力波教授带领的团队,对全省大中小学思政课一体化建设情况进行了调查研究,形成了《陕西省大中小学思想政治理论课一体化建设调研报告》。该报告较全面地反映了陕西大众小学思政课一体化建设的整体情况,在此基础上总结经验、分析不足、制定对策,对于不断提高陕西大中小学思政课一体化建设的质量,推动全国大中小学思政课一体化建设具有重要意义。

关于进一步加强对"陕西方言语音建档"后期成果开发利用的建议

陕西师范大学 柯西钢

陕西省语言资源丰富,方言种类繁多,陕北、关中、陕南三地方言内部差异大,情况复杂:陕北地区方言绝大部分属于晋语,方言面貌非常古老,很多方言语音系统中还保留着入声韵和入声调,词汇系统中也有大量古语词,这些都是汉语史研究非常重要的佐证材料;关中地区方言属于中原官话,作为历史上汉民族共同语的重要基础方言,在汉语史上有非常重要的地位,关中地区方言研究是官话方言研究的重要组成部分;陕南地区分布着中原官话、西南官话、江淮官话、赣语等多种方言,格局复杂,各种方言在互相影响、互相渗透中不断变化发展,是研究方言接触融合的绝佳对象。方言语音建档是保存方言、留住记忆乡愁的重要形式,是保护方言非物质文化遗产的重要举措。

陕西省青年群体婚恋状况分析

陕西师范大学 范西莹

该研究报告基于青年婚恋监测指标体系,全面监测、分析了陕西省青年婚恋的现状,阐述了陕西青年群体中出现的婚恋问题,预测了陕西省青年婚恋发展趋势,大致把握青年人口婚恋的变化态势,并提出了相应的政策建议。该研究成果,首先对我省青年群体的恋爱、婚姻、家庭、生育等发展基本状况进行了全面分析;其次,修正了监测指标体系使其更符合我省青年发展的实际情况;最后,有针对性地提出了青年婚恋教育、租房政策倾斜的政策建议。本研究论证深入,政策建议针对性强,在我省青少年发展事业中具有理论指导意义。

汉语及中华文化在中亚五国交流传播路径调查研究

陕西师范大学 曾小梦

调研中亚五国(哈萨克斯坦、吉尔吉斯斯坦、乌兹别克斯坦、塔吉克斯坦、土库曼斯坦)汉语教育、学习以及中华文化交流传播情况,了解五国对于中文及中华文化学习和服务的未来需求,可以为我国国家语言规划、人才培养、汉语国际推广等提供数据支撑,为提升我国国家语言文字服务能力及中华文化海外传播提供参考借鉴。通过分析探讨"丝绸之路经济带"背景下汉语及中华文化在中亚五国交流传播的方法与路径选择,提出落实语言发展规划"服务观",优化汉语推广机构的组织结构,建设汉语教学资源,构筑"互联网+"的汉语推广资源融合等建议。

"西安市足球改革发展实施方案"解读报告

陕西师范大学 张 鲲

为充分落实《西安市足球改革实施方案》(以下简称《足改方案》),我市对《足改方案》提出的背景、理论依据、思想武器,以及足球改革方案具体的实施办法进行全方位的解读,旨在开创我市足球改革发展的新局面。根据我市足球发展实情,积极探索我市特色足球发展道路。遵循足球发展规律,繁荣校园足球、普及社会足球、发展职业足球、弘扬足球文化、培育拼搏精神、锤炼意志品质为主线,积极推进体制机制改革,夯实足球场地设施、人才队伍、赛事组织等基础工作,开创我市足球改革发展新局面。

白水县贫困县退出专项评估检查报告、宁陕县贫困县退出专项评估检查报告

西安交通大学 严明义

严明义教授作为团长具体负责的陕西省白水县、宁陕县贫困县的摘帽评估,提交的《白水县贫困县退出专项评估检查报告》《宁陕县贫困县退出专项评估检查报告》被陕西省脱贫攻坚领导小组办公室采纳,作为陕西省政府认定白水县、宁陕县贫困县退出的依据。

新形势背景下非法集资的处置效果及处置防范机制研究

西安交通大学 李富有 等

该报告由调研计划和调研问卷部分、调研统计分析报告和调研案例分析部分组成。调研计划和调研问卷部分从调研思路、调研目标、调研手段、样本分布、调研经费预算、人

员配置、时间进度和问卷设计等角度规划了调研进展并给出了针对政府管理部门和公检法等的调研问卷。调研统计分析报告部分进行了新形势下我国非法集资及其处置的理论分析、新形势下我国非法集资及其处置现状分析、新形势下非法集资处置指标体系构建及处置效果分析、构建新形势下非法集资"五位一体"综合处置机制和具体处置方案、新形势下非法集资监测预警及防范机制技术体系设计,提出了新形势下非法集资综合处置防范机制的对策建议与实施保障等。

陕西省 R&D 合作模式与专利质量提升路径研究

西安交通大学　蒋仁爱　等

本研究围绕陕西省 R&D 合作模式与专利质量提升路径展开研究,利用 1985 年至 2019 年陕西省 6.5 万发明专利,在对陕西省专利的发展态势、合作情况、质量水平进行了现状分析的基础上,对 R&D 合作模式影响专利质量的作用机理进行了系统梳理并进行实证检验,借鉴美国、日本和欧盟提高专利质量的成功经验,提出了陕西省专利质量提升的对策和保障措施。

"互联网+"驱动陕西传统制造业创新研究

西安交通大学　杨秀云　等

该调研报告在被多个单位多次采纳使用过程中,获得了较高的评价,对陕西各地市根据各地传统制造业的发展,推动互联网与传统制造业创新融合发展和工业互联网创新发展政策制定,对陕西各科研院所研究制造业智能化数字化发展路径,对陕西各大型企业推进智能化数字化转型和服务型企业开展数字化服务支持制造业智能化高质量发展等起到了重要的指导意义,产生了很好的社会效益。

陕西省农民工社会融合评估报告

西安交通大学　悦中山　等

评估报告通过构建农民工社会融合状态指标和农民工社会融合政策指标,利用 2016 年和 2020 年评估调查采集的政策资料和抽样数据,对"十三五"时期陕西省农民工的民生状态和社会融合政策的部署、落实情况进行了动态分析评估,并将 2016 年和 2020 年的评估结果做了对比分析。评估设计在保证科学性的基础上兼顾可操作性,评估指标较为全面和系统,评估资料的收集和整理可靠、严谨,评估结果、结论较全面地总结了"十三五"期间陕西省农民工社会融合工作的成效,分析了"十四五"时期面临的挑战和存在的问题,并给出了政策建议和构建《陕西省农民工社会融合指标体系》的建议。该研究获 2021 年度陕西高等学校人文社会科学研究优秀成果奖一等奖。

2020年陕西省高校毕业生就业质量报告

西安交通大学　陆根书　等

高校毕业生就业质量是普通高校人才培养质量的重要反映。为进一步提高教育质量,促进高等教育内涵式发展,完善就业状况反馈机制,我们受陕西省教育厅委托,开展全省高校毕业生就业创业跟踪调查,研制《陕西省高校毕业生就业质量年度报告》,从毕业生基本情况、毕业生就业状况及发展趋势、就业状况对高校教育教学的反馈等方面,全面反映陕西省高校毕业生就业工作,为次年各高校的招生计划、学科专业调整、教育教学改革工作提供参考。2020年,全省共有普通高校毕业生332 035人,比上年增加3 099人,增幅为0.94%。其中研究生35 686人、本科生168 445人、专科(高职)生127 904人。截至11月1日,全省高校毕业生已就业271 076人,初次就业率为81.64%,较2019届下降7.44个百分点。其中,研究生初次就业率为90.61%、本科生为78.95%、专科(高职)生为82.68%。该研究获2021年度陕西高等学校人文社会科学研究优秀成果奖一等奖。

媒体不良信息对青少年影响的社会心理研究

西安交通大学　王渭玲　等

青少年是各种媒体的重要消费者,电影、电视和网络中的不良信息尤其是暴力信息直接影响到青少年的认知、情绪和行为,影响到青少年的健康成长。本研究在实验室的情境下,以青少年为被试,研究了媒体暴力信息对青少年心理(包括认知、情感和行为等)和生理(血压和脉搏)的影响。研究结果显示:媒体暴力信息对于在现实生活中接受了更多暴力的青少年有更大的影响;暴力接触量的多少与不良的认知、负性情绪、生理唤醒和不良的健康行为等密切相关;负性情绪和生理唤醒是暴力接触与不良行为之间的中介因素。根据研究结果,本研究提出了相应的预防和减少这些不良影响的建议和对策,为降低媒体暴力对青少年的消极影响提供了理论和现实的依据。该研究获2021年度陕西高等学校人文社会科学研究优秀成果奖三等奖。

铸牢中华民族共同体背景下的国服设计

西安交通大学　周利明

我国古代服装虽然很美,但人多穿戴行动不便,还包含男尊女卑等封建思想。如何进行新时代的国服设计呢? 国服设计不仅要关注民族情结与国内舆情,也要关注国际舆论,铸牢中华民族共同体与构建人类命运共同体是不可分割的一体两翼。例如国服喜欢运用龙图像,然而,"Dragon"在西方认为是一种充满霸气和攻击性的恶魔。该课题应由政治学、美学、新闻学、史学、民族学、服装学、材料学、设计学、心理学诸领域专家跨学科协同作战。目前需要研究传统国服的改良问题、新时代国服的设计问题、国服社会现象的舆情问题、国服社团的报备问题、国服企业的管理与培训问题、国服集会的安全监察等系列问题。

对汉服引起的社会热点问题的建议

西安交通大学　　王　伟

近日"建议设立国家汉服日"的两会议案引起了社会广泛关注,加之"汉服复兴运动"十八年的发展,以及不久前关于"汉服照登记结婚被拒"的讨论,"汉服"更成为一个热点话题。在回顾"汉服热"的发展及相关问题的基础上,分析了近期热点所反映的关键问题,并提出五个方面的建议。

有关优化营商环境的决策咨询信息

西安交通大学　　杨江华

基于国家对陕西自贸试验区的顶层设计要求,结合陕西自贸区营商环境的现状及特征,报告首先深入分析了当前陕西自贸区建设中存在问题及其原因,然后提出要通过"树立需求侧思维"来指导陕西自贸区今后的营商环境优化建设方向,明确指出将数字技术工具作为支点,把制度创新作为目标,以文化思想作为根基,在技术、制度与文化的辩证关系中,统合硬能力与软实力两个方面,最终以市场主体的获得感和满意度作为优化营商环境的工作落脚点。

宜君县发展数字经济助力乡村振兴的实践与政策启示

西安交通大学　　杨江华

从脱贫攻坚到全面振兴乡村是党中央在新时期"三农"工作重心的历史性转移。要实现巩固拓展脱贫攻坚成果同乡村振兴的有效衔接,全面推进乡村振兴,加快农业农村现代化,数字经济是非常重要的战略方向。作为欠发达地区,陕西宜君是继山东曹县之后我国县域数字经济"逆袭发展"的又一典型案例,具有重要政策研究意义。报告通过深入总结宜君县数字经济发展的主要做法、建设成效和制度创新,力图站在推动全省县域数字经济发展的高度,对宜君典型案例的政策意义和可行性进行了深入研究,提供了四条针对性的具体政策建议,受到省委领导和相关部门的高度重视和采纳应用。

有关乡村振兴的决策咨询信息

西安交通大学 蔡 萌

习近平总书记2013年11月3日在湖南省花垣县十八洞村考察时首次提出"精准扶贫",全党上下按照这一提纲挈领的要求,向深度贫困堡垒发起总攻,经过近8年的努力,啃下了最难啃的"硬骨头",如期完成脱贫攻坚任务。党的十九大提出实施乡村振兴战略,在脱贫攻坚取得胜利的基础上,"三农"工作重心也实现了历史性转移。为了助力脱贫攻坚和乡村振兴的有机衔接,本成果从"坚决克服懈怠情绪和松一口气的思想;要在有机衔接的'有机'二字上下功夫;加快制定和完善县域经济发展战略;十分重视激发乡村振兴的主体动力;继续营造全社会关注农村、关爱农民、关心农业的氛围"等多个方面提出了政策建议。

统战文化融入高校思政教育的实践研究报告

西安交通大学 刘彦彦

统一战线是中国共产党取得革命、建设和改革胜利的重要法宝之一,在新的历史时期,高校统战文化建设愈显重要。本成果梳理了统战文化脉络,辨析了古今统战思想、统战形态异同,剖析了统一战线取得的成就,并探讨了新时代统战文化的内涵及特点。在此基础上更进一步确立了统战文化融入高校文化建设最有效的措施,即统战文化与高校思政教育有机融合。首先,在融合过程中避免灌输式和教条化,应创造性地采取生动多样的形式,主要包括播放相关影视片段辅助教学,帮助学生理解和接受统战文化内涵;其次,在课堂上开展相关话题微辩论,在培养学生批判性和创新性思维的过程中促进学生对新时代统战文化的深刻理解;最后,通过各种校园活动营造浓厚的校园统战文化氛围,引起学生对统战文化的关注和重视。通过研究和实践表明,高校只有加强统战文化建设,才能增强高校改革及发展的效率;促进和谐校园的构建,是高校培养高素质专业人才的有力保障。

学习借鉴浙江自贸试验区经验,以更大力度谋划和推进陕西自贸试验区高质量发展

西安交通大学 徐立国 胡文静

基于对浙江自贸试验区的调研,提炼出浙江自贸试验区的规划明晰、"五大功能定位"、数字赋能、平台支撑、链式发展、优化机制等特点,并以陕西自贸试验区为典型案例,提出陕西应基于流通渠道进一步突出特色打造亮点、加快优势产业集聚、提升资源配置能力、加快数字转型升级、发展外贸新业态新模式、强化体制机制保障等建议。

以数字化手段系统提升陕西省自然灾害应急能力

西安交通大学　冯耕中　等

近年来,我国多地受大范围暴雨侵袭,并引发一系列次生灾害,给人民群众生命财产造成严重损失。陕西省生态环境逐渐好转,降雨量明显增加,而我省地质构造复杂,地形地貌起伏变化大,极易发生滑坡、崩塌、泥石流等灾害,暴雨引发自然灾害的风险增加,因此,需要积极提升新形势下陕西省自然灾害预防与应急救援能力。目前,人工智能、大数据、物联网等新一代信息技术的不断发展应用,有效丰富了应急管理应对手段,提升应急管理的智能化与高效化,实现以更少的资源投入达到应对更快、处置更好的状态,促使政府、企业与社会民众之间深度协同,能够为陕西省自然灾害应急管理的系统生态建设提供有力支持。

亟须化解国际国内风险保证我国钢铁产业链供应链稳定

西安交通大学　周　旭　等

近年来,以钢材为代表的大宗商品价格持续上涨,严重挤压钢铁企业盈利空间,钢铁行业供需结构性矛盾仍然突出。"十四五"期间,国内钢材供需将呈双降趋势,钢材价格见顶回落,钢铁原材料紧缺困境将逐步缓解,整体钢材出口下滑、进口增加。要高度重视钢材价格剧烈波动对下游产业稳定造成的影响,钢铁产业国际话语权不高、产品走出去频频受阻,产能置换引发人员就业难题,钢铁行业债务隐患等风险问题。对此,建议加强市场预期引导与监管力度,做好事前预警与调控,充分发挥进出口补充调剂作用,推动钢铁行业高质量发展。

我省"双创"工作高质量发展对策建议

创新创业管理软科学研究基地　王君萍　等

聚焦全省"双创"工作统筹规划、运行实施、绩效成果等三个方面,坚持问题导向,着重关注具有重要经济社会影响的科技企业、高校科研院所、孵化机构三类"双创"主体,采用问卷调查形式,分析"双创"工作的政策影响、经济影响、社会影响和科技影响,据此提出我省"双创"工作高质量发展的对策建议。

网络创新指数研究

西北工业大学　汪小梅　等

对全国31个省、自治区和直辖市以及陕西省10个地级市进行网络创新综合评分,在此基础上对各地区网络创新指数进行分析,揭示各地区网络创新发展水平、发展梯队分布特点。通过对各地区网络创新分项指数表现、网络创新关键指标表现的比较分析,发现各地区网络创新能力的优势、劣势及其发展的差距。最后对评价进行总结,并提出相关政策建议。中共陕西省委网信办在研究编制相关规划中采纳了该成果的部分结论和对策建议。

中国经济形势分析和 2021 要点展望

西北工业大学　贺　苗　等

梳理舆论中围绕中国经济形势的主要观点、值得注意的风险或问题,进而随着十九届六中全会公报发布,舆论对第二个"百年"建设的展望普遍乐观,提出对 2022 年经济工作意见建议。

习近平新时代中国特色社会主义思想是当代时代精神的三重维度

西北工业大学　鲁　杰　贺　苗

马克思说,任何真正的哲学都是自己时代精神的精华。习近平新时代中国特色社会主义思想是把马克思主义基本原理同中国具体实际相结合、同中华优秀传统文化相结合的理论成果,是党的十八大以来历史性成就和历史性变革的重要理论结晶,实现了马克思主义中国化的历史性飞跃和创造性升华。它提出了一系列原创性的治国理政新理念新思想新战略,指导党和国家迈向第二个百年奋斗目标的新征程,创造了人类文明新形态,拓展了发展中国家走向现代化的途径。因此,习近平新时代中国特色社会主义思想是当代的时代精华,它内蕴着中华文化的时代精华、中国精神的时代精华、世界意义的时代精华三重维度。

营销号炒作"流量生意"的主要手法梳理及治理建议

西北工业大学　贺　苗　谢梦雅

近年来,随着互联网的快速发展,一批网络红人借助新媒体手段活跃在大众的视线中,他们拥有强大的吸粉能力,能够直接依靠粉丝的数量和购买力实现商业变现。其中有些网络大V、网络主播、公众号频繁进行爱国营销、"佛媛""病媛"营销等,炒作话题,吸引眼球,立人设、吸流量、带货成为网红获得经济效益的主要手段。社会中先后出现了"纯欲风""Y2K""拼多多名媛""雪媛""校媛"……近期,又出现借助寺庙凹人设的"佛媛"。这种行为对整个网络氛围带来消极的影响。进而中心对当前营销号炒作"流量生意"使用的主要手法进行梳理,并提出相关对策建议。

西藏自治区运输服务发展改革政策研究

长安大学 吴群琪 等

在 50 余人次进藏开展广泛深入调研基础上,结合西藏自治区一系列特殊性及新时期西藏自治区社会经济发展对综合运输服务的需求,系统研究推进西藏自治区综合运输服务改革和发展的政策体系。研究发现:一是针对主导目标已从传统的"运得走"转向新时期的"运得好"转变,全面系统地阐述了新时期综合运输发展理论;二是针对近年来"综合运输服务"逐步演变成为独立的学科概念及专门的管理职能,本课题系统地阐述了综合运输服务的基础理论、职能边界及其业务内容;三是按照政策内涵、政策目标、必要性、政策依据、主要措施的板块,提出 37 条推进西藏自治区发展改革的政策建议。研究成果受到西藏自治区发改委、交通运输厅的充分肯定。该研究获 2021 年度陕西高校人文社会科学研究优秀成果奖三等奖。

西安城市交通复杂出行链的脆弱性评估与可靠性策略研究

长安大学 马 飞 等

从出行链与交通方式组合的角度综合评估出行链的脆弱性问题,建立了一套完整的城市居民通勤出行链脆弱性评估理论及方法,为优化城市居民出行行为选择提供参考。研究结果可以为西安市改善居民交通出行链可靠性提供政策方案集,探讨降低城市交通复杂出行链脆弱性的可能策略。研究成果被西安市交通运输局、陕西交控集团运营管理分公司临潼管理所、西安海纳(集团)物流总公司、陕西省城市经济文化研究会等采纳及应用。该研究成果的被引频次达 28 次,依托该研究成果发表的代表性论文 8 篇均被 SCI、SSCI、CSCD 等检索收录。该研究获 2021 年度陕西高校人文社会科学研究优秀成果奖三等奖。

陕西省黄河文化保护传承弘扬规划

长安大学 文化产业研究中心研究团队

黄河文化是中华民族的根和魂,保护传承弘扬黄河文化是培根铸魂的内在要求。陕西位于黄河流域的中心地带,是中华民族和中华文明重要发祥地之一,保护、传承、弘扬陕西省黄河文化,既是黄河生态保护和高质量发展的客观要求,是促进黄河事业和谐健康发展的必然趋势,又是陕西省实现由文化大省向文化强省跨越的战略任务。报告最终成果全部被采纳,于 2021 年 3 月 10 日由陕西省文旅厅、陕西省发改委联合印发执行(陕文旅发〔2021〕14 号),成为指导我省保护传承弘扬黄河文化的政策依据。该研究获陕西省第十五次哲学社会科学优秀成果奖三等奖。

全国高校大学生"五个认同"思想政治教育调研报告

长安大学　张骞文

报告面向全国61所高校的2.4万余名（约占全国高校少数民族大学生的0.8%）少数民族大学生开展调研，详细了解了少数民族大学生对伟大祖国、中华民族、中华文化、中国共产党、中国特色社会主义的认同情况及影响因素，并针对调研情况提出了可行性建议。该研究获2020年度国家民委社会科学研究成果奖二等奖。

陕西跨境贸易语言服务体系构建研究报告

陕西颖创跨境贸易研究院　杨　妍

在全方位、多层次、宽领域的对外格局以及国家推进"一带一路"倡议的发展战略和建设西安国家中心城市及陕西自贸区建设的重要历史机遇下，陕西省跨境贸易交易规模急剧上涨，在我国经济中占据着举足轻重的地位，尤其是跨境电商处在政策利好的环境下，发展前景广阔。从目前来看，虽然跨境贸易蓬勃发展，但其业务范围广，涉及知识种类较多，同时又面临缺乏统一的语言服务体系做支撑。本报告主要研究陕西跨境贸易的语言服务体系构建，旨在为陕西语言服务行业促进陕西跨境贸易发展的有效路径和作用提供智力支撑，因此本研究具有重要的现实意义和理论意义。

获 奖 成 果

陕西省国家哲学社会科学基金结项优秀成果

2021年,全国哲学社会科学工作办公室先后公布了12批国家社会科学基金项目结项名单。陕西省有7项成果顺利通过国内同行专家鉴定,经全国哲学社会科学工作办公室审批,获"优秀"等级。获得优秀等级的项目均取得了一系列高质量的阶段性成果,在学术界产生了较好的反响。

2021年陕西省国家社会科学基金年底项目、青年项目和西部项目结项优秀名单(7项)

序号	项目批准号	项目名称	成果名称	负责人	工作单位
1	15CGJ027	英美霸权转移中美国债权政治的效用及其战略启示研究	英美霸权转移中美国债权政治的效用及其战略启示研究	康 欣	西安理工大学
2	15BFX168	社会企业的法律构造与功能本土化研究	社会企业的法律构造与功能本土化研究	王 波	西安财经大学
3	18AZJ003	唐代释家三教论衡著作整理与研究	唐代释家三教论衡著作整理与研究	刘林魁	宝鸡文理学院
4	16XFX002	宋代诉讼惯例研究	宋代诉讼惯例研究	陈 玺	西北政法大学
5	15BZW157	中国左翼文学文献史料研究	中国左翼文学文献史料研究	李跃力	陕西师范大学
6	16BFX114	股东会决议的瑕疵确认与效力判定研究	股东会瑕疵决议效力体系之反思与重构	王延川	西北工业大学
7	16ATY002	社会资本对于体育健身观念和行为影响的机理和途径研究	社会资本对于体育健身观念和行为影响的机理和途径研究	黄 谦	西安体育学院

陕西省第十五次哲学社会科学优秀成果奖

2021年在陕西省委、陕西省政府和陕西省评奖委员会的高度重视和正确领导下,通过六个多月紧张有序的工作,陕西省第十五次哲学社会科学优秀成果评奖工作完成。经各受理单位申报,省评奖委员会办公室复审,参评成果目录公示,初评、终评、票决,对票决入围成果再审读,公示等程序,确定获奖成果343项,其中:一等奖84项、二等奖138项、三等奖121项。获奖成果中,著作103项、论文172项、调研报告62项、科普读物4项、志书2项。

著作(103项)

一等奖24项		
序号	成果名称	作者姓名
1	延安时期中国共产党局部执政研究	梁星亮
2	中国地方营商法治环境实证研究	赵海怡
3	基于金融供给侧结构性改革视角的陕西发展民营银行研究	赵 红
4	中国退耕还林效益评估与政策优化	姚顺波 等
5	参保行为与社会资本:嵌入机制	吴玉锋
6	陕甘宁边区教育史料通览(全11卷)	栗洪武
7	中国生态补偿的产权制度与体制机制研究	李国平、张文彬、周 晨 等
8	西部农村居民消费潜能释放研究	王君萍 等
9	区域数字鸿沟:定义与测度	薛伟贤
10	秦始皇帝陵园出土彩绘青铜水禽制作工艺及相关问题研究	邵安定
11	主体间性道德人格教育	蒙冰峰
12	宋代文化消费研究	秦开凤
13	英国煤业史	马瑞映 等
14	明实录藏族史料类编	孔繁秀
15	中国音乐隐喻史	王炳社
16	当代国际美术展传播价值研究	蔺宝钢、孟 蕾
17	中国传统建筑中的宇宙观	刘晨晨
18	俄罗斯现代修辞学的社会功能研究	林 梅
19	林语堂翻译书写研究	刘全国
20	宋代世家个案研究	王善军
21	延安文艺与20世纪马克思主义文艺理论中国化	李西建
22	李梦阳集校笺(李梦阳集校笺)	郝润華(郝润华)
23	生命从中午消失——路遥的小说世界(增订本)	赵学勇
24	道由中出:吕大临的道学阐释	邸利平

续表

二等奖 42 项		
序　号	成果名称	作者姓名
1	陕派律学家事迹纪年考证	闫晓君
2	刑事诉讼视野下的刑法建构	陈京春
3	上海合作组织能源俱乐部法律机制研究	刘素霞
4	连续创业研究	赵文红、周郴保
5	农业转移人口市民化成本与测算	杜海峰、顾东东、吕　锋
6	中国社会治理十讲	雷晓康　等
7	深度贫困地区健康扶贫的镇巴经验研究	何得桂　等
8	陕西省房地产业发展研究报告（2019）	西安建筑科技大学丝绸之路住房研究所、陕西省房地产业发展研究中心、新时代陕西人居环境与美好生活共建共享重点研究基地
9	高等学校人才培养绩效评估研究	张建祥
10	亲历工程：中国工科女大学生和女工程师发展研究	王昕红
11	人民币国际化进程中的金融风险研究	沈　悦、戴士伟、李　涛
12	新时代中国经济高质量发展研究	任保平　等
13	明清时期陕商川藏贸易研究	刘立云
14	中国内陆和沿海自由贸易试验区比较研究	冯宗宪　等
15	西部地区新型城镇化研究：发展目标、动力机制与绩效评价	杨佩卿
16	新民主主义社会理论再研究	梅定国
17	新时代现代化强国建设研究	许门友　等
18	《论语》智慧与现代文明	陆卫明、李　红
19	中国养老保险制度政府财政责任：差异及改革	杨　斌
20	共建共享健康中国：国民健康保障均等受益研究	翟绍果
21	可视化媒介下的信息交互与信息行为：基于可视化辨别语言的图标标签概念及实验论证	马晓悦
22	中国专业运动员的社会网络结构研究	黄　谦　等
23	五四时期期刊研究	杜　波
24	广播组织权利保护及管理机制比较研究	赵双阁、相　靖、艾　岚
25	书法艺术辩证思想研究	杨晓萍
26	立象尽意：魏晋南北朝平面图像的美术考古学研究	李　杰
27	制度变迁与文化调适——20世纪秦腔改革的三大模式	辛雪峰

续表

二等奖 42 项		
序　号	成果名称	作者姓名
28	工业建筑遗产保护与文化再生研究	张　犁
29	Ten Chinese Classic Tragedies（中国十大古典悲剧故事）（译著）	袁小陆、王　媛
30	说文部首通解	赵学清
31	历史比较语言学理论：从同源论到亲缘度	李　艳
32	两汉三辅研究：政区、职官与人口	贾俊侠、刚绍辉、姚德元、冯瑞强
33	陕西现藏古籍總目（陕西现藏古籍总目）	吴敏霞　等
34	贞石可憑：新见隋代墓誌銘疏證（贞石可凭：新见隋代墓志铭疏证）	周曉薇（周晓薇）、王其禕（王其祎）
35	清末新军	张华腾
36	陕西女作家小说创作论	白军芳
37	延安文学经验的当代承传——以陕西文学为中心	王俊虎
38	文化视域中的现代丝路文学	李继凯、荀羽琨、王爱红　等
39	陆象山成德思想研究	王　星
40	La diffusion et l'influence de la philosophie d'Aristote en Chine à partir de la fin de la dynastie des Ming（明末以来亚里士多德思想在中国的传播及影响）	朱维嘉
41	鲍德里亚的身体思想研究	鲁　杰
42	China's Way out of Poverty（中国的脱贫之道）（译著）	吴耀武、张宇珩、李朝渊
	Research Reports on the Elimination of Poverty in China-Yan'an City, Shaanxi Province（中国脱贫攻坚调研报告·延安篇）（译著）	陈汉良、张　欣、高　红
	Research Reports on the Elimination of Poverty in China. Xiangxi Tujia and Miao Autonomous Prefecture, Hunan Province（中国脱贫攻坚调研报告.湘西篇）（译著）	陈　蓉、赵　茜、陈瑞哲
	Research Reports on the Elimination of Poverty in China-Cengong County, Guizhou Province（中国脱贫攻坚调研报告.黔东南州岑巩篇）（译著）	王文化、王　红、武　绒
	Research Reports on the Elimination of Poverty in China-Lichuan County, Hubei Province（中国脱贫攻坚调研报告.恩施州利川篇）（译著）	高　煜、秦艳萍
	Research Reports on the Elimination of Poverty in China-Lincang City, Yunnan Province（中国脱贫攻坚调研报告.临沧篇）（译著）	赵红霞、姚雪梅、房　慧

续表

三等奖37项		
序　号	成果名称	作者姓名
1	高校党建进学生公寓理论与实践	张新柱、王　锐
2	"一带一路"贸易纠纷非诉讼解决机制研究	倪　楠
3	城乡融合发展与农民权益保障研究	史卫民　等
4	"中国梦"进程中的交通强国战略研究	杨　琦　等
5	资本结构对担保人定价及市场交易撮合的影响机理与效应研究	冷奥琳
6	人群营商投资理论与实践	陈敬东
7	COSMOPlat:海尔工业互联网平台	孙　卫、陈录城、王　强
8	快递网络管理创新研究:网络优化、运营机制及模式变革	李鹏飞、毋建宏
9	大学的理念与制度	孙　华
10	近代国文教育文化史论	吴婷婷
11	融汇西东:西北联大教育思想	姚　远(姚宏斌)　等
12	西部地区统筹城乡经济社会一体化研究	郭俊华
13	丝绸之路经济带交通低碳发展及税收研究	张　强
14	中国农村公共品供给研究:基于城乡一体化视角	李　伟
15	民间资本供求、风险防范及其健康发展研究	李富有
16	金融结构对产业结构升级的影响效应研究	马　微
17	陶器·技术·文化交流:以二里头文化为中心的探索	朱君孝
18	理想社会的此岸确证:科学共产主义的在场与出场	刘占虎
19	农业现代化的中国道路与关中实践	赵晓峰、孙新华、陈　靖　等
20	当代阿拉伯国家社会结构研究	詹晋洁
21	基于生态学的体育旅游可持续发展研究	李鸿亮
22	中国新闻史学史	赵战花
23	虚拟社区中的社会资本:基于网络民族志的考察	王贵斌
24	中国历代词选之乐舞论	李永明、刘丽兰、李　天
25	汉唐文化设计基因	王伟伟、杨晓燕

续表

三等奖37项			
序　号	成果名称		作者姓名
26	秦版秦话		徐红蕾
27	陕北民间艺术的文化生态		吕　青　等
28	說文解字：點校本（说文解字：点校本）		陶生魁
29	从前苏格拉底到柏拉图的神话和哲学（译著）		李　琴、董　佳、雷欣翰
30	中土早期观音造像研究		谢志斌
31	敦煌莫高窟编号的考古文献研究		张宝洲
32	古代五岳祭祀演变考论		牛敬飞
33	文化传统与家国情怀的审视：以陈忠实及其《白鹿原》为例		张志昌
34	清代学术与《史记》文学阐释研究		王晓玲
35	新时期以来的陕西文学批评研究：以小说批评为中心		李春燕
36	黄土高原上的荷马：陕北盲说书人研究		孙宏亮
37	李达、艾思奇马克思主义哲学中国化比较研究		冯飞龙

论文（172项）

一等奖43项	
序　号	成果名称	作者姓名
1	习近平关于新时代党的建设重要论述的原创性贡献	任晓伟
2	新时代党的建设总体布局的三重逻辑	白清平、任晓伟
3	我国高考加分政策的宪法规制	管　华
4	大数据交易的双重监管	张　敏
5	Loan Guarantees, Corporate Social Responsibility Disclosure and Audit Fees: Evidence from China（对外担保、企业社会责任披露与审计费用：来自中国的证据）	汪方军、徐露莹、郭　飞、张俊瑞
6	The Rank-One Quadratic Assignment Problem（秩1二次分配问题）	王　阳、杨　伟、Abraham P. Punnen（加拿大）等

续表

一等奖 43 项		
序号	成果名称	作者姓名
7	Veni, Vidi, Vici: The Impact of Social Media on Virtual Acculturation in Tourism Context（我来，我看见，我征服：旅游情境下社交媒体对虚拟文化适应的影响）	李纯青、郭硕佳、ChengLu Wang（美） 等
8	数字农业运营管理：关键问题、理论方法与示范工程	阮俊虎、刘天军、冯晓春 等
9	Early-career Setback and Future Career Impact（早期职业生涯的挫折及其长期影响）	王洋、Benjamin F. Jones（美）、王大顺
10	Physician voice Characteristics and Patient Satisfaction in Online Health Consultation（在线健康问诊中医生语音特征与患者满意度）	刘汕、张木雨、高宝俊 等
11	How do Population Inflow and Social Infrastructure Affect Urban Vitality? Evidence from 35 large-and Medium-sized cities in China（人口流入与社会基础设施如何影响城市活力：以中国 35 个大中城市为例）	兰峰、龚小亚、达卉莉 等
12	新中国 70 年义务教育发展轨迹、成就及愿景分析	司晓宏、樊莲花、李越
13	普通高校本科教学工作审核评估存在的问题及其改进策略	陆根书、李珍艳、徐菲 等
14	中国特色高水平高职学校建设的关键着力点探析	蔡萌、崔淑淇
15	地方政府竞争、环境规制与绿色发展效率	何爱平、安梦天
16	城市劳动力跨部门流动的制约因素与机制分析——理论解释与经验证据	马草原、程茂勇、侯晓辉
17	中国城镇化进程中的空气污染研究回顾与展望	袁晓玲、李朝鹏、方恺
18	工业智能化如何重塑劳动力就业结构	孙早、侯玉琳
19	退耕还林工程精准扶贫效果的测度与分析	杨均华、刘璨、李桦
20	上市公司随意停牌与投资者利益——来自中国资本市场的证据	石阳、刘瑞明、王满仓
21	投资者高频情绪对股票日内收益率的预测作用	尹海员、吴兴颖
22	西周的"京宫"与"康宫"问题	尹夏清、尹盛平
23	论深化习近平新时代中国特色社会主义思想研究的三个维度	阎树群
24	网络无政府主义对我国意识形态安全的威胁及我们的应对	刘力波
25	资本主义知识产权垄断的新表现及其实质	杨云霞

续表

一等奖 43 项		
序号	成果名称	作者姓名
26	中国 0—3 岁婴幼儿托育服务实践模式评估	杨雪燕、井 文、王洒洒、高琛卓
27	塞勒斯·万斯对 1967 年塞浦路斯危机的调解	何志龙、高成圆
28	体育锻炼能提升社会资本吗？——基于 2014 JSNET 调查数据的实证分析	张晓丽、雷 鸣、黄 谦
29	儿童发展的不同环境敏感性：理论与实证	王振宏、王笑笑、李彩娜
30	宣传·组织·指路：长征标语口号的产制、修辞和社会动员	许加彪、张宇然
31	"看"中国：作为"他者"的国家形象建构——基于 Facebook"中国文化"系列短片的文本分析	沈 霄
32	Unpacking the Black Box: How to Promote Citizen Engagement Through Government Social Media During the COVID-19 crisis（打开黑箱：新冠肺炎疫情危机期间如何通过政务社交媒体促进公民参与）	陈 强、闵 晨、张 韦、王 戈 等
33	威廉·透纳绘画中的现代空间及视觉表征	冯 晗
34	新中国 70 年军事历史题材油画创作的图像叙事与价值构建	张向辉
35	全国十四运会视觉形象设计的时代性	张 浩
36	论西北官话的词调及其与单字调、连读调的关系	邢向东、马梦玲
37	中国英语教育四十年反思及其对新文科背景下英语专业建设的启示	石琳霏、姜亚军
38	秦岭与华夏文明初论	白宽犁
39	中国当代文学理论的传统性问题	谷鹏飞
40	延安革命家的诗词创作实践及诗史价值	程国君、李继凯
41	中国乡土文学的发生与百年流变	魏策策
42	公共价值的信念与美好生活的理想——马克思哲学变革的理论深蕴	袁祖社
43	政治生态构建的价值内涵及其现实意蕴	张敏娜、陆卫明

续表

二等奖69项		
序号	成果名称	作者姓名
1	延安精神:党员干部滋养初心、淬炼灵魂的营养剂	谭虎娃
2	中国传统治理模式及其现代转化	武树臣、武建敏
3	论民法典婚姻家庭编的社会化	肖新喜
4	生态环境损害赔偿磋商制度的双阶构造解释论	刘 莉、胡 攀
5	新时代劳动法的功能拓展与制度调适	谢德成
6	全球卫生合作治理——以重大突发公共卫生事件防控为视角	张超汉、冯启伦
7	复杂产品研发项目技术风险扩散建模与仿真	杨乃定、李芮萌、张延禄 等
8	Minimizing the Data Quality Problem of Information Systems:A Process-Based Method（信息系统数据质量问题最小化研究:一种基于流程的方法）	刘 祺、冯耕中、赵 玺 等
9	制造企业服务创新动力的实证研究	赵益维、罗建强、冯庆华
10	A Memetic Differential Evolution Algorithm for Energy-efficient parallel machine scheduling（基于模因算法的并行机节能排程研究）	吴学其、车阿大
11	Hybrid Closed-loop Supply Chains with Competition in Recycling and Product Markets（考虑回收竞争和产品竞争的混合闭环供应链研究）	王能民、何奇东、Bin Jiang(美)
12	Inroad into Omni-Channel Retailing:Physical Showroom Deployment of An Online Retailer（迈向全渠道零售:网络零售商的实体展厅开设策略）	李 刚、张 涛、Giri Kumar Tayi(美)
13	The Future Ambiguity Effec:How Narrow Payoff Ranges Increase Future Payoff Appeal（未来的模糊偏好效应:狭隘的收益范围会增加未来收益吸引力）	刘园园、Timothy B. Heath(美)、Ayse Onculer(法)
14	Solving the Innovation Problem in State-owned Firms:The Role of Entrepreneurial Orientation and High-commitment HR Practices（提升国有企业创新力:创业导向和高承诺人力资源实践的作用）	常 玉、王新春、Annie Peng Cui(美)
15	动态环境下联盟竞合、治理机制与创新绩效的关系研究	彭珍珍、顾 颖、张 洁
16	中国反贫困70年:制度保障、经济支持与社会政策	张思锋、汤永刚、胡 晗

续表

\multicolumn{3}{c}{二等奖69项}		
序 号	成果名称	作者姓名
17	Urban-Rural-Specific Trend in Prevalence of General and Central Obesity, and Association with Hypertension in Chinese Adults, aged 18–65 years（城乡差异下的中国18至65岁成年人群普通和中心肥胖患病率变化趋势及与高血压关系研究）	沈 迟、周忠良、赖 莎 等
18	21世纪以来中国乡村基层治理研究回顾与前瞻	任 羽
19	项目式学习的学习作用发生了吗？——基于46项实验与准实验研究的元分析	张文兰、胡 姣
20	21世纪国际工程教育研究的动态、热点与前沿——基于WOS期刊文献的可视化分析	孙刚成、左晶晶
21	西北联大与西南联大比较研究	梁严冰
22	新中国70年民族教育领域的一次大论争：关于民族教育的本质	金志远
23	"经济社会人假说"与中国经济学构建	冯根福
24	流域生态服务价值横向补偿分摊研究	王奕淇、李国平、延步青
25	资源错配对中国工业全要素生产率的多维影响研究	王 文、牛泽东
26	产业政策如何更有效：中国制造业生产率与加成率的证据	戴小勇、成力为
27	Convergence of the Performance of Microfinance Institutions: A Decomposition Analysis（小微金融机构绩效的收敛效应：基于动态面板数据的分解分析）	李林阳、Niels Hermes（荷）、Aljar Meesters（荷）
28	正规借贷促进农村居民家庭消费了吗？——基于PSM方法的实证分析	王慧玲、孔 荣
29	A Hybrid VMD-BiGRU Model for Rubber Futures Time Series Forecasting（天然橡胶期货价格的预测设计：基于信号分解的门控制神经网络系统）	朱 青、张 凡、刘 汕 等
30	企业创新行为差异与政府技术创新支出效应	苗文龙、何德旭、周 潮
31	银行产权异质性、影子银行与货币政策有效性	高 蓓、陈晓东、李 成
32	Does Bank FinTech Reduce Credit Risk? Evidence from China（银行金融科技是否降低信用风险：来自中国的证据）	程茂勇、屈 阳
33	The Origins of Low-fire polychrome glazed pottery in China（中国低温复色釉陶器起源研究）	陈禹来、温 睿、王天艺

续表

二等奖69项			
序号	成果名称	作者姓名
34	推动思政课创新式发展要处理好四对关系	鲁宽民、彭 蕾
35	中国共产党在重振中国文化自信中的贡献	郝保权
36	改革开放以来思想政治教育学科发展的历程与逻辑	宋 琳、李 丹
37	转型贫困视角下的深度贫困问题研究——以少数民族深度贫困村为例	邢成举、李小云、张世勇
38	流动模式与农民工婚姻稳定性研究:基于性别和世代的视角	李卫东
39	知识付费:特征、成因与影响	卢春天、马溯川、孔 芸
40	教育系统的分流模式与教育不平等——基于PISA2015数据的国际比较	侯利明
41	儿童社会能力的发展与促进——基于社会信息加工技能干预的视角	彭 瑾、郭申阳(美)、陈 奇 等
42	"加齐起源说"与奥斯曼早期国家的历史阐释	韩志斌、姜欣宇
43	Tracing Knowledge Development Trajectories of the Internet of Things Domain: A Main Path Analysis(物联网领域的知识发展路径研究:基于主路径分析)	付汉良、王萌萌、李 鹏 等
44	Dynamic Trust Model Based on Service Recommendation in Big Data(大数据环境下基于服务推荐的动态信任模型)	王 刚、刘孟娟
45	我国户外运动安全的法律保障	张恩利、刘新民
46	Recurrent Processing of Contour Integration in the Human Visual Cortex as Revealed by FMRI-Guided TMS(人类视觉皮层区域间的回返加工机制在轮廓整合中的关键作用:来自功能磁共振成像引导的经颅磁刺激的证据)	李 雅、王勇慧、李 晟
47	回避与趋近性负性人格特质对应激心血管反应模式的不同影响	吕 薇
48	西方"新闻自由"的双重标准	来向武
49	智媒时代少数民族大学生国家认同的机理、挑战与建构	孙 江、李 圆
50	求变·裂变·新变:改革开放40年与中国西部电影变迁	张阿利、吉 平
51	历史风格与个性诠释——从郎朗《哥德堡变奏曲》谈巴洛克音乐的演绎品质	高贺杰
52	丝绸之路尖帽胡俑族属考	程玉萍
53	从《吴洪标造像碑》等探秘药王山北魏石刻书法之美	王智杰

续表

二等奖69项		
序 号	成果名称	作者姓名
54	新媒体语境下影像艺术的多元化表现	张 辉、沈姚姚
55	"丝绸之路"甘肃武威地区传统民居建筑形态分析	李琰君、齐向颖
56	论语言扶贫在乡村振兴战略实施中的可持续性	杜 敏、刘志刚
57	论汉语方言中来源于副词的先行义标记——以"正""再""先"为例	叶祖贵
58	唐五代西北方音的早期源头和形成历史	余跃龙
59	允让使役及其在使役式中的表现	丁 丁
60	论隋文帝并未施行科举制度	黄寿成
61	秦"徙治栎阳"及年代新辨	史党社
62	丝路审美文化融通的空间策略研究	谢欣然
63	路遥:在交叉地带探索人生的意义	段建军
64	园林游记文学书写的园林特性——兼论与山水游记的不同	李小奇
65	理学视域下的宋代书院记	张文利
66	论"古学渐兴"与复古诗学的原初意义	杨遇青
67	马克思与维特根斯坦社会实践观比较	张学广、张启森
68	内在性的重构与唯物主义的政治意蕴——重思马克思唯物主义的来源与特质	袁立国
69	社交机器人"单向度情感"伦理风险问题刍议	王 亮
三等奖60项		
序 号	成果名称	作者姓名
1	形式法治的迷思及启示	伊卫风
2	通过立法的文化传承	杨建军
3	刑事错案语境下我国法官责任追究制度探究	陈 敏、张晓玲
4	全球化治理的中国实践方案:"一带一路"发展成果研究	李 娜
5	Boosted Binary Harris Hawks Optimizer and Feature Selection(改进的哈里斯鹰优化算法及特征选择)	张亚男、刘人境、王 鑫 等

续表

三等奖60项		
序　号	成果名称	作者姓名
6	Minding the Gap: Asymmetric Effects of Pay Dispersion on Stakeholder Engagement in Corporate Environmental (Ir) Responsibility（注意差距：高管团队薪酬差距对企业环境责任和责任缺失的非对称效应研究）	张　莹、童　立、李　骥
7	Three-Way Decision Making Approach to Conflict Analysis and Resolution Using Probabilistic Rough Set over Two Universes（基于双论域概率粗糙集的三支决策冲突分析与求解方法）	孙秉珍、陈香堂、张立业　等
8	A three-Phase Fuzzy Multi-Criteria Decision Model for Charging Station Location of the Sharing Electric Vehicle（基于三阶段模糊多准则决策模型的共享电动汽车充电站选址）	刘爱军、赵映雪、孟晓阁　等
9	"一带一路"沿线国家企业会计准则与国际财务报告准则、中国企业会计准则的比较研究	田高良、陈　虎、张　睿　等
10	Impact of Entrenched Ultimate Owners' self-dealing on SEO Methods Choice and Discounts of Private Placements-Evidence from Listed Companies in China（控股股东自我交易动机对股权再融资方式选择和定向增发发行折价的影响——来自中国上市公司的证据）	贾　钢、李婉丽、张　禾
11	Does Consumer Customization Strategy Always Benefit the Platform Firm's Profit?（消费者定制策略是否总有利于平台企业利润？）	王灿友、李乘龙、苏　秦
12	Does Knowledge Management Enhance or Impede Innovation speed?（知识管理是促进还是阻碍创新速度？）	张海丽、张晓棠、Michael Song（美）
13	惯例复制对越轨创新的影响：网络闭合与知识基础的调节	魏　龙、党兴华
14	Changes in Air Quality Related to the Control of Coronavirus in China: Implications for Traffic and Industrial Emissions（疫情期间我国空气质量变化特征及其对机动车和工业减排的政策启示）	王泯尘、原　嫄、王启元　等
15	我国地方政府购买公共文化服务政策：历程、困境与创新	方永恒、李今今
16	朱小蔓教授情感教育思想探析	马多秀
17	群文阅读教学：学理探析与实施建议	牛文明
18	新媒体环境下中华优秀传统文化传播的路径探析	李　莉

续表

三等奖60项		
序 号	成果名称	作者姓名
19	Version 2.0 of Building World-Class Universities in China: Initial Outcomes and Problems of the Double World-Class Project(中国世界一流大学建设2.0版:"双一流"项目的初期成效和问题)	高 契、李春娜
20	一个战略的演进、结果与反思——基于高校战略规划"行动反思模式"的案例研究	胡建波
21	大数据推动我国经济高质量发展的理论机理、实践基础与政策选择	李 辉
22	全国地级以上城市经济高质量发展测度与分析	师 博、张冰瑶
23	高质量进口能带来成本节约效应吗	刘 航、杨丹辉
24	积极倡导推广绿色消费	韩秀华、陈雪松
25	能源化工产业高级化与经济增长——兼论能源化工产业最优匹配	张文彬、胡 健、马艺鸣
26	要素改造视角下的小农户现代化机制研究	郭瑞萍、李丹丹
27	产品质量认证能否提高农户技术效率——基于山东、河北典型蔬菜种植区的证据	李 晗、陆 迁
28	数字经济创新探究:一个综合视角	张 森、温 军、刘 红
29	《唐故法云寺律大德韩上座墓志》考释	陈旭鹏、杨金钊
30	黄土高原地区史前凸字形房址研究	王天艺
31	大连营城子汉墓出土龙纹金带扣的科学分析与研究	谭盼盼、张翠敏、杨军昌
32	论延安精神及其道德规范的普遍性	李建森、袁一达、李 唐
33	网络虚拟空间社会主义意识形态建设的有效性研究	姚 崇、王 涛
34	中医药文化核心价值观融入医学生职业道德教育的路径探析	李 隽、李亚军、张雪玲
35	人工智能时代养老产业高质量发展的抉择:依据、动力与策略	刘 飞、鲍身伟、王欣亮
36	图书馆阻断代际贫困的路径与策略	谭 博、单力融
37	自引的新评价——引用极性、引用位置和引用密度的视角	尹 莉、邓红梅
38	User Adoption of a Hybrid Social Tagging Approach in an Online Knowledge Community(在线知识社区中一种混合标签方法的用户采纳研究)	秦春秀、刘亚希、牟 健 等

续表

三等奖 60 项		
序　号	成果名称	作者姓名
39	基于突发事件：大型体育赛事中的情报需求分析与风险防控	王　聃、冯卫国
40	《国家学生体质健康标准》政策态度理论模型的实证分析	陈善平、刘丽萍、张中江　等
41	人类命运共同体视域下体育博物馆传承发展体育文化的实践与展望	杨　竞
42	陌生共鸣、虚拟认同与社交疲惫："夸夸群"蹿红背后的情绪传播	郭　淼
43	中国西部电影空间物象的人文意蕴	段怡然
44	基于文化视域下的民族舞蹈探究	高　莎
45	Parametric Design of Garment Pattern Based on Body Dimensions（基于人体尺寸的服装纸样参数化设计）	刘凯旋、朱春、Xuyuan TAO（法）、Pascal Bruniaux（法）　等
46	基于中国地景文化的"山水形胜"营建手法研究	张　颖、刘　晖
47	老字号包装的叙事性设计研究	薛艳敏、武　优
48	秦腔剧本英译的多模态化与意义重构——以《杨门女将》英译本为例	李庆明、刘　曦
49	汉语工具介词的语法化路径及其类型学意义	邵琛欣
50	手语音节与语素结构的类型学考察	赵永刚、王晓霞
51	隐喻语言构建机制新探	刘婷婷
52	嘉靖三十二年《重建五祖七真殿碑记》与明代全真派字谱的新发现	刘康乐、高叶青
53	高昌国末年以降砖志书写中的"高昌人"	裴成国
54	作为"学术共同体"的马克思主义文论	韩　伟
55	论唐代文人寓直唱和诗中的静夜情思	傅绍良
56	李白暮年身世经历之自我记忆重构考论——以《经乱离后忆旧游书怀》中相关记述的读解为中心	李芳民
57	"西北联大"的文学教育与文学活动考述（1937—1946）	姜彩燕
58	青年马克思对"德国自由主义"的批判	寇东亮
59	《物不迁论》的时间观念及其双重困境	路传颂
60	何为"自然"？"自然"的中西语境与海德格尔的审美自然观	张海涛

调研报告(62项)

一等奖16项		
序号	成果名称	作者姓名
1	大数据时代的全面从严治党纵深机制研究:精准性、动态化与协同性	杜晓燕、宋希斌、李景平 等
2	陕西省知识产权保护环境评价研究	薛 华、李继广、高山行 等
3	大数据技术在领导干部自然资源资产审计中的应用研究——以陕西省为例	张丽达、徐 洁、舒 伟 等
4	推进我省黄河流域水保生态治理研究	方 兰、陈绍俭、毛 慧 等
5	陕西生态环境问题识别诊断及解决路径	王文科、杨胜科、魏 玮 等
6	陕西省数字经济调研报告	黄 维、常 玉、李慧颖 等
7	陕西省黄河流域重大产业布局研究	任保平、师 博、郭 晗 等
8	陕西省"十四五"时期弥补金融发展短板、助推高质量发展举措研究	胡海青、张 琅、杨 潭 等
9	陕西省对外开放发展策略研究——基于丝绸之路经济带沿线区域对比视角	薛 晴、李耀华、范佳洁
10	我省"十四五"发展数字经济对策建议	张 鸿、张 媛、侯光文 等
11	加快我省要素市场化配置,推动现代化经济体系建设	赛云秀、李俊亭、董春诗 等
12	政策认知视角下西北地区民族思想政治教育研究	马 忠、赵 歌、薛建航 等
13	中国脱贫攻坚调研报告·延安篇	燕连福、李新烽、李晓利 等
13	中国脱贫攻坚调研报告·秦巴山区篇	何得桂、姚桂梅、徐 榕 等
14	中国人口普查数据质量研究	姜全保、李树茁、梅 丽 等
15	大明宫遗址区十年发展总结与未来可持续发展的保障措施研究	翟斌庆、张维烈、宁少博 等
16	陕西省设计扶贫需求调研报告	詹秦川、周 柯、王韦策 等
二等奖24项		
序号	成果名称	作者姓名
1	西安市出租车停靠站点设置调研及优化研究	姬 浩、王 健、苏 兵 等
2	陕西省新一代人工智能发展规划研究	田庆锋、李 瑶、苗朵朵 等
3	充分利用大数据平台 促进解决我省小微企业融资难的建议	孙新宇、吕绚丽、刘 涛 等

续表

二等奖24项		
序 号	成果名称	作者姓名
4	陕西省老旧小区管理模式分析	郭 斌、李玲燕、李 杨 等
5	陕西省科技创新政策体系优化及服务职能转型研究	王进富、张颖颖、吕 燕 等
6	乡村振兴战略下渭北平原生态宜居乡村聚落空间管控研究	侯全华、李 兰、周吉喆 等
7	陕西省属高校"双一流"建设困境与机遇	常 江、张 宇、陈京京 等
8	地方高校服务区域经济社会发展调研报告	丁巨涛、崔晓明、李景林 等
9	"亩均效益"导向资源要素配置机制研究	吴 刚、班 斓、吴子健 等
10	"双循环"新格局下陕西关中地区装备制造业与科技融合发展研究	王满仓、韩锦绵、李 波 等
11	陕西省现代果业高质量发展研究	王建康、冉淑青、魏延安 等
12	基于可持续生计的秦巴山区脱贫农户应对返贫风险策略研究	苏 芳、刘 瑞、罗文春 等
13	陕西深度贫困地区脱贫攻坚研究	张贵孝、李永红、张娟娟 等
14	西安市秦岭重要生态功能区域旅游产业空间布局研究	朱雅玲、雷 蕾、金哲楠 等
15	新形势背景下非法集资的处置效果及处置防范机制研究	李富有、王 坤、刘希章 等
16	陕西省应对气候变化统计核算制度研究及能力建设	王育宝、胡芳肖、郭秦川 等
17	西安市推进城乡融合发展进程中农民主体性的问题研究	周 斌、何江新、都松阳 等
18	延安精神助力陕西新时代追赶超越理论与实践研究	高振岗、赵 京、秦文宇 等
19	新时代英烈形象捍卫及精神传承问题研究	李寿国、马存娟、段朝晖 等
20	关于陕西高校构建贯通融合、协同联动的思想政治工作体系的调研报告	樊建武、刘光林、秦文宇 等
21	乡村振兴背景下陕北特色农业建设研究	尹 洁、洪 涛、王敏静 等
22	关于进一步完善我省城乡居民基本养老保险促进乡村振兴的研究报告	聂建亮、曹 蓉、吴玉锋 等
23	秦岭地区生态环境保护与可持续发展规划策略研究	刘 男、刘冠东、赵敬源 等
24	陕西省历史文化保护传承体系研究	王树声、李小龙、赵子良 等

续表

| \multicolumn{3}{c}{三等奖22项} |||
序号	成果名称	作者姓名
1	《中医药传统知识保护条例起草研究》研究报告	马治国、周 方、刘丽娜 等
2	传统制造业企业转型升级的战略定位、路径及支撑体系研究	杨水利、蒋军锋、杨 祎 等
3	品牌引领下的陕西乡村振兴战略研究	王保利、杨 欣、谢晓军
4	陕西省粮食生产功能区不同经营主体耕地生产效率测度及其提升策略研究	杨 朔、郭 斌、王 莹 等
5	陕西省"三线一单"生态环境分区管控体系建设	杨 林、陈 雷、曹 巍 等
6	陕西省实施文化产业"十百千"工程的研究报告	詹绍文、李 治、赵尔奎 等
7	"互联网+"背景下我国智慧物流发展框架与路径研究	尚 娟、刘向增、卢子祥 等
8	疫情防控常态化背景下决战决胜脱贫攻坚的挑战与对策	吴振磊、吴丰华
9	关于完善产权保护制度依法保护产权的对策研究	刘 蕾、傅 强、邱洪华 等
10	陕西省R&D合作模式与专利质量提升路径研究	蒋仁爱、沈 灏、周吉峰 等
11	"互联网+"驱动陕西传统制造业创新研究	杨秀云、高 宇、解志炯 等
12	产业融合支撑陕西农民增加财产性收入研究	任维哲、王 欢、邓 错 等
13	"新冠"肺炎疫情对陕西省农民增收的影响及对策建议研究	吴旺延、张维群、姚树俊 等
14	陕西自贸试验区改革创新发展的问题及对策研究	王铁山、胡一波、辛昱辰 等
15	"十四五"期间加快推进重点项目建设 全力稳增长促投资的调研报告	李海霞、令伟锋、戴鹏赞 等
16	农村老年人家庭结构与代际支持的动态演进研究	王 萍、李逸明、连亚伟 等
17	西安国家中心城市形象传播研究	陈 琦、王 茜、王建仁 等
18	文化自信与陕西新形象构建与传播研究	石 颖、崔建斌、许 睿 等
19	关于"大棚房"整治后的休闲农业发展问题研究	韩 隽、邓 博、赵 茹 等
20	陕西电影市场与院线发展智库报告	金 鑫、王利红、张阿利 等
21	陕西省黄河文化保护传承弘扬规划	金栋昌、崔艳天、王 蔷 等
22	中华传统文化视域下陕西大学生群体文化自信塑造路径研究	崔 锐、陈永福、张琋玡 等

科普读物(4 项)

一等奖 1 项		
序 号	成果名称	作者姓名
1	话说延安精神	马朝琦
二等奖 2 项		
序 号	成果名称	作者姓名
1	我在大学讲党课	姚书志
2	跟着诗圣走陕西:杜甫三秦行迹考察与探究	刘锋涛 等
三等奖 1 项		
序 号	成果名称	作者姓名
1	画说《道德经》	王家春

志书(2 项)

一等奖 1 项		
序 号	成果名称	作者姓名
1	陕西省志·财政志(1986—2010 年)	《陕西省志·财政志(1986—2010 年)》编纂委员会
	陕西省志·政务志(1991—2010 年)	《陕西省志·政务志(1991—2010 年)》编纂委员会
	陕西省志·地方志	陕西省地方志编纂委员会
	陕西省志·商务志	《陕西省志·商务志》编纂委员会
三等奖 1 项		
序 号	成果名称	作者姓名
1	陕西省志·文化艺术志(1991—2010 年)	《陕西省志·文化艺术志》编纂委员会
	陕西省志·气象志(1990—2010 年)	《陕西省志·气象志》编纂委员会
	陕西省志·水利志(1996—2015 年)	《陕西省志·水利志》编纂委员会
	陕西省志·工会志(1992—2010 年)	《陕西省志·工会志》编纂委员会

2021年度陕西高等学校人文社会科学研究优秀成果奖获奖名单

2021年,按照《陕西高等学校人文社会科学研究优秀成果奖励办法》,经各校推荐、专家评审、奖励委员会审议、省教育厅厅务会审定、公示等程序,陕西省教育厅公布了2021年度陕西高等学校人文社会科学研究优秀成果奖获奖名单,获奖的科研成果包括论文441项、著作261项、研究报告92项、成果普及3项,共计797项。其中:论文奖一等奖112项、二等奖144项、三等奖185项;著作奖一等奖63项、二等奖88项、三等奖110项;研究报告奖一等奖23项、二等奖37项、三等奖32项;成果普及奖3项。

论文奖

序号	成果名称	申报单位	成果完成单位	成果完成人	授奖等级
1	习近平扶贫重要论述的理论渊源、精神实质及时代意义	西安交通大学	西安交通大学	燕连福、马亚军	一等奖
2	网络无政府主义对我国意识形态安全的威胁及我们的应对	陕西师范大学	陕西师范大学	刘力波	一等奖
3	资本主义知识产权垄断的新表现及其实质	西北工业大学	西北工业大学	杨云霞	一等奖
4	新中国成立以来收入分配政策的历史变迁与基本经验	西安交通大学	西安交通大学	刘儒、李超阳	一等奖
5	新中国成立70年来的城镇化建设及其未来应然走向	陕西理工大学	陕西理工大学	许伟	一等奖
6	问题与挑战:社会科学研究趋向的哲学反思	西北农林科技大学	西北农林科技大学	樊凡	一等奖
7	全球治理变革与中国的角色	西安交通大学	西安交通大学	朱旭	一等奖
8	革新以来越南共产党意识形态的建构、传播与认同	陕西师范大学	陕西师范大学	闫杰花	一等奖
9	新时代党的建设总体布局的三重逻辑	陕西科技大学	陕西科技大学、陕西师范大学	白清平、任晓伟	一等奖
10	马克思主义民族理论中国化的早期探索与历史经验	西北大学	西北大学	李强	一等奖
11	新生代农民工发展与保障问题研究	西安理工大学	西安理工大学	史向军、李洁	一等奖

续表

序号	成果名称	申报单位	成果完成单位	成果完成人	授奖等级
12	从"事神"到"爱人"——融入世俗生活的先秦礼乐文化	西安建筑科技大学	西安建筑科技大学	李焱	一等奖
13	以人工智能推进"一带一路"建设的提质升级——基于马克思政治经济学的思考	西北大学	西北大学	卫玲	一等奖
14	恩格斯的自然哲学理论及其当代启示	西安交通大学	西安交通大学	邬焜、曹嘉伟	一等奖
15	中国古代哲学的现象学识度和特点	陕西师范大学	陕西师范大学	康中乾、米公豪	一等奖
16	马克思与维特根斯坦社会实践观比较	西北大学	西北大学	张学广、张启森	一等奖
17	对话交融、价值关涉与本土观照——新时代马克思主义研究的三条方法论进路	西北大学	西北大学	胡军良	一等奖
18	公共世界的逻辑与马克思新政治哲学的实践旨趣	陕西师范大学	陕西师范大学	袁祖社	一等奖
19	Exploring Blended Learning Experiences Through the Community of Inquiry Framework	西安外国语大学	西安外国语大学	张蕊	一等奖
20	Lexicalized Structural Priming in Second Language Online Sentence Comprehension（二语句子理解中的词汇化结构启动）	西安交通大学	西安交通大学、美国密歇根大学、美国密歇根大学、比利时根特大学	魏行、Julie E. Boland、Jonathan Brennan 等	一等奖
21	"西北联大"的文学教育与文学活动考述（1937—1946）	西北大学	西北大学	姜彩燕	一等奖
22	马克思的戏仿论探赜	西安交通大学	西安交通大学	妥建清	一等奖
23	公共舆论中负面情绪化表达的框架效应——基于在线新闻跟帖评论的计算机辅助内容分析	西北大学	西北大学	党明辉	一等奖
24	土默特契约文书所见200年前内蒙古晋语语音的几个特点	陕西师范大学	陕西师范大学	黑维强	一等奖

续表

序号	成果名称	申报单位	成果完成单位	成果完成人	授奖等级
25	建设性新闻的产制语境、理论含蕴与学理旨归	陕西师范大学	陕西师范大学	许加彪、成倩	一等奖
26	实证翻译研究的发展及趋势	西安外国语大学	西安外国语大学	黄立波	一等奖
27	隐喻语言建构机制新探	西北工业大学	西北工业大学	刘婷婷	一等奖
28	Does Menzerath-Altmann Law Hold True for Translational Language: Evidence from Translated English Literary Texts（Menzerath-Altmann 定律在翻译语言中的适用性：以汉英文学翻译文本为例）	西安交通大学	西安交通大学	蒋跃、马瑞敏	一等奖
29	智媒时代少数民族大学生国家认同的机理、挑战与建构	西北政法大学	西北政法大学	孙江、李圆	一等奖
30	英语听力认知诊断测评模型优化研究	西安交通大学	西安交通大学	董艳云、马晓梅、孟亚茹	一等奖
31	汉江上游地区方言的混合特征及历史成因	陕西师范大学	陕西师范大学	柯西钢	一等奖
32	经典是怎样"炼"成的——以《人生》创作中编辑与作者的书信互动为视角	延安大学	延安大学、复旦大学	梁向阳、梁爽	一等奖
33	Multilingual Corpus Construction Based on Printed and Handwritten Character Separation（基于印刷和手写字符分离的多语言语料库构建）	西安交通大学	西安交通大学	林玉萍、宋永红、李颖玉等	一等奖
34	重大疫情事件中建设性新闻对于公众情绪的调节与引导	陕西师范大学	陕西师范大学	党君	一等奖
35	世界文学、距离阅读与文学批评的数字人文转型：弗兰克·莫莱蒂文学理论的演进逻辑	西北大学	西北大学	陈晓辉	一等奖
36	网络社群的形成与发展演化机制研究：基于"帝吧"的发展史考察	西安交通大学	西安交通大学	杨江华、陈玲	一等奖
37	胡琴源流新考	陕西师范大学	陕西师范大学	贾嫚	一等奖

续表

序号	成果名称	申报单位	成果完成单位	成果完成人	授奖等级
38	20世纪中国革命叙事中的延安图景	西北大学	西北大学	屈健、刘艳卿	一等奖
39	器蕴乾坤 合而道生——苏轼书法创作载体论	陕西师范大学	陕西师范大学	张锦辉	一等奖
40	Parametric Design of Garment Pattern Based on Body Dimensions（基于人体尺寸的服装纸样参数化设计）	西安工程大学	西安工程大学、法国高等艺术与纺织工艺学院	刘凯旋、朱春、Xuyuan TAO等	一等奖
41	中国电影"西部空间"的影像呈现与文化嬗变	西北大学	西北大学	巩杰、梁英建	一等奖
42	求变·裂变·新变：改革开放40年与中国西部电影变迁	西北大学	西北大学、陕西科技大学	张阿利、吉平	一等奖
43	场景理论视野下艺术区创新活力机制研究	长安大学	长安大学	崔艳天	一等奖
44	水墨何为："新水墨"的出现到底有何意义？	陕西师范大学	陕西师范大学	杜少虎	一等奖
45	Human Reliability Prediction in Deep-sea Sampling Process of the Manned Submersible	西北工业大学	西北工业大学	陈登凯、范昱、李文华等	一等奖
46	14世纪西欧黑死病疫情防控中的知识、机制与社会	陕西师范大学	陕西师范大学	李化成	一等奖
47	Early Evidence for Mounted Horseback Riding in Northwest China	西北大学	西北大学、哈佛大学、科罗拉多大学博尔德分校 等	李悦、张成睿、William Timothy Treal Taylor 等	一等奖
48	The Han Empire and the Hellenistic World: Prestige Gold and the Exotic Horse（汉帝国与希腊化世界的交往：黄金制品与天马）	西北工业大学	西北工业大学	刘艳	一等奖
49	A Reexamination of the Reasons for the Closure of the Dunhuang Library Cave	陕西师范大学	陕西师范大学	沙武田	一等奖

续表

序号	成果名称	申报单位	成果完成单位	成果完成人	授奖等级
50	The Origins of Low-Fire Polychrome Glazed Pottery in China	西北大学	西北大学	陈禹来、温睿、王天艺	一等奖
51	Chinese Terms of Address for Jews from the Tang to the Qing Dynasty	陕西师范大学	陕西师范大学、北京第二外国语学院	李大伟、孟凡军	一等奖
52	"诅咒"还是"福音":资源丰裕程度如何影响中国绿色经济增长?	西安交通大学	西安交通大学、江西财经大学	李江龙、徐斌	一等奖
53	城市劳动力跨部门流动的制约因素与机制分析——理论解释与经验证据	西安交通大学	西安交通大学	马草原、程茂勇、侯晓辉	一等奖
54	政府担保的介入、稳增长的约束与地方政府债务的膨胀陷阱	西安交通大学	西安交通大学	马文涛、马草原	一等奖
55	上市公司随意停牌与投资者利益——来自中国资本市场的证据	西北大学	西北大学、中国人民大学	石阳、刘瑞明、王满仓	一等奖
56	企业创新行为差异与政府技术创新支出效应	陕西师范大学	陕西师范大学、中国社会科学院财经战略研究院、中国人民银行张掖市中心支行	苗文龙、何德旭、周潮	一等奖
57	工业机器人冲击下的服务业:结构升级还是低端锁定	西安交通大学	西安交通大学、陕西省社会科学院	王文、牛泽东、孙早	一等奖
58	教育精准扶贫中随机干预实验的中国实践与经验	陕西师范大学	陕西师范大学、联合国环境署国际生态系统管理伙伴计划	史耀疆、张林秀、常芳 等	一等奖
59	大股东股权质押会影响审计师决策吗？——基于审计费用与审计意见的证据	西安交通大学	西安交通大学、山东大学(威海)商学院	张俊瑞、余思佳、程子健	一等奖
60	论中国特色物流发展与全面建成小康社会	西北政法大学	西北政法大学	王静	一等奖

续表

序号	成果名称	申报单位	成果完成单位	成果完成人	授奖等级
61	投资者高频情绪对股票日内收益率的预测作用	陕西师范大学	陕西师范大学	尹海员、吴兴颖	一等奖
62	Does Financial Development influence CO_2 Emissions? A Chinese Province-level Study（金融发展对二氧化碳排放的影响：基于中国省份的研究）	西安交通大学	西安交通大学	赵冰钰、杨万平	一等奖
63	中国新型城镇化水平及动力因素测度研究	西北大学	西北大学、陕西工商职业学院	熊湘辉、徐璋勇	一等奖
64	TFP异质性及其对区域服务业发展差距影响效应研究	西安财经大学	西安财经大学、苏州大学	崔敏、赵增耀	一等奖
65	Changes in Air Quality Related to the Control of Coronavirus in China: Implications for Traffic and Industrial Emissions	西北工业大学	西北工业大学、中国科学院地球环境研究所、中央财经大学	王浥尘、原嫄、王启元 等	一等奖
66	全国地级以上城市经济高质量发展测度与分析	西北大学	西北大学	师博、张冰瑶	一等奖
67	积极倡导推广绿色消费	长安大学	长安大学、北京科技大学	韩秀华、陈雪松	一等奖
68	论民法典婚姻家庭编的社会化	西北政法大学	西北政法大学	肖新喜	一等奖
69	通过立法的文化传承	西北政法大学	西北政法大学	杨建军	一等奖
70	媒体融合下新闻作品的著作权保护	西北政法大学	西北政法大学	孙昊亮	一等奖
71	《荀子》"性恶论"评析及其对社会治理的启示——兼与休谟的"性恶论"比较	西北政法大学	西北政法大学	严存生	一等奖
72	为作为证明方法的"印证"辩护	西安交通大学	西安交通大学	薛爱昌	一等奖
73	教育系统的分流模式与教育不平等：基于PISA2015数据的国际比较	西安交通大学	西安交通大学	侯利明	一等奖
74	Ambient Population and Larceny-Theft: A Spatial Analysis Using Mobile Phone Data（环境人口与盗窃犯罪：基于手机数据的空间分析）	西安交通大学	西安交通大学、麦克马斯特大学、西安市公安局技侦支队	贺力、Antonio Paez、焦建民 等	一等奖

续表

序号	成果名称	申报单位	成果完成单位	成果完成人	授奖等级
75	城市居民代际职业流动性变迁及其阶层差异	西安交通大学	西安交通大学	张顺、祝毅	一等奖
76	转型贫困视角下的深度贫困问题研究——以少数民族深度贫困村为例	西北农林科技大学	西北农林科技大学、中国农业大学	邢成举、李小云、张世勇	一等奖
77	Farmers' perceived Efficacy of Adaptive Behaviors to Climate Change in the Loess Plateau, China（黄土高原地区农户对气候变化的适应效能感知）	陕西师范大学	陕西师范大学	史兴民、孙立凡、陈谢扬等	一等奖
78	"知识传统的想象力"：社会学本土化的反思性建构空间	西安交通大学	西安交通大学	姜利标	一等奖
79	西北联大与西南联大比较研究	西安理工大学	西安理工大学	梁严冰	一等奖
80	推进高校领导干部绩效考核科学化	陕西师范大学	陕西师范大学	张建祥	一等奖
81	儿童发展的不同环境敏感性：理论与实证	陕西师范大学	陕西师范大学	王振宏、王笑笑、李彩娜	一等奖
82	教育均衡视角下农村教师资源配置的现实困境及改革对策——小规模和大规模学校的对比研究	西北农林科技大学	西北农林科技大学	赵丹	一等奖
83	新中国成立70年来德育理论发展面临的挑战与走向	陕西师范大学	陕西师范大学	龙宝新	一等奖
84	教育扶贫：中国方案及世界意义	陕西师范大学	陕西师范大学	袁利平、丁雅施	一等奖
85	Human Capital Index and the Hidden Penalty for Non-Participation in ILSAs	陕西师范大学	陕西师范大学	刘骥、Gita Steiner-Khamsi	一等奖
86	我国职业教育政策的变迁逻辑与未来走向	陕西师范大学	陕西师范大学	祁占勇、王佳昕、安莹莹	一等奖
87	职业教育治理能力现代化：一流职业教育建设的要义证成	陕西师范大学	陕西师范大学	陈亮、陈恩伦	一等奖
88	健康中国视域下群众体育发展模式的结构创新	陕西师范大学	陕西师范大学、西安体育学院	史兵、丁建岚、钱钧等	一等奖
89	教师育人能力的理论逻辑与价值澄明	陕西师范大学	陕西师范大学	刘鹂、陈晓端、李佳宁	一等奖

续表

序号	成果名称	申报单位	成果完成单位	成果完成人	授奖等级
90	"双一流"建设的系统审思与推进策略	陕西师范大学	陕西师范大学	吴合文	一等奖
91	统筹推进世界一流学科实施路线图	延安大学	延安大学、北京理工大学	刘瑞儒、何海燕、李勇 等	一等奖
92	The Creative Thinking Cognitive Process Influenced by Acute Stress in Humans: An Electroencephalography Study	陕西师范大学	陕西师范大学、西安电子科技大学	王雪微、段海军、阚越粹 等	一等奖
93	Tracing Knowledge Development Trajectories of the Internet of Things Domain: A Main Path Analysis(物联网领域的知识发展路径研究:基于主路径分析)	西安建筑科技大学	西安建筑科技大学、华北电力大学、美国伊利诺伊州立大学等	付汉良、王萌萌、李鹏 等	一等奖
94	How do Population Inflow and Social Infrastructure affect Urban Vitality? Evidence from 35 large-and Medium-Sized Cities in China(人口流入与社会基础设施如何影响城市活力:以中国35个大中城市为例)	西安建筑科技大学	西安建筑科技大学,浙江大学	兰峰、龚小亚、达卉莉 等	一等奖
95	Matching Demanders and Suppliers in Knowledge Service: A Method Based on Fuzzy Axiomatic Design(知识服务中基于模糊公理设计方法的供需匹配模型)	西安电子科技大学	西安电子科技大学、西安电子科技大学、东北大学 等	陈希、李志武、樊治平 等	一等奖
96	数字农业运营管理:关键问题、理论方法与示范工程	西北农林科技大学	西北农林科技大学、北京京东尚科信息技术有限公司	阮俊虎、刘天军、冯晓春 等	一等奖
97	A Memetic Differential Evolution Algorithm for Energy-Efficient Parallel Machine Scheduling	西北工业大学	西北工业大学	吴学其、车阿大	一等奖
98	The Relation Between Working Conditions, Aberrant Driving Behaviour and Crash Propensity Among Taxi Drivers in China	长安大学	长安大学、东南大学 The University of Queensland	王永岗、李林超、Carlo Giacomo Prato	一等奖
99	人工智能在图书馆应用的理论逻辑、现实困境与路径展望	西北大学	西北大学	杨九龙、阳玉堃、许碧涵	一等奖

续表

序号	成果名称	申报单位	成果完成单位	成果完成人	授奖等级
100	Dynamics and Scenarios of Carbon emissions in China's Construction Industry	长安大学	长安大学	杜强、邵龙、周洁 等	一等奖
101	供应商创新性的利用机制：企业网络化行为的作用	西安理工大学	西安理工大学、西安石油大学	李娜、李随成、崔贺珵	一等奖
102	Does the Configuration of Macro-and Micro-Institutional Environments Affect the Effectiveness of Green Supply Chain Integration?（宏观和微观制度环境的组合是否影响绿色供应链整合的有效性？）	西北工业大学	西北工业大学	杨倩、耿若琦、冯泰文	一等奖
103	A Fuzzy Three-Stage Multi-Attribute Decision-Making Approach Based on Customer Needs for Sustainable Supplier Selection（基于顾客需求的可持续供应商选择模糊三阶段多属性决策方法）	西安电子科技大学	西安电子科技大学、西安电子科技大学、上海师范大学天华学院 等	刘爱军、肖亚璇、陆惠 等	一等奖
104	奢侈品企业社会责任行为对消费者态度的影响——基于奢侈品特点及消费者类型的分析	西安工业大学	西安工业大学	田敏、李纯青、陈艺妮	一等奖
105	企业异质性、政府补助与R&D投资	陕西师范大学	陕西师范大学、西安交通大学	任海云、聂景春	一等奖
106	乡村旅游开发对农户生计和社区旅游效应的影响——旅游开发模式视角的案例实证	西北大学	西北大学	陈佳、张丽琼、杨新军 等	一等奖
107	环境规制、绿色技术创新意愿与绿色技术创新行为	西北工业大学	西北工业大学	王娟茹、张渝	一等奖
108	Type-2 Fuzzy Multi-Objective DEA Model: An Application to Sustainable Supplier Evaluation（二型模糊多目标数据包络分析模型：在可持续供应商评价中的应用）	西安交通大学	陕西师范大学、University of Alberta、King Abdulaziz University 等	周晓阳、Witold Pedrycz、邝云馨 等	一等奖
109	Loan Guarantees, Corporate Social Responsibility Disclosure and Audit Fees: Evidence from China（对外担保、企业社会责任披露与审计费用：来自中国的证据）	西安交通大学	西安交通大学	汪方军、徐露莹、郭飞 等	一等奖
110	财务重述对会计师事务所解聘的影响研究	西北大学	西北大学、西安交通大学、西安外国语大学	马晨、张俊瑞、杨蓓	一等奖

续表

序号	成果名称	申报单位	成果完成单位	成果完成人	授奖等级
111	Containing the Spread of Coronavirus Disease 2019（COVID-19）：Meteorological Factors and Control Strategies（控制2019冠状病毒病(COVID-19)的传播：气象因素和管控措施）	西安交通大学	西安交通大学、长安大学	林军、黄伟浩、文牧晨 等	一等奖
112	职业倦怠：内涵、测量与形成机理	西安石油大学	西安石油大学	陈敏灵、王孝孝	一等奖
113	从"天下大同"到"人类命运共同体"——兼论中国世界主义政治哲学	西北大学	西北大学	何君安、闫婷	二等奖
114	马克思世界观的五个阶段和四次转变	西北大学	西北大学	陈中奇	二等奖
115	"乌托邦"与"实践性"——理解人工智能时代的物我关系	西安交通大学	西安交通大学	叶妮、王宏波	二等奖
116	消费主义的内在机理及其意识形态逻辑透析	西北工业大学	西北工业大学	孙绍勇	二等奖
117	习近平网络为民价值理念探析	西安理工大学	西安理工大学	鲁宽民、徐奇	二等奖
118	生态文明视角下"五位一体"协调发展研究	西安交通大学	西安交通大学	范玉仙、袁晓玲	二等奖
119	毛泽东话语体系中的黑格尔初探	西北大学	西北大学	王振民	二等奖
120	延安时期中国共产党局部执政的政治经验	西北大学	西北大学	侯斌	二等奖
121	"思政课程"到"课程思政"发展的内在逻辑及建构策略	长安大学	陕西师范大学	何红娟	二等奖
122	论增强网络空间意识形态凝聚力引领力机制建构	西安交通大学	西安交通大学	卢黎歌、李英豪	二等奖
123	论第一组话语有效性的三重维度	西北工业大学	西北工业大学	张云龙、梁珊	二等奖
124	不同政府信任类型对公民政治参与的影响——基于第三波ABS数据的实证研究	西安交通大学	西安交通大学	吕书鹏	二等奖
125	乡村振兴战略视域下新时代乡村建设路径与机制研究	西京学院	西京学院	王俊	二等奖
126	习近平新时代中国特色社会主义思想中的大历史观	西北大学	西北大学	张永奇	二等奖

续表

序号	成果名称	申报单位	成果完成单位	成果完成人	授奖等级
127	理性论辩的关键能力：预想、构建和回应反论证	延安大学	延安大学	武宏志	二等奖
128	内在性的重构与唯物主义的政治意蕴——重思马克思唯物主义的来源与特质	西安电子科技大学	西安电子科技大学	袁立国	二等奖
129	元代"华夷之辨"的特质、缘由及影响	西安交通大学	西安交通大学	刘 俊	二等奖
130	日本近代用"儒学"嫁接的"国体论"	西安电子科技大学	西安电子科技大学	史少博	二等奖
131	中国哲学的"回返"疑难——兼及一种身体式回返的阐明	陕西师范大学	陕西师范大学	张 兵	二等奖
132	嘉靖三十二年《重建五祖七真殿碑记》与明代全真派字谱的新发现	长安大学	长安大学、陕西省社会科学院	刘康乐、高叶青	二等奖
133	唐五代西北方音的早期源头和形成历史	陕西师范大学	陕西师范大学	余跃龙	二等奖
134	从"符合事实"到"社群真知"——后真相时代对新闻何以为"真"的符号哲学省思	西北大学	西北大学、四川大学	李 玮、蒋晓丽	二等奖
135	手语音节与语素结构的类型学考察	西安外国语大学	西安外国语大学	赵永刚、王晓霞	二等奖
136	Effects of Receptive-Productive Integration Tasks and Prior Knowledge of Component Words on L2 Collocation Development	西安财经大学	西安财经大学	张晓燕	二等奖
137	作为"学术共同体"的马克思主义文论	西安外国语大学	西安外国语大学	韩 伟	二等奖
138	移动阅读场景下传统内容生产媒体与移动社交平台的聚合与博弈	渭南师范学院	渭南师范学院	马 俊	二等奖
139	鲁迅早期思想中的"美术"观念探源——从《儗播布美术意见书》的材源谈起	西安交通大学	西安交通大学	张 勇	二等奖
140	马克思主义新闻观教育的发轫与传承：党在延安时期的新闻教育	西北政法大学	西北政法大学	吕 强、孙 江	二等奖
141	书家诗心：蔡襄《洛阳诗帖》本诗及其书学意义考论	陕西师范大学	陕西师范大学	王 伟	二等奖
142	西方"新闻自由"的双重标准	西北大学	西北大学	来向武	二等奖

续表

序号	成果名称	申报单位	成果完成单位	成果完成人	授奖等级
143	从汉语的词类问题看汉语	西北大学	西北大学	杨炎华	二等奖
144	中俄协作网络空间治理的基础与路径分析	西安石油大学	西安石油大学	单晓颖	二等奖
145	贾平凹小说的文化建构与身份认同	西安工业大学	西安工业大学	王亚丽	二等奖
146	论"化装讲演"及其"式微"	西北大学	西北大学	焦欣波	二等奖
147	基于要素图的舆情事件线索化方法研究	西安交通大学城市学院	西安交通大学城市学院	何绯娟、杨宽、缪相林 等	二等奖
148	语音学习的神经机制研究及其在纠正外语口音中的应用	西安交通大学	西安交通大学、美国明尼苏达大学（University of Minnesota）	程冰、张旸、张小娟	二等奖
149	《左传》君子曰"毛诗传、郑笺之文"辨正	西安交通大学	西安交通大学	罗军凤	二等奖
150	从空间转向到空间媒介化：媒介地理学在西方的兴起与发展	西北政法大学	西北政法大学、澳门科技大学	谢沁露	二等奖
151	复杂系统视阈下的中国文学海外译介——以陕西当代文学译介为例	西安文理学院	西安文理学院、西安交通大学、西安邮电大学	韩红建、蒋跃、袁小陆	二等奖
152	CSSCI来源期刊微信公众平台运营现状及优化策略	长安大学	长安大学、西北政法大学	冀芳、张夏恒	二等奖
153	媒介环境学视角下短视频传播的场景规则	西安工业大学	西安工业大学	刘磊	二等奖
154	李健吾对《托斯卡》的差别化改译——兼谈抗战文学的流动性问题	西安电子科技大学	西安电子科技大学	朱佳宁	二等奖
155	宗教典故与生态书写——以梭罗《瓦尔登湖》为讨论中心	西安外国语大学	西安外国语大学	孙霄	二等奖
156	《隋唐演义》：文人化的历史叙事	陕西理工大学	陕西理工大学	雷勇	二等奖
157	转换与再现：当下中国电影声音中的听点解析	西安文理学院	西安文理学院	张晋辉	二等奖
158	民国时期易俗社与社外文人知识分子交往考察	西北大学	西北大学	李有军	二等奖

续表

序号	成果名称	申报单位	成果完成单位	成果完成人	授奖等级
159	影像催生的文化记忆转变——以影片《大屠杀》为例	西北工业大学	西北工业大学	王琳	二等奖
160	在改造与融合的"漩涡"中:20世纪中叶中国的乐器改良——由1954、1959、1961年北京三次乐器改良会议说起	西安音乐学院	西安音乐学院	高贺杰	二等奖
161	后人类影像异托邦的自反性生成:《黑镜》的自反性构境研究	西安外国语大学	西安外国语大学	董阳	二等奖
162	阿弗洛狄忒与羽人——唐代青海羽人瓦当艺术渊源刍论	陕西师范大学	陕西师范大学	张东芳	二等奖
163	新中国70年军事历史题材油画创作的图像叙事与价值构建	西安建筑科技大学	西安建筑科技大学	张向辉	二等奖
164	疾病的隐喻:近年来国产医疗剧的"治愈性"叙事分析	陕西师范大学	陕西师范大学	牛鸿英	二等奖
165	新媒体语境下影像艺术的多元化表现	西安理工大学	西安理工大学	张辉、沈姚姚	二等奖
166	"与"的中道和猪的救赎——《千与千寻》和《奥德赛》	西北大学	西北大学	郭振华	二等奖
167	区块链、5G、物联网——去中心化思维下电影产业模式前瞻	西安工程大学	西安工程大学	赵益	二等奖
168	网页设计元素对PAD情感体验的影响研究	西安理工大学	西安理工大学	薛艳敏、戴毓	二等奖
169	浅析近十年日本动画电影创作的时代个性	西北大学	西北大学	周焱	二等奖
170	试论商周青铜器的中期质变	陕西师范大学	陕西师范大学	毕经纬	二等奖
171	冷战后期美国对苏联社会状况的调查——以"苏联访谈项目"为中心	西北大学	西北大学	王子晖	二等奖
172	明清时期宝鸡地区旱涝灾害链及其对气候变化的响应	宝鸡文理学院	宝鸡文理学院	万红莲、宋海龙、朱婵婵 等	二等奖
173	东哥特王国的罗马化	西北大学	西北大学	马锋	二等奖
174	包山楚简"集箸""集箸言"性质再辨	陕西师范大学	陕西师范大学	王红亮	二等奖
175	大连营城子汉墓出土龙纹金带扣的科学分析与研究	西北工业大学	西北工业大学	谭盼盼、张翠敏、杨军昌	二等奖

续表

序号	成果名称	申报单位	成果完成单位	成果完成人	授奖等级
176	近代中日关系背景下的"同文同种"表述	陕西师范大学	陕西师范大学	许赛锋	二等奖
177	Transportation CO_2 Emission Decoupling: An Assessment of the Eurasian Logistics Corridor	长安大学	长安大学、Korea Maritime and Ocean University、James Cook University Singapore	王超、赵玥琳、汪勇杰 等	二等奖
178	财政分权、金融分权与地方政府债务增长	西安工程大学	西安交通大学	陈宝东、邓晓兰	二等奖
179	The Future Natural Gas Consumption in China: Based on the LMDI-STIRPAT-PLSR framework and Scenario Analysis	西安电子科技大学	西安电子科技大学、湖南大学、香港城市大学 等	柴建、梁婷、Kin Keung Lai 等	二等奖
180	社会资本对农户参与流域生态治理行为的影响:以黑河流域为例	陕西师范大学	陕西师范大学、西北农林科技大学	史恒通、睢党臣、吴海霞 等	二等奖
181	能源化工产业高级化与经济增长——兼论能源化工产业最优匹配	西安财经大学	西安财经大学	张文彬、胡健、马艺鸣	二等奖
182	中国创新与经济发展的耦合协调性测度与评价	西北大学	西北大学	葛鹏飞、韩永楠、武宵旭	二等奖
183	Government's Say on Pay Policy and Corporate Risk-Taking: Evidence from China(中国政府限薪政策与公司风险承担)	西北工业大学	西北工业大学、Macquarie University	苏坤、Haiyan Jiang、Gary Tian	二等奖
184	审计的异化与整合:基于国家治理的视角	西北大学	西北大学	冯均科	二等奖
185	丝绸之路经济带支点城市:空间分布、地区差异与建设路径	西北大学	西北大学、圣路易斯华盛顿大学、西北政法大学	王颂吉、李昂、刘俊	二等奖
186	Spatiotemporal Distribution Characteristics and Mechanism Analysis of Urban Population Density: A Case of Xi'an, Shaanxi, China	西北大学	西北大学	李金刚、李建伟、袁洋子 等	二等奖

续表

序号	成果名称	申报单位	成果完成单位	成果完成人	授奖等级
187	Does Diversification Help Improve the Performance of Coal Companies? Evidence from China's Listed Coal Companies	西北工业大学	西北工业大学、中国矿业大学、University of Exeter 等	李崇茂、Tao Cui、Rui Nie 等	二等奖
188	"优绩优酬"：关于西北农村教师绩效工资的实验研究	陕西师范大学	陕西师范大学、澳门科技大学、北京大学	常芳、党伊玮、史耀疆 等	二等奖
189	精准扶贫背景下农户脱贫的决定因素与反贫困策略	西京学院	西京学院	杨均华、刘璨	二等奖
190	知识产权保护是否影响了中国OFDI 逆向创新溢出效应？	西安财经大学	西安财经大学	李勃昕、韩先锋、李宁	二等奖
191	地方保护、要素价格扭曲与资源误置——来自A股上市公司的经验证据	陕西师范大学	陕西师范大学、厦门大学	谢攀、林致远	二等奖
192	The Effective of China's Monetary Policy: Quantity Versus Price Rules	西安理工大学	西安理工大学、西安交通大学	李祥发、王华	二等奖
193	不同帮扶措施执行效果的差异分析——基于可持续生计分析框架	陕西科技大学	陕西科技大学	苏芳、马南南、宋妮妮 等	二等奖
194	Impact of Tourism Activities on Glacial Changes Based on the Tourism Heat Footprint (THF) Method	陕西理工大学	陕西理工大学、中国科学院、水利部成都山地灾害与环境研究所	王淑新、杜建括、李双 等	二等奖
195	全球卫生合作治理——以重大突发公共卫生事件防控为视角	西北政法大学	西北政法大学、中国人民解放军95007部队	张超汉、冯启伦	二等奖
196	国际私法的逻辑体系与立法定位	西北政法大学	西北政法大学	孙尚鸿	二等奖
197	自动驾驶汽车事故的刑事归责与教义展开	西北政法大学	西北政法大学	付玉明	二等奖
198	我国高考加分政策的宪法规制	西北政法大学	西北政法大学	管华	二等奖
199	刑事错案语境下我国法官责任追究制度探究	西安理工大学	西安理工大学	陈敏、张晓玲	二等奖

续表

序号	成果名称	申报单位	成果完成单位	成果完成人	授奖等级
200	南海仲裁案"加剧或扩大争端"裁判的法律问题研究	西北政法大学	西北政法大学	王泽林	二等奖
201	信义义务的传统逻辑与现代建构	西北政法大学	西北政法大学	王莹莹	二等奖
202	Upward Mobility and the Demand for Children: Evidence from China（社会阶层向上流动与生育决策：来自中国的证据）	西安交通大学	西安交通大学、厦门大学、西安交通大学等	杨小军、文 强、马 芥 等	二等奖
203	信任溃败与圈子解散：田园茶叶公司的集体离职事件研究	西安交通大学	西安交通大学	帅 满	二等奖
204	性别失衡后果的社会风险及其社区和家庭扩散研究	陕西师范大学	陕西师范大学、西安交通大学	杨 博、李树茁	二等奖
205	中国儿童非正常迁移的时空分异及综合机制——拐卖与抱养对比视角	西北大学	西北大学	李 钢、薛淑艳、马雪瑶 等	二等奖
206	网络嵌入性与技术创新：间接联系及联盟多样性如何影响企业技术创新	西安交通大学	西安交通大学	杨张博	二等奖
207	社会学理论的传统继承与当代转向	西藏民族大学	西藏民族大学	刘红旭	二等奖
208	收入如何影响中国夫妻的家务劳动分工？	西安交通大学	西安交通大学	孙晓冬	二等奖
209	同伴效应与青少年体重	西北工业大学	西北工业大学	权小娟、朱晓文、卢春天 等	二等奖
210	互动式元教学：一种互惠性职后教师教育新路径	陕西师范大学	陕西师范大学	尚晓青、陈晓端	二等奖
211	服务于全面抗战的陕甘宁边区教育	陕西师范大学	陕西师范大学	杨 洁、栗洪武、陈 磊	二等奖
212	快乐型和实现型情感的习惯化	陕西师范大学	陕西师范大学	罗扬眉、莫 凡、陈煦海 等	二等奖

续表

序号	成果名称	申报单位	成果完成单位	成果完成人	授奖等级
213	新中国70年民族教育领域的一次大论争：关于民族教育的本质	西安外国语大学	西安外国语大学	金志远	二等奖
214	理解教学空间	陕西科技大学	陕西科技大学	杨 晓	二等奖
215	职前教师教育实践能力发展的层次性解析	陕西师范大学	陕西师范大学	户清丽	二等奖
216	因材施教原则的教育正义之意蕴	陕西师范大学	陕西师范大学	何菊玲	二等奖
217	体育锻炼能提升社会资本吗？——基于2014 JSNET调查数据的实证分析	西安体育学院	西安体育学院、西安工程大学、西安交通大学	张晓丽、雷 鸣、黄 谦	二等奖
218	研究生教育立德树人：目标体系、实施路径、问责改进	西安建筑科技大学	西安建筑科技大学	赵立莹、刘晓君	二等奖
219	Statistical and Cooperative Learning in Reading: An Artificial Orthography Learning Study	陕西师范大学	陕西师范大学、University of Connecticut、National University of Ireland Galway	赵晶晶、Tong Li、Mark A. Elliott 等	二等奖
220	家庭背景与大学生学校归属感：人际网络的多重中介作用	西安交通大学	西安交通大学	朱晓文、韩 红	二等奖
221	现代学校治理的制度之善	陕西师范大学	陕西师范大学	胡金木	二等奖
222	地理核心概念在高中地理知识中的表现及教学实施建议	陕西师范大学	陕西师范大学、华东师范大学	李小妹、陈昌文	二等奖
223	学校体育政策态度对大学生体质健康标准测试数据的影响	西安交通大学	西安交通大学	陈善平、张中江、潘秀刚 等	二等奖
224	Social Comparison Modulates the Neural Responses to Regret and Subsequent Risk-Taking Behavior	陕西师范大学	陕西师范大学、华东师范大学、北京电子科技职业学院	刘志远、郑 丽、李 林 等	二等奖
225	Instructors' pointing Gestures Improve Learning Regardless of Their Use of Directed Gaze in Video Lectures	陕西师范大学	陕西师范大学、华中师范大学	皮忠玲、章 仪、朱芳芳 等	二等奖

续表

序号	成果名称	申报单位	成果完成单位	成果完成人	授奖等级
226	对分课堂:促进深度学习的本土新型教学模式	咸阳师范学院	咸阳师范学院、复旦大学	赵婉莉、张学新	二等奖
227	国家助学贷款制度的演变、缺陷与优化路径	长安大学	长安大学	徐 英、白 华	二等奖
228	高等教育"适应论"的内在冲突及其应对	陕西师范大学	陕西师范大学	李 忠	二等奖
229	群文阅读教学:学理探析与实施建议	陕西学前师范学院	陕西学前师范学院	牛文明	二等奖
230	Entrepreneurial Orientation, Network Resource Acquisition, and firm Performance: A Network Approach(企业家导向、网络资源获取与企业绩效:一种网络方法)	西安交通大学	西安交通大学、中山大学、Aalto University	江 旭、刘 衡、Carl Fey 等	二等奖
231	Physician Voice Characteristics and Patient Satisfaction in Online Health Consultation(在线健康问诊中医生的语音特征与患者满意度)	西安交通大学	西安交通大学、武汉大学、电子科技大学	刘 汕、张木雨、高宝俊 等	二等奖
232	惯例复制行为对技术创新网络演化的影响研究	西安理工大学	西安理工大学	魏 龙、党兴华	二等奖
233	最小差疏散问题的高效元启发式算法研究	西北工业大学	西北工业大学、华中科技大学、美国 OptTek Systems 公司	王 阳、吴庆华、Fred Glover	二等奖
234	农村生活垃圾分类处理模式与建议	西安财经大学	西北农林科技大学、西安财经大学、陕西师范大学	贾亚娟、赵敏娟、夏显力 等	二等奖
235	Helpfulness of Online Reviews: Examining Review Informativeness and Classification Thresholds by Search Products and Experience Products(在线评论有用性:基于搜索型与体验型产品的评论信息量检验和分类阈值分析)	西安交通大学	西安交通大学、香港城市大学	孙新宇、韩茂新、冯 娟	二等奖

续表

序号	成果名称	申报单位	成果完成单位	成果完成人	授奖等级
236	The Future Ambiguity Effect: How Narrow Payoff Ranges Increase Future Payoff Appeal（未来的模糊偏好效应：狭隘的收益范围会增加未来收益吸引力）	西安交通大学	西安交通大学、University of South Florida、ESSEC Business School	刘园园、Timothy B. Heath、Ayse Onculer	二等奖
237	Solving the Innovation Problem in Stateowned Firms: The Role of Entrepreneurial Orientation and High-Commitment HR Practices（解决国有企业创新问题：创业导向和高承诺人力资源实践的作用）	西北工业大学	西北工业大学、West Virginia University	常玉、王新春、Annie Peng Cui	二等奖
238	Novel Integer Linear Programming Models for the Facility Layout Problem with Fixed-Size Rectangular Departments	西北工业大学	西北工业大学	冯建广、车阿大	二等奖
239	Institutional Change and Diversity in the Transfer of Land Development Rights in China: The Case of Chengdu（中国土地发展权交易制度的变迁及多样性：来自成都的证据）	西安交通大学	西安交通大学	石琛、邓宝善	二等奖
240	精准扶贫提升农户满意度的作用机制研究——基于西部某省三贫困县的实证调查	西北工业大学	西北工业大学	郑烨、王春萍、张顺翔 等	二等奖
241	技术特征、关系结构与社会化购买行为	西北工业大学	西北工业大学、哈尔滨工业大学	董雪艳、王铁男	二等奖
242	生产运作过程质量危机预防与预警模型	西安理工大学	西安理工大学、西安杨森制药有限公司	刘书庆、刘杰、刘佳 等	二等奖
243	市场导向、迭代式创新与新产品开发	西安交通大学	西安交通大学	李全升、苏秦	二等奖
244	Sustainable Consumption in China: New Trends and Research Interests（中国可持续消费研究趋势综述）	西北工业大学	西北工业大学	邵婧	二等奖

续表

序号	成果名称	申报单位	成果完成单位	成果完成人	授奖等级
245	转制科研院所双元创新路径探析——以西北有色金属研究院为例	西安理工大学	西安理工大学	林筠、张敏	二等奖
246	突发公共卫生事件应急审计探究——以新冠肺炎疫情为例	陕西理工大学	陕西理工大学	朱智鸿	二等奖
247	伦理型领导与员工知识共享行为：组织信任的中介作用和心理安全的调节效应	西安外国语大学	西安外国语大学	杨霞、李雯	二等奖
248	农村合作金融机构信贷风险内控体系评价研究	西安石油大学	西安石油大学、郑州大学、西北农林科技大学	张云燕、刘清、王磊玲 等	二等奖
249	A Method for Risky Multiple Attribute Decision Making Considering Regret and Rejoicing of the Decision Maker（一种考虑决策者后悔和欣喜的风险型多属性决策方法）	西安电子科技大学	西安电子科技大学、西安欧亚学院	张晓、梁海明、方放 等	二等奖
250	城镇基本医疗保险制度对居民健康相关生命质量公平性的影响——基于广义精确匹配方法（CEM）对陕西省的调查	西安交通大学	西安交通大学	周忠良、苏敏、司亚飞	二等奖
251	Cooperative Econometric Model for Regional Air Pollution Control with the Additional Goal of Promoting Employment	陕西科技大学	陕西科技大学、上海交通大学、浙江财经大学	薛俭、吉小琴、赵来军 等	二等奖
252	Contribution of Ecological Policies to Vegetation Restoration: A Case Study from WuqiCounty in Shaanxi Province, China（生态政策对植被恢复的贡献：来自中国以陕西省吴起县为例）	西北农林科技大学	西北农林科技大学	张道军、贾琦琪、徐鑫 等	二等奖
253	Manufacturing Industry Agglomeration and Spatial Clustering: Evidence from Hebei Province, China（制造业集聚与空间集群：来自中国河北省的证据）	西安建筑科技大学	西安建筑科技大学、中国地质大学（北京）	李晨曦、吴克宁、高翔宇	二等奖

续表

序号	成果名称	申报单位	成果完成单位	成果完成人	授奖等级
254	考虑网络渠道兼容度的供应链品牌差异化机制研究	西安财经大学	西安财经大学、西安交通大学	姚树俊	二等奖
255	目标定向、多样性经历对个体创新行为的影响——基于陕西省八所高校的实证研究	西安交通大学	西安交通大学	梅红、任之光、王静静 等	二等奖
256	Does Servant Leadership Affect Employees' Emotional Labor? A Social Information Processing Perspective（服务型领导如何影响员工的情绪劳动？基于社会信息处理理论）	西安交通大学	西安交通大学、西北工业大学	卢俊婷、张喆、贾明	二等奖
257	习近平"底线思维"重要论述的思想内涵及其双重意义	陕西师范大学	陕西师范大学	张琳	三等奖
258	李大钊译述文章《马克思的中国民族革命观》考略	陕西师范大学	陕西师范大学	王东红	三等奖
259	精准思政：新时代高校思想政治工作的新理念与新模式	西安交通大学	西安交通大学	周远	三等奖
260	论"一带一路"倡议在中东的实施	西北大学	西北大学	王猛	三等奖
261	中国共产党早期"美感的社会主义"思想的形成——以李大钊为中心	西北工业大学	西北工业大学	张晶	三等奖
262	延安时期中国共产党农村社会调查：史实与启示	西北政法大学	西北政法大学	汪小宁	三等奖
263	新时代社会主要矛盾的人学解读	西安建筑科技大学	西安交通大学、西安建筑科技大学	侯秋月、李建群	三等奖
264	欧盟高端智库对"一带一路"倡议的认知评析	西北农林科技大学	西北农林科技大学	高小升	三等奖
265	马克思基于现实的"类本质"哲学与人类命运共同体的建构	西北大学	西北大学	宋晓丹	三等奖
266	"供给侧改革"思维下高校形势与政策教育的优化论析	西安理工大学	西安理工大学	易鹏	三等奖
267	莫迪政府的中亚政策	西安外国语大学	西安外国语大学、中国国际问题研究院	张杰、石泽	三等奖

续表

序号	成果名称	申报单位	成果完成单位	成果完成人	授奖等级
268	我国绿色发展面临的困境及推进路径	西安理工大学	西安理工大学	黑晓卉、宋振航、张萌物	三等奖
269	经典马克思主义的空间正义理论及其当代启示	西安工程大学	西安工程大学	李武装	三等奖
270	新时代高校思想政治理论课的发展理路	榆林学院	榆林学院	郝万喜	三等奖
271	新时代背景下加快西藏边境乡村振兴的思考——学习十九大精神的体会	西藏民族大学	西藏民族大学	王彦智	三等奖
272	延安时期《解放》周刊停刊问题探讨	延安大学	延安大学	王峰、齐文娟	三等奖
273	虚无主义的三重否定性特征	西北大学	西北大学	程馨莹	三等奖
274	论资本逻辑视阈下当代中国主流价值观认同	陕西中医药大学	陕西中医药大学	吴永刚	三等奖
275	基于空间均衡视角的区域高质量发展内涵界定与状态评价——以陕西省为例	陕西学前师范学院	陕西学前师范学院、西安交通大学	白谨豪、刘儒、刘启农	三等奖
276	因果模型与传递性	西北工业大学	西北工业大学	吴小安	三等奖
277	三教论衡与戏剧	宝鸡文理学院	宝鸡文理学院	刘林魁	三等奖
278	财富分配、风险分配与国家治理现代化	延安大学	延安大学	冯志宏	三等奖
279	公利性公共与公议性公共:"公共"话语研究的两个要点及其范式转型	陕西师范大学	陕西师范大学	李河成	三等奖
280	何为"自然":自然的中西语境与海德格尔的审美自然观	西安石油大学	西安石油大学	张海涛	三等奖
281	唐代佛教内道场考补	西安文理学院	西安文理学院	王兰兰	三等奖
282	强制、自然与完善——前期康德走出"游叙弗伦困境"的三个原则	西北大学	西北大学	马新宇	三等奖
283	移动语言学习的技术接受研究探新——从模型构建到认知诊断分类	西安交通大学	西安交通大学、广州白云学院外语系	孟亚茹、刘丹、何高大	三等奖
284	论生态批评的阐释方法——以新世纪中国小说为例	西北大学	西北大学	雷鸣	三等奖
285	后撤还是进击——网络文学价值辨	西安外国语大学	西安外国语大学	王昱娟	三等奖

续表

序号	成果名称	申报单位	成果完成单位	成果完成人	授奖等级
286	东汉简牍文字语用研究	西北大学	西北大学	葛红丽	三等奖
287	陌生共鸣、虚拟认同与社交疲惫："夸夸群"蹿红背后的情绪传播	西北政法大学	西北政法大学	郭 森	三等奖
288	历史重构与现代隐喻：怀特黑德的《地下铁道》	西安交通大学	西安交通大学	史鹏路	三等奖
289	想象的理性——马克思美学体系中隐喻的认知维度	西北大学	西北大学	李 立	三等奖
290	社交媒体舆论引导效果的影响因素——基于引导主体作用发挥视角的实证研究	西安交通大学	西安交通大学	蒙胜军、李建飞	三等奖
291	民俗类非遗品牌的塑造与传播策略	西安石油大学	西安石油大学	肖雪锋、刘 磊	三等奖
292	从"文化中心"到"官僚机构"——北宋后期词垣文化的演变	西安交通大学	西安交通大学	许浩然	三等奖
293	媒介文化视域下的技术逻辑审视	陕西师范大学	陕西师范大学	鲍海波	三等奖
294	生态翻译学视域下葛浩文的译者主体性探析	西安工程大学	西安工程大学、西安交通大学	胡伟华、郭继荣	三等奖
295	批评性话语阐释的合法化趋近视角	西安外国语大学	西安外国语大学	宋健楠	三等奖
296	柳青与国立西安临时大学	西北大学	西北大学	杨立川、姚 远	三等奖
297	借助外部介入提升贫困家庭的脱贫决心——基于CHIP数据的实证分析	西北大学	陕西师范大学、西北大学、西安交通大学	岳 芃、魏 玮	三等奖
298	路遥生平的细节考证和史料辨析——从几本路遥传记谈起	渭南师范学院	渭南师范学院	孙萍萍	三等奖
299	双语产出语言控制中的抑制	长安大学	长安大学	杨雯琴、秦亚勋	三等奖
300	AR技术关照下的儿童书籍设计新形态	西安外国语大学	陕西师范大学、西安外国语大学	王秀丽、胡玉康	三等奖
301	"受害者原罪论"：性侵案网评中的符号暴力与舆论失范	西北政法大学	西北政法大学、华东师范大学	陈 琦	三等奖
302	论汉语方言中来源于副词的先行义标记——以"正""再""先"为例	西北大学	西北大学	叶祖贵	三等奖

续表

序号	成果名称	申报单位	成果完成单位	成果完成人	授奖等级
303	预设性在中国学生英语冠词习得中的作用	西安科技大学	西安科技大学	时健、张京鱼、陈锋	三等奖
304	网页新闻漫画的多模态互文功能研究——以凤凰网"大鱼漫画"为例	西安外国语大学	西安外国语大学	侯建波	三等奖
305	On the English Teaching Reform Based on Cultural Confidence	咸阳师范学院	咸阳师范学院	臧瑞婷	三等奖
306	高质量发展视阈下移动新媒体产业的生态演化与创新路径	西北政法大学	西北政法大学	孙海荣	三等奖
307	基于语料库的日汉指示词认知互动性对比研究	西安外国语大学	西安外国语大学	陈曦、牛迎春	三等奖
308	民间艺人的家国书写——秦腔传统"杨家将"剧目的文化精神特质论析	陕西师范大学	陕西师范大学	刘军华	三等奖
309	文学是"语言的花朵"——对丁玲文学形式创造及其观念的考察	陕西师范大学	陕西师范大学	袁盛勇	三等奖
310	山东青岛方言"害+V/A"构式探析	陕西中医药大学	陕西中医药大学	付新军	三等奖
311	空间转向下的当代文学理论建构研究	陕西师范大学	陕西师范大学	谢欣然	三等奖
312	四十年自译研究：现状与不足	西安外国语大学	西安外国语大学	张倩	三等奖
313	国内高等外语教育翻转课堂研究——基于CSSCI外国语言学类来源期刊论文的内容分析	西安外国语大学	西安外国语大学	屈社明	三等奖
314	互动语言学对话语小品词研究的启示	西安外国语大学	西安外国语大学、四川农业大学	刘锋、张京鱼	三等奖
315	知识付费平台发展的制约因素与完善对策	陕西理工大学	陕西理工大学	陈燕	三等奖
316	《史记》互见法论	西安培华学院	西安培华学院、陕西师范大学	魏耕原	三等奖
317	林语堂"解殖民化"的话语翻译策略：后殖民视阈	西安工程大学	西安工程大学	梁满玲、胡伟华	三等奖
318	贾平凹作品"走出去"之生态译介策略研究	商洛学院	商洛学院、北京外国语大学	冯丽君、张威	三等奖

续表

序号	成果名称	申报单位	成果完成单位	成果完成人	授奖等级
319	秦腔剧本英译的多模态化与意义重构——以《杨门女将》英译本为例	西安理工大学	西安理工大学	李庆明、刘曦	三等奖
320	"日心说"时间认知模式	西安外国语大学	西安外国语大学、陕西师范大学	张京鱼、陈晓光	三等奖
321	贾平凹作品英译及其研究综述	西安科技大学	西安科技大学	冯正斌、师新民	三等奖
322	近二十年汉语政治新词新语翻译研究述评	西安外国语大学	西安外国语大学、西安科技大学	杨红燕、姚克勤	三等奖
323	百余年丝绸之路上的艺术文献研究——以丝绸之路（中国西北段）绘画艺术为主线	西北大学	西北大学	黄孟芳、郑红翔	三等奖
324	三江侗族芦笙服拼布技艺中的图案探析	西安工程大学	西安工程大学	邱春婷	三等奖
325	中、美、日社区老年人日间照料中心对比分析研究	西安建筑科技大学	西安建筑科技大学	石英、李志民	三等奖
326	宋元明时期的《长江万里图》：历史、地域与文化共同体	长安大学	长安大学	岳进	三等奖
327	"聚变与反思"——20世纪70年代末至80年代初"中国风"服饰探究	西安美术学院	西安美术学院	陈霞	三等奖
328	论《史记》中的音乐文化	渭南师范学院	渭南师范学院、西安交通大学	杨冬菊	三等奖
329	论药王山北朝造像记书法的经典化——以《姚伯多造像碑》为中心	西安交通大学	西安交通大学	王学强	三等奖
330	东亚反性侵电影的叙事成规、现实语境与性别文化——为什么《嘉年华》不是中国版《熔炉》？	西安外国语大学	西安外国语大学	魏英	三等奖
331	文化创意设计助推新农村建设的策略	西安美术学院	西安美术学院	张犁、程甘霖、苏静	三等奖
332	舞蹈节的"跨界"呈现与城市文化表达	西安音乐学院	西安音乐学院	马昱	三等奖
333	延安鲁艺的艺术生产机制在20世纪下半叶的沿革	西北大学	西北大学	王江鹏	三等奖

续表

序号	成果名称	申报单位	成果完成单位	成果完成人	授奖等级
334	董其昌集大成说在清代的影响——兼谈清代山水画派的划分	陕西师范大学	陕西师范大学	韦兵（笔名：韦宾）	三等奖
335	眉户《百戏图》《曲调名》考论	西安外国语大学	西安外国语大学	崔金明	三等奖
336	民族音乐传承发展中本土化人文精神的坚守——以蒙古民歌为例	西安音乐学院	西安音乐学院、西安音乐学院	吴延	三等奖
337	鼓乐新弹——筝曲《行者》的音乐本体分析	陕西艺术职业学院	陕西艺术职业学院	薛莲	三等奖
338	转型时期奥斯曼土耳其和英帝国在中东的角力及其遗产	陕西师范大学	陕西师范大学	李秉忠	三等奖
339	民初唐绍仪内阁与袁世凯关系新论	西北大学	西北大学	罗毅	三等奖
340	秦"徙治栎阳"及年代新辨	西北大学	西北大学	史党社	三等奖
341	清代新疆"商营农业"探析	西北农林科技大学	西北农林科技大学	刘壮壮、樊志民	三等奖
342	论伯希和敦煌汉文文书的"后期混入"——P.3810文书及其他	陕西师范大学	陕西师范大学	于赓哲	三等奖
343	春秋时期军赋制度改革辨析	陕西师范大学	陕西师范大学	李忠林	三等奖
344	中国共产党人与五四运动研究	西安思源学院	西安思源学院、江苏师范大学	周棉、崇庆余	三等奖
345	Measuring Regional Transport Sustainability Using Super-Efficiency SBM-DEA with Weighting Preference	西北工业大学	西北工业大学管理学院、福州大学	田娜、唐树松、车阿大 等	三等奖
346	正规借贷促进农村居民家庭消费了吗？——基于PSM方法的实证分析	西北农林科技大学	西北农林科技大学	王慧玲、孔荣	三等奖
347	中国OFDI与"一带一路"沿线国家产业升级——影响机制与实证检验	陕西师范大学	陕西师范大学	贾妮莎、雷宏振	三等奖
348	耕地保护政策的社会福利分析：基于选择实验的非市场价值评估	西北农林科技大学	西北农林科技大学	姚柳杨、赵敏娟、徐涛	三等奖
349	增强风险抵御能力 夯实收入增长基础 构建农民增收长效机制	西安财经大学	西安财经大学	邓锴	三等奖
350	产品质量认证能否提高农户技术效率——基于山东、河北典型蔬菜种植区的证据	西北农林科技大学	西北农林科技大学	李晗、陆迁	三等奖

续表

序号	成果名称	申报单位	成果完成单位	成果完成人	授奖等级
351	Does Sharing the Same Network Auditor in Group Affiliated Firms Affect Audit Quality?（集团控制公司聘请共享审计师是否影响审计质量）	西安邮电大学	西安邮电大学、西安交通大学	孙晶慧、王建玲、Pamela Kent 等	三等奖
352	资源税与环境保护税改革对中国经济的影响研究	西安外国语大学	西安外国语大学	曾先峰、张超、曾倩	三等奖
353	税收征管对企业研发投入的影响——抑制还是激励？	西安交通大学	西安交通大学、西北大学	李彬、郑雯、马晨	三等奖
354	Academic Achievement and Mental Health of Left-Behind Children in Rural China: A Causal Study on Parental Migration	陕西师范大学	陕西师范大学、Stanford University、河南大学 等	王蕾、Yaojia Zheng、Guirong Li 等	三等奖
355	新中国70年环境规制政策变迁与取向观察	西安外国语大学	西安外国语大学、中国社会科学院工业经济研究所	张小筠、刘戒骄	三等奖
356	专利制度对区域技术创新绩效影响的实证研究——基于专利保护视角	陕西财经职业技术学院	陕西财经职业技术学院、西北大学经济管理学院	操龙升、赵景峰	三等奖
357	农业高质量发展：数字赋能与实现路径	西北农林科技大学	西北农林科技大学	夏显力、陈哲、张慧利 等	三等奖
358	产城融合的影响因素及作用机制	西安财经大学	西北大学、西安财经大学	刘欣英	三等奖
359	中国丝绸之路经济带沿线省份生态足迹时空差异及公平性分析	西安理工大学	西安理工大学	杨屹、樊明东	三等奖
360	The Effect of UltimateOwnership on the Disclosure of Environmental Information	西安外国语大学	西安外国语大学、西安交通大学	王鹏、汪方军、Hu Nan	三等奖
361	Air Pollution, Government Pollution Regulation, and Industrial Production in China（中国的大气污染，政府治理和工业生产）	西安电子科技大学	西安电子科技大学、美国乔治梅森大学	曹栋、CarlosD.Ramirez	三等奖
362	差异化股权制衡度、行业异质性与全要素生产率——基于混合所有制企业的证据	西安交通大学	西安交通大学	李双燕、苗进	三等奖
363	中美贸易条件变化背景下的中国货币政策有效性研究	西北政法大学	西北政法大学	徐梅	三等奖

续表

序号	成果名称	申报单位	成果完成单位	成果完成人	授奖等级
364	超越流域经济:黄河流域实体经济高质量发展的模式与路径	西北大学	西北大学	高　煜、许　钊	三等奖
365	农村金融排斥、金融扶贫与政府监管效能	西北政法大学	西北政法大学	徐京平、张荣刚、张　秦	三等奖
366	中国水环境污染与经济增长关系研究	西北政法大学	西北政法大学	冯　颖、李晓宁、屈国俊　等	三等奖
367	陕西茶产业面临的困境及对策	安康学院	安康学院	李　勇	三等奖
368	数字经济与中国未来经济新动能培育	西北大学	西北大学	郭　晗、廉玉妍	三等奖
369	数字金融:经济高质量发展的重要驱动	延安大学	延安大学	何宏庆	三等奖
370	习近平关于精神扶贫的相关论述研究	商洛学院	陕西师范大学、商洛学院	王　怡、周晓唯	三等奖
371	法益视角下证券内幕交易罪主体范围的规范构造	西北政法大学	西北政法大学	赵姗姗	三等奖
372	论党务公开范围——兼与政务公开范围之比较	西北大学	西北大学	张炜达、高小芳	三等奖
373	第三方治理背景下污染治理义务分配模式的变革	西北大学	西北大学	王社坤	三等奖
374	论笔录证据的功能	西安财经大学	西安财经大学、西南政法大学	王景龙	三等奖
375	唐代赎法规则及其当代启示	西北政法大学	西北政法大学	陈　玺	三等奖
376	夫妻共同债务认定规则中的伪命题:共同生产经营	西北政法大学	西北政法大学	陈凌云	三等奖
377	市场失灵视角下互联网专车监管制度的构建	西安交通大学	西安交通大学	张珍星、陈虹睿	三等奖
378	基于区块链技术文化创意产业知识产权保护研究	西安财经大学	西安财经大学	乔　瑜	三等奖
379	生命历程视角下教育对健康的影响及其中介机制研究	西安交通大学	西安交通大学	李黎明、杨梦瑶、李知一	三等奖
380	后扶贫时代深度贫困地区脱贫成果巩固中的韧性治理	西安建筑科技大学	西安建筑科技大学	李　博	三等奖
381	养老机构老年人社会支持、健康自评与养老服务使用实证研究	西安交通大学	西安交通大学	封铁英、曹　丽	三等奖

续表

序号	成果名称	申报单位	成果完成单位	成果完成人	授奖等级
382	60年来西藏民主改革研究述评	西藏民族大学	西藏民族大学	马 宁	三等奖
383	贫困地区文化"内生性重构"研究	西安文理学院	西安文理学院	李 晶	三等奖
384	教育生态学视野下幼儿园课程的省思与建构	陕西学前师范学院	陕西学前师范学院	王 瑜	三等奖
385	"双一流"建设：误区、基点与本土化	西北工业大学	西北工业大学	罗向阳	三等奖
386	挑战性-阻碍性压力源对工作投入和工作倦怠的影响：应对策略的中介作用	西安文理学院	西安文理学院、陕西师范大学、湖南第一师范学院 等	吴国强、郭亚宁、黄 杰 等	三等奖
387	改革开放40年我国课程政策研究的回顾与走向	西安外国语大学	西安外国语大学、陕西师范大学	高 岩、陈晓端	三等奖
388	国外城市健身场馆服务大众体育发展经验及对我国的启示	西安文理学院	西安文理学院	曹 璐	三等奖
389	和而不同：日本幼小衔接的历史路径与思想	陕西学前师范学院	陕西学前师范学院	刘 煜	三等奖
390	Why Do you Often Stop your Impulsive Behavior at the Last Moment?（为什么你经常在最后一刻停止冲动行为？）	西安电子科技大学	西安电子科技大学、西北大学、陕西师范大学	王永春、刘 鹏、姚 昭 等	三等奖
391	清末提学使司制度建构及实施困境探析	陕西师范大学	陕西师范大学	张 寅	三等奖
392	体育权：一项新兴人权的衍生与发展	西北政法大学	西北政法大学	徐 翔	三等奖
393	新工科背景下工科生自主学习力的深度构建——以X大学"现代密码学"SPOC翻转课堂为例	西安电子科技大学	西安电子科技大学	李 瑾、张 宁、云 霄	三等奖
394	从素质教育到核心素养：全面发展教育的中国实践与理论发展	咸阳师范学院	咸阳师范学院	毛红芳	三等奖
395	"一带一路"下的汉语国际教育专业培养模式探讨	西北大学	西北大学	张亚蓉	三等奖
396	主体性阐释：中国武术发展的自在路径与必然选择	西安电子科技大学	西安电子科技大学、武汉体育学院	金玉柱、王 岗	三等奖
397	中国西部红拳器械形制考察与地域文化特征研究	西安体育学院	西安体育学院、澳门大学	姜 霞、黄 繁	三等奖

续表

序号	成果名称	申报单位	成果完成单位	成果完成人	授奖等级
398	由游戏引发的对儿童"学习观"的深度反思	陕西学前师范学院	陕西学前师范学院	范铭	三等奖
399	中国群众性体育赛事治理动因、困境与破解	西安体育学院	西安体育学院、南京体育学院、淮阴师范学院	冯加付、郭修金、陈玉萍	三等奖
400	体育锻炼如何提升幸福感——论社会资本的中介作用	西安工程大学	西安工程大学	雷鸣	三等奖
401	自治与法治:我国大学治理的现实逻辑	西安外国语大学	西安外国语大学、华东师范大学	吴淑芳、戚业国	三等奖
402	非常规教学的风险与控制	宝鸡文理学院	宝鸡文理学院	胡少明	三等奖
403	基于结构方程模型的研究生教育教学质量分析	长安大学	长安大学	马壮林、张荣辉、李露 等	三等奖
404	高校体育设施安全评价指标体系研究	西安建筑科技大学	西安建筑科技大学	何立、李峰、杨华薇	三等奖
405	Innovative Study of Teaching Methods of Literature Education Major in Colleges and Universities in the Modern Media Environment（现代媒体环境下高校文学教育专业教学方法的创新研究）	西安交通工程学院	西安交通工程学院	吴雪	三等奖
406	中小学法治教育的价值偏差与现实选择	西安文理学院	西安文理学院	路娟	三等奖
407	丽江古城慢活地方性的呈现与形成	陕西师范大学	陕西师范大学地理科学与旅游学院、陕西省旅游信息化工程实验室、西安外国语大学旅游学院	白凯、胡宪洋、吕洋洋 等	三等奖
408	Content Marketing in E-Commerce Platforms in the Internet Celebrity Economy	西安电子科技大学	西安电子科技大学、浙江大学、宁波诺丁汉大学	耿瑞彬、王仕超、陈熹 等	三等奖
409	资源识取与新创企业成长的动态匹配机制研究	西安石油大学	西安石油大学、西安理工大学	裴旭东、黄津舟、李随成	三等奖

续表

序号	成果名称	申报单位	成果完成单位	成果完成人	授奖等级
410	Investing in IT: A New Method for Improving the Efficiency of Contract Governance in Interfirm Relationships	西北工业大学	西北工业大学、重庆大学	张 涛、钱丽萍	三等奖
411	制造企业服务创新动力的实证研究	西安财经大学	西安财经大学、江苏大学	赵益维、罗建强、冯庆华	三等奖
412	基于因素嵌入的非理性资产价格泡沫生成及膨胀演化研究	西安理工大学	西安理工大学	扈文秀、刘 刚、章伟果 等	三等奖
413	What Makes Online Content viral? The Contingent Effects of Hub Users Versus Non-Hub Users on Social Media Platforms	西北工业大学	西北工业大学	王清亮、Miao Fred、Giri Kumar Tayi 等	三等奖
414	基于知识匹配视角的技术创新网络中核心企业成长研究	西安邮电大学	西安邮电大学	贾卫峰、楼旭明、党兴华 等	三等奖
415	基于知识元的科技文本内容描述框架研究	西安电子科技大学	西安电子科技大学	秦春秀、刘 杰、刘怀亮 等	三等奖
416	The Impact of Intelligent Transportation Points System Based on Elo-rating on Emergence of Cooperation at Y Intersection	长安大学	长安大学、北京交通大学、天津大学	汪勇杰、姚周洲、王 超 等	三等奖
417	疫情居家约束下虚拟旅游体验对压力和情绪的影响	陕西师范大学	陕西师范大学	成 茜、李君轶	三等奖
418	数字经济、跨境电商与数字贸易耦合发展研究——兼论区块链技术在三者中的应用	西北政法大学	西北政法大学、浙江大学	张夏恒、李豆豆	三等奖
419	改革开放四十年民族地区公共图书馆事业发展的成就与经验	西藏民族大学	西藏民族大学	冯 云	三等奖
420	Different Roles of Control mechanisms in Buyer-Supplier Conflict: An Empirical Study from China	长安大学	长安大学、西安交通大学、天津理工大学	杨 伟、高 宇、李 瑶 等	三等奖
421	How Rumors Fly（传闻是如何传播的）	西北工业大学	西北工业大学	贾 明、阮宏飞、张 喆	三等奖

续表

序号	成果名称	申报单位	成果完成单位	成果完成人	授奖等级
422	大数据视角下的技术创新路径识别研究	西安电子科技大学	西安电子科技大学、北京理工大学、北京物资学院	周潇、黄璐、马婷婷	三等奖
423	Factors Influencing Medication Non-adherence to Pulmonary Tuberculosis Treatment in Tibet, China: A Qualitative Study from the Patient Perspective（西藏肺结核患者服药不依从影响因素：一项来自患者视角的质性研究）	西藏民族大学	西藏民族大学、西藏自治区第三人民医院	张金静、杨云云、乔雪 等	三等奖
424	国务院保障性住房政策量化评价——基于10项保障性住房政策情报的分析	西安建筑科技大学	西安建筑科技大学	方永恒、陈友倩	三等奖
425	The Research on Abatement Strategy for Manufacturer in the Supply Chain Under Information Asymmetry（非对称信息下供应链中生产商减排策略研究）	陕西师范大学	陕西师范大学、西安交通大学	李剑、苏秦、黎建强（Lai, Kin Keung）	三等奖
426	中国31省市国内旅游经济差异影响因素的空间计量研究	榆林学院	榆林学院	朱海艳、孙根年、李君轶	三等奖
427	Urban-Rural-Specific Trend in Prevalence of General and Central Obesity, and Association with Hypertension in Chinese Adults, Aged 18-65 Years（城乡差异下的中国18至65岁成年人群普通和中心肥胖患病率变化趋势及与高血压关系研究）	西安交通大学	西安交通大学	沈迟、周忠良、赖莎 等	三等奖
428	社交媒体用户不持续使用行为模型构建及实证研究	西北大学	西北大学、大连理工大学、天津财经大学	程慧平、苏超、王建亚	三等奖
429	技术创业型企业经理层股权分配模式探讨与融资结构优化	西安理工大学	西安理工大学	惠祥、李秉祥、李明敏 等	三等奖
430	中外高校图书馆的文化扶贫模式	西安科技大学	西安科技大学	郭利伟、冯永财	三等奖
431	基于组织间依赖的创新网络演化模型及仿真研究	陕西科技大学	陕西科技大学	石乘齐	三等奖

续表

序号	成果名称	申报单位	成果完成单位	成果完成人	授奖等级
432	广西农民自主型细碎化耕地归并整治模式及效果评价	西北农林科技大学	西北农林科技大学、自然资源部农用地质量与监控重点实验室、广西壮族自治区自然资源厅 等	张蚌蚌、牛文浩、左旭阳 等	三等奖
433	外商投资政策是否影响了美中技术转移和中国出口贸易利益？——兼评特朗普政府对华301调查	西北工业大学	西北工业大学、中国科学院科技战略咨询研究院、中国科学院大学公共政策与管理学院	李黎明、刘海波、张亚峰	三等奖
434	农村社区居家养老服务供给精准化的实践困境与优化路径	长安大学	长安大学	杜智民、康 芳	三等奖
435	Organizational Learning, Managerial Ties, and RadicalInnovation: Evidence From an Emerging Economy（组织学习、管理者关系与突变创新：来自新兴经济体的实证研究）	西安电子科技大学	西安电子科技大学，上海交通大学	赵 洁、李 垣、刘 益	三等奖
436	The Relationships Between Job Insecurity, Psychological Contract Breach and Counterproductive Workplace Behavior: Does Employment Statusmatter?	西安工程大学	西安工程大学、华南理工大学、Reutlingen University	马 冰、刘善仕、Hermann Lassleben 等	三等奖
437	The Fit Between Market Learning and Organizational Capabilities for Management Innovation（市场学习与组织能力的匹配对管理创新的影响研究）	西安电子科技大学	西安电子科技大学、西安建筑科技大学、西安交通大学	杨 东、李林蔚、江 旭 等	三等奖
438	精准扶贫视域下乡村旅游问题发展对策	安康学院	安康学院	冯炜娟	三等奖
439	营销渠道中依赖、公平与角色外利他行为	西安财经大学	西安财经大学、西安交通大学	王 勇、周筱莲、张 涛 等	三等奖
440	"后疫情时代"大学图书馆信息资源建设：海外动态与趋势分析	西安医学院	西安医学院	李淑敏	三等奖
441	短视频古籍推广调查及发展策略	安康学院	安康学院	贾 娟	三等奖

著作奖

序号	成果名称	申报单位	成果完成单位	成果完成人	授奖等级
1	合作·服务·引导:政府职能履行方式的关键议题	陕西师范大学	陕西师范大学	郑家昊	一等奖
2	高校思想政治教育叙事研究	西北大学	西北大学	王　强	一等奖
3	高原新声:陕甘宁边区红色话语传播范式研究	西北工业大学	西北工业大学	杨冰郁	一等奖
4	全球气候政治中的新兴大国群体化——结构、进程与机制分析	西安交通大学	西安交通大学	赵　斌	一等奖
5	马克思主义经济学中国化历程研究	延安大学	延安大学	贾后明	一等奖
6	先秦政治哲学史论	陕西师范大学	陕西师范大学	宋宽锋	一等奖
7	《精神现象学》义解	陕西师范大学	陕西师范大学	庄振华	一等奖
8	二程后学研究	陕西师范大学	陕西师范大学	李敬峰	一等奖
9	Husserls Begriff der Hyle aus der Perspektive der Lebensphaenomenologie（生命现象学视角下的胡塞尔"质料"概念）	西安交通大学	西安交通大学	王嘉新	一等奖
10	李梦阳集校笺	西北大学	西北大学	郝润华	一等奖
11	协同发展:社会化媒体与政治生态	西安交通大学	西安交通大学	李明德、刘婵君	一等奖
12	林语堂翻译书写研究	陕西师范大学	陕西师范大学	刘全国	一等奖
13	延安文艺与20世纪马克思主义文艺理论中国化	陕西师范大学	陕西师范大学	李西建	一等奖
14	翻译出版与学术传播:商务印书馆地理学译著出版史	陕西师范大学	陕西师范大学	肖　超	一等奖
15	生命从中午消失——路遥的小说世界（增订本）	陕西师范大学	陕西师范大学	赵学勇	一等奖
16	《说文解字》（点校本）	渭南师范学院	渭南师范学院	陶生魁	一等奖
17	新中国连环画政治叙事研究（1949—1978）	陕西师范大学	陕西师范大学	张勇锋	一等奖
18	五四时期期刊研究	长安大学	长安大学	杜　波	一等奖
19	中国当代文学评奖制度研究——以全国性小说评奖为核心	西安工业大学	西安工业大学	王　鹏	一等奖
20	新世纪外国通俗文学汉译研究	西安外国语大学	西安外国语大学	李　琴	一等奖

续表

序号	成果名称	申报单位	成果完成单位	成果完成人	授奖等级
21	从长安到日本——都城空间与文学考古	陕西师范大学	陕西师范大学	郭雪妮	一等奖
22	文化视域中的现代丝路文学	陕西师范大学	陕西师范大学、西安外国语大学、潍坊学院	李继凯、荀羽琨、王爱红	一等奖
23	立象尽意:魏晋南北朝平面图像的美术考古学研究	西安外国语大学	西安外国语大学	李杰	一等奖
24	考古印史	西安美术学院	西安美术学院	周晓陆	一等奖
25	西北地区乡村风貌研究	西安建筑科技大学	西安建筑科技大学	靳亦冰、贾梦婷、栗思敏	一等奖
26	中国古代漆艺史料辑注	陕西师范大学	陕西师范大学	潘天波	一等奖
27	中西比较美术实践中的理论问题与方法论研究	陕西师范大学	陕西师范大学	冯民生	一等奖
28	北朝造像题记书体研究	长安大学	长安大学	岳红记	一等奖
29	中国音乐隐喻史	渭南师范学院	渭南师范学院	王炳社	一等奖
30	宋代世家个案研究	西北大学	西北大学	王善军	一等奖
31	贞石可凭:新见隋代墓志铭疏证	陕西师范大学	陕西师范大学、西安碑林博物馆	周晓薇、王其祎	一等奖
32	回鹘文契约文字结构与年代研究:于阗采花	陕西师范大学	陕西师范大学	刘戈	一等奖
33	阿拉伯社会主义国家治理的历史考察	西北大学	西北大学	韩志斌、慈志刚、冯燚 等	一等奖
34	清末新军	陕西师范大学	陕西师范大学	张华腾	一等奖
35	唐代佛教官寺制度研究	陕西师范大学	陕西师范大学	聂顺新	一等奖
36	当代阿拉伯国家社会结构研究	陕西师范大学	陕西师范大学	詹昔洁	一等奖
37	区域数字鸿沟:定义与测度	西安理工大学	西安理工大学	薛伟贤	一等奖
38	我国要素收入分配结构对经济增长质量的影响及其调整对策研究	西北大学	西北大学	钞小静	一等奖
39	城市化、房地产与货币政策研究	西安交通大学	西安交通大学	李成、黎克俊	一等奖
40	中国内陆和沿海自由贸易试验区比较研究	西安交通大学	西安交通大学	冯宗宪、徐丽华、张军 等	一等奖

续表

序号	成果名称	申报单位	成果完成单位	成果完成人	授奖等级
41	人民币国际化进程中的金融风险研究	西安交通大学	西安交通大学	沈悦、戴士伟、李涛	一等奖
42	中国农村公共品供给研究：基于城乡一体化视角	西安财经大学	西安财经大学	李伟	一等奖
43	新时代中国经济高质量发展研究	西北大学	西北大学	任保平、李梦欣、王思琛	一等奖
44	集体林权制度改革对中国木材供给的影响：基于省级面板数据的实证分析与GFPM预测	西北农林科技大学	西北农林科技大学	张寒	一等奖
45	管制性征收研究	西北政法大学	西北政法大学	彭涛	一等奖
46	国际农产品公平贸易法律治理研究	西北政法大学	西北政法大学	刘学文	一等奖
47	参保行为与社会资本：嵌入机制	西北大学	西北大学	吴玉锋	一等奖
48	空间视角下的城市贫困：格局、耦合与感知	陕西师范大学	陕西师范大学	薛东前、马蓓蓓	一等奖
49	陕甘宁边区教育史料通览	陕西师范大学	陕西师范大学	栗洪武、卜学海、魏旭朝 等	一等奖
50	海军舰载飞行员黑洞错觉：理论、实验及应用——从深度态势感知到混合人工智能	陕西师范大学	陕西师范大学	常明	一等奖
51	情感影响创造性思维的认知神经机制	陕西师范大学	陕西师范大学	李亚丹	一等奖
52	融汇西东：西北联大教育思想	西北大学	西北大学、西安理工大学	姚远、伍小东、曹振明 等	一等奖
53	理念、制度与路径：教育养老研究	西安财经大学	西安财经大学	吴燕	一等奖
54	科举学新论：跨学科研究视角	陕西师范大学	陕西师范大学	冯用军	一等奖
55	农业转移人口市民化成本与测算	西安交通大学	西安交通大学	杜海峰、顾东东、吕锋	一等奖
56	快递网络管理创新研究：网络优化、运营机制及模式变革	西安邮电大学	西安邮电大学	李鹏飞、冉建宏	一等奖
57	城市路网分区理论与实践	西安工业大学	西安工业大学	苏兵	一等奖
58	住宅产业生态价值链系统及其价值分配研究	西安建筑科技大学	西安建筑科技大学	李玲燕	一等奖

续表

序号	成果名称	申报单位	成果完成单位	成果完成人	授奖等级
59	目标责任制与乡镇政府领导印象管理研究	西安交通大学	西安交通大学	阎波	一等奖
60	"中国梦"进程中的交通强国战略研究	长安大学	长安大学	杨琦、金栋昌、张娜 等	一等奖
61	研发网络风险传播机理及控制策略	西北工业大学	西北工业大学	张延禄	一等奖
62	项目群协同管理	长安大学	长安大学	白礼彪、杜强	一等奖
63	应急管理中不确定决策的双论域粗糙集理论与方法研究	西安电子科技大学	西安电子科技大学、同济大学	孙秉珍、马卫民	一等奖
64	延安时期中国共产党文化理论创新研究	西北大学	西北大学	王有红	二等奖
65	巩固高校马克思主义指导地位路径研究	陕西师范大学	陕西师范大学	宋吉玲	二等奖
66	管理实践中人本质的设定及其实现研究	西京学院	西京学院、西安理工大学、中国邮政储蓄银行	王文奎、宋振航、王玥	二等奖
67	新民主主义社会理论再研究	西安建筑科技大学	延安大学	梅定国	二等奖
68	列宁民主理论的历史来源与当代意义	西安文理学院	西安文理学院	刘维春	二等奖
69	党的建设的生命工程——民主革命时期党的纯洁性建设的理论与实践研究	宝鸡文理学院	宝鸡文理学院	张全省	二等奖
70	李达、艾思奇马克思主义哲学中国化比较研究	宝鸡文理学院	宝鸡文理学院	冯飞龙	二等奖
71	未来中国哲学导论:范式与方法论	西北大学	西北大学	王宝峰	二等奖
72	内圣外王:郭子玄王船山章太炎三家庄子学勘会	西北政法大学	西北政法大学	李智福	二等奖
73	复杂性探索与马克思恩格斯辩证法的当代阐释	西安工程大学	西安工程大学	张涛	二等奖
74	批判实在论哲学研究	西安文理学院	西安文理学院	赵华	二等奖
75	库萨哲学及其历史意义研究	陕西师范大学	陕西师范大学	李华	二等奖

续表

序号	成果名称	申报单位	成果完成单位	成果完成人	授奖等级
76	广播组织权利保护及管理机制比较研究	西北大学	西北大学、对外经济贸易大学、河北经贸大学	赵双阁、相靖、艾岚	二等奖
77	历史比较语言学理论：从同源论到亲缘度	陕西师范大学	陕西师范大学	李艳	二等奖
78	俄罗斯现代修辞学的社会功能研究	西安外国语大学	西安外国语大学	林梅	二等奖
79	现代汉语语篇主题性第三人称回指的多学科研究	西安外国语大学	西安外国语大学	李榕	二等奖
80	农业信息传播：理论模型、实证分析与重构策略	西安邮电大学	西安邮电大学	李天龙	二等奖
81	中国新闻史学史	西安外国语大学	西安外国语大学	赵战花	二等奖
82	中国儿童文学史：插图本	陕西师范大学	陕西师范大学	王泉根	二等奖
83	失衡与流动：微博话语权研究	西北政法大学	西北政法大学	申玲玲	二等奖
84	新媒体与日本动漫文化传播	西安石油大学	西安石油大学	方亭	二等奖
85	陈彦论	陕西师范大学	陕西师范大学	杨辉	二等奖
86	《三国志演义》互文性研究	西安工业大学	西安工业大学	王凌	二等奖
87	纳西语语法标注文本	长安大学	长安大学	钟耀萍	二等奖
88	汉代关中文学家族研究	延安大学	延安大学	刘向斌	二等奖
89	延安文学经验的当代承传——以陕西文学为中心	延安大学	延安大学	王俊虎	二等奖
90	西安市城中村语言使用状况调查研究	陕西师范大学	陕西师范大学	李琼	二等奖
91	清代韩愈诗文文献研究	陕西理工大学	陕西理工大学	丁俊丽	二等奖
92	俄汉应用翻译	西安外国语大学	西安外国语大学	安新奎	二等奖
93	中国当代小说在德语国家的译介研究（1978—2017）	西安外国语大学	西安外国语大学	冯小冰	二等奖
94	清代学术与《史记》文学阐释研究	宝鸡文理学院	宝鸡文理学院	王晓玲	二等奖
95	三宝感应要略录	西北大学	西北大学	邵颖涛	二等奖
96	关中地区山东方言岛语音研究	西藏民族大学	西藏民族大学	陈荣泽	二等奖

续表

序号	成果名称	申报单位	成果完成单位	成果完成人	授奖等级
97	丝绸之路——河西走廊生态与地域建筑走向	西安美术学院	西安美术学院	胡月文	二等奖
98	感官联觉机制的历史书写:从古代绘画到当代艺术	西安美术学院	西安美术学院	朱平	二等奖
99	丝绸之路沿线民族服饰研究（唐代）	西安工程大学	西安工程大学	吕钊	二等奖
100	关中大雅:凤翔泥塑艺术研究	西安外国语大学	西安外国语大学	侯小春	二等奖
101	唐代胡乐入华及审美问题研究	西北大学	西北大学	罗希	二等奖
102	中国传统建筑中的宇宙观	西安美术学院	西安美术学院	刘晨晨	二等奖
103	书法艺术辩证思想研究	西安交通大学	西安交通大学	杨晓萍	二等奖
104	都市语境下的中国当代油画	西北大学	西北大学	唐萍	二等奖
105	当代国际美术展传播价值研究	西安建筑科技大学	西安建筑科技大学	蔺宝钢、孟蕾	二等奖
106	天山廊道:清代天山道路交通与驿传研究	陕西师范大学	陕西师范大学	王启明	二等奖
107	中国大遗址保护理论与方法研究	西北大学	西北大学	刘卫红	二等奖
108	元代畏兀儿内迁文学家族变迁研究——以偰氏、廉氏家族为中心	延安大学	延安大学	杨绍固	二等奖
109	明清民国时期西安城墙修筑工程研究	陕西师范大学	陕西师范大学	史红帅	二等奖
110	近代中国"自由"主义思潮研究	西北大学	西北大学	兰梁斌	二等奖
111	从城邦到帝国:俄国专制君主制探源	陕西师范大学	陕西师范大学	周厚琴	二等奖
112	稳定同位素食谱分析视角下的考古中国	陕西师范大学	陕西师范大学	屈亚婷	二等奖
113	农史研究法	西北农林科技大学	西北农林科技大学	张波	二等奖
114	中国微观经济发展的政治经济学	西北大学	西北大学	宋宇、马小勇、王聪等	二等奖
115	丝绸之路经济带建设背景下西部内陆开放新体制研究	西北大学	西北大学	马莉莉、黄光灿	二等奖
116	省际边缘区接受中心城市经济辐射研究	陕西理工大学	陕西理工大学	何龙斌	二等奖

续表

序号	成果名称	申报单位	成果完成单位	成果完成人	授奖等级
117	资源环境约束下产业发展及其实证研究——以陕西省为例	西北工业大学	西北工业大学	段婕	二等奖
118	西部农村居民消费潜能释放研究	西安石油大学	西安石油大学	王君萍、杨晶、毛毅 等	二等奖
119	就业选择的区域比较研究	西北大学	西北大学	孔军	二等奖
120	公共支出均衡:合作行动与个体偏好	陕西师范大学	陕西师范大学	刘玮	二等奖
121	环境价值核算:体系重构、方法创新与实证研究	陕西师范大学	陕西师范大学	王文军	二等奖
122	西部地区统筹城乡经济社会一体化研究	西北大学	西北大学	郭俊华	二等奖
123	社会资本参与生态环境保护的市场化机制研究	西安理工大学	西安理工大学	杨冬民、亢佳欣	二等奖
124	欧洲能源互联网法律与政策研究	西北政法大学	西北政法大学	张光耀	二等奖
125	医疗救助法律制度研究	西北政法大学	西北政法大学	张妤婕	二等奖
126	科技创新与科技成果转化——促进科技成果转化地方性立法研究	西安交通大学	西安交通大学	马治国、翟晓舟、周方	二等奖
127	司法权威视域的刑事庭审秩序研究	西北政法大学	西北政法大学	贺红强	二等奖
128	农民土地权利论	西北政法大学	西北政法大学	袁震	二等奖
129	社会养老保险对农村老人的福利效应研究	西北大学	西北大学	聂建亮	二等奖
130	陕北民间艺术的文化生态	西安工业大学	西安工业大学	吕青、艾霞、刘纪英 等	二等奖
131	企业社区空间再生产研究	西北大学	西北大学	吴文恒、杨毕红、黄坤 等	二等奖
132	西安大遗址周边空间环境保护与营建研究	西安建筑科技大学	西安建筑科技大学	吕琳	二等奖
133	中国专业运动员的社会网络结构研究	西安体育学院	西安体育学院、咸阳师范学院、西安交通大学	黄谦、赵万东、张晓丽 等	二等奖

续表

序号	成果名称	申报单位	成果完成单位	成果完成人	授奖等级
134	定向运动对儿童青少年生存能力改善的作用研究	陕西师范大学	陕西师范大学	刘阳	二等奖
135	大学的理念与制度	西安外国语大学	西安外国语大学	孙华	二等奖
136	丝绸之路沿线省域学科与产业的协同研究	陕西师范大学	陕西师范大学	李玉栋	二等奖
137	陕西体育旅游发展研究	西安石油大学	西安石油大学	李寿邦	二等奖
138	中学生慢性疲劳综合征分布、成因及生理机制研究	陕西师范大学	陕西师范大学	池爱平	二等奖
139	美国大学本科教育:学习成果评估	西安外国语大学	西安外国语大学	常桐善、康玮、王嘉铭 等	二等奖
140	快递产业竞争关系网络:结构、演化及博弈行为	西安邮电大学	西安邮电大学	谢逢洁	二等奖
141	新型农民职业胜任素质及提升研究	西安财经大学	西安财经大学	宁泽逵、景琴玲、杨天荣 等	二等奖
142	陕西省新型城镇化发展报告（2019）	西安建筑科技大学	西安建筑科技大学	郄海潮、范晓鹏、郄海潮 等	二等奖
143	数字档案集中管理研究	陕西师范大学	陕西师范大学	赵豪迈	二等奖
144	模糊多属性决策方法及应用	西北工业大学	西北工业大学、河南财经政法大学、西安理工大学	蔡建峰、刘红彬、王晓东	二等奖
145	看不见的推手:城市群平衡增长促进政策研究	西安理工大学	西安理工大学	赵璟	二等奖
146	可视化媒介下的信息交互与信息行为:基于可视化辨别语言的图标标签概念及实验论证	西安交通大学	西安交通大学	马晓悦	二等奖
147	清实录藏族史料类编（1—9集）	西藏民族大学	西藏民族大学	孔繁秀、赵艳萍、张若蓉 等	二等奖
148	分级诊疗理论与实践	西安交通大学	西安交通大学	胡书孝、杨潇、刘庆	二等奖
149	创新合作网络的解构与重构	陕西师范大学	陕西师范大学	韩菁、滕新玉	二等奖

续表

序号	成果名称	申报单位	成果完成单位	成果完成人	授奖等级
150	易地扶贫搬迁与贫困农户可持续生计	西安建筑科技大学	西安建筑科技大学、西安交通大学	刘伟、黎洁	二等奖
151	领导特质的动态研究	西安交通大学	西安交通大学	徐立国	二等奖
152	中国共产党榆林历史(第二卷)	榆林学院	中共榆林市委党史研究室、榆林学院	马举魁、白鸿元	三等奖
153	纪法分开背景下中国共产党纪律建设研究	西安文理学院	西安文理学院、西安航空学院	杨永庚、宋媛	三等奖
154	中国村民自治视阈下的协商民主研究	西北农林科技大学	西北农林科技大学	关振国	三等奖
155	主体间性道德人格教育	西安理工大学	西安理工大学	蒙冰峰	三等奖
156	中华人民共和国成立初期农村文化建设研究	西安理工大学	西安理工大学	乔夏阳	三等奖
157	Web 2.0时代的非国家行为体与世界政治	西安工业大学	西安工业大学	周意岷	三等奖
158	红色文化涵育高校社会主义核心价值观研究	西安电子科技大学	西安电子科技大学	刘建伟	三等奖
159	探源:中国特色社会主义哲学基础	火箭军工程大学	中国人民解放军火箭军工程大学	刘西山、李斌	三等奖
160	民主革命时期《共产党宣言》在中国的翻译与传播研究	咸阳师范学院	咸阳师范学院	贺团卫	三等奖
161	全球治理与全面深化改革机制的模式构建研究	西北政法大学	西北政法大学	徐子棉	三等奖
162	马拉维对外关系研究	陕西中医药大学	陕西中医药大学	武涛	三等奖
163	关羽:从人到神	陕西师范大学	陕西师范大学	濮文起	三等奖
164	张载及其关学:"横渠四为句"视域下的现代阐释	西北大学	西北大学	魏冬	三等奖
165	道由中出——吕大临的道学阐释	西安邮电大学	西安邮电大学	邸利平	三等奖
166	新媒体环境下主流意识形态传播力构建、评估及提升研究	西安交通大学	西安交通大学	李巨星、李明德、李建飞 等	三等奖

续表

序号	成果名称	申报单位	成果完成单位	成果完成人	授奖等级
167	新时期以来的陕西文学批评研究	西安工程大学	西安工程大学	李春燕	三等奖
168	丝路骑手:红柯评传	长安大学	长安大学	韩春萍	三等奖
169	中世纪英国动物叙事文学研究	陕西师范大学	陕西师范大学	张亚婷	三等奖
170	Research Reports on the Elimination of Poverty in China-Xiangxi Tujia and Miao Autonomous Prefecture, Hunan Province 中国脱贫攻坚调研报告－湘西篇(英文版)	西安邮电大学	西安邮电大学	陈蓉、赵茜、陈瑞哲	三等奖
171	柳青创作论	西安工业大学	西安工业大学	吴妍妍	三等奖
172	传媒产业破坏性创新管理研究	西安外国语大学	西安外国语大学	王亮	三等奖
173	莫言小说叙事研究:一种基于叙事视角和人称机制的文本细读	陕西师范大学	陕西师范大学	王西强	三等奖
174	陕西地域黄土文学论	西安美术学院	西安美术学院	武凤珍	三等奖
175	紫阳方言调查研究	商洛学院	商洛学院	赵萍君	三等奖
176	漂泊体验与政治无意识:洛夫诗歌研究	西安外国语大学	西安外国语大学	邓艮	三等奖
177	汉晋之际文士流徙与文学研究	宝鸡文理学院	宝鸡文理学院	李剑清	三等奖
178	朝鲜语半齿音研究(译名)	宝鸡文理学院	宝鸡文理学院	张硕	三等奖
179	讲我们自己的故事:美国少数族裔作家早期作品研究	西安外国语大学	西安外国语大学、美国新泽西州海洋郡学院	刘肖栋、杨孝明	三等奖
180	从"反再现"到"承认的政治":女性身份认同研究	咸阳师范学院	咸阳师范学院	傅美蓉	三等奖
181	汉语变异新论——20世纪90年代以来汉语变异动态研究	西安航空职业技术学院	西安航空职业技术学院	杨彩贤	三等奖
182	消费时代:从小说到电影改编研究	西北政法大学	西北政法大学	熊芳	三等奖
183	好莱坞电影在中国的跨文化传播	咸阳师范学院	咸阳师范学院	张江彩	三等奖
184	文学、文化与社会:雷蒙德·威廉斯文化社会学思想研究	西安石油大学	西安石油大学	樊柯	三等奖
185	宋代宗室词研究	陕西师范大学	陕西师范大学	王作良	三等奖
186	中国现代六作家论	宝鸡文理学院	宝鸡文理学院	李伟	三等奖
187	贾平凹长篇小说序跋注译	商洛学院	商洛学院	黄元英、邵霞	三等奖

续表

序号	成果名称	申报单位	成果完成单位	成果完成人	授奖等级
188	神经美学的文学研究	西安电子科技大学	西安电子科技大学	姜宁	三等奖
189	文医符域综通研究	陕西国际商贸学院	陕西国际商贸学院、陕西国际商贸学院	袁峰	三等奖
190	中国历代词选之乐舞论	陕西师范大学	陕西师范大学	李永明、刘丽兰、李天	三等奖
191	图像的表征——贺兰山人面岩画研究	西安美术学院	西安美术学院	苟爱萍	三等奖
192	新疆维吾尔木卡姆教育传承研究	陕西师范大学	陕西师范大学	赵艳	三等奖
193	视觉感知、影像文本与文化身份——叙事电影的观众认同机制研究	陕西师范大学	陕西师范大学	杨致远	三等奖
194	符号学视域下的合阳面花	陕西师范大学	陕西师范大学	王进华	三等奖
195	生态之维与民歌之美——生态美学视域下的旬阳民歌研究	安康学院	安康学院	侯红艳	三等奖
196	从王维到范宽:终南山与唐宋山水画的演变	西安美术学院	西安美术学院	王陆健	三等奖
197	榆林古城:发展与保护	榆林学院	榆林学院	慕云舒	三等奖
198	西北地区废旧矿区生态修复研究	西安石油大学	西安石油大学	方松林	三等奖
199	半城市化境遇下的基础医疗环境研究	西安科技大学	西安科技大学	吴博、付乾健	三等奖
200	新时期电影研究:悲剧意识与文化诉求	西安建筑科技大学	西安建筑科技大学	张体坤	三等奖
201	美术教育发展理论与方法研究	商洛学院	商洛学院	刘凤林	三等奖
202	静水深流:探究台湾设计艺术	榆林学院	榆林学院	白云	三等奖
203	三秦经纬:陕西古代地图集	西北大学	西北大学	席会东	三等奖
204	敦煌莫高窟编号的考古文献研究	陕西师范大学	陕西师范大学	张宝洲	三等奖
205	新疆农牧业历史研究	西北大学	西北大学	陈跃	三等奖
206	渭北水利及其近代转型(1465—1940)	西藏民族大学	西藏民族大学	唐欣平	三等奖
207	建筑与环境:隋唐长安城木构建筑耗材复原研究	西安文理学院	西安文理学院	王天航	三等奖
208	古代五岳祭祀演变考论	陕西师范大学	陕西师范大学	牛敬飞	三等奖

续表

序号	成果名称	申报单位	成果完成单位	成果完成人	授奖等级
209	辛亥革命期间袁世凯的来往函电整理与研究	西安科技大学	西安科技大学	丁　健	三等奖
210	分形简史	西安石油大学	西安石油大学	江　南	三等奖
211	收费公路行业行政垄断的社会成本及治理机制	长安大学	长安大学	樊建强	三等奖
212	产品空间与比较优势演化路径的比较：基于亚洲典型国家中等收入阶段	西北政法大学	西北政法大学	张美云	三等奖
213	"一带一路"中基于知识融合平台的军民一体化产业发展研究	西北工业大学	西北工业大学	柴华奇、袁雅娜	三等奖
214	中国电信业改革绩效评价及政策优化研究	西安邮电大学	西安邮电大学	张　权	三等奖
215	内外资控制行业价格变动对中国物价水平的影响	西安石油大学	西安石油大学	毛　毅	三等奖
216	能源市场与玉米市场价格波动及其效应研究	陕西师范大学	陕西师范大学	吴海霞	三等奖
217	中国影子银行风险监管研究	西安财经大学	西安财经大学	张兴旺	三等奖
218	新中国70年中国工业产业政策演进研究	西安财经大学	西安财经大学	李　媛	三等奖
219	"一带一路"背景下陕西省国际产能合作研究	西安翻译学院	西安翻译学院	王利晓	三等奖
220	日本农产品"地产地消"理论与实证研究	陕西理工大学	陕西理工大学	李凤荣	三等奖
221	"一带一路"背景下中国教育服务贸易研究	西安翻译学院	西安翻译学院、西北工业大学	刘俊霞、王宁军	三等奖
222	"一带一路"背景下区域经济一体化进程研究	西安翻译学院	西安翻译学院	张　英	三等奖
223	我国西部地区构建区域产业链与统筹城乡互动发展研究——以陕西为例	西安建筑科技大学	西安建筑科技大学	李　钒	三等奖
224	我国FDI与入境商务旅游的关系研究——基于时空视角	咸阳师范学院	咸阳师范学院	包富华	三等奖
225	中国城市化进程中人口"逆向"迁移流动动因分析	西安航空学院	西安航空学院	吴玥荧	三等奖
226	吸毒管控法治论	西北政法大学	西北政法大学	褚宸舸	三等奖
227	传统手工艺的知识产权保护研究	西安美术学院	西安美术学院	张西昌	三等奖

续表

序号	成果名称	申报单位	成果完成单位	成果完成人	授奖等级
228	刑事诉讼管辖制度研究	西北政法大学	西北政法大学	桂梦美	三等奖
229	环境与公共健康安全法律问题研究	西北政法大学	西北政法大学	韩利琳、王继恒	三等奖
230	宋代民事法律研究：社会变革视野下的宋代民事法律嬗变及其现代法治价值研究	西北大学	西北大学	杜路	三等奖
231	人工智能与法律解析：数字时代法律实践的新工具	西北政法大学	西北政法大学	邱昭继	三等奖
232	《中华人民共和国建筑法》立法修订研究	西安建筑科技大学	西安建筑科技大学	徐雷	三等奖
233	陕南移民安置点人居环境使用后评价及宜居性研究：以汉中市为例	陕西理工大学	陕西理工大学	黄研	三等奖
234	中国现代农民生成机制研究——基于就业选择集的视角	西安文理学院	西安文理学院	张彤璞	三等奖
235	蒲城民俗调查研究	渭南师范学院	渭南师范学院	徐军义	三等奖
236	丰京之光——鄠邑文化探赜	陕西国防工业职业技术学院	陕西国防工业职业技术学院	陈小刚	三等奖
237	天地之大德曰生：张謇与张氏家风	西安文理学院	西安文理学院	江露露	三等奖
238	大数据时代教师专业发展的思维转向	西安外国语大学	西安外国语大学	孙二军	三等奖
239	学校情感教育论	宝鸡文理学院	宝鸡文理学院	马多秀	三等奖
240	信息时代区域义务教育均衡发展战略研究	陕西理工大学	陕西理工大学	刘凤娟	三等奖
241	执"两"用"中"：钱穆教育思想研究	西藏民族大学	西藏民族大学	魏兆锋	三等奖
242	法治高校评估指标体系研究	西安文理学院	西安文理学院	王雅荔	三等奖
243	我国运动员职业发展权利的劳动法保护研究	西安体育学院	西安体育学院	张恩利、刘新民	三等奖
244	导师与研究生生活共同体研究	长安大学	长安大学	武永江	三等奖
245	国家考古遗址公园文化旅游研究	长安大学	长安大学	席岳婷	三等奖

续表

序号	成果名称	申报单位	成果完成单位	成果完成人	授奖等级
246	无边界化重构:回归企业发展本质	西北政法大学	西北政法大学	陈小勇	三等奖
247	中国养老保险制度政府财政责任:差异及改革	长安大学	长安大学	杨斌	三等奖
248	资本结构对担保人定价及市场交易撮合的影响机理与效应研究	西北工业大学	西北工业大学	冷奥琳	三等奖
249	知识共享、技术学习与能源企业生产绩效研究	西安邮电大学	西安邮电大学	王树斌、郭菊娥	三等奖
250	中小企业商业信用融资对融资约束的影响研究	西安外国语大学	西安外国语大学	崔杰	三等奖
251	中国企业并购中CEO权力寻租:理论与实证研究	西安科技大学	西安科技大学	张洽	三等奖
252	历代三礼图文献考索	西安科技大学	西安科技大学	乔辉	三等奖
253	生产性服务业对农业全要素生产率的影响研究	西安石油大学	西安石油大学	郝一帆	三等奖
254	股票流动性与企业投资:机构投资者的视角	西安外国语大学	西安外国语大学	孙婧雯	三等奖
255	企业舆情应对:国企与民企的印象管理比较研究	西北政法大学	西北政法大学	杨洁	三等奖
256	中国传统区域分析与旅游规划	陕西理工大学	陕西理工大学	谢泽明	三等奖
257	图书馆员职业伦理建设研究	西安石油大学	西安石油大学	李清	三等奖
258	非物质文化遗产——丝绸之路中国段概述	西安文理学院	西安文理学院	朱晓晴	三等奖
259	顾客参与制造企业服务创新的激励机制研究	西安工程大学	西安工程大学	和征	三等奖
260	高职院校科研现状分析——基于CNKI期刊数据库	陕西国防工业职业技术学院	陕西国防工业职业技术学院	杨聪、孙宾宾	三等奖
261	让人人享受教育——远程教育建设发展研究	陕西广播电视大学	陕西广播电视大学	贺安民、黄敏侠	三等奖

研究报告奖

序号	成果名称	申报单位	成果完成单位	成果完成人	授奖等级
1	加强基层统战工作 夯实党的执政基础	陕西师范大学	陕西师范大学	侯江华	一等奖
2	关于加强新时代政法机关党的建设研究	西北大学	西北大学	潘怀平、张克祯、张炜达 等	一等奖
3	应加快制定出台《陕西省政务新媒体管理办法》	西安交通大学	西安交通大学	陈强、李明德	一等奖
4	陕西贫困地区手工艺精准扶贫思路与政策措施研究	西京学院	西京学院	贾小琳、王建康、刘卫东 等	一等奖
5	黄河流域大保护与高质量发展若干建议	陕西师范大学	陕西师范大学	方兰、宋旭	一等奖
6	疫情对农民工返城复工影响评估及建议	西北农林科技大学	西北农林科技大学、农业农村部农村经济研究中心	石宝峰、吴比	一等奖
7	新型城镇化背景下产城融合发展的实现路径研究	西安电子科技大学	西安电子科技大学	郑耀群、尚娟、曹飞 等	一等奖
8	关于完善产权保护制度依法保护产权的对策研究	西北大学	西北大学	刘蕾、傅强、邱洪华 等	一等奖
9	陕西省"十四五"时期弥补金融发展短板、助推高质量发展举措研究	西安理工大学	西安理工大学	胡海青、张琅、杨潭 等	一等奖
10	市县级审计机关队伍建设研究	西安交通大学	西安交通大学、陕西省审计厅科研所、河南省审计厅 等	王鲁平、崔珊珊、孙卫 等	一等奖
11	2019年度陕西营商环境评价报告	咸阳师范学院	咸阳师范学院、陕西省工商业联合会、西安财经大学	姚波、孙晓琳、边志锋 等	一等奖
12	中国国际经济贸易仲裁委员会国际投资争端仲裁规则(试行)	西安交通大学	西安交通大学	单文华、张生、王鹏 等	一等奖

续表

序号	成果名称	申报单位	成果完成单位	成果完成人	授奖等级
13	陕西省农民工社会融合评估报告	西安交通大学	西安交通大学	悦中山、李树茁、白萌 等	一等奖
14	加强深度贫困地区健康扶贫的若干建议	西北农林科技大学	西北农林科技大学	何得桂	一等奖
15	2020年陕西省高校毕业生就业质量报告	西安交通大学	西安交通大学	陆根书、李珍艳、徐菲 等	一等奖
16	陕西省2018—2019学年本科教学质量报告	西安交通大学	西安交通大学	徐菲、陆根书、贾小娟 等	一等奖
17	地方高校服务区域经济社会发展调研报告	安康学院	安康学院	丁巨涛、崔晓明、谢安国、谢军 等	一等奖
18	陕西省数字经济调研报告	西北工业大学	西北工业大学	黄维、常玉、李慧颖 等	一等奖
19	陕西省保障性租赁住房研究	西安建筑科技大学	西安建筑科技大学	刘晓君、李玲燕、郭晓彤 等	一等奖
20	传统制造业企业转型升级的战略定位、路径及支撑体系研究	西安理工大学	西安理工大学	杨水利、蒋军锋、杨祎 等	一等奖
21	基于分类治理的陕西城市社区治理模式精细化研究	西北大学	西北大学、中国政法大学	王欣亮、任弢、刘飞 等	一等奖
22	陕西省新一代人工智能发展规划研究	西北工业大学	西北工业大学	田庆锋、李瑶、苗朵朵 等	一等奖
23	陕西基层医疗卫生服务能力评估研究	西安交通大学	西安交通大学	毛瑛、刘锦林、朱斌 等	一等奖
24	乡村振兴背景下陕北特色农业建设研究	西安理工大学	西安理工大学	尹洁、洪涛、王敏静 等	二等奖
25	高校大学生助力保护母亲河的路径及实践研究——基于源梦团队陕北主要河流的徒步调研行动	陕西科技大学	陕西科技大学	徐卫涛、李薇、张露颖 等	二等奖
26	关于应对美方巴以问题"世纪交易"的建议	西北大学	西北大学	李玮	二等奖

续表

序号	成果名称	申报单位	成果完成单位	成果完成人	授奖等级
27	新时代西安法治化营商环境优化路径研究	西安科技大学	西安科技大学	赵京、袁显平、孙红湘 等	二等奖
28	中国语言文化典藏·富平	西安外国语大学	西安外国语大学	孙建华	二等奖
29	陕西新时代传统工艺发展模式研究	西安理工大学	西安理工大学	王毅	二等奖
30	苏联援建对中国城市及建筑发展的影响与价值研究报告	西安理工大学	西安理工大学、西安工程大学	魏琰、李琰君、陈明 等	二等奖
31	甘肃省红色资源开发利用情况研究	陕西师范大学	陕西师范大学	张莉、刘建杰、郭欣悦	二等奖
32	"双循环"新格局下陕西省关中地区装备制造业与科技融合发展研究	西北大学	西北大学、西安欧亚学院	王满仓、韩锦绵、刘希章 等	二等奖
33	丝绸之路经济带建设中我国企业对外直接投资风险防范研究	西安财经大学	西安财经大学	贺宁华、王恩胡、李月娟 等	二等奖
34	西安自由贸易试验区对外开放高地建设研究	西安工程大学	西安工程大学、中国(陕西)自由贸易试验区西安管理委员会、西咸新区丝路经济带能源金融贸易区管理办公室招商及产业发展部 等	王铁山、李德新、郁德强、艾浩 等	二等奖
35	自贸试验区西安区域高质量发展	西安交通大学	西安交通大学	孙早、单英骥、李德新 等	二等奖
36	数据资产视角下数字经济内部传导机制与模式研究及实践应用	西安邮电大学	西安邮电大学、西京学院	李永红、李瑞、宋金锁 等	一等奖
37	集中连片特困区农户贫困脆弱性研究:资源禀赋与风险冲击视角	西北农林科技大学	西北农林科技大学	朱玉春、刘天军、王永强 等	二等奖

续表

序号	成果名称	申报单位	成果完成单位	成果完成人	授奖等级
38	产业融合视角下的西安新一代信息技术战略新兴产业发展研究	西安电子科技大学	西安电子科技大学	惠调艳、胡新、郭晓 等	二等奖
39	全球新冠肺炎疫情发展新形势下我省经济发展对策研究	西安邮电大学	西安邮电大学	杨佩卿、朱洞风	二等奖
40	邮政法生效十周年实施情况总结研究	西安邮电大学	西安邮电大学	赵会娟、薛蓉娜、周海明 等	二等奖
41	第十四届全国运动会相关知识产权保护研究	西北政法大学	西北政法大学	焦和平、郭博阳、苏悦 等	二等奖
42	关于陕西省法治人才培养情况的调研报告	西北大学	西北大学	王思锋、虎有泽、苟震 等	二等奖
43	黄河金三角区域文物保护与区域旅游发展机制调研报告	长安大学	长安大学	卢林枫	二等奖
44	深化和加强南疆地区民族团结的建议	陕西师范大学	陕西师范大学	王欣	二等奖
45	农村老年人家庭结构与代际支持的动态演进研究	西安科技大学	西安科技大学	王萍、李逸明、连亚伟 等	二等奖
46	西藏中小学理科师资队伍建设情况调研报告	西藏民族大学	西藏民族大学	许亚锋、杨小峻	二等奖
47	陕西省教育事业统计资讯	西安工程大学	西安工程大学	邓咏梅、殷永建、孙燕超 等	二等奖
48	关于我省实施本科合并招生的建议	西安欧亚学院	陕西省决策咨询委员会、西安欧亚学院、西安信息职业大学 等	胡建波、张光强、郑志飚 等	二等奖
49	推进区域信息化协调发展研究	西安电子科技大学	西安电子科技大学	马续补、秦春秀、刘怀亮 等	二等奖
50	关于加快特色小镇建设的对策研究	西安建筑科技大学	西安建筑科技大学	苏三庆、王树声、范晓鹏 等	二等奖

续表

序号	成果名称	申报单位	成果完成单位	成果完成人	授奖等级
51	陕西省科技创新政策体系优化研究	西安工程大学	西安工程大学	王进富、刘江南、刘岩 等	二等奖
52	高质量发展要求下山阳县域经济发展路径研究	西北政法大学	西北政法大学、长安大学、陕西工业职业技术学院	张荣刚、张夏恒、孙振杰 等	二等奖
53	乡村振兴战略下渭北平原生态宜居乡村聚落空间管控研究	长安大学	长安大学	侯全华、李兰、周吉喆 等	二等奖
54	安康新民风建设引领乡村公共文化服务创新发展研究	西安文理学院	西安文理学院	段小虎、闫小斌、冯永财 等	二等奖
55	陕西航空装备制造业共性技术协同研发影响因素研究	西北工业大学	西北工业大学	李慧、杨瑾、王霞 等	二等奖
56	陕西省科技资源配置市场导向机制与深化科技体制改革路径选择研究	陕西师范大学	陕西师范大学、中国社会科学院研究生院	张治河、易兰、焦贝贝 等	二等奖
57	打造全国一流生态康养旅游胜地推动陕南地区绿色循环突破发展	西安建筑科技大学	西安建筑科技大学	范晓鹏	二等奖
58	医师多点执业的障碍因素调研和可行路径的实证分析	陕西中医药大学	陕西中医药大学	李秀芹、贾利利、安颖 等	二等奖
59	智能大数据助力特殊困难群体应对新冠肺炎疫情等重大公共卫生危机	西安交通大学	西安交通大学、西安石油大学	张泽滈、张思锋、兰昆 等	二等奖
60	战略科学家形成因素及成功模式研究——技术服务支持	西安邮电大学	西安邮电大学、中国航天系统科学与工程研究院	张文宇、任露、于弘泽 等	二等奖
61	健全支持中小企业发展制度研究	西北工业大学	西北工业大学	高红波、党天虎、王晓菊 等	三等奖
62	"后疫情"和"疫情后"背景下中外人文交流工作的主要对策	陕西师范大学	陕西师范大学	孙云	三等奖
63	文化自信与陕西新形象构建和传播研究报告	西安文理学院	西安文理学院、西安工业大学	石颖、崔建斌、许睿 等	三等奖

续表

序号	成果名称	申报单位	成果完成单位	成果完成人	授奖等级
64	"丝绸之路"背景下沣东新城自贸功能区系统提升对外文化教育创新功能研究	西安交通大学	西安交通大学	杨琳、刘烨、王蒙 等	三等奖
65	陕西教育舆情及舆论引导对策建议报告	西北大学	西北大学	韩隽、来向武、赵茹 等	三等奖
66	文化创意视角下西安非物质文化遗产的旅游商品设计开发——以关中皮影旅游文创商品系列设计为例	西安工程大学	西安工程大学、西安石油大学、西安市明清皮影艺术博物馆	张静、田荣军、雷中民 等	三等奖
67	"一带一路"背景下陕西国际陆港物流发展对策研究	西安外事学院	西安外事学院	王慧珍、王文博、谢聪利 等	三等奖
68	丝绸之路经济带西安航空物流中心建设策略研究	西安石油大学	西安石油大学	陈丁、卢山冰、艾晨 等	三等奖
69	陕西省宝鸡市老工业城市产业转型升级示范区建设研究	宝鸡文理学院	宝鸡文理学院	刘辉、杨忠泰、王恭 等	三等奖
70	"十四五"期间加快推进重点项目实施、全力稳增长促投资	西京学院	西京学院	李海霞、令伟锋、戴鹏赞 等	三等奖
71	陕西泾阳县域经济发展研究	西安财经大学	西安财经大学、中国财政科学研究院、泾阳县人民政府 等	任维哲、任芳放、武俞辰 等	三等奖
72	陕西工业流动经济发展现状及分析	陕西科技大学	西安交通大学、西安石油大学、陕西科技大学	郝渊晓、王张明、郑广文	三等奖
73	宝鸡农产品电商发展现状及对策研究	宝鸡职业技术学院	宝鸡职业技术学院	熊爱珍、张林约、刘列转 等	三等奖
74	服务"一带一路"建设的陕西知识产权保护体系研究	西安交通大学	西安交通大学	李晓鸣、曹毅搏、李鑫 等	三等奖

续表

序号	成果名称	申报单位	成果完成单位	成果完成人	授奖等级
75	丝绸之路经济带背景下西安企业"走出去"的法律问题研究	西北工业大学	西北工业大学	李娜、肖周录、袁晓军 等	三等奖
76	我省精准扶贫工作面临五个突出问题	西北农林科技大学	西北农林科技大学	陈辉、付少平	三等奖
77	媒体不良信息对青少年影响的社会心理研究	西安交通大学	西安交通大学	王渭玲、党静萍、倪晓莉 等	三等奖
78	陕西省现代农业园区建设中的问题及对策	西北农林科技大学	西北农林科技大学	孙新华、赵晓峰	三等奖
79	陕西关中乡村住宅建设与使用状况调研报告	西安建筑科技大学	西安建筑科技大学	高博、李立敏、温宇 等	三等奖
80	基于第十四届全运会背景的陕西省竞技体育人力资源优化配置研究	西安建筑科技大学	西安建筑科技大学、西北工业大学	张洁、毛煜、孔德佳 等	三等奖
81	体育健康生活方式干预蓝田县江流沟村老年长期慢性病治疗康复的研究	西安电子科技大学	西安电子科技大学、陕西学前师范示范、西安财经大学 等	牛健壮、朱昭、牛峥 等	三等奖
82	调政策 优结构 强队伍 促进西安基础教育均衡优质发展	西安文理学院	西安文理学院	刘鸿明、蔡军、许刚	三等奖
83	西藏自治区运输服务发展改革政策研究	长安大学	长安大学	吴群琪、陈文强、孙启鹏 等	三等奖
84	新区模式下的文物管理机制与体制研究	西北大学	西北大学	余洁	三等奖
85	"中国制造2025"关键问题与陕西省发展对策研究	西安邮电大学	西安邮电大学	张利、曹媛媛、管玉娟 等	三等奖
86	西安城市交通复杂出行链的脆弱性评估与可靠性策略研究	长安大学	长安大学	马飞、孙启鹏、王环 等	三等奖
87	丝绸之路经济带背景下西安科技创新中心发展能力评价及对策研究	西安翻译学院	西安翻译学院、山东财经大学	王雅楠、张晓燕、张莹 等	三等奖

续表

序号	成果名称	申报单位	成果完成单位	成果完成人	授奖等级
88	突发公共卫生事件网络舆情统计与预测方法研究	西安理工大学	西安理工大学	李建勋、李娟、熊国强 等	三等奖
89	西安市出租车停靠站点设置调研及优化研究	西安工业大学	西安工业大学、西安市出租汽车管理处	姬浩、王健、苏兵 等	三等奖
90	科技与文化融合产业发展现状及其对策	西安建筑科技大学	西安建筑科技大学	李治、詹绍文、苏卉 等	三等奖
91	西安水文化类博物馆建设研究	西安理工大学	西安理工大学、西安市水利规划勘测设计院	张锐、雒望余、朱记伟 等	三等奖
92	陕西高职教师组织承诺与组织公民行为研究	陕西工业职业技术学院	陕西工业职业技术学院	陈晶、田建平、侯雪萍 等	三等奖

成果普及奖

序号	成果名称	申报单位	成果完成单位	成果完成人	授奖等级
1	跟情绪做朋友:教师情绪管理与成长	陕西师范大学	陕西师范大学	陈煜海	成果普及奖
2	大熊猫 我的秦岭邻居	西安财经大学	西安财经大学	白忠德	成果普及奖
3	中小学戏剧美育	西北大学	西北大学	高字民	成果普及奖

机　构

截至 2021 年,陕西省共成立有省市社科联 5 家,高校社科联 53 家,陕西省社科联所属社会组织 105 家,陕西省社科联所属科普基地 99 家,各高校、科研机构成立的哲学社会科学研究基地(中心)196 家,并在 2021 年新成立哲学社会科学研究基地 33 家及民办社科研究机构 11 家。(详见附录)各陕西省市社科联、高校社科联、各类学会、协会、研究会、科普基地等学术社团、科研机构积极探索激励社科学术社团发挥作用的新途径,围绕陕西省重大方针政策按计划开展形式多样的学术活动,不仅体现出了浓郁的学术氛围,扩大了本省学术机构的学术影响力,也在社科普及、课题申报、智库建设等方面做出了贡献。

*2021 年新增研究基地(中心)

西安财经大学财政与经济发展研究中心

财政与经济发展研究中心,是由学院于 2021 年 4 月批准成立。中心依托经济与统计学院设立,有专职研究人员 2 名,兼职研究人员若干名。旨在立足陕西经济发展研究,凝聚陕西社会经济发展问题的研究力量,把"研究中心"建成具有一定学术水平的以陕西社会经济发展问题为研究方向的研究中心、陕西经济运行态势分析的信息交流平台、学校重大决策的思想库和科研项目的管理咨询服务中心。秉承"巩固、深化、提高、创新"的建设理念,强化分类指导和管理,突出学术特色、提升学术优势、打造学术品牌。

2021 年,中心在研课题 6 项,其中 2 项为陕西省财政厅调研课题,4 项为西安市会计学会科研课题。

单位负责人:康小莉

单位地址:西安市灞桥区狄寨路 57 号

西北工业大学创新马克思主义研究中心

创新马克思主义研究中心,是由西北工业大学于 2021 年 3 月批准建立。中心现有专职研究人员 9 人,辅助研究人员 11 名,外聘兼职研究人员 4 名。2021 年,中心在研课题 16 项,其中 4 项为国家级社科基金,8 项为省部级社科基金,3 项为市级社科基金。中心公开发表论文 50 余篇,组织"首届全国创新马克思主义论坛""2021 年全国马克思主义基本原理论坛"等活动。

单位负责人:孙绍勇

单位地址:陕西省西安市长安区东祥路 1 号西北工业大学长安校区马克思主义学院

西北工业大学德国研究中心

德国研究中心,是由西北工业大学于 2021 年批准建立。中心现有专职研究人员 3

名,2021年,中心公开出版专著1部。

单位负责人:国懿

单位地址:西北工业大学外国语学院

西安翻译学院非洲研究中心

非洲研究中心,是由西安翻译学院于2021年6月28日批准建立,是全国第一家与中国非洲研究院合作、成立非洲研究中心的民办院校,由西安翻译学院高级翻译学院院长袁小陆教授担任研究中心主任。研究中心现有专职研究人员7名,兼职研究人员14名。中心自成立以来,积极开展非洲相关问题研究,参与中国非洲研究院的学术和文化交流活动,在中国非洲研究院领导专家的支持下,先后开展了《中国精准脱贫100例(第三册/英文版)》汉译英翻译项目,参与"非洲大使延安行"志愿服务活动及"延安精神与精准脱贫"国际研讨会,承担中国非洲研究院三大讲坛的英译汉翻译任务,不仅新时期中非友好交往领域的拓展做出了贡献,也收获了活动相关部门和领导和高度评价和赞扬。

单位负责人:袁小陆

单位地址:陕西省西安市长安区太乙宫街道西安翻译学院校内

西安美术学院国家重大题材美术创作与研究中心

陕西(高校)哲学社会科学重点研究基地——国家重大题材美术创作与研究中心由陕西省教育厅于2021年3月批准建立。2021年基地在研课题16项,其中中宣部"不忘初心 继续前行——庆祝中国共产党成立100周年大型美术创作工程"7项,教育部哲学社会科学研究后期资助重大项目1项,教育部首批新文科研究与改革实践项目1项,国家艺术基金美术创作资助项目2项,陕西省"六个一批"人才项目1项,陕西省特支计划人才项目1项,陕西省社科界重大理论与现实问题研究重点项目1项,陕西省青年艺术人才资助项目2项,首届国家重大题材美术创作人才专题研修班入选4名。公开出版专著3部,发表论文18篇,"陕西省庆祝中国共产党成立100周年美术作品展览"作品入选32幅。

单位负责人:朱尽晖

单位地址:陕西省西安市雁塔区含光路100号

西北农林科技大学黄河中上游生态保护与农业农村高质量发展研究基地

黄河中上游生态保护与农业农村高质量发展研究基地,是由陕西省教育厅于2021年批准建立,现有专职研究人员20名,兼职研究人员7名。2021年,基地在研国家级、省部级课题56项,出版专著4部,发表SSCI、CSSCI论文130余篇。张寒、石宝峰、张道军、朱玉春获陕西高等学校人文社会科学研究优秀成果一、二等奖,赵晓峰获唐立新优秀学者奖,张寒、石宝峰的资政报告先后获国家领导人、教育部相关领导肯定性批示。组织"黄河流域生态保护与农业农村高质量发展"专项调研、"百村千户"乡村振兴与精准扶贫调研实践服务及中央一号文件宣讲等活动。

单位负责人:夏显力

单位地址:陕西省杨凌区邰城路3号

陕西师范大学教师教育协同创新中心

陕西省教师教育协同创新中心,是由陕西省教育厅于2021年批准建立的省级2011协同创新中心。中心现有专职研究人员7名,外聘兼职研究人员36名。2021年,中心在研课题6项。中心公开出版专著1部,公开发表论文32篇。

单位负责人:任晓伟

单位地址:陕西师范大学长安校区

西安工业大学伦理学与当代强军伦理建设研究中心

伦理学与当代强军伦理建设研究中心,是由西安工业大学于2021年6月批准建立。中心现有专职研究人员12名,辅助研究人员7名,外聘兼职研究人员5名。2021年,中心在研课题10项,其中2项为重点项目,6项为一般项目,2项为鼓励项目。

单位负责人:暂缺

单位地址:西安工业大学

长安大学绿色工程与可持续发展研究中心

绿色工程与可持续发展研究中心,是由陕西省教育厅于2021年1月批准建立。中心现有专职研究人员25名,辅助研究人员9名。2021年,中心在研课题56项,其中4项为国家社会科学基金项目,22项为省部级及以上科研项目。中心公开出版专著5部,公开发表论文47篇,杜强获陕西省科学技术进步奖二等奖,杜强、白礼彪获陕西高等学校人文社会科学研究优秀成果奖一等奖,组织COTA国际交通科技年会(CICTP2020-21),承办世界交通运输工程技术论坛(WTC2021)分论坛等学术活动。

单位负责人:杜强

单位地址:陕西省西安市南二环中段长安大学经济与管理学院

西安理工大学品牌和高质量发展研究中心

"品牌和高质量发展研究中心"(Research Center of Brand and High-Quality Development)是2021年2月由陕西省发展和改革委员会与西安理工大学联合共建单位。单位现有专职研究人员10人,其中,博士学位获得者8人,占比为80%,高级职称以上者7人,占比70%,教授2人,硕士生导师7人。2021年中心在研课题2项,分别是陕西省发展和改革委员会课题"陕西省自主品牌建设支持高质量发展研究"和"面向高质量发展的陕西省工业品牌价值评价及提升研究"。

单位负责人:李占斌、王保利

单位地址:陕西省西安市雁塔区雁翔路58号科技楼508

西北工业大学陕西高等教育研究院

陕西高等教育研究院,是由陕西省教育厅2021年3月认定的陕西高校新型智库。研究院面向国家、地方与社会发展普遍关注的前瞻性问题与重大急需问题,聚焦陕西省高等教育与地方、国家经济社会文化发展的现实,汇聚多校多学科力量,开展高等教育理论与实际问题研究,为新时代陕西高等教育治理体系和治理能力现代化建设提供智力支持。研究院现有正高人员20人,副高人员7人,中级人员3人。2021年,研究院在研课题5项,研究院公开出版专著1部,公开发表论文3篇,组织陕西高校教师教学发展研讨会等活动。

单位负责人:杨益新

单位地址:西北工业大学友谊校区

商洛学院陕西高校新型智库商洛发展研究院

陕西高校新型智库商洛发展研究院,是由陕西省教育厅于2021年3月10日批准建立。商洛发展研究院以服务党和政府决策为宗旨,致力于破解区域经济社会发展瓶颈,将科研成果与发展实践相结合,积极为政府决策建言献策。自建设以来,聚焦地方脱贫攻坚与乡村振兴、秦岭生态环境保护与资源利用、生态产业集群等重点领域,先后为陕西省委省政府、商洛市委市政府提交资政建议报告60余份,其中1项研究成果送阅件获省政府领导肯定性批示,20余份资政报告被市政府采纳并转化、应用,为相关政府部门编制专项规划20余项;组建6支高层次人才服务团,为商洛六县一区提供技能培训和技术服务2000余次,为区域经济社会发展提供了有力的智力支撑。同时,研究院核心成员主持国家社会科学基金2项,教育部人文社会科学基金项目1项,省部级项目20余项,在核心期刊发表论文50余篇,在《人民政协报》《商洛日报》等报刊发表文章4篇,持续推进科研成果落地转化。

单位负责人:王怡

单位地址:陕西省商洛市北新街10号

陕西科技大学工业设计中心

陕西科技大学工业设计中心,是由陕西省工信厅于2021年3月批准建立。中心现有专职研究人员15名,辅助研究人员10名,博士及研究生50余人。2021年,中心在研课题13项,其中6项为纵向科研项目,7项为与企业合作项目,落地工业产品10余件。中心公开出版专著1部,公开发表论文22篇,授权发明专利4项,中心研究生参加各级各类设计大赛获奖50余项,参与承办中国·安康毛绒玩具文创产业发展高峰会暨第四届国际创新设计(西安)高峰论坛。

单位负责人:詹秦川

单位地址:陕西科技大学设计与艺术学院

西安翻译学院陕西口岸发展研究院

陕西口岸发展研究院,是由西安翻译学院于2021年7月1日批准建立。由原国家口岸办黄胜强主任担任名誉院长,西安交通大学教授冯宗宪教授担任首席专家及学术委员会主任,西安翻译学院副校长王利晓担任院长。研究院现有专职研究人员12名,兼职研究人员12名。研究院自成立以来,积极承接智慧口岸建设、口岸通关效率、口岸营商环境建设、口岸运营管理等系列重大课题研究,完成陕西口岸发展相关问题研究报告,出版口岸发展相关著作,承办"陕西口岸经济发展系列论坛"等学术交流活动。

单位负责人:王利晓

单位地址:陕西省西安市长安区太乙宫街道西安翻译学院校内

陕西科技大学陕西农村基层党组织建设研究中心

陕西农村基层党组织建设研究中心于2021年3月10日经陕西省教育厅批准成立,中心设立在马克思主义学院,目前有专职研究人员28人,兼职研究人员4人。中心以"夯实理论、突出创新、注重应用、资源共享、共同发展"的宗旨,聚焦新发展阶段乡村振兴视阈下陕西农村基层党组织建设的理论、方法及模式创新、绩效评价、组织力提升等重大理论和现实需求,积极开展实证研究,着力构建"以重大需求为目标、以学术创新为核心、以服务基层为导向"的科研服务机制,为陕西全面推进乡村振兴发挥建设性作用,为党委政府决策提供政策建议。

2021年,中心通过对外招标的方式,确立课题16项,其中重点课题4项,一般课题12项。在《中国社会科学报》投稿论文3篇,将于2022年4月左右出刊。

单位负责人:吴明永

单位地址:陕西科技大学马克思主义学院

陕西省电影理论与评论研究基地(中国西部电影研究)

陕西省电影理论与评论研究基地(中国西部电影研究)设立于2021年11月,由陕西省委宣传部主管,主要职能包括科学研究与咨询服务。团队撰写出版:《陕派电视剧地域文化论》《西部电影新论》《中国电影精品读解》《中国电影精品读解(第2版)》《电影作品读解教程》《中国西部电影精品读解》等学术著作多部;编写《财政扶持影视文化精品创作生产政策研究报告》《丝绸之路国际电影节、艺术节与陕西文化传播研究报告》《陕西省电影产业发展对策及丝绸之路国际电影节营销策略研究报告》等研究报告多篇;在各级刊物上公开发表学术论文350余篇。联合中国高校影视学会、陕西省电影家协会等单位举办第二届中国影视评论高峰论坛暨中国高校影视学会影视评论专业委员会第二届年会,参与全国性学术会议多次。承担国家社会科学基金重大招标项目、陕西省社会科学基金项目、陕西省重大理论与现实问题研究项目等多项科研项目。

单位负责人:张阿利

单位地址:西安市长安区学府大道1号

陕西省法学会互联网法律与治理研究会

陕西省法学会互联网法律与治理研究会,是由陕西省法学会于2021年6月批准建立。研究会主要从法律和治理角度提出促进陕西乃至全国"互联网+"发展的对策,推动陕西互联网、数字经济领域的良性发展。研究会有理事120余人。研究会有在研课题3项,1项为国家项目,2项为省部级项目。发表论文10余篇。

单位负责人:王延川

单位地址:陕西省西安市长安区东祥路1号西北工业大学长安校区马克思主义学院

陕西省公众科学素质发展联盟

陕西省公众科学素质发展联盟,是由省科协于2021年3月批准建立。联盟包括陕西省公众科学素质发展研究中心等30余家理事单位,设立有理事长1名、常务副理事长1名、副理事长15名,常务理事63名,秘书长1名、副秘书长3名。办公室设于西北工业大学公共政策与管理学院。2021年,联盟举办科普创新大赛、编撰陕西省公众科学素质发展年鉴、举办"一带一路"公众科学素质发展论坛等活动。

单位负责人:刘晨光

单位地址:西安市碑林区友谊西路127号

陕西省绿色发展与生态文明建设研究中心

陕西省绿色发展与生态文明建设研究中心是由陕西省教育厅于2021年2月批准建立。中心现有专职研究人员18名,外聘兼职研究人员4名。2021年获批省部级以上项目5项,发表高水平论文12篇,在国家级出版社出版专著1部,获得省级优秀哲学社会科学奖1项。

单位负责人:李刚

单位地址:西安市含光南路100号西安美术学院

陕西省铸牢中华民族共同体意识研究基地

陕西省铸牢中华民族共同体意识研究基地,是以西安外国语大学为依托,由中共陕西省委统战部、陕西省民族宗教事务委员会联合设立的研究基地,成立于2021年7月。研究基地聚焦"怎样铸牢中华民族共同体意识""怎样推进中华民族共同体建设"等课题开展研究,致力于为党和国家提供决策咨询,为培育铸牢中华民族共同体意识提供理论支撑和智力支持,未来将持续加强基础理论问题和重大现实问题研究,不断推出民族研究重大学术成果。

单位负责人:王启龙

单位地址:西安外国语大学雁塔校区图书

丝路电影与丝路文化理论研究基地

是由陕西省委宣传部、省电影局于2021年11月批准建立。基地现有专职研究人员15名,辅助研究人员5名,外聘兼职研究人员5名。2021年基地在研课题15项,其中3项为国家社会科学基金项目,4项为陕西省社科基金、陕西省社科界重大理论与现实问题研究项目,3项为厅局级,5项为横向课题。基地公开出版专著1部,公开发表论文20余篇,获陕西高校人文社科优秀成果奖一等奖1项。

单位负责人:吉平

单位地址:陕西科技大学设计与艺术学院

西安建筑科技大学乡村振兴研究所

2021年研究院成立乡村振兴研究所,与西安建筑科技大学陕西省乡村振兴规划研究院合署办公,是专门研究乡村振兴科学发展的研究机构,拥有专家共计近80人,博士研究生45人,占总人数的56%;具有城乡规划职业资格32人,占总人数的39%;教授10人,占总人数的13%。研究所先后在岚皋举办了陕西乡村振兴规划与建设座谈会,在陕南、陕北、关中多地进行乡村实地调研,承接了白水县县域及村镇的乡村振兴规划项目。

单位负责人:刘黎明

单位地址:陕西省西安市碑林区雁塔路中段13号(西安建筑科技大学雁塔校区工科楼608室)

长安大学西部电影理论及创作研究 – 陕西省电影评论与理论研究基地

长安大学"西部电影理论及创作研究基地"由陕西省委宣传部于2021年11月批准建立。中心现有研究人员10名。2021年在研课题1项,公开发表论文3篇。

单位负责人：侯长生

单位地址：长安大学人文学院

西安工业大学西部电影艺术与文化品牌研究中心

西部电影艺术与文化品牌研究中心，是由陕西省委宣传部、陕西省电影局于2021年12月批准建立的省级研究中心。中心现有专职研究人员22名，辅助研究人员3名，外聘兼职研究人员6名。2021年，中心在研课题X项，其中国家社会科学基金2项，教育部人文社科基金2项，陕西省社科基金3项，陕西省教育厅人文专项4项。中心公开出版专著2部，公开发表论文10篇，4项成果获2021年度陕西高校人文社科奖，1项成果获陕西文艺评论奖，1项成果获西安社科优秀成果奖。

单位负责人：冯希哲

单位地址：西安工业大学未央区学府中路2号

宝鸡文理学院西部农村教育发展协同创新中心

西部农村教育发展协同创新中心，是由陕西省教育厅于2021年3月批准建立。现有研究人员30人，其中教授15人、博士学位教师10人。2021年，中心获批国家社会科学基金教育学课题1项，陕西省社科基金项目1项。荣获各级各类科研奖项10项，其中，陕西省哲学社会科学优秀成果奖三等奖1项，陕西高等学校人文社会科学研究优秀成果奖三等奖2项，宝鸡市第十六届哲学社会科学优秀成果奖二等奖4项，三等奖3项。出版专著1部，发表专业学术论文43篇，其中CSSCI论文1篇，《人大报刊复印资料》全文转载1篇，核心论文8篇。

单位负责人：马多秀

单位地址：陕西省宝鸡市高新大道1号宝鸡文理学院高新校区

西安财经大学西部社会治理研究中心

西部社会治理研究中心，是由西安财经大学于2021年5月批准建立。中心现有专职研究人员10名，辅助研究人员4名。2021年，中心在研课题13项，其中7项为纵向课题，6项为横向课题。中心公开出版专著1部，公开发表一类核心论文5篇，调研成果获厅局级领导重要批示，组织学术讲座和学术沙龙活动。

单位负责人：李丽辉

单位地址：西安市小寨东路64号

西安交通大学新媒体与社会治理研究中心

2021年，陕西（高校）新型智库"新媒体与社会治理研究中心"抢抓机遇，奋力作为在政策建议、科研项目服务、社会服务等方面取得了重要进展。通过各级渠道向上级递交政策建议10余份,其中,1份被教育部智库专刊采用,上报中央有关领导参阅。近年来先后主持完成省级及地市的"十四五""十三五"发展规划课题30余项,服务对象覆盖江苏、广东、江西、四川、山西、陕西、湖北等省,纵向上涵盖省部级、地市级、区县级和乡镇级项目,横向上覆盖我国东、西、南、北、中等各地,完成科研经费突破500万大关,特别是文化产业发展规划、现代服务业规划、网络舆情规划等领域已经初步形成品牌,是全校承担十"四五"规划项目数量最多的团队。

单位负责人:吴锋

单位地址:西安市碑林区咸宁西路28号西安交通大学

西北工业大学新时代企业高质量发展研究中心

西北工业大学新时代企业高质量发展研究中心,是由西北工业大学于2021年6月批准建立。中心现有专职研究人员18名。中心在研课题19项,其中9项为国家级,5项为省部级。中心公开出版专著4部,公开发表论文18篇,3位研究人员获省级及以上奖励,组织"企业碳中和与高质量发展论坛"等学术活动。

单位负责人:贾明

单位地址:西北工业大学管理学院

陕西省社会科学院延安精神(陕甘宁革命史)研究所

延安精神(陕甘宁革命史)研究所成立于2021年,着力于研究、宣传延安精神和延安时期党的历史,为保护和传承红色文化提供理论支撑和政策建议。现有专职研究人员5名,其中高级职称1人,博士2人。主要研究领域和方向为:延安精神、中共中央在延安时期革命历史、西北革命根据地历史、陕甘宁边区历史研究等。陕西省社会科学院在延安精神和陕甘宁边区历史研究方面拥有丰厚积淀,几代学人先后承担相关专业国家社会科学基金项目十多项,组织编辑出版了《陕甘宁边区史》《陕甘宁边区政府文件选编》《陕甘宁边区文献选编》《延安时期党的文化建设研究》《中共中央在延安十三年史——文化工作史》《陕甘宁边区乡村民主政治建设研究》《延安时期党的群众路线理论与实践研究》等著述。现正在编撰十卷本的《延安时期财税金融档案》(国家出版基金)。成果荣获中华优秀出版物奖图书奖、陕西省哲学社会科学成果奖等各级各类奖项。

单位负责人:樊为之

单位地址:陕西省社会科学院

陕西师范大学延安精神与中国共产党精神体系研究中心

延安精神与中国共产党精神体系研究中心是陕西省教育厅于2021年3月批准建立,本中心重点聚焦延安精神研究主题,凝聚研究力量,有计划、有步骤、有目标的开展了本硕博学生的科研训练和课外专业提升与拓展,如围绕建党百年主题与学院学工系统共同拍摄了纪录片《延安青年》等。

单位负责人:任晓伟

单位地址:陕西师范大学长安校区文澜楼

西安翻译学院中外民族戏剧学研究中心

中外民族戏剧学研究中心,是有西安翻译学院于2021年5月6日批准建立,由文学与传媒学院李强教授担任研究中心主任。研究中心现有专职研究人员7名,兼职研究人员13名。中心自成立以来积极开展相关研究,发表了《中国少数民族弱势戏剧研究——以藏戏为例》等代表性论文10余篇,主办了"'一带一路'演艺文化与东方乐舞戏剧史学"研讨会。

单位负责人:李强

单位地址:陕西省西安市长安区太乙宫街道西安翻译学院校内

陕西师范大学铸牢中华民族共同体意识研究基地

铸牢中华民族共同体意识研究基地是由陕西省民委于2021年6月批准建立。中心现有专职研究人员10余名,辅助研究人员4名。2021年,中心在研课题6项,其中6项为陕西省民委课题。中心公开发表论文多篇,组织多次学术交流活动。

单位负责人:任晓伟

单位地址:陕西师范大学长安校区文澜楼

长安大学综合运输发展研究中心

综合运输发展研究中心,是由陕西省教育厅于2021年3月批准建立。中心现有专职研究人员12名,辅助研究人员6名,无外聘兼职研究人员。2021年,中心在研课题16项,其中省部级以上科研项目9项,国家级项目3项。中心公开发表论文26篇,获陕西高校人文社科优秀成果奖4项。

单位负责人:孙启鹏

单位地址:陕西西安市雁塔区南二环中段

*陕西省民办社科研究机构

西安朝华管理科学研究院

2021年,西安朝华管理科学研究院组织开展学术活动,在学术研究上先后举办"叩问中国与世界的未来"研讨会、"红医文化暨中华文明国际学术"研讨会,顺利完成社联资助课题《第四次工业革命与"五化"物流在中国》,积极组织申报2021年度"陕西社科丛书"资助出版项目。在科普及调研活动中,与瞭望专刊联合进行系列专题报道的调研和撰写,在《追赶超越谱新篇》策划中参与关于陕汽、西咸新区等单位的采访及稿件撰写,接受《关于西咸新区改制与产业定位的思考》专题稿件的采访;开展2021年度靖边县物流行业调研,撰写《靖边县物流业发展调研报告》;协助西宁市东城区发改局进行西安物流业进行调研,与中储、传化等龙头物流企业开展座谈,深入探讨物流港、物流园区发展趋势和建设路径。

陕西创新人才发展研究院

2021年陕西创新人才发展研究院在研究院调整了战略思路,实行开放办院,充分发挥人才优势,探索运营新模式,设立了乡村振兴研究所、陕西省人才评价与激励研究中心、财政预算绩效评价中心三个研究机构,职业培训部、人才发展部、企业发展部等多个部门,业务布局优势凸显,服务范围不断扩大,为陕西社会经济发展提供更多更好服务。为实现乡村振兴,研究院被陕西省民政厅指定为省级社会组织助力乡村振兴岚皋合力团团长单位,为白水县级、村镇做了《白水县全面推进乡村振兴规划(2021—2025年)》和《白水县乡村振兴村庄规划》,充分发挥研究院智库平台的作用。此外,研究院作为"陕西省科技创新人才评价与激励软科学研究基地",对委厅系统28家科研院所科技人才工作进行了调研,梳理了各科研院所科技人才队伍建设现状,总结了各院所在科技人才的"引、育、用、留"等方面形成的好做法、好经验,同时分析了各院所在人才工作中面临的主要问题,并给出了针对性的对策和建议。研究院在民政厅社会组织等级评估中,经严格考核被评为4A级社会组织。

陕西省弘扬汉文化研究中心

2021年陕西省弘扬汉文化研究中心成立了党支部,加强党的领导。按时、按要求参加上级主管单位组织的培训,积极开展纪念革命前辈及汉文化宣传普及活动,积极参与各地汉文化学术机构活动,如纪念杜鹏程诞辰百年座谈会,首届国学与汉学高峰论坛。其中,国学与汉学高峰论坛吸引了来自国内外的30余名专家学者和100余名汉文化及国学爱好者积极参与。活动盛况被三秦都市报、西部网、中国文化、华商报、陕工网讯、文旅界、各界新闻网讯、文化艺术网、腾讯网、西安发布、群众新闻等10余家新闻媒体报道、转载。在社会上取得了良好反响,该活动被陕西省社会科学界联合会确定为2021年度学术活动资助项目。

陕西翰林教育研究院

2021年陕西翰林教育研究院认真贯彻党的十九大和历届全会精神,坚持党的教育工作和新闻宣传工作方针,坚持改革开放,勇于开拓创新,把基础教育研究和推动"双减"工作落实作为全年工作的重点,努力克服疫情影响,认真扎实地做好各项工作,取得了优异的业绩。积极申报省哲学社会科学研究课题"陕西基础教育发展现状、问题与对策研究",并如期完成研究任务;积极申办省社科联第十五届(2021)学术年会分场活动,成功举办了"十四五"陕西基础教育发展论坛;圆满完成大型纪录片《培根铸魂》的摄制工作;策划、拍摄完成省教育厅委托项目《陕西基础教育专题片》;挖掘整合基础教育资源,打造陕西基础教育智库;联袂提升打造陕西广播电视台《教育正能量》栏目;积极贯彻中、省影视教育工作方针,引领影视教育进校园;加强党的建设、推动各项事业发展。

陕西华夏教育科学研究院

2021年陕西华夏教育科学研究院贯彻国家的各项政策精神,统一思想,努力工作,在实践中不断探索,开拓创新,凝聚力量,继续努力搞好本院各项工作任务。举办"以学生为中心的课堂改革,运用最近发展区等先进理论提升教师及班主任班级管理效能"研修班;深入中小学学校,提供专家进校指导服务;成功举办"陕西省社科界2021年度学术活动资助项目——中小学深度学习专题研讨会",对进一步提高西安市雁塔区中小学教师专业发展水平,促进教师对课程的理解和项目式教学的认识,积极转变教学方式,培养出适应国家在新时代的人才并为此做出努力。

陕西季羡林国学院

2021年陕西季羡林国学院弘扬优秀国学文化先后举办了"诵读国学经典、弘扬传统文化"活动、"季羡林国学大讲堂"系列活动,让学生真正去了解、弘扬我国优秀国学文化。加强与高校之间的学习交流,组织安排师生参观季羡林纪念馆、传统文化研究中心、季羡林数字艺术馆。传承国学思想,创新思政教育,我院编辑出版了《中国传统文化》校本教材,《季羡林国学思想研究十讲》读本,开设了《季羡林国学思想基础》课程,使优秀传统文化课程成为广受学生欢迎的选修课程。陕西季羡林国学院是陕服的文化名片,是陕服立德树人的场所,是陕服服务教学科研的平台,是提升师生文化素养,培养新一代品德高尚,内涵丰富的人才教育基地。

陕西人才战略发展研究中心

2021年,陕西才战略发展研究中心加强制度建设,已形成了结构全面、多元化的人才库建设,为人才引进工作打好基础;围绕中心谋大事,例如"双减课堂革命提质增效项目",加快推进了区域内围绕"三个课堂"和"五育并举"的核心理念,构建了"安全校园"教育教学改革创新建设与推广,打造出具有区域级教改创新应用特色的共建共享新生态,为政府科学决策提供了第一手资料。紧扣主题抓调研,先后开展企业调查40余次,发现企业已经重视到市场对人才资源的配置作用,并注意到国际人才市场的开发。针对各类人才开展相关培训30余次,参训人员达3000人次,求真务实搞好对策研究;自我加压求发展,编辑出版系列内部刊物,精心打造和拓展工作平台,努力推进信息化建设。

陕西现代经济与管理研究院

2021年陕西现代经济与管理研究院积极把科研工作放在陕西"十四五"规划布局中来思考和谋划,聚焦陕西需求,就数字经济、乡村振兴等主题,组织专题研讨、座谈交流活动,形成浓厚理论研讨氛围,积极建言献策,为奋力谱写陕西高质量发展新篇章贡献智慧。深入开展党史学习教育活动;扎实聚焦数字经济研究;成功召开两次院长办公会暨常务理事会,"学习贯彻十九届六中全会精神,谱写陕西经济高质量发展和乡村振兴新篇章研讨会",积极支持陕西省经济学会、西部数字经济研究院,开展"发展陕西数字经济"专题研究;积极组织科研活动,完成陕西中国西部发展研究中心的大秦岭生态保护和环秦岭经济圈高质量发展问题研究,西安高新区发展改革和商务局的高新区中小外资企业数据监测库研究工作。

陕西颖创跨境贸易研究院

2021年,陕西颖创跨境贸易研究院回归社科研究主业,加强党组织建设工作,以党建促进研究院各项工作开展。在制度建设上,履行社会组织《章程》修改程序,按时完成《章程》修改;遵章守制,严格按照新《章程》开展各项工作,按时完成研究院换届工作;完成社会组织年检工作,以检促改,规范管理。在学术活动上,推进项目研究,完成项目结题;加强高校合作,创建学术交流平台,深入开展与省内外高校的合作,主办1场、协办3场高端学术讲座,承办了1场具有区域影响力的学术会议暨论文征文活动,吸引了省内高校专家和研究生参加,为繁荣陕西省社科研究做出了贡献。在科普活动上,积极申报科普项目并获得立项1项,申报了第五批陕西省社会科学普及基地,发挥社会组织优势,从助力脱贫攻坚到助力乡村振兴,持续发力。

陕西新丝路电子商务研究院

2021年,陕西新丝路电子商务研究院不断积极进取,持续加强党的建设、给予县域电商规划技术支持,实施电商讲座培训,开展技术咨询,参与学术论坛,组织科普、扶贫资源对接,参与乡村振兴、投身疫情防控。本年度,累计开展农产品资源对接10品类,20次;公益电商科普活动5场次;乡村振兴宣传、抗击疫情动员6场次。参与学术活动论坛5场次;参与走访调研105人次;提供发展规划2家。开展讲座、培训12班次,给予2个单位提供技术咨询。持续为武功、眉县、岐山、周至、鄠邑区、王益、清涧、商南、丹凤、镇巴等多县提供了电商发展及示范县建设咨询和培训服务。

陕西三秦国土空间规划研究院

2021年,陕西三秦国土空间规划研究院在省民政厅、省社科联坚强领导下,以习近平生态文明思想为指导,扎实开展各项工作。在学术交流上,成功举办"国土空间规划与生态文明建设"论坛,圆满完成中国地质调查局发展研究中心承办的"中国高分辨率卫星影像数据处理及云服务技术培训班"授课任务等;在调研活动中,赴崇信、镇安、宜川等县开展调研对接,就县级总规编制、村庄规划编制,国土空间城市体检评估等事宜进行调研交流。同时加强与业务主管单位社科联对接,2021年5月成功申报"2021年度陕西省哲学社会科学重大理论与现实问题研究项目"社会组织专项1项。紧密围绕国土空间规划支撑自然资源管理,积极为各级政府编制国土空间规划提供技术服务,为地方生态文明建设和高质量发展作出贡献。

学 术 期 刊

截至 2021 年,陕西省共有党校哲学社会科学期刊 5 家,高校哲学社会科学期刊 73 家,哲学社会科学综合类刊物 12 家,并在 2021 年新创办高校哲学社会科学期刊 2 家。作为学术传播和交流的重要平台,陕西省各级各类哲学社会科学学术期刊成为巩固马克思主义在意识形态领域指导地位的重要阵地,也是哲学社会科学工作者"把论文写在祖国大地上"的重要载体,在繁荣学术研究、引领学术潮流、培育人才队伍、促进学风建设等方面发挥了重要作用。

*2021 年新增高校哲学社会科学期刊

长安传媒研究

《长安传媒研究》于 2021 年 9 月 10 日正式创办,是陕西师范大学新闻与传播学院主办的学术论文集刊。主编为许加彪教授,副主编为张勇锋教授。集刊以马克思主义新闻观为指导,坚持科学性、学术性、现实性、原创性的编辑理念,以新闻传播为问题域,注重学术导向,兼顾业界实践,学理性与应用性并重。集刊秉持扎根西部社会、对接中国问题、采用多元方法、鼓励学术争鸣的态度,致力于构建中国特色话语体系。结合我院的地域区位优势、学术历史积累及新一轮发展的学科布局,集刊以区域红色新闻传播、党报理论历史与当代实践、中国西部乡村传播、"一带一路"国际传播为特色主题,为推动陕西本土新闻传播学科建设、学术发展和新闻业界前沿实践尽绵薄之力。

经济与管理文献研究

《经济与管理文献研究》是由陕西师范大学国际商学院组织出版的连续性经济与管理类学科学术研究连续出版物,其宗旨是将本学科领域内面向一些细化方向的已有研究成果进行梳理汇总,以便于该领域研究者在进行研究时提供借鉴和参考,同时减轻学术文献的搜索量。2021 年 7 由经济管理出版社出版 1 期,本书收录 25 篇陕西师范大学国际商学院"学海拾贝文献大赛"获奖学术作品。

大　事　记

二 月

2月3日,秦文化研究会召开第五次会员代表大会,选举史党社为理事会会长。

2月24日,陕西省社科联召开合作研究工作推进座谈会。陕西省委统战部、省统计局、省商务厅等10余个单位相关工作的负责同志和陕西师范大学、陕西省社科院等参与合作研究项目的专家及西北大学、长安大学、西安建筑科技大学社科处的负责同志应邀参加,陕西省社科联党组书记、常务副主席郭建树出席并讲话。

三 月

3月13日,陕西省中共党史学会第九次会员代表大会在西安邮电大学召开。陕西省社科联党组书记、常务副主席郭建树出席会议并讲话。西安邮电大学党委书记、二级教授杨更社当选学会第九届理事会会长。

3月20日,陕西省汉语国际教育研究会召开成立大会暨第一次会员大会。会议选举西北大学文学院博士生导师段建军教授为研究会第一届理事会会长。

3月26日,陕西省社科联与省审计厅联合开展的陕西省审计重点研究课题项目评审会在西安召开。省审计厅总审计师牟军利出席会议并讲话。

3月29日,陕西省发展经济学学会成立大会暨第七届西部经济学派论坛在西安举行。全国政协常委、陕西省政协副主席、民建陕西省委员会主委李冬玉,省社科联党组书记、常务副主席郭建树出席会议并讲话。大会审议通过了学会《章程》,选举徐璋勇教授为陕西省发展经济学学会会长。

四 月

4月13日,陕西财务成本研究会召开第八次会员代表大会,选举田高良为理事会会长。

五 月

5月13日,陕西省社科界深入学习贯彻习近平总书记在哲学社会科学工作座谈会上的重要讲话暨习近平总书记来陕考察重要讲话精神理论研讨会在西安召开。研讨会由省社科联主席甘晖主持,省社科联党组书记、常务副主席郭建树作交流发言。

六 月

6月8日,陕西省社科联等6家单位被中共陕西省委宣传部评为2020年度全省宣传思想文化战线调研工作先进单位。《关于加快推进文化强省建设的调研报告》和《关于陕西新型智库建设的调研和思考》获2020年度全省宣传思想文化战线优秀调研成果。陕西省社科联周晓霞等29人被评为2020年度全省宣传思想文化战线调研工作先进个人。

6月15日,复旦大学出版社社长李华一行来陕西省社科联调研。陕西省社科联党组书记、常务副主席郭建树出席会议,双方达成合作意向,共同设立陕西高等教育理论与实践研究专题项目。

6月16日,陕西省委宣传部、省教育厅、省社科院、省社科联4家单位联合召开了陕西省社科界学习贯彻习近平总书记给《文史哲》编辑部全体编辑人员回信精神座谈会。

同日,陕西省第十五次哲学社会科学优秀成果评奖委员会召开陕西省第十五次哲学社会科学优秀成果评奖委员会第一次会议,专题研究陕西省第十五次哲学社会科学优秀成果评奖工作。陕西省委常委、省委宣传部部长、省第十五次哲学社会科学优秀成果评奖委员会主任王晓出席会议并讲话。陕西省副省长、省第十五次哲学社会科学优秀成果评奖委员会副主任方光华主持会议。陕西省第十五次哲学社会科学优秀成果评奖委员会委员出席会议。

6月22日,由中国非洲研究院、陕西省社科联组织完成的《中国脱贫攻坚系列报告》(主编蔡昉,副主编李新烽、赵剑英、郭建树,国家智库报告系列,英文版12册)入藏中国共产党历史展览馆,在庆祝中国共产党成立100周年出版专题展中展出。

6月24日,第二届"一带一路"长安智库论坛暨第二十四届全国社会科学院院长联席会议在西安陕西宾馆举行,副省长方光华出席会议并讲话。本次会议以"双循环"与"一带一路"建设、西部大开发新格局与陕西追赶超越、"三新"背景下高端新型智库建设、加快构建中国特色哲学社会科学"三大体系"为主题,由陕西省社会科学院主办。

七 月

7月9日,陕西省委常委、宣传部部长王晓赴省社科院、省社科联就"全省社科理论研究开展及成果落地转化情况"进行了专题调研。

7月14日,陕西省委宣传部、省委组织部、省教育厅、省委党校、省社科院、省社科联六家单位联合了主办"陕西省学习贯彻习近平总书记'七一'重要讲话暨庆祝中国共产党成立100周年理论"研讨会。陕西省委书记刘国中出席会议并讲话;省委常委、省委组织部长张广智传达庆祝中国共产党成立100周年理论研讨会精神;省委常委、省委宣传部长王晓主持会议;省委常委、西安市委书记王浩发言;省委常委、省委秘书长方红卫出席。

7月16日,由西北政法大学承办的全国政法院校"立格联盟"第十一届高峰论坛在西安开幕,论坛以"深入学习贯彻习近平总书记'七一'重要讲话,以习近平法治思想为引领,服务构建新发展格局,推动政法院校改革发展,提高法治人才培养质量"为主题,来自中央和陕西政法系统、教育系统、"立格联盟"成员单位代表,省内院校代表,中省新闻媒体工作者200余人参加论坛。

同日,北京外国语大学外语教学与研究出版社西北区总经理赵静来省社科联调研,双方达成合作意向,联合设立国际传播能力建设重点研究项目。

八 月

8月5日,陕西省社科联与省文物局举行研究项目合作签约仪式。陕西省社科联党组书记、常务副主席郭建树,陕西省文物局党组书记、局长罗文利出席会议并讲话。

九 月

9月1日,陕西省社科联与省委政策研究室达成合作,联合发布了陕西高质量发展重点研究项目。

9月2日,陕西省社科联与省生态环保厅达成合作,联合发布了生态环境保护领域重大课题研究项目。

9月9日至9月20日,陕西省社科联组织开展第十五次哲学社会科学优秀成果奖评审工作。

9月13日,陕西省社科联与陕西省税务局联合召开中期检查会,对本年度税务数据分析重点研究项目进行检查督错。

9月14日,陕西省社科联与陕西省民政厅达成合作,联合发布了民政工作领域重大问题研究项目。

9月24日,陕西省社科联与陕西省人大财经委达成合作,联合开展全省高质量发展若干重大问题研究工作。

9月25日,由陕西省社科联主办,西北政法大学承办的——"贯彻习近平法治思想推动法学理论研究新发展"学术研讨会召开。来自浙江师范大学、南京师范大学、西北工业大学、广西大学及西北政法大学的专家学者以线上线下相结合的方式进行了研讨交流。

十 月

10月18日,陕西省金融会计学会召开第四次会员代表大会,选举张军为理事会会长。

十 一 月

11月8日,陕西省社科联与团省委、陕西省教工委达成合作,联合设立学校共青团工作研究项目。

11月9日,陕西省委宣传部、陕西省民政厅、陕西省社科联联合印发《关于加强陕西省哲学社会科学学术社团建设的实施意见》。

同日,陕西省社科联召开2021年度重点智库研究项目开题会。本项目共设立11个方面的选题,首次采用首席专家制。陕西省社科联党组书记、常务副主席郭建树出席会议并提出了明确要求。

十 二 月

12月7日,陕西省社科联召开"社科助力县域高质量发展"活动座谈会,会议征求相关单位对开展"社科助力县域高质量发展"活动的意见和建议。陕西省社科联党组书记、常务副主席郭建树出席会议并讲话。

12月8日,第三届九省区黄河论坛"沿黄区域乡村振兴与新型城镇化建设"高层论坛在西安市举行。本次论坛由沿黄九省区社科联主办,陕西省社科联承办,西安建筑科技大学协办。陕西省人民政府副省长方光华出席开幕式并讲话。陕西省社科联党组书记、常务副主席郭建树主持开幕式并作总结讲话,省社科联主席甘晖主持分论坛和闭幕式。

12月10日,陕西省民政厅、陕西省社科联联合印发《陕西省社会智库类民办社会科学研究机构登记管理指引》。

附 录

陕西省市社会科学界联合会一览表

序号	名称	单位负责人	地址
1	陕西省社会科学界联合会	郭建树	西安市雁塔区小寨东路3号
2	西安市社会科学界联合会（西安市社会科学院）	高东新	西安市雁塔区环塔东路7号
3	宝鸡市社会科学界联合会	田 晶	宝鸡市行政中心2号楼
4	延安市社会科学界联合会	马彦平	延安市新区为民服务中心4号楼312室
5	榆林市社会科学界联合会	杨成林	榆林市高新区市委办公楼514室

陕西省高校社会科学界联合会一览表

序号	名称	单位负责人	地址
1	宝鸡文理学院社会科学界联合会	郭霄鹏	宝鸡市高新大道1号
2	陕西科技大学社会科学界联合会	姚书志	西安市未央大学园区
3	陕西理工大学社会科学界联合会	赵晓林（暂代）	汉中市汉台区东一环路1号
4	商洛学院社会科学界联合会	张志昌	商洛市商州区北新街10号
5	西安电子科技大学社会科学界联合会	杨银堂	西安市西沣路兴隆段266号
6	西安翻译学院社会科学界联合会	李虎成	西安市长安区太乙宫街道
7	西安交通大学城市学院社会科学界联合会	张爱萍	西安市未央区尚稷路8715号
8	西安科技大学社会科学界联合会	蒋 林	西安市临潼区陕鼓大道48号
9	西安培华学院社会科学界联合会	姜 波	西安市长安区常宁大街888号
10	西安石油大学社会科学界联合会	赛云秀	西安市雁塔区电子二路东段18号
11	延安大学社会科学界联合会	马 勇	延安市宝塔区圣地路580号
12	榆林学院社会科学界联合会	慕锡凡	榆林市榆阳区崇文路51号
13	陕西师范大学社会科学界联合会	甘 晖	西安市长安区西长安街620号

续表

序号	名称	单位负责人	地址
14	西安邮电大学社会科学界联合会	杨更社	西安市长安区西长安街618号
15	安康学院社会科学界联合会	张东红	安康市育才路92号
16	西安财经大学社会科学界联合会	吴旺延	西安市长安区常宁大街360号
17	西北大学社会科学界联合会	郭立宏	西安市长安区学府大道1号
18	西北工业大学社会科学界联合会	陈建有	西安市友谊西路127号
19	西安美术学院社会科学界联合会	朱尽晖	西安市雁塔区含光南路100号
20	西安医学院社会科学界联合会	刘 岭	西安市未央区辛王路1号
21	西安工程大学社会科学界联合会	王海燕	西安金花南路19号
22	陕西服装工程学院社会科学界联合会	罗文谦	西安市西咸新区沣西新城崇文路1号
23	陕西交通职业技术学院社会科学界联合会	杨云峰	西安市未央区经济技术开发区文景路19号
24	西安音乐学院社会科学界联合会	张立杰	西安市长安中路108号
25	西安外事学院社会科学界联合会	黄 藤	西安市雁塔区鱼斗路18号
26	西京学院社会科学界联合会	任 芳	西安市长安区西京路1号
27	西安财经大学行知学院社会科学界联合会	苏永乐	西安市灞桥区狄寨路57号
28	西安科技大学社会科学界联合会	周孝德	西安市碑林区雁塔中路58号
29	陕西科技大学镐京学院社会科学界联合会	王晓民	西安西咸新区沣西新城统一大道
30	西安欧亚学院社会科学界联合会	刘 瑾	西安市东仪路8号
31	西安交通大学社会科学界联合会	席 光	西安市咸宁西路28号
32	西安思源学院社会科学界联合会	周延波	西安市东郊水安路28号
33	延安大学西安创新学院社会科学界联合会	崔海潮	西安市长安区皂河路2号
34	陕西中医药大学社会科学界联合会	刘 力	西咸新区沣西新城西咸大道
35	西安体育学院社会科学界联合会	黄道峻	西安市含光北路65号

续表

序号	名称	单位负责人	地址
36	西安工业大学社会科学界联合会	赵祥模（暂代）	西安市未央区学府中路2号
37	陕西工商职业学院社会科学界联合会	刘 锋	西安市长安区郭杜镇郭北街41号
38	西安航空学院社会科学界联合会	陈平社	西安市西二环259号
39	陕西财经职业技术学院社会科学界联合会	程书强	咸阳市文林路1号
40	陕西学前师范学院社会科学界联合会	付建成	西安市长安区神禾二路
41	渭南师范学院社会科学界联合会	卢爱刚（暂代）	渭南市朝阳大街中段
42	西安外国语大学社会科学界联合会	王军哲	西安郭杜教育科技产业开发区文苑南路
43	西安建筑科技大学社会科学界联合会	王树声	西安市碑林区雁塔路中段13号
44	咸阳师范学院社会科学界联合会	李宗领	咸阳市文林路43号
45	陕西国际商贸学院社会科学界联合会	王正斌	西安市沣渭新区大学园统一西路35号
46	西安理工大学社会科学界联合会	刘德安	西安市金花南路5号
47	西安文理学院社会科学界联合会	陈 刚	西安市雁塔区科技六路一号
48	西北农林科技大学社会科学界联合会	吕卫东	陕西杨凌邰城路3号西北农林科技大学
49	西北政法大学社会科学界联合会	杨宗科	西安市西长安街558号
50	长安大学社会科学界联合会	陈志坚	西安市未央区尚苑路长安大学渭水校区
51	西安交通工程学院社会科学界联合会	赵德利	西安市鄠邑区渼陂西路1号
52	陕西职业技术学院社会科学界联合会	党 颉	西安市灞桥区狄寨路2028号
53	陕西铁路工程职业技术学院社会科学界联合会	李林军	渭南市临渭区站南街道站北路东段1号

陕西省社会科学界联合会所属社会组织一览表

序号	团体会员名称	会长	秘书长	地址
1	陕西省保险学会	桂文东	惠青	碑林区南二环西段华融国际商务大厦A座10层C区
2	陕西财务成本研究会	田高良	罗芝玉	西安市长安区北路奥林匹克大厦A座10层
3	陕西省财政学会	丁全德	武永义	西安四府街41号省财政厅综合楼内
4	陕西省现代金融学会	麻旭恒	余海军	东新街395号
5	陕西省城市经济文化研究会	张涛	马飞	西安市凤城九路海博广场D座11楼21113—21114省城市经济文化研究会学术活动中心
6	当代陕西研究会	唐震	杨航	西安市含光路南段177号
7	陕西省房地产研究会	王圣学	王蔚然	西安市高新区尚品国际C座北单元2807室
8	陕西国际税收研究会	贡献	祁建霞	西安市二环南路西段39号
9	陕西省宏观经济学会	赵锐	牛慧丽	西安市新城大院陕西省发改委经济研究所
10	陕西省黄河文化经济发展研究会	雷璟思	王晋艳	西安新城省政府大院4号楼425号
11	陕西会计学会	白君贤	/	西安市五星街56号
12	陕西省机械工业会计学会	王彦德	任育柱	西安市解放路280号
13	陕西省机械工业价格研究会	韩占青	孙欣	西安市莲湖区桃园北路10号
14	陕西省基本建设经济研究会	雷舒元	李奥	长安北路14号陕西省公共资源交易中心
15	陕西省金融会计学会	张军	张超	高新区高新路49号
16	陕西省金融学会	魏革军	钱皓	西安市高新路49号
17	陕西省经济发展战略研究会	冯根福	王跃文	西安市小寨东路128号
18	陕西省经济学学会	张鸿	牛润霞	西安市小寨西路119号（陕西省委党校）
19	陕西省纳税筹划研究会	王旭涛	王文花	西安市南二环西段79号广丰国际二区508室
20	陕西省农村金融学会	冯旭东	张铁军	西安市雁塔区唐延路31号农行大厦

续表

序号	团体会员名称	会长	秘书长	地址
21	陕西省农业经济学会	方诗京	孙拴林	西安市雁塔路10号
22	陕西省区域经济学会	吴振磊	吴丰华	西北大学长安校区经济管理学院
23	陕西省审计学会	陈宗海	肖永民	太白北路甲字60号陕西白云宾馆
24	陕西省生产力学会	罗云	顾荣	西安市西影路38号
25	陕西省外国经济学说研究会	任保平	马晓强	西安市长安区学府大街1号西北大学经济管理学院
26	陕西省卫生经济学会	高建民	李满勤	友谊西路256号省人民医院院内
27	陕西省物流学会	冯耕中	别家昕	西安市新城区长乐中路9号
28	陕西省邮政经济学会	马凤炯	刘辉凌	西安市唐延路5号
29	陕西省预算与会计研究会	朱克强	郭超	西安市五星街56号608室
30	陕西省证券研究会	王满仓	王峰虎	西北大学长安校区经济管理学院8512
31	陕西省《资本论》研究会	孔祥利	姚宇	西安市长安区陕西师范大学国际商学院1326室
32	陕西省报刊评论学会	李甫运	王成林	雁南一路曲江六号一号公寓2003室
33	陕西省茶文化研究会	马恒光	陈泽伟	西安市碑林区互助路电信小区2号楼2404室
34	陕西省传播学会	赵锦荣	马慧群	西安市北大街147号
35	陕西省道德文化研究会	卢黎歌	程爱霞	西安市西安交通大学主楼E座2104室
36	陕西省柳青文学研究会	邢小利	周博学	西安市长安区嘉华小区3号楼6单元1楼1号
37	陕西省廉政文化研究会	卢飞鹰	王俊华	西安市雁塔区西影路74号111栋3单元30509室
38	三秦文化研究会	李炳武	闫智民	陕西省政府大楼决策咨询委员会转闫智民
39	陕西省散文学会	陈长吟	刘宁	西安市含光南路177号陕西省社科院
40	陕西省少年儿童文化研究会	刘家全	阮旭辉	西安市雁塔区高新一路2号国家开发银行大厦903
41	陕西省外国文学学会	聂军	杨晓钟	西安市文苑南路西安外国语大学长安校区
42	陕西省吴宓研究会	白育伟	张鹏	咸阳市渭城区文林路东段咸阳师范学院科技处转
43	陕西省喜剧美学研究会	姜增祥	刘鑫	西安市龙首北路4号

续表

序号	团体会员名称	会长	秘书长	地址
44	陕西省中国现代文学学会	史志谨	宋越	陕师大教学10楼
45	陕西省写作学会	朱鸿	冯光	陕西省委党校7号楼
46	陕西省新闻摄影学会	杜耀峰	王西娅	西安市长安区西安培华学院汇知楼2楼
47	陕西省姓氏文化研究会	李丽玮	刘波	西安市雁塔区长安中路89号阳明国际大厦15层
48	陕西省语言学会	胡安顺	杜敏	长安区西长安街620号(陕西师范大学文学院)
49	陕西省杂文学会	商子雍	焦仁贵	西安市环城路陕西日报社院内省杂文学会
50	陕西省改革发展研究会	曾昭宁	黄莉	西安市雁塔区电子二路18号西安石油大学2号教学楼1407室
51	陕西省管理科学研究会	赵西萍	折保宏	陕西工商管理硕士学院
52	陕西省企业文化建设协会	张培合	陈玮	西安市南二环西段154号易和蓝钻1010室
53	陕西省党的建设研究会	李锦斌	郭文超	西安市雁塔南路10号省委1号办公楼
54	陕西省价值哲学学会	袁祖社	胡军良	西北大学哲学学院
55	陕西省科学社会主义学会	苗光新	万冬冬	西安市小寨西路119号陕西省委党校科社教研部
56	陕西省马克思主义研究会	刘进田	李政敏	西安市长安南路300号西北政法大学雁塔校区
57	陕西省毛泽东思想研究会	阎树群	张帆	陕西师范大学马克思主义学院
58	陕西省南泥湾精神研究会	张岁太	马权斌	西安市红小巷16号
59	陕西省孔子学会	刘学智	魏冬	长安区滦镇科教园陈北路1号西北现代学院图书馆437室
60	陕西省延安精神研究会	梁宏贤	周德喜	陕西省政府前大楼11层036号
61	陕西省哲学学会	曹飞	曹延莉	西安市小寨西路119号中共陕西省委党校哲学教研部
62	陕西省政治学会	李刚	刘建伟	西安市长安区西沣路226号西安电子科技大学南校区
63	陕西省周易研究会	李耀堂	王莹	西安市科技路37号海星城市广场B座2305室
64	陕西省创造学会	管忠民	田文	西安市灞桥区水安路28号思源学院行政楼410室

续表

序号	团体会员名称	会　长	秘书长	地址
65	陕西省杜斌丞教育思想研究会	杜芳滨	邱小迪	西安市雁塔区明得德一路 123 号
66	陕西省家庭教育研究会	李少梅	张　勇	西安市雁塔区曲江大道 167 号龙湖紫都城 9 号楼 2 单元 2004 室
67	陕西省教育理论研究会	司晓宏	王鹏炜	西安市长安南路 199 号陕西师范大学田家炳楼 101 室
68	陕西省青少年素质教育研究会	孙　静	徐　剑	西安市碑林区环城南路 45 号时代诺利达大楼 A 区 501 室
69	陕西省心理健康教育研究会	宋　馨	殷金梅	陕西省民政厅办公大楼 1207 室
70	陕西省博物馆协会	侯宁彬	谭前学	西安市雁塔区翠华路 290 号陕西历史博物馆综合楼 604 室
71	陕西省中共党史人物研究会	闫团结	苟昭赟	西北大学马列主义学院
72	陕西省中共党史学会	杨更社	袁文伟	西安邮电大学长安校区 618 号
73	陕西省考古学会	孙周勇	种建荣	西安市雁塔路南段乐游路 31 号陕西省考古院
74	陕西省历史学会	贾二强	梁志胜	西安市西长安街 620 号陕西师范大学历史文化学院
75	陕西省钱币学会	张利原	李宝庆	西安市高新路 49 号人民银行西安分行
76	秦文化研究会	史党社	白立超	西北大学历史学院
77	陕西省秦俑学研究会	田　静	陈　洪	西安市临潼区秦始皇帝陵博物院
78	陕西省陕甘宁革命根据地史研究会	王长寿	樊为之	西安市含光南路 177 号省社科院文化研究所
79	陕西省司马迁研究会	张新科	王晓鹃	西安市长安区西长安街 620 号陕西师范大学文汇楼 211 室
80	西安事变研究会	杨　瀚	李建文	西安市青年路 117 号止园杨虎城将军纪念馆
81	陕西省轩辕黄帝研究会	郑　熊	李友广	西安市学府大道 1 号西北大学思想所
82	陕西省妇女理论婚姻家庭研究会	杨　洁	王延萍	西安市和平路 93 号世纪广场杏园公寓 5A
83	陕西省纪检监察学会	田惠民	田惠民	西安市雁塔路南段 10 号省纪检委
84	陕西省检察官协会	胡太平	梁晓淮	西安市新城大院西大楼省检察院

续表

序号	团体会员名称	会　长	秘书长	地址
85	陕西省建筑劳动研究会	韩军锋	陈宝斌	西安市北大街199号陕西建工集团
86	陕西省劳动学会	赵润录	常　锋	新城区陕西省政府大院物资楼2楼
87	陕西省老年学会和老年医学学会	米烈汉	宜福田	西安市陕西省政府新城大院老龄委
88	陕西省秦岭发展研究会	李保国	马义芳	西安市碑林区太白北路229号西北大学生命科学院
89	陕西省人口学会	李树苗	渠盛辉	西安市莲湖区崇新里18号
90	陕西省社会发展研究会	马云彤	张　锐	西安市雁塔区南二环西段辅路118号11楼B室
91	陕西省社会学会	牛　昉	李　巾	西安市含光路南段177号陕西省社科院北楼三楼
92	陕西省社会科学信息学会	吴敏霞	王　钊	西安市含光路177号陕西省社科院图书馆
93	陕西省汉语国际教育研究会	段建军	苏　蕊	西安市长安区学府大道1号西北大学西学楼612室
94	陕西省发展经济学会	徐璋勇	杨　勇	西安市未央区武德路1601号西工新苑
95	西安朝华管理科学研究院	单元庄	李稚芸	西安高新路67号含光佳苑A座1803室
96	陕西创新人才发展研究院	穆群英	邴　敏	西安市高新区唐延路35号旺座现代城E座1104室
97	陕西省弘扬汉文化研究中心	刘连腾	刘少恒	陕西省西咸新区沣东新城三桥街道嘉宝城上城办公楼
98	陕西翰林教育研究院	刘瀚辰	刘瀚辰	西安市小寨西路131号
99	陕西华夏教育科学研究院	张白鸿	张白鸿	西安市雁塔区兴善寺东街陕西学前师范学院183号
100	陕西季羡林国学院	吕　明	张晓萨	咸阳市秦都区南郊开发区陕西服装工程学院1号科技楼
101	陕西人才战略发展研究中心	李弈胜	柳　青	西安市雁塔区朱雀大街132号阳阳国际B座4楼409
102	陕西现代经济与管理研究院	张　鸿	侯光文	西安市雁塔区西安邮电大学图科楼14楼03号
103	陕西颖创跨境贸易研究院	王利晓	王　淙	西安市长安区太乙宫西安翻译学院内
104	陕西三秦国土空间规划研究院	何元方	张满社	西安市碑林区友谊西路243号
105	陕西新丝路电子商务研究院	张　欣	刘　阳	西安市丈八五路10号

陕西省社会科学联合会所属科普基地一览表

根据2012年陕西省委办公厅、陕西省政府办公厅关于印发《省级有关部门贯彻落实省委十一届八次全会实施意见重点工作分工方案》的通知精神,由陕西省社科联牵头负责建设一批科普基地。从2013年至2021年底,共分五批建设了覆盖我省各地,各自特色鲜明的科普基地103家。2021年陕西省社科联对各科普基地进行检查评估,3家科普基地鉴定为不合格,取消资格。截至目前,建成科普基地100家。

陕西省首批社会科学普及基地名单(20个)

序号	基地名称	依托单位
1	陕西省城市经济文化研究会推进城镇化科普基地	陕西省城市经济文化研究会
2	陕西省钱币学会社科普及基地	省钱币学会
3	社会化问题研究应用科普基地	商洛学院
4	金融征信宣传教育科普基地	宝鸡文理学院
5	汉水文化研究科普基地	陕西理工大学
6	陕北历史文化研究与传承科普基地	榆林学院
7	陕西青少年红色基因传承教育基地	陕西学前师范学院
8	马克思主义大众化科普基地	渭南师范学院
9	陕西师范大学博物馆科普基地	陕西师范大学
10	贾平凹文学艺术馆	西安建筑科技大学
11	陈忠实文学馆	西安思源学院
12	陕西中医药大学医史博物馆	陕西中医药大学
13	实证社会科学研究科普基地	西安交通大学
14	西北大学博物馆	西北大学
15	中国特色社会主义理论研究宣传基地	陕西省委党校
16	秦始皇帝陵博物馆	秦始皇帝陵博物馆
17	西安博物院	西安博物院
18	陕西省法学会法制宣传普及基地	陕西省法学会法制宣传普及基地
19	陕西历史博物馆	陕西历史博物馆
20	西北农林科技大学博览园	西北农林科技大学

陕西省第二批社会科学普及基地名单(15个)

序号	基地名称	依托单位
1	西安交通大学城市学院人文素养与传播教育基地	西安交通大学城市学院
2	司马迁与《史记》研究基地	渭南师范学院
3	陕西省考古研究院陕西公众考古基地	陕西省考古研究院
4	陕西省汉阴三沈纪念馆	汉阴县三沈文化研究学会
5	陕西季羡林国学院	季羡林国学院
6	汉文化研究协会	汉中市汉文化研究协会
7	中华传统文化普及基地	长安大学
8	咸阳师范学院社会工作科普工作站	咸阳师范学院
9	西安科技大学地质博物馆	西安科技大学
10	陕西省信息产业科普中心	西安邮电大学
11	创业教育科学普及基地	西京学院
12	弘德馆	西安医学院
13	汉景帝阳陵博物馆	汉阳陵博物馆
14	宝鸡青铜器博物院	宝鸡青铜器博物院
15	大明宫遗址博物馆	大明宫遗址博物馆

陕西省第三批社会科学普及基地名单(13个)

序号	基地名称	依托单位
1	南泥湾精神科普基地	陕西省南泥湾精神研究会
2	妇女维权与社会工作科普基地	陕西省妇女理论婚姻家庭研究会
3	心理健康教育科普基地	陕西省心理健康教育研究会
4	中华优秀传统文化科普基地	榆林市社科联
5	书法历史文化教育科普基地	西安碑林博物馆
6	儿童健康教育科普基地	西安市儿童医院
7	网络舆情科普基地	西安交通大学
8	性别平等与妇女发展科普基地	西安培华学院
9	生态多样性研究科普基地	秦岭国家植物园
10	延安精神研究与传播科普基地	延安大学
11	中国思想文化研究科普基地	西北大学
12	文化与价值研究科普基地	西安电子科技大学
13	民办高等教育研究科普基地	西安外事学院

陕西省第四批社会科学普及基地名单(33个)

序号	基地名称	依托单位
1	交大西迁博物馆	西安交通大学
2	国防军工文化科普基地	西北工业大学
3	陕南文化遗产全媒体传播科普基地	陕西理工大学
4	秦东非物质文化遗产科普基地	渭南师范学院
5	心理学普及与教育中心科普基地	陕西师范大学
6	时尚文化创意园	西安工程大学
7	延安精神与党的建设研究科普基地	西北大学
8	交通强国科普教育基地	长安大学
9	中华文化国际交流推广科普基地	西安外国语大学
10	艺术与设计科普基地	西安理工大学
11	西安美术学院美术博物馆	西安美术学院
12	陕西民间艺术保护与文创设计科普基地	西安石油大学
13	路遥文学馆	延安大学
14	长安历史文化科普基地	西安文理学院
15	陕西红色文化研究与新媒体传播科普基地	西安邮电大学
16	中国传统书法文化普及教育基地	西安工业大学
17	新时代乡村振兴战略研究科普基地	西安建筑科技大学
18	陕西党史人物知识科普基地	陕西省中共党史人物研究会
19	陕南地域文化科普基地	安康学院
20	陕西省网络安全法制教育基地	西北工业大学
21	陕西杜斌丞教育思想研究与实践科普基地	陕西省杜斌丞教育思想研究会
22	中国轻工业博物馆科普基地	陕西科技大学
23	陕西省地质调查院生态文明科普基地	陕西省地质调查院
24	于右任书法艺术科普基地	咸阳师范学院
25	陕西省家风馆	陕西省妇女儿童活动中心
26	陕西学前教育书画艺术展训基地	陕西学前师范学院
27	石鼓讲坛	宝鸡市社科联、宝鸡炎帝与周秦文化研究会
28	秦商文化科普基地	西安财经大学
29	西安关中民俗博物院	西安关中民俗博物院
30	陕西关学与传统文化科普基地	宝鸡文理学院
31	九号宇宙-深空主题航天科普研学基地	西安中科创星科学传播发展有限公司
32	终南文化科普基地	西安翻译学院
33	大唐西市博物馆	大唐西市博物馆

陕西省第五批社会科学普及基地名单(19个)

序号	基地名称	依托单位
1	宝鸡申新纱厂抗战工业遗址科普基地	宝鸡长乐塬抗战工业遗址公园
2	宝鸡民俗博物馆	宝鸡民俗博物馆
3	秦都古陶博物馆科普基地	咸阳秦都古陶博物馆
4	周秦汉唐文化科普基地	秦文化研究会
5	中国古琴文化艺术科普基地	陕西省长安古琴艺术研究院
6	长安唐村社会科学普及基地	长安唐村·中国农业公园
7	陕西大风尚再生资源科普基地	陕西大风尚再生资源艺术馆
8	秦砖汉瓦博物馆	西安秦砖汉瓦博物馆
9	神木市博物馆、神木市展览馆	神木市博物馆
10	陕北民歌博物馆	榆林市陕北民歌博物馆
11	工业文化教育培训基地	延安市延长油田
12	媒介素养科普基地	陕西师范大学
13	铁人王进喜纪念馆科普基地	西安石油大学
14	陕西省通信科学教育普及基地	西安邮电大学
15	黄河流域戏曲非遗传承普及基地	西安建筑科技大学·渭南市社科联
16	文化传承与翻译体验馆科普基地	西安翻译学院
17	关中麦秆画非遗科普基地	陕西财经职业技术学院
18	大数据科学普及基地	西安科技大学
19	中国纺织企业跨文化传播科普基地	西安工程大学

陕西省哲学社会科学研究基地(中心)一览表

序号	名称	单位负责人	地址
1	安康学院陕南民间文化研究中心	戴承元	陕西省安康市育才路92号陕南民间文化研究中心
2	安康学院陕南乡村振兴研究中心	何家理	陕西省安康市汉滨区安康大道中段安康学院江北逸夫楼8楼
3	宝鸡文理学院关陇方言与民俗研究中心	兰拉成	陕西省宝鸡市高新大道1号宝鸡文理学院高新校区
4	宝鸡文理学院陕西省重点中国特色社会主义理论体系研究中心	郭霄鹏	陕西省宝鸡市高新大道1号宝鸡文理学院高新校区
5	宝鸡文理学院周秦伦理文化与现代道德价值研究中心	张波	陕西省宝鸡市高新大道1号宝鸡文理学院高新校区
6	长安大学公路基础设施经济与管理研究中心	徐海成	陕西省西安市南二环路中段长安大学
7	长安大学陕西文化发展与融合创新智库	陈怀平	陕西省西安市南二环中段长安大学校本部北院
8	长安文化产业研究中心	刘吉发	陕西省西安市南二环中段长安大学校本部北院
9	长安大学中国特色社会主义理论体系研究中心	陈怀平	陕西省西安市南二环中段长安大学校本部北院
10	长安大学综合运输经济管理研究中心	吴群琪	西安市南二环中段长安大学经济与管理学院
11	大遗址保护与古建筑(国际)研究中心	许健	西安市咸宁西路28号
12	公共政策与社会治理研究中心	李丽辉	西安市小寨东路64号
13	馆藏壁画保护修复与材料科学研究国家文物局重点科研基地	杨军昌、李炫华	陕西省西安市友谊西路127号西北工业大学
14	国际舆情与国际传播研究院	杨晓钟	陕西省西安市长安区西安外国语大学雁塔校区图书馆
15	核心价值观培育与红色文化教育传承协同创新研究中心	万生更	陕西省西安市长安区神禾二路101号
16	健康文化研究中心	李亚军	陕西省西安市沣西新城统一西路35号4#教学楼
17	交互体验下的古代服饰虚拟仿真与服装智能设计创新团队	刘凯旋	陕西省西安市金花南路19号
18	马克思主义理论与当代实践研究基地	燕连福	陕西省西安市碑林区咸宁西路28号
19	能源经济与管理研究中心	张金锁	陕西省西安市雁塔路58号

续表

序号	名称	单位负责人	地址
20	欧亚教育创新研究院	赵军镜	西安欧亚学院行政楼 505
21	欧美文学研究中心	王军哲	陕西省西安市长安区西安外国语大学雁塔校区图书馆
22	全国红色旅游创新发展研究基地	姬雄华	陕西省延安市宝塔区新区延安大学经济与管理学院
23	人口与发展政策研究中心	黎洁	陕西省西安市咸宁西路 28 号
24	陕北生态文化研究中心	贺智利	榆林市崇文路 51 号
25	商洛发展研究院	王怡	陕西省商洛市北新街 10 号
26	商洛学院秦岭画派研究中心	刘凤林	陕西省商洛市商洛学院艺术学院
27	商洛学院商洛文化暨贾平凹研究中心	张文诺	陕西省商洛市商州区北新街 10 号图书馆五楼
28	陕南绿色发展与生态补偿研究中心	刘保民	陕西省汉中市汉台区东 1 环路陕西理工大学
29	陕南生态经济研究中心	李勇	陕西省安康市汉滨区安康大道中段安康学院江北校区科技楼
30	陕西大学生形势与政策教育信息中心	燕连福	西安市碑林区咸宁西路 28 号
31	陕西高校军民融合科技创新研究中心	董广茂	西安市未央区学府中路 2 号
32	陕西(高校)哲学社会科学重点研究基地汉水文化研究中心	李宜蓬	陕西省汉中市汉台区东一环路 1 号陕西理工大学南校区汉水文化研究中心
33	陕西(高校)智库"'一带一路'纺织发展创新研究院"	张克英	陕西省西安市金花南路 19 号
34	陕西宏观经济与经济增长质量协同创新研究中心	任保平	陕西省西安市长安区学府大道 1 号西北大学
35	陕西军民融合发展战略软科学研究基地	张炜	西安市友谊西路 127 号
36	陕西科技大学轻工产业发展战略研究中心	马广奇	西安市未央区未央大学园陕西科技大学人文楼 A721 室
37	陕西科技大学丝路文化传承与创新设计研究中心	詹秦川	陕西科技大学设计与艺术学院
38	陕西科技大学职业院校教师专业发展研究中心	罗云	陕西省西安市陕西科技大学人文楼 A103 室
39	陕西理工大学汉江水源保护与陕南绿色发展智库	胡仪元	陕西省汉中市汉台区东一环路 1 号陕西理工大学南校区经管学院

续表

序号	名称	单位负责人	地址
40	陕西农村经济与社会发展协同创新研究中心	赵敏娟	陕西杨凌邰城路3号西北农林科技大学经济管理学院C307室
41	陕西省创新驱动与产业升级研究中心	冯根福	西安市雁塔西路74号西安交通大学经济与金融学院
42	陕西省电子商务协同创新研究中心	张 鸿	陕西省西安市长安区西长安街618号西安邮电大学东区逸夫楼801室
43	陕西省电子商务与电子政务重点实验室	李 琪	西安市雁塔西路74号西安交通大学经济与金融学院
44	陕西省房地产业绿色发展与机制创新研究中心	兰 峰	西安市碑林区雁塔路中段13号
45	陕西省非物质文化遗产研究基地	孙清潮	陕西师范大学长安校区教育博物馆西副楼
46	陕西省高校德育研究中心	卢黎歌	西安咸宁路28号西安交通大学主楼21层德育研究中心
47	陕西省公众科学素质发展研究中心	陈建有	西安市碑林区友谊西路127号西北工业大学
48	陕西省国防科技与经济发展研究中心	贺宁华	西安市长安区常宁大街360号
49	陕西省教育新媒体研究院	闫晋瑛	西安欧亚学院设计与媒体实验中心202室
50	陕西省经济研究中心	李国平	西安市雁塔西路74号西安交通大学经济与金融学院
51	陕西省军民融合发展协同创新研究中心	侯成义	西安市友谊西路127号
52	陕西省军民融合培训基地	侯成义	西安市友谊西路127号
53	陕西省军民融合评估中心	侯成义	西安市友谊西路127号
54	陕西省科技创新人才评价与激励软科学研究基地	穆群英	高新区唐延路35号旺座现代城E座
55	陕西省青少年科学素质发展研究中心	朱金卫	陕西省西安市长安区神禾二路101号
56	陕西省情研究中心	石 英	雁塔区含光南路177号
57	陕西师范大学陕西省统一战线理论研究基地	任晓伟	陕西师范大学长安校区文澜楼
58	陕西省网络舆情研究基地	张 立	西安交通大学新闻与新媒体学院
59	陕西省文化产业协同创新研究中心	杜向民	陕西省西安市南二环中段长安大学校本部北院
60	陕西省新型城镇化协同创新研究中心	张贵孝	中共陕西省委党校(陕西行政学院)友谊校区

续表

序号	名称	单位负责人	地址
61	陕西省智能制造管理软科学研究基地	李 刚	西安市咸宁西路28号
62	陕西省中华职业教育社职业教育研究中心	刘正安	陕西科技大学人文楼A103
63	陕西省重点舆情信息研究中心	袁祖社	陕西师范大学长安校区文澜楼
64	陕西省专业技术人员继续教育基地	穆群英	高新区唐延路35号旺座现代城E座
65	陕西师范大学阿富汗研究中心	苏晓宇	陕西师范大学长安校区教育博物馆西副楼
66	陕西师范大学"长安与丝路文化传播"学科创新引智基地	张新科	陕西师范大学长安校区文汇楼A段
67	陕西师范大学儿童青少年心理与行为健康研究中心	王振宏	陕西师范大学雁塔校区心理学院
68	陕西师范大学扶贫政策与评估研究中心	雷宏振	陕西师范大学长安校区文澜楼
69	陕西师范大学公共治理与政策创新研究中心	袁祖社	陕西师范大学长安校区文澜楼
70	陕西师范大学国家语言文字推广基地	党怀兴	陕西师范大学长安校区文汇楼
71	陕西师范大学国际长安学研究院(国际长安学协同创新中心)	贾二强	陕西师范大学长安校区文汇楼C段
72	陕西师范大学国外藏学研究中心	王启龙	陕西师范大学雁塔校区文科科研楼
73	陕西师范大学教育实验经济研究所	史耀疆	陕西师范大学长安校区博物馆西副楼
74	陕西师范大学女性研究中心	杨 洁	陕西师范大学长安校区教育博物馆主楼
75	陕西师范大学丝绸之路人文交流研究中心	甘 晖	陕西师范大学长安校区教育博物馆西副楼
76	陕西师范大学体育人文社会科学研究中心	游旭群	陕西师范大学长安校区文津楼一段
77	陕西师范大学土耳其研究中心	李秉忠	陕西师范大学长安校区文汇楼
78	陕西师范大学乌兹别克斯坦研究中心	李 琪	陕西师范大学长安校区教育博物馆西副楼
79	陕西师范大学现代教学技术教育部重点实验室	胡卫平	陕西师范大学长安校区
80	陕西省乡村振兴发展智库	夏显力	陕西省咸阳市邰城路3号

续表

序号	名称	单位负责人	地址
81	陕西师范大学西北国土资源研究中心	曹小曙	陕西师范大学长安校区博物馆西副楼
82	陕西师范大学西北基础教育与教师教育研究中心	郝文武	陕西师范大学雁塔校区崇鋈楼
83	陕西师范大学西北跨境民族与边疆安全研究中心	冯旭东	陕西师范大学长安校区教育博物馆西副楼
84	陕西师范大学西北民族走廊与边疆社会发展研究中心	冯旭东	陕西师范大学长安校区教育博物馆西副楼
85	陕西师范大学西北历史环境与经济社会发展研究院	王社教	陕西师范大学长安校区教育博物馆西副楼
86	陕西师范大学"一带一路"建设与中亚研究协同创新中心	李琪	陕西师范大学长安校区教育博物馆西副楼
87	陕西师范大学语言资源开发研究中心	邢向东	陕西师范大学长安校区文汇楼A段
88	陕西师范大学中华优秀传统文化传承基地(陕西皮影)	孙清潮	陕西师范大学长安校区教育博物馆西副楼
89	陕西师范大学中国被盗(丢失)文物信息平台翻译中心	杨瑾	陕西师范大学长安校区文汇楼C段
90	陕西师范大学中国特色社会主义理论体系研究中心	阎树群	陕西师范大学长安校区文澜楼C段
91	陕西师范大学中国西部边疆研究院	王欣	陕西师范大学雁塔校区文科科研楼
92	陕西师范大学宗教研究中心	王启龙	陕西师范大学雁塔校区文科科研楼
93	陕西文化资源开发协同创新中心	党怀兴	陕西师范大学长安校区教育博物馆西副楼
94	陕西信息产业发展研究中心	张鸿	西安市长安区西长安街618号西安邮电大学东区逸夫楼801室
95	陕西信息资源研究中心	赵捧未	西安电子科技大学
96	陕西学前教育书画艺术展训基地	金旭光	陕西省西安市长安区神禾二路101号
97	陕西学前师范学院核心价值观培养与红色文化基因传承协同创新中心	万生更	西安市长安区神禾二路
98	陕西学前师范学院学前教育发展研究中心	文明	陕西省西安市长安区神禾二路101号
99	陕西知识产权运营研究中心	马广奇	西安市未央区未央大学园陕西科技大学人文楼A721室

续表

序号	名称	单位负责人	地址
100	陕西智慧社会发展战略研究中心	高新波、漆思	陕西省西安市长安区西沣路兴隆段266号西安电子科技大学长安校区信远楼二区
101	丝绸之路影视与戏剧研究中心	张阿利	陕西省西安市长安区学府大道1号西北大学
102	外国语言学及应用语言学研究中心	党争胜	陕西省西安市西安外国语大学雁塔校区图书馆
103	乡村振兴软科学研究基地	赵敏娟	陕西省杨凌示范区邰城路3号
104	西安工业大学陕西当代文学与艺术研究中心	冯希哲	西安市未央区学府中路2号西安工业大学文学院
105	西安建筑科技大学新型城镇化和人居环境软科学研究基地	苏三庆	西安雁塔路13号
106	西安交通大学改革试点探索与评估协同创新中心	冯耕中	陕西省咸宁西路28号西安交通大学管理学院
107	西安交通大学经济高质量发展软科学研究基地	袁晓玲	陕西省西安市雁塔西路74号西安交通大学经济与金融学院
108	西安交通大学聚实"一带一路"新经济研究院	魏玮	陕西省西安市雁塔西路74号西安交通大学
109	西安交通大学立法与党内法规研究中心	王保民	陕西省西安市咸宁西路28号
110	西安交通大学马克思主义中国化研究协同创新中心	燕连福	陕西省西安市碑林区咸宁西路28号
111	西安交通大学民商法研究中心	吴国喆	陕西省西安市咸宁西路28号
112	西安交通大学人工智能与信息安全法律研究中心	刘东亮	陕西省西安市咸宁西路28号
113	西安交通大学陕西省重点中国特色社会主义理论体系研究中心	陈建兵	陕西省西安市咸宁西路28号
114	西安交通大学丝绸之路国际法与比较法研究所	单文华	陕西省西安市咸宁西路28号
115	西安交通大学文化创意产业研究中心	杨琳	陕西省西安市碑林区咸宁西路28号
116	西安交通大学–香港中文大学人口迁移联合研究中心	李树茁	西安交通大学
117	西安交通大学西安鼓乐研究所	马西平	陕西省西安市碑林区咸宁西路28号
118	西安交通大学"一带一路"与全球发展研究院	冯宗宪	西安市雁塔西路74号西安交通大学经济与金融学院

续表

序号	名称	单位负责人	地址
119	西安交通大学"一带一路"自由贸易试验区研究院	席 光	西安市碑林区咸宁路28号西安交通大学兴庆校区
120	西安交通大学社会保障理论与政策研究中心	张思锋	陕西省西安市碑林区咸宁西路28号
121	西安交通大学社会政策与社会治理协同创新中心	李树茁、杨雪燕	陕西省西安市碑林区咸宁西路28号
122	西安交通大学实证社会科学研究所	边燕杰	陕西省西安市碑林区咸宁西路28号
123	西安交通大学丝绸之路经济带法律政策协同创新中心	单文华	陕西省西安市咸宁西路28号
124	西安交通大学知识产权研究中心	马治国	陕西省西安市咸宁西路28号西安交通大学主楼E2106室
125	西安交通大学中国管理问题研究中心	郭菊娥	西安市咸宁西路28号西安交通大学
126	西安欧亚学院高校质量评鉴研究所	刘 瑾	西安欧亚学院教学质量评估中心
127	西安欧亚学院教育信息化研究所	罗 征	西安欧亚学院图文信息中心
128	西安市科技创新智库(陕西科技大学经济与管理学院)	王胜利	陕西科技大学经济与管理学院
129	西安思源学院创新教育研究指导中心	凤翔翔	陕西省西安市东郊水安路28号
130	西安思源学院东南亚研究中心	赵惠霞	西安市东郊水安路28号
131	西安思源学院留学生与中国现代化研究中心	周 棉	陕西省西安市东郊水安路28号
132	西安思源学院民办高等教育发展战略研究中心	李维民	陕西省西安市东郊水安路28号
133	西安思源学院新发展理念与领导力研究中心	马 勇	陕西省西安市东郊水安路28号
134	西安邮电大学陕西党史人物与红色文化研究中心	袁武振	西安邮电大学长安校区马克思主义学院
135	西北大学国家语言文字推广基地	谷鹏飞	西安市长安区学府大道1号
136	西北大学"一带一路"与大中东区域协同创新中心	韩志斌	西安市碑林区太白北路西北大学太白校区科研楼9层中东研究所
137	西北大学优秀中国文化传承与创新研究基地	李 浩	西安市长安区学府大道1号

续表

序号	名称	单位负责人	地址
138	西北大学中国西部经济发展研究中心	任保平	西安市长安区学府大道1号
139	西北地区社会稳定与国家安全法治研究中心	杨宗科	西长安街558号西北政法大学长安校区
140	西北工业大学国防军工文化科普基地	张淑华	陕西省西安市友谊西路127号西北工业大学
141	西北工业大学军民融合发展战略研究中心	侯成义	西北工业大学管理学院304室
142	西北工业大学陕西省重点舆情信息研究中心	陈建有	西安市长安区东祥路1号西北工业大学长安校区马克思主义学院232办公室
143	西北工业大学外国语学院联合国研究与教学中心	阮红梅	西北工业大学外国语学院
144	西北工业大学"一带一路"跨文化研究所	臧小佳	西北工业大学外国语学院
145	西北农林科技大学陕西省乡村治理与社会建设协同创新研究中心	付少平	陕西省杨凌区西北农林科技大学人文社会发展学院
146	西北政法大学地方政府法治建设研究中心	王周户	西安市长安南路300号西北政法大学雁塔校区行政楼1层
147	西北政法大学法治陕西建设协同创新中心	王周户	西安市长安南路300号西北政法大学雁塔校区图书馆4层
148	西北政法大学国际法研究中心	王瀚	陕西省西安市雁塔区长安南路300号西北政法大学研综楼3层国际法研究中心
149	西北政法大学人权研究中心	钱锦宇	西安市雁塔区长安南路300号(雁塔校区)2号教学楼一层
150	西北政法大学社会政策与社会舆情评价协同创新研究中心	宋觉	西安市雁塔区长安南路300号
151	西北政法大学刑事法律科学研究中心	冯卫国	西安市长安南路300号西北政法大学雁塔校区研究生综合楼
152	西部发展研究院	刘天军	陕西省杨凌区邰城路3号
153	西部农村发展研究中心	霍学喜	陕西杨凌邰城路3号西北农林科技大学经济管理学院C416室
154	西部文化创意产业协同创新中心	边燕杰、杨秀云	陕西省西安市咸宁西路28号
155	新时代陕西人居环境与美好生活共建共享重点研究基地	刘晓君	陕西省西安市雁塔路13号西安建筑科技大学西楼323室
156	延安大学路遥与知青文学研究中心	梁向阳	陕西省延安市新区公学北路延安大学新校区文学院

续表

序号	名称	单位负责人	地址
157	延安精神研究中心	王东维	陕西省延安市宝塔区延安新城延安大学延安精神研究中心
158	延安精神与红色文化传承协同创新中心	谭虎娃	陕西省延安市宝塔区新区延安大学马克思主义学院5楼
159	"一带一路"服饰文化研究中心	吕钊	陕西省西安市金花南路19号
160	"一带一路"文化遗产科技保护国际联合研究中心	何国强	陕西省西安市友谊西路127号西北工业大学
161	"一带一路"沿线国家标准研究院	袁晓玲	陕西省西安市雁塔西路74号西安交通大学
162	"一带一路"中医药健康发展研究中心	唐志书	陕西省西咸新区陕西中医药大学
163	智慧健康养老科技引智与政策创新国际联合研究中心	张思锋	陕西省西安市咸宁西路28号
164	中共党史与延安学研究中心	王东维	陕西省延安市宝塔区新区延安大学中共党史与延安学研究中心
165	中共陕西省委党校省重点中国特色社会主义理论体系研究中心	金刚	陕西省西安市中共陕西省委党校(陕西行政学院)
166	中国传统美术与西部美术研究中心	朱尽晖	陕西省西安市含光南路100号西安美术学院
167	中国旅游研究院西部旅游发展研究基地	李君轶	陕西师范大学长安校区文汇楼
168	中国(西安)数字经济发展监测预警基地	冯耕中	陕西省西安市咸宁西路28号西安交通大学
169	中医药文化传承与发展研究中心	欧阳静	陕西省西咸新区西咸大道
170	自贸区语言服务研究所	王淙	西安翻译学院科技楼519
171	长安大学国家安全与高校意识形态教育研究基地	彪晓红	陕西省西安市南二环中段长安大学校本部北院
172	国家民委"一带一路"国别和区域研究中心——环黑海研究中心	李秉忠	陕西师范大学长安校区教育博物馆西副楼
173	教育部高校思想政治工作队伍培训研修中心(陕西师范大学)	刘力波	陕西师范大学长安校区义澜楼
174	陕西科技大学"三创两迁"精神铸魂育人——大学精神与大学文化育人研究基地	姚书志	陕西科技大学马克思主义学院
175	商洛学院秦岭文化研究中心	蒋正治	商洛学院北新街校区8号楼

续表

序号	名称	单位负责人	地址
176	商洛学院应用型高校文化育人协同创新研究基地	蒋正治	商洛学院北新街校区8号楼
177	西安理工大学陕西省公民科学素质与科技创新研究中心	李孝廉	西安理工大学曲江校区
178	西安电子科技大学陕西省公民科学素质与文化创新研究中心	李 刚	西安电子科技大学南校区
179	陕西师范大学陕西基础教育质量监测与评估研究中心	祁占勇	陕西师范大学雁塔校区田家炳楼
180	西北工业大学陕西省公众科学素质教育培训中心	刘 敏	西安市碑林区友谊西路127号西北工业大学
181	长安大学陕西省公众科学素质与公共政策研究中心	刘兰剑	长安大学人文学院
182	西北工业大学陕西省公民科学素质与社会治理研究中心	杨云霞	陕西省西安市友谊西路127号西北工业大学
183	西北工业大学陕西省科技安全风险防控软科学研究基地	张 敏	西安市碑林区友谊西路127号西北工业大学
184	西安外国语大学陕西省科学传播与国际发展研究中心	白 黎	西安外国语大学雁塔校区图书馆
185	商洛学院陕西省商洛公众科学素质与创新发展研究中心	王新军	陕西省商洛市北新街10号
186	陕西师范大学教育立法研究基地	陈 鹏	陕西师范大学雁塔校区田家炳楼
187	陕西师范大学新时代思想政治工作体系与创新研究基地	任晓伟	陕西师范大学长安校区文澜楼
188	西安交通大学陕西省统一战线理论研究基地	苏玉波	陕西省西安市碑林区咸宁西路28号
189	西安交通大学"西迁精神"研究中心	成 进	陕西省西安市碑林区咸宁西路28号
190	西安美术学院红色美术传统文化传承基地	朱尽晖	西安市含光南路100号西安美术学院
191	西北大学新时代思想政治工作基础理论重点研究基地	李建森	西安市长安区学府大道1号
192	西北大学"一带一路"国别和区域研究中心	韩志斌	西安市长安区西北大学长安校区史学楼8楼中东研究所
193	西北地区高校教师教学发展研究院	杨益新	陕西省西安市碑林区127号西北工业大学

续表

序号	名称	单位负责人	地址
194	西北工业大学高层次国际化人才培养创新实践基地	孔 杰	西北工业大学外国语学院
195	西北工业大学中国传统壁画艺术	孙 瑜	西北工业大学艺术教育中心
196	中国纺织工业联合会"梦桃精神代代相传"思想政治教育研究基地	杨永革	陕西省西安市金花南路19号

陕西省党校哲学社会科学期刊一览表

序号	名称	主管单位	主办单位	现任主编
1	理论导刊	中共陕西省委党校	中共陕西省委党校	闫生金
2	陕西行政学院学报	陕西省人民政府	陕西行政学院	宦 洁
3	陕西社会主义学院学报	中共陕西省委统战部	陕西社会主义学院	辛建民
4	中国延安干部学院学报	中共中央组织部	中国延安干部学院	赵耀宏

陕西省高校哲学社会科学期刊一览表

序号	名称	主管单位	主办单位	现任主编
1	Journal of Tibetan and Himalayan Studies	陕西师范大学	陕西师范大学国外藏学研究中心	王启龙、范德康（Leonard W. J. van der Kuijp）
2	安康学院学报	陕西省教育厅	安康学院	张东红
3	宝鸡文理学院学报（社会科学版）	陕西省教育厅	宝鸡文理学院	郭霄鹏
4	北斗语言学刊	陕西师范大学	陕西师范大学语言科学研究所	乔全生
5	长安大学学报（社会科学版）	教育部	长安大学	陈志坚
6	长安学术	陕西师范大学	陕西师范大学文学院	张新科
7	长安学研究	陕西师范大学	陕西师范大学国际长安学协同创新中心（国际长安学研究院）	黄留珠、贾二强
8	大西北文学与文化	陕西师范大学	陕西师范大学人文社会科学高等研究院	李国平
9	当代教师教育	教育部	陕西师范大学	郝文武
10	当代经济科学	教育部	西安交通大学	冯根福
11	法律科学（西北政法大学学报）	陕西省教育厅	西北政法大学	杨建军
12	法学教育研究	西北政法大学	西北政法大学高等教育研究所	杨宗科
13	高校外语教学研究	陕西师范大学	陕西师范大学外国语学院和陕西师范大学教务处	王启龙、孙坚
14	国外藏学研究集刊	陕西师范大学	陕西师范大学国外藏学研究中心	王启龙
15	技术与创新管理	陕西省教育厅	西安科技大学	田水承
16	经济与管理教学创新研究	陕西师范大学	陕西师范大学国际商学院教学创新研究中心	雷宏振
17	跨语言文化研究	陕西师范大学	陕西师范大学外国语学院	王启龙
18	秦汉研究	咸阳师范学院	咸阳师范学院	梁安和、徐卫民

续表

序号	名称	主管单位	主办单位	现任主编
19	人文地理	陕西省教育厅	西安外国语大学与中国地理学会联合创办	陆大道、王军哲、王兴中
20	陕西广播电视大学学报	陕西省教育厅	陕西广播电视大学	王振龙
21	陕西国际商贸学院论坛	陕西省教育厅	陕西国际商贸学院	黄新民
22	陕西理工大学学报（社会科学版）	陕西省教育厅	陕西理工大学	王建科
23	陕西青年职业学院学报	共青团陕西省委	陕西青年职业学院	赵兴刚
24	陕西师范大学学报（哲学社会科学版）	教育部	陕西师范大学	杜敏
25	陕西学前师范学院学报	陕西省教育厅	陕西学前师范学院	邵必林
26	商洛学院学报	陕西省教育厅	商洛学院	刘宝盈
27	世界历史文摘	西北大学	西北大学中东研究所	韩志斌
28	渭南师范学院学报	陕西省教育厅	渭南师范学院	高敏芳
29	丝绸之路研究集刊	陕西师范大学	陕西师范大学历史文化学院、陕西师范大学人文社会科学高等研究院、陕西历史博物馆联合主办	沙武田
30	唐都学刊	西安市教育局	西安文理学院	王银娥
31	唐代文学研究	西北大学	中国唐代文学学会、西北大学文学院联合主办	李浩
32	唐史论丛	陕西师范大学	陕西师范大学唐史研究所、中国唐史学会联合主办	杜文玉
33	统计与信息论坛	陕西省教育厅	西安财经大学、中国统计教育学会高教分会主办	李佼瑞
34	土耳其研究	陕西师范大学	陕西师范大学历史文化学院、土耳其研究中心联合主办	李秉忠
35	外语教学	陕西省教育厅	西安外国语大学	王启龙
36	文化中国学刊	陕西师范大学	国际人文学会和陕西师范大学人文社会科学高等研究院联合主办	子夜、李继凯
37	西安财经大学学报	陕西省教育厅	西安财经大学	吴旺延
38	西安电子科技大学学报（社会科学版）	中华人民共和国教育部	西安电子科技大学	刘延平

续表

序号	名称	主管单位	主办单位	现任主编
39	西安翻译学院论坛	陕西省教育厅	西安翻译学院	翟振东
40	西安工程大学学报	陕西省教育厅	西安工程大学	王海燕
41	西安工业大学学报	陕西省教育厅	西安工业大学	雷亚萍
42	西安交通大学学报（社会科学版）	中华人民共和国教育部	西安交通大学	李明德
43	西安科技大学学报（社会科学版）	陕西省教育厅	西安科技大学	孙红湘
44	西安石油大学学报（社会科学版）	陕西省教育厅	西安石油大学	杨战社
45	西安外国语大学学报	陕西省教育厅	西安外国语大学	白　黎
46	西北大学高教发展研究	陕西省教育厅	西北大学	雷晓康
47	西北大学学报（哲学社会科学版）	陕西省教育厅	西北大学	卫　玲
48	西北高教评论	西北政法大学	西北政法大学	宋　觉
49	西北工业大学学报（社会科学版）	工业和信息化部	西北工业大学	李　辉
50	西北美术	陕西省教育厅	西安美术学院	朱尽晖
51	西北民族论丛	陕西师范大学	陕西师范大学中国西部边疆研究院	周伟洲
52	西北农林科技大学学报（社会科学版）	教育部	西北农林科技大学	张光强
53	西安文理学院学报（社会科学版）	西安市教育局	西安文理学院	张成武
54	西部考古	陕西省教育厅	西北大学	冉万里
55	西安建筑科技大学学报（社会科学版）	陕西省教育厅	西安建筑科技大学	周恩毅
56	西大经济评论	陕西省教育厅	西北大学经济管理学院、中国西部经济发展研究中心联合主办	任保平
57	咸阳师范学院学报	陕西省教育厅	咸阳师范学院	黎文丽
58	新闻知识	陕西日报社	陕西日报社、陕西省新闻工作者协会、陕西省新闻研究所	刘民安、秦　杰
59	信息技术与数据管理学报（英文）	西安交通大学	西安交通大学管理学院	徐宗本

续表

序号	名称	主管单位	主办单位	现任主编
60	延安大学学报（社会科学版）	陕西省教育厅	延安大学	刘国荣
61	乐舞研究	陕西师范大学	陕西师范大学音乐学院	张君仁
62	榆林学院学报	陕西省教育厅	榆林学院	杨鹏亮
63	语言与文化论丛	陕西师范大学	陕西师范大学语言资源开发研究中心	邢向东
64	政法教育研究	陕西省新闻出版局	西北政法大学	宋鸿雁
65	哲学与时代	陕西师范大学	陕西师范大学哲学学院（原哲学与政府管理学院）	袁祖社
66	中东研究	陕西省教育厅	西北大学	黄民兴
67	中国古都研究	陕西师范大学	中国古都学会、陕西师范大学西北历史环境、经济社会发展研究院联合主办	萧正洪
68	中国教育法制评论	北京师范大学	北京师范大学、首都师范大学、陕西师范大学	劳凯声、余雅风、陈鹏
69	中国历史地理论丛	教育部	陕西师范大学	周宏伟
70	中国历史学前沿	教育部	陕西师范大学	王启龙
71	中国思想史研究	西北大学	西北大学	谢阳举
72	中国与域外	陕西师范大学	陕西师范大学历史文化学院	冯立君
73	周秦汉唐文化研究	陕西省教育厅	西北大学	陈峰

哲学社会科学综合类刊物一览表

序号	名称	主管单位	主办单位	现任主编
1	人文杂志	陕西省委宣传部	陕西省社会科学院	秦开凤
2	陕西历史博物馆论丛	陕西历史博物馆	陕西历史博物馆	强　跃
3	陕西社会科学	陕西省社会科学界联合会	陕西省社会科学界联合会	翟金荣
4	陕西社科动态	陕西省社会科学界联合会	陕西省社科联科普信息部编印	张　雄
5	外国文学论丛	陕西省外国文学学会	陕西省外国文学学会主办	南健翀
6	喜剧世界	陕西省文化和旅游厅	陕西省艺术研究院	张　翔
7	源流	陕西省延安精神研究会	陕西省延安精神研究会	郑志彪
8	小说评论	陕西省委宣传部	陕西省作家协会和西安工业大学共同主办	王春林
9	中国比较法学刊	丝绸之路国际法与比较法研究所	牛津大学出版社与中国学界联合主办	单文华、刘　桥、王江雨
10	西京论坛	西安市社会科学院、西安市社会科学界联合会、西安市丝绸之路经济带研究院	西安旅游设计研究院	茹自科
11	陕西保险	陕西银保监局	陕西省保险学会、陕西省保险行业协会联合主办	李　鹏、马军炜
12	新西部	中共陕西省委宣传部	陕西省社会科学院	杨旭民

后　　记

持续编纂《陕西社会科学年鉴》是一项重要工作,在陕西省社科联领导的大力支持和指导下,在相关单位和个人的鼎力支持下,编辑部按照计划开展了征稿和编辑工作。特别值得介绍的是,陕西省社科联为了支持年鉴编辑、出版及相关社科调研等工作,不仅为学科学术调研和综述进行立项支持,还研究决定成立"陕西省社会科学发展研究基地"(挂靠陕西师范大学人文社会科学高等研究院),对持续开展年鉴编纂及相关工作提供了有力保障。

《陕西社会科学年鉴(2022)》收录的资料来自陕西省党政机关,社会科学教学、研究和科研管理单位,学术团体等机构。采用的稿件均由陕西省高等院校、科研院所、党政干校、有关实际部门和学术团体提供(根据年鉴要求进行了材料筛选和删改)。同时,为了适当充实相关内容,编辑部利用各单位官网材料。遗憾的是,仍有个别单位因故未能及时提供相关资料。

《陕西社会科学年鉴(2022)》在资料收集、编纂过程中,得到了各高等院校、科研院所、学术团体及相关部门的领导和专家学者的大力支持和帮助。借此,陕西省社科联及年鉴编辑部向全体同人表示衷心感谢!

学科综述性文章均为社科联立项的项目结项成果。其相关主持人和执笔人付出了艰辛的劳动,在此表示敬意和感谢!

对出版社各位编辑加班加点审稿和出版年鉴的辛勤付出,也表示衷心的感谢!

由于时间非常紧张以及篇幅限制,本卷《陕西社会科学年鉴》在内容上不可能面面俱到,存在不足之处,敬请批评指正。

适值中国共产党第二十次全国代表大会即将召开之际编成本卷年鉴,既有喜迎之意,也有奋进之心。志此愿与同人共勉。

《陕西省社会科学年鉴》编辑部
2022 年 10 月 12 日